YIFAZHIGUO YU JIANCHAJIANDU TIXI DE
FAZHAN WANSHAN

DIQIJIE ZHONGGUO JIANCHA JICHU LILUN LUNTAN WENJI

中国法学会检察学研究会检察基础理论专业委员会 编

依法治国与检察监督体系的发展完善

第七届中国检察基础理论论坛文集

中国检察出版社

图书在版编目（CIP）数据

依法治国与检察监督体系的发展完善：第七届中国检察基础理论
论坛文集/中国法学会检察学研究会检察基础理论专业委员会编.
—北京：中国检察出版社，2018.11
ISBN 978 - 7 - 5102 - 2203 - 0

Ⅰ.①依… Ⅱ.①中… Ⅲ.①检察机关 - 法律监督 - 中国 - 文集
Ⅳ.①D926.344 - 53

中国版本图书馆 CIP 数据核字（2018）第 242310 号

依法治国与检察监督体系的发展完善
——第七届中国检察基础理论论坛文集
中国法学会检察学研究会检察基础理论专业委员会 编

出版发行：中国检察出版社
社　　址：北京市石景山区香山南路 109 号（100144）
网　　址：中国检察出版社（www.zgjccbs.com）
编辑电话：(010) 86423707
发行电话：(010) 86423726　86423727　86423728
经　　销：新华书店
印　　刷：北京宝昌彩色印刷有限公司
开　　本：710 mm×960 mm　16 开
印　　张：53.75　插页 8
字　　数：998 千字
版　　次：2018 年 11 月第一版　2018 年 11 月第一次印刷
书　　号：ISBN 978 - 7 - 5102 - 2203 - 0
定　　价：142.00 元

▶ 第七届中国检察基础理论论坛会场

▶ 湖北省人民检察院党组书记、检察长,中国法学会检察学研究会检察基础理论专业委员会主任王晋出席

▶ 江西省人民检察院党组书记、检察长刘铁流出席并致辞

▶ 最高人民检察院法律政策研究室主任、中国法学会检察学研究会检察基础理论专业委员会常务副主任万春出席并做总结讲话

▶ 最高人民检察院铁路运输检察厅厅长、中国法学会检察学研究会检察基础理论专业委员会副主任徐向春出席

▶ 最高人民检察院检察理论研究所副所长谢鹏程出席并做总体点评

▶ 中国人民大学法学院教授
陈卫东做点评

▶ 四川大学法学院教授万毅做点评

▶ 中南财经政法大学法治发展与
司法改革研究中心主任,湖北法
治发展战略研究院院长、教授徐
汉明做点评

▶ 四川大学法学院教授龙宗智
做点评

▶ 江西财经大学教授谢小剑
做点评

▶ 东南大学教授尹吉做点评

▶ 华东政法大学法学院教授
蒋德海做点评

▶ 中国政法大学诉讼法研究中心
教授、中国法学会检察学研究会
检察基础理论专业委员会顾问樊
崇义做总体点评

前　　言

为完善检察监督体系、提高检察监督能力，落实全面依法治国基本方略。2017 年 11 月 24 日至 25 日，由中国法学会检察学研究会检察基础理论专业委员会主办、江西省人民检察院承办的第七届中国检察基础理论论坛在江西省南昌市召开。最高人民检察院、国内知名专家学者以及来自全国各地的检察同仁 80 余人参加了本次论坛。最高人民检察院研究室主任万春、最高人民检察院检察理论研究所所长谢鹏程莅临论坛指导。

本届论坛紧扣"依法治国与检察监督体系的发展完善"主题，围绕"检察监督体系的理论研究""检察监督体系与检察职能的调整完善""检察监督体系的制度保障"三个专题进行了深入研讨，取得了丰硕成果，形成了普遍共识。中国政法大学樊崇义教授、四川大学龙宗智教授、中国人民大学陈卫东教授、中南财经政法大学徐汉明教授、四川大学万毅教授等知名法学专家进行了精彩点评，为本届论坛提供了理论指导，提升了研讨活动的学术水平。

《依法治国与检察监督体系的发展完善》是在第七届中国检察基础理论论坛文集基础上编辑整理的。本书由四部分组成，第一部分是领导致辞，第二部分是检察监督体系的理论基础，第三部分是检察监督体系与检察职能的调整完善，第四部分是检察监督体系的制度保障，收录了与会专家、学者，检察基础理论专业委员会理事和一些省、市检察机关领导、检察业务专家的优秀论文。

第七届中国检察基础理论论坛是在党的十九大将"坚持全面依法治国"纳入习近平新时代中国特色社会主义思想重要内容的背景下举办，具有重要的理论和实践意义。检察机关是宪法法律确定的国家法律监督机关，在全面依法治国中肩负着特殊责任，是深化全面依法治国实践的重要力量。随着国家监察体制改革的稳步推进、司法体制改革的不断深化，检察机关的法律监督职能面临深刻调整，要求我们顺应时代发展需要，通过积极的实践探索、严密的理论论证、有效的改革创新，推动检察监督体系发展完善，促进全面依法治国战略部署的贯彻落实。

　　本届论坛取得了丰硕的成果，凝聚了专家学者、最高人民检察院领导及全国检察机关同仁的心血和智慧。中国法学会检察学研究会检察基础理论专业委员会也将继续在中国检察学研究会的领导下，团结动员检察系统内外的研究力量，牢牢把握正确的政治方向，期望能为中国特色社会主义检察理论的繁荣发展增砖添瓦。由于本届论坛、论文文章均在国家监察体制改革之前形成，有些观点可能与目前实际不符，特此说明。

编　者

2018 年 8 月

检察机关深化法律监督发展的四个面向[*]

（代序）

樊崇义^{**}

在我国，检察机关是专门的法律监督机关。关于检察机关的法律监督职能，《刑事诉讼法》的相关规定是逐步发展和强化的。其中，2012 年刑事诉讼法遵循"强化法律监督、实现公平正义"的基本宗旨，扩展诉讼监督的范围，增添诉讼监督的内容，丰富诉讼监督的手段，明确诉讼监督的效力，强化诉讼监督的责任，健全诉讼监督的程序。[①] 可以说，我国检察监督制度迎来新的发展契机。随后，《关于深化检察改革的意见（2013—2017 年工作规划）》要求进一步完善检察体制，优化检察职权配置，强化法律监督、强化自身监督，发展和完善中国特色社会主义检察制度。2016 年 7 月，第十四次全国检察工作会议强调，要以深化司法体制改革为契机，以维护社会公平正义和司法公正为目标，完善检察监督体系，提高检察监督能力。这是首次提出检察监督体系的概念。检察机关的法律监督体系是检察机关依法履行法律监督职能的制度体系，包括检察机关法律监督各领域的法律规范、体制机制和工作制度，是与行政权、审判权分离制衡的，包括职务犯罪侦查权、公诉权、批准逮捕权以及对刑事诉讼、民事诉讼、行政诉讼的监督权、提起公益诉讼权、

---

* 本文的资料收集与写作得到了北京师范大学刑事法律科学研究院孙道萃博士后的协助，特此说明。

** 北京师范大学"京师首席专家"、北京师范大学刑事法律科学研究院特聘教授、中国政法大学诉讼法学研究院名誉院长、教授、博士生导师。

① 参见卞建林、李晶：《刑事诉讼法律监督制度的健全与完善》，载《国家检察官学院学报》2012 年第 3 期。

检察事务权等在内的协调运行的制度体系。① 值此，我国检察监督制度及其法律监督体系的现代化改革有了更明确的努力方向。2016年，国家启动监察制度改革及其试点工作，对我国检察制度尤其是法律监督职能形成前所未有的重大影响。2017年，全国人大常委会《关于修改〈中华人民共和国民事诉讼法〉和〈中华人民共和国行政诉讼法〉的决定》（以下简称《修改两法决定》，2017年6月27日）正式确立检察机关提起公益诉讼制度，检察监督职能场域的扩充有待配套衔接。而且，随着以审判为中心的诉讼制度改革不断推进，侦查监督的地位和重要性渐成共识，但问题与挑战仍不减。值此，我国检察制度的当代发展又迎来新的挑战和契机。

一、坚持检察机关的法律监督宪法定位不动摇

检察机关是宪法规定的专门法律监督机关。这是检察制度现代化建设的基本坐标。应坚持宪法定位不变，确保检察机关在新形势下依法独立行使检察权。

（一）国家专门的法律监督机关

《宪法》第134条规定："中华人民共和国人民检察院是国家的法律监督机关。"法律监督是我国检察制度最基本的内涵，也是我国检察制度持续发展的基本方向。

1. 权力制约与法律监督的共济

以法律监督为根本属性的我国检察制度，是人民代表大会制度的重要组成部分，是党和人民在社会主义民主法制建设进程中作出的正确的历史性选择，具有鲜明的中国社会主义特色。检察机关作为我国的专门法律监督机关，肩负维护国家法律的统一正确实施、保障在全社会实现公平和正义的重要职责。进而，我国确立了控权型为基本导向的当代检察制度，对其他权力进行监督制约。②

一方面，应重申法律监督权的本源。我国检察机关履行法律监

---

① 参见徐汉明：《在"四个全面"战略布局中加快推进法律监督体系和法律监督能力现代化》，载《人民检察》2016年第12～13期。

② 参见樊崇义：《刑事诉讼法哲理思维》，中国人民公安大学出版社2010年版，第312～316页。

督具有宪法本源基础，法律监督具有专门性、强制性和广泛性等特征。其中，所谓"本源性"，是指我国是人民民主专政的社会主义国家，人民代表大会制度是人民当家作主、行使自身权力的基本形式。国家权力机关为了维护国家法治的统一，必然对行政、审判、检察机关等职务活动开展监督。为了提高监督的专门性与独立性，依法将权力授予专门的法律监督机关，由人民检察院行使。检察机关的法律监督权力直接源于人民，是国家权力的重要组成部分。当前，理论上对检察机关作为法律监督机关的宪法定位与法律监督权存有一些质疑，对此，应从哲学的高度（或者说深度），从实然切换到应然角度作出说明：一是国家权力结构的一元分立论。我国人民代表大会制度决定应设置法律监督机关，单设专门的法律监督权，与行政权和审判权相分离。这是一元分立架构下对权力运行和制约的必然选择。二是对立控制论。检察机关的法律监督职能，将辩证唯物主义的对立统一规律嵌入国家权力机关的运行过程，以保证权力的正常运行和相互制约的科学性。[1]

另一方面，法律监督权在本质上是具有司法监督性质的国家权力。为了防止司法权力异化为恣意与滥用的侵略性力量，防止司法权被不恰当地行使并引发负面影响，应明确界定司法权作用的范围、运行方式及程序等，设置具体的控制和约束措施。法律监督制度正是控制和约束刑事司法权并保障其正当运行的制度性措施[2]，也是追求客观公正理念的体现。法律监督和公诉作为检察权的两个组成部分和两种基本职能，加强公诉职能与法律监督的效果是辩证的关系，公诉是手段，法律监督是目的，共同实现法治的统一是基本效果。[3]检察机关作为专门的法律监督机关，既担负追诉犯罪的诉讼职责，又担负维护人权、保障诉讼活动依法进行的监督职责，旨在维护法律统一实施和公正司法。检察机关虽行使公诉权，但并非"控方当事人"，行使审判监督权绝非确立"法官之上的法官"。

---

[1] 参见樊崇义：《法律监督职能哲理论纲》，载《人民检察》2010 年第 1 期。
[2] 参见向泽选：《法律监督的根据及实践中的问题》，载《国家检察官学院学报》2005 年第 2 期。
[3] 参见樊崇义：《法律监督职能哲理论纲》，载《人民检察》2010 年第 1 期。

2. 诉讼监督的本体属性与高效运行

检察机关履行法律监督权，主要指向公安机关的侦查活动、人民法院的审判活动和刑罚执行机关的活动。由于法律监督的对象依附于刑事诉讼活动，通过参与和监督刑事诉讼活动，是检察机关开展法律监督的基本途径。进而，我国检察机关的法律监督是以诉讼为基点和依托，针对具体案件和诉讼行为的合法性、公正性的监督。这是法律监督的司法化基本属性，既决定遵循程序正义的基本要求，也决定诉讼监督是检察监督的重点，而后者的高效运行需要相应的配套措施。

首先，控辩审关系的协同优化。《刑事诉讼法》第 7 条规定，公安机关、检察机关在办理刑事案件中应当分工负责、互相配合、互相制约。这是诉讼监督的法定依据，也是诉讼监督的难点。在以审判为中心的诉讼制度改革中，控辩审关系的新变化和发展，对诉讼监督的实现提出新的要求。[①] 概言之：一是检察机关对审判活动的诉讼监督，是同级机关之间的程序性的监督纠错权，法院仍掌握实体性的处置决定权，因而，"在法院之上再设立一个超越审判权的监督机关"的担忧并不存在。而且，公诉权的具体权能均具有法律监督属性，公诉权主要制约侦查权与审判权，公诉权的追诉功能与审判监督功能既不对立也不可分割。[②] 二是按照我国现行的检警关系，检察机关对公安机关的立案、侦查活动实行法律监督。公安机关立案、侦查，应接受检察机关的监督与检验。检察机关可以依法介入公安机关侦查活动，保证及时、有效地监督纠正侦查中的违法行为，引导公安机关合法地开展侦查和获取、固定证据。三是控辩平等与法律监督的兼容性。控辩平等与法律监督的指向不同，但均是为了实现司法公正，不存在非此即彼的根本对立，也不存在"控方的诉讼地位远远高于辩方"的制度定位问题。[③]

其次，法律监督方式的补强。《刑事诉讼法》虽规定检察机关

---

① 参见孙远：《"分工负责、互相配合、互相制约"原则之教义学原理——以审判中心主义为视角》，载《中外法学》2017 年第 1 期。

② 参见万春、高景峰：《论法律监督与控、辩、审关系》，载《法学家》2007 年第 5 期。

③ 参见张智辉、黄维智：《控辩平等与法律监督》，载《法学》2008 年第 8 期。

的立案监督、侦查监督、审判监督和执行监督权限，却缺乏操作性强、有效性足的监督措施，严重制约法律监督的效果。在修改《人民检察院组织法》时，应积极吸纳实践探索的成果，有针对性地重点增加一些普适性的法律监督方式。如调阅卷宗材料、调查核实相关案件情况、建议更换办案人员、提出检察建议、督促提起公益诉讼等。① 而且，应当强化法律监督说理，尤应根据《最高人民检察院关于实行检察官以案释法制度的规定》（2017 年）的基本要求，积极推动"以案释法"工作。

3. 法律监督的专门立法化

全国各省级地方性法律监督立法先后出现，反映出检察机关重视法律监督工作。目前，我国尚未有专门化的法律监督立法，一定程度上影响和制约检察机关法律监督职能作用的发挥。法律监督的专门化立法是检察实践的迫切需要，是加强监督制约司法权的需要，是正面回应地方人大推动法律监督工作的迫切需要。② 只有通过统一的监督立法，才能从根本上解决检察机关在开展法律监督工作中遇到法律依据不足、监督不力等共性问题，有效破解检察机关法律监督效力弱等难题。为了使检察制度体系化、定型化、成熟化、法律化，法律监督组织体系更科学、法律监督职权体系更完备，应制定《法律监督法》，规定法律监督基本内容，健全检察监督的科学运行机制。③ 根据《立法法》，应当由全国人大常委会出台决议或者决定，在立法上成体系化地明确检察机关的法律监督职能，重点规定法律监督的发现机制、检察机关的法律监督手段、被监督者接受监督的义务及相应的法律后果、刑事法律监督程序的细化等内容。

（二）独立行使检察权的贯彻落实

《宪法》第 136 条规定："人民检察院依照法律规定独立行使检察权，不受行政机关、社会团体和个人的干涉。"这赋予检察机关依

---

① 参见王守安：《法律监督方式与检察院组织法的修改》，载《国家检察官学院学报》2015 年第 2 期。

② 参见甄贞：《法律监督专门化立法之必要性考察》，载《人民检察》2011 年第 9 期。

③ 参见张雪樵、王晓霞：《司法规律视野下法律监督的立法完善》，载《人民检察》2010 年第 10 期。

法独立行使检察权的地位，也实质上决定检察机关是否可以真正有效履行法律监督职能。

1. 独立行使的具体实现

法律监督是为了保障法律的统一正确实施，依法独立开展法律监督，才能彰显法律监督的本质。依法独立行使检察权与开展法律监督，其核心内涵为：一是检察法律监督是检察机关独有的国家权力，其他国家机关、团体和个人都无权行使。二是检察法律监督必须依照法定的范围、程序和方法开展监督，不得随意行事。三是检察机关开展法律监督不受其他机关、团体和个人的干涉。

但是，我国检察机关依法独立行使检察权尚未得到制度上的充分保障，在对外关系上主要表现为司法地方化，在内部则主要表现为行政化。为此，在外部保障上，仍应推动省级以下地方检察院人财物统一管理制度等的改革，推动跨区设院与巡回法庭的完善。在内部保障上，明确规定检察一体化原则，形成下级检察机关有效抵御外部不当干扰的体制保障，突出检察官司法办案主体地位，实行司法责任制，建立司法机关内部人员过问案件的记录和责任追究制度等。

特别是在新形势下，检察权的独立行使，应着重解决以下三个方面：（1）立足员额制改革，各级检察机关要明确检察人员职责权限，全面推行检察官办案责任制，构建权责明晰、制约有力、运行高效的检察权运行机制，真正做到"谁办案谁负责，谁决定谁负责"。各级检察机关既要重视赋予检察官在司法办案中相对独立依法决定的权力，又要坚持检察一体化原则，坚持突出检察官主体地位与检察长领导检察院工作相统一。① （2）认真落实最高人民检察院关于完善检察官权力清单的指导意见。权力清单的基本功能是明确检察委员会、检察长、检察官在司法办案中的职责权限，关键是准确界定相互间的权力关系和功能界限。（3）应注重法律监督程序的司法化。科学设置一套符合司法特质的法律监督程序，严格依照法定程

———————————

① 参见王治国等：《构建权责明晰制约有力运行高效的检察权运行机制》，载《检察日报》2017年7月13日第2版。

序开展法律监督工作，使法律监督更合理化、科学化、公正化。

2. 接受监督的内在属性

我国检察权包含法律监督和刑事追诉两大权能，法律监督和刑事追诉统一于检察权，但又在检察权之下作出适度的分离。这体现监督和制约的内在特点，贯穿了"完善监督和制约机制"的宪法原则与体系要求，有助于优化检察机关职能配置，使检察机关的公诉权处在监督之下。依法独立行使检察权于接受相应的监督是辩证的关系，主要包括：（1）与党的领导的关系。现代民主和现代法治的基本要求是党政分开，执政党的监督划入法律监督的范畴，不利于社会主义法制建设，更降低了执政党的威信和地位。法律监督具有专业性、复杂性和职业性等特征，执政党应保持统揽全局的地位，决不能琐事缠身。（2）接受广泛的监督。法律监督权的受制约性，意味着法律监督不是高高在上、不受制约的，具体法律监督权能的行使也并非毫无限制，而是受相关机关的制约。检察机关开展法律监督要自觉置身于权力机关的监督之下，既要受侦查机关、人民法院与当事人的制约，也包括接受政协的民主监督、行政监督、舆论监督、媒体监督等。当前，对于检察机关直接侦查起诉的案件，缺乏外部监督机制，不符合分权与制衡原则。

二、平稳衔接监察体制改革的总体考量

中央办公厅《关于在北京市、山西省、浙江省开展国家监察体制改革试点方案》（2016 年 11 月 7 日，以下简称《方案》）、十二届全国人大常委会第二十五次会议《全国人民代表大会常务委员会关于在北京市、山西省、浙江省开展国家监察体制改革试点工作的决定》（2016 年 12 月 26 日起施行，以下简称《决定》）相继出台，意味着设立监察委员会的战略部署步入正轨。其中，检察制度与国家监察体制改革的制度衔接成为焦点，检察机关的自侦案件管辖、职务犯罪预防、检察机关的审查起诉、法律监督等均牵扯其中。如何实现平稳过渡是全新课题。

（一）检察监督职能的重理

监察体制改革对检察机关的影响已成既定事实，检察机关的职

能重整成为二者对接的重要前提，也是检察机关在新条件下强化检察监督职能的又一契机。

1. 检察权及其行使的独立性

我国《刑事诉讼法》确立侦查权、检察权、审判权的专属原则，意味着侦查权、检察权和审判权专由公安机关、检察院和法院行使，其他机关、团体和个人都无权行使这些权力。然而，随着查处贪污贿赂、失职渎职以及预防职务犯罪等部门的相关职能整合并入监察委员会以后，检察机关的"职能"分量、检察权的地位、检察权的独立地位及其行使状态被迫"瘦身"。关于监察权与检察权的关系，官方认为，监察委员会是由国家权力机关设立的监督机关，与公安、检察机关等执法和司法机关性质完全不同。反腐败针对的职务犯罪区别于一般刑事犯罪，国家监察法也区别于刑事诉讼法；监察机关行使的调查权不同于刑事侦查权，不能简单套用司法机关的强制措施。监察机关调查职务违法和职务犯罪适用国家监察法，案件移送检察机关后适用刑事诉讼法。① 然而，根据《决定》，国家监察委员会行使调查权与处置权，从内容与强制性上看，与"刑事侦查权"其实无异，如果脱离《刑事诉讼法》的制约，必然对检察权的独立地位与检察机关独立行使检察权形成冲击。基于权力配置与权力制约的基本属性，监察委员会和检察机关之间，仍应遵循分工负责、互相配合、互相制约的宪法原则。人民检察院作为由宪法确立的法律监督机关的地位决不能动摇，也决不能改变。虽然监察委与纪委合署办公，作为党的反腐败领导机构，对反腐败工作拥有组织协调的职权，却不得违规干预检察院和法院依法独立行使职权。② 对此，《纪律检查机关监督执纪工作规则（试行）》第42条第2款明确规定："案件移送司法机关后，执纪审查部门应当跟踪了解处置情况，发现问题及时报告，不得违规过问、干预处置工作。"而且，为了从根本上解决相互监督不明的问题，应当制定《反腐败特

---

① 参见《使党的主张成为国家意志》，载 http://www.ccdi.gov.cn/xsjw/series27/201707/t20170716_ 102950. html，2017 年 7 月 17 日访问。

② 参见陈光中：《关于我国监察体制改革的几点看法》，载《环球法律评论》2017 年第 2 期。

别程序法》或《国家监察法》①，依法规定、合理授权，保障检察权的独立地位及其独立行使环境。

2. 审查起诉的依法行使

《决定》强调，试点地区的监察委员会履行监督、调查、处置职责，可以采取留置等措施；对涉嫌职务犯罪的，移送检察机关依法提起公诉。这是因为根据权力分工原理，反腐权力之间也应相互监督制约。批捕权、起诉权、审判权是司法机关的权力，国家监察机关在性质上不是司法机关，国家监察委员会不能越俎代庖，而应按照《刑事诉讼法》的规定处理，不能行使检察机关的公诉权，更不能行使审判机关的审判权。对涉嫌职务犯罪的案件，必须移送检察机关，由检察机关依法提起公诉，由人民法院依法审理和判决。对监察委员会移送的案件，检察机关如果认为不构成犯罪，可以依法撤案或者作出不予以逮捕以及不起诉决定。比如，在北京监察委"留置措施"第一案中，北京市通州区监察委员会出具的发案到案经过、工作纪实、留置决定书、关于给予李某开除处分的决定证明；2017 年 1 月，李某主动向单位交代挪用公款的犯罪事实；同年 4 月 7 日，北京市通州区监察委员会对其采取留置措施；同年 4 月 19 日，北京市通州区监察委员会给予其开除处分；同年 5 月 5 日，经北京市通州区人民检察院决定，北京市公安局通州分局对其执行逮捕，并由北京市通州区人民检察院负责审查起诉。②

在此基础上，监察委员会原则上不应赋予最终的处置权限。从权力分工与职能制约的角度看，监察机关具有监督、调查、处置三项权限，但在发现调查对象涉及刑事犯罪时，监察委员会只能移送司法机关处理，而无权自行作出决定，监察机关的处置权限更偏重程序性而非实体性。然而，对于未构成刑事犯罪且仅构成行政违纪的，可以由监察委员会直接给予行政处分，或由监察委员会提出处理建议由原机关进行处置。有观点认为，从保障被调查人的救济权及权责统一的角度出发，由监察委员会向原机关提出处理建议，原

① 已于 2018 年 3 月 20 日十三届全国人大一次会议表决通过。
② 参见北京市通州区人民检察院京通检职检刑诉（2017）2 号起诉书（指控被告人李某犯挪用公款罪）；北京市通州区人民法院（2017）京 0112 刑初 416 号刑事判决书。

机关处理后向监察委员会反馈结果更为妥当。① 应该说，该看法有其可取之处，有助于程序的合理分流。

据此，国家监察委与检察机关在法律监督上既有区别，也有联系。只有妥善地解决国家监察委员会与检察机关的相互监督、制约、协调关系，杜绝国家监察委代为行使司法机关的权力，规范监察委依法行使执法监督机关的监督、调查、处置权，才能促使监察委与检察机关的平稳对接。比如，北京市人民检察院展开有效探索。正式下发职务犯罪审查逮捕工作的专门通知，明确检察机关内部工作衔接程序。要求会同市监察委员会制定移送职务犯罪案件形式标准、办理职务犯罪案件衔接机制等指导意见，保障办理职务犯罪案件平稳过渡，有序衔接。

（二）与监察委衔接的主要内容

在澄清监察委与检察机关的宏观对接问题后，仍需要具体地推动衔接的过程。

1. 有效辩护的制度保障

毋庸置疑的是，被监察者的权利保障是有效对抗监察权滥用的直接力量。在监察制度的运行中，被监察者获得有效的法律辩护是依法反腐的基本要求。

由于监察委领导下的特殊调查其实相当于刑事侦查，《决定》授权监察委员会十二项权力，除了谈话外，基本与《刑事诉讼法》的侦查措施相对应（留置相对特殊），进而涉及是否允许辩护律师介入的问题。而且，《决定》要求，暂时调整或者暂时停止适用《中华人民共和国刑事诉讼法》第 3 条、第 18 条、第 148 条以及第二编第二章第十一节关于检察机关对直接受理的案件进行侦查的有关规定。从中可知，并不包括《刑事诉讼法》"辩护和代理"一章的内容，因此，在监察体制改革的运行中，辩护与代理的相关规定应当依然有效。鉴于监察委的调查活动包含侦查内容和侦查措施，在程序上与检察机关审查起诉阶段相衔接，应当允许辩护律师介入，

---

① 参见马怀德：《〈国家监察法〉的立法思路与立法重点》，载《环球法律评论》2017 年第 2 期。

不能让腐败犯罪案件的调查（侦查）成为绝对的例外。① 而且，在查办涉嫌违反刑法规定的案件中，国家监察委员会实际上行使的是侦查权，并且可以完全剥夺调查对象的人身自由达数月以上，在此羁押过程中，有效取得被调查人口供显然是调查活动的重要内容。如果律师无法介入，不能提供法律帮助，就会与近些年来我国刑事辩护制度取得的进步不相称。

然而，如果坚持监察机关调查职务违法和职务犯罪适用国家监察法，案件移送检察机关后适用刑事诉讼法。② 那么，辩护律师其实无法介入监察委正在办理的案件，与刑事诉讼法修改的进步内容以及国际刑事司法准则、刑法面前人人平等等原则不符。③ 为此，应当通过制定《国家监察法》，明确监察机关监督、调查、处置的具体职责，把调查手段法制化，赋予必要的调查权限，明确其与刑事侦查的关系，有效解决合法性问题。

2. 监察委的调查与检察机关的侦查

国家监察委员会行使监督、调查、处置等权力。关于调查权，具体是指调取资料和证据、勘验、扣押、查封、进入场所或驻地等调查权。④ 在范围上，主要包括：一是针对违反党纪和行政法规的一般调查；二是针对职务犯罪的特殊调查，相当于原来的职务犯罪的刑事侦查。随着检察机关侦查部门及其职权的转隶，目前将上述两大部分统称为调查权。据此可见，事实上监察委员会被赋予了刑事侦查权，调查权包含刑事侦查权，监察委的侦查权本身是一种特殊的调查权。⑤ 对于这一重大变化，应通过修法的方式赋予监察委职务犯罪侦查权，明确将其赋予监察委专门负责职务犯罪的侦查人员。而且，监察委应内设职务犯罪侦查局，人员和办案程序都具有相对

① 参见陈光中：《关于我国监察体制改革的几点看法》，载《环球法律评论》2017 年第 2 期。

② 参见《使党的主张成为国家意志》，载 http://www.ccdi.gov.cn/xsjw/series27/201707/t20170716_102950.html，于 2017 年 7 月 17 日访问。

③ 参见陈瑞华：《监察委必须纳入刑事诉讼法》，载 http://mp.weixin.qq.com/s/q_0PgI5Z--UIUVOktuQy8A，于 2017 年 7 月 21 日访问。

④ 参见马怀德：《国家监察体制改革的重要意义和主要任务》，载《国家行政学院学报》2016 年第 6 期。

⑤ 参见刘振洋：《论国家监察体制重构的基本问题与具体路径》，载《法学》2017 年第 5 期。

独立性。职侦局办案必须严格遵守《刑事诉讼法》的有关规定。①

　　由于监察委针对职务犯罪的调查（实为刑事侦查）程序特点鲜明，应当符合《刑事诉讼法》的规定。在试点过程中，不应将一般调查和特殊调查完全混同，而应当作必要的区分，并使一般调查和特殊调查合理衔接。监察委员会对涉嫌犯罪的调查，与公安机关的侦查在性质上应无差异。② 检察机关拥有的侦查权、批捕权、公诉权，国家监察委员会无权行使。监察委员会的调查权不能取代检察机关的侦查权，性质上也不同于侦查权。为此，应通过立法明确国家监察机关无权直接逮捕职务犯罪嫌疑人、依法应经人民检察院批准逮捕等基本问题。③

　　此外，留置作为重要的调查手段，性质定位与适用备受关注。留置措施应在人权保障的前提下启用，与《刑事诉讼法》的侦查措施与强制措施保持协调。未来的《国家监察法》应设置法定的"留置"这一监察强制措施，代替"双规"措施，并妥善解决其与《刑事诉讼法》规定的强制措施（拘留）的对接适用问题。

　　3. 相关法律修改

　　随着监察委试点改革的推进，以下条文面临修改问题，主要包括：一是《宪法》第 140 条规定，人民法院、人民检察院和公安机关办理刑事案件，应当分工负责，互相配合，互相制约，以保证准确有效地执行法律。监察委员会具备刑事调查职能，因而，第 140 条面临修改问题。二是《人民检察院组织法》第 5 条规定，各级人民检察院行使"对于直接受理的刑事案件，进行侦查"的权力。《检察官法》第 6 条规定，检察官的职责包括"依法进行法律监督工作""对法律规定由人民检察院直接受理的犯罪案件进行侦查"。但这两个条文也面临修改的问题。三是《刑事诉讼法》第 3 条规定，检察、批准逮捕、检察机关直接受理的案件的侦查、提起公诉，

---

① 参见何家弘：《监察体制改革应坚守法治底线》，载 http://www.sohu.com/a/131146316_380930，2017 年 7 月 13 日访问。

② 参见陈光中：《关于我国监察体制改革的几点看法》，载《环球法律评论》2017 年第 2 期。

③ 参见姜明安：《国家监察法立法应处理的主要法律关系》，载《国家行政学院学报》2016 年第 6 期。

由人民检察院负责。《刑事诉讼法》第18条第2款规定，贪污贿赂犯罪，国家工作人员的渎职犯罪，国家机关工作人员利用职权实施的非法拘禁、刑讯逼供、报复陷害、非法搜查的侵犯公民人身权利的犯罪以及侵犯公民民主权利的犯罪，由人民检察院立案侦查。对于国家机关工作人员利用职权实施的其他重大的犯罪案件，需要由人民检察院直接受理的时候，经省级以上人民检察院决定，可以由人民检察院立案侦查。这两个条文的规定也亟待修改。四是《人民警察法》第42条规定，人民警察执行职务，依法接受人民检察院和行政监察机关的监督。第46条规定，公民或者组织对人民警察的违法、违纪行为，有权向人民警察机关或者人民检察院、行政监察机关检举、控告。鉴于国家监察体制改革全面推开，行政监察机关应置换为监察委员会。

三、检察机关提起公益诉讼的纵深拓展

随着检察机关提起公益诉讼由试点活动转为正式立法后，如何推动该制度的纵深发展，成为检察制度及其法律监督职能在新形势下谋求发展的又一课题。

（一）检察机关提起公益诉讼的发展轨迹

在环境公害事件频发不断的背景下，检察机关作为我国法定的专门法律监督机关，基于维护社会公平正义的重要使命，提起公益诉讼的呼声日渐升高。实际上，不少地方先后纷纷探索检察机关提起公益诉讼制度。然而，受限于现行法律规定的相对不足与观念滞后等因素，探索过程中也遭受一定的质疑。[①]

尽管如此，检察机关提起公益诉讼的探索与实践在近些年处于迅猛发展状态，相关法律在修改时也予以确认。《民事诉讼法》（2012年修订）第55条规定，对污染环境、侵害众多消费者合法权

---

① 大体而言，检察机关作为法律监督机关，不宜作为适格主体，公众才是最佳的原告，提起公益诉讼违背公益诉讼的本质要求，缺乏理论的正当性，检察机关应担任协助的角色。甚至认为，赋予检察机关起诉主体资格后，与行政机关的职责发生冲突，难以对环境行政执法发挥补充作用，也非国外通例；反而扰乱我国的法律体系，扭曲民事诉讼的程序结构，使检察机关的权能进一步膨胀。参见章礼明：《检察机关不宜作为环境公益诉讼的原告》，载《法学》2011年第6期。

益等损害社会公共利益的行为，法律规定的机关和有关组织可以向人民法院提起诉讼。但未明确"法律规定的机关"和"法律规定的有关组织"是否包括检察机关。《中共中央关于全面推进依法治国若干重大问题的决定》（2014 年）要求，积极探索建立检察机关提起公益诉讼制度。随后，《环境保护法》（2015 年修正）规定提起环境民事公益诉讼的社会组织的条件，但未涉及可提起环境公益诉讼的机关与"法律规定的机关"是否包括检察机关。《最高人民法院关于审理环境民事公益诉讼案件适用法律若干问题的解释》（2014 年）对如何提起公益诉讼作出具体的规定，解了实践中的燃眉之急。

2015 年 7 月，《全国人民代表大会常务委员会关于授权最高人民检察院在部分地区开展公益诉讼试点工作的决定》开启检察机关提起公益诉讼的新篇章。①随后，最高人民检察院出台《人民检察院提起公益诉讼试点工作实施办法》（以下简称《试点办法》，2015 年 12 月），对检察机关提起公益诉讼作出具体的规定。根据《试点办法》，检察机关提供公益诉讼包括提起民事公益诉讼、提起行政公益诉讼两部分，并在程序上分为诉前程序与提起诉讼两部分。但根据《试点办法》，关于诉讼对象选择、诉讼范围划分、诉讼顺序安排、诉讼权利限制、与刑事公诉衔接配合等规缺乏明显的"特殊性"，导致检察机关参与环境公益诉讼时，公益诉权与行政权、社会监督权之间的功能序位关系，缺乏科学合理的制度安排，可能不当干扰环境行政权在维护环境公共利益上的主导地位，甚至过度干涉社会公众的"终极"诉权。而且，受案范围狭窄未达到公众对公益诉讼的期待、检察机关的特殊身份影响法院审判主导地位、缺乏检察机关承担败诉后果的规定、过高的胜诉率将增加滥诉的风险等问

<hr/>

① 2015 年 7 月以来，北京等 13 个试点省区市检察机关共办理公益诉讼案件 9053 件，其中诉前程序 7903 件、提起诉讼 1150 件。诉前程序案件中，行政机关主动纠正违法 5162 件；起诉案件中，法院已判决结案 437 件，全部支持检察机关诉讼请求。5 月 23 日，习近平总书记主持召开中央深改组第三十五次会议，充分肯定检察机关提起公益诉讼试点成效，要求为检察机关提起公益诉讼提供法律保障。参见王治国等：《检察机关深化司法体制改革取得十大成效》，载《检察日报》2017 年 7 月 13 日。

题较为突显，制约检察机关参与行政公益诉讼的效果①。因此，应通过立法明确检察机关提起公益诉讼的主体地位，保障检察机关在公益诉讼中的起诉权、参诉权、调查权、辩论权、撤诉权、和解权、上诉权和抗诉权等诉讼权利。2016 年 2 月，最高人民法院发布《人民法院审理人民检察院提起公益诉讼案件试点工作实施办法》，与先前发布的《试点方案》实现了很好的操作衔接，也澄清了实践中面临的一些问题。

2017 年 6 月，根据《修改两法决定》，《民事诉讼法》第 55 条、《行政诉讼法》第 25 条均分别增加一款②，正式从基本法层面确认检察机关提起民事与行政公益诉讼的合法性，也明确规定案件范围、诉前程序、起诉资格等基本制度。

（二）检察机关提起公益诉讼的实践优化

在检察机关提起公益诉讼的探索成为正式的法律规定之际，仍需针对先行探索中所面临的主要难题与正式立法后的新情况，进行有针对性的调整和完善。

1. 检察机关的诉讼主体地位具化

关于检察机关提起公益诉讼的角色定位。从《修改两法决定》看，检察机关在公益诉讼中具备"原告人"或"诉讼代理人"双重身份。检察机关作为国家的法定法律监督机关，是国家和社会公共利益的当然代表者和维护者，虽非公共利益遭受侵犯后的直接受害者，但由国家和法律直接赋予当国家和公共利益受到侵犯时而提起诉讼的资格。在某些场合，检察机关"公益诉讼人"的身份为"诉

---

① 参见秦前红：《检察机关参与行政公益诉讼理论与实践的若干问题探讨》，载《政治与法律》2016 年第 11 期。

② 《民事诉讼法》第 55 条增加一款，作为第二款："人民检察院在履行职责中发现破坏生态环境和资源保护、食品药品安全领域侵害众多消费者合法权益等损害社会公共利益的行为，在没有前款规定的机关和组织或者前款规定的机关和组织不提起诉讼的情况下，可以向人民法院提起诉讼。前款规定的机关或者组织提起诉讼的，人民检察院可以支持起诉。"《行政诉讼法》第 25 条增加一款，作为第四款："人民检察院在履行职责中发现生态环境和资源保护、食品药品安全、国有财产保护、国有土地使用权出让等领域负有监督管理职责的行政机关违法行使职权或者不作为，致使国家利益或者社会公共利益受到侵害的，应当向行政机关提出检察建议，督促其依法履行职责。行政机关不依法履行职责的，人民检察院依法向人民法院提起诉讼。"

讼代理人"，直接遭受利益损害的主体是"国家和社会公共利益"，检察机关是法律规定的国家和社会公共利益的"受托者"，检察机关以支持诉讼的方式参与诉讼。① 虽然《修改两法决定》已经确立检察机关的诉讼地位，但检察机关提起公益诉讼时，应尊重行政机关的主动性，避免因司法权对行政权的干预。只有当行政权先行处理环境公益的事务仍无法达到维护环境公益目的时，才通过环境公益诉讼的途径进行解决。而且，检察机关提起公益诉讼具有特殊性，但不影响人民法院依法行使独立审判权，作为公益诉讼人的检察机关和人民法院，仍应按照民事诉讼法或行政诉讼法的规定执行，尊重和维护人民法院的审判权。

　　检察机关作为特殊的"公益诉讼人"，将产生以下新的变化：一是提起公益诉讼提交的是"起诉书"而非"起诉状"。二是法院通知开庭时，应使用"开庭通知书"而非"传票"。三是检察人员代表检察机关而非基于委托代理关系出庭，应向法庭提交"出庭通知书"而非"授权委托书"。四是检察机关可以向法院"建议"对被告财产进行保全、责令或禁止被告的特定行为，而非向法院"申请"；法院采取保全措施的，检察机关无须提供担保。五是在符合法定条件时，检察机关可以"决定"撤回起诉而非"申请"撤回起诉。六是法院审查认为检察机关的主张不成立，应判决检察机关败诉，而非驳回检察机关的诉讼请求等。②

　　在此基础上，还有以下几点值得注意：（1）检察机关的具体业务部门。检察机关的民事行政检察部门，承担对民事诉讼、行政诉讼的法律监督，案件涉及民商事、行政等诸多领域。目前，检察机关提起公益诉讼主要包括行政公益诉讼和民事公益诉讼两种，从职能对应性、便利性看，由检察机关的民事行政监察部门承担提起公益诉讼的具体工作最合适。而且，在检察机关内部，应建立民事行政公益诉讼部门与刑事诉讼部门之间的线索信息交流和共享机制；在检察机关外部方面，应理顺与人民法院的关系；理顺检察机关与

① 参见樊崇义、白秀峰：《关于检察机关提起公益诉讼的几点思考》，载《法学杂志》2017 年第 5 期。

② 参见郑新俭：《检察机关提起公益诉讼的若干问题》，载《人民检察》2016 年第 20 期。

行政机关的关系，以便建立与行政检察等纠错程序相衔接的协调机制；理顺检察机关与司法鉴定部门机构的关系，以便调查取证。（2）是否提级提起行政公益诉讼。《试点办法》并未特别明确地规定检察机关提起公益诉讼的级别管辖问题。[①] 但考虑到我国检察机关的实际地位，特别是对于基层的检察机关而言，提起的公益诉讼案件的被告当事人是同级的行政机关的，检察机关很难避免来自同级行政机关的干预。（3）二审程序。在民事二审程序中，只有上诉人和被上诉人的称谓，但考虑到公益诉讼人是检察机关的特殊性，如何称谓值得斟酌。如徐州市检察院在二审程序中，自称为"被上诉人（公益诉讼人）"，既体现出检察机关的被上诉人地位，又表现出检察机关的特殊地位。同时，《刑事诉讼法》规定，被告提出上诉的二审程序，法院要将上诉状的副本交给同级人民检察院，但并未规定提交答辩状。依照《民事诉讼法》的规定，被上诉人可以提交答辩状。根据《民事诉讼法》和《行政诉讼法》的规定，在公益诉讼中，由于检察机关的独特性，法院在追求审判公正时，也要考虑公益诉讼的特殊性，检察机关在二审程序中可以提交答辩状。

　　2. 诉前程序的完善

　　《试点办法》设置检察机关提起民事或行政公益诉讼的法定诉前程序，旨在敦促政府权力主体履行法定责任，发挥行政机关履行职责的能动性；同时，补强社会组织的诉讼行为能力，提高检察监督的实效性。

　　《试点办法》要求，检察机关在提起民事公益诉讼之前，应依法督促或者支持法律规定的机关或有关组织提起民事公益诉讼。但在实践中，检察机关可能无法达到有效督促所有的适格主体起诉，甚至"在没有适格主体或者适格主体不提起诉讼"的前提不复存在，导致检察机关在督促无效或无果时，实际上无法提起诉讼。为此，不妨借鉴《最高人民法院关于审理环境民事公益诉讼案件适用法律若干问题的解释》（2014 年）规定的公告制度，将发现的侵害

[①]　参见白彦：《检察机关提起公益诉讼的现实困境与对策研究》，载《法学杂志》2016 年第 3 期。

社会公共利益的环境违法行为或侵害消费者合法权益的违法行为予以公告，督促适格主体提起公益诉讼。① 实际上，这一做法已有实践先例。比如，2017 年 3 月 17 日，北京市人民检察院第四分院以公告的方式履行了诉前程序，公告期限届满后，没有适格主体提起民事公益诉讼，社会公共利益仍处于受侵害状态。为保护环境，维护社会公共利益，北京市人民检察院第四分院根据相关规定，向北京市第四中级人民法院提起民事公益诉讼。② 但《修改两法决定》并未作出明确规定。今后，可以司法解释或操作规定的出台，或修改《人民检察院组织法》的相关规定。③

同时，按照《试点办法》的要求，在提起行政公益诉讼之前，检察机关应当先行向相关行政机关提出检察建议，督促其纠正违法行政行为或者依法履行职责。该规定也面临检察建议的送达是否有效、行政机关是否回复的处置、行政机关回复的结果不当如何处理等实践问题。而且，检察建议的内容应与诉讼请求具有同一性。检察建议以充分调查核实为基础，查明相关行政机关在公益受到侵害时存在违法行使职权或不作为等违法情形，并建议纠正。对于行政机关不纠正违法或殆于履行职责的，检察机关提起公益诉讼时，提出的诉讼请求应与检察建议的主要内容基本一致。如果提出的是《建议移送涉嫌犯罪案件函》等意见材料，因建议内容是移送涉嫌犯罪线索，而不能作为履行诉前程序的检察建议。

3. 检察机关的调查权限与举证责任

民事诉讼采取"谁主张，谁举证"的一般原则，检察机关应当对被告的违法行为、损害后果提供证据加以证明。最高人民法院《关于民事诉讼证据的若干规定》第 4 条规定，因环境污染引起的

---

① 参见徐全兵：《检察机关提起公益诉讼有关问题》，载《国家检察官学院学报》2016 年第 3 期。

② 参见张鑫：《北京检方提全市首例大气污染民事公益诉讼》，载 http://www.legaldaily.com.cn/index/content/2017 - 07/27/content_ 7260734. htm？node = 20908，2015 年 7 月 28 日访问。

③ 参见刘加良：《检察院提起民事公益诉讼诉前程序研究》，载《政治与法律》2017 年第 5 期。

损害赔偿诉讼，由加害人就法律规定的免责事由及其行为与损害结果之间不存在因果关系承担举证责任。《侵权责任法》第66条规定，因污染环境发生纠纷，污染者应当就法律规定的不承担责任或者减轻责任的情形及其行为与损害之间不存在因果关系承担举证责任。而且《试点办法》第6条规定，人民检察院可以采取调阅、复制有关行政执法卷宗材料等方式，调查核实污染环境、侵害众多消费者合法权益等违法行为、损害后果涉及的相关证据及有关情况。这为检察机关充分有效举证提供了相应的依据与保障。而且，在环境公害事件中，法官可以根据法律规定或经验法则，在已知事实的基础上推定行为与损害后果之间存有因果关系，并许被推定人提出证据予以推翻的证明规则。其逻辑顺序是"受害人证明基础事实达到低标准证明——法官推定因果关系的存在——被推定人提出反证证明"。在此断过程中，环境侵权因果关系的证明并非纯粹的技术确证事实的问题，法官需要运用适当的证明规则，综合考量案件中的各种证据，最终对案件事实达到"内心确信"的程度。

同时，《行政诉讼法》（2014年修订）第34条规定："被告对作出的行政行为负有举证责任，应当提供作出该行政行为的证据和所依据的规范性文件。被告不提供或者无正当理由逾期提供证据，视为没有相应证据。但是，被诉行政行为涉及第三人合法权益，第三人提供证据的除外。"因此，行政诉讼实行举证责任倒置制度，由作为被告的行政机关承担证明行政行为合法的举证责任，在检察机关提起的行政公益诉讼中，举证责任仍不变。《试点办法》第33条规定，人民检察院可以采取调阅、复制行政执法卷宗材料等方式，调查核实有关行政机关违法行使职权或者不作为的相关证据及有关情况。进而，可以确保检察机关可以调查核实案情，尽量收集完备的材料。《行政诉讼法》第37条规定："原告可以提供证明行政行为违法的证据。原告提供的证据不成立的，不免除被告的举证责任。"检察机关在办理行政公益诉讼案件过程中，应当充分行使调查权力，并核实行政机关违法行使职权或者不作为的事实，但无须承担相应举证责任。对此，有观点认为，检察机关可以接受公民、法人或者其他组织的检举材料，同时具备法律监督职能、享有调查取证的优势地位和经验，相较于其他组织或者公民，可以更好地克服资金少、取证难和胜诉难等问题；基于《试点办法》赋予的调查权，在诉讼中并不处在弱势地位，具有优势调查取证的职能。因而，举证责任倒置原则可以稍作调整，可以参考美国的审判前证据开示制度，规定一方当事人可以要求另一方当事人提供文件资料，被告人可以要求检察机关提供某些证据资料。[①] 但是，根据《行政诉讼法》对举证责任的规定，尤其是考虑公益诉讼背后的公共利益考量立场，如果采取举证责任倒置做法，极易让受害一方处在弱势地位，即使检察机关作为起诉主体也不例外，因而不宜作出调整。

四、审判中心改革与侦查监督的强化

侦查监督是检察监督的重要组成部分。但在"侦查中心主义"的影响下，却遇到因立法规定粗疏与缺失、绩效考评机制和人员短缺而导致的监督信息有限、监督手段乏力、监督效果差弱等问题，选择性监督、事后监督、软性监督、零散监督等现象一度较为突出。[②] 在以审判为中心的诉讼制度改革等背景下，应推动侦查监督工作的进一步发展，优化警检关系，布局侦查引导体系，等等。

(一) 警检关系的理性协同

以审判为中心的诉讼改革，是指在我国宪法规定的"分工负责、互相配合、互相制约"的前提下，诉讼的各个阶段都以法院的庭审和裁决关于事实认定和法律适用的要求和标准进行。[③] 这对检警关系与侦查监督等都产生新的影响。

1. 侦查中心到审判中心的理念转变

从以审判为中心的改革看，审判是侦诉的最终目的，侦诉应为审判做准备和服务，只有侦诉紧密结合才能形成控诉合力。检察监督的根本任务是限制侦查权，并保障审判权依法独立行使。在以审

---

① 参见刘庆、秦天宝：《环境公益诉讼中检察机关的权力运行与保障——基于三起典型案例的实证分析》，载《环境保护》2017 年第 9 期。

② 参见樊崇义、刘辰：《侦查权属性与侦查监督展望》，载《人民检察》2016 年第 12～13 期。

③ 参见樊崇义：《以审判为中心的几个理论问题》，载《法治现代化研究》2017 年第 2 期。

判为中心的诉讼制度改革的运行机制中，应当以权力制衡原理为指导，应当摒弃"侦查中心主义"，但并非削弱和蔑视侦查本身，侦查仍然是以审判为中心诉讼制度体系中的首要环节和基础环节。但鉴于侦查权的行政属性和运行中的基本特征，决定必须对其监督、制约，并进行司法改造。①　其中，侦查监督部门处于刑事诉讼上游，需要发挥程序初期的监督、引导和把关作用。②　换言之，侦查监督旨在保证侦查权依照法定的授权和程序正确行使，通过侦查监督防止侦查权滥用，提升侦查法治化与人权保障水平，是侦诉程序对审判中心主义的贯彻。同时，应当重构侦诉关系，在职能分工的基础上，注重从"配合"与"监督"方面，加强侦诉协作，在侦查阶段全面贯彻检察监督，优化公诉引导侦查的模式等。应从被动监督、事后监督转变为主动监督、同步监督，形成参与式的动态制约机制；应保证犯罪嫌疑人及其辩护律师充分参与，在审查批准逮捕等环节设置诉讼化结构，通过第三方力量对侦查行为加以制约。

　　2. 强化侦查监督的司法属性

　　在构建新型良性的检警关系问题上，首先需要扭转"以侦查为中心"的办案模式与现状。③　目前，我国并未实行司法令状或司法审查制度，审判机关很难直接对侦查机关形成高效制约。侦查活动是刑事审判程序启动的标志，紧随其后的是检察机关的批捕、起诉程序，只有检察机关才能对侦查机关的侦查行为进行直接制约。因此，检察机关工作的重点和任务，是强化侦查行为的合法性与侦查监督的司法属性，尤其规范批准逮捕、起诉审查、侦查监督、羁押必要性审查等活动，抑制侦查权的过度膨胀，推动整个刑事诉讼活动转向"以审判为中心"。

　　基于以审判为中心的改革要求，为了强化侦查监督，应对侦查权的行政属性进行相应的司法改造，构建新型警检关系，推动建立中国特色的司法审查制度。其中，凡是涉及"人权"和"财产权"

---

①　参见樊崇义：《关于当前检察改革的五个基本理论问题》，载《人民检察》2016 年第 11 期。

②　参见卞建林：《发挥侦查监督职能，把好防范错案关口》，载《检察日报》2015 年 6 月 17 日。

③　参见樊崇义、李思远：《以审判为中心背景下的诉审、诉侦、诉辩关系刍议》，载《人民检察》2015 年第 17 期。

的强制措施，侦查机关均不得自行立案、自行侦查、自行决定，检察机关应发挥侦查监督作用，要求侦查机关须报经检察机关批准，接受检察机关的法律监督、制约。凡限制人身自由的各种强制措施均应由检察机关审查批准，凡物权限制措施应采取检察机关批准的令状主义，自侦案件的强制措施和带有强制性的措施应报经同级法院批准。① 借此，防止侦查权力滥用，确保侦查活动与适用强制措施的合法性，夯实诉前诉讼的正义基础。

（二）检察机关引导侦查的监督机制

控诉是庭审程序的发动者，是以审判为中心诉讼制度的重要主体，是案件的审查者、核实者，是防止冤假错案产生的重要屏障。在处理诉侦关系上，检察机关应发挥主导作用，及时扭转侦查中心的现状，正确地引导侦查，以此强化侦查监督的实效。

1. "大控诉" 理念的践行

审查起诉阶段与侦查阶段都是审前程序，是审前程序的内部关联阶段。一方面，侦查是审查起诉的准备；另一方面，审查起诉是侦查的进一步发展。从逻辑上看，侦查阶段应当是公诉职能延伸与拓展的主要方向，新型诉侦关系应以公诉职能为中心，指导、监督和制约侦查权运行。在以审判为中心的诉讼理论看来，侦查系公诉的准备活动，公诉占据主导地位，左右侦查活动的结局和进程。基于检察机关是审前程序的主导者，要立足构建"大控诉"，构建一个完备的审前程序，具体是检察机关主导的"大控诉"格局。② 具体地讲，侦查工作和起诉工作的前后衔接效果，直接影响侦查工作质量，进而直接影响起诉的质量，检察机关构建"大控诉"格局的初衷，就是要把"引导侦查"工作做好，充分肯定和发挥控诉是发动者的角色。而且，随着监察制度改革将检察机关的职务犯罪侦查权剥离，公诉权与诉讼监督权成为未来检察机关的两项基本任务，

---

① 参见樊崇义：《关于当前检察改革的五个基本理论问题》，载《人民检察》2016 年第 11 期。

② 参见樊崇义、李思远：《以审判为中心背景下的诉审、诉侦、诉辩关系刍议》，载《人民检察》2015 年第 17 期。

公诉权的地位和作用也进一步强化。① "大控诉"格局作为将审前程序捏合在一起的一种趋势，可以在审判中心的背景下，为侦查监督活动注入更大的功能与空间。

具体地看，在侦诉关系上，如欲确立公诉权对侦查权的有效监督，则需形成一定的优势地位，在程序上必须弱化侦查反向制约公诉的背离现象。由此，诉讼阶段论意义上的侦查阶段与审查起诉阶段，应围绕"以审判为中心"视野下的"审前程序"作出适当的转变，以此建立新型诉侦关系，将侦查阶段视为公诉职能延伸与拓展的主要方向，探索检察介入侦查、公诉指导侦查制度，明确检察机关在审前程序中的主导地位，强化侦查监督与动态制约机制。② 在以审判为中心的诉讼制度改革的背景下，检察引导侦查应主要采取引导侦查取证的方式，主要表现为公诉指导调查取证，并不包括制定侦查策略、侦查方案、选择何时讯问、羁押犯罪嫌疑人等，毕竟公诉引导侦查的体制并不是侦诉一体化的异化形态。

2. 引导侦查的主要方向

最高人民检察院《人民检察院公诉工作操作规程》（2008 年）第 2 章 "介入侦查引导取证"首次作出较为明确的操作规定，初步奠定深化改革的基础。

在以审判为中心的诉讼改革背景下，检察机关引导侦查的主要方向还应包括以下几点：（1）从司法实践来看，介入侦查引导取证的主体主要是检察机关的侦查监督部门和公诉部门，一般是先由侦查监督部门介入，批捕后由公诉部门介入。由于侦查活动是具体的专业活动，公诉部门更对口，理应承担更具体、更常态的业务引导，侦查监督部门应以宏观监督、过程监督为主，进而妥善处理公诉部门指导侦查与侦查监督之间的关系，既要保证起诉权的行使，也要兼顾检察监督的效果，避免诉讼职能与诉讼监督职能的混淆。（2）以审判中心为指导，进一步调试引导侦查的案件范围、条件和具体程序。

---

① 参见胡勇：《监察体制改革背景下检察机关的再定位与职能调整》，载《法治研究》2017 年第 3 期。

② 参见卞建林、谢澍：《"以审判为中心"视野下的诉讼关系》，载《国家检察官学院学报》2016 年第 1 期。

比如，在案件范围上，可能判处 10 年以上有期徒刑且犯罪嫌疑人不认罪的案件、无期徒刑的案件、死刑的案件、案情复杂且取证困难的疑难案件、有重大社会影响的案件、社会关注度高的案件，是重要的案件范围。又如，在具体监督方式，鉴于非法排除证据规则的完善，可以增加要引导重要调查取证活动并就取证的程序以及证据可采性问题提供建议这一方式。（3）为了确保引导侦查不流于形式，实现对侦查权的有限制约，应当明确侦查机关不执行检察建议的程序性制裁措施，督促侦查机关主动对接、配合。（4）完善重大疑难案件侦查机关听取检察机关意见和建议制度，强化侦查机关、检察机关在办理重大疑难案件中的沟通配合和监督制约。比如，最高人民检察院《关于切实履行检察职能、防止和纠正冤假错案的若干意见》（2013 年）第 18 条要求，对命案等重大疑难案件，应当与侦查机关协商，引导侦查机关依法全面收集、固定和完善证据。2015 年，最高人民检察院《关于深化检察改革的意见》将"推动建立重大、疑难案件侦查机关听取检察机关意见建议制度"作为 2015 年年度工作重点之一。《关于深化检察改革的意见（2013—2017 年工作规划）》中提出探索建立重大、疑难案件侦查机关听取检察机关意见和建议制度。在参与主体上，公诉部门或侦查监督部门应同时协同参与引导。在参与方式上，可以是检察机关依公安机关的申请参与，或者依职权主动要求参与。检察机关对公安机关的侦查活动发表意见和建议，主要应针对案件的证据调查、事实认定、法律适用和办案程序等方面提出，重点是对取证环节和证据规格进行把握。当前，重大职务犯罪是探索该制度的主要领域。（5）优化警检协同配合，强化数据共享，整合侦查信息与检察大数据，确保检察机关对侦查机关立案等信息的同步知情能力等。

3. 驻公安检察室试点的升级

侦查活动具有相对的封闭性，容易导致权力的滥用，建立对公安派出所刑事侦查活动的监督，引入外部的监督，有助于破解侦查活动的封闭性这一制度难题，更好地避免侦查权滥用。基于此，在中央深化司法体制改革之际，最高人民检察院推出侦查监督驻公安检察室制度的改革尝试。① 它是指人民检察院侦查监督部门在同级公安机关法制部门设置的派驻检察室，以此延伸侦查监督部门的职能范围，进一步督促侦查机关依法开展侦查活动。侦查监督驻公安检察室制度突破公检之间的信息壁垒，实现监督的主动性、及时性和全面性，可以更充分、有效发挥法律监督权的作用，进一步加强检警沟通协作，探索形成合力打击犯罪、保障人权的检警工作新模式，强化侦查监督。2015 年 4 月，最高人民检察院确定在山西等 10 个省份开展试点。驻公安检察室机制推行以来，主要面临以下问题：法律授权不明确，公安机关对检察室工作存有抵触情绪；公检两机关存在"重配合轻监督"的情况；信息渠道不够畅通，瓶颈仍未真正攻克。为此，2016 年，最高人民检察院启动"探索在主城区、城乡接合部、刑事案件高发区域公安派出所设立驻所检察室（官）"的制度。2017 年 3 月，最高人民检察院宣布，年底前将全面铺开对公安派出所刑事侦查活动的监督工作。② 应当继续推进对公安派出所刑事侦查活动监督改革试点工作，延长试点时间，扩大试点范围，积累有效经验，推动建立长效机制，真正实现检察机关对公安机关的"近距离"监督、办案一线的监督，从根本上改变"公安独大""以侦查为中心"的刑事司法格局。

4. 建立涉案财产的检察监督机制

关于刑事诉讼中涉案财产的处置与保障问题，无论是对物权的强制措施的适用，还是涉案财产的返还、没收等环节，都存在规范不足问题。主要原因是立法不严，特别是侦查机关对搜查、查封、扣押、冻结、移送、返还、没收等诉讼环节的适用随意性偏大，"侦查中心"的办案模式仍根深蒂固，行政化色彩偏重，司法审查缺乏"硬度"。正是由于涉案财产的司法审查制度与当事人的申请救济机制基本处于阙如状态，且加之检察机关的监督尚未到位，使这块领域的问题不少。③ 应充分认识涉案财产处置程序的重要性，是关系到

---

① 参见宋英辉：《完善对公安派出所刑事侦查监督机制》，载《检察日报》2015 年 6 月 22 日。

② 参见沈彬：《检察官驻派出所，司法改革迎来大动作》，载 http://finance. sina. com. cn/roll/2017 - 04 - 05/doc - ifycwyns4785867. shtml, 2017 年 7 月 4 日访问。

③ 参见樊崇义：《以审判为中心的几个理论问题》，载《法治现代化研究》2017 年第 2 期。

当事人财产关系和直接经济利益的大问题。2015 年起，最高人民检察院持续深入重点纠正违法扣押冻结涉案财物等问题，收效显著。今后应注意以下几个方面：（1）将财产状况调查工作前移。在侦查机关启动侦查程序时，便开展对犯罪嫌疑人的财产状况调查，并将相关证据材料移交检察机关公诉部门，作为后期法院作出准确量刑的依据，检察机关同步对相关调查材料开展监督。（2）实现全程监督。可以探索刑事执行检察部门派员参加对被执行人财产的价格评估、委托拍卖等侦查行为，发现违法行为的，及时提出纠正意见，切实维护被执行人的合法权益。（3）完善事后救济机制。刑事执行检察部门收到有关涉案财产处置的控告、举报或申诉，应及时展开调查。发现侦查行为违法的，应及时纠正；发现被执行人转移、隐匿财产行为的，应当建议法院及时采取强制措施保障刑事裁判中涉财产部分的顺利执行。（4）建立刑事裁判涉财产部分执行监督的外部协作机制。构建公检法司协作一体化机制，健全法律文书移交备案机制，畅通信息交流渠道，实现全程同步的衔接与监督。（5）规范检察监督程序。提升工作方式方法的有效性，整合书面审查与实地核查、定期审查与动态跟踪、全面审查与重点监管等途径，对一般性问题通过检察建议提出具体监督意见，对严重违法行为通过纠正违法形式作出纠正。

目 录

第一专题　检察监督体系的理论研究

第三专题　检察监督体系的制度保障

第一专题

检察监督体系的理论研究

检察监督体系内涵问题研究

周德松*

法律监督学理上有狭义的法律监督和广义的法律监督之分。广义的法律监督是指全国人民代表大会、司法机关、行政机关、社会组织和个人对于法律的施行有监督的权利。狭义的法律监督是指国家设立一个专门机关对于国家法律的正确施行进行法律监督。中华人民共和国成立后，检察机关作为法律监督机关在我国登上了历史舞台。检察机关从无到有，法律监督的职权从对刑事诉讼侦查阶段、审判阶段行使法律监督，到对民事检察、行政监督、控告申诉监察的全方位、立体化监督体系和格局。检察机关顺应司法改革，加强内部监督力度，整合对外检察监督职权，确保检察监督体系的监督权力集中体现。

一、检察监督的提出和发展

检察机关依法成立后，进而确定了由检察机关行使法律监督权。检察机关的法律监督权从无到有，后检察机关被取消，由公安机关行使检察职权，再到检察监督的形成，最后到检察监督体系的提出。检察监督从概念的提出、发展到检察监督体系的提出，见证了检察机关作为法律监督机关充分、有效行使法律监督权的历史。

（一）检察监督概念的提出

检察监督在中国的历史上，第一次正式的文本提及并非是以法律的形式出现的。中华人民共和国成立后，1949 年 12 月颁布的《最高人民检察署试行条例》确立了由检察机关行使法律监督权。该条例的颁布第一次确认了由检察机关行使法律监督职权，也第一次提出了检察监督这一个概念。检察监督概念的首次提出，开启了我国检察机关行使法律监督权，为我国法律依法正确行使、法律执行标准的统一性提供了制度保证。这一时期由检察机关行使法律监督权的检察监督是向苏联学习的，检察监督基础理论和制度设计与苏联表现出

---

* 天津市宝坻区人民检察院公诉科助理检察员。

极大的相似。

（二）检察监督制度的发展

1979 年刑事诉讼法规定了检察机关对侦查机关和审判机关的制约职能。1979 年刑事诉讼法虽然没有使用同一性的监督对检察机关的职权进行规定，但是制约职能的表示在一定程度上已经确定了检察机关的法律监督地位。1996 年刑事诉讼法在 1979 年刑事诉讼法的基础上，将检察机关的法律监督职权以刑事诉讼法为载体的形式，第一次予以明文化规定。同时，1996 年刑事诉讼法对于检察机关的法律监督内容作了更加具体的规定。2012 年刑事诉讼法对于检察机关法律监督作了更加细化的规定，明确检察机关法律监督权的行使阶段，涵盖侦查阶段、审判阶段、执行阶段等多阶段的整个刑事诉讼领域。2012 年刑事诉讼法加入了"尊重和保障人权"的基本原则内容，"尊重和保障人权"为检察机关行使法律监督指明了方向，为检察机关行使法律监督明确了价值追求。

（三）检察监督体系的提出

我国宪法规定，检察机关作为法律监督机关，对司法机关正确适用法律、行政机关合法行政、合理行政行使监督职权。检察机关一贯以来提出的概念是法律监督，法律监督更多的体现于检察机关和其他机关的关系，即检察机关对外行使职权的主体、对外行使职权的内容。检察监督体系较法律监督，这次检察机关提出的检察监督体系，体现的是检察机关在新一轮司法体制改革下如何更好地整合检察职权，对外发挥好检察监督职权。2016 年 7 月 20 日，在长春召开的第十四次全国检察工作会议上，检察机关首次提出了检察监督体系这一个概念，会上提出完善检察监督体系、提高检察监督能力。

二、检察监督体系的地位和作用

（一）检察监督存在的现实基础

在我国，检察机关作为法律监督机关行使法律监督职责，对司法机关、行政机关的法律运用进行监督，确保法律被正确援引和适用。检察机关作为法律监督机关的存在有其现实性基础，主要体现在我国的基本制度、法律本身特性和执法实际等方面。一是从我国的基本制度上看，检察机关行使法律监督权是制度使然。对于狭义的法律监督，以美国为例的多党执政的国家，因在野党对执政党的监督制度客观存在，在制度上美国没有单独设立监督法律执行的机构。我国是中国共产党一党执政的国家，全国人民代表大会行使人民赋予的权力，全国人民代表大会的存在是以会议的形式存在的，客观上无法履行具体法律实施的监督职能，全国人民代表大会常务委员会作为全国人民代表大会因其机构人员数量，也无法完成对我国幅员辽阔的疆域行使法律监督职责。检察机关作为一个司法机关充分行使法律监督职权有其权力行使的客观可行性，检察机关作为司法机关具有法律监督的专业化条件，检察机关因其机构设置到县级具有法律监督的地域性条件。二是从法律本身特性上看，法律适用可解释的空间较大。我国自 1949 年以来，先后制定发布了大量法律法规，虽然伴随着时间的推演、司法实践经验的积累，后续对先前法律进行多次修订，同时颁布了很多司法解释，但是司法实践中因司法、执法人员的水平参差不齐，对于法律的理解和适用的尺度不一。与此同时，因立法本身具有一定的超前性特性，为了保证法律的准确性，法律本身具有概括性特点，法律的概括性特点在一定程度上加重了法律适用不一致的客观存在。为了确保法律法规的正确适用，保证法律效果的一致性，确立检察机关作为法律监督机关，监督司法机关、执法机关正确适用法律是法律超前性、概括性的自身特性使然。三是从执法实际上看，司法腐败和执法不公的现象客观存在。我国疆域幅员辽阔，各地的司法环境、执法环境不同。在司法实践中，存在着为谋求一己私利而任意使用自己手中的司法权力，造成司法腐败的情况发生。各地的经济发展水平不同，地方政府为了地方利益，在具体的执法过程中存在不正确适用法律、不正确行使执法权的现象。

（二）检察监督在权力监督体系中的地位

在我国，对于国家公权力的监督主要有权力机关的监督、党政机关的监督、行政监督、媒体的监督和公民的监督等形式。全国人民代表大会是我国的权力机关，对国务院的行政行为、最高人民法院、最高人民检察院的司法行为依法行使监督权。党政机关的纪检机构对各级党组织、党员的违法违纪行为具有监督职权，可以依职权对违法违纪情况进行监督检查。行政监督是指具有监督检查的专门机关对行政机关的具体行为进行监督检查的情况。媒体、公民监督是指媒体、公民对司法机关、行政机关等违法行为进行监督的情况。检察监督在权力监督体系中具有独特的地位，主要原因是：一是检察监督较其他监督形式体现出国家性特点。检察机关作为司法机关，由全国人民代表大会产生，检察机关和政府、法院具有权力同一性，即均体现了国家机关的国家性。法律监督权力的行使客观上要求，法律监督主体平行或高于被监督的主体，检察机关与政府、法院均产生于全国人民代表大会，政治地位属于同一层次，具有对政府、法院履行法律监督的机构可行性。二是检察机关具有法律专业性特点。法律监督主要体现在对司法机关的法律监督和行政执法的法律监督，司法机关的法律监督主要表现在刑事诉讼监督、民事诉讼监督和行政诉讼监督，行政执法的法律监督主要表现在对行政机关的行政处罚、具体行政行为的施行进行法律监督。检察机关作为司法机关，从事刑事案件的审查起诉、民事行政检察等工作，体现了法律的专业性。检察机关对公安机关、法院的刑事诉讼侦查工作和审判工作依法履行法律监督职权，对侦查机关的侦查活动进行法律监督，对法院的审判活动进行法律监督。检察机关对行政机关的具体的行政处罚行为、行政不作为等行为进行法律监督。检察机关凭借其法律专业性特点，对司法机关的司法行为实施法律监督、对行政机关的行为实施法律监督，确保刑事诉讼的公正、行政机关具体行政行为的合法性、合理性。

（三）检察监督的主要作用

检察机关在保障国家依法有序运行和社会综合治理创新中发挥着重要的作用，主要体现在对其他权力机关的权力制约和保障法律得到统一正确地执行两个方面。一是对其他权力机关的权力起到制约作用。权力在一定程度上可以转变成利益，对于权力的行使如果没有完善、及时的监督，权力在现实生活中会变成某个人或者某个集体获取非法利益的工具。只有将权力放在制度的笼子中才能确保权力的依法行使，只有加强对权力行使进行监督才能有效地保证权力的公正行使。检察机关充分发挥检察监督职权，对司法机关的诉讼活动、行政机关的执法行为进行监督，确保诉讼活动依法正常进行、确保具体行政行为程序合法、具体行政行为内容合理。同时，检察机关利用查处职务犯罪的权力，对职务犯罪的相关责任人进行立案侦查，对职务犯罪行为严厉打击，确保检察监督在机构层面和具体行为人层面上的检察监督成效。二是保证法律得到统一正确地执行。检察机关的检察监督保证法律得到统一正确的执行主要是对司法、执法层面上的法律适用进行监督检察，确保因司法人员、执法人员法律水平参差不齐造成司法、执法不一的情况予以纠正，确保因地方保护主义等因素造成司法、执法不一情况予以纠正。司法人员、执法人员因客观原因，出现法律水平参差不齐的情况，最终造成司法、执法不一致的情况发生。这一情况的出现是客观因素造成的，检察机关通过检察监督，对因客观原因造成的司法、执法不一的情况予以纠正，确保法律得到统一正确的执行。

三、检察监督体系的内生型权力制约

以孟德斯鸠为代表的西方性恶论认为：公共权力的强制性决定了一部分人可以支配另外一部分人，就人的本性来说人是利己主义者，掌握权力的人为了自己的目的会滥用支配权,会滥用自己手中的权力。① 为了确保掌握权力的人不滥用权力,西方国家通过两党制或多党制之间相互制约的政治制度防止权力被滥用。我国是中国共产党领导下的多党合作模式,实行的是一元化领导。为了防止一元化领导带来的权力被滥用情况的发生,我国建立了以检察机关为专门法律监督机关的制度设计。对于作为法律监督机关的检察机关的法律监督权不被滥用,应在检察机关内部加强内生型权力制约。通过内部监督机制的建立和完善,加强检察机关的内生型权力监督制约力度,促进检察监督权的良性运转。

（一）搭建内部监督工作平台

搭建内部监督工作平台,形成增强检察机关的办案程序意识、增强检察机关的案件质量意识、加强检察机关党风廉政建设、加强检察机关规范化队伍建设相结合的“四位一体”。一是充分发挥检察机关统一业务应用系统的办案规范化作用,规范检察机关办案的程序意识,确保检察机关办案的程序性合法。重视程序性合法的重要性,以程序性合法的程序性权力保障尊重和保障人权做到实处。二是充分发挥案件评查的积极作用,促使检察机关办案质量的提高。案件评查是检察机关的内部上级机关以及同级机关对案件的侦查、逮捕、审查起诉的案件质量进行审查,通过事后的监督检查促进办案部门办案能力和办案水平。三是充分发挥检察机关监察部门党风廉政督查作用。通过内部的监督部门对检察人员的办案能力和办案风险进行廉政的监督监察,做好检察人员办案的风险防控。四是加强检察机关规范化队伍建设,提高检察人员的整体素质。增强检察人员的业务能力水平,提高检察人员办案拒腐防变能力水平。通过提高检察人员的素质的内动力增强,增强检察人员的拒腐防变能力,依靠检察机关统一业务应用系统对程序性的规范、案件评查对案件法律适用的准确性“四位一体”的内部监督平台,确保检察机关作为监督机关的内在能力提高。

（二）完善内部监督组织机构

充分发挥好现有“纪检、监察、督察”三位一体的内部监督组织,根据最高人民检察院 2011 年颁发的《关于加强检察机关内部监督工作的意见》文件,成立检务监督委员会。检察机关的纪检检察组织结构主要体现在外部纪检机关和内部纪检部门对检察人员的纪检检察。检察机关的党风廉政建设需要外部纪检机关的监察,同时更应该充分发挥内部的纪检人员的监督检察的作用,

---

① 参见陈佑平、陈奋:《权力制约机理与我国检察监督的优越性》,载《河北法学》2009 年第10 期。

保证纪检监督实效。同时，还要发挥监察部门对检察人员的办案监督，将监察人员的监督工作做细、做到位。与此同时，检察机关应充分发挥督察监督的作用，将办案纪律、党风廉政工作做好、坚持好。检务监督委员会是在原来"纪检、检察、督察"三位一体的内部监督检察基础上，成立的一个集中行使监督监察权，对检察机关做好内部监督的一个部门。检务监督委员会为检察机关对内监督具有最高决策权，对内部处理、决定除检察长以外所有检察人员的述职述廉、举报等事宜。在人员组成上，除专门纪检监察人员外可以吸收业界专家、人大代表、政协委员、人民监督员为检务监督委员会人员，弱化内部监督的行政化成分。建立检务监督委员会集中行使对检察机关人员的内部监督职责，通过监督权集中广泛行使，确保检察机关内部监督组织机构设立更加科学，监督监察权行使更加顺畅、充分、有效。

（三）将外部监督引入内部监督

将外部监督引入内部监督主要是指检察机关在办案过程中，充分听取侦查机关、犯罪嫌疑人家属、被害人家属以及辩护人的意见，充分听取相关人员的意见，确保案件政治效果、法律效果和社会效果的统一。检察机关常态化的监督主要是案件管理部门依托检察机关统一业务应用系统对案件程序性的规范和事后组织人员对已经生效的刑事案件进行案件质量评查。检察机关常态化的监督职能在办案过程中确保案件的程序性合法，却无法在办案过程中对案件的实体进行监督，只能通过事后的案件评查对案件的质量进行研判。为了更好地解决常态化监督无法实现办案过程中对案件的实体性公正的监督，可以在办案过程中将外部监督引入内部监督，在办案过程中召开听证会听取侦查机关侦查人员、犯罪嫌疑人家属、被害人家属及辩护人意见，充分听取相关人员的意见，保证案件的质量和社会效果。充分听取案件犯罪嫌疑人家属、被害人家属等相关人员对案件的意见，确保在办案过程中充分听取相关人员的意见，以案说法、以案释法对相关人员进行解释，确保案件质量。将这一区别于常态化内部监督的内容纳入内部监督，有效地提高检察机关办理案件质量和社会认可度。

（四）推动检察业务深度公开

检察机关推行检察业务深度公开，主要从办案节点实时公开和法律文书事后公开接受社会监督。办案节点实时公开是检察机关深度公开检察工作的一个重要举措，同时也是检察机关接受公众监督的一个重要内容。检察机关法律监督机关办理案件也是有办案时限的，检察机关依托于检察机关统一业务应用系统和微信软件，以推送的形式向辩护人推送案件阶段的变化，使辩护人充分了解检察机关的案件办理进度情况，接受辩护人的专业化监督有效地保证了检察机关办案程序的合法性，保护了犯罪嫌疑人的权利，有效地预防了超期羁押的情况。与此同时，检察机关通过人民检察院案件信息公开网对案件的程序性信息、重要案件信息、法律文书进行公开。通过将案件的程序性信息主动对外公开，保证相关人员可以及时通过人民检察院案件信息公开网查询到案件的相关信息，保证了相关人员的知情权。对于重要案件信息及时通过人民检察院案件信息公开网进行公布。确保重要案件信息可以为社会获取，接受社会的监督。检察机关对于审查起诉的刑事案件在案件生效后，及时通过法律文书公开系统将起诉书对外公开，将起诉书、不起诉书这一重要的法律文书主动向社会公布。将法律文书主动向社会公布是检察业务深度公开的重要举措，有效地提高了检察机关办案的透明度。

四、检察监督体系的外在权力集中体现

检察机关内生型权力集中体现是检察机关为提高检察监督水平和能力而做的提高内在专业化水平。检察机关作为国家专门的法律监督机关，检察机关更应当也必须做严格执法、依法办事、依法办案的模范。[①] 检察监督体系中的检察监督集中体现是检察机关对外的监督。检察监督体系外在权力集中体现主要体现在检察机关要全面加强刑事检察监督，深化推进民事检察监督，积极探索行政检察监督和进一步深化控告申诉检察监督。

（一）全面加强刑事检察监督

1. 增强检察机关发现和纠正诉讼违法的能力

增强检察机关发现和纠正诉讼违法的能力是全面加强刑事检察监督的一个重要组成部分。增强检察机关发现和纠正诉讼违法主要体现在加大对侦查机关侦查活动的提前介入力度，强化对侦查机关立案活动的检察监督，发现侦查机关、审判机关的违法办案情况后，可以建议有关部门依法变更办案人。一是检察机关加大对侦查活动的提前介入力度。现行刑事诉讼法规定，检察机关对侦查活动的介入主要限于参与侦查机关对重特大案件的讨论，对案件的复验、复查等情形。在此基础上，检察机关对侦查机关的提前介入手段和范围应予以拓宽。对于对社会影响较大的案件、当事人向检察机关反映侦查人员违法办案的情况、检察机关认为应当提前介入的案件等情形，检察机关可以提前介入案件的侦查活动。检察机关通过讯问犯罪嫌疑人、询问证人、现场勘查、复验、复

---

① 童建明：《加强诉讼监督需把握好的若干关系》，载《国家检察官学院学报》2010 年第 5 期。

查等形式，提前深入介入侦查活动，保证侦查机关取证程序的合法性、证据内容的真实性。二是检察机关强化对侦查机关立案活动的检察监督。检察机关在办案过程中发现侦查机关对于应立案而未立案的情况，侦查监督部门可以以检察机关的名义向侦查机关制发正式文书，督促侦查机关对应立案而未立案的案件予以立案。三是检察机关在办案过程中发现侦查机关、审判机关办案人有渎职行为，可以根据 2010 年 7 月最高人民法院、最高人民检察院、公安部、国家安全部、司法部印发的《关于对司法工作人员在诉讼活动中的渎职行为加强法律监督的若干规定（试行）》的规定，检察机关建议办案单位变更办案人。法国刑事诉讼法规定，检察长可以依据其监视权对不履行义务的司法警察自行宣告制裁，并收回其原来给予该成员的权力与资格。检察机关通过建议办案机关变更办案的方式，对于加强检察机关对司法工作人员徇私舞弊、滥用职权的法律监督，对于推进廉洁公正执法，具有深远的法律意义和现实意义。

2. 完善监督程序，为检察机关履行监督职能提供程序保障

通过明确检察监督对象接受检察机关监督的法定义务，废除发回重审制度、强化检察机关审判监督的效力，完善刑罚变更执行同步监督制度，为检察机关履行监督职责提供程序保障。一是明确侦查机关、审判机关、刑罚执行机关接受检察机关法律监督的义务。检察监督对侦查机关的侦查活动、审判机关的审判活动、刑罚执行机关的执行活动监督发挥着重大的作用，为法律的正确适用起到了积极的促进作用。然而，法律明文规定检察机关对侦查机关、审判机关、刑罚执行机关具有执行权的同时，并无明文规定被监督对象对检察机关监督的义务，致使检察监督的实效性无法得到充分保障。陈瑞华教授曾指出：该规范最多只能算做一种"宣言"或者"口号"，而不具备法律实施的基本前提和条件。[①] 法律应明确侦查机关、审判机关、刑罚执行机关应当接受检察机关监督的法律义务，明确不履行义务应受到的法律制裁。二是废除发回重审制度、强化检察机关审判监督的效力。刑事诉讼法规定，人民法院对于人民检察院提起抗诉的案件，对于事实不清或者证据不足的案件，可以裁定发回原审法院重审或者指令下级人民法院再审。人民法院发回重审的案件，一审法院根据裁定变更审判人员再次审理该案件。虽然案件的主审法官发生变化了，但是一审法院的庭长、院长、审判委员会都没有发生变化，让一审法院改变自己的错误难度非常大。实践中出现一审法院再次作出同样的判决，那么检察机关再次

---

① ［法］卡斯东·斯特法尼等：《法国刑事诉讼法精义》，罗结珍译，中国政法大学出版社 1998 年版，第 367 页；陈瑞华：《问题与主义之间——刑事诉讼基本问题研究》，中国人民大学出版社 2003 年版，第 104 页。

提起抗诉,如此往复极大的影响了检察机关对审判机关法律监督的效力。同时,发回重审的案件理由是事实不清或证据不足,根据疑罪从无原则二审法院应当对被告人作出无罪判决而更不应该发回一审法院重审。对于因事实不清或者证据不足的案件,由二审法院直接作出无罪判决较二审法院发回一审重审更符合疑罪从无的原则,同时也更能彰显我国法治建设的进步,充分体现检察机关法律监督的效力。三是完善刑罚变更执行同步监督制度,将刑罚变更执行的事后监督提前为刑罚变更执行的实时监督,确保检察监督实效。《刑事诉讼法》第 265 条规定,人民检察院对执行机关执行刑罚的活动是否合法实行监督。第 263 条规定,人民检察院认为人民检察院减刑、假释的裁定不当,应当在收到裁定书副本后 20 日以内,向人民法院提出书面纠正意见。检察机关对于人民法院刑罚执行的监督主要是事后监督,监督实效性滞后。司法腐败渎职行为多发生于变更刑罚执行之前或之时,为了提高检察监督的实效性,应将检察监督介入提前,确保刑罚执行变更前人民法院将变更刑罚执行的建议抄送给检察机关,征求检察机关的意见。

3. 完善检察机关监督范围的规定,使刑事诉讼法律监督体系更加严密

为了确保法律监督体系更加严密,应完善检察机关的检察监督的监督范围,对侦查机关不应立案而立案的情况实施检察监督,对侦查机关对行为人采取取保候审、监视居住、拘留等强制措施的情况实施检察监督。一是检察机关的惯常化的立案监督是指检察机关的侦查监督部门对于侦查机关立案的刑事案件,认为不宜立案建议侦查机关撤销案件的检察监督。检察机关对侦查机关的立案监督是单层次的,根据法律规定检察机关对于侦查机关的立案监督只是对侦查机关已经立案而不应立案的监督,对于侦查机关应立案而没有立案的情况并没有监督权。检察机关作为法律监督机关,为了确保检察机关检察监督权的全面立体覆盖,应当完善检察监督的规定,建立双层次的立案检察监督体系,对于侦查机关已经立案而不应立案和没有立案而应立案的情况进行检察监督。充分发挥检察机关的检察监督职能,使没有犯罪的人不被刑事处罚,使应受刑事处罚的不被法律所放纵。二是对侦查机关对犯罪嫌疑人采取取保候审、监视居住、拘留等强制措施的情况实施检察监督。侦查机关对行为人采取强制措施是对行为人人身权利的限制,或限制行为人人身自由或指定行为人监视居住,对行为人人身权利的限制应尤为慎重。没有公民的基本权利支撑,任何诉讼程序规则都可能带有明显的"技术性"和"手续性",而不具有较为深厚的价值

含量。① 现行法律规定，侦查机关主要是公安机关对行为人采取强制措施不同于逮捕需要检察机关批准，侦查机关有权自行对行为人采取强制措施。司法实践中长期存在侦查机关为获取犯罪嫌疑人的言词证据而对犯罪嫌疑人采取刑拘措施，后在刑拘期限届满后并未向检察机关提起逮捕而是自行对犯罪嫌疑人采取监视居住或者取保候审强制措施。侦查机关为获取证据滥用强制措施决定权，一定程度上损害了行为人的人身权利，不利于人权的保障。检察机关作为法律监督监管，有义务有职责对侦查机关的立案强制措施进行监督检察。

（二）深入推进民事检察监督

1. 对民事审判行为的检察监督

深入推进人民检察院对人民法院民事审判行为的检察监督，提高民事检察监督实效性。民事诉讼法自1982年试行开始，检察机关对人民法院的民事审判活动实施法律监督。民事审判行为包括民事审判行为本身和民事审判行为结果两个部分。检察机关对人民法院民事审判的检察监督包括审判行为过程的监督和民事判决行为结果的监督。检察机关对民事审判活动中的审判人员的行为进行检察监督，确保检察机关对人民法院审判人员的违法渎职行为有效监督，避免审判人员该回避不回避、该公开审理不公开审理等情况的发生。检察机关通过对人民法院的民事审判卷宗、对民事判决书的审查力度，行使检察机关对人民法院民事审判行为结果的检察监督，确保人民法院民事判决、裁定法律适用的准确性。检察机关对人民法院的检察监督拓宽检察监督方法和手段，由原来的以抗诉为主的一元化监督检察方式向以抗诉为主向多元化监督手段转变。多元化监督手段主要体现在监督手段的多样性和实效性，检察机关现行的监督手段在原有抗诉的基础上，增加了检察建议这一柔性的检察监督手段。检察建议较抗诉体现出检察监督的柔性化特点，通过较为缓和的检察监督手段，减少检察监督的对抗性，确保检察监督落实到实处。检察机关的检察监督手段也得到了极大的丰富，检察机关从只是通过调阅人民法院的民事卷宗的方式行使检察监督权这单一手段，到通过调取人民法院民事卷宗和向案件利害关系人了解情况的方式行使法律监督权。通过向案件利害关系人了解情况的方式可以使检察人员更加直观化了解案件的审判活动，确保检察机关检察监督作出的准确性。

2. 对民事执行行为的检察监督

2011年最高人民法院和最高人民检察院会签了《关于在部分地方开展民

---

① 陈瑞华：《问题与主义之间——刑事诉讼基本问题研究》，中国人民大学出版社2003年版，第99页。

事执行活动法律监督试点工作的通知》，该通知的会签意味着检察机关对民事执行行为监督的开始。之后民事诉讼法作了较大的修订，自此在民事诉讼法中确定了民事执行检察监督制度。民事执行权是人民法院通过采取措施确保被执行人履行生效判决或民事调解书中的执行内容的义务，从而使申请执行人达成执行目的的权力。有权力就容易滋生腐败，容易滋生滥用民事执行权。民事执行中出现的滥用执行权主要有两种表现：一是积极的违法执行行为。积极的违法行为主要是执行人员对于不应列为被执行人的人而非法纳入被执行人，对于不应纳入被执行财产的财产非法纳入被执行财产，进而对执行相对人的财产造成侵害的行为。二是消极的执行行为。消极的执行行为主要是执行人员对于申请执行人的申请消极的不作为，对生效的民事判决书和民事调解书消极的不予执行或怠于执行。民事检察监督应通过检察监督的手段，有效地对民事执行中出现的滥用执法权的情况予以检察监督。检察机关对民事执行行为的检察监督手段主要是检察建议和纠正违法。检察建议因其自身和缓性的特点，检察建议较纠正违法更为人民法院接受。检察机关在司法活动中，体现的是相互配合、相互监督、相互制约的关系。检察机关通过利用较为和缓性的检察建议，在有效发挥检察机关对人民法院执行监督的同时，确保了检察监督的实效性。检察机关对于人民法院在履职过程中执法人员出现的不依法履行职责或者滥用职权的行为以纠正违法的形式进行检察监督。检察机关通过对人民法院的民事审判行为和民事执行行为的有效监督，保证人民法院公正司法，保护行为人的合法权益。

　　3. 对民事公益的检察监督

　　公益的内容主要体现在三个层次：一是国家利益，这一层次是公益的核心，主要体现是国有资产；二是不特定多数人的利益，这个层次是公益诉讼的常态化存在，主要体现是被环境污染的大多数、生态环境被破坏后而影响其生活的大多数、在食品药品领域合法权益被侵害的大多数；三是需要特殊保护的利益，这个层次是公益诉讼需特殊保护的利益存在，主要体现是需要特殊保护的妇女、儿童、老年人、残疾人。[①] 检察机关是国家法定的法律监督机关，行使最为广泛的法律监督权。我国检察机关有权代表国家、不特定多数人对侵害公共利益的行为提起公诉。检察机关作为国家专门的法律监督机关，立足法律监督职能，通过检察建议、提起公益诉讼等多种履职方式，发挥法律监督的核心保障作用。检察机关的检察监督主要表现在依法督促法律规定的机关提起民事公益诉讼、建议辖区内符合法律规定条件的有关组织提起民事公益诉讼、检察机关以公益诉讼人身份提起公益诉讼。检察机关既可以督促行政机关依法履

---

　　① 参见韩波：《公益诉讼制度的力量组合》，载《当代法学》2013 年第 1 期。

行保护公益诉讼职责，也可以督促适格主体积极行使公益诉权，在行政机关不纠正违法或履行职责、没有适格主体或者适格主体不提起诉讼的情况下，检察机关则应提起民事公益诉讼，并通过对公益诉讼的审理、裁判、执行进行监督，确保国家利益和社会公共利益得到有效的司法保护。检察机关提起公益诉讼的被告是实施损害社会公共利益行为的公民、法人或者其他组织。检察机关通过提起公益诉讼要求被告停止侵害、排除妨害、消除危险、恢复原状、赔偿损失、赔礼道歉等诉讼请求。检察机关在办理公益诉诉讼案件过程中，发现国家工作人员涉嫌贪污贿赂、渎职侵权等职务犯罪线索的，应当及时移送至相关相部门或机关。

（三）积极探索行政检察监督

1. 明确检察权监督行政权的原则

检察机关行使检察监督权体现了权力制衡原则。我国权力分为立法权、司法权和执法权，人民代表大会是法定的具有各级立法权的机关，人民检察院和人民法院是司法机关行使司法权，行政执法部门作为行政机关行使着执法权。执法权在社会生活中权力极大，掌握着非常多的社会资源，对于执法权的运行进行监督，可以有效保障权力不被滥用。不被监督的权力会因权力自身的特性会越加膨胀，进而容易滋生腐败，损害社会公众的利益，对国家行政机关的公信力有较大冲击。为了有效加强对行政权的监督力度，在加强行政执法部门的内部监督的基础上，应充分发挥检察机关的法律监督职能。检察机关通过发挥检察监督职权，对行政权进行监督。检察机关通过检察监督，促使行政执法部门积极履行各项社会管理职能，促进社会管理创新。检察机关通过检察监督，有效提高行政执法部门接受监督的意识，促使行政执法部门对检察监督的认可度，有利于检察机关有效地检察监督与行政执法部门乐于接受监督的良性运行。加强检察机关与行政执法部门之间相互配合，共同促进社会法治化进步。检察机关行使检察监督权体现了全面监督原则。检察机关检察监督的全面性体现在检察机关行使监督不应仅限于事后监督，对于人民群众关注度高、社会影响较大的案件，检察机关的监督可以适度提前到事中监督，确保行政执法部门执法程序的合法性。

2. 加强检察机关与行政执法部门的协作配合

检察机关作为法定的法律监督机关，行政执法部门作为具体的执法部门，检察机关和行政执法部门建立执法信息共享平台加强检察机关对行政执法的检察监督。① 信息共享平台由行政执法部门对行政执法案件信息进行录入，检察

---

① 参见徐燕平：《行政执法与刑事司法相衔接工作机制研究》，载《犯罪研究》2005 年第 2 期。

机关通过执法信息共享平台对案件信息进行审查。检察机关对于通过执法信息共享审查案件发现执法案件构成犯罪的，建议行政执法部门移送有管辖权的机关处理；如果发现执法人员有违法行为的提出整改检察建议，对于有违法犯罪行为存在的执法人员移送至有管辖权的机关。检察机关严格督促行政执法部门将行政执法案件信息录入共享平台，确保录入信息的及时性、准确性，有效保证检察机关对行政执法行为监督检察的实效性。通过建立信息共享平台，有效提高行政执法的透明度，以检察机关的检察监督权的介入有效减少行政机关违法行政行为的发生，同时也有效避免行政机关以罚代刑不正确地行使行政执法权。为了有效发挥检察机关的检察监督力度，在检察机关与行政执法部门之间建立联席会机制。通过召开联席会，检察机关定期将行政执法部门的行政执法案件质量进行通报，可以及时、有效解决行政执法部门执法过程中的程序问题、实体法律适用问题。在检察机关和行政执法部门联席会上，行政执法部门可以通过联席会将执法办案过程中遇到的问题同检察机关进行沟通，有效地促进检察机关对行政执法部门的检察监督。

3. 灵活运用行政执法检察监督方式

检察机关灵活运用行政执法检察监督方式，通过发送检察建议、提起行政公益诉讼。检察机关在办案过程中发现行政执法部门的执法人员不正确履行法定职责或者违法实施执法行为的，检察机关可以向行政执法部门发送检察建议，建议行政执法部门对违法行为进行检察监督。检察建议本身具有和缓性的特点，检察建议的发出非常有利于行政执法部门对检察机关提出的检察建议的接受和采纳。行政执法部门愿意接受检察机关的检察建议才是检察机关检察监督效力充分发挥的有效保障，只有行政执法部门自愿接受检察机关提出的检察建议，检察机关的检察建议的效力才能充分发挥，确保检察机关检察监督的实效。检察机关对于行政执法部门不正确履行职责的行为向其发出检察建议，督促其纠正违法行为或者依法履行职责。对于不采纳检察机关检察建议的情况，拒不纠正违法行为或者不履行法定职责，国家和社会公共利益仍处于受侵害状态的，检察机关可以以公益诉讼人身份提起行政公益诉讼。检察机关提起的行政公益诉讼的被告是生态环境和资源保护、国有资产保护、国有土地使用权出让等领域违法行使职权或者不作为的行政机关，以及法律、法规、规章授权的组织。检察机关在办案过程中，可以依法调阅、复制行政执法卷中材料，询问行政机关相关人员，收集书证、物证等。

（四）进一步深化控告申诉检察监督

1. 落实首办责任制，不断提升刑事申诉案件办理质量

检察机关复查刑事申诉案件是通过对刑事申诉案件的复查，纠正错误的决

定、判决和裁定，保护申诉人的合法权益，维护社会公平正义，保障国家法律适用的统一性。2014 年 10 月最高人民检察院下发了《人民检察院复查刑事申诉案件规定》，该规定明确规定了检察机关办理刑事申诉案件的程序性、实体性问题。明确了刑事申诉的概念，即刑事申诉人对于人民检察院作出的终结性决定，人民法院作出且已经生效的刑事判决和裁定不服，而向人民检察院提出申诉的。检察机关办理刑事申诉案件应严格执行《人民检察院复查刑事申诉案件规定》，加大办理人民检察院作出的终结性的刑事决定的复查力度。基层检察机关在办案过程中严格执行受理一件刑事申诉案件就应审查一件，对于受理的所有刑事申诉案件全方位覆盖，有效保护刑事申诉人的合法权益。分州市级以上检察机关对于刑事申诉案件进行初步审查，对于符合条件的申诉案件进行复审程序。分州市级以上检察机关通过建立初审机制，确保符合刑事申诉复审条件的案件进入复审程序，保障有效的司法资源得到高效的利用。对于进入复审程序的刑事申诉案件，要严格落实首办责任制。严格落实首办责任制，增强检察人员的责任意识，在办理案件过程中做到三个到位：一是确保法律问题解决到位。刑事申诉人向检察机关申诉出于对检察机关法律监督机关的信任，同时也是对检察机关的专业化有信心。申诉人通过检察机关强有力的法律监督和检察机关专业化的水平，有效地保护自己的合法权益，以期达成自己的合理诉求。二是确保释法说理到位。办案人员对于办案过程中的法律适用有义务对案件相关人员予以解释说明，保证案件相关人民明晰法律规定，检察机关适用法律的依据以及理由，有效地解决案件相关人员因对法律不熟悉而对检察机关产生的不理解和猜疑，增强案件相关人员对检察机关的信任。三是法律程序内的善后问题处理到位。对法律规定内的相关民事处理等问题，尽可能地予以解决，努力实现"办理一件息诉一件"，做到案结事了。

　　2. 坚守防止冤假错案底线，扎实做好监督纠正工作

　　健全和落实冤假错案发现报告、审查指导、督促纠正的工作机制。严格按照《关于建立监督纠正重大冤假错案工作机制的通知》要求，检察机关对于办理的刑事申诉案件中发现的判决和裁定有错误的，应当将该案件及时报送上级检察机关，并层报最高人民检察院刑事申诉检察厅。最高人民检察院对于社会影响较大、社会关注度较高的重点案件，实行统一管理并有针对性的对案件的办理情况进行指导。对于人民法院再审的重点案件，出庭方案应逐级上报最高人民检察院刑事申诉检察厅备案。健全刑事申诉案件异地审查工作机制。最高人民法院颁布的《关于适用〈中华人民共和国刑事诉讼法〉的解释》第373 条规定，对于当事人向人民法院提出的申诉，由作出生效判决的人民法院进行审查。同级同地人民法院审理为原审法院通过自我纠错的方式纠正自身错

误提供可能，但是由于各种因素的影响，原审法院对原审错误判决一般怠于纠正或者不纠正。为了更好地发挥刑事申诉作为司法机关履行法律监督职能的最后一道关口的保障作用，对于有错误的判决、裁定由原审人民法院的上级人民法院或者异地人民法院审理。贯彻落实刑事申诉异地审理制度，有利于提高原审承办人的办案责任心，有利于案件质量的提高。贯彻落实刑事申诉异地审理制度，可以让申诉人对检察机关充满信心，对于审查结果更易于接受。贯彻落实刑事申诉异地审理制度，新的办案机关可以不受原办案机关的影响，没有外在的压力，有利于办案人依法、客观地审查案件。贯彻落实刑事申诉异地审理制度，有利于及时发现原办案机关办案过程中出现的程序性、法律适用问题，为及时、有效地公正判决提供了可能。

3. 规范办理国家赔偿和司法救助案件，切实保障当事人合法权益

认真学习最高人民法院、最高人民检察院颁布的《关于办理刑事赔偿案件适用法律若干问题的解释》，增强权利保障意识，坚持按照法定程序、法定标准受理国家赔偿。充分利用国家赔偿典型案例的现实指导意义，促使办案的规范化、统一性。同时结合司法实践，探索建立国家赔偿追偿机制，对相关责任人的不负责的行为进行追责。探索建立国家赔偿追偿机制以及对相关责任人进行追责的制度设计，有利于增强办案人员的责任心意识，对于办案质量的提高起到积极的促进作用。对于国家救助案件，应探索建立检察机关内部沟通协调机制，及时发现符合条件的司法救助对象，对于符合司法救助条件的案件及时审查、及时救助，切实保障当事人合法权益。与此同时，检察机关应加强同外部相关单位的沟通协调，有效促进司法救助和其他救助相衔接的多层次救助模式。充分发挥司法救助对社会关系的弥补功能，促进社会公平正义。

五、结语

检察监督体系是检察机关作为法律监督机关充分有效发挥检察监督职权的历史必然，检察监督体系是一个立体化的综合监督体系，包括侦查监督、公诉、刑事执行等为主要内容的刑事检察监督；"民事诉讼监督、支持起诉、民事公益诉讼"协调发展的多元化民事检察工作格局；刑事诉讼监督与行政违法监督并举；集控告、纠错、赔偿、救助于一体的控告申诉检察工作机制。通过内在增强检察监督人员的司法能力，对外强化检察机关对法律的统一化、司法、执法的规范化的纵向深度和横向广度的检察监督，尊重和保障人权，促进社会公平正义。

试论我国检察监督制度形成的内在逻辑

张振波*

随着国家监察体制改革的进行，检察机关职务犯罪的侦查和预防职能将从检察机关划归国家监察委员会，这不仅使检察机关的法律监督权受到大幅削减，也将使检察监督面临新的挑战。

这种形势下，检察机关面临两种前景：一是将法律监督权进一步分化、分解，检察机关逐步退化为像西方资本主义国家那样的主要负责追诉犯罪、指导侦查的机关，最终将检察机关划归行政机关；二是继续坚持检察机关的宪法定位不动摇，进一步做大做强法律监督，实现检察职能的扩充与加强，使检察权能够继续成为制约、平衡行政权、审判权的重要权力分支，实现人大立法权之下行政权、审判权、法律监督权"三权分立"的稳定架构。

在现行法律规定下，检察监督即检察机关的法律监督，检察权即法律监督权，检察制度主要指检察监督制度。我国现行检察监督制度的形成不是偶然的，而是多种因素共同作用的结果，有其历史必然性和内部规律性。为此，笔者试着从几个方面分析了影响我国检察监督制度形成的主要因素与其内在规律，以期检察改革能够立足于中国的国情和历史文化传统，来构建和完善符合社会主义法治理念的现代检察监督制度。

一、内在逻辑之一：国家权力的分立制衡需要是我国检察监督制度建立的原始动因

对国家权力的制约与监督是人类社会文明进步的重要标志之一，但如何控制国家权力始终是人类社会的一个难题。

在中国以往的观念中，人们一提到"分权"就立刻想到资本主义国家的"三权分立"，并因"人民主权的不可分割性"而对分权持否定态度，认为其与社会主义国家的政治制度格格不入。其实，这是对分权与制衡理论的误解，

---

* 山东省聊城市人民检察院基层工作处副处长。

把"分权"与"三权分立"划等号是不科学的。国家权力自产生以来就一直处于发展和分化之中，从简单到复杂，从诸权合体到逐渐分离，从一权演化到二权、三权甚至更多，至于分立出三权、四权还是更多权能，分立成此权力组合还是彼权力组合，则同各国的经济、历史、文化状况尤其是历史传统紧密相关。

"分权""制衡"的说法在我国虽然近些年才被引进，但我国古代早就有了实质意义上的分权与制衡。从秦朝的"三公九卿"制，到唐朝的"三省六部"制，再到清朝的"六部三法司"制，无一不是分权制衡思想的产物。自秦至清末，历代封建王朝都把国家权力分为行政权、军事权和监察权三种，并以此为基础来设置国家机构。无独有偶，西方早在古希腊时期，当时的斯巴达和雅典城邦都在不同程度上实行了政治分权的制度。在斯巴达，全国行使政权的机关为公民大会，国家管理机关分为立法、行政、监察三部分，由元老院、国王和监察官组成，司法权的行使则分属上述三个机关。在雅典的德拉古时代，国家机关有立法、司法、行政、监察等几部分。

古希腊哲学家柏拉图在他的著作《法律篇》中提出了一种混合政体的构想，它"是为了通过力量的均势来达到和谐，或者说通过具有不同倾向的各种原则相结合的方式来达到和谐，根据这样一种方式，各种倾向将起到相互制约的作用。这样就由于有了对立的政治力量而导致稳定的局面，这项原则就是若干世纪以后孟德斯鸠重新发现的那著名的三权分立原则的原型"。① 古希腊另一哲学家亚里士多德则在其著作《政治学》中论述了国家政体学说，并对"混合均衡"政体进行了比较深入的探讨。他认为，一切政体都有三个基本要素：议事机能、行政机能和审判机能，这种政体职能划分理论为分权学说提供了思想渊源。②

近代的国家分权理论由英国哲学家洛克首先提出，被法国启蒙思想家孟德斯鸠所完善。在《政府论》中，洛克认为国家权力可以分为立法权、行政权和对外权。③ 孟德斯鸠在《论法的精神》中，系统深入地阐述了他的三权分立理论：第一，立法、行政、司法三权分立，议会行使立法权，君主行使行政权，法院行使司法权；第二，三权之间不仅分立，而且要互相制衡；第三，在统治者内部，要防止滥用权力，必须以权力约束权力。④ 孟德斯鸠的三权分立

---

① ［美］萨拜因：《政治学说史》（上），商务印书馆1993年版。
② ［古希腊］亚里士多德：《政治学》，吴寿彭译，商务印书馆1965年版，第214～215页。
③ ［英］洛克：《政府论》（下篇），叶启芳、瞿菊农译，商务印书馆1983年版，第37页。
④ ［法］孟德斯鸠：《论法的精神》（上册），张雁深译，商务印书馆1982年版。

学说对资产阶级革命产生了深远影响，并一直成为西方资本主义国家政治制度的基本原则。分权制衡理论在独立战争后的美国找到了适合其发展成熟的土壤。先进的思想家政治家麦迪逊和汉密尔顿等联邦党人发展了洛克、孟德斯鸠的分权制衡思想，将其发展成为最为成熟完善的形式，最终在美国 1787 年宪法中将其变为制度实践。

通过分析分权制衡理论与实践的发展历史可见，分权是个十分宽泛的概念，远远超过"三权分立"的范畴，"三权分立"只是分权的一种形态。并且，三权分立理论的精髓是分权制衡原则，即通过国家权力的合理配置，达到权力之间的相互制约与平衡，至于权力具体如何划分则不是问题的要害。也就是说，三权分立的关键在于"分立"而不在于"三权"。① 著名法学家樊崇义教授有言，权力分立与制衡理论是权力协调的一种精神，而不是作为一种模式存在，其真正的目的在于保证国家权力的和谐与有效运行。② 可以说，权力分立与制衡其实质只是在各国家机关之间有效地进行权力分配，权力得到有效规制的国家权力的实现形式，而与国家的政体和国家的性质无关。社会主义国家同样存在分权，只是其形态和性质与资本主义国家的三权分立迥然不同。在政治传统上，中国没有三权分立的历史和文化基础，而倾向于建立一项集中统一的监督权来解决权力的监督制约问题。

著名的宪法学家李龙教授指出：宪法的实质是分权，以调整社会主要的利益关系。在代议民主制下，基于"天赋人权""人民主权"的理念，实现了权力的所有权与行使权从合一走向分离，即所有权（主权）属于"人民"这一抽象的集合体、"整体形态"，行使权（治权）属于民选产生的国家机关及公职人员。这里所指的分"权"是指分立"治权"而不是分割"主权"，即"分权并非国体意义上对人民主权的分解，而是在政体意义上对治权按照职能分开并赋予不同的机关来行使，形成相互制衡的关系或权力格局"。③

可以说，分权与制衡是现代国家权力运行模式的趋势，是人类社会经过实践证明的普遍政治规律，是法治的根本保障。分权制衡思想对人类社会的政治民主、文明以及防止权力腐败都有积极作用，随着人类政治实践的发展，这一理论将会继续发挥重要影响。可喜的是，我们党早已认识到分权制衡原理的重要性，并在党的"十六大"报告中明确指出："建立结构合理、配置科学、程序严密、制约有效的权力运行机制，从决策和执行等环节加强权力的监督，保

---

① 张伟：《检察制度改革的宪法学分析》，郑州大学 2006 年硕士学位论文。
② 樊崇义：《一元分立权力结构模式下的中国检察权》，载《人民检察》2009 年第 3 期。
③ 黄基泉、刘德兴：《论宪法的人民主权原则》，载《西南政法大学学报》2002 年第 1 期。

证人民赋予的权力真正用来为人民谋利。"

二、内在逻辑之二：我国现行的检察监督制度与古代监察御史制度有着深厚的历史渊源

不研究中国古代的御史制度，就不能深刻认识中国的检察制度，就不可能真正理解当代中国检察机关的宪法定位。因为中国的检察制度是在特有的中华文化基础上经过选择性植入而建立和发展起来的。移植过程中，历史文化因素起了决定作用。中国的检察制度在维护国家法律的统一实施，实现法律监督方面，与古代的御史制度有密切的文化渊源。[①] 有人甚至认为，御史制度应当是中国检察制度的起源。[②] 现代中国检察制度的特殊建构，其法律定位、职能设置等可以从中国御史制度中找到源远流长的文化传统，其与御史制度所包含的代表中央集中统一实行法律监督、独立行使职权、监督审判权以及纠举官吏犯罪等内容，有历史相通性。[③]

中国自古就有在统治集团内部设立监察官员或监察机构的政治传统。最早的职官法律监察见于东周时的第一部吏典《周官》的记载。早在西周初期，便规定了考察官吏的具体内容和监察职官是否违法违纪的具体方式（纠违令），历史上产生的第一代监察官员，在《周官》中称御史。由国家正式任命监察官，大概是东周以后。据《周礼》和其他史料记载，监察官的职能大概有四个范畴，即正吏位、纠禁权、掌察官刑、御史监郡。[④] 秦统一六国后，建立了中央集权的郡县制统治模式，皇帝之下设三公，即丞相、太尉和御史大夫，御史大夫是最高监察官，负责纠察百官的违法行为，兼理司法审判。[⑤]《睡虎地秦墓竹简·语书》中的律文确定了监察官员的职责，这是中国古代监察制度的发端。御史制度作为中国历史上特有的政治、法律制度，自周至清，贯穿了整个封建社会的历史，受到历代帝王的高度重视。到了明代，作为"天子耳目风纪之司"的监察机关得到了空前加强，建立了监察御史出使巡按地方的制度，制定了较为完善的监察法，形成了从中央到地方严密的监察机关体系。[⑥] 明太祖曾说"国家立三大府，中书总政事，都督掌军旅，御史掌纠

---

① 孙谦：《中国特色社会主义检察制度》，中国检察出版社 2009 年版，第 58 页。
② 刘国媛、袁平凡：《论检察机关宪法定位的合理性》，载《中国检察》（第 9 卷），北京大学出版社 2005 年版，第 35 页。
③ 孙谦：《中国特色社会主义检察制度》，中国检察出版社 2009 年版，第 59 页。
④ 张晋藩：《中国法制史》，群众出版社 1991 年版，第 41～42 页。
⑤ 张晋藩：《中国法制史》，群众出版社 1991 年版，第 109 页。
⑥ 张晋藩：《中国法制史》，群众出版社 1991 年版，第 400～402 页。

察，朝廷纲纪尽系于此，而台察之任尤清要"。① 御史制度的重要程度可见一斑。

美国学者巴直氏在他的著作《自由与政府》里，曾评价御史对官员的监察是"中国的弹劾权，是自由与政府中间的一种良善调和方法"。孙中山先生曾援引此言，主张将监察权独立设置，建立五权宪法。② 可见，中国御史监察制度具有很强的可取性。

就职权而言，御史制度没有实行审、检分工，没有建立公诉制度，所以还不能看作是检察制度，但却和检察制度有某些相似之处。这是因为御史的职权是"纠察百官"，同时又参与司法审判，这类似今天检察机关的法纪检察工作和参与刑事诉讼活动。③ 御史机构的职权主要有监督法律和法令的实施，对违犯朝廷纲纪的官吏进行弹劾，实质上就是进行告发和起诉；参与并监督中央司法机关对重大案件的审判活动；有权对地方司法情况进行监督和检查等。④ 这其中就包含了现代检察制度中的一般监督权、追诉犯罪权、审判监督权等权能。

可见，我国现行的检察制度与古代的御史制度虽然阶级本质不同，却有着相同的文化土壤，因而有着深厚的历史渊源。现行检察制度的产生有一定的历史必然，那就是，历史上大一统国家的政治、法律传统被单一制结构形式的现代国家所扬弃，成为催生现代中国检察制度的重要因素之一。

三、内在逻辑之三：我国的检察监督制度是以列宁的法律监督思想为指导，借鉴苏联的检察制度而创设的

一个国家实行什么样的司法制度，归根结底是由这个国家的国情决定的。世界上没有完全相同的司法制度，即使是社会制度相同的国家，也存在差异，根本没有也不可能有一种放之四海而皆准的司法制度。

俄国十月革命后建立了世界上第一个社会主义国家，在建立新制度的过程中，根据列宁的法律监督理论和俄国的政治、法制传统，创设了一种崭新的国家权力类型——法律监督权。对此，列宁说，"法制不能有卡卢加省的法制，喀山省的法制，而应是全俄统一的法制，甚至是全苏维埃共和国联邦统一的法制……"⑤ "检察长有权利也有义务做的只有一件事：注意使整个共和国对法

①　参见《明史·职官志》二。
②　孙谦：《中国特色社会主义检察制度》，中国检察出版社 2009 年版，第 58 页。
③　王桂五：《王桂五论检察》，中国检察出版社 2008 年版，第 106 页。
④　陈光中、沈国锋：《中国古代司法制度》，群众出版社 1984 年版，第 30 页。
⑤　《列宁全集》（第 43 卷），人民出版社 1987 年版，第 195 页。

制有真正一致的理解，不管任何地方差别，不受任何地方影响"。① 列宁的这一法律监督思想解决了在经济文化落后的国家建设社会主义，如何保证集中统一领导、实现法制统一的问题，对于解决"议行合一"权力配置原则下行政权过于强大，需要专门予以制约的问题也具有很强的针对性。

中国与苏联有着相同的社会制度即社会主义社会，相同的建国理论即马克思列宁主义，并且中国和俄国近代的政治制度、法律传统也有相似之处。中华人民共和国成立时，由于当时国际国内的严峻形势，加之苏联社会主义模式的突出特点正是高度的中央集权，其性质、内容适应了中国的传统政治、文化土壤和现实的具体国情。在这种情况下，借鉴苏联而不是其他国家的政治体制就成为必然。② 具有维护中央集权、强调国家职权运用、注重社会安定价值以及集追诉权和一定程度的诉讼监督权于一身的大陆法系检察制度模式容易与之契合而被接受；相反，具有个人主义倾向、强调以争斗对抗方式解决冲突的英美对抗制诉讼模式和与之相应的检察官制度，则被国人拒绝。③ 选择苏联检察制度的模式而不是西方国家的三权分立模式，就成了最佳选择。在中华人民共和国成立前起草《中央人民政府组织法》时，关于检察机关的设置曾有两种意见，一种意见是将检察机关隶属于行政机关；另一种意见是单独设置检察机关，直接隶属于国家权力机关。经过讨论，党中央决定采纳第二种意见，使检察权成为与行政权、审判权并列的一项国家权力——法律监督权。

至此，以监察百官为主要内容的御史制度和以维护法律统一实施为核心的苏联检察模式的融合，形成了拥有一般监督权（后来被取消）、职务犯罪监督权、诉讼监督权和公诉权为内容的新中国检察监督制度。

四、内在逻辑之四：我国的检察监督制度是建立在自身根本政治制度基础上的，也是首先作为一种政治制度而存在的

在人类文明演进的过程中，世界各国根据各自不同的经济、历史、文化及地理环境等因素建立起了符合自身要求的各具特色的政治、法律制度，对国家进行管理。

在西方国家尤其是英美法系国家，三权分立学说主导着国家政治制度的设计。这些国家很少使用"监督"这一用语，它们对国家权力的制约主要靠分权和制衡理论的应用。西方国家的监督制约机制蕴涵于权力的分配与运行之

---

① 《列宁全集》（第 43 卷），人民出版社 1987 年版，第 195 页。
② 金波：《何谓法律监督》，载《中国检察》（第 9 卷），北京大学出版社 2005 年版，第 169 页。
③ 龙宗智：《检察制度教程》，法律出版社 2002 年版，第 57 页。

中，这是资本主义宪政的根基和主要特点。① 这些国家属于平面化权力结构模式，将三权置于同一层级进行规范制约，在这个平台上不同的权力主体各自行使法律规定的权力，某种意义上它们在各自的领域内具有最终的权威，三权不存在谁高谁低的问题，实现动态衡平制约。②

与之相应，这些国家的政党制度多为两党或多党制。两党制或多党制实质上也是一种监督制度，不同政党的成员分散到国家机关体系中的各个环节和职位上，其履行职责的合法性受到不同党派成员在法律上、政治上的监督，某个党派成员的失职乃至腐败将成为另一个党派掌权执政的筹码，再加上权力制衡理论的具体应用，客观上不再需要独立法律监督机关的存在。③ 因此，在这些国家检察机关或附属于审判机关，或划归行政机关。

如美国的检察机关隶属于国家行政机关，德国的检察机关隶属于司法部并附设于法院内，法国检察机关隶属于司法行政机关并附设于法院内部，日本的检察机关隶属于法务省。这些国家的检察机关并不负有专门的监督职能，它的所谓的法律监督职能或仅体现为"检侦一体"，或仅为公诉职能的强化。

中国的政治制度因本国的特殊国情而排斥三权分立，但是对国家权力进行合理的分离设置和建立制约机制始终是现代法治的共同精神。

中国是单一制的社会主义国家，根本的政治制度是人民代表大会制度，实行的是"一权制"。④ 在这一制度下，国家的一切权力属于人民，人民行使权力的机关是全国和地方各级人民代表大会，但这并不意味着国家的一切权力和职能都由人民代表大会去直接和具体地行使。国家权力是统一的，但实现国家权力的各项职能是可以分离的——人民代表大会只负责反映和集中人民的意愿，作出决策并监督决策的贯彻实施。在它的授权和监督下，由行政机关行使管理社会公共事务的权力，由审判机关行使定分止争、解决利益冲突的权力。行政机关、审判机关都是由人民代表大会产生并直接对其负责的，由于这两个国家机关相互之间互不隶属，又缺乏相互制约的制度设计，不可能通过相互制约来实现权力制衡，这就需要设立专门的法律监督机关，通过行使法律监督权来维护法律统一实施、确保正确地执行法律和维护公共利益。

另外，我国的政党制度是中国共产党领导的多党合作和政治协商制度，由中国共产党对国家机关实施领导，民主党派进行参政议政和民主监督，这种政

① 孙谦：《中国特色社会主义检察制度》，中国检察出版社 2009 年版，第 6 页。
② 樊崇义：《一元分立权力结构模式下的中国检察权》，载《人民检察》2009 年第 3 期。
③ 谢佑平：《中国检察监督的政治逻辑及其监督指向》，载《人民检察》2016 年第 16 期。
④ 陈业宏、唐鸣：《中外司法制度比较》，商务印书馆 2000 年版，第 94 页。

体以国家权力的民主集中为基点，属一元化领导的政治体制。相比实行两党或多党制的西方资本主义国家，这种政治制度需要加强内部监督来实现权力制约和防止权力滥用。

虽然我国对国家权力的监督制约，有人民代表大会及其常委会的权力监督，有中国共产党的政治监督、民主党派的监督以及人民群众、社会团体和社会舆论的监督，行政权力系统内有行政监察、审计监督，但唯有检察机关的法律监督具有专业性、稳定性、连续性和准确性等特点。人大虽然也可以对行政机关、审判机关进行监督，且其监督有其广泛性、多样性和权威性等优势，但是人大的监督是一种宏观的、决策性的监督，这种监督确切地说是一种权力监督而不是法律监督。[①] 人大的组织形式和工作方式也决定了它在监督上的局限性，难以承担对执法过程、诉讼过程的经常性、参与性的监督，也难以承担对非由人大任命的普通公务员的执法活动的监督。为弥补宏观监督的不足，防止行政权、审判权的滥用和腐败，实现人民代表大会一元权力之下的分权制衡，于是，在人民代表大会的立法权之下，设置了一种与行政权、审判权平行的特殊权力——法律监督权，使得国家权力机关的宏观监督向微观转化。

所以，从根本上讲，在整个国家政治制度中设置检察权，是由我国人民民主专政、人民代表大会制和民主集中制理论决定的。检察制度实际上是这三大理论具体化的产物，人民代表大会之所体现的国家政权组织形式以及民主集中制作为国家政权机关的组织原则，在国家的政权体系中需要检察权这一重要环节。[②]

据此，我们可以得出以下结论：

我国的检察制度首先是作为一种政治制度而存在的，并非仅仅是诉讼制度，与西方国家主要是作为公诉机关而存在的检察机关有着重大差别。检察机关的法律监督是一种宪法性的控权机制，是国家权力机关维护法治统一和法律尊严的制度。它的首要任务是维护国家法律的统一和正确实施，监督政府官员正确行使权力，防止权力滥用和异化，维护公平正义和社会公共利益。作为检察职能中一部分的公诉权、逮捕权，则是法律监督权的一种下位权或者说是法律监督的一种手段，与法律监督权并不在同一国家权力层次上。若盲目模仿西方三权分立体制下的检察权配置，将检察权归类为行政权或司法权，那么我国

---

① 谢鹏程：《检察权配置的宏观分析》，载《检察论丛》（第 17 卷），法律出版社 2012 年版，第 76 页。

② 陆而启：《论政治文明与检察监督》，载《中国检察》（第 5 卷），中国检察出版社 2004 年版，第 5 页。

政治制度的根基——人民代表大会制度就可能被动摇和瓦解。①

所以，中国的法律监督权即检察权是国家政权体系中一项不可替代的独立而又重大的权力。中国的政权组织形式决定了对全方位的法律监督有着天然需求，决定了法律监督权的不可或缺。法律监督权既适合中国的体制和历史文化、法治传统等需求，又体现了现代主权在民、权力制约的时代精神，因而是合理的。② 检察机关法律监督权几十年的运行历史也证明了法律监督权不是可有可无的。坚持和完善检察机关法律监督的深层意义在于维护国家的根本政治制度。因此，我们不能用西方国家的检察理论来理解中国的检察制度，更不能用西方的检察制度来改造中国的检察制度。而应立足于中国的国情和历史文化传统，来构建和完善符合社会主义法治理念的现代检察制度。③

---

① 梁玉霞等：《强化法律监督的制度设计》，载《中国检察》（第 7 卷），北京大学出版社 2005 年版，第 276 页。

② 梁玉霞等：《强化法律监督的制度设计》，载《中国检察》（第 7 卷），北京大学出版社 2005 年版，第 277 页。

③ 蒋德海：《论中国检察权的控权本质》，载《中国检察》（第 5 卷），中国检察出版社 2004 年版，第 39 页。

转型下的检察监督与检察监督的转型

李领臣*

检察机关自恢复重建以来，作为国家的法律监督机关，其法律监督职能和范围不断稳定、成熟和固化，各种制度逐步定型。虽然检察监督职权其间也作了一些调整，包括一般监督范围的缩小、免诉权的取消等，但检察监督职权并没有根本性调整，也没有受到根本性冲击。十八大以来推进的司法四项改革，既涉及检察人员的重新分类，也涉及检察权运行的始终，改革不可谓不大，但亦不影响检察监督发展的固有路径。然而，当前检察监督遇到前所未有之变局，检察监督面临转型，研究当前转型之形势以及如何主动适应并推进转型，是检察同仁迫在眉睫之事。

一、转型下的检察监督

几十年来，检察监督虽然按照固有路径在发展和完善，但是检察监督的困境和问题一直或大或小、或明或暗地存在，这些问题本身并不是伤筋动骨的大问题，然而，日积月累的老问题同国家监察体制改革、以审判为中心等新改革相汇聚，产生连锁反应，检察监督转型之势已到。

（一）关键领域被转隶

十八届六中全会首次将"监察机关"与人大、政府、司法机关并列，暗示了国家监察权与国家行政权的分离，由此拉开了国家监察体制改革的大幕。国家监察体制改革是以习近平同志为核心的党中央确立的一项事关全局的重大政治改革，是国家监察制度的顶层设计，是推进国家治理体系和治理能力现代化的重要举措，对于坚持和加强党对反腐败工作的集中统一领导，进一步整合反腐败资源力量，深入推进党风廉政建设和反腐败斗争，实施组织和制度创新，构建不敢腐、不能腐、不想腐的有效机制，具有重大意义。监察体制改革，影响最大的就是检察机关。我们认为，监察体制改革就是整合反腐资源，

伴随着反贪污部门、反渎职部门和职务犯罪预防部门的整体转隶，职务犯罪侦查权也要一并划转，即一般意义上的职务犯罪侦查权将从检察机关剥离，这点应无争议，争议只是检察机关是否还可以保留一定的侦查权。

长期以来，职务犯罪侦查权的行使，无论是在理论界还是在司法实务界虽然都曾产生过诸多质疑与争议，有法律监督权与检察侦查权的"一元论"与"二元论"之争议，[①] 亦有职务犯罪侦查权不应该由检察机关来行使之质疑，[②] 但是职务犯罪侦查权其对于强化检察监督实效、维护检察机关的地位都起到了关键的以致不可替代的作用。一是职务犯罪侦查权的行使在国家反腐倡廉上发挥了积极作用。近几十年来，中国社会处于转型期和制度构建期，贪腐行为有其一定的社会背景，对贪腐行为的预防和查处机制的构建也需要一个过程，反腐败的资源也比较分散，检察机关职务犯罪侦查权的行使有诸多制约，但是反腐的努力和效果都是明显的，以致社会上反贪局声望甚至高过检察机关，便是例证。可以说，职务犯罪侦查是检察机关的利剑和拳头，反贪局是检察机关的长子，将其剥离，影响可想而知。二是职务犯罪侦查权行使为维护检察机关宪法职能定位提供了坚强后盾。检察机关作为国家的法律监督机关，更多的是对法律的统一实施实行监督，因而从此视角来看，职务犯罪侦查权至少不是法律监督的主业。然而，可以说作为宪法定位的法律监督机关，检察监督的权威并不来自没有强制约束力的检察建议，也不来自没有实际法律效力的纠正违法通知书，亦不是来自虽具有法律强制力但是对公职人员本身无直接影响的抗诉，而是来自对职务犯罪的侦查权。职务犯罪侦查权是其他法律监督职权发挥效用的后盾。

可以看出，职务犯罪侦查权支撑起了检察权的地位和权威，职务犯罪侦查是检察职权行使的关键领域。如今监察体制改革将关键领域转隶，对检察监督而言无疑影响很大，改革将检察机关和检察监督推到了一个需要抉择未来发展方向的十字路口。检察监督将何去何从？检察机关如何担负起"强化法律监督，维护公平正义"的使命？无论检察人是否意识到，转型已经来临，这正

---

① 有学者认为检察机关侦查权能属于法律监督权，如孙谦：《关于中国特色社会主义检察制度的几个问题》，载《人民检察》2016 年第 12－13 期合刊；谢鹏程：《论检察权的性质》，载《法学》2000 年第 2 期；有学者认为检察机关侦查权属于检察诉讼权能，如陈永生：《论侦查权的性质与特征》，载《法制与社会发展》2003 年第 2 期；但伟、姜涛：《论侦查权的性质》，载《国家检察官学院学报》2003 年第 5 期；陈卫东主编：《司法公正与司法改革》，中国检察出版社 2002 年版。

② 参见谭世贵：《中国司法改革研究》，法律出版社 2000 年版，第 114～118 页；郝银钟：《检察权质疑》，载《中国人民大学学报》1999 年第 3 期；蔡定剑：《司法改革中检察职能的转变》，载《政治与法律》1999 年第 1 期。

在考验着当代检察人的智慧与魄力。

（二）传统领域需突破

在检察监督体系中，诉讼监督在监督内容、监督方式、监督机制等方面最为健全完善，[①] 诉讼监督可以说是检察监督的传统领域和主业。然而，多年来诉讼监督在实践中没有发挥应有作用。

当前，检察监督需要回归主业，诉讼监督亟须突破转型之势已经非常明显和紧迫。职务犯罪侦查权的剥离，检察工作和检察机关的地位和权威需要寻求新的支点。诉讼监督作为检察监督的主业，最能体现检察监督的特质，也是最有发挥空间的领域，可担大任。在回归主业强化传统领地过程中，一边是传统实践中的以侦查为中心，一边是改革上要求的以审判为中心，检察机关位于中间必要承受双重挤压，诉讼监督面临前所未有之考验。

一是以侦查为中心之老问题需要破解。多年的司法实践中，公检法三机关之间的相互制约、相互监督机制并未起到应有的作用，审查起诉似乎只是侦查环节的自然延续，整个诉讼制度的重心和支点似乎都在侦查。作为第一道"工序"的侦查是认定案件事实的实质性环节，侦查机关一旦抓获犯罪嫌疑人就意味着此案成功告破，而审查起诉只是紧随其后的一个流程、一道工序，是对上游工序的例行检验，有些侦查违法行为无法通过诉讼监督得到纠正。

二是以审判为中心之新挑战需要应对。十八届四中全会《决定》提出，推进以审判为中心的诉讼制度改革，确保侦查、审查起诉的案件事实证据经得起法律的检验，通过法庭审判的程序公正实现案件裁判的实体公正，有效防范冤假错案。检察工作位于审判前，以审判为中心的诉讼制度改革势必给检察工作带来重大挑战。根据宪法和刑事诉讼法的规定，公安机关、检察院和法院分享侦查、起诉和审判权，三机关处理刑事案件的程序呈现出明显的"分段包干"式的流水作业现象。诉讼流程划分为若干诉讼阶段，诉讼活动从开始到终结，被看作向前运动、逐步发展的过程，循序进行的相互连接而又各自相对独立的各个部分，称为"刑事诉讼阶段"。在没有强调以审判为中心的前提下，对法院的监督亦可谓困难重重、效果不太明显。虽然以审判为中心，不是以法官为中心，也不是以法院为中心，但是审判中心地位的确立，势必提升法院和法官的地位，势必增加监督的难度。

（三）新拓领域需发力

十八届四中全会既在宏观上明确提出，全面推进依法治国，形成"严密

---

① 参见刘慧：《检察监督的内涵及体系化建设》，载《人民检察》2016 年第 23 期。

的法治监督体系","完善检察机关行使监督权的法律制度,加强对刑事诉讼、民事诉讼、行政诉讼的法律监督",又对检察监督新举措做了突破性的规定,"完善对涉及公民人身、财产权益的行政强制措施实行司法监督制度","检察机关在履行职责中发现行政机关违法行使职权或者不行使职权的行为,应该督促其纠正。探索建立检察机关提起公益诉讼制度"。将行政违法行为和不作为纳入检察监督的范围,以及公益诉讼的提起,对国家和社会而言,有利于促进依法行政、严格执法,维护宪法法律权威,维护社会公平正义,维护国家和社会公共利益;对检察机关而言,可以通过对行政违法行为和不作为的监督将自己的触角延伸到对一般行政行为的监督,极大地扩大了检察监督的范围。行政乱作为和不作为一直是国家治理的难点,也是社会关注的热点,检察监督大有用武之地。可以说,十八届四中全会是对检察监督的扩权,赋予了检察监督新的增长极和着力点。

十八届四中全会的《决定》如何快速精准落地变为现实,以展现检察监督的效用和魅力,回应国家意志和民众期许,是个迫切的问题。一方面,不能滥用乱用检察监督。检察监督的扩权只是手段,必须服从于对行政违法行为和不作为监督之国家意志,服从于改革初衷。另一方面,要敢于善于检察监督。对行政行为的监督虽是扩权,但监督对象是行政机关,是一块难啃的硬骨头。前期推行期间,必须找准突破口,选准着力点,切切实实体现出检察监督的担当与成效,将改革落地,以接受社会的检验。2015 年 7 月 1 日,十二届全国人大常委会作出《关于授权最高人民检察院在部分地区开展公益诉讼试点工作的决定》,授权高检院在北京等 13 个省级检察机关开展为期 2 年的提起公益诉讼试点,截至 2016 年 6 月,试点地区检察机关共在履行职责中发现公益诉讼案件线索 1942 件;办理诉前程序案件 1106 件;向法院提起公益诉讼 30 件,可以说试点期限过半,但是办案数太少,成效释放不出来,将影响检察监督的未来期许与发展。高检院已经注意到这一问题,并通过下放审批权等动作,要求全国检察机关加大办案力度,截至 2017 年 1 月,共提起公益诉讼 495 件,但未来仍需努力。

面对新拓领域,检察监督大有可为,亦应有所为,如何作为亦处在关键时刻,影响着检察监督未来的发展空间。

二、检察监督的转型

新改革与老问题相互交织,检察监督已经被推到关键的十字路口,无论情愿与否,都面临着关键领域被剥离、传统领域需突破、新拓领域需发力的转型之势。唯有主动适应并推动转型,检察监督才有希望。

（一）厚植检察监督的信心

　　面对着法院系统巡回法庭的增设，面对着职务犯罪侦查权的剥离，无论形势多么严峻，检察监督在我国未来有其足够发展的空间，检察干警对此要充满信心并展现给社会。

　　一是检察监督有其独特的政治逻辑。在权力制约与监督的历史演变中，现代西方国家选择的普遍模式是采用两党制或多党制，相互制约，检察机关是刑事诉讼中的纯粹的公诉机关，无须强调其法律监督性质，在宪法上也不具有独立性。我国实行共产党领导的一元化体制，在国家的公共权力配置中，监督权具有相对独立性，检察监督是由社会主义国家权力的基本性质和运行方式决定的，它遵循了权力制衡的基本原理，是我国国家权力相互制约的特定模式。① 不管当前如何改革，检察监督面临何种转型，但检察监督的定位不会变。对于监察委设置的初衷，意在实现对公职人员贪腐行为预防和查处的全覆盖，督促公职人员依法依纪履职，本质上也是一种监督，但不是法律监督，法律监督的范围也没有因此减损。习近平总书记在十八届中央纪委第六次全体会议上指出，"要完善监督制度，做好监督体系顶层设计，既加强党的自我监督，又加强对国家机器的监督"，"要健全国家监察组织架构，形成全面覆盖国家机关及其公务员的国家监察体系"。同时，我们亦需要明确的是，自侦权由谁来行使并没有固定的模式，可以赋予检察机关，也可以赋予其他机关，国家基于治理体系和治理能力现代化的需要作出调整，实乃正常。

　　二是检察监督有其独特的实践价值。检察监督的价值不仅体现在宪法文本上，也不仅存在于国家治理体制需要的应然探讨上，还存在于中国的法治建设需要上。检察监督有利于保障法律统一正确实施。我国地域广大，地域差异性明显，特别是在市场经济的运行过程中，加大了各地经济社会发展的差异程度，对法律的理解和执行不可避免地出现不同。如何不让这种差异影响法治的尊严，保证法律精神与法治原则得以彰显，检察机关的责任越来越大。检察监督有利于全面推进依法治国。检察机关通过强化法律监督，有助于建立规范的权力运用机制、严密的权力监督制约机制、完善的腐败惩治机制，有助于推动形成高效的法治实施体系、严密的法治监督体系、有力的法治保障体系，② 从而推进依宪治国、依法治国方略的全面实施。检察监督有利于充分保障人权。相比于其他监督，检察监督具有监督的国家性、专门性、依法性、强制性和完

　　① 参见谢佑平：《中国检察监督的政治逻辑及其监督指向》，载《人民检察》2016 年第 16 期。
　　② 参见高宗祥：《强化检察机关法律监督的几点思考》，载《人民检察》2016 年第 2 期。

整性等特征，通过追诉犯罪和纠正法律运用中的违法行为来保障人权。①

　　（二）研究检察监督的规律

　　法检两家具有很多相似性，无论是从国家层面还是社会观感，往往将两家等同看待等同要求，这具有一定的合理性，② 但是我们在推进检察监督工作时，更应注重研究检察机关和检察监督工作的特殊。检察制度作为中国特色主义司法制度中的最特色制度，必须研究检察监督的规律，凸显检察监督的价值，特别是中国检察监督的价值。

　　一是检察机关不等同于一般的司法机关。在西方语境下，立法、行政和司法三权的分离，国家各机关可以与之对应，但是我国国家权力机制与西方不一样，用传统的司法机关来对应检察机关，便显得力不从心。当前对于检察权的属性，基本上存在共识，法律监督属性是根本，也有司法属性和行政属性，但不能因为有司法属性就同时认定为司法机关，就像不能因为有行政属性就同时认定为行政机关，道理是一样的。广义上而言，司法机关包括检察机关；狭义而言，司法机关只是法院。司法机关的广狭义区分都有其基础和合理性，无对错之分，但将检察机关界定为司法机关，在实践中容易产生认知上的混乱，不利于检察机关和检察监督。既然都是司法机关，且法院被社会更多地认知，检察机关便很容易被法院所裹挟。当前国家层面对法检的改革文件，基本上都是一个体系一个标准，没有凸显检察机关的特殊性，导致实践中检察监督被动应对。

　　二是检察监督不等同于一般的司法办案。检察监督离不开办案，但检察监督本身不等同于办案，特别是不同等于法院的司法办案。审判业务主要是就是司法办案，无论是刑事业务、民事业务还是行政业务，虽然业务类别不一样，但是审理裁判的性质和方式是一样的。因为检察权能丰富多样，检察监督的具体表现也是各有不同，难以为办案一体容纳。审查逮捕、审查起诉、对民事行政诉讼的抗诉等，可以归结为办案，但已经与法院的司法办案存在较大差异，对违法所得没收程序、强制医疗、社区矫正、行政强制措施的监督，则更难以被一般司法办案所包容。将检察监督等同于一般的司法办案，会造成一系列的被动。如，既然检察院认为自身工作表现为办案，并体现在检察工作报告中，那么人大代表审议时自然也会对两院"办案数"去做比较，而检察院的办案数又很难与法院办案数相比；又如，检察改革中，

————————

　　① 参见张智辉：《法律监督辨析》，载《人民检察》2000 年第 5 期。
　　② 参见万春：《〈人民检察院组织法〉修改重点问题》，载《国家检察官学院学报》2017 年第 1 期。

如果仅局限于办案才配置检察官，导致很多检察监督事项无法配置检察官，这明显不符合工作实际和法律要求，而且在检察机关如何界定办案往往是一个无法破解又无法回避的问题，实在是自造困境。

（三）完善检察监督的思路

以主动适应推动检察监督的转型。监察体制改革对检察机关既是危机，也是转型机遇。一是缓解了当前检察机关的角色冲突，缓解了检察机关长期存在的监督身份的质疑。此前检察机关既搞侦查，又搞监督，社会质疑声音不断，于是检察机关不断自我限权、自我约束、自我监督，如侦捕诉分离、报批报备、批捕权上提一级、人民监督员制度等，但仍无法让社会信服。自侦部门的转隶，从根本上解决了"同体监督"的问题。二是自侦部门的转隶，检察机关将不再处于刑事犯罪打击的第一线，而是集中精力专司监督，从而使其在审前程序总更为中立与公正，为检察公信力的提升奠定了良好的基础。检察机关必须积极适应，变危为机，主动推动检察监督的转型。

以强化主业撑起检察监督名与实。监督是检察机关的根本属性和特色，检察机关必须回到诉讼监督的主业，突出主阵地，在监督上做大文章。过去，我们往往过于强调事了人和而忽略了法律的是非曲直，过于强调社会效果而忽视了法律效果，过去强调公检法的沟通协调而忽视了监督乃检察机关的安身立命之本，检察监督的作用没有体现出来。检察机关必须淡化协调，强调监督。协调后，公安和法院的本职工作仍然在开展，自身作用仍然在呈现，而检察机关一协调后，监督的特质就体现不出来。

以检察尊荣塑造监督持久动力源。长期以来，我们习惯于并满足于以各种考核来推动检察工作。实践证明，考核效果对于检察工作短期的业绩是有效果的，但是对检察工作的长远发展是极其有限的，甚至是负面的。我们必须回到职业尊荣的塑造上，通过我们的努力体现检察工作的独特价值，体现检察监督的效用，体现检察人的存在感与担当感，这样社会才会认可，检察监督才有持久动力。

（四）强化检察监督的刚性

积极争取保留一定的侦查权。自侦部门的整体转隶也并不意味着检察机关不再行使任何侦查权。检察机关应当积极争取保留机动侦查权或补充侦查权，在一定情形下行使职务犯罪的侦查权。对于机动侦查权，监察体制改革前亦有论述,① 改革后更为必要:一是有助于监察委员会和检察机关形成相互衔接和相互制约的机制,有利于提升国家治理成效。以澳门为例,虽然有专司职务犯罪侦查的廉政公署,但检察机关也行使一定的侦查权。二是有利于强化法律监督刚性和效果。法律监督体系建设对于法治国家建设不可或缺,如何保障法律监督效果,对于国家而言亦是一个重大命题。检察机关保留一定的侦查权,可以从根基上保障监督实效,这对国家而言亦是以一种低成本实现高收益的有效方式。

改进已有监督方式的法律效果。检察监督的形式除了抗诉外,主要是发出检察建议、纠正违法通知书等,都是弹性化监督,没有多少强制力,更多是被监督对象的自觉,效果正如王桂五先生指出的那样,"监督权与处分权是相分离的。因为按照列宁的原则,检察机关拥有广泛的法律监督的权力,一切违法犯罪行为的处理都应当在其视线之内予以检察和纠正。但是,对于违法犯罪行为的处理,检察机关只能分别情况提起诉讼,请求法院判决,或者提出纠正,由主管部门予以纠正,而无权自行作出实质性的决定和处分。"② 检察机关必须积极争取国家和社会的支持,改进已有监督方式的刚性。一个比较可行的方式是,明确被监督机关的强制回应义务和检察建议处分权。③ 对于检察监督,被监督对象必须予以回应,且检察机关对于回应有进行评价并建议有关部门予以处分的权力,增加监督的刚性。

用好现有监督方式敢于动真碰硬。可以结合诉讼活动的实际需要,综合运用各种监督方式,敢于对违反司法规律和检察规律的说不,形成监督合力;可以适时提前介入,以拓展有效的线索渠道,从源头上减少和遏制违法行为的发生,强化全程监督;可以强化审前的主导作用,正确运用不批捕不起诉的权力,发出检察监督的声音;可以通过强化调查权,还原事实真相,并通过检察公开的方式借助社会力量,来提升监督约束力。当前正在进行的行政公益诉讼试点,并没有多少检察机关以此为后盾,被起诉对象也明显知道不会被侦查,但是效果很明显。这一事实证明,关键还是检察机关敢不敢愿不愿去动真碰硬,有没有真正作出自己的贡献。

(五) 提升检察监督的实效

在监督目的上,要在控制公权中保护人权。检察机关从其产生之日起,就

---

① 参见张翔:《关于赋予检察机关特别侦查权的思考》,载《法学杂志》2009 年第 11 期;兰跃军:《论适当扩大检察机关的机动侦查权》,载《内蒙古社会科学 (汉文版)》2011 年第 2 期。

② 王桂五主编:《中华人民共和国检察制度研究》,法律出版社 1991 年版,第 270~271 页。

③ 参见朱立恒:《我国刑事检察监督制度改革初探——以刑事检察监督的弹性化为中心》,载《法学评论》2010 年第 1 期。

体现了以检察权制约侦查权和审判权的宗旨。就我国国情来说，公民的法治意识淡薄，执法不严、执法不公现象时有发生，几千年的封建传统固化了人们崇尚权力的意识，刺激着权力的膨胀，导致权力更易滥用。检察机关必须要有硬碰硬的思维和担当，着眼于对公权的制约来保障人权。

在监督机制上，要在分工明确中立体联动。长期以来的实践中，检察权部门化、封闭化现象严重，各部门"单打独斗"的情况比较普遍，资源整合不够，信息共享不足，工作衔接不到位，监督弱化，监督措施缺乏针对性，检察机关内部没有形成监督的合力，刑事诉讼监督职能没有充分发挥，有不少关键环节和重点部位成为监督"盲点"。如对刑事拘留不提请逮捕，捕后随意变更措施导致案件在公安机关预审环节流失等情况也不同程度存在。究其原因，也都与诉讼监督部门间缺乏协作和信息传递沟通不无关系。[①] 为此，必须建立诉讼监督的立体联动机制，在上下级检察机关之间、检察机关各内设机构之间以诉讼信息资源共享为基础，优化配置，进一步健全上下一体、分工合理、权责明确、高效运行的诉讼监督体制，对诉讼进行全方位、全过程的动态监督。

在监督类型上，要在个案监督上实现类案监督。类案监督更易达到监督效果，更强调监督的能动作用，也更强调监督者的监督能力。可以将个案监督与综合监督相结合，在纠正具体案件诉讼活动违法的同时，对侦查机关、审判机关执法不当的共性问题进行总结分析，提出建设性的监督意见，以此促进严格、公正、文明执法。可以建立健全诉讼监督工作情况报告和通报制度，把对诉讼监督工作中遇到的重大问题、重要案件、典型案例以及案件复查报告、调研或研讨报告等及时报告上级人民检察院，上级人民检察院对其进行分析研究，对具有指导意义的复查报告、调研或研讨报告以及成功的经验和典型案例等，及时下发下级人民检察院参考，[②] 进而推动类案监督的运用。

---

① 参见张淑萍、韩超：《构建立体化刑事诉讼监督工作机制的思考》，载《中国检察官》2010 年第 11 期。

② 参见彭东：《论公诉职能中的刑事诉讼监督》，载《国家检察官学院学报》2005 年第 3 期。

检察监督体系构建路径

——以行政执法检察监督的完善发展为视角

何明田　芝春燕[*]

一、检察监督的内涵

要明确检察监督的内涵，首先需要厘清检察监督与法律监督之间的关系。

（一）检察监督不同于法律监督

"法律监督"是司法界和实务界中经常使用的一个专门术语。何为法律监督，根据字面意思，"法律监督"表明了该"监督"与"法律"的关联性，即监督的主体、内容、依据、方式、目的、对象等多个方面均与法律有关系，其渊源是现行《宪法》第 134 条。我国宪法对检察机关的监督法律之遵守的功能做了特别强调。正如民主德国 1952 年检察院法序言所指出的："保证法律之遵守是检察机关的特别功能，但这种特别性不是唯一性，更确切地说，检察机关的法律监督只是整个法律监督体系中特定的司法监督，并非法律监督的唯一"。[①] 而检察监督源于最高人民检察院第十四次全国检察工作会议的主要精神。何为"检察监督"，目前学界尚无统一观点。在检察监督体系提出之前，大多将检察监督与法律监督二者混用。我们认为检察监督并非与法律监督相互对立，二者是相互联系相互统一的，甚至部分监督内容是重合的。检察监督是立足于检察机关的法律监督性质和地位，衍生出的手段和内容，二者即形式与内容、目的与手段的关系。

（二）检察监督不同于诉讼监督

诉讼监督离不开法律监督。根据监督的内容，广义上，我们将法律监督分

---

* 何明田，甘肃省白银市人民检察院法律政策研究室主任，甘肃省检察业务专家，甘肃省司法科学与区域法治发展协同创新中心研究员，首批全国检察机关调研骨干人才；芝春燕，甘肃省景泰县人民检察院检察员。

① 参见彭真：《彭真文选》，人民出版社 1991 年版，第 562 页。

为一般法律监督和诉讼法律监督,简称为一般监督和诉讼监督。诉讼监督源于法律监督,其是我国法律监督的主要内容。何为诉讼监督?即依托诉讼直接或间接地保障法律的实施。根据检察机关对诉讼活动监督的内容来看,诉讼监督主要包括民事诉讼法律监督、行政诉讼法律监督、刑事诉讼法律监督。诉讼监督是最传统的法律监督。随着党的十八届三中、四中全会的召开,针对行政机关不作为、乱作为启动监督程序的要求应运而生,尤其公益诉讼试点开展以来,检察机关监督权能已经远远超出了诉讼监督的范围,明显向行政执法权的监督延伸,如今的检察机关监督职能,我们称之为检察监督。检察监督结合了诉讼监督和行政执法监督,从民事到刑事,从诉讼活动到行政执法活动,涵盖了对审判权和行政权的监督权能,但又不限制各自运行,相互制约又良性互动,并伴随着权力制约模式的转变和监督模式的转变。由此可见,检察监督不同于诉讼监督,它是诉讼监督的延伸和发展。

二、检察监督体系的具体内容

检察监督是检察机关立足法律监督宪法职能,对法律的执行和遵守情况实施的专门性监督。最高人民检察院第十四次全国检察工作会议提出:检察监督体系是检察机关在党领导下依法履行法律监督职能的制度体系,包括检察机关法律监督各领域的法律规范、体制机制和工作制度,是中国特色社会主义法治体系的重要组成部分。在具体内容上涵盖了从侦查监督、公诉等传统刑事司法办案职能到"民事诉讼监督、支持起诉、民事公益诉讼"协调发展的多元化民事检察格局以及行政诉讼监督与行政违法行为监督并举的行政检察等监督职能。① 可以看出,这里的检察监督体系涵盖了传统刑事监督职能、多元化民事监督职能和行政诉讼监督、行政违法监督的行政检察监督职能,是最为广义的检察监督。而狭义的检察监督体系则包括诉讼检察监督和行政执法检察监督,即对民事诉讼、刑事诉讼、行政诉讼的诉讼检察监督,以及对涉及公民人身、财产权益的行政行为的监督和对行政机关不作为、乱作为等行为的行政执法检察监督。

(一) 诉讼检察监督

诉讼检察监督主要包括检察机关对于民事诉讼、刑事诉讼和行政诉讼活动的监督。它是检察机关检察监督体系中最传统,目前发展较为完善的监督内容。随着民事诉讼法、刑事诉讼法、行政诉讼法的修改和相关监督规则的试

---

① 曹建明:《紧紧围绕战略布局在新的起点上推动人民检察事业创新发展》,载 http://www. 17wenku.com。

行，其监督内容、监督方式、监督范围也随之完善。

1. 刑事诉讼监督

刑事诉讼监督是贯穿刑事诉讼活动全过程的监督，包括立案监督、侦查活动监督、审判监督、执行监督，涉及刑事诉讼的方方面面，涵盖立案、侦查、审判、执行各个环节。多以口头纠正违法、书面纠正违法、检察建议、二审或再审抗诉等方式对刑事诉讼活动中的违法行为加以监督。

2. 民事诉讼监督

民事诉讼监督主要采用事后监督与过程监督相结合，监督范围涵盖人民法院民事诉讼立案、审理、裁判、执行各个环节，甚至涉及审判之外审判人员的其他违法行为，通过二审、再审抗诉、再审检察建议、检察建议、书面纠正违法的方式予以监督。上述手段均是事后性监督手段，目前民事诉讼已逐渐由传统的事后监督向事后监督与过程监督相结合转变，即通过提起公益诉讼、督促起诉的方式对遭受损害的国有资产或社会公共利益，督促怠于行使或不行使职责的监管部门履行职责，通过依法提起诉讼的方式实现过程监督。

3. 行政诉讼监督

行政诉讼监督同民事诉讼监督一样，由传统的事后性监督向事后监督与过程监督相结合转变。监督范围随着《行政诉讼法》和《人民检察院行政诉讼监督细则（试行）》的修改进一步扩大，涉及行政诉讼案件受理、审理、裁判和执行各个环节，同时其他监督内容包括对审判人员的违法行为准用了《民事诉讼法》的相关规定，监督内容和监督方式与民事诉讼监督一致，同时监督形式因提起公益诉讼和督促起诉的增加而向过程监督与事后监督相结合转变。当然行政诉讼执行的监督不同于民事诉讼，行政诉讼执行监督分为对行政机关执行行为的监督和对法院执行行为的监督，而行政诉讼监督范围宜限定在关于诉的执行范围内。而非诉行政执行如何确定监督范围，需要与行政执法检察监督内容相互配套，方得以确定。

（二）行政执法检察监督

相较于传统诉讼监督的日渐完善，行政执法检察监督则是构建检察监督体系亟须加强和探索的领域。行政执法检察监督涵盖行政执法活动检察监督和行政乱作为和不作为检察监督。所谓行政执法，是指国家行政执法机关在对社会进行组织管理过程中依照法律法规对行政当事人采取的直接影响其权利义务，或对当事人的权力行使和义务履行情况进行监督的检查执法活动。这种执法活动，主要由国家行政执法机关最经常、最普遍的具体行政行为所构成。① 由此行政执法检察监督必然涉及对行政机关作出的涉及公民人身、财产等权益的具体行政行为的监督以及对行政机关违法行使职权或者不行使职权的行为的监督。

1. 具体行政行为的监督

面对检察权和行政权的关系以及行政行为的庞大，如何确定检察监督的范围是关键。因行政权有其外部监督体制和内部监督相结合，检察监督的配置宜填补法律监督缺位，从行政行为正当性出发，构建行政执法监督框架。行政行为分为具体行政行为和抽象行政行为，因我国目前缺少违宪审查机制，抽象行政行为的检察监督尚不具备条件，故检察监督范围宜从具体行政行为入手。需注意以下几点：

（1）对具体行政行为的监督需是事后监督和过程监督，因行政行为本身具有拘束力、确定力、执行力，检察权与行政权需在各自模式下独立正常运行，检察权应给予行政权基本的尊重，在保证行政权效率和实效性的基础上，确保检察监督实效，若为事前监督，则检察权会对行政权造成过度的干预，势必影响行政权的正常运行。

（2）对具体行政行为的监督内容宜为合法性监督。检察机关为法律监督机关，对行政行为的合法性予以监督是题中之义，但对行政行为的合理性不宜监督。行政机关作出具体行政行为是基于法律规范的规定和自身的裁量权，对于依照法律规范所作出的行政结果，其合法性问题必然是检察监督的范围，但合理性则是行政行为基于若干因素，在其裁量权范围内作出的，对其难以监督，过度监督也会影响行政机关的裁量权，限制行政权，甚至出现滥用权力的现象，滋生其他腐败问题。

（3）对具体行政行为的监督宜为补充监督。检察监督是为了保证法治的统一，在该权力的配置以及行使过程中，应坚持"有作为有所不为"的理念②，遵循谦抑性原则，以可行性和可操作性为要求，对具体行政行为的监督以补充监督为限。具体行政行为本身有其内外部的监督和救济机制，当事人认为自己权利受到侵害时，一般可以通过听证、行政复议、行政诉讼等方式予以救济。检察权监督行政权是为了制约行政权的滥用，而非限制行政权的运行，故对具体行政行为的检察监督应为穷尽内外部救济渠道之后的最后之补充手段为宜。

---

① 郑鸿鸽：《司法程序与行政执法》，载《四川警官高等专科学校学报》2004 年第 1 期。

② 程相鹏：《行政执法检察监督制度的基本原则与内容》，载《人民检察》2010 年第 15 期。

（4）对具体行政行为的监督宜突出重点。基于行政权和检察权资源配置和运行特点不同，对具体行政行为的检察监督范围宜突出重点，重点对侵犯国家利益、社会公共利益和侵犯公民人身、财产权益方面予以监督。首先，行政执法检察监督是为了规范行政主体依法行政，对于行政权具有一定的制约作用，但还是区别于西方的三权分立、分权制衡，从推进法治国家建设的目标出发，以国家利益和社会公共利益为重点监督范围也是内在逻辑结果。其次，法治社会中公民基于两种权利立身于世，一为自由权利，二为财产权利，两者相辅相成缺一不可。而具体行政行为中涉及公民人身和财产权益的权力较多，行政主体在具体行政行为中处于优势地位，当事人则较为弱势，一旦优势权力侵犯弱势权利，则直接影响公民切身利益，难以实现法治政府和法治社会的建立，故此，给予弱势一方应有的保护，对强势一方所行使的权力加以必要监督，避免行政行为肆意侵犯公民自由之权利也为应有之义。

（5）对具体行政行为的监督应依法监督。依法监督，顾名思义，检察监督要有法律依据。虽然《行政诉讼法》和《人民检察院行政诉讼监督细则（试行）》已经规定了检察机关的法律监督权，但规定亦较为笼统，且涉及诉讼监督，并不能引用到对具体行政行为的监督，这表明目前缺乏对具体行政行为监督的法律依据，故此，需要对具体行政行为的监督加以立法确认，以赋予其监督的合法性之地位。

2. 行政机关违法行使职权或者不行使职权的行为的监督

十八届四中全会提出，"检察机关在履行职责中发现行政机关违法行使职权或者不行使职权的行为，应该督促其纠正"。行政机关在参与社会管理中，主要表现为作为和不作为。传统的检察机关监督主要是通过对于行政机关的乱作为和不作为中涉嫌贪污贿赂和渎职侵权等职务犯罪案件加以监督，虽然这种方式在一定程度上有一定的震慑效果，但是行政机关的职权行为中大部分并不足以上升到刑罚苛责的高度，如此，这部分违法但未涉嫌犯罪的职权行为势必会因为行政权内外部监督不足的情况下面临监督空白和监督不力的局面，因此，检察监督除对行政机关及其工作人员涉嫌犯罪行为予以监督，还宜从行政机关乱作为与不作为两方面入手。需注意以下几点：

（1）立法确认监督范围

虽然中央文件概括确认了监督范围为"行政机关违法行使职权或者不行使职权的行为"，即乱作为和不作为，但对职权范围、行为性质、违法程度等内容均未作出具体规定，"两高三部"颁布的《关于对司法人员在诉讼活动中的渎职行为加强法律监督的若干规定（试行）》，从受理、调查、权限、方式等方面均有明确规定，但监督范围仅仅局限于司法工作人员的渎职行为，基于行政机关职权行为的多种多样、行为内容的多种多样，作为和不作为范围亦会因此十分宽泛，该规定并不能准用其他行政机关的作为和不作为行为进行监督，因此，需要从立法层面对行政机关乱作为和不作为的检察监督范围予以确认，进一步明确检察监督范围，以及相应的监督手段，从而避免检察机关监督缺乏依据，同时没有合理限定，可能会出现监督随意，监督泛化甚至监督不作为的行为出现，势必影响检察机关监督公信力。

（2）明确限定在履行职责中发现

中央文件已明确限定对于行政机关行使职权的行为的监督需从"履行职责中发现"，故此，首先需要明确"履行职责"的含义。所谓履行职责，需是检察机关在履行其法定职责，包括批捕、公诉、诉讼监督等法定职责。如此限定，是由于检察权对行政权控权不限权，检察机关行使检察监督权的主要目的是控制行政权，防止其滥用，保护公民权利，而非限制行政权，基于行政权的特性，如不限定检察权范围，可能会影响行政权的正常运行，也会限制行政权现有监督体系的作用正常发挥。故，需要明确限定，发挥检察监督对于现有行政监督体系监督不到位、监督刚性不足的补充作用，以及对行政权力滥用的纠偏和预防作用。其次，需要进一步明确发现案件来源的主动与被动性。即检察机关在履行职责中发现案件线索后主动启动监督程序和行政相对人直接向检察机关申请对行政行为的监督。中央文件已经明确检察机关启动监督的主动性，那检察监督启动的被动性是否予以认可？我们认为应区别对待。第一，鉴于行政行为本身可保障的救济程序，行政相对人在行政行为违法情况下尚未进行行政行为的内部救济程序，如行政复议和行政诉讼等，就先申请检察监督，此时不宜启动检察监督程序，应明确检察监督为公民救济的最后一道程序，如未穷尽行政行为其他合法合理的救济程序，不应启动检察监督程序。第二，若行政相对人已经穷尽内部救济程序，如进行了行政复议和行政诉讼，此时应先启动行政诉讼监督程序，而将行政行为监督程序作为其后置程序。总之，行政行为检察监督为公民的最后一道防线。

（3）完善监督方式

明确范围后则需要有相应的监督方式。检察监督是检察权对行政权的监督和制约，从现有的监督方式，诸如检察建议、纠正违法、调查、公益诉讼等方式，我们建议慎用公益诉讼和调查等措施，可用检察建议、纠正违法等方式，同时为使检察监督实现权力制约的目标，达到监督效果，也需立法明确检察建议、纠正违法的法律地位和效力，在尊重行政权正常运行的情况下，保证检察监督方式不致沦为"纸上谈兵"的方式。

三、完善检察监督体系的对策分析

检察监督体系是一个全面发展的体系，也是一个开放发展的体系。[①] 我们需要顺应时代的要求，进一步发挥检察机关的权力监督制约职权，从刑事诉讼监督到民事行政诉讼监督，从诉讼监督到行政行为监督，涉及检察业务方方面面推进检察监督职能延伸。为此，提出三个方面的建议：

（一）完善立法确认，为检察监督提供法律依据

最高人民检察院提出检察监督体系包括刑事检察、民事检察、行政检察、控告申诉检察等工作机制。这几个方面唯一缺乏立法依据的便是行政检察中的行政执法检察监督。诉讼监督虽缺乏详细的监督细则，但已经有相关的诉讼法条和规则原则性的支持。而行政执法检察监督则缺乏法律条文，目前仅有行政公益诉讼有人大授权，其他行政权监督则没有法律依据。故，完善检察监督体系首先需要有法律依据，方可进一步健全体系性的制度规范。故此，建议比照行政公益诉讼，以人大授权开始，试点先行，进而在试点中完善相关立法授权，以点带面，完善行政执法检察监督。

（二）健全机制建设，保证检察监督体系运行效果

"徒法不足以自行"，有了完善的法律依据，就需要有内外协调一致的运行机制，健全检察监督机制建设也就是题中之义。

1. 加强内部一体化配合机制。一方面是充分合理配置检察机关三级行政执法力量，结合目前进行的司法改革，优化办案模式和内设机构等，充分调动监督力量的积极性，结合行政执法案件大多发生在基层的特点，完善三级院一体化办案模式，形成上下分工，各有侧重，各负其责，紧密配合的工作格局。另一方面是建立检察机关内部机构协作机制，克服检察机关监督职能和诉讼职能界限不清的问题，可将诉讼职能与监督职能适当分离，整合侦监、民行、公诉等力量，设立专门的监督部门，突出监督工作专业化、独立化发展，凸显监督实效。

2. 加强内外部协作配合机制。检察监督体系的有效发展，离不开行政机关的密切配合。首先需要建立检察机关与行政机关的信息共享平台，完善检察监督与行政机关监督的衔接机制，可利用目前已经建设的"两法衔接"平台和公安派出所检察室平台，实现行政机关行政执法案件联网和信息共享，当然，平台的建设有赖于行政机关对于所有案件实现网上受理办案机制的形成，

---

① 王治国：《最高检首提检察监督体系》，载 http：//www. spp. gov. cn。

方可避免选择性共享，选择性监督问题的出现。其次是建立检察机关与行政机关案件移送机制，明确移送标准、移送程序及重大案件提前介入机制，实现过程监督与事后监督相结合，提升监督实效。最后是注重与省级党委、人大、政府等部门的沟通协调。面临司法改革的大潮，检察机关需要在完成省以下统管的改革后，争取统管后党委、人大和政府等部门的支持和力度，为完善检察监督体系营造良好的外部环境。

（三）加强制度构建，保证检察监督体系发挥作用

机制的良好运行有赖于制度的构建与规范。基于机制建设，就需要建立相应的制度规范。内部管理制度方面，一是检察机关监督机构职能优化和办案模式配置。包括案件受理、办理、审查、调查、处理等方面的制度，同时对监督案件和诉讼案件的适当分离机制以及办案干警的业务素质提出一定要求，保证监督案件专业化、独立化的发展。二是检察机关与行政机关的协调配合制度，通过案件信息共享机制、案件移送、案件通报、提前介入等制度建设，保证检察机关既能充分履行监督职能，又不干涉行政权的独立运行，坚持"监督而不干预，监督而不失职，引导而不主导，配合而不越位"的理念，依法合理行使监督权力。三是检察机关事后回访制度。目前，囿于监督手段，在立法尚未确认新的监督手段之前，目前监督手段主要分为检察建议和纠正违法两种方式，因其法律强制力不够导致监督效果大打折扣，故检察监督需要加强回访制度，及时了解和掌握监督手段的采纳落实情况，确保监督效果。外部管理制度方面，一是行政机关需要建立案件通报、案件移送和案件信息共享制度，及时更新理念，主动接受检察机关的监督，从案件受理之初，就应做到痕迹办理，保存好相关的卷宗材料，并做好案件网上同步更新，杜绝有案不移、有案难移、以罚代刑等违法违规行为。二是行政机关需要建立内部监督管理制度，畅通当事人诉求渠道。检察监督作为外部监督必有其疏漏之处，故行政机关亦需要同时建立内部监督管理制度，同时在办理涉及公民人身权、财产权的行政案件时，需要及时告知案件当事人相关的诉权及检察监督权力，畅通诉求渠道。

四、结语

通过检察监督体系的完善，加强对行政权和审判权的监督制约，既符合了权力制约和运行的内在要义，也符合依法治国的内在逻辑要义。正如"法治"一词的创始人戴西所言，"法治首先意味着正常的法律保证有绝对的至高无上或压倒一切的地位，并且排斥专制的存在、特权的存在，乃至政府之自由裁量

权的存在。"① 权力天生具有扩延性特征，而权力行为的作用已经深入渗透到了社会各个领域，其合法性、合理性以及规范化程度直接关系到公众的切身利益、社会的健康发展乃至国家的法治建设，为了保证权力的规范运行，必须完善检察监督体系，充分发挥检察监督的力量和作用，通过检察监督的制约规范督促国家机关及其工作人员形成有法必依、执法必严、违法必究的良好环境。

---

① 王天玺：《新时期检察改革实践与探索》，人民日报出版社 2007 年版，第 78 页。

检察监督体系的构建进路初探

顾 文*

检察制度是国家政治制度的重要组成部分。中央深化国家监察体制改革的重大决策部署，是事关全局的重大政治改革，其中职务犯罪侦查部门的转隶是1978 年检察机关恢复重建以来最大的职能变动，对检察制度带来重要影响。2016 年召开的第十四次全国检察工作会议上，首次提出建立检察监督体系，[①]强调检察监督体系是中国特色社会主义法治体系的重要组成部分。因此，分析检察监督现状，从方法论上把握检察监督体系的要求，提出检察监督构建的进路，是当前一个重要的理论和实践问题。

一、检察监督的现状：从立法角度考察

我国宪法规定了检察机关的法律监督性质。但是，对其具体内容未作出明确的规定。实践中，对于检察机关法律监督权的内容，认为包括诉讼监督权、决定和批准逮捕权、公诉权的有之，认为包括自侦权的有之。《人民检察院组织法》等法律和刑事、民事、行政三大诉讼法等基本法律确立了检察监督的框架，可以从文本角度明确检察监督的分类和路径。

（一）检察监督的分类

根据现行法律规范，可以将检察监督分为诉讼监督和非诉讼监督。

1. 检察诉讼监督。检察诉讼监督是以诉讼方式实现检察职能，检察机关与有关各方在诉讼活动中产生诉讼法律关系，随着诉讼程序的推进，检察机关依照诉讼法规定的程序进行诉讼活动，履行法律监督职能，[②] 主要包括刑事、民事、行政等诉讼活动，是一种制约型的监督方式。

---

* 上海市静安区人民检察院研究室主任。

① 时任最高人民检察院曹建明检察长指出，检察监督体系是检察机关在党领导下依法履行法律监督职能的制度体系，包括检察机关法律监督各领域的法律规范、体制机制和工作制度，是中国特色社会主义法治体系的重要组成部分。

② 孙光骏编著：《检察权与检察职能理论与实践》，法律出版社 2012 年版，第 65 页。

（1）刑事诉讼法律监督。《人民检察院刑事诉讼规则（试行）》将刑事诉讼监督界定为"刑事立案监督，侦查活动监督，审判活动监督，刑事判决、裁定监督，死刑复核法律监督，羁押和办案期限监督，看守所执法活动监督，刑事、判决裁定执行监督，强制医疗执行监督"9 类。

（2）民事诉讼法律监督。从 1982 年的《民事诉讼法》第 12 条规定"人民检察院有权对人民法院的民事审判活动实行法律监督"，到 2013 年修订实施的《民事诉讼法》第 14 条规定"人民检察院有权对民事诉讼实行法律监督"，对检察机关民事诉讼监督职能定位更加清晰，突出了民事诉讼的价值走向和公正司法的内在要求。

（3）行政诉讼法律监督。1989 年实施的《行政诉讼法》第 64 条规定，"人民检察院对人民法院已经发生法律效力的判决、裁定，发现违反法律、法规规定的，有权按照审判监督程序提出抗诉"，奠定了我国行政诉讼法律监督的基本框架，明确规定了行政诉讼监督的范围和方式。2015 年实施的修订后的《行政诉讼法》进一步扩大了检察监督范围，并规定对行政案件除了可以提起抗诉外，还可以通过提出检察建议的形式进行。

2. 非诉讼法律监督。非诉讼监督，是以非诉讼方式实现检察监督职能，即依照诉讼法外的其他法律、法规的规定，以非诉讼的方式进行监督。主要由检察机关通过非诉讼的途径实现，包括运用检察建议促进社会治理法治化、通过民事督促起诉维护公共利益、通过"两法衔接"监督行政执法、通过司法解释规范法律运行和实施等。

（二）检察监督的路径

检察机关履行监督权的路径包括发现违法的权力——核实违法的权力——纠正违法的权力。其中发现违法是检察机关各项职权的前提，核实违法是基础，纠正违法居于核心地位。上述行为均应当严格按照法律规定的条件、程序进行。

1. 发现违法。"发现违法是进行法律监督的前提……是保证法律监督有效性的基础。"[1] 司法实践中，发现违法的主要途径包括审查、察看。审查是指通过阅卷、讯问、询问以及复核相关证据等对案件进行实体和程序上的把关、过滤。察看是指对侦查、审判、执行现场进行监视与察看。

2. 核实违法。主要包括侦查、调查。其中侦查主要是对职务犯罪事实或者犯罪嫌疑人进行的特殊调查活动；调查是检察机关对一般违法行为线索进行

---

[1]　张智辉：《检察权研究》，中国检察出版社 2007 年版，第 132～133 页。

调查核实的工作方式，包括询问、查询、调取证据、查阅案卷材料、勘验、鉴定等。

3. 纠正违法。纠正违法从狭义方面来讲，指纠正违法通知书的适用；从广义方面来讲，指检察机关督促纠正的方式，包括口头纠正、检察公函、检察建议、工作通报、纠正违法通知书、向同级党委或人大报告、提请上级检察机关开展监督和通过查办职务犯罪启动相关责任追究程序等。

二、检察监督运行现状

（一）刑事诉讼监督监督主体多、监督范围广、监督方式多样

刑事诉讼监督具体表现为：一是监督主体多。包括检察机关侦查监督、公诉、监所、控申、社区检察①等多个部门，且职能之间相互存在交叉，如对于立案监督工作，控申、侦监、公诉、监所检察等部门均有监督权。再如刑事执行活动监督主要由监所检察部门负责，同时，近年各地蓬勃兴起的社区检察部门承接监所检察部分职能，主要对暂予监外执行、剥夺政治权利、管制、假释和缓刑等社区矫正执法活动进行监督。二是监督范围广。刑事诉讼监督涵盖刑事诉讼的全过程，近年刑事诉讼监督权呈现逐渐拓宽趋势，包括了对刑事诉讼启动、诉讼过程、诉讼结果和裁判执行的监督。三是监督方式多样。如发现途径多，包括提前介入侦查、参与法院审判活动等；监督载体多，包括口头或者书面纠正违法、检察建议、抗诉等；工作程序多，有的由承办人或者部门负责人提出，有的由检察长批准等。

（二）民事、行政检察监督监督主体少、内容逐渐丰富

从权力配置看，具有以下特点：一是监督主体主要是民行、控申部门。控申部门主要承担程序性职责，民行检察部门同时承担民事、行政检察监督职责。二是监督范围有逐渐拓宽趋势。包括对生效判决、部分赔偿调解、审判活动违法、行政执法活动等。三是监督方式主要来自于法律规定。其载体是检察建议、再审检察建议、抗诉，近年也赋予了检察机关开展证据调查等监督手段。

（三）诉讼监督和非诉讼监督职权配置模式多样

与监督主体的多元性特点相对应，监督职能的配置模式也呈现出多样化。主要有两种模式：

---

① 社区检察制度是一种检察创新工作模式，近年来我国对社区检察制度开展探索，主要履行对公安派出所刑事执法活动监督、非监禁刑罚执行监督、社会化预防职务犯罪等职能。

1. 诉讼职能与诉讼监督职能并行。以 S 市为例，公诉、侦监、未检、金融检察、航运检察部门主要采用该种模式。目前，公诉、侦监部门普遍实行"诉讼与监督并行"的模式。即侦查监督部门既承担审查逮捕职能，又承担刑事立案和侦查监督活动职能；公诉部门既承担公诉职能，又承担侦查监督、刑事审判监督职能。未检与金融、航运等检察部门采取的"捕诉监防、捕诉研防一体化"模式，本质上也属于此种模式。

2. 诉讼监督职能与诉讼职能相对分离。控申、监所、社区、民行部门主要采用此模式。上述部门主要通过受理线索、现场察看、备案审查和违法调查等途径，通过提出纠正违法通知、检察建议、提起抗诉等手段，对民事审判和行政诉讼、监管活动、社区服刑、派出所执法活动等进行监督。其实现职能的主要途径不是参与刑事、民事、行政诉讼具体环节。

（四）监督管理模式的探索方兴未艾

近年来，北京、湖北等地检察机关提出"立体化监督模式""综合监督模式""诉讼职能和诉讼监督职能适当分离"等。① 就 S 市而言，检察机关也结合新一轮检察改革，探索通过设立"诉讼监督部""诉讼监督事务协调中心"等方式，整合资源、提高监督效果。② 其核心就是对诉讼监督管理模式的探索。

三、检察监督体系的提出：方法论上的启示

中国特色社会主义检察制度是社会主义法治的重要组成部分，由于法律监督权主体唯一性、手段专门性、对象特定性成为法律监督机关。2016 年 12 月，全国人大常委会通过了在北京、山西、浙江开展国家监察体制改革试点工作的决定，标志着"一府两院"的格局变更为"一府一委两院"，检察机关也不再是唯一行使法律监督权的部门。这不仅从宏观上影响检察机关在政治体制中的性质与定位，也在微观上对检察监督的实现方式带来影响。最高人民检察院提出从体系化的视角思考检察监督的发展方向，对促使检察监督成为紧密联系、协调一致的系统具有重要意义。

---

① 我国西部检察机关提出"立体化监督"，主要指依法履职、相互制约、保障权益的"立体化"运行机制；北京等地检察机关提出"综合监督"，主要指综合运用多种手段、采取多种方法，多方面、多层次、多渠道做好诉讼监督；湖北检察机关提出"诉讼职能"和"诉讼监督职能"的适当分离，主要是按照"横向大部制、纵向扁平化、全面整合资源、突出检察官主体地位"的思路，进行机构整合和检察职能的划分、组合。

② 如 S 市闵行、静安区院探索整合控申、社区、监所、民检等部门，成立诉讼监督部；青浦区院探索设立诉讼监督事务协调中心。

（一）促进阶层式、开放性思考

体系方法本质上是一种逻辑的运用，就检察监督体系的提出而言，还承担着方法论的使命。在系统论的视野下，检察监督要实现良性运作和功能的最大化，需要系统内要素保持有机的秩序，在纵向上实现上下一体，在内部关系上实现诉讼职能和监督职能的适当分离，在外部关系上实现检察权与刑事、民事、行政诉讼程序的协调。

1. 通过体系化思考发挥检察机关整体效能。与审判权的独立、中立、被动、终局等特点不同，检察权运行本身具有整体性、统一性的特征。而监督权本身所具有的单向性、非强制性、复合性的特点，需要检察机关将检察监督与整个检察职能进行全盘考察和评价，发挥独特的制度优势。

2. 通过体系化思考实现诉讼和监督的适当分离。检察机关诉讼职能与诉讼监督职能具有不同的属性。诉讼职能直接指向查明犯罪事实、准确适用法律、实现国家刑罚，诉讼监督职能直接指向发现、调查、纠正其他国家机关的违法诉讼行为。通过体系化思考，将监督工作与整个检察职能进行全盘考察和评价，协调诉讼职能和诉讼监督职能，有利于科学配置监督权。

3. 通过体系化思考考量监督者与被监督者关系。体系意味着开放性。《中共中央关于全面推进依法治国若干重大问题的决定》的出台，刑事、民事、行政三大诉讼法的相继修订，检察机关监督范围、监督手段、监督方式等也在不断调整、变化中。只有将检察监督作为体系，才能将"被监督者"——公权力主体，以及当事人、相对人共同纳入研究视野范围，促使检察机关遵循刑事、民事、行政诉讼不同规律，科学界定检察监督的性质和功能，促使监督、被监督者从对抗走向协作的同时，发挥监督的保障和救济功能。

（二）构建检察监督体系的基本原则

1. 坚持遵循监督规律原则。实践中需针对三大诉讼的不同特点，促进被监督者自行纠正违法行为，落实监督意见。刑事诉讼、行政诉讼解决公权争议，民事诉讼解决平等主体间的私权纠纷，在刑事诉讼监督中应当坚持有错必纠，并强化自身监督，民事诉讼监督应当坚持有限监督，行政诉讼监督应当坚持严格启动、公共利益为主的原则，与督促纠正行政违法行为和提起行政公益诉讼相结合。

2. 坚持监督协调性原则。随着自侦部门的转隶，检察机关核实违法、纠正违法的方式面临重大调整，需要保留特定的自行侦查权力，以保障其他各项检察职权的有效行使。同时，检察机关的法律监督定位在一定程度上是通过诉讼监督权实现，要协调检察机关内部诉讼职能和监督职能，科学配置监督权。

3. 坚持监督规范性原则。检察监督具体运行中必须遵循检察机关的宪法定位和司法属性，把检察监督中的"抽象监督"转变为"具体监督"，通过监督事项案件化办理实现监督的程序化构建。同时，加强监督管理，排除或适度分离相冲突的职能，避免出现监督"盲区"或者重复监督、交叉监督，提高监督效率。

四、检察监督体系的构建：格局、方式、机制的调整

当前，检察机关的法律监督在法治监督体系中仍然具有不可替代的地位和作用。实践中要充分认识体系化思考对实务的影响，在做好检察机关自侦队伍转隶、与国家监察机关衔接的同时，提出检察监督体系的构建方案。笔者认为可以从以下几个方面入手：

（一）整合监督资源，构建"5＋X"监督格局

落实"检察一体化要求"，整合上下级院、同级院内部监督线索，构建新的监督格局。

1. 监督工作联动。上级院对重大复杂的监督线索情况，加大督办、指导力度；对普遍反映的典型问题，通过专项检察、联合检查等方式，提升监督的层次和监督意见的说服力。同级院各部门之间建立线索移送、衔接配合、沟通联系等制度，实现信息共享和资源整合，提高监督合力。

2. "5＋X"监督模式。突出重点，抓好侦查活动监督、刑事审判监督、刑事执行监督、民事诉讼监督和行政诉讼监督五项职能的同时，根据区域特征确定"X"项目，拓展监督领域。一是以基层公安机关派驻检察人员为抓手，推进侦查活动源头监督。严格落实派出所向检察机关社区检察室报备执法数据，以及公安侦查环节中断诉讼程序的各类重点案件的规定，坚持开展案件检察，形成和专项检察协同发展的监督模式。二是以交叉检查、专人检查等方式，强化刑事审判监督。改变目前"谁办案谁审查"的模式，采取更换承办人审查等方式，构建以抗诉为中心的审判监督格局，以切实发现问题，统一监督标准。三是以常态化刑事执行监督为方向，保证监视居住、羁押必要性评估、财产刑执行监督等新增职能的开展。四是以加强执行监督为重点，适度加强民事诉讼监督。针对民事执行权是借助国家强制力对已生效法律文书的给付内容，迫使义务人履行义务的一种国家公权力，[①] 具有高度封闭性的特点，加大民事执行监督，受理和及时纠正怠于执行、执行超标的相关控告、举报，确

---

① 郑青：《诉讼监督的范围与方式》，中国检察出版社 2012 年版，第 176 页。

保监督成效。五是以督促纠正行政违法行为和公益诉讼为重点，探索介入行政诉讼活动的有效方式。围绕强化对行政机关依法行使职权的监督、完善当事人合法权益保障等要求，开展对行政机关违反法律规定、可能影响法院公正审理行为的监督，加强对行政诉讼和执行的监督。

此外，坚持以区域特点为依托开展特色检察监督，就是监督中的"X"。如 S 市在全国率先提出了"金融检察"的概念，并设置了全国首个独立的金融检察部门。随着 S 市国际金融中心建设进程加快，金融、知识产权案件专业化办理的深化，构建"刑事、民事、行政检察监督"全面监督的构架和"捕诉研防一体化"的办案模式，就成为检察监督的重要方式。

（二）合理配置职能，改进办理方式

主要是对监督职能与诉讼职能进行适当分离，实行一定意义上的"诉讼不监督、监督不诉讼"。同时，鉴于监督事项的发现、受理、书面审查、调查核实、处理纠正等不是简单的行政性事务，而是综合性的办案工作，需要改变目前监督事项的办理方式。具体思路：

1. 对于在履行诉讼职能中发现且需要在诉讼中即时解决的监督事项，如不捕、追捕、追诉等，由参与诉讼的侦监、公诉等部门继续办理。

2. 对于其他监督事项，组建诉讼监督部办理。主要是以控申、社区、监所为主要力量，整合案件管理、法律政策研究室的部分职能，建立诉讼监督部，形成统筹、统领各诉讼领域和环节的监督系统。（1）将立案监督、刑事审判监督、部分刑事执行监督职能分离出来并入诉讼监督部。（2）对于案件流程监控、质量评查、专项调研、检委会办事机构工作中发现的涉及同一检察机关的多个监督事项，如类案平衡、执法规范、法律政策的一类情况，关系群众切身利益、经济发展的同类问题等，也由诉讼监督部专司办理，加强综合分析和研判，保证监督成效。

3. 将监督事项作为案件办理，提高监督工作效率，实现流程化、规范化。具体而言：按照线索受理、立案、审查、调查、提出监督意见的程序办理监督事项，实现统一登记、统一分流、统一督办、统一反馈，保证监督办案规范化，切实体现监督的司法性、严肃性，并结合检察改革要求将监督工作中的办案责任制落到实处。

（三）优化工作机制，保证监督效果

重点围绕发现违法—核实违法—纠正违法优化监督机制。

1. 通过加强信息化建设实现线索资源整合，提高发现违法能力。研发检察监督专门模块，建立违法线索信息库，对检察机关受理、审查、执行工作中发现的需要开展监督的线索，纳入统一业务软件中，通过信息化程序自动运行和节点控制，预判违法多发环节、领域，提高监督针对性。

2. 通过赋予检察机关特定侦查权，强化核实违法能力。主要是保留检察机关对办理案件中发现涉及公安、检察、审判、国家监察人员利用职务便利实施的刑事犯罪案件，认为有管辖必要时，进行直接立案侦查的权力。其实质就是根据检察机关法律监督机关的地位，优化配置对特定人员的侦查管辖权，切实实现对"事"监督和对"人"监督的结合。同时，明确对于在这种情况下，检察机关行使机动侦查权必须报经特别程序批准。

3. 通过增强监督刚性，确保纠正违法效果。一是建立监督后的督促和跟踪监督机制。二是明确检察机关实施法律监督的保障程序，对于被监督机关无正当理由不执行监督意见的，可以建议其上级机关受理，或建议更换案件承办人、建议对违法办案人员行政处罚等。三是对社会影响较大、公众关心的监督事项，探索公告送达制度，并及时公布处理情况，增强检察监督效果和透明度。

基于有效控制的检察监督体系构建

汪长华　杨春喜[*]

一、内涵：检察监督体系及其分析方法

（一）检察监督体系提出的背景

检察监督体系产生的直接背景是司法改革。从时间上看，检察监督体系提出与改革进程的时序逻辑一致，2013 年 11 月，十八届三中全会提出司法改革。2014 年，中央深改组明确了深化司法体制改革的目标、原则，制定了各项改革任务的路线图和时间表；并先后确定第一批、第二批试点。2015 年确定第三批试点。2016 年司法责任制改革全面推开。同年 7 月，最高检在第十四次全国检察工作会议上，首次提出检察监督体系。从效应上看，检察监督体系提出是对改革进程的过程反应，是检察机关因应改革的重要举措。司法改革从概念到路线图、试点和全面推行，其对检察机关的影响逐步加深，时任曹建明检察长提出"以深化司法体制改革为契机，完善检察监督体系、提高检察监督能力"，就是有力佐证。

（二）检察监督体系的内涵

体系，百度百科的解释是："泛指一定范围内或同类的事物按照一定的秩序和内部联系组合而成的整体，是不同系统组成的系统。"检察监督体系应当是检察机关不同监督职能组成的系统。《检察日报》在"与时俱进不断完善检察监督体系"一文中指出：检察监督体系是检察机关在党的领导下依法履行法律监督职能的制度体系，包括检察机关法律监督各领域的法律规范、体制机制和工作制度，是中国特色社会主义法治体系的重要组成部分。

从十四检会议精神上看，检察监督体系包括五个不同的监督子系统，具体是：刑事检察子系统，即以侦查监督、公诉、死刑复核监督、刑事执行监督等

　＊ 汪长华，安徽省六安市裕安区人民检察院党组书记、检察长；杨春喜，安徽省六安市裕安区人民检察院法律政策研究室主任。

为主要内容的刑事检察工作机制；职务犯罪侦查预防子系统，即反贪污贿赂、反渎职侵权及职务犯罪预防工作；民事检察子系统，即以加强对公权力的监督为核心，健全"民事诉讼监督、支持起诉、民事公益诉讼"协调发展的多元化民事检察工作格局；行政检察子系统，即以行政诉讼监督、行政违法行为监督为主的行政检察制度；控申检察子系统，即集信访、举报、纠错、赔偿、救助于一体的控告申诉检察工作机制。

（三）检察监督体系的分析方法

法律是社会利益的调节器，法律监督就是对法律实行过程和结果进行检视，检察监督体系就是实现检视的一套系统，这套系统有五个子系统构成，五个子系统构成既自成体系，又彼此联系，其运行就像一个控制系统。基于这一特征，本文拟借用控制系统的相关分析方法，对检察监督体系有效性进行分析。为便于分析，本文以基层检察院检察监督体系为对象进行解析。理由：一是基层院检察监督体系具备检察监督体系的主要构件；二是基层检察院检察监督体系具有广泛的普遍性；三是简化分析系统，便于分析说明。

检察监督系统的基本模型：

闭环监督：

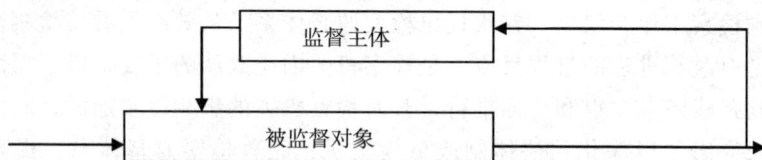

主要特点：监督主体通过参与诉讼过程方式，全程检测参与行为，发现问题、反馈，通过被监督对象自己纠正。如刑事检察监督。

开环监督：

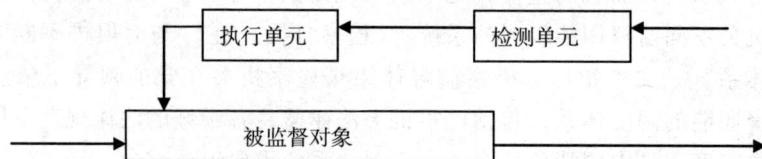

主要特点：监督主体通过检测单元、执行单元组合完成监督功能，检测单元的检测点数据来源呈离散型，其现实模型如控申检察，开环监督的模型如职务犯罪侦查和民行检察监督。

有人认为，检察监督体系的提出缩小了法律监督的范围。我们认为，检察监督体系与法律监督是不同层次概念，检察监督体系是检察机关内部构件和构件之间运行机制，而法律监督则是检察监督体系的输出总概括。

二、检视：检察监督体系的现状

当前，检察监督的主要模型有：

对公安机关及其执法人员执法行为的监督：

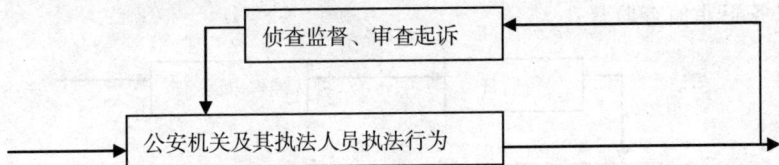

```
            ┌──────────────────────┐
            │   侦查监督、审查起诉   │◄──────────────┐
            └──────────────────────┘               │
               ▲                                    │
               │                                    │
    ┌──────────┴───────────────────────────┐       │
───►│      公安机关及其执法人员执法行为       │───────┘
    └────────────────────────────────────────┘
```

对刑事审判行为的监督：

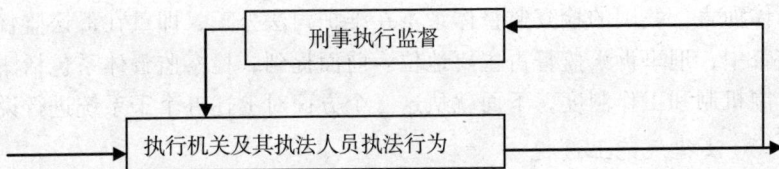

```
            ┌──────────────────────┐
            │     刑事执行监督       │◄──────────────┐
            └──────────────────────┘               │
               ▲                                    │
               │                                    │
    ┌──────────┴───────────────────────────┐       │
───►│      执行机关及其执法人员执法行为       │───────┘
    └────────────────────────────────────────┘
```

对刑事执行的监督：

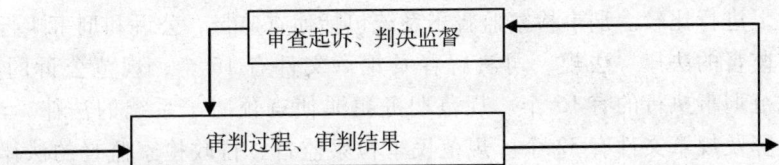

```
            ┌──────────────────────┐
            │   审查起诉、判决监督    │◄──────────────┐
            └──────────────────────┘               │
               ▲                                    │
               │                                    │
    ┌──────────┴───────────────────────────┐       │
───►│        审判过程、审判结果             │───────┘
    └────────────────────────────────────────┘
```

控告申诉监督：

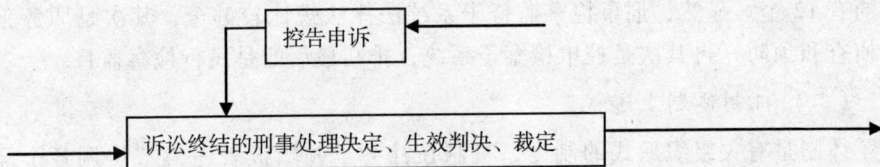

```
         ┌────────────┐
         │   控告申诉   │◄──────────────┐
         └────────────┘               │
            ▲                          │
            │                          │
    ┌───────┴──────────────────────────────────────┐
───►│  诉讼终结的刑事处理决定、生效判决、裁定          │───────►
    └────────────────────────────────────────────────┘
```

对民事、行政诉讼监督模型：

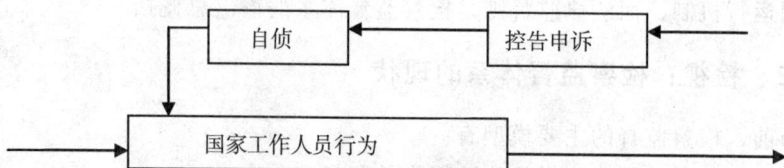

职务犯罪侦查监督：

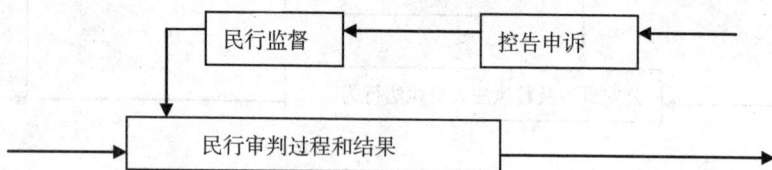

总体而言，我国的检察监督体系重在维护司法公正，即重在诉讼监督，在诉讼监督中，刑事诉讼监督占主要地位。前面提到，检察监督体系包括法律规范、体制机制和工作制度，下面就从这三个方面对上述五个子系统进行说明。

（一）法律规范上透视

一般来说，监督系统工作越精密，对应的规范就越多。下面，根据《检察机关执法工作基本规范（2013 年版）》引据，对规范上述五个系统的法律法规数量上进行比较。刑事检察监督子系统包括侦查监督、公诉和刑事执行，规范侦查监督的法律、法规、司法解释及规章文件有 15 个，规范公诉的有 17 个，规范刑事执行的有 15 个。规范职务犯罪侦查预防子系统的法律、法规、司法解释及规章文件有 32 个。规范民事检察监督、行政检察监督的法律、法规、司法解释及规章文件有 8 个。控申检察子系统包括控告检察和刑事申诉检察，规范控告检察的法律、法规、司法解释及规章文件有 10 个，规范刑事申诉的有 12 个。显然，刑事检察监督子系统法律法规比较健全，其次是职务犯罪侦查和预防，再其次是控申检察子系统，排在最后的是民行检察监督。

（二）机制体制上透视

体制是有关组织形式的制度，机制在社会学领域被表述为"协调各个部分之间关系的具体运行方式"。在上述监督模型中，监督主体制度，对系统稳定具有重要作用。下面拟从基层检察院的机构设置、人员配备和运行方式等角度分析检察监督体系的体制、机制问题。某县区院，刑事检察监督设置侦查监督科、公诉科和刑事执行监督科三个部门，共配备 16 人，其中侦查监督科 4 人，公诉科 8 人，刑事执行监督科 3 人；职务犯罪侦查和预防分别设置反贪污

贿赂局、反渎职侵权局和预防科，共 14 人。民事行政检察监督设民行科共 3
人。控申检察监督设控申科，共 5 人。值得一提的是，监督子系统人员配备的
数量多少与规范该系统的法律法规数量多少存在对应关系，其根本原因，可能
是监督工作的重点是一致的。从具体运行上看，控申、职务犯罪侦查、侦查监
督、公诉和刑事执行监督涵盖了刑事诉讼的全程，是一个闭环监督的体系。而
民事诉讼监督、行政诉讼监督，不仅方式独立，与其他检察监督子系统交叉也
不多。

（三）工作制度上透视

在上述监督子系统模型中，系统还存在一些问题，从工作制度上考察，问
题有：在侦查监督中，监督的来源主要是侦查机关报捕的案卷，对没有报捕的
案件以及没有立案的线索缺乏必要监督；对"行政执法机关应当移送而不移
送涉嫌犯罪案件的"案件监督主要靠与行政执法部门签订"两法衔接"机制，
实践中，包括信息平台和工作平台的"两法衔接"运行并不理想。刑事执行
检察监督主要是非财产刑，在财产刑监督上还缺少制度的保障。民事行政检察
监督属离散型监督等问题。

有观点认为，中国从苏联拷贝了"法律监督机关"，也面临着不能对一切
违法行为进行法律监督的难题，把检察机关称为法律监督机关，盛名之下其实
难副，"或许称为诉讼法律监督更为合适"。我们认为，这种观点是对法律监
督的简单理解。将不同的违法行为分别交公安、行政执法等部门执行，既是专
业化管理的需要，也是世界各国通行的做法，由一个机关对一切违法行为进行
法律监督，放在任何国家都做不到。当前，我们通过诉讼监督对公安、行政执
法等部门监督，巧妙地实现了对一切违法行为的法律监督。也就是对公安、行
政执法等部门的诉讼监督是二级监督，通过对它们的监督，间接地监督了一切
违法行为。这也是检察监督体系将诉讼监督作为主体的合理解释方式之一。

当然，合理的解释并不代表检察监督体系以诉讼监督为重点不存在问题，
诉讼监督直接体现的司法公正，而十四检提出检察工作的总任务之一是维护社
会公平正义，显然，检察监督体系的视角更应放大。

三、变革：检察监督体系的变量

前已述及，检察监督体系与司法改革存在时序的联系，是改革进程的连锁
反应。变革，是检察监督体系的总趋势，影响检察监督体系的最大变量主要是
法治监督的新要求、两反转隶和司法改革。

（一）法治监督的新需求

2014 年 10 月，十八届四中全会审议通过了《中共中央关于全面推进依法

治国若干重大问题的决定》，提出"形成完备的法律规范体系、高效的法治实施体系、形成严密的法治监督体系、有力的法治保障体系"。在这四个体系中，完备的法律规范体系、高效的法治实施体系、形成严密的法治监督体系三个系统形成一个闭环控制系统，即以法治实施体系为主体，以法律规范体系为标准，以法治监督体系为反馈、校正的闭环系统。从法治的视角审视，系统监督的对象扩大、质量提升，这也是对法治监督内涵的最好解释。特别是，在法治监督体系前用"严密"来限定，从控制角度来看，有三层含义：一是监督的广度增加，不留监督盲区；二是监督的精度提高；三是监督系统响应及时。作为法律监督机关，检察机关必然会在法治监督体系建设进程中，发挥专门监督机关的作用，这也必然会在法律法规、体制机制和工作制度方面促进检察监督体系调整完善。

也有人认为，建设法治监督体系，法律监督专门机关，也即检察机关的地位会削弱。我们认为，法治建设是一个过程，法治监督体系建设也是一个过程，在这个过程中，检察机关要调整监督的层级，把自己摆在法治监督的中心枢纽，这既是法律监督内在要求，也是检察机关在法治监督体系建设中的应有担当。检察机关要把握法治监督体系建设方向，超前布局检察监督体系，在法治闭环控制系统中，发挥反馈、校正机能的关键作用。

（二）自侦监督的转隶

十八届六中全会提出建设国家监察制度，检察机关的职务犯罪侦查预防部门转隶制监察委员会，此项改革完成后，检察监督体系将面临大调整。

一直以来，检察机关始终承担反腐败使命。十八大以来，反腐败斗争从胶着到形成压倒性态势，检察机关功不可没。从业务考评的权重到检察机关装备和人员配置，足显职务犯罪侦查和预防工作在检察监督体系的分量和地位。两反转隶必将促进检察机关工作重心转移，必将在法律法规、体制机制和工作制度层面产生重大变革。

从法律法规方面来说，两反转隶，调节刑事诉讼活动的主要依据《刑事诉讼法》和《人民检察院刑事诉讼规则（试行）》有必要进行修改调整，检察机关的内部规范也要废止和新建。

从机制体制方面来说，包含职务犯罪侦查预防的检察监督体系是一个独立完整的系统，职务犯罪侦查预防扮演着校正国家工作人员履行法律错误的执行功能，且职务犯罪侦查预防子系统与其他检察监督子系统之间也有协作配合机制。两反转隶后，这样内部反馈、校正一体机制将改变为两个执行单元，信息交换也从内部演变为外部。

从工作制度上来说，两反转隶后，面临职务犯罪侦查预防与检察监督重新对接。

两反转隶后，法律监督的范围是否更窄了？我们认为，两反转隶后，检察监督仍然包含对职务犯罪侦查预防的监督，只不过监督的方式发生改变，即从直接监督变为间接监督。

（三）司法改革的变化

司法改革对检察机关影响主要有三个方面：

1. 检察权运行方式的改革，即司法体制改革，重点是以司法责任制为基础的四项改革。目前，大部分省市已完成员额内检察官遴选，正按照权力清单，推动司法责任制改革。实践中，检察机关内部正在机构整合，配置员额内检察官，建立办案组，评价机制也在探索搭建中。

2. 新增检察职能需要配套完善。针对法治监督体系的新要求，检察职能也在新增，如民事公益诉讼改革、行政违法监督等，这些新增职能尚需总结试点经验，逐步规范实施。

3. 以审判为中心的诉讼制改革等需要进一步完善。其他改革，检察环节亦需要主动应对。

总而言之，司法改革深刻地改变检察监督体系，检察监督体系也正借助司法改革之机，进行重建。

四、选择：检察监督体系的完善

完善检察监督体系重点在顶层设计，当然，立足基层院视野、立足当前之急需，选择适合路径亦不可少。

（一）突出重点，健全法律法规，消除监督盲区

增加检察监督体系的检测点布局。在法治监督大背景下，法律监督的层级亦有提高的趋势，如两反转隶，检察监督从直接监督转为间接监督，民事检察监督指向公权力，行政检察监督指向行政违法行为。这些既是改革的热点，也是当前监督指向的重点。在重点领域要增加检测点。

1. 拓展控申职能。如《检察机关执法工作基本规范（2013 年版）》第 2.4 条，人民检察院依法处理下列信访事项中的第三项，"反映侦查机关侦查活动存在违法行为的控告"，可以改为"反映执法机关执法活动存在违法行为的控告"。这样既可适应两反转隶对监察执法的监督，也适应对行政违法行为监督的需要。

2. 加强专项监督检察工作。在侦查监督工作中，加强对公安机关受理线索立案情况监督，对行政执法部门移送线索情况进行专项监督；在刑事执行工

作中，加强财产刑执行活动监督；在民事检察工作中，突出对公共事业单位民事活动中监督，保护公共权益；在行政检察工作中，参与法制部门执法检查、建立工作机制。

3. 健全职务犯罪侦查预防衔接法律法规。两反转隶进程中，适应监督方式的转变，可以借鉴检公之间关系，构建调节检察和监察之间规范体系。

特别值得一提的是，前面已讲到，从法律法规方面看，民行检察工作还处于薄弱环节，民行检察监督程序性规范不足，制约了民行工作的开展，健全民行检察监督法律法规建设刻不容缓。

（二）突出主体，健全体制机制，增强监督精度

在法律监督工作中，检察机关监督主体地位通过各职能部门来完成，随着司法体制改革推进，员额检察官的主体地位逐步增强，下一步，借助改革，健全体制机制，落实司法责任。

1. 加强员额内检察官专业化配置。遴选员额内检察官后，重要的是，根据检察工作重心转移，合理配置检察官员额。

2. 提高检察官的法律监督能力。在检察内设机构缩减，办案组织逐步健全的背景下，检察官的监督能力一定程度上决定监督水平。

3. 民事检察与行政检察宜专业化。当前，基层检察院的民事检察和行政检察采取合并设置，简称民行检察。这与长久以来，重刑事检察、轻民行检察的历史因素有关。在法治监督的格局中，监督公权力、约束行政权与制约侦查权、制约审判权同等重要。民事检察、行政检察工作相比较而言，更显突出和重要，同时，考虑到民事检察与行政检察的差异，建议借助推进改革之机，同步推进民事检察和行政检察专业化进程。

4. 加强监督体系的信息流动。首先是检察监督内部信息流动，司法改革的背景下，检察监督信息从内设部门转向检察官，制定检察内部信息流动工作制度，让每位检察官都成为检察监督的传感器。其次是法治监督主体间信息流动，构建高效、一致的法治监督系统。

（三）突出手段，借助科技强检，提高监督质效

机械控制系统借助电力技术实现电气化，机电控制系统借助电子技术实现智能化，检察监督体系实现有效控制，同样离不开现代科技，当前，可以做并且能够做到的途径有：

1. 借助新媒体，延伸控申检察监督触角。当前，控申检察监督功能发挥有限，主要原因：一是群众对检察院具体职能了解不多，通过检察机关行使权利保障意识不高；二是检察机关与群众联系渠道不畅，不善发挥检察监督作用；三是检察机关公信力有待进一步提升，信访不信法的局面尚未根本改变。检察机关要借助新媒体，打造群众身边的检察院，充分发挥群众监督的作用，这样控申检察监督的职能就会显现。比较欣喜的是，最高检正在部署实施远程接访，建立微信服务平台，方便人民群众发挥监督作用。同时，利用检察新媒体矩阵，以案例的方式加强宣传，既能提高检察公信力，也能起到普法效果，提高人民群众法治觉悟。

2. 借助现代科技，提高监督主体素能。在司法责任制改革的背景下，监督主体逐步由内设机构向检察官办案组织转变。提高检察监督体系有效性的重要途径就是提高改善检察官办案组织的个体素能。当前，制约检察官个体素能主要因素之一就是案多人少、证据摘录等检察事务性工作比较繁重，学习、研究的时间少。而目前，电子卷宗逐步普及，但摘录证据还未电子化，下一步，要借助科技手段，实现电子卷宗的检索和复制粘贴功能，解放检力，提高检察官监督素能。

3. 借助大数据，形成监督标准体系。大数据深刻地改变着我们认识事物之间的关系，在检察监督体系中，监督标准是一个重要基准，在大数据到来之前，监督标准主要靠职业经验，在大数据到来后，有望实现行政违法构成、犯罪构成、量刑的新规范体系，以大数据为基础建立的这个新规范体系是检察监督体系校正系统的重要组成部分，是实现公平正义的重要保障。

改革背景下检察监督体系的完善
与工作格局的变动

郑永生　周红亚　魏韧思[*]

　　国家监察体制改革作为一项对国家权力尤其是职务犯罪侦查权的重新配置与调整的重大制度改革，实质上基本剥离了检察机关的职务犯罪侦查权，职务犯罪侦查权的转移使检察监督权的设置及行使的方式不得不面临着调整的局面。职务犯罪侦查权转移后，检察机关是否在维持现有追诉职能的同时继续坚守监督职能？如果继续坚守监督职能，那么检察监督的发展方向是什么？检察监督所依托的手段和路径是什么？这些问题关涉中国检察制度发展的方向。为破解困惑，首先需要从宏观上对我国检察机关的职能进行准确定位，解决检察机关要不要监督职能的问题；其次要根据国家监察体制改革的现实和既往监督实践经验，确立能有效实现检察监督功能的机制设计理念和监督路径；最后要根据新的监督理念和监督思路来调整完善检察监督职权和行使方式，调整检察工作格局。

一、国家监察体制改革对我国检察监督权的影响

　　2016 年 11 月初，中共中央办公厅印发《关于在北京市、山西省、浙江省开展国家监察体制改革试点方案》（以下简称《试点方案》），部署在三省市设立各级监察委员会。这标志着国家监察体制改革正式拉开帷幕。2016 年 12 月25 日，第十二届全国人大常务委员会第二十五次会议通过了《关于在北京市、山西省、浙江省开展国家监察体制改革试点工作的决定》（以下简称《决定》），授权在北京市、山西省、浙江省及所辖县、市、市辖区设立监察委员会，行使监察职权。《试点方案》和《决定》勾勒了反腐败体制机制建设的基本框架，但相关具体制度仍在按计划论证和设计中。

---

　　* 郑永生，上海市青浦区人民检察院党组书记、检察长；周红亚，上海市青浦区人民检察院副检察长；魏韧思，上海市青浦人民检察院研究室检察官助理，上海检察机关首批法律政策研究人才。

"强化法律监督"是我国检察机关前两轮司法改革制度改革的首要目标。实践中，检察机关的法律监督权一般分为两个部分，即职务犯罪侦查权和诉讼监督权。职务犯罪案件的侦诉环节都由检察机关控制，并通过人民监督员制度和职务犯罪案件逮捕权上提一级的方式接受外部监督和上级监督。职务犯罪侦查权成了强化法律监督的主要支撑和载体。检察机关以职务犯罪侦查权为基础，在履行刑事公诉职能的同时行使诉讼监督职能，这种模式被称为"威慑型法律监督"。但通过实践证明，在这种"威慑型法律监督"模式下，检察机关侦办职务犯罪案件取得了实实在在的成效外，诉讼监督始终面临"虚化"境地。检察机关虽以职务犯罪侦办权为威慑，但不具体介入诉讼进程，尤其是刑罚执行、普通刑事案件侦办等诉讼流程，导致检察机关无法获取诉讼信息，更无从监督、行使法律监督权。

职务犯罪侦查权转移后，检察机关是否在维持现有追诉职能的同时继续坚守监督职能？如果继续坚守监督职能，那么检察监督的发展方向是什么？检察监督所依托的手段和路径是什么？这些问题关涉中国检察制度发展的方向，带来了我国检察制度路在何方的疑问。

二、坚守宪法定位，以参与型监督理念和体系化监督思路调整完善检察监督职能

(一) 监察制度改革不影响检察机关的宪法定位和大陆法系传统

监察委员会是国家的反腐败机关，行使国家监察权。监察权虽然有监督属性，但它是政治监督，不是法律监督。监察委员会改革内容通过修宪的方式予以确认，但检察机关是国家唯一的法律监督机关的宪法定位不会修改。

法典化的法律文化和集权性检控传统决定了我国不可能走向英美法系检察制度模式。我国近代以来的法律文化及法律体系都是继承于大陆法系，尤其是人民代表大会下"一府两院"的权力结构和"审检分立、审检同属司法机关"的司法制度决定了我国司法制度不可能走向英美法系模式。虽然我国法庭审理中引入了英美法系对抗式庭审模式，新设立的监察委员会与香港地区的廉政公署职能类似，但这不意味着我国司法制度整体上转向英美法系。英美法系国家历来强调检控制度的非专权和平民化、检察官非职业化等政治理念和司法文化传统也与我国实际不符。

当前关于检察制度发展方向的第二种定位——既不承认检察机关仅是刑事追诉机关，也不积极强化检察机关的监督职能。无论是主张检察机关仅是公诉机关或者是不主张加强检察机关监督职能的观点，其实都是把检察制度的发展方向转向了英美法系，这与我国的权力结构模式、基本司法制度和集权型检控

传统是相背离的。

（二）大陆法系传统下中国特色检察机关职能的应然定位

法国创立检察官这一角色时，使其定位于掌控侦查并严把审判"入口"的程序枢纽，是履行"国家权力之双重控制"功能的法律守护人，肩负着监督法官、控制警察的重任。截至目前，大陆法系的检察制度发展出三种制度模式：分别是大陆法系传统检察制度的"法德"模式；苏联及我国检察制度模式；以日本检察制度为典型的东亚检察制度模式。

"法德模式"检察机关定位于"法律守护人"的角色。赋予检察机关刑事侦查权，实行检警一体化；赋予检察机关刑罚执行指挥权，以监督刑罚执行环节。检察机关无法监督行政机关的违法执法行为和法院违法民事执行行为。从权力配置内容来看，法德模式的检察制度中，检察机关牢牢控制着侦查机关、刑罚执行机关并通过公诉权、提出二审和再审权来监督审判机关，但对行政执法行为和法院的民事执行行为无法监督。

苏联和我国检察机关定位于法律监督机关。与法、德等国家不同的是，我国宪法和诉讼法限缩了检察机关的诉讼职能，同时扩大了检察机关的法律监督职能，这主要表现在我国检察机关并非侦查程序的掌控者，亦不行使对刑罚执行机关的指挥权，而是通过行使侦查监督权、审判监督权和刑罚执行监督权来履行对刑事诉讼程序的法律监督职能。除此之外，我国法律还赋予了检察机关对民事和行政诉讼的法律监督职能，实务中更是将检察机关法律监督的对象和范围延伸到法院的民事执行行为和行政机关的执法行为。

日本、韩国以及我国台湾地区的检察制度基本是以法、德等欧洲大陆法系国家的检察制度为蓝本构建的。但是，由于文化传统的不同，日本、韩国以及我国台湾地区检察制度的发展逐渐呈现出自身的某些特色，学者称之为检察制度发展的东亚模式。"东亚模式"的检察机关依然定位于"法律守护人"的角色。东亚检察制度发展模式的特征：一是强化检察官侦查权；二是发展"多检种联合作战"模式；三是塑造检察官独任制官厅地位。在当今日本检察界，已经不再坚持传统的首长代理制，而是转向检察官独任制，即将检察官视为独任制官厅，每一名检察官都是履行检察职权、执行检察事务的独立单位。

通过对三种检察制度的发展模式的比较发现，一是大陆法系检察机关的职能定位始终是"法律守护人"。虽然苏联和我国宪法定位于"法律监督机关"，但这种称呼的改变不影响本质定位。因为检察机关的职能定位根源于检察机关创立时的原始使命，检察机关就是为监督法官、控制警察而创设。二是苏联及我国的检察制度、东亚检察制度都是在"法德模式"的基础上，对检察机关的职权以及运行机制、管理机制进行了改进，其中既有实践证明成功的部分，也有不成功的制度变革。针对"法德模式"中检警一体化机制运行不畅的问题，苏联及我国采取了检警分工的机制（公安机关负责侦查普通刑事案件，检察机关负责侦查职务犯罪案件），针对"法德模式"中检察机关无法监督行政执法和民事执行的问题，扩展了检察机关的监督职能。苏联及我国检察制度的弊端是弱化了检察机关对刑事诉讼的参与和控制作用，导致检察机关刑事诉讼监督职能的弱化。针对"法德模式"中检警一体化机制运行不畅的问题，"东亚模式"直接采取强化检察官侦查权和发展"多检种联合作战"模式。

定位于"法律监督"的我国检察机关，虽然也是充当"法律守护人"的角色，但在职权设置上丰富了"德法"模式检察机关的监督职能，赋予检察机关在监督法官、控制警察的重任之外，还担负监督行政执法的职能。这是对检察机关充当"法律守护人"角色内容的扩展。这是中国特色检察制度的成功之处。我国检察制度设计的缺陷在于检察机关的诉讼职权弱化，尤其是刑事诉讼职权，无法实现控制警察的重任。在控制侦查机关的机制构建上，有三种制度路径：检警一体化、检警分工和维护警察充当首要侦查部门的基础上扩大检察官的直接侦查权。检警一体化机制的指导思想是让检察官控制警察，但实践运行效果不理想。检警分工虽然充实了检察机关的侦查权，但监察委员会的设立让此机制自然消亡。在以审判为中心的诉讼制度改革和监察委员改革的叠加推进过程中，庭审实质化的推进要求强化"诉制约侦"，检察机关只能选择"维护警察充当首要侦查部门的基础上扩大检察官的直接侦查权"这一路径来控制侦查。

（三）职务犯罪侦查权转移后的检察机关需以参与型理念和体系化手段设置和行使监督权

国家监察体制改革前，检察机关法律监督的重心是查办职务犯罪。同时，整个诉讼流程的中心是侦查环节，检察机关的诉讼监督的重心是审判机关而不是侦查机关。但实践中，检察监督存在的困境使检察机关缺乏变革监督机制和措施的外部契机。

从权力的机构性要素出发，检察机关行使监督职权，必须具备"了解事实—发现问题—追究责任—督促纠正"这四个基础性的权利构造要素，并且这些要素不会随着具体检察职权的改变而改变。如果缺少其中某项权力构造要素，就不是真正意义上的法律监督权。[①] 而我国检察机关在具体职权的设计上，认为监督者应当不介入具体程序，仅仅以一个程序"旁观者"或曰"第

---

① 梁凤婶、顾文虎：《检察建议基本理论问题研究》，载《中国检察官》2009 年第 6 期。

三者"的立场和身份来对刑事诉讼流程实施监督,只有程序的"旁观者"才能保持客观中立性的监督。这种"外在式""事后型"的监督机制使检察机关履行监督职能时均不同程度地存在某种困境,直接导致实践中的侦查监督难、财产刑执行难等一系列问题。刑事诉讼法虽然赋予检察机关立案监督权和违法侦查行为监督权等职权,但面对公安机关"有案不立""违法撤案"和"撤而不结"等违法行为时,检察机关的侦查监督往往难以实现。财产刑就由法院执行。实践中,刑事案件的财产刑执结率较低。除被告人无财产可执行和财产无法查明等执行因素导致财产刑无法执行外,法院执行局不启动财产刑执行占其中相当大的比例。财产刑不执行导致国家利益受损,检察机关有监督财产刑执行的职责,但检察机关不掌握法院财产刑执行情况信息,财产刑案件又没有普通被害人,无被害人到检察机关控告或不开展财产刑专项检查活动,检察机关就不能发现线索。

目前,职务犯罪侦查权和诉讼监督权杂糅于一体的法律监督权缺乏清晰的监督手段体系。职务犯罪侦查权转移后的检察机关拥有四项职权:刑事案件补充侦查权、刑事公诉权、检察监督权和提起过公益诉讼权。刑事案件补充侦查权服务于刑事公诉权和检察监督权。职务犯罪案件主要由国家监察委员会办理,普通刑事案件主要由公安机关办理,检察机关的刑事案件侦查权主要用于补充侦查和制约公安机关的侦查权。检察监督的主要内容是诉讼监督和对行政机关执法行为的监督。检察监督手段主要有两个:程序启动权和检察建议权。在诉讼领域主要以"参与型""主动型"监督履行好监督职责,以"建议型""事后型"的监督方式为辅;在非诉讼领域,例如对民事执行和行政执法行为的监督主要采用"建议型""事后型"的监督方式;不宜或不能启动诉讼程序的事后型监督应采取监督令的形式,增强检察监督文书的有效性。

三、国家监察委设立后检察监督权的设置与行使

监察委改革背景下检察监督职能的调整完善需要考虑的三个前提:一是监察委行使职务犯罪调查权;二是以审判为中心、庭审实质化的诉讼制度改革;三是公检法三机关在刑事诉讼中分工负责、相互制衡的关系。因此,检察监督权的机制设置上让检察机关参与诉讼流程,深入诉讼内部,发现问题,通过诉讼措施来解决问题。通过对公安机关立案信息的共享和关键侦查措施的审批来节制侦查机关;通过出庭公诉、抗诉来监督审判人员违法行为和判决不当;通过提请财产刑的执行来监督法院刑事执行;通过提起行政公益诉讼来制约行政权。贯彻落实以审判为中心的诉讼制度改革,检察机关监督职能的主要作用空间在审前,要发挥检察监督职能必须强化对侦查行为的监督。对侦查机关的监

督措施要超越当前的制度现实，但不能突破公检法三机关在刑事诉讼中分工负责、相互制衡的关系。

（一）在诉讼领域主要以"参与型""主动型"监督履行好监督职责

1. 保留检察机关的补充侦查权

在大陆法系国家，检察机关通常享有一般侦查权与指挥侦查权。在一些国家和地区，检察机关被视为享有侦查权的主体，而警察机关则被视为侦查辅助机关。但从实践状况来看，侦查权实际上主要由警察机关行使。例如日本《检察厅法》第6条规定："检察官对任何犯罪都可以进行侦查。检察官与根据其他法令有侦查权的人的关系，依照刑事诉讼法的规定"。在日本，"刑事诉讼的基本模式是，在警察侦查结束后，将案件移送给检察官，并进行检察侦查。因此，对于移送给检察官的案件，从维持公诉的角度看，检察侦查原则上是补充侦查"。[①]"在承认检察官侦查必要性的同时，也确立了警察在侦查中的主体地位。"在大陆法系国家（地区）的司法实务中，检察机关通常只对职务犯罪、经济犯罪、环境犯罪等特殊的案件直接行使侦查权。在英美法系国家，侦查权的配置比较分散，同时检察制度并不发达，警察在侦查犯罪方面其主要作用，但检察机关主持或参与对职务犯罪以及白领犯罪、商业犯罪的调查时通常的做法。

参照大陆法系国家刑事案件侦查权的配置情况，检察机关享有一般侦查权是基础性规定。有的国家（地区）明确规定了检察机关直接行使侦查权的案件类别，有的国家（地区）仅笼统地规定了检察机关的侦查指挥权。在我国，检察机关拥有侦查指挥权显然是不可能的，明显违反了公检法三机关在刑事诉讼中分工负责、相互制衡的关系原则。在没有推进国家监察体制改革前，公安机关和检察机关根据案件性质不同分别行使侦查权的管辖规定，蕴藏着两重含义：一是检察机关拥有刑事案件侦查权；二是检察机关通过履行职务犯罪侦查权和审查批捕权来控制制约公安机关。职务犯罪调查权转移到监察委员会后，检察机关应当依然拥有刑事案件一般侦查权。此时，检察机关不能再依靠拥有职务犯罪侦查权来制约监督公安机关，只能依靠行使自行侦查权和补充侦查权来制约、节制公安机关和监察委员会。

改革后，新设立的国家监察委员成为行使职务犯罪调查权的专门机构。从刑事诉讼的角度来看，国家监察委员会办理的职务犯罪案件比照公安机关侦查普通案件一样，接受检察机关的监督制约。但考虑到职务犯罪案件侦办的特殊

---

① ［日］田口守一：《刑事诉讼法》，张凌、于秀峰译，中国政法大学出版社2010年版，第42页。

性和国家监察委的机构特殊性，检察机关对监察委员会移送的案件慎用建议撤案和作出不起诉决定。检察机关应当通过积极行使补充侦查权的方式，继续调查取证，以使案件达到"证据确实充分"的起诉标准。

2. 落实以审判为中心的诉讼制度改革，重构侦诉配合制约机制

以审判为中心的诉讼制度改革要求公诉是审前活动的中心。检察机关除主要依靠拥有刑事案件一般侦查权来制约侦查机关之外，还需通过延伸监督范围、丰富监督手段的方式来重构侦诉配合制约机制。公安的刑事立案、拘留、扣押等信息未来要实现与检察办案系统联网。对公安刑事侦查信息的掌握，有利于实现同步监督。应改变公安机关办理普通刑事案件侦查行为的封闭性，实施重大案件公安进行搜查、查封、扣押、冻结等强制处分前向检察机关报备的改革试点。恶性暴力案件、涉案金额巨大以及涉众型等案件，公安实施搜查、扣押等强制处分权前向同级检察侦监部门报备，侦监部门可以视情派员直接参与某些强制性侦查活动。探索实行重大案件侦查终结前，由驻所检察人员询问犯罪嫌疑人，核查是否存在刑讯逼供、非法取证情形，核查结果移送审查起诉部门，作为后续检查司法决定的考量依据，以利于及时排除非法证据。试行建立侦查人员考核、晋级评定听取检察人员意见机制。

3. 用好抗诉权和庭审监督权，监督审判机关执行法律

以审判为中心的诉讼制度改革并不意味着检察机关审判监督的弱化，而是应当调整检察监督的重心并构建抗诉为中心的审判监督格局。以往实践中把审判监督作为诉讼监督重心的做法，是诉讼活动以侦查为中心的产物。侦查监督、审判监督、刑罚执行监督、民事诉讼和民事执行活动监督、行政执法行为监督是改革背景下检察监督的五大内容。检察人员出庭提起公诉，在指控犯罪的同时也行使着庭审监督权，这是"参与型"监督方式在审判监督中的体现。抗诉权既是公诉权的延伸，也是"事后型"检察监督方式，是一种程序启动权。

4. 构建检察机关刑罚执行参与型监督机制——向审判机关申请财产刑执行

我国财产刑执行法律关系中，仅存在法院和被执行人两个程序主体，呈现只有两方主体的二元构造特征。这种二元程序构造在实践中也引发了一些执行问题，缺乏有效的解决方案。例如，财产刑不及时移送执行或者移送执行后未予执行也无人问津。笔者认为，应赋予检察院财产刑申请执行权。由检察院充当申请执行人，在程序启动上，可以改变法院依职权主动移送执行存在的弊端，保障需要强制执行的财产刑案件依法进入执行程序，防止出现目前大量财产刑案件没有进入执行程序的现象。检察机关作为申请执行人参与财产刑执行

程序也是一种检察监督形式，并且实现了由程序外监督向程序内监督的转变。

5. 以国家公益代表人的角色定位来提起公益诉讼

公益诉讼制度是法律监督职能的重要组成部分，是检察监督新的重大发展，是检察监督职能的延伸和拓展。检察机关提起公益诉讼的权力基础是检察监督权，但这项权能本身是公益诉讼，不是检察监督权。笔者认为，检察官代表检察机关提起公益诉讼时，不能行使庭审监督权。

（二）在非诉讼领域主要采用"建议型""事后型"的监督方式来履行监督职能

职务犯罪侦查权转移后，检察监督的主要内容是诉讼监督和对行政机关执法行为的监督。也就是说，检察监督的主战场在诉讼领域，但检察监督不仅限于诉讼领域。在非诉讼领域，检察机关主要对审判机关民事执行行为监督，受理司法机关及其工作人员侵犯当事人和辩护人、诉讼代理人、利害关系人人身权利和财产权益的申诉并调查核实，对行政执法行为监督。

加强对行政执法行为监督应是监察委员会改革背景下检察机关聚焦法律监督主责主业的抓手之一。对行政执法行为进行检察监督，首要问题是确定其监督范围，有观点认为，行政执法审查监督的范围可确定为以下几个方面：第一，涉及公民人身和财产权利的行政强制行为，包括强制医疗、强制征收、强制拆迁等；第二，涉及国有资源分配的行政许可行为，包括采矿许可、采伐许可、采水许可、采土许可、排污许可等；第三，较强程度的行政处罚行为包括处 15 日拘留、3000 元以上罚款、收容教育等。[①] 笔者认为，在检察机关扩展对行政执法行为监督的初期，监督要从阻力较小、社会关注度高且与刑事案件办理联系密切度高三方面来寻找切入点。当前对行政执法行为监督应从部分涉及公民人身、财产权益的行政强制措施和行政处罚着手，例如强制治疗、较强程度的行政处罚和非可诉的行政违法行为。非可诉行政违法行为包括部分社会团体尤其行业协会对内部成员或事务的管理争议，部分社会公益机构，例如公证机构、仲裁机构的违法行为。对行政处罚的监督重点是行政机关以罚代刑的违法行为。

（三）不宜或不能启动诉讼程序的事后型监督应采取监督令的运行模式

检察监督刚性不足，法律后果规定缺失，导致监督疲软和敷衍塞责并存，

---

① 广州市人民检察院课题组：《论我国行政执法检察监督制度的构建》，载《中国检察官》2011年第 8 期。

这是检察机关法律监督长期存在的"病痛"。一个完整的法律监督规范应当包括适用条件、行为模式和法律后果三部分，否则会影响法律规定的有效执行。但从现行关于检察监督的法律规范来看，许多条文只规定了适用条件、行为模式，没有规定被监督对象不接受监督应承担的法律后果，检察监督缺乏法律刚性保障。过往实践中，增强法律监督刚性保障的呼声一直未得到有效回应。也许司法实务界认为，检察机关的法律监督已经拥有了职务犯罪侦查权这一强力手段，其他监督手段就不能过于刚性，否则检察权在整个国家权力结构中过于强大。职务犯罪侦查权转移后，检察监督的强力手段消失了，如果不进一步增强检察监督的刚性，那么就陷入了"检察监督虚化"的境地了。检察监督手段主要有两个：程序启动权和检察建议权。从检察监督的工作效果角度来看，检察机关监督的直接效果就是启动了某种诉讼程序或司法机关、行政机关或诉讼参与人纠正了自身行为。因此，对于无法启动某种诉讼程序的检察监督，只有推动被监督方纠正自身行为，才能实现监督效果。笔者认为，在监察委员会改革带来检察机关重新梳理自身检察监督职能和监督手段之际，增强不宜或不能启动诉讼程序的事后型监督刚性是必然选择。建议《刑事诉讼法》和《人民检察院组织法》的修改中增加以下内容：检察机关向被监督对象制发的监督性文书，被监督机关必须予以回复；回复文书包含整改措施，对于具体检察建议措施不予整改的，需要陈述理由。被监督对象不认同检察机关监督建议的，需向同级人大或上级检察机关申述。

国家监察体制改革背景下检察监督格局重塑

华东升　靳良成[*]

国家监察体制改革，从试点方案的提出到最高国家权力机关的正式授权，再到各试点单位的挂牌成立，动作迅速、推进稳健，可谓"蹄疾步稳"。监察体制改革作为一项对国家权力尤其是职务犯罪侦查权的重新配置与调整的重大制度改革，不仅将要改变当前中国政治权力格局及国家机构组织形式，而且必将对中国检察监督体系带来巨大的冲击。检察机关要坚守"法律监督机关"的宪法职能定位，必须因应国家监察体制改革，紧紧抓住十八届四中全会关于"完善检察机关行使监督权的法律制度"的要求，认真思考检察监督的内在掣肘及各项改革对检察监督体系产生羁绊与耦合，优化检察监督资源配置，重构新型检察监督格局。本文以一个检察实务工作者的视角，在国家监察体制改革的背景下，从检察权运行的当下实然状态入手，尝试探寻传统检察监督体系存在的深层次性问题，力求遵循理论上的自洽与实践上的可行，提出若干宏观理想图景式的思考。

一、变局：国家监察体制改革

国家监察体制改革是以习近平同志为核心的党中央作出的事关全局的重大政治改革，是国家监察制度的顶层设计，对推进国家治理体系和治理能力现代化、推进全面依法治国、推进廉洁政治生态建设具有重大的时代意义和深远的历史意义。

（一）成立国家监察委是推进国家治理体系和治理能力现代化的必然之举

党的十八届三中全会提出："全面深化改革的总目标是完善和发展中国特色社会主义制度，推进国家治理体系和治理能力现代化。"所谓治理体系与治

---

* 华东升，安徽省淮南市人民检察院党组副书记、副检察长；靳良成，安徽省淮南市人民检察院检察员。

理能力实质上就是完备、定型且成熟的国家治理制度体系和制度体系的运转、执行能力，因此，推进国家治理体系和治理能力现代化，必然要求对国家现行各项制度、机制进行突破性的改革，实施机制与制度的创新。而法律制度体系、法治监督体系是国家治理体系的核心要素，"实现对国家和社会的治理，说到底就是实现治理体系和治理能力的制度化与法治化"，[①] 没有健全完备的法律制度体系、法治监督体系，没有驾驭这些制度体系的能力，那么建设现代化国家也只能是空谈。成立国家监察委员会，做好监察体制改革的顶层设计，建立集中统一、权威高效、层次清晰、科学管用的权力监督制约体系，进而形成有权必有责、用权必担责、滥权必追责的现代化国家治理制度安排，是推进国家治理体系现代化的必然之举，而有了全方位的现代化国家治理体系，才有利于提升现代化的国家治理能力。

（二）成立国家监察委是推进全面依法治国的必然之举

十八届党中央从一开局就开创了"四个全面"的新实践，其中，全面依法治国是我们党从坚持和发展中国特色社会主义出发，为更好地治国理政作出的重大战略部署，是事关我们党执政兴国的一个全局性问题。[②] 全面推进依法治国，是要形成完备的法律规范体系、高效的法治实施体系、严密的法治监督体系、有力的法治保障体系，最终建成中国特色社会主义法治国家。而形成这一系列制度体系的关键，在于厚植党执政的法治根基，在强化监督的同时合理设计权力主体之间的制约结构，构建一个运行有效的权力控制体系。成立国家监察委就是要建立党统一领导下的国家反腐败工作机构，按照王岐山同志在北京、山西、浙江就国家监察体制改革试点工作调研时的讲话精神，该机构不是政府部门，也不是司法机关，而是一个与行政机关和司法机关平行的监督执法机关，这个机关完全因应权威高效权力控制体系的构建而产生。因此，国家监察委的成立能够满足现代民主监察制度下政治体制外监察的需求，通过集约反腐资源，避免职能重叠，扩大监察范围，优化监督机制，以减少国家政治体制运行对监察供给侧的需求，进而完善国家治理体系的现代化，为未来良性的民主法治运行清除障碍，最终推进全面依法治国总体目标的实现。

（三）成立国家监察委是推进廉洁政治生态重构的必然之举

党的十八大以来，党中央"老虎""苍蝇"一起打的高压反腐态势，暴露出官员从政环境中的诸多问题，如果放任政治生态恶化蔓延，党最终将失去执

①　马怀德：《国家监察体制改革的重要意义和主要任务》，载《国家行政学院学报》2016 年第 6 期。
②　周强：《党的各级组织和领导干部必须在宪法法律范围内活动》，载《人民日报》2016 年 11 月 22 日。

政的根基。因此，推进廉洁政治生态的重构是党风廉政建设和反腐败斗争面临的重大政治任务。当前，不敢腐的目标初步实现、不能腐的制度日益完善、不想腐的堤坝正在构筑，反腐败斗争压倒性态势已经形成。① 但是，从长远来看，党风廉政建设和反腐败斗争的形势依然严峻复杂，减少腐败存量、遏制腐败增量、重构廉洁政治生态的任务艰巨繁重。只有加强党的建设，坚持全面从严治党，强化党内监督，以党内监督带动和促进其他监督，集中有效的反腐败力量，才能从根本上解决腐败问题，进而彻底营造和重构廉洁政治生态。十八届中央纪委六次全会上，习近平总书记也指出："要完善监督制度，做好监督体系顶层设计，既加强党的自我监督，又加强对国家机器的监督"。成立国家监察委的目的正是完善党和国家的自我监督，使监督制约机制更加制度化、规范化，从而杜绝权力监督的真空地带，压缩权力寻租空间与权力主体的任性空间，最终实现以全面从严治党净化党内政治生态，带动以廉洁政治建设净化政府机关从政生态，进而形成风清气正的健康社会政治生态。

二、时局：检察监督体系的实然状态

当前，随着国家各项政治体制改革的稳步推进，我国检察监督面临着前所未有的挑战与机遇，中央顶层设计对检察监督的新要求，自侦权剥离对检察监督的新冲击，司法体制改革对检察监督的新期待，都使得我国传统检察监督体系正在消解，新检察监督体系的重塑迫在眉睫。

（一）国家政治体制改革背景下的检察监督

党的十八大以来，党中央从"四个全面"的战略部署、构建科学有效的权力运行监督制约体系的高度，对完善检察监督体系提出了更高的要求，特别是党的十八届四中全会《决定》，立足我国法治建设实际，正视我国法治建设领域的突出问题，创造性地提出了关于依法治国的一系列观点、举措。其中涉及多项检察体制改革的任务正是与构建、完善检察监督体系有关，对完善新时期检察监督体系提出了全新的要求与期待。突出体现在：完善确保依法独立公正行使检察监督权的制度。明确要求各级党政机关和领导干部要支持检察机关依法独立公正行使职权，检察机关不得执行党政机关和领导干部违法干预司法活动的要求；健全司法权力运行机制，加强检察诉讼监督。完善检察机关行使监督权的法律制度，加强对刑事诉讼、民事诉讼、行政诉讼的法律监督；强化行政权力的检察监督。为了充分体现检察监督的社会治理功能，实现检察监督

---

① 陈英华：《反腐败斗争压倒性态势已经形成——2016年党风廉政建设和反腐败工作系列报道之五》，载《中国纪检监察报》2017年1月2日。

的法治价值，《决定》指出，"完善对涉及公民人身、财产权益的行政强制措施实行司法监督制度"，①"检察机关在履行职责中发现行政机关违法行使职权或者不行使职权的行为，应该督促其纠正"，"探索建立检察机关提起公益诉讼制度"。

（二）国家监察体制改革背景下的检察监督

长期以来，检察机关自侦权的行使，一直伴随着诸多质疑与争议，比如，检察监督权与自侦权的"一元论"与"二元论"之争②，自侦权运行的同体监督、自我监督不符合刑事诉讼现代法治精神的质疑③等。但是，多年来，检察机关通过在理论上探寻自侦权法律监督属性的自洽性④，及实践中的自我限权与监督⑤，使得以上质疑与争议在一定程度上得以消解，检察机关亦然成为国家反腐力量的主力军。然而，对于检察机关自身的职能定位而言，职务犯罪侦查权的行使，除了反腐意义之外，最核心的价值莫过于检察法律监督宪法职能定位的坚强后盾，毫无质疑的是职务犯罪侦查权实质上支撑起了检察监督的地位和实际权威。监察体制改革运行下自侦权的剥离，对于检察监督力量而言，无疑撼动了检察机关的半壁江山；对于检察监督的权威性而言，无疑是釜底抽薪，随之而必然引起检察监督刚性弱化、宪法职能定位下降等认识上的隐忧；对于检察机关而言乃切肤之痛，必将对检察监督体系产生重大冲击。

---

①　这里的"司法监督"宜理解为专门的检察监督，参见杨建顺：《完善对行政机关行使职权的检察监督制度》，载《检察日报》2014 年 12 月 22 日。

②　有学者认为检察机关侦查权能属于法律监督权，如谢鹏程：《论检察权的性质》，载《法学》2000 年第 2 期；徐鹤喃：《试论侦查权与法律监督的关系》，载《检察论丛》第 1 卷；有学者认为检察机关侦查权属于检察诉讼权能，如陈永生：《论侦查权的性质与特征》，载《法制与社会发展》2003 年第 2 期；但伟、姜涛：《论侦查权的性质》，载《国家检察官学院学报》2003 年第 5 期；陈卫东主编：《司法公正与司法改革》，中国检察出版社 2002 年版；张智辉、杨诚主编：《检察官作用与准则比较研究》，中国检察出版社 2002 年版。

③　汪海燕、范培根：《检察机关自侦权探析》，载《浙江社会科学》2002 年第 1 期。

④　孙谦：《关于中国特色社会主义检察制度的几个问题》，载《人民检察》2016 年第 12 ~ 13 期合刊；朱孝清：《法律监督性质对于检察制度的意义》，载《检察日报》2011 年 4 月 19 日；《检察的内涵及其启示》，载《法学研究》2010 年第 2 期；朱孝清：《关于中国检察制度的几个问题》，载《中国法学》2007 年第 2 期。

⑤　参见：2004 年最高人民检察院《关于人民检察院办理直接受理立案侦查案件实行内部制约的若干规定》（高检发〔2004〕12 号）；2005 年最高人民检察院《人民检察院直接受理侦查案件立案、逮捕实行备案审查的规定（试行）》（高检发办字〔2005〕23 号）、《关于省级以下人民检察院对直接受理侦查案件作撤销案件、不起诉决定报上一级人民检察院批准的规定（试行）》（高检发办字〔2009〕15 号）；2009 年最高人民检察院《关于省级以下人民检察院立案侦查的案件由上一级人民检察院审查决定逮捕的规定（试行）》（高检发〔2009〕17 号）；2010 年最高人民检察院《关于实行人民监督员的规定》（高检发〔2010〕21 号）。

（三）国家司法体制改革背景下的检察监督

司法改革在全面深化政治体制改革、全面依法治国中居于重要地位，也是破解体制性机制性保障性障碍、提高司法监督能力的根本途径，[①] 从党的十八届四中全会《决定》内容可以看出，中央对新一轮司法体制改革的重视程度和支持力度都是空前的。当前司法体制改革的内容主要涉及司法责任制、司法人员职业保障、审判中心主义等改革，这些重要司法体制改革对传统检察监督体系的影响，已经止于"扬汤止沸"的肤浅修复，而是进入新时期检察监督体系深层次的"自我变革"。在本轮司法体制改革中，既已开展的检察改革相继呈现了很多亮点，如检察官员额制、检察官办案责任制、检察机关内部机构等改革的全面推进，但是也确实伴随着一些检察改革空转的潜在风险，如一些改革措施还不能全面落地生根、具体改革路径还不能形成改革共识、利益固化的藩篱尚未打破等。除顶层设计的政治智慧外，如何进一步制定符合司法规律和各地实际的改革方案以及选择理性、务实的改革路径，以重新架构检察监督体系，基层检察机关和民众都寄予了深切厚望与期待[②]，这也是当前检察监督格局所面临的最大现实。

三、危局：检察监督体系的现实掣肘

随着国家各项政治体制改革的深入推进，传统检察监督体系逐步显露出诸多制度、机制上的弊端，越来越钳制检察监督职能的充分发挥，且与十八届四中全会提出构建"严密的法治监督体系"要求不相适应。"只有基于对长期利弊之精细讨论的基础上，才能有备无患，作出恰当的选择和应对。"[③] 因此，亟须破解阻碍检察权能有效行使的沉疴积弊，重塑新形势下的检察监督体系。

（一）检察法律监督权能的诉讼化

从检察制度的演进之路来看，检察机关一直被定位为法律监督机关，"为了弥补制约监督的不足，防止权力腐败和被滥用，保证国家权力在法治的轨道上正确行使，就必须在人民代表大会下设立专司监督的刑事诉讼监督权能，并将该权能赋予某一机关，使其成为专门的法律监督机关"。[④] 但是，时至今日，

---

① 曹建明：《各级党委应当支持和保证同级司法机关对国家机关及公职人员依法进行监督》，载《人民日报》2016年11月23日。

② 对话：《抓住改革的牛鼻子——检察院司法责任制改革的理论与实践》，载《中国法律评论》2016年第4期。

③ 苏力：《法治及其本土资源》，北京大学出版社2015年版，第152页。

④ 朱孝清：《关于中国检察制度的几个问题》，载《中国法学》2007年第2期。

检察工作的主要内容依然是侦查、批捕、公诉等诉讼职能的行使，所谓的检察监督工作实质上是依附于诉讼职能而展开的，于是便形成了当今检察诉讼职能与检察监督职能相互杂糅的法律监督模式，亦即"检察法律监督的诉讼化"①。这种以诉讼职能或者诉讼监督职能来代替法律监督职能，一定程度上弱化了检察监督职能与监督效果，正如陈卫东教授在第七届中国检察学研究会刑事诉讼监督专业委员会上所指出："监督就是监督、办案就是办案，不是检察机关所有的侦查、起诉活动都是法律监督的体现。监督不能有诉讼利益，监督必须干干净净，才能有说服力，不能把监督与其他职权相混淆，就像不能既当裁判员又当运动员，法律监督必须做到中立性。"②

1. 检察监督诉讼化一定程度上造成监督手段与范围的限缩。检察监督主要包括检察建议、纠正违法通知书、提请抗诉等方式与手段，然而检察监督诉讼化，必然造成其他法律监督方式与手段的萎缩，同时诉讼监督只是检察监督体系的一部分，检察监督"既通过诉讼形式进行监督，也通过非诉讼形式进行监督"③，因此检察监督诉讼化也必然难以覆盖宪法职能定位所包含的法律监督范围，这也与党的十八届四中全会对拓展检察监督范围的新要求、新期待相悖。

2. 检察监督诉讼化一定程度上造成检察监督制度化建设的滞后。检察监督诉讼化使得监督范围囿于诉讼过程，只是对具体案件的特定个案监督。而检察监督是法治建设的重要一环，强调的是公权力的全面监督，是一种狭义的"一般监督"，而这种"一般监督"仅仅通过诉讼化的个案监督是很难实现的。因此，从个案诉讼程序的运行角度来研究法律监督制约机制的构建，将显得十分狭隘与片面，不利于成熟的检察监督制度的形成与完善，这也与十八届四中全会提出构建"严密的法治监督体系"精神不相符。

3. 检察监督诉讼化一定程度上造成监督刚性的弱化。诉讼监督职权被分散配置于各内设部门，使得诉讼职能制约了监督职权运行的统一性与协调性，最终导致检察监督职权被诉讼职能或者诉讼监督职能遮蔽或者弱化。而且最为关键的是，囿于长期以来对检察自侦权威慑力的过分依赖，以及由此而形成的过分仰仗职务犯罪侦查权的思想意识，使得检察监督权本身的刚性不足及诉讼监督效果的"过分放大"被长期忽略、检察权力资源的合理配置以及检察监督效果的科学把握被长期忽略。

①　蒋德海：《法律监督还是诉讼监督》，载《华东政法大学学报》2009 年第 9 期。
②　澎湃：《检察监督干干净净才有说服力》，载《人民日报》2016 年 12 月 24 日。
③　王桂五：《中华人民共和国检察制度研究》，法律出版社 1991 年版，第 256 页。

（二）检察职权运行科层制的过度化

检察权是一种复合性的权力，兼具行政、司法与监督属性，其中司法属性当为检察权的主体属性，而监督属性应为检察权的本质属性，其权能的具体内容包括公诉权、批捕权、诉讼监督权等。当前检察职权的配置，也正是基于这些具体检察权能的特质而形成固定范式，表现为各项检察权能分工明确的精细化内设部门，即以独立的内设部门作为检察权能配置的载体。随着检察监督范围的不断扩大、检察监督职权的不断拓展，检察内设部门将会不断的延展，如近年来检察机关内部新成立的案件管理部门、刑事执行检察部门等，再如鉴于党的十八届四中全会提出的检察公益诉讼制度，就有学者提出增设独立的专司行政公诉职能的内设部门或者提升原有内设部门的权力层级或者将民事与行政检察职能分设，如此等等。这种检察机关内部职能部门的延展现象即为检察机关的"部门析出"①，这种"部门析出"产生的最为直接的"成效"便是解决检察监督职能行使的专业化、精细化与专门化问题，同时缓解检察人员行政级别晋升问题。然而，这种"部门析出"所产生的成效完全被机制运行的实践效果所消解。

1. "部门析出"导致检察职权配置的严重自缚性。分散化的职权配置模式，导致内部监督力量的"分段割据"，多头监督、重复监督不可避免，抑制了检察监督职能的充分发挥。更为深层次的是，从理论上来讲，检察职权的配置应当尽可能地满足立法目标的实现效果，而不是检察职权内部配置的自我束缚，在这种"部门析出"的背景下，当一项权力被立法明确为检察权能时，不同的内设机构会天然地基于部门自身利益而展开激烈的博弈，使得"部门析出"所追求的"各内设部门应当在检察监督机制运行过程中分工明确、各司其职、相互配合以实现立法之本义的目标"成为"乌托邦式"的神话，进而扭曲了检察权能配置制度设计的初衷，影响了司法规则运行的自洽性。

2. "部门析出"背景下检察职权运行科层制的梗阻。检察权属的多重性、检察一体原则下的层级领导属性②，都使得传统科层制权力运行模式具有极大的生存空间，事实上，科层制已经成为我国检察职权运行的主导性逻辑，"在司法管理上适用科层制不仅有助于实现司法管理目标，而且将更为有效地实现司法管理的价值追求"③。但是，在"部门析出"的背景下，伴随检察监督专业化、精细化、专门化而来的是检察权司法属性、监督属性的主导化，司法办案、监督业务的办案化将会是检察权运行的中心，检察官将成为检察权行使的

---

① 孙皓：《论检察权配置的自缚性》，载《环球法律评论》2016年第6期。

② 谢鹏程：《检察规律论》，中国检察出版社2016年版，第66页。

③ 付磊：《刑事司法科层制之反思》，中国政法大学出版社2016年版，第72页。

相对独立主体。因此，这种科层制权力运行模式的弊端将逐步放大。然而，与当前深入推进司法体制改革相映成趣的是科层制在检察权运行中的日渐强化。

四、破局：检察监督体系的重塑

当前，国家监察体制改革的推进，司法体制改革也已经到了攻坚克难的关键时期，重新构建检察监督体系必须与当前"双重改革"进程紧密结合，遵循国家治理和司法的内在逻辑，更新检察监督理念，加强检察监督职能调整的前瞻应对，加快深化改革各项成果的立法转化。

（一）更新监督理念：法律监督到检察监督

通过前文分析，诉讼职能与诉讼监督职能并不能完全涵盖法律监督的范围，也很难达到监督的应然效果，且由于拥有强大的自侦权作为后盾，这种狭隘的"法律监督"所暴露出的弊端被长期掩盖与忽视。随着自侦权的剥离，特别是党的十八届四中全会对检察法律监督职能范围的拓展，传统"法律监督"之下的诉讼职能与诉讼监督职能已经不可能捍卫检察机关的宪法职能定位了，必然要寻求加强检察机关法律监督职能的其他途径，并突破传统的监督领域。从逻辑上来讲，虽然法律监督体现检察机关宪法职能定位，但是，实质上检察监督才能真正体现检察机关具体的职权与职能，应当是检察机关实现法律监督目的和功能的专门手段，而且最能给十八届四中全会提出构建"严密的法治监督体系"贴上中国特色的"检察监督"标签，同时也能够防止检察法律监督职能的泛社会化，从而区别于人大法律监督以及监察委法纪监督。故此，应当转变传统的监督理念，变"法律监督"为专门的"检察监督"。事实上，从2016年7月召开的第十四次全国检察工作会议，到2017年1月14日的全国检察长工作会议，相关论述都已悄然发生了变化，都将传统的"加强法律监督"转变为"加强检察监督"，尤其在2017年最高检的工作报告中，"检察监督"先后被提到八次①，2016年被提及两次，而在此之前的最高检报告中"检察监督"从未被提及，这从某种程度上讲，更新检察监督理念已经被纳入了检察顶层设计的方案之中。

（二）寻求监督后盾：完善检察公诉权

在当前特殊的检察生态环境之下，赋予检察机关实现其法律监督职能新的法定权力是必须且迫切的，其中最为理想的状态是以立法的方式赋予检察机关

---

① 在2017年最高检工作报告中，"2017年工作安排"部分报告提到："大力加强检察监督""全面强化刑事检察监督""深入推进民行检察监督""积极探索行政检察监督""深化控告申诉检察监督""强化未成年人检察监督""完善专门检察监督格局"。

机动侦查权、侦查指挥权、侦查引导权等其他刚性检察权能。但是，从目前国家权力架构体系及"不破不立"的赋权逻辑来看，争取立法授权尚需时日，当然，这也正在考验着检察人的智慧与魄力。其实，寻求新的检察监督后盾的突破口，随着国家各项体制改革的推进，在司法实践中已经孕育而生，即十八届四中全会《决定》所提出的"探索建立检察机关提起公益诉讼制度"。无论是转隶前检察机关的职务犯罪侦查权还是监察委的"调查权"①，其震慑的都是违法犯罪的公职人员个人，只不过现在由监察委集中行使对"个人"全覆盖、更纵深的监察监督。而相对于监察委，检察机关还可以对被监督单位即行政主体是否依法行使职权进行法律监督，只不过监督手段是缺乏刚性的检察建议。然而，从控权机制的运行逻辑来看，只有把一般的违法行政行为纳入检察监督范围，和监察委职务犯罪调查权一起构成对行政权完整的法律监督体系，才能有效防止行政机关及其公职人员滥用或怠于行使职权，最终保障国家法律的统一正确实施。② 可见，经全国人大常委会授权推行的为期两年，并于2017年6月27日十二届全国人大常委会第二十八次会议所正式确立的检察机关提起公益诉讼制度，正好迎合了自侦权剥离后检察监督刚性的需要，因此，检察机关急需对作为核心检察权的公诉权内涵及意义予以重新厘定。从宪法职能定位看，代表国家利益和社会公共利益是检察权的固有内涵，事实上，刑事公诉权也正是基于检察权的国家利益代表人的属性而被纳入检察权的范畴，并成为核心检察权。应当赋予公诉权更为广阔的外延，不能仅仅局限于代表国家提出刑事公诉，也必须且应当包括代表公共利益而在民事、行政诉讼领域提出公益诉讼。因此，完善检察公诉权，形成刑事、民事与行政公诉三足鼎立之势，与审判机关的刑事、民事与行政审判相对应，由法院对检察机关起诉的违法行为作出否定性的终局裁决，从而使检察机关的督促履职、支持起诉、检察建议等监督手段具有强大的刚性约束力，最终成为保障检察监督权有效行使的坚强后盾。③

---

① 根据2016年12月25日全国人民代表大会常务委员会《关于在北京市、山西省、浙江省开展国家监察体制改革试点工作的决定》内容，在试点地区监察委履行的是监督、调查、处置职责，没有使用"侦查权"的概念。

② 田凯：《论检察机关提起行政公诉与法律监督的一体化》，载《河南社会科学》2009年第2期。

③ 2015年7月1日，全国人大常委会授权检察机关的公益诉讼权力，在一定程度上反映了中央顶层设计对检察机关享有广泛"公诉权"的认可，而且经过两年的试点运行，制度设计得到了充分的检验，因此，2017年6月27日，十二届全国人大常委会第二十八次会议作出《全国人民代表大会常务委员会关于修改〈中华人民共和国民事诉讼法〉和〈中华人民共和国行政诉讼法〉的决定》，正式确立检察机关提起公益诉讼制度，在国家监察体制改革及司法体制改革的背景下，这无疑将成为检察机关转型的关键。

（三）完善监督机制：防止检察体制改革空转

当前，检察改革的顶层设计方案已陆续出台，地方实践探索的鲜活样本也不断涌现，而检察改革能否取得实效，取决于对顶层设计方案的理性认同与改革路径的准确把握。但是，无论采取怎样的改革路径，以充分发挥检察监督职能为改革目标和方向，切实防止检察体制改革出现空转现象。因此，必须遵循以"司法办案责任制"和"审判中心主义诉讼制度"改革，来实现检察监督机制运行模式转型升级的改革逻辑。一方面，把司法责任制作为检察改革的核心，视为引领其他检察改革的牛鼻子[1]：全面推行检察官员额制改革，突出入额检察官司法办案主体地位，以实现权责明晰、权责相当，继而打破科层制下部门利益的藩篱，确立符合司法规律的办案组织，进而以扁平化、大部制为内设机构改革原则，实现检察诉讼职能与监督职能相分离来引导内设机构改革[2]，最终"发挥内设机构对检察权规范运行和检察职能实现的保障作用"[3]。另一方面，以审判为中心是刑事程序的固有逻辑：审判为中心诉讼制度改革，体现了诉讼的基本规律，对强化诉讼制约机制，提高案件质量，防止冤假错案，具有重大意义。[4] 在以审判为中心的诉讼制度改革背景下，审判标准的不断提高与侦查质量持续薄弱的基本矛盾愈发凸显，要全面完善检察"公诉权"，以重新配置检察资源，不断强化案件办理质量，并通过检察职能的自身整合来带动整个刑事诉讼制度围绕以审判中心的整合，将不断提高的审判标准向侦查环节延伸，最大限度地冲破"侦查中心主义"诉讼模式的藩篱，实现检察诉讼监督、制约职能。

监察体制改革可谓"牵一发而动全身，改一制而触全局"，对此，检察监督将面临一个全新的司法生态环境，如何重塑检察监督格局，使检察监督强势回归宪法职能定位，将是全国检察机关面临的共同课题。探索构建新的检察监督格局，需要整体、系统、有机的顶层设计方案与地方实践的大胆探索，这既是中央进行重大政治体制改革的逻辑结果，也是新的历史起点上推动中国检察制度更加完善、成熟、定型的内在要求。当然，强化检察监督，重构监督格局，任重而道远，更需要我们每一位检察人，唤醒沉寂内心的检察情怀，肩负起时代赋予的检察担当！

---

① 谢鹏程：《司法责任制改革的模式与借鉴》，载《人民检察》2016 年第 6 期。

② 如作为监察体制改革试点单位的北京，为了作好监察委与检察机关的司法衔接，并实现对监察委的制衡，进行了内部职能机构的改革，设置了"职务犯罪检察部"。

③ 汪建成、王一鸣：《检察职能与检察机关内设机构改革》，载《国家检察官学院学报》2015 年第 1 期。

④ 龙宗智：《影响司法公正及司法公信力的现实因素及其对策》，载《当代法学》2015 年第 3 期。

国家监察体制改革背景下
检察监督新体系的构建

刘宏成[*]

一、前言：中国检察制度该何去何从

2016 年 11 月、12 月，中共中央办公厅和全国人大常委会先后作出了两个可能是改革开放以来关于政治体制改革方面最"重磅"的文件——《关于在北京市、山西省、浙江省开展国家监察体制改革试点方案》（以下简称《方案》）和《关于在北京市、山西省、浙江省开展国家监察体制改革试点工作的决定》（以下简称《决定》）。2017 年 5 月 2 日，全国人大常委会又公布了 2017 年全国人大的立法计划，根据该立法计划，拟于 2017 年 6 月初次审议将《行政监察法》修改为《国家监察法》，8 月审议《人民检察院组织法》（草案），并将修改《法官法》和《检察官法》作为预备及研究论证项目。[①] 不出意料的话，2017 年党的十九大将会由党中央提出修改《宪法》的建议，2018 年 3 月全国人大将会对《宪法》进行修改。

随着这些《方案》《决定》和"计划"的相继落实，试点地区检察机关自侦部门和职务犯罪预防等部门已经开始转隶到当地的监察委员会，毋庸讳言，非试点地区检察机关的上述部门也即将很快转隶。被视为检察机关行使法律监督权"杀手锏"和体现检察院地位的职务犯罪侦查权将转归监察委员会行使，检察机关将迎来自恢复重建以来最大的一次变革。这些变革让很多的检察官感受到了现实的危机与对自身前途的迷茫，他们不禁要问：我们该往何处去？

---

* 广东省广州市花都区人民检察院检察委员会委员、反渎职侵权局负责人。
① 参见《全国人大常委会 2017 年立法工作计划》，载中国人大网，2017 年 5 月 2 日。

二、危机还是机遇？我国检察权的再定位

在有些人看来，反贪、反渎部门的转隶，对于检察院而言是一种"损失"。① 还有人认为，"没有自侦权的检察院，已经不是增加或减少一两项权力这么简单，更重要的是：它动摇了检察院法律监督机关的宪法定位。"② 那么，自侦权的"失去"，是否会改变检察权的性质？真的会动摇检察院作为国家法律监督机关的宪法地位吗？

基于以下几个方面的原因和理由，可以肯定的是，自侦部门的转隶不会改变检察权的性质，也不会影响检察机关作为国家法律监督机关的宪法地位。

第一，从我国检察机关的发展历程来看，新中国检察机关从开始一成立，就被赋予法律监督的重任。1949 年 9 月，承担中华人民共和国成立重任的第一届中国人民政治协商会议制定的《中华人民共和国中央人民政府组织法》就明确规定最高人民检察署为新中国的最高检察机关，与最高人民法院共同行使司法权。同年，《中央人民政府最高人民检察署试行组织条例》（以下称《试行条例》）经毛主席亲自批准试行。《试行条例》将检察机关由单纯的公诉扩大到对政府机关及其公职人员和全体国民遵守法律的情况负"检察责任"，也就是通常所说的"一般监督"。1954 年，"五四宪法"颁布实行，同年，制定了《中华人民共和国人民检察院组织法》，最高人民检察署正式更名为"最高人民检察院"，并从当时的政务院中独立出来，作为全国最高法律监督机关，获得了与国务院、最高人民法院平行的宪法地位。这标志着新中国独立的检察机构和检察制度的形成，也标志着在全国人大统领下的"一府两院"的国家政治架构基本成型。在这一全新的政治架构中，检察机关既不隶属于政府（行政部门），又与法院相分离，作为一个独立的机构承担职务犯罪侦查、提起公诉，并进行一般监督等广泛的职能，检察机关作为专门的法律监督机关，与行政机关、审判机关处于同等地位，由检察机关行使的检察权与行政权、审判权一起上升为我国的一项基本的国家权力。③ 因此，检察权从一开始就是法律监督权，检察机关从最开始设立就具有国家法律监督机关的宪法地位。

第二，检察机关的法律监督机关宪法地位，是通过历史的经验总结和血的教训之后而得到多任党和国家领导人一再确认的。中华人民共和国成立初期，

---

① 王玄玮：《挑战与机遇："监察委员会"时代的检察机关》，载《民主与法制时报》2017 年 1 月 5 日。

② 罗晓东：《成立监察委：检察院面临的最大挑战竟然不是失去自侦权》，载微信公众号：边缘法律人，2017 年 1 月 24 日。

③ 许浩：《论我国检察权的源流和性质》，载《创新》2012 年第 4 期。

在检察机关第一次面临"厄运"的时候,是董必武同志的坚持并得到毛主席亲自批示,使检察机关并使检察权得到强化。在检察机关第二次面临被取消的命运面前,又是刘少奇和彭真等力挽狂澜保住了检察机关。十年"文革",全国上下陷入"无法无天"的一片混乱局面,这其中与作为国家法律监督机关的检察院被"砸烂"有很大的关系。因为,没有了法律监督,任何人都可以以任何理由、不经任何法律程序侵犯甚至剥夺他人的权利,包括生命,就连当时的国家主席刘少奇都不能幸免。

十年"血雨腥风",让人们认识到了没有法律监督,公民的权利就无法得到有效的保障。于是,1978年3月,"四人帮"一被打倒,就通过制定宪法重新确立了检察权的地位,规定由人民检察院依照法律规定的范围行使检察权。时任全国人大委员长的叶剑英同志在修改宪法的报告中专门阐述了恢复检察权的重要性:"鉴于同各种违法乱纪行为作斗争的极大重要性,宪法修改草案规定设置人民检察院。"① 随着时代的发展,人们越来越意识到加强法律监督的作用,于是,1982年再次对宪法进行修订时,明确规定"人民检察院是国家的法律监督机关",这是我国第一次从宪法角度明确了检察机关的法律监督性质。

以上历史经验和教训表明,检察机关作为国家法律监督机关的宪法地位不应该动摇,更不能动摇。

第三,从检察权的内容来看,即使自侦权转归监察委行使,也改变不了检察权的性质仍然是法律监督权。从当前的法律规定来看,除即将转归监察委使用的自侦权以外,检察权的内容主要还包括:刑事公诉权、侦查监督权、民事行政检察监督权、(刑事、民事、行政)执行监督权,还有民事、行政公益诉讼权等。从这些检察权力的具体内容来看,无一不深深地打上了"监督"的"烙印"。而且,从权力的具体内容来看,检察机关即将"失去"的自侦权,与其他的检察权相比较,反而可能是最不具有监督属性,而更倾向于行政属性。自侦权除了所行使的对象(也即犯罪主体)与公安机关的侦查权有所区别之外,国家公职人员的职务犯罪与其他普通犯罪的构成要件并没有根本上的不同(例如,贪污罪与职务侵占罪、盗窃罪侵犯的都是财产权)。而作为行政机关的公安机关的侦查权,毫无疑问属于行政权。从这个角度来看,把更具有行政权属性的侦查权从检察权中剥离出来,反而会使检察权的监督属性更加"纯洁"。

也就是说,无论是否有侦查权,都不能改变检察机关作为国家法律监督机

---

① 转引自叶青、黄一超:《中国检察制度研究》,上海社会科学院出版社2003年版,第13页。

关的性质。如果有人坚持认为需要给失去自侦权的检察机关重新定位的话，可以这样说，侦查权的失去不但不会削弱检察权的法律监督属性，反而可能更加强化检察权的监督属性，从而更加突出检察机关法律监督者的宪法地位。从这个意义上来说，检察机关"失去"侦查权不仅不是危机，反而可能是强化其国家法律监督机关宪法地位的机遇。

三、创新与发展，构建新的检察监督体系

那么，是不是从理论上的分析论证来看，检察权是法律监督权，从宪法和法律规定来看，检察机关是国家的法律监督机关，就一定能确保检察权的顺利行使？就一定能保证检察机关作为国家法律监督机关的宪法地位，不至于沦为一个纯粹的公诉机关呢？历史从来都没有必然性！那么，怎么样才能确保检察权的顺利行使从而确保检察机关作为国家法律监督机关的宪法地位不被动摇，甚至得到强化呢？这就要求我们必须进行改革创新，构建新的检察监督体系。只是我们在创新的过程中一定要坚守一个底线和原则，那就是无论怎么创新，都要牢牢把握检察权的法律监督属性。宪法将我国检察制度的功能定位于维护法制统一，保障基本人权，监督制约公共权力。功能定位是宪法对我国检察制度的根本要求，检察改革和创新应守住这个底线，不能突破检察机关是我国法律监督机关的宪法定位。① 从宪法给我国检察制度的功能定位来看，检察机关的主要职能是保障人权、维护公共利益、监督公共权力、维护国家法制统一实施。那么，检察改革和创新都应当围绕这些主要功能来展开。

（一）加强侦查监督，强化人权保障

在论证侦查监督之前，首先需要申明的是，因为检察院的自侦权即将转归监察委，而监察委对案件的调查活动在法律上是叫"侦查"还是"调查"，目前还没有明确的定论，需要"国家监察法"出台之后才能明确。所以，此处所讲的侦查，仅仅指公安机关的侦查活动。侦查权可以说是和平时期国家最具"暴力"的权力，正是基于侦查权的强制性和"国家暴力"性，使其天然具有攻击性。"如果没有侦查监督制度，人民的合法权利遭受侦查权的侵害时得不到有效制止，对社会的公平正义将产生极大危害，因此，坚持侦查监督，就是坚持政治正义。"②

那么，该如何对侦查活动进行监督才能体现检察机关的法律监督属性呢？

---

① 李乐平：《检察改革要体现检察制度的独立价值》，载《检察日报》2015 年 6 月 19 日。
② 梁玉霞、沈志民：《走向公平正义——巧谈法律监督的意义与局限性》，载《广州大学学报》（社会科学版）2006 年第 1 期。

基于公安机关从事侦查活动的人数要较检察官多很多，而且公安机关每年的办案量也很多，如果要检察机关对当地公安机关侦查的每一个案件的每一个环节都进行监督是不可能的，或者要在每个公安机关都派驻检察室也是不现实的。因此，重点是要找准侦查监督关键环节：

一是要加强立案监督。特别是要加强对于该立不立或者不该立而立的案件进行监督，即要防止有案不立，也要防止为了个人或部门利益，不该立的案又立的现象发生。

二是要加强对强制措施的监督。要加强侦查羁押必要性审查，要改变只要证据够定罪就予以羁押的习惯思维和做法，对于犯罪事实清楚但不具有人身和社会危害性、可以不羁押的犯罪嫌疑人尽量不采取羁押措施。毕竟羁押一名犯罪嫌疑人的成本是很高的，而且，因为在司法实践中审查逮捕时认定犯罪事实的条件往往比公诉和审判的条件要把握的松一些，只要"犯罪事实基本清楚，证据基本充分"就可以了，因此，往往是逮捕时认定有罪的在审查起诉时就可能认为无罪或"疑罪"，这个时候如果犯罪嫌疑人被羁押了，检察机关就要面临着国家赔偿的局面。另外，将本身并不具有很强的社会危害性的犯罪嫌疑人羁押在看守所，反而可能让这些人受到"二次污染"。因此，对于可押可不押的，尽量不要羁押，这样既不会影响案件的办理，也可以减少不必要的司法成本（包括国家赔偿），还可以在某种程度上起到预防犯罪的作用。

三是要加强非法证据的审查与排除。非法证据是造成冤假错案的"毒树之果"，我国当代司法实践中几乎所有的冤假错案都是源于非法证据，因此，一定要及早地加以清除在侦查活动中出现的非法证据，以根除侦查机关用非法手段去获取证据的"原始动力"，套用一句广告语来说，就是"没有利益，就没有非法取证"。与此同时，对于那些非法取证情节恶劣，严重侵犯人权，造成严重后果的，除了要排除非法所取得的证据之外，还要对相关的直接责任人和其他重要责任人进行责任追究，构成犯罪的要依法追究刑事责任。这样的话，非法取证行为不但没有了"利益"，而且可能会付出很大的"成本"，这种情况下，非法取证行为将会得到遏制，公民的人权会得到更好的保障。

（二）开展公益诉讼，维护公共利益

公益诉讼在以美国为代表的西方国家已经开展多年，并且，在欧美等国，法律基本上明确了公益诉讼是由检察官来负责提起。[①] 但在我国，真正从法律上规定公益诉讼制度，是 2012 年修改《民事诉讼法》时才正式写入民事公益

---

① 参见唐文：《外国公益诉讼制度及特点》，载《团结》2009 年第 3 期。

诉讼制度。2014 年修订的《环境保护法》也将环境公益诉讼写入了该法。另外，《海洋环境保护法》《消费者权益保护法》也分别对有关团体有权提起民事公益诉讼进行了初步安排。这些法律虽然确立了民事公益诉讼制度，并将民事公益诉讼的原告主体确定为"法律规定的机关和有关组织"，但都未明确"法律规定的机关和有关组织"的具体范围，更没有明确检察机关有权提起民事公益诉讼。由于公益诉讼所涉及的行为基本上都是损害不特定多数人的公益利益，而我国的公益社团法人制度还很不完善，没有政策和经费的保障和支持，开展公益诉讼的取证难度大，涉及的法律问题复杂，而且往往涉及损失鉴定等问题，诉讼成本高。因此，法律虽然规定了公益诉讼制度，但基本上没有人或"组织和机构"愿意来开展公益诉讼。

随着社会经济的快速发展，涉及环境保护、国有资产、食品药品等领域的损害公共利益的行为越来越多，后果也越来越严重，其中既有民事侵权行为，也有相关行政主管部的行政违法行为。但是，这类事件发生以后，又没有人或组织愿意站出来提起相应的公益诉讼。于是历史的重任再次降临到检察机关的身上：2015 年 7 月 1 日，全国人大常委会通过《关于授权最高人民检察院在部分地区开展公益诉讼试点工作的决定》（以下简称《授权决定》），次日，最高检发布了《检察机关提起公益诉讼试点方案》（以下简称《试点方案》），授权广东等 13 个省（区、市）的检察机关就国有资产保护、生态环境和资源保护、食品药品安全、国有土地使用权出让等涉及公共利益和国计民生领域开展检察机关提起公益诉讼试点，自此，检察机关提起民事公益诉讼和行政公益诉讼的试点同时开展。① 从检察机关试点提起公益诉讼以来的效果来看，可谓有喜有忧，一方面检察机关提起公益诉讼特别是提起行政公益诉讼，"作为一项崭新的制度探索，拓展了在行政诉讼框架下加强对行政机关违法行为司法监督的空间，弥补了对公共利益进行司法救济的空白，但另一方面也发现了面临着诸多制约公益诉讼发展的现实问题"。②

但是，无论公益诉讼面临怎么样的困难和问题，有两点是可以肯定的：即检察机关提起公益诉讼是将来我国公益诉讼的主要方式，以及检察机关提起公益诉讼的效果是明显的——既有利于保护、恢复、救济公共利益，也有利于体现检察机关作为国家法律监督机关的地位和权威。因此，作为主要承担公益诉

---

① 胡卫列、田凯：《检察机关提起行政公益诉讼试点情况研究》，载《行政法学研究》2017 年第 2 期。

② 胡卫列、田凯：《检察机关提起行政公益诉讼试点情况研究》，载《行政法学研究》2017 年第 2 期。

讼并具有国家公共利益代言人、国家法律监督者地位的检察机关要做的不是遇难而退，而是迎难而上，去克服困难，去解决问题，去拓展公益诉讼的范围，去完善公益诉讼的制度，从而使公益诉讼将来成为检察机关行使法律监督权的重要途径，体现法律监督地位的重要方式。

（三）强化行政监督，维护法制统一

因为是在讨论去侦查权背景下检察权的定位与发展问题，因此，此前检察机关以反贪污贿赂和反渎职侵权方式对行政机关及其公职人员的监督不是本文讨论的范围。此处所指的行政监督，主要是指检察机关对行政机关违法行政行为的监督。此前，检察机关对行政行为的监督，除了职务犯罪侦查之外，主要是通过对法院行政诉讼活动的监督来间接对行政行为进行监督，而我国大量的违法行政行为没有进入诉讼程序或虽然已经进入诉讼程序，但却在诉讼程序之外已经通过其他途径予以解决。所以，此前检察机关对行政机关一般违法行政行为的监督几乎处于空白地带，而实践中，大量的未进入行政诉讼程序的行政违法行为却游离于国家法律监督机关的监督之外。而这些违法行政行为，有的损害了公共利益，有的损害了私人利益，有的虽然暂时未损害公共和私人利益，但却存在损害公共和私人利益的危险和可能。这样的行为对于公共利益和私人利益的损害、对于政府公信力的损害、对于法治统一的破坏是非常之大的。所以，有必要在行政诉讼之外再设一条对行政机关违法行政行为的监督途径。检察院是宪法确定的法律监督机关，因此，当然具有对行政违法行为的监督权。只是现行法律还没有明确授予检察机关对行政违法行为的监督权，但是，法律的滞后性特征表明，"现行法律的规定并不意味着检察机关不应当开展行政检察工作；相反，对行政行为进行专门的法律监督，正是法律监督职能的本质含义"。①

那么，该如何对行政行为进行监督呢？除了前面所讲的可以提起行政公益诉讼之外，还可以根据不同的情形针对不符合行政公益诉讼条件的行政违法行为采取以下方式进行监督：检察建议、通知纠正违法、向监察机关移送并建议对相关责任人进行处分、督促相关部门提起诉讼等。只是，作为一项重要的公权力，法律监督权的行使应当有法律的明确授权，这样行使起来才能做到"名正言顺"。所以，应当在修改《人民检察院组织法》时要明确检察机关有对行政机关违法行政行为进行监督的权力，再由最高检根据《人民检察院组织法》的授权，制定"行政监督规则"，或者将现行的《人民检察行政诉讼监

---

① 田凯：《行政检察制度初探》，载《人民检察》2014 年第 11 期。

督规则（试行）》修改为《人民检察院行政监督规则》，将行政诉讼监督和行政监督均纳入该"规则"的调整范围。

（四）强化诉讼监督，确保司法公正

诉讼监督一直是检察监督的传统和重要内容，对此，以往的研究和讨论已经很充分，法律规定得也很完备。因此，在这里不再重复进行论证，但是，不论证并不代表诉讼监督不重要。实际上，诉讼监督对于检察机关来说，其重要性是与生俱来、不言自明的，也是不可替代的。因为，诉讼监督是否到位，直接关系到司法的公正性能否得到真正的实现。所以，建议在反贪、反渎部门转隶到监察委之后，还要给检察机关保留对司法人员职务犯罪的侦查权，只有这样，才能使诉讼监督具有刚性，才能使得诉讼监督的效果得以最大限度的落实。

作为每一位真正关心中国法治建设的人都应当坚信，监察委的成立和反贪反渎的转隶不但不会削弱、反而会更强化检察权的法律监督属性，从而会更加凸显检察机关作为法律监督机关的宪法定位。当然，检察机关必须要通过改革与创新来构建新的监督体系。但检察机关在"众里寻他千百度，蓦然回首"时，一定要找到自己的主业——法律监督——仍在"灯火阑珊处"。无论何去何从，检察机关一定要坚守"法律监督"的底线，要敢于并善于行使宪法赋予的法律监督权，这才是检察权的正确发展方向。

我国检察机关法律监督性质再认识

徐汉明　　杨伦华[*]

我国"八二宪法"将检察机关定性为"国家的法律监督机关",这是中国特色社会主义检察制度最为显著的标志。学术界对这一宪法规定,一度存在认识上的争议。随着国家监察体制试点且即将全面推行,检察机关还要不要、能不能、应不应继续坚持检察机关"法律监督"的性质,再度引起法学界、法律界及社会的关注。笔者认为,创设国家监察委员会,没有也不会改变检察机关法律监督性质的定位。

一、我国检察机关法律监督性质在源头中有迹可循

(一)检察制度天然具有监督的属性

对于一种制度的理论分析,从逻辑上其出发点必然是对此种制度原初状态的考察。[①] 检察制度是随着刑事司法制度与时推移的演进而诞生的,起源于运用法律及其诉讼程序惩治犯罪过程中实现国家权力的制衡、确立统一追诉犯罪的司法基准、实现国家刑罚权和有效维护社会整体秩序,它与国家公诉制度的起源是吻合的。通说在论及检察制度的起源时,都是围绕国家公诉制度建立完善而展开的。

检察制度发端于欧洲中世纪时代的法国与英国。11 世纪、12 世纪,法国处于封建割据状态,封建领主、教会教士、城市教会对领地居民都有司法权;国王法院只能管辖其领地内的案件,这就极大地限制了王权的统一行使。13 世纪法国国王路易九世实行改革,将封建领主的司法权置于王室法院管辖之

---

　　* 徐汉明,教授、博士生导师,中南财经政法大学法治发展与司法改革研究中心主任,中国法学会法治研究基地暨湖北法治发展战略研究院负责人、教育部社会治理法治建设创新团队首席专家、教育部司法文明协同创新中心研究员,首届全国检察业务专家,湖北省委全面深化改革领导小组首席专家,湖北省委、省政府、省政协法律顾问,国际刑法学会中国分会理事、亚太地区法律协会会员;杨伦华,湖北省孝感市人民检察院检委会专职委员,高级检察官。
　　① 甄贞等:《检察制度比较研究》,法律出版社 2010 年版,第 495 页。

下，对教会、城市法院的司法权作出限制。1285 年，菲利普四世再度改革，改以当事人自诉为主的"弹劾主义"诉讼模式为国家主动追究的"职权主义"诉讼模式。原来代表国王个人处理与诸侯纠纷的国王律师，现在作为专职官员享有"政府公诉人"的地位，包括听取私人控告、侦查案件、提起公诉、支持控诉、抗议法庭判决、代表国王监督地方行政当局等六项职权，成为现代检察官所拥有侦查、起诉、监督三项职权的发端及其渊源。到 17 世纪，国王路易十四将其定名为"总检察官"，下设检察官于各级法院。从此，近代意义的检察制度形成。① 现代检察制度则是作为"革命之子"和"启蒙的遗产"诞生于法国 1789 年的大革命，正式建立于 1808 年的拿破仑治罪法典，并随拿破仑的武力征讨而得以在大陆法系国家广泛传播。②

与当时法国经济、政治等社会物质生活条件相近的英格兰同样进行政治资源配置新的实践探索，而后因其社会物质生活条件的差异则朝着另一个方向发展。英国国王亨利二世于 1162 年设立专司向法院控告重大刑事案的 12 名陪审员；13 世纪起，国王派律师代替国王起诉；1461 年，国王律师更名为总检察长，同时设置"国王辩护人"，后于 1515 年更名为副总检察长，专司对破坏王室利益案件的侦查、起诉和听审。其身份具有多重性：总检察长、女王的法律顾问、政府的法律官员、律师界的领袖，其职权结构体系此后 500 年间无大的变化。英国不仅是英美法系检察制度的代表，而且还在苏格兰保留大陆法系检察制度的独特传统，成为两大法系检察制度"双轨运行"的典型国家。正是因为检察制度的本质属性中蕴含着对司法权力的监督制约要义，这种监督主体与监督对象之间的相互作用又导致检察制度的发展历程异常曲折和艰难。

（二）中国封建社会崇尚监督的传统影响深远

中国历史上一直拥有独立于行政权之外的监察权，沿袭两千多年的监察御史制度包含有丰富的监督思想和传统，是外来检察制度能够在中国得以生根发芽的本土资源。监察制度之所以在中国非常发达并有顽强的生命力，究其原因它与中国社会以权力为核心的金字塔形的社会结构与官僚体制相关。这个金字塔形的社会结构，是一个简单的一元化的社会结构，需要金字塔形的权力体系及官僚体系来维系，需要中央集权化的控制，中央集权又依赖于中国式的"官僚政治的原则"，即"使一个官员制约另一个官员"。③ 我国自秦汉以来，历朝封建统治者，无论是汉族还是异族，都设立监察制度，对官吏实施监督，

---

① 徐汉明：《转型社会的法律监督、理念制度与方法》，知识产权出版社 2011 年版，第 60 页。
② 甄贞等：《检察制度比较研究》，法律出版社 2010 年版，第 498 页。
③ 龚佳禾等：《法律监督的基本原理》，湖南人民出版社 2012 年版，第 34 页。

经两千多年的封建历史而长盛不衰。御史制度的主要功能就是在统一的中央集权的政治安排下，为了保障皇权，严格地限制与防范百官，实现最高的监察之责，并且直接对皇权负责，不受其他制约。封建社会的监察制度和监督文化对维系中华文明一体传承具有不可替代的作用。辛亥革命时期，作为熟知西方政治制度的资产阶级革命家，孙中山也没有主张完全照搬西方"三权分立"的政治制度，而是主张把封建社会的监察制度继承下来，将国家权力分别由包括监察院在内的"五院"行使。中国两千多年封建政权维系及其运行中，监察制度始终寓于其中，由此形成的监察文化影响深远。

（三）清末变法引进大陆法系检察制度与时代大势和监督传统相契合

1840 年鸦片战争以后，清廷面对内忧外患，想尽一切办法企图挽救其衰败的命运，变法修律不得不为，受法国检察制度深刻影响后来居上日渐成熟的德国检察制度通过日本等途径传入中国。当时，关于建立检察制度路径选择问题上的主要意见是学习欧洲大陆主义。于是，一批日本法学专家直接影响了清末移植检察制度等方面的立法。日本法学专家志田钾太郎认为，中国改良司法实以设立检察制度为一大关键，于法律保障人民权利关系重大，中国的检察制度适宜采用欧洲大陆主义。由于清廷眼见日本在"明治维新"后国势蒸蒸日上，而日本又具有类似中国的传统文化，具有亲缘性和地缘性，"以日为师"成为统治者认可的变法选择，即所谓近师日本、远师法德。① 清末的检察官机构虽然尚未完全独立于审判机关之外，但作为一种对司法审判进行监督制约的机关，它的出现和存在显然具有积极进步的作用。

二、我国当代检察机关法律监督性质在发展中形成特色

（一）革命根据地时期检察制度的建立深受十月革命后苏俄的影响②

1931 年 11 月，中华苏维埃共和国临时中央政府诞生。这个时期法治建设的特点是，学习和仿效十月革命后苏联的做法和经验，在彻底摧毁国民政府旧法统的基础上，进行卓有成效的苏区法治建设。设立了工农检察人民委员部以及军事检察所、政治保卫局检察科和审判机关内设检察机构，赋予工农检察机构调查权、检举权、行政监察权等职能。苏区检察制度是列宁法律监督与法制统一理论在中国的第一次实践探索。延安时期 13 年的红色政权创建及法制建设的实践，为这一时期检察制度的发展提供了特殊的历史物质生活条件，并且

---

① 闵钐：《检察权配置的历史变迁与反思》，载《国家检察官学院学报》2010 年第 5 期。

② 林贻影：《中国检察制度发展变迁及挑战》，中国检察出版社 2012 年版，第 39 页、第 46 页。

开始形成与中国革命道路制度理论相适应的检察制度及其运行模式。

（二）全面借鉴苏联检察制度，初步形成了"国家的法律监督机关"之政治定位

1949年中华人民共和国成立之后，全面学习和移植苏联的检察制度。根据《中央人民政府最高人民检察署试行组织条例》等法律的规定，最高人民检察署为全国人民最高检察机关，对政府机关公务人员和全国人民严格遵守法律负最高检察责任，全国各级检察署均独立行使职权，不受地方机关干涉，只服从最高人民检察署之指挥。

苏联检察制度主要体现了列宁法制统一、法律监督和"中央检察权"（最高监督）的思想，但是苏联并没有明确提出"法律监督"这一概念。我国检察机关在初建时根据中国国情既没有完全照搬"最高监督"，也没有公开否定"最高监督"，而是对检察机关的性质作出了自己的理解。1950年9月，中共中央《关于建立各级政府检察机构问题的指示》中指出："苏联的检察是法律监督机关，对于保障各项法律、法令、政策、决议等贯彻实行是起了重大作用的。"这是提出"法律监督机关"性质的最早文献。

（三）总结中华人民共和国成立后三十年检察制度曲折发展的历程，明确"检察机关是国家的法律监督机关"之宪法定位

在中国检察制度建立发展的前30年里，检察机关的存废经历了三落三起。粉碎"四人帮"以后，政治上实行拨乱反正，宪法的修订被摆在最重要、最急迫的位置。叶剑英委员长在《关于修改〈宪法〉的报告》中指出，"鉴于同各种违法乱纪行为作斗争的极大重要性，《宪法》修改草案规定，设置人民检察院，国家的各级检察机关按照宪法和法律规定的范围对于国家机关、国家机关工作人员和公民是否遵守宪法和法律行使检察权。"这是对中华人民共和国成立30年以来，民主法治建设经验教训的深刻总结，尤其是对"文革"沉痛教训的反思。根据"七八宪法"制定的《人民检察院组织法》明确规定，检察机关是国家的法律监督机关，检察院独立行使检察权，不受其他行政机关、团体和个人的干涉。"八二宪法"又以根本大法的形式确立了"检察机关是国家的法律监督机关"。至此，检察机关的宪法定位正式明确。

（四）改革开放以来，检察机关法律监督性质在实践中充分彰显，形成鲜明特点

宪法正式确立检察机关是国家的法律监督机关，为检察制度和检察事业的发展确立了根本依据。一方面，基本法律的立、改、废，尤其是《刑事诉讼法》《民事诉讼法》《行政诉讼法》的每一次修改都与检察制度密切相关，更

多地赋予了其法律监督职能。另一方面，检察机关围绕履行好法律监督职能，法律监督由弱到强、由虚到实、由软变硬，更加规范有序，成效明显。从而在发展完善中国特色社会主义司法制度，推进法律监督体系和监督能力现代化的进程中寻找到了检察机关实施法律监督的最佳实现形式，成为中国特色社会主义司法道路、制度、实践的又一重大创新、重大成果，进而得到人民群众及全社会的高度认同。

逐渐成熟的中国特色社会主义检察机关在履行法律监督的实践中呈现出鲜明的特点，概括起来是：（1）检察机关作为"国家的法律监督机关"，是在党的统一领导下，由国家权力机关选举产生、对其负责、向其报告工作、接受其监督，与行政机关、审判机关相平行的独立的国家法律监督机关，检察机关的法律监督权由权力机关授予并受权力机关监督。（2）检察机关是"专门"的法律监督机关，通过履行刑事检察职能实施法律监督，以确保国家保障人权原则的正确适用、判决裁定公平公正、刑事法律规范统一正确实施，防止审判活动的专断和徇私舞弊枉法裁判，维护法制统一尊严权威，维护司法公正；通过履行民事检察职能，对法院生效判决裁定确有错误实施法律监督，从而彰显检察制度人民性的根本性质和"社会守护人"的价值角色定位；通过履行公益诉讼的法律监督职能，从而彰显检察机关作为国家与公共利益代表即"法的守护人"的价值角色定位；通过履行行政诉讼法律监督职能，从而彰显检察机关作为法治国家、法治政府、法治社会"促进者"的价值角色定位。（3）检察机关是"国家"的法律监督机关。它通过履行对违反宪法法律的地方性立法、行政法规、部门规章等监督职责，由相应层级检察院通过最高人民检察院向全国人大及其常委会提出违宪审查建议和议案，从而彰显检察机关作为推进社会主义法治体系、建设社会主义法治国家、推进法治现代化的"捍卫者、建设者"的价值角色定位。

（五）"法律监督"的科学内涵及其意义

"法律监督"一词从产生之初，至宪法法律上出现"法律监督"这一概念时，都是与检察机关联系在一起的。法律监督自始就是对我国检察机关性质的界定。[①] 理解和把握法律监督的内涵，应当综合多重视角。（1）历史发展视角。从历史发展的维度来看，当代中国检察制度主要借鉴大陆法系国家控权型检察模式和苏联检察制度维护法制统一实行"最高检察"的独立统一模式，而苏联检察制度的源头也与大陆法系密切相关。我国检察机关法律监督的基本

---

① 龚佳禾等：《法律监督的基本原理》，湖南人民出版社 2012 年版，第 43 页。

内涵就融合了大陆法系检察机关作为"法律之守护人"的重要职能，即既要保护被告免于法官之擅断，又要保护其免予警察之恣意，既要监督法官，又要控制警察，对两者分别实施监督制约。在此基础上其基本功能进一步发展为维护法制统一，保证国家法律的统一正确实施。（2）横向比较视角。当今世界200多个国家和地区都有检察制度。当代中国检察制度既不同于英美法系的检察制度，又与大陆法系的检察制度存在差异，也与脱胎于苏联的当代俄罗斯检察制度有很大不同。我国检察机关的主要特点是，它是独立的国家法律监督机关，而不是单纯的公诉机关，不隶属于行政机关和审判机关，既参与诉讼又监督诉讼，具有包括公诉权在内的广泛职权。（3）检察实践视角。中国的检察制度一直同中国的政治、经济、社会发展相适应，我们可以将"法律监督"的内涵理解为，作为独立国家机构的检察机关始终围绕党和国家工作大局，依照宪法和法律的规定履行法律赋予的职能，通过实施法律又监督法律实施活动、参与诉讼又监督诉讼活动的专门性工作，以保障宪法和法律统一正确实施，从而维护社会公平正义。

"法律监督"性质具有鲜明的中国特色，是中国特色社会主义检察制度的核心要义。随着我国宪法法律的不断完善，围绕检察机关法律监督性质及其地位的实现形式，呈现出鲜明的特色，这包括：（1）坚持党对检察工作的领导。（2）把维护中央权威和法制统一作为法律监督的首要任务。（3）职权配置与法律监督性质相辅相成、相互促进。职权配置上，不仅在摒弃苏联"一般监督模式"的基础上，形成了目前刑事检察、民事检察、行政检察、公益诉讼等检察职能，而且还有进一步发展完善的极大空间，使检察机关法律监督职能得到更充分的发挥。（4）"法律监督"性质始终与时俱进。"法律监督"范畴一经提出、检察机关是"国家的法律监督机关"一经定位，不仅带有中国思维方式的印记，而且带有中国特色社会主义发展完善的政治逻辑、制度逻辑及其实践逻辑。

"法律监督"性质对于我国检察实践具有重要意义：首先，它揭示了检察制度内在的监督属性，并由此决定了我国检察制度在宪政地位、组织结构、职权性质与配置等方面与外国检察制度的诸多区别；其次，它使我国的检察机关摆脱了"身份不明"的尴尬。域外大多数国家的法律文本明确将检察机关列为行政机关序列，少数国家将检察机关列为司法机关序列。我国检察机关在人民代表大会制度的权力架构下，被规定为国家的法律监督机关，不仅有了明确的身份，还形成了一整套独立的组织架构和权力运行机制，在国家和社会中地位崇高。最后，"法律监督"的性质也有助于我国检察机关既能更好地指控犯罪，又能"超越于当事人"，在维护国家法制的同时，更好维护被告人合法权益，成为真正意义上的"法律守护人"，保证法律统一正确实施。维护法制的统一正确实施是我国检察机关最高目的，检察机关的法律监督性质能更好地保障检察官客观公正义务得到全面正确的履行。总之，坚持检察机关法律监督的宪法定位及其性质应当始终是发展完善中国特色社会主义检察制度的"主题"。[①]

三、我国检察机关法律监督性质在争鸣中经受检验

应当说，我国检察制度的发展与检察理论的研究并不是完全同步的，尤其是基础理论研究一段时间滞后于检察实践的发展。1997 年 9 月，党的十五大明确提出，依法治国，建设社会主义法治国家，并于 1999 年 3 月在《宪法修正案》中加以规定。在实现国家现代化、法治化的重大背景之下，在新旧世纪交替之际，司法体制改革成为理论研究的热点，而检察改革又首当其冲。围绕检察改革朝什么方向改，怎么改形成了激烈的学术争鸣。其中，最核心的是对检察机关法律监督性质的质疑及其回应。这场学术争鸣历时近十年，又正值世纪之交、司法改革伊始，其影响深远，意义重大。我国检察机关法律监督性质，从制度实践到理论升华迈上了一个新的台阶，不仅进一步深化拓展了对法律监督性质的认识，而且形成了新的理论自觉和理论自信。

（一）质疑检察机关法律监督性质的主要观点

1. 权力属性行政说。认为检察机关不具有司法权力的基本特征，即被动性、终结性、独立性、中立性、公开透明性、多方参与性，而检察机关作为法律监督机关其主要特征是主动性、追诉性和上命下从。这些论者虽然也承认检察权带有部分司法的特点，但这些特点只是相对的，不全面，检察权在本质上应当且也只能归属于行政权。[②] 中国检察机关目前实际所具有的司法机构地位以及这种地位与其作为侦查和检控机关的性质所发生的严重不协调性，决定了中国司法改革必须将削弱检察机关的司法权作为重要的战略课题。[③]

2. 法律监督与刑事追诉对立说。认为检察机关同时将法律监督与刑事追诉这两种相互对立的权力集中于一身，无法保持公正的法律监督所必需的中立性和超然性。作为法律监督机关，检察机关的确对公安机关、法院、执行机构的诉讼活动进行着一定的司法控制，但实际上从侦查一直到审查起诉、提起公诉、支持公诉，甚至提起抗诉，公安机关与检察机关都在动态的意义上追求着

---

① 朱孝清：《"法律监督"性质对于检察制度的意义》，载《检察日报》2011 年 4 月 19 日。
② 陈卫东：《我国检察权的反思与重构》，载《法学研究》2002 年第 2 期。
③ 陈瑞华：《司法权的性质》，载《法学研究》2000 年第 5 期。

"胜诉"的结局。可见，法律监督者的角色要求检察机关尽可能保持中立、超然和公正，而刑事侦控者的诉讼角色却要求检察机关尽可能地保持积极、主动和介入，尽量获得使被告人被判有罪，从而实现惩罚犯罪、维护社会秩序等国家利益。显然，这两个诉讼角色是直接矛盾和对立的，与心理学的全部规律相矛盾。无论是刑事追诉的基本逻辑，还是检察活动的基本实践，都表明所谓的法律监督与刑事追诉之间有着不可调和的矛盾和冲突。让一个承担着刑事追诉甚至刑事侦查的国家机构去监督和保证国家法律的统一实施并在其他国家机构违反法律时作出纠正，这的的确确带有一定的"乌托邦"的味道，构成了一种制度上的"神话"。中国的检察制度今后究竟往何处去？一个基本的思路是，检察机关的司法机构色彩应当逐渐弱化，法律监督应当逐渐淡化，并在条件成熟时退出检察机关的职能范围。①

　　还有一种观点，虽然不认为公诉权与法律监督权是对立的，但认为不能笼统地、原则地把公诉属性定位为法律监督，认为公诉职能应该是人民检察院最基本的职能之一，其属性应界定为国家追诉权，这也是中外公诉发展史所得出的必然结论。法律监督权的立法授予并没有改变诉讼规律和规则所固有的公诉权就是国家追诉权的定性与定位。两种职权有所区别而又相互独立，法律监督是一种权力对另一种权力的单向制衡行为，而公诉活动在诉讼中体现为双向的相互制约行为，其国家追诉权的属性不容变更，不容用法律监督所代替，这是诉讼的规则和规律所决定的，是刑事诉讼的结构所决定的。② 这实际上是检察机关性质的"二元论"。

　　3. "法律监督者"身份存疑说。这一观点主张取消检察机关法律监督者身份，认为无论从检察机关产生、发展的过程来看，还是从现代各法治国家的实践以及我国建设法治国家的要求和发展趋势来看，公诉职能都应当是检察机关的当然定位，检察权在本质上主要表现为公诉权，偏离了这个基本的角色定位的检察机关不可能是现代法治国家的检察机关，只可能是有其名而无其实，并且会影响其基本职责的实现。检察制度是为适应公诉制度的需要而发展起来的，法律监督权是由多部分权力组成的，包括侦查权、公诉权和诉讼监督权。只要是我国检察机关的权力就必然具有法律监督的性质，至于其他国家机关、其他国家的检察机关也行使这项权力应如何定性则不予考虑。为什么公安机关对犯罪行为的侦查、追诉就不是法律监督呢？为什么同样是负责发现、证明和检举违法犯罪行为，提交法庭裁判的西方国家检察机关的活动就不是法律监督

　　①　陈瑞华：《司法权的性质》，载《法学研究》2000 年第 5 期。
　　②　樊崇义：《宪法为据：深化检察职能发展》，载《人民检察》2012 年第 23 期。

呢？这些论者主张，检察机关的改革是一项十分迫切而又困难重重的课题，而改革就应该朝着检察机关就是公诉机关的思路去构建我们的整个司法制度，检察机关职权体系的核心只能是公诉权。

4. "职务犯罪侦查权"难以自洽说。认为检察机关行使职务犯罪侦查权与其作为法律监督机关的性质不相契合，因为侦查权本身不是法律监督，而是法律监督的对象，如果检察机关自己搞职务犯罪侦查，又自己搞监督，那么，这种自己监督自己的制度设计不符合我国刑事诉讼中分工负责、互相制约的原则。其潜在的观点是，如果说职务犯罪侦查权是法律监督权的组成部分，是实现法律监督整体职能的手段，因而与检察机关的性质相契合，那么，这种权力配置模式不符合权力监督制约的基本原理；如果认为职务犯罪侦查权是一种典型的行政权，职务犯罪侦查权的行使以追诉犯罪为目的，具有严密的组织性和主动性，一般由检察长或者部门领导人组织侦查人员主动实施侦查，具有鲜明的行政权特征，那么，检察机关作为法律监督机关不应行使行政权属性的侦查权。总之，试图将检察机关置于两难境地，以间接证明检察机关不应具有法律监督性质。

5. 直接取消检察机关说。① 这是一种更为极端的观点，其理由是，认为检察机关不应当具有独立的法律地位，要么附属于行政，由司法行政部门领导，要么附属于审判机关内部，彻底取消检察机关。

（二）法律监督理论在学术争鸣中进一步深化

1. 检察机关法律监督性质的理论基础进一步夯实

从根本上来讲，我国检察机关之所以享有独立的法律地位，定位为国家的法律监督机关，是在一元多立的立宪主义模式下形成的，是国体、政体使然。其理论基础主要有：

（1）马克思主义经典作家关于国家与法的理论，特别是人民民主专政的理论。人民民主专政理论，是检察制度设立的根本依据和确定检察机关根本性质和根本任务的理论依据。人民民主专政的国家如何组织和行使自己的国家政权其中包括如何看待检察机关在国家政权组织形式中的地位和作用的问题。中华人民共和国成立以后我国在借鉴现代检察制度的文明成果、苏联检察制度模式、总结革命时期尤其是延安13年人民政权创设实践的基础上，根据人民民主政权建设的需要把检察权作为国家权力中的一个重要组成部分，把检察机关作为一个独立的国家机构来设立，从而确立检察机关在国家权力架构中的法律

---

① 夏邦：《中国检察体制应予取消》，载《法学》1999年第7期。

地位，形成了独具中国特色社会主义检察制度。按照人民民主专政理论我国检察机关还把对人民实行民主和对敌人实行专政作为自己的根本任务，通过检察机关的职能活动，运用法律保护人民、惩治犯罪，有效防止、抵御和打击对人民政权的一切破坏活动和境外敌对势力的颠覆活动，为社会主义经济发展、政治清明、文化繁荣、社会进步、生态文明发展、人民安居乐业、国家长治久安提供稳定有序的法治环境。在新的历史条件下检察机关又把在打击严重刑事犯罪的同时运用法律手段最大限度地保护人民民主作为首要任务，也作为检察改革必须遵循的首要原则。

（2）人民代表大会制度理论。人民代表大会是一种建立在人民民主基础上的国家权力结构模式，它并不否定国家机关之间必要的合理的分工，基于人民民主的原则，国家机构分工负责、互相配合、互相制约，国家权力协调有序运作的需要，国家权力应当并且能够划分出若干部分，分别由不同的国家机关行使。在我国，行政权、审判权、检察权以及即将立法确定的国家监察权都来源于作为国家权力机关和立法机关的全国人民代表大会，不具有对立法权的监督制约功能。从这个意义上可以说，我国的检察机关是国家权力机关法律监督职能的执行机关。在我国权力一元分立的模式下，国家权力呈现复层体系结构，与此相适应的是权力监督采取了由上而下的监督和平等主体监督的双重单向监督模式。人民代表大会制度下法律监督职能从其他国家职能中彻底分离与专门化，是历史的进步，而不能仅仅把检察制度看成是一种诉讼制度，把检察机关的职能仅仅定位为执行诉讼职能，而应从国家的国体、政体的更高层次上加以准确定位，充分肯定其法律监督职能，从而厘清中国特色社会主义检察制度的本质及其特色。

（3）社会主义初级阶段理论。中国特色社会主义理论是马克思主义中国化的最新成果，其中关于社会主义初级阶段的理论是中国特色社会主义理论的理论基石，它决定了检察制度的发展道路，一方面，检察制度的具体规定要伴随着社会主义初级阶段的经济制度、政治制度的发展而发展，不能超越社会主义整体的历史发展阶段。另一方面，检察制度的发展要受到社会物质条件的制约，在一定时期内的物质条件所能达到的范围内谋划检察改革和发展的问题，在社会主义初级阶段，检察制度只能是通过改革而逐步发展完善，检察机关履行职能的社会环境也是随着经济发展、社会文明进步而逐渐改善的。检察机关的职能也是要随着这种发展而作出相应的调整，检察机关的某些职能在特定的时期可能是非常必要的，但是随着社会发展在一定的发展阶段可能会成为多余的，甚至是不适当的；而另外的职能，可能在一定时期内不被认为是必需的，或者是次要的，但是随着社会发展可能变得日益重要和必要。

（4）依法治国和人权保障理论。现代法治国家的理论是以强调公共权力要受法律的约束为核心的。但是对法律的尊崇和强调法律在国家治理中的重要作用却是人类社会的共同追求。我国宪法明确规定中华人民共和国实行依法治国，建设社会主义法治国家。党的十八大以来以习近平同志为核心的党中央又把全面依法治国作为"四个全面"战略布局的重要组成部分。中国实行依法治国必须有一个专门而强有力的国家机关督促各种社会活动主体，特别是国家机关和国家机关工作人员自觉遵守法律，严格依法办事必须及时坚决地纠正一切严重违反法律的行为，及时有效地追究构成犯罪的人的刑事责任，这样的国家机关就是作为法律监督机关的检察机关。建设统一公正高效权威的检察机关是全面依法治国的必然要求。国家尊重和保护人权，既是宪法的重要规定也是现代国家人民主体地位的基本要求。检察制度与人权的保护和发展具有深厚的历史渊源，大陆法系国家检察制度的形成与发展始终与诉讼制度特别是刑事诉讼制度的发展密切相关，是为了满足诉讼中的保障人权和制约权力的要求而设立的。中国特色社会主义检察制度对于实现"国家尊重和保护人权"这一宪法规定具有重要的保障和促进作用。[1]

（5）坚持党的领导、人民当家做主、依法治国有机统一的理论。党的领导是中国特色社会主义最本质的特征，也是中国特色社会主义制度的最大优势。人民是依法治国的主体和力量源泉。依法治国是国家治理的基本方略。三者的有机统一就是政治性、人民性、法律性的有机统一，这对于检察机关在履行法律监督职责中具有重要的指导意义，检察机关的法律监督不仅要在全面依法治国中发挥积极有效的监督作用，更要在履行法律监督职能过程中坚持以人民为中心，维护好、实现好人民利益，始终坚持和自觉维护党的集中统一领导，确保检察工作正确的发展方向。

2. 检察机关法律监督性质"一元论"说服有力

检察机关的公诉职能和诉讼监督职能统一于法律监督职能之下，法律监督性质具有一元性。公诉权是我国检察机关的基本职能，但不能因此而否认检察机关法律监督的属性。检察制度来源于公诉制度，公诉权是检察机关的基本职权，这也是世界各国检察机关的共同特点。但是，从世界各国检察制度的发展来看，检察制度的性质是由国家制度所决定的，其作为国家制度的一部分，同样是由经济基础决定的，同时，又与历史及文化背景密不可分。[2] 西方国家检察机关的公诉之所以不称为法律监督，并不意味着公诉只具有控诉职能，而没

---

① 朱孝清、张智辉主编：《检察学》，中国检察出版社 2010 年版，第 146～168 页。

② 徐汉明：《转型社会的法律监督、理念制度与方法》，知识产权出版社 2011 年版，第 59 页。

有法律监督性质，而是因为他们没有法律监督的概念和法律监督的专门机关，是完全不同的话语体系。即使在资本主义国家"三权分立"的政治制度下，检察机关到底划归行政机关还是司法机关，也一直存在相当大的分歧。大致而言，大陆法系国家倾向于将检察机关划归司法机关，但同时又规定，检察官是行政机关派在各级法院的代理人。英美法系国家倾向于将检察机关划归司法行政机关，但同时又承认检察机关是行政系统中享有司法保障的独立机构、公共利益的代表，甚至在一些国家一个时期里，检察机关隶属于司法行政机关，而另一个时期里，检察机关隶属于司法机关。这种归属变化与理论之争说明，"三权分立"的政治体制对专门法律机关的要求并不强烈。① 如果把我国检察机关定位为公诉机关，同样也会面临外国检察机关身份不明的尴尬。② 正是因为我国宪法和法律把检察机关定位为法律监督机关，它的独立性才得到切实的保障。

3. 检察机关法律监督有利于维护司法公正特色鲜明③

检察机关身兼追诉与诉讼监督职能，不仅不会破坏控辩平等，也不会影响法官中立。控辩平等是指刑事审判中控诉和辩护双方在形式上保持平等对抗的格局，其基本内容包括，控辩双方诉讼地位对等，诉讼权利平等，其目的在于防止控方权力过于强大而对辩方权益造成损害。检察机关享有法律监督职权，正好有利于矫正检察机关的片面控诉倾向，从而有利于控辩平等。如果检察机关仅仅是公诉机关，公诉成了其唯一的任务和追求，其片面的控诉倾向就会更大一些，而当检察机关是法律监督机关时，维护法律统一正确实施和社会公平正义就成了其宗旨和价值追求，公诉只是其实施法律监督的一个手段。④ 同时，法律监督在审判程序中也并不是必然的不利于辩方，因为公诉人不仅负有指控犯罪的职责，同时还负有对法庭损害被告人合法权益的问题进行法律监督的职责，而且审判程序中的法律监督主要体现在监督法庭的审判活动，对发现违反法定程序的情形虽然休庭后提出纠正意见，对确有错误的判决提出抗诉，但不能因此认为检察机关的诉讼地位优越于辩护方或凌驾于辩护方之上。检察机关的法律监督也不会损害审判机关的独立性和权威性，检察机关对审判活动的监督是平等主体之间的监督，而不是有的学者所描述的居高临下的监督，认为检察机关对法官实施法律监督，使得检察官成为"法官之上的法官"的观

---

① 谢鹏程：《论检察权的性质》，载《法学》2000 年第 2 期。

② 朱孝清：《"法律监督"性质对于检察制度的意义》，载《检察日报》2011 年 4 月 19 日第 3 版。

③ 石少侠：《我国检察机关法律监督一元论》，载《法制与社会发展》2006 年第 5 期。

④ 朱孝清：《中国检察制度的几个问题》，载《中国法学》2007 年第 2 期。

点，是把监督的角度和功能单一化了。检察机关的法律监督是一种程序性的监督权力，主要是启动相应程序，提出纠正意见，并不直接改变审判结果。刑事诉讼中的裁判者始终是法院，而不是检察机关，更何况对审判权进行制约、监督和限制是各国的通行做法。法律监督与审判权威并不是非此即彼的对立关系，审判权威来源于审判的公正，不公正的审判没有权威可言，经得起监督的审判会更有权威，而检察机关的法律监督恰恰为了通过审判活动合法性监督，纠正审判中的违法行为，促进实现审判程序公正，通过对确有错误裁判的抗诉纠正错误判决，实现结果的公正。

4. 取消检察机关的主张极端片面

这一主张忽视了我国检察机关在履行法律监督职能中所产生的政治效果、法律效果和社会效果，缺乏对检察实践活动的深入理解和认同。特别是随着改革的不断深入，立法的不断健全完善，检察机关法律监督的任务越来越繁重，从刑事诉讼法、民事诉讼法、行政诉讼法的修改完善过程来看，几乎可以说，每一次的修改都与检察机关息息相关，都进一步增加了检察机关法律监督的内容。在刑事司法领域，立案监督、羁押必要性审查、刑罚执行监督、国家赔偿监督等事项之所以会在立法中确立，首先是由司法实践中问题倒逼，人大代表、新闻媒体积极呼吁所致。刚刚通过的对《行政诉讼法》《民事诉讼法》的修正案，赋予检察机关提起公益诉讼的职能则是中央全面深化改革重大决策在法律层面的回应，对行政违法的监督还作为全面推进依法治国若干重大问题写入党的文件。取消检察机关的主张，既不具有理论上的正当性，也不具有现实的可能性。

在回应质疑的过程中，检察机关法律监督的基本理论进一步深化，从过去单纯以权力属性解读检察机关的研究进路发展为以"法律监督"为基石范畴来研究检察机关的宪政基础、历史与现实基础，以及价值合理性、法理正当性等问题，不仅更加清楚地阐明了人民代表大会制度对法律监督的决定性意义，而且较好地运用了分权制衡理论、权力分散配置原理等学术资源，取得了丰硕的学术成果，学界和实务部门对中国特色社会主义检察制度的认识和理解也走过了一个由浅入深的过程，尤其是对检察机关的法律监督权的科学性、正当性的认识经历了一个曲折的过程，即从不理解到逐步理解、逐步认识的明显变化。目前为止，对检察机关法律监督的科学性、正当性基本达成共识，怀疑的声音虽然有，但毕竟是个别认识而已。①

---

① 樊崇义：《宪法为据：深化检察职能发展》，载《人民检察》2012 年第 23 期。

四、我国检察机关法律监督性质在改革中仍需坚持

（一）国家监察体制改革对检察机关的影响在于职权的部分调整而非性质的改变

构建高效权威的反腐败国家监察体系，是政治制度的发展与进步。反腐败监察职能分散于各级纪检监察机关、政府的预防腐败机构和审计机构、检察机关查办和预防职务犯罪机构之中。这些机构在一定程度上存在职能重叠、权力（责任）边界划分不清，影响到反腐败的合力与实效，进行监察制度改革有利于实现制度效益的最大化。① 由全国人民代表大会组建集中统一的反腐败机构，形成与行政权、审判权、检察权平行的监察权，实现对所有公职人员监察全覆盖，是国家监察制度改革的顶层设计。面对监察体制改革，检察机关是不是要继续坚持国家法律监督机关的性质定位，也自然成为人们关注的热点和重点。有一种观点认为，检察机关查办和预防职务犯罪职权的转移将从宏观和微观两个方面对检察机关产生深刻影响。② 从宏观上来看，检察机关的宪法定位需要重新厘清，其理由是职务犯罪侦查权是检察机关最具刚性和监督属性的权力，是我国宪法把检察机关定位为国家法律监督机关的主要根据和重要支撑，它通过对公职人员职务犯罪的查处和预防，促进依法行政和公正司法，保障国家法律统一正确实施，对公权力的监督制约指向明确，效果明显。从微观影响来看，长期以来，检察机关把查办和预防职务犯罪作为工作重心，围绕使这一职能能够得以保持和有效运行，推出了一系列改革措施，配置了众多检察资源。如为了强化外部监督，实行人民监督员制度，相应设立了人民监督员办公室；为扩大案件线索来源，实行举报和举报奖励制度，设立了举报中心和控告申诉检察部门；为提高查办和预防职务犯罪的整体效能，设立了侦查指挥中心办公室和技术检察部门；为规范办案行为，切实保障人权，设立了专门的办案区，建立了一支人数可观的司法警察队伍。随着反腐败职能的转移，检察机关的工作重心也必将随之改变。

我们认为，上述观点没有准确把握一个机关的性质与其职权之间的相互关系。机关性质的唯一性与其职权的多样性是一个统一的整体，一方面，机关的性质对职权配置具有决定性作用，职权的行使对凸显机关的性质具有直接影

① 吴建雄：《论国家监察体制改革的价值基础与制度建构》，载《中央党校学报》2017年第2期。
② 胡勇：《监察体制改革背景下检察机关的再定位与职能调整》，载《法治研究》2017年第3期。

响；另一方面，职权的多元化中每项具体职权不能等量齐观，有的职权对机关性质具有决定性作用，而有的职权只具有辅助性作用。职务犯罪侦查权确实是一项具有法律监督性质的重要权能，但是这一权能再怎么重要也只是检察职权的组成部分，而不是它的全部。检察机关作为一个国家机关，它的性质同样是一元的，它的职能也是多元的，其职能配置固然应当更好地凸显其机关的性质，但是国家机关的性质不是某几项具体职权的简单相加，其职权配置应当随着国家经济、社会的发展变化而变化，既可能有所扩展，也可能有所缩减。如果认为检察机关不再享有职务犯罪侦查和预防权，其性质就理所当然的不再是法律监督机关。那是不是可以认为，行政监察机关和部分审计职能整合到国家监察委，那各级政府就不再是行政机关了。正如我们坚持检察权是在国家一元多立权力架构下，与行政权、审判权平行一样，国家监察权是在行政权、检察权的基础上，重新分化组合而形成的一种崭新的权力类型。应当说，这一改革其目标价值在于推进国家治理体系和治理能力的现代化，腐败治理是国家治理的前提和基础，推进国家治理体系和治理能力的现代化，就必须实现腐败治理体系和治理能力的现代化。一个时期以来，人们对纪检监察机关在反腐败工作中使用"双规"措施颇有微词，对检察机关查办职务犯罪缺乏外部监督多有非议。国家监察体制改革可以说更好地理顺了反腐败体制机制，是重大的改革创新之举。

（二）全面认识职务犯罪侦查权与检察机关法律监督性质的关系

职务犯罪侦查权有利于检察机关加强法律监督是不争的事实，但职务犯罪侦查权并不是检察机关法律监督性质的唯一支撑同样也是不争的事实。从我国检察机关的发展历史，我们可以很清晰地看到，我国宪法和法律将检察机关定位为法律监督机关的时候，其查办和预防职务犯罪的职能并不突出，更不是检察工作的重心，这一点从检察机关内设机构的发展变化应该可以看得比较清楚。检察机关恢复重建之初，主要的检察业务有五个方面：一是审查批捕工作，二是审查起诉工作，三是法纪检察工作，四是经济检察工作，五是监所检察工作。当时的工作重点主要在于审查批捕和审查起诉，法纪检察和经济检察每年查办的案件较少，社会影响也不大，这两个机构是在腐败现象比较严重的情况下才逐步发展为后来的反贪污贿赂、反渎职侵权两个业务部门。因此，认为检察机关的法律监督性质是以查办职务犯罪为主要支撑的观点不符合检察制度发展的实际。检察机关不再享有职务犯罪侦查权，所影响的只是检察机关法律监督的具体方式，而没有影响监督的基本范围。

（三）增强检察机关的监督制约职能也是当前西方国家检察制度改革的主要发展趋势

进入 21 世纪两大法系检察制度呈现出融合趋势，其主要标志是泛欧国家连续召开会议讨论欧洲及泛欧国家检察机关之间面临的协调、正义、统一、人权、效率五大问题，2002 年 5 月第 3 次泛欧总检察长会议在回顾"关于刑事司法体系中检察官的角色定位"的基础上，就热点问题展开讨论，对检察官和法官的关系形成一致意见，会议认为检察官与法官的关系是刑事司法体系的核心，检察官的任务就是对法官的错误判决提出上诉；检察官是法官天然的监督者；在更宽广的领域里是刑事司法的管理者，强调检察官和法官的任务事实上是相近的和互补的，两者有共同的目标追求。[1] 西方国家检察制度改革中增强监督制约职能的趋势对于我国坚持和发展检察机关法律监督性质也提供了有益的启示，法律监督是我国检察制度的鲜明特色和巨大优势，是具有独特价值的"中国方案"，值得倍加珍惜发扬光大。

（四）检察机关法律监督性质问题是"术"与"道"的统一

一个国家走什么样的法治化道路，必须与经济社会发展水平相适应，与历史文化传统相融合，一个国家实行什么样的司法制度，归根结底是由这个国家的国情决定的。御史监察制度对检察机关法律监督性质的影响是客观存在的，这一监督文化是法律监督与国家监察共享的传统基因，从这个意义上来讲，国家监察体制改革同样受传统监督文化的影响，但不能因此而否认古代监察御史制度是外来检察文化最初引进移植的土壤和基础。宪法是一个国家社会制度、国家制度、公民基本权利和义务以及国家机关组织活动原则等方面法律规范的总和。我国宪法是党和人民意志的共同体现，依法治国首先是依宪治国，实现社会治理的法治化首先要树立宪法的最高地位和最高权威，探讨学术问题也不应忽视宪法的存在。宪法法律当然需要与时俱进，但是它所要修改和完善的一定是不适应经济社会发展状况的内容，被实践证明是科学的、合理的、正当的内容，必须而且应当坚持。理论和实践都充分证明，我国宪法法律把检察机关定位为国家的法律监督机关具有坚实的理论基础和现实必要性。在提交全国人大常委会审议的《人民检察院组织法（修订草案）》第 2 条依然坚持如下规定，中华人民共和国人民检察院是国家的法律监督机关，依法行使检察权。这

---

[1]　徐汉明：《转型社会的法律监督理念、制度与方法（一）》（修订版），知识产权出版社 2013 年版，第 83 页。

也足以说明检察机关的法律监督性质具有高度的政治正确和社会共识，不会轻易改变，也不应当改变。

　　中国检察机关的鲜明特色受到学术界的长期高度关注，取得了丰硕的研究成果，检察机关也因为其鲜明的特色一直是国家司法体制改革和政治改革的重要一环，我们对检察机关法律监督性质的再认识，其目的在于更坚定地坚持宪法定位，更有效地履行法律监督职责，更有力地回应社会需求和人民群众期待。一个时期以来，检察机关以查办和预防职务犯罪为工作重心，是为了更好地适应从严治党、反腐倡廉工作大局，是必要的、正当的、合理的，通过查办和预防职务犯罪，提升了检察机关法律监督的社会影响和实际效果。随着国家监察体制改革的深入推进，检察机关应当更加深入地研究拓展检察机关法律监督渠道、强化检察机关法律监督职能这一重大问题，在不再享有职务犯罪侦查权的新的形势下更好地聚焦法律监督的主责主业，全面履行监督、审查、追诉的基本职责，更好地凸显其作为国家法律监督机关的宪法定位，从主打"反贪牌"向主打"监督牌""审查牌""追诉牌"转变①，进一步丰富监督手段，提升监督质效，更好地保障宪法法律的统一正确实施，维护社会公平正义。

①　敬大力：《关于检察机关基本职责的再认识》，载《人民检察》2017年第11期。

检察监督体系建设问题研究

——以刑事诉讼监督为视角

周习武　张宝印[*]

党的十八届四中全会专门针对全面推进依法治国的若干重大问题进行研究，通过了《中共中央关于全面推进依法治国若干重大问题的决定》（以下简称《决定》）。《决定》指出全面依法治国的总目标为建设中国特色社会主义法治体系，建设社会主义法治国家，要求形成包含严密的法治监督体系在内的综合体系，针对依法治国安排诸多改革举措，同时要求积极投身全面推进依法治国伟大实践。检察监督体系是严密的法治监督体系乃至中国特色社会主义法治体系的重要构成因子。当下的检察监督体系建设正面临《决定》所确立的"依法治国改革实践"宏大背景。从《决定》的通过节点到全面推进依法治国总目标的实现节点，节点之间的正处于进行时的"依法治国改革实践"必将带来刑事诉讼检察监督体系的当代嬗变。立足于刑事诉讼检察监督体系的当代嬗变情势与坚守范畴，研讨刑事诉讼检察监督体系的当下展开方具有理论与实践价值。

一、刑事诉讼检察监督体系建设基本认知

（一）刑事诉讼检察监督体系概念位属认知

刑事诉讼检察监督体系的概念位属昭示刑事诉讼检察监督体系在更大体系范畴内的位置及价值，同时限定刑事诉讼检察监督体系建设的原则遵循等内容。人民检察院是我国的法律监督机关，其开展包含刑事诉讼法律监督在内的各项法律监督活动所形成的体系是检察监督体系。检察监督体系包含刑事诉讼检察监督体系、民事诉讼检察监督体系、行政诉讼检察监督体系等具体内容。顾名思义，刑事诉讼检察监督体系显然位属于检察监督体系，是检察监督在刑

* 周习武，辽宁省人民检察院法律政策研究室三级高级检察官；张宝印，辽宁省沈阳市沈河区人民检察院检察员。

事诉讼层面上的制度机制等所形成的体系。刑事诉讼检察监督体系是检察监督体系的核心构成部分，其产生、发展的进程几乎与检察监督体系的产生、发展进程重合。作为检察监督体系的下位概念，刑事诉讼检察监督体系的建构运行必然应当遵循检察监督体系的宏观范畴。若扩宽对于刑事诉讼检察监督概念位属的思考视角或者维度，刑事诉讼检察监督体系概念同时位属于《决定》中所规定的严密的法治监督体系、中国特色社会主义法治体系。当下的刑事诉讼检察监督体系建设必然要立足于"依法治国改革实践"或者中国特色社会主义法治体系建设的背景与追求。

（二）刑事诉讼检察监督体系建设"体系"认知

当前推进检察监督体系建设必须对"体系"进行深刻的认知，"体系"是各类诉讼检察监督体系建设的动因、目标与要求。在动因层面，正是《决定》所确立的依法治国改革实践的体系化改革要求催生了检察监督体系进行建设的要求。从经济基础与上层建筑关系的维度，我国全面深化改革的实践亦需要与之相适应的法治体系的引领与示范作用。只有建成具有中国特色的社会主义法治体系，才能适应我国改革进入攻坚期和深水区的实践现状。体系是推进刑事诉讼检察监督体系建设的直接动因。在目标层面，刑事诉讼检察监督体系建设以形成刑事诉讼检察监督体系为追求。从下文的刑事诉讼检察监督体系的当代嬗变与坚守维度，对于体系目标的追求包含与嬗变情势相应的新体系内容的创新建设和与原有监督体系内容相应的完善建设两个维度。在要求层面，刑事诉讼检察监督体系建设应当符合体系化的要求。在推进刑事诉讼检察监督体系建设的过程中，应当注意刑事诉讼检察监督体系内部的体系化要求，同时应当注意所欲构建的刑事诉讼检察监督体系与相关体系的协调，避免出现体系化方面的非体系化的断裂与矛盾。

（三）刑事诉讼检察监督体系嬗变属性认知

检察监督体系的上层建筑范畴隶属决定其天然具有嬗变的属性，无论从刑事诉讼检察监督的发端或发展的维度，刑事诉讼检察监督体系均具有鲜明的时代烙印。"考察检察制度产生及其演变的历史，可以得出结论，检察权的实现就是分权制衡理论的具体体现。在这种分权制衡理论的指引下，各国检察权都或多或少地带有法律监督的色彩。"[1] 检察监督发端于权力需要制衡的时代，其发端本身便具有嬗变的含义。时代的发展带来检察监督的新需求，促使检察

---

① 石少侠：《论我国检察权的性质——定位于法律监督权的检察权》，载《法制与社会发展》2005 年第 3 期。

监督体系在新社会情境中的嬗变。以 2012 年《刑事诉讼法》修改为例，增加了第 55 ~ 58 条关于非法证据及证据的合法性方面的规定，其中第 55 条明确规定："人民检察院接到报案、控告、举报或者发现侦查人员以非法方法收集证据的，应当进行调查核实。对于确有以非法方法收集证据情形的，应当提出纠正意见；构成犯罪的，依法追究刑事责任。"伴随时代变迁与执法、司法现状转变，非法证据排除问题进入立法者视野，进而丰富加强了检察监督体系内容，促进了检察监督体系的时代嬗变。2017 年 6 月 20 日，"两高三部"《关于办理刑事案件严格排除非法证据若干问题的规定》共 42 条，全方位对刑事诉讼过程非法证据的审查与排除作出详细规定。当下对于刑事诉讼检察监督体系建设的探讨同样基于其自身的嬗变属性，以实现刑事诉讼检察监督体系在"依法治国改革实践"的法治改革时代下的新发展。

二、刑事诉讼检察监督体系的当代嬗变与坚守

（一）刑事诉讼检察监督的嬗变情势

《决定》所确立并推进的"依法治国改革实践"是当代法治改革的总体背景要求，亦是检察监督体系建设所面临的总体嬗变情势。《决定》对健全、完善依法治国的制度、体制、机制作出一系列的安排部署。若从体系化的维度予以考量，诸多的具体安排部署均有可能与刑事诉讼检察监督体系的建构发生关联并产生不同程度的相互影响。笔者选取当下正在推进的与刑事诉讼检察监督体系相关的具体改革予以分析。

1. 以审判为中心的诉讼制度改革。《决定》要求推进以审判为中心的诉讼制度改革，确保侦查、审查起诉的案件事实证据经得起法律的检验。"强化侦查基础工作，按照审判程序的法定定案标准全面、规范收集证据，避免案件'带病'进入审查起诉和审判阶段，是构建以审判为中心的诉讼制度的关键所系、根基所在。"① 应对以审判为中心的诉讼制度改革，检察机关如何加强对侦查环节的监督以确保侦查取证的质量是当下需要认真研究的课题。检察机关应当围绕侦查机关的"依法收集、固定、保存、审查、运用证据"强化侦查监督制度建设，实现侦查机关的"证据定案"转向。

2. 司法责任制改革。《决定》要求完善主审法官、合议庭、主任检察官、主办侦查员办案责任制，落实"谁办案谁负责"。最高人民检察院《关于完善人民检察院司法责任制的若干意见》指出，要健全司法办案组织，科学界定内部司法办案权限，完善司法办案责任体系，构建公正高效的检察权运行机制

---

① 沈德咏：《论以审判为中心的诉讼制度改革》，载《中国法学》2015 年第 3 期。

和公平合理的司法责任认定、追究机制,做到谁办案谁负责、谁决定谁负责。对于检察官司法责任的追究依赖于对检察官司法办案权限的科学界定。在刑事诉讼检察监督方面,应当注意合理界定承办检察官的具体检察监督权限,科学设定检察监督的权力边界,避免出现缺乏依据的越权监督情况。

3. 国家监察体制改革。与《决定》的反腐败等要求一脉相承,第十二届全国人大常委会第二十五次会议决定在北京市、山西省、浙江省开展国家监察体制改革试点工作。实行监察体制改革,是事关全局的重大政治体制改革。按照《试点决定》[①]的内容,人民检察院查处贪污贿赂、失职渎职以及预防职务犯罪等部门的相关职能整合至监察委员会,享有对职务违法和职务犯罪行为的处置权,并可以采取谈话、讯问、询问等多种措施。"按照这些规定,国家监察委员会在不受《刑事诉讼法》约束的情形下,将行使与刑事侦查和逮捕具有相同实质的权力。"[②]"监察委员会位高权重,对它自身的监督制约力度须足以防止监察体制改革过犹不及。"[③]检察机关作为国家的法律监督机关,应当积极适应国家监察体制改革,完善刑事诉讼检察监督应对制度机制,实现国家监察权的良性运行。

(二) 刑事诉讼检察监督的坚守范畴

当下的刑事诉讼检察监督体系建设面临着多样的嬗变情势,具体体系建设必然要作出与嬗变情势相对应的制度安排,体现出刑事诉讼检察监督的嬗变属性。但同时,刑事诉讼检察监督体系同样具有自身应当坚守的范畴,具体表现为对原有监督体系范畴的宏观承继与对原有监督体系范畴的微观突破。

1. 原有监督体系范畴的宏观承继。《决定》指出要"健全公安机关、检察机关、审判机关、司法行政机关各司其职,侦查权、检察权、审判权、执行权相互配合、相互制约的体制机制"。从文本分析的角度,"健全"体现出对原有体制机制的承继。原有刑事诉讼检察监督体系基本可以概括为立案监督、侦查监督、审判监督及执行监督。有论者将立案监督与侦查监督统称为立案侦查监督,与之相应的划分为立案侦查监督、审判监督及执行监督。基于立案监督的法律单列现状以及立案与侦查监督的问题侧重的差异,本文采用四分法。在当下的"依法治国改革实践"的背景下,原有刑事诉讼检察监督的四部分内容在宏观范畴维度上并未发生改变,刑事诉讼检察监督体系建设仍然应当安

---

① 《试点决定》即 2016 年 12 月 25 日第十二届全国人大常委会第二十五次会议通过的《全国人大常委会关于在北京市、山西省、浙江省开展国家监察体制改革试点工作的决定》。

② 张建伟:《法律正当程序视野下的新监察制度》,载《环球法律评论》2017 年第 2 期。

③ 童之伟:《对监察委员会自身的监督制约何以强化》,载《法学评论》2017 年第 1 期。

排立案监督、侦查监督、审判监督及刑罚执行监督的具体制度位置，体现出对原有监督体系范畴的宏观承继，当然在具体制度安排上应针对改革实践进行细致应对。

2. 原有监督体系范畴的微观突破。除却基于应对"依法治国改革实践"而进行的相应制度建设，原有刑事诉讼检察监督体系所固有的微观问题也应当在当下体系建设过程中寻求突破，而该部分内容因其自身的传统属性应当隶属刑事诉讼检察监督的坚守范畴。如在立案监督方面，现行《刑事诉讼法》仅对应当立案侦查的案件而不立案侦查的立案监督情形作出了规定，但是对不应当立案而立案的情形应如何处理没有进行明确规定。《公安机关办理刑事案件程序规定》《人民检察院刑事诉讼规则（试行）》对不应当立案而立案的监督情形作出了规定，但立案监督的刚性缺乏强力保证，同时部门规章、司法解释的效力级别是否应当提升亦有待研究。不应当立案而立案的监督问题，应当属于原有刑事诉讼检察监督体系内部的固有问题，但在刑事诉讼检察监督体系的建设过程中也应当予以重视解决，本质上也是全面推进依法治国的内在要求。

三、刑事诉讼检察监督体系建设的当下展开

（一）刑事诉讼检察监督体系建设原则遵循

检察监督体系建设应当以适当的原则作为具体建设过程的指引或遵循，确保检察监督体系建设的科学性，具体如体系化原则、惩罚犯罪与保障人权原则、顺应改革原则等。

1. 方法论维度之顺应改革原则。基于刑事诉讼检察监督体系建设的"依法治国改革实践"背景，在方法论维度应遵循顺应改革原则。《决定》指出，全面推进依法治国是国家治理领域一场广泛而深刻的革命。"依法治国改革实践"具有改革的全局性、广泛性、深刻性的特点。面对"依法治国改革实践"或者全面推进依法治国的革命，只能以顺应改革的方式方能推进刑事诉讼检察监督体系建设，实现刑事诉讼检察监督体系在当代的合理嬗变。

2. 价值论维度之惩罚犯罪与保障人权原则。基于刑事诉讼检察监督体系内容的价值追求，在价值论维度应遵循惩罚犯罪与保障人权原则。"二战后，新自然法学与人权理论的繁荣为诉权人权论的浮现，提供了理论基础。程序正义理论，特别是法律程序主义让诉权人权论走向成熟。"[1]《决定》要求加强人权司法保障，强化当事人的知情权、陈述权、辩护辩论权、申请权、申诉权的制度保障。当下的刑事诉讼检察监督具有惩罚犯罪与保障人权的双重追求，惩

---

① 吴英姿：《论诉权的人权属性——以历史演进为视角》，载《中国社会科学》2015 年第 6 期。

罚犯罪与保障人权的原则必然应当体现在刑事诉讼检察监督体系建设之中。

3. 本体论维度之刑事诉讼监督体系化原则。基于刑事诉讼检察监督体系建设"体系"的动因、目标与要求，在本体论维度应遵循刑事诉讼监督体系化原则。按照《决定》的规定，全面推进依法治国是一个系统的工程，以建设中国特色社会主义法治体系、建设社会主义法治国家为目标。全面推进依法治国的系统属性以及中国特色社会主义法治体系的目标取向，决定刑事诉讼检察监督体系建设应坚持体系化的原则，既要实现体系内部的体系化，又要注意与外部体系的统筹协调。

（二）刑事诉讼检察监督体系范畴重塑

当前的刑事诉讼检察监督体系范畴应当兼顾宏观嬗变情势所带来的改变与原有范畴合理成分的承继。权力制衡原理是刑事诉讼检察监督的基本理论基础。《刑事诉讼法》第 7 条规定，人民法院、人民检察院和公安机关进行刑事诉讼，应当分工负责，互相配合，互相制约。第 8 条规定，人民检察院依法对刑事诉讼实行法律监督。《决定》要求"健全公安机关、检察机关、审判机关、司法行政机关各司其职，侦查权、检察权、审判权、执行权相互配合、相互制约的体制机制"。同时综合国家监察权的改革试点运行情况，尽管《国家监察法》尚未正式出台，但可以预期未来涉及刑事诉讼的权力包括监察权、侦查权、检察权、审判权、刑罚执行权，所应当建构的是监察权（涉及职务犯罪的监察权）、侦查权、检察权、审判权、刑罚执行权相互配合、相互制约的体制机制。与权力相互配合、相互制约相适应并立足检察机关的法律监督职能定位，本文将刑事诉讼检察监督体系的范畴定位为监察监督、立案监督、侦查监督、审判监督、刑罚执行监督，充分兼顾宏观嬗变情势所带来的改变与原有范畴合理成分的承继。

1. 监察监督。根据《改革试点决定》的规定，监察委员会对职务犯罪行为履行处置职责，对涉嫌职务犯罪的，移送检察机关依法提起公诉。"国家监察委员会办理职务犯罪案件未纳入刑事诉讼阶段，不需要刑事立案和侦查阶段，直接跨越到公诉阶段。"[①] 监察委员会在整个职务犯罪调查阶段处于监督缺失的状态。"如果监察权过大过于集中，失去外部和内部的有效监督制约，它本身就可能转化为贪腐之源的一部分。"[②] 在《国家监察法》等正式文件出台以前，对监察委员会如何运行涉及职务犯罪的监察权无法得知，但无论是沿袭现有模式或是进行创新设置，"监察委员会是一个新的国家机关，其行使的

---

① 张建伟：《法律正当程序视野下的新监察制度》，载《环球法律评论》2017 年第 2 期。
② 童之伟：《对监察委员会自身的监督制约何以强化》，载《法学评论》2017 年第 1 期。

监察权必须接受监督和制约。"① 检察机关作为国家的法律监督机关责无旁贷。

对监察委员会行使职务犯罪调查处置的监察权进行刑事诉讼检察监督的有效路径可以这样设置，基于监察机关对于职务犯罪行使的监察权与公安机关对于普通刑事犯罪行使的立案侦查权的相似性，可以依照未来出台的《国家监察法》等监察权运行的实体法与程序法的规定，同时借鉴当前检察机关对于公安机关进行立案、侦查监督的有效路径，进而创建出检察机关对监察权的刑事诉讼检察监督路径，构建合理的监察监督体系。

2. 立案监督。立案监督是人民检察院对公安机关的刑事立案活动实行的监督，包括对公安机关受案、立案、撤案等决定及执行情况的有针对性的监督。立案监督主要有两种情形，一种是应当立案侦查而不立案侦查的情形，另一种是不应当立案侦查而立案侦查的情形。前者由刑事诉讼法明确规定，后者运行于实践操作过程。② 立案监督的基本方式表现为人民检察院要求公安机关说明不立案或者立案的理由，认为说明的理由不成立的，经检察长或者检察委员会讨论决定，通知公安机关立案或者撤销案件。对于公安机关不执行通知内容的，人民检察院发出纠正违法通知书。公安机关仍不纠正的，由上一级人民检察院协商同级公安机关处理。人民检察院对于公安机关管辖的国家机关工作人员利用职权实施的重大犯罪案件可以直接立案侦查。同时，公安机关对撤销案件通知可申请复议、复核。立案监督在理论及实践层面主要存在监督理念、监督依据、监督刚性、监督线索来源等方面的问题，直接影响检察监督的效果。

针对上述问题，第一，在监督理念方面，应当树立全面监督理念。完整的立案活动包含接处警、受案、初查、正式立案等环节③，立案的监督体现为对整个立案活动的监督，而非仅对某个具体节点的监督。必须树立全面监督的理念，对公安机关的整个立案活动整体进行监督。第二，在监督依据方面，应当强化对立案监督顶层立法设计的完善。明确立案监督的案件范围、证据标准、监督程序等④，应完善对不应当立案而立案的监督机制，待时机成熟时在《刑事诉讼法》中予以明确。第三，在监督刚性方面，应当赋予人民检察院立案及撤销案件的通知以强制执行力，公安机关应当执行，同时保留复议、复核权，对复核结果必须执行。第四，在监督线索来源上，可充分利用大数据和人

---

① 马怀德：《〈国家监察法〉的立法思路与立法重点》，载《环球法律评论》2017年第2期。
② 依据为《公安机关办理刑事案件程序规定》《人民检察院刑事诉讼规则（试行）》。
③ 参见雷鑫洪：《刑事立案监督实证研究》，载《国家检察官学院学报》2016年第6期。
④ 参见林峰：《论立案监督立法顶层设计之完善》，载《中国检察官》2015年第10期。

工智能带来的便利①，建立公安机关受案、立案、撤案等信息共享制度。要以《决定》要求建立行政执法机关、检察机关、审判机关信息共享、案情通报、案件移送制度为契机，探索建立检察机关监督公安派出所刑事侦查活动的工作运行机制，努力实现立案信息的共享，使检察机关能够及时发现公安机关在立案活动中的违法问题，采取积极应对举措，变被动监督为主动监督、实时监督，逐步形成检察监督线索的统一管理、检察监督案件同步审查、检察监督案件办理外部衔接机制，促进检察监督的法律制度日趋完善，沿着规范化轨道有效运行。

3. 侦查监督。侦查监督是人民检察院对公安机关等的侦查活动是否合法实行的监督。以审判为中心的诉讼制度改革要求确保侦查、审查起诉的案件事实证据经得起法律的检验，要做到严格依法收集、固定、保存、审查、运用证据，对公安机关的侦查取证行为以及检察机关的侦查监督活动提出更高的要求。"侦查权本质上是一种特殊行政权，具有天然的扩张性，主要表现在侦查手段的不节制以及法外手段的存在和缺乏制裁。"② 以当前公安机关的"抓人破案"固有倾向、偏重口供的观念、侦查取证方式失当等与审判为中心的诉讼制度改革不相适应的现状来看，检察机关应当强化侦查监督，确保查实的证据经得起法律的检验。《刑事诉讼法》《人民检察院刑事诉讼规则（试行）》等对侦查监督作出了明确规定。在监督方式上，主要以提出口头纠正意见和发出纠正违法通知书为主。公安机关享有申请复查权，人民检察院仅能督促公安机关回复及落实纠正意见。综观侦查监督现状，侦查监督主要存在监督意识薄弱、监督手段滞后、监督手段缺乏刚性、监督线索来源单一等问题，导致重办案、轻监督、重配合、轻制约的倾向，检察监督效果不明显。

针对上述问题，第一，要依法排除公安机关的非法证据，严肃纠正背后的违法行为。严格落实《关于办理刑事案件严格排除非法证据若干问题的规定》，保证证据的合法性。加强对认罪认罚案件证据的审查，防止冤假错案发生。第二，增强监督手段刚性，保证纠正违法通知等监督方式得到公安机关的执行，发挥监督的效果。公安机关应当按时回复人民检察院的纠正意见，同时对经过复查等程序后的纠正意见严格落实。第三，健全检察引导侦查制度，提升公安机关侦查取证能力，对侦查活动实行同步监督。完善检察机关提前介入

---

① 参见张静雯等：《大数据助推刑事立案监督机制初探》，载《山西省政法管理干部学院学报》2017 年第 2 期。

② 单民、林喜芬：《实证视野下检察机关刑事法律监督权的改进与完善——以对 500 多位律师的调查问卷展开》，载《河北法学》2016 年第 9 期。

制度及重大疑难案件侦查机关听取检察机关意见和建议制度。可以结合当前试点的认罪认罚从宽制度，对于不适用认罪认罚从宽制度以外的刑事案件均由检察机关提前介入，保证案件开庭的庭审实质化。同时做到介入的范围适当、时机适时、程度适度，避免影响侦查机关正常实施侦查行为。① 第四，探索强制性侦查措施司法审查制度。公安机关对除逮捕以外的强制性侦查措施的自由适用容易导致对当事人人权的侵犯。《决定》要求完善对限制人身自由司法措施和侦查手段的司法监督。"要建立符合中国国情的对强制性侦查行为的司法审查制度，要达成共识侦查机关不能自行采取。"② 可以构建检察机关审查批准的监督模式，特定的强制性侦查措施须经过检察机关事前批准方能适用，但保留特殊情形下的临时适用权，并及时报送检察机关审查确认。③

4. 审判监督。审判监督是人民检察院对人民法院的审判活动及判决、裁定实行的监督。人民检察院的审判监督表现为事后监督，监督方式表现为提出纠正意见或者抗诉。在以审判为中心的诉讼制度改革背景下，关于如何进行审判监督出现了不同声音。如樊崇义教授主张科学合理搞好审判监督，要淡化审判监督，进行事后监督，强化抗诉。北京市人民检察院苗生明认为以审判为中心并不意味要削弱检察机关对审判的监督，相反，要加强对刑事诉讼的法律监督。全国首批检察调研骨干人才相鹏认为要建立刑事审判的同步监督，在庭审发现违法情形时，可以当庭提出纠正违法意见，不应只能在庭审后提出。

针对审判监督的不同声音，笔者认为对于审判监督可以达成的共识是应当继续合理推进的，同时应构建以抗诉为中心的刑事审判监督格局。首先，对于庭审过程中的监督，不宜完全采用庭审后或庭审中监督的方式。对于能够引发抗诉结果的庭审违法行为，应当在庭审过程中以休庭等合适的时机与方式提出，避免不必要的事后程序，节省司法资源。对于轻微的违法行为仍然应当以庭审后提出为主，旨在促进庭审程序的合法化，在维护审判权威的同时真正实现以审判为中心。其次，对于刑事抗诉监督，应充分重视抗诉在审判监督中的中心地位，认真落实抗诉的相关指导意见，拓展监督案件范围，创新监督方式，助推审判"中心"能力的提升。

5. 刑罚执行监督。④ 刑罚执行监督是人民检察院对刑罚执行活动的监督。

① 参见肖璐：《新时期检察机关的职权扩张与理性应对》，载《江汉论坛》2016年第11期。
② 陈光中等：《以审判为中心与检察工作》，载《国家检察官学院学报》2016年第1期。
③ 参见温军、张雪妲：《强制性侦查措施检察监督研究》，载《学习与探索》2017年第1期。
④ 依侦查权、检察权、审判权、执行权相互制衡要求及刑事案件立案侦查、审判、执行的不同环节，本文的执行监督限于刑罚执行监督，其他执行内容相应归属于自身所在的各个环节，不同于刑事执行检察视角。

相关法律法规对检察机关的执行监督作出了规定。当前在执行监督上主要存在监督滞后、监督空白的问题。监督滞后导致出现事后监督的弊端，如对减刑、假释的执行监督；监督空白导致监督的无从着手，如对财产刑执行的检察监督。同时，当前我国的监狱、社区矫正机构、法院、公安机关均具有刑罚执行权，"刑罚执行权的分散不利于统一刑罚执行标准，也不利于对刑罚执行情况进行法律监督"。[1]《决定》要求完善司法体制，推动实行审判权和执行权相分离的体制改革试点，完善刑罚执行制度，统一刑罚执行体制。在刑罚执行制度、体制得到完善统一后，检察权制约执行权的体制机制也将得以明晰。在改革完成之前，可研究检察机关对刑罚执行的同步监督机制，革除事后监督弊病，同时对监督空白区域予以探索，实现刑罚执行监督的全覆盖。

（三）刑事诉讼检察监督之自我监督与权力边界

检察监督是检察权运行的体现，因此面临检察权的自我监督与权力边界的问题，宏观上也应属于刑事诉讼检察监督体系建设的问题范畴。《决定》要求完善确保依法独立公正行使审判权和检察权的制度。检察机关独立行使检察权，同样存在权力不公正行使的可能，应当强化检察机关的自我监督，合理划分权力边界。检察机关司法责任制改革为检察机关的自我监督与权力边界划分提供契机。司法责任制要求权责明确，权责统一，权责对应，对司法责任的承担实际上就是自我监督的体现。检察官惩戒制度的良性运行能够在一定程度上解决检察机关自我监督的问题。

对于权力边界问题，除却检察机关内部行使刑事诉讼检察监督权力的部门及检察人员的考量维度之外，同时涉及检察权对监察权、侦查权、审判权、刑罚执行权等的制约问题。质言之，即检察机关对监察机关、公安机关、审判机关、司法行政机关进行监督制约的权力边界问题。现实中有诸多论者对上述问题进行思考，如有论者提出有限监督原则，检察机关在公安侦查过程中尽量做到参与不干预、引导不主导、到位不越位；[2] 有论者提出检察机关监督应坚持权力谦抑性原则，理性对待诉讼监督的有限性；[3] 有论者提出对侦查监督进行柔性介入，避免影响正常侦查行为；[4] 有论者更提出完善对作为监督权的公诉

① 秦前红、苏绍龙：《深化司法体制改革需要正确处理的多重关系——以十八届四中全会〈决定〉为框架》，载《法律科学》（西北政法大学学报）2015 年第 1 期。

② 参见刘宏波、尚洪剑：《公安派出所刑事侦查活动的检察监督机制》，载《天津法学》2017 年第 1 期。

③ 参见韩利：《传承与超越：检察机关刑事诉讼监督方式之探析》，载《西南政法大学学报》2015 年第 4 期。

④ 参见肖璐：《新时期检察机关的职权扩张与理性应对》，载《江汉论坛》2016 年第 11 期。

权进行法院监督的制度。① 笔者认为，对于权力边界的思考应立足于各机关各司其职的前提。各司其职意味着职权配置科学合理，职权边界清晰，职权行使于法有据。各机关在各司其职的过程中充分尊重不同机关的专门性、独立性，职权的行使不得损害相关职权的独立性，不得以相互制约为名擅自扩张职权边界。

---

① 参见潘云华：《论人民法院对审前刑事检察权的监督》，载《前沿》2017 年第 1 期。

浅论新形势下如何构建检察监督措施

赵 勇 王 琴[*]

监察体制改革，从试点方案的提出到最高国家权力机关出台授权法律，动作迅速。监察体制改革，其核心就是将检察机关的职务犯罪侦查权转隶至新组建的监察委员会，监察委员会由原行政监察部门、人民检察院查处贪污贿赂、失职渎职以及预防职务犯罪等部门的相关职能整合而成，党的纪律检查委员会与监察委员会合署办公。监察委员会作为一项对国家权力尤其是职务犯罪侦查权的重新配置与调整的重大制度改革，势必会对司法生态产生不可忽视的影响。检察机关坚决拥护监察体制改革的同时，须重新认真思考如何重构、完善中国特色的法律监督理论，探索对监察委员会、法院、公安、监所等国家机关更有力的法律监督措施，增强监督权威性和实效性，切实维护检察机关的法律监督地位，实现作为法律监督机关的人民检察院与监察委员会、公安机关、法院、监所等国家机关的相互制衡。

一、建立检察令状制度，弥补监督手段乏力弊端

检察机关的法律监督权是人民检察院根据宪法和有关法律规定，通过参与刑事、民事、行政诉讼等活动，对有关机关和人员的行为是否合法实行的专门监督。在体制改革之前，检察机关法律监督的手段主要有：开展立案监督主要以纠正违法通知书的形式，监督侦查机关纠正应当立案而不立案或不应当立案而立案的情形；开展侦查活动监督主要以不批捕、不起诉、追加逮捕、追加起诉、纠正违法等形式监督侦查机关纠正侦查违法活动；开展审判监督主要以抗诉、纠正违法通知书、再审检察建议等形式监督法院纠正确有错误的判决、裁定及违法行为；开展刑事执行监督主要以纠正违法通知书的形式监督监狱、看守所等部门纠正刑罚执行和监管活动的违法行为，在惩治职务犯罪行为时，主

* 赵勇，陕西省商洛市人民检察院党组成员、副检察长；王琴，陕西省商洛市人民检察院公诉处副处长。

要是通过履行职务犯罪侦查权，依法追究严重违法构成职务犯罪的国家工作人员的刑事责任。简言之，其手段主要有五种：职务犯罪侦查、批准和决定逮捕、提起公诉和抗诉、发出纠正违法通知书、提出检察建议。

在目前的监督手段下，除职务犯罪侦查、批准和决定逮捕、提起公诉和抗诉必然引起一定的法律程序后果，而适用范围较广的纠正违法通知书、提出检察建议这两种监督手段都因缺乏一定的法律强制性和执行力，在实践中难以有效发挥法律监督作用而饱受诟病。以纠正违法通知书为例，现行法律既没有规定被监督机关必须根据检察机关发出的纠正违法通知书纠正违法行为，也没有规定被监督机关不纠正违法承担什么法律责任。检察机关提出纠正违法意见后，能够引起什么样的程序后果，法律也没有明确规定。纠正违法通知书、检察建议书、立案通知书等因缺乏令状特点，不能直观而明确地体现法律监督权的性质及特点。在目前法治体系下，监督的效力尚且如此，在失去职务犯罪侦查权这种刚性的监督权及威慑力后，检察机关的其他监督权要达到一定的效果更是不易。如果法律监督权也具有命令性的令状那样的强制力，法律监督权在司法实践中疲软乏力难题将得到缓解。因此，可探索建立具有中国特色的检察令状制度，以弥补检察建议和纠正违法通知书软弱无力之弊端。

所谓检察令状制度，是指人民检察院在依法对侦查、审判等机关行使法律监督权时，发现其有严重违法活动需要纠正、应当立案或者要求说明立案理由时，发出的具有强制执行力且必须执行的检察法律文书。检察令状主要适用于人民检察院的法律监督领域，即包括人民检察院的侦查监督、刑事审判监督、刑罚执行监督和民事行政审判监督等内容。检察令状主要包括纠正违法行为令、立案令、说明立案理由令、督促令。纠正违法行为令是指人民检察院在侦查监督、审判监督、刑事执行监督等法律监督活动中，发现公安机关、人民法院等机关存在严重违法行为，向其发出纠正违法行为的令状，它用于替代纠正违法通知书。说明立案理由令和立案令主要适用于立案监督，人民检察院认为侦查机关不立案理由不能成立的，应当向侦查机关发出立案令，侦查机关接到立案令后应当立即立案。督促令主要适用于目前人民检察院应当发出检察建议书的情形，人民检察院在办案过程中发现有关单位存在制度与管理等方面的问题与漏洞，可以发出督促令，督促、命令有关单位及时制定或完善相关规章制度，强化内部管理，排除滋生犯罪的隐患。检察令状作为载明检察机关法律监督意见和决定的法律文书，由承办检察官或主办检察官提出，经检察长或检察委员会决定是否签发。

检察令状的内容应包括命令内容、法律效果及相关救济权。检察令状载明的命令内容依照检察令状种类的不同而不同，如纠正违法行为令的内容就是人民检察院对公安机关、审判机关、监察委员会等机关提出的需要纠正的违法行为。立案令的内容是人民检察院认为公安机关、监察委员会不立案理由不充分，命令公安机关、监察委员会立案。命令内容应突出检察令状的法律性、说理性、正当程序性。法律性即要求检察令状必须详细说明被监督机关违法的事实和触犯法律的具体条款；说理性即要求检察令状必须保持内容的针对性、论证的严密性和可行性而具有说服力；正当程序性即要求检察令状的签发必须遵循正当程序的要求。检察令状应载明不履行检察令状的法律后果和需要承担的责任，以体现检察令状的不可违抗性。法律还应明确规定，检察令状一经发出，被监督机关必须无条件服从执行，对检察令状有异议的，可以申请复议，但复议期间不得停止执行。检察令状还应规定不服检察令状申请复议的途径和方式，为被监督者提供一个获得救济的机会，这也是法律正当程序的内在要求。

检察令状虽然改变检察建议书、纠正违法行为通知书等检察法律文书法律监督行为乏力、疲软等现象，但如果缺乏法律保障制度，法律监督权乏力的现象并不能得到有效的改变。因此，建议通过法律手段，赋予检察机关惩治违背或不履行检察令状行为的权力。

二、明确对侦查的引导指挥权，提升检察监督实效

多年来，侦查监督和公诉职能被视为和反贪职能一样重要的检察职能。但这两项职能一直处在被动办案的阶段，侦查监督和公诉职能未完全履行到位。如何推动检察机关监督能力，关键在于在行使侦查监督和公诉核心职能的逮捕权和公诉权时，对侦查、调查机关侦查、调查活动的引导和指挥。侦查是为了查明犯罪事实、抓获犯罪嫌疑人而进行的专门调查工作和采用有关强制性措施的活动。而侦查所需查明的是历史事实，是一种不可重复的事实，侦查的常态往往是首先假定某一事实而后围绕假定收集证据进行证明。所以侦查带有强烈的主观倾向性，而且具有强制性和隐蔽性的特点，其行使通常以限制或干预公民权利为前提。因此，处于强势地位的侦查权容易被滥用，而对人权造成严重侵害。如非法刑拘、超期羁押、变相羁押、刑讯逼供、违法扣押、查封、诱供、骗供、非法取证等。侦查权在运行过程中存在着被滥用的危险和现实，致使检察机关公诉权不能有效行使。因此，应明确检察机关在审查批捕、审查起诉阶段对监察委员会、公安机关刑事侦查的引导指挥权，实现同步监督，以充分发挥检察机关的法律监督职责。

侦查权的引导和指挥一方面能及时监督并纠正侦查机关在收集、固定、完善证据等侦查行为中存在的不合理或违法行为，另一方面可以保障公诉权的有

效行使，保障犯罪嫌疑人的合法权益。检察机关作为行使公诉权的唯一机关，必须通过一定的刑事诉讼构造来实现刑事公诉权的功能。我国现行的刑事诉讼构造，不能保证充分发挥公诉权的职能。通过检察引导侦查，使审判前程序成为一个整体，做到起诉是中心，侦查服从起诉，真正建立起以"审判为中心"的三角形诉讼构造。这样才能保证检察机关在刑事诉讼中恰如其分的位置，通过合法正当的侦查程序及时充分地收集定罪证据，使检察机关在刑事诉讼中稳操胜券。

公诉权从法律上约束侦查权，监督侦查机关在法律许可的范围内活动。侦查权的指挥、引导标志着侦查监督、公诉工作由事后、静态监督转变为同步、动态监督，这一职能的强化有利于提升侦查机关侦查水平，推动检察机关监督能力的提升。

三、保留检察机关机动侦查权，增强法律监督刚性

检察机关的机动侦查权，是检察机关在履行法律监督职能过程中因情势所需，依法自由裁量而行使的侦查权。赋予检察机关机动侦查权，是增强法律监督刚性，维护司法公正的客观需要。

根据刑事诉讼法的规定，人民检察院是依法享有刑事侦查权的国家法律监督机关，其中包括机动立案侦查权，即"对于国家机关工作人员利用职权实施的其他重大的犯罪案件，需要由人民检察院直接受理的时候，经省级以上人民检察院决定，可以由人民检察院立案侦查"。刑事诉讼法对检察机关机动侦查权严格限制，使身为国家法律监督机关的人民检察院对很多特殊案件的灵活处理失去法律依据，不利于国家追诉权的行使。

根据我国刑事诉讼法的规定，侦查活动的启动必须经过立案决定。赋予检察机关灵活的机动侦查权，从立案监督的角度考虑，无疑是对付目前侦查机关有案不立、以罚代刑情况监督乏力的有力武器。我国宪法规定，人民检察院是国家的法律监督机关，立案监督自然也是诉讼监督的重要内容，主要包括两方面：一是对不应立案而立案的监督，可以通过审查批捕或审查起诉程序作出不批捕决定或不起诉决定予以纠正。二是对应立案而不立案的监督，而这方面的检察监督则比较乏力。《刑事诉讼法》第 113 条规定："人民检察院认为公安机关对应当立案侦查的案件而不立案侦查的，或者被害人认为公安机关对应当立案侦查的案件而不立案侦查，向人民检察院提出的，人民检察院应当要求公安机关说明不立案的理由。人民检察院认为公安机关不立案理由不能成立的，应当通知公安机关立案，公安机关接到通知后应当立案。"实践中，公安机关对属于自己立案管辖的案件，拥有几乎不受限制的立案权，并且立案后发现具

有依法不应追究刑事责任的情形时可以撤销案件。如果公安机关接到检察机关的立案通知拒不执行，或表面上勉强接受建议却消极侦查，如何处理，法律并没有有效措施，容易轻纵犯罪。在体制改革新形势下，应赋予检察机关较大的机动侦查权，检察机关在公安机关、监察委员会出现以罚代刑而不立案或拖延立案，发出纠正通知仍然没有立案的情况下，就可以直接立案侦查，实现国家的追诉权。这样可以改变检察机关在立案监督中"动口不动手"的局面，使立案监督落到实处，同时就检察机关肩负的惩治犯罪的任务而言，机动侦查权也是对公安机关、监察委员会侦查力量的补充。当然，机动侦查权也有一定的范围限制。即只有在掌握一定线索，且侦查机关有罪不究、有案不立的做法受到检察建议督促仍不纠正或其他特殊情况下才实施这一权力。它是在有关机关不正确、不及时履行权力时才发挥作用，具有迟延性、条件性，起到监督、救济的作用。

民行检察监督体系的革新

——以基层民行检察运行状况的实证分析为视角

王育琪[*]

宪法明确规定检察机关是法律监督机关。依托检察权，民行检察履行对民事行政诉讼活动的法律监督。在 1989 年的《行政诉讼法》和 1991 年的《民事诉讼法》中，抗诉是检察机关行使民事行政检察监督权唯一被法律所赋予的手段。经过 20 多年的实践、总结，民行检察的监督范围、监督方式等有了极大提升，这在 2013 年的民事诉讼法、2015 年的行事诉讼法及相关法律法规中有明显体现。民行检察监督体系从原来的抗诉唯一的"一元化"监督格局转变为抗诉、检察建议并存的集审判监督、诉讼程序违法监督、执行监督、公益诉讼、行政执法监督与非诉执行监督等"多元化一体"的检察监督格局。这种格局与 2010 年全国第二次民行检察工作会议首次提出的多元化监督格局不谋而合。多元化监督格局根源于宪法制度，产生于实践经验，具有正当性根源及坚实的基础。^① 民行检察监督体系在新法出台、多元化监督格局构建等因素的影响下实现了嬗变。从民行检察监督体系欲意构建的界域看，多元化监督的基本前提是每一个"元"在运行环境、作用场域、功能范畴、本质属性等方面能符合确定性、稳定性、相对独立性的要求，而目前法律法规尚未对"元"的适用情形、运行要求进行分类建构、详细设计，使得不同种类的"元"在运行时适用顺位模糊不清，基层民行检察仍旧无法正确把握其尺度、标准。虽然立法部门不断规范监督方式、细化监督规则、创新工作机制，但实际效果并未达到立法者的初衷。基层民行检察在民行检察监督体系的革新中遭遇更多的是挑战。当法律被使用被实现，往往联系两个世界：与法相关的生活事实，这种日常真实世界与以一个应然规范为内容的法律世界，透过法律的实

---

* 福建省漳州市人民检察院民事行政检察处助理检察员。

① 李新生：《民事行政检察工作重点与案件审查实务》，中国检察出版社 2013 年版，第 17 页。

现，使应然与实然相联结，法律是应然与实然的相当。①

一、理性窥探：基层民行检察监督体系的现状检视

民事诉讼诉法、行政诉讼法欲意构建的民行检察监督体系在基层检察的实践中却呈现出主要诉讼监督工作未实现均衡发展、工作模式未实现转型的现状。

（一）"案少"现状延续

民事诉讼法、行政诉讼法修改施行后，部分实务、理论专家对基层民行检察的发展前景普遍看好并预计案件数会大幅度增长。但经司法实践检验特别是规范司法行为专项整治活动，"案少"问题依然突出。

表一　Z市基层院近四年案件办理情况　　　　（单位：件）

年份\类别	2013	2014	2015	2016
办理数	343	355	151	162
提请抗诉	3	5	2	2
再审检察建议	11	10	14	4
执行监督	158	168	68	71
审判程序违法监督	43	62	18	24
督促履职	39	82	27	39

从表一可看出，前两年平均办案数349件，后两年跌到156.5件，下降55%，2015年下滑幅度最大，同比下降57.5%。生效裁判结果监督职能弱化，排除办理虚假诉讼系列案外也是逐年下滑，2016年与2013年比，下降57.1%。执行、审判程序违法监督案件，2016年与2013年比，下降52.7%。后两年办案数据比较符合目前基层院办案情况。

（二）"人少"情况仍存

民行检察要以单一力量制衡占据法院"2/3"的民事行政诉讼活动，按理讲人员配备应较强。但与法院民事行政庭室人员配备充足、梯队建设合理形成鲜明对比的是基层民行检察人员配备不足、年龄结构老化、业务素养不强。虽然上级院三令五申要求加强民行人员配备，或开展基层民行检察工作推进年等

---

① ［德］考夫曼：《法律哲学》，刘幸义译，法律出版社2004年版，第170页。

举措，但"人少"状况并未改观。

表二　Z 市 11 个基层院人员配备情况 （单位：个）

地区 项目	县1	县2	县3	县4	县5	县6	县7	县8	县9	县10	县11
人数	3	2	3	2	2	1	2	2	2	2	2

年龄结构			学历结构			专业结构			从事民行工作时间		
30 岁 以下	30— 50 岁	50 岁 以上	本科 以下	本科	研究 生	民商法 民诉法	行政法	其他	3 年 以下	3—10 年	10 年 以上
2	12	9	3	20	0	0	0	23	3	15	5
占比 8.7%	占比 52.2%	占比 39.1%	占比 13%	占比 87%					占比 13%	占比 65.2%	占比 21.8%

从表二可看出，基层院人员配备数平均 2.09 人，干警编制数占全院编制数约为 3%；年龄以 30—50 岁居多，占 52.2%，但 50 岁以上也不少；学历以本科（含函授）居多，占 87%；民商民诉或行政法专业为 0；从事民行工作时间以 3—10 年居多，占 65.2%。

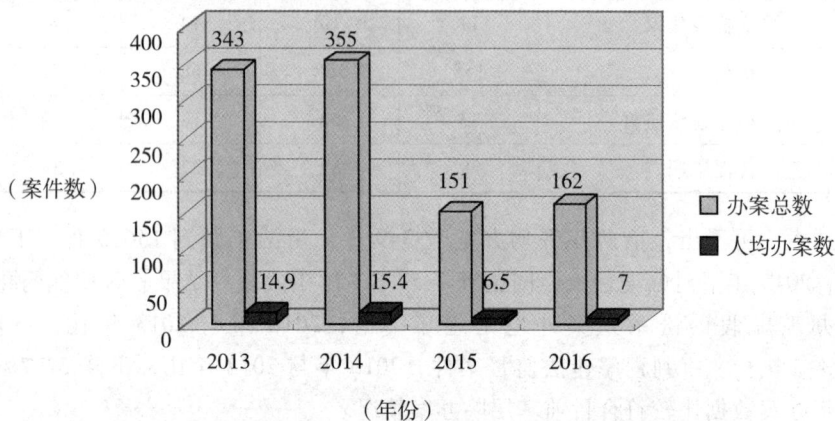

图一　F 省 Z 市基层院近四年办案总数、人均办案数分布情况

从图一可看出，基层民行干警近四年年均办案 14.9、15.4、6.5、7（件），甚至有的院年均办案才 3.5、2（件）。据 F 省人民检察院民事检察处统计，2013、2014、2015 三年全省分别办案 2063、2161、1737（件），全省三级检察机关年均办案 1987 件，每个检察院年均办案 21.1 件、每人年均办案 6.3 件。年均办案数在 6—7 件较符合目前基层院办案情况。

二、深度解读：基层民行检察监督体系运行受阻的原因剖析

基层民行检察"案少人少"的产生原因是多方面，既有立法、制度、体制、机制等方面，又有观念、思维、环境等因素，"案少人少"是民行检察发展中多种内外因素综合影响相互作用结果。①

（一）立法规定所致

一是法律法规明确规定，当事人未向法院申请再审、未在裁判生效后 6 个月内申请再审、依法可上诉但未提出上诉等情形，检察机关不予受理当事人的生效裁判结果监督申请。这些规定使一审生效裁判结果监督案件严重匮乏，除非是法院违法送达法律文书、虚假诉讼或生效裁判损害国家社会公共利益。当事人申请执行、审判程序违法监督需穷尽法院救济途径的规定，也严重限制该类案件案源。② 二是检察建议在立法上的确定，实际上是对运行效果较好的"自生自发型"实务尝试的认可。因为司法过程"并非独白，而是对话和交流"。③ 但法律未对检察建议的效力、程序、被建议对象的反馈等进行规定，检察建议受阻情况却时有发生，刚性不足、办案效果一般，无法提振当事人申请监督的信心。三是新法新增的监督权，其规定较为原则、泛化，缺乏具体操作流程、程序性设计。《人民检察院民事诉讼监督规则（试行）》虽针对不同制度建构不同办案规则，但对执行、审判程序违法的规定仍较宏观，操作性差，基层院适用困难，程序各一、做法各异，出现诸多不规范办案情况。④ 公益诉讼虽已入法，但具体办案指南、程序性规则尚未出台，基层院尚需摸索如何更好办理公益诉讼案件；即使出台了专门性办案规则，也有一段适应、磨合期，制度运行方能进入预期轨道。

---

① 关于"案少"的原因，将不再论证民行检察的宣传不够、社会影响力和群众认知度不足、协调不到位等平时谈论较多的原因。

② 2016 年 11 月，"两高"印发《关于民事执行活动法律监督若干问题的规定》第 6 条明确规定："当事人、利害关系人、案外人认为民事执行活动存在违法情形，向人民检察院申请监督，法律规定可以提出异议、复议或提起诉讼的，当事人、利害关系人、案外人没有提出异议、申请复议或者提起诉讼的，人民检察院不予受理，但有正当理由的除外。"《人民检察院民事诉讼监督规则（试行）》第 33 条也规定："法律规定可以提出异议、申请复议或提起诉讼的，当事人没有提出异议、申请复议或者提起诉讼的，人民检察院不予受理，但有正当理由的除外。"

③ ［意］皮罗·克拉马德雷：《程序与民主》，翟小波、刘刚译，高等教育出版社 2005 年版，第 73 页。

④ 不规范办案主要是指基层院迫于考评压力，对同一类违法行为拆案办理、对轻微违法行为发出检察建议、向法院或行政机关要案件、批量办理依职权案件等等不规范办案、影响检察形象的行为。

（二）监督属性决定

检察权监督审判权的目的并非实现个案公正，而是通过检察权制衡审判权、开展合法性监督，保持同一位阶层面两种权力共融。在"诉权—审判权"制衡体系下，其他公权力包括检察权均不能介入当事人处分诉权的过程。只有当这一层级的制衡未能实现预期效果，检察权方可介入诉讼领域，但检察权的行使应保持谦抑性，需遵循司法权、审判权运行规律，恪守不同权力（权利）的界域，防止检察权越位、恣意。首先，认识到监督范围的有限性方能明晰未来基层民行检察工作的总体定位及多元化监督格局的核心职责。将全部诉讼参与人、相关案外人纳入被监督主体范畴的观点未能准确区分宪法层面以社会管理为价值目标的"守法监督"与民事程序法层面以维护司法权行使之公正性为目标的公权制约型监督二者间的差异。[1] 将民事检察监督权的作用范围扩展至民事诉讼全过程和全部诉讼主体及相关案外人，可能使检察机关因监督能力局限而无法切实履行监督职责，更可能因检察机关这一全能第四方的强势介入而摧毁民事程序的立命之本。[2] 有限监督的理念隐含着监督案源不可能大规模产生。其次，多元化监督强调监督方式多元化，但基于检察权谦抑性和法检协同司法与化解纠纷的机能和价值，在监督方式选择上有所倾向：能采取强度稍微适中的方式，一般不会选择强度较大方式；能够息诉和解、定分止争以达到撤诉、服判息诉目的，就把本可监督案件化解掉或通过口头建议完成；能够通过诉前程序评价侵权主体的违法行为或行政机关的不依法行政且受侵害的社会公共利益已得到维护，就不一定把检察权延伸至诉讼程序阶段。基于检察权的谦抑性加上检察建议监督效果不佳、公益诉讼尚处于起步阶段等因素，基层民行检察"案少"问题加剧。

（三）制度设计使然

基层民行检察主要办理程序违法类案件，通过程序违法监督来监督公权力的规范运转。检察机关针对违法行为提出监督意见不具有实体处理和终局效力，违法情形是否纠正，最终由审判机关终局裁决。因此在不能对当事人实体权益提供根本性保障情况下，申请人有时并不愿意向检察机关申请监督。司法实践中依职权办理的部分案件其实并不符合民事、行政诉讼监督规则中关于依职权受理案件的立法本意，如严格管控，"案少"现状将更加突出。一是从执行监督制度的核心功能定位看，需思考究竟是意在解决由被执行人及案外人不

---

[1]　傅郁林：《民事诉讼法修改的价值取向评论》，载《华东政法大学学报》2012 年第 4 期。

[2]　韩静茹：《民事检察制度的体系化革新》，载《国家检察官学院学报》2013 年第 3 期。

诚信行为所致的执行难问题，还是要用于规制因违法执行行为而造成的执行乱状况？由此问题引发的争议实际上同样源于对检察权之正当性基础和应然使命的认识不足或偏误。① 执行监督的应然方向是对法院的执行违法即执行乱实施监督，而不是对被执行人及其利害关系人的行为规制即执行难问题。法律法规均规定执行乱案件要穷尽法院救济途径，如复议异议、法院内部监督机制。在经过法院救济过滤并剔除执行难的案件，执行监督案源有限其实符合机制建设的规律。二是审判程序违法监督案件，不管是诉前诉中或诉后，也应穷尽法院救济途径。办案效果方面，因程序违法直接关系到审判权和执行权的依法恰当行使，与当事人私益并不直接关联，或说程序违法损害的法益是公益范畴，要高于当事人的私益，不受当事人所享有的处分权之制约。② 依职权监督此类案件往往未对实体裁判产生影响，当事人会因实体诉求得不到满足而对检察机关处理结果不服，由此引发信访缠诉。三是督促履职类案件特别是行政非诉执行、行政执法监督无明确法律依据，案源有限。立案登记制改革，畅通群众诉求，法院收案量大幅度增加，但检察机关行政诉讼类监督案件很少。立法对行政检察的规制更多偏向于行政诉讼监督，并未指向行政权力运行。虽然十八届四中全会提出完善检察机关行使监督权的法律监督制度，提出对涉及公民人身、财产权益的行政强制措施进行监督，对履职中发现的行政机关违法行使职权或不行使职权的行为予以督促纠正，探索由检察机关提起公益诉讼。但是，一般的行政执法监督因立法的缺失导致工作尚未得到有效拓展。公益诉讼虽已入法，但因诉前程序的影响，绝大多数行政机关慑于检察机关的地位及权威，对检察建议一般都会及时处理并整改，这样就使大量案件被前置程序消化掉，能够起诉到法院的公益诉讼案件不多。当前行政检察监督机制不够完善，法律规范及制度框架远不能适用社会法定发展需要，是检察监督体系中最薄弱的一环，行政检察监督机制的质量在很大程度上影响着检察监督体系的整体水准。③

三、模式创新：基层民行检察监督体系革新的路径考量

最高检曹建明检察长在第十四次全国检察机关工作会议上曾说过："检察监督体系是检察机关在党领导下依法履行法律监督职能的制度体系，包括检察

---

① 傅郁林：《民事检察权的正当性基础与程序配置》，载《法律科学》2012 年第 6 期。
② 汤维建：《尊重规律：民事诉讼法修改后民事检察制度的新发展》，载《人民检察》2014 年第 3 期。
③ 刘艺：《构建行政检察监督机制的意义、方法和重点》，载《人民检察》2016 年第 16 期。

机关法律监督各领域的法律规范、体制机制和工作制度。"检察机关在民事行政诉讼中拥有单一的法律监督职能，是诉讼中的外在公权力主体，与诉讼的相融能力较弱，需长期磨合才能使民行检察监督体系顺畅运行，因此基层院民行科要主动适应立法、机制、人员等问题所带来的挑战，结合司法体制改革，摸索适合本部门正确发展的道路。

（一）构建规范化的制度设计模式——立法完善视角

立法需以一定价值判断作为确定其价值指向的手段，立法是一定价值判断的记录，价值判断改变表现为立法的变化。① 新法对检察监督的体系化革新，优化了"检察权——诉权——审判权"之间关系，在构建科学合理的诉讼程序体系结构同时，也让检察监督模式更趋于科学化。立法要有目的、符合客观实际，贴合多元化监督格局的主题。目的是全部法律的创造者，每条法律规则的产生都源于一种目的，即一种实际的动机。② 法制完备、立法依据明确、办案规则细化，切合了基层民行检察工作的发展规律。立案者要根据实践针对不同制度建构不同法律法规以实现民行检察监督规范化的分流，保证基层民行检察监督的几项主业都有专门的办案规则。民事、行政类监督规则的出台就是一个进步。监督规则把民行检察置于整个民事行政诉讼制度体系进行评价，在把握司法、诉讼规律同时，把握了监督规律。"两高"于 2016 年 11 月出台的《关于民事执行活动法律监督若干问题的规定》、福建省人民检察院民事检察处出台的《关于进一步加强和规范民事执行活动法律监督工作的若干规定（试行）》、最高检即将出台公益诉讼办案指南、办案规则等都是检察监督走向规范化的体现。这些规定都深入到民事行政诉讼架构中去评价、设计法律规则，使基层院能够结合工作实践把握何时、针对何对象、采用何手段、运用何程序来完成监督，做到有理有据有节，在避免监督越位同时保证监督到位。同时可考虑把检察建议法制化：通过修改《人民检察院检察建议工作规定（试行）》或构建专门的《检察建议法》，具体对检察建议进行实体规划、程序性设计，明确其法律效力、有关机关的反馈要求，以优化制度模式，使立法规定更加贴合民行检察多元化监督体系的步调，保证基层民行检察能在体系化不断革新中实现嬗变。

（二）构建精细化的诉讼监督模式——保障措施视角

要优化诉讼监督模式，构建完善的配套性保障机制，使监督模式从粗放型

---

① 卓泽渊：《法的价值论》，法律出版社 1999 年版，第 620 ~ 621 页。

② ［美］博登海默：《法理学：法律哲学与法律方法》，邓正来译，中国政法大学出版社 2004 年版，第 115 ~ 116 页。

向精细型转变。民事检察监督权能否正常运行、能否有效实现，必须借助于必要手段和保障措施，否则权力赋予必定是空洞的，是没有实质意义的。①

1. 摸清监督规律。监督权要发挥效用需摸清审判权、行政权运行规律，总结归纳权力运行中存在问题或易出现违法情形，为监督提供条件。一是基层院民行科可通过指派专人深入法院或行政机关蹲点学习实务或通过参与行政机关的案卷评查，了解掌握审判、执法规程，着手发现相关案源。如漳州市诏安县人民检察院指派专人深入派出所等行政机关蹲点学习行政执法具体流程、参加行政机关的案卷评查活动、开展特定领域专项监督活动，该院行政检察的案源较为充足。漳州市人民检察院指派专人到市中级法院民庭开展为期1年的办案锻炼，有效熟悉审判实务以更好开展监督。二是借助基层法院官网、中国裁判文书网或法检协作机制，了解熟悉法院审判和执行工作动态，从法院公开的裁判、执行文书中归纳总结其工作特点和规律，或由法院将办案中发现监督线索移送检察机关处理，可挖掘监督案源。如龙岩市人民检察院要求基层院指派专人每周关注中国裁判文书网公布的属于本地法院作出裁判、调解书案件，挖掘有监督价值案源，取得一定实效。三是强化上级院的跟进监督，弥补被监督对象对检察建议不回复等影响监督的情况，保证基层院的监督落到实处，提升办案效果，提振当事人申请监督的信心。

2. 规范考评机制。考评制度是基层院开展工作的方向标。规范考评机制、提升民行检察监督的考评比重很重要。但司法实践中内设机构之间即使会签规范性文件，其他科室发现民行监督案件线索后不会主动移送民行部门的情况时有发生。特别是公益诉讼的开展，更需要其他内设机构的协作配合。② 为化解其他内设机构移送线索主动性不强情况，可考虑建立科学合理的移送线索激励机制③，如在考评标准中规定：检察机关其他内设机构，在开展工作中如发现民行案件线索移送民行部门审查，可得分，以激励其他内设机构积极向民行部门移送案件线索。

---

① 常怡：《比较民事诉讼法》，中国政法大学出版社2002年版，第199页。

② 2015年12月，最高人民检察院通过了《人民检察院提起公益诉讼试点工作实施办法》，其第1条、第28条明确规定，人民检察院履行职责包括履行职务犯罪侦查、批准或决定逮捕、审查起诉、控告检察、诉讼监督等职责。

③ F省基层院考评标准2012年版、2014年版均规定督促起诉、支持起诉办理可以得分，2016年最新版考评规定除在公益诉讼领域外，督促起诉、支持起诉办理未规定可得分，于是，2016年，Z市以上两类案件基本没办理。考评规定就是基层院工作的指挥棒，有规定、有激励，就会有主动性。

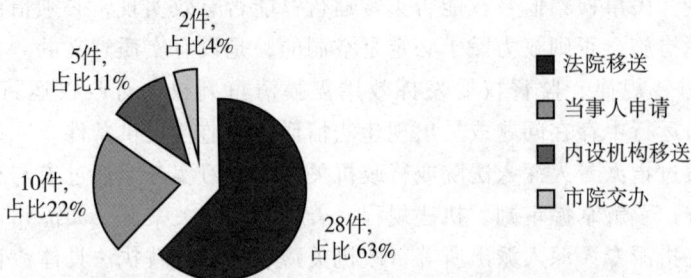

图二　Z 市基层院 2013—2016 年所办虚假诉讼案件来源分布情况

从图二可看出，Z 市基层院 2013—2016 年办理的 45 件虚假诉讼案件中，法院移送 28 件，占比最大，为 63%；内设机构移送 5 件，占比 11%。强化与法院、检察机关内设机构的协作并建立考评激励机制，对案源拓展有一定作用。

3. 延伸监督触角。一是在对特定领域权力运行规律研判、总结的基础上，集中力量对该领域开展专项监督活动，可拓展案源并取得预期监督效果：一种是根据上级院部署开展专项监督活动，如 2016 年 5 月，福建省人民检察院行政检察处在全省开展督促收取人防易地建设费和国土矿山生态环境恢复治理保证金专项监督活动。截至 2016 年底，漳州市共监督案件 8 件，已督促收取 895 万元；另一种是基层院结合本地工作实际选取特定执法领域开展专项监督活动。如漳州市南靖、诏安等基层院每年均会选择特定执法领域开展专项监督活动，有效解决督促履职案源问题。二是选取特定的审判制度或行政执法机制开展监督。除虚假诉讼、仲裁监督外，小额诉讼、执行异议之诉、第三人撤销之诉、行政机关代履行、行政机关怠于履职侵害公共利益等，均是基层民行检察未来监督工作的拓展区。

（三）构建合理化的机制运行模式——创新机制视角

要构建合理化的办案机制需结合热点，创新工作模式，以新的工作机制验证立法、制度设计是否切实可行。实用主义至少是检验真理、了解其成效的一条可行的规则。①

1. 依托公益诉讼。检察机关享有诉权的正当性依据是其在维护国家利益和社会公共利益方面的使命。② 从 2015 年 7 月起，最高人民检察院开展为期两年的检察机关提起公益诉讼试点工作。公益诉讼试点工作对解决基层民行检

---

① ［美］本杰明·内森·卡多佐:《法律的成长》，刘培峰、刘骁军译，贵州人民出版社 2003 年版，第 25 页。

② 肖建国:《民事公益诉讼的基本模式研究》，载《中国法学》2007 年第 5 期。

察"案少人少"产生一些影响。在试点期内，试点基层院的行政检察案源特别是督促履职案件直线上升。检察机关在参与公益诉讼方面预设功能的实现，依赖于相关实体程序方面的规则的周全配置。2017年6月27日，十二届全国人大常委会第二十八次会议表决通过了关于修改民事诉讼法和行政诉讼法的决定，检察机关提起公益诉讼写入两部法律，该规定于2017年的7月1日起施行。公益诉讼工作迎来了发展的春天。因案件复杂、牵扯面大，公益诉讼案件量不会出现剧增，但诉前程序的案件量将会大量增加，这对解决基层民行检察的案源、完善基层检察监督体系具有重大意义。可以说公益诉讼工作将是基层民行检察今后工作的重中之重，也是提升检察机关影响力的发展方向。

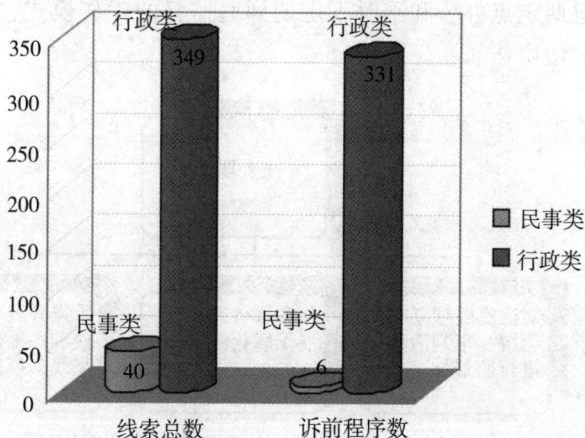

图三　F省试点基层院自试点期开始至2016年底公益诉讼案件办理情况分布

表三　F省试点地区解决诉讼空白情况　　　　（单位：件）

地区	起诉总数	基层院解决起诉空白情况		
		基层院数量	解决起诉空白数量	解决起诉空白比例
A 地区	9	12	9	75%
B 地区	4	11	4	36%
C 地区	5	12	5	42%
D 地区	8	10	8	80%
E 地区	5	7	5	71%

从图三、表三可看出，F省试点地区发现案件线索389件，完成诉前程序337件，其中行政类诉前程序331件，通过检察建议纠正违法行为253件，占

比76%。虽然仍有部分试点基层院未解决起诉空白，但因领导重视，基层院会为完成任务进行探索。

2. 依托派驻检察室。在乡镇设立工作室、聘请联络员、开展巡回走访，可获取案源。但从检察权监督审判权本质属性看，要真正发挥检察权作用，需深入到民事行政诉讼中，熟悉把握审判规律。因此通过协调在法院内部设立检察官办公室，深入法院内部，实现信息网络端口对接，充分利用各种内部审判资源，近距离开展监督，可拓展民行检察案源。检察监督与法院审判可协调的基础在于两者在某些方面具有相同的价值追求。① 2016年漳州省南靖县人民检察院在靖城法庭设立全省首个驻基层法庭检察官办公室，配备2名干警，采取每周两天定期定点办公和平时不定期到庭监督的工作模式，在拓展案源同时，也加强了检法协作。

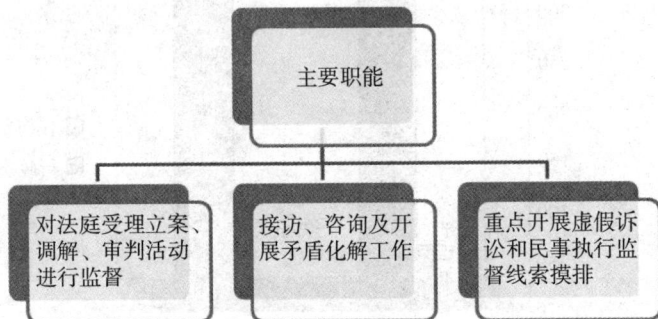

```
            主要职能
     ┌─────────┼─────────┐
 对法庭受理立案、  接访、咨询及开   重点开展虚假诉
 调解、审判活动   展矛盾化解工作   讼和民事执行监
 进行监督                  督线索摸排
```

图四　南靖县驻靖城法庭检察官办公室的情况

检察官办公室成立半年内已挖掘案件线索10余条，接访50余次，成功监督4起案件。虽然目前案件数未出现大规模增长，但对突破案源或许也是一种思路。

3. 应对监察委试点改革。民行检察监督权相对于自侦权，监督品质较为温和，监督强度较弱，基层民行检察办理的一般检察建议类案件更需刚性强一点的监督作为后盾保驾护航。因自侦部门的强势地位，检察建议发出后被监督单位可能顾及自侦权而积极纠正违法行为或予以配合。在监察委体制改革试点完毕后，自侦部门将转隶到监察委。在自侦权被转隶的情况下，基层民行检察弱质的监督手段要取得成效将存在困难。因此应继续借助各种协作机制，加强民行部门与监察委的线索移送、沟通联系。应充分运用好民行检察监督的调查核实权，提升办案效果。应借助提起公益诉讼树立民行监督的权威，理顺监督

---

① 刘志华：《"相对合理"——民事检察监督与法院审判监督关系之协调》，载《国家检察官学院学报》2004年第2期。

过程中可能存在的障碍、困难。

（四）构建科学化的办案管理模式——司法改革视角

要依托司法体制改革，多维研判，彻底实现基层民行检察"案少人少"的嬗变。

1. 基层民行检察监督的机构设置。一是单设民事、行政检察部。吉林省人民检察院在大部制改革中将 17 个业务部门整合为 5 个部，单列民事、行政检察部，"把民事检察单列就是要补足民事检察偏弱这块短板，更加有效加强对民事案件的监督。行政检察单列，在全国是首创，主要是对行政强制措施和行政不作为、乱作为进行监督，确保行政权力得到有效监督"。① 这种做法贯彻检察机关"刑、民、行"三项业务并重的监督理念，积极打造综合、均衡型的检察机关，做法值得肯定，但并不适合基层院。但是省、市级院实现单设改革成功，自上而下，进一步重视民行检察工作，基层民行检察可能迎来解决"案少人少"有利时机。二是整合民行检察部门。撤并民行与相关科室，整合为诉讼监督部。福建省漳浦县人民检察院在改革试点中就把民行与控申、监所、巡回检察整合为诉讼监督部；福建省人民检察院出台专门规定，要求基层民行与生态部门合并，整合办案力量，重点突破公益诉讼。通过落实办案责任制、强化关联科室协作，对解决"案少人少"困局有一定帮助。三是保持现状不变。未整合的基层院，与原有情况变化不大，通过员额分配、明晰检察官办案权限，定位民行检察监督的发展之路。

2. 基层民行检察监督的办案责任。基层民行检察传统办案模式是"检察官—部门负责人—检察长（检委会决定）"三级审批，权限层级审批严格，检察官权力弱化。司法改革后，变"三级审批"为"二级审批"，减少中间审批环节，明晰检察官的权限、强调办案责任制，构建以主任检察官为核心的"扁平化"办案模式，要联合案管部门，科学配置检察官文书审批权限，下放有关权限，明确检察官办案范围内文书审判的决定权，提高办案效率。四川省乐山市人民检察院对 347 份统一业务后台文书权限下放，287 份下放到检察官，占比 18.3%，民行下放比例达 55.8%。海南省东方市人民检察院下放案件决定权，将民行 39 份法律文书审批权限下放给主任检察官。②

---

① 《吉林省检察机关：内设机构"大部制"改革平稳过渡》，载最高人民检察院网站，www.spp.gov.cn/tt/201508/t20150802-102308.shtml，2017 年 2 月 22 日访问。

② 符海等：《海南东方：推进主任检察官办案责任制》，载《检察日报》2015 年 9 月 8 日。

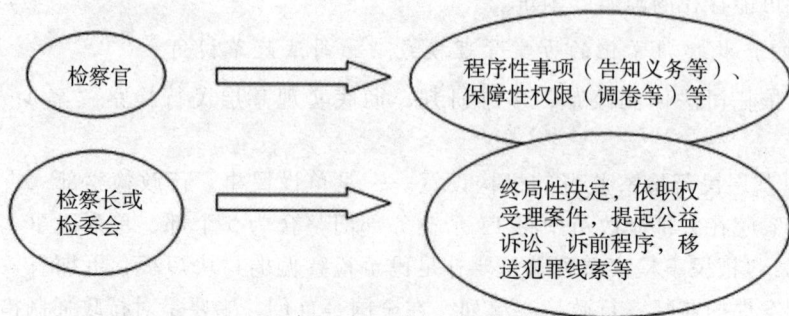

图五　司法改革下基层民行检察官的权限清单

3. 基层民行检察监督的办案组织。囿于基层民行检察"人少"现状，需根据案件数量、难易程度、专业分工，确定办案组织，建构"1"和"1+N"的办案组织，以争取办案效果的最优化。

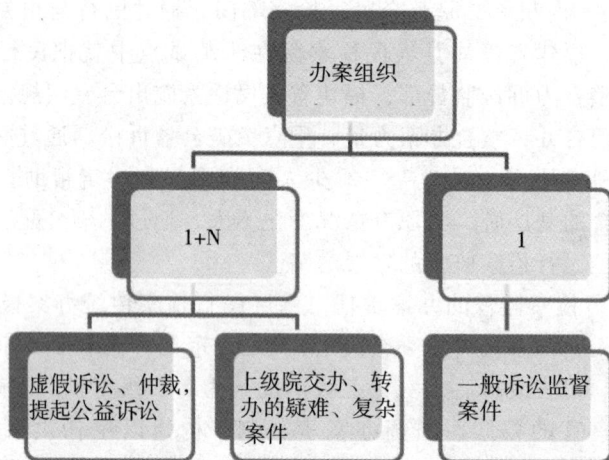

图六　基层民行检察监督的办案组织配置

一般诉讼监督案件，可由检察官独任办理。疑难复杂案件，需投入更多办案力量的，根据情况全院统筹调配1—2名检察官共同办理，"N"的人数、人选及司法辅助人员的人数，由检察长或主任检察官视案件情况决定。

随着新法的不断完善、民行检察监督职能的扩展、司法体制改革的推进，基层民行检察监督应逐步探索建立更加符合多元化监督格局要求的各项机制、监督模式，逐渐摆脱"案少人少"状况，开拓建立符合监督规律的基层民行检察监督发展道路。

"案件化"办理模式的程序设计和制度构建

逯其彦　彭国强[*]

为加强法律监督的针对性和有效性,《"十三五"时期检察工作发展规划纲要》中提出"探索实行重大监督事项案件化加大监督力度,提升监督实效"的要求。根据这一要求,"案件化"办理模式是指检察机关侦查监督部门在审查逮捕、立案监督、侦查活动、两法衔接等执法办案活动中,将重大监督事项作为独立案件办理,建立从监督线索受理、立项、调查核实、实施监督、跟踪反馈到结案归档的完整流程。

一、重大监督事项"非案件化"存在的问题

有专家学者认为,当前重大监督事项属于一种"办事模式",存在的监督启动程序不明确、监督随意性大、办理规范化程度不高、不注重监督效果等问题。还有学者认为,侦查监督部门存在监督线索发现难、调查核实难、监督处理难三大难问题。[①] 这些问题存在无疑与重大监督事项"非案件化"密切相关。

(一)监督程序不具有独立性

"检察机关传统的侦查监督依托检察环节办理的个案。"[②] 启动监督程序具有附随性,普遍采取"谁发现、谁启动、谁办理"的方式。正因为如此,所发出的检察建议或纠正违法通知书附属于正在办理的实体案件,在法律监督完成后没有形成一整套卷宗材料,很多时候只有一份体现最终监督决定的法律文书,不足以完整体现诉讼监督案件立案、调查、审查、决定以及跟踪反馈、复议复核的过程,导致监督效果不佳,容易形成柔性监督、虚假监督,损害了司

---

* 逯其彦,山东省曹县人民检察院检察长;彭国强,山东省曹县人民检察院研究室副主任。
① 参见黄河:《新时期侦查监督法治化现代化主题的解读》,载最高人民检察院侦查监督厅编:《侦查监督指南》2015 年第 2 辑,中国检察出版社 2015 年版,第 15 页
② 转引自最高人民检察院 2017 年 5 月 17 日《侦查监督情况》第 10 期。

法的严肃性和公信力，影响了检察机关的形象。

（二）证明标准不明确

刑事实体案件要求"案件事实清楚，证据确实、充分"方可结案，具有明确的标准。重大监督事项缺乏对违法事实的调查、证据收集判断方面的规范和标准，如何证明程序违法的事实，采取什么样的标准目前没有法律规定。

（三）缺少监督质量评价依据、方法和机制

重大监督事项"非案件化"，由于没有严格的办案程序和证据要求，缺乏立案等节点性程序，证据材料的取证要求不严，范围不清，使得对监督事项缺少评价依据、方法和机制。如一些监督决定的审查报告格式要求不规范、证据分析简单、处理结果理由不充分，有的纠正违法事项的监督载体仅有一份纠正违法通知书，难以评价重大监督事项工作成效。

（四）重大事项监督没有形成合力

重大事项监督需要侦查监督、公诉、刑事执行、控告申诉检察部门的相互配合，而目前缺少程序流程、相应的制度来统筹这些部门，难以形成监督合力，导致后续跟进不力、流程断裂。另外，实践中还存在重复监督导致抵消监督效力的现象，如检察机关两个部门针对同一事项重复向侦查机关发出《纠正违法通知书》，不仅降低办案效率，造成诉讼资源的耗损，而且还影响到检察机关司法文书的严肃性、权威性，一定程度上，抵消监督合力。

（五）重大监督事项"案件化"信息化滞后

在司法实践中，因信息沟通机制不健全，导致检察机关监督渠道不畅、线索发现难等问题，制约监督权行使。另外，现在监督业务流程是依据重大监督事项"非案件化"模式而设计的，存在案卡设置不清晰、功能设置不合理、监督事项不全面、监督流程不完整等问题。因此，需要在办案模式的要求下对软件流程进行升级改造、对统计报表进行修改完善，打造契合诉讼监督事项案件化的信息平台。

综上所述，重大监督事项"非案件化"，把法律监督业务作为一种副业，是导致法律监督疲软的重要因素，其原因是我们将诉讼程序与法律监督程序混合一体，模糊了法律监督性质与规律。法律监督是检察机关的主责主业，回归到这种应有的地位，实行重大监督事项"案件化"势在必行。

二、"案件化"办理模式的程序设计

实行重大监督事项"案件化","实际上就是要把监督事项量化"① 需建立检察机关处理重大监督事项独立程序，需形成线索受理、立案、调查核实、审查决定、实施监督、跟踪反馈、复议复核、结案归档的完整管理流程，载体是反映司法办案过程的案件卷宗，要求将司法办案的各种制度细化到每个节点，每个节点的决定实施过程要留痕，实现监督信息全程、动态，实时流转与监控。

（一）重大监督事项"案件化"程序设计的基本原则

1. 规范化原则。法律监督是宪法法律赋予检察机关的公权力，不能"随意性"的监督，而是一种"规范化"的监督。重大监督事项案件化的程序不是诉讼案件办理程序，不能用诉讼程序代替，要树立"线索""办案"意识，形成统一完整的线索管理、立案、调查核实、处理等全过程、全方位的严密工作程序，从而确保监督程序的正当性，使监督工作有具体明确的"路线图"，各环节规范运转、有序衔接。

2. 有限监督原则。根据比例原则，即根据诉讼行为违法严重程度来确定监督事项案件化办理的范围，只对重大诉讼违法行为实行案件化办理。对严重违法行为区分三种情形处理：一是有证据证明刑讯逼供可能的，适用非法证据排除，如符合不捕条件依法作出不捕决定，并将线索移送自侦部门。二是严重违法行为不需要进一步调查核实，依据高检院文件规定范围发出《纠正违法通知书》。三是严重违法行为需要进一步调查核查，由负责侦查活动监督的专门办案组进一步调查核实，并视情况由法制部门配合调查。

3. 科学化原则。重大监督事项"案件化"不是被动、中立的监督，而是一种积极能动的程序性监督，不具有实体性处分权。不能简单地用审查逮捕甚至判决的质量标准来评价监督案件，应当通过制定科学的质量标准，如把跟踪反馈的结果作为评价重大监督事项案件化的指标之一，通过被监督部门反馈的情况，评价监督事项的效果，从而调动起检察官监督的积极性。

（二）重大监督事项"案件化"程序设计

1. "案件化"办理的范围。"案件化"首先意味着程序更加复杂、严谨，这必然会耗费更多的司法资源。特别是在当前检察机关案多人少矛盾十分突出的情况下，合理确定诉讼监督事项案件化办理的范围就显得更加重要。检察机

---

① 转引自高检院 2017 年 7 月 25 日《侦查监督情况》第 12 期。

关诉讼监督涉及领域广、内容繁多、情况复杂。即便仅就侦查监督范畴而言，内容也很多，情形也不相同。所有的监督事项都案件化办理不合适，也无必要。那么如何确定范围？笔者认为，应当按照比例原则，坚持突出重点，有需求、讲方法、重成效，根据诉讼行为违法严重程度来确定监督事项案件化办理的范围，只对重大诉讼违法行为实行"案件化"办理。

2. "案件化"具体程序设计。严密规范的办案流程是不可或缺的，包括线索受理、立案、调查核实、审查决定、实施监督、跟踪反馈、复议复核、结案、归档等程序。

一是线索的受理。线索受理是检察机关广泛收集违法信息的有效手段，也是法律监督运行的前提。检察机关在接到重大监督事项的有关材料后，由侦查监督部门统一受理，并对案件线索及时审查评估，认为由初查价值的，填写《重大监督事项线索受理登记表》，由部门负责人指定承办人进行初查。

二是立案。立案意味着法律监督工作的正式开始，为避免启动监督程序随意性，应设置立案环节，明确规定监督案件的启动标准。一旦启动，就标志着重大监督事项工作合法开展，沿着既定的轨道进行，不可随意中断。

三是调查核实。调查核实就是通过获取证据，确认违法事实的成立与否的行为，是重大监督事项"案件化"关键所在。这个环节要坚持以证据为核心，坚持证据裁判原则，严格依法使用调查手段，获取证据材料。经部门负责人或检察长批准，承办检察官对重大监督事项线索可以采取以下方法严格依法进行调查、核实有关证据材料，但不得进行侦查：（1）询问有关办案人员、行政执法人员和当事人；（2）查阅、复制公安机关刑事受案、不立案、撤销案件、治安处罚等相关法律文书及案卷材料等；（3）查阅行政执法机关台账、行政处罚案卷等；（4）调取、审查有关书面材料；（5）要求相关人员提供有关材料；（6）其他调查核实方式。调查核实工作应当制作笔录。检察机关在调查过程中不得限制调查对象的人身自由或者财产权利。

四是审查决定。这是案件化的核心环节，要求对违法行为性质的判断要准确，监督纠正方式要适当。根据调查核实获取的相关事实、证据，对违法行为的性质和严重程度进行判断，进而决定采取何种纠正违法方式。属于重大监督事项的，要采取书面纠正违法方式。对于重大复杂、社会影响较大的监督案件，必要时可以通过公开审查的方式，增强诉讼监督决定的透明度与公信力。重大监督事项可能涉嫌犯罪而公安机关已知晓而不立案侦查，承办检察官报经分管副检察长或检察长批准后，按照刑事立案监督程序进行监督；对行政执法机关主动移送或者检察机关建议移送公安机关处理的案件，公安机关不予受理或者作出不予立案决定的，承办检察官报经检察长批准后，按照刑事立案监督程序进行监督。重大监督事项属于对公安机关的侦查活动监督的，承办检察官报经检察长批准后，按照侦查活动监督程序进行监督。公安机关的执法活动确有重大违法行为的，检察官报经检察长批准后，应当制作《纠正违法通知书》通知公安机关予以纠正。

五是复议复核。公安机关对检察机关重大监督事项处理有异议提出复议、复核和纠正意见要求复查的，检察官按照《人民检察院刑事诉讼规则（试行）》有关规定依法办理。

六是跟踪反馈。跟踪反馈的结果是评价重大监督事项案件化的指标之一。重大监督事项办理过程中，承办检察官应当制作《重大监督事项涉案风险评估登记表》，对监督事项进行评估，并报分管副检察长或检察长批准，积极配合公安机关、行政执法机关等有关单位做好维稳防控工作，通过多种渠道释法说理，共同化解社会矛盾；人民检察院侦查监督部门应当全程跟踪重大监督案件的侦查、起诉、判决、整改等情况，及时填写案件相关信息台账，发现立而不侦、久侦不结等情况，及时向部门负责人报告，提出纠正意见；重大监督事项属于行政执法范畴的，承办检察官报经分管副检察长或检察长批准后，应当主动到相关行政执法机关了解情况，查阅行政执法机关台账、行政处罚案卷；对行政执法机关已经立案正在调查的，检察官应当跟踪监督、及时掌握案件进展情况。

七是结案和归档。检察官办理重大监督事项应当在 2 个月以内办结，对案件特别重大、事件特别复杂的，检察官可以制作《办理重大监督事项延期审批表》，报经检察长批准后，可以延长 1 个月，检察长另行指派检察官复查的期限计入前述期限。

"案件化"监督文书送达后，收到侦查机关的反馈意见后，填写《监督案件结案审查表》以予审查，报分管副检察长或检察长审核。经分管副检察长或检察长审核，认为监督工作已经终结的，可以结案；认为需要继续跟踪监督的，应当要求承办检察官开展后续监督工作。

承办检察官在办理重大监督事项时，应当将各个阶段、环节所开展的工作中形成的案件线索来源材料、调查核实材料，和相关的法律文书、案件审查意见书、工作报告一并存入检察内卷，按照规定的排列顺序和要求，整理、装订、立卷，交部门内勤检查、登记，在案件办结后一个月以内装订归档。

三、重大监督事项"案件化"制度构建

为配合重大监督事项"案件化"之独立程序运作，彰显监督权威和效果，需构建相应的制度体系。

（一）建构重大监督事项"案件化"的权能体系

加强知情权是基础，保障调查权是核心，发挥检察建议效力是关键，通过加强知情权、保障调查权、加强建议权刚性等方式，构建符合监督属性的权力结构体系。一是加强知情权。进一步完善落实提前介入引导侦查取证制度，探索建立重大案件侦查机关听取检察机关意见建议制度，特别应当加快建设公安机关、检察机关刑事案件信息共享平台，实现检察机关对刑事案件立案、强制措施、强制性侦查措施等关键信息的共享，切实解决知情难问题。二是保障调查权。充分保障法律赋予检察机关对重大监督事项调查权，特别是对违法取证行为以外的其他侦查违法行为的调查，检察机关得不到有效配合与支持，给调查核实工作开展带来极大的困难，应建立内外保障机制，明确侦查人员接受调查的义务和拒绝调查的法律后果，确保调查权有效实施。三是增强建议权的刚性。重大事项监督是程序性的，不具有实体处分权。但实践中，检察机关对公安等部门提出的检察建议屡纠不改或者置之不理的情况下，应建立相应的程序制裁制度，是指公安司法人员因违反法定程序所要承担的程序性的法律后果，以宣告实施的行为无效的方式来追究违法者的法律责任的，把监督落到实处。

（二）构建重大监督事项"案件化"证据规则

证据是司法办案的基础，实现重大监督事项"案件化"，必须完善证据规则，建立证据标准体系，必须针对不同事项建立差异化的证据规则，包括证据种类和范围、证明力大小、取证方式、证明标准等内容。具体而言，重大监督事项属于多样化的程序性事项，如对立案、撤案活动的监督、侦查违法行为的监督、阻碍诉讼权利行使的监督等。上述监督事项的违法标准不同，证明要求也不尽相同，如立案监督只需有证据证明犯罪事实即可；而对于非法证据排除，必须经过严密的调查核实程序，实行严格证据标准，达到证明侦查取证行为是否违法。

（三）构建重大监督事项"案件化"的组织保障机制

按照现有司法责任制的要求，遵循人员精英化，管理精致化的原则，重大监督事项案件可以由独任检察官承办，也可以由检察官办案组承办。如上海市院侦查监督处配置了5个诉讼监督检察官员额，设置了立案监督、侦查活动等监督岗位，制定岗位职能说明书，确定岗位量化标准，明确市院检察官的监督职责。又如汕头市院专门设立监督组处理监督事项"案件化"工作。

为保障办理案件效果，相应建立保障机制。内部协调机制，要通过建立信息共享、情况互通、密切配合的衔接工作机制，改变以往信息流通不畅、监督合力损耗等问题；建立健全对侦查人员诉讼违法行为的调查核实机制，让调查核实的过程成为监督的重要内容和主要途径；建立侦查人员参与机制，让监督过程与侦查人员自身利益适度结合，从而增加侦查人员诉讼违法成本，达到减少侦查违法行为，提升监督权威的目的。

（四）构建多部门联动，形成监督合力机制

实行重大监督事项案件化，通过统一的监督流程，重新整合检察机关内部监督资源，侦查监督、公诉、反贪、反渎、刑事执行、控告申诉等部门，结成监督网络，既各尽其责，又共同作用，互通有无，确保信息渠道畅通，形成重大监督事项工作内部合力。同时，建立外部衔接配合机制，一是由公安法制部门负责检察机关监督检察建议。纠正违法通知的落实整改，拒不整改，由法制部门追责。二是监督落实情况与民警内部执法考评挂钩，有效地解决了监督刚性不强、监督效果不明显的问题。

（五）设立多种重大事项监督事项"案件化"流程的信息平台

以智慧检务工程为契机，设立多种信息化平台，更好地注重利用科技手段来创新监督模式、加大监督力度、提升监督效果，除了建设刑事案件信息共享平台、两法衔接信息共享平台外，借鉴深圳市检察院做法，在统一应用软件中，将侦查活动监督平台与审查逮捕案件绑定，实现每案必监督。办理逮捕案件的界面当中嵌入了"侦查活动监督"模块，点击"侦查活动监督"模块，就会进入侦查活动监督案卡的界面，案件的基本信息中除了案件名称、办案人员等信息外，还包括侦查单位、侦查员、预审员的信息，录入信息后自动纳入系统数据库。按照侦查活动的进程细分为受案、立案、回避、强制措施、讯问、询问、查封、扣押等监督项目，全面覆盖侦查活动。

推进重大监督事项案件化，通过建立相对独立的程序、多层次证据规则、扩展相应权能、打造多样化信息化平台，实现案件化监督的具体化、明确化、统一化，有利于遵循法律监督规律，推动法律监督职能与诉讼职能齐头并进、协调发展，彰显监督的威力，提高重大监督事项工作水平。

检察机关行政执法监督的改革

——建立检察督告制度

苏晓龙 *

行政执法监督既有利于促进司法公正，又有利于推动法治政府建设，是未来检察监督的重要发力点。在行政执法监督中，检察机关已经发展出检察建议制度并发挥了很好的效用。按照十八届四中全会的改革要求，检察机关的行政公益诉讼也开展得如火如荼。随着改革的发展，为进一步探索加强对行政违法监督和行政强制措施监督，在这两项制度之间，有必要创设一种新的制度来完善和发展我国的检察监督体系。督告制度，取"督促、告知"之意，指检察机关在发现行政机关违法行使职责或者不行使职责的行为后，及时告知行政机关并督促其纠正违法或严格执法的制度。设计这一制度以宪法赋予的法律监督权为基本依据，可以对行政机关形成有效的外部监督。这一制度延展开来，还可以发现立法或行政法规的不足，推动相关制度的完善。

一、建立检察督告制度的政策和法理基础

（一）建立检察督告制度的政策基础

党的十八大提出全面推进依法治国，并提出深化司法体制改革，"确保审判机关、检察机关依法独立公正行使审判权、检察权"。党的十八届三中全会再次强调"确保依法独立公正行使审判权检察权"，并提出了"改革司法管理体制，推动省以下地方法院、检察院人财物统一管理，探索建立与行政区划适当分离的司法管辖制度"等。党的十八届四中全会更进一步提出"完善确保依法独立公正行使审判权和检察权的制度"，并建立领导干部干预司法活动、插手具体案件处理的记录、通报和责任追究制度以及司法人员履行法律职责保护机制等。从党的政策来看，其中最核心和连贯的一点就是要突出司法机关的

---

* 海南省人民检察院法律政策研究室助理检察员，首批全国检察机关调研骨干人才。

独立性。这是因为，对于检察机关来说，只有实现独立，才能履行法律监督职责，也才能实现法制统一。当前建立的检察人员薪酬制度、检察官单独职务序列、检察官职务自动晋升制度等一系列特殊的待遇和保障，从根本上说就是要满足检察机关履行法律监督职责的特殊需要。可见，从党的方针上看，法院、检察院都应当具有独立而超脱的特性：对法院来说，其超脱地位主要在于它要居中裁判来解决纠纷；对检察院来说，正是因为它的工作就是法律监督，所以它必须独立而超脱。党的政策对法治、对依法治国的要求已经非常明确清晰，对检察机关的法律监督权的定位也非常清晰。检察机关紧扣法律监督权的定位，加强对行政机关的监督，符合中央的要求和期望。

全面依法治国的重要一环是依法行政，这是与老百姓生活最息息相关的。为促进依法行政，离不开检察机关对行政机关的行政执法监督。中央除了在各项制度上保障检察机关行使法律监督权外，还提出了直接的政策支持和指引。习近平总书记在党的十八届四中全会报告说明中指出："现在，检察机关对行政违法行为的监督，主要是依法查办行政机关工作人员涉嫌贪污贿赂、渎职侵权等职务犯罪案件，范围相对比较窄。而实际情况是，行政违法行为构成刑事犯罪的毕竟是少数，更多的是乱作为、不作为。如果对这类违法行为置之不理、任其发展，一方面不可能从根本上扭转一些地方和部门的行政乱象，另一方面可能使一些苗头性问题演变为刑事犯罪。"因此，"全会决定提出，检察机关在履行职责中发现行政机关违法行使职责或者不行使职责的行为，应该督促其纠正"。并解释说，"作出这项规定，目的就是要使检察机关对在执法办案中发现的行政机关及其工作人员的违法行为及时提出建议并督促其纠正"。"这项改革可以从建立督促起诉制度、完善检察建议工作机制等入手。"从以上内容可以看出，检察机关发现行政机关违法行使职责或者不行使职责时应该督促其纠正的要求是非常明确的，并提出来了从建立督促起诉制度和完善检察建议工作机制等入手的思路。从发展和完善检察监督体系的角度看，既然中央已明确允许检察机关督促行政机关纠正违法，那么直接建立有别于一般检察建议的"督告"制度，则可以将行政执法监督向前推进一大步。因为作为检察督告制度，其监督的含义明了，显得既开宗明义，又理直气壮。习近平总书记在十八届四中全会报告说明中还进一步指出："在现实生活中，对一些行政机关违法行使职权或者不作为造成对国家和社会公共利益或者有侵害危险的案件，如国有资产保护、国有土地使用权转让、生态环境和资源保护等，由于与公民、法人和其他社会组织没有直接利害关系，使其没有也无法提起公益诉讼，导致违法行政行为缺乏有效司法监督，不利于促进依法行政、严格执法，加强对公共利益的保护。"因此，"由检察机关提起公益诉讼，有利于优化司法职权配置、完善行政诉讼制度，也有利于推进法治政府建设。"明确由检察机关提出行政公益诉讼，这更进一步证明了中央鼓励检察机关对行政机关进行监督制衡的意愿和要求。但需要看到的是，在国家机关之间采取诉讼手段解决分歧不应当是优先选择，稍有不慎即有可能引起不必要的震荡。不管是从社会管理成本还是从权力行使比例原则出发，都需要在一般性的检察建议和最严重的行政诉讼之间建立一个中间强度的监督机制，从而使检察机关的行政执法监督形成有序的梯次。同时，为了保障行政公益诉讼的质量和效果，也需要在提出诉讼前经过一定的调查程序，收集掌握一定的证据，而要实现这个目的，就有必要构建一个独立的监督机制。创设检察督告制度，规定独立的监督手段、方式和程序，有利于行政公益诉讼的展开和深化。

（二）建立检察督告制度的法理基础

权力的分立有利于法治的发展。1789 年法国《人权与公民权利宣言》中提到："凡权利无保障和分权未确立的社会就没有宪法。"尽管检察权在西方国家的定位也并不完全相同，但都对行政权发挥着一定的制衡作用。[1] 从当前看，检察机关对行政机关进行一定的制约，符合限权和制衡的客观需要。当前，行政不作为或乱作为的情况时有出现，在全面推进依法治国的背景下，建设法治国家必然首先要建设法治政府，而法治政府的建成离不开政府之外的监督。"广义的行政执法监督是指国家机关、政党、社会组织、公民等作为监督主体，对作为监督对象的行政执法主体及其工作人员的相关行政执法行为展开的监察和督促的活动。"[2]相较于内部监督和媒体监督，检察机关立足于其法律监督属性，可以通过督告的形式，解决其他监督形式制约力不足、权威性不够的问题。在行政执法监督的体系中，行政机关的自身监督无论是上级对下级的监督还是部门对部门的监督，终究都属于内部监督，而内部监督的最大问题就在于容易受各种利害关系的羁绊。检察机关的督告制度尽管没有直接的强制力，但毕竟属于外部监督，由于没有过多的利益牵扯，反而可能实现更好的效果。就媒体监督来说，虽然追求新闻的目标使得其监督具有很好的时效性，但这种监督具有易变性，监督方向容易随着社会热点的变化而转移，所以监督的机制并不稳定可靠。因此，作为一种制度性、经常性的监督，检察督告制度可以通过外部监督的方式制衡行政权，从而维护法制统一。

我国宪法所确立的检察机关性质是检察督告制度的直接依据。我国《宪

---

[1]　参见韩成军：《英、美行政执法检察监督对我国的启示》，载《河北法学》2015 年第 12 期。
[2]　胡皓然：《如何完善我国行政执法监督制度》，载《光明日报》2014 年 3 月 1 日。

法》第 134 条①明确规定，中华人民共和国人民检察院是国家的法律监督机关。我国宪法把检察机关确立为国家法律监督机关，不仅是中国检察制度的特色，也是中国司法制度乃至政治制度的重要特色，是党和国家为保障宪法法律统一正确实施作出的重大制度设计。法律监督在一般意义上指的是对法律实施活动的监督，其中当然包含对行政执法活动的监督。这种监督属性决定了检察权不应当是一项直接的执行性权力，也不应当是一项置于其他权力之上的强制性权力，而是一种制衡性的权力。在行政执法监督中，检察机关作为公共利益的代表，理应可以作为监督主体。在实务中，检察机关的法律监督权往往被解释为司法监督，或者是诉讼监督，甚至主要是刑事诉讼监督，这是对法律监督权的不恰当矮化和限制。既然检察机关被宪法赋予了法律监督权，从法理上说，其具有监督法律特别是行政法规执行的权力是毋庸置疑的。当前，检察机关对行政执法的监督还主要限于督促行政机关依法移交刑事案件上，重点是解决"以罚代刑"等突出问题，但这种监督在本质上还是刑事诉讼监督，离真正的行政执法监督还有较大的距离。强化检察机关对行政执法的监督，有利于我国行政执法监督体系的完善，有利于丰富我国检察机关法律监督职能的内涵。已有学者明确提出，检察机关对行政违法行为监督的探索应继续推进，并主张由全国人大常委会以立法或决定的形式对检察机关监督违法行政行为的基本法律问题作出通盘的具体规定。② 督告制度以行政机关的违法行政行为为监督对象，是真正意义上的行政执法监督，符合宪法关于检察机关法律监督机关的定位。

二、建立检察督告制度的现实意义

（一）建立检察督告制度是检察建议制度深化发展的需要

检察建议制度客观上对完善和发展我国的检察监督体系发挥了重要作用，却有着先天不足。正如有人指出的那样，"检察建议是检察机关履行法律监督职能的重要方式，在拓宽监督渠道、创新监督方法、增强监督效果方面取得了较好的法律效果和社会效果。但同时也存在着定位不清、功能不明、操作不规范、效力无保障等问题。"③ 综合各方面的观点，检察建议制度的不足主要体

① 2018 年 3 月 1 日，第十三届全国人民代表大会第一次会议通过《中华人民共和国宪法修正案》，第 129 条修改为第 134 条。
② 参见姜明安：《检察机关对行政违法行为监督的探索应继续推进》，载中国网，2016 年 3 月 14 日。
③ 参见崔晓丽、李小荣：《制发检察建议过程中存在的问题与应对》，载《法学》2009 年第 3 期。

现在三个方面：一是这一制度主要围绕着诉讼监督特别是刑事诉讼监督展开的，变成了诉讼监督中的辅助性事项，可以说是从属性的、边缘性的制度。二是这一制度在性质上是混杂的，针对性不强，检察建议有的具有检察预防的意义，有的具有纠正违法的意义，在立足点上差异较大。例如在一份调研的统计中，检察建议"为了预防犯罪、帮助相关单位堵漏建制、表彰见义勇为行为，共有 74 份，占到总数的 86%。纠正诉讼活动中的轻微违法违规行为，共有 10 份，占总数的 11.60%。建议法院对确有错误的民事行政裁判案件进行再审，共有 2 份，占总数的 2.3%"。[①] 上述第一种情形是单纯地参与社会治安综合治理活动，第二种情形是对纠正严重违法行为监督的补充，第三种情形则是起到民事行政抗诉的功效，三者在性质和作用上都相去甚远。三是这一制度的逻辑依据和后续强制手段不足。作为一种建议，其法律监督的监督属性不突出，因此，"一方面，我们时常会听到一些关于检察建议的抱怨之声，认为检察建议是人民检察院法律监督权的滥用，理应取消；另一方面，检察实务部门的人士往往又认为检察建议没有足够的强制力来保障其实施，进而不能体现出法律监督的权威性，理应加强。"[②] 正是由于存在这些先天性的不足，有人主张："检察建议的性质具有两重性，在检察实践中要区别加以对待，具有法律监督性质的检察建议是一种权力，是法律监督权的组成部分，不具有法律监督性质的检察建议是检察机关作为社会组织的一种权利。这种权利是民主状态下社会主体所普遍享有的，与司法建议在本质上是一样的，检察机关不过是在资讯的获取上有工作上的便利。"[③] 还有人主张："从完善和发展检察机关法律监督职能的要求来看，检察机关的法律监督职能与参与综合治理活动应当进行区分，不宜采用同一法律文书。把检察建议定位于履行法律监督的功能，以有效补充抗诉、纠正违法的刚性监督方式，把检察意见定于检察机关结合执法办案活动参与社会治安综合治理。"[④]

可见，检察建议制度在检察监督体系中虽然发挥了很大的作用，但其仍然存在一些固有的缺陷。要在检察建议之上完善和发展检察监督体系，必须进一步开拓思路。将检察建议中的一部分内容剥离出来，演化形成专门的行政执法监督，并在内容、形式和程序等各个方面进一步体现检察监督的性质，不失为一种有益的探索。首先，将一部分针对行政执法机关的检察建议发展为检察督

---

① 　万毅、李小东：《检察建议的实证分析》，载《东方法学》2008 年第 1 期。

② 　万毅、李小东：《检察建议的实证分析》，载《东方法学》2008 年第 1 期。

③ 　万毅、李小东：《检察建议的实证分析》，载《东方法学》2008 年第 1 期。

④ 　崔晓丽、李小荣：《制发检察建议过程中存在的问题与应对》，载《法学》2009 年第 3 期。

告，可以一定程度上解决检察建议本身性质混杂的问题，从而使各种检察建议不再庞杂无序，有利于各类检察建议在性质和作用上逐渐分化明确。例如，对于在刑事诉讼中的纠正违法的建议与犯罪预防的建议可以逐步在名称上和提出方式上进行分离。其次，对行政执法机关的检察建议逐渐演化为检察督告，可以使检察监督的立足点更加明晰，可以逐步构建起检察机关对行政机关的行政执法监督的新格局和新方式，并逐步形成行政执法监督的程序和规范。当前，行政执法监督的最大问题，就在于没有切实的手段，也没有可靠的程序。构建督告制度，可以在督告前的调查、督告后的评估和报告等一系列手段上有所突破，解决检察建议的局限性问题。最后，将对行政执法机关的检察建议发展为检察督告有助于提高监督的指向性、权威性和强制性，督告作为"督促"和"告知"，主要就是督促行政机关履职或改正错误，其在名称和含义上指向更加明确和具体，在操作上也更好把握，可以防范滥发检察建议的问题，体现检察监督的严肃性。

（二）建立检察督告制度是行政公益诉讼健全完善的需要

2015 年 7 月 1 日，《全国人民代表大会常务委员会关于授权最高人民检察院在部分地区开展公益诉讼试点工作的决定》（以下简称《试点决定》）授权最高人民检察院在生态环境和资源保护、国有资产保护、国有土地使用权出让、食品药品安全等领域开展提起公益诉讼试点。试点确定了 13 个省、自治区、直辖市。在两年试点期限内，各地积极开展行政公益诉讼试点，陆续取得了突破。根据相关媒体报道，吉林省敦化市检察院对国土资源局长期不处理违法侵占土地行为提起诉讼；① 甘肃省酒泉市肃州区检察院对国有资产流失提出行政公益诉讼；② 福建省清流县检察院提出的诉讼还得到法院支持，确认当地环保局处置危险废物的行为违法等。③ 当前，检察机关的行政公益诉讼面临的首要问题是：就整个改革而言，检察机关在行政执法领域直接提出行政诉讼这一步跨度太大。客观上，直接从检察建议跳转为行政诉讼，不管是从行政机关的角度还是从检察机关的角度都很难一下子过渡过来。在这个跨度中，如果有一个中间环节，有一个调查过程和督促告知程序，则既有利于证据收集，也有利于节约资源。根据《试点决定》，"提起公益诉讼前，人民检察院应当依法

① 参见戴佳：《对侵占耕地行为，监管职责岂能失位——吉林敦化：对国土资源局提出行政公益诉讼》，载《检察日报》2016 年 10 月 9 日。

② 参见王丽丽：《对 44 万元国有资产不积极追缴——酒泉宿州：提起全国首例国有资产保护行政公益诉讼案》，载《检察日报》2016 年 6 月 3 日。

③ 参见徐日丹：《福建省清流县检察院对清流县环保局提起的行政公益诉讼一审胜诉》，载《检察日报》2016 年 3 月 2 日。

督促行政机关纠正违法行政行为、履行法定职责，或者督促、支持法律规定的机关和有关组织提起公益诉讼。"最高人民检察院《检察机关提起公益诉讼改革试点方案》进一步规定："在提起行政公益诉讼之前，检察机关应当先行向相关行政机关提出检察建议，督促其纠正违法行政行为或者依法履行职责。行政机关应当在收到检察建议书后一个月内依法办理，并将办理情况及时书面回复检察机关。"需要注意的是，作为一种前置程序，这里的检察建议与过去通常意义上的检察建议有很大的差异：首先，这种检察建议的作用就是督促行政机关履职，而不是建议其采取何种措施，这种督促的含义是非常清楚的，而且也是得到政策支持的；其次，这种检察建议具有一定的独立性，它不是来自一般的诉讼程序，不是由诉讼而派生的，具有一定的独立来源的特点。正是基于以上两点，无论是从工作便利的角度还是制度发展的角度看，都应当创设一种新型的制度，来做实行政公益诉讼的基础。

　　检察机关的行政公益诉讼目前面临的另一个问题：这种诉讼目前还被限制在了一个比较小的范围内，其是否能够得到拓展以及可以拓展多大还存在着很大的不确定性。《检察机关提起公益诉讼改革试点方案》规定："检察机关在履行职责中发现生态环境和资源保护、国有资产保护、国有土地使用权出让等领域负有监督管理职责的行政机关违法行使职权或者不作为，造成国家和社会公共利益受到侵害，公民、法人和其他社会组织由于没有直接利害关系，没有也无法提起诉讼的，可以向人民法院提起行政公益诉讼。"并进一步限定为"试点期间，重点是对生态环境和资源保护领域的案件提起行政公益诉讼"。习近平总书记在中央全面深化改革领导小组审议检察机关提起公益诉讼试点方案时强调指出："检察机关要牢牢抓住公益这个核心"。如果单就公共利益这一概念来说的话，其外延实际上是非常广阔的。"行政机关的行为均涉及公共利益。"[①] 当前，检察机关的行政公益诉讼被限制在一个比较小的范围内，一方面的原因是这一制度刚刚探索，还处于试点阶段，另一方面的原因则在于行政公益诉讼的另一个逻辑进路是行政诉讼，在行政诉讼的大框架下，公益诉讼是一个小的方面，检察机关的公益诉讼则被理解为更小的一个方面。所以有观点认为，"我国行政诉讼仍以个人权利救济为主，行政公益诉讼只能作为补充存在"。[②] 首先要看到的是，检察机关的行政公益诉讼能够得到发展，取决于

---

　　① 彭波：《强化行政公益诉讼的监督职能——访中国政法大学法学院院长薛刚凌》，载《人民日报》2015 年 7 月 15 日。

　　② 彭波：《强化行政公益诉讼的监督职能——访中国政法大学法学院院长薛刚凌》，载《人民日报》2015 年 7 月 15 日。

这一制度能否发挥出监督行政机关的效果，而监督效果如何，有赖于其之前的基础性工作。如果建立了督告制度，则检察机关的行政公益诉讼就有了比较好的基础和依据。其次要看到的是，检察机关的行政公益诉讼既要从诉讼的角度来理解，更要从检察机关对行政机关进行行政执法监督的角度来理解。在后一种角度下，这种诉讼制度就不应该是一种补充性的制度。特别是在我国，普通民众行政诉讼的能力还严重不足，各种社会团体和组织提起行政公益诉讼的经验也不够丰富，检察机关发挥更多行政诉讼的作用，更加有力地监督行政机关其实未尝不可。

（三）建立检察督告制度是我国检察监督体系变革发展的需要

国家监察体制改革试点的开启将对我国检察监督体系产生非常大的影响。国家监察委员会的设立，是涉及国家的政治制度改革，意味着国家权力结构的深刻变化。面对着重大变局，检察制度必须大胆创新而不能抱残守缺。只有牢牢把握住检察机关的法律监督属性，才能防止检察权的弱化。要发展检察监督权，激活其生命力，其中最根本的一点，就是要做好对国家行政机关的监督。既然国家能够整合力量构建国家监察体制，那么检察机关同样可以整合力量构建法律监督体系。督告制度可以发展为检察机关的一项主动性权力，从而使检察机关保持活力。因此，要从国家监察委改革等涉及宪法的角度来看待行政执法监督的极端重要性，要跳出检察建议或者是行政公益诉讼的小圈子。当然，制度的创设执行难免会有风险。对督告制度来说，主要有两个方面的风险：一是越权、滥用权力的风险。检察督告制度是否违背了职权法定原则，是否有越权或滥用权力之虞，是实践必须考虑的首要问题。二是无法实施的风险。检察督告制度是否有现实的可行性，能不能达到促进依法行政的目标，也需要实践来检验。但从现有的各方面情况看，创设督告制度，可以进一步发挥基层行政检察部门的作用；对派驻乡镇检察室来说，也可以转变职能，进一步突出其行政执法监督的属性。

三、建立检察督告制度的初步设想

（一）检察督告制度的定位

总的来说，检察督告是一种独立的行政执法监督方式，其可以以其他的诉讼监督活动为信息来源，也可以为行政公益诉讼提供基础性材料，同时更是一种主动监督的方式。检察督告工作应当定位为法律监督的日常基础性工作和检察行政公益诉讼的前期性准备工作。强调检察督告制度的独立性，就是要防止检察监督仍然限于诉讼监督的框架下，在信息来源和监督手段上作茧自缚；强调检察督告的基础性，就是要借助推行检察行政公益诉讼的大好局面，努力形成新型的检察监督方式。从检察行政公益诉讼的情况看，设计的"诉前程序"即"提出检察建议"的效果非常明显，甚至超出了行政公益诉讼的作用本身。相关媒体报道，"试点一年来，检察机关共发现公益诉讼案件线索 1900 余件，近八成行政公益诉讼案件在诉前程序中得到纠正。""但更值得一提的是，新设置的诉前程序发挥出巨大的作用，这让检察机关和社会公众始料未及"。①建立检察督告制度，不应当从诉讼的角度来理解，将其作为一般的诉前程序，而应当将其作为一个独立的行政执法监督活动。当然，这个监督活动可以作为一个提起行政公益诉讼的必要程序，但其因果关系不是为了提起行政诉讼而需要走督告程序，而是根据检察督告程序的情况，如有必要的，提起行政诉讼。

（二）检察督告制度的权限

作为日常基础性和前期性工作，检察督告不具有强制力，其具体手段应有严格限制，否则有可能演化为侦查权，从而导致权力不当扩张。督告制度应当强调用事实说话，所以应以简单、直接为原则。例如，对于受理的举报，可以现场直接确定的，应当到场核实，而不是转有关行政机关处理。无论在哪一阶段，检察督告均不得使用强制力，特别是在具体的调查上，应更加强调取证的非强制性，可以突出采用的手段包括拍照、录像等，以使得相关证据更为客观。《人民检察院提起公益诉讼试点工作实施办法》规定，"人民检察院可以采取以下方式调查核实有关行政机关违法行使职权或者不作为的相关证据及有关情况：（1）调阅、复制行政执法卷宗材料；（2）询问行政机关相关人员以及行政相对人、利害关系人、证人等；（3）收集书证、物证、视听资料等证据；（4）咨询专业人员、相关部门或者行业协会等对专门问题的意见；（5）委托鉴定、评估、审计；（6）勘验物证、现场；（7）其他必要的调查方式。调查核实不得采取限制人身自由以及查封、扣押、冻结财产等强制性措施。人民检察院调查核实有关情况，行政机关及其他有关单位和个人应当配合"。以上内容即可为督告的调查核实权范围。但是，以上调查或者核查，不应当视为诉讼活动，而应当从一开始即视为对行政执法的监督。

（三）检察督告制度的程序

1. 受理。可以是来自媒体的信息，可以是自行发现的线索，也可以是相关的举报、控告，而不应当局限于诉讼活动中的发现。作为以调查为开始的程序，应当允许检察机关主动介入行政执法的过程之中。

---

① 彭波：《公益诉讼推动依法行政》，载《人民日报》2016 年 7 月 27 日。

2. 审查。《人民检察院提起公益诉讼试点工作实施办法》规定，"经审查……行政机关违法行使职权或者不作为可能损害国家和社会公共利益的，应报请检察长批准决定立案，并到案件管理部门登记。人民检察院决定立案的行政公益诉讼案件，应当制作《立案决定书》"。由于督告之前的调查或核查并不使用强制性手段，也不依托于行政公益诉讼，所以没有必要设立单独的立案程序，应当建立类似于线索初查的程序。根据审查的情况，决定是否提出督告。

3. 督告。通过调查或者核查，必须有确定的违法行政行为或违反行政法的行为存在才能提出督告。这里的违法指的主要是较为严重的违法行政行为或违反行政法规的行为，并以此为依据告知行政机关并督促其进行处理。在试点阶段应当适当限制督告的案件范围，但可以规定一个比行政公益诉讼更大的范围。督告文书主要包括两方面内容：一是告知客观存在的违反行政法规的事实情况；二是督促其及时改正或依法采取措施进行管理。督告文书应当经检察长审阅签发。

4. 评估。指对督告的结果及反馈的情况进行分析总结，形成评估报告，包括行政执法机关的回应、采取的措施及存在的问题和不足等。评估情况应当报检察长。

5. 报告。指对督告中发现的不属于行政机关自身问题的立法或制度问题，向有关方面提出报告，其中重点是向人大及其常委会进行报告，也包括向行政立法机关、党的机关报告等。这些报告具有立法建议的性质。向党的机关报告以及向人大报告的制度，一方面可以充分体现坚持党的领导和坚持人民代表大会制度的基本原则，确保这一制度始终在党的领导下服从和服务于人民当家作主的总要求；另一方面也是将具体问题上升为党的政策和国家法律的必要路径，有利于全面推进依法治国的落实。

行政机关行使职权之检察监督的内容

吕　昊[*]

党的十八届四中全会提出对行政机关行使职权实施检察监督的要求，充分体现了对中国特色社会主义检察制度的健全完善。在我国现行的宪法体制下，设置相对独立的检察机关，定位为国家的法律监督机关，就是为了对政府依法行政和法院依法审判实施法律监督，是实现国家权力分立与制衡的一种中国特色的模式。当然，即将全面推进的监察体制改革可能对这一模式进行改进。然而，长期的检察工作实践并没有充分实现并反映出检察机关这一从上述宪法理论逻辑上所应具备的国家权力制衡功能。主要原因是法律仅仅赋予了检察机关诉讼监督权，而未赋予检察机关对行政机关行使职权的检察监督权。可以说十八届四中全会这一要求为健全完善中国特色检察制度提供了契机。如何对行政机关行使职权实施检察监督成为检察机关面临的一个迫切需要解决的理论与实践课题，本文拟对行政机关行使职权之检察监督的内容展开若干探讨。

一、行政机关行使职权检察监督内容的总体认识

关于行政机关行使职权检察监督的对象和范围，学术界从对行政行为的不同认识层次提出了一些观点。从具体行政行为和抽象行政行为分类角度，对于抽象行政行为是否实施检察监督存有争议，有观点认为应当将抽象行政行为纳入检察监督范围。这是因为有权作出抽象行政行为的主体比较广泛，加之程序简单、主观随意性大、越权制定的现象较多，违法情况大量存在，严重侵害公共利益，所以，应当把抽象行政行为纳入检察监督范围。[①] 有观点认为不宜考虑将抽象行政行为纳入检察监督范围。对具体行政行为实施检察监督无争议，但对检察监督的时机选择存在不同观点。有的认为检察机关应当一旦发现就可主动启动；有的认为应考虑私权自治以及公权力行使的成本，只有不存在适格

* 湖北省襄阳市人民检察院法律政策研究室主任。

① 崔建科：《论行政执法检察监督制度的构建》，载《法学论坛》2014 年第 4 期。

的私权发动主体，或者出现私权与行政权合谋损害国家利益或公共利益无人发动时，或者在适格发动主体迫于公权力压力无法行使发动权利时，才能启动检察监督。① 对于具体行政行为的检察监督范围，有的将其界定为与公民权利密切相关的具体行政行为、侵害国家和公共利益缺乏必要行政相对人起诉的具体行政行为以及行政机关以罚代刑的行为。② 有的则考虑检察机关办案力量有限、监督效果以及尊重行政权独立与自主等因素，从行政执法活动种类角度，将监督范围限定在涉及国家利益、社会公共利益的行政许可行为、社会影响较大涉及公民人身权利和财产权的行政强制行为、侵犯公民人身权和财产权不属于行政诉讼范围的行政执法行为以及不移送涉嫌刑事犯罪行为。③ 从具体行政行为合法性与合理性的角度，有的观点认为，只应当对行政行为的合法性纳入检察监督，合理性属于行政机关自由裁量权不应纳入检察监督。相反的观点则认为，检察监督是全面的法律监督，应当既包括合法监督也包括合理监督。通过依法监督，彰显其行政执法的合理性，缺乏合理性依据的，检察机关应当行使行政执法监督权予以纠正。④ 从行政行为的状态角度。有的观点提出，检察监督是对行政行为、行政活动与行政不作为的监督。⑤

　　党的十八届四中全会提出，完善对涉及公民人身、财产权益的行政强制措施实行司法监督制度。检察机关在履行职责中发现行政机关违法行使职权或者不行使职权的行为，应该督促其纠正。笔者认为，作出这一决定主要是基于加强国家行政法治建设、克服现行行政法制监督体系局限性、充分实现检察机关法律监督的宪法定位以及检察机关监督力量与能力的综合考量。

　　综合以上学界观点和十八届四中全会的要求，笔者认为，检察机关应当基于利益衡量、现实选择、尊重行政权力运行规律的考量，只能对特定对象和情形之下的行政机关行使行政权力实施检察监督。第一，对违法行使职权开展检察监督，既包括对违法行政行为，也包括对违法行政活动开展检察监督。行政机关行使行政职权包括作出行政行为和实施行政活动两个基本组成部分。行政行为具有法律意义，能够产生一定法律效果或后果；而行政活动并不一定具有法律意义，是为实现行政行为服务的，本身也是履行行政职能，并且，有些活动是作出行政行为的必要环节。所以，检察机关对违法行使职权实施检察监督的对象包括违法行政行为以及行政活动中的违法情形。第二，仅对部分具体行

① 陈骏业：《行政权力检察监督的探索与构想》，载《人民检察》2005 年第 6 期。
② 韩成军：《具体行政行为检察监督的制度构架》，载《当代法学》2014 年第 5 期。
③ 陈冰如等：《论检察机关行政执法监督制度的构建》，载《西部法学评论》2015 年第 1 期。
④ 张曦：《行政执法检察监督的范围、方式与权力边界》，载《法制与社会》2013 年第 3 期。
⑤ 张步洪：《行政检察制度论》，中国检察出版社 2013 年版，第 119 页。

政行为实施检察监督，不对抽象行政行为实施检察监督。具体行政行为涉及的范围广，与人们的实际生活有着最直接、最经常的联系。笔者认为，对具体行政行为实施检察监督，应当尊重具体行政行为的公定力。只有涉嫌损害行政相对人的人身、财产利益时，才能破除公定力，对具体行政行为实施检察监督。所以，只有对行政许可、行政处罚、行政强制、行政征收、行政合同等涉及剥夺行政相对人人身、财产权利的具体行政行为实施检察监督。而对于行政奖励、行政救助等授益性具体行政行为一般不应实施检察监督。对行政裁决这一具体行政行为，应当尊重行政机关的裁量权，并且其具有其他有效的救济途径，也不应当实施检察监督。抽象行政行为，即行政主体对不特定相对人制定具有普遍法律约束力的行为规则的行政行为。① 对抽象行政行为的审查属于人大及其常委会、上级行政机关的职权。检察监督不能代行相关审查职权，但可以向人大及其常委会、上级行政机关提出审查建议。② 但这一提出书面审查建议的行为，不能被认为是对该抽象行政行为的行政法律监督。第三，对违法行使职权以及不行使职权实施检察监督应当集中在重点领域。这一点主要是基于检察机关监督力量相对薄弱与能力暂时不足的现实考量。有观点认为，行政执法检察监督的重点领域是：（1）涉及限制或剥夺公民人身和财产权利的行政强制行为；（2）涉及与民生资源分配相关的行政许可行为；（3）较强程度的行政处罚行为。③ 笔者认为，行政执法活动涉及的范围非常广泛，检察机关对其实施监督主要是为了促进依法行政、保护国家利益和社会公共利益以及保障公民权利。基于这些目的考量以及现实选择，将监督违法行使职权和不行使职权限定在重要领域。一是基于助力建设法治行政的考量，应当将监督领域集中于环境保护、社会保障、土地及房地产管理、金融证券、治安、卫生监管等存在较为严重违法执法和不作为的行政执法领域。二是基于检察机关是国家利益和公共利益代表的考量，应当重点对损害国家利益和公共利益的违法行使职权和不行使职权进行监督。如行政机关违法行使职权和不行使职权导致国有资源受到损坏、侵占或流失，造成自然资源破坏，行政机关违法行使职权垄断市场、干扰社会经济正常发展，行政机关的作为或不作为造成环境污染等严重影响到不特定多数人的人身、财产安全的案件。三是基于检察机关保障公民权利

① 周佑勇：《行政法原论》，中国方正出版社 2005 年版，第 224 页。
② 根据《法规规章备案条例》第 9 条规定，检察机关可以作为国家机关，对同行政法规相抵触的地方性法规，同法律、行政法规相抵触的规章、国务院各部门、省、自治区、直辖市和较大的市的人民政府发布的其他具有普遍约束力的行政决定、命令，向国务院提出书面审查建议。
③ 杜睿哲：《行政执法检察监督：理念、路径与规范》，载《国家行政学院学报》2014 年第 2 期。

考量，应当重点对涉及限制及剥夺公民人身、财产权利的行政强制行为和行政处罚行为以及实施强制或处罚活动过程中的违法行为实施监督。

二、对行政强制措施实行检察监督的内容

十八届四中全会提出完善对涉及公民人身、财产权益的行政强制措施实行司法监督制度。这里涉及的司法监督应当理解为检察监督。本节主要围绕行政强制措施检察监督的对象、行政强制措施违法的监督情形以及对行政强制措施违法的检察监督认定等内容展开研讨。

（一）行政强制措施检察监督的对象

党的十八届四中全会提出完善对涉及公民人身、财产权益的行政强制措施实行司法监督制度。这种司法监督可以认为是检察监督。关于行政强制的概念，我国法学界有两种共识：一种观点认为，行政强制是指行政主体为了实现行政目的，对相对人的财产、身体及自由等权利予以强制而采取的具体措施。它包括行政强制执行、行政上的即时强制和行政调查中的强制三类行为。还有一种观点认为，行政强制是指行政主体为实现某一具体行政行为的内容，或者为了维护公共利益，预防和制止违法行为和危害事件的发生，而实施的强制限制公民权利的行为。它包括行政强制执行和行政强制措施。① 我国《行政强制法》采用了后一种观点，第2条规定："本法所称行政强制，包括行政强制措施和行政强制执行。行政强制措施，是指行政机关在行政管理过程中，为制止违法行为、防止证据损毁、避免危害发生、控制危险扩大等情形，依法对公民的人身自由实施暂时性限制，或者对公民、法人或者其他组织的财物实施暂时性控制的行为。行政强制执行，是指行政机关或者行政机关申请人民法院，对不履行行政决定的公民、法人或者其他组织，依法强制履行义务的行为。"本节所讨论的对行政强制措施实行检察监督，主要是对《行政强制法》所规定的行政强制措施实行的检察监督，不包括对行政强制执行的检察监督以及对行政命令、行政确认、行政许可、行政处罚、行政征收、行政奖励、行政救助、行政合同、行政裁决等具体行政行为的检察监督，主要是研究对行政强制措施实行检察监督的对象范围和方式、监督的违法情形等问题。

笔者认为，行政强制措施检察监督的对象，应当是《行政强制法》第9条规定的涉及侵犯公民人身权利、财产权利的行政强制种类，主要包括：限制公民人身自由，查封场所、设施或者财物，扣押财物，冻结存款、汇款；其他

---

① 袁曙宏：《我国〈行政强制法〉的法律地位、价值取向和制度逻辑》，载《中国法学》2011年第4期。

行政强制措施。其中，限制人身自由的行政强制措施，应当不包括紧急性、即时性的行政强制措施（如强制带离现场、保护性约束措施），这类措施是不可救济的或者是有利于行政相对人的，不能对其开展检察监督。其他行政强制措施主要是指在众多法规、规章中规定的"封存、保存、暂时保存、加封留存、暂时加封、加封先行登记保存、封存处理、强制扣押、暂扣、暂时扣押、扣留、暂予扣留、临时滞留（船舶）"[①] 等。

（二）行政强制措施违法的监督情形

1. 实施行政强制措施的主体违法。行政主体合法是行政行为合法的前提，行政行为遵循"职权法定"的基本要求。行政强制法对行政强制措施的设立权限进行了明确规定，只有符合设立权限的法律、法规、规章授权的行政机关，才能够成为实施行政强制措施的合法主体。实践中，可能出现两种违法情形：一是违法设立行政强制措施，行政机关依据违法设立的行政强制措施实施行政强制行为；二是行政机关违反法律、法规或规章的规定，没有权限或超越权限实施行政强制措施。

2. 行政强制措施的实施对象错误。实践中，一些行政执法办案部门可能分不清执法对象，错误地将相关第三人当作应当采取强制措施的相对人，导致行政强制措施执法错误。比如，税收执法部门查扣企业已售出的货物，此时，货物所有权已移转买受人，实际上是对买受人实施查扣，但买受人并不是行政强制措施的对象。另外，实施强制措施的对象可能超出法定范围。比如，《公安机关办理行政案件程序规定》第85条规定，在案件调查中发现的可用以证明案件事实的物品和文件，适用先行登记保存不足以防止当事人毁损或转移证据的，公安机关才可以扣押。但公安机关可能对相对人的所有财物予以扣押，而不论其是否防止当事人移转或毁损证据。

3. 违反法定程序采取行政强制措施。行政机关采取强制措施必须遵循法定的报批、审查、决定、告知、延长等程序，违反了程序规定，行政强制措施就具有违法性。实践中，往往存在着实施行政强制措施在先领导审批在后，权利告知不正确或解除强制措施的时间不合法等现象，行政机关实施行政强制时往往不按照法定的调查、决定、告知等程序进行，或者漏掉了某项程序，或者相关法律文书不规范，或者对查封、扣押的财物久拖不及时处理或迟迟不返还相对人。

4. 实施不必要的行政强制措施。行政强制措施的实施都有较为严格的条

---

① 据浙江大学行政强制法研究课题组的调查，在众多的法规、规章中出现的行政强制措施类型，参见章剑生主编：《中外行政强制法研究资料》，法律出版社2002年版，第231～235页。

件，行政机关只有在符合这些条件的情况并且只有在必要的情况下才能对相对人实施强制措施。即使在紧急情况下，如果行政机关能够通过行政强制措施以外的其他方法就可以达到防止危害发生的目的，就没有必要实施行政强制措施。然而，实践中存在行政机关滥用行政强制措施，实施不必要的行政强制措施的现象。

5. 采取强制措施超出法定期限。行政强制措施只是一种临时性约束，而不是对行政相对人的人身自由、财产权利等作出最终处分。基于这一特性，法律法规和规章一般对采取行政强制措施的期限有明确的规定，要求行政机关必须在法定期限内作出处理决定。然而，实践中，往往行政机关不能在法定时限内作出行政处理决定，就会在强制措施届满之后以同一事实、理由，重复就一标的采取强制措施，这一重复采取强制措施的做法，实际上变相延迟了强制措施的法定期限，明显违背法律本意，严重侵犯公民的财产和人身权益。

6. 采取强制措施的案由与主行政执法行为的案由不一致。行政强制措施的运用是为了保障主行政执法行为的顺利实施而采取的程序性措施，其具有中间性、辅助性功能，在法律上是从属于其所服务的主行政执法行为。行政机关之所以对特定的行政相对人或特定的物作出行政强制措施，是因为行政相对人存在违法的嫌疑，而该嫌疑是行政机关对其进行立案调查的原因，所以，采取行政强制措施的案由应当同采取主行政行为的案由相一致。但是在实际工作中，行政机关为了顺利完成调查处理工作，方便实施行政行为，往往在采取行政强制措施时候有一定的随意性，以一个表面上合法、合理的案由对相对人采取强制措施，但对相对人实施行政行为却采用另一个不同的理由。这种完全将行政强制措施与行政执法行为相分离的做法，实际上是规避行政法律规范对行政机关采取强制措施的限制，属于违法采取行政强制措施的行为。

（三）对行政强制措施违法的检察监督认定

十八届四中全会提出的是"完善对涉及公民人身、财产权益的行政强制措施实行司法监督制度"。根据这一要求，实施检察监督的行政强制措施，应当被界定在一定范围之内，即仅仅对"涉及公民人身、财产权益的行政强制措施"实施检察监督。对此，应当把握好以下六个条件：一是首先要确认是否属于行政强制措施，行政强制执行不属于行政强制措施，不属于本节所定义的检察监督范围。二是应限定为针对公民实施的行政强制措施，针对法人和其他社会组织所实施的行政强制措施不能实施检察监督。三是行政强制措施涉及的是公民人身权和财产权，有部分行政强制措施并不涉及公民的人身权和财产权，如行政管制、限期整改等，这一类行政强制措施应当排除在检察监督范围之外。四是监督范围仍应界定在检察机关"履行职责中发现"。十八届四中全会《决定》就违法行政行为检察监督限定为"履职过程中发现"，但就行政强制措施检察监督并未作此限制，然而行政强制措施也属于行政行为，所以，对涉及公民人身、财产权益的行政强制措施实行检察监督仍应当限定为"履行职责中发现"，即检察机关履行职务犯罪侦查、侦查活动监督、批准逮捕、提起公诉、刑罚执行监督、民事行政诉讼监督、控告申诉检察等法定职责中发现的行政机关实施的、涉及侵犯公民人身、财产权益的违法行政强制措施。五是行政合理性应当是行政强制措施检察监督的内容。这是因为行政合理性是《行政强制法》的主要立法精神，体现了对行政强制权的严格控制和对公民权利的充分保障，因而，从立法本意出发，检察机关应当对行政强制措施进行合理性监督。但基于检察监督有限性的一般原则，对行政强制措施的合理性检察监督应当仅仅限于行政强制措施明显不当或不符合行政强制措施立法目的的情形，而不应当针对一般不合理的情形。六是经过前置程序，行政执法机关没有改变行政强制措施，公民人身、财产权益遭受侵害已穷尽行政救济方式，当事人选择由检察机关实施监督救济。这是检察监督权谦抑行使的基本要求。

三、对违法或者不行使行政职权实行检察监督的内容

十八届四中全会提出对履行职责中发现行政机关违法行使职权或者不行使职权的行为，应该督促其纠正。本节主要对违法行使职权和不行使职权的监督情形以及违法行使职权和不行使职权的检察监督认定展开研究。

（一）违法行使职权的监督情形

本文将违法行使行政职权界定为行政错误、超越行政权限、滥用职权、程序违法、内容违法等几种情形，当然，每一种情形还包括若干具体情形。

1. 行政错误。行政错误是指行政机关行使职权，在内容或形式上所表现出的错误，如行使职权在事实认定的错误、法律适用的错误、文书错误、意识形成方面的错误等。

（1）认定事实错误。行政机关行使职权必然基于一定的客观事实，即认定客观事实是行使行政职权的前提，如果客观事实不清楚、相关证据不充分，就会影响到行使行政权的合法性。实践中，可能出现的认定事实错误的具体情形包括：以不存在或假想的事实为依据作出行政行为、证明相关事实的证据不充分或未予调查取证就认定相关事实、对客观事实的定性判断或重要情节确定错误等。

（2）法律适用错误。"适用法律、法规错误是指行政主体作出行政行为时，

适用了不应该适用的法律、法规规范，或者没有适用应当适用的法律、法规规范。"① 笔者认为，法律适用错误应当是法律、法规、规章等三个层级的法律规范，对其理解以及适用上存在错误，具体表现为：应适用甲法却适用乙法、应适用效力较高层级的法律规范却适用效力较低层级的法律规范、适用条款错误、适用已废止法律规范、应适用特别法却适用一般法、规避法律规范的适用以及对法律规范理解错误等多种情形。

（3）文书错误。这是一种明显的错误，它是指行政行为的真实意思与行政执法法律文书记录存在内容冲突，如误写、误算等，这类错误是可以不争的错误。

（4）意思形成错误。我国台湾学者洪家殷认为，有关意思形成的瑕疵方面主要有两种情形：一是合议制机关之组织及构成因未合乎法律上的规定，而影响其意思之决定并致使所做行政处分违法；二是作出行政处分的公务员在意思形成上有瑕疵。② 鉴于此种分类，包括两个方面：一方面，行政机关形成意思表示、作出行政决定因不符合法律规定而违法。比如，对于情节复杂或者重大违法行为给予较重的行政处罚，应当由行政机关集体讨论决定，但却由行政首长直接作出决定。另一方面，行政人员因受到欺诈、胁迫或收受贿赂而形成错误意思，行政机关因此而作出行政行为违法。

2. 超越行政权限。超越行政权限是指行政机关及其人员超越法定的权力种类和限度而作出行政行为。具体表现为以下几种具体形态：

（1）无权限。主要是指：行政主体行使不属于自己的职权，或者行政主体的内设机构以自己的名义行使了行政主体的职权，或者行政主体工作人员未任职前或解职后实施行政行为。

（2）纵向越权。主要是指：下级行政机关行使了上级行政机关的职权；或者上级行政机关行使下级行政机关的职权。对于后一种情况，如果下级行政机关的职权来源于法律授权，而非上级行政机关的授权，那么上级行政机关行使下级行政机关的权力就属于违法；如果下级行政机关的职权来源于上级行政机关的授权，上级越权行使下级职权不属于违法。

（3）横向越权。横向越权也叫事务越权，是指行政机关行使职权或从事行政管理活动，超越本机关的职责范围，行使其他行政机关的行政权或行政管理职责。

---

① 黄杰主编：《行政诉讼法释论》，中国人民公安大学出版社1989年版，第118页。
② 洪家殷：《论违法行政处分——以其概念、原因与法律效果为中心》，载《东吴法律学报》1995年第2期。

（4）地域越权。主要是指：行政机关超越了其行使行政职权的地域空间范围，发生在具有相同行政管理职责，但具有不同管辖地域的两个行政机关之间。

（5）超越限度。主要是指：行政机关在行使职权时，超越了法定的范围、程度或期限。比如，某一违法情形，法律规定处罚罚款 200 元以下，但实施行政处罚处罚款 2000 元。

（6）内部越权。主要是指：行政机关的内设机构及其工作人员相互逾越职权。虽然，行政机关内部机构及其人员逾越职权，并不必然会导致行政机关本身的越权。但是，行政法治追求的不仅是行政机关依法行使职权，还包括行政机关内部行政权力运行的法治化。行政法治并不允许在行政机关内部各部门及人员相互逾越职权。所以，内部越权应当承认其对外的违法性。

3. 滥用职权。关于滥用职权，在国内立法和司法解释都没有明确的规定，实践中也是一个较难把握的问题。在行政法学界已存在多种学说，如违反法定目的说、显失公正说、违反法律精神说、列举说（各种表现形式的列举）以及违反行政合理性说。如，有人对滥用职权作出列举概括：不正当的目的、不应有的忽略、考虑不相关的因素、错误的动机、反复无常、程序不当、手段不正当；① 有的则归纳为五种情形：背离法定目的、对不确定法律概念解释严重不当、行政不作为、不正当的程序、行为的结果显失公正。② 本文将滥用职权概括为以下几种情形：

（1）违背法定目的。主要是指行使行政职权不符合设定该项权力的特定目的，或者不符合公权力运行的一般目的。行使行政职权必须维护和保障国家利益和公共利益，如果是为了小集团利益、私人利益行使行政职权，即构成违法。

（2）考虑不周全。主要是指行使职权所考虑的因素没有法律依据或者与法律规定不相容，或者应当考虑的因素不加以考虑，或者没有全面考虑和衡量各种因素，或者基于不正当动机而考虑一些因素。

（3）滥用自由裁量权。主要是指不遵循常规任意行使自由裁量权，或者在事实和其他情形无明显变化的情形下，经常变换行政处理决定。

（4）明显违背常理。主要是指行使行政权力明显不合理，违背适当性、必要性和比例原则而"显失公正"。

4. 程序违法。行使行政职权必须遵循严格的程序。行政权运行的具体程

---

① 李祖军：《滥用职权刍议》，载《人民检察》1993 年第 8 期。

② 朱新力：《行政法基本原理》，浙江大学出版社 1995 年版，第 264 ~ 265 页。

序，是指行政行为的方式、步骤。① 程序违法主要是指行使行政职权违反行政程序法律规范，或者违反法律程序所应当遵循的基本原则，或者滥用行政程序。本文将违反程序概括为以下几种情形：

（1）没有采取法律所要求的方式，或者采取法律所禁止的方式。对于前者，如法律规定应当采用书面形式实施行政处罚，而实际则采取口头形式实施行政处罚。对于后者，如采取非法手段调查取证并据此作出行政行为。

（2）实施行政行为违反法定的具体要求。如未签署印章、欠缺理由说明、欠缺告知法律救济方法或期限、未记载法律规定应予以记载的重要事项。

（3）作为程序的违法。主要表现"不审而决、程序混用、程序环节的遗漏和违法程序制度"。② 对于应经申请而为的行政行为，未经申请即主动作出行政行为；或者应依职权而主动作出行政行为，而一直不作出行政行为，也都属于程序违法。

（4）违反法定期限。主要是指在法定的期限之外作出行政行为，或者超越了法定期限仍然不作出行政行为。

5. 内容违法。行使行政权力内容违法，主要是指从客观判断行政行为的内容与法律规定不相一致，明显违法国家利益或公共利益，损害人民群众权益；或者行政行为内容在事实上或法律上都是不可能实现的，比如，当日缴清巨额罚款；或者行政权力的内容虽然符合法律规定，但违反行政合理原则和行政公正原则，如自由裁量畸轻畸重、对相同情形作出不同处理、违反程序公正，等等。

（二）不行使职权的监督情形

行政机关不行使职权，人们往往将其概括为不作为，也称作行政不作为违法，是指行政主体有积极实施法定行政作为义务，并且能够履行而未履行（包括没有正确履行）的状态。③ 在实践中，主要表现为以下几种情形：

1. 明确拒绝履行法定职责。经相对人申请或举报，行政机关明确答复不履行职责；或者否认自己对申请或举报事项具有管辖权或处理权。

2. 不及时履行法定职责。经相对人申请或举报，行政机关在合理的履行时限内或在法定时限内，不予答复或不明确答复，或者不作出行政决定，但又无正当理由。

3. 不完全履行法定职责。主要是指行政机关只履行部分职责，不积极履

---

① 胡建淼主编：《公权力研究》，浙江大学出版社 2005 年版，第 280 页。

② 叶必丰：《行政法学》，武汉大学出版社 1996 年版，第 245 页。

③ 朱新力：《论行政不作为违法》，载《法学研究》1998 年第 2 期。

行全部职责，导致不能实现行政履责目的。比如，行政机关作出行政处理决定，行政相对人拒不执行，行政机关在合理或法定期限未予强制执行。

4. 不履行移送职责。在行政管理领域，行政机关的职责既有分工也有交叉。行政机关对于不属于本机关办理职责事项，并且相关规范性文件规定应移送有权机关，但不履行移送职责。

（三）违法行使职权和不行使职权的检察监督认定

违法行使职权和不行使职权的检察监督认定，应当包括两个层次：一是认定违法行使职权和不行使职权，这是开展检察监督的前提。对此，本文主要借鉴法律行为构成要件的相关理论，对如何认定违法行使职权和不行使职权展开研究。二是认定可以开展检察监督。在确认违法行使职权和不行使职权后，是否开展检察监督应当具备特殊要件。

1. 对行政机关违法行使职权的认定。违法行为是由一系列相互联系的要件组成，没有这些构成要件也就无以判定或确认该行为是否违法。[①] 认定行政机关违法行使职权应当符合一定的行政违法构成要件。

（1）认定行政违法的客观要件。行政违法的客观要件，是行政违法成立在客观方面的要件。它是行政违法的客观外在表现，具体指行政法律规范规定的构成行政违法必须具备的诸客观事实特征。[②] 认定行政违法，应当首先作出客观事实判断，存在客观的行为或结果违反法律规范，并且这种违法状态是在行使行政职权的过程中产生或者与行政职权相关联。违法行为包括两个层面：行政机关的行政违法行为与行政机关工作人员的职务违法行为。认定违法行为，并不必然要求具有直接的危害后果，因为行政违法行为本身就具有危害性。

（2）认定行政违法的主观要件。主观要件是指行政机关及其公务人员实施行政违法行为时的主观意志状态。主观意志是能够遇见某些事项并能够实现某些行为的能力。"行为的意志因素，是法律所确认的重要因素。"[③] 必须是在主观意志（故意或过失）支持下的客观的行政违法，才能被认定为检察监督的违法行使职权情形。欠缺主观意志支配能够阻却客观的行政违法成为真正的行政违法。比如，由于意外事件或不可抗力等非行政机关主观意志所能左右的因素，造成客观上的违法行为，不能作为真正的行政违法看待，不属于检察监督的违法行使职权情形。但是，如果欠缺主管意志支配是由于前一个违法行为

---

① 应松年、杨解君：《论行政违法的主客观构成》，载《江苏社会科学》2000 年第 2 期。
② 应松年、杨解君：《论行政违法的主客观构成》，载《江苏社会科学》2000 年第 2 期。
③ 谢邦宇，《行为法学》，法律出版社 1993 年版，第 111 页。

所导致的，其就不能阻却违法。认定行政违法的主观要件应当以行政机关的主观意志为标准，超越行政机关工作人员主观意志的事项或情形，不一定能够成为超越行政机关的主观意志。判断行政机关存在主观过错，只需判定其在主观意志范围内不正确履行法定职责，即可认定或推定行政机关存在主观过错，无须从行政机关的主观过错心态的具体表现来单独考察。行政机关工作人员的主观过错应当视为行政机关的主观过错。

（3）违法性要件。法律规范是评价行政违法的依据和标准。认定行政违法所依据的法律规范必须是有效的，一般应当是对行政机关的强制性规范违反；对任意性规范的违反，则应视情况，如果行政机关不合理的适用任意性规范，也属于行政违法。行政机关违反法律规范，即包括违反法律规范直接和间接设定的职责义务，也包括对基于职务一般要求或政纪要求的违反。

2. 对行政机关不行使职权的认定。不行使职权主要是指对具有职权或职责前提并且具有履行可能性，但仍然程序上"不为"，属于"实质上"行政不作为。具有职权与职责是行政主体作为的前提。"实质上"的行政不作为是行政"能为而不为"。"行政不能作为"只是"行政主体在行使职权或履行职责过程中，因意志外客观因素的限制，使行为过程未能推进到法定过程终端的行为"[1]，而非"实质上"行政不作为。所以，行政主体没有职权或职责，或者虽然具有职权或职责但不具有履行职权可能性的，客观上虽然表现为不作为，但不属于行政不作为。任何行政行为都是两方面的统一：一方面是具有实体内容，另一方面是其程序形式，[2] 对已履行程序形式但不具有作为实体内容的，这一"拒绝行为"在程序上已表现出积极的作为行为状态，仍然是一种行政作为。只有对未履行程序形式的，才属于对不履行职权的检察监督对象。纳入检察监督范畴的，还必须是不行使职权情节严重的情形。基于以上认识，认定行政机关不行使职权应当具备以下要件：

（1）行政机关存在作为义务。这一作为前提的作为义务，是法定的作为义务，源于法律规范对行政机关职权与职责的规定，而且必须是一种现实的特定的行政作为义务。法定的作为义务都附有一定的实现条件，如果不具备实现条件，这一法定的作为义务就不会转化成现实的特定的作为义务，无作为义务则无不作为。具体而言包括以下情形：①法律规范明确规定的作为义务；②基于一定的行政行为设定的作为义务；③先行行为引起的作为义务，即行政主体先行实施行为，使行政相对人处于危险状态，行政主体因此而产生积极行动阻

---

[1]　周涛：《对行政不能行为的几点思考》，载《人民司法》1998 年第 1 期。

[2]　参见罗豪才主编：《行政法学》，中国政法大学出版社 1989 年版，第 241 页。

止损害结果发生的作为义务；④法院判决为行政机关设定的作为义务。

（2）认定不作为的主观要件。认定行政不作为，不仅须行政主体及其工作人员负有作为义务，而且还须有履行该作为义务的可能性。认定不作为的主观意志状态，难以如"作为"那样可以通过客观行为判断，但可以是否存在不可抗力等意志外客观因素作为判断标准。我国行政法规并未对意志外客观因素作为界定，笔者认为可以界定为如自然灾害、突发事件、执行上级命令等因素。缺乏主观要件，导致行政机关没有履行法定的作为义务，属于"行政不能作为"①，而不能成立行政不作为。检察机关对于这种行政不能作为不能进行检察监督。但是，如果这种行政不能作为，经过客观条件的恢复，使行政行为能够继续进行的，行政机关继续不作为的，可以进行检察监督。

（3）认定不作为的客观要件。具体表现为两个方面：①行政程序上所有不为。行政行为是通过行政程序来实现的，程序上不为则无法实现行政行为，必然导致行政不作为。并且程序上不为已经超过法定期刊或合理期限。②行政实体上无实质内容。虽经行政程序，但无实体内容，没有作出实质内容的行政处理。

3. 认定开展检察监督的特殊要件。笔者认为，检察监督行政权力应当尊重行政权力以及当事人的意思自治。所以，针对行政机关违法行使职权或不行使职权，决定对其开展检察监督，还应当具备以下特殊要件：一是当事人没有放弃维护或救济自身权益。违法行使职权或不行使职权侵害当事人权益，当事人如任由侵害放弃救济，则应尊重当事人意愿。只要未侵害国家或公共利益的，检察监督应不予启动。二是当事人已向行政机关申请，行政救济程序已履行完毕，行政机关明确表示不改变行政行为，或者对当事人不予答复。三是行政机关未启动纠正程序。行政机关已启动纠正程序的，检察监督应不予启动。四是检察机关已和行政机关沟通，行政机关不予理睬、仍不予履行职责或明确表示行政不违法。

---

① 行政主体在行使职权或履行职责过程中，因意志外客观因素的限制，使行为过程未能推进法定过程终端的行为。周涛：《对行政不能行为的几点思考》，载《人民司法》1998 年第 1 期。

行政违法行为检察监督之立法圭臬研究

刘丽娜[*]

行政权是由国家宪法、法律赋予或认可的国家行政机关和公共行政组织执行法律规范、对国家和社会公共事务实施行政管理活动的权力。[①] 行政权作为与公民、法人的切身利益密切相关的权力，也是最容易被滥用的权力。检察机关作为我国人民代表大会制度下的专门法律监督机关，对行政权的监督是其法律监督职能的必然要求。随着修改后行政诉讼法正式实施和十八届四中全会各项重大改革部署的逐步落实，行政检察工作的内涵和外延正在发生新的重要变化，在监督范围上，从过去单一的行政诉讼监督，拓展为行政诉讼监督和行政违法行为监督并举，既包括诉讼内行政检察监督，也包括诉讼外行政检察监督。行政检察监督正处于开创性阶段，也是未来检察监督的重要发力点，随着行政检察监督范围拓宽，从过去单一的行政诉讼监督，逐步形成行政诉讼监督和行政违法行为监督并举的行政检察多元化格局，特别是行政违法行为监督和行政强制措施监督改革正处于改革重要推进阶段，因而对行政违法行为检察监督有进一步研究论证的重要价值。

十二届全国人大常委会第二十五次会议通过了在北京市、山西省、浙江省及所辖县、市、市辖区设立监察委员会，行使监察职权的重大决定。按照时间顺序，国家监察体制改革可分为三个时期：试点改革之前、试点改革时期、试点改革成功后全国实施时期。[②] 国家监察体制改革的目标是建立党统一领导下的国家反腐败工作机构。实施组织和制度创新，整合反腐败资源力量，扩大监察范围，丰富监察手段，实现对行使公权力的公职人员监察全面覆盖，建立集中统一、权威高效的监察体系。监察委员会由相对应的人民代表大会产生，对其负责，受其监督并向其汇报工作。这不仅有利于提高监督主体与监督客体的对称性，而且有利于加大对国家机器运转及其行权主体的事前、事中监督力

---

[*] 山西省人民检察院干部。

[①] 应松年主编：《行政法与行政诉讼法》，中国政法大学出版社 2011 年版，第 11 页。

[②] 童之伟：《将监察体制改革全程纳入法治轨道之方略》，载《法学》2016 年第 12 期。

度，事实上也拓展了人大代表行使权力的领域和审议监督的内容。① 时任曹建明检察长在 2017 年全国检察长会议上提出，应从不同的角度去界定国家监察体制改革与行政违法行为监督改革，国家监察委员会针对的是国家工作人员，行政违法行为监督针对的是机构、部门违法行为；国家监察委员会查处的是腐败行为，行政违法行为监督的是非腐败问题。基于此，本文认为，行政违法行为检察监督是指检察机关对于履行行政检察职能的过程中，发现行政机关违法行使职权或者不行使职权，导致国家利益、社会公共利益或者利害关系人合法权益受到比较严重损害的行为，依法进行督促纠正的法律监督制度。

一、行政违法行为检察监督之法理基础

（一）行政违法行为检察监督之宪法定位

首先，我国《宪法》第 134 条明确规定，人民检察院是国家的法律监督机关。检察权是由权力机关授权的，与行政权、审判权相平行的专门的国家权力，检察机关的宪法地位决定了检察权的法律监督属性。其次，在法律层面，《人民警察法》《治安管理处罚法》等法律明确规定了检察机关对公安机关执法活动的监督权。最后，一些规范性文件或司法解释为行政违法行为检察监督提供了依据。近几年，一些省份将检察机关对行政违法行为检察监督在地方性法规中作出了较为明确的规定，为检察机关监督纠正违法行政行为提供了制度依据和参考。②党的十八届四中全会通过的《决定》中明确要求完善检察机关行使监督权的法律制度，加强对行政诉讼的法律监督，而且针对加强对行政违法行为检察监督作出许多重大改革部署，对加强行政检察工作提出了更高要求。这为行政违法行为检察监督制度的发展提供了最直接、最有力的政策依据，并为行政违法行为检察监督制度在国家层面的立法提供了重大契机。

随着司法改革和监察体制改革的深入推进，检察机关在不断寻求法律监督职能正确的定位，多数学者认为，法律监督职能毫无疑问应该包括对审判权的监督，也包括对行政权的监督。③ 关于行政检察监督范围，一些学者主张同时

---

① 高波：《国家监察体制改革：政治改革和反腐治本的新探索》，载《人民日报》2016 年 11 月 15 日。
② 例如，山东省人大常委会 2009 年通过的《关于加强人民检察院法律监督工作的决议》第 1 条和第 9 条明确规定了检察机关要全面加强对行政诉讼和行政执法机关职权行为的监督以及行政执法机关的相应义务。
③ 参见肖金明：《论检察权能及其转型》，载《法学论坛》2009 年第 6 期。

包含对行政行为和行政审判行为的监督;① 也有学者认为,"行政检察监督应包括检察机关对特定违法行政行为和行政诉讼活动两方面实施的监督。"② 可以看出,检察机关开展行政违法行为检察监督是其重要职责,具有一定法律上的依据,但其法律监督依据仍不完善、较为原则和缺乏可操作性,在立法上仍需加强,需要从国家层面予以确立。只有将行政检察监督的制度设计与我国的政治体制、与检察机关的宪法定位、以及目前的实际情况和中国社会维护法制统一相联系,才能完整地概括行政违法行为检察监督的内涵。

　　(二) 行政违法行为检察监督之内涵辨析

　　我国《宪法》第 135 条规定:"人民检察院依照法律规定独立行使检察权,不受行政机关、社会团体和个人的干涉。"习近平总书记在 2014 年 9 月庆祝全国人民代表大会成立 60 周年大会上强调"加强检察监督"。孟建柱同志在 2016 年 7 月在对"十四检"会议的重要批示中,也突出强调要完善检察监督体系。对检察监督含义的界定需要以检察权的内涵界定为前提,现有的主要观点有:一是认为检察权就是法律监督权,或者是与立法权、行政权、军事权和审判权平行的权力类型③,或者是在宪法制度下一种相对独立的、第二层次的国家权力,但也是法律监督权④;二是认为检察权是司法权⑤;三是认为检察权具有行政与司法双重属性⑥。对检察权的内涵分析必须建立在宪法权力划分标准的双轨制基础上,既要考虑决策、执行、监督的纵向划分,也要考虑立法、行政和司法的横向划分。检察权和监督权的本质区别在于:检察权具有事

---

　　① 参见周佑勇、汪艳:《论行政检察监督权》,载孙谦、刘立宪主编:《检察论丛》(第三卷),法律出版社 2001 年版,第 177 页。

　　② 徐德刚:《宪政视野下的行政检察监督制度论析》,载《湖南科技大学学报》(社会科学版) 2006 年第 6 期。

　　③ 参见刘立宪、张智辉主编:《司法改革热点问题》,中国人民公安大学出版社 2000 年版,第 57 页、第 81 页;谢鹏程:《论检察权的性质》,载《法学》2000 年第 2 期;张霞:《论检察权的宪法定位》,载《山东大学学报》(哲学社会科学版) 2001 年第 3 期;刘树选、王雄飞:《关于中西检察权本源和属性的探讨》,载《国家检察官学院学报》2002 年第 4 期;朱孝清:《中国检察制度的几个问题》,载《中国法学》2007 年第 2 期;朱孝清:《检察的内涵及其启示》,载《法学研究》2010 年第 2 期;孙谦:《中国的检察制度改革》,载《法学研究》2003 年第 6 期。

　　④ 蒋清华:《检察权性质的"法律监督权说"驳论——从科学划分国家权力的角度》,载《人大法律评论》2011 年第 1 期。

　　⑤ 参见万毅:《检察权若干基本理论问题研究——返回检察理论研究的始点》,载《政法论坛》2008 年第 3 期;闵钐:《法律监督权与检察权的关系》,载《国家检察官学院学报》2003 年第 5 期。

　　⑥ 参见龙宗智:《论检察权的属性及检察机关的改革》,载《法学》1999 年第 10 期;陈永生:《论检察机关的性质》,载《国家检察官学院学报》2001 年第 2 期;万毅:《论检察权的定位——兼论我国检察机构改革》,载《南京师范大学学报》(社会科学版) 2004 年第 1 期。

后性、诉讼性和追究性，是一种裁量性和救济性权力，是一种权力横向平行设置；监督权则具有共时性、督促性和纠正性，是一种中立性和补强性权力，是纵向分层设置。法律监督权是我国特有的法律表述，主要内涵是以法律为标准的监督，但并没有终局性。由于检察权的内涵和外延不断发生变化，因而不宜笼统将检察权解释为法律监督权。司法权内涵在于国家法定机关在诉讼过程中适用法律处理案件的权力，主要包括侦查权、公诉权、审判权、执行权等权能。在上述检察权、法律监督权和司法权的界定基础上，根据《人民检察院组织法》和三大诉讼法关于检察机关职权的规定，可将检察权界定为司法权和法律监督权的结合，从而保持法律体系和制度体系内的逻辑一致性。并且，将检察权区分为司法权和法律监督权的划分方式具有很强的包容性和开放性，也为检察改革的发展和完善提供了宪法空间。从上述分析可得出：我国的行政检察监督职能已隐含在其实际行使的各项权能之中，行政违法行为检察监督应涵盖在检察机关的法律监督宪法定位之内。

（三）行政违法行为检察监督之制度优势

"不能否认，权力具有一种侵犯性质，应该通过给它规定的限度在实际上加以限制。"[1] 对权力的制约和监督不能仅仅依靠精神和道德的力量，为防止政府权力的腐败或滥用，必须对其进行合理分割，并建立相互制约和监督的关系。在我国人民代表大会制度的国家权力结构模式下，基于人民民主原则和国家权力运行的需要，国家权力需要在必要的分工基础上由不同的国家机关行使，以便使国家权力既能有机结合形成一个统一行使的运作体系，又能形成分工负责、相互制约的分权制衡机制。"在我国，对行政权的监督体系主要包括权力机关的监督、行政机关自身的内部监督、社会监督和司法监督。"[2] 但是，在实践中，对于行政权的监督体系仍存在监督角度过于宏观、监督措施刚性不足以及内部监督引起的自我裁判等问题。首先，人大监督的范围广泛，因行政权自身构成一个相对封闭独立的运行系统，权力在相对独立的系统中运行，导致人民代表大会的监督无法及时、直接地实现，客观上需要专门的监督机构代表最高权力机关实施法律监督。其次，行政机关是否严格实施了法律，履行了法定义务，是否贯彻了比例原则，行政行为的合法性、合理性、正当性是否存疑，都可通过行政诉讼程序接受进一步的监督。[3] 但是，现行行政诉讼制度将审判权对行政权的监督制约限制在一定范围内，使得相当数量的行政行为被排

---

①　汉密尔顿、杰伊、麦迪逊：《联邦党人文集》，商务印书馆 1989 年版，第 252 页。
②　张智辉主编：《检察权优化配置初探》，中国检察出版社 2011 年版，第 244 页。
③　杨建军：《通过司法的社会治理》，载《法学论坛》2014 年第 2 期。

除在司法审查之外。最后，行政复议具有快捷、简便，节约成本等优势，但行政复议严格上讲属于行政机关的内部层级监督，复议机关与作出行政行为的机关具有行政隶属关系，其监督的公正性难以保障。

我国检察机关作为人民代表大会制度下的专门法律监督机关，保障法律的统一正确实施是其监督职责的必然要求。检察权监督制约行政权的基础在于相互分离的权力之间存在相互制约关系，使国家各部分权力之间处于一种总体平衡的状态。一方面，相比于人大监督的宏观性和不能对行政机关进行经常性监督，检察监督是就具体个案或行政行为进行监督，在行政法律实施的各个环节上对具体情况进行法律监督，是在法律实现过程中最具专门性、最直接的监督。另一方面，检察监督更具中立性，也更具程序性，体现为检察权的行使必须依照法定的程序进行，这是法律的精神；检察权的行使仅仅具有程序的意义，而不是具有终局和实体的意义。① 据此，将行政权在行使过程中产生的具体问题的监督权赋予检察机关专门行使更具科学性和现实性。检察权的法律定位及其属性有利于确保检察监督的权威性和实效性，对实现宪法制度设计的初衷——人民代表大会制度下的权力分工与制约监督具有重要意义，有利于确保行政权沿着法治的轨道运行，既积极服务于国家、社会的公共利益，又恪守行政权的合法边界，避免损害公民、法人或其他组织的合法权益。

（四）行政违法行为检察监督之发展现状

从实践情况来看，行政违法行为检察监督工作近几年获得了一定的发展，一些地方的监督纠正违法行政行为的案例都取得了法律效果和社会效果的有机统一。自 2013 年以来，山西省检察机关重点选择食品安全、城中村改造、环境安全监测、土地管理、治安管理、交通管理、农业经管等关系民生民利、人民群众反映强烈且具有重大社会影响力的行政执法领域，开展了两次以行政执法行为检察监督为主题的专项活动。2013 年 1 月至 10 月，山西省检察机关民行部门办理督促履行职责案件 2727 件，采纳 1907 件，通过办案为国家避免或挽回经济损失 14 亿余元。② 2015 年办理督促履职监督案件 723 件，采纳 704 件。各地在过去行政执法监督探索经验的基础上，通过督促履职、运用检察建议等方式摸索开展行政违法行为监督，使民行检察与行政执法有效衔接。太原市古交市院发现多家公司在房地产开发中欠缴城市基础设施配套费等费用

① 韩大元、刘松山：《论我国检察机关的宪法地位》，载《中国人民大学学报》2002 年第 5 期。
② 参见山西：《民事行政检察工作有声有色》，载正义网，http://newspaper.jcrb.com/html/2013－12/10/content_147653.htm。

13000 万元，经认真调查核实后，向古交市住建局依法发出督促履职检察建议 22 份，截至目前，古交市住建局已清缴欠款 5662 万元，取得了良好效果。大同市院拓展职能与监督实效相结合，自 2014 年以来，对群众关心的交警、教育、城管等多家涉及民生民利的执法单位进行监督，并下发检察建议，该项工作取得了良好的社会效果和法律效果。针对国家利益、社会公共利益遭受侵害而相关行政执法部门未履行或怠于履行法定职责的情形，一些地方民行检察部门重点在土地、资源管理、环境保护、食品药品安全及涉农惠农等领域，通过检察建议督促相关部门依法履行职责，稳妥慎重地开展行政执法检察监督，取得了较好的法律效果和社会效果。

二、行政违法行为检察监督之对象和范围

（一）国家监察监督与行政违法行为检察监督

十八届六中全会公报首次将监察机关与人大、政府、司法机关并列，写道："各级党委应当支持和保证同级人大、政府、监察机关、司法机关等对国家机关及公职人员依法进行监督，人民政协依章程进行民主监督，审计机关依法进行审计监督。"改革国家监察体制，建立权威高效的反腐败专门机构——国家监察委员会，是以习近平同志为核心的党中央着眼于"四个全面"战略布局协调推进的重大举措，是中国特色反腐败体制改革的重大创新。王岐山同志在北京、山西、浙江调研时指出："监察委员会实质上是反腐败机构，是监督执法机关。"这就明确了监察委员会的反腐败专门机构性质和监督执法机关的职能定位。

根据十八届四中全会的精神和现有法律制度框架，应逐步探索完善以行政违法行为为监督对象的行政检察监督制度。关于行政违法行为检察监督的对象，目前理论上主要存在两种观点：一种观点认为，行政违法行为检察监督的对象应当为行政主体，既包括具体实施执法行为的"个人"，也包括虚拟的法律上的"单位人"。另一种观点认为，行政违法行为检察监督的对象应当为行政主体的行政违法行为。本文采用后一观点。在行政违法行为检察监督所产生的法律关系中，作为监督者的检察机关之所以要对作为被监督者的行政主体进行法律监督，不是因为被监督者是行政主体，而是因为作为被监督者的行政主体作出了违反法律规定的行政行为，并且行政违法行为检察监督的具体内容是围绕行政违法行为而展开的，监督的结果也是根据行政违法行为的性质、严重程度等予以作出。因此，行政违法检察监督的对象，不应当是行政主体，而应当是"行政主体的行政违法行为"。

（二）行政违法行为检察监督对象之界定

1. 适格的行政主体

通说认为，行政主体是享有实施行政活动的权力，能以自己的名义从事行政活动，并因此而承担实施行政活动所产生的责任的组织。[①] 行政主体具有以下特征：行政主体具有相对独立的法律地位；行政主体的权利、义务和责任都是清晰、明确的；行政主体之间建立起相对合理的竞争和合作规则；行政主体的权利和利益受到法律的保护和司法保障。从行政主体具体类型看，我国行政机关及法律、法规授权组织都可以成为行政主体，后者包括获得法律、法规授权行政机关内部机构、派出机构和管理公共事务组织。[②] 行政主体的适格应该符合两个层面的要求，一是行政主体必须是有权的行政机关或接受法定授权的组织，并且行政主体拥有作出该行政行为的权限；二是行政主体必须在其限定的地域管辖权和级别管辖权的范围内开展活动和事项。行政主体是否适格，是界定行政违法行为的首要条件，从而使行政违法行为检察监督的对象具备了承担责任组织机构。

2. 行政主体的行为违法

行政违法行为可分为实体违法和程序违法，需要明确的是，行政主体在行使行政权力时需具有主观过错，即存在故意或过失，才构成行政违法。行政主体如果在意外事件或不可抗力的情况下作出违法行为，则不构成行政违法行为检察监督的对象。实体违法的具体表现为：（1）行政越权，即行政主体在行政管理的过程中超越其法定的权限，实施了依法应由其他权力主体行使的法定职权，即法律根本没有规定某行政主体能够行使某项权力，而其超越规定行使此权。这是一种积极越权的违法行为，对此可称之为换位越权的违法。（2）行政滥用职权，即行政主体超越法律对其授权范围而非法行使职务范围内的权力。这是一种积极超越其法律规定的限制条件而实施与法律对其授权有一定联系的违法行为，对此可称之为越位越权的违法。（3）玩忽职守，即行政主体不负责任，不履行或不认真履行依法应该履行的职责。这是一种行政主体负有行政法上的作为义务，却没有履行作为的义务，而是对依法应当履行的法定义务，采取消极不作为的违法行为，对此可称之为不到位不履职的违法。（4）其他明显不当的行政行为。[③] 明显不当的行政行为是指严重违反合理性原

---

① 张尚鷟主编：《走出低谷的中国行政法学》，中国政法大学出版社 1991 年版，第 80 页。

② 徐继敏：《国家治理体系现代化与行政法的回应》，载《法学论坛》2014 年第 2 期。

③ 学界普遍认为，诸如"滥用职权""明显不当"的行政行为均与行政自由裁量权相联系，对这类行政行为的检察监督应适用合理性审查原则。

则而不合适、不妥当或不具有合理性，主要表现为对违法行为的处理显失公正，同类违法行为，程度、后果相似而处理决定明显不同，畸轻畸重等。对行政行为是否适当可以从行政手段行为的适当性、必要性和利益均衡性等三个方面进行考察。

程序违法是指行使行政权力的主体，在行使权力时违反行政程序规范的行为。行政主体作出行政行为要遵循法律规定的程序，即方式、步骤、顺序、时限等合乎法定要求，未依法履行法律规定相关程序的行政行为应当纳入行政违法行为检察监督的范围。虽然我国行政程序尚无统一的立法，但行政主体在实施行政行为的过程中必须平等地对待各方当事人，排除各种可能造成不平等或偏见的因素；行政主体应通过一定的方式让行政相对人或其他利害关系人及社会了解有关情况的原则。程序违法具体包括：（1）回避，即同行政相对人有利害关系的公务人员应避免参与有关行政行为；（2）辩论，当事人各方都应有平等的发言机会与陈述权利，并可相互辩论；（3）调查，行政主体应通过调查事实用客观证据来说明事实真相；（4）表明身份，即在行使权力时应出示证件文书让行政相对人了解其合法身份；（5）告知，即行政相对人有权了解的事项，行政主体应通过合理的途径主动告诉行政相对人；（6）说明理由，即行政主体对其作出的行政行为应说明事实根据、法律依据及其他理由；[①]（7）听证，行政主体应保障行政相对人及利害关系人要求进行听证的权利，即行政主体应为行政相对人和利害关系人提供充分陈述意见的机会。

（三）行政违法行为检察监督之范围

行政权因其具有强制性、单方性、主动性、范围的广泛性、手段的灵活性等特征，从检察机关现有监督能力和司法资源的角度出发，检察机关在客观上不可能对所有行政行为进行监督，并且现有行政违法行为检察的法律监督依据仍不完善、缺乏可操作性，因而应在法律层面上明确检察机关对行政违法行为实行法律监督的具体范围和程序，为加强和规范行政违法行为检察监督、推动检察机关法律监督工作提供坚实的法律基础。在我国检察发展史上，曾经将检察机关的法律监督权定位为一般监督权，表现为普遍介入、全面监督，法律监督效果并不理想，因此，在探索完善对行政违法行为检察监督的过程中，要避免以往一般性监督的弊端，在法律层面明确行政检察监督"凡是行政相对人可以通过行政复议或者行政诉讼得到法律救济的，则行政法律救济程序优先适用，检察监督不得替代行政法律救济"。[②]

---

① 章剑生：《行政程序法学原理》，中国政法大学出版社 1994 年版，第 108～112 页。
② 吕涛：《行政检察新论》，载《人民检察》2015 年第 2 期。

由于对行政违法行为检察监督工作尚处于探索建立阶段，检察监督的范围不宜过宽，并且，在实践中行政行为种类多、领域广，从可行性和可操作性角度出发，应将检察监督的重点放在损害国家利益和社会公共利益的行政违法行为方面，监督范围限定在生态环境和资源保护、国有资产保护、国有土地使用权出让等领域造成国家和社会公共利益受到侵害的案件。需要强调的是，对于抽象行政行为，上级行政机关发现下级机关制定的针对不特定的人和不特定的事制定具有普遍法律效力规范的行政行为，包括行政法规和行政规范性文件的创制行为错误或者违法，可依职权撤销或责令下级机关纠正。在现有法律框架下，抽象行政行为的合法性问题应由权力机关、上级行政机关审查监督，以及由审判机关在行政诉讼中进行附带审查①，不宜纳入行政检察监督范围。检察机关作为法律监督机关之宪法定位，负有维护法制统一，捍卫公平正义之基本职责，但法律监督权之行使必须是针对具体案件或者行为进行，而不能扩展到宽泛的方针政策、合宪与否。并且，在实践中，由于检察机关现有资源配置、违宪审查制度尚未建立等原因，也尚不具备对抽象行政行为行政检察监督的条件，应从实效主义角度出发，在法律框架内合理界定行政违法行为检察监督的范围。所以，对行政违法行为检察监督不是一般监督，需要在限定的范围内进行，并将受到立法的严格约束。

三、行政违法行为检察监督之程序构建

"任何实体的目标定位都需要借助程序的技巧以安排和落实，也就是说，法律上实体性的目标追求只有被装置于程序性的逻辑框架中时，才能真正体现出其实践意义。"② 行政违法行为检察监督程序作为法律程序的一种，既具有工具性价值，也具有其自身的内在价值，其工具性价值体现为其使得行政违法行为检察监督具有可操作性和有利于实现公正的监督结果，而其内在价值则体现为正义、人道、法治和效率。然而，在实践中，人们往往把关注的焦点集中于行政违法行为检察监督的实体问题上，强调如何完善行政违法行为检察监督的机构设置，以及如何增强检察机关的监督权力等，对程序问题却缺乏足够的应有的重视。检察机关行政违法行为检察监督的程序和形式，受制于行政权、审判权本能排拒的大环境，仍然属于司法改革的探索和尝试范畴。"在行政法

---

① 修改后的《行政诉讼法》第 50 条规定，公民、法人或者其他组织认为行政行为所依据的国务院部门和地方人民政府及其部门制定的规范性文件不合法，在对行政行为提起诉讼时，可以一并请求对该规范性文件进行审查。前款规定的规范性文件不含规章。

② 谢晖：《论法律程序的实践价值（上）》，载《北京行政学院学报》2005 年第 1 期。

律规范日臻完善的今天，检察机关能够在多大程度上保障和监督行政法治的实现，是衡量检察机关法律监督属性的重要标准。"① 也正因如此，完善行政违法行为检察监督的程序和形式，是充分发挥检察权监督制约行政权作用的重要基础。从理论和实践结合的角度来看，检察机关对行政违法行为实施监督的程序，应包括以下几个方面：

（一）立案

首先，行政违法行为检察监督案件的来源包括：一是行政相对人向人民检察院申请监督；二是行政相对人以外的公民、法人和其他组织向人民检察院控告、举报；三是人民检察院依职权发现。其次，立案条件包括：一是有行政违法行为发生，即有明确的行政主体、侵害了具体行政相对人的人身和财产权益，对此要有相关的证据证明；二是根据相关法律规定，发生的行政违法行为属于检察机关行政检察监督管辖范围。

（二）审查

检察机关决定立案后，首先，要审查行政主体是否适格；行政行为是否有法律依据；适用法律法规是否正确；是否符合法律程序；作出的处理决定的证据是否确凿、充分；行政主体是否具有超越职权、滥用职权或怠于履行职责的情形；行政主体作出的违法行为造成的危害后果；等等。其次，检察机关审查行政违法行为检察监督案件，认为确有必要的，可以组织有关当事人进行听证。再次，对于涉及公民人身、财产权益的行政强制措施，检察机关审查过程中不应停止行政强制措施的执行。最后，对于比较重大，复杂的有争议的行政违法行为检察监督案件，应由检察委员会讨论决定最终的审查意见，以确保检察监督的质量和实效。

（三）提出检察建议

对于行政机关的违法行为，检察机关应采取书面形式向该行政机关提出纠正违法的检察建议。该建议要详细阐明或明确以下内容：（1）违法行使行政权的事实；（2）造成的危害后果和影响；（3）行政违法行为违反的相关法条；（4）提出纠正建议和意见及其理由。目前，在《民事诉讼法》和《行政诉讼法》中已对诉讼活动中的检察建议制度作出了明文规定，② 在立法上对行政违法行为检察监督环节的检察建议也应加以规定。

---

① 张步洪：《行政检察基本体系初论》，载《国家检察官学院学报》2011 年第 2 期。
② 参见《中华人民共和国民事诉讼法》（2012 年修订）第 208 条、第 209 条和《中华人民共和国行政诉讼法》（2014 年修订）第 93 条。

（四）反馈

检察机关针对行政机关的行政违法行为提出检察建议之后，行政机关对检察建议的内容是否采纳、持何种意见应当在一定时间内向检察机关进行回应、回复。一是明确规定检察建议的答复期限、逾期未答复的跟进监督措施。二是行政机关需在指定期限内向检察机关作出接受或不接受检察建议的决定，并充分说明理由。对于接受检察建议内容的，应当将纠正的结果向检察机关进行通报；不采纳检察建议的，应当说明理由同时附上相关证据及说明。三是检察机关对于行政机关决定接受的检察建议应当进行备案，并跟踪行政机关的依法纠正；对于行政机关未采纳检察建议的，可以提请上级检察机关向该行政机关的上级行政机关提出检察建议，或者提请同级人大常委会对行政机关的行政违法行为进行监督。

（五）救济程序

行政机关如果对检察机关依法作出的具有法律效力的检察建议产生异议，应在规定的时间内，向本级和上一级人民检察院提请复议、复核。如在规定时间内未表示异议，则推定其接受检察建议。

（六）提起行政公益诉讼

在行政机关不接受检察机关的检察建议，或者虽然表示接受但在实际上不纠正其违法行为时，检察机关对其违法行为，如在符合提起行政公益诉讼的情况下，应当依法提起行政公益诉讼。行政公益诉讼是指对损害国家和社会利益的行政违法行为，由法律规定的国家机关和组织向人民法院提起诉讼的制度。我国检察机关提起行政公益诉讼的法律基础是检察机关的法律监督属性，检察机关通过提起行政公益诉讼，监督行政机关依法行政，实现和保护国家利益和社会公共利益。必须明确，检察机关在提起行政公益诉讼前应当先行向有关行政机关发出检察建议，督促其纠正行政违法行为，这种以检察机关发出检察建议作为诉前督促告知程序的制度设计，既能降低诉讼成本，节约司法资源，又能使得国家和社会公共利益得到及时有效的救济。

目前，行政检察工作处在重要的历史节点上，十八届四中全会《决定》对检察机关加强行政违法行为监督作出的重大改革部署将涉及行政检察工作的发展方向，涉及行政检察工作布局的调整，体系的构建。"检察监督范围扩展到诉讼外公权力的监督，符合检察监督的规律。"① 在逐步推进监察体制改革、

---

① 任学强：《论检察监督范围的扩展及其边界——以保障房项目检察监督为例》，载《河北法学》2015 年第 3 期。

加强对权力制约和监督的大背景下，社会各界对加强行政违法行为检察监督的愿望和呼声都很高，加强行政违法行为检察监督既符合党中央的要求，也适应社会大局的需要。综上所述，建立行政违法行为检察监督制度既能够从理论层面完善检察权的内涵，又能够使宪法宣告落实于制度层面；既能够弥补现有具体制度供给的不足，又能完善中国特色的法律监督体系的宏观架构。就加快建设法治政府的目标而言，在建立、完善其他法治因素的同时，行政违法行为检察监督制度具有独特的优势，是一条值得探索和实践的新路径。

行政违法检察监督相关问题探究

安仲伟*

　　《中共中央关于全面推进依法治国若干重大问题的决定》实现了对司法权力的重新合理配置，其中涉及检察机关的部分——"检察机关在履行职责中发现行政机关违法行使职权或者不当行使职权的行为，应当督促其纠正"阐明了检察机关行使监督权的另一种重要形态，丰富了检察监督权的内涵。应当注意的是，自 2014 年十八届四中全会至今已逾两年，检察机关提起公益诉讼虽已试点，成效显著，但因其本质上属于行政违法检察监督的组成部分①，故应当认为行政违法检察监督工作仍处于探索起步阶段，尚未全面铺开，只是局部开展。论述行政违法检察监督的法理逻辑，分析行政违法检察监督的实践困境，对于推动行政违法检察监督工作大有裨益。

一、行政违法检察监督必然性概述

（一）检察监督历史沿革下的一般监督权

　　论述行政违法检察监督的历史必然性不得不提的一个概念是一般监督权。一般监督权是指检察机关对国家机关、社会团体、公职人员和公民是否遵守法律享有的监督权。一般监督权的概念源起苏联，东欧社会主义国家深受影响，系统继承发展了一般监督权理论。中华人民共和国成立初期的检察机关亦享有一般监督权，但因特定时期政治理念之影响，该制度并未真正实行。待1978 年检察机关恢复建制后，虽延续了法律监督机关的宪政定位，但有关法律却完全取消了检察机关的一般监督权。在这种情况下，检察机关虽然宪法定位为法律监督机关，但却缺乏具体配套法律，法律监督权被严格限制在狭窄领

---

　　* 天津市河北区人民检察院民事行政检察科检察官助理。
　　① 笔者认为，行政违法检察监督的方式诸多，包括检察建议、支持起诉、公益诉讼等，故检察机关提起公益诉讼属于行政违法检察监督的应有之义，是行政违法检察监督的有机组成部分。2017 年6 月 27 日，全国人民代表大会常务委员会关于修改《中华人民共和国民事诉讼法》和《中华人民共和国行政诉讼法》的决定，正式赋予检察机关提起民事公益诉讼和行政公益诉讼的权力。

域。由于一般监督权的丧失，检察机关在公诉职能和监督职能之间摇摆不定，法律监督的性质在历次司法改革中备受冲击。

笔者认为，十八届四中全会要求探索建立检察机关督促行政机关履行职责和纠正违法，在某种程度上是检察机关一般监督权的复苏，是检察机关法律监督权的现实扩张。当然，必须明确，这里的行政违法检察监督权距离一般监督权仍有很大差别，对于我国检察机关是否应当享有一般监督权，学界也是争议颇大的，对此必须明示。探索建立行政违法监督机制，实质上突破了检察机关传统单一对行政诉讼进行事后监督的格局，将监督视野扩展到整个行政行为范畴，检察机关获得更大的自主权。这种变化是在宪法定位下的检察监督重新赋权，有利于体现检察机关的宪法定位，进而夯实检察机关法律监督的本业。从这一角度讲，探索建立行政违法检察监督体制是有其历史必然性的。

（二）行政违法检察监督的政策与法律基础

从 2011 年的《关于加强行政执法与刑事司法衔接工作的意见》，到 2014 年《中共中央关于全面推进依法治国若干重大问题的决定》，再到 2015 年的《法治政府建设实施纲要（2015—2020 年）》，上述文件均涉及检察机关督促行政机关纠正行政违法行为等内容，应该说行政违法检察监督在政策上是有充足的依据的。

行政违法检察监督有着明确且充足的法律依据。《宪法》第 134 条和《人民检察院组织法》第 1 条都对检察机关的法律性质进行了规定，即"中华人民共和国人民检察院是国家的法律监督机关"。《行政诉讼法》第 11 条规定，人民检察院有权对行政诉讼实行法律监督。《行政处罚法》《行政许可法》《行政强制法》中"法律责任"章节规定的"有关机关"均可理解为包括检察机关在内。上述法律对于行政违法检察监督都有着根本性授权规定。

应当清醒的看到，虽然行政违法检察监督在政策上和法律上有着充足明确的规定，但缺乏具体的可具操作性的配套规定，有学者甚至认为上述部分法律对检察机关的性质定位有失偏颇①。以上关于行政检察监督权的理论探讨和政策预设的实现，仅仅是为实践操作提供理论上的可能。要使行政检察监督权真正从"狭义"走向"广义"，还有赖于从现有的制度设计或者是制度修改中寻求合法支持和实施依据，即要进一步考虑关于行政检察监督权相应的立法规定。

---

① 如韩广新、张运萍等人撰文分析，现行《人民检察院组织法》第五条规定的法律监督权，是以刑为主，以诉为本的法律监督模式，而没有对行政审判、民事审判及行政执法活动实施检察监督的相应规定，给人造成检察监督只是对刑事侦查和审判监督的错误观念。

二、行政违法检察监督的现实困境分析

（一）行政违法检察监督与监察委员会职能的重叠冲突

2016 年 11 月 7 日，中共中央办公厅印发《关于在北京市、山西省、浙江省开展国家监察体制改革试点方案》，决定设立监察委员会，国家层面反腐机构再造改革拉开序幕。有学者认为，监察委员会成立后，其职能权责包括对行政机关的全面监察，这与行政违法检察监督可能存在交叉冲突，行政违法检察监督试点改革应当暂停，待监察委员会改革完成后另行确定。笔者对此持相反观点，监察委员会的监察职权与行政违反检察监督并行不悖，二者可以同时进行。

1. 性质不同。根据监察委员会改革方案，试点地区人民政府监察厅（局）、人民检察院反贪、反渎、职务犯罪预防等部门整合到监察委员会，党的纪律检查委员会与监察委员会合署办公。监察委员会由人大选举产生，向人大负责，故监察委员会实质上与行政机关、司法机关并列，均向人大负责并受其监督。监察权本质上是在新时期反腐工作中诞生的新型权力，与传统的立法权、行政权、司法权并立。而行政违反检察监督的权力性质属于检察权，从法律事实上讲①，检察权属于司法权，故行政违法检察监督权与监察权是属于两种截然不同的权力。

2. 目标不同。监察委员会是新时期反腐败工作深入推进的必然结果，王岐山同志也曾多次提过，监察委员会从本质上讲是反腐败机构。因此，监察委员会的职能目标很明确：推动制度创新，预防和惩治腐败，确保公务人员廉洁勤政。而行政违反检察监督的目标则是预防和监督行政机关不作为或乱作为，进而维护社会公共利益。笔者认为两者的目标任务虽有边缘重合，但其核心目标仍具有分别独立存在之意义。

3. 客体不同。根据监察体制改革精神，监察委员会的监察对象比较广泛，实现了对公职人员的全覆盖。具体到行政机关而言，监察对象就是行政机关工作人员。行政违法检察监督的对象是行政机关本身，是行政主体为或不为一定的行政行为。两者之间存在本质区别。司法实践中，当行政机关怠于履职或违法履职时，对于行政机关工作人员存在违反党的纪律或者违反国家法律的情形时，监察委员会可以进行监察；对于行政机关这一行政主体而言，则需要检察机关监督行政违法检察监督，要求其改正不当的行政行为或者采取其他措施，

---

① 作为法律事实，检察机关属于法律监督机关，所以检察权属于司法权。但从法学理论出发，检察权是属于司法权还是行政权，抑或是单独的权力属性颇有争议。

进而维护社会公共利益。当然,二者的工作可能存在衔接问题。

4. 监督措施不同。行政违法检察监督的措施主要针对行政机关整体而言,包括检察建议、支持起诉、申请禁制令或制止令、公益诉讼等,上述措施体现出检察监督的有限性和协同性。监察委员会的措施主要针对公职人员,主要包括谈话、询问、查询、冻结、调取、查封、扣押、搜查、勘验检查、鉴定、留置等措施。通过对比不难发现,二者采取的措施截然不同,由此导致的后果也截然不同。

(二) 行政违法检察监督与行政权力重心的冲突

司法实践中不能回避的一大难题是行政权一支独大的问题。在我国,80%以上的法律规范由行政机关来执行,行政权的运用既是执行国家法律规范的主要途径,也是实现国家职能的重要方式,更是实现依法治国方略的基本环节。行政行为的公定力、效力先定性、优益性等特点使之能够调动庞大的人力和物力资源,因此政府违法行政的危害必然比任何私权违法的危害更甚。从中国传统政治实践来看,行政机关一直是中国政治重心所在,财政系统、组织系统等隶属于行政机关,这造成了行政权力在权力圈中异常强大,包括检察监督在内监督方式流于形式,效果不大。内部监督的不力和外部监督的缺失导致行政权力"异化""设租""寻租"以及"缺位""失位"现象普遍,严重损害了政府权威和公信力,由此引发的信访事件层出不穷。

笔者认为,当前构建行政违法检察监督体系的核心矛盾在于平衡行政机关与检察机关的地位,改变行政权一支独大的局面,建立起稳定平衡的权力制衡体系。通过配合司法体制改革,尤其是人财物省级统管改革,将检察机关的财政、人事管理权限提升到省级,缓解甚至摆脱当前检察监督无力的尴尬局面。当然,这是一个缓慢而且全局的工作,应当统一安排,全面部署。值得一提的是,2017 年 3 月,吉林省检察机关向吉林省政府发出保护环境类检察建议书,这在全国尚属首例,具有良好的效果和示范作用。

三、行政违法检察监督的域外现状

建立行政违法检察监督体系是司法体制改革的重要内容,探索检察机关对行政违法行为实行法律监督的范围、方式、程序等是世界各国共同面临的课题。大陆法系行政法体系起源早,经历较长时间的发展完善,行政违法检察监督体系健全成熟;英美法系行政法体系起步较晚,但深受三权分立、权力制约理念的影响,发展出独具特色、符合国情的行政违法检察监督体系。借鉴其他法系国家关于行政违法检察监督的成熟做法对于构建中国特色行政违法检察监督体系大有裨益。

（一）法国行政违法检察监督

法国是大陆法系国家的典型代表，亦是大陆法系现代行政诉讼制度的发源地。通论认为，法国检察制度起源于 1799 年拿破仑一世设立的国家参事院，参事院下设检察处。后参事院逐渐演变为国家最高行政法院，检察处作为行政审判组织的有机组成，具有司法行政属性，全权代表政府观点，纠正行政机关违法行为，参与行政诉讼。

在私人利益救济方面，法国规定了完全管辖权之诉，该诉内容与国内普通行政诉讼基本一致，此处不作赘述。在公益诉讼方面，法国行政违法检察监督不可逾越的难题是检察资源有限困境。为此，法国行政法专门规定了"越权之诉"。法国 1872 年行政法律第 9 条规定，行政法院享有审理所有行政案件的最高权力并根据"越权行为无效"原则宣布各行政机构的行为无效。根据"越权之诉"的立法精神，凡认为公共利益受侵害的当事人或者代表团体可以向法院提起行政诉讼，要求行政机关为或不为一定的行为，抑或是对某种行政行为的合法性进行审查。需要说明的是，检察处专员可以参与全部行政诉讼案件的监督，不仅包括越权之诉，还包括完全管辖权之诉。检察官作为行政司法人员，享有案件优先审查权，有权在行政法院作出最后判决前，对所有的行政案件进行形式和实质审查，依法独立提出自己的审查意见，从而对行政法院的最终判决产生深刻影响。

由此可知，法国对行政违法行为的监督最终是通过行政诉讼实现的，但是检察机关全面参与，影响巨大。法国的行政违法检察监督主要由行政法院检察处执行，其检察监督的范围除公益诉讼领域外，还延伸至私人利益领域；行政违法检察监督方式主要通过诉讼程序进行，实现了由诉讼后监督到诉讼前审查的实质转变。

（二）德国行政违法检察监督

德国《行政法院法》第 35 条规定，在联邦行政法院内任命一名检察长，他可以参与联邦行政法院的每件诉讼，以维护公共利益。根据该条法律的规定，检察机关因监督行政违法行为之目的可无限制参与全部行政诉讼案件。与法国相同，德国检察机关在组织架构上亦隶属于行政法院，检察官具有司法行政官属性，接受政府的命令和指导。

在公益诉讼方面，德国设置公益代表人制度。所谓公益代表人制度是指检察机关指定联邦最高检察官、州高等检察官和地方检察官作为专门的公益诉讼代表人，分别参加联邦最高行政法院、州高等行政法院和地方行政法院的行政公益诉讼。根据《行政法院法》第 35 条第 2 款的规定，联邦行政法院给予检察长发言的机会。如果公益代表人认为法院判决有违公共利益之考虑，则可以自身名义提起上诉、请求变更。考虑到检察监督行政行为违法力量有限的现实困境，德国立法机关特别规定"民众诉讼"制度。所谓民众诉讼制度是指任何公民认为行政机关规范性文件侵犯了公民的权利，则无论是否存在具体侵权案件、是否涉及本人利益，均可向行政法院提出诉讼。民众诉讼制度极大的支持配合了检察机关对行政违法行为的监督，这种监督不仅限于具体行政行为，还进一步扩展到对抽象行政行为的监督。

同属大陆法系的法德两国在行政违法检察监督制度设计上大同小异：检察机关附属行政法院，对涉及公益、私益的全部行政案件均可介入调查监督；在公益诉讼方面，两国分别设置"越权之诉""民众诉讼"制度，扩大公益诉讼起诉主体和受诉范围，支持配合检察机关行政违法检察监督工作。

（三）英国对行政违法的检察监督概述

作为英美法系典型代表国家，英国行政违法检察监督制度较为完善，具有监督广泛、全面等特点。概述英国行政违法检察监督体系，不得不提的一个概念就是检察总长。英国的检察总长第一次出现在1461年，围绕"公民权利优先保护、公民权利制约司法权力"的价值轴心，英国检察制度不断发展完善，形成了包括行政违法检察监督在内的检察体系。

根据英国相关法律的规定，检察总长享有如下权力：（1）代表社会参加涉及公共利益和公共权利的所有诉讼，通过颁布训诫或宣言的方式加以保护；（2）经检察总长批准，允许私人或其他机关假借检察总长的名义提起行政诉讼，约束行政机关，维护公共利益。（3）公益诉讼中享有原告一切权利，发表评论，提出上诉。除此之外，若检察总长认为某一诉讼证据不足或与公益诉讼无关，可行使自由裁量权终止诉讼。

总的来讲，英国法律赋予检察机关极大的权力，保证了检察机关对行政机关违法行为监督的有效性。值得一提的是，为了解决检察资源有限的困境，英国法律允许民众假借检察总长之名义向法院提起行政诉讼，以申请禁止令或宣告令。通过上述方式在形式上将对民众私益的救济转变成公益救济，符合对保护私人利益所提起行政诉讼的主体要件。

（四）美国行政违法检察监督

根据《美国行政法》第28卷第518条第2款的规定，联邦总检察长可参与或争论他认为美国的利益要求他参与以及他认为美国感兴趣的任何民事或行政案件。如果认为政府行为影响国家社会利益亦或是危及全体公民的平等权利，联邦总检察长可以提起民事、行政甚至是刑事诉讼。为了更有效地行使检察职权，美国法律还规定了特别检察官制度和专职检察官制度。特别检察官制度是指总检察长任命某一检察官就某一特定公益诉讼案件进行调查并提起诉讼。专职检察官则代表国家参加与自身职权相关联的特定行政诉讼案件。

在解决检察监督资源有限这一问题上，美国采用"私人检察总长理论"。该理论起源和丰富于司法判例，根据该理论，美国国会有权在任何时候委托或授权个人或团体为公共利益之需要提出行政诉讼。不同于英国以私人借用检察长名义将私诉转为公益诉讼的方式，美国直接确立"私人检察总长"制度来解决检察资源的有限性。私人检察总长为公益提起行政诉讼时，应当通知司法部，司法部有权决定是否参加此次诉讼。私人检察总长理论使美国检察机构脱离无休止的细微诉讼，得以将有限的力量运用到对更为严重、复杂的违法行政行为的检察监督上。

法、德、英、美四国检察机关均具有行政司法属性，法律赋予较大的行政违法监督权力。需要注意的是，其对行政违法行为的监督均通过参与诉讼的方式实现。笔者认为，建构中国特色行政违法检察监督体系应当符合我国基本国情。笔者建议，当前中国检察机关开展行政违法检察监督应坚持如下原则：其一，监督对象以公益诉讼为主，行政行为侵犯私人利益的，由当事人自主诉讼。当事人对诉讼结果不服的，可向检察机关申诉。其二，检察机关对行政行为侵犯公共利益的监督主要通过诉讼的方式实现，可提起行政公益诉讼，享有上诉权、抗诉权等。除此之外，可通过检察建议、纠正违法等非诉讼手段予以监督。其三，法律授权普通民众、社会团体以自身名义对行政违法行为提起行政公益诉讼，检察机关支持起诉。

四、其他与行政违法检察监督相关的论述①

（一）行政违法检察监督基本原则

对于行政违法检察监督应当遵循的基本原则，学界早已论述详熟，在此不再赘述，主要包括依法监督原则、协同原则、借助外力原则等。对上述原则，笔者持赞成肯定态度。

值得一提的是借助外力原则。从理论上说，行政违法检察监督的范围包括所有的行政违法行为，包括违法的作为和违法的不作为、违法的行政处理决定

---

① 行政违法检察监督工作涉及要素众多，包括行政违法检察监督原则目标、行政违法检察监督范围与管辖、行政违法检察监督方式与效力、行政违法检察监督的程序等诸多方面。因学界马怀德、刘艺、姜明安、杨建顺、熊文钊等对此已有详尽论述，加之囿于篇幅，本文不再论述。本部分仅对笔者认为有争议的相关问题阐述笔者意见。

和违法制定的规范性文件。上述行政行为种类繁多，数量庞大，需要专业的行政知识和充足的人手开展工作。虽然当前开展行政违法检察监督具有现实紧迫性，但实事求是地讲，现阶段，检察机关民行部门的力量不足以独立开展行政违法检察监督工作，这种欠缺表现是多方面的，诸如人员配置、知识储备、制度设计等。因此，借助外力原则应当是被动的与实践妥协的结果。为了缓解这一矛盾，笔者认为，开展行政违法检察监督应当有选择性的在生态环保、食品安全、安全生产、征地拆迁等群众关注度较高的领域进行重点监督；同时检察机关应当尽快充实检察队伍，强化队伍建设，营造"打铁还需自身硬"的监督环境。

（二）行政违法检察监督试点工作

如前文所述，公益诉讼是行政违法检察监督的有机组成部分，公益诉讼自取得人大授权开展试点已逾半年，效果显著。毫无疑问，行政违法检察监督工作的开展亦需要通过试点获得可复制可推广的经验。这里备受争议的问题是，检察机关开展行政违法检察监督是否需要人大授权？有学者认为宪法、人民检察院组织法和其他相关法律都规定"检察机关是法律监督机关"，因此开展行政违法检察监督是其应有之义，无须另行授权。持相反意见的学者则认为，开展行政违法检察监督工作是党的十八届四中全会提出的司法改革重要组成部分，从政策制定到法律修改再到推动实施，需要获得法律明确的授权才更有依据。

笔者同意第二种观点。包括宪法在内的相关法律虽然规定检察机关是法律监督机关，享有监督权，但是考虑到当前的司法实践状况，若无法律明确授权规定，行政违法检察监督的开展工作将遭遇极大阻碍。加之监察委员会、行政强制措施检察监督等一系列改革措施同步进行，给行政违法检察监督预留的操作空间较小，在这种情况下，取得明确授权较为谨慎稳妥。必须注意的是，获得人大授权后，试点单位工作的开展要快更要有力度，以此获得可复制可推广的经验。待试点结束后，统一修改《人民检察院组织法》，夯实行政违法检察监督的合法性合宪性基础。[①]

（三）如何处理与侦查监督部门及两法衔接的关系

2011 年 2 月 9 日，中共中央办公厅、国务院办公厅转发国务院法制办等部门制定的《关于加强行政执法与刑事司法衔接工作的意见》，两法衔接工作

---

① 根据 2017 年 3 月召开的十二届全国人大五次会议第二次全体会议内容，全国人大常委会将于 2017 年修改人民检察院组织法，听取最高人民检察院关于全面深化司法改革情况的报告。

正式展开，至今已逾 6 年。根据上述文件精神，检察机关与行政机关逐渐对接，加强了刑事司法与行政执法的衔接工作，有力地支持了行政机关工作，维护了社会民众权益。必须指出的是，检察机关内部具体开展两法衔接工作的部门是侦查监督部门。①开展行政违法检察监督工作，必然会引起检察机关民事行政检察部门与行政机关有所交集，产生类似于"两法衔接"效果的工作衔接。这就导致一种矛盾：检察机关以何种身份与行政机关对接，坚持"两法衔接"与"行政违法检察监督"并立，还是成立单独的部门以统一的名义接触？

笔者认为，如果坚持刑事司法与行政违法监督并重，侦查监督与民行检察部门同时对接行政机关，容易造成工作重叠，效率低下，产生检察机关以不同身份介入的尴尬，极易引起行政机关的不满。笔者建议检察机关以统一的身份统筹协调刑事司法、行政执法与行政违法的关系。当然，这一问题的解决需要长远规划，全面考量。值得庆幸的是，检察机关侦查监督部门在"两法衔接"工作中已经积累了相当的经验，这为开展行政违法检察监督工作提供了有益参考。

（四）关于在"履职中发现"

十八届四中全会提出，"检察机关在履行职责中发现行政机关违法行使职权或者不当行使职权的行为，应当督促其纠正"，因此，开展行政违法检察监督工作的前提是在履行职责的过程中发现。王周户认为，"在履职中发现"范围过窄，排除了媒体、其他机关转交，或者公民检举申诉等情况，对此笔者持反对意见。传统意义上，检察机关受理案件可分为依职权发现和依当事人申请、申诉、控告两种方式，开展行政违法检察监督工作必须坚持在履行职责中发现有其合理依据。行政违法检察监督工作的开展面临诸多困难，若允许依当事人申请申诉控告，根据当前实际情况，检察机关受理案件数量必然呈现"井喷式"上涨，这与开展行政违法检察监督工作借助外力原则背道而驰。在检察机关民行部门办案力量弱小的情况下，势必极大增加检察机关受案压力，对于推动行政违法检察监督工作毫无益处。笔者认为，坚持在履职中发现原则符合当前司法实践，有利于推动行政违法检察监督工作稳步前行。待各项条件成熟后，再依法受理当事人申请、控告、举报的案件，符合司法实践规律，有利于推动行政违法检察监督工作稳步前进。

---

① 在中国知网搜索"两法衔接"这一关键词，共有 283 条搜索结果，内容多为全国各地开展两法衔接工作的相关报道。可见行政执法与刑事司法衔接工作已经卓有成效。

论行政强制措施检察监督的制度建构

金善达*

2014 年 10 月 23 日，党的十八届四中全会通过的《中共中央关于全面推进依法治国若干重大问题的决定》（以下简称《决定》）指出："完善对涉及公民人身、财产权益的行政强制措施实行司法监督制度。"行政强制措施作为行政机关广泛使用的一项权能，极易侵害行政相对人的合法权益。权力监督、内部监督、审判监督、舆论监督等传统行政权力监督方式无法满足行政权力制约和公民权利救济的需要。全会确立的行政强制措施检察监督制度，唤醒了这项被长期搁置的法律监督权，为检察机关行使法律监督权提供了广阔的政策空间。然而，理论和实践对检察机关直接监督行政强制措施的举措却缺乏必要的关注。笔者拟在规范诠释这项制度的基础上，分析这项制度与行政诉讼、行政复议的区别，并探讨其在当前政治和司法框架下的运行路径。

一、行政强制措施检察监督的嬗变轨迹及理论廓清

限制行政权力的扩张与滥用是世界法治发展趋势，也是法律设计的一个难题。法律设计既要为行政机关行使自由裁量权预留一定空间，又要保证这种权力的行使以不侵犯公共利益、公民权利为前提。行政强制措施等行政执法活动是法律实施的中心环节。"行政强制措施涉及领域广泛、实施主体多元、执法环境复杂、与人民群众关系密切、强制力度较大以及部分措施兼具即时性处分，故一旦措施出现错误或者失当，将直接影响公民的人身权和财产权。"[①]为规范行政强制措施的行使，我国构建了如下制约机制：

一是来自人大机关的权力监督。人大监督在我国具有最高权威和法律效力，但人大监督的对象以抽象行政行为为主，一般不针对具体行政行为。二是来自上级行政机关的内部监督。内部监督一般通过行政复议的方式来进行，但

---

* 上海市黄浦区人民检察院反贪局检察官助理。

① 路志强：《司法改革背景下行政强制措施检察监督研究》，载《兰州学刊》2015 年第 10 期。

复议机关和被申请复议机关是上下级关系，内部监督的独立性、专业性和公正性都难以得到保障。事实上，近年来我国的行政复议维持率也一直处于较高的水平。三是来自法院的审判监督。行政强制措施属于行政诉讼的受案范围，但行政诉讼需要耗费大量人力、物力和时间，无法适应行政强制措施紧迫性的特点。四是来自群众的舆论监督。舆论监督具有传播速度快，扩散面广等特点，但这种监督方式缺乏对事实真相的甄别和判断，制度性和常态性建设严重不足。社会舆论一旦被误导，容易干扰司法机关正常办案乃至引发群体性事件。

从当前政治架构和司法实务分析，检察机关监督行政强制措施的方式仅限于检察建议。虽然最高人民检察院 2009 年公布的《人民检察院检察建议工作规定（试行）》规定检察机关有权向涉案单位制发检察建议，但检察建议对行政机关不发生强制力，行政机关有权自主决定是否采纳和改正。[①] 实践中，行政机关"违法设立行政强制措施的种类和执行方式、违反法定程序采取行政强制措施、滥用行政强制措施、超范围采取行政强制措施、超时限采取行政强制措施，以及以行政强制措施代替行政处罚"等情形依旧屡见不鲜。[②]

宪法将检察机关定位于国家法律监督机关。[③] 例如，《人民警察法》第 42 条要求人民警察执行职务依法接受检察机关的监督。[④] 法律监督机关的职责是监督法律的正确实施，因而检察机关有权通过法律监督规范行政强制权的行使。实际上，当前检察机关的职能没有全面体现法律监督机关的性质，更无法有效担负法律监督职责。《人民检察院组织法》第 5 条将检察机关的监督范围严格限定在刑事侦查和审判监督，并未赋予检察机关监督行政强制措施的职权。[⑤] 也有学者认为，"检察机关通过诉讼监督实现对行政强制措施的间接监督也是行政强制措施检察监督的一类"。[⑥] 检察机关对行政诉讼的监督具备强制性，在客观上保护了行政相对人的合法权益，但审判监督的对象是人民法院

---

①　《人民检察院检察建议工作规定（试行）》第 3 条："人民检察院结合执法办案工作，可以向涉案单位、有关主管机关或者其他有关单位提出检察建议。"

②　路志强：《司法改革背景下行政强制措施检察监督研究》，载《兰州学刊》2015 年第 10 期。

③　《宪法》第 134 条："中华人民共和国人民检察院是国家的法律监督机关。"

④　《人民警察法》第 42 条："人民警察执行职务，依法接受人民检察院和行政监察机关的监督。"

⑤　《人民检察院组织法》第 5 条："各级人民检察院行使下列职权：（一）对于叛国案、分裂国家案以及严重破坏国家的政策、法律、法令、政令统一实施的重大犯罪案件，行使检察权。（二）对于直接受理的刑事案件，进行侦查。（三）对于公安机关侦查的案件，进行审查，决定是否逮捕、起诉或者免予起诉；对于公安机关的侦查活动是否合法，实行监督。（四）对于刑事案件提起公诉，支持公诉；对于人民法院的审判活动是否合法，实行监督。（五）对于刑事案件判决、裁定的执行和监狱、看守所、劳动改造机关的活动是否合法，实行监督。"

⑥　路志强：《司法改革背景下行政强制措施检察监督研究》，载《兰州学刊》2015 年第 10 期。

审判活动的合法性，本质上是对审判活动的一种监督，其目的在于限制审判权的滥用。正因为《人民检察院组织法》缺乏落实《宪法》的配套规定，行政权的检察监督在实践中被长期忽视。

在此背景下，《决定》指出："完善对涉及公民人身、财产权益的行政强制措施实行司法监督制度"。《决定》中也要求"强化对行政权力的制约和监督。"随后，最高人民检察院发布的《关于深化检察改革的意见（2013—2017年工作规划）》进一步对行政强制措施的检察监督制度进行了细化。① 中共中央、国务院出台的《法治政府建设实施纲要（2015—2020年）》也明确规定："检察机关对在履行职责中发现的行政违法行为进行监督，行政机关应当积极配合。"但此项工作在实践中尚处于探索阶段，没有权威的操作细则可循，各地试验缺乏统一性和规范性。

区别于西方国家以三权分立为核心的政治架构，我国实行人民民主专政。检察权的定位和职能有别于西方国家的司法权，因而我国并不能直接从大陆法系或者英美法系汲取可供借鉴的经验。《决定》要求检察机关对行政强制措施实施监督，是"解放思想"精神和"实用主义"思维在发生创新性作用："学习一切先进的社会治理经验"和"白猫黑猫，能抓老鼠就是好猫"。由于《决定》中提及的行政强制措施检察监督制度尚未落地，理论界和实务界对这项制度的理解亦存在分歧。笔者拟对行政强制措施检察监督的内涵做一解读。

（一）司法监督的主体宜理解为检察机关

一般认为，司法监督是指司法机关对行政机关及其工作人员职务行为的合法性进行监督。在我国，司法监督的主体即司法机关仅指人民检察院和人民法院。人民检察院亦被宪法定位于法律监督机关，监督法律在全国范围内的正确和统一实施。因而，检察机关是对涉及公民人身、财产权益的行政强制措施实行司法监督的当然机关。《决定》还指出："检察机关在履行职责中发现行政机关违法行使职权或者不行使职权的行为，应该督促其纠正。"从前后文逻辑看，《决定》实际上已经将行政机关违法实施行政强制措施或者不实施行政强制措施的行为纳入检察监督的范围。同时，《行政强制法》第六章设立的法律责任这一章节，明确规定了"有关部门"有权要求行政机关责令改正。如前

---

① 最高人民检察院于2015年2月公布的《关于深化检察改革的意见（2013—2017年工作规划）》指出："完善对涉及公民人身、财产权益的行政强制措施实行司法监督制度。推动扩大司法监督的主体范围，为检察机关监督行政强制措施提供法律依据。推动完善相关法律，为受到违法行政强制措施侵害的当事人提供便捷的司法救济途径。强化对行政强制措施实施过程的司法监督，及时纠正违法行政强制措施。"

所述，检察机关是当然的"有关部门"。这些无疑都是检察机关开展行政强制措施监督的政策和法律依据。

（二）检察监督的对象仅限于行政强制措施

《行政强制法》第2条和第9条分别对行政强制措施的概念和种类作出了规定，但必须注意以下两种特殊情形：① 一方面，行政强制措施必须与行政强制执行相区别。行政强制措施与行政强制执行在种类或方式上不易区分，两者可能是一个行为的两个阶段。例如，行政机关要求公民依法履行行政处罚义务，实施过程中可能包含对公民人身自由或者财物的暂时性限制，但其本质上属于行政强制执行。另一方面，《行政强制法》第3条规定，突发事件、金融业审慎监管措施、进出境货物强制性技术监控措施等属于特殊行政强制措施，不适用《行政强制法》的规定，而是适用《突发事件应对法》《传染病防治法》《食品安全法》《突发公共卫生事件应急条例》等相关法律规定。② "对于《行政强制法》之外的行政强制措施，也大多涉及到公民的人身、财产权益，将之作为检察监督的对象，纳入检察监督的范围是顺理成章的。"③

（三）作为监督对象的行政强制措施必须涉及公民人身权益或财产权益

理论界对《决定》中的"公民"是否包含"拟制的人"存在争议。有学者认为，检察监督应当仅限于公民被采取行政强制措施的情形，因为"相较于行政机关，甚至法人和其他社会组织，公民处于绝对的弱势主体地位"。④ 笔者认为，地位优劣对比都是相对于参照物而言的，社会组织乃至法人在面对行政机关时仍然是弱势群体，因此"这里'公民'应作广义的理解，不仅指自然人，还包括拟制的法人以及其他组织。"⑤《行政强制法》第9条列举了五

---

① 《行政强制法》第2条："行政强制措施，是指行政机关在行政管理过程中，为制止违法行为、防止证据损毁、避免危害发生、控制危险扩大等情形，依法对公民的人身自由实施暂时性限制，或者对公民、法人或者其他组织的财物实施暂时性控制的行为"。《行政强制法》第9条："行政强制措施的种类有：（1）限制公民人身自由；（2）查封场所、设施或者财物；（3）扣押财物；（4）冻结存款、汇款；（5）其他行政强制措施。"

② 《行政强制法》第3条："行政强制的设定和实施，适用本法。发生或者即将发生自然灾害、事故灾难、公共卫生事件或者社会安全事件等突发事件，行政机关采取应急措施或者临时措施，依照有关法律、行政法规的规定执行。行政机关采取金融业审慎监管措施、进出境货物强制性技术监控措施，依照有关法律、行政法规的规定执行。"

③ 王春业：《论行政强制措施的检察监督——以涉及公民人身、财产权益的行政强制措施为对象》，载《东方法学》2016年第2期。

④ 路志强：《司法改革背景下行政强制措施检察监督研究》，载《兰州学刊》2015年第10期。

⑤ 王春业：《论行政强制措施的检察监督——以涉及公民人身、财产权益的行政强制措施为对象》，载《东方法学》2016年第2期。

种行政强制措施：（1）限制公民人身自由；（2）查封场所、设施或者财物；（3）扣押财物；（4）冻结存款、汇款；（5）其他行政强制措施。前四项行政强制措施均涉及公民人身权和财产权，自然应当纳入检察监督的范围。此外，因为并不是所有的行政强制措施都涉及公民的人身权和财产权，如行政管制、限期整改等，因而在实务中需要对作为兜底条款的"其他行政强制措施"区分类别并分别对待。

二、行政强制措施检察监督的法律特征

现代行政法的核心精神在于"限权"，这与《决定》的要求在本质上是一致的。例如，《决定》中提出的检察机关、审判机关人财物省级统管的改革措施，便为检察机关依法监督行政机关提供了可能。有别于行政复议和行政诉讼，行政强制措施的检察监督具有以下法律特征：

（一）监督主体与被监督主体的对抗性

为获得制度探索的正当性和有效性，减少来自行政机关的压力，地方实验往往采行党委或人大牵头，检察机关与行政机关签署联合执法文件的模式。例如，河南省邓州市人民检察院征求当地党委和人大同意，建立了全国第一个由检察部门牵头、多部门参与的行政执法监督合作机制。① 类似的经验还有山东省人民检察院《关于加强检察机关法律监督工作的决议》、宁夏回族自治区人民检察院《行政执法工作与检察监督工作相衔接的若干规定》、浙江省永康市人民检察院《永康市行政执法检察监督暂行规定》、山东省莒南县人民检察院《关于行政执法检察监督工作的意见》等。上述合作式监督模式试图通过检察机关和行政机关的共同努力发现和纠正不规范的行政行为。但是，这种合作式监督模式一旦走出试用期，并由法律以制度的形式落实检察机关监督行政强制措施的规范性和有效性，相信行政机关未必乐于接受检察机关的"好意"。在行政机关看来，检察机关介入行政强制措施是对行政决定的一种质疑，这必然会引发行政机关的抵触。事实上，"只有野心才能对抗野心，唯有权力才能制约权力"。② 检察机关与行政机关不存在隶属关系，在行政机关与行政相对人之间保持中立。对抗式监督是分权制衡理论的理论支撑点和必然发展趋势，反而能够保证检察监督的客观性和公正性。

---

① 参见邓红阳：《邓州成立全国首个行政执法监督办公室》，载《法制日报》2007 年 11 月 23 日。
② ［美］汉密尔顿、杰伊、麦迪逊：《联邦党人文集》，程逢如等译，商务印书馆 1980 年版，第 232 页。

（二）检察权限制行政权的有限性

检察机关直接监督行政机关实际上关涉检察权与行政权边界的重新调整，因而必须明确权力行使的边界和规范权力的运行。检察权全面监督行政权，既无必要，也无可能。具体而言，检察机关对行政强制措施的监督有其特定范围、强度和深度。这种监督不能代替行政强制权，更不能干扰行政强制权的正常行使。一方面，从我国行政机关与司法机关的权限分工看，司法权不宜过多干预行政权，"行政自由裁量权是行政机关依法享有的专属权限，对其行使的合理性问题一般情况下行政权以外的公权力不得干涉"。[①] 另一方面，行政管理需要行政工作人员具备丰富的工作经验和专业知识，检察工作人员不可能具备所有行政专业知识。例如，食品安全执法便涉及工商、卫生、质监等多个部门的分工与协调；城建部门依据一定标准对建筑是否违章作出专业判断。这种有限性决定了检察机关监督行政强制措施不是一种全面监督，而只是在一些关键时间点、必要情形下的有限介入。例如，检察机关一般不宜参与行政决策的制定过程，但发现行政强制措施可能严重危害社会公共利益、引发群体性事件等严重后果时，应当予以及时介入。

（三）检察机关监督行政强制措施的及时性

有学者认为，行政强制措施的紧急性和暂时性决定了检察监督"更适合于结果监督和间接监督，唯有这样才能确保司法监督的公信力和权威性"。[②] 这种观点立足于防止检察权扩张引发的潜在风险，但却背离了《决定》设立这项制度的初衷。作为一种为实现其他行政管理目标而采用的临时手段，行政强制措施以国家强制力为后盾并要求行政相对人必须服从。这种行政权力存在为达到其他目的而被滥用的可能。相比较于其他行政行为，行政强制措施关涉宪法上最为重要的人身权和财产权，检察机关在关键时间节点的介入具有现实的紧迫性和必要性。如果检察监督跟行政复议、行政诉讼一样，事后对行政强制措施进行监督，那将使检察监督不能适应行政强制措施即时性和严重性的实际状况，不利于保障当事人的合法权益。"考虑到许多侵害行为具有不可逆转性，尤其是对涉及公民人身自由的行政强制措施造成的身体伤害和精神侵害，以及在即时强制措施中，监督不及时会造成危害后果的扩大或者损害无法弥补，从而失去监督的意义，故对这些行政强制措施实施同步监督，可以及时纠

① "行政执法检察监督制度研究"课题组：《健全行政执法检察监督：从问题到对策》，载刘艳红主编：《东南法学》（2016 年辑·秋季卷），东南大学出版社 2016 年版，第 199 页。

② 杨建顺：《完善对行政机关行使职权的检察监督制度》，载《检察日报》2014 年 12 月 22 日。

正违法行政强制措施或防止损害的扩大。"①

（四）行政强制措施检察监督的临时性

行政强制措施检察监督的及时介入，并不意味着检察权的扩张与滥用。因为检察机关对行政机关的法律监督仅限于中间性、临时性的审查，其目的在于引起行政机关足够的注意。行政强制措施作为一种具体行政行为，具有公定力、拘束力和执行力，检察机关在履行职责的过程中，要依法履行程序上的监督职能，而不是代替行政机关作出实体上的处分。从司法权力架构和司法职能分工来看，审判机关对行政强制措施的司法审查受到法律约束并谨慎行使，以避免过度干预行政权。一旦审判机关完全审查行政强制措施，事实上等于在行政机关上面多加了一个"行政上级"。这可能妨害行政机关有效地实施行政管理。如果检察机关对行政强制措施的合法性、合理性进行完全审查并代替行政机关或者审判机关作出决定，则不免具有越权之嫌。行政强制措施法律监督程序之设计与实施必然要考虑到便利检察机关、行政机关正常履行职责和行使国家公权力，切不可因程序设计上的缺陷和实施中的困难而降低行政效能和检察权威。

三、行政强制措施的检察监督、行政复议与行政诉讼

行政相对人认为权利受到行政强制措施的不当侵害后，可以在行政复议、检察监督与行政诉讼中作出制度选择，以在最大程度上和最便利条件下维护自身权益。虽然行政强制措施检察监督的确立让行政相对人在行政复议与行政诉讼外多了一个司法救济的渠道，但是对于如何理解检察监督与行政复议、行政诉讼的关系以及在不远的将来如何实现这三者的程序衔接，是摆在立法者和司法实务工作者面前的一个现实问题。三者的适用对象、启动条件、程序设计以及边界厘清本质上涉及行政强制措施检察监督在整个行政限权体系以及司法架构和职能中的定位问题。

"良性的制度竞争立足于提高制度产品的质量，可以为公民提供更多的福利，最终有利于公民权利的实现和现有制度结构的改善。而恶性的制度竞争，则更多地从打击其他制度提供者出发，"争案源"背后的动机不是为民谋福利，而是部门利益的体现。从长期来看，这不仅无助于人民福利的实现还会进一步使现有的制度结构瘫痪。"② 行政强制措施检察监督的制度设计不仅要避

---

① 路志强：《司法改革背景下行政强制措施检察监督研究》，载《兰州学刊》2015年第10期。

② 胡明：《行政执法检察监督过程分析——兼议违法行政预防与纠正机制的构建》，载蒿峰主编：《东方行政论坛》（第二辑），山东人民出版社2012年版，第170页。

免可能发生的恶性制度竞争，而且还要使三项制度在各自的范围内规范运作并实现有效衔接。

检察机关启动行政强制措施检察监督程序以当事人申请为前提。检察机关在依法履职过程中发现行政机关违法行使行政强制权并认为应当履行法律监督职责的，应当征得行政相对人的同意。《行政复议法》和《行政诉讼法》分别设定了行政复议和行政诉讼的受案范围。如果当事人不服行政强制措施决定并选择上述途径维权，检察机关应当尊重当事人的选择。当然，向行政机关提起复议或向人民法院提起诉讼并非为向检察机关申请监督的前置程序。行政相对人既可以先行申请复议和诉讼，也可以径行向检察机关申请监督。若行政相对人同时申请行政复议、行政诉讼和检察监督的检察机关应当告知行政相对人继续履行行政复议或行政诉讼程序，除非行政强制措施本身严重违法或者继续履行行政强制措施义务，可能对当事人人身和财产造成重大损害。

四、行政强制措施检察监督的理念转换与路径建构

从司法改革的基本规律看，任何制度的创立和实施都是一个不断健全和完善的过程。行政强制措施检察监督制度的建构关涉行政机关、检察机关和审判机关的权力划分和职能调整，更应以法律和制度作为其基础支撑。因而，建立行政强制措施检察监督制度更应审时度势，进一步深化试点改革，不断在试点中总结问题和经验，一步一个脚印，促使其积极稳妥地良性发展。

（一）拓展和畅通检察监督的线索来源渠道

依据线索来源渠道的不同，检察监督程序之启动分为依申请启动和依职权启动。前者是指行政相对人或利害关系人向检察机关提交案件线索并申请检察机关提起监督，这是最传统最基本的线索来源。后者是指检察机关在履行职责中发现违法行政活动并督促相关行政机关整改，这部分线索来源也包括党委、人大、政协交办的案件，以及审判机关和上级机关移送的线索。然而，初创阶段的行政强制措施检察监督制度本身存在一定缺陷且并不为广大民众所知晓。基于对意思自治性的尊重和保护，行政相对人或利害关系人也有权自由扬弃实体权利和诉讼权利，除非当事人迫于行政机关的权威、强势和压力而不敢申请检察监督。这项制度同时面临着"行政复议"和"行政诉讼"的竞争，检察监督在尚未获得社会知晓度和公信力之前很难确立比较优势。

为解决当前面临的线索孤立、成案率低等难题，检察机关不仅应当健全已有的线索来源渠道，更应不断尝试拓展新渠道。一方面，不断完善控告申诉科、监所检察室、社区检察室等传统线索渠道，并尝试建立常驻政府机关检察室，特别是公安、工商、卫生等经常行使行政强制权的单位，直接受理行政相

对人的申诉和控告。另一方面，利用行政执法大数据建立"执法信息库"系统，检察机关通过"执法信息库"审查行政机关采取行政强制措施的合法性。行政区划内的行政执法部门通过网络互联的方式及时将各自执法信息通过网络输入信息库并在指定期限内实时更新，实现行政执法信息共享，自觉接受检察机关的法律监督。

（二）构建行政强制措施检察监督的初步调查程序

检察机关主动发现或者依申请得到初步证明材料后，应当依法启动检察监督程序。初步证明的衡量标准只要求行政强制措施存在违法的可能，而不要求证明违法的证据确实充分。检察机关在启动法律监督程序后，一般情况下以书面审查为主，必要时还可以进一步调查核实，全面细致地了解案情。为保证实质性地介入行政机关的执法活动，检察机关有权向行政机关调取案卷材料，审查和保存案件证据材料，并约谈相关人员，行政机关应当予以配合，行政机关应当对其实施行政强制措施的合法性承担举证责任。调阅复制行政机关的有关材料，询问相关人员，涉及专门技术问题的，检察机关应当派遣专家协助调查。

虽然《决定》并未界定行政强制措施检察监督的审查标准，但是检察机关对行政强制措施的法律监督并不是全面审查，而是应当仅限于合法性审查。根据《行政强制法》第 4 条的规定，合法性标准包括权限合法、范围合法、条件合法和程序合法。① 如前所述，根据《决定》精神，行政强制措施法律监督的对象是行政机关违法实施行政强制措施或者不行使行政强制措施的行为。无权的行政机关行使行政强制权、有权的行政机关滥用行政强制权以及有权的行政强制机关懈怠使用行政强制权等行为都是行政强制措施法律监督的对象。其中，作为类案件的审查标准包括权限、范围、条件和程序；不作为类案件的审查标准包括主体资格和职责、实施行政强制措施的必要性与可能性。

（三）完善和强化行政强制措施检察监督的方式

《决定》原则上赋予检察机关对行政机关违法行使职权和不行使职权的行为进行督促并立即纠正的权力，却并未落实相关配套保障和制约机制。"既然'制约'是一种阻止、约束权力非法运行的活动，制约者本身就必须具有因制约所需的实力和法律地位。"② 然而，现实中检察机关对行政机关的监督和制约在手段和方式上均受到限制。检察机关只有具备一定制裁力的刚性手段，才

---

① 《行政强制法》第 4 条："行政强制的设定和实施，应当依照法定的权限、范围、条件和程序。"

② 胡玉鸿：《"以权利制约权力"辨》，载《法学》2000 年第 9 期。

能对行政机关违法行使强制权或不行使强制权产生足够的威慑力。结束初步调查程序之后，检察机关认为应当履行法律监督职责的，应当依照以下方法处理：

一是提起行政公诉或者支持公民起诉。行政公诉，是指为了保障不特定多数人的利益不受损害，在无人起诉或当事人无法起诉等情况下，由代表公共利益的检察机关针对行政机关侵害公共利益的违法行为提起诉讼。公民因各种原因不敢或者不能提起行政复议、行政诉讼争取自身权益的情况比较多见，但检察机关提起行政公诉必须同时满足行政机关可能侵害社会公共利益的情形。公民因行政机关违法实施行政强制措施受到人身或财产损害的，有权依据《行政强制法》第 8 条的规定要求行政机关赔偿，检察机关应当支持这类诉讼，并要求纠正违法行政强制措施。①

二是向涉案单位制发刚性检察建议。检察机关初步调查程序结束以后，有权向涉案单位发出重大、重点或者一般检察建议，要求行政机关立即进行改正并将改正情况反馈给检察机关。行政机关应当在规定时限内回复检察机关并提供相关证据。行政机关在收到检察机关的通知后，没有在规定的时限内回复检察机关或者回复的内容不符合要求的，检察机关（检察长）有权通过上级检察机关向涉案单位的上级机关提出异议，并要求予以纠正。行政机关收到检察建议的性质、数量以及纠正违法的反馈情况等应当成为部门考核、人员奖惩、政府工作报告的重要组成部分。当地人民代表大会应当依法对这类情形履行监督权，对这部分政府工作报告进行审议并及时向社会予以公布。

（四）加强对检察机关行使法律监督权的监督

这项制度一旦确立，检察权获得了监督行政强制措施的法律授权，但也可能出现检察机关权力寻租、部门膨胀等一系列问题。这也正是制度建构者需要回答的"谁来监督监督者"的问题。检察权力自身受到限制是行政强制措施检察监督制度的正当性源泉。但是也应该看到，检察权在与行政权的比对中处于相对弱势的地位，以及当前司法权威明显不足、司法公信力普遍不高的现实，因而还应当通过以下方式限制检察机关监督行政强制措施的行使：

一是深化检察监督信息公开。公开，是现代司法活动的基本要求。监督公开不仅有利于保障相对人的利益，也是检察机关寻求监督活动正当性的一种重要方式。检察机关行使法律监督权的节点信息和处理结果应当及时向相关利害关系人公开，及时说明基本情况和理由，切实做到检察信息公开，增加检察监

---

① 《行政强制法》第 8 条："因行政机关违法实施行政强制受到损害的，有权依法要求赔偿。"

督活动的透明度，接受当事人和社会公众的监督，进一步提升司法权威和司法公信力。

二是严格落实程序法定原则。程序法定原则符合现代法治的基本要求，体现了诉讼公正理念和国家主权原理，因而得到大多数法治国家的认可和确立。程序合法是检察机关审查行政强制措施的一项重要内容，检察机关在依法监督行政机关行使强制措施时，也必须遵循法定的程序、步骤和方法。其目的在于规范检察机关依法行使监督权力。根据该原则，检察机关依法监督必须严格按照相应的审查标准、审查条件、法律后果来行使监督权。

三是赋予被监督机关复核请求权。行政机关认为同级检察机关监督行政强制措施不当，干预了行政强制措施正当运行的，有权通过上级行政机关向上一级检察机关提请复核。如果上一级检察机关认为下级检察机关监督行政强制措施不当的，应当要求下级院纠正或者直接撤销下级机关的决定，并及时通知提出复核的行政机关；如果上级检察机关认为行政执法检察监督决定并无不当，则应当及时答复提出复核请求的行政机关，并说明理由。

嬗变、规律与启示：
人民检察监督制度考察的检察史视角

刘　毅[*]

检察监督制度史，是按检察职能分工这一标准所划分出的隶属于检察制度史的一级下位概念。而久存于检察监督职能受重视程度不断提高和相关理论支撑尚乏力度之间的矛盾，使得从检察史的层面梳理检察监督制度的发展脉络并探寻蕴含于其中的沿革规律，以为检察监督职能的充分履行提供较为科学和扎实理论基础之研究的重要性就愈加凸显。

一、人民检察监督制度的历史脉络

人民检察监督制度，以第二次国内革命战争时期中央苏区检察制度中相关规范的初创为滥觞，在战争与和平中不断得到淬炼而传承至今。因此，对检察监督制度的回溯性探讨，根据不同历史时期可划分为如下几个阶段：

（一）创建期：中央苏区时的检察监督制度

对包括检察监督制度在内的检察制度的探索和尝试性建设，实际上与苏维埃政权的建立相同步。1931 年 11 月 7 日，中央苏维埃临时中央政府在江西瑞金宣告成立，紧跟这一"山坳里的开国大典"，《工农检察部的组织条例》于当月经第一次全国工农兵代表大会讨论通过。这一文件首次使用了"检察"作为苏维埃政府组织机构的名称，且其职权具有较为明显的监督色彩。如该条例第 5 条规定：

工农检察部的任务，是监督国家企业和机关及有国家资本在内的企业和合作社企业等，要那些企业和机关，坚决地站在工人、雇农、贫农、中农、城市贫苦劳动群众的利益上，执行苏维埃的劳动法令、土地法令及其他一切革命法

---

[*]　江西省吉安市人民检察院副主任科员。

令，要适应某阶段的革命性质、正确地执行苏维埃的各种政策。①

与此同时，该条文又具体通过五项规定了工农检察部的具体职权，其中尤需注意戊项之规定：

若发觉了犯罪行为，如行贿、浪费公款、贪污等，有权报告法院，以便施行法律上的检查和裁判。②

如果说工农检察部的其他职权规定更多地体现出"监察"的属性，那么该项规定便赋予了早期检察组织以刑事司法性质的检举和监督权。然而不可否认的是，这是一次受制于时代局限而较为不成熟的制度探索。③真正意义上的检察监督制度还未建立起来。一年之后，《中华苏维埃共和国裁判部暂行组织及裁判条例》出台并成为第一部明确规定检察监督职能机构的法律文本，而其中对终审裁判的抗议权的规定则无疑具有刑事审判监督的性质。立法混乱下各种文本之间的冲突，使得这一时期检察制度体系并非单一的，检察监督的职能规定和行使亦相对混乱，既包括各级裁判部的检察人员，又包括工农检察委员会的检察人员。

（二）发展期：1937—1949 年间的检察监督制度

1939 年颁行的《陕甘宁边区高等法院组织条例》顺应抗日战争形势下各革命根据地的具体情况，在继承"审检合署"这一模式下对检察监督制度进行了丰富。该条例规定检察官享有案件裁决权、公益诉讼代表权和判决执行监督权，其中公益诉讼代表人资格的赋予实则是当今民事法律监督权雏形；1941年制定的《晋冀鲁豫边区高等法院组织条例》第 15 条第 7 款规定了检察长的控告权，"对高等法院判决如有不同意见，有权向边区政府提出控告，边区政府接受其控告可组织特别法庭或交还高等法院复审"④，此即属判决裁定的抗诉权。1943 年《晋察冀边区法院组织条例》在执行上更是规定了对刑事裁判执行的指挥权。这些法律文本的规定无不显示出这一时期的检察监督权已朝具体化方向发展。

解放战争时期，检察监督制度在原有的基础上得到进一步的完善。1947年草订的《关东各级司法机构暂行组织条例草案》不仅规定了实行上诉、指

---

① 载 http：//blog. tianya. cn/blogger/post_ read. asp？ BlogID = 317481&PostID = 17876670。

② 载 http：//blog. tianya. cn/blogger/post_ read. asp？ BlogID = 317481&PostID = 17876670。

③ 如《工农检察部的组织条例》第 12 条规定："工农检察机关如发觉各机关内的官僚主义者或腐化分子，有必要时可以组织群众法庭，以审理不涉及犯法行为的案件。"审判机构竟能够为工农检察部所组织设立，足见当时制度之不成熟，具有现代意义上的纯粹的检察机关尚未建立，工农检察部更多的体现出监察性质。

④ 转引自高洪海：《解放时期的探索》，载《检察日报》2007 年 3 月 30 日。

挥刑事裁判执行等一系列职权，更进一步规定了检察官的一般监督权——"关东所有各机关社团，无论公务人员或一般公民，对于法律是否遵守之最高检察权，均由检察官行使之"①。且不论其可操作性强弱以及实际效用的大小，通过监督范围的扩大化所彰显出的检察官监督职能的专门化的制度设计特色无疑使极为鲜明的。除此以外，《关东高等法院通知》亦规定，民刑庭诉讼案件由民行庭长秉承院长和检察官的旨意进行处理，对民事诉讼检察监督从制度上进行了进一步的明确。

（三）曲折中前行：1949 年至今的检察监督制度

经历了土地革命战争、抗日战争和解放战争三个阶段的洗礼，检察监督制度在探索中不断获注新的血液，体现出极强的制度生命力。这一本应该继续保持稳步发展的优越制度，在中华人民共和国成立后却因受特殊历史因素的影响，伴随社会的动荡和稳定呈现出鲜明的曲折发展的运动轨迹。为更为直观地反映出这一脉络，笔者根据中华人民共和国成立后先后出现的不同的法律文本绘制出表一：

表一　中华人民共和国成立后各类法律规范中检察监督制度的规定

发展时期	法律文本	规范条文	备注
沿袭与发展期	《中央人民政府最高人民检察署试行组织条例》	第3条第1款之第2—5项：刑事判决、裁定监督（抗诉权）；检所检察监督；控申监督；民行检察监督	仅为职权性规定，缺乏实施细则
	1954年《宪法》	第81条：一般监督权	提出一般监督，扩大监督内涵
	1954年《检察院组织法》	第3条：一般监督权第4条：一般监督、侦查监督（第3项）；审判监督（第4项）；刑事判决执行监督、监所检察监督（第5项）；民事诉讼监督（第6项）	增加了侦查监督、刑事判决执行监督；取消了行政诉讼监督
虚无与中断期	1975年《宪法》	第25条：检察机关职能由公安机关行使（第2项）；特殊案件开展群众讨论批判（第3项）	取消检察职能独立性；夸大非检察监督

①　载 http://blog.tianya.cn/blogger/post_read.asp? BlogID=317481&PostID=17876670。

发展时期	法律文本	规范条文	备注
恢复与重建期	1978 年《宪法》	第 43 条：一般监督权	恢复检察机关，重提一般监督权
	1979 年《人民检察院组织法》	第 5 条：侦查监督（第 3 项）；审判监督（第 4 项）；刑事判决执行监督、监所检察监督（第 5 项）；第 6 条：控申法律监督	取消民事诉讼监督，增加控申监督
	1979 年《刑事诉讼法》	侦查监督、审判监督（含审判活动监督和判决、裁定监督）、刑事执行监督、监所检察监督	增加对刑事裁定执行监督
	1982 年《宪法》	第 127 条第 2 款：审判监督	取消一般监督权
	1993 年《人民检察院组织法》	第 5 条：侦查监督（第 3 项）；审判活动监督（第 4 项）；刑事判决、裁定执行监督，监所检察监督（第 5 项）；第 6 条：控申监督	增加对刑事裁定执行监督
	1995 年《检察官法》	第 6 条第 1 项：法律监督	提出检察官为法律监督主体
	1997 年《刑事诉讼法》	第 8 条：法律监督；立案监督、侦查监督、审判监督（含审判活动监督和判决、裁定监督）、刑事执行监督、监所检察监督	提出检察官为法律监督主体；增加立案监督
	1999 年《人民检察院刑事诉讼规则》	立案监督、侦查监督、审判监督、刑事执行监督、监所检察监督	继承了 1997 年《刑事诉讼法》的规定
	2002 年《检察官法》	同 1995 年《检察官法》	同 1995《检察官法》
	2012 年《刑事诉讼法》	立案监督、侦查监督、审判监督、刑事执行监督、监所检察监督	同 1997 年《刑事诉讼法》，但实际上已经囊括随后出台的《刑诉规则》中的数种检察监督种类

续表

发展时期	法律文本	规范条文	备注
恢复与重建期	2012 年《人民检察院刑事诉讼规则（试行）》	立案监督；侦查活动监督；审判活动监督；刑事判决、裁定监督；死刑复核法律监督；羁押和办案期限监督；看守所执法活动监督；刑事判决、裁定执行监督；强制医疗执行监督	细化了相关划分，如将侦查监督区分为侦查活动监督和羁押、办案期限监督（也针对法院）；将审判监督划分为审判活动监督、刑事判决裁定监督和相关的执行监督，同时增加针对特别程序的检察监督，检察监督的种类空前丰富
	2012 年《民事诉讼法》	第 14 条：民事审判活动法律监督；第 185 条：民事判决、裁定监督	规定民事审判活动的检察监督，在细则上规定了民事判决、裁定监督
	1990 年《行政诉讼法》	第 10 条：行政诉讼法律监督；第 64 条：行政判决、裁定监督	规定行政诉讼的检察监督原则，在细则上规定了行政判决、裁定监督

　　若不考虑"虚无与中断"这一阶段，则不难发现中华人民共和国成立后的检察监督制度仍在丰富和细化的过程中朝前发展，只不过在中间这一较为特殊的历史时期，由于检察机关本身即被撤销，检察监督这一维护法律运作和保障公民人权的重要制度遭到践踏便不足为奇了。

二、人民检察监督制度的沿革规律

　　自人民检察监督制度在 1931 年《工农检察部的组织条例》萌生伊始，检察制度既经历了土地革命战争时期的创建、抗日战争和解放战争时期的发展，同样也经受了中华人民共和国成立后特定历史时期下的曲折考验。任何历史的发展均有其必然性，而检察监督制度沿革的必然性，便蕴藏于如下规律之中。

（一）检察监督之对象：从"笼统"到"明晰"

进入检察监督视野之对象，在各个历史时期并非是完全一致的。从站在检察官立场的另一更具主动性的角度而言，检察监督力量在不同时期所渗透的领域不尽相同。然而，从笼统化走向明晰化，却是检察监督在监督对象上变化的重要趋势。这一规律的形成根源于两项因素：一是社会分工细化所带来的职权的明确；二是保障人权层面上对公权力保持谦抑的要求。如受制于权力分工不明的因素，初创于中央苏区的检察监督制度显得较为幼稚，以致纯粹意义上具有司法权属性的检察监督尚未完全形成，使得监督无法确定具体的对象，监督的效果大打折扣。另外，一般监督权从提出到呼声高涨再到淡化，反映出权力行使明确性和有效性的制度要求。在一般监督的情形下，由于检察监督权的非明确性，规范基础的缺乏大大制约了其运作的有效性，而一旦滥为使用，又极容易造成对它种权利的侵害。因此，晚近的立法都倾向于出台能够使检察监督权得以有效运作的制度规范，而抛弃旧有的"一般监督"口号式的呐喊。其中的关键又在于明晰检察监督的对象，使检察监督能够集中精力投入到必要的领域，收获良好的监督效果。

（二）检察监督之机构：从"附属"到"独立"

这一规律主要体现为"检审合署"向"检审分立"发展的刑事诉讼结构性模型转化之中。从检察史的角度看，我国行使检察监督职权的机构不仅仅经历了附属到独立的演变过程，其经历甚至是从无到有。在土地革命战争早期，作为检察监督主体的机构尚未设立，1934 年颁行的《中华苏维埃共和国中央苏维埃组织法》只是规定在中央执行委员会之下的最高法院设置正副检察长数人，检察署这一组织机构尚属虚无。发展到抗日战争的陕甘宁边区，检察处在高等法院的设置才称得上真正意义上的检审合署。直到中华人民共和国成立前的解放战争时期，检审合署的组织结构模式在部分地区仍未得到扭转，如关东地区仍流行着将检察官设置于高等法院内部的做法，而某些地区则已经开始了检审分立的制度尝试。如陕甘宁边区政府在 1946 年 10 月 19 日发布命令，将陕甘宁边区高等法院检察处改为陕甘宁边区高等检察处，这一奠定检察机关独立性的做法在中国检察制度史上无疑具有里程碑的意义。它使得检察机关在摆脱附属地位而享有独立地位的情况下也具备了独立行使包括检察监督权在内的前提条件，对于检察监督职能的发挥无疑具有重要的意义。

（三）检察监督之方式：从"模糊"到"细化"

从某种意义上而言，检察监督方式的细化和检察监督对象的明晰化是制度沿革在两个不同层面的体现。易言之，伴随着新的制度规范的引入与确立，检察监督的形式也在不断的变化之中。如在 1979 年《刑法》出台之前，包括强制措施（如取保候审）和刑罚执行措施（如减刑、假释）在内的刑事司法制度尚未真正建立，检察职能的监督在"皮之不存"的情况下自然缺乏监督的基础着力点。而在相关制度被确立之后，检察监督是否需要介入以及如何正当有效介入就成为需要解决的问题而进入立法者的视野。与此同理的又有如强制医疗检察监督的提出。在强制医疗程序为刑事诉讼法确立之前，对相关问题进行检察监督因缺乏对象而无从下手。正是在这个意义上，检察监督的方式受制于对象，监督对象的丰富同时必然拓宽检察监督的方式和手段。此外，监督对象的丰富和细化同样使得检察监督方式必须保持同步性的细化，方能够满足不同种类的监督需要。如在将作为监督对象的刑事审判区分为刑事审判活动和刑事判决、裁定两个支系时，与此相配套的刑事审判活动监督和刑事判决、裁定的监督方式才有可能在不同的领域得到探讨和丰富。

（四）检察监督之主体：从"混杂"到"分工"

伴随着检察监督对象的丰富和方式的细化，作为专司检察监督权力的检察官在分工上亦不断从混杂转向精细化。当然，这一规律的体现也可以从内设于检察机关内部的各职能机构的设置流变反映出来。如在人民检察制度产生的早期，受检察监督职权尚不明确和职能分工本身并不明晰的制约，相关的制度规范仅仅是规定由检察官行使对某些事务的监督权，在这种模式下，似乎每一位检察官均无一例外地可以成为检察监督的主体。然而，伴随着职能分工的细化，检察机关内部的职能部门越来越多，不同的职能部门负责分担不同的检察监督职责。这一特征在 1997 年之后的《刑事诉讼法》和《人民检察院刑事诉讼规则》中开始出现，并集中彰显于 2012 年《人民检察院刑事诉讼规则（试行）》的修订之中。比较前后两部《刑诉规则》不难发现，检察机关内部对于检察监督权的划分行使更加精细化，如原先仅有公诉部门检察干警行使的刑事判决、裁定法律监督同时也赋予了刑事执行检察部门的干警，而死刑临场监督更是直接赋予到刑事执行检察部门之上。这些制度设计都充分反映出检察监督主体在分工中不断得到细化，专业化程度亦随之越来越高的特色。

三、检察监督制度沿革规律之启示

无论是从以上对检察监督发展轨迹的分析和规律的把握，抑或是对流露于各时期法律文本之中立法者之立法价值取向的揣度，都不难感受到"轻监督"的检察理念正逐步在不自觉中走向弱化。"强化检察监督、维护公平正义"成为新时期主导性的检察新理念。概言之，应从以下几个方面积极吸取相关规律带来的启示。

（一）须愈加重视检察监督的运作价值

长期以来，在检察职能的履行上，"重控诉，轻监督；重打击，轻保护"成为影响检察官内心的主导型执法理念。然而，这一现象的出现并非是偶然的，有着深刻的历史和文化根源。如前所述，在包括检察监督在内的检察制度探索和尝试性建设阶段，受特殊历史时期下阶级斗争的影响，检察制度更多的是被作为阶级斗争和根据地建设的有力手段，因而工农检察部等具有一定"检察"色彩的组织机构在缺乏现代司法理念指引的情况下更多地发挥着纠举和指控不法和犯罪的作用。这种情况普遍存在于中华人民共和国成立前各个革命根据地，其影响更深刻渗透到中华人民共和国成立后的近三十年间，尤其是在人权遭受严重践踏的"文革"时期达到极致——检察机关被人为取消，检察监督走向虚无。不可否认，各时期的法律规范在建设和巩固革命根据地的方面发挥了重要的作用，但由于检察监督长期无法成为立法者所关注和乐于泼墨的领域而缺乏较为完善和扎实的规范基础，进而影响到促进检察监督机制发挥效用的文化土壤迟迟未能培育起来。随着社会经济的发展和人权保障理念在各个层面尤其是司法领域的渗透，检察监督的作用将越来越被重视，这就要求当代检察官要更多地将关注的目光聚焦到检察监督的运作价值上，切实履行好宪法和法律赋予自身的这一职责。

（二）须逐渐强化检察监督的主体角色

由于制约诉讼机制自律性的监督观念长期未能真正配置，检察官在很多场合无法认识到自身所具有的"法律监督者"的主体身份，检察监督的主体角色意识尚未臻强化。无论是检察监督地位从附属走向独立化，抑或是检察监督主体从混杂走上专业化，都无不例外地体现出监督者地位独立化和职责专业化的规律，这就决定到检察监督主体角色意识将不断得到强化的必然。在检察监督制度的早期探索中，由于检察监督职能本身即不受重视，对同一时期的检察官把握好自己的监督者角色的要求显然是不契合于实际的。伴随着检察机关从设置走向独立，检察官的地位也不断得到提高，这一趋势使得检察官逐渐具有了重新反思自身职责和把握自身角色的环境；而检察监督分工的细化，一方面能够促使检察机关内部不同职能部门的检察官更强烈地意识到自己的监督职责，另一方面其监督角色的强化反过来又同样激化了检察监督从粗疏走向精细，从混杂走向分工，二者实则属于互相激发和促进的关系。在检察监督作用不断被重视的今天，督促监督者从内心确立牢固的监督角色就势必成为时代的选择和历史的必然。

（三）须不断丰富检察监督的运作规范

"任何一项制度，即使是一项非常好的法律制度，要让它真正发挥好的效用，起到保障公民财产和权力的作用，就必须辅之以相配套的措施，营造一种使其扬长避短的环境。"[1] 如前所述，诉讼规范的细密化程度越高，就要求与之相应的检察监督规范被制定出来，以使检察监督能够更有效地在不同的诉讼程序中发挥应有的作用。正如强制医疗程序为刑事诉讼法所确立之后，如何制定能够与之相配套的强制医疗检察监督细则，以规范强制医疗程序在法定范围内合理运作而不被滥用，就不得不提上与相关规范立法相同步的讨论日程。在相关的监督机制缺位的情况下却赋予其他主体以可能滥用某项权力的机会，显然是为人权保障理念深入人心的当代社会所不容的。除此以外，民事诉讼法除在总则规定检察机关对两大诉讼的监督权之外，只是在分则中针对民事判决、裁定规定了操作性较强的检察机关的抗诉权，在超出这一范畴的场合，民事法律监督因缺乏相应的制度规范而无法具体运作，这也是受民事诉讼本身的私诉属性所决定的，这也为检察监督规范细化影响其效用发挥的主张提供了逆向性的证据。

"研究中国法律传统的目的，是为了正确认识法律如何在发展中不断完善自己，以及它在社会的进步当中所处的位置和价值，从而把握法律发展的客观规律。"[2] 非唯如此，探寻和梳理检察监督制度的发展脉络，更要求在对这一制度流变规律的深刻把握的前提下，理解该规律所蕴含的预示，以更好地为检察监督制度的发展创造条件和机会。

① 何勤华：《检察制度的诞生与民主法治的进步》，载《人民检察》2011 年第 20 期。
② 张晋藩：《中国法律的传统与现代转型》，法律出版社 1997 年版，第 2 页。

对跨行政区划检察监督外延的一般逻辑思考

——兼论跨行政区划检察院司法案件管辖的范围

罗庆华　王　晖*

"探索设立跨行政区划的人民法院和人民检察院。这有利于排除对审判工作和检察工作的干扰、保障法院和检察院依法独立公正行使审判权和检察权，有利于构建普通案件在行政区划法院审理、特殊案件在跨行政区划法院审理的诉讼格局。"习近平总书记的重要讲话，应当是对中央关于设立跨行政区划人民检察院的最为权威的解读。探索设立跨行政区划的法院和检察院是党的十八届四中全会提出司法体制改革中的一个核心内容，也是解决司法地方化的治本做法。与四中全会提出的设立最高人民法院设立巡回法庭，探索建立检察机关提起公益诉讼等改革相比，跨行政区划的法院和检察院的改革起步较早，但尚未全面完成。笔者认为，根据全面推进依法治国的思路，在检察机关，探索设立跨行政区划检察院的真谛在于让检察权切实发挥监督作用以推进法治政府的实现。

司法案件管辖的范围是跨行政区划检察改革的基础和前提，是跨行政区划检察监督的外延。刑事诉讼法中的管辖，是指国家专门机关依法在受理刑事方面的职权范围上的分工。跨行政区划的司法管辖制度是指一国根据自身实际状况和内国法律规定，除最高司法机关以外将不同行政区域的法律事务交由特定司法机构处理的制度。在设立跨行政区划的人民法院和人民检察院的司法改革目标下，有必要就跨行政区划检察院检察监督外延进行全面科学设计。本文思考的主题，是跨行政区划检察院管辖哪些案件更为合适的问题。对于跨行政区划检察院的设立模式、制度设计、组织体系等方面不进行深入探讨，另文赘述。仅从为什么管、怎么管、管什么的一般逻辑三个方面进行浅析。

---

* 罗庆华，江西省人民检察院南昌铁路运输分院党组书记、检察长；王晖，江西省人民检察院南昌铁路运输分院办公室主任。

一、为什么管：改革要求，发展需要

为什么管？党的十八届四中全会提出：优化司法职权配置，探索设立跨行政区划的人民法院和人民检察院。中央政法委提出：探索设立跨行政区划的人民法院和人民检察院……这项改革，考虑对现有铁路运输法院和检察院加以改造，合理调配、充实审判人员和检察人员即可实施。高检院《关于深化检察改革的意见 2013—2017 年工作规划》将深化铁路运输检察院管理体制改革，探索建立跨行政区划的检察院并列为检察改革的重点任务。由此，建立跨行政区划的检察院，改革铁路检察院司法案件管辖的范围，是当前司法改革的要求。核心要义是有排除对检察工作的干扰，完善检察监督职能。

（一）现代司法制度的趋势

1. 法治社会发展的需求。十八届四中全会首次提出"法律是治国之重器，良法是善治之前提"。依法独立行使审判权、检察权是历史演进的结果，也是社会政治文明的发展要求。司法公正对社会公正具有重要引领作用，而公正行使司法权的前提条件是要客观上保持司法权的相对独立地位。当代中国的司法体制在诸多方面仍保留着大量的传统遗存，一定程度上干扰了依法独立公正的行使审判权、检察权的实现。司法管辖与行政区域的高度吻合，使得司法机关难以摆脱来自于当地行政区域内的诸多消极因素的干扰，难以独立行使审判权和检察权。但地方保护主义这一弊端并非中国司法体制所独有，在西方国家的法治中，也有类似现象。在世界范围内，无论大陆法系中以法国为代表的专门法院制度，或是英美法系中以英美为代表的"巡回法院"制度，设置跨行政区划的司法机关几乎是各国通例。可以说构建跨行政区划司法管辖制度既是现代司法理念的必须、更是司法现状的迫切需要。

2. 现代司法理念的吸收。英国在 13 世纪的诺曼底王朝就设立巡回法庭，适用衡平法，审理封建领地主之间的民事纠纷以保证司法公正。美国在建国初期，各州也存在严重的地方保护主义，为了解决这一问题，联邦政府一方面建立联邦司法系统，直接受理一些州级公民之间的纠纷和重要的纠纷。另一方面，最高法院运用解释宪法中的联邦贸易条款来克服地方保护主义。德国也是联邦制国家，其法院虽然完全根据联邦法律建立，但并不是由单一的司法系统组成。相反，在德国存在着五个不同的司法系统，被称为"五个司法管辖区"，这五个司法管辖区是：普通司法管辖区、劳工司法管辖区、行政司法管辖区、社会法院司法管辖区以及税务法院司法管辖区。法国是世界上行政法律最发达的国家，其法院组织体系也分为普通法院系统和行政法院系统。俄罗斯司法管辖制度是对前苏联社会主义司法管辖制度的发展和创新。俄罗斯联邦检察体系由联邦最高检察院，各共和国、边疆区、州、联邦直辖市、自治州、自治专区区域性检察院，以及相当于该级别的军事检察院和其他专门检察院构成。① 俄罗斯的司法体系中设立有多种专门司法机关（俄罗斯专门检察机关与审判机关的设置并不完全对应），形成两类稳定的专门检察机关：一类是军事检察机关、运输检察机关；另一类是自然保护检察机关和劳动改造机构的检察机关。目前，俄罗斯联邦还制定出了专门检察制度改革和完善的远景规划。循序渐进、灵活发展专门检察机关，是目前俄罗斯联邦专门检察机关进一步发展、完善与革新的重要指导方针。

（二）促进司法公正的路径

1. 通过跨行政区划管辖，破解地方保护。现实中地方保护对司法公信力造成很大的挑战，集中管辖是去除司法地方化，以保障司法机关依法、公正、独立行使司法权的应有之举。根据《人民检察院组织法》第 2 条之规定，我国地方各级人民检察院依托省、市、县三级行政区划设置。长期以来，地方检察机关的设置与行政区划设置严格重叠。虽然在社会运行中发挥了积极作用，但由于司法机关人、财、物均受地方控制，因此而带来的司法机关依附于同级行政机关而存在、地方行政机关干预司法的司法地方化和行政化的问题也不容忽视。司法机关依法、独立、公正行使司法权是宪法赋予的权力，也是广大人民群众的殷切期待。探索改变当前案件管辖与行政区划重叠的司法管辖现状是破解"主客场"难题的有效路径。

2. 通过跨行政区划管辖，完善法治统一。根据《刑事诉讼法》第 24 条规定，刑事案件实行地域管辖，而因为各地经济社会发展水平不均衡，各地赋予司法人员的自由裁量标准存在很大差异，严重时直接影响出入罪。保障检察权依法、独立、公正行使，维护国家法治统一和司法权威，通过跨行政区划管辖来完善国家的法治统一，是本轮司法改革的重要内容。

3. 通过跨行政区划管辖，提升司法公信。司法权作为国家权力的重要组成部分，它来源于人民、属于人民、受人民监督，必须服务于人民。当前，受司法地方化、行政化的干扰，有法不依、执法不严、违法不纠以及有案不立、同案不同罪等现象时有出现，这不仅影响司法公正，更有违人民群众对公平正义的合理期待。通过集中管辖，优化司法职权配置，推动司法权科学有效运行，提升司法公信力。

（三）破解铁检发展的瓶颈

1. 铁路检察体制改革需要进行到底。王桂五在《论检察》中写道："在

---

① 吴玲：《俄罗斯司法体制概述》，载中顾法律网，2011 年 5 月。

我国所有国家机关中，领导体制的反复变动以检察机关为最频繁，而无出其右者。"这在铁路检察机关的体制变化中表现的过犹不及。对铁路专门检察院进行改造，就是依托现有铁路检察院组织体系的基础上，对其进行发展完善，使之成为的跨区域检察组织体系。那么首先会问，为什么要以铁路检察体系为依托？应当认为，铁路检察院本身具备跨行政区划的特点，铁路检察院在2012年完成体制改革后，已经实现了人财物由省级统管。铁路司法系统整体地纳入了国家司法管理体系，是近五年来司法体制改革的一项重要成就。以此为依托构建跨行政区划检察院有利于从体制上排除地方保护和行政干预。可以发挥专门性司法的实践优势，符合司法分工和专业化发展趋势。相比于另起炉灶，重新建立一套检察体系的改革难度小、成本低，在国家机构编制不断精简的改革趋势下，如果另行设立单独的跨行政区划检察院，具有一定的局限性且须配套大量的机构编制，成本高。而以铁路检察院为基础探索设立跨行政区划检察院成本低、影响小。以铁路专门检察体系为依托，形成跨行政区划的司法管辖，符合高检院司法改革中提出的，探索建立跨行政区划检察院和深化铁路检察院改革的总体要求，也是推进探索跨区域司法管辖的时代改革要求的积极尝试

2. 铁路检察机关面临发展困境。全国的铁路检察院改革移交后，其基本职能没有变、工作领域和服务对象没有变。但随着改革形势的发展变化，铁路领域的司法需求发生了很大变化，在很大程度上影响着铁检职能的充分发挥。近年来，随着国家加快高铁建设、铁路全面提速以及沿线安全管理工作的加强，铁路治安状况明显好转，刑事案件数量减少；加上铁路站段整合、主辅分离，铁路"高大半"的状况已不存在。这些因素导致铁路检察机关所办案件不断下降，与高峰时相比下降40%以上。根据统计，目前全国铁检机关年均办理各类案件的总量在5000件左右，而此前年均在1万件左右，呈明显的下降趋势，如果与地方检察机关相比，则差距更为明显。从逐年的业务统计数据看出，近两年案件降幅在10% ~20%之间，总体呈下降趋势。两级铁路检察院的人均办案率，都远低于各地平均数，其办案饱和度仍有加大提升的需要。管辖范围狭窄，整体办案数量少，受制于铁路检察院管辖范围，是当前铁路检察业务面临的主要问题。而当前地方检察机关人员编制普遍比较紧张，案多人少的矛盾难以解决。因此针对现实中存在的问题，利用好铁检现有的司法资源，发挥铁检检察职能，激发铁检工作活力，促使这个具有中国特色的专门检察体制得到创新和发展，是铁检自身发展需要，是破解铁检机关存在困境难题的途径。

3. 铁路司法传统模式需要破题。当前，无论是刑事诉讼法、人民检察院组织法还是其他单项法律均没有对铁路司法机关的专属管辖范围作出统一规

定，在刑事案件的管辖范围上，没有铁路司法机关案件管辖的统一标准。粗略统计目前规范铁路方面的法律法规有749条，"两高"制定的司法解释26条，如此庞大的法律系统在行业中殊为少见，但是缺乏系统性的规范，仍然存在法律适用不统一的问题。目前高检院没有对铁路检察机关的案件管辖范围作出明确的规定，而最高法对铁路法院案件管辖的规定，与公安部对铁路公安机关案件管辖的规定又不尽相同。在对铁路运输法院和铁路公安机关案件管辖范围的上，两家的司法解释和执法规定，文字表述乃至管辖范围都有差异。铁路检察机关作为刑事诉讼的中间环节，缺乏明确的司法管辖标准，有悖于检察监督的规范性和严肃性。

二、怎么管：顶层设计，主体担当

从现行的司法体制来看，除了专门检察院管辖之外，案件都按照法律规定归属对应的行政区划内检察院管辖，将其中的部分案件改变原有的程序纳入跨行政区划检察院管辖，首先应当确立科学标准，做到顶层设计和基层探索相结合。在遵循原则的情况下，结合实际情况来探索新增管辖案件的类型和划分标准，形成科学的跨行政区划检察院案件管辖机制。

（一）坚持依法原则，即顶层设计管辖的框架

中央多次强调，凡是重大改革要于法有据，坚持"在法治下推进改革、在改革中完善法治"的精神。案件管辖范围的设置是司法管辖体系改革的重中之重，理应在法治轨道内推进完成。《人民检察院组织法》《刑事诉讼法》均有关于专门检察机关、审判机关的管辖另行规定的内容。应在用活、用足现有管辖制度的前提之下，坚持先立后破，依法推进。建议高检院尽快制定出台铁检机关进一步扩大管辖的指导意见，对哪些案件可以现在由铁检机关管辖进行统筹，对铁检两级院的扩大管辖方式进行指导，使得这项改革既不走小路，也不走偏路。针对当前铁检机关管辖中存在的问题和困难，借鉴最高法对铁路法院管辖作出解释的方式，协商最高法，对铁路检察院案件的扩大管辖范围进行司法解释，规范司法统一。

（二）强化主体原则，即压实各地检察院的改革担当

本轮司法改革的一个重要特点是强化主体责任，是以省级检察机关主持和为主体的改革，如司法责任制改革自下而上，层层推动，逐步到位。跨行政区划试点的北京、上海分院在当地检察检察机关、政法委的统一协调下，也取得了宝贵的经验。目前铁路两级检察院均为所在省级检察院的派出院，各省级检察院在跨行政区划改革中负有主体责任。我国幅员辽阔，各地经济社会发展不

平衡，各地人民群众的司法需求也不尽一致，案件类型存在不小差异，案件纳入管辖的需求也自然不同。因此，应根据不同地区、不同层级检察院的实际情况进行实践和探索，由此需要强化各级检察院的主体担当。对于各地的案件集中管辖范围可以存同求异，在总体指导意见之内，授权省级检察院结合实际情况来确定铁检机关新增管辖案件的类型和划分标准，积极鼓励各地在总体框架下进行探索。

（三）区别纳入原则，即集中管辖的和选择管辖相结合

事实上，不论管辖区域怎么划分，不同区域的案件类型、案件数量依旧会千差万别，就"地方保护"而言，会因不同区域、不同个案而存在不同；就"案件类型"而言，也会因不同经济状况，不同地理区域而存在差异。因此跨行政区划管辖哪些案件，宜区分有别，把集中管辖与选择管辖相结合。集中管辖即指定某一类的案件全部交由跨行政区划检察院管辖，这类案件应当是总体数量不大，整体移交管辖对现有的诉讼模式波及不大，当前铁检机关均能承接的案件。选择管辖是指定某些案件可以由跨行政区划检察院管辖，也可以仍由行政区划内检察院管辖，给诉讼主体留有选择的空间。以环境资源保护类案件为例，这类案件对被告人的刑事处罚并不是唯一和最大目的，通过刑事处罚恢复被破坏的环境和警示类案不再发生，才是最终目的。在北京、上海等直辖市范围内，对此类案件管辖没有障碍。但在江西省和福建省，均为生态绿化保护较好的省份，环境保护类案件数量每年近千件，相比较于跨行政区划的检察机关，当地的司法机关在取证、追究刑事责任、督促履行等方面更具有便利条件和办理经验，将这类案件全部集中到跨行政区划检察院集中管辖并不合适。因此，对于此类案件可以采取选择管辖的方式，公安机关办理该类案件，认为需要排除地方干扰的移交给跨行政区划检察院管辖，而不必将所有该类普通案件都移交管辖，这样对公安机关和检察机关均为适宜。

（四）合理补强原则，即纳入管辖的应为少数特殊案件

设立跨行政区划的人民检察院，并非是完全颠覆原有的行政区划检察院的体系，绝不是另起"炉灶"，而是作为我国原有的行政区划检察院架构体系的一种有益补充，是探索建立一种能使司法区划与行政区划适当分离而非彻底分离的司法管辖制度。因为我国大多数法院、检察院的设置与行政区划相对应，有利于明确管辖，方便诉讼和管理。易受地方干扰的案件毕竟是少数，大多数案件是能够得到公正办理的。而且如果另起"炉灶"的彻底分离，改革成本巨大，需要耗费大量人力、物力、财力。例如，对于高速公路上发生的刑事案件管辖的问题，在江西省内进行过深入调研，高速公路与铁路的行政管理体

系、系统行业特性、刑事诉讼特点都具有很高的相似性，交通肇事的案件数量也与铁路案件数量接近。但是其案发地域分散，遍布全省，对于江西省内只有一个铁检基层院的情况下，集中受案难度很大。且该类案件大多附带民事诉讼，上访维稳的工作多，往往需要当地的政府协调才能妥善处置，在江西省内仅由一个铁检院集中管辖就不宜实施。同时，由于纳入管辖后案件的数量具有不确定性，也要考虑各地检察院的承受能力，坚持循序渐进，留有余地，才能最大限度地发挥好跨行政区划检察的职能作用，为逐渐增加的案件留有空间。

（五）诉讼便宜原则，即新的管辖的模式应较为便利

诉讼案件的办理毕竟涉及程序上多个环节，改变管辖不仅仅是改变检察机关，还关系侦查机关、审判机关的改变。如果改变管辖后的模式，比目前办理的模式更为烦琐，增加办案机关和当事人的诉累，既不科学，也不容易得到公安机关和法院的支持。一方面要考虑跨行政区划检察院管辖的适宜性，目前铁路检察院是以所在地为中心点的条线状辐射管辖，改革设立的跨行政区划检察院也应有此特点，适合办理垂直管理领域内的刑事犯罪案件，具有系统性、专业性、流动性、相对独立性的特点，而这些案件往往超出当地的办案范围，不便于办案，易受系统保护，纳入跨行政区划管辖，方便刑事诉讼。另一方面要考虑侦查机关和审判机关的便利性，我国3500多个地方法院、检察院的设置，除了专门管辖之外，绝大多数都对应相应的行政区划，已形成惯性，要将其中的部分案件改变原有的程序纳入集中管辖，必须考虑到便利性，考虑侦查机关和审判机关的易接受程度。

怎么管？建议先易后难。首先选择检察机关能自行指定的案件，比如职务犯罪的案件、执行检察的案件、公益诉讼的案件，这类案件在检察体系内就可以通过统一指定管辖方式解决，属内部检察监督权的重新分配，操作程序相对简单。事实上，铁路法院的案件管辖扩大之所以先行一步，就是把范围选择在了法院自家能指定的行政诉讼、民事诉讼案件上。其次考虑由独立的侦查机关办理的案件，比如国家安全机关、海关海警侦查的案件，以及公安机关内部相对独立的民航、航运、铁路等公安机关办理的案件，这些侦查机关都为垂直管理，所办案件集中管辖更易于实行。最后是容易有管辖争议的案件，即跨行政区划的案件，这类案件的犯罪发生地、危害结果地往往不在一起，容易有管辖争议或异议，集中管辖更为合理，如网络犯罪、知识产权案件等，这些犯罪日趋凸显，目前公安机关内部也都陆续在设立专门的侦查机构，集中管辖的案件移送相对可行。

三、管什么：特殊为主，适量适宜

以改革的要求，虽然铁路检察院有管辖扩展的需要，也具备组织条件，但必须有正确的方向选择。我们知道建立跨行政区划检察院的主要目的是为了特殊案件在办理中能够得到公正的审理。那么，具体哪些特殊案件需要到跨行政区划的检察机关集中办理呢，结合前述的几个原则，进行罗列分析。至于哪些适合管辖，建议因地制宜，区别选择，特殊为主，适量适宜。

（一）环境资源保护类刑事案件与食品药品安全类刑事案件

环境资源保护类刑事案件重点包括刑法分则第六章第六节"破坏环境资源保护罪"整节全部犯罪。食品药品安全类刑事案件主要包括刑法分则第三章第一节"生产、销售伪劣商品罪"中有关危害食品药品安全犯罪和第八节中与食品药品有关的虚假广告犯罪、违法经营犯罪等。

环境资源保护类刑事案件受理统计　　　　（单位：件）

类别\时间	江西省				福建省	
	起诉数			批捕数	起诉数	批捕数
	总数	市级公安机关移送	县级公安机关移送	总数	总数	总数
2015 年	979	4	975	193	1 054	393
2016 年	887	11	876	199	956	351

食品药品安全类刑事案件受理统计　　　　（单位：件）

类别\时间	江西省				福建省	
	起诉数			批捕数	起诉数	批捕数
	总数	市级公安机关移送	县级公安机关移送	总数	总数	总数
2015 年	154	2	154	73	298	82
2016 年	168	3	165	82	543	72

管辖理由：（1）目前已经有试点管辖的经验；（2）具有影响范围大，多跨地域性的"广泛性""不确定性"特点，时常引发管辖冲突，职责不明必然导致打击不力；（3）行政执法与刑事司法两法衔接不畅，行政处罚案件多，移送少，以罚代刑、降格处理现象频发；行政执法机关立案多，公安机关立案

少；损害法益的现象严重，移送、立案少；（4）易受到地方保护主义的干扰，而放纵、甚至保护一些公司、企业。

（二）侵犯知识产权类刑事案件

该类犯罪主要包括假冒注册商标罪；销售假冒注册商标、侵犯知识产权罪的商品罪；非法制造或者销售非法制造注册商标标识罪；侵犯著作权罪；销售侵权复制品罪；假冒专利罪；侵犯商业秘密罪 7 个罪名。

侵犯知识产权刑事案件受理统计　　　　　　（单位：件）

类别\\时间	江西省				福建省	
	起诉数			批捕数	起诉数	批捕数
	总数	市级公安机关移送	县级公安机关移送	总数	总数	总数
2015 年	77	4	73	30	247	80
2016 年	70	6	64	34	258	71

管辖理由：（1）南京铁路运输检察院管辖江苏省内的知识产权案件，已经有实践经验；北京、上海知识产权专门法院的试点也为检察机关专门管辖提供了遵循；（2）犯罪主体专业化智能化程度高，需要专业化的检察队伍进行集中办理；（3）网络化和跨区域化特征使得传统管辖权缺位，办案质效不高，打击不力。

（三）铁路、民航、水运、港口等"传统交通"领域的刑事案件

包括刑法分则中的各项罪名。

管辖理由：（1）铁路、民航、水运、港口领域普遍设立自成体系的行政管理机构和公安机构，都实行条线管理，不直接隶属于省地市，其管理体制及法律关系，具有系统性、专业性、流动性、相对独立性的特点，均为跨行政区域条线状管理；（2）属于传统意义上的交通领域，在法律适用、司法需求上具有相似性，纳入管辖有利于发挥铁检原有的专业性优势，在维护公共安全、保障国民经济发展方面更为有力；（3）这些领域发生的刑事案件大多具有具有跨区域性、流窜性、侵财性等主要特征，纳入管辖能够从法律上理顺跨行政区划检察院与专门领域公安机关的对应监督管辖关系，有效解决这些专门公安机关没有专门检察院对应监督管辖的问题；（4）这些领域刑事案件相较于地方行政区划的案件数量，所占比重较小，纳入管辖更为易行。

（四）海关、海警缉私机关办理的刑事犯罪案件

该类犯罪包括：《刑法》第 151 条、第 152 条、第 153 条和第 347 条规定的

走私武器、弹药罪，走私核废料罪，走私假币罪，走私文物罪，走私贵重金属罪，走私珍贵动物、珍贵动物制品罪，走私珍惜植物、植物制品罪，走私淫秽物品罪，走私普通货物、物品罪，走私固体废物罪和走私毒品罪共 11 种罪名。

走私犯罪侦查的刑事案件受理统计　　　　（单位：件）

类别 时间	江西省	福建省	
	起诉数	起诉数	批捕数
2015 年	8 件 18 人	56 件	41 件
2016 年	8 件 18 人	89 件	51 件

管辖理由：（1）海关缉私案件是目前试点比较成功的案件管辖类型，具有可复制的经验；（2）海关系统设缉私机构（列公安部第二十四局）受海关总署、公安部双重领导，实行垂直管理，侦查的刑事案件具有明显的跨行政区划特征；（3）海警拥有海上行政、刑事执法职能，其所办案件移送随意，其执法缺乏有效监督，将此类案件由集中管辖，既有利于加强法律监督，也有利于统一执法尺度、专业化案件办理。

（五）省级公安机关、国家安全机关、国家监察机关直接办理的刑事犯罪案件

包括刑法分则中的各项罪名。

管辖理由：（1）省级公安机关、国家安全机关、国家监察机关直接办理的刑事犯罪案件，一般都是省内较为特殊的案件；（2）这些省级机关办理的案件，按照诉讼层级管辖的规定，大多不能由省级检察院直接提起诉讼，往往要移送至不同的市县级检察院，将这些案件集中交由跨行政区划检察院管辖则更统一便利；（3）该类案件集中管辖与侦查机关应该较为容易达成共识。

（六）轨道交通、高速公路领域的刑事犯罪案件

包括轨道交通运输中发生的犯罪，高速公路上的交通肇事犯罪。

管辖理由：（1）与传统交通领域一样，在法律适用、司法需求上具有相似性，铁检机关管辖该类案件有的专业性经验；（2）这些刑事案件大多具有流窜性、侵财性等共性特征；（3）这些领域刑事案件在公安机关也大都属于专门公安部门集中管辖。

（七）侵犯计算机网络的刑事犯罪案件

侵犯网络的刑事犯罪案件包括《刑法》第 285 条和第 286 条规定的非法侵入计算机信息系统罪、破坏计算机信息系统罪、非法获取计算机信息系统数据罪、非法控制计算机信息系统罪和提供侵入，非法控制计算机信息系统程

序、工具罪 5 个罪名。

管辖理由：（1）该类犯罪具有虚拟性、隐蔽性、复杂性、社会危害性大的特点，是需引起重视的新型犯罪；（2）犯罪跨地域特征明显，针对网络的犯罪往往行为发生在某地，服务器在另一地，而犯罪结果危害整个网络等，普通地域管辖难以适用，管辖中容易出现推诿；（3）管辖此类犯罪要求很强的专业性，与其分散在各个检察机关，不如归口集中管辖，通过办理数量保障办理质量。

（八）单位犯罪案件

单位犯罪主要包括刑法分则各章节中以单位为主体的单位受贿罪、单位行贿罪等罪名。

单位犯罪案件受理统计

时间\\ 类别	2014 年	2015 年	2016 年
受理起诉数	29 件	32 件	31 件
职务犯罪	11 件	15 件	7 件
普通刑事犯罪	18 件	17 件	24 件

管辖理由：（1）相对个人主体而言，单位犯罪更容易受到地方保护；（2）单位犯罪得主体是公司、企业、事业单位、机关、团体，主体具有特殊性。

（九）对县级以上地方人民政府提起的公益诉讼和跨行政区划的公益诉讼案件

包括需有检察机关提起的以县级以上地方人民政府为原告的公益诉讼案件、跨行政区划的公益诉讼案件。

管辖理由：（1）公益诉讼针对的是行政机关对某些侵害公共利益的违法行为未进行及时、有效监管，大多是针对地方保护的诉讼；（2）由当地检察机关起诉当地政府的公益诉讼显然存在困难，由跨行政区划检察院管辖更为合适；（3）对于跨行政区划的公益诉讼，由某一地检察机关提起，显然有难度，需要跨行政区划检察院管辖，有利于加强对依法行政。

（十）跨行政区划法院、知识产权法院、海事法院、网络法院、铁路运输法院所管辖案件的诉讼监督

包括跨行政区划法院、知识产权法院、海事法院、网络法院、铁路运输法

院办理的刑事诉讼案件、民事诉讼案件、行政诉讼案件的诉讼监督。

管辖理由：（1）对于普通民事诉讼案件和行政诉讼案件的管辖，检察机关并没有自行确定管辖范围的权力，但有依法监督的职责；（2）行使对应管辖是法律赋予的职权；（3）进一步完善检察机关专门监督职能的需要。

管什么是跨行政区划管辖的核心问题，需要在实践中不断探索，必须充分发挥高检院铁检厅的系统管理优势，统一指导协调，调动各地方检察院的积极性，既授之以鱼，也授之以渔，使铁检跨行政区划管辖在实践的道路上越走越好。

第二专题

检察监督体系与检察职能的调整完善

以审判为中心的减刑假释制度改革

曾志伟　曾娇艳[*]

长期以来，在减刑假释案件审理中，并没有过以"审判为中心"的观念，使得减刑假释案件审理类似行政审批，被质疑为"橡皮图章"，在实践中造成了消极的影响和较为严重的后果。近年来，改革减刑假释制度的呼声日益高涨。2012 年最高人民法院出台了《关于办理减刑、假释案件具体应用法律若干问题的规定》（以下简称 2012 年《规定》），首次确立了减刑假释案件的开庭审理模式；2013 年中共十八届三中全会审议通过了《中共中央关于全面深化改革若干重大问题的决定》（以下简称《决定》），《决定》首次在党的重要文件中对严格规范减刑假释做了明确要求；2014 年 1 月，中央政法委出台《关于严格规范减刑、假释、暂予监外执行，切实防止司法腐败的意见》（以下简称《意见》），力图解决社会反映强烈的"有权人""有钱人"被判刑后减刑快、假释及暂予监外执行比例高、实际服刑时间偏短的问题；2014 年 4 月最高人民法院公布了《关于减刑、假释案件审理程序的规定》（以下简称 2014 年《规定》），明确了减刑假释案件的审理程序和审理方式，以进一步增强案件审理的透明度，通过公开促公正。上述一系列的规定都反映了顶层设计者们对推进以审判为中心的减刑假释制度改革的探索与实践。那么，时至今日，进一步深化改革的方向在哪里等问题？厘清上述问题，既需要立足于减刑假释审判实践，又需要从制度层面破题。

一、"以审判为中心"何以成为问题

从程序上分析，监狱作为刑罚执行机关，负责罪犯的日常监管与改造，对罪犯的悔改表现最为了解，因此其也相应地拥有了罪犯日常表现的考核权和减刑假释的提请权，但这种"一权独大"的现状，很容易在实践中异化为"执

---

* 曾志伟，安徽省宣城市宣州区人民检察院法律政策研究室主任；曾娇艳，浙江省宁波市中级人民法院法律政策研究室审判员。

行中心主义", 对其在执行中犯下的错误, 亦很难期待法庭审判予以纠正, 如广东健力宝集团原董事长张海造假立功获得减刑外逃海外的事件便是如此。究其原因, 就在于刑罚执行机关的权力行使相对封闭, 减刑假释权力配置呈板结状态, 检察监督缺位, 法院审判对于监狱执行的制约作用失灵所致。目前, 检察机关是我国在行刑阶段唯一的法定监督机关, 既负责对监狱的监督, 也对法院实施监督。① 但在实际行使过程中, 检察机关既不具有减刑假释的启动权, 又无权对法院的减刑假释裁定提出抗诉。监督权力缺乏行使的有效方式和路径。② 而法院审理减刑假释案件时, 既无从实质性的审查罪犯的考核分, 亦无法通过案卷材料判断执行机关在确定减刑假释报请对象时是否做到了公平、公正, 从而在一定程度上导致了行政权和司法权力量对比的失衡, 违背了权力制衡的基本原理。

从实体上分析, 减刑、假释案件审理的重点是罪犯人身危险性的消长变化, 同时兼及罪质与犯罪情节。然而到目前为止, 并没有一个科学合理的工具和标准对罪犯的人身危险性进行考量。我国刑法将"确有悔改表现""没有再犯罪的危险"作为罪犯减刑或假释的基本条件, 而这些条件本身既关乎罪犯主观心态的判断, 又涉及对未然事实的把握, 无疑大大增加了案件庭审的难度。

二、执行权、检察权与审判权之关系: 实现"审判中心主义"

十八届四中全会《决定》提出,"健全公安机关、检察机关、审判机关、司法行政机关各司其职, 侦查权、检察权、审判权、执行权互相配合、相互制约的体制机制"。长期以来, 执行权、检察权与审判权均处于"和谐共生"的状态, 彼此配合并不难。然而对于以"审判为中心"而言, 对抗制诉讼结构较之非对抗制诉讼结构更为成功。③ 因此, 检察权、审判权、执行权之间的相互制约就显得尤为重要。那么, 要如何才能有效推进检察权、审判权、执行权之间的彼此制约呢? 笔者以为, 构建有效的检察权、审判权、执行权制约机制, 关键在于改变执行权在减刑假释制度运行中权力过大的现状, 让检察权、审判权与执行权彼此力量均衡才能实现有效制约。就刑罚执行机关而言, 其作为是罪犯服刑改造的日常监管单位, 对罪犯的改造表现最为了解, 由其负责提供罪犯的日常考核材料, 对罪犯的日常表现进行量化考核, 并为罪犯申报减刑

---

① 曾娇艳:《如何盯紧减刑假释的权力寻租》, 载《人民法院报》2014 年 2 月 16 日。

② 曾娇艳:《如何盯紧减刑假释的权力寻租》, 载《人民法院报》2014 年 2 月 16 日。

③ 魏晓娜:《以审判为中心的刑事诉讼制度改革》, 载《法学研究》2015 年第 4 期。

假释均无可厚非，关键在于如何发挥检察权与审判权对执行权的制约功能。在我国行刑权的配置中，检察机关是唯一的监督主体。但要让检察机关的监督权得到有效行使，必须将其监督权转化为具体的诉讼职能，才能使得监督落到实处。就减刑假释制度运作而言，可以考虑将减刑假释提请权与建议权相分离，由刑罚执行机关负责罪犯的日常考核与减刑、假释的提请，但具体的减刑幅度及假释与否的建议由检察机关出具。只有将检察机关的监督职能依托于具体的诉讼职能，才能真正发挥驻监检察室的工作积极性和主动性，使得检察机关的监督权真正对刑罚执行机关的执行权形成制约。法院作为审判机关，其对罪犯适用减刑假释是一个行使判断权的过程，实现"以审判为中心"的关键也正在于突出审判机关的"判断权"，因此，它应当弱化考核分在减刑假释案件审理中的作用，综合考量反映罪犯人身危险性消长变化的各种因素，如罪犯的罪质与情节、财产刑履行情况、被害人意见及相关社会影响等来判断罪犯人身危险性的消长变化，以确定罪犯的减刑幅度及是否适合假释，最终确保案件审理的社会效果。

三、减刑假释审判：实现"庭审中心主义"

近年来，最高人民法院相继出台司法解释，确立了部分减刑假释案件开庭审理的模式，并明确了庭审的程序和内容。但从案件审理的效果来看，开庭审理除了增进案件审理的公开性和透明度之外，对案件结果的影响与书面审理并无实质意义上的差别。要让减刑假释案件的庭审真正在事实认定和法律适用上发挥实质意义上的作用，关键在于将减刑假释案件庭审由"权利享受型"的运作过程向"权利剥夺型"的运作过程转变。[①] 我国现行的减刑假释庭审流程基本上是执行机关发表执行意见，认为罪犯在服刑期间能认罪服法，积极改造，确有悔改表现；检察机关一般发表监督意见认为罪犯确有悔改表现，符合减刑或假释的相关法律规定，请法院依法裁定减刑或假释；法院则从执行机关提供的书面材料中已经形成了初步的审查意见。整个案件庭审过程都围绕着罪犯是否应当获得减刑假释展开，罪犯本人无须对质，检察机关和执行机关也很少形成实质意义上的对抗，因此法院经过庭审查明的事实和经过书面审理查明的事实基本上是一致的，庭审成了走过场。

那么，如何解决这个问题呢？笔者认为，我们不妨换个思路，既然罪犯的人身危险性难于考量，不如改变长期以来减刑假释奖励说的刑罚观念，将获得

---

① 参见卞建林、张国轩：《刑事诉讼制度的科学构建》，中国人民公安大学出版社 2009 年版，第575 页。

减刑假释作为罪犯执行了一定刑期又认真遵守监规条件下的法定权利，把考量罪犯悔改表现的百分考核由现在的加分制改为扣分制。减刑假释案件审理的重点也应当放在不认真遵守监规、不接受教育改造这些例外情形上，同时结合罪犯的财产性义务履行情况、前科劣迹、数罪、犯罪情节等因素综合确定罪犯的减刑幅度及是否适合假释。其操作模式可借鉴国外的善行折减制①，如罪犯每服刑 1 个月，可减刑 5 天，服刑 1 年，可减刑 60 天，期间若因为违反监规被扣分，则根据被扣减的分数折抵与其相对应的减刑幅度。如此，减刑假释案件的庭审可由"权利享受型"的运作过程向"权利剥夺型"的运作过程转变。需要注意的是，权利剥夺型的庭审运作过程要以保障罪犯的对质权为立足点，赋予罪犯辩护权，庭审内容围绕被扣减的考核分，财产刑履行情况、罪犯前科劣迹、情节、数罪等因素所反映的罪犯人身危险性的大小展开，通过对抗性的庭审辩论，实现以"庭审为中心"的改革目标。

十八届四中全会提出"推进以审判为中心的诉讼制度改革"，这对于一直被质疑为"橡皮图章"的减刑假释案件审理而言，意义尤为重要。推进以审判为中心的减刑假释制度改革，需要在两个层面同时进行，就宏观层面而言，应当在执行权、检察权与审判权的关系上，实现"以审判为中心"，其中的关键在于加强检察权和审判权对执行权的监督和制约；就微观层面而言，应当贯彻"以庭审为中心"，其关键在于将考量罪犯悔改表现的百分考核由现在的加分制改为扣分制，在保障罪犯对质权的基础上，实现庭审由"权利享受型的运作过程"向"权利剥夺型"的运作过程转变。

---

① 美国《监狱与犯人法》规定，每一犯有反对合众国罪行的，在一定时期内而不是终身被监禁在监狱或感化院里的罪犯，他们的行为表现证明他们能够老老实实遵守监规，而并未受到处罚，就有资格从其判决开始生效之日起，接受以下规定的减刑：刑期在六个月以上一年以下的，每月减去 5 天；刑期在一年以上三年以下的，每月减去 6 天；刑期在三年以上五年以下的，每月减去 7 天；刑期在五年以上十年以下的，每月减去 8 天；刑期在十年以上或十年的，每月减去 10 天。参见黄永维：《中国减刑假释制度的改革与发展》，法律出版社 2012 年版。

论疑点为中心的刑事案件
审查起诉模式之构建

谢俊翔[*]

一、引言

党的十八届四中全会明确提出了以审判为中心的诉讼制度改革，要求侦查、起诉和辩护等各诉讼环节都须围绕审判展开，做到事实证据调查在法庭，定罪量刑辩论在法庭，判决结果形成在法庭。相应地，最高人民检察院《关于深化检察改革的意见（2013—2017 年工作规划）》指出，要"适应以审判为中心的诉讼制度改革，全面贯彻证据裁判规则"。可见，对于作为法律监督机关的检察机关而言，"适应"二字的定位最为关键，因其统领了接下来的重心转移、机制变革和工作改进等系列法理论证和法律实施问题的讨论方向。

具体到负责刑事案件审查起诉的公诉部门，关涉到排除合理怀疑如何理解、检察机关举证责任如何完成以及检察官选任考评机制如何构建等问题。对此一节，本文的"适应"思路为，应当构建疑点为中心的刑事案件审查起诉模式。接下来，本文将从程序法移植的背景研究、疑点为中心的理论证成和机制建设等方面予以论证。

二、程序法移植的背景研究——醉驾入刑的切片式观察

（一）程序法移植的达玛什卡难题

修改后的刑事诉讼法，其制度执行极大地依赖于检辩双方的平等武装，以及基于证据对法律事实的不同解读。其中就律师的作用，最高人民检察院在2014 年 12 月发布的《关于依法保障律师执业权利的规定》明确指出，要"切实保障律师依法行使执业权利，共同维护国家法律统一、正确实施，维护社会公平正义"，亦即在刑事诉讼中检辩双方虽在庭上有对抗，但都是维护正义的

---

* 福建省三明市人民检察院公诉处三级检察官，福建省检察理论研究骨干。

法律共同体。然而在刑事诉讼法施行中，仍存在"法官把律师赶出法庭"的现象，最高人民法院院长周强表示百思不得其解①——这只是"排除合理怀疑"等制度落地执行难的冰山一角。然而，我们还是要追问，难以执行的原因究竟何在？

对此，达玛什卡曾敏锐地指出，与私法领域相比，程序法的意义和效果更加依赖于外部环境——尤其是直接依赖于所在国家司法制度运行的制度背景，而政府结构和政府功能两种政治因素又处于关键位置。比如，具有协作性权力结构和回应型特征的国家的刑事程序理念与制度，移植到呈现出科层式权力结构和能动型特征的国家，就可能难以成功。中国移植英美刑事程序理念、制度的尝试就属于这种类型。② 排除合理怀疑的制度移植，碰到的便是类似问题，我们不能够将问题简单化为"去行政化"，而应当深刻分析发生问题的制度背景，试以"醉驾入刑"为之。

（二）从搜索指数看危险驾驶罪法律实施的主观效果

之所以选择这个现象，一是从主观来讲，因为它与我们的日常生活密切相关，各位对中国酒文化耳濡目染的读者，容易结合自己的切身体会和新鲜经验，对其作用给予评价；诚如季卫东教授所言，"既然醉驾入刑与传统酒文化之间存在某种紧张关系，我们就自然而然就会关注有关规定是否落实，能否真正产生约束力？"③ 二是客观来看，鉴于公安部对交通肇事等数据有同期比对，特别因为包括了酒后驾驶的统计指标，使得醉驾入刑与交通肇事之间的相关关系④，可以有一个数量化的观察。这样既在主观上对其法强制力的能效体验有所评价，可能得出具有一般性的共识结论；同时又可以通过客观数据分析，使得两者存在相关性的判断，得到数据的支撑和检验。公安部的统计表明，自2011 年 5 月 1 日"醉驾入刑"以来至同年 8 月，酒后驾驶机动车数量、醉酒驾驶机动车数量、因酒后驾驶机动车造成交通事故死亡人数、因醉酒驾驶机动车造成交通事故死亡人数等 4 项数据与去年同期相比，下降幅度全部超过三

---

① 张璁：《人民日报论政：凭什么把律师赶出法庭》，载《人民日报》2015 年 1 月 28 日第 18 版。

② ［美］米尔吉安·R. 达玛什卡：《司法和国家权力的多种面孔——比较法视野中的法律程序》，郑戈译，中国政法大学出版社 2004 年版，"致中国读者的引言"第 2 页。

③ 季卫东：上海交通大学《法与社会》公开课第二讲，"醉驾入刑的多角度透视"，访问网址 https://class.coursera.org/sjtula014 - 001/lecture/9，2014 年 2 月 19 日访问。

④ 需要强调的是，本文采用的是相关关系，而非因果关系的概念，下文的一些分析，也会通过大数据进行相关性分析——"相关关系也许不能准确地告知我们某件事情为何会发生，但是它会提醒我们这件事情正在发生。在许多情况下，这种提醒的帮助已经足够大了"。［英］维克托·迈尔 - 舍恩伯格、肯尼思·库克耶：《大数据时代：生活、工作与思维的大变革》，盛杨燕、周涛译，浙江人民出版社 2012 年版，第 27 页

成，特别是酒后驾驶数量较去年同期下降39%。① 据此，虽然醉驾入刑的法律移植效果，目前尚不能作出完整评价，但至少可以说在一定程度上是行之有效的。借此我们分析关注的核心问题，在规范客观有效的背后，守法者主观心态是如何变化的？且看图一：

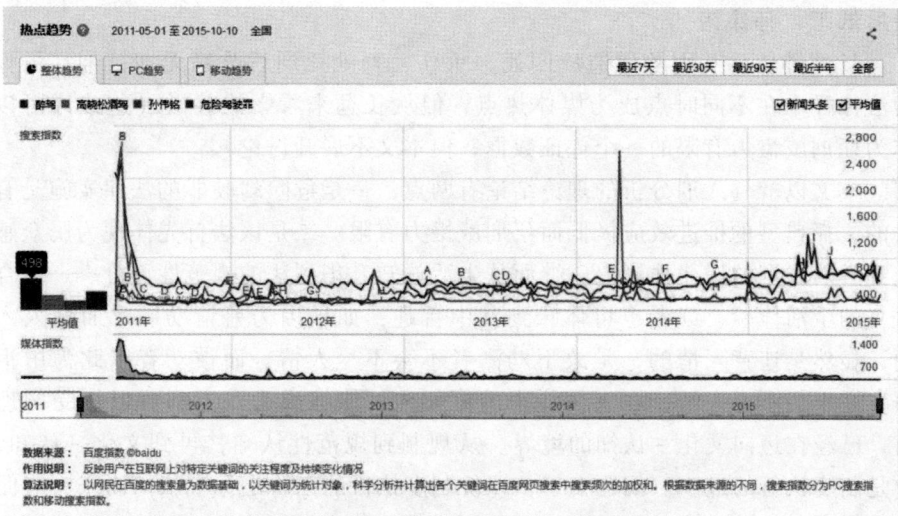

图一　四个百度关键词的搜索趋势比较

图一以民众对醉驾入刑的主观关注度②为切入点，从百度搜索框下拉列表中选择了"醉驾""高晓松酒驾""孙伟铭"和"危险驾驶罪"四个关键词，以2011年5月1日（《刑法修正案（八）》施行）至2015年10月10日作为统计期间，可以得出以下四点初步结论（按平均搜索量高低排列）：

1. "醉驾"是民众对危险驾驶罪的俗称，代表其生活性认知，《刑法修正案（八）》实施后一度高企，之后在800左右波动，是四个搜索词中平均量最高的。

2. "危险驾驶罪"可以代表民众的一种规范性认识，虽然在《刑法修正

----

① 据公安部交管局的数据显示：2011年5月1日至6月30日，全国共查处酒后驾驶机动车违法犯罪行为45556起，较去年同期下降39%。其中，醉酒驾驶机动车8756起，较去年同期下降33.6%。全国因酒后驾驶机动车造成交通事故死亡134人，较去年同期下降30.2%，其中，因醉酒驾驶机动车造成交通事故死亡105人，较去年同期下降33.1%。《醉驾入刑半年全国查处酒后驾驶数降低近四成》，载人民网，http：//politics.people.com.cn/h/2011/0831/c226651-223238928.html，2014年2月19日访问。

② 本文的推理逻辑是这样：法域内国民对法律的接受程度，是法律移植成功的必要条件。如果国民对醉驾入刑是关注的，那么他会通过上网等方法搜索相关的资料。而关键词以及通过关键词搜索而计算出的指数，可以客观地体现出主观关注度，但是要强调的是，主观关注度不等于接受度。

案（八）》实施后一度低蛰，但是从 2012 年底开始高企，并有超越"酒驾"之势，说明民众的规范性认知不断加强。

3. "高晓松酒驾"可以视为一种抓典型式的运动式执法，除当时视频采访而有峰值外，在 2014 年前出现的峰值何因并不明朗，平常的搜索值也极低，最后低于"孙伟铭"。

4. "孙伟铭"因醉驾造成四死一重伤，判处死刑后改判无期徒刑，虽作为法律样本在不同时点成为媒体热点，但从长远来看影响甚微（这或许可以作为死刑威慑力有限的一个佐证数据，但本文不展开讨论）。

本文以醉驾入刑分析的理论结论有两点：一是危险驾驶罪的法律实施是有效的，抓典型的推进效应极低而死刑威慑力有限。二是该法首先体现为民众感受到醉驾入刑的法律强制力，继而从生活认知升华到法的规范性评价——结合自身的生活体验，读者也可体味到其中旨趣：如果因为盛情劝酒反而使人入刑，显然是违背人情的，是故不劝酒者不会不尽人情，而被劝者以此为由拒酒，亦不会不近人情，在人情往来的框架内，能够成为双方都可以接受的理由，已经在迈向文化 - 认知的境界。从规制到规范性认知，再到文化 - 认知，这是制度执行的进步。问题在于，评价制度执行的三阶层标准从何而来？对促进排除合理怀疑的法律实施，又有什么启示和应用？

（三）排除合理怀疑的现有研究，及其与黄宗智先生论断的暗合

在分析制度移植的文化背景前，我们先来看国内目前对排除合理怀疑三种代表性的观点。第一种本文称为溯本法，其观点意在通过研判知识谱系的方法，通过案例研读和知识考古等路径，寻求排除合理怀疑的最初本意，从而希望借此求得真经，在技术价值与道德价值之间谋求平衡。[①] 第二种本文称为绘图法，该类观点通过对"证据确实、充分"和"排除合理怀疑"之间进行定位和关系的研究，通过强调适用注意事项的方式，对该项制度的将来发展设定方向。[②] 第三种本文称为实用法，该类观点针对目前司法中存在的困难，探讨在新的证明标准下如何做好实践应用。[③] 以本文的浅见认为，该三种类型恰恰代表了上文中黄宗智先生所指出的中国法律传统中的三种样态：回归道德意蕴和诉求，谋求逐步解决两者的矛盾，从法学实用的角度提供对策方案。那么有没有什么方法、什么框架、什么路径，可以将道德诉求、司法规律和具体的操

[①] 张斌：《论英美刑事证明标准的神学渊源及启示——以"怀疑"的道德蕴涵为中心》，载《清华法学》2009 年第 5 期。

[②] 龙宗智：《中国法语境中的排除合理怀疑》，载《中外法学》2012 年第 6 期。

[③] 幺宁：《排除合理怀疑证明标准的实践应用》，载《国家检察官学院学报》2012 年第 6 期。

作层面统合在一起，使得既在文本的表达上能从本土的理论资源寻得归依，而在实践层面又具备可操作性，并且能够在两者之间保持动态的平衡呢？本文的方案是，疑点中心主义。

三、制度三大基础要素及疑点中心理论证成

"不同的社会理论家先后把规制性（regulative）、规范性（normative）和文化－认知性（cultural－cognitive）系统分别确定为制度的关键要素，如果这些制度基础要素结合在一起，所产生的强大力量极其惊人。"[①] 本文认为，这三种层次的效应是递增的，而监管成本是递减的，如果获有文化－认知性层面的认同支持，制度执行的监管成本是最低的。故此，我们以制度三大基础要素的进行证成。

（一）规制性：基元素"信息"作为公共规制工具——社会治理之道

一是社会治理是公共规制的重要目标。社会治理作为公共规制的重要目标，正如《中国共产党十八届三中全会公报》所指出的，要"加快形成科学有效的社会治理体制，确保社会既充满活力又和谐有序"，而社会治理视角的独特之处，恰如杰瑞·斯托克指出的："治理理论对公共管理的关注焦点——组织和行为主体进行了重新定义……传统公共行政主体在具体组织内关注政治－行政二分带来的管理挑战，以及这些组织内部的政策制定、预算和实践；治理视角则认为大量存在于组织和行为主体间的复杂关系也应该是关注的焦点。"二是在组织和行为主体的复杂关系中，信息作为规制关系的重要工具。正如前述的分析所论证的，信息在法律与社会机制的设计中具有举足轻重的意义，特别是在各个社会博弈参与主体作为自主决策的主体的情况下，信息的作用上升到机制设计的原则层面——"成功的机制设计，必须能够鼓励参与者如实地显示其所拥有的信息，不能让他们有说谎或隐瞒的动机。这是机制设计的一个重要原则"。正是基于此，我们要把检察官客观义务和排除合理怀疑统一到信息层面上来认识，亦即本段的第三点。在本文的理解中认为，一旦认识到信息作为客观事实和疑点的本质属性，不仅在描述性概念的意义上说明了两者的基本特征，而且在规范性概念的意义上对两者的统一性作出了解释，使得上述两项工作统一于信息这个社会治理工具之下，从而具有了概念元素的通约性以及操作层面的归一性：在宏观上，信息作为公共规制的工具，指导着检察官客观义务和排除合理怀疑两项下位治理工具的设计；在微观上，连接信息点又作为

---

① ［美］W. 理查德. 斯科特：《制度与组织——思想观念与物质利益》，姚伟、王黎芳译，中国人民大学出版社 2010 年版，第 59 页、第 71 页。

思维的逻辑出发点和操作的工作接触点，在两个层面贯彻始终，最后的结果则是使基于信息建构的模型不仅具有系统性，而且可以在实践上分解为可操作的经验变量，达到逻辑与历史个体真相的统一。

（二）规范性：权力与义务的规范统合性——法理之道

检察官客观义务和排除合理怀疑的证明责任在法律规范意义上的关系有三：一是具有权力和义务的统合性，亦即将权力的行使及其义务的界限规定在同一个法律规范内。正如拉德布鲁赫指出的，"个人的利益和道德的要求——在权利方面，它们手挽手地前进。向来以规范加以拘束的欲望，在此又相反地由规范解除束缚。这也就是说，权利将人类的两个常常斗争的侧面，即自然的愿望和它们的伦理价值，置于一个目标之上"。本文认为将上述论述中的权利置换为权力，也是具有正当性的——以及权力行使所保护的利益和法律的正当性要求之间的矛盾，必须统合在规范性这个条件下，在规范中既解除又约束。一方面，在检察官客观义务的视野中，检察官承担着"法律守护人"的角色，所谓"法律守护人"的角色也就是要求检察官为着实现法律所体现的公正，应当同时注意到有利于与不利于被告人两方面的事实，同时承担起追诉犯罪与开释无辜的责任。这两种看似矛盾的职责统一于刑事诉讼的目的即实现实体真实与正义。而在排除合理怀疑那里，一方面检察官必须对被告人有罪承担举证责任；另一方面检察官在诉讼推进、疑点形成的过程中，又必须针对自己提出的证明对象排除疑点，既是行使追诉的权力，同时又通过排除合理怀疑履行自己的公正证明义务。就此一节，两者在权力义务统合于规范之下，是法理相通的。二是权力对象化的己身性。有权力的规范，必有义务的规范与之对应，没有无权力的义务，也没有无义务的权力，义务是权力的对象化体现，如在行政法上行政相对人即是权力的对象主体，在刑事诉讼法上被告人是追诉权的对象主体。然而在检察官客观义务和排除合理怀疑的规范中，权力的行为主体己身成为了义务的主体，权力行使的对象即是自己，在行使追诉权力之时也要求自己追求公正，在认定犯罪事实之时亦要排除合理怀疑，当然，对其中所蕴含的普遍性和特殊性的关系，将在下文进行论述。三是规范功能的加成性。如前所述，排除合理怀疑在追求事实的过程中，容易陷入司法竞技的场域，从而使得具有强大资金优势或控制社会资源（如媒体）的被告人才有能力与强大的公权力抗衡，表面上的控辩均衡掩盖了实质上的不均衡，而检察官的客观义务正是基于对这种不均衡的客观认识而提出，从而在注重追诉效率的基础上，强调保障公正的法规范功能。故此，虽然检察官的客观义务起源于德国法，排除合理怀疑起源于美国法，但两者皆迅速为各国所认可和引入，实因检察官客观义务和排除合理怀疑在公正和效率上有功能的加成性，两者既有重合的部分，又有衡平的部分，从而形成两股张力，保障公正和效率之法规范功能的实现。

（三）文化–认知性：疑点思考的激励机制——思维之道

我们以张某平叔侄冤案为例。张某平在法庭上有一段经典论述认为，"你们现在是大法官大检察官，不一定你们的子孙后代都是大法官大检察官，如果遇上这种没有制度和法律的保障，说不定他们也会被冤枉，也会在死刑边缘徘徊"。张彪检察官说："记得小时候就是有个人在地里种的西红柿被别人偷了，说是我偷的，叫我去指认，当时我就痛苦地流出了眼泪。"[1] 通过上述表达，我们似乎可以认为，被错误定罪者和案件审查人在适用法律的理念上有一个共通的文化基因，那就是追求实现推己及人的"仁法"的正义情怀。在仁法的理念中，受规人不仅只是被动地遵守仁法规范，更重要的是要使心灵意念、精神内在，率先去体知所以受规约的前提和根据。[2] 然而，为什么是当事人的受害体验，而不是法律明确的信息指引，加深了其对仁法的理解呢？根据采访记录我们发现，造成该项冤案的客观方面，包括被定罪者的申诉材料从未被登记、被害人手指中的残留 DNA 被不适当排除、律师提出的被害人没有作案时间的辩解未被重视……展示的是一个疑点的处理过程不公开的黑箱。上述表达与实践的悖反，在于中国法律长久以来是一个"说的是一回事，做的是一回事，但是合起来又是另一回事"的体系，是一个道德＋实用的体系，两者之间尽管充满紧张关系，却结合为一个整体。[3] 在这个体系中，高标准的道德宣告难以企及，具体的执行者通过变通，达到实用的目的，而在表面上又与道德宣告相统一。张某平冤案中的疑点被掩盖，除了表达与实践的不统一使得疑点排除变成了黑箱，还有另外一个值得注意的文化基因——威权文化。

1994 年，波音公司第一次公开发表了一份安全数据，该数据表明一个国家的飞机事故频率，与其霍夫斯泰德维度上的数值有很大关联。而所谓霍夫斯泰德维度，最引人注目的是"权利距离指数"的维度，即一种特定文化中重视和尊重权威的程度。在亚洲在高权利距离指数国家，"句子真实的意思被隐藏起来，这要求交流者不但对此非常敏感，且要用心聆听。只有听话者足够重视讲话者的深层意思，而且讲话双方有足够的时间，来揣测对方背后的意思，沟通才能有效进行。"而对于悬于发际的空中事务处理，从黑匣子的记录来

---

① 参见今日说法《十年冤狱谁之罪》，载 http://news.cntv.cn/2013/04/08/VIDE136540704210 8851.shtml，2013 年 8 月 24 日访问。

② 江山：《中国法理念》，中国政法大学出版社 2005 年版，第 286 页。

③ 黄宗智：《清代的法律、社会与文化：民法的表达与实践》，上海书店出版社 2001 年版，第194 页。

看，这种威权文化下的交流方式导致的后果就是，当机长明白处境的危险，已经无法挽救①。实际上，在中国文化中也存在这个问题，刑事诉讼中尤为如此，承办人的意见难以独立表达，碰到疑点不能定案时易被斥为没有经验，而对于司法审判的不当干预又影响了对疑点的正确判断，最终酿成冤案。这是一个闭合的恶性循环：威权文化体系阻碍了疑点观点的表达，而能够从中突破的疑点又常常被司法外权力所阻滞；疑点提出的受阻，又使得承办人更加体会到威权文化以及司法外权力的阻力，更加不敢、不能和不愿提出疑点，以及对疑点作出回应。如果将对疑点不同观点的交锋看作一个市场的话，因为劣质的观点对疑点不作出实质性回应，或者不作出应有努力探查后的回应，所花的成本最小。那么忽视疑点的观点能够登堂入室占到上风，是一个劣币驱逐良币的过程。

如何解决文化传统中的表达与实践矛盾，以及威权主义的问题？本文认为应从疑点作为信息，而信息作为公共规制工具的高度出发：其一，在解决表达与实践矛盾的问题上，提出问题的黄宗智先生认为，"法律制度不仅要在实践层面得到人们的支持，也要在主导理念层面得到民众的认可"。② 本文认为，信息工具应当成为表达与实践矛盾的同一性条件，具体的操作将在下文讨论。其二，信息也有能够解决威权主义的问题，大韩航空公司的改革即是适例，通过促进信息的表达，解决了问题③。

1. 疑点矛盾斗争性条件的哲学思辨。就本文主题而言，在对刑事诉讼证明标准的客观性认识上，我国的传统观点认为，客观性的集中体现就是"证据确实、充分"，"确实"体现了证据质的要求，即其是确实存在的；另一方面，"充分"体现了证据量的要求。本文认为，这还并不是马克思主义认识论背景下的认识模式，而是仅仅强调了以质和量两个思维刻度作为研究深度和广度的两个标准。问题在于，在问题的质和量上进行有深度广度的思考，需要思考的主体对问题思考的问题有积极性。对内而言，需要思考的主体有自省性、反思性、批判性的认识，如果思考的主体不加思考或力所不逮，那么这个指标是没有意义或者作用发挥是不充分的。对外而言，需要思考的主体对其思考的结果进行充分的客观性展示，使得思考的结果可以被分析、研究和批评，从这一个标准观察，可以说确实、充分的标准是开放性的，因为人各有志，每个人

①　［美］格拉德威尔：《异类：不一样的成功启示录》，季丽娜译，中信出版社 2009 年版，第七章"造成飞机失事的民族理论"。

②　黄宗智：《中西法律如何融合：道德、权利与实用》，载《中外法学》2010 年第 5 期。

③　［美］格拉德威尔著：《异类：不一样的成功启示录》，季丽娜译，中信出版社 2009 年版，第七章"造成飞机失事的民族理论"。

的思维判断基准不同，完全可以分别对确实、充分把握不同的标准。在这个背景下，因为个人理解不同而对证据的综合分析而作出了错误的判断，也变成司法者"善意的错误"就变得被默许。更让人担忧的是，确实、充分导向的是一种因集体意识而导向大众暴政，因为在这个指引下对个体和特例而言少有生存的空间，使得疑点不被重视和发现。从这个意义上而言，本文恰恰认为将英文原文 beyond 翻译成排除而非超越是恰确的，因为我们考虑的不是基于神学传统意义上是否超越了人类经验可以理解和想见的范围，对疑点的视而不见听而不闻才是中国司法环境中最大的问题，所以排除合理的怀疑凸显了诉讼参与人在弱势的诉讼地位下的防御权利——只需要找出缺口，而不是去建立体系。因而，本文也认为排除合理怀疑不仅仅是逆向思维而已，而是启动深层思维、精细思维和批判性思维的触发器：最新的经济学诺贝尔奖颁发给了一位心理学家丹尼尔·卡尼曼，他在其获奖作品《思考，快与慢》中，通过经济学原理论述了人类的认知过程，亦即人总是习惯性地对问题作出快速反应，直觉机制快速地作出了反应，这是快思维；而在无法自然地凭直觉找出问题的解决方案的时候，更需要的是找到一种更慢、更严谨、更需要投入更多脑力的思考形式，这就是慢思考。难道我们在刑事诉讼中，需要的不是更慢、更严谨、更加费脑力的慢思考吗？问题在于，我们目前的司法制度提供的是这样的激励吗？快审快结，加班加点，可以对启动慢思考的激励寥寥无几。丹尼尔·卡尼曼告诉我们，其实每个人的脑部都有快、慢两个系统，问题就在于如何启动它，我们可能为了自己利益的时候会启动慢系统，而在为了他人利益特别是犯罪嫌疑人或被告人的利益的时候，司法者能够自发、主动、有效地启动他的慢系统吗？排除合理怀疑的机制，恰恰克服了这个困难——一定意义上，排除合理怀疑出于对国家权力不信任，可以认为控方总是容易倾向定罪的，检察官的客观义务未必能挡住社会舆论的压力和业绩考评的驱使，又有谁能知道在哪个案件中被告人乃至死刑犯是在快思考的系统运作下被定罪甚至处死的呢？所以思考的过程必须公开接受质疑，通过启动慢系统对结论的质疑，使得控方的指控接受挑战，从而克服人类思维的局限。虽然律师可能是为了他的知名度、不菲的报酬或者其他功利性的目的，但是必须认同的是，律师的功能在于监督启动慢系统。所以，我们不能把排除合理怀疑当作是一种逆向思维，仅仅是一种反向思考，因为这还是基于自省、向内用力可以克服缺陷的假设，排除合理怀疑的功能恰恰在于将一个人脑中进行的快、慢系统的争执，变成现实的两方的争执，从而使得争议可视化，从而实现看得见的正义。从哲学的意义上讲，就是改变了矛盾斗争性的条件，即将快慢思考的同一性从一个人的脑部，改成了在法庭上这个新条件下的可视性观点冲突，从而使得矛盾在新的条件下达到了同一性，这才是对马克思哲学认识论的真正继承和发扬。而检察官客观义务的提出，又正是认识到排除合理怀疑的"司法竞技"背景，而容易忽略司法公正的目标，故而又是在追求定罪效率和追求司法公正这个条件下，和排除合理怀疑达到对立统一，这也是疑点中心与审判中心的因应所在。

2. 排除合理怀疑与检察官客观义务的功能一致性。检察官客观义务与检察机关排除合理怀疑的证明责任之间，又存在着如下的普遍性与特殊性的关系：检察官是特殊主体，而检察机关是普遍主体；从法律的规范文本来看，客观义务是普遍性规范，是针对追诉犯罪中提出的普遍性要求，而排除合理怀疑是特殊性规范，它仅是证据确实充分的一个必要条件，而且仅是在案件出现疑点时才需要满足的特殊义务。所以两者就体现为特殊主体的普遍义务和普遍主体的特殊义务的关系。但是从哲学的角度来看，"普遍性并不只是在某种在人的别的抽象的质之外或之旁的东西，也不是单纯的反思特性，而毋宁是贯穿于一切特殊性之内，并包括一切特殊性于其中的东西"。[①] 也就是说体现了特殊性的，才能体现了普遍性，具体到本文的研究对象而言：疑点不仅是事实普遍性的特殊性体现，而且是其普遍性的体现，故此发现疑点不能再作为追诉者在例外情况下考虑的被动性工作，而应把疑点作为认定事实中具有普遍性的问题而进行主动性的考虑，这也就可以解释为什么完全印证、没有矛盾的案件反而最有可能是假案。而且，在检察一体化的视野下，检察官服从上级安排是普遍性，而检察官对疑点保持独立性是特殊性，如果不重视这项特殊性，检察机关的独立性的普遍性也不存在了，因为没有特殊性的普遍性，就不具有普遍性了，而不具有独立异议权的检察官，也难有独立公正的检察机关。故此，在立法之时当对上述普遍性与特殊性的犄角之势有充分认识，方能达到法之普遍性与特殊性兼顾。

四、不完全信息条件下的疑点分析——以客观性证据缺失类案件为例

本文认为，检察官客观义务入法，不仅要在法律渊源上获得正当性，更应为中国当下的司法难题提供解决思路，故此本文从客观性证据缺失类案件来入手，分析检察官客观义务的履行步骤。

（一）客观性证据的定义

一是客观性证据是相对主观性证据而言的，比如物证、书证等，但并不是说其证明效力就绝对地大于言词证据等主观证据，只是客观性证据更不容易受

主观认识影响，具有较为稳定的客观属性，使得办案过程中的可试验性、可印证性变得更强，在此基础上确认的事实可信度更高。二是客观性证据本身不会说话，需要通过人们的说明或解释将其证据能力体现出来，所以仍然需要对其中涉及的主观成分进行审查，包括对鉴定意见的说明是否有科学依据，对其内容的供述或证言解释是否合理可靠。三是综合使用客观性证据和主观性证据的目的，是为了实现重建犯罪现场或者重现被告人的当时决策环境，使得与定罪量刑的客观要件或主观要件得到证实。根据客观性证据形成的原因，本文认为，《刑事诉讼法》第48条规定的证据种类中：物证，书证，鉴定意见，勘验、检查、辨认、侦查实验等笔录，视听资料、电子数据属于客观性证据。事实上，在办理案件的过程中，经常是伴随着几种客观性证据缺失的情况，我们希望理出几个案例来研究，在客观性证据缺失的情况下，如何履行检察官的客观义务。

（二）客观性证据缺失的主要类型

根据我们对S市刑事案件的调研，客观性证据缺失的主要类型有：

1. 物证存在缺陷的案件主要有：

（1）故意杀人、故意伤害、聚众斗殴案件中无法找到凶器或者对凶器有异议的，常见的情形如犯罪嫌疑人作案后将刀具扔到水里或其他地方而无法找到，在场人员携带了不止一把刀具，对伤口是哪把刀具形成的存在争议；被害人的尸体已被丢弃毁损无法判定。

（2）盗窃、诈骗、抢劫、抢劫等侵犯财产案件中，原物丢失毁损而无法鉴定价值的，发票或库存清单是否可以作为鉴定的依据。

（3）强奸案件中没有人体接触斑迹或者无法检出DNA，或者犯罪嫌疑人使用了避孕套而没有留下痕迹的，如何判定其实施了犯罪行为。

（4）毒品案件中没有扣押到原物的，或者扣押到的仅仅是生产的半成品。

（5）侵害知识产权以及生产销售伪劣产品的案件，没有扣押或者只扣押到部分伪劣产品的。

（6）破坏市场经济秩序类犯罪案件中没有财务凭证或者只有部分财务凭证的；其他物证对定案有一定影响的。

2. 书证存在缺陷的案件主要有：

（1）证明犯罪嫌疑人是否达到刑事责任年龄的书证存在疑点，在该类案件中，经常出现的是有未成年人的医学出生证明、疫苗接种证、身份证明以及家谱、命书等各种书证。

（2）书证的形成时间存在争议的。

（3）书证本身真实性不存在异议，但是有人为制造嫌疑的，如连续开出与对应合同规定不符的发票。

（4）书证与案件内容的关联性存在疑问的。

3. 鉴定意见存在争议的案件主要有：

（1）对交通事故责任认定书有争议的，如对交通肇事过程中形成的痕迹有不同解释的，或者被害人尸体没有进行解剖即火化，对死亡原因或者是否存在医疗介入原因有争议。

（2）对人体损伤的形成原因有争议的，如某故意伤害案，被害人说因为卖甘蔗的人故意砍伤，而卖甘蔗的人称是被害人转身有个挥手的动作，从而碰到刀上，从而在手臂上形成了一个 U 形的伤口。

（3）对财产价值鉴定有争议的。

（三）客观性证据缺失类典型案件分析及规则提炼

1. 目标：判定信息决策的主体；方法：区分法定证据、科学证据和自由心证的关系。

目前的司法解释对各种证据的证据能力作出规定，比如未确定来源的物证不能作为证据；同时也对证明力进行了规定，比如直接证据的证明力一般大于间接证据。这虽然在一定程度上控制了裁量权的滥用，但是也隐含了过于僵化的危险。对此，陈瑞华教授在其《限制证据证明力为核心的新法定证据主义》一文中有精妙的论述，本文就不再班门弄斧。本文需要再提醒注意的是，如果将庭审作为一个各种观点竞争的市场，那么在完成市场准入的工作之后，就应当让观点自己竞争、求得认同，而不是再通过法律去限制其证明力。对于科学证据和自由心证的主体，必须严格限定，不得越俎代庖。

2. 目标：按部就班验证信息的完整性；方法：查找连接信息点，发现缺失点。

连接信息点是本文的核心概念，也是展开逻辑推理、事实认定和举证责任分配及其后果的首要前提。譬如张三恰好用手机拍到李四用刀捅王五，那么在论证连接信息点的时候，公诉人或许应当遵循如下的逻辑：

（1）证人张三和手机的联系：张三在移动电话公司实名注册了该手机；手机上有张三的指纹；该手机内的联系人均证明该手机事发当日是张三在使用；手机内有张三和朋友电话号码的通话以及张三向女友发出的短信；张三身上有和手机内短信内容一致的电影票；手机串号证明张三其时正处事发现场电影院。

（2）手机和杀人者李四的关系：手机在事发当时之前就内置了具有拍摄功能的软件；内存卡的物质证明和手机卡是长期接触的；录像的电子格式证明是该手机内置软件所拍摄的格式；录像内的人像截图，经李四的亲属辨认确为李四本人；录像中清楚地反映出李四脖子上的胎记以及李四的六指。

（3）杀人者李四和刀的关系：刀柄上有李四的指纹；李四过于用力割伤了自己的手，刀刃口上留有李四的DNA；李四朋友辨认该刀，确认该刀为李四重金购得，李四非常爱惜，经常拿来炫耀，并当众模拟忍者削水果游戏取乐。

（4）刀和被害人王五的关系：刀刃上有被害人的DNA；刀刃上附有被害人胃容物，并证实是被害人当晚所食牛排；被害人因脾脏破裂出血休克死亡。

上述信息连接点体现出以下特征：一是推理过程首尾相接，一个关系的终点就是紧接下一关系的起点；二是可以通过其他的关系，来印证关系链中关系的存在；三是论证联系过程，其实是主观证据和客观证据的统一，即使是物证、书证，也需要主观供述或证人证言的说明和解读；四是任何一环的缺失，均可以定义为缺失点，不需要质上和量上的要求。因此，本文把连接信息点和缺失点作为研究的基点。

比如上述第（3）点出现疑点：如李四辩称，其弟弟李小四与其哥哥长得很像，且素与哥哥不和，明知道哥哥李四与王五不合，故化装成哥哥李四杀害王五，欲陷李四于囹圄。那么我们就可以判定，这个连接信息点出现了疑点，这个疑点会直接导致该连接信息点不成立，从而判定李四无罪。但如果通过刀上同时有被害人王五DNA、被害人王五当晚胃容物、李四的手上伤痕与刀形状一致、刀上有李四的DNA，则各个连接信息点通过刀又无缝连接在一起，足可定谳。

又如张某平叔侄冤案，公安机关对被害人指甲缝中提取的不明DNA即是一未知连接信息点，可能指向其他信息，而不做排除自然就遗漏了重要疑点。因此，需要对连接信息点的缺失情况进行查找和评估。

3. 保障决策信息的充分性。

（1）关联性和可采性的问题

案例：郑某与陈某驾乘由郑某租用轿车，前往广东省陆丰市甲子镇购买冰毒、海洛因用于贩卖。郑某供述称，其借毒资人民币30000元给陈某，陈某自己出资向贩毒人指定账户转入人民币35000元购毒吸食，后因转账系统原因被退回，两人在福建某高速路口被查获，并从车上搜出3701.6克甲基苯丙胺。

这个案例看似平淡无奇，其实隐藏着很多证据法意义上的问题：一是对郑某和陈某要区分主从犯吗？二是如何要区分，哪些证据具有关联性和可采性？三是目前我国证据关联性和可采性是否要进行改造？

第一个关于区分主从犯的问题，单从两人所出毒资来看似乎相去无几，不存在区分主从犯的问题。但是将毒资总额和所扣毒品数量一比对分析，问题就出现了：

①按目前两人供述的总毒资 65000 元除以 3701.6 克，每克甲基苯丙胺均价 17.56 元。这个价格正常吗？要解决这个疑问，至少要分析三种可能，分为以下②、③、④种：

②该单价是真实的，符合当地的市场价格；

③该单价不真实，两人中有一人以上掩盖了在现场的真实的出资情况。对此一节，两人说法不一：

郑某说陈某是其上家，其是根据陈某的要求租车前往，并借了 30000 元给陈某。

陈某说郑某带了十多万元现金前往，自己只准备了 35000 元购买毒品自己吸食。

④该单价不真实，但是两人供述的在现场的出资是真实的，只不过两人中有一人有赊账。对此一节，有一个隐藏的前提：两人中有一人认识贩毒者，所以可以赊账。

由此看来，判断毒品价格是否符合当地实际情况，成为一个先决问题，从中国法院网查阅的三份同期判决来看，查明的甲基苯丙胺单价为 150～180 元之间，这说明上述②的判断是错误的，其中证明可能是陈某认识毒贩的证据包括但不限于：

⑤与甲子镇贩毒关系人联系的手机在陈某的包中扣押；

⑥该手机到了甲子镇后才与贩毒关系人联系；

⑦接受陈某毒资的账户没有收到 35000 元，打回了陈瑞的账户。

通过上述分析，我们可以以连接信息点作为基础，来分析关联性和可采性的问题：

第一，关联性的本质，是在更高的疑点条件下，讨论连接信息点间的同一性和矛盾性。如本案的逻辑起点，亦即上文强调的连接信息点——毒品价格，是隐含在表面案情之后的，两人所出毒资之间看似毫无关联，计算出的毒品单价也毫无意义，但是和同期判决查明的单价一比对，疑点就出现了：本文的观点是，从哲学的角度说，疑点的生成不仅要以连接信息点为基础，更要在对连接信息点分析的基础上，成为信息点同一性和斗争性的条件：不同的信息点之间具有印证性和矛盾性，都是在疑点这个统一性的条件下斗争性的体现。如果信息点之间不存在（表面上）矛盾，是因为没有把信息点放在更大的疑点条件下进行考量。比如某案件中辩护人提出，同步录音录像虽然本身没有疑点，但是在同步录音录像所录制的声音中，隐隐出现了讯问室附近大钟六声响的声音，结合当时情况说明是当地 18 时整，而同步录音录像体现的讯问结束时间是 16 时 13 分，所以该同步录音录像是不能采信的。如果将同步录音录像作为矛盾的条件，仅将犯罪嫌疑人供述录音和笔录比对，是相互印证和没有矛盾的。但是如果将当天下午的整个时空条件作为疑点，作为矛盾同一性的条件，那么矛盾就出现了。所以说，疑点的本质是连接信息点矛盾的哲学条件。

第二，从逻辑顺序上来讲，应该是先进行证据分析，继而判断是郑某还是陈某在其中起到主要作用（当然在这个问题上，可能会出现是造意者为首还是出毒资多者为首的分歧，在此不详论），最后区分主从犯，上述判断过程，应当依循①到②③④，再到⑤⑥⑦。然而问题在于，如果认为不需要区分主从犯的话，上述推理过程即被视为没有必要，也不会去分析论证证据之间的印证矛盾关系，也就是说法律意义上的关联性，成为判断逻辑上是否有关联性的前提，如果法律的关联性被切断，则逻辑的关联性被隔离了。就本案而言，毒品数量已经达到判处无期徒刑乃至死刑的标准，如果对该疑点置之不理，如果不区分主从犯，如何做到量刑均衡？所以，本文的观点是，对关联性应当采取逻辑关联性的立场，虽然目前我国对非法证据排除进行了一些立法，但是对关联性的问题却语焉不详。我们以最高人民法院《关于适用〈中华人民共和国刑事诉讼法〉的解释》中第四章第二节的"物证、书证的审查与认定"为例，该节规定从程序、鉴真、无污染、关联、全面等问题进行了规定。但是对关联性一节，只有一句"物证、书证与案件事实有无关联"，没有操作性，这样规定的会使得应当进入法庭的证据以没有关联性为由而被拒绝在法庭之外，比如夏某峰的辩护人提出要求在场的其他证人作证，对此一节并未见到实质性的回应。本文的改进思路是，对关联性的规定应当以逻辑关联性为原则，法律判断为例外，如借鉴美国证据规则关于取证手续过于复杂而效果很小，以及会导致不正当的偏见等。

第三，要确立关联性和可采性之间的关系。如果证据是具有关联性的，那么原则上就具有可采性，就必须进入判决决策的视野，否则论证关联性的所有工作成果将付诸东流。

4. 将疑点置入犯罪构成要件中，根据犯罪构成要件的证明责任分配疑点的说明和解释义务。

证明力实际上是主观证据和客观证据结合的过程：一方面，要通过主观证据说明和解释客观证据；另一方面，又要通过客观证据来印证连接信息点和排除连接信息点之间的矛盾。我们结合易甲、易乙诈骗案，逐步分析从连接信息点间断到疑点生成、疑点被排除的逻辑过程：

案例：易甲、易乙诈骗案

易甲是易乙父亲，两人被控参与电信诈骗。起诉书指控易乙在易甲指示下，通过易乙所给的手机号与取款头目姜某联系，指挥姜某一干人等取款，从中赚取差额佣金。庭审中，控辩双方针对"易甲是否指使易乙，是否参与诈骗"辩论，围绕易甲车上扣押的手机，该手机中有姜某手机号码。易甲当庭辩解：此前所作供述均因受刑讯逼供所致；从其车上搜出的手机并不是其在使用，而是因为此前其儿子易乙开了该车把手机忘在车上，易甲为儿子易乙把手机收起来而已。

双方的主要辩论意见为：

控：易甲的车上搜出手机，手机中有姜某的号码，姜某是取（诈骗所得）款组的头目，所以易甲参与取款犯罪。

辩：虽然手机从易甲车上搜出，但手机不是易甲的，从车上搜出手机，不代表手机就是易甲的（说明辩方旨在切断手机和易甲的联系，对后面两步联系没有提出异议。因为这是行为问题，属于构成要件，所以控方必须举证）。

控：一是扣押笔录证明易甲承认该手机系从其车上搜出，二是易甲对该手机内的短信内容作出了合理解释，三是该手机内有姜某的号码并得到姜某供述和物证的确认。

辩：扣押笔录和易甲所作供述都是刑讯逼供，是非法取证；两个手机虽有联系，但是姜某无法听出是易甲的声音，姜某无法指证其上线就是易甲。本案应调取监控看是谁驾驶了该车（涉及证据合法性和印证性问题，控方必须举证）。

控：一是本案的侦查活动合法。二是姜某听不出是易甲和对方不是易甲是两个概念。易乙从其父易甲的手机中查询拿姜某的手机号码只是为了去跑货车，按照这个逻辑，易甲说其家族企业非常缺人经营，却不让儿子接手帮忙，反而愿意让儿子去和姜某奔波跑货车，每个月赚不到两千元，明显不合常理。

当庭交叉询问至此，被告人没有再提出辩解。

5. 必须对缺失连接点的部分，如何论证连接或不能连接的理由作出论述，自由心证必须详细说明理由。

从认识世界的方法论来讲，一般认为，排除合理怀疑的哲学根据是经验论，根据经验论哲学家休谟区分的事实问题和价值问题，我们不妨把客观世界和主观理解划分为两个数学集合，在证据学的印证意义来说，证据的客观性也需要通过主观的说明和解释才能具有证据学上的意义，而主观理解和客观事实完整、完全乃至完美地印证状态极为罕见，也不是本文研究的对象。在考虑客观性证据缺失的情形时，主要针对的是主观理解和客观事实之间没有交集或仅仅部分相交的情况，而对客观事实的主观说明和解释就成为集合间的映射关系，所以我们以主观理解与客观事实之间的有无连接点进行区分：

（1）主观性证据承认与客观性证据之间存在联系，但对部分客观性证据做过解释，后又利用其他客观性证据的缺失，对原有客观性证据作其他解释，如何认定？

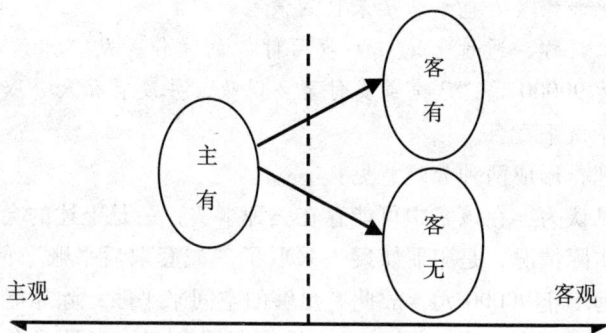

案例：王某、陈甲、张甲、张乙贪污案

犯罪嫌疑人原先供述称：2010 年省道 307 线修建期间，征用了 N 县城南乡辖下包括青塘村在内 6 个行政村的土地。2010 年 7 月，城南乡党委书记王某与乡长陈甲、宣传统战委员张甲三人经共同商议，决定套取省道 307 线征地补偿款 60000 元，用于个人发补贴，具体交由张甲、宣传统战干事张乙操作。张乙到了青塘村提出套取要求后，青塘村要求多套 30000 元给村里用，张乙同意。后村干部张丙、陈乙和报账员张丁，通过虚列"水改旱"农户花名册的方法套取出 90000 元，将 60000 元交给张乙供王某等四人分取，留下 30000 元供张丙等三人分取。

后犯罪嫌疑人集体翻供称：因为乡政府给每个村下了指标，要求各村套取资金以补贴乡财政，用于套取 90000 元"水改旱"补贴资金农户花名册虽然是假的，但是套出的钱款并没有由个人分取，而是入了乡政府财政的账目。而且还提出，90000 元入了乡政府的财政账户有相应凭证。经调取相关书证，出现了"两收两付"的会计现象：

①为套取 90000 元，（犯罪嫌疑人承认是）虚假付出：虚列"水改旱"补贴资金农户花名册，套取 90000 元。

②为乡财政套取资金，（犯罪嫌疑人辩解是）真实付出：将 90000 元支付至乡财政账户。

上述①②两笔付出，但是没有收入（钱款或发票），为将账目做平，故此在账目上出现了两笔收入：

③2011 年 8 月 9 日，乡财政出具的《福建省政府非税收入票据》，项目名

为"收到青塘村村道连接线款",金额为 90000 元。乡财政证实该票据为真,但项目为假。

④2011 年 10 月 12 日,青塘村出具了《福建省村集体专用收款票据》,项目名为"乡政府下拨道路维修补助款",金额为 90000 元。乡财政称从未拨付过该笔款项,犯罪嫌疑人也承认从未收到该笔款项。

犯罪嫌疑人辩称,通过上述"两收两付"的操作,从"水改旱"项目补贴资金中套取的 90000 元,已全部支付至乡财政,并没有私人分取,所有造假的账目均是为了做平账目。

对该案处理,形成两种分歧意见:

第一种意见认为,在该案中可能存在三种事实:一是上述的会计事实。二是可能的客观实际情况,是犯罪嫌疑人采取了"先套取后平账"的作案方法,套取的钱款远远不止 90000 元,故此有足够的空间来平账,除非能掌握套取钱款的所有总数和凭证的差额,否则无法认定犯罪事实。三是两个 90000 元并存,但是只有一个 90000 元入账,亦即确实有支付给乡财政的 90000 元,犯罪嫌疑人也套取了 90000 元,至于为什么账目上只体现一笔 90000 元,是预先策划还是事后发现偶合,不得而知。鉴于目前无法查清,应作出存疑不起诉的决定。

第二种意见认为,本案犯罪嫌疑人之前做了一致完整的供述,并且积极退出了赃款,而且此前还认定了自首情节。犯罪嫌疑人突然翻供,与在看守所串供有关。故此,虽然套取 90000 元的财政凭证出现缺失,但仍应当认定原有供述是成立的。

出现的证据认定问题是:

第一,犯罪嫌疑人之前作出有罪供述,之后又作出无罪辩解的,应当如何采信?

第二,客观性证据缺失对主观证言的影响应当如何进行评估?

第三,对客观性证据缺失,是应当继续要求提供主观性证言,还是继续扩大取证范围,搜集其他客观性证据?

(2) 主观性证据对现有客观性证据不做解释,对客观性证据缺失没有作出解释,如何判定?

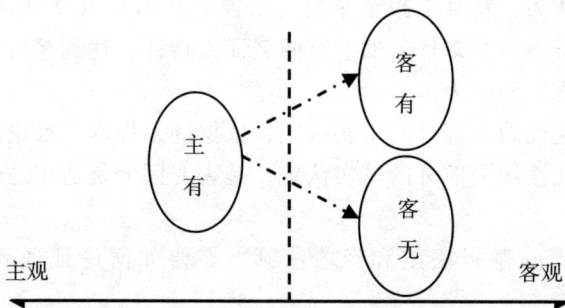

案例：肖某职务侵占案

2009 年 5 月，肖某作为总经理，代表星辰公司与华盛公司签订三份供货合同，总价款为 161.16 万元。同年 6 月 3 日，星辰公司依约支付 126 万元预付款给华盛公司，之后一直未付余款。根据星辰公司经办人员的证言，上述 126 万元中，有 60 万元是应肖某要求而在原单价 12.8 万元的基础上，虚增为 28.8 万元的单价而增加的"回扣专款"。肖某要求将该 60 万元全部作为回扣，星辰公司经办人取现只给了 30 万元。目前缺失的客观性证据（如果有）：

①没有发现有星辰公司所称单价为 12.8 万元的合同，只有单价为 28.8 万元的合同；

②没有星辰公司将 30 万元交给肖某的书证，只有星辰公司 2009 年 6 月 3 日至 10 日取现 33.9 万元的书证。

另有机票和银行凭证等客观性证据证实：

①2009 年 6 月 8 日 14：12，肖某和工程师、司机三人从南平乘火车到广州。6 月 10 日 9：45，肖某等三人转乘广州至梧州的大巴去买设备，在梧州待了一天。6 月 11 日三人一起返回广州市。

②2009 年 6 月 11 日上午，肖某一个人乘飞机从广州到南京，之后到宜兴市找星辰公司负责人，住宿由星辰公司登记的。

③2009 年 6 月 12 日上午肖某离开宜兴市，从南京乘飞机到福州。在福州其卡内存入现金 30 万元。同日工程师和司机从广州返回尤溪。

肖某供述称：其独自去南京和福州的机票，没有拿去星辰公司报销，其他有报销。6 月 12 日存入的现金 30 万元，记不起来是从谁从哪里存入的。

对该案的处理，形成两种分歧意见：

第一种意见认为，星辰公司支付给肖某 30 万元回扣的书证缺失，所谓的调增单价的合同书证也缺失，肖某否认犯罪事实，证人证言前后也存在矛盾，故建议存疑不起诉。

　　第二种意见认为，肖某不报销车费、单独前往福州以及对 30 万元巨款拒绝解释来源，明显不符合常理，加上有两名证人指证，达到起诉标准。

　　出现的法律适用问题为：

　　第一，对客观性缺失部分的事实认定，依据的是推理、推论还是推定？

　　第二，对客观性缺失部分的事实认定，是否要区分是适用逻辑法则还是经验法则？

　　第三，对适用的逻辑法则和经验法则，需要如何论证或者有何正当化事由？

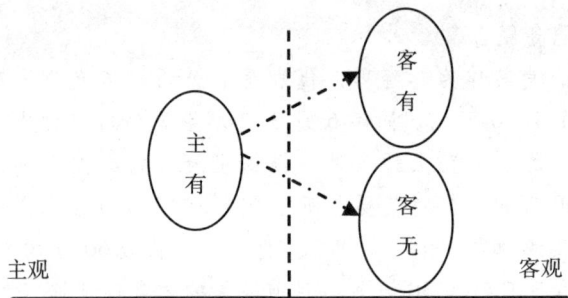

　　（3）主观性证据与客观性证据没有衔接点，如何认定？

　　案例：吴某私分国有资产案

　　该案中虽有支票书证证明现金支出 20.01 万元，但吴某及会计一直想不起来去向。但两人言词证据可以印证，会计填写支票时，把 20.01 万元写成了 20.1 万元。笔者分析，从 20.01 到 20.1 的错误一般有两种可能：第一，属于抄录性笔误，把对的计算结果抄错了。第二，属于计算性笔误，即因为计算过程发生错误，抄写的结果自然就错误了。从笔者对该会计的了解来看，应该不是抄录性笔误，那是什么原因导致了计算性笔误的发生？经分析认为，从 20.01 到 20.1：整数位相同，都是 20；小数位不同，有 1 位移位。加减乘除，哪种算法最可能导致这种错误？在试验中笔者发现，1.01 和 1.1 乘以 2，分别得到 2.02 和 2.2，这和刚才谈到的 20.01 和 20.1 之联系和区别，基本相同。借此，笔者认为，发生这样的错误，很可能是因为在乘法运算中，发生了一个类似把乘数 1.01 看成了 1.1 的错误，从而导致了从 20.01 到 20.1 的计算性错误。所以问题就转化为，这个从 20.01 到 20.1 的计算者，他为什么要把某个数字，去和 1.01 或者 1.1，或者其他这类性质（比如 4.02 或 4.2）的数字相乘？一个重要的细节是，这个计算者是一个会计。笔者认为，最合理的解释，就是因为这个数字是会计中常用比例，所以才会有这样的计算过程。那会计中常用的比例又是什么呢？先考虑税率，但是很明显，只有本案所涉的这个未知比例大于 1，才会发生 20.01 到 20.1 这样"整数位不出错，而小数位移位"的后果。而大于 1 的税率，一般情况下只有关税甚至惩罚性关税才有可能，从本案来看，这种可能性没有。那还有没有什么比例，既在会计计算中经常用到，同时又很有可能大于 1？货币汇率。难道是赃款以人民币取出，然后去兑换某种外币，在国外使用？基于上述分析，笔者问吴某："你想想，会不会兑换货币的时候用掉了？"经过这么一"提醒"，吴某想起来了，其公司曾以本单位的股权置换外国土地所有权，需用外币缴费。而会计看错了当日外币兑换牌价的小数点，所以发生了这样的错误。以此为线索查证，也证实如此。①

出现的法律适用问题有：

第一，进行推理分析的正当性何在？

第二，如何通过推理分析查找的客观性证据来印证主观证言的正确性？

6. 逻辑法则正当性的论点。

（1）逻辑完整性判断。一是以连接信息点作为思维单元，查找是否有缺失的信息点。二是以逻辑关联性为前提，查找是否有遗漏的信息点。三被遗漏信息点指向的其他信息点，其他信息点是否构成其他可能性。

（2）结论充分性评估。一是以客观性证据为基点，进行证据分析。二是分析全案的各项证据之间的关联关系，存在的印证和矛盾。三是对可采性的证据，进行证据构造评估，分析定案证据是否充分。

（3）对用统计学定案的案件进行单独的数量检验。常见的该类案件的主要思路为以部分推论全部，如专门接受电信诈骗，贩毒毒资的账户，是否可以将接受的所有款项认定为赃款，对毒品、侵害知识产权的物品抽样是否充分等。

7. 经验法则正当性的论点。

（1）一般生活经验。对明显违反生活常理的可以适用经验法则，但是涉及专业判断或非日常经验的问题，必须适用专业经验的法则，请有专门知识的人进行判断。如对交通肇事案件的事故成因，如不采纳交通部门所作事故责任认定，应当重新进行鉴定。

（2）专业经验。对科学问题，特殊经历等需要专业经验的，必须有专业经验的人的证言支持，而且要有客观性证据的支持。如鉴定人未经尸体检验，即根据经验判断颅脑已经严重损坏，不能采信。

（3）例外经验。要注意小概率事件，对犯罪嫌疑人提出的可能性很小的事件也不能掉以轻心，要结合实际情况进行验证。

---

① 谢俊翔：《20.01 万写成 20.1 万从小错误中发现线索》，载《检察日报》2010 年 1 月 17 日。

五、检察官客观义务入法的规范化建议

（一）排除合理怀疑的中国化解释

1. 从哲学的角度看，疑点是证据中连接信息点的矛盾性的特殊表现形式，但同时又是作为证据印证性和矛盾性的同一性条件。

2. 从信息作为公共政策规制工具的角度看，疑点是基于连接信息点而生成，体现的是更高级别的信息表现形式，其本质仍然是信息，应当从公共政策规制工具的高度来认识疑点。通过疑点生成、排除等一系列机制，实现对刑事诉讼过程的治理。

3. 从行为经济学的角度看有三个层次：一是借鉴诺贝尔经济学奖的研究成果，疑点是启动人脑中慢思维的触发器，通过疑点概念的提示或者说警示，使得人脑产生启动慢思维的积极性，动用神经资源进行证据分析。二是注意本土环境的影响力，疑点强调信息处理的公开性和有效性，从而克服本土环境中表达与实践矛盾，以及威权文化的影响的问题，杜绝神秘司法和暗箱操作。三是将疑点作为诉讼标的之一，从而判定诉讼激励及风险所在，在此基础上研究如何赋予、保障当事人诉讼权利。

（二）审查起诉模式的改造方向——以疑点为中心的强制划分机制

本文认为，正如乌尔比安指出的，"如果不划分公法和私法，公法就会不断地侵犯私法"。在案件审理的过程中，应当形成以疑点为中心的诉讼程序和工作机制，以案件疑点所涉事实是否为关键事实和是否为可排除疑点，强制划分为四种类型：关键事实可排除疑点，关键事实不可排除疑点，非关键事实可排除疑点，非关键事实不可排除疑点，判决文书必须对本案所出现的疑点必须表明明确的态度，划分属于哪种类型，是涉及关键事实还是非关键事实，该疑点是可以排除还是不可以排除的，据此提出抗诉、上诉或申请再审。

（三）检察机关组织法的改造——以检察官客观义务作为承担排除合理怀疑的基点

根据《人民检察院刑事诉讼规则（试行）》第 61 条第 3 款规定："人民检察院提起公诉，应当遵循客观公正原则，对被告人有罪、罪重、罪轻的证据都应当向人民法院提出。"本文认为，上述规定应当规定在《人民检察院组织法》中，具文如下：

1. 人民检察院追诉犯罪，应遵循客观公正之原则，以查明真相、平衡被告人之弱势地位及保障司法公正为己任；检察官行使该项职权之时，亦同。

2. 人民检察院应以保障与案件事实有逻辑关联之证据能被提交至人民法

院为原则，以耗费过巨而作用甚小或容易引起不正当的司法偏见为例外。人民检察院应秉持上述原则，对被告人有利及不利之证据均应向人民法院提出，并应自行调取、或依犯罪嫌疑人、被告人及其辩护人之申请调取相关证据，而不论该证据是对被告人有利或无利。检察官行使该项职权之时，亦同。

3. 人民检察院应对拟追诉之犯罪事实，进行连接信息点层次的证据分析，并对全案证据印证及矛盾之处作客观公正之评估，判断是否存在疑点。根据证明责任的分配，对疑点进行说明、解释或补充取证。在当庭发表的意见中，必须将疑点区分为关键事实可排除疑点，关键事实不可排除疑点，非关键事实可排除疑点，非关键事实不可排除疑点。检察官对经组织议定之疑点区分持异议者，可保留意见并向上级提出。

4. 人民检察院对认为存有关键事实不可排除疑点之情事，应向人民法院提出判处无罪之明确意见，并在被告人被判处有罪时，必须为被告人提出并穷尽程序救济之措施。检察官对经组织议定之程序救济持异议者，可保留意见并向上级提出。

5. 人民检察院通过制定诉讼规则、规范指引和案例指导等方式，指导和约束检察官客观公正义务之履行。

6. 人民检察院应制定科学之考评体系，由人民群众、人民法院、人民检察院、被告人及其辩护人、被害人对检察官履行客观公正义务之各项内容进行综合评判，并将公示无异议之结论作为检察官等级评定之重要依据。

以审判为中心背景下侦诉关系新模式的构建

刘莉芬　羊忠民*

以审判为中心，是指审判在刑事诉讼中处于中心地位，侦查和公诉围绕着审判的要求进行，侦查和公诉的办案标准符合审判的法定定案标准；庭审在认定事实证据和定罪量刑中起决定性作用，侦查、起诉活动的成果要经过庭审的检验。

十八届四中全会提出推进以审判为中心的诉讼制度改革，要求侦查、起诉阶段围绕审判阶段对于事实认定和法律适用的要求、标准进行。以审判为中心的刑事诉讼模式，必将对检察工作产生深远而广泛的影响。检察机关上承侦查，下启审判，和侦查机关构成大控方，共同承担举证证明犯罪的责任，侦查机关负责发现犯罪、收集固定证据，侦查活动的质量直接影响检察机关在庭审中运用证据证明、控诉犯罪的成效，适应以审判为中心的诉讼模式，要求构建面向庭审、联系紧密、强化侦查监督的侦诉新型关系。

一、侦诉关系概述

（一）侦诉关系的内涵

侦诉关系是审前程序中首要涉及的问题。[①] 侦诉关系，是侦查机关和起诉机关在法律制度框架内，为共同完成指控刑事犯罪任务而形成的工作机制、遵循的工作原则、实践中的通行做法的总和。侦查是侦查机关在办理刑事案件过程中，依法进行的专门调查工作和有关的强制措施，是由犯罪结果倒查犯罪过程（也就是案件事实），主要职能是发现犯罪事实，收集、固定能证明犯罪事实的证据，缉捕犯罪嫌疑人。在我国行使侦查职能的机关有公安机关（侦查大部分刑事案件）、国家安全机关（侦查危害国家安全案件）、检察机关（侦

---

* 刘莉芬，江西省人民检察院副巡视员；羊忠民，江西省南昌市人民检察院法律政策研究室主任。

① 唐雪莲：《论审判中心主义对我国侦查工作的影响》，载《四川警察学院学报》2014 年第 6 期。

查职务犯罪案件）、监狱机关（侦查发生在监狱的在押人员犯罪案件）和军队保卫部门（侦查军人犯罪案件）。审查提起公诉，是检察机关对移送起诉的案件全面审查，对事实清楚、证据确实充分，依法应当承担刑事责任的，提交法院进行审判的刑事诉讼活动，是对侦查结果（包括证据和结论）进行的审查、论证和判断，主要职能是对每个证据的证明能力和证明力进行全面审查，审查其是否确实；对整个证据体系的证明力进行论证，确定证据体系能否证明案件事实，能否形成完整的证据链，并作出是否提交审判的判断；在法庭上运用证据证明犯罪。因公安机关侦查的刑事案件占全部刑事案件的95%，所以本课题研究的侦诉关系是指公安机关（主要是刑事侦查部门）与检察机关（主要是起诉部门）之间的关系。侦查是刑事诉讼的起点，是收集、固定、保存证据的过程，审查提起公诉是刑事诉讼的过渡阶段，上承侦查下启审判。侦查和公诉都承担着追诉指控犯罪的职能，二者的本质是一致的，都是代表国家对犯罪进行追诉。侦诉之间的关系主要涉及侦查阶段检察机关提前介入到侦查活动，检察机关对侦查行为的监督，审查起诉阶段检察机关退回补充侦查，审判阶段侦查人员出庭作证，案件分流。

（二）当前侦诉关系存在的问题

目前，无论是从法律监督的立法定位，还是监督手段来讲，审查逮捕、公诉等检察行为对侦查行为的监督效果都不甚理想，侦查监督的运行并没有达到立法设计的那种理想状态，很多内容还只是停留在宣示层面，侦查机关（部门）违法行为仍然时有发生，侦查监督的落实情况同立法的预期有一定的差距。即使在审查起诉时发现问题，也只能以书面的形式提出要求，最终的纠正情况由侦查机关（部门）以书面函的形式进行回复，至于纠正效果究竟如何，并不完全在检察机关的掌控之下。职务犯罪侦查部门转隶后，监督力度将更加难以预料。实际上，南昌市的刑事诉讼中侦诉关系同全国其他地区一样，在某种意义上呈现出侦查中心主义的特征，检察职能的行使还在很大程度上依赖侦查，以致检察权对侦查权的控制不足。侦诉关系存在以下几方面的问题：

1. 侦捕工作视角多从本部门出发，未形成良好的沟通效果。侦查取证往往要经历从无到有、由少到多、从不完善到完善的阶段，检察人员通过介入侦查、阅卷等方式对案件进行审查，并决定是否批准逮捕。但在司法实践中，一方面，侦、捕工作存在各自特点和相异性，决定检察人员对证据的要求更加精细，个别侦查人员对于检察机关提出的意见简单应付，致使必需的证据得不到补强；部分侦查机关（部门）提请审查逮捕案件的证据主要围绕定罪证据，但对于犯罪动机、起因、前科劣迹、有无重新犯罪可能或毁灭、伪造证据、干扰证人的行为等社会危险性证据往往考虑不够未一并调取；有的侦查人员对侦监部门通知补充的要求不理解，有的可能错失取证良机而难以取证，造成此类案件难以确保证据链的完整性。另一方面，检察人员是阅卷式审查，有时可能认识不到取证的艰难，或对侦查人员调取的证据重视不够，如果对证据随意取舍或不贴合实际要求补充证据，也可能激起侦查人员的不满和消极怠慢。

2. 监督手段多为"软手段"，未形成长效的监督机制。虽然南昌市检察机关近年来开展了对侦查机关（部门）刑事拘留、另案处理、不立案线索检查等多项专项监督活动，但基本上为"运动式"检查，即仅停留在数据分析、案例剖析和经验总结层面，没有形成行之有效的细则性规范。从当前法律规定与司法实践效果对比来看，仅有的少数原则性、宽泛的规定不能有效满足司法实践的需要，侦查活动监督具体的适用标准、适用条件、适用程序等实施条文尚需细化和完善。而且，在司法实务中对公安机关的大多数侦查活动监督实质上仍是一种"软手段"的事后监督，检察机关虽可以向侦查机关（部门）发出《纠正违法通知书》或《检察建议书》等，但这些法律监督手段缺乏刚性——因为这些纠正意见完全靠侦查机关（部门）自发落实，如果侦查机关（部门）将这种纠正违法的建议束之高阁，则难以保证法律监督的效果。

3. 侦捕诉各管一段，未形成完善的衔接机制。侦查机关（部门）、检察机关共同打击犯罪需要全面、立体化的衔接工作机制，但结合我市实际来看，相关机制尚未能完全建立。一方面，侦查机关（部门）和检察机关之间未建立有效的沟通渠道。我市各司法机关尚未构建信息一体化共享平台，使得刑事诉讼的立案、侦查、审查逮捕、移送审查起诉等各诉讼阶段的信息沟通不畅，监督线索的发现难。特别是大多数案件从立案后至提请逮捕之前这一诉讼阶段，侦查机关（部门）经常以案件特殊、涉密为由不让侦查监督部门知悉立案和侦查情况，检察机关也就无法对侦查活动开展适时监督或引导侦查。另一方面，办理重大复杂案件和证据采信、案件定性存在重大争议的案件时，由于缺乏共同提前介入、信息通报、案件会商等机制，侦监、公诉两部门在法律适用及证据采信标准上的分歧可能导致捕后不诉等情况的发生，不利于更高效的引导侦查，确保刑事诉讼顺利、高效运行。

4. 公诉对侦查制约力度不够，未能实现理想状态。在侦查中心主义的观念影响下，公诉部门对侦查工作的侦查活动和程序的监督尚不能到位。因为现实中的公诉监督主要是书面审查侦查部门报送的案卷材料，而侦查活动中的违法情况很难能反映在案卷材料中，即使犯罪嫌疑人后来向有关部门反映、控告，也大多因时过境迁无法查实而不了了之。二者之间的"互相配合"关系不是侦查部门根据控诉犯罪的需要来配合公诉机关，而是异化为公诉机关要支持和巩固侦查部门的侦查成果，并且在审判阶段亦强力维护侦查。二者关系容易走向极端，一配合就不监督，违背诉讼规律甚至超越法律底线予以迁就。由于对案件定罪量刑证据的规格、标准等时常发生分歧，要么片面追求诉讼效率而先行起诉，诉后如遇侦查人员勉强应付又束手无策，严重影响到案件诉讼质量。

5. 诉前引导范围狭窄，尚不能实现全覆盖。侦查手段和拘留、搜查、扣押、冻结、查询、调取等强制措施尚未能纳入到引导范围，仍由侦查机关自己决定自己执行，没有实行决策者与执行者相分离的原则，难以保证这些手段和措施不被滥用，从而损害犯罪嫌疑人的合法权益。公诉部门对犯罪侦查活动的诉前引导主要是通过审查起诉环节来开展，这个环节的监督实质上是通过审查侦查结果进行。在案件移送审查起诉之前，公诉部门一般不知晓侦查进展情况，因而对侦查部门有无违法情况很难及时发现并及时纠正，对犯罪嫌疑人人权的救济也只能是事后。这种监督模式并不能完全达到现代刑事诉讼的保障人权之目的。因此，目前对于犯罪诉前引导在空间、时间二维度内均显得狭窄。

6. 侦查人员出庭作证难，未能充分调动侦查辅助公诉庭审的功效。侦查人员出庭作证有助于加强控方证据的证明能力，抑制侦查人员非法取证的行为，有助于维护程序正义，保证被告人的质询权，发现案件真实。侦查人员出庭作证是贯彻直接和言词原则的重要措施，侦查人员出庭作证，向法庭陈述制作笔录的具体过程可以使侦查真实接近案件真实。侦查人员出庭作证会对证人起到表率作用，从而带动证人出庭作证，提高证人出庭率。但在司法实践中，侦查人员出庭作证十分罕见，主要有以下几种原因：一是因为在侦查人员的思想观念里难以接受自己由讯问或询问的主角与发动者，变成在法庭的被质询的对象"会有损警察的形象和不利于以后侦查工作的开展"。二是因为在多数情况下，法庭认可讯问笔录的效力，证人普遍不出庭作证，法官一般不要求侦查人员出庭作证。检察官也不希望侦查人员出庭作证，律师申请侦查人员出庭作证的请求难得到法庭的赞同。三是因为侦查人员出庭作证不仅不能给公安机关带来直接的诉讼利益，反而会增加其工作量，影响其他工作的完成，甚至容易"暴露秘密侦查手段"。

关于侦查人员出庭作证没有确切的统计数据，出庭作证极少。江西分别在2012年宜春袁州、2014年赣州于都和2015年南昌进贤有侦查人员出庭作证的报道，侦查人员出庭作证主要是针对被告人控告侦查人员刑讯逼供出现非法证据排除而出庭作证，驳斥被告人的控告，证明侦查取证过程中程序是否合法，有无刑讯逼供的行为，还有的证明被告人是否成立自首。

从审判实践看，侦查、起诉和审判成为三个完全独立而互不隶属的诉讼阶段，三个阶段各自独立地实施诉讼行为。当需要侦查人员出庭就取证情况进行作证时，由于没有配套的保障机制，侦查人员出庭作证的积极性大大降低。侦查人员不出庭，其结果就是出具书面材料以代替，这势必影响公诉出庭证明取证合法性的效果。而庭审对抗的形式化使得即使证人出庭率低也不会影响法官书面断案，因而侦查人员不出庭作证问题自然不受重视。

7. 涉案财物管理较乱，未形成统一做法。对于侦查终结移送的案件材料，有涉案财产或者物品的，有时候侦查机关（部门）未随案移送，有时候则仅移送查封、扣押、冻结的法律文书及清单，有时候又连同实物一并移送。哪类财物属于应当由侦查机关（部门）保管，哪类财物属于涉案物证必须移送，目前没有明确的规定，是否移送涉案财物完全取决于侦查机关（部门）的意愿。检察机关受案人员又不能对案件实体进行审查，只得被动接受。对于未附涉案财物的案件，只要符合其他条件也必须受理。对于此类问题，侦查机关和检察机关目前没有有力的办法措施进行规范。

二、以审判为中心的诉讼模式对侦诉关系的新要求

在司法实践中，存在办案人员对法庭审理重视不够，常常出现一些关键证据没有收集或没有依法收集，进入庭审的案件没有达到案件事实清楚、证据确实充分的要求，使得审判无法进行。[①] 对于这些案件审判机关既难以依法定罪也难以依法宣告无罪。推进以审判为中心的诉讼制度改革，要求侦查起诉阶段都要以法院的庭审和裁决对于事实认定和法律适用的要求、标准进行，从侦查环节开始，就必须全面、规范收集、固定、保存证据，确保侦查程序和公诉程序的办案标准符合审判程序的法定定案标准，从源头上防止事实不清、证据不足的案件或者违反法律程序的案件"带病"进入审判程序，提高办案质量，节约诉讼资源，确保侦查、起诉的案件经得起法律的检验。

以审判为中心的诉讼制度改革的根本目的是通过提高审判质量防止冤假错案的发生，提高司法公信力。反思近年来发生的亡者归来、真凶出现的冤假错案，在这些冤假错案中，无不存在着刑讯逼供和暴力取证得来的非法证据。这些非法证据是导致冤假错案发生的重要原因。庭审实质化以后，随着司法责任制的推行，法庭对非法证据的审查更加严格，法官对非法证据零容忍，在认定事实、定罪量刑上会坚决予以排除。法庭将加大非法证据的排除力度，对违法侦查行为和审查起诉中的疏忽将不再迁就。法庭的严格和辩方的挑剔倒逼审查

---

① 习近平：《关于〈中共中央关于全面推进依法治国若干重大问题的决定〉的说明》，人民出版社 2014 年版，第 58 页。

起诉阶段要严格审查证据，及时发现并排除非法证据，补正瑕疵证据，避免庭上控罪的被动局面和败诉的风险，要求加强对侦查活动的监督，防止出现因为侦查活动取证粗疏难以达到庭审证据细致要求的现象，要求在审查起诉阶段加大非法证据排除力度。

在以审判为中心的诉讼模式下，审前程序成为一个整体，侦查和公诉在追诉活动中目标一致，面对日后庭审的严格要求一致，这就要求侦查机关和公诉机关在完成追诉任务的征程上要构建面向庭审的侦诉紧密联系协调的工作模式，构建大控方格局，形成追诉犯罪的合力。这种紧密的联系包括各司其职下的配合、公诉引导侦查、监督侦查行为。从现实中侦查、公诉的职能和优势来看，在发现犯罪、缉捕犯罪嫌疑人上以侦查为主导，在举证证明犯罪上以公诉为主导。

三、构建面向庭审、联系紧密、互相监督的新型侦诉关系

侦诉关系是审前程序中首要涉及的问题。[①] 侦查是侦查机关在办理刑事案件过程中，依法进行的专门调查工作和有关的强制措施，是由犯罪结果倒查犯罪过程（也就是案件事实），主要职能是发现犯罪事实，收集、固定能证明犯罪事实的证据，缉捕犯罪嫌疑人。审查提起公诉，是检察机关对移送起诉的案件全面审查，对事实清楚、证据确实充分，依法应当承担刑事责任的，提交法院进行审判的刑事诉讼活动，是对侦查结果（包括证据和结论）进行的审查、论证和判断，主要职能是对每个证据的证明能力和证明力进行全面审查，审查其是否确实；对整个证据体系的证明力进行论证，确定证据体系能否证明案件事实，能否形成完整的证据链，并作出是否提交审判的判断；在法庭上运用证据证明犯罪。侦查是刑事诉讼的起点，是收集、固定、保存证据的过程，审查提起公诉是刑事诉讼的过渡阶段，上承侦查下启审判。侦查和公诉都承担着追诉的职能，二者的本质是一致的，都是代表国家对犯罪进行追诉。

（一）新型侦诉关系模式

我国检察机关作为法律监督机关，依法行使检察权，检察权作为一种集合概念，侦查监督、公诉等权兼而有之。在以往"侦查中心主义"的理念指导下，侦查权处于强势地位，犯罪侦查与审查逮捕、审查起诉之间的关系更倾向于后者对侦查成果的支持，审查逮捕、审查起诉往往成为再次确认侦查结论的过程。在办案实践中，侦查机关往往重视破案，轻视庭审，比较容易忽视证据

---

① 唐雪莲：《论审判中心主义对我国侦查工作的影响》，载《四川警察学院学报》2014年第6期。

的收集与固定，侦查行为粗糙，而侦查质量的高低将对公诉工作产生实质性的影响，而在以审判为中心视野下，应将公诉引导侦查作为侦诉关系中的主要内容，强化公诉引导侦查，以此促使侦查机关迅速、准确、规范地收集、固定、保存证据，从源头上保证公诉案件的质量，从而有效完成追诉犯罪的任务。通过完善各项工作机制，使侦查机关与检察机关侦查监督、公诉等部门的关系得到更好的优化，构建面向庭审的侦诉紧密联系协调、互相监督的工作模式，能够建立起更客观公正地查明案件事实，共同指控犯罪的大控方格局；能够实现侦查与审查逮捕、审查起诉的有序连接，提升诉讼效率；能够更加全面保障犯罪嫌疑人的合法权利，实现程序正义，使得审查逮捕、审查起诉对于侦查更具有引导作用，即前者从自身思维角度出发在取证方向、证据证明标准等方面给予侦查指导性意见或建议，但又不是任意干预侦查过程。

（二）建立新型侦诉关系的基本原则和督促侦查机关树立的意识

1. 加强协作原则，督促侦查机关在指控犯罪上树立合作意识。构建新型侦诉关系，必须在明确侦诉各自职责的基础上加强协作，一方面，侦诉机关均承担控诉职能，具有诉讼目标上的一致性，侦诉在指控犯罪上要树立合作意识，侦诉紧密结合形成控诉合力，共同完成指控犯罪的任务。另一方面，检察权的内涵本身就包含了对侦查权的指导与协调。

2. 审前程序以公诉为导向原则，督促侦查机关在取证过程中树立庭审意识。以公诉为导向的侦诉关系是诉讼规律的基本要求。在以审判为中心的诉讼构造中，侦诉机关共同承担"控"的职能，在追诉职能的分工上，侦查是公诉的准备，侦查收集、固定证据的目的是为了在庭审阶段支持控诉，侦查机关不能抓人在案就了事，要认识到在侦查阶段收集固定的证据将来要在法庭上作呈堂证供接受控辩双方的质证，在证据的形式，收集固定证据的主体、程序等方面要按照庭审的要求和标准进行。

3. 强化侦查监督原则，督促侦查机关在侦查过程中树立规范意识。从我国司法制度实际情况看，通过加强检察监督的方式制约侦查权和保障人权是最佳路径选择。侦查监督的目的在于保证侦查程序目标的实现，通过侦查监督，规范侦查行为，防止侦查权滥用，防范和纠正冤假错案，减少甚至杜绝非法证据，减少瑕疵证据，提高证据证明犯罪的有效性，提升侦查法治化与人权保障水平，通过持续不断地监督纠正不规范的侦查行为，树立侦查人员在侦查中的规范意识，养成依法办案，规范司法的习惯。

（三）建立新型侦诉关系的路径

1. 编写侦查取证工作指引，对侦查取证工作提出普遍性的规范要求。侦查机关和公诉机关面向庭审，共同分析研究可能影响举证证明犯罪的普遍性的证据问题，从出庭示证、面对质证、证明犯罪的角度制作编写侦查取证工作指引，在日常侦查工作中指引侦查机关收集、固定、保存证据，将取证、固证的目的、方法、注意事项、结果及时传导给侦查人员，确保关键证据、核心证据等证据取证规范到位，确保证据的证据能力和证明力。

2. 建立侦诉会商制度。互通信息、定期收集、分析固定证据、示证证明犯罪中的新问题和新情况，研究制定应对策略和措施，不断完善侦查取证工作指引。对于重大疑难复杂案件或作无罪辩护的案件要一案一会商。

3. 完善检察机关提前介入重大案件侦查活动机制。重大、复杂案件，检察机关（主要是公诉部门）提前介入侦查程序，从审查起诉的角度及时帮助和引导侦查机关依法收集、固定证据，对于提高侦查效率，保证取证活动的准确性与合法性是有必要的。在案件移送审查起诉前，公诉部门派员介入侦查和引导取证，立足于监督、立足于配合，在配合中加强监督，在监督中体现配合。公诉部门保持与侦查机关（部门）的沟通协商，不断创新和规范诉前环节检侦协作机制的内容，以重大刑事案件公诉提前介入侦查为载体，主动参与侦查机关（部门）对重大刑事案件侦破方案和调查取证计划的制定，引导侦查机关（部门）更加注重对客观性、科学性证据的调查取证。改变案件移送前较少参与的局面，改变以往只审查在卷证据而忽视审查在案证据的片面观念。

完善提前介入机制应明确提前介入的案件范围、时机、内容、方式。第一，提前介入的案件范围。考虑实践中的案件复杂程度、社会影响，结合可操作性，提前介入案件的范围应限定于：（1）严重危害社会治安的重大恶性案件，包括杀人、抢劫、强奸案件等；（2）涉及面广取证困难的重大复杂案件，包括涉黑涉恶案件、犯罪集团案件、经济犯罪案件等；（3）涉及重大社会民生案件；（4）上级领导部门交办、督办，具有较大社会影响的案件；（5）检察机关认为应当提前介入的其他案件。第二，提前介入的时机。一般来说是第一时间参与，即案发或者抓获犯罪嫌疑人时，但鉴于检察机关内部分工，公诉对侦查的引导可从犯罪嫌疑人被批准逮捕之日起开始，案发或抓获犯罪嫌疑人时可由侦监部门对侦查进行引导，这使得检察机关形成对相关案件的侦查活动全段的引导。第三，提前介入的内容。主要体现在对案件定性证据的把握上，即公诉检察官在引导侦查时，只能通过对案件中证据的证明力进行分析，对证据的补充和完善提出建议来引导侦查的方向。根据庭审要求，围绕提升侦查、公诉案件的质量和效率目标，"以客观公正的视角，从应对法庭质疑和律师挑战的角度有针对性地引导侦查人员收集、补充证据，更加注重证据的真实性、合法性和证据链条的完整性"，①监督侦查人员及时、全面、合法、规范地收集和固定证据，防止刑讯逼供和强制处分权的滥用等侵犯犯罪嫌疑人合法权益的行为发生。第四，提前介入的方式。根据实际情况，检察机关既可以主动派人参加侦查机关重大案件的讨论，对取证工作和证据情况发表意见；也可以在侦查机关认为需要时应邀参加重大案件的讨论，就侦查取证活动和庭审证据要求等发表意见和建议。

4. 强化程序监督功能，构建多元化和立体化的侦查活动监督机制。尽管基于指控质量及效率的目的需要加强侦诉协作，但在合理的检侦关系中强化侦查监督同等重要。通过履行侦查监督权防止侦查权滥用，提升侦查法治化与人权保障水平，是对以审判为中心诉讼制度改革要求的贯彻。侦查监督人员应当站在客观中立的立场行使职能，处理好追诉犯罪与诉讼监督的关系，实现以"过程合法"证明"结果真实"的监督路径。庭审是公开集中展现诉讼活动成果和保护诉权的场所与时间节点，以庭审为中心，要实现庭审实质化，保证庭审在查明事实、认定证据、保护诉权、公正裁判中发挥决定性作用，检察机关更要强化对侦查活动和审判程序的法律监督，使侦查、起诉、审判办案过程符合程序公正，使庭审中认定的事实符合客观真相、办案结果符合实体公正。在以审判为中心的诉讼模式中，要强化侦查监督，防止起点错，要强化公诉监督，避免跟着错，要强化审判程序监督，防止错到底。适应以审判为中心的诉讼模式的诉讼监督，要加强对侦查取证行为和庭审程序的监督，从侦查环节开始，就全面、规范地收集固定证据，在审查起诉环节严格认真地审查甄别证据，从源头上防止不清、证据不足的案件进入审判程序，确保侦查、审查起诉的案件事实和证据经得起法庭调查、质证、辩论的检验。当前，强化侦查监督的方式之一是强化对派出所刑事司法的监督。公安派出所也是开展刑事侦查活动、打击犯罪的最前沿，而且自 2005 年推行警力下沉以来，公安派出所已经成为刑事侦查的主力，承担了半数以上刑事案件的侦查，对派出所的检察监督更显必要和迫切②。南昌市东湖区院、西湖区院自 2012 年以来在辖区内 90 余个派出所设立检察官监督办公室，通过设立常驻机构并会签相关规范性文件的方式加强对公安派出所刑事执法活动的监督。派驻检察官通过分析月报表和审查逮捕的案件，对派出所办案过程中多发性、典型性的问题以及好的经验做法

① 王守安：《以审判为中心的诉讼制度改革带来深刻影响》，载《检察日报》2014 年 11 月 10 日第 3 版。
② "检察机关对公安派出所监督机制研究"课题组：《检察机关对公安派出所监督机制研究——以北京市西城区人民检察院对公安派出所试点监督的实践为视角》，载《法制与社会》2013 年第 1 期。

进行归纳总结，对其执法活动中存在的问题提出纠正意见，并就检察官监督办公室的工作开展情况，编写工作简报，抄送公安局、辖区派出所和相关单位。例如西湖区院在对辖区内派出所驻所检查和办理审查逮捕案件发现派出所办理毒品类案件经验不足，侦查过程存在取证瑕疵等问题，该院遂向公安机关发出检察建议，对毒品犯罪案件的侦查取证活动提出具体九项建议；西湖公安分局高度重视该检察建议并转发至各派出所，要求组织民警认真学习，在今后严格按照检察建议的要求进行侦查取证，有效地避免因取证不当、执法不规范而导致瑕疵案件再度出现。

5. 捕诉合一，加大提前介入和侦查监督力度。在开展提前介入侦查和进行侦查活动监督工作中，无论是法律依据和监督手段，侦查监督部门依据充分，手段多样，侦查机关回应积极。公诉部门依据模糊，手段缺乏，侦查机关回应消极。这与侦查机关的诉讼利益（或诉讼目标）和内部考核等有关。在侦查机关思想意识中存在着"重破案轻审判"的观念，反映在检察机关就是"重侦监轻公诉"。在刑事诉讼中，不同的诉讼参与者有不同的诉讼利益，公安机关追求的诉讼利益是破案与抓获犯罪嫌疑人。只要侦破了案件，抓获了犯罪嫌疑人，案件顺利地移送起诉，公安机关的诉讼利益就已实现。因为羁押期限的需要，审查批准逮捕是侦查阶段公安机关完成抓人破案和实现其诉讼目标的必要措施，所以在审查批准逮捕前，公安机关调查取证积极，回应及时，一旦检察机关批准逮捕，公安机关便认为其侦查成果得到了检察机关的认可，案件的后续处理便是检察机关的事情，其便很少考虑案件是否能起诉出去和判得下来。公安机关的内部考核也是以批捕率为重要指标，指控成功与否及判决率多少都与公安机关的工作成效无关。为了加大提前介入侦查和开展侦查监督的力度，提高介入侦查和侦查监督的效果，可以捕诉合一，建立同步开展工作机制，在开展提前介入侦查和侦查监督工作时捕诉同步开展工作，在审查批捕阶段介入侦查活动时，就开始对从诉的角度对侦查机关进行取证引导和强化侦查监督，规范侦查行为。

6. 改进和完善补充侦查工作。补充侦查从本质上说是一种刑事诉讼程序的中断和回溯。公诉机关行使补充侦查权实际上是一种纠错行为，是对侦查活动不力或缺陷进行弥补的无奈之举。刑事诉讼法对补充侦查作出次数限定，就是为了防止该项权力的滥用。在以审判为中心的诉讼模式下，审查起诉案件的处理效率和质量至关重要。因此，一方面，公诉机关要慎用补充侦查权，尽快完成审查起诉工作。应明确二次退补的使用条件：二次退补必须是完成全案审查工作，确有证据无法自行调取需要公安机关补充的情况；二次退补之前必须形成全案审查报告，在"需要说明的问题"中明确证据体系缺失部分、退补事项及理由，并报上级检察官认可；所有瑕疵证据应当在第一次退补时补正，二次退补原则上不允许补正瑕疵证据，否则应作为案件质量的负面评价依据。另一方面，公诉机关要善用补充侦查权，使每一次补充侦查真正起到强化证据的作用而非流于形式。主要是提高退回补充侦查的效率：应细化退补提纲的内容，包括按证明顺序列明未查清事实，用于证明该事实的证据有哪些缺失和瑕疵，预防非法证据和瑕疵证据的注意事项等，关键证据还应同时补充取证侦查合法性证明材料；应加强退回补充侦查的说理，对要求补充侦查的事项应说明依据和理由及补正不力对起诉工作可能造成的影响，以此强化侦查机关的证据意识，增加侦查机关对退补工作的认同和理解；应加强对补充侦查活动的监督，及时与公安机关进行沟通和指导，对公安机关怠于补侦或补侦不力的情况及时督促，发现公安机关在补侦过程中存在违法行为应及时纠正。

7. 引导侦查人员听庭和出庭作证。在以审判为中心的诉讼模式下，直接言词原则的贯彻，使得证人、鉴定人出庭作证成为常态，侦查人员作为某些案件的控方证人出庭作证也将增加。侦诉机关应密切联系，公诉引导、侦查人员配合，共同做好出庭作证工作。第一，公诉机关应引导侦查人员充分认识出庭作证对控诉的重要作用及意义：可以向法庭直观证明取证的合法性，对辩方就非法取证的质疑当场进行抗辩，揭露、驳斥被告人恶意翻供，作为现场目击证人证实犯罪等。第二，引导案件的侦查人员旁听庭审，让他们对法庭审理有直观了解，现场体验庭审中对定案证据的要求，了解公诉人向法庭出示证据的规律以及辩护人对证据所提出的异议，促使侦查人员在以后的侦查取证过程中能规范取证、有针对性地、有效固定证据，树立高标准的证据意识，不断提高取证能力。第三，就侦查人员出庭作证的责任、范围、程序、注意事项等作出规定。比如对侦查人员出庭作证的案件，检察机关应提前通过书面告知，并需阐明出庭的必要性；侦查机关若有不同意见时，应同样予以书面答复并阐明理由，否则，将明确侦查机关承担庭审因证据问题导致的败诉风险。公诉机关根据指控需要有权建议合议庭通知相关侦查人员出庭，合议庭在开庭5日前通知公安机关安排侦查人员出庭。侦查人员接到通知后应当准时出庭。因出差、生病等客观原因不能按时出庭的，应当提前告知公诉人员和审判人员另行确定开庭时间。侦查人员出庭作证的案件范围应限定为：侦查人员在犯罪现场目击犯罪事实发生，或者当场抓获犯罪行为人的；被告人翻供，被告人及其辩护人对证据及侦查行为的合法性提出异议的；侦查行为本身有瑕疵需要对侦查活动中的有关专门性问题予以说明的；控辩双方对侦查人员实施现场勘验、检查、搜查、扣押、辨认等活动有疑问的；侦查人员通过秘密侦查手段获取证据的；使用"诱惑侦查"获得证据的。在出庭作证时侦查人员应主动加强与公诉部门的沟通，接受公诉人员的引导，制定针对性预案，从庭审角度把握案件对证据的要求。最终建立并完善侦诉"双向参与"的工作机制。

鼓励侦查人员旁听庭审。侦查人员旁听庭审等诉讼活动，能够亲身体验庭审对证据的要求，详细了解公诉人向法庭出示证据的规格以及辩护人对证据所提出的异议，有利于侦查人员形成高标准的证据意识和明确侦查的主要方向，在今后的侦查工作中努力提高收集、固定证据能力，自觉树立公诉的证据标准。公诉部门应根据一段时期侦查办案中取证的重点和问题，积极联系动员鼓励侦查人员，有针对性地组织侦查人员在庭审时跟庭旁听，以熟悉刑事案件证据采信规则与认定标准和要求，明白自己所侦办案件的质量瑕疵，进一步提高侦查取证工作质量，规范侦查工作。

8. 构建统一规范的涉案财物管理模式。刑事诉讼涉案财物保管不规范，不仅容易造成涉案财物的毁损、灭失，影响案件办理，而且也可能导致司法腐败。建议建立跨部门涉案财物集中统一管理平台。一是规范对涉案财物的管理。对查封、扣押、冻结的财物，均应当制作详细清单。对扣押款项应当逐案设立明细账，在扣押后立即存入扣押机关唯一合规账户。对赃物特别是贵重物品实行分类保管，做到一案一账、一物一卡、账实相符。对作为证据使用的实物一般应当随案移送，如实登记，妥善保管，健全交接手续，防止损毁、丢失等。二是建立跨部门的涉案财物集中管理信息平台。建立涉案财物集中管理的信息平台，完善涉案财物处置信息公开机制，公检察法查封、扣押、冻结、处理涉案财物，依照相关规定将财物清单及时录入信息平台，实现信息共享，确保涉案财物管理规范、精确管控、移送顺畅、处置及时。

交锋与合作：以审判为中心诉讼制度下构建新型检律关系的实践向度

曾　翀　刘宗武[*]

一、新型检律关系的提出及其内涵

检律关系，简单来讲，是指检察官与律师之间的关系。检察机关承担职务犯罪侦查、侦查监督、公诉等职责，是我国宪法确立的法律监督机关。律师是接受委托或指定，为当事人提供法律服务的执业人员，在刑事诉讼中律师的主要职责是刑事辩护。在刑事诉讼程序中，检察机关与律师之间的相互关系直接影响到诉讼目的的实现。[①]

中华人民共和国成立后，我国检察官与律师的产生和发展并不是同步的。检察官与律师的相互关系不断变化与发展，大致经历了推倒、建立、失衡、对抗、交锋与合作几个阶段。1950 年，国家发布通告打击"黑律师"，废止旧律师制度，停止律师活动，开始培养"人民辩护人"，此时基本上不存在检律关系。1980 年我国恢复律师制度，辩护律师主要是作为公检法机关的业务辅助人而存在，律师的作用被曲解为协助司法机关办案，检律关系力量悬殊。1996 年修改后的《刑事诉讼法》强化了检察机关作为国家公诉人的法律地位，律师的职能定位也由"国家法律工作人员"转变为为当事人服务的法律工作者。自此，检察官与律师因法庭上的对抗而发展成工作上的对立关系。2012 年修改后的《刑事诉讼法》在坚持检律之间对抗关系的同时，还进一步扩展了检察官与律师的合作关系。强调检察官与律师不是简单的诉辩关系，更不是简单的对抗关系，而是对立统一、相互依存、彼此促进的良性互动关系。

党的十八届四中全会审议通过的《中共中央关于全面推进依法治国若干重大问题的决定》，提出要"推进以审判为中心的诉讼制度改革"，更为检律

---

* 曾翀，广东省人民检察院法律政策研究室副主任；刘宗武，广东省人民检察院研究室干部。

① 李小鹏：《刍议新型检律关系的构建》，载《中国检察官》2017 年第 7 期。

关系注入了新的内涵。以审判为中心，体现的是审判中心主义，推进以审判为中心的诉讼制度改革是对过去刑事诉讼以侦查为中心的诉讼制度的反思，从"由供到证"转变为"由证到供"，要求侦诉行为都要经得起法律的检验。笔者认为，以审判为中心背景下，所谓新型检律关系是指在权力制衡理念的指引下，通过对律师权利的保障和检察监督职能的履行，以检律地位平等为基础而形成的"对抗而不对立、交锋而不交恶"的对立统一的合作关系。要言之，它涵盖以下诸方面的内涵。

（一）权力制衡是新型检律关系的法理基础

保障律师的权利和强化检察官的职责，反映出通过尊重和保障私权的行使以形成权力相制诉讼结构的立法初衷。不受监督和制约的权力极易被滥用，这是亘古不变的一条真理。也正是在权力滥用遭到监督和禁止的前提下，检律双方才具备展开有效合作的初步条件。[①]

（二）检察监督是新型检律关系的制度保障

检察监督的展开关系到律师权利的救济，进而决定检律平等能否在检律力量平衡的基点上实现实质性的架构。正如 Mittermaier 所言："检察官应力求真实与正义，因为他知晓，显露他（片面打击被告）的狂热将减损他的效用和威信。"[②] 因此，检察监督职能的同时兼顾将是保障新型检律关系构建的一支重要力量。

（三）检律平等是新型检律关系的结构模式

美国法学家麦克尔·D. 贝勒斯指出："即使判决并没有准确地判定过去发生的事实真相，争端双方只要确信他们受到了公正的对待，他们也会自愿接受法院的裁判结果。"[③] 实现检律平等是新型检律关系构建的必然要求，唯有如此，才能有效增强司法公信力。

（四）检律交锋是新型检律关系的相峙常态

以审判为中心的诉讼制度改革要突出庭审在审判中的决定性作用，庭审要实质化，审判不能再走过场。真正做到案件证据出示在法庭、案件事实查明在法庭、诉辩意见发表在法庭、裁判意见形成在法庭，控辩双方紧密围绕与定罪量刑有关的事实、证据和法律进行质证和辩论，控辩双方的交锋将空前激烈。

---

① 谢健、刘毅：《平衡与合作：新型检律关系的建构路径》，载《诉讼法修改与检察制度的发展完善——第三届中国检察基础理论论坛文集》，中国检察出版社 2014 年版，第 521 页。

② 转引自林钰雄：《检察官论》，法律出版社 2008 年版，第 3 页。

③ 转引自陈瑞华：《刑事审理原理论》，北京大学出版社 1997 年版，第 44 页。

（五）检律合作是新型检律关系的发展路径

律师权利的扩大不应被认为检律对抗的润滑油，而应被视作检律合作的催化剂。检律合作"在域外已经自发生成与广泛传播应用，并在我国刑事政策与司法实践中'犹抱琵琶半遮面'的事实，已经在向中国和谐社会语境下的刑事司法制度变革昭示着一种必然"。①

二、构建新型检律关系的必要性与可行性

构建符合中国特色的新型检律关系是推进依法治国、保障人权和新形势下推进以审判为中心诉讼制度改革的需要。价值目标的相通、履职要求的一致和检察机关充分保障律师权利的行使为构建新型检律关系提供了基础条件。

（一）构建新型检律关系的必要性

1. 构建新型检律关系是实现依法治国的必然要求。党的十八届四中全会旗帜鲜明地提出了"法治工作队伍"概念，明确律师也是推进依法治国的生力军，律师通过提供各种法律服务，帮助公民在宪法和法律框架内行使权利，促进了宪法和法律的实施，有利于在全国范围内形成正确的权利观、法治观，提升法治水平。检察官与律师虽然角色定位、职责分工不同，但都是社会主义法治工作队伍的重要组成部分，共同肩负着维护当事人合法权益、保障法律正确实施、促进社会公平正义的使命。特别是在刑事诉讼过程中，律师工作的独立性，可以对公权力进行极大的制约，通过与司法机关正面对抗，对公权力的行使进行监督，能够有效防止国家权力被任意滥用，避免因权力膨胀而导致的冤假错案发生，维护社会公平。② 律师依法在诉讼的每一个环节较真，在案件的每一个细节上挑毛病，有利于检察官"兼听则明"，从而少犯错误，将案件进一步办好。只有充分认识律师在诉讼活动中的地位和作用，消除对律师存在的职业偏见，摒弃不尊重甚至是歧视律师的错误做法，真正把律师作为与自己平等的同行，支持律师依法履职，理解律师对自己工作的监督，在合法、正当的前提下加强业务交流，才能增进相互理解，共同推进依法治国。

2. 构建新型检律关系是保障人权的必要措施。"尊重和保障人权"是我国宪法确立的一项重要原则，是社会主义法治本质要求，2012 年刑事诉讼法不仅将"尊重和保障人权"明确写入刑事诉讼法总则，同时通过完善证据、辩

---

① 冀祥德、张文秀：《从对抗转向合作：中国控辩关系新发展》，载《中国司法》2011 年第 12 期。

② 邵英杰：《刑事辩护律师执业困境及其应对措施研究》，法律出版社 2005 年版，第 6 页。

护等具体制度加强司法人权的实际保障。① 在法治国家中，司法权力是维护人权的坚强后盾，司法程序是人们依法、理性维权的基本途径，司法机关是保障人权的责任主体，保障人权是包括检察机关在内的司法机关的重要职责。检察机关是国家法律监督机关，也肩负着保障人权的历史使命。当个人权利受到非法侵害，受害人向司法机关寻求救济时，检察机关必须依法履行监督职责，按照法定程序和要求，及时惩治非法侵权行为，对被害人提供强制性救济。但在以往的司法实践中，检察机关在查明犯罪时，首先会从自身工作出发，"倾向于选择最严厉的手段，或者在同一种手段的裁量幅度范围内选择上限幅度"②，过于强调惩治犯罪，保护被害人，而忽视对犯罪嫌疑人、被告人的人权保障。在这种情形下，律师参与刑事诉讼，对人权保障具有重要的意义。构建新型检律关系可以更加全面地保障律师执业权利，规范律师执业行为，推进律师及时高效地介入诉讼，根据事实和法律，提出反驳控诉，既有利于司法机关全面准确查明犯罪事实，正确适用法律，惩治犯罪分子，也有利于保障无罪的人不受刑事追究，防止冤假错案。

3. 构建新型检律关系是推进以审判为中心诉讼制度改革的必要途径。党的十八届四中全会明确提出，要"推进以审判为中心诉讼制度改革，确保侦查、起诉的案件事实证据经得起法律的检验。全面贯彻证据裁判规则，严格依法收集、固定、保存、审查、运用证据，完善证人、鉴定人出庭制度，保证庭审在查明事实、认定证据、保护诉权、公正裁判中发挥决定作用"。从广义范围来讲，以审判为中心不但是以庭审为中心，而且是以审判程序为中心。根据刑事诉讼法和律师法的规定，律师介入诉讼的时限大大提前，可谓是涵盖整个审判程序。在庭审前，检察人员通过充分听取律师意见，进一步审查证据，有助于查明犯罪事实。在庭审中，法官通过充分听取检律双方的举证、质证和辩论，以查明事实，认定证据，作出裁判。构建检律新型关系，既能避免有问题的案件进入审判程序，又能促进庭审实质化，进而推进以审判为中心的诉讼制度改革。

（二）构建新型检律关系的可行性

1. 价值目标的相通为构建新型检律关系提供了价值基础。检察官代表检察机关行使法律监督权，打击犯罪与保障人权并重。律师作为为当事人服务的法律工作者，维护当事人的合法权益，追求司法公正。检察官和律师都是法律

---

① 张军、江必新主编：《新刑事诉讼法及司法解释适用解答》，人民法院出版社 2004 年版，第 4 页。

② 左卫民、周长军：《刑事诉讼的理念》，法律出版社 1999 年版，第 28 页。

工作者，都是中国特色社会主义事业的建设者、捍卫者，都以捍卫司法公正和法律尊严、尊重和保障人权、维护法律正确实施、服务国家法治建设为目标，二者在宏观目标、社会价值上是统一的。

2. 履职要求的一致为构建新型检律关系提供了法律基础。在刑事诉讼中，虽然检察官代表国家进行公诉，在证据收集、固定等方面处于优势地位，律师相对于检察官处于弱势地位，但案件事实只有一个，法律也必须共同遵守。检察官既要收集能够证实犯罪嫌疑人、被告人有罪、罪重的证据，也要收集能够证实犯罪嫌疑人、被告人无罪、罪轻的各种证据。而律师要维护被追诉人的合法权益，也必须以查明案件事实为前提。因此，检察官和律师在履职方面均须查清案件事实和正确运用法律。正是如此，刑事诉讼法和律师法规定，检察官和律师履行职责都要求以事实为根据，以法律为准绳，追求司法正义。

3. 保障律师执业权利为构建新型检律关系提供了制度基础。检察机关切实尊重并保障律师行使执业权利，是构建新型检律关系的核心要求之一，是实现检察官与律师之间良性互动的制度基础。律师法、刑事诉讼法的重大修改，高检院《关于依法保障律师职业权利的规定》和《关于规范检察人员和律师接触、交往行为的规定》的出台，尤其是党的十八届四中全会审议通过的《中共中央关于全面推进依法治国若干重大问题的决定》提出要"推进以审判为中心的诉讼制度改革"，为新型检律关系的重建提供了重大契机和奠定法律、制度基础。以 2012 年修改后的刑事诉讼法为例，修改后的刑事诉讼法在辩护制度、证据制度、强制措施、侦查措施、审判程序、执行规定及特别程序等方面作出了重大调整。其中有 26 条是对律师辩护制度的修改完善，涉及刑事辩护的各个阶段和环节。律师的会见权得到保障、阅卷权不断强化、调查取证权不断完善等，极大地提高了律师的诉讼地位，扩大了律师的辩护权，使律师辩护人能够更加及时、深入地参与诉讼活动。

三、当前我国检律关系存在的问题

2012 年修订的刑事诉讼法进一步确立了控审分离、控辩平等和审判中立的诉讼理念，并针对诉讼机制存在的缺陷，提出了改进的相应措施，从制度设计上为建立新型检律关系提供了立法依据，之后最高检、最高法也分别出台司法解释细化了刑事诉讼法的相关规定，检律互动进一步发展，并不断开创新局面。但是，妨碍检律关系正常运行的问题依然存在。

（一）理念滞后：检律互不信任

我国刑事司法对实体正义的关注远远高于程序正义。刑事司法的目的是打击犯罪和保障人权的相统一，但在司法实践中，对犯罪嫌疑人往往重打击而轻保护。在"侦查中心主义"模式下，公检法之间重配合轻监督、重实体轻程序成为司法实践的痼疾，这直接导致了有意或无意地忽视了对辩护律师权利及当事人合法权益的保护。刑事诉讼体系中，律师为维护被告人的合法权益，进行无罪、轻罪的辩护，是辩方。检察机关对被告人依法进行追诉，被定为与辩方对抗的一方。二者不同的立场使得检律关系天然就具有对立性和竞争性。加之部分检察官以国家工作人员自居，表现出极强的优越感，而律师因与检察官法庭对抗，在庭上为形成有利攻击，往往各施手段，致使多次休庭，造成诉讼成本高、效率低。这既违背诉辩设置，也浪费了司法资源，极大地限制了检律关系的良性发展。

（二）职业隔阂：检律缺乏法律价值认同

检察官和律师都是法律人，有共同的渊源、共同的背景、共同的伦理、共同的价值观及共同的法律语言、共同的思维方式和推理方式。[①] 二者应相互尊重、相互信任、相互监督、理性交流、相互进步。[②] 但是在实践中，我国检律关系并没有充分体现出法律共同体的价值认同。相反，体现出来的是法庭上的对抗关系，造成职业认同感的缺失，促成职业隔阂，而催生出律师角色弱势心理，角色弱势心理又助长职业贬损的恶性循环。检律关系中，在监督与被监督者形成的对抗关系中，律师作为辩方从心理及能力上均受到很多限制，难以展开有效的防御，难以实现平等对话。法官也往往更倾向于听取作为控方的检察官的意见，而对于辩方很难给予平等对待，这种区别对待加剧了检律之间的职业隔阂。

（三）沟通梗塞：检律缺乏合作机制和平台

在诉讼活动中，检察官与律师确实存在一定意义上的交往，但因职业角色和立场的不同，多表现为"私下接触""不正当交往"和"非良性互动"，更有"打官司不如打关系"的片面理解。受利益诱惑、名誉驱动，有的律师极愿攀附关系，在代理案件中遍寻熟人关系，以"私交"换取案件筹码；为了打赢官司，不惜采用各种不正当手段干扰司法活动；更有甚者，违反职业道德，以身试法，用重金贿赂检察官、法官。检察官与律师之沟通交流没有平台和机制的保障，真正从维护法制的角度上合作的机会不多，沟通交流往往流于形式。

---

① 全实：《当前我国新型检律关系的构建》，载《黑龙江省政法管理干部学院学报》2016 年第 3 期。

② 参见秦国文、董邦俊：《论"以审判为中心"视野下新型检律关系之构建》，载《浙江工商大学学报》2015 年第 3 期。

四、新型检律关系构建的致力方向

如前所述，当前检律关系中，无论是司法理念、法律职业认同方面，抑或是在制度机制和权利保障层面，还存在诸多亟待革除的痼疾。需从以下几个方面付诸全面的努力：

（一）注重理念更新：着力增强检律互信

1. 树立法律职业共同体理念。检察官与律师同属法律职业共同体。二者虽然角色定位、职责分工等不尽相同，但是秉承相同的法治理念、职业信仰和价值观，肩负共同的历史使命，在本质上和基本要求上是一致的。① 二者是一荣俱荣、一损俱损的整体。无论是检察官还是律师都应树立法律职业共同体的理念，深刻认识到检察工作与刑事辩护的相容性，二者存有矛盾，存在对个案的认识分歧，但无敌对矛盾。

2. 秉持客观义务理念。就检察官而言，除了履行追究犯罪的控诉职能外，还应当超越这一职能，承担维护法律的尊严与公正的客观义务，② 应当保持客观公正的立场，依法保障律师在刑事诉讼中所享有的各项权利的行使，听取律师意见，处理律师的申诉、控告，切实尊重和保障律师的执业权。就律师而言，除了全力维护犯罪嫌疑人、被告人的合法权益外，也要尊重客观事实，尊重证据，配合做好庭前会议工作，将自行收集到的与犯罪嫌疑人、被告人有关的证据及时告知检察机关，理性尊重控方。③

3. 坚持法律职业底线理念。检律双方的交锋与合作具有相对性，均需遵守基本的职业道德，守护行为的边界和坚守法律的底线。交锋表现为对抗的一面，但应给对方存在的空间，在不越界、不越底线的前提下，双方均要站在国家和法律的立场上追诉犯罪或维护被告人的合法权益。此所谓"对抗而不对立，交锋而不交恶"。而合作，不是迁就，也不是相互勾结、徇私枉法，而是在严格遵守"不得私自会见""不得谋取不正当利益"等交往法律规定的前提下的相互促进和相互提高。

（二）注重职业认同：着力实现检律互赢

1. 打破固有角色对立的认识僵局。无论是检察官还是律师，应牢固树立"对抗而不对立，交锋而不交恶"的职业观，正确认识到控诉职能的履行和辩

---

① 曹建明：《保障律师依法执业 构建新型检律关系 共同投身全面依法治国伟大实践》，载《人民检察》2015 年第 17 期。

② 参见陈光中：《关于检察官客观义务的几点看法》，载《检察日报》2009 年 5 月 15 日。

③ 徐东：《新型检律关系的构建路径》，载《中国检察官》2015 年第 5 期。

护权的行使均属对方正当职责，只是法律职业分工的不同，而不能偏颇地视为对己方工作的干扰和阻碍。心怀敌对的角色意识是阻碍良性检律关系构建的顽疾，必须以法律职业共同体这一整体观念看待检律关系，进而摒除存于彼此之间的隔阂与猜忌。

2. 强化法律信仰和职业道德。构建新型检律关系，检察官和律师要加强自律意识，提高职业素养。检察官与律师在长期交往中，因顺应所谓"熟人社会"的规律而建立起来的"熟人关系"，产生不符合法律职业道德要求的无原则"一团和气"，看似"良性互动"，实则干扰正常诉讼活动，成为检律关系发展的障碍。例如，违背当事人意愿进行辩诉交易或者存在不正当利益交换的现象，严重损害了司法公信和法律权威。构建新型检律关系，要求检察官与律师必须树立法律权威和法律至上的理念，加强自我保护和自我防范的意识，为建设法治中国承担起作为法律人应有的责任。

3. 尝试角色互换，加强检律之间彼此理解和认同。一方面，在当前司法体制改革中，中央已经明确司法机关可以从律师、法学专家中遴选法官、检察官，[①] 检察官与律师之间的角色互换"旋转门"已然开启，应尽快出台和完善具体工作细则，深入推进从优秀律师中遴选检察官工作。另一方面，在检察机关、司法行政机关和律师协会三者的共同把关下，可以尝试采用类似于干部交流的上派下挂，让符合一定条件的检察官进入律师队伍锻炼。如此，既可让双方对控辩角度的变换有更理性的认识，也可让双方对彼此职业的艰辛有更深的理解，从而不断拉近检律之间的心理距离。

（三）注重沟通协作：着力促进检律互动

1. 规范、完善律师权利保障的运行流程，细化、实化保障措施。规范侦查阶段限制会见律师案件工作程序，对规定限制告知程序、会见申请程序、会见许可与否决定与答复、会见期限安排等细微问题进行明确规定；[②] 对相关告知、决定、答复要求的"及时"时限要求、具体内容、程序性信息的具体范围、流程等予以明确；对检察机关内部职能部门、人员配合律师行使权利的职责、操作流程予以明确；建全、完善现有的案件程序性信息查询平台、文书公

---

① 根据党的十八届三中、四中全会关于深化司法体制改革的要求和部署，2016 年 6 月中共中央办公厅印发了《从律师和法学专家中公开选拔立法工作者、法官、检察官办法》，目前上海、广东已经开展了第一批从律师和法学专家中选拔检察官的试点工作。

② 参见官鸣、刘太宗：《检察机关保障律师执业权利救济问题研究》，载《国家检察官学院学报》2017 年第 3 期。

开平台、辩护预约平台。①

2. 交流互动，建立良性沟通机制。检律之间的交流不能只局限在法庭上，而应当更多的在开庭之外的工作环境中，检察机关、律师协会、司法行政机关应积极搭建平台，经常性组织检律交流，求同存异，寻找共识。如作为检察机关可以与司法行政机关、律师协会等会签工作意见，通过定期走访律协、召开检律代表座谈会、举行阳光检务发布会、组织疑难案件研判论坛等多种形式，建立全方位、多层次、经常性的联系制度。检察机关也可以通过发放调查问卷、工作反馈表、座谈调研等方式主动征求对律师权益保障工作的意见建议，同时定期向司法行政机关通报律师执业中的违规行为，引导、促进诸如"死磕派"律师群体回归到崇尚专业素养、依法规范执业的正途，实现检律情况互通、工作互动，确保检律交流的机制化和规范化。

3. 注重律师接待中的信息化运用。充分利用"互联网＋检察"契机，打造律师接待立体平台。如广州市人民检察院将"网上检察院"拓展到手机应用上，为当事人、律师和检察官搭建了一个更强大更便捷的服务窗口，特别是手机 APP 的"律师接待"板块，包括了律师接待的所有业务功能，律师只需要登入 APP 进入"律师接待"注册，经后台核准身份后，即可在 APP 上进行案件查询、阅卷预约、申请会见、申请听取意见、申请变更强制措施、提交材料、意见反馈等业务操作，实现律师接待掌上服务，大大提高了律师办理业务的便利。②

（四）注重机制完善：着力推动检律互长

1. 从具体制度上落实对律师权益的保障。积极落实刑事诉讼法有关庭前证据开示制度，禁止控辩双方在法庭上搞"证据突袭"，实行庭前证据双向开示，坚持控辩平衡；健全律师意见听取制度，反对"舆论审判""媒体审判"；完善律师行业自律制度，禁止同案律师不正当"会诊"案情，保证诉讼公正；明确律师会见通信、出庭辩论原则，自觉维护法律尊严和司法权威，保障诉讼的顺利进行。③

2. 创新辩诉机制，让权力置于阳光监督之下。司法实践中，确实存在个别律师在刑事辩护环节通过所谓的"体制公关"争取被告人从轻处罚的情况。

---

① 参见广东省东莞市人民检察院研究室：《广东省东莞市检察机关保障律师执业权利调研报告》，载《检察研究参考》2016 年第 3 期。

② 参见陈思民等人主持的 2015 年广东省检察机关省级检察理论课题：《构建新型的检律关系研究——以广州实践为例》。

③ 李益明、陈海军：《良性互动检律关系的构建思路》，载《人民检察》2017 年第 5 期。

其中，有一部分暗中涉及权钱交易的违法行为，给正常的检律关系涂上了一层灰色。笔者认为，应当更加坚决和深入推进"阳光检务"，合理借鉴西方"辩诉交易制度"，积极创新辩诉工作机制，制定和完善认罪认罚从宽制度，以及被告人认罪与不认罪案件相区别的公诉模式。①

3. 完善救济措施与多元化惩戒机制。"无救济则无权利"，构建新型检律关系，完善救济和惩戒措施至关重要。在内部监督方面，检察机关案件管理部门可以通过对案件流程的全程监控，对办案部门进行实时动态监督；纪检监察部门应强化监督责任，加强日常监督。外部监督方面，应构建和完善检律之间的冲突解决机制，明确解决问题的申诉程序和具体步骤，对于律师提出的申诉，检察机关均要认真研究并给予明确答复。检察机关在做好自身的同时，发现律师有违法情形时，应主动提出纠正意见，并与有关机关一道，坚决惩治其违法犯罪行为。

---

① 参见李涛、李丹萍：《试论构建良性互动检律关系之路径探析》，载《当代检察官》2017 年第 4 期。

诉讼制度改革中的检察长列席审委会制度

项 谷 姜 伟[*]

检察长列席审判委员会制度（以下简称列席制度）是指检察长或者受其委托的副检察长通过列席同级人民法院审判委员会，对相关问题发表意见并依法履行法律监督职责的一项中国特色司法制度。列席制度在我国司法实践中历史悠久，肇端于 1954 年《人民法院组织法》。司法体制改革启动以来，在最高人民法院、最高人民检察院有关司法体制改革的重要文件中也多次被提及。党的十八届三中、四中全会以来，司法体制改革进入崭新阶段，对该制度的持续发展提出了许多新问题和新挑战，需要我们通过理论和实务、法律和政策多角度重新认识，并对其深化发展提出对策建议。

一、列席制度的历史和现状

列席制度的发展历程大致可以分为三个阶段：（1）法律奠基阶段。确立了列席制度的法律基础，期间的主要变化是 1979 年修订的《人民法院组织法》将检察长"有权"列席变为"可以"列席。（2）实践展开阶段。2004 年《中央司法体制改革领导小组关于司法体制改革和工作机制改革的初步意见》强调要"健全人民检察院派员列席人民法院审判委员会会议制度"，2010 年最高人民法院、最高人民检察院出台《关于人民检察院检察长列席人民法院审判委员会会议的实施意见》（以下简称《意见》）是这一阶段的主要标志，此前有的地方检察机关列席制度处于"休眠"状态，自此开始列席制度普遍实施。（3）重新定位阶段。2014 年党的十八届三中全会启动新一轮司法体制改革，特别是司法责任制改革给审判权、检察权运行机制带来重大变化，列席制度在司法权运行机制中的作用和地位需要通过深化实践重新定位。从各地检察机关的实践情况看，目前列席制度呈现出以下特点：

　　* 项谷，上海市人民检察院第一分院法律政策研究室主任；姜伟，上海市人民检察院第一分院检察员。

1. 法律定位为法律监督。2005 年高检院《关于进一步加强刑事抗诉工作强化审判监督的若干意见》第 5 条指出，列席审判委员会是人民检察院履行审判监督职能的重要途径。《意见》第 2 条明确规定："人民检察院检察长列席人民法院审判委员会的任务是，对于审判委员会讨论的案件和其他有关议题发表意见，依法履行法律监督职责。"各地检察机关运用列席制度也是立足于法律监督的基本功能，增强监督实效。不仅在刑事、民事和行政诉讼领域和具体案件中发挥作用，[①] 还拓展到审判管理领域，有的地方还将列席制度定位于检法联席会议、专项检查等类似的综合监督手段。[②]

2. 工作方式为会议制。列席制度的主要工作方式是检察长列席审判委员会会议发表意见。在人民法院组织法上，检察长列席并不是刚性要求，而是以"可以"为标志的可选择适用条款。但是，一些地方检察机关采取了例会制的方式。[③] 在会议程序上，检察长列席审委会会议遵循审委会的相关程序规定。根据《意见》第 6 条规定，检察长或者受委托的副检察长发言是在法院承办人汇报完毕后，审委会委员表决前。

3. 议题以检法分歧案件为主。《意见》第 3 条规定了四类案件或者议题。各地检察机关的细化规定中，列席会议的议题范围与之基本类似，主要分为两类：一为重大案件，如可能判处死刑的案件、在本地区有重大影响的案件，还有的地方检察机关加入了上级交办、批办案件，使有重大影响更加具体。二为检法有重大分歧的案件，也是实践中占比较多的案件。除可能判处无罪的案件、检察院提出抗诉的案件以外，如湖北省检察机关明确将"人民法院、人民检察院对定罪量刑有重大分歧的案件"全面纳入列席范围。又如上海市检察机关还将"建议人民检察院撤诉的案件"纳入其中。

4. 保障工作的重点为案件信息。为了确保列席制度的实际效果，检察机关和审判机关都将案件情况信息的保障作为列席保障工作的重点。在检察院方面，案件承办人和办案部门负责人都要为检察长列席审委会做好准备工作，还可以作为检察长的助手随同参加。[④] 根据《意见》第 6 条规定，会前准备必要时可以召开检委会会议进行讨论。在法院方面，会务保障上一般按照审判委员

---

① 参见《天津加大检委会把关民事监督案件力度 检察长列席审委会跟踪检委会决议监督意见》，载《检察日报》2014 年 4 月 4 日。

② 张季林等：《检察机关综合监督工作机制研究》，载《中国检察官》2012 年第 8 期。

③ 参见沈新康：《检察长列席审委会会议制度的实践与思考》，载《华东政法大学学报》2009 年第 5 期；《天津高院推动检察长列席审委会会议常态化》，载《人民法院报》2015 年 10 月 3 日。

④ 参见 2007 年最高人民检察院公诉厅发布《人民检察院办理死刑第二审案件工作规程（试行）》第 42 条；2005 年最高人民检察院《关于进一步加强刑事抗诉工作强化审判监督的若干意见》第 5 条。

会委员同等对待，充分保障其知情权。《意见》第 5 条规定，人民法院应当将会议材料在送审委会委员同时送人民检察院检察长。《意见》第 8 条还强调了会议结果的反馈，检察长列席审委会会议讨论的案件，人民法院应当将裁判文书及时送达或抄送人民检察院。

二、列席制度的实施样本

我院在与上海市第一中级人民法院（以下简称"一中院"）的共同努力下，开展实践探索起步早、持续时间长、保障机制成熟：在制度的职能定位上坚持突出诉讼监督实效，在列席的协调保障机制上坚持检法同等保障，在自身辅助机制上实现了遍及各业务部门和刑事、民事等各类案件的全面措施。① 我院检察长列席审委会的工作实践具有以下特点：

1. 持续时间长，案件数量成规模。根据市院的调查，长期以来我院列席会议次数居上海市各分院、区县院之首，并且在列席会议的启动机制、列席范围、保障工作和效果扩展方面有所创新。2011 年至 2016 年我院检察长共列席一中院审委会会议 173 次，每年列席会议次数基本稳定。参与议题讨论 639 项（历年列席情况如图），其中讨论案件共 572 件，占总数的 89.5%。

■ 系列1　■ 系列2

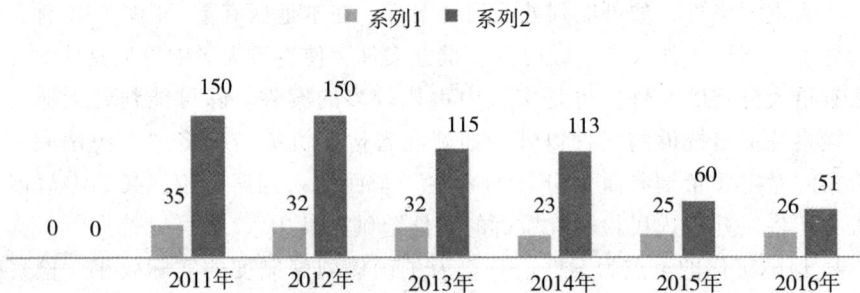

图一　2011 年至 2016 年列席情况

2. 涉及案件种类多，刑民案件兼顾。我院与一中院共同细化了列席讨论案件范围，包括有重大社会影响或上级交办、批办的案件；有重大分歧、拟判无罪或者建议撤回起诉的案件；检察院提出抗诉的案件和其他需要列席的案件，主要涉及我院的公诉、二审、民事行政检察业务部门的工作，刑事案件中以可能适用死刑的案件为主，民事抗诉案件也占相当比例，2014 年至 2016 年检察长参与讨论刑事案件 195 件，民事抗诉案件 29 件。

---

① 沈新康：《检察长列席审委会会议制度的实践与思考》，载《华东政法大学学报》2009 年第 5 期。

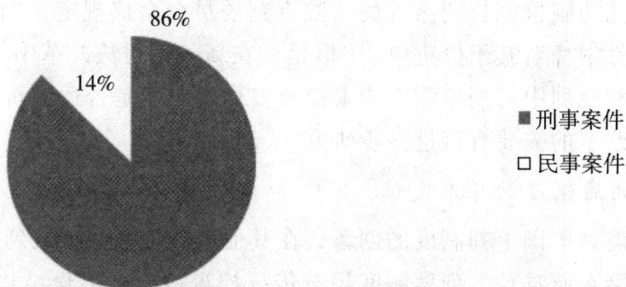

图二　刑事、民事案件比例

3. 意见采纳率高，列席效果好。即我院检察长在列席工作中以加强诉讼监督，争取检法协调一致，确保程序公正为目的。在一些重要案件的讨论发言中不仅涉及程序问题，还包括案件实体问题；不仅说明检察机关的意见，还要对案件的处理结果与审委会委员展开讨论；不仅是简单地听取意见和发表意见，还要善于运用审委会议事的程序规定争取预期效果。既阐明检察机关对案件事实、证据、定罪和量刑问题的意见，又在意见中注重充分贯彻以审判为中心的原则要求，以裁判标准衡量事实、证据、法律适用和量刑等各方面意见，易于被审委会委员接受，意见采纳比例高。

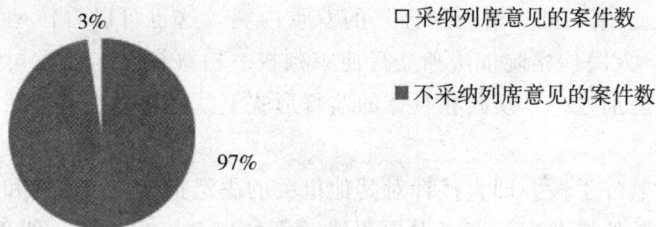

图三　审委会采纳列席意见比例

三、列席制度在诉讼改革中的新问题

长期以来理论和实务界对列席制度的质疑不断，主要观点是列席制度破坏审判组织的秘密评议原则、诉讼程序的控辩平衡原则、妨碍程序公正等。① 从2004年开始，中央在对司法改革的部署中明确要求落实并完善人民检察院检察长、受检察长委托的副检察长列席人民法院审判委员会会议的规定。在2008年启动的司法改革中，中央要求进一步落实并完善人民检察院检察长、

---

① 参见陈剑平、徐英荣：《检察长列席审判委员会之合理性质疑》，载《法学》2006年第7期。

受检察长委托的副检察长列席人民法院审判委员会会议规定，"两高"的相关司法改革文件中都对其予以重申。① 但是，在新一轮司法改革中"两高"的五年改革纲要和规划中对列席制度均未提及，列席制度是否适应新一轮司法改革和诉讼制度改革的需要有待进一步研究。

（一）列席制度的基本定位

列席制度是中国审判制度的创新，在其他法治国家很难找到类似制度，面临正当性质疑在所难免。列席制度超越传统控辩审三方诉讼结构的制度构造。对它的认识不能拘泥于传统诉讼理论的角度，也不能单纯从检察机关的法律监督理论，而是要在中国特色社会主义司法制度的整体框架下做全面认识，明确列席制度的基本定位、正当性来源，进而坚定实践的制度自信和理论自信。

1. 检察监督的特殊方式。现有研究中主要将列席制度的正当性归结于"法律监督"，即列席制度是对审判委员会这一特殊审判组织的审判活动的一种特殊监督手段，是检察监督体系中的必要环节。② 但是，列席制度不是一种"偶然"的制度供给，③ 而是我国司法体制必然的构造。公检法三机关"分工负责、相互配合、相互制约"是我国刑事司法体制的基本原则，因而刑事诉讼中的检察监督职能不能单纯从检法两机关"相互制约"的关系去理解，还包含"相互配合"内容。推而广之，在民事、行政诉讼中的检察监督也同样包含"相互制约"和"相互配合"的双重内涵。这也可以看作是我国宪法上"人民法院、人民检察院依法独立行使审判权、检察权"与西方司法分权制衡原则的重要区别之一，反映在具体的监督形式上就是对抗型和商谈型两种监督手段并存。

对抗型监督手段，即直接针对其他机关的决定指出其合法性和合理性的欠缺，不需要其他机关配合即可发生法律关系的变动。如抗诉、纠正违法通知、不批准逮捕等，本质是"用权力制约权力"，是公权力制衡的传统形式；而商谈型监督手段需要其他机关采纳意见并作出正式决定才能发生法律关系变动的效果，如量刑建议、检察建议、再审检察建议、减刑假释监督意见、无继续羁押必要性建议、执行监督建议等，是具有中国特色的权力监督形式。近年来，司法改革和诉讼法修改带来的主要是检察机关商谈型监督手段的扩张，使检察

---

① 最高人民法院《人民法院第三个五年改革纲要（2009—2013）》：落实人民检察院检察长、受检察长委托的副检察长列席同级人民法院审判委员会的规定。

② 参见穆红玉：《检察长列席审判委员会会议制度的几个问题》，载《人民检察》2010年第9期。

③ 刘婵秀：《检察长列席审委会制度实证考察》，载《国家检察官学院学报》2014年第3期。

监督体系愈加完善。有观点指出列席制度的商谈特征，但是将商谈性作为监督的一种"异质"特征，则是对检察监督的理解不够全面。列席制度是检察机关具有明显商谈特征的诉讼监督手段，在解决检法分歧案件方面有重要作用。如果对于检法分歧案件只有无罪判决、撤销案件、抗诉等对抗型监督手段，在法院、检察院相对均衡的宪法和法律地位下，不免陷入"监督僵局"。因此，列席制度这一协商型监督手段不可或缺，也成为各地法院、检察院避免分歧上交、制约僵局的自觉选择。

2. 民主集中制的有效补充。"民主集中制是党和国家最根本的制度"，①国家机关的权力运行过程中都要贯彻民主集中制原则，因而《人民法院组织法》第 11 条规定"各级人民法院设立审判委员会，实行民主集中制"。根据现行法院组织法，我们可以得出三条结论：（1）审判委员会是人民法院最为重要和权威，也是最具有中国特色的审判组织；（2）民主集中制是审判委员会这一审判组织的基本组织形式；（3）人民法院基本审判方式是合议制，民主集中制和独任制是重要补充形式。审判委员会制度与列席制度一样都面临来自理论界的质疑，"废除审判委员会"或者在部分法院废除审判委员会的观点也一直存在，理由在于审判委员会审理案件不符合直接言词原则的要求，妨碍主审法官、合议庭独立行使审判权，以及审判委员会的组成本身高度行政化等。上述观点产生的部分原因在于对民主集中制认识不足，没有将民主集中制作为一种独立的审判组织形式，而是将审判委员会简单等同于"审判委员会委员组成的合议庭"。

审判委员会相对于传统的法官合议庭具有一定的"超越性"，表现在两个方面：一是讨论案件范围不涉及普通案件，而是涉及国家外交、安全和社会稳定的重大复杂案件，以及重大、疑难、复杂案件的法律适用问题。由此可见，审委会介入案件不是为了发现案件事实和适用法律，而是为了让重大案件的裁判获得更高的司法权威和公信力，为了避免在重大、疑难、复杂案件中出现合议庭的"表决僵局"，以及公信力危机。二是在讨论案件方式上采取民主集中制，而不是"简单多数决"。民主集中制是"民主基础上的集中和集中指导下的民主相结合"，可以避免"简单多数决"的一些弊端，使民主决策过程更加有效。从上述两点特征出发，约束合议庭程序规则不能简单套用到审委会上，合议庭的评议过程不能有检察官参与，不能据此推导出检察长不能参与审委会会议。在审委会决策过程中要避免过度集中而民主不足，简化"民主基础上的集中"而强化"集中指导下的民主"。列席制度的加入是审委会内部贯彻民

---

① 《邓小平文选》（第 1 卷），人民出版社 1994 年版，第 312 页。

主集中制的有效补充，在重大案件和检法分歧案件的决策过程中使讨论基础更加全面扎实，弥补审委会在审判专业结构上的"刑民不均衡"，还可以防止法院承办法官在汇报案件时作虚假或者违背事实的陈述。①

3. 特殊的司法活动。研究中有一类改造完善列席制度的观点，即保留列席制度，但是限制检察长列席会议时对案件发表意见，以避免控辩关系失衡或伤害庭审程序的权威：一是列席审委会的检察长要把关注重点放在审委会内部的"议事"程序是否合法的问题上，监督案件定性的决定是不是实行了"多数决定制"等。② 二是检察长的关注重点要放在审委会"议事"，即讨论规范性文件或总结审判经验的议题上，而不是讨论案件，实际上让列席活动变成一种审判管理活动而非审判活动。三是检察长的关注重点要放在法院承办人向审委会汇报案件内容的客观性、全面性等方面。③ 检察长列席会议而不对案件发表意见，单纯为审委会会议程序合法性"背书"，是对列席制度根基的腐蚀。

在新一轮司法改革中，审委会制度必须巩固发展，而且讨论案件仍然是审委会最主要的职能。审委会讨论案件以及检察长列席审委会会议均为一种特殊的审判活动。有观点认为，只有控辩审三方齐备的听审式程序才是审判活动，除此之外的审判方式不符合直接审理和直接言词原则，就不具有司法活动属性。基于此点，进而主张审委会决定案件的方式要改为审委会开庭审理，列席制度也要进行诉讼化的改造。④ 司法活动的主要形式是控辩审三方齐备的公平听审程序，这也是与行政活动相区分的主要形态，但是听审程序并非司法活动的全部。行政活动也包含三方齐备的听证式的行政裁决程序。同理，书面审查、听取汇报、会议讨论也可以成为司法活动的特殊类型，并不会影响司法机关本身的属性。因此，审委会委员和列席会议检察长审阅承办法官书面报告、听取承办法官汇报、对相关问题进行讨论是一种特殊的司法裁判活动。列席会议检察长有权对审委会会议程序进行监督，但是并非履行列席职责的主要部分，其主要职责还是与审委会委员一同完成案件的司法审判。

（二）列席制度与以审判为中心诉讼制度改革

党的十八届四中全会提出，推进以审判为中心的诉讼制度改革，确保侦

---

① 参见穆红玉：《检察长列席审判委员会会议制度的几个问题》，载《人民检察》2010 年第 9 期。

② 游伟：《检察长列席制度更需关注"程序合法"》，载《法制日报》2013 年 5 月 6 日。

③ 孔杰、孙娟：《完善检察长列席审委会会议制度的思考》，载《上海政法学院学报》2017 年第 1 期。

④ 乔书兰：《检察长列席审委会制度诉讼化改造探析》，载《铁道警官高等专科学校学报》2013 年第 1 期。

查、审查起诉的案件事实证据经得起法律的检验。推进以审判为中心的诉讼制度改革是司法改革的一项重大任务，是指在坚持司法机关分工负责、互相配合、互相制约原则的前提下，在刑事诉讼活动中以法院审判为中心，对于关涉被告人刑事责任的事实认定与法律适用，必须严格遵循法定程序，通过法庭审判进行裁决。诉讼制度改革的目的是"发挥庭审在查明事实、认定证据、保证诉权、公正裁判中发挥决定性作用，确保诉讼证据出示在法庭、案件事实查明在法庭、诉辩意见发表在法庭、裁判结果形成在法庭"。诉讼制度改革对列席制度提出了新问题，审委会会议不是庭审程序，检察长列席审委会会议时对案件处理发表意见，影响法院定罪量刑，是否不符合"以审判为中心"的改革要求。

对于以审判为中心的诉讼制度改革要求要全面认识并分清重点。"以审判为中心"不等于刑事诉讼的所有问题都要交由开庭审理解决，至少还有以下例外：一是第二审只是部分案件应当开庭审理，而且发展的趋势是二审重在解决控辩双方争议的问题；二是死刑复核则不开庭审理；[①] 三是适用刑事速裁程序的认罪认罚从宽处理案件，根据《关于授权在部分地区开展刑事案件认罪认罚从宽制度试点工作的决定》，适用速裁程序的认罪认罚从宽处理案件虽然开庭审理，但是不进行法庭调查、法庭辩论。"以审判为中心"不等于"以庭审程序为中心"，也不等于"以法院为中心"，其本质在于将证据裁判规则贯穿刑事诉讼程序的始终。列席制度中同样要贯彻"以审判为中心"的要求，但是有特殊的实现形式。

1. 列席制度要确保庭审的决定性作用。检察官出席庭审履行公诉职责时，发现法庭有违反法律规定的诉讼程序的情况，可以通过检察长在列席审委会会议时向审委会提出。对于承办法官汇报案件事实证据和庭审情况不准确、不妥当之处，要及时予以补充和纠正；对于庭审程序中举证、质证、发问、辩论不充分的证据材料，在会议中要提醒审委会不能将其作为定案的证据；对于审委会讨论重大、疑难、复杂案件时，在会议中要提醒审委会集中讨论案件的法律适用问题；对于审委会讨论中必须涉及事实和证据问题的死刑案件，在会议重要提醒审委会尊重庭审程序审查证据的决定性作用。如我院检察长列席审委会会议时，与会人员对一起案件的处理有较大分歧，讨论接近僵局。检察长建议暂停对案件的讨论，建议我院补充证据材料后，由市一中院再次开庭对新证据进行质证后下一次会议复议，复议时委员们意见趋于一致，取得了较好的效果。

---

① 陈光中：《推进"以审判为中心"改革的几个问题》，载《人民法院报》2015 年 1 月 21 日。

2. 检察长对案件发表意见要贯彻证据裁判原则。① 检察长对案件证据、事实发表的意见要按照刑事诉讼法规定的裁判标准来衡量，重证据，重调查研究，不轻信口供。对"证据确实、充分"的判断要达到"综合全案证据，对所认定事实已排除合理怀疑"。

3. 形成检法合力加强侦查监督。刑事诉讼程序中落实证据裁判标准的源头在侦查环节。检察长列席审委会会议时，要注重形成检法合力，对于侦查措施适用不当，侦查机关收集、固定和保存证据材料违法和不规范之处，争取法院支持，共同加强侦查监督力度。如在检察长列席审委会讨论一起抢劫杀人案时，审委会对案件中暴露出的侦查活动不规范以致遗漏关键证据的情况专门讨论。会后我院与市一中院共同敦促形成执法办案改进意见，以检察建议形式反映给某区公安分局，引起该分局的高度重视，相关责任人受到了纪律处分。该分局还组成督查组举一反三，核查近年失踪人员的报案记录，重点查找类似情况，并借此侦破了另一起杀人案件。

(三) 列席制度与司法责任制改革

司法责任制改革是党的十八届三中全会部署开展的对于审判权、检察权运行至关重要的完善举措，对于整个司法体制改革来说，司法责任制改革居于"牛鼻子"的重要地位，是司法体制改革的基石。它的目的是"让审理者裁判、由裁判者负责"，改变过去审判权、检察权层层审批的行政化运行模式，让法官、检察官真正具备审案办案的权力，并在此基础上明确合议庭、审委会、检察官、检察长各自的司法责任。司法责任制落实后，就审判权运行机制而言，审委会的议案职能仍然保留，审委会的决定，合议庭应当执行。合议庭对其汇报的事实负责，审判委员会委员对其本人发表的意见及最终表决负责。就检察权运行机制而言，检察官执行检察长决定时，认为决定错误的，可以提出异议；检察长不改变该决定，或要求立即执行的，检察官应当执行，执行的后果由检察长负责，检察官不承担司法责任。检察官执行检察长明显违法的决定的，应当承担相应的司法责任。司法责任制从审判权和检察权运行机制两方面给列席制度带来新问题：一是审委会讨论案件如何保障合议庭的案件决定权；二是检察长列席审委会会议对检察官、检察官办案组承办案件发表意见是否合理。后者是检察机关在司法责任制改革背景下落实列席制度的关键问题。

检察机关落实司法责任制之后有助于缓解长期以来对列席制度的一种质

---

① 2017 年最高人民法院《关于全面推进以审判为中心的刑事诉讼制度改革的实施意见》指出：坚持证据裁判原则，认定案件事实，必须以证据为根据。重证据、重调查研究，不轻信口供，没有证据不得认定案件事实。

疑，即检察长列席审委会会议时成为指控手段的延续，破坏了控辩平等原则。① 司法责任制的落实使检察长在具体案件中能处于相对于以往超脱的地位，在列席会议的检察长不是案件承办检察官的情况下，承办检察官对案件承担办案责任。检察长发表意见可以相对中立，没有内在需求继续承办检察官的指控意见，列席会议时可以贯彻客观中立原则。既可以代表检察机关发表意见，也可以接受承办法官的意见，甚至可以成为纠正承办检察官错误指控意见的机会。

1. 严格把握审委会讨论案件范围。对于不属于审委会讨论案件范围，而是合议庭或个别法官为了推诿司法责任而提交审委会讨论的案件，检察长列席会议时要提出该案件不属于审委会讨论范围并保留意见。

2. 明确检委会决定案件的范围。由于审委会讨论案件一般为重大疑难复杂案件，相关事项一般由检察长决定，甚至案件直接由检察长或副检察长承办。对于此类案件要加强对列席审委会检察长的监督制约。检察机关落实司法责任制过程中要注意规范和区分检察长和检委会的职权分工，发挥检委会的对列席制度的监督制约和支持作用，使检察长在列席会议时发表的意见经过必要的民主集中程序，更加突出程序公正和检察一体化原则，而不是其作为承办检察官的个人意见。如对于审委会要讨论的抗诉案件，我院在《司法办案部门权力清单》中明确规定，不论是普通检察官承办，还是检察长直接承办，都要求先由检委会讨论决定，包括拟按照第二审程序提出抗诉、拟按照审判监督程序提请抗诉、提出抗诉的案件。这体现了对检察长列席审委会时发表对抗诉案件意见的重视。

3. 明确检察长列席会议的司法责任。检察长列席审委会虽然没有表决权，但是由于会影响到审委会委员的意见，也应当承担相应的司法责任。由于检察长列席审委会时承担的职能并非庭审指控，审委会会议也不是法庭审理，其地位不等同于案件的承办检察官或承办法官，他对自己意见承担的责任在性质上应为监督管理责任。即根据最高人民检察院《关于完善人民检察院司法责任制的若干意见》第36条规定，负有监督管理职责的检察人员因故意或重大过失怠于行使或不当行使监督管理权，导致司法办案工作出现严重错误的，应当承担相应的司法责任。但是，明确检察长列席会议发表意见的责任同时表明，随同检察长列席会议的承办案件的检察官不能在会议上发表意见，这会导致两种责任混淆。

① 韩旭：《检察长列席法院审判委员会制度之检讨》，载《暨南学报》2009年第1期。

以审判为中心诉讼制度与检察改革实证研究

王新峰[*]

十八届四中全会作出的《中共中央关于全面推进依法治国若干重大问题的决定》（以下称《决定》）明确指出："公正是法治的生命线"。习近平总书记也强调："让人民群众在每一个司法案件都感受到公平正义。"

2012 年修改刑事诉讼法把"尊重和保障人权"作为指导思想写进了法典，把世界通行的"不得强迫任何人证实自己有罪"作为诉讼原则，确立了非法证据排除规则，变革了证人、鉴定人、侦查人员出庭作证、接受质证的机制，强化了检察机关的法律监督。

中国从 20 世纪 70 年代至今，已经发现的冤假错案近 200 起。[①] 当然，在世界上，这是个普遍存在的现象。有学者研究发现，很多案件都是因极其偶然的因素而得以纠正。具体而言，以 20 例冤案样本分析，因出现真凶而被纠正的有 17 起，占 85%；因故意杀人案中被害人"复活"而被纠正的有 3 起，占 15%。[②]

狄更斯说："幸福的家庭是相似的，不幸的家庭却各有各的不幸。"冤假错案的受害者则相反，他们有着相同的不幸阴影——被刑讯逼供等暴力非法手段取证。因此，如何杜绝此类现象已经迫在眉睫。

一、与时俱进、合理借鉴西方诉讼理念

法律是一个国家的历史、文化的反映，刑事证明标准制度当然也是一国法律文化的反映。如同法官霍姆斯所说："法律是一面镜子。从这镜子里，我们

---

* 新疆昌吉州阜康市人民检察院检察员。

① 李奋飞：《美国死刑冤案证据剖析及其启示》，载《中国人民大学学报》2013 年第 6 期。

② 陈永生：《我国刑事误判问题透视——以 20 起震惊全国的刑事冤案为样本的分析》，载《中国法学》2007 年第 3 期。

不仅能看到我们自己的生活，而且能看到我们前人的生活。"①

西方诉讼文化在发展中形成这样的文化特征：个人主义、正当程序、法官中立，对刑事证明标准的形成和设立起到了重要的影响作用。在立法方面，西方强调对个人价值的承认。例如，在程序方面，确立了正当程序的理念，适用强制措施须严格法律要件和事实标准。"十个罪犯得以逃脱也比一个无辜者被定罪强"之观念②深入全社会骨髓。

众所周知，美国法对非法证据的排除是非常明确的。欧洲大陆国家，则强调惩罚犯罪，权力本位主义的理念较强，也没有明确的非法证据排除规则。因为每个国家的犯罪状况和政治形态不同，刑诉目的中"安全"与"自由"的比重相对差异较大，间接影响各国在非法证据排除规则决策变量上的考量。③

中国传统法律文化是与个人本位相对应的集体本位，立法传统是从维护社会安宁的角度来设计个人的权利。当前，我国社会正处转型期，利益性矛盾加剧，有效打击犯罪、维护社会稳定是当务之需。我国虽不是犯罪率最高的国家，但人口基数大，刑事案件和涉案人员总数也很庞大。我国刑事司法的理念是实事求是，不枉不纵。实践中，如果能证明被告人有罪的证据（因系非法取得）被排除，因此不能对被告人定罪，审判机关是很难接受的。在"冤枉好人"与"放过坏人"的衡量中，对后者有更强烈的"不正义"感受。④

现代刑事诉讼法律观强调，国家安全、社会秩序与个人权利的同等重要。我们在完善刑事证明标准制度时应坚持"拿来主义"，结合我国诉讼实际，借鉴国内外诉讼文化的优秀成果，可以借鉴大陆法系的职权证明标准模式、英美法系的当事人主义证明标准模式。吸收其合理之处，构建完善与我国诉讼模式、诉讼结构相结合的证明标准制度。例如，我国应否在刑事诉讼中确立沉默权规则？确立何种非法证据排除规则？所有刑事案件定罪的标准是否应一致？证明标准究竟应以何种认识论为指导思想？在诉讼观念和意识的培育上，需要重构国民诉讼文化心理和价值观念，向现代形态转变。⑤

---

① ［美］伯纳德·施瓦茨：《美国法律史》，王军等译，中国政法大学出版社 1990 年版，第 4 页。

② ［英］彼得·斯坦：《西方社会的法律价值》，王献平译，中国法制出版社 2004 年版，第 188 页。

③ 汪海燕：《制约非法证据效力的背景与理论——对非法证据排除规则的理性思考》，载《政治与法律》2001 年第 4 期。

④ 李军：《论非法证据排除理念的中国化》，载《社会科学研究》2004 年第 3 期。

⑤ 汪建成：《刑事诉讼文化研讨》，载《政法论坛》1999 年第 6 期。

二、检察机关在刑事诉讼中角色定位之反思

过去，我国以侦查为中心的刑事诉讼模式，"侦查权主导了刑事诉讼流程，边缘了法律监督权和审判权"。① 检、法实际上是一个利益共同体，共同承担着打击犯罪的任务。其实是一种内部监督，这种监督"与现代法治观念是完全相悖的，也容易出现监督形同虚设，没有根本的法律效力"。② 从刑诉结构上看，检察院虽是国家法律监督机关，但却承担着公诉与侦查职能，有主动追诉犯罪的责任，并且在制度设计上，被"狭隘地定位在控诉犯罪的角色上，法律监督只能空洞化，使得检察机关无从以中立、客观的身份来监督侦查，而是被侦查机关在一定程度上同化了"。③

《决定》明确提出，要"推进以审判为中心的诉讼制度改革，确保侦查、起诉的案件事实证据经得起法律的检验"。强调事实认定和证据采信应限定在审判阶段。刑事案件处理中的控、辩、审三种职能都围绕审判中事实认定、法律适用的标准和要求开展。事实证据调查与定罪量刑辩论在法庭，裁判结果形成于法庭，并全面落实直接言词原则、严格执行非法证据排除制度。改变过去以卷宗为中心庭审方式，使庭审的对抗性增加。这样的变革须加强庭审的举证、质证、辩论环节。与之相适应，检察机关也须全面、客观核实证据，以非法证据排除规则的运用为手段，严格审查案件证据，确保进入庭审质证环节的证据具备证据资格。在庭审中，围绕证据的合法性进行阐述，严格指控犯罪的证明标准，以"确实、充分"的证明标准构建证据体系，形成完整严密的证据体系，排除合理怀疑。

公诉权自诞生之日起，便具有一定的监督属性，检察官作为"法律的守护者"则应发挥监督侦查、制约审判的作用。台湾地区学者林钰雄认为："检察官创制目的的一方面乃为废除由法官一手包办侦查的纠问制度，制衡法官权力，另一方面也为防范法治国沦为警察国，控制警察活动。换言之，检察官扮演国家权力之双重控制角色，既要保护被告免于法官之恣意，亦要保护其免于警察之恣意。"④ 在我国，绝大多数刑事案件由公安机关负责侦查，由检察院批准逮捕，实现刑事办案的分工负责和对公安机关侦查的监督。想解决我国刑事司法中频发的错案问题，必须完善错案预防机制，加强侦查程序的正当性建

① 夏黎阳、王艳阳：《防范刑讯逼供的制度机制研究》，载《中国刑事法杂志》2013 年第 4 期。
② 叶晓龙：《论检察机关自侦案件的侦查监督》，载《中国刑事法杂志》2003 年第 5 期。
③ 但伟、姜涛：《侦查监督制度研究——兼论检察引导侦查的基本理论问题》，载《中国法学》2003 年第 2 期。
④ 林钰雄：《检察官论》，台湾学林文化事业有限公司 1999 年版，第 16～17 页。

设，建立完善的虚假供述排除规则。

（一）审查批准和决定逮捕阶段的角色定位问题

"以侦查为中心"是将刑事案件的侦查作为重心，而审查起诉、开庭审判则流于形式，导致涉案证据达不到"确实充分"的要求，因而产生冤假错案。实践中，"由供到证"的证据审查顺序及"以证印供"式证明思路，是"口供中心主义"的体现，很容易形成有罪预断，进而导致错案。

"由供到证"是我国侦查机关在实践中的一种侦查模式：即案发后，侦查机关先想方设法查找犯罪嫌疑人，找到犯罪嫌疑人之后，全力取得认罪口供，拿下口供之后再想方设法去收集补足有关的证据。[①]

我国立案的证明标准是"有犯罪事实"，侦查终结的证明标准是"事实清楚，证据确实、充分"，公诉的证明标准是"事实清楚，证据确实、充分"。因此，证明标准在立案和侦查阶段呈现出一定的层次性，但目前，侦查、起诉与判决之间的证明标准则不具有层次性，需加以完善。[②]司法实践中，存在高证明标准前置的问题，如把起诉标准作为批捕标准甚至立案标准来运用。这并不利于刑诉目的的实现。

可以借鉴德国、日本在证据标准上的立法规定，完善层次性证明标准制度。如将逮捕的证明标准规定为"充足证据证明有犯罪事实"和"紧迫的犯罪嫌疑"、公诉的证明标准为"确实、充分证据的唯一性"、有罪判决证明标准为"排除合理怀疑的唯一性"。标准逐次提高，有梯度性。

（二）控辩审关系中，公诉角色如何定位

现代刑事诉讼是以控诉、辩护、审判三大职能为核心而运作。在当事人主义的英美法系和职权主义的大陆法系中，都建立起三角式诉讼结构——控方和辩方处于平等地位并形成对抗，法官是中立的第三方。刑事诉讼的全部过程就是控诉、辩护、审判三大职能的发挥、实现过程，通过三大职能的相互推进，从法律真实接近或确认客观真实。

---

① 樊崇义：《从"应当如实回答"到"不得强迫自证其罪"》，载《法学研究》2008 年第 2 期。
② 陈卫东、刘计划：《关于完善我国刑事证明标准体系的若干思考》，载《法律科学》2001 年第 3 期。

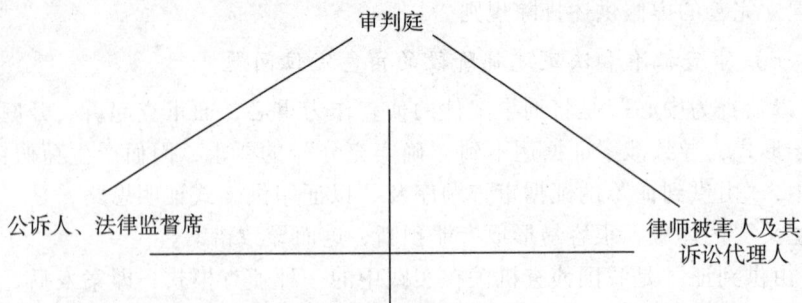

图一　大陆法系诉讼结构

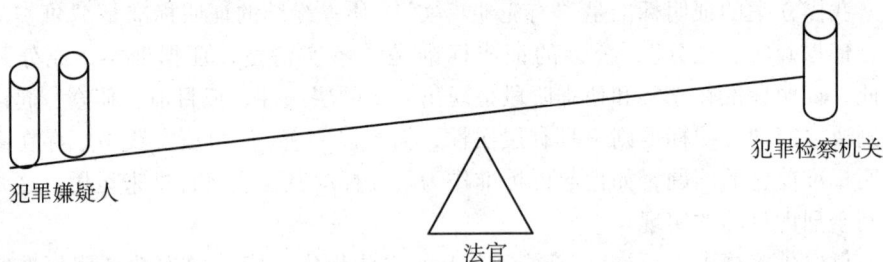

图二　英美法系诉讼结构

英美法系（对抗制）并不关心案件实质真实的发现，只关心被告反驳形成的争执事实。作为辩诉交易的结果，如果被认为是自愿的，客观事实就不会再调查；而（大陆法系）职权主义则关心诉讼结果，希望尽力去发现相关事实。

刑事诉讼中，控辩角色的分配是为了最大限度地发现真实，只有控方充分展开进攻、辩方则充分开展防御，为控方指控事实和证据找疑问、找漏洞，才能在平衡对抗中帮助法官全面思考作出决断。

以审判为中心，法官居中，控、辩双方地位平等，进行对抗。在相互平等的基础上，证据材料在法庭上质证，发表诉辩意见、查明事实，形成正确裁判结果。这就要求完善实施证据规则，严格实行非法证据排除制度。规范侦查行为，保障证据的资格及证明力。

目前，检察机关的公诉权从属于法律监督，在职能上体现为控诉权。如何体现二者相平衡，笔者认为，应着重放在证据规则上，这些规则包括：证据裁判原则，程序法定原则，质证规则，非法证据排除规则，证据关联性规则，原始证据优先规则，瑕疵证据补正规则，口供的补强规则，有限的直接言词原则等。

（三）尊重诉讼规律，树立现代证据理念，提高定罪科学认识

我国刑事诉讼法已写入"尊重和保障人权"，一元化的诉讼目的（惩罚犯罪）已转向二元化的诉讼目的（既惩罚犯罪又保障人权）。

德国刑事诉讼法学的传统观点认为，刑事诉讼的目的是发现实体真实。但目前也发生明显变化，施坦普教授认为，"并不是只有探求真实的事实关系才有助于正确的裁判，保护犯罪嫌疑人、被告人，取代权威的纠问（Inguisition）而考虑意思疏通（Kommunikation）和合意（Konsens）的公正程序（faires Verfahren），也有助于正确的裁判"。① 刑事诉讼目的转型，即从古典传统的实现刑法转向相对的实体真实与程序正义（或曰人权保障）相结合，过去强调"命案必破"，实践证明，这是不符合实际的。侦查、起诉、审判案件必然受到各种客观因素的制约，面对关键证据灭失、补充证据客观条件丧失的案件，主动放弃对准确定罪量刑的最优目标追求，冷静地选择"宁可错放，也不可错判"的次优标准。这是完全符合诉讼律的。考虑到刑事犯罪的复杂性，以及办案人员认识能力相对是有限的，我们只能用"次优选择"② 的思维模式，作出"宁可错放，也不可错判"的决定，即"两害相较择其轻"。

在我国，过去一贯适用客观性的证明标准，忽略了对证明主体主观性的重视。如今，将"排除合理怀疑"（当然，在实践上，很难对"排除合理怀疑"予以量化）这一主观因素合理引入，有利于确立无罪推定原则。

陈光中先生曾提出构建层次性证明标准的设想，例如，死刑案件并不要求所有要件都证明到确实充分的地步，但对于案件主要事实（大体相当于我们所说之罪体）的证明必须达到排除一切怀疑的程度。③ 在刑法上，可以借鉴双层次犯罪论体系，将构成要件区分为罪体和罪责两部分，适用不同的证明要求。以口供补强规则为例。该理论认为，只有被告人供述，没有其他证据相互印证的，不能作为定案的根据。对于需要补强的口供范围，理论界普遍采纳了罪体说而非实质说，即需要补强的仅仅限于口供中有关罪体的部分（犯罪行为事实、被告人与犯罪人是否具有同一性）。

---

① ［日］田口守一：《刑事诉讼的目的》，中国政法大学出版社 2011 年版，第 69 页。

② 根据既定的资源配置状态，所有改变都不可能使至少一个人的情况变好，而又不使任何人情况变坏，谓之帕累托最优，也是次优选择理论的渊源。这种理论，同样也适用于刑事领域。

③ 褚福民：《证明困难的解决模式——以毒品犯罪明知为例的分析》，载《当代法学》2010 年第 2 期。

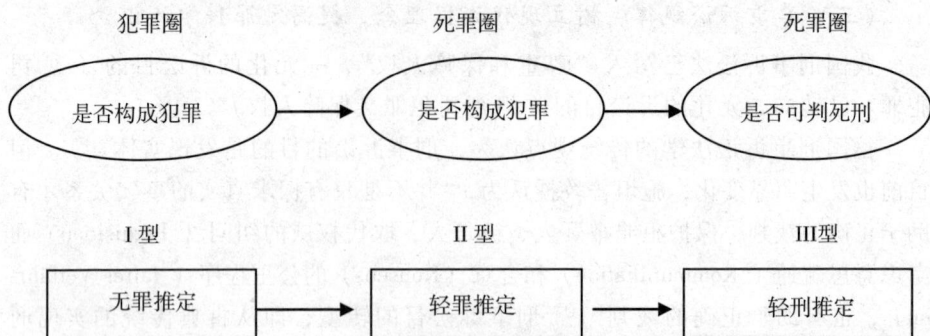

图三　犯罪圈类型与罪行推定的对应关系

在进入犯罪圈之前，适用于无罪推定原则及疑罪从无原则；而进入犯罪圈，则适用于刑疑唯轻原则。

三、进一步细化检察机关作用

笔者从合法途径获取 10 个比较典型错案，进行实证分析，希望从实践中为相关立法铺路。

一些冤案揭示出我国司法鉴定证据规则在证明逻辑主线、鉴定权利保护、鉴定标准体系、质证程序保障等方面存在的缺失。冤案的症结在于主观分析、推理和论证的关键环节上出错，证据出错显得尤为突出。

表一　10 个冤案证据实证分析

案名	证据认定错误	备注
河北石家庄聂树斌案	缺乏能锁定聂树斌作案的客观证据，聂作案时间、作案工具（花上衣）的来源、被害人死亡时间、原因均不能确认；聂树斌被抓获之后前 5 天讯问笔录、案发之后多名重要证人询问笔录、重要原始书证考勤表均缺失。	聂树斌有罪供述的真实性、合法性存疑，本案是否另有他人作案存疑；定案的证据没有形成完整锁链。
内蒙古呼格吉勒图案	呼指甲缝内附着物检出 O 型人血（与被害人的血型相同），呼血型为 A 型；呼供述的犯罪手段与尸体检验报告不符，有罪供述不稳定，与其他证据不吻之处诸多。	血型鉴定为种类物鉴定，不具有排他性、唯一性，不能证实呼格吉勒图实施了犯罪行为。

续表

案名	证据认定错误	备注
浙江张高平、张辉案	死者阴道内未发现精斑，死者指甲擦拭物经 DNA 鉴定系他人所留，侦查实验（"两张"所驾驶的车是满载而公安用于侦查实验的车则是空载）推定"两张"有作案时间，导致排除"两张"作案时间的事实没有发现。	办案人员片面强调口供的价值，对于明显存在矛盾的证据没有进行合理的排查。
云南昆明杜培武案	警犬辨认、测谎仪测试错误，关键性证据凶器（枪支）未找到，杜没有作案动机、时间，办案人员造假证，刑讯逼供等。	证据链没有闭合，定罪依据主要靠刑讯逼供换来的口供。
新疆鄯善谭新善案	谭新善供述得不到其他证据印证：谭供述持铁锹在煤堆处打了被害人后，将其拖进锅炉房焚烧，并证实被害人头上有血。但现场勘查笔录仅证实渣箱内发现了烧焦的尸体，在这一范围内，未发现任何血迹和有拖拽痕迹。	证人证言与谭新善的有罪供述之间存在较大矛盾，主要证据之间存在矛盾，不能相互印证。
河南叶县李怀亮案	经李怀亮供述，公安找到被害人的裤头、矿灯等物品后，李供述又发生变化，且上述物品经鉴定只有被害人的血迹而没有李的精液、血液等任何痕迹，同监人员证明听李怀亮说过杀人的事实也相互矛盾，不能印证李的供述。	大量间接证据只能证明犯罪行为已经发生，但与李的有罪供述不能相互印证，属于有直接证据但间接证据不能印证的非闭合证据体系。
云南省昭通孙万刚案	认定孙万刚杀害其女友动机是因女友向孙催还借款 350 元，孙衣服上有与被害人同一血型的血液，有罪供述笔录中是案件承办人代签，现场并没发现刚的血迹、脚印，但发现留有他人的纽扣和皮带扣。	办案机关对定罪动机（孙家庭条件一般，但并非连 350 元钱都出不起）未进行核实，认定孙有罪的关键证据之一的血型鉴定不具有唯一性和排他性。

续表

案名	证据认定错误	备注
河南省周口胥敬祥案	认定胥涉嫌抢劫的关键性证据是一件绿色毛背心，胥申辩是在集市上买的旧衣服，有证人作证，但办案机关未取证；辨认"赃物"时，侦查机关采取直面辨认法，不符合辨认法定程序，笔录中的签名经鉴定也不是胥所签。	在绿色毛背心是否与犯罪有关的关联性证据缺失及"同案人"均不在案的情况下，办案机关并未对该背心进行相关鉴定或排查，却坚信其作为隐蔽性证据的优势证明力。
福建念斌案	警方提供同一份质谱图，既当血液样本，又当尿液样本；而另一份质谱图，是毒物的样本图，又被拷贝为死者检验物的检测图，警方解释称系归档失误所致。从案发现场水壶里的水中检测出毒物成分，但这些水却是装在矿泉水瓶里送检的，而警方在水壶上却没有检出有毒成分。检测操作很不规范，其过程中也没留下任何记录。	被害人死于氟乙酸盐鼠药中毒的依据不足，投毒方式依据不确实，毒物来源依据不充分，与念斌的有罪供述不能相互印证，矛盾和疑点无法合理解释、排除，不能得出系念斌作案的唯一结论。
安徽芜湖于英生案	于英生八岁儿子证言证实其父母没有矛盾，但公诉机关未进行核实；对于在于家梳妆台抽屉发现的两枚陌生指纹也没进行鉴定、被害人（于之妻）阴道内提取的精液（再侦程序启动后为武钦元）与于英生的DNA明显不一致。	检察机关应对被告人无罪、罪轻的证据和事实有收集和核实的义务。

　　以上冤案涉案人员大都涉嫌遭到刑讯逼供，刑讯逼供的直接原因是我国过去一直奉行"口供"为王的证据理念，直接诱发冤假错案。

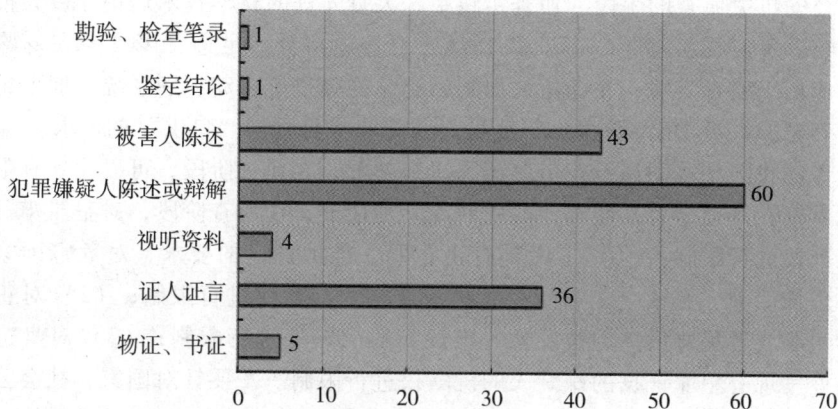

图四　哪一种证据最容易导致错案（N = 96）[1]

（一）有条件引入沉默权

不得自证其罪并非沉默权，修改后的刑事诉讼法规定了反对强迫自证其罪的原则，但保留了修改前的供述义务的规定。实质上"否定了犯罪嫌疑人的沉默权以及作虚假陈述的权利"。[2]

不得强迫自证其罪作为普通法的一个制度，通常被认为来源于"任何人无义务控告自己"的格言，任何人对可能使自己受到刑事追诉的事项有权不向当局陈述，不得以强制程序或者强制方法迫使任何人供认自己的罪行或者接受刑事审判时充当不利于自己的证人。[3]

沉默权则是在审讯时保持沉默或拒绝回答的权利，属于言论自由之权利，即"米兰达规则"。《刑事诉讼法》第 118 条规定"犯罪嫌疑人对侦查人员的提问，应当如实回答"，这一立法原则赋予了审讯人员仅凭主观标准就能认定犯罪嫌疑人是否"如实回答"的权力，坦率地说，这是对沉默权的一种立法否定。"我国修改后的刑事诉讼模式虽然吸收了对抗模式的一些内容，但是这并没有改变强职权主义的基调。"[4]

现代侦查技术、鉴定技术日趋完善。在这样一个大的社会环境背景下，我国已经有了出台沉默权制度的社会土壤。刑事诉讼法对于侦查手段的拓展，给侦查工作带来了机遇。如技术侦查的合法化及电子数据被确定为法定证据，拓

---

① 闫召华：《口供主义评析》，西南政法大学 2012 年博士学位论文。
② 樊崇义：《从"应当如实回答"到"不得强迫自证其罪"》，载《法学研究》2008 年第 2 期。
③ 孙长永：《沉默权制度研究》，法律出版社 2003 年版，第 9 页。
④ 汪海燕：《刑事诉讼模式的演进》，中国人民公安大学出版社 2004 年版，第 462 页。

宽了公安机关侦查的手段。侦查实践中，大量先进的科学技术运用，极大推动刑事物证鉴定技术发展，逐步将 DNA、痕迹、指纹、足迹、声纹等人身鉴定技术应用于侦查实践，完善指纹识别系统、枪弹痕迹自动识别系统及刑事犯罪现场和犯罪人员 DNA 数据库等项目。[①]可以大大降低对"口供"的需求。

考虑我国基本国情，在借鉴英国法基础上，在侦查阶段，可以建立有限制的沉默权。意思是对某些类型的犯罪或某种情形，在侦查阶段，对犯罪嫌疑人的沉默权进行限制：（1）考虑到打击犯罪、维护稳定的要求，对危害国家安全、恐怖活动、黑社会、毒品犯罪的嫌疑人的沉默权进行限制；（2）对正在实行犯罪或者犯罪后立即被发觉的嫌疑人的沉默权进行限制；（3）对身边或者住处发现有犯罪证据的嫌疑人的沉默权进行限制。主要针对国家、社会公共利益造成严重损害的犯罪类型，也针对现行犯的规定，目的是既满足了公安机关侦查破案，维护社会稳定的需要，又最大程度地保障了犯罪嫌疑人的人权，实现利益与价值的平衡。

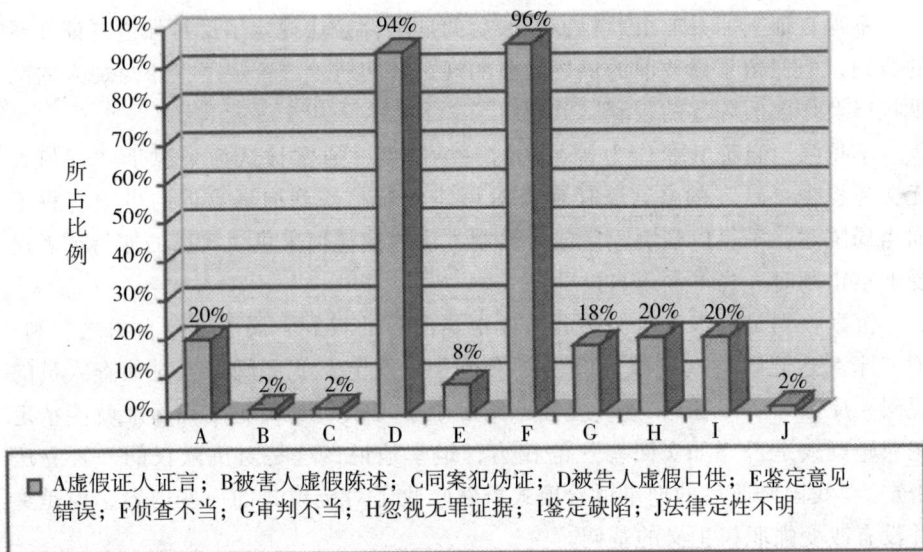

图五　50 起错案的错判原因[②]

---

① 李静：《新刑事诉讼法中律师介入规定对侦查工作的影响及策略》，载《公安研究》2013 年第 1 期。

② 何家弘、何然《刑事错案中的证据问题——实证研究与经济分析》，载《政法论坛》2008 年第 2 期。

（二）如何排除非法证据

目前，我国确立了各种刑事证据的证明力规则，缺乏证据准入资格的司法证明规则。"这种不注重证据法律资格而片面强调证明力的证据规则的做法，最终损害的是证据的证明力。"① 证据的证明力，是证据对案件事实是否具有证明作用，是客观存在的。证明能力又称之为证据资格，只有收集方式、出示和查证都符合法律规定的证明材料才具有作为证据的资格。

证据的证明力是建立在证明能力的基础上，只有证明力而无证明能力的证据是不合法的，只有证明能力而无证明力的证据则是无效的。在审查判断证据标准时，首先应注重证据收集程序的合法性，然后才是证据内容的客观性、关联性。

德国刑事诉讼制度建立了事后客观检验机制，要求法官负有详细交代判决理由之说理义务。② 德国很多程序法上的难题，都是通过法官在个案中进行充分说理，并创造性地提出对物证的证明力评价，而又由于物证一般具有客观性，因此这种权衡的结果经常是不禁止使用违法取得的物证（较适合中国国情）。

刑事诉讼法对是否排除刑讯逼供取得的物证、书证方面采取了的宽松立场，只要作出补正或者合理解释就可以被采纳（即使是刑讯逼供获取的物证、书证，也可通过特定的方式转化为合法证据）。"毒树之果"（即通过非法言词证据所获得的第二手证据）依旧会被采用。从打击犯罪角度考虑，目前立法对通过非法口供获得的间接证据采取了认可的态度。

从立法上看，《刑事诉讼法》第54条将非法证据排除的对象仅限定为通过刑讯逼供、威胁、引诱、欺骗以及其他非法方法取得的口供等言词证据，"刑讯逼供"一般指肉刑或者变相肉刑等（如冻、饿、熬夜、不让喝水，暴晒等严重精神痛苦等，但未举例），却未包括侦查主体、侦查手段违法、强制措施违法、鉴定程序违法、其他违法侦查行为。"③ 同时，威胁、欺骗也未具体化，如根据被告人供述当时的环境，对其所说的或者所做的很有可能导致该供述不可靠。一旦辩护方提出以上异议，法官就不采纳该供述，除非检察官能够排除合理怀疑，证明该供述不是通过"威胁、欺骗"等方式取得的。但什么是"威胁"，什么是"供述当时的环境可能导致供述不可靠"，需要结合司法实践细化。如警察在讯问时，嗓音大并使用脏话并不构成"威胁"，根据案例，

① 陈瑞华：《刑事证据法学》，北京大学出版社2012年版。
② 林钰雄：《德国证据禁止论之发展与特色——干预处分与刑事证据》，北京大学出版社2010年版，第226页。
③ 陈瑞华：《非法证据排除规则的理论解读》，载《证据科学》2010年第5期。

构成"威胁"的讯问行为必须达到一定程度的严重性，如讯问者以羁押、追究尚未受到指控的罪行、指控其配偶等相威胁或不指控其配偶等进行诱惑，这会导致由此获取的供述将被排除。

（三）合理扩大非法证据排除范围及方式

表二　证据种类与取证方法对应关系

归属	证据种类	取证方法	
实物证据	物证	勘验、检查、查封、扣押	
	书证	勘验、检查、查封、扣押	
言辞证据	证人证言	询问	
	被害人陈述	询问	
	犯罪嫌疑人、被告人供述和辩解	讯问	
实物、言辞之间证据，实然性审查证据	鉴定意见	鉴定	
	勘验、检查、辨认、侦查实验等笔录	勘验笔录	勘验
		检查笔录	检查
		辨认笔录	辨认
		侦查实验笔录	侦查实验
	试听资料、电子证据	勘验、检查、查封、扣押、技术侦查	

1. 合理扩大非法证据排除范围。目前，我国缺乏一套行之有效的刑事证据标准，导致实践中出现诸多问题。刑事诉讼法将刑事证据的种类进行了扩容，即八大项十二个分项；除"物证""书证"被确定为"实物证据"外，将"证人证言""被害人陈述""犯罪嫌疑人、被告人供述和辩解"划归为"言词证据"，将证据的实质性与辅助性实行了微观分离，形成了证据采信、证明力、非法证据排除的差异性；此外，将"鉴定意见""勘验、检查、辨认、侦查实验""视听资料""电子证据"确定为介于"实物证据"和"言词证据"之间的证据种类，将上述传统的无须审查的应然性证据转变为实然性审查证据，由此提升了"证据裁判原则"的功能在刑事诉讼活动中品质地位作用。

非法证据排除规则关涉的并不仅限于证据本身（如犯罪嫌疑人供述、物证、书证），而是由证据本身辐射至了证据的获取过程（如讯问、勘验、搜查）和证据的表现形式（如讯问笔录、物证的照片等）。

2. 非法证据排除方式。《刑事诉讼法》第 57 条所规定的模式——由作为控方的人民检察院对证据收集的合法性加以证明。

以"回应型"证明方式为例，是指根据辩方提供的（非法取证）证据与线索，要求控方说明辩方提供的非法刑讯事实情节的不存在，如果控方无法履行此项义务，即可认定控方就审前供述之合法性证明没有达到"确实、充分"的程度；具体操作为，要求控方出具相关讯问资料以及提供相关证人、笔录、音像和讯问人员，证明审讯问方法合法性。

控方在对证据的合法性证明过程中，要全面证明所涉证据达到了相关法律、法规等对该类证据收集行为合法性的要求。证据的合法性标准是一个独立于辩方质疑的规范性存在，控方所要证明的对象都仅是证据合法性的规范要求。

3. 在司法实践中，如何将非法证据排除。《排除非法证据规定》在举证责任及细节上，需要具有操作性。如被告人是处于被羁押的状态，让其举证，几乎是不可能的。应该实行"举证责任倒置"，即只要被告有相关线索和根据时，就要由侦查机关提供充分的证据来证明其证据为时合法取得的。此外，基于"重复性"供述排除规则，除非后续讯问能有效保障被告人供述的自愿性，否则，在此后接受侦查机关和检察机关讯问时，作出的有罪供述也应依法予以排除。

徒法不足以自行，任何一项刑事程序规则，除了应有"实体性规则"来明确其权利义务，还必须有"实施性规则"来规定其适用的范围与程序。例如，如何提起排除非法证据的申请？如何裁判？如何证明？申请不被受理或遭拒绝后如何救济？以及对非法证据未予排除时，由谁承担责任等诸多操作性问题。

疑罪从无、证人出庭作证、严禁非法取证三个基本原则需要在司法实践中得到落实。我们欣喜地看到，一些地区非法证据排除已经在相关案例中得到体现。

例如，泉州市法院审理李某涉嫌强奸案中，对未按法律规定对讯问过程录音录像，且不能作出合理解释，对不能排除以非法方法收集的被告人供述，依法予以排除，不得作为定案的根据。此外，其他证人从被害人处听说的涉案情况，仅作为依附于被害人陈述的传闻证据，不得作为印证被害人陈述的根据。

海南冯某故意伤害案中，侦查机关违反规定将被告人提押到看守所外讯问取得的认罪供述，违反规定长达数日限制被告人的睡眠时间，足以使被告人作出违背其意志的供述，被告人冯某审判前的有罪供述依法不能作为定案的根据。除被告人有罪供述外，本案未有其他证据证实被害人受伤死亡与被告人存在直接关联，因此判决宣告被告人冯某无罪。在冯案中，被告人冯某接受电视台采访时，承认故意伤害黄某致死。该视频本可以作为被告人供述的佐证，翻供的弹劾证据。但是，冯某审判前供述不能排除以非法方法收集的情形，依法应当予以排除，而接受媒体采访时，其看到办案人员在场，受到此前非法取证行为的影响，所作的陈述不具有自愿性和可靠性，据此，该访谈视频不能作为指控犯罪和定案的根据。

司法实践中，法庭对被告方提出的排除非法证据供的相关线索或者材料，注意审查以下方面：看是否存在刑讯逼供等非法取证行为的可能性。注意细节，所提供的线索或者材料是否能够得到其他证据的印证等。公诉方如果不能提供看守所体检记录、讯问过程的全程同步录音录像等证据，或现有证据材料不能证明取证的合法性，如讯问录音录像存在剪辑、中断，无法作出合理的解释，就需要通知侦查人员或者其他人员出庭作证。当然，尽管其出庭，但未能说明取证合法性，不能排除存在以非法方法收集证据情形的，对有关证据也应当予以排除。公诉方向法庭出示讯问笔录、羁押、体检记录等材料，有针对性地播放了相关讯问过程的录音录像，提请法院通知侦查人员出庭说明证据收集的合法性。对侦查阶段的指认现场录像，可以归入辨认笔录，也可视为被告人供述的延伸。如果公安人员采用逼供、诱供的方式让被告人指认现场，由此取得的指认现场录像也应当被纳入非法证据的范畴。

非法证据排除程序不是一个独立的程序，将证据收集合法性与案件实体问题一起综合研判，作出裁判。

（四）强化对鉴定证据司法证明

过去，庭审质证虚化，沿用的是书面和间接的审理方式，对于鉴定意见，法官既不传唤鉴定人出庭作证，也忽视被告方针对鉴定意见所提出的异议。传统观点认为，"鉴定是一种侦查行为"，犯罪嫌疑人、被告人对鉴定意见持有异议没有任何意义，根据本文表一的10个相关案例可以看出。实践中，鉴定人也不到庭接受质证。相关办案人员则忽视论证过程，使鉴定意见与检验部分之间缺乏信服的科学联系。鉴定启动权存在准司法化，违反了现代控辩平衡的价值理念。鉴定证据并没有必然优先于其他证据方式的效力，任何证据都须经过查证属实才能作为定案的根据。

《刑事诉讼法》第144条规定，"为了查明案情，需要解决案件中某些专门性问题的时候，应当指派、聘请有专门知识的人进行鉴定"。现实中，律师可请专家对鉴定意见做一份"鉴别"，以此降低对被告人不利的鉴定意见的证明力。

在司法实践中，侦查机关的"送鉴程序"极不规范，鉴定机构通常只对"送样"进行鉴定，对"送样"是否真实可靠并不负责。在福建念斌案中，鉴定程序混乱令人瞠目结舌。需严格规范相关鉴定程序和处理机制，侦查机关内部的鉴定机构必须保持其独立性。

（五）转变侦查模式，重视证据体系的闭合性

1. 对证据体系的闭合性（完整性）高度重视。证据体系的闭合性，在司

法实践中，一般表述为证据体系是否形成完整的锁链。① 表一的 10 个冤案，通过证据实证分析，可以看到，证据体系不完整，从而酿成错案。

证据体系闭合性达成方式主要包含：首先，凡属于犯罪构成要件与作案动机、手段、程度等其他事实均已查清，且均有相应的证据加以证明；其次，证据之间能够相互印证，形成一个完整的证明体系。对于有直接证据的证据体系，要求其他间接证据能够对直接证据进行有效印证，并且间接证据不能与直接证据有重大矛盾。如依口供补强规则以直接证据定案。且直接证据真实可信，排除串供、逼供、诱供的可能性，其他间接证据能对直接证据进行有效印证；对于仅有间接证据的案件，要求每个证据均经查证属实，且间接证据经逻辑学的分析、判断、综合，能排除其他可能性，得出的结论必须是唯一的；对提出没有作案动机的，要核实假设动机的合理性；对提出没有作案时间的，要核实被告人在案发时的位置等与案件有关联性的事实；对提出系他人作案的，要核实所指之人是否存在以及其是否有作案可能等；此外，对于有利于被告人的证据也要全面收集。侦查模式从"由供到证"到"由证到供"的转变。

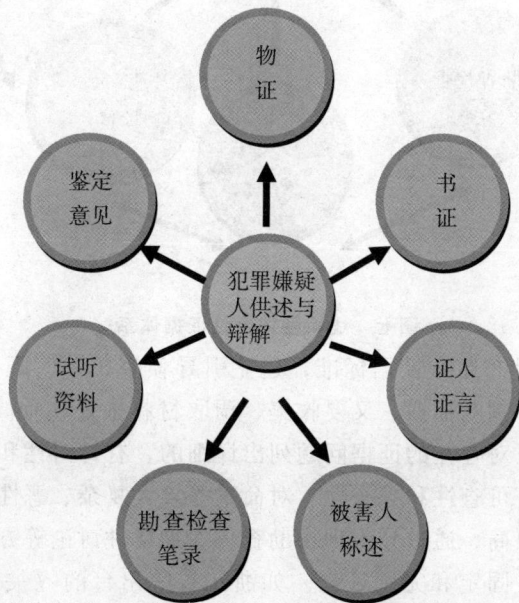

图六　以口供为中心的证据体系

以口供为中心的证据体系最大的特点就是不稳定性。一旦犯罪嫌疑人、被

① 周平：《遏制刑事"冤假错案"顶层设计的法治思考》，载《中国刑事法杂志》2013 年第 10 期。

告人翻供，或者口供被否定，那么随之而来的将是对案件整个证据体系的全面否定。

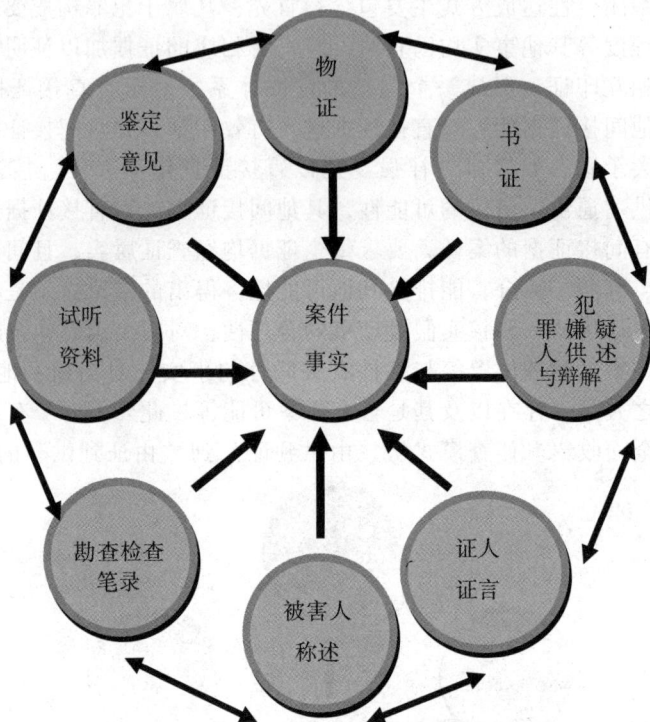

图七 逻辑型综合性证据体系

2. 检察机关严格审查证据标准，建立引导侦查机制。既要严格依照证据规则审查、核实、判断证据，又要收集、调取材料来证明侦查人员取证手段、程序等是否合法，对存在的证据问题列出详细的、有针对性和指导性的退补提纲，所列事项具有可查性和必查性。对命案等重大复杂、恶性案件、争议大的疑难案件，通过协商，通过介入现场勘查、参加案件讨论等方式，引导侦查机关依法全面收集、固定和完善证据。如浙江省院出台的《关于加强侦查监督与公诉部门衔接配合若干意见》，侦监部门提前介入侦查活动。2017 年 3 月，最高检面开展对公安派出所刑事侦查活动监督工作，目标就是要保证证据的合法性。

当前，检察机关对公安的侦查监督主要是一种事后监督，应建立检察机关介入引导侦查的机制，明确任务、案件范围，具体时间、方式途径、效力等内容，制定细则并执行，通过该机制引导公安机关侦查阶段依法侦查、规范取证，及时纠正违法行为。

从以侦查为中心的模式，转变为以侦查为基础，发挥公诉在审前程序的主导作用，强化对侦查的引导、规制，有针对性地引导侦查人员收集、补充证据。使侦查工作围绕满足公诉人出庭支持公诉的需求进行。

转变公诉理念，从指控犯罪转变为证明犯罪。转变举证方法，重视举证的逻辑性、针对性。转变质证方法，重点阐述、论证每个证据客观性、关联性、合法性和全案证据体系的完整性，让证据说话。

2016 年，检察机关纠正的冤错案件，除了聂树斌案，更有新疆鄯善谭新善、"沈六斤"、天津李松、吉林刘吉强等一系列故意杀人案，更有海南陈满案，珠海徐辉案等，体现了检察机关坚持疑罪从无，敢于监督、善于监督、依法监督。

（六）在实践中，进一步完善刑诉法

刑事诉讼法仍然为侦查机关在看守所外讯问犯罪嫌疑人、被告人留有空间。规定被拘留、逮捕的人必须在 24 小时以内送交看守所羁押，留有 24 小时决定空间，讯问可在指定居所进行，根据人民警察法规定，公安机关有权对犯罪嫌疑人实行不超过 48 小时的留置，而留置不属于强制措施，不受刑事诉讼法的约束。

同步录音录像制度需要完善。刑事诉讼法只对可能判处无期徒刑、死刑的案件或者其他重大犯罪案件做了强制性要求，一般的刑事案件，则自由裁量。录音或者录像应当"全程进行，保持完整性"，实践中，却出现犯罪嫌疑人被刑讯逼供时没有录音录像，一旦其供述之后，再补充录音录像。

同步录音录像资料在司法实践中的优越性明显，是一种视听资料，其内容是言词证据，可以说是一种被"视听资料"化了的言词证据。但是，修改后的刑事诉讼法并没有规定同步录音录像资料的证据属性，不利于在刑事诉讼中将其作为办案根据。

刑事诉讼法对警察出庭作证可以放宽案件范围：如目击案件、搜查、扣押、辨认、勘验、检查等行动获取的证据，以及被告人有坦白、自首、立功情形的，参与的警察应当出庭作证。规定警察不出庭作证应承担法律责任的条款，以法律解释的形式，明确警察出庭作证时的证人身份，由其证明相关案件情况和证据收集的合法性并接受质询等义务。确立直接言词规则，是警察出庭作证制度的理论基础。

四、与时俱进，发挥律师及社会团体作用，维护公平正义，保障人权

一个发达的法律制度还必须有一套"次位规则"，这规则为承认和执行"首位规则"确立了一种法定手段。① 刑事辩护权发挥着"次位规则"的作用，是遏制"冤假错案"不可忽视的重要支撑点。

今天，律师刑辩率依然很低，相关调研表明，近年全国刑事案件律师参与的比例不足 30%，有的省甚至仅为 12%。② 修改后的刑事诉讼法实施后，有学者对审判阶段非法证据排除问题进行了实证考察：调研法院共计审理刑事案件 17213 件，其中提起申请排除非法证据的案件为 124 件，占全部案件的 0.72%，法院决定启动证据合法性调查程序的案件为 54 件，占全部案件的 0.31%，最终决定排除非法证据的案件为 14 件，占全部案件的 0.08%。③

亚里士多德认为："我们应该注意到邦国虽有良法，要是人民不能全部遵循，仍然不能实现法治。"④

律师的在场权也很难得到保证，尤其是第一次讯问时的在场权非常重要。律师作为一个"第三方""见证人"，可以加强对侦查权的监督，减少违法侦查、讯问的发生，增加侦查过程的透明性。

"以审判为中心"的诉讼制度改革，"强公诉、弱律师"的局面将会有所改善。浙江省人民法院在 2014 年将法律援助律师的案件范围扩大到"被告人可能被判处三年以上有期徒刑刑罚的"以及"被告人作无罪辩护的"情形，提高了律师刑案出庭辩护率。

律师或被告人庭审提出刑讯逼供的申诉，并显示伤痕，法庭往往要其举证，这个举证义务应当倒过来由侦控方举证，提出没有刑讯逼供的证据，并将申诉与查证材料全部入卷。

"迟来的正义不是正义。"我国再审程序启动模式实则为单方面启动程序，依靠法院主动提起再审和检察院"逢抗必审"的启动方式，法院按照审判监督程序重新审判的案件的审理有期限，对于申诉审查期限并未作出规定，导致了司法实践中，出现上下级法院对申诉互相推诿的局面。聂树斌案漫长的申诉

---

① ［美］E. 博登海默：《法理学、法律哲学与法律方法》，邓正来译，中国政法大学出版社 2004 年版，第 138 页。

② 熊秋红：《刑事辩护的规范体系及其运行环境》，载《政法论坛》2012 年第 5 期。

③ 孙长永、王彪：《审判阶段非法证据排除问题实证考察》，载《现代法学》2014 年第 1 期。

④ 亚里士多德：《政治学》，吴涛彭译，商务印书馆 1965 年版，第 199 页。

期就是代表。

"法律的实质在于实施。"除完整的法律体系、程式规则、制度保障外，执法主体之间相互监督和制约作用不可或缺。为了防止滥用权力，就必须以权力制约权力。[①]

英国刑事案件复查委员会和美国无辜者计划都无权开启再审程序，也无权决定是否推翻原判决，仅仅是在已生效刑事判决中，起到发现冤案的作用。我们可借鉴英美两国的错案纠错机制，在我国人大常委会设立专门受理冤案部门，如果认为申诉成立，可以直接要求司法部门作出裁决，这样可以破除部门利益掣肘，又可以提高司法效率，同时，也是在我国法律框架内运作。

---

① ［美］E. 博登海默：《法理学、法律哲学与法律方法》，邓正来译，中国政法大学出版社 2004年版，第 63 页。

以审判为中心视野下审查起诉环节
非法证据排除机制之建构

吴言才[*]

2017 年 6 月，最高法等五部门发布了《关于办理刑事案件严格排除非法证据若干问题的规定》（以下简称《规定》），从实体和程序对非法证据排除进行了进一步规范，对于完善针对侦查行为合法性的司法审查制度，推进以审判为中心的诉讼制度改革，产生积极影响。《规定》明确了在审判前程序中检察机关对非法证据排除程序的主导地位，而审查起诉环节作为审前程序的关键环节，严格执行非法证据排除规则，是检察环节推动以审判为中心的诉讼制度改革核心举措。

一、以审判为中心视野下审查起诉环节非法证据排除的价值

审查起诉环节起着"承前启后"的作用，有效运行非法证据排除规则，不仅更有利于保障犯罪嫌疑人及其他诉讼参与人权利，而且有利于强化对侦查机关侦查行为的规范，并确保庭审质效，是推进以审判为中心诉讼制度改革的重要保证。

（一）有利于强化对侦查行为的监督

由于刑事诉讼在侦查阶段更多在于破案的"快速性"，故而对程序公正性的关注相对较低。因此，在面对通过非法手段或者违法程序获取的证据时，要想让侦查机关排除"能够定罪的非法证据"难度极大。"实际上我国检察机关对侦查机关的侦查活动的监督力度非常弱，较其他大陆法系国家而言，监督的手段单一，监督的力度薄弱。"[①] 为此，《规定》明确要求检察机关在侦查期间接受犯罪嫌疑人及其辩护律师的申请，启动非法证据排除程序，并规定检察机

---

* 重庆市南岸区人民检察院法律政策研究室主任。

① 陈永生：《非法证据排除规则对检警关系的影响》，载《人民检察》2006 年第 11 期。

关在审查起诉期间要对侦查行为的合法性进行调查核实。检察机关在审查起诉环节有效排除非法证据，能够及时威慑侦查机关的违法取证行为。

（二）有利于提高指控刑事犯罪的案件质量

从 C 市调研的情况看，检察机关评价公诉案件质量的主要标准：以是否达到提起公诉的证据标准为依据，存在与判决标准相一致的定罪量刑同一说与判决标准略区别的定罪说之争，核心是实现胜诉率，即"无罪率"。虽然排除非法证据存在涉及案件的证据链条达不到起诉条件的可能性，影响起诉率。但作为公诉人，对待非法证据排除问题，其应着力于程序正义和案件质量的保障，而非片面追求案件起诉率的提高。尽管在短期内，检察人员会因为查实取证程序合法性十分困难而承受证据排除所带来的"阵痛"。但是，公诉部门通过提高侦查监督的质量，完善证据审查的规则，在审查起诉时多站在辩护人的角度反向思维，将非法证据在审查起诉环节顺利排除，将有力提升公诉案件质量。

（三）有利于提高庭审质效

达马斯卡的"一元法庭"强调刑事诉讼证据应一同与检察部门公诉文书移交法院，在认定案件事实过程中，法官应当全面、客观审查取证行为合法性。[①]"二元法庭"则认为在法庭开庭审理前可通过预审程序，裁定将不可采纳的证据排除在庭审程序之前，防止法官对非法证据留下任何印象，进而影响法官对案件的公平判断。[②]"在美国，排除非法证据的目的旨在防止不合法的证据进入庭审，使事实裁判者（陪审团）不能够预先看到和听到，有任何接触非法证据的机会，防止产生先入为主的偏见性认识，这也是实施非法证据排除规则的主要目的。"[③]

反观我国"一元法庭"之庭审构造模式，如果非法证据未在审查起诉环节排除，就会移交法院。即使非法证据在庭审中被排除掉，法官因事先接触到证据内容，容易产生"先入为主"的判断，从而影响判决。故笔者认为，在审查起诉环节就将非法证据予以排除应当成为现行诉讼架构模式转变的关键点，既可以避免法官先入为主，受到非法证据的误导；又可以一定程度上减轻法官排除非法证据的压力，避免法官在认定案件事实时却因证据合法性问题而

---

① ［美］米尔建·R.达马斯卡：《漂移的证据法》，李学军等译，中国政法大学出版社 2003 年版，第 65～66 页。

② ［美］米尔建·R.达马斯卡：《漂移的证据法》，李学军等译，中国政法大学出版社 2003 年版，第 65～66 页。

③ 郑旭：《非法证据排除规则》，中国法制出版社 2009 年版，第 10～11 页。

分神。

二、审查起诉环节非法证据排除规则的司法实践困境

笔者以 C 市及 N 区检察院的调查作为实证分析的素材,虽不具有普遍性,但在一定程度上反映了非法证据排除规则在审查起诉环节适用的困境。

（一）排除的操作规则缺乏

对 20 名公诉部门检察官的访谈中,87% 的检察官表示,审查起诉环节因为从发现、调查到认定都没有一个可行的程序规定,导致发现线索、调查核实、依法排除都十分困难,启动非法证据排除程序的案件数量少、排除更少,运行效果不佳。如表所示:

C 市及 N 区审查起诉环节非法证据排除的总体情况

	期间	受理案件数	启动非法证据案件	排除非法证据案件	启动率	排除率
C 市	2013.01—2014.01	28278	60	20	0.21%	33.3%
N 区	2013.01—2017.01	5868	11	4	0.18%	36.4%

1. 发现线索难。司法实践中,犯罪嫌疑人在审查起诉环节提出有关非法取证的控告,要么毫无依据,要么线索不够具体,而大量可能的隐性刑讯逼供又无法看出伤痕,同步录音录像也只是部分案件才附卷移送,让侦查人员证明自己取证的非法性更难,发现非法证据的线索成为当前公诉人的一大难题,导致启动调查程序的案件数量很少。2013 年,C 市检察机关审查起诉环节启动涉嫌非法证据排除案件数仅占受理案件数的 0.21%。笔者认为,审查起诉环节发现非法证据线索难的原因在于:一方面,依赖卷宗的证据材料审查太过局限。移送的笔录信息有限,笔录都是侦查人员加工的结果,不能呈现整个讯问过程。另一方面,现阶段依靠律师提供发现非法证据的线索更是困难。实践中,犯罪嫌疑人基本是在可能被刑讯逼供之后,才见到律师,取证能力也十分有限。

2. 调查核实难。《人民检察院刑事诉讼规则（试行）》第 70 条列举了检察机关排除非法证据的 7 种调查手段。① 司法实践中,公诉部门主要采用询问侦查人员并要求其提供情况说明,以及调取入所体检表和部分案件的同步录音

---

① 《人民检察院刑事诉讼规则（试行）》第 70 条规定,"人民检察院可以采取以下方式对非法取证行为进行调查核实:（一）讯问犯罪嫌疑人;（二）询问办案人员;（三）询问在场人员及证人;（四）听取辩护律师意见;（五）调取讯问笔录、讯问录音、录像;（六）调取、查询犯罪嫌疑人出入看守所的身体检查记录及相关材料;（七）进行伤情、病情检查或者鉴定;（八）其他调查核实方式"。

录像等调查手段。由于对非法证据产生过程中监督机制的缺失问题，上述方法难以实现预期的效果。实践中，侦查人员不会自证其罪，情况说明一般都是否定非法取证行为的存在，刑讯逼供常常会以无伤痕的形式出现，亦不会提供其所有讯问的录音录像，而审查起诉环节调取最初讯问笔录的同步录音录像资料更加困难。

3. 依法排除难。目前，公诉部门基本都是自行或申请人发现非法证据线索后，再让侦查机关对该证据的合法性予以说明，并提供证据证实。以 C 市 N 区检察院 2015—2017 年办理的 5 起非法证据排除案件为例，检察机关采取了非相互质询的方式，与犯罪嫌疑人及其辩护人或侦查人员单独接触询问、调查非法取证行为，导致犯罪嫌疑人不能与侦查机关就取证行为合法性问题当面质证，一定程度上给侦查机关辩解其取证行为"合法"亮了"绿灯"。因为在尚未建立其操作性较强的审查起诉环节非法证据排除规则认定程序，以至于公诉部门仍依靠传统的"行政审查"方式予以认定。显而易见，这种单一、不合理、辩方参与程度极低的审查方式严重影响了审查起诉环节非法证据的准确、及时排除。如 C 市于 2013 年启动非法证据排除程序的案件排除率仅 33.3%，其中犯罪嫌疑人供述、书证、鉴定意见书证排除率分别为 50%、35.2%、33.3%，被害人陈述、证人证言、物证排除率甚至为零。

（二）相关配套制度的不健全

审查起诉环节非法证据排除规则的运行除受上述具体操作规则的影响外，相应配套制度的不健全对该阶段有效排除非法证据也造成极其不利的影响，主要包括以下方面：

1. 公诉人排除非法证据动力不足。现存的考评机制存在一些不太合理的目标考核压力或追责压力等不尽合理的地方，导致公诉部门检察官存在过于追求胜诉率的念头。[①] 如在笔者走访的 20 位公诉部门检察官中，多数对审查起诉环节非法证据排除规则的适用持谨慎态度，15 位检察官一般是在犯罪嫌疑人或其辩护人提出控告之后予以核查，而只有 5 人会在审查起诉环节提讯犯罪嫌疑人时，明确讯问其是否受到非法取证。

2. 讯问的监督机制缺乏。司法实践中，讯问犯罪嫌疑人主要通过全程同步录音录像进行监督，但囿于各地区条件限制，选择性录音录像现象仍存在，讯问监督机制"形同虚设"。第一，律师在审前查看到录音录像资料是非常难的。第二，公诉人囿于时间及精力限制，审核同步录音录像资料不能够及时、

---

① 薛献斌：《检察机关非法证据排除的调查与思考》，载《人民检察》2015 年第 4 期。

全面。第三，侦查人员大多会按照主观意志对讯问笔录进行人为加工，进而会改变笔录的真实性，甚至笔录存在大面积的复制粘贴现象等。

3. 对非法取证行为的威慑作用乏力。司法实践中，公诉人一般已能根据犯罪嫌疑人供述是否虚假来排除非法证据，但其目的主要在于发现案件的实体真实，实现承办案件的胜诉率，却很少期望通过非法证据排除规则的威慑功能，对侦查人员的非法取证行为起到吓阻和预防的实际作用。审查起诉环节对涉嫌非法证据的案件存在不起诉率低的问题，N 区检察院对涉嫌非法证据排除的案件不起诉率仅为 20%，对公安机关追求起诉率的考核影响不大。此外，以完成考评目标的纠正违法又流于形式，且违法犯罪行为的查处力度不大，导致惩戒预防功能难以发挥。

三、以审判中心视野下审查起诉环节非法证据排除机制之建构

我国刑事诉讼相关的证明责任分配规定，决定了检察机关在审查起诉环节应当高效审查"过滤"非法证据，防止其进入庭审阶段，从而推进以审判为中心的诉讼制度改革。

（一）健全审查起诉环节非法证据排除规则的操作机制

在审查起诉环节应建立一套非法证据排除规则的操作机制，有效解决非法证据规则操作运行不畅的问题。

1. 发现线索机制。（1）健全案件审查机制。在审查起诉环节，公诉部门要建立起对证据合法性的专项审查工作规则。第一，要对每一项证据收集的程序进行全面审查，重点在于审查取证程序是否存在违法性，对单人提讯、见证人不适格、言词证据不稳定等易见的取证问题应特别审查。第二，专项审查侦查阶段对诉讼参与人诉讼权利的保障情况，侵害诉讼权利行为严重的，检察机关要可以建议侦查机关更换侦查人员，并跟踪调整情况。第三，审查起诉报告要对每一份证据的合法性进行专门分析，并对全案证据进行合法性分析。（2）强化辩护律师参与机制。第一，建立控辩交流意见机制。从调查情况看，N 区检察院 2015 年至 2017 年律师就非法证据提出的意见被采纳率仅为 23%，导致其积极性不足。如果能在审查起诉环节发挥律师对证据合法性的监督作用，那么将拓宽检察机关发现非法证据的线索来源。一方面，检察机关要加强制度建设及硬件建设，让辩护律师的阅卷权及会见权得以落实，对其申请调取证据合法性的证明材料要及时反馈。另一方面，可在审查起诉环节建立具体的工作机制，确保检察人员充分听取到辩护律师的意见，并认真核实情况，在案件审查报告中予以专门说明，并将处理决定及时反馈给辩护律师。第二，建立有限的律师在场机制。刑事诉讼法要求拘留后的嫌疑人应在 24 小时内送交看

守所进行羁押，讯问也必须在看守所内进行。而现在看守所对提讯都进行了规范管理，并且安装摄像设备进行了监控，侦查人员在看守所内对犯罪嫌疑人刑讯逼供的空间已经基本没有。所以，司法实践中不必要求对讯问犯罪嫌疑人时，规定律师都全程在场，建议规定侦查人员在没有录音录像带条件下讯问犯罪嫌疑人时，应要求其律师在场监督。①

（3）健全检察机关内部的信息共通机制。检察机关内设的侦监、监所、案件管理、控告申诉等相关部门要与公诉部门形成有关非法证据信息及时传递、共享、协作的联动格局。一方面，建立线索对接机制和信息共享机制。公诉、控申、监所等内设机构，以案管为枢纽，形成线索衔接机制，即公诉部门受理案件后，通过统一业务软件系统及时掌握到各内设部门的控告线索、犯罪嫌疑人羁押情况、违法侦查行为纠正情况、排除非法证据及补正瑕疵证据情况等内部信息资料，集中精力审查线索材料，提高发现线索效率。另一方面，建立侦查监督部门和公诉部门的信息共享机制。对于审查逮捕环节需要对相关的证据应当进行补充侦查的，应将建议补充侦查的证据提纲发送公诉部门，以便公诉部门跟进证据补充侦查情况。

2. 调查机制。以 N 区检察院的探索实践为视角，建议可以依据线索情况从以下六个方面来拓展非法证据调查的途径及手段。（1）询问受害人。核实受害人陈述的自愿性。（2）审核有关书面资料和视听资料。犯罪嫌疑人入所前后的体检、医疗资料，以及管教民警、驻所检察官与在押人员的谈话记录、提讯的监控视频等相关资料必须全面收集审查。（3）调查知情人。根据案件情况，详细询问羁押场所干警、负责同步录音录像的工作人员、辩护人、羁押在同一监舍的人员及其他知情人有关情况。（4）核查伤情。核查伤情除了依法询问有关知情人及查阅伤情材料外，还可在不对被调查人的人身、财产自由造成限制的前提下，对犯罪嫌疑人、受害人的伤情予以检查，并可提出复检及重新司法鉴定。（5）直接询问涉案的侦查员。公诉人可对以非法取证的侦查人员或见证人、翻译人员等在场人直接询问取证情况。（6）调取同步录音录像。取证过程形成的全程录音录像都要调取，全面核查取证过程的合法性。

3. 认定机制。可从案件证据情况，建立两种不同的认定机制。（1）直接认定。查证取证手段不合法，且争议不大的非法证据，属于检察官权限范围内的事项，可以直接由检察官决定，直接影响到犯罪嫌疑人是否构成犯罪的证据排除，则需报检察长决定。（2）听证认定。由检察机关实施的非法证据排除

---

① 孙伟、马鸿斌、孙秀明：《审查起诉阶段非法证据排除制度的完善》，载《山西省政法管理干部学院学报》2014 年第 2 期。

听证，主要作用在于其客观公正性，但要注意兼顾效率。一方面，从严把关适用听证程序的案件条件。检察机关要科学制定听证会召开的前提条件，可参考苏州市平江区人民检察院制定的《关于排除非法证据的实施规则》，对听证会的适用条件作了明确规定：犯罪嫌疑人或其辩护人与侦查机关对案件的证据合法性争议较大，对是否认定为非法证据，双方都提出了明确的异议，且涉及证据对案件定罪量刑有着十分重大的影响，且直接关系到案件的不捕或不诉，应组织听证。另一方面，科学设计听证会的操作规则。对于符合适用听证程序的案件，案件的具体检察官参加旁听，不事先就该证据发表意见，由部门负责人或主任检察官负责主持听证活动，由申请排除非法证据的一方提供相关材料线索，同时侦查人员也要提交该证据收集合法的材料和理由说明，并开展充分的质证和辩论。之后，主持人对是否应当排除非法证据的理由、依据予以说明。因侦查机关负有证据合法性的证明责任，证据被排除的不利后果理应由侦查机关承担。

4. 权利救济机制。《规定》第18条仅规定侦查机关有权要求复议、复核，并未赋予犯罪嫌疑人及其辩护人的救济权。[1] 笔者认为，在审查起诉环节，申请排除非法证据的犯罪嫌疑人及其辩护人应依法享有救济权利，案件当事人亦享有申请复议、复核的权利，且对检察机关没有排除的非法证据，仍可以在审判阶段提出排除该项非法证据的申请。[2] 侦查机关、请求人亦可以提出听证审查的申请，程序如上文。

（二）审查起诉环节非法证据排除的配套机制与完善

审查起诉环节非法证据排除规则的适用与相关配套机制的完善密切相关，应作为非法证据排除规则机制构建的重要组成部分予以重视。

1. 建立适应司法责任制改革的检察官考评机制。不科学的考核标准则有可能影响到检察官对客观公正义务的履行，从而对司法公正造成负面效果。司法实践中，错案数、不起诉率、无罪判决率等指标成为公诉部门的重要考核因素。这就造成部分检察官过于在乎实体上的错案，而忽略了程序违法问题，其排除非法证据的动力也就不足了。因此，在司法责任制改革背景下，建议将公诉部门检察官在案件中依法及时排除非法证据情况行为作为检察官的绩效考评

---

[1] 《关于办理刑事案件严格排除非法证据若干问题的规定》第18条规定，对于人民检察院排除有关证据导致对涉嫌的重要犯罪事实未予认定，从而作出不批准逮捕、不起诉决定，或者对涉嫌的部分重要犯罪事实决定不起诉的，公安机关、国家安全机关可要求复议、提请复核。

[2] 陈卫国、李红妹：《审查起诉环节非法证据排除工作机制研究》，载《政治与法律》2011年第4期。

内容，并对存在重大过失的检察官予以惩戒，一并纳入检察官司法档案。与此同时，检察机关的控申部门、纪检部门要有效保障犯罪嫌疑人、被告人及其辩护人对公诉部门检察官在非法证据排除规则适用中怠于履职行为的控告权，形成外部监督。

2. 完善侦诉协作制约机制。公诉部门与侦查机关既要建立健康良性互动的配合协作关系，又要形成有效指导、互相监督的制约关系，这是非法证据排除和预防的重要条件。

（1）完善公诉提前介入侦查机制。检察机关应进一步深化与侦查机关的提前介入侦查机制，以公诉引导侦查合法取证：介入人员要同步跟进侦查活动，及时掌握关键证据的收集情况，并参加重大、疑难案件的案件研究、勘查检查及旁听讯问、询问等前期侦查活动，从而有效规范侦查人员规范证据收集的合法性标准，明确侦查方向；对案件取证要点和取证规范事项可以形成书面的指导意见，侦查终结再书面反馈，总结和深化个案提前介入案件中指导的作用和意见，发挥对今后类案取证的指导作用。

（2）违法取证的说明及说理机制。一方面，构建侦查机关专门的说明机制。对侦查人员作出证据合法性说明的情形和方式作出具体规定，形成侦查机关及侦查人员在审查起诉环节说明和庭审阶段出庭说明常态化。另一方面，设置预警说理机制。检察机关要对一段时期的非法取证状况全面分析，及时向侦查机关发出预警报告，着力督促其整改带有普遍性、专门性的取证程序不合法问题。对因关键证据不合法被排除不捕、不诉及监督撤案的案件，相关法律文书应最后附页专门说理。

3. 健全全程同步录音录像制度。刑事诉讼法虽然对讯问时间及地点作了规定，为录音录像制度的实施创造了条件，但发挥同步录音录像制度排除和预防非法证据的作用，还必须从以下几方面完善：（1）讯问地点必须明确规定。笔者认为，虽然刑事诉讼法对将羁押的犯罪嫌疑人提出羁押场所外讯问作了严格要求，但应进一步明确以下两点：拘留、逮捕前的讯问，应在具备录音录像条件的办案机关讯问；即使讯问时不在看守所内，具备法律要求的同步录音录像条件的，也应当使用同步录音录像。（2）"全程"的含义必须明确。"全程"应理解为侦查机关对被讯（询）问人进行的任何一次讯（询）问都要开展全程同步录音录像（涉密或其他特殊案件为例外）；此外，为了实现时间、空间上的同步"无缝式"客观记录，录音录像资料要与讯问笔录记载的时间、内容做到一一对应，有效杜绝只见笔录而无录像的不同步现象发生。（3）同步录音录像资料必须妥善保管。在对母带制作复制件后，母带要交由侦查机关的档案管理部门，由专人予以长期保管。因妥善保管了母带，视听资料就不会被毁损或灭失，持续作为证成取证行为合法与否的有效证明。

4. 建立防止当事人及其律师滥用权利的预警机制。实践中，审查起诉环节出现了犯罪嫌疑人或辩护人"恶意"申请排除证据的现象，无理辩解、对侦查人员的诬告行为频发，严重妨碍刑事诉讼程序。因此，只有设立可行的预警机制，才能有效防止诉讼权利被他人滥用。第一，办案人员应告知犯罪嫌疑人有权提出遭受非法取证，并依法讲清利害关系，避免犯罪嫌疑人产生"赌博式"的想法，意图靠所谓"运气"逃避打击。第二，对于那些精心编造侦查人员对其刑讯逼供的犯罪嫌疑人可作为酌定量刑从重情节予以教育；司法行政部门及律师行业协会应对庭审中有违反职业道德行为的律师依法予以教育和惩戒。

5. 健全对非法取证行为的惩戒机制。刑事诉讼法规定了检察机关对侦查机关的非法取证行为的监督手段有三种：纠正违法；构成犯罪的，追究刑事责任；排除非法证据。关于"排除非法证据"在前文已论述，此处具体论述针对非法取证行为的其他两种监督手段。

（1）未构成犯罪的，依法纠正。司法实践中，检察机关主要采取两种方式监督《纠正违法通知书》的执行，即督促回复，以及由上级检察机关通知同级公安机关督促其下级纠正。但这两种方法在操作上缺乏强制力。建议检察机关可通过与侦查机关建立共同参与的纠正违法处理机制，明确规定公安机关执行《纠正违法通知书》的期限、责任等具体举措，侦查机关的违法取证行为将作为年度执法质量考核评议减分的指标，对相关责任人按照绩效考核规定追究行政责任，并建立复议、复核等不服纠正违法意见的救济程序。

（2）构成犯罪的，依法追究刑事责任。审查起诉部门与职务犯罪侦查部门形成信息共通机制，侦查部门应对非法证据形成背后的渎职侵权犯罪同步介入、立案侦查，形成非法证据排除与立案侦查渎职侵权犯罪的有效衔接机制。

"以审判为中心"诉讼制度改革背景下
如何加强侦查监督

张玉华　程　云[*]

在我国的刑事司法制度中，对侦查权的制约不足导致侦查权的滥用，这是一个亟待解决的制度难题。[①] 侦查权的强大必然使其有侵犯公民私权利的冲动和可能，检察机关的侦查监督制度作为制约侦查权与保障人权的制衡措施，在规范侦查权的行使、保护犯罪嫌疑人权利及其他公民合法权益、维护刑事政策实施、提升司法公信力等方面作用凸显。但在实践中，我国在侦查权的司法控制上较为薄弱，并且在加大对侦查权的司法制约上步伐不大，导致侦查监督的效果与"以审判为中心"诉讼制度改革的要求之间存在较大差距。强化对侦查权的司法控制，是被众多法治发达国家实践证明了的最有效的制约侦查权的方式，我国可以加以借鉴。

一、"以审判为中心"诉讼制度改革对侦查监督工作的要求

"以审判为中心"诉讼制度改革要求刑事诉讼中控辩审三种职能都要围绕审判中的事实认定、法律适用标准展开，法官直接听取控辩双方意见，依据证据裁判规则作出裁判。从"以侦查为中心"到"以审判为中心"的诉讼制度改革，根本目的在于确保侦查、起诉的案件事实、证据经得起法律的检验，对侦查监督工作提出了新的要求，倒逼检警关系的调整，构建以监督为主导的新型检警关系。

"以审判为中心"对侦查工作提出了更高的要求，对审前程序而言，必然要求侦查和起诉阶段严格按照庭审的标准收集、固定、采信和运用证据，严格规范侦查讯问程序，杜绝刑讯逼供和变相刑讯现象的发生，确保作为指控犯罪

---

* 张玉华，江西省人民检察院法律政策研究室副主任；程云，江西省人民检察院法律政策研究室主任科员。

① 陈瑞华：《检察制度改革的新思维》，载《中国法律评论》2017年第5期。

的证据在庭审中经得起辩方的质证和交叉讯问。① "以审判为中心"对证据标准要求愈加严格，包括证据收集的合法性、侦查行为的规范性、侦查的科技化信息化等提出了更高更严的要求。在我国，一方面，侦查环节与全面审查考量证据的审判阶段较为疏远，受角色定位的限制，侦查机关对如何运用证据指控犯罪接受法庭质证缺乏直观的认识，相对忽视基于公诉和审判视角对证据的收集和审查。另一方面，行使检察权的侦查监督部门对侦查权的监督比较薄弱，天然处于强势地位的侦查权往往排斥监督制约，进而易导致侦查权滥用。②而侦查监督部门主要职能就是对侦查行为的监督，其必然要求具有更高的专业素质，更强的监督能力和引导侦查的能力，只有这样才能不断有效规范侦查行为，进而为庭审夯实证据基础。

二、检察机关侦查监督存在的问题

（一）立案监督制度的部分缺失

刑事诉讼法仅规定了对该立案而不立案的案件进行监督，而没有将不该立案而立案的案件纳入监督范围，造成了立案监督立法的结构性缺失。尽管《人民检察院刑事诉讼规则（试行）》对此进行了弥补，但立法的缺失使检察机关的立案监督除了启动公安机关的自行调查程序外没有强制约束力，在公安机关仍不予纠正的情况下，检察机关只能求助于上级检察机关与公安机关的协商，监督力度有被弱化的可能。

（二）侦查阶段司法审查制度有待完善

侦查程序中的司法审查是指在侦查程序中，由中立的司法机关通过审查案卷、讯问（询问）当事人、听取辩护律师意见等居中审查的方式，对侦查行为能否实施以及如何实施予以裁判，以实现对侦查行为进行控制的监督方式。司法审查是当今世界法治国家应用最广，被实践证明最为有效的侦查权控制方式，应用于对严厉的强制性侦查措施的控制、对强制侦查的司法审查，被认为已经超出刑事程序领域，这一制度不仅是一种刑事诉讼制度，而且是一种宪法制度。③

侦查环节的司法审查对制约侦查行为具有决定性作用。强制性侦查措施体现了侦查权的扩张性和强制性，容易对犯罪嫌疑人的合法权益造成侵犯，但我

---

① 向泽选：《以审判为中心与职务犯罪侦查模式的转型》，载《人民检察》2015年第1期。
② 刘福谦、张忠：《人民检察院侦查监督公诉部门介入职务犯罪侦查工作规定的理解与适用》，中国检察出版社2015年版，第210页。
③ 龙宗智：《强制侦查司法审查制度的完善》，载《中国法学》2011年第6期。

国现行法律当中，除了逮捕带有准司法审查性质外，其他各项强制措施与强制性侦查措施都不具有司法审查的形态，而呈现为行政审批的状态。例如，对指定居所监视居住、查封扣押冻结款物等部分重要的涉及人身、财产权利的侦查措施，检察机关只拥有事后监督的权力，难以形成真正有力的制约。法律规定的各项侦查措施，只需经办案部门负责人批准或经县级以上公安机关负责人批准，技术侦查措施需由设区的市一级以上公安机关负责人批准即可施行，均体现为自批自用的状态。侦查措施缺乏实质有效监督的根源就在于缺乏中立第三方的司法控制，没有为侦查权构筑有效的制度笼子。因此，建立侦查环节的司法审查制度，将涉及人身、财产、隐私的强制性措施均纳入司法审查范围，才是控制侦查权防止侦查权滥用的最有效方式。

（三）监督线索来源狭窄

实践中，侦查监督线索大部分来源于检察机关在办理审查逮捕审查起诉案件时，依靠审阅侦查机关报送的案卷材料、讯问犯罪嫌疑人或对捕后执行情况审查的方式，很难掌握公安机关提请批准逮捕、移送审查起诉案件之外的案件信息，难以全面获取立案、撤案、以罚代刑、适用强制措施以及强制性侦查措施违法等监督线索，影响监督效果。而侦查权具有封闭性和追求效率的特征，这使侦查机关不愿主动接受监督，加之法律也未规定侦查机关采取强制性侦查措施时应向检察机关通报备案或报请批准等硬性要求，导致检察机关获取侦查监督线索来源单一，渠道较窄。

（四）事后监督与柔性监督影响监督效果

监督方式方面，我国除逮捕措施是事前批准外，其他绝大部分侦查监督均为事后监督。根据侦查行为的特点，虽然不需要对每种侦查行为都进行事前授权，但对于强制程度较高的强制性侦查行为由事后监督变为事前审查是必要的，应当将目前以事后监督侦查机关自行审批的查封、扣押、冻结、监听、监控等强制性侦查措施变为事前第三方审批，严格制约强制性侦查措施的适用。监督效力方面，目前检察机关除了审查逮捕外，其他监督方式基本限于口头提出纠正违法意见或发出纠正违法通知书两种，若侦查机关对监督意见置之不理，检察机关没有可以采取的进一步监督手段，监督的落实主要依靠公安机关的自觉接受，检察机关没有任何法定刚性手段，最终只能回归到协商这种方式上去，面对强大的侦查权，这种监督效果可想而知。

（五）侦查讯问监督不到位

我国尽管建立了侦查讯问同步录音录像制度，规范了讯问场所，但讯问活动仍然没有摆脱秘密封闭难以监督的状况，检察机关对侦查机关讯问活动的监督不到位，仍停留在审查逮捕或者审查起诉时审查讯问笔录等事后监督上，既难以发现讯问违法问题，也难以收集非法讯问证据，导致对非法讯问指控证明困难。

三、从司法性上加强侦查监督

（一）合理配置侦查权与侦查监督权

侦查权滥用的根源是缺乏监督，侦查权与侦查监督权不分立，这种权力配置本身是侦查监督不力的重要原因之一。将对侦查权的监督制约寄希望于侦查权行使者本身，依靠其本身的自觉性，想要达到理想的监督效果难度极大。从权力配置上看，同一主体行使两种法律性质不兼容甚至是完全相反的权力有悖权力制约原则和裁判中立原则。将侦查权与侦查监督权分由两个独立主体行使，排斥同体监督，是侦查程序中权力配置的原则，也是对侦查权监督制约的前提。侦查环节对权力重新配置的目的，是通过权力的重新分配使监督权更好地发挥作用，进而加强对侦查权的监督制约。普通刑事案件侦查权由公安机关行使，除逮捕外的大部分强制性侦查措施也由公安机关自身审批，检察机关虽名义上拥有侦查监督权，但由于各项侦查措施特别是强制程度较高的侦查措施，事前无须检察机关审批，事后也难以被检察机关知晓。

侦查权的实际行使在侦查机关的自我掌控下，几乎不受检察机关制约。为对侦查权作出有效的限制和制约，克服侦查中心主义构造的缺陷，真正推动以审判为中心的诉讼制度改革，对所有涉及限制或剥夺个人权益的强制性措施，应当遵循决定权与执行权相分离的原则，引入检察机关的司法审查机制。[1] 因此，应当通过建立侦查程序司法审查机制，将强制程度较高的侦查措施审批权交予检察机关，使检察机关拥有对侦查权的实质性监督制约权力。另外，对于职务犯罪来说，可以将其侦查监督权交由上级检察机关行使。

（二）构建侦查程序司法审查制度

强制侦查的司法审查，即以独立中立的司法权，对强制侦查进行事先审查，以司法令状批准并将其作为强制侦查正当性与合法性的依据，或以司法权对已实施的侦查行为进行事后审查及诉讼救济，以实现公民权益保障的目的。[2] 具体而言，无论是对强制措施、强制性侦查行为，还是那些针对财产权的强制处分，侦查机关只能向检察机关提出适用的申请，检察机关对该项申请

---

[1]　陈瑞华：《检察制度改革的新思维》，载《中国法律评论》2017 年第 5 期。

[2]　龙宗智：《强制侦查司法审查制度的完善》，载《中国法学》2011 年第 6 期。

的合法性和必要性进行审查，对符合法定条件的申请作出批准的决定，而对不符合法定条件的申请，则作出不予批准的决定。① 在我国审前羁押时间长，审前羁押对审判结果影响大的司法环境下，构建强制性侦查措施的司法审查制度，对确保审前羁押的准确性、必要性和保障当事人合法权益而言意义尤为重大，也是目前我国最为必要和迫切的制度需求。构建司法审查制度，应当遵循分类审查区别对待原则，对强制性侦查措施中的部分措施建立司法审查，强制性侦查措施从对象上分为对人身的强制措施、对财产的强制措施和对隐私的强制措施，将逮捕、监视居住、取保候审、通缉等限制人身自由时间长的强制措施，查封、搜查、扣押、冻结等强制程度高的强制性措施，以及监听、监控等对隐私侵犯强度大的强制性措施，作为司法审查的内容，以正当程序构建侦查强制性措施司法审查的实质化。首先，按照裁判者居中原则的要求，对现行大量强制性侦查措施由侦查机关内部审批的做法进行改革，形成上述权力行使主体与权力制约主体相分离的司法审查权配置格局。其次，构建兼听则明的司法审查方式。我国目前的审查逮捕仍是以书面审查为主，书面审查容易形成偏听侦查机关一面之词的弊端，因此，加大听取辩方意见构建双方对质的司法审查程序是强制性侦查措施司法审查的发展方向。再次，令状内容应当具体明确。令状内容越明确越能减少侦查人员随意执法的空间，准确执行司法官的授意。最后，赋予司法审查裁定可诉性。司法审查裁定具有可诉性是司法审查制度的重要特征，也是与非司法审查裁定的重要区别，提出上诉是当事双方享有的法定诉讼权利，我国刑事诉讼法虽然赋予了相对人救济途径，但目前法律规定的仍是准司法救济方式，是以当事人一方享有申诉权利和侦查机关一方可以申请复议复核的形态进行救济的，对侦查行为的救济尚未体现为诉讼形态。对经过司法审查的强制性措施，应当建立对强制性措施上诉的司法救济方式；对未经司法审查，由侦查机关自行审批适用的侦查措施，则保留当事人申诉和侦查机关复议复核的救济方式。

（三）加大检警数据共享力度

在大数据时代背景下，侦捕协作要破除部门利益的藩篱，实现数据信息的共融共享。公安机关在侦查阶段的刑事报案、发案、控告、自首、立案、破案、撤案、侦查经过等信息平台应与检察机关共享，这是强化立案监督和侦查监督的基础举措。② 目前，侦捕之间存在信息不对称等问题致使监督效果大打折扣，只有在实现信息共享的基础上，检察机关才能进行实时动态有效的侦查

① 陈瑞华：《检察制度改革的新思维》，载《中国法律评论》2017年第5期。
② 薛献斌：《检察机关非法证据排除的调查和思考》，载《人民检察》2015年第4期。

监督。虽然一些地方对信息共享机制进行过探索，但公安机关能否及时全面客观地向检察机关通报、备案相关信息，是存在疑问的。因此建议从更高层面如最高人民检察院、公安部的层面，对信息备案共享机制出台相关规定，使信息备案真正有据可循，进而不断提升监督效果。

（四）增强审查逮捕的司法性

过往审查逮捕行政化色彩浓厚，司法属性不强，实践中往往是侦查—审查逮捕的线性结构。诉讼参与人参与程度不高会导致偏听偏信现象发生，致使很大程度上产生误判。增强审查逮捕的司法属性首要在于使犯罪嫌疑人、辩护人能够有效参与诉讼，进而形成侦查监督部门居中，侦查机关和犯罪嫌疑人居于两边的三角形诉讼结构。侦查监督应当转变观念，着力构建健康良性互动的检律关系，在案件办理过程中应当依法保障律师执业权利，充分听取辩护律师意见，就事实、证据、法律适用、社会危险性以及变更强制措施的请求等认真听取其意见，并及时回复。

（五）增加讯问透明度，打破侦查封闭性

1. 规范讯问场所。讯问场所对讯问过程合法性的影响很大，侦查机关控制下的讯问活动秘密封闭，引诱、威胁甚至刑讯逼供行为时有发生，实践中大量刑讯逼供都是发生在看守所以外的讯问场所中。因此，应全面构建看守所内讯问制度，将看守所视为侦查讯问的法定地点，并将非法定特殊情况的看守所外讯问作为侦查违法行为，所获证据将不具备证据效力。

2. 完善讯问过程同步录音录像制度。目前，我国确立了对三类案件必须进行同步录音录像，对其他案件可以同步录音录像的制度，检察机关要求对职务犯罪案件侦查全部同步录音录像。根据我国目前的经济社会发展状况，同步录音录像范围确定得基本合理，但应当着重解决同步录音录像在实践中出现的不同步不清晰，看不清听不见，审后再录等现象，使录音录像能真正发挥见证证据取得合法性的作用。当经济发展能够满足每案必录的需求和海量信息涉密存储的保密技术要求时，应当实现全部案件的全程同步录音录像。

3. 探索建立侦查讯问时律师在场制度。西方国家确立律师在场制度在先，我国跨越了律师在场制度而直接进入了同步录音录像阶段。但我国同步录音录像制度在实践运行中存在的问题影响了录音录像的见证作用，因此，律师在场是对同步录音录像制度落实不到位的有益补充，二者共同构成对侦查讯问过程的监督。

调适、规范与完善

——检察机关适应以审判为中心的
诉讼制度改革的几个问题

李 欣[*]

2015 年 2 月 25 日，最高人民检察院出台《关于深化检察改革的意见（2013—2017 年工作规划）》（以下简称《规划》）提出要"适应以审判为中心的诉讼制度改革，全面贯彻证据裁判规则"。这里的"适应"，笔者认为应当作积极和正面意义上的阐释，即通过积极调适，主动顺应外部环境的改变。如何进行调适，做到适应以审判为中心，笔者认为，检察机关应当立足现有职能和现有条件，强化公诉职能，规范公诉工作，并在此基础上深度研判现有机制和法律规定在适应度上的不足，不断地加以规范和完善。

一、强化公诉职能

（一）扩大起诉裁量权，强化其审前调节职能

完善案件速裁，建立被告人认罪和不认罪案件的分流机制是以审判为中心的诉讼制度改革的发展方向。《规划》提出，要"完善刑事诉讼中认罪认罚从宽制度。构建被告人认罪案件和不认罪案件的分流机制，优化配置司法资源"。这意味着检察机关的起诉裁量权要适当扩大，在以起诉法定主义为主的基础上，扩大起诉便宜主义的适用范围。

在刑事诉讼中，对某些刑事案件采用起诉便宜主义原则及时终止诉讼，是许多国家公诉制度的重要内容。随着犯罪案件的增加，以及保障人权特别是保护刑事被告人权益的观念的增强，为促进诉讼的公正和高效，增强刑事诉讼的整体效益，各国法律一般赋予检察官自由裁量权。比较而言，英美法系国家检察官的裁量权要大于大陆法系国家检察官的裁量权。以公诉裁量权最具代表性

---
* 黑龙江省人民检察院公诉一处副处长。

的德国、美国为例，每年美国有将近 90% 的案件①、德国（1997 年）有大约 62.7% 的案件②通过运用不同形式的公诉裁量权加以解决，就是在素有"精密司法"之称的日本，也有 29% 的案件以不起诉处分终结。③ 一些欧洲大陆法系国家，如意大利，也开始借鉴"认罪交易"制度。从各国的公诉实践看，不起诉的适用有逐渐扩大的趋向，有的国家（如德国、荷兰、日本）不起诉案件的比例已超过起诉的案件。④

从我国的法律规定看，我国的不起诉裁量权实行以起诉法定主义为主，兼采起诉便宜主义。为防止公诉权的滥用，一直以来不起诉裁量权只限于情节轻微的犯罪行为，虽然 2012 年修改的刑事诉讼法对不起诉制度作了调整，增加了附条件不起诉和因刑事和解不起诉，调整了作出不起诉决定的程序，但仍然没有根本改变不起诉裁量权适用范围狭小的局面，加上实践中检察机关限制不起诉的适用，以不起诉率作为考评指标，严格控制不起诉案件的数量。一些检察院为追求不起诉率为零，对符合条件的案件也不作不起诉处理，使不起诉制度没有发挥应有作用。以 H 省为例，过去很多地区不起诉率为零，2012 年修改的刑事诉讼法实施后，不起诉率有所上升，2013 年 1.34%，2014 年 1.65%，2015 年 1.6%，2016 年 1.84%（其中含附条件不起诉案件）。虽然现在已经不把不起诉率作为考评指标，但由于上级院把不起诉案件作为执法检查的主要内容，下级院基于怕办错等的思想顾虑，仍然限制不起诉的适用，有的市分院规定基层院拟作不起诉的必须报市分院批准，实质上把不起诉决定权上提一级，违反了只有职务犯罪不起诉案件需上报批准的规定。这样做的后果不仅不能有效贯彻宽严相济的刑事政策，不能充分发挥不起诉的制度优势，而且造成短期自由刑适用增加从而导致更多的交叉感染，增加了羁押和监狱场所负担，耗费司法资源，也不利于当事人关系的修复和犯罪人回归社会。因此，扩大起诉裁量权非常必要。基于司法实践的现状，扩大不起诉裁量权，不仅仅要放宽酌定不起诉一般条件，还要扩大附条件不起诉适用范围，同时规范和健全检察权运行机制，包括办案责任制、履行法定职责保护机制等一系列配套措施，只有配套机制健全，才能真正使不起诉裁量制度发挥其应有作用。

（二）有效运用公诉侦查权，活化证据补查工作

侦查是公诉的前提和基础，公诉效果在相当程度上取决于侦查的质量。当

① 卞建林：《刑事起诉制度的理论与实践》，中国检察出版社 1993 年版，第 168 页。
② 陈光中等主编：《诉讼法论丛》（第 4 卷），法律出版社 2000 年版，第 180 页。
③ ［日］田口守一：《刑事诉讼法》，法律出版社 2000 年版，第 107 页。
④ 姜伟等：《公诉制度教程》，中国检察出版社 2007 年版，第 14 页。

侦查阶段所收集和固定的证据不足以有效提起公诉和支持公诉或不宜由公安机关补充侦查时，为了实现公诉目的，法律赋予公诉部门以侦查权。根据我国刑事诉讼法的规定，检察机关在审查起诉、出庭支持公诉过程中，均有权将案件退回侦查机关补充侦查或自行侦查。但在公诉实践中，公诉侦查权几乎被"闲置"，需要补查的案件主要依赖于公安机关，由公诉部门补查的少之又少，相当数量的检察院甚至为零，究其原因，主要有二：一是囿于人力、物力、财力及侦查能力、侦查手段的局限性，无法开展侦查工作；二是出于对审查起诉期限的考虑，退回公安机关补查，不但不占用审查起诉期限，而且还变相"延长"了审查起诉期限，在案多人少的矛盾下，无疑是一个得以暂时性摆脱"困境"的做法。在这样的局面下，法律赋予的侦查权实际上得不到施展。当一个制度不能发挥其应有作用的时候，其负面效用可能掩盖制度本身的价值。退回公安机关补查，固然可以依靠公安的侦查手段，但有些该退补的案件公安机关尚未理解和接受，一些不该退补，纠缠于细枝末节为自己延长审限的案件的退补更易让公安机关抵触，造成共同指控犯罪在配合度上下降。同时不该退的也退补，占用了诉讼时限，延长了犯罪嫌疑人的羁押期限，变相侵害了犯罪嫌疑人的人身权益。

在以审判为中心，一切公诉活动都要以服务于庭审为目的诉讼制度中，公诉人不能受制于卷宗，过多依赖公安机关取得的证据，应当摆脱卷宗的束缚，由"卷宗中心主义"向"以复核证据为中心"转变。公诉人自行侦查，一是可以有效解决公安机关怠于侦查的问题。公诉人独立自主侦查，对于不需要较多侦查手段的问题就可能在短期内有效解决。二是可以有效避免非法证据排除的负面效应。公安机关在侦查中如果以非法手段取得犯罪嫌疑人供述或证人证言的，相关人员对于公安机关会存在抵触和排斥心理，公诉人自行侦查，可有效缓解相关人员的疑虑，获取的言词证据的客观性、真实性较高，也有利于形成内心确信。三是可有效解决分歧案件的证据收集固定问题。公诉部门在认定事实、证据方面与公安机关有较大分歧的，公安机关的补查方向可能会与公诉人不一致，不利于案件及时、正确处理，公诉人自行侦查，证据的获取会更全面、更客观，更有利于支持公诉。

在当前司法体制改革的大背景下，检察机关应当充分利用好司法责任制改革和省级以下人财物统管的改革契机，大力加强公诉侦查权的运用，改变只对补查量较小的案件自行侦查的局面，对于不宜由公安机关补查或公安机关收集固定的证据不足以有效支持公诉的情况，即使补查工作量较大，也应当自行侦查。尤其监察体制改革后，监察委对职务犯罪行使"调查权"而非"侦查权"，检察机关可能无法运用"提前介入侦查引导取证"措施以保证证据的取得达到或符合庭审要求，就更应当从自身权力的运用深度挖掘和发挥自行侦查的效用，在人财物方面建立起自行侦查的保障机制，推动公诉侦查权的实质进展，还权于公诉，还力于公诉。

（三）落实关键证人出庭制度，提高公诉出庭质效

为落实直接言词证据原则，刑事诉讼法确定了强制证人出庭制度。但实践中，关键证人出庭率很低。以 H 省为例，2014 年全省公诉部门适用普通程序出庭案件 13108 件，适用简易程序出庭 11557 件，证人、鉴定人共出庭 36 件，占全部出庭案件的 0.15%；2015 年全省公诉部门适用普通程序出庭案件 11805 件，适用简易程序出庭 10380 件，证人、鉴定人共出庭 24 件，占全部出庭案件的 0.11%；2016 年全省公诉部门适用普通程序出庭案件 12940 件，适用简易程序出庭 10465 件，证人、鉴定人共出庭 12 件，占全部出庭案件的 0.05%。证人出庭所占比重不但不高，而且呈逐年下降趋势。如此低的数字并不表明控辩双方对证人证言都没异议，而是表明法院认为证人"有出庭必要"的非常少。以审判为中心，全面贯彻证据裁判原则，就必须真正落实证人出庭制度，无论是证人自愿到庭，还是法院强制出庭。笔者认为，在提高证人出庭率上，一是对于犯罪隐蔽性强，犯罪事实主要靠言词证据定案的，相关证人都属于对定罪量刑有重大影响的证人，都应当出庭。如没有查到毒品实物的重大毒品犯罪，能够证实行为人实施了贩卖、运输行为的证人应属于关键证人，是有必要出庭的证人，只要控辩一方有异议，就应当出庭作证。二是检察机关要从增加保护手段、落实出庭作证补偿等方面下功夫，确立与公安、法院的职责分工，形成切实可行的、可操作的保护机制，扩大证人保护的主体，提高证人出庭率。

（四）提高技术部门业务建设，强化与公诉的协作配合

《检察技术工作规范》规定，检察机关技术工作的基本职责是对检察业务工作进行辅助侦查、配合审查和检验鉴定，承担检察机关在办案中需要进行的现场勘验、检验鉴定、文证审查和技术协助等工作任务。技术处（科）是检察机关具体负责检察技术工作的职能部门，从全国范围看，绝大多数检察院都设置了单独的技术处（科），但从其发挥的作用看，多数为自侦部门和院内活动开展录像、照相和网络建设活动，没有开展痕检、文检、文政审查等刑技业务，也没有相关技术人才。公诉案件需要技术支持和鉴定、检验的，基本上都是在公安机关或其他有相关鉴定资质的机构进行，较少委托本系统的技术部门，这固有技术部门没有相关技术人员问题，也有对本系统技术实力不信任问题，使本来就缺少"案源"的技术部门更加缺少实践锻炼和积累，从而缺乏

解决具体刑事技术问题的能力和水平。

委托公安机关鉴定、检验或向公安机关刑技部门咨询技术问题，存在的弊病比较显见，一是自侦自鉴带来的负面效果；二是公安机关移送的证据涉及刑事技术问题的，多是在公安系统内部所做，公诉人如果对证据产生疑问再向公安机关咨询或委托鉴定的，上级公安机关刑技部门出于多方面考虑在有些问题上不能提供全面、真实、客观的技术帮助，否定或部分否定下级刑技部门的意见存在难度，不利于公诉人正确审查、判断证据；三是向公安机关寻求技术帮助需要的程序及出庭作证的配合上较本系统技术部门复杂，在公诉案多人少，时限短，尤其是二审阅卷期只有一个月的情况下，不利于提高工作效率。

在以审判为中心的诉讼制度中，技术人员出庭成为常态化是必然趋势。全国80%的刑事案件在基层，而大量的基层院不具备刑事技术力量，不能发挥刑事技术优势，也不能有效配合公诉审查和检验鉴定工作。配备刑事技术力量的单位，技术人员也缺乏出庭接受控辩双方交叉质询的实践锻炼和经验，有的技术人员出庭甚至因为紧张而作出不当陈述，给辩护人留下发挥的空间，从而对指控犯罪产生不利影响，增加公诉人出庭的难度。当前，监察体制改革，反贪、反渎部门的转隶，检察技术部门过去为自侦部门提供技术协助的职能将削减。检察机关应当利用这一时机，切实发挥自身拥有技术部门的优势，把技术部门的职能向配合公诉职能发挥上转化，配足配强刑事技术人员，加大对基层院的技术投入和对技术人员的人才培养，并加强对技术人员对庭审活动应知应会内容的培训，使技术部门能够切实为公诉部门的出庭工作提供技术上的帮助。

二、提高公诉工作服务于庭审的能力建设

（一）大力加强提审工作

提审，是审查起诉阶段的一项重要工作。通过讯问犯罪嫌疑人，可以直接听取其对案件事实的供述和辩解，了解和掌握认罪态度和思想动态，核实起诉意见书认定的犯罪事实和情节，发现侦查活动中是否有违法情形等。提审，能发现很多书面阅卷不能发现的问题，通过面对面的审讯也能对犯罪嫌疑人和案情有直观的认识和判断，排除疑问，对于确定补查内容、预判庭审情况，做好庭前准备有重要作用。所以，《刑事诉讼法》第170条规定，一审案件必须提审；《人民检察院刑事诉讼规则（试行）》（以下简称《规则》）第476条规定，对提出上诉的、检察院提出抗诉的及被判处无期徒刑以上刑罚的原审被告人应当进行讯问。

实践中，审讯的作用还没有充分发挥，讯问不到位、不全面、不具体、不

完整,对有疑问的问题不重点讯问的情况较为普遍,认为公安机关已经讯问多次,问的已经很详细,不需要再全面、细致的讯问,主观上过多依赖于公安机关的讯问笔录,甚至认为犯罪嫌疑人在侦查阶段供述稳定,在庭审中就不会翻供,忽视审查起诉阶段的讯问对固定证据的重要性,导致讯问不及时,案件到了审查起诉阶段后很长时间甚至开庭前再去提审,致使一些案件犯罪嫌疑人在辩护律师介入后,在检察机关的提审中翻供。二审提审工作除本身就存在前述的情形外,还因二审案件大多需要跨地区提审,受制于办案期限,有的办案人直接委托原审被告人被羁押所在地检察院代为提审,有的甚至开庭前一天到当地"顺便"提审,使提审工作较之一审存在的问题有过之而无不及。

为更好地实现庭审实质化,应切实加强审查起诉阶段的提审工作,杜绝提审形式主义。现在很多地方加大了审讯工作投入,大力发展视频提审,笔者认为,视频提审对提高司法效率、节约司法资源的作用不容忽视,但应当适度使用,不是所有的案件都适合视频提审。对于案件事实比较清楚,证据比较充足,犯罪嫌疑人认罪的案件,视频提审的确可以起到事半功倍的作用。对于事实存疑、犯罪嫌疑人在侦查阶段前后供述不一致、定性存在分歧以及存在非法证据可能性等疑难、复杂案件,视频提审就缺乏面对面提审的直观性所带来的判断可能性,公诉人不能直接观察主客观因素对犯罪嫌疑人的影响,不能通过犯罪嫌疑人表情、动作的细微变化审查供述的真实性。因此,重视提审工作,既要从主观方面提高及时、全面提审对案件审查的重要性的认识,也要从现代科技装备等客观方面发展视频提审,并客观审视和对待视频提审的作用,从而真正实现提审质效。

(二) 大力加强出庭笔录的记录工作

庭审是审判工作的核心环节,以审判为中心,要求以庭审记录中反映的证据材料为主要依据。按照法律规定,庭审笔录的记录工作主要是法院完成,《刑事诉讼法》第 201 条规定,法庭审判的全部活动,应当由书记员写成笔录,经审判长审阅后,由审判长和书记员签名。证人和当事人在承认没有错误后,应当签名或者盖章。对于检察机关出庭的记录工作,《规则》第 426 条规定:"公诉人出席一审法庭应配备书记员担任记录",但实践中,检察机关的庭审笔录简略、不全面等,导致检法两家庭审笔录"完全一致"。如果庭审直录,出现问题还可"倒查",如果没有直录,则出现以下问题时会产生不利后果:一是法院书记员录入有缺失,庭审情况记录不全面,就容易对案件事实、证据采信、认罪态度等产生疑问。二是当出现确已在一审庭审中经过举证质证的重要证据,法院在判决中没有表述或引用(不包括不予采信的情况),法院庭审记录也无记载时,如果一审被告人服判,则问题被掩盖。一旦案件进入二审或再审程序，公诉人就只能因自身记录简略或无自己的庭审笔录来证明证据经过举质证而"举证不能"，"吃哑巴亏"，尽管事实上是法院书记员的失误和法官的疏忽所致。三是《规则》第 426 条第 3 款规定："适用简易程序审理的公诉案件，可以不配备书记员担任记录。"不配备书记员的，就无人进行庭审记录工作，按简易程序审理的案件，一旦被告人不服判，进入二审或再审，庭审情况将仅能依据法院庭审记录来审查，而法院的庭审记录工作从实践来看也存在很多不尽如人意的问题。

出现上述问题（排除法律规定不配备书记员的情况）的原因，一是出庭的书记员从思想上没有重视庭审笔录，认为记录的或多或少无关紧要，有的认为法院记录专业程度高，既然达不到法院的标准，不如直接用法院的笔录。检察员在二审或再审审查中也过多重视案卷，不重视、不注重审查庭审笔录。二是客观上检察机关的书记员没有达到法院配备的速录员或专业打字员的记录水平，有的记录工作还停留在手写而非打字的状态，影响记录速度。一些重大案件，需要连续几天开庭，手写记录既跟不上进度，体能也无法满足工作需要。三是员额制改革以后，很多公诉部门没有书记员，检察辅助人员身兼书记员，于力于心达不到工作要求。

2016 年 11 月 3 日，最高人民法院发布了《关于人民法院直播录播庭审活动的规定》，全国各级法院庭审开始直录。但庭审直录工作在全国范围内还没有形成常态化，且只是选择性适用，对于三类案件更是禁止直录。所以，庭审笔录依然是记载庭审情况的重要材料，对没有直录的，甚至是唯一材料。在这种情况下，庭审笔录记载的情况如何，就成为实现审判中心主义十分重要的技术性工作。如果庭审笔录不能发挥应有效用，仍以案卷材料为判案依据，则以审判为中心的目的无法根本实现。在司法责任制改革的当下，员额检察官应当重视庭审笔录，保证出庭工作能够"说得清、道得明"，切实发挥庭审笔录在案件审查中的重要性，检察机关也应当在书记员的配备和录入装备上下功夫，引进和培养具有速录能力的书记员，以解决书记员不足或不能胜任工作需要的问题。

三、完善对审判工作的监督机制

（一）规范法院受案权

《刑事诉讼法》第 181 规定："人民法院对提起公诉的案件进行审查后，对于起诉书中有明确的指控犯罪事实的，应当决定开庭审判。"最高人民法院、最高人民检察院、公安部、国家安全部、司法部、全国人大常委会法制工作委员会《关于实施刑事诉讼法若干问题的规定》第 25 条第 1 款规定："人民检察院提起公诉的案件，人民法院都应当受理。人民法院对提起公诉的案件进行审查后，对于起诉书中有明确的指控犯罪事实并且附有案卷材料、证据的，应当决定开庭审判，不得以上述材料不充足为由而不开庭审判。"这充分表明起诉具有强制审判的作用，即"有诉必审"，法院在开庭前只对检察机关起诉的案件进行程序审查，不是实体审查，法院不能要求检察机关撤回起诉，或者要求退回补充侦查，更不能驳回起诉，而必须及时启动审判程序，开庭审理，这是我国刑事诉讼制度的一个重要特点。

但实践中，一些法院对其认为存在判处无罪可能、涉众等社会影响大或重大、疑难、复杂的案件，基于怕判错案、怕闹访担责或不能在法定时限内结案等因素，往往以各种理由拒不受案或拒不开庭，有的甚至不给理由。检察机关缺乏刚性监督手段，实践中，只能通过逐级上请协调解决，导致案件不能及时进入审理程序，悬而不决，被告人久押不决，损害被告人的合法权益，也严重损害了法律的权威性和公正性。

以审判为中心，不是法院说了算，更不是某个法官说了算。法院拒不受案或拖延开庭时间，是对审判权力的滥用，如果对这种滥用权力的行为不加以有效制约和惩处，案件都进不了审判程序，以审判为中心的前提就不复存在。为防止法院或法官却把自己凌驾于法律之上，就必须对其权力加以有效制约，制定相应的有效监督和惩处机制。

（二）规范法官的调查取证权

我国 1996 年的刑事诉讼法，基于控审分离、审判中立的原则和理念，对审判阶段控、辩、审三方关系的格局进行了重新配置，融合了当事人主义，强调控辩双方举证和证据调查活动，法官不再承担证据调查的主要责任，只在必要时，才对证据调查进行必要补充。这种调整在刑事诉讼理论界产生很多争议，认为赋予法官调查取证权有违控审分离和审判中立原则，应当取消。但2012 年修改后的刑事诉讼法，不仅没有取消法官的调查取证权，反而增加了"查封"的调查取证手段。笔者认为，保留部分职权主义，是保障庭审有效进行的必要救济手段，有利于法官更好地掌控庭审活动，不受控辩双方的经验和辩论技巧的影响，是一种追求实体公正的价值选择，但必须对权利的行使施以必要的限制，法官行使此项权力，也必须遵循合法原则，在依法、规范的限度内行使调查取证权。

目前的司法实践，法官调查取证权存在以下几个主要问题：一是法官调查取证的随意性不断扩大。刑事诉讼法规定的法官调查取证权，无论是依申请进行，还是依职权主动进行，都规定了前提条件，只有条件满足时，才可以行使调查取证权。但有的主审法官自己认为"必要"，就会行使调查取证权；二是法官调取的证据在庭审活动中由谁出示法律没有规定，实践中做法混乱；三是调查取证手段超越法律规定。法官调查取证不仅核实实物证据，还询问证人。不仅询问证人名单中的证人，还通过审前阅卷的方式调取证人名单以外的证人证言。笔者认为，上述法官调查取证的不当做法急需规范，理由是：

1. 不符合法律规定。法官的调查取证权不同于公安机关的侦查权和公诉部门的侦查权。《刑事诉讼法》第 191 条规定："人民法院调查核实证据，可以进行勘验、检查、扣押、鉴定和查询、冻结。"法官的调查手段只限于勘验、检查等六种手段，没有"等"字，不包括询问证人。法官的调查取证权仅仅是对存在疑问的证据凭借勘验、检查、鉴定等客观的刑事技术手段、有第三方见证人在场的查封、扣押或者借助于第三方的查询、冻结的手段进行核实，针对的只能是实地或实物证据，不包括言词证据。

2. 不符合控审分离、审判中立原则。控审分离要求指控犯罪的证据必须由控方提供，审判中立要求法官必须居中裁判，不得偏袒任何一方。而法官主动询问证人从而取得的证据或者有利于控方，或者有利于辩方。同时，询问证人本身是带有主观色彩的技巧性工作，不同于通过勘验、鉴定、查封等手段对客观存在的事物进行客观的证据固定，虽然证人必须客观陈述所知道的与案件有关的事实，但如何询问证人、询问的角度、询问的内容以及对证人的陈述如何记载，都在询问人的操控下，带有明显的询问人的主观认识和判断，不当询问，更是容易误导证人，有失证人证言的客观性。所以，询问证人的权利应当赋予控辩双方，各方从获取的证人证言中选取能够支持自身观点的证人证言通过庭审举证、质证来证明案件事实，而非作为中立一方的法官。由法官询问，容易造成先入为主，偏向控诉或者辩护一方，也容易产生询问不到位、不全面或询问不当，从而对控方或辩方不利。

3. 违反证据裁判原则。证据裁判原则要求裁判所依据的证据，必须是经过法庭调查和质证的证据。证据经过法庭举证、质证后，由法官根据举质证情况，综合分析判断全案证据，对证据作出取舍，哪些证据可以采信，哪信证据不能采纳，由法官决断。而法官取得的证人证言，能够拿到庭审上举证、质证的，就是法官取证后经过"筛选"的证据，出示证据的行为本身就已经包含了法官对其证据效力的肯定判断，其实质就是法官认为其是应当被采信的证据。此时，再将它交给控辩双方质证，就失去了质证的意义。并且，法官取得的证人证言由谁出示是个无法回避又不能合理解决的问题。刑事诉讼法并没有规定法官自行调查核实的证据由谁出示。如果说通过勘验、鉴定等手段获取的证据因其手段客观、结果客观，由控辩审三方哪方出示尚且能够被接受，那么通过询问证人而取得的证人证言因为无法知晓法官询问时的主观意图，无论控方还是辩方都无法预判证言内容，无法知晓证言的真实性、客观性的情况下，无论哪方出示都有失公正。控方或辩方出示的证据都是其认为应当被采信的证据，并为此证据能够被采纳而"据理力争"，但法官调取的证人证言无论控方还是辩方出示，经过质证后，如果控辩双方都认为此证人证言不符合证据"三性"，不应被采信，那么法官当然的不能"擅自"采信，这就意味着法官询问证人的行为无实质意义，针对此证据的举证、质证就是徒增庭审诉累，不利于提高庭审效率，也有损庭审的严肃性。

4. 证据收集的合法性无法证实。证人证言属言词证据，在"非法证据"排除范围内。换句话说，任何一份公诉人出示的证人证言都有可能被辩方提出证据收集合法性问题。如果法官认为其取得的证人证言有利于指控犯罪，而将此证据交由公诉人出示（实践中，此情况居多），那么在辩护人对该证据取证合法性提出质疑时，公诉人无法证明，因为其既不清楚证据如何取得，也无法让法官出庭说明情况。反之，由辩方出示的，效果等同。虽然《规则》第447条规定："……人民法院调查核实证据，通知人民检察院派员到场的，人民检察院可以派员到场。"但法院调查核实证据，通知检察院到场的，检察院才有监督的可能性和监督的前提基础，不通知到场，检察院就无从知晓法官要调查取证及调查取证的具体情况，而检察机关不能对法官的调查取证情况监督，就无法在庭审中针对法官取得的证据进行质证。

庭审活动是有控辩审三方参加的，集所有诉讼法律关系为一体的诉讼活动，而不是以法官为主体的单方诉讼活动，尽管法官是庭审活动的组织者，但以审判为中心，强调的是要做到控辩双方平等对抗，法庭居中公正独立地审理裁判，而不是强调法官在庭审中的主动指挥作用。所以，法官不能以自我为中心，随意行使调查取证权，更不能超越法律规定，随意扩大调查取证的手段。检察机关不能单从指控犯罪出发，过多的考虑配合，还要加大对法官调查权力的监督，完善监督方式和手段。

四、完善法律规定

（一）完善非法证据移送法院的规定

《规则》第71条第2款规定："办案人员在审查逮捕、审查起诉中经调查核实依法排除非法证据的，应当在调查报告中予以说明。被排除的非法证据应当随案移送。" 2017年6月27日"两高三部"针对司法实践中的突出问题，发布了《关于办理刑事案件严格排除非法证据若干问题的规定》，其第17条承继了这一规定，笔者认为非法证据不应当要求必须移送法院，已经排除的证据移送法院不仅会影响法官的正常判断，也易使法官的判断重心落在案卷上，而不是通过庭审形成内心确信，违反以审判为中心的诉讼制度所要求的调查在法庭，非法证据排除在法庭，辩论说理在法庭。

一是检察机关享有证据采信权。检察机关在提起公诉前，公诉人必须对全案证据进行衡量、判断，确定侦查机关移送的证据哪些应予以采信和在法庭上提出，哪些证据不予采信，这不仅是作出提起公诉决定的需要，更是检察权中公诉权能的体现。公诉人在法庭上提出的证据，就是检察院所采信的用以指控犯罪的证据，不用以指控犯罪的证据，不应当要求必须向法庭移送。

二是《刑事诉讼法》第 54 条第 2 款规定："在侦查、审查起诉、审判时发现有应当排除的证据的，应当依法予以排除，不得作为起诉意见、起诉决定和判决的依据。"即无论侦查、起诉、审判哪个环节，只要发现非法证据的，都必须排除。所以，侦查机关排除非法证据的，不需要向检察机关移送被排除的证据，法律也未规定侦查机关排除的非法证据要随案移送。换句话讲，检察机关在审查起诉阶段看到的证据，经过了侦查机关的"过滤"，已经不是侦查取得的全部证据，此时要求检察机关把在审查起诉阶段排除的非法证据随案移送不科学也不合理。因为即使在审查起诉阶段没有再排除非法证据，检察机关向法院移送的证据也并非案件从侦查到审判的全部证据，所以，抛开取证源头，仅要求审查起诉这一中间环节随案移送非法证据不符合司法规律。

三是庭审活动中，哪些证据需要出示并质证由公诉人决定，已经由检察机关确定为非法证据并予以排除的，必然不在公诉人举证之列，法院作为中立的审判机关，不负有举证责任，即使非法证据移送到法院，法院也不能在法庭出示，移送无意义。

四是非法证据排除的都是不利于犯罪嫌疑人的证明其有罪、罪重的证据，此证据在审查起诉阶段被排除掉，不随案移送法院，不会影响案件公正处理，更不会侵害犯罪嫌疑人的权益。

（二）完善双录制度

刑事诉讼法规定了对"可能判处无期徒刑、死刑的案件或者其他重大犯罪案件"，必须进行同步录音、录像，这是一个义务性规定，但却未规定违反双录义务的如何处理、应给予何种惩戒以有效保证义务的履行，也未规定双录必须随案移送，《非法证据排除规定》对双录工作也未作出进一步的规定和要求，使得检察机关对于违反双录规定的行为没有有效的监督手段，即使事后书面纠正违法，也无法改变没有双录的事实，造成这种局面的一个重要原因就是双录的性质和地位问题没有解决。

2012 年刑事诉讼法修改，对证据种类进行了调整和完善，但没有规定双录的性质，理论界和实务界对于双录是不是证据，是何种证据存在争议。有观点认为双录只是对审讯过程的固定，不具有证据的性质，只是在法官对取证的合法性产生疑问时，用以证明取证合法，证明不了案件事实。也有观点认为双录可以归为证据，其中用于证明自身案件事实的是犯罪嫌疑人供述和辩解，用于证明他人案件事实的是证人证言，用于证明讯问活动是否合法的是视听资料。① 笔者认同后一种观点，侦查时的讯问录音录像可认定为证据。双录是对审讯过程的固定，是对犯罪嫌疑人供述和辩解过程的音视频记录，犯罪嫌疑人供述和辩解的内容与笔录并无二致，只是载体不同，从这个角度讲，双录是笔录的另一种表现形式，只是比笔录多了犯罪嫌疑人供述和辩解过程的声音和画面。所以，双录中的供述和辩解与书面讯问笔录应具有同等效力。审讯过程因为被录像固定住，从而证明讯问活动是否合法，与公共场所安装的监控录像中证实行为人如何犯罪，警察到场后采取何种手段将其带离现场同质，属于视听资料。对双录作此明确规定，有利于规范侦查机关的双录工作，促使侦查机关把法律关于双录工作的规定落到实处，使随案移送讯问录音录像成为证据的题中应有之义，从而使检察机关在证明证据收集合法性上更有力度。

（三）完善检察院二审案件阅卷期限

1996 年刑事诉讼法规定"第二审人民法院必须在开庭十日以前通知人民检察院查阅案卷"，2012 年刑事诉讼法修改，规定检察院二审案件的阅卷期限为 1 个月。有观点认为，修改后刑事诉讼法延长了检察院的二审阅卷期限。② 但笔者认为，虽然形式上看，1 个月较 10 日为长，但从司法实践一贯做法看，1 个月的规定实为严重缩短了检察院的二审案件审限，明显满足不了工作需要，容易造成二审审查流于形式。

1. 二审阅卷期限实际上缩短了。1996 年刑事诉讼法的规定，对开庭前多少天通知检察院阅卷没有上限规定，只要下限不低于 10 日即可。为使检察院充分阅卷，保障二审开庭实效，法院一般均提前一至三个月通知检察院阅卷，有的涉众疑难、复杂案件时间甚至更长，尤其在 2007 年死刑案件全部开庭后，法院基本上都提前两三个月向检察院移送案卷，与现在的 1 个月期限相比，检察院二审阅卷期限不是延长，而是缩短了。

2. 检察院二审案件阅卷期限不符合刑事诉讼活动的需要，不符合司法实际。

一是程序工作多。检察院二审需阅卷的案件都是法院决定开庭的案件，多为重大、疑难、复杂或社会关注度高，出庭难度大，有些需要提交检委会决

---

① 朱孝清：《讯问录音录像三题》，载《人民检察》2014 年第 12 期。

② 童建明：《新刑事诉讼法理解与适用》，中国检察出版社 2012 年版，第 224 页。

定，受制于案件讨论、签批、检委会排期等因素，程序上的工作需要较多时间完成。

二是提审时间长。二审案件很多跨区域，尤其省级院办理的案件，原审被告人很多羁押在基层，提审不仅需要坐汽车、火车、飞机，有的甚至需要两三种交通工具方可到达羁押场所，提审在途时间占用了很多阅卷时间。远程视频提审，对于重大、疑难、复杂的二审案件，适用度不高。

三是案件阅卷量大。近年来，涉互联网金融犯罪、毒品、黑社会性质组织犯罪等案件，案卷数激增，几十册是常态，有的上百册，集资诈骗或涉互联网金融犯罪案件的案卷甚至达到上千册，如此巨大的阅卷量，阅卷尚无法在 1 个月内完成，何况提审、复核工作。

四是复核工作较多。当前，一审案件的侦查质量还存在很多问题，审查起诉和一审没有很好地发挥审查把关作用，大量证据有瑕疵的案件流入二审，而二审距发案时间长，复核工作难度较一审难度大。有观点认为"检察机关审查二审案件不应把过多精力放在补充侦查和补充证据上，对于一审认定事实不清、证据不足或证据有重大遗漏、欠缺的，应当建议发回重审"。① 笔者赞同对于证据有重大遗漏，严重影响事实认定的案件，应当建议发回重审，但对二审检察机关不应把过多精力放在侦查和补充证据上的观点不能苟同。司法实践中，二审案件证据有重大缺失，导致案件事实不清、证据不足而发回重审的案件是极少数，大量的是证据有瑕疵或敞口，不属于细枝末节，又不足以造成明显事实不清，但不查清又无法准确定罪量刑的案件。比如对于原审被告人如何到案不清，可能影响自首或同案犯立功认定的；主要物证来源不清，需要侦查机关补正或进行合理解释的；毒品数量不准确，影响量刑档次，需要重新鉴定的等等，都是不影响罪与非罪，但又必须查清而又能够在二审环节查清的案件。据统计，H 省 2012 年死刑上诉二审案件需复核、补强证据的案件占全部死刑上诉二审案件的 66.7%。这么多的案件都发回重审，势必浪费司法资源，影响诉讼效率，法律效果、社会效果都不会让公众满意。但若不复核、不补强证据，则无法准确定罪量刑。有些二审检察机关能够自行复核、补查的，更不易通过发回重审的方式解决，这也是被司法实践证明的事实。

五是法律延长了二审法院的基本审理期限和延长后的期限。立法机关注意到了司法实践中出现的二审法院在一定程度的超审限现象，"几乎所有法院和法官都抱怨一个半月不够用，特别是对于一些重大、复杂、疑难和社会上比较

---

① 最高人民检察院组织编写：《检察机关执法规范培训学程（2013 版）》，中国检察出版社 2013 年版，第 515 页。

关注的案件，法定办案期限明显不够用"。① 不够用的原因，经江西高院调研，一个是有些案件属于重大疑难或复杂案件，案卷很多，仅仅阅卷就需要花费很多时间，尤其是需要提交审委会讨论的案件，需要排期；另一个原因是二审法院不仅要对案件进行全面审理，还需要主动去调查核实有关证据和事实，因为检察机关基本上不参与二审程序。② 立法机关认为，"超审限现象，并非因为审限制度的存在，而是由于法律对审限规定采用'一刀切'的方式，不够灵活，监督制约机制不完善，程序分流机制不健全等原因"。③ 因此，2012 年刑事诉讼法对此加以修改和完善，由原来的最长二个半月延长到四个月。相比之下，法院开庭审理的案件，检察机关都要出庭，也要全面审查，很多证据还需要调查核实，工作量并不比法院轻，甚至有过之而无不及，而法院的二审审限延长了，对检察机关却"一刀切"地规定为一个月。虽然《规则》第 474 条规定检察院在一个月以内无法完成阅卷工作的，可以商请人民法院延期审理。但"商请"，要经过法院同意，检察机关的阅卷期不是法定，而由法院决定，显然不妥，有失法律的严肃性。

　　检察机关作为出席二审法庭的一方，阅卷期限是刑事第二审程序的重要内容，既关系到诉讼公正，也关系到诉讼效率，在效率面前，质量永远是第一位的。正因为如此，才发生了刑事二审案件原来书面审是常态到现在书面审是例外的变化。既然如此，二审检察机关就应当做好证据的复核和补强工作，否则与书面审无异，二审开庭必然流于形式。延长检察机关二审阅卷期限在实现以审判为中心的诉讼制度改革中尤为重要。

---

　　① 陈光中主编：《〈中华人民共和国刑事诉讼法〉修改条文释义与点评》，人民法院出版社 2012 年版，第 322 页。

　　② 陈光中主编：《〈中华人民共和国刑事诉讼法〉修改条文释义与点评》，人民法院出版社 2012 年版，第 323 页。

　　③ 陈光中主编：《〈中华人民共和国刑事诉讼法〉修改条文释义与点评》，人民法院出版社 2012 年版，第 322 页。

认罪认罚从宽制度的实体法问题初探[*]

张国轩[**]

目前在程序法上对认罪认罚从宽制度的研究如火如荼,但在实体法的研究上就明显不足,研究成果也不多。笔者从中国知网对相关论文进行搜索,自2016 年 9 月 3 日全国人大常委会通过《关于授权最高人民法院、最高人民检察院在部分地区开展刑事案件认罪认罚从宽制度试点工作的决定》(以下简称《认罪认罚从宽试点决定》)以来主要有:王瑞君:《"认罪从宽"实体法视角的解读及司法适用研究》,载《政治与法律》2016 年第 5 期;谭世贵:《实体法与程序法双重视角下的认罪认罚从宽制度研究》,载《法学杂志》2016 年第 8 期;谭世贵、陶永强:《实体法视野下认罪认罚从宽制度的完善》,载《人民法治》2017 年第 1 期;黄京平:《认罪认罚从宽制度的若干实体法问题》,载《中国法学》2017 年第 5 期等。本文也仅从实体法上对认罪认罚从宽制度中的认罪、认罚和从宽的内涵和外延予以探析。

一、实体法上的"认罪"

(一)认罪的成立条件

目前在实体法上,"认罪"一词并没有直接的规定,只是有"如实供述自己的罪行""如实供述司法机关还未掌握的本人其他罪行"等描述。如《刑法》第 67 条有"犯罪以后自动投案,如实供述自己的罪行的""被采取强制措施的犯罪嫌疑人、被告人和正在服刑的罪犯,如实供述司法机关还未掌握的本人其他罪行的""因其如实供述自己罪行,避免特别严重后果发生的"等规定。有人认为,"认罪"是指犯罪嫌疑人、被告人自愿如实供述自己的犯罪事实,并承认自己的行为是犯罪。[①] 笔者认为,在实体法上,认罪是指行为人自

* 本文系 2017 年最高人民检察院检察理论研究重点课题《我国认罪认罚从宽制度研究》[GJ2017B18]阶段性成果。

** 江西省人民检察院副检察长。

① 参见朱孝清:《认罪认罚从宽制度的几个问题》,载《法治研究》2016 年第 5 期。

动如实地向司法机关供述自己所犯罪行的非罪行为。认罪的成立，应当同时具备以下几个条件：

1. 非罪性。认罪是行为人对其实施的犯罪行为的坦白、供认、供述，但其行为本身并非犯罪行为，而是属于刑法中的自动悔罪行为，其行为本身具有非罪性。刑法上的行为，包括犯罪行为、非罪危害行为和非罪有益行为等，在非罪有益行为中，既有排除危害性的行为，如正当防卫、紧急避险、依法履行公务、依法执行职务等行为，也有犯罪嫌疑人和被告人的自动悔罪行为，如自动中止（犯罪中止）、自首、自动恢复、坦白（自白）、刑事立功等行为。所谓自动悔罪行为，是指行为人在犯罪过程中或者在刑事责任的追究和实现的过程中，自动实施否定自身的犯罪行为，从而对罪行的刑罚裁量和执行产生积极作用的行为。① 因此，认罪的核心和实质应当是对其非罪行为的认定，而不是以其先行行为作为认定的核心和实质。

2. 依赖性或者因果性。认罪以行为人实施的先行行为已经构成犯罪为前提，"有罪"和"认罪"之间存在依赖关系或者因果关系，具有对先前行为的依赖性或者有罪和认罪之间的因果性。认罪是行为人自愿如实供述自己的罪行和对指控的事实无异议，其供认应当具有实质性，但对认罪的要求也不宜太严格，概括认罪即可。② 笔者认为，行为人主要是在其行为性质即罪与非罪等犯罪界限上予以供认，也就是说，供认与否直接影响犯罪的成立与否，并非还要其对犯罪行为所处的具体形态即罪态也必须予以供认。所以，有人认为，认罪是承认自己行为的性质是犯罪，有的行为人虽自愿如实供述犯罪事实，但对自己行为的性质有误解，如认为只违法不犯罪或既不违法更不犯罪，但经过办案人员或律师解释说明后承认是犯罪，这也是"认罪"。③

3. 自动性。行为人在主观上不是被迫地、有选择性地承认自己先前所实施的犯罪行为，而是自愿地、如实地供认自己先行实施的犯罪行为，具有自动性，这就不同于犯罪行为已经被司法机关所掌握而被迫承认犯罪行为的招供，也不同于认罪后因为各种原因而不断翻供的所谓认罪，因为招供、翻供都不具有自动性。

4. 折抵性或者积极性。司法机关对认罪成立的行为人，在一般情况下都会直接对其所认罪行为从宽处理，即所谓的"将功（认）折罪"，具有对犯罪

---

① 参见张国轩：《关于自动悔罪行为的几个问题》，载《中国刑事法杂志》（原《检察理论研究》）1997年第1期。

② 参见孙谦：《全面依法治国背景下的刑事公诉》，载《法学研究》2017年第5期。

③ 参见朱孝清：《认罪认罚从宽制度的几个问题》，载《法治研究》2016年第5期。

后果处理的折抵性或者积极性。当然，从司法实践上看，行为人对其犯罪的坦白、供认、悔罪等，并不必然导致司法机关对其犯罪行为的宽大处理。因为应否给予宽大处理，还应当结合其认罪以后的相关情形，如供述的内容是否已经被司法机关完全掌握、供认后又是否翻供、是否积极退赃、是否自动恢复犯罪造成的损害状态、是否愿意接受裁判等综合确定是否给予从宽处理。

5. 基础性。对于认罪认罚从宽的制度设立而言，认罪是认罚和从宽的基础和起点，亦即是整个认罪认罚从宽制度的逻辑起点，认罪既是行为人对所犯罪行愿意接受惩罚的前提和基础，也是司法机关对行为人从宽处理的基础和前提，所以具有基础性。

（二）在实体法上认罪包括那些具体情形

在理论界有人认为，我国刑法规定的自首和坦白是认罪认罚的两种表现形式，并且是认罪程度较高的两种形式。[①] 也有人认为，认罪是指被追诉人自愿承认自己所犯罪行，包含刑法规定的坦白、自首以及其他如实供述被指控行为的情形。[②] 笔者认为，在实体法上认罪包括以下情形：

1. 对主要犯罪事实和犯罪性质的如实供认。即对行为的罪与非罪、此罪与彼罪、一罪与数罪的供认。1984 年 4 月 16 日最高人民法院、最高人民检察院、公安部发布的《关于当前处理自首和有关问题具体应用法律的解答》（以下简称《处理自首和有关问题的解答》）规定："如实交代自己的罪行，是指犯罪分子自动投案后，全部交代自己的罪行，至少是如实地交代自己的主要犯罪事实。"2010 年 12 月 22 日最高人民法院发布的《关于处理自首和立功若干具体问题的意见》（以下简称《处理自首和立功问题的意见》）规定："犯罪嫌疑人多次实施同种罪行的，应当综合考虑已交代的犯罪事实与未交代的犯罪事实的危害程度，决定是否认定为如实供述主要犯罪事实。虽然投案后没有交代全部犯罪事实，但如实交代的犯罪情节重于未交代的犯罪情节，或者如实交代的犯罪数额多于未交代的犯罪数额，一般应认定为如实供述自己的主要犯罪事实。无法区分已交代的与未交代的犯罪情节的严重程度，或者已交代的犯罪数额与未交代的犯罪数额相当，一般不认定为如实供述自己的主要犯罪事实。"2016 年 11 月 16 日最高人民法院、最高人民检察院、公安部、国家安全部、司法部印发的《关于在部分地区开展刑事案件认罪认罚从宽制度试点工

---

① 参见王瑞君：《"认罪从宽"实体法视角的解读及司法适用研究》，载《政治与法律》2016 年第 5 期。

② 参见张春宜、王莉莎、张媛：《浅析检察环节认罪认罚从宽机制的构建》，载《检察调研与指导》2016 年第 5 辑。

作的办法》（以下简称《认罪认罚从宽试点办法》）第 13 条规定："犯罪嫌疑人自愿如实供述涉嫌犯罪的事实，有重大立功或者案件涉及国家重大利益的，经最高人民检察院批准，人民检察院可以作出不起诉决定，也可以对涉嫌数罪中的一项或者多项提起公诉。具有法律规定不起诉情形的，依照法律规定办理。"

2. 对犯罪实施阶段和不同形态的如实供认。即对犯罪预备、未遂、中止、既遂等不同形态的供认。犯罪的实施过程可以分为预备阶段和实施阶段，其行为分别为犯罪的预备行为和实行行为。根据其行为实施后所处的阶段和状态，可以分为犯罪预备、犯罪中止、犯罪未遂、犯罪既遂。行为人对其犯罪行为所处的阶段或者形态，在一般情况下应当如实供述，不应当供述不清或者故意颠倒轻重。

3. 对犯罪时的真实身份的如实供认。即对作案时是一人犯罪还是共同犯罪、初犯偶犯还是累犯、再犯的供认。《处理自首和有关问题的解答》规定："共同犯罪案件中的犯罪分子，还应当交代出所知的同案犯，主犯则必须揭发同案犯的罪行。"《处理自首和立功问题的意见》中还规定："除供述自己的主要犯罪事实外，还应包括姓名、年龄、职业、住址、前科等情况。犯罪嫌疑人供述的身份等情况与真实情况虽有差别，但不影响定罪量刑的，应认定为如实供述自己的罪行。犯罪嫌疑人自动投案后隐瞒自己的真实身份等情况，影响对其定罪量刑的，不能认定为如实供述自己的罪行。"

4. 对自然人犯罪还是单位犯罪的如实供认。自然人犯罪和单位犯罪的构成和罪责认定标准不同，因而对自然人和单位的追责和刑罚方式也不一样。2009 年 3 月 20 日最高人民法院、最高人民检察院发布的《关于办理职务犯罪案件认定自首、立功等量刑情节若干问题的意见》规定："单位犯罪案件中，单位集体决定或者单位负责人决定而自动投案，如实交代单位犯罪事实的，或者单位直接负责的主管人员自动投案，如实交代单位犯罪事实的，应当认定为单位自首。单位自首的，直接负责的主管人员和直接责任人员未自动投案，但如实交代自己知道的犯罪事实的，可以视为自首；拒不交代自己知道的犯罪事实或者逃避法律追究的，不应当认定为自首。单位没有自首，直接责任人员自动投案并如实交代自己知道的犯罪事实的，对该直接责任人员应当认定为自首。"所以，对于认罪的行为人应当对自然人犯罪还是单位犯罪的界限、特别是在单位犯罪中的地位、作用作出如实供认。

（三）认罪的范围应不应有限制

1. 刑事速裁程序的案件适用范围与认罪认罚从宽的案件适用范围的比较。速裁程序试点的罪名范围，不仅罪名较少，而且情节较轻，总体而言，对案件适用范围限制较严。2014 年 6 月 27 日，全国人大常委会通过的《关于授权最高人民法院、最高人民检察院在部分地区开展刑事案件速裁程序试点工作的决定》（以下简称《速裁程序试点决定》）规定："对……危险驾驶、交通肇事、盗窃、诈骗、抢夺、伤害、寻衅滋事等情节较轻……案件，进一步简化刑事诉讼法规定的相关诉讼程序。"其罪名范围是"危险驾驶、交通肇事、盗窃、诈骗、抢夺、伤害、寻衅滋事"案件，还加"等"情节较轻案件，即"7罪名＋等罪名"。2014 年 8 月 22 日，最高人民法院、最高人民检察院、公安部、司法部公布的《关于在部分地区开展刑事案件速裁程序试点工作的办法》（以下简称《速裁程序试点办法》）第 1 条规定："对危险驾驶、交通肇事、盗窃、诈骗、抢夺、伤害、寻衅滋事、非法拘禁、毒品犯罪、行贿犯罪、在公共场所实施的扰乱公共秩序犯罪情节较轻……案件，符合下列条件的，可以适用速裁程序……"罪名范围又增加了"非法拘禁""毒品犯罪""行贿犯罪""在公共场所实施的扰乱公共秩序犯罪"情节较轻案件，其罪名范围由此变成"8 罪名＋3 类犯罪"。

但是，认罪认罚从宽试点的罪名原则上没有限制。所有的犯罪行为，无论是故意犯罪还是过失犯罪，无论是危害国家安全犯罪还是普通刑事犯罪，无论是重罪还是轻罪，都可以成为"认罪"之"罪"的范围。认罪认罚从宽制度改革是速裁程序试点的扩大和升级，《认罪认罚从宽试点决定》虽然并没有直接规定罪名的范围，但是无论如何其范围应是相当广泛的，甚至包括了危害国家安全罪的全部罪名在内。

2. 案件范围应该如何认定？有人认为，认罪认罚从宽制度的罪名适用范围，可以借鉴速裁程序罪名适用的思路，并使用排除法排除不宜适用的罪名。由中级人民法院一审的涉恐、涉黑以及涉及国家安全等案件由于其敏感、复杂、社会影响大的特性不能适用。其他对行为性质、罪与非罪、犯罪事实难以确定的，即使被告人认罪悔罪也不能适用简化程序进行审理。除此之外，常见的量刑较为明确的刑事案件罪名都可纳入认罪认罚从宽制度适用案件范围。①这种观点将罪名范围作若干限制，是明显不妥的。《认罪认罚从宽试点办法》第 25 条规定："国家安全机关依法办理认罪认罚案件，适用本办法中有关公安机关的规定。"很明显，危害国家安全罪都可以纳入认罪认罚从宽的范围。最高人民法院在 2017 年 3 月 9 日发布、4 月 1 日起施行的《关于常见犯罪的量刑指导意见》（以下简称《量刑指导意见》）中指出："全面深入推进量刑

---

① 参见山东省高级人民法院刑三庭课题组：《关于完善刑事诉讼中认罪认罚从宽制度的调研报告》，载《山东审判》2016 年第 3 期。

规范化工作，将十五种常见犯罪全部纳入规范范围，所有中级、基层法院，全面实施到位。要结合审判实际，主动对接以审判为中心的刑事诉讼制度改革，认罪认罚从宽制度改革和刑事速裁程序改革，建立完善量刑规范化长效工作机制，促进量刑规范化工作制度化、常态化，努力让人民群众在每一个司法案件中感受到公平正义。"所有中级、基层法院要将 15 种常见犯罪全部纳入量刑规范范围，并且主动对接认罪认罚从宽制度改革。

二、实体法上的"认罚"

（一）认罚的成立条件

在实体法上，虽然"认罪"一词没有被明确规定，但是从逻辑上是可以推断出的。然而在实体法上"认罚"一词却更难被确认，至多可从"愿意接受审查和裁判""愿意接受审判"等表述中推断出来。如《处理自首和有关问题的解答》规定："在司法实践中，对于犯罪分子作案后，同时具备自动投案、如实交代自己的罪行、并接受审查和裁判这三个条件的，都认为是自首。""接受审查和裁判，是指犯罪分子投案自首、如实交代自己的罪行后，必须听候、接受司法机关的侦查、起诉和审判，不能逃避。犯罪分子自动投案、如实交代罪行后，为自己进行辩护的，或者提出上诉的，或者更正和补充某些事实的，都应当允许，不能以此视为不接受审查和裁判。"

有人认为，在实体上，认罚应当包括被追诉人对自愿认罪后将判处的刑罚后果以及检察机关提出的量刑建议的认同；程序上应当包括在检察环节对适用相对简化程序的认可。从悔罪态度方面考虑，被追诉人自愿退赃退赔也应当是认罚的应有之义。[1] 有人认为，在审查起诉阶段，认罚是指犯罪嫌疑人对检察机关建议判处的刑罚种类、幅度及刑罚执行方式没有异议，同意量刑建议、签署具结书的行为，而在侦查阶段，由于侦查机关不能提出从宽意见，不存在认罚的基础。认罚要体现出悔罪态度和悔罪表现。对于犯罪嫌疑人不同意适用速裁程序、简易程序的，是其行使程序选择权，不影响对认罚的认定。[2]

笔者认为，在实体法上，认罚是指行为人对其承认有罪行为所预期的刑事责任和刑罚处罚的概括性认可。其成立应当同时具备以下条件：

1. 非罪性。认罚与认罪一样，仍然是行为人对其先前实施的犯罪行为自愿接受惩罚的非罪行为，不能将认罚本身与受罚的行为相混淆，认罚的核心和

---

① 参见张春宜、王莉莎、张媛：《浅析检察环节认罪认罚从宽机制的构建》，载《检察调研与指导》2016 年第 5 辑。

② 参见孙谦：《全面依法治国背景下的刑事公诉》，载《法学研究》2017 年第 5 期。

实质是其行为的非罪性。

2. 自动性。认罚应当是当事人自觉自愿的意思表示，具有自动性。即行为人在没有受到任何外力强迫的情况下主动认可司法机关对自己所犯罪行的处理。《认罪认罚从宽试点办法》第 15 条规定："人民法院审理认罪认罚案件，应当告知被告人享有的诉讼权利和认罪认罚可能导致的法律后果，审查认罪认罚的自愿性和认罪认罚具结书内容的真实性、合法性。"

3. 担责性。认罚是行为人愿意对自己实施的犯罪行为承担刑事责任和接受刑罚处罚，但是这种认罚是行为人对所犯罪行的法律后果，即刑事责任的实现方式和刑罚处罚方式的一般性、概括性认可，并非要求行为人对该罪的刑罚幅度、刑种、刑期、附加刑以及刑罚执行方式具体的、明确的认可。因为当事人对刑罚的认识水平一般是比较肤浅的，不如司法机关和司法人员的专业化程度。

4. 具结性。《刑法》第 37 条有"具结悔过"的规定，认罚也具有具结悔过的属性。认罚具有担责性，而担责又必须通过具结书的方式来实现。目前在程序上，当事人的认罚方式主要是对检察机关提出的具体量刑建议在内容和形式上的认可、同意。所以，《认罪认罚从宽试点办法》第 11 条规定："人民检察院向人民法院提起公诉的，应当在起诉书中写明被告人认罪认罚情况，提出量刑建议，并同时移送被告人的认罪认罚具结书等材料。量刑建议一般应当包括主刑、附加刑，并明确刑罚执行方式。可以提出相对明确的量刑幅度，也可以根据案件具体情况，提出确定刑期的量刑建议。建议判处财产刑的，一般应当提出确定的数额。"

5. 关联性。认罚是在行为人对其先前犯罪行为自愿认罪的前提下发生的后续行为，与其认罪具有关联性。没有行为人对先前犯罪行为的供认，就没有行为人对其犯罪行为的法律后果即刑事责任和刑罚处罚的认可。

（二）认罚的刑罚规定的演变

《速裁程序试点决定》和《速裁程序试点办法》第 1 条都将适用速裁程序审理的案件规定为"依法可能判处一年以下有期徒刑、拘役、管制的案件，或者依法单处罚金的案件"。虽然《认罪认罚从宽试点决定》将认罚的标准直接规定为"同意人民检察院量刑建议并签署具结书的案件"，并没有从实体法上规定认罚的刑罚标准和范围。但是《认罪认罚从宽试点办法》则对刑罚的标准和范围进行了细化。如第 12 条规定："对适用速裁程序的案件，人民检察院一般应当在受理后十日内作出是否提起公诉的决定；对可能判处的有期徒刑超过一年的，可以延长至十五日。""有期徒刑超过一年"与速裁程序规定的"一年以下有期徒刑"明显不同。第 16 条第 1 款规定："对于基层人民法院管辖的可能判处三年有期徒刑以下刑罚的案件……被告人认罪认罚并同意适用速裁程序的，可以适用速裁程序……对可能判处的有期徒刑超过一年的，可以延长至十五日。"其范围延伸至"有期徒刑超过一年"和"三年有期徒刑以下刑罚"案件。第 18 条规定："对于基层人民法院管辖的可能判处三年有期徒刑以上刑罚的案件，被告人认罪认罚的，可以依法适用简易程序审判……"其范围进一步扩大为"三年有期徒刑以上刑罚案件"。

（三）认罚的刑罚范围

认罚的刑罚种类和范围是否有所限制？有人认为，从诉讼程序的设计来解读，对有可能判处无期徒刑以上的案件即使被告人认罪也不适用简化程序，我国探索认罪认罚从宽制度，案件可以选择可能判处无期徒刑以下的罪行范围，即基层法院有管辖权的案件，判处无期徒刑以上的案件属于重罪案件，复杂、重大、敏感的案件居多，且剥夺被告人自由期限长甚至可能剥夺生命权，需要更为缜密严格的程序来维护被告人的权益，即使被告人同意放弃某些权利也不能简化诉讼程序。案件适用范围应与基层法院管辖案件范围一致。①

笔者认为，从认罪认罚制度的实体法理论上看，认罪认罚从宽制度中的认罚的标准和范围，不宜对刑罚种类和执行方式作出限制或者限制太多，也不宜从案件的审判管辖和审理程序上予以限制。《认罪认罚从宽试点办法》第 18 条规定："对于基层人民法院管辖的可能判处三年有期徒刑以上刑罚的案件，被告人认罪认罚的，可以依法适用简易程序审判，在判决宣告前应当听取被告人的最后陈述，一般应当当庭宣判。"从此条规定看，"三年有期徒刑以上刑罚"应当是指 3 年以上 15 年以下有期徒刑，当然在逻辑上包括无期徒刑和死刑在内。但是由于是基层人民法院管辖的案件，又不能包括无期徒刑和死刑。

认罪认罚从宽制度，是在以往经验基础上的具体化和系统化，以契合中国刑事司法实践需要和特点为基本导向，具有重要的制度价值，体现了现代刑事司法宽容、平和、谦抑的理念，也是我国"坦白从宽""宽严相济"等刑事政策的具体化、制度化。经过多次司法改革，我国目前形成了速裁程序、简易程序和普通程序等相互衔接、层次分明的多层次案件审理体系，对于可能判处 3 年有期徒刑以下刑罚的案件，可以适用速裁程序，对于基层法院管辖的可能判处 3 年以上有期徒刑的案件，可以适用简易程序，对于其他认罪认罚案件，在适用普通程序审理时可以适当简化庭审程序。② 同时，从量刑规范化的要求上

---

①　参见山东省高级人民法院刑三庭课题组：《关于完善刑事诉讼中认罪认罚从宽制度的调研报告》，载《山东审判》2016 年第 3 期。

②　参见孙谦：《全面依法治国背景下的刑事公诉》，载《法学研究》2017 年第 5 期。

看，《量刑指导意见》虽然规定："本指导意见规范上列十五种犯罪判处有期徒刑、拘役的案件。其他判处有期徒刑、拘役的案件，可以参照量刑的指导原则、基本方法和常见量刑情节的适用规范量刑。"但同时又规定："综合全案犯罪事实和量刑情节，依法应当判处无期徒刑以上刑罚、管制或者单处附加刑、缓刑、免刑的，应当依法适用。"

三、实体法上的"从宽"

（一）从宽的成立条件

在实体法上，"从宽"一词并不陌生，必然使人联想到"坦白从宽"的表述。有人认为，从宽应当体现在实体从宽和程序从简两个方面。实体从宽是实体上的从轻处理，包括对被告人提出从宽处罚的量刑建议。程序从简包括适用人身自由限制程度较轻的强制措施和优先适用从简从速的诉讼程序。[1] 从宽应当包括"从宽＋从速"两重含义。实体上通过合理适用量刑建议、相对不起诉、羁押必要性审查等方式，为认罪认罚的被追诉人实现从轻、减轻、免于刑事处罚、从宽适用强制措施等实体性利益；程序上通过适用案件分流、专案专办、简化环节等方式，确保程序运行的迅速、不拖延，为被追诉人实现缩短刑事诉讼周期的程序性利益。[2]

《认罪认罚从宽试点办法》第 1 条规定："犯罪嫌疑人、被告人自愿如实供述自己的罪行，对指控的犯罪事实没有异议，同意量刑建议，签署具结书的，可以依法从宽处理。"据此，笔者认为，在实体法上，从宽是指司法机关对认罪认罚的行为人的给予从轻、从宽、从缓等宽大处理。它的成立应当具备以下条件：

1. 终局性。刑法主要是调整犯罪、刑事责任和刑罚的法律，而刑事责任的解决方式包括定罪判刑方式、定罪免刑方式、转移处理方式、消灭处理方式四种，从宽处理就是在这四种方式中选择最有利于行为人的处理方式，让行为人认罪认罚得到有利于自己的终局性处理。同时从宽也是认罪认罚从宽制度的终点和实现目标。

2. 多样性。在实体上的从宽是对犯罪的实体性问题作出从宽处理，其具体内容包括从轻处罚、减轻处罚、免除处罚，也包括单处附加刑、宣告缓刑，还包括适用非刑罚方法等，具有多样性。《刑法》第 37 条规定："对于犯罪情

① 参见孙谦：《全面依法治国背景下的刑事公诉》，载《法学研究》2017 年第 5 期。
② 张春宜、王莉莎、张媛：《浅析检察环节认罪认罚从宽机制的构建》，载《检察调研与指导》2016 年第 5 辑。

节轻微不需要判处刑罚的,可以免予刑事处罚,但是可以根据案件的不同情况,予以训诫或者责令具结悔过、赔礼道歉、赔偿损失,或者由主管部门予以行政处罚或者行政处分。"当然对服刑人在刑罚执行过程中认罪悔罪和认罚,虽然也属于广义的认罪认罚,但司法机关对其适用的减刑、假释、暂予监外执行等处理,应当不属于此处从宽处理的范畴,因为这种处理不属于刑罚的裁量制度,而是刑罚的执行制度。

3. 宽缓性。在实体上从宽,主要是在要不要适用刑罚以及如何适用刑罚上对行为人作出从宽、从轻、从缓、从无的决定,具有刑罚适用的宽缓性。宽缓是与从严、从重、加重相对应的。从宽处理是司法机关选择最有利于行为人的刑罚处理方式,让行为人得到认罪认罚的实体性、实在性利益。同时,这种利益与行为人在程序上可以获得的从宽、从轻、从简、从速等程序性利益也明显不同,换句话说,实体性从宽不包括在程序上撤销案件、不拘留、不逮捕、不起诉等从宽、从轻、从简、从速处理。如《认罪认罚从宽试点办法》第 6条规定:"人民法院、人民检察院、公安机关应当将犯罪嫌疑人、被告人认罪认罚作为其是否具有社会危害性的重要考虑因素,对于没有社会危险性的犯罪嫌疑人、被告人,应当取保候审、监视居住。"第 9 条规定:"犯罪嫌疑人自愿如实供述涉嫌犯罪的事实,有重大立功或者案件涉及国家重大利益,需要撤销案件的,办理案件的公安机关应当层报公安部,由公安部提请最高人民检察院批准。"

（二）从宽与认罪、认罚的关系

认罪是认罚和从宽的基础和起点,认罪既是行为人对所犯罪行愿意接受惩罚的前提和基础,也是司法机关对行为人从宽处理的基础和前提,所以具有基础性。认罚是在行为人的对其先前犯罪行为自愿认罪的前提下发生的后续行为,没有行为人对先前犯罪行为的供认,就没有行为人对其犯罪行为的法律后果即刑事责任和刑罚处罚的认可。

从宽是以行为人"认罪 + 认罚"为前提,没有这个前提,从宽处理就不存在。认罪认罚是从宽的法定前提,从宽是认罪认罚的法定后果。同时,它涉及两种不同的主体之间的法律关系:认罪认罚的主体是从行为人,实质内容是"认罪 + 认罚"。从宽的主体是指司法机关,尤其是检察机关和审判机关,是司法机关对行为人给予从宽处理。从宽对当事人来讲具有被动性,而对司法机关来讲就具有主动性,所以从宽具有二重性。

（三）法定从宽与酌定从宽

法定从宽是指对具有法定从宽情节的认罪认罚的行为人给予从宽、从轻、从缓的刑罚处罚和非刑罚处罚。酌定从宽是指对具有酌定从宽情节的认罪认罚的行为人给予从宽、从轻、从缓的刑罚处罚和非刑罚处罚。目前有人认为,认罪认罚的"从宽"是"应当"从轻处罚。如果是"可以"从宽处罚,不论是检察机关提出量刑建议还是法院判决时,检察机关和法院拥有的自由裁量权较大,甚至可以对被告人不予以从宽处理,这与被告人放弃的自身诉讼权利不对等。另外从宽处理应当是从轻处罚而非减轻处罚。被告人认罪认罚属于案发后被告人的行为,并不属于法定减轻处罚的情形,因此被告人认罪认罚只能在法定量刑范围内进行从轻处罚。① 笔者认为,对从宽处理作这两方面的限制是于法无据的,对于被告人认罪认罚的案件,不宜作限缩性解释。《刑法》第67条第2款规定:"被采取强制措施的犯罪嫌疑人、被告人和正在服刑的罪犯,如实供述司法机关还未掌握的本人其他罪行的,以自首论。"第383条第3款规定:"犯第一款罪,在提起公诉前如实供述自己罪行、真诚悔罪、积极退赃,避免、减少损害结果的发生,有第一项规定情形的,可以从轻、减轻或者免除处罚;有第二项、第三项规定情形的,可以从轻处罚。"《量刑指导意见》规定:"对于自首情节,综合考虑自首的动机、时间、方式、罪行轻重、如实供述罪行的程度以及悔罪表现等情况,可以减少基准刑的40%以下;犯罪较轻的,可以减少基准刑的40%以上或者依法免除处罚。恶意利用自首规避法律制裁等不足以从宽处罚的除外。对于坦白情节,综合考虑如实供述罪行的阶段、程度、罪行轻重以及悔罪程度等情况,确定从宽的幅度。(1)如实供述自己罪行的,可以减少基准刑的20%以下;(2)如实供述司法机关尚未掌握的同种较重罪行的,可以减少基准刑的10%~30%;(3)因如实供述自己罪行,避免特别严重后果发生的,可以减少基准刑的30%~50%。对于当庭自愿认罪的,根据犯罪的性质、罪行的轻重、认罪程度以及悔罪表现等情况,可以减少基准刑的10%以下。依法认定自首、坦白的除外。"

---

① 参见山东省高级人民法院刑三庭课题组:《关于完善刑事诉讼中认罪认罚从宽制度的调研报告》,载《山东审判》2016年第3期。

认罪从宽程序的比较与适用

闫俊瑛[*]

自 2004 年以来，法国司法系统为解决案多人少、诉讼效率低下、刑罚执行效果不佳等问题，开始推行庭前认罪程序改革。这项改革可谓近十几年来法国司法改革最为重要的举措之一，国家先后 5 次颁布法律，不断调整完善制度，[①] 并最终以专章规定在刑事诉讼法当中。无独有偶，2014 年党的十八届四中全会提出"完善刑事诉讼中认罪认罚从宽制度"的改革任务，2016 年 9 月全国人大常委会决定授权"两高"在北京等 18 个直辖市和计划单列市先行试点，同年 11 月 11 日"两高三部"下发《关于在部分地区开展刑事案件认罪认罚从宽制度试点工作的办法》（以下简称《办法》），我国也开启了认罪从宽制度化、程序化、体系化的试点实践。放眼世界，各国法律均在学习借鉴中交融精进。笔者借比较法、中两国认罪从宽制度，期盼能为改革试点提供些许启发与借鉴。

一、法国庭前认罪程序的主要内容

1. 适用案件范围。2004 年庭前认罪程序推行初期，曾规定可能判处 10 年以下监禁刑的轻罪均可适用庭前认罪程序。2011 年第 2011 - 1861 号法律进一步修订为可能判处 5 年以下监禁刑的轻罪可以适用，并一直沿用至今。但未满 18 周岁的未成年人犯罪、新闻方面的犯罪、非故意杀人罪、政治性轻罪或者追诉程序由特别法律规定的轻罪，均不能适用。[②]

2. 适用阶段及条件。法国庭前认罪程序主要借鉴意大利的"依请求适用刑罚程序"，与美国"辩诉交易"模式不同，认罪协商必须在调查结束后才能

---

[*] 北京市人民检察院法律政策研究室主任。

[①] 包括第 2004 - 204 号法律、第 2007 - 291 号法律、第 2009 - 526 号法律、第 2011 第 1862 号法律、第 2014 - 535 号法律等。

[②] 《法国刑事诉讼法》第 495 - 7 条、第 495 - 16 条规定，转引自《世界各国刑事诉讼法》（欧洲卷上），中国检察出版社 2016 年版，第 657 页。

启动，这意味着认罪协商必须建立在案件事实清楚、证据充分的基础上。此外，检察官仅能就量刑问题与行为人协商，有关证据、罪名、罪数等，均不得与行为人及其律师"讨价还价"。庭前认罪程序由检察官依职权或依行为人、律师的建议启动。启动的关键是犯罪行为人是否"认罪"，而判断"认罪"，只要行为人口头"承认其受到指控的犯罪事实"即可，不需要附加赔礼道歉、赔偿损失等行为要件。因为这些必须在后续的审判程序中由法院依法判决，检察官无权在庭前认罪程序中对此作出处分。

3. 认罪协商的具体环节。一旦启动庭前认罪程序，检察官首先要进行量刑提议。其可以提议执行一项或数项法律规定的主刑或附加刑，提议监禁刑时，提议刑期不得超过 1 年，也不得超过法定监禁刑刑期的一半。检察官还可以提议该刑罚全部或一部缓期执行。① 如果犯罪行为人对检察官的提议举棋不定，拿不定主意，可以要求给予 10 天左右的考虑期。犯罪行为人同意检察官的提议后，案件便进入当面协商环节。检察官会传犯罪行为人及其律师到院，当面协商认罪量刑等事宜。"犯罪行为人作出的承认其受到指控的犯罪事实的声明，以及共和国检察官有关刑罚的提议，在当事人选任的律师在场时提出与接受，或者在律师公会会长应当事人请求为其指定的律师在场时提出与接受。"② 协商达成一致意见后，检察官一般会于当日申请法院审查认可。在法国，所有庭前认罪必须得到法院的认可，检察官无权作出不起诉决定。法官经审查同意检察官的认可申请，通常也会在同一天传当事人双方及律师到场，公开开庭进行审理。值得注意的是，案件被害人无特殊情形必须到庭，以便法庭一并作出民事赔偿决定。而检察官则"不强制要求出席庭审"。③ 上述检察院的"当面协商"和法院的"审查认可"，被司法官们形象地比喻为同一天内的两个"小庭"：上午 10 分钟，下午 15 分钟，时间短效率高，且检察官提出的申请，约 99% 都得到了法院的认可。

4. 有关诉讼权利保障。首先，要求律师深度参与。《法国刑事诉讼法》第495－8 条规定，对庭前认罪案件，当事人不得放弃律师协助的权利，进而将庭前认罪纳入强制辩护的范畴。且律师参与不仅仅是提供法律咨询或程序性服务，而是切实履行辩护职责。律师依法享有的诉讼权利主要包括：在当事人没

---

① 《法国刑事诉讼法》第 495－8 条规定，转引自《世界各国刑事诉讼法》（欧洲卷上），中国检察出版社 2016 年版，第 655 页。

② 《法国刑事诉讼法》第 495－8 条规定，转引自《世界各国刑事诉讼法》（欧洲卷上），中国检察出版社 2016 年版，第 655 页。

③ 《法国刑事诉讼法》第 495－9 条，转引自《世界各国刑事诉讼法》（欧洲卷上），中国检察出版社 2016 年版，第 656 页。

有向检察官告知其决定之前，可以与当事人在检察官不在场的情形下自由交谈；协商时有权当场查阅卷宗；亲历检察官提出量刑提议、犯罪人发表认罪声明及接受量刑建议的现场，否则协商被视为无效；等等。这些规定有力地保障了辩护权，也使得控辩双方的量刑协商建立在彼此都十分熟悉案情的基础之上。其次，要求被害人依法适度参与。尽管法国在近年来的司法改革中越来越重视被害人权利保护，如针对不起诉制度，改变过去"不诉了之"的做法，要求检察官在作出不起诉决定的同时，要根据案件情况，责令被不起诉人依法承担社区服务等义务，充分关注了被害人的感受等。但在庭前认罪程序中，其没有把被害人意愿作为启动或推进程序的制约要素。如在当面协商环节，法律不要求被害人必须到场；法院审理环节，如果被害人未出庭，法官依法可以缺席判决等。① 最后，充分尊重当事人的程序选择权。如果当事人不接受检察官的量刑建议，或者法院裁定拒绝检察官的申请，案件便进入轻罪程序，检察官可以向轻罪法庭提出受理案件的请求，或者要求预审法庭进行侦查。此外，适用庭前认罪程序审结的案件，当事人均享有上诉权，一旦反悔，可以向上诉法院提出上诉。

5. 实际适用情况。庭前认罪程序在法国司法实践中运用并不多，适用比例大约在15%—25%之间。究其原因，一是检察官不愿启动。如有律师称，检察官经常忘记了这一程序。二是犯罪人或律师不愿适用。在法国，认罪意味着在个人档案中记录了不光彩的一笔，"与其留有案底，不如法庭一搏"。为此，很多犯罪人和律师宁愿选择与检察官对簿公堂。

二、我国认罪认罚从宽制度改革的主要特点

1. 适用范围较广。《办法》规定，刑事案件的犯罪嫌疑人、被告人如果自愿认罪并接受处罚，均可以依法从宽处罚，但以下四种情形不能适用：（1）犯罪嫌疑人、被告人是尚未完全丧失辨认或者控制自己行为能力的精神病人的；（2）法定代理人、辩护人对未成年犯罪嫌疑人、被告人认罪认罚有异议的；（3）行为不构成犯罪的（包括行为本身不构成犯罪以及现有证据不足以证实其构成犯罪）；（4）其他不适宜从宽的情形等。实践中，符合上述四种情形的案件数量并不是很多，真正制约制度适用的是犯罪嫌疑人、被告人是否认罪和认罚。据统计，北京市检察机关每年约有80%的公诉案件采用简易程序审理，如果仅考虑认罪因素而忽略认罚因素，未来适用认罪认罚从宽制度的案件范围

---

① 《法国刑事诉讼法》第495-8条、第495-13条、第498条等规定。转引自《世界各国刑事诉讼法》（欧洲卷上），中国检察出版社2016年版，第655~657页。

较广，适用空间很大。

笔者认为，《办法》对认罪认罚从宽制度适用范围的界定在我国有其合理性和必要性。长期以来，我们一直坚持坦白从宽、抗拒从严的刑事司法政策，将其作为教育感化犯罪分子，分化瓦解犯罪团伙，收集固定证据的重要手段，这一政策在确保依法惩治犯罪维护社会稳定方面发挥了积极作用。随着犯罪越来越隐蔽化、复杂化、全球化，执法司法机关收集证据破获犯罪仍面临诸多困难和压力，若对认罪认罚从宽制度的适用范围限制过严，恐怕不利于及时惩治犯罪、落实证据裁判原则和推进以审判为中心的刑事诉讼制度改革。为此，应充分发扬上述司法传统，并通过推进认罪认罚从宽制度改革，促进坦白从宽政策进一步制度化、体系化。此外，刑罚的最终目的是促使犯罪人悔过自新，刑事诉讼中，犯罪嫌疑人、被告人越早认罪认罚，越有利于实现刑事诉讼和刑罚的目的。从这一角度讲，不应剥夺重罪犯罪嫌疑人、被告人主动悔过的权利。

2. 从宽方式多元。与法国相比，我们可以从宽处罚的方式较多，既包括程序上从简，也包括实体上从轻。检察环节可以从宽的方式主要包括：一是对没有社会危险性的犯罪嫌疑人采取取保候审、监视居住等较为宽缓的强制措施。《办法》规定，人民法院、人民检察院、公安机关应当将犯罪嫌疑人、被告人认罪认罚作为其是否具有社会危险性的重要考虑因素，对于没有社会危险性的，应当取保候审、监视居住。二是决定相对不起诉或附条件不起诉。三是经特别审批程序，对特殊案件决定不起诉。特殊案件主要指不符合不起诉条件，但犯罪嫌疑人具有重大立功或案情涉及国家重大利益的案件，如果犯罪嫌疑人自愿认罪认罚，不起诉更有利于强化办案效果的，检察机关可以层报最高人民检察院批准后作出不起诉决定。四是决定或建议适用从简从快的程序。如对于可能判处3年有期徒刑以下刑罚的案件，审查逮捕、起诉环节可以适用速裁程序审查，原则上不得批准侦查机关延长侦查期限的申请；对于可能判处3年以上有期徒刑的案件，可以依法建议法院适用简易程序审理等。五是提出从宽处罚的量刑建议。检察机关提起公诉的认罪认罚案件，应向法院提出相对明确的从宽量刑建议，且无特殊情况，人民法院原则上应按照检察机关的量刑建议判处刑罚。六是通过履行刑事诉讼监督职能，督促侦查机关（部门）、人民法院在各自环节落实认罪认罚从宽制度的要求，切实保障诉讼参与人的诉讼权利。

3. 注重当事人诉权保障。首先，突出对辩护权的保障。犯罪嫌疑人、被告人自愿认罪认罚，没有委托辩护人的，执法司法机关应当安排值班律师为其提供法律帮助；犯罪嫌疑人自愿认罪，同意量刑建议和程序适用，必须在辩护人或值班律师在场的情况下签署具结书方可生效。其次，突出对当事人诉讼参与权的保障。在侦查、起诉、审判环节，执法司法机关均应严格履行告知义务，认真听取当事双方及其律师的意见，充分尊重当事人诉求，严格按照相关标准、条件、程序推进认罪认罚从宽制度。最后，突出对犯罪人真实意愿表达的保障。公安机关、人民检察院、人民法院均应加强审查，充分与犯罪人及其律师沟通协商，确保犯罪嫌疑人、被告人关于认罪认罚的意思表示真实、自愿。人民检察院依法加强监督，发现存在刑讯逼供等非法取证现象的，应及时纠正，构成犯罪的，依法追究刑事责任。

4. 突出检察机关主导地位。其一，从宽的起点在检察环节。基于侦查阶段的任务定位以及侦查终结后撤销案件适用情形的法律限制，侦查机关（部门）对于嫌疑人认罪认罚的案件，在侦查阶段只负有告知权利等义务，无权从程序上或实体上作出从宽处理决定。案件只有到了审查逮捕、审查起诉环节，才能够作出相应从宽决定。其二，程序从简的决定和建议权在检察机关。如前所述，对于适格的案件，检察机关既可以在审查逮捕、审查起诉环节自行适用刑事速裁程序，也可以依法建议法院适用速裁、简易等程序。其三，实体从轻的权力实质也在检察机关。尽管检察机关依法只能建议法院从轻处罚，但在审查起诉阶段，检察机关须先就量刑问题与犯罪嫌疑人及其律师进行协商，协商一致方能适用从宽程序，为此，检察机关必须先于法院对案件提出量刑意见，明确具体幅度和相应刑期，并且，《办法》明确，人民法院对于人民检察院提出的罪名和量刑建议，如果没有特殊情况，① 一般均应当采纳，可见，检察机关在实体从宽方面的建议权具有较大效力。

三、检察机关推进改革的对策建议

1. 充分认识我国认罪认罚从宽制度的独有价值，将教育感化工作贯穿检察工作始终。作为宽严相济刑事政策的具体化和坦白从宽政策的制度化，认罪认罚从宽制度与法国庭前认罪程序相比，在适用范围和从宽方式等方面都有较大不同。这主要是因为两国的法律传统和法治进程不同。法国属于典型的大陆法系国家，坚持刑事诉讼、罪与罚均由司法公权力主导，司法官不能与当事人"讨价还价"；实行沉默权制度，不存在坦白从宽的法律传统等，因此，其对庭前认罪程序的适用范围十分保守和谨慎。但即便如此，自庭前认罪程序制度

---

① 根据《办法》第 20 条规定，特殊情形包括：被告人不构成犯罪或者不应当追究刑事责任的；被告人违背意愿认罪认罚的；被告人否认指控的犯罪事实；起诉指控的罪名与审理认定的罪名不一致的；其他可能影响公正审判的情形。

实施后，法国很多法律专家和学者认为，刑事诉讼"私法"的性质更加凸显了。此外，法国根据危害程度将犯罪分为三类：违警罪、轻罪、重罪，并分别确立了与之相适应的诉讼程序和司法组织体系，早已形成了多元化的刑事诉讼程序体系。我国刑事诉讼程序类别相对单一，尚未形成与追诉不同类型犯罪相适应的多元化刑事诉讼程序体系。综上，应在比较借鉴的基础上，立足实际，充分认识我国认罪认罚从宽制度改革独有的价值和意义。检察机关在推进改革的过程中，一方面应加强审查把关，确保犯罪嫌疑人关于认罪认罚的意思表示真正出于真实自愿；另一方面要认真落实敬大力检察长的要求，"把教转工作贯穿检察工作始终"，通过告知权利义务、讯问犯罪嫌疑人、听取律师意见等环节，积极开展说服教育工作，督促犯罪嫌疑人、被告人认罪认罚，争取从宽处理，防止被动审查和等待嫌疑人认罪认罚而不主动积极促使嫌疑人、被告人认罪认罚。

2. 研究建立认罚协商机制。首先，根据案件情况和法律规定，就案件适用程序和量刑形成意见，在此基础上，通过沟通协商的方式，充分听取犯罪嫌疑人及其律师的意见，力争达成一致意见。特别应注重发挥辩护人或值班律师的"居中协调"作用。值得注意的是，值班律师在认罪认罚从宽改革中的定位和职责尚不够明确合理，《办法》将其界定为提供法律咨询、程序选择、申请变更强制措施等法律帮助，与辩护人所享有的诉讼权利不完全一致。律师的专业力量对于推进改革不可或缺，特别是欲让律师在认罚协商方面发挥专业作用，必须使其充分了解案件情况。因此，建议明确赋予值班律师辩护人的职责权利。其次，关于协商的方式，是否需要三方同时在场协商，可以根据案情灵活把握，对于可以适用速裁程序案情较为简单，检察官有把握的案件，可以把协商与三方在场签署具结书两个环节合二为一，除此之外的案件，可以将协商和签署具结书两个环节分别进行，在程序上不宜一刀切。最后，被害人是否可以参与协商。考虑到协商的内容主要涉及罪与罚，属司法公权力决策范畴，被害人可以就民事赔偿、赔礼道歉等民事部分发表意见，但上述涉及刑事处理的事项，应由检察机关依法独立作出决定，不应被被害人意见所左右。

3. 结合司法责任制改革，明确此类案件中检察官的职责权限。由于检察环节可以从宽的方式较多，需要结合具体内容因地制宜地加以明确。重点是不起诉和量刑建议两项职权。以往检察机关在推进刑事和解等改革过程中，由于和解工作任务多，不起诉审批程序复杂，检察官推动改革的积极性并不是很高。法国在实行庭前认罪程序制度中也遇到了类似问题，如前所述，检察官们适用这一程序的态度也不是很积极。笔者认为，应坚持抓两大放两小的授权原则，量刑建议属于过程性事项，且要接受法院制约，可以考虑授权检察官决定。不起诉决定权属于终局性事项，仍应由检察长决定。此外，还应重点完善量刑指南和不起诉政策，为检察官推进改革提供制度机制保证。

4. 协调建立完善量刑指南。实体从宽是认罪认罚从宽制度的重要价值，并且从加强权力制约和维护法律严肃性权威性的角度考虑，检察环节不宜对太多案件作出不起诉决定，因而审判环节给予实体从宽处理就显得更为重要。法国要求所有庭前认罪案件必须到法院审查认可的做法值得借鉴。为确保检察机关提出的量刑建议依法准确，检察机关应积极协调法院等执法司法机关制定量刑指南，统一司法尺度。制定量刑指南应充分考虑不同犯罪的性质和社会危害程度、我国当前的犯罪态势和司法政策等实际情况，在是否从宽以及从宽幅度上体现因案而异，因罪而异，不宜一刀切。如对于职务犯罪案件，考虑到当前国家重拳反腐，人民群众对腐败零容忍的呼声强烈，对此类犯罪的从宽幅度可以适当低于其他犯罪。此外，条件成熟时，可借鉴西方国家经验，将从宽幅度明确规定在刑事法律当中，以促进法制统一。

5. 坚持整体联动，加强试点成效的跟踪研究。推进认罪认罚从宽改革是一项系统工程，涉及刑事诉讼各个环节各个方面。特别应同步跟进对适用认罪认罚从宽处罚犯罪人执行刑罚情况的研究，一方面有利于从实践的视角检验改革效果，另一方面有利于及时发现问题，提出改进完善的建议，促使这项制度更加科学合理，切实收到应有效果。

论我国的认罪认罚从宽制度

罗　军　罗菁婷[*]

党的十八届四中全会通过的《中共中央关于全面推进依法治国若干重大问题的决定》提出，完善刑事诉讼中认罪认罚从宽制度。随着经济、社会的迅速发展，犯罪案件日益增多，司法机关面临着案多人少的压力，亟须寻求更完善的机制来实现繁简分流。完善刑事诉讼中认罪认罚从宽制度充分体现了现代司法的宽容精神，与我国宽严相济刑事政策一脉相承，是对我国刑事诉讼程序的补充与完善。实行认罪认罚从宽制度，既包括实体上从宽处理，也包括程序上从简处理。这将有利于促使犯罪嫌疑人、被告人如实供述犯罪事实，配合司法机关依法处理好案件；有利于节约司法成本，提高司法效率；有利于减少社会对抗，修复社会关系。

一、我国认罪认罚从宽制度的沿革和梳理

（一）在实体法层面的体现

1. 在定罪阶段的体现

定罪阶段认罪认罚从宽制度主要体现在四个方面：一是在刑法的但书中体现。我国刑法对犯罪给出具体的规定，其认为对危害国家主权、领土完整和安全，分裂国家、颠覆人民民主专政的政权和推翻社会主义制度，破坏社会秩序和经济秩序，侵犯国有财产或者劳动群众集体所有的财产，侵犯公民私人所有的财产，侵犯公民的人身权利、民主权利和其他权利，以及其他危害社会的行为都是犯罪，但对其中危害性较小的犯罪行为不认定为犯罪。这其中对危害性的判断要求注重对罪犯的主观恶性以及实际的危害进行分析，若罪犯认识自身的恶劣行为说明主观恶性较小，与同样犯罪却未认清自身行为的人相比，认罪者不具备较大的人身危险性和对社会的危害性，对此需在刑法评价方面采取从

* 罗军，江西省人民检察院员额检察官，研究室主任，检察委员会委员；罗菁婷，江西省人民检察院检察官助理，研究室干部。

宽态度。二是在犯罪嫌疑人主观对违法性认识中体现。刑法评价过程中往往对故意犯罪与过失犯罪进行区别,通常故意犯罪需承担刑事责任,而过失犯罪刑事责任的承担往往需结合许多客观因素,一般采取从宽的态度。三是在对老年犯处理中体现。对于已满 75 周岁的人故意犯罪的,可以从轻或者减轻处罚;过失犯罪的,应当从轻或者减轻处罚。[①] 老年犯犯罪时由于其判断能力下降、缺少社会关心等客观原因,所以一般也是采取从宽的态度。四是在对未成犯处理中体现。对于已满 14 周岁不满 18 周岁的人犯罪,应当从轻或者减轻处罚。我国对未成年人犯罪案件贯彻的是"教育为主、惩罚为辅"的原则,对于能不判处刑罚的,一般适用非刑罚处理的方法。[②] 根据最高法的司法解释[③],已满 16 周岁不满 18 周岁的人盗窃未遂或者中止的,可不认为是犯罪;已满 16 周岁不满 18 周岁的人盗窃自己家庭或者近亲属财物,或者盗窃其他亲属财物但其他亲属要求不予追究的,可不按犯罪处理;对已满 14 周岁不满 16 周岁的人偶尔与幼女发生性行为,情节轻微,未造成严重后果的,不认为是犯罪;已满 14 周岁不满 16 周岁的人使用轻微暴力或者威胁,强行索要其他未成年人随身携带的生活、学习用品或者钱财数量不大,且未造成被害人轻微伤以上或者不敢正常到校学习、生活等危害后果的,不认为是犯罪;已满 16 周岁不满 18 周岁的人具有前款规定情形的,一般也不认为是犯罪;已满 16 周岁不满 18 周岁的人实施盗窃行为未超过 3 次,盗窃数额虽已达到"数额较大"标准,但案发后认罪认罚并积极退赃,且具有又聋又哑的人或者盲人或者起次要或者辅助作用等情节的,可以认定为"情节显著轻微危害不大",不认为是犯罪。对严重犯罪依法从严打击,对轻微犯罪依法从宽处理,对严重犯罪中的从宽情节和轻微犯罪中的从严情节也要依法分别予以宽严态度,这实际上就是我国宽严相济刑事司法政策中区别对待,注重宽与严的有机统一,宽中有严、严中有宽、宽严并用的体现。[④]

2. 在量刑阶段的体现

量刑阶段认罪认罚从宽制度的相关内容则在刑法总则以及刑法分则中都有体现,总则中的关于自首、坦白、立功、预备犯、未遂犯、中止犯和未成年犯等内容,刑法分则中的对贿赂行为主动交代的情况等。一是在自首方面,刑法中对自首制度也进行了具体划分,包括一般与特殊两种自首,前者主要指犯罪

---

① 这是《刑法修正案(八)》新增加的内容。

② 张军等:《刑事审判实务教程》,中国法制出版社 2014 年版。

③ 参见最高人民法院《关于审理未成年人刑事案件具体应用法律若干问题的解释》,法〔2006〕1 号。

④ 陈兴良:《宽严相济刑事政策研究》,中国人民大学出版社 2007 年版。

后主动投案并将自身的罪行进行陈述，后者则体现在如被采取强制措施而犯罪嫌疑人、被告人和正在服刑的罪犯如实供述司法机关还未掌握的本人其他罪行的行为。在认罪认罚且具有良好悔罪表现的基础上，结合投案的动机、罪行轻重等，可以减少基准刑的 40% 以下量刑;[①] 犯罪较轻的，可以减少基准刑的 40% 以上量刑或者依法免除处罚。二是在坦白[②]方面，刑法规定如实供述自己罪行的，可以从轻处罚;因其如实供述自己罪行，避免特别严重后果发生的，可以减轻处罚。这是因为坦白的犯罪嫌疑人的人身危险性的减小、司法成本得到节约以及诉讼效率提高。全国人大法工委研究室黄太云主任在解读该规定时指出，对于可以减轻处罚，只限于重大案件，并且只有在因坦白而避免了特别重大危害后果发生的，才可以适用。三是在立功方面，可细化为一般与重大立功，其中对于一般立功中的从宽主要表现在经查证属实，罪犯在到案后所供述的他人犯罪行为，能够对司法机关执法中起到协助作用的采取从宽处理，而重大立功指为罪犯对重大案件提供线索且对重大犯罪活动起到阻止作用的表现，我国刑法对此规定可适当对处罚进行减轻甚至免除。四是在预备犯、未遂犯和中止犯方面，我国刑法有关规定中明确对预备犯可以比照既遂犯从轻、减轻处罚或者免除处罚'对于未遂犯，可以比照既遂犯从轻或者减轻处罚;对于中止犯，没有造成损害的，因当免除处罚，造成损害的，应当减轻处罚。由于预备犯、未遂犯和中止犯的结果是犯罪未能得逞，其社会危害性要小于犯罪既遂，因此在量刑方面也是采取从宽的态度。五是在从犯、胁从犯、教唆犯方面，对于从犯，由于其在共同犯罪中只是居于帮助性、辅助性的地位，所以在处罚上规定应当从轻、减轻处罚或者免除处罚;对于胁从犯，是由于各种原因而在精神上受一定程度的威逼或者强制，所以在处罚上规定应当按照他的犯罪情节减轻或者免除处罚;对于教唆犯，在被教唆的人没有犯被教唆的罪的情况下，对其的处罚可以从轻或者减轻处罚。六是在对未成年犯的量刑方面，在未成年犯认罪认罚、有良好的悔罪表现的基础上，结合其是否是初犯、个人成长经历等，一般予以从宽处罚。对于已满 14 周岁不满 16 周岁的未成年人犯罪，可以减少基准刑的 30% ~ 60%;对于已满 16 周岁不满 18 周岁的未成年人犯罪，可以减少基准刑的 10% ~ 50%。对符合管制、缓刑、单处罚金或者免予刑事处罚适用条件的未成年犯，应当依法适用管制、缓刑、单处罚金或者免予

---

① 参见《人民法院量刑指导意见（试行）》，法发〔2010〕36 号。

② 坦白原为酌定量刑情节，《刑法修正案（八）》增设了第 67 条第 3 款，使坦白成为法定量刑情节。

刑事处罚。① 此外，对于认罪认罚且积极赔偿被害人损失的，在综合其他因素情况下，可以在减少基准刑的 30% 以下量刑。② 刑法分则中关于行贿罪也提出，若被追诉前，介绍贿赂人或行贿人可主动将贿赂行为供述，可适当采取相应的减轻处罚措施。

3. 在执行阶段的体现

在执行阶段关于从宽的内容可在减刑、缓刑以及假释中体现出来。一是从减刑角度，其主要针对罪犯在接受刑罚期间能够满足减刑条件包括认真遵守监规、接受教育改造，却又悔改表现的，或者有立功表现的，可以减刑；有重大立功表现的，应当减刑。二是在缓刑方面，针对的犯罪对象是判处三年以下有期徒刑的罪犯，缓刑的实施要求罪犯有明显的悔罪表现，可在被羁押时间内将犯罪行为进行坦白等。三是在假释方面，针对的对象主要为服刑时间较长或无期徒刑的罪犯，假释的条件主要体现在对监狱管理规范能够严格遵守并勇于改造自身，确保假释后不对社会产生危害才可实施。③ 四是对未成年犯、老年犯、残疾犯等主观恶性不深、人身危险性不大的罪犯，在减刑、假释时，应当根据悔改表现予以从宽掌握，对于认罪服法，遵守监规，积极参加学习、劳动的，可视为 “确有悔改表现”，依法予以减刑、假释的幅度可以适当放宽，间隔的时间可以相应缩短。五是对积极执行财产刑和履行附带民事赔偿义务的，在认罪认罚基础上，视为有认罪悔罪表现，在减刑、假释时可以从宽掌握；确有执行、履行能力而不执行、不履行的，在减刑、假释时应当从严掌握。④

（二）在程序法层面的体现

1. 简易程序

1996 年，我国《刑事诉讼法》在修订时首次以立法形式确立了简易程序。2012 年修改后的《刑事诉讼法》，对简易程序制度进行了大幅度的修改，此次修改将简易程序的适用范围由原来的基层人民法院受理的可能判处三年以下有期徒刑、拘役、管制、单处或者并处罚金的案件扩大到绝大部分刑事一审案件。并且将简易程序根据案件可能判处三年以下和三年以上为标准，又分为可以适用独任制和合议庭制，这考虑到了我国案件繁简的实际情况，应该说是非常值得赞赏的，也就是说，对事实清楚、证据充分，被告人认罪认罚，且对适

---

① 参见《人民法院量刑指导意见（试行）》，2010 年 9 月 13 日，法发〔2010〕36 号。

② 参见《人民法院量刑指导意见（试行）》，2010 年 9 月 13 日，法发〔2010〕36 号。

③ 齐尚民：《完善认罪认罚从宽制度研究》，载《法制与社会》2015 年第 7 期。

④ 《最高人民法院关于办理减刑、假释案件具体应用法律若干问题的规定》，2011 年 11 月 21 日由最高人民法院审判委员会第 1532 次会议通过，自 2012 年 7 月 1 日起施行。

用简易程序无异议的基层法院管辖的案件，都可以适用简易程序，当然，为了保护一部分弱势群体，法律也设置了一些禁止适用条件，这体现了我国法律对部分人群特殊保护，有利于人权的实质保障，但简易程序并没有明确被告人认罪认罚可以在量刑上从宽。

2. 普通程序简化审程序

自 1999 年以来，一些司法实践部门开始了自己的探索，对被告人认罪的刑事案件实行普通程序简化审[①]，如北京市海淀区法院、检察院就以"普通程序简易化审理方式改革"为课题进行研究，迈出了大胆的步子。[②] 也就是后来的普通程序简化审的雏形。2002 年，北京市检察院将这一改革经验在全市推广。2003 年 3 月 14 日，最高人民法院、最高人民检察院、司法部联合印发了《关于适用普通程序审理"被告人认罪案件"的若干意见（试行）》（以下简称《意见一》）和《关于适用简易程序审理公诉案件的若干意见》（以下简称《意见二》），确立了我国被告人认罪认罚案件的处理程序。对于案件事实清楚、证据确实充分的被告人自愿认罪认罚的案件，适用该程序，且一般可以得到量刑上的减让。《意见一》第 9 条和《意见二》第 9 条都规定，"人民法院对自愿认罪的被告人，酌情予以从轻处罚"。区别只是在于，《意见一》针对的是适用普通程序的被告人认罪案件，《意见二》涉及的是适用简易程序的被告人认罪案件。该项制度只存在了 10 年，"两高"在 2013 年 4 月 8 日通过决定，以与刑事诉讼法的相关规定不一致为理由，废止该项程序。由于该项程序已经废止，这里就不再赘述。

3. 当事人和解的公诉案件诉讼程序

当事人和解的公诉案件诉讼程序，也就是我们通常说的刑事和解程序，是 2012 年修改后《刑事诉讼法》的内容，是指对于加害人自愿认罪的案件，加害人与被害人在平等、自愿的基础上进行对话、协商，通过赔礼道歉、经济赔偿、劳务补偿等，达成当事人之间的和解，从而化解加害人与被害人之间的矛盾、修复被犯罪破坏的社会关系；办案机关在当事人达成和解协议的基础上，综合案件情况，特别是犯罪的危害性、加害人悔过、赔偿及被害人态度等因素，作出相对较为宽缓的处理，具体包括撤销案件、不起诉、定罪免刑以及从轻量刑。刑事和解体现了被害人与被告人之间的"交易"，即被告人通过各种

---

① 龙宗智：《论刑事案件普通程序简易审》，载《人民检察》2001 年第 11 期。对此有不同提法，如"普通程序简易化审理""普通程序快速审理""被告人自白案件审理""被告人认罪案件简化庭审方式"等。

② 吴丹红：《被告人认罪案件程序简化改革刍议》，载《人民法院报》2001 年 7 月 21 日第 3 版。

方法取得被害人的谅解，以此来减少或者消除对被害人的不利影响，以换取被告得到司法机关宽大处理的机会。虽然加害人认罪认罚的前提下能够得到相对较为宽缓的处理，但根据规定，此类程序适用的范围仅限定为因民间纠纷引起，涉嫌刑法分则第四章、第五章规定的犯罪案件，可能判处三年有期徒刑以下刑罚和除渎职犯罪以外的可能判处七年有期徒刑以下刑罚的过失犯罪案件。

4. 未成年人刑事案件诉讼程序中的附条件不起诉

《刑事诉讼法》第 271 条，对于未成年人涉嫌刑法分则第四章、第五章、第六章规定的犯罪，可能判处一年有期徒刑以下刑罚，符合起诉条件，但有悔罪表现的，人民检察院可以作出附条件不起诉的决定。人民检察院在作出附条件不起诉的决定前，有听取相关机关和被害人的意见的前置条件。同时修改后《刑事诉讼法》第 272 条、第 273 条还对未成年人附条件不起诉的考察机关、考验期、附条件不起诉未成年人在考验期应当遵守的规定以及应当撤销附条件不起诉的情形作了明确规定。根据规定，适用未成年人附条件不起诉必须同时符合以下条件：一是涉嫌刑法分则第四章、第五章、第六章规定的犯罪；二是可能判处一年有期徒刑以下刑罚；三是符合起诉条件，但有悔罪表现的；四是未成年犯罪嫌疑人及其法定代理人没有异议。在未成年人刑事案件诉讼程序中确立附条件不起诉制度意义重大，有助于未成年犯罪嫌疑人的人格矫正，促使其尽快、顺利地回归社会，有助于维护家庭和睦与社会稳定，同时也符合诉讼经济、程序分流的目的。

5. 刑事案件速裁程序

2014 年 6 月 27 日，全国人大常委会表决通过《关于授权在部分地区开展刑事案件速裁程序试点工作的决定》，对部分轻微刑事案件适用刑事速裁程序。刑事案件速裁程序，也称为刑事速裁程序，是对事实清楚、证据充分的轻微刑事案件，在被告人自愿认罪和认罚的基础上，进一步简化诉讼程序，快速、便捷、公正地审结案件的诉讼程序。刑事案件速裁程序是我国正在全国18 个城市试点的一种新的案件快速处理制度。刑事案件速裁程序是建立在被告人认罪认罚的基础之上，并且享有基于速裁程序给出的从轻量刑幅度的案件快速处理机制。根据规定，刑案速裁程序只能适用于危险驾驶、交通肇事、盗窃、诈骗、抢夺、伤害、寻衅滋事等情节较轻的，并且在刑罚上只能适用于依法可能判处一年以下有期徒刑、拘役、管制的刑事案件。2014 年 8 月 22 日，最高人民法院、最高人民检察院、公安部、司法部颁布的《关于在部分地区开展刑事案件速裁程序试点工作的办法》（以下简称两院两部《试点办法》）在上述基础上增加了非法拘禁、毒品犯罪、行贿犯罪、在公共场所实施扰乱公共秩序犯罪情节较轻的行为。法院在判决时，对被告人自愿认罪，退缴赃款赃物、积极赔偿损失、赔礼道歉，取得被害人或者近亲属谅解的，可以依法从宽处罚。

（三）我国认罪认罚制度适用中存在的问题

1. 实体法上缺乏明确的制度规定

目前，我国尚未构建一种对被告人认罪认罚从宽普遍认同的刑罚制度。一方面，我国长期奉行"坦白从宽，抗拒从严"的刑事政策，且 2011 年通过的《刑法修正案（八）》规定，"犯罪嫌疑人虽不具有前两款规定的自首情节，但是如实供述自己罪行的，可以从轻处罚；因其如实供述自己罪行，避免特别严重后果发生的，可以减轻处罚"，从而进一步将坦白从宽的刑事政策法律化，将坦白由以往的酌定情节转化为法定情节，但必须承认，这种进步是有限的。因为从刑法的立法规定来看，坦白作为一种法定情节，是"可以"而非"应当"的量刑情节，这就意味着对被告人认罪认罚在量刑上是否予以积极评价，法官拥有自由裁量权。虽然刑法学理论一般认为，授权型量刑情节中的"可以"二字并不意味着法官有完全的自由裁量权（否则就与酌定量刑情节无异了），而是体现了立法者的一种倾向性意见，即原则上应当从宽处罚，除非有适当的理由才能不予从宽。但在刑事司法实践中，法官较少对被告人认罪认罚给予积极评价，被告人在认罪认罚后未能在量刑时获得相应的从宽，法定的量刑情节并未在刑事判决中得到充分、普遍、有效的体现。

2. 程序法上缺乏可具体操作的机制

从程序法方面看，我国并未在立法上确立认罪认罚案件的程序处理机制。一方面，我们并未以被告人认罪认罚与否为标准来构建刑事司法程序。虽然立法上规定了刑事简易程序，实践中刑事案件速裁程序的试点工作也正在推行，但这两类程序不是以被告人认罪认罚作为充分必要条件。也就是说，虽然认罪认罚与否是适用此类程序的前提条件，但不是唯一条件，更不是最主要的考量因素，只有在满足诸如轻罪案件、被告人同意等其他条件的情况下，程序才得以适用。如此一来，对重罪案件而言，即使被告人认罪认罚，也无法适用简易程序或者判案速裁程序。另一方面，我国目前的刑事司法中缺乏审查被告人认罪认罚与否的前置程序分流机制，即使被告人认罪认罚，仍有可能要通过普通程序进行全面审理，加重了诉讼各方的程序性负累。换言之，我国刑事司法中缺乏相应的程序机制对认罪认罚案件进行审查、评价，并给予相应的制度性肯定。被告人放弃辩解权利而作出有罪答辩时，往往不能获得诸如案件快速审理的程序性收益和包括轻刑在内的实体性收益。这种关于被告人认罪认罚效果的误读与现行的处理机制不无关系。

3. 认罪认罚制度的设计缺乏刑法和刑诉法的体系支撑

我国刑法体系讲究严格的主客观要件相统一的犯罪构成理论，推崇结果无价值的不法结构理论，对犯罪罪数有严格限制，特别是广泛适用的处断的一罪，包括想象竞合犯、牵连犯、吸收犯，同时刑法对大量严重侵害公民人身权利的行为没有规定为犯罪，如前段时间北京如家和颐酒店女生遇袭案；而我国的刑事诉讼法体系推崇的是控辩平等对抗的当事人主义的诉讼模式，关于证据确实充分的刑事证明标准也吸收了排除合理怀疑的因素，确立了非法证据排除程序和不得强迫证明自己有罪的原则，正在进行的以审判为中心的诉讼制度改革更加强调正当程序和程序正义，但同时我国的刑事诉讼司法实践对实现诉讼证明并未适用世界通行的自由心证原则，在 2012 年刑事诉讼法实施后仍然适用印证证明模式，这种证明模式以获得印证性直接支持证据作为证明的关键，而且司法实践中又进一步异化为要求被告人口供与相关证人证言及物证书证相互印证，这样便导致很高的证明要求或标准，使得相当数量的案件虽然有相当证据支持，但因某些方面印证性不足而使司法机关难于定罪而放弃追究，这在客观上意味着对国家和对社会的失职，而且在证据学信息有限为基本原理和辩护权不断强化及被告人不得强迫自证其罪的背景下，正如龙宗智教授在印证与自由心证一文中指出的，传统的印证证明模式的要求会遇到越来越严峻的挑战。同时，我国的刑事证明体系还存在一些缺陷，主要表现为：一是证明标准简单化。英美法系国家一般根据案件性质不同设置了多元的证明标准。多年来，我国刑事诉讼对侦查、审查起诉和审判等不同诉讼阶段的案件均采用的是客观真实模式下"一元制"的证明标准，同时对死刑案件与非死刑案件、对简易程序和普通程序案件等不同性质的案件也适用同等的证明标准，以及对实体事实和程序事实的证明要求也不作区分，这种"一刀切"式的证明标准在复杂的刑事诉讼中显得过于单一。证明标准的单一化容易导致大量的案件按照普通审程序的进行审理，不能合理区分认罪认罚与不认罪认罚的案件，实现案件的繁简分流，不符合诉讼经济和诉讼效率的要求，也容易导致真正需要严格按照普通程序审理以落实审判中心要求的案件的庭审标准大打折扣。同时与证明标准简单化相对应的是我国基本实行的是大陆法系的法定起诉标准，检察机关的起诉裁量权受到严格限制，这对实行认罪认罚从宽处理改革需求也是不相适应的；二是对事实推定的要求过于严格。我国在审判中没有建立相关事实推定的证明规则，司法实践中对事实推定限制过严，法官自由判断证据证明力的心证作用受到较大限制，导致较多可以排除合理怀疑的案件得不到司法追究，特别是对于被告人翻供或拒供的案件，由于这类案件不能满足传统的印证证明模式的要求，导致部分可以排除合理怀疑的案件被认定无罪。上述刑法中对追诉犯罪的严格限制和刑事诉讼中对刑事证明的过高标准和简单划一，必对我国实行认罪认罚从宽处理改革带来严重障碍。

二、国外认罪认罚制度的比较和借鉴

（一）英美法系国家认罪认罚案件的处理

英美法系国家，法院在刑事诉讼活动中都会正式地告知被告人所犯的罪行，而被告人需要对指控他的罪行进行辩护，这一诉讼程序被称作为罪状认否程序（arraignment）。在美国的罪状认否程序中，被告人对自己的犯罪指控可以作出三种答辩：有罪答辩（plea of guilty）、无罪答辩（plea of not guilty）和不予争辩的答辩（plea of nolo contendence）。[①] 若被告人对自己作出有罪答辩，则意味着被告人放弃了要求控方证明其有罪的权利、由陪审团审判的权利、与控告者对质的权利以及反对自我归罪的权利。[②] 如果法官认为被告人做有罪辩护是出于自愿，并认知了该行为的法律后果和意义，案件会采用快速审判程序进行审理。通常，有罪辩护分为两种：一种是有条件的有罪辩护，即被告人基于辩诉交易的有罪辩护，在英美法系国家称为辩诉交易程序；另一种是无条件的有罪辩护，被称为认罪处刑程序。

1. 认罪处刑程序

认罪处罚程序指的是，案件的被告人在正式法庭上承认对其指控的犯罪事实以后，法官不进行法庭调查的程序，而直接对被告人认定罪名并进行裁量的刑事简易程序。[③] 认罪处刑程序作为一种诉讼程序，适用于被告人自愿作出的无条件有罪辩护，是英美法系的国家普遍采取的被告人认罪案件的处理程序。该程序通常适用于警察起诉、自诉等轻微刑事案件中。

在英国，根据相关法律规定，如果被告人自愿供认自己所犯罪行，在这种情况下，可以适用认罪处刑程序。一般情况下，在英国治安法院中，被告人一旦认可做有罪答辩，治安法官通常就会按照被告人的有罪答辩而直接进行裁量。[④] 治安法官在量刑前，应当根据警察、看守的官员以及缓刑官员等有关部门提供的材料作为对其量刑的依据。

在美国，根据《美国刑法典》规定，对不超过1年监禁的刑事案件，轻微刑事案件等适用快速审判程序。如果被告人书面向法官表示同意适用，那么司法官就会直接进行简易审理并当庭作出裁决。并且，司法官还需要为被告人提供量刑听证的机会，必要时，还要允许缓刑机构对被告进行量刑方面的调查

① 孙长永：《探索正当程序——比较刑事诉讼法专论》，中国法制出版社2005年版。

② Boykin v. Alabama, 395 U. S. 238, 242（1969）. Andrew Ashworth, The Criminal Process——An Evaluatuve Atudy, Oxford University Press1998, pp. 268 – 269.

③ 马贵翔：《刑事简易程序概念的展开》，中国检察出版社2006年版。

④ 宋英辉、孙长永、刘新奎等：《外国刑事诉讼法》，法律出版社2006年版。

后，才能作出对被告人的具体量刑。

2. 辩诉交易程序

辩诉交易程序是英美法系国家知名度最高的诉讼程序之一，是指在提起审判之前，检察官在所指控的证据难以取得的情况下，与被告人及其律师协商，检察官对所指控的犯罪进行降格指控从而换取被告人承认自己的犯罪，或者检察官通过向法官建议对被告人从轻裁量或者不反对辩护方提出的对被告人的判刑请求，以此换取被告人作出有罪答辩的行为。故此，辩诉交易程序可以分为"指控交易"和"判刑交易"两种类型。辩诉交易制度最开始出现在英国，然后在美国快速发展，在刑事案件繁多的美国，其应用率极高，绝大部分案件最终都通过辩诉交易得以快速解决。法官对辩诉交易程序既可以接受，也可以不接受。如果法官接受，应当通告被告人法庭将按照答辩协议来定罪量刑。① 如果不接受，应该当告知被告人有撤回有罪答辩的权利。案件被告人在作出有罪答辩后，法官不会立即对其根据协议进行定罪量刑，还会审查被告人是否具备作出有罪答辩行为的能力，以及被告人是否出于自愿认罪、其作出的认罪答辩是否有事实依据。②

3. 美国的刑事推定制度

在某些情况下，检察官难以证明犯罪的某个要件，如被告人犯罪的主观心态。在这类情况下，为了减轻检察官的证明责任，立法机关或法院可能确立如下规则：在刑事诉讼中，不论何时何地，只要能证明一个人对另一个人开枪，且枪中有子弹，陪审团就必须（或者"可以"）认定被告人蓄意杀人。这种规则就是推定。③ 简单说，推定就是给予有证据证明的事实 A 或几个事实，陪审团就必须（或者"可以"）推定事实 B。在美国刑事诉讼中有四种推定，即一为可允许的推断；二为对被告方转移提供证据责任而不转移说服责任的推定；三为提供证据责任和说服责任均转移给被告方的推定；四为结论性推定即强制性推定。

4. 美国的罪数判断标准

在美国，同一行为构成两个以上罪的，对各罪均应追诉。这是美国刑法不同于大陆法系刑罚的一项原则。这个原则显示了美国刑法的严厉性。美国刑法和刑法理论中没有想象竞合犯和牵连犯的概念，对于罪数判断的标准，或许可

---

① 郭明文：《两大法系国家辩诉交易程序辨析》，载《昆明理工大学学报》（社会科学版）2009年第 1 期。

② 甄贞：《刑事诉讼法学研究综述（1990—2001）》，法律出版社 2001 年版，第 389 页。

③ 储槐植、江溯：《美国刑法（第四版）》，北京大学出版社 2012 年版。

以称为"法定"说，即行为或者结果符合几项法律规定便构成几个罪，这是美国刑法罪数概念的基本原则。① 以著名的 2015 年美国加州学生翟芸瑶虐待同学案为例，有包括翟芸瑶在内的共 12 名学生对被害人刘某拳打脚踢，剃掉她的头发逼其吃掉，扒掉她的衣服拍照，用打火机点燃头发，强迫她趴在地上吃沙子，甚至用烟头烫伤乳头。这严重触犯了美国刑法，其共受到 6 项绑架指控、2 项折磨虐待指控和 4 项人身侵害指控，累计 12 项罪名指控，有 6 项重罪，其中 1 项"酷刑折磨"最高刑期可达终身监禁。在 2014 年发生的美国华裔警官彼得梁案，起因很简单，是彼得梁在布鲁克林区一处政府廉租房中执勤的时候，因为听到异常响动而开枪，子弹打在墙壁上反弹，意外击中了刚好从下一层楼梯口经过的非洲裔青年格利致其死亡，案件的争议在于这究竟是一起意外，还是过失杀人。检方认为，梁彼得向发出异常声响的方向开枪，没有考虑可能造成的死伤的后果。而梁彼得表示自己当时惊慌失措，下意识地触动了扳机，并不是有意开枪。检方共指控彼得梁 6 项罪名，其中包括 1 项二级过失杀人罪，属于 C 级重罪；1 项疏忽杀人罪，属于 E 级重罪；1 项危害他人安全罪；1 项二级袭击罪和两项渎职罪。这就是美国罪数的判断原则，行为或者结果符合几项法律规定便构成几个罪。

（二）大陆法系认罪认罚案件的处理

大陆法系国家的刑事诉讼活动中没有罪状认否程序和有罪答辩程序。无论被告人是否认罪，在审前程序认罪还是庭审过程中认罪，被告人是否有罪的问题都是经法官在庭审中作出最终认定。被告人认罪不能代替刑事审判，但这不表示大陆法系国家不希望被告人自愿认罪，或者说大陆法系国家不重视被告人的认罪。因为被告人自己承认罪刑可以尽快查清案件的事实。与英美法系的国家比较，大陆法系的国家对被告人认罪的案件采取了不同的处理程序。大致可以分为四类，即简易审判程序、快速处理程序、刑事处罚令程序和辩诉交易程序。

1. 简易审判程序

简易审判程序，是指对一部分被告人认罪案件在法院审判时采取简化庭程序处理的程序。这是大陆法系国家实践中法院审判被告人认罪案件的重要程序之一。这类程序具体包括：日本的简易审判程序（又称为即决裁判程序），俄罗斯的被告人认罪案件速决程序，中国的简易程序。

《日本刑事诉讼法》规定，适用即决裁判程序审判的案件原则上应当当日

---

① 储槐植、江溯：《美国刑法（第四版）》，北京大学出版社 2012 年版。

宣判，若法官判处被告人惩役或者监禁，应当同时宣告缓刑执行，也就是不能对被告人判处惩役或者监禁的实刑。被告人可以对判决提起上诉，但不能以存在事实错误为理由对判决提起上诉。①

在俄罗斯的被告人认罪案件速决程序中，法院主要是通过对庭审的程序简化来实现对被告人认罪案件的速决，该程序和日本的基本相同，但在适用的范围上更宽，可以适用于不超过 5 年监禁刑的刑事犯罪案件，而法院最多会给予被告人应判刑罚 1/3 的量刑减让。②

2. 快速处理程序

快速处理程序是指在某些案件的审理过程中，不预先对被告人认罪的案件进行审问，而直接将案件移送法院进行裁决的程序。这也是大陆法系国家处理被告人认罪案件的一种重要程序，具体包括：德国的快速审判程序，意大利的快速审判程序和立即审判程序。

在德国，适用快速审判程序的案件不需要预审，案件会直接进入法院审判程序，法院判决的刑期必须在 1 年以内。而《德国刑法典》又规定，对于 1 年以下有期自由刑，通常应当判处缓刑。③ 但该程序只适用于轻微罪案件。有报道称，2000 年，在德国所有的初级法院裁决的案件中，大约有 4% 的案件适用了快速审判程序。④

意大利的快速审判程序和立即审判程序和德国的快速审判程序只是适用于轻微刑事案件不同，它能够适用于包括重罪在内的所有案件，只需同时满足被告人在犯罪时或者犯罪现场被抓现行和案件事实清楚、证据充分两个条件。但确认被告人是否有罪，仍需要按照正式审判程序对被告人进行法庭审理后，对其作出最终认定。

综上，在德国、意大利，快速处理程序都是无须对案件进行预审，以此缩短审前程序的期限和流程，同时也缩短了被羁押被告人的羁押时间，因此诉讼效率提高比较显著。

3. 刑事处罚令程序

德国首创了刑事处罚令程序，现在为大多数大陆法系国家所采用。适用刑事处罚令程序的案件一般以书面审理方式结案。1988 年意大利在刑事诉讼法中明确规定了刑事处罚令程序。在法国，刑事处罚令程序又称为简易审判程

---

① 　宋英辉、孙长永、刘新奎等：《外国刑事诉讼法》法律出版社 2006 年版，第 637～638 页。

②　郭明文：《被告人认罪案件的处理程序研究》，载《西南政法大学博士论文》，2007 年 3 月。

③　左卫民等：《建议刑事程序研究》，法律出版社 2005 年版，第 34 页。

④ 　[德]托马斯·魏根特：《德国刑事诉讼程序》，岳礼玲、温小洁译，中国政法大学出版社 2004 年版，第 208 页。

序。在日本，刑事处罚令程序则被称为刑事命令程序，一般限定在轻罪案件中，并且被告人一般能获得量刑上的减让。在法国，违警案件是轻罪，所以刑事处罚令程序只适用于违警案件，并且只能对被告人判处罚金。[①] 在意大利，刑事处罚令程序只能适用在判处财产刑等轻罪案件中。在日本，刑事处罚令程序可以适用于可以判处 50 万元以下罚金或者罚款的轻微刑事案件。在意大利，要求承办案件的检察官对适用刑事处罚令程序的被告人，可以请求法官对被告人直接处以财产刑，并在量刑上最高可给予 1/2 的减让。

4. 辩诉交易程序

20 世纪 70 年代以来，面对案件陡然增加压力，德国司法实践中悄悄实行了类似美国诉辩交易程序的制度，并在后来得到德国司法实务界的普遍接受。[②]《德国刑事诉讼法》第 153 条规定了三类这种制度，分别是附条件不起诉、刑事处罚令程序中"诉辩交易"和正是审判程序中的"认罪交易"。在请罪案件中，准备认罪的被告人或者被告人的辩护律师会在庭审前与检察官联系并表达。只要对被告人处罚的罚金不超过一定的限制，被告人会接受以刑事处罚令形式作出的处罚决定。承办案件的检察官希望自己的量刑建议得到被告人的认可，所以会在提出处罚令前和被告人或被告人的辩护律师协商。在这种情形下，被告人通常都会接受法官依据检察官建议而签发的刑事处罚令。这样做的好处是减少被告人的异议，同时减少进入正式审判程序案件的数量。对于经济犯罪、环境犯罪、税务犯罪、毒品犯罪等重大疑难案件，由于证据繁多，证人众多，因此审判周期相对较长。在被告人认罪的前提下，法官只需要确认被告人的认罪有充分的事实依据就可以完成对案件的事实认定，法庭调查将变得相对简单。

综上，大多数大陆法系国家的刑事处罚令程序都是书面审理，且一般只适用于轻微刑事案件，极大地提高了审理轻微刑事案件的诉讼效率。

5. 关于罪数的判断标准

德国、日本为代表的大陆法系国家的刑事法例往往在刑法总则中对法条竞合、牵连犯、想象竞合犯的构成、处罚原则等作出明文规定。以牵连犯为例，德国 2002 年修订的《德国刑法典》第 52 条第 1 款规定："同一行为触犯刑法法规的，或者数次触犯同一刑法法规的，只判处一个刑罚。"因为在德国刑法中，牵连犯是按行为单数来处理的。一向承袭德制的奥地利和瑞士，分别在

① [德] 托马斯·魏根特：《德国刑事诉讼程序》，岳礼玲、温小洁译，中国政法大学出版社 2004 年版。

② 孙长永：《探索正当程序——比较刑事诉讼法专论》，中国法制出版社 2005 年版。

2002 年修订的《奥地利联邦共和国刑法典》和 2003 年修订的《瑞士联邦刑法典》的有关条文中作出了类似的规定。[①]

（三）比较和借鉴

1. 两大法系的共同点

两大法系的国家对被告人认罪案件一般都设置了相对简化的快速、公正审判处理程序，比较起来，有以下的共同点：一是注重提高被告人认罪案件的诉讼效率，体现了对刑事诉讼效率的追求。二是注重保障被告人的权益，被告人都能知晓适用该程序可能的后果，并且告知有选择其他诉讼程序的权利。三是都会给予被告人一定幅度的量刑减让。

2. 两大法系的不同点

两大法系的不同点主要有：一是诉讼解决的模式不同，在英美法系国家诉讼解决模式就是纠纷解决型模式，同时，检察官、被告人和被告人的辩护律师也都认为法官的适当角色是被动的裁判者。[②] 而在大陆法系国家，检察官和法官都必须查清案件事实，审查指控犯罪的证据是否确实充分，这种解决模式被定义为政策执行型的诉讼解决模式。二是给予案件承办检察官的裁量权不同。在英美法系国家，检察官享有广泛的自由裁量权，可以自行决定案件是否提起公诉或者作不起诉处理，也可以起诉被告人部分或全部的罪行，甚至有权决定以一项罪名取代另一项罪名起诉。在大陆法系国家，奉行的是法定起诉主义，即检察官发现罪行只能依据罪刑法定原则对被告人都提起公诉，只有部分法定不起诉情形有相对有限的自由裁量权。大陆法系国家的检察官不能像英美法系国家一样，其既不可以自行决定案件是否提起公诉或者作不起诉处理，也不可以起诉被告人部分或全部的罪行。三是被告人的认罪效果不同。在英美法系国家，被告人只要自愿认罪作有罪辩护，并且当庭或书面表示不做有罪辩护，明白自愿认罪的法律后果，案件事实清楚，就等同于陪审团作出有罪判决。只需要经过法官审查批准就可以。与陪审团定罪判刑相比，这种判决的刑罚要轻得多。[③] 在大陆法系国家，除了刑事处罚令程序外，被告人的认罪都不能替代法庭审判，每一名被告人是否有罪都需要经过法庭审判由法官最终裁决。四是所起的作用不同。在英美法系国家，辩诉交易程序是处理被告人自愿认罪案件最

---

① 高铭暄：《再论牵连犯》，载《现代法学》2005 年第 3 期。

② Maximo Langer, From Legal TransplantsTo Legal Translations: The Globalization Of Plea Bargaining And The AMERICANIZATION Thesis In Criminal Procegure, 45 Harv. int' l L. J. 9 (2004)

③ 孙长永：《"正义"无价，如何"上市"》，陈光中《辩诉交易在中国》，中国检察出版社 2003 年版。

主要的审判方式。斯宾塞教授指出，如果不是因为多数被告人答辩有罪，使得法院无须听取口头举证，那么英国的刑事司法制度基本上无法运转。[①] 在美国，辩诉交易被85%～90%的刑事案件采用。[②] 而在德国，"认罪交易"程序只适用于处理重大、疑难的经济犯罪、环境犯罪等案件。五是对罪数的判断标准不同。在美国行为或者结果符合几项法律规定便构成几个罪。在大陆法系国家刑法总则中对法条竞合、牵连犯、想象竞合犯的构成、处罚原则等作出明文规定。以牵连犯为例，只以一罪处罚。

在美国，辩诉交易之所以能被近90%的刑事案件采用，离不开美国的刑法制度和刑事诉讼法的体系支撑。一是证明标准多元化。英美法系国家一般根据案件不同的性质设置了多元的证明标准。在美国证据法则和证据理论中，将证明标准分为九等，例如对于刑事案件作出定罪裁决需要第二等证明标准即排除合理怀疑，这也是诉讼证明方面的最高标准；对于签发令状，无证逮捕、搜查和扣押，提起大陪审团起诉书和检察官起诉书，撤消缓刑和假释，以及公民扭送等情况则需要第五等证明标准即合理根据 。[③] 根据案件侦查、逮捕、起诉和审判等不同诉讼阶段案件适用不同的证明标准，同时对实体事实和程序事实证明要求进行区分，符合诉讼经济和诉讼效率的要求。二是检察官拥有相对广泛的自由裁量权。检察官对所指控的犯罪可以进行降格指控，或者进行选择性指控，或者检察官通过向法官建议对被告人从轻裁量或者不反对辩护方提出的对被告人的判刑请求，以此换取被告人作出有罪答辩的行为。美国的翟芸瑶案，就是在翟芸瑶认罪的前提下和检方达成了"辩诉交易"，最终获刑13年。三是对事实推定的广泛运用。在美国允许的推断和对被告方转移提供证据责任而不转移说服责任的推定两种推定运用很普遍，无论是强制性推定还是允许性推定，通常可以使承担证明责任的一方尤其是检察官较为容易说服陪审团。在

---

① ［美］艾伦·豪切斯泰勒·斯黛莉、南希·弗兰克：《美国刑事法院诉讼程序》，陈卫东、徐美君译，中国人民大学出版社2002年版。

② 孙长永：《探索正当程序——比较刑事诉讼法专论》，中国法制出版社2005年版。

③ 在美国证据法则和证据理论中，将证明标准一共分为九等：一是绝对确定，由于认识论的限制，认为这一标准无法达到，因此无论出于任何法律目的均无这样的要求；二是排除合理怀疑，为刑事案件作出定罪裁决所要求，也是诉讼证明方面的最高标准；三是清楚和有说服力的证据，在某些司法区在死刑案件中当拒绝保释时，以及作出某些民事判决有这样的要求；四是优势证据，作出民事判决以及肯定刑事辩护时的要求；五是合理根据，适用于签发令状，无证逮捕、搜查和扣押，提起大陪审团起诉书和检察官起诉书，撤消缓刑和假释，以及公民扭送等情况；六是有理由的相信，适用于"拦截和搜身"；七是有理由的怀疑，足以将被告人宣布无罪；八是怀疑，可以开始侦查；九是无线索，不足以采取任何法律行为。参见《美国联邦刑事诉讼规则和证据规则》，卞建林译，中国政法大学出版社1996年版。

美国有一个著名的案例，美国联邦最高法院支持以下推定：从一辆汽车里藏有两支枪的事实，可以推断该车上的四个人均非法持有武器。在这个案例中，两只很重的大口径手枪交叉放在车上一名 16 岁女性的手袋里，该手袋放在车子的前座或者车头的地板上。联邦最高法院认为，从本案的事实推断这四名被告人非法持有枪支是合理的。由于该手枪重量沉、体积大，而且在光天化日之下，因此法院推断这名女性独立持有她包里的武器不太可能，车上的三名男性更有可能具有对该武器的实际控制力，因此也可以推定他们是这些武器的持有者。[1] 这也是英美法系国家不依赖口供能够定案的重要制度支撑。

3. 值得我们借鉴的内容

综合比较两大法系中关于认罪认罚刑事案件处理程序的设置，至少有以下几方面的经验是值得我们借鉴的：一是对认罪认罚刑事案件处理程序的多样化和简易化。两大法系国家大多设计了两种以上的处理程序。二是对被告人认罪的自愿性和诉讼权利的充分保障，这样才能保障对被告人最低限度的公正。三是对于被告人自愿认罪的案件，普遍会给予量刑上的减让，以达到良好的激励作用。四是对证据标准的细化，完善审前程序分流制度。对死刑案件与非死刑案件、对简易程序和普通程序案件等不同性质的案件也适用不同等的证明标准，并且对犯罪嫌疑人（被告人）认罪认罚与否设置不同的司法程序，以实现对案件的分流处理。五是对罪数的判断标准。可学习借鉴美国刑法中行为或者结果符合几项法律规定便构成几个罪。六是对推定的普遍运用，值得我们在完善认罪认罚从宽制度时深刻反思和学习。

三、我国认罪认罚从宽制度的完善

（一）我国认罪认罚制度构建应遵循的基本原则

现代刑事司法程序，被告人认罪一般会产生两方面后果：程序简化与量刑减让。这就产生了对认罪之被告人量刑减让的另外一种解释：被告人认罪能实现提高诉讼效率、节约司法资源之价值，作为回报，理应对其量刑减让。这种解释本质上将被告人认罪与量刑减让视为一种交易，国家与犯罪人在交易中各取所需。国家通过被告人认罪实现程序简化、提高诉讼效率、节约司法资源之价值，而被告人通过认罪则获得从宽处罚。我国现行的认罪认罚制度的设计本身的层次化不够，是一种不精细化的处理案件的方式，无法很好地兼顾公正与效率两大诉讼目的。[2] 建筑高楼大厦需要坚固的基础，构建我国认罪认罚从宽

---

① Joshua Dressler, Understanding Criminal Law, 5th edition, Mathew Bender&Company, 2009, p. 83.
② 熊秋红：《刑事简易速裁程序之权利保障与体系化建构》，载《人民检察》2014 年第 17 期。

制度也应有合理、科学的理念。理念以价值为先导，应当以公正和效率为其价值追求。

1. 保障最低限度公正原则

罗尔斯说过："使我们忍受一种不正义只能是需用它避免另一种更大的不正义。"[①] 构建认罪认罚从宽制度，实际上是在公正与效率的冲突中倾向于效率。在犯罪数量急剧上升的社会背景下，无法有效实现高效司法，报应犯罪、预防犯罪、恢复法律秩序都将是句空话。但是，提高司法效率并不意味着放弃公正，毕竟，公正是司法的生命线。在构成认罪案件诉讼程序的过程中，通过被告人认罪自愿性、事实基础、权利保障机制等制度，将公正的减损降最低。保障最低限度的公正原则已经成为现代法治国家和国际公约公认的刑事司法准则。我国认罪认罚制度构建中应做到：其一，赋予被告人广泛的诉讼权利，保障程序的最低限度的公正。应当扩大被告人的诉讼权利，特别是加强对被告人人权的保障。由于刑事速裁程序不可避免地损害了被告人的一部分权利，所以为了实现诉讼的公正，增强对被告人的权利保护很有必要。在认罪认罚从宽制度的程序构建中，被告人至少首先应当享有程序启动的建议权、证据的知悉权、律师的帮助权等权利，以保障被告人的诉讼程序主体地位。第二，完善相应的庭前程序，保护被告人的相应权利。尤其是科学制定考评机制，不能再简单地以羁押率作为考评标准。设计区别于其他诉讼程序的庭前程序和诉讼案件流转程序。其三，明确规定量刑减让标准。为了"奖励"被告人同意适用程序，我国有必要借鉴大陆法系国家的做法，进一步使量刑减让制度化，使被告人获得合理"回报"。可以在立法上明确被告人同意适用刑事速裁程序可以得到的量刑减让幅度，也让公诉人对被告人的量刑建议能够合理合法，更有依据，以体现刑罚轻缓化的原则并促进公正的实现。

2. 充分发挥程序效率价值原则

司法资源紧缺的问题是大多数国家都面临的问题，因为刑事司法活动具有高耗能的特点，而刑事案件的数量逐年在攀升。从理论上来说，在刑事诉讼中，无论是轻罪还是重罪案件，被告人是否认罪，对案件采取正式、严谨的刑事程序是发现事实真相、实现实体公正的最佳途径。但这仅仅是一种理想的制度设计，因为司法资源的有限性，限制了人类对公正的绝对追求。如果不论案件性质盲目对每一个刑事案件都投入相同的司法资源，会造成两种现象：一是简单案件经历复杂的诉讼程序，势必会带来诉讼资源的浪费；二是复杂案件由

---

① ［美］约翰·罗尔斯：《正义论》，何怀宏等译，中国社会科学出版社1998年版。

于司法资源相对不足而造成难以达到公平正义。① 因此，要根据案件的不同性质对不同的案件设计不同的刑事程序。

在刑事速裁程序试点以前，我国有简易程序和被告人认罪"简化审"两种程序处理被告人认罪的轻型犯罪，因被告人认罪"简化审"被废止，我国目前仅有简易程序一种。简易程序实施以来，在减少法院积案，减轻诉讼当事人诉累方面产生了不可低估的积极效果。② 刑事速裁程序作为简易程序的一种，也将大幅缩短那些犯罪性质轻微、社会危害不大的被告人的审前诉讼期限，缩短被告人的羁押期限，减少司法资源的投入，能够有效提高此类案件的诉讼效率。

3. 充分保障当事人诉讼权利原则

在我国目前的认罪认罚制度中，被告人一般不享有程序的启动权利，甚至也没有程序的建议权。做程序选择权的主人，是被告人具有诉讼主体地位的重要标志之一，只有让被告人做程序选择权的主人，才是真正保障其诉讼主体地位，也只有这样，才能体现程序的正义。因此，在构建认罪认罚从宽制度中，应赋予被告人对刑事案件程序运作的决定权，即被告人有认罪或不认罪、认罚或不认罚、认裁或不认裁的决定权，以此充分保障当事人诉讼权利。具体而言，就是在刑事诉讼任何阶段，被告人都享有认罪或不认罪，认部分罪或全部罪的权利；享有认检察机关量刑建议处罚或者不认处罚的权利；享有认适用认罪认罚程序的权利和不认程序的权利。

（二）我国认罪认罚制度的适用范围

2012 年《刑事诉讼法》关于刑事被告认罪认罚案件完全纳入到简易程序的范畴，规定从法律上扩大了关于认罪程序适用的范围，排除了可能判处死刑的、外国人犯罪的、被告人认罪但经审查认为可能不构成犯罪的这三种情况，将 1996 年《刑事诉讼法》第二十条修改为："中级人民法院管辖下列第一审刑事案件：（一）危害国家安全、恐怖活动案件；（二）可能判处无期徒刑、死刑的案件。"由此可见，刑事诉讼法修正案将被告人认罪认罚的适用范围限定为：基层人民法院应用一审程序审理的，被告人对于犯罪事实没有异议并对适用简易程序没有异议的，可能被判处死刑以下刑期的案件。将原有的独立的刑事被告认罪程序简易审理程序，直接囊括到简易程序中，并不另设为特殊程序。这一规定符合国际上大多数国家对于认罪认罚程序的规定，是在我国建立认罪认罚程序的重要一步。但由于认罪案件的涉及被告人认罪的自愿性、理性

---

① 翁怡洁：《论公诉案件的分流》，载《国家检察官学院学报》2012 年第 5 期。
② 罗智勇：《论我国刑事简易程序的完善》，载《湖南大学学报》2013 年第 2 期。

等特殊的法律要求，未来应该在现有的简易程序适用范围基础上，进一步地进行明确和限制。例如，将在没有辩护人参与的情况下，不得适用被告人认罪程序。事实上，认罪认罚程序在一开始就已经通过被告的自愿认罪解决了关于定罪的问题，整个程序的核心是量刑，结合 2010 年最高人民法院、最高人民检察院、公安部、国家安全部、司法部联合发布的《关于规范量刑程序若干问题的意见（试行）》的相关规定，对于量刑有争议的，被告人因经济困难或者其他原因没有委托辩护人的，人民法院可以通过法律援助机构指派律师为其提供辩护。另外，为了保证认罪程序的正义性，保证被告认罪的自愿和明智，必须在有辩护人前提下进行。所以应当将认罪程序纳入到强制辩护的范围内。在没有辩护人的参与的情况下，不得适用认罪程序，这是维护程序正义的底线。

（三）我国认罪认罚制度法律层面的完善

1. 在实体刑法方面

需要明确对被告人认罪认罚应给予充分、普遍有效的积极评价。首先，除特别严重的罪行外，在立法上应该将其提升为"应当"（即强制型）的法定情节，即如果被告人认罪认罚，应当从轻或者减轻处罚，法官在量刑时须适用该情节，并在判决结果中加以体现。具体而言，在刑法上对被告人认罪认罚应获得的从宽予以明确化、法定化。建议对于坦白认罪的，可以从轻或者减轻处罚，对其中犯罪情节较轻的，应当从轻或者减轻处罚。被告人认罪认罚的，特别在诉讼早期即认罪认罚，供述自愿真实合法且作为主要定案证据立案的，可以考虑比照本案应当判处的刑罚给予 1/4 到 1/3 的减刑，在最大程度上鼓励被告人积极认罪认罚。其次，必须注意到认罪认罚有两种表现形式：自首和坦白。较坦白而言，自首表明犯罪人的人身危险性相对较小，因此对自首的从宽力度显然应该大于坦白。在案件情况相似或者其他条件类似时，对自首的从宽幅度应当大于对坦白的从宽处罚幅度，以鼓励犯罪人积极认罪认罚。但 2015 年 8 月 29 日第十二届全国人民代表大会常务委员会第十六次会议通过《刑法修正案（九）》中关于贪污受贿从宽处罚情节的规定在一定程度上突破了刑法总则关于坦白的规定。《刑法修正案（九）》中第 44 条规定："对犯贪污受贿罪，犯第一款罪，在提起公诉前如实供述自己罪行、真诚悔罪、积极退赃，避免、减少损害结果的发生，有第一项规定情形的，可以从轻、减轻或者免除处罚；有第二项、第三项规定情形的，可以从轻处罚。"可见，在具有坦白情节的情况下，只有避免特别严重后果发生的，才可以减轻处罚，且不存在免除处罚的情形。而贪污受贿的犯罪嫌疑人在提起公诉前如实供述自己罪行（坦白），却可以因为真诚悔罪、积极退赃，避免、减少损害结果发生等情节被免除处罚。此外，在罪数判断标准方面。建议可以对行为或结果符合几项法律规定的便构成几项罪。① 如对于牵连犯，因为其是出于一个犯罪目的实施数个犯罪行为，而触犯了数个罪名，数个行为之间存在手段与目的或者原因与结果的牵连关系，分别触犯数个罪名的犯罪状态，除我国刑法已有规定的外，我国以往的处理都是择一重罪处罚。笔者认为，在完善认罪认罚从宽制度后，应区别对待。对于认罪认罚的牵连犯，可以择一重罪处罚，对于不认罪认罚的牵连犯，实行数罪并罚。

2. 在程序法方面

基于诉讼经济的原则，"刑事司法资源的稀缺性与易耗性，决定了国家在刑事诉讼过程中总是力图以最少的诉讼资源投入来产出最大的案件解决数量"，在既有的司法资源较为紧张的情况之下，完全有必要针对认罪认罚与否设置不同的司法程序，丰富认罪认罚制度设计的层次，以实现对案件的分流处理。同时，这样也有利于查明案件的事实，因为被告人及时自愿作出真实的认罪认罚，有利于司法机关更快更经济地查明真相、认定事实。所以，认罪认罚的案件原则上适用简单的司法程序，无需投入较多的司法资源；不认罪认罚的案件则应当适用相对复杂的普通程序，将有限的司法资源用于处理相对复杂的普通程序，以正确认定被告人是否应负刑事责任及刑事责任的大小。同时，已经投入被告人认罪认罚案件中的司法资源，重点应用于审查被告人认罪认罚的自愿性和客观性，以及在确定认罪认罚后应对被告人给予何种实体上的处理。唯有如此，才能在犯罪增长、国家司法资源有限的情况下，有效实现打击犯罪和保障人权的双重目的，充分发挥刑事立法和司法的积极作用，促使犯罪者积极回归社会。

3. 在证明标准方面

以证明标准为核心，完善诉讼证明制度。当前我国证明标准的刚性要求无法适应复杂的司法需求，有必要从标准运用的角度强化法官的心证性，从证明过程的角度强化事实推定的运用，从诉讼效率的角度强化诉前分流程序。一是强化证明标准的主观性。我国的印证证明模式把获得印证性直接支持证据作为证明的关键，注重的证明的外部性而非内省性，在理念上强调所谓的"客观真实"，而不愿承认"法律真实"，尤其是强调被告人口供与相关证据的印证性，造成很高的证明标准。以审判为中心要求"裁判结果形成于法庭"，法官对证明标准的主观判断必不可少。二是完善事实推定制度。为了缓解我国刑事证明标准过高的局限性，最高法院应当加大相关案例指导和规范力度，允许法官基于理性认识，扩大通过有证据证明的基础事实推定相关案件事实的适用

---

① 储槐植、江溯：《美国刑法》（第四版），北京大学出版社 2012 年版。

面，重点审查和衡量案件证据的内省性特征，通过建立内心确信而定案。三是完善审前诉讼程序。我国起诉标准与定罪标准合一的模式不仅不符合司法规律，也不利于分流大量的轻刑案件，因此有必要对起诉的证明标准进行调整，只要案件定罪的可能性明显大于非定罪的可能性就可以起诉，同时要吸收美国近90%的刑事案件通过辩诉交易处理的合理做法，加大认罪认罚案件从宽处理的改革力度，对检察机关适当扩大对案件的起诉裁量权，充分利用不起诉和附条件不起诉以及认罪择一罪起诉和不认罪数罪起诉等手段，实现案件的分流，提升诉讼效率，以适应审判为中心的诉讼制度改革，把诉讼资源集中到审理重大案件的普通程序之中。

4. 其他重要制度设计

（1）建立律师援助制度

在刑事诉讼程序中，犯罪嫌疑人、被告人享有律师的辩护权是其诉讼主体地位的体现。被告人享有辩护权是无罪推定原则在刑事诉讼中的逻辑延续，是程序正义的必然要求。程序正义的核心是对被指控的人的个人权利加以保护，而对国家公权力加以限制。[①] 被告人有权获得律师的援助，获得辩护权是基本人权。这一制度已被大多数国家的刑事诉讼法采纳，同时也被明确载入国际人权公约。虽然我国《刑事诉讼法》在1996年修订时扩大了辩护律师在刑事诉讼中的作用，但在我国的司法实践中，还有大量的被告人因为贫穷、无知或者对辩护律师的不信任、误解而不聘请律师。[②] 对于经过认罪认罚程序审判可能被判处自由刑的被告人，对于辩护律师的需要就更加迫切。如果有律师为其提供法律服务，对其应否认罪及行为性质进行利弊分析和指导，将有利于确保被告人对程序的选择是在知情、自愿且充分权衡利弊的基础上作出的最有利于自己的选择。具体来说，应扩大法律援助的范围，法律援助的对象应当包括贫穷的被告人。

（2）完善证据知悉制度

证据知悉权是维护和保障被告人程序主体地位的重要制度，其实质是控方有义务告知被告人及其辩护律师，控方已收集和掌握的证据。在我国刑事诉讼活动中，被告人及其辩护律师了解空方证据的途径非常有限。在司法实践中，控辩双方对己方的证据都"严防死守"，特别是一些影响定罪量刑的关键证据，更是在开庭前都拒绝透露。这种证据封锁给我过刑事诉讼活动的进行带来

---

① 黄东熊：《刑事诉讼法论》，台湾三民书局1987年版，第28页。
② 戴红霞：《普通程序简化审"简"什么》，载《杭州商学院学报》2008年第1期。

了极大的负面影响，损害了诉讼公正，影响诉讼效率。① 笔者认为，在认罪认罚制度的构建中，应确立证据开示制度。规定控辩双方在审前程序应相互开示己方已掌握的证据，尤其应当由控方向被告人展示其收集到的证据，以保障被告人的证据知悉权。证据开示的具体时间节点，可以选在在审查起诉之后，开庭之前，在法官的主持下由检察官和被告人的辩护律师展示，并解决证据的采信问题。

（3）赋予检察官的量刑建议权

法院审理程序是以定罪为中心展开。法官对于量刑有着绝对的垄断。检控方提出量刑建议是其"求刑权"的延伸。将量刑建议与起诉书分开，有其事实证明和程序启动双重意义。虽然法官可以对犯罪的罪名、罪数，进行自己的判定，但是起诉书却是检察官正式提起公诉的标志。如果没有起诉书，法官审理案件只能按照自诉程序进行，而这样的程序对抗与一般的公诉程序又有所不同。在检察官提交起诉书之后，所有的诉讼程序将围绕是否定罪，罪数和罪名来进行展开，双方的证据展示和辩论也是以定罪为核心的。赋予检察官的量刑建议权，不仅是检察官履行法定职责，尊重法院裁判和保护当事人权益，② 更重要的是有助于从程序上保障量刑公正，而且有助于提高诉讼效率，节约司法资源，促进检察官管理，提高办案质量，强化控辩双方的诉讼职能。

（4）设立刑事处罚令程序

被告人适用认罪认罚程序的案件，因程序简化，一般都不必再进行法庭调查、法庭辩论，公诉人开庭只是宣读起诉书和量刑建议书以及进行法律监督。由于被告人对适用法律无争议，对指控事实无意义，对此，认罪认罚程序可以参考民事案件实现担保物权程序，对于那些可能被判处管制、单处罚金、免予刑事处分的被告人，检察机关没有必要派员出庭。法官可以依据公诉机关的起诉书、量刑建议书进行书面审查，并作出刑事处罚令。收到处罚令后被告人享有是否接受处罚令的决定权。被告人如果没有异议，则处罚令在一定时间后生效。如果被告人对处罚令有异议，可以在一定时间内以书面或口头形式通知法院，案件适用简易程序或者普通程序开庭审理。

① 徐静村：《中国刑事诉讼法（第二修正案）——学者拟制稿及立法理由》，法律出版社 2005 年版，第 388 页。
② 张国轩：《检察机关量刑简易问题研究》，中国人民公安大学出版社 2010 年版。

认罪认罚从宽制度思考

——以公诉环节重刑案适用情况为镜鉴

潘　颖[*]

认罪认罚从宽制度是刑事诉讼制度改革的一项重大举措，2016 年 11 月"两高三部"下发《关于在部分地区开展刑事案件认罪认罚从宽制度试点工作的办法》（以下简称《试点办法》）将制度进一步具体化，确保试点稳妥进行。理论界也进行了较深入的研究，但是对于重特大刑事案件（以下简称重刑案）的适用特殊性关注不够，对于重刑案能否适用认罪认罚制度，适用中存在哪些特殊问题，以及如何解决等都缺少针对性研究。司法实践中，我国重刑案目前主要以命案、毒品案件（大规模、大数量）、数额特别巨大的经济类犯罪案件为主，本文将尝试以此为对象展开研究。

一、重刑案何以适用

实践中存在一种倾向，往往将认罪认罚制度等同于简易程序案件，认为只有轻刑案件才能适用认罪认罚制度，重刑案难以适用，这是一种偏见或误解。

表一　含认罪认罚从宽制度的实体规范梳理表

出台时间	规范名称	出现"认罪"频率	含"认罪认罚"制度内容规定列举
1979 年 7 月 1 日	1979《刑法》	0	第六十三条："犯罪以后自首的，可以从轻处罚。其中，犯罪较轻的，可以减轻或者免除处罚；犯罪较重的，如果有立功表现也可以减轻或者免除处罚。"

* 安徽省人民检察院干部。

出台时间	规范名称	出现"认罪"频率	含"认罪认罚"制度内容规定列举
1984 年 4 月 16 日	《最高人民法院、最高人民检察院、公安部关于当前处理自首和有关问题具体应用法律的解答》	0	"对于罪犯确能坦白其罪行的，依照刑法第五十七条的规定，视坦白程度，可以酌情从宽处理。"
1989 年 8 月 15 日	《最高人民法院、最高人民检察院、公安部关于贪污、受贿、投机倒把等犯罪分子必须在限期内坦白自首的通告》	0	"被采取强制措施后坦白全部罪行，积极退赃的，或者有检举立功表现的参照前款规定，酌情从轻处罚。"
1997 年 3 月 14 日	1997《刑法》	0	第六十七条："对于自首的犯罪分子，可以从轻或者减轻处罚。其中，犯罪较轻的，可以免除处罚。"
2009 年 3 月 19 日	《最高人民法院、最高人民检察院关于办理职务犯罪认定自首、立功等量刑情节若干问题的意见》	0	"犯罪分子依法不成立自首，但如实交代犯罪事实，有下列情形之一的，可以酌情从轻处罚。"
2010 年 2 月 8 日	《最高人民法院关于贯彻宽严相济刑事政策的若干意见》	8	"对于犯罪性质尚不严重，情节较轻和社会危害性较小的犯罪，以及被告人认罪、悔罪，从宽处罚更有利于社会和谐稳定的，依法可以从宽处理。""被告人案发后对被害人积极进行赔偿，并认罪、悔罪的，依法可以作为酌定量刑情节予以考虑。"
2010 年 9 月 13 日	《人民法院量刑指导意见（试行）》	3	"对于当庭自愿认罪的，根据犯罪的性质、罪行的轻重、认罪程度以及悔罪表现等情况，可以减少基准刑的10%以下，依法认定自首坦白的除外。"

续表

出台时间	规范名称	出现"认罪"频率	含"认罪认罚"制度内容规定列举
2010 年 12 月 22 日	《最高人民法院关于处理自首和立功若干具体问题的意见》	0	"具有自首或者立功情节的，一般应依法从轻、减轻处罚；犯罪情节较轻的，可以免除处罚。类似情况下，对具有自首情节的被告人的从宽幅度要适当宽于具有立功情节的被告人。"
2011 年 2 月 25 日	《刑法修正案（八）》	0	"犯罪嫌疑人虽不具有前两款规定的自首情节，但是如实供述自己罪行的，可以从轻处罚；因其如实供述自己罪行，避免特别严重后果发生的，可以免除处罚。"
2010 年 12 月 23 日	《最高人民法院关于常见犯罪的量刑指导意见》	3	"对于当庭自愿认罪的，根据犯罪的性质、罪行的轻重、认罪程度以及悔罪表现等情况，可以减少基准刑的 10% 以下，依法认定自首坦白的除外。"

　　1. 从制度规范来看，现行《试点决定》既没有规定中级法院管辖的案件不能适用，也没有排除重刑案的适用。对认罪认罚制度的发展脉络梳理可以看出，认罪认罚从宽制度应当适用于一切刑事案件，根据《试点办法》的规定，可以依法从宽处理的案件，是指被追诉人自愿如实供述自己的罪行，对指控的犯罪事实没有异议，同意量刑意见，并签署具结书的案件。因此，除《试点办法》第 2 条规定的四种情形外的案件，只要符合上述要求都可以适用。如果将认罪协商程序限缩适用于轻微刑事案件，会大大限制认罪认罚制度功效的发挥。

　　2. 从司法实践来看，重刑案对言词证据的依赖更为严重，尤其是命案和毒品案件，这两类案件若缺乏犯罪嫌疑人、被告人的供述，易导致案件事实无法查明，诉讼进程无法推进。此类案件适用认罪认罚从宽制度在一定程度上可以促进案件证据体系的完善。作为试点地区的北京市人民检察院第一分院，截至 2017 年 4 月，业已在 22 起重刑案件中尝试落实认罪认罚从宽制度，达到了不同程度的效果。① 另外，中国第一个认罪认罚案件——孟广虎故意伤害案，

————————
　　① 胡卫列、董桂文、韩大元：《认罪认罚从宽制度的理论与实践》，中国检察出版社 2017 年版，第 277 页。

即属于重刑案，此案亦被称为"中国诉辩交易第一案"。①

3. 从制度价值来看，认罪认罚从宽制度，是依法推动宽严相济刑事政策具体化、制度化的重要探索，两者价值取向是同一的，即根据犯罪的具体情况实行区别对待，做到宽严相济、罚当其罪。因此，在重刑案中适用认罪认罚从宽制度，不仅可以弥补重刑案天生的"证据缺陷"、帮助查明案件事实；也可以减少犯罪嫌疑人、被告人对司法的抵触情绪，通过真诚认罪、悔罪得到心灵上的安宁；还可以让实体法的从宽处理通过程序法上的制度设计让更多犯罪人适用，最大限度节约司法资源，修复被毁损的社会秩序；更能贯彻"严格控制和慎重适用死刑"的政策，通过认罪认罚从宽使被告人的法定、酌定从宽情节得到落实，最终达到减少适用死刑立即执行的目的。

二、重刑案何以难用

重刑案适用认罪认罚从宽制度虽然具有积极显著的现实意义，也具有可操作性，但立法和司法相关制度的不完善，使得检察裁量的空间有限：

1. 证明标准尚未统一。试点开始以来，无论理论界和实务界均有提出降低证明标准的声音。② 但认罪认罚从宽制度的价值之一是促使被追诉人及时认罪并如实供述犯罪事实，配合司法机关查明事实、固定证据。绝非对证据规格的"架空"和证明标准的"松绑"。刑事犯罪审查过程中，片面重视有罪、罪重证据的证明价值和作用，易对冤假错案的酿成推波助澜。证明标准不统一，不仅易引发认罪认罚案件没有实质性从快从简，更易出现"口供为王"的历史倒退。在认罪案件中，办案人员将更容易因犯罪嫌疑人已认罪而放松对证据的把关，特别是命案，大多可能判处无期徒刑甚至死刑，一旦"亡者归来"或"真凶再现"时，司法机关在民意面前陷入严重被动境地。此种情况下，对"事实不清，证据不足"的重刑案适用认罪认罚，撼动刑事司法的正当性。

2. 认罪认罚司法界定缺失。目前《试点办法》仅规定了认罪认罚的基本内涵，以及不适用认罪认罚从宽制度的三种具体情形和一种兜底情形。关于自首和坦白中"如实供述自己罪行"可视为对"认罪"的表述，而"认罚"在十八届四中全会之前鲜有提及。在试点中就出现这样的案例：某故意杀人案件，犯罪嫌疑人承认自己犯有故意杀人罪，但辩称自己案发当日饮酒，记不清

---

① 张景义等：《聚焦国内"诉辩交易"第一案》，载 http：//www.chinacourt.org/article/detail/2002/08/id/9780.shtml，2017 年 8 月 1 日访问。

② 樊崇义、孙道萃：《认罪认罚从宽制度的本体范畴结构》，载《人民检察》2017 年第 5 期。

具体的作案过程，这种情况属于"认罚"，但不"认罪"。① 由于各地试点中对于不同诉讼阶段、不同程度、主动被动的认罪并无精准区分，法官自由裁量权幅度较大，对于不同阶段的认罪认罚是否取得从宽、从宽的实体或程序幅度是否有差异和层次，如何界定具体幅度，也存在争议，重刑案司法界定缺失，更易滋生司法腐败。

3. 犯罪嫌疑人、被告人权利设置存在瑕疵。一是未赋予程序选择权。对于适用刑事和解程序的认罪认罚案件，犯罪嫌疑人、被告人有权达成和解协议，自愿选择适用和解程序，但对于适用简易程序和速裁程序，犯罪嫌疑人并无主动要求适用的权利，只有同意与否的权利，程序选择权设置上存在瑕疵；二是未给予放弃部分诉讼权利的行为应有待遇和补偿。试点检察院 Z 市 J 区检察院介绍，目前认罪认罚从宽实际上不是在办案人员与犯罪嫌疑人、被告人进行有效沟通互动中形成的，实践中一般是尚未与犯罪嫌疑人、被告人进行认罪协商时就先行确定一个结果，然后报请领导确定，最后与法院协商，其实，这三种情形都将犯罪嫌疑人、被告人置身于认罪认罚从宽制度之外，顶多是有程序而非实质性的参与。犯罪嫌疑人、被告人并未真正因认罪认罚依法获得程序性利益补偿。相反，重刑犯因控辩双方力量更加悬殊，还面临着被迫认罪、刑讯逼供、暴力取证、花钱买刑、权钱交易以及不认罪认罚会否"从严从重处罚"的风险。

4. 认罪认罚适用范围狭窄。试点现有的认罪激励机制主要表现为量刑减让，其实在重刑案中效果更为显著，对于可能判处长期监禁刑的被告人有很大吸引力。但在适用时出现两种错误倾向，一种是犯罪情节确实较重，为了实现破案率、批捕率等目的引诱或者欺骗被追诉人认罪；另一种是本身就具有法定从宽处罚情节，基于司法实用主义将认罪当做交易筹码，但被告人并未因此获得激励。公诉部门本身就存在案多人少的矛盾，人均办案压力较大，公诉人囿于重刑案社会关注度较高的压力和科层式工作机制、办案终身制、绩效考评机制的压力，更倾向于按照固有的办案节奏和办案程序办理重刑案，因此该类案件实践中适用认罪认罚的范围很窄，且不起诉使用率极低。本可通过公诉裁量权进行的从宽激励失效，认罪博弈失灵。

5. 量刑建议采纳率受限。认罪认罚从宽涉及的罪名几乎全覆盖，而公诉部门所参考的量刑标准，主要为最高人民法院及各省高级法院出台的《常见犯罪量刑指导意见》或依据其所制定的实施细则中包含的数十个罪名，对于

① 案例来源于作者委托最高人民法院第四巡回法庭对郑州市中级人民法院及辖区十三个基层法院重刑案适用认罪认罚从宽制度的汇总统计和案例。

案情较为复杂的新型重刑案或者法定刑幅度大的重刑案，尚无明确量刑标准。试点地区检察机关量刑建议想要得到法院的认可较为困难。因此，试点地区的适用都集中在一些常见罪名，针对轻罪（如危险驾驶、盗窃等），根据"两高"的指导案例以及自身办案经验提出一定幅度的量刑建议，即使在重刑案中适用，为追求法院采纳率，一般也是提出相对较宽的量刑幅度，仍有畸轻畸重的判决结果出现。且量刑建议仅仅是检察机关单方面主张和意见，对法官没有约束力，审判不受量刑建议规范制约。若适用率和量刑建议采纳率一直偏低，势必弱化公诉裁量权的行使，降低检察公信力。特别是重刑案易侵犯公民的生命和身体健康，社会危害大，直接影响到人们群众的安全感，量刑建议若不精准，极易引发新的社会矛盾。

三、重刑案如何适用

认罪认罚的审查标准、认罪协商制度、量刑建议的提出、认罪认罚的从宽适用，由公诉部门起中枢作用。重刑案适用中，公诉部门应着重把握以下五个方面：

1. 完善法定证明标准。其一是对侦查阶段的认罪认罚获得的各类证据进行严格审查，特别是对认罪、认罚的自愿性、合法性进行有效审查，防止办案机关违法办案，强迫、引诱犯罪嫌疑人、被告人作虚假有罪供述。公诉部门通过建立"由供到证"与"由证到供"的辨识机制，严格贯彻证据裁判原则，避免因侦查机关滥用认罪认罚从宽的权力而酿成冤假错案。其二是审查起诉阶段坚持刑事诉讼法的证明标准。对重刑案，根据证据认定主要犯罪事实的过程符合逻辑和经验规则，由证据得出的结论为唯一结论，"确保对主要事实、关键事实的证明达到结论的唯一性和确定性"。[①] 其三在犯罪嫌疑人认罪的案件中，办案人员容易因其已认罪而放松证据审查把关。特别是故意杀人、故意伤害致人死亡等重刑案，公诉部门应对犯罪嫌疑人、被告人列明虚假供述的法律后果，[②] 如因替人顶罪作虚假供述，使办案人员难辨真假造成错案的，被告人要承担虚假供述造成错案的主要责任。如因公诉人审查不严造成责任的，追究相关办案人员的责任。

2. 明晰制度内涵。其一是通过立法或是司法解释的方式对认罪认罚予以明确的释义，在立法上将认罪认罚提升为"应当"型量刑情节。将犯罪嫌

---

① 张菁：《严重暴力犯罪认罪认罚案件在审查起诉环节的办案思路和方法》，载《上海检察调研》2017 年第 5 期。

② 陈光中：《认罪认罚从宽制度实施问题研究》，载《法律适用》2016 年第 11 期。

人、被告人认罪认罚的，由现行的"可以从轻、减轻或者免除处罚"修改为"应当从轻、减轻或者免除处罚"。其二是实体上明确认罪认罚的内涵是自愿真实，核心是从宽。"认罪"应当是对主要犯罪事实和罪名的承认，如果被告人只承认自己具有犯罪事实，但并不承认检察机关指控的罪名，不能构成认罪。如果承认自己具有犯罪事实，但认为罪名应为较轻罪名，如检察机关指控其犯故意杀人罪，但其认为构成故意伤害致人死亡，亦不构成认罪。重刑案只有对指控的犯罪事实和罪名均无异议才能认为是认罪。且"从宽"是指依法从宽，不是突破法律规定的法外从宽，对可能判处无期徒刑、死刑的重刑案，"宽"体现在制度上，"严"体现在程序和内容上。

3. 确认认罪认罚权利。其一是知情权。重刑案的被告人作出决定前，司法机关应切实告知其认罪认罚的性质和可能导致的法律后果，确保认罪认罚的自愿性和明智性。其二是法律援助权。在犯罪嫌疑人认罪认罚过程中应听取辩护人或者值班律师的意见，确保每一位自愿认罪认罚的被告人都得到切实、充分的法律帮助。其三是撤回权。"即使在认罪认罚从宽协商时有律师参与并对其提供咨询的情形下，被追诉人选择撤回，同样应当被允许。"① 一旦认为前期认罪认罚供述有损其利益，犯罪嫌疑人、被告人有权主张撤回自白供述和罪刑"承诺"，重新享有基于沉默权和辩护权的正当程序保障。即建立被告人反悔的程序回转机制。②

4. 合理确定从宽幅度。其一是合理适用从宽方式，主要体现在实体从宽、程序从宽、措施从缓。鼓励适用非羁押性强制措施，适度下放不起诉决定权，扩大附条件不起诉适用范围。其二是准确把握例外情形。在试点中遇到的疑难复杂和敏感案件，如危害国家安全犯罪、恐怖犯罪、涉黑涉恶类犯罪这类重刑案必须高度慎重、严格把握，避免案件处理违背公平正义理念。对罪行极其严重、社会危害性极大、主观恶性极深、人身危险性极大的犯罪嫌疑人依法不予从宽。其三是全面考量被害方意见。作为重刑案中被侵犯的直接对象，公诉部门应给予被害人适度表达意愿的空间，防止特定案件被害人情绪强烈反弹，但也要防止被害人以缠访闹访为量刑意见筹码。犯罪嫌疑人具有法定、酌定从宽处罚情况的，可不受被害方意见约束从宽处理，即"被告人的愤怒不能成为加重刑事处罚的缘由"。③ 同时，合理关注被害人诉讼请求，接受被害人监督，

① 陈卫东：《认罪认罚从宽制度试点中的几个问题》，载《国家检察官学院学报》2017 年第 1 期。

② 陈瑞华：《"认罪认罚从宽"改革的理论反思》，载《当代法学》2016 年第 4 期。

③ 张明楷：《责任刑与预防刑》，北京大学出版社 2015 年版，第 306 页。

认真开展释法说理和心理疏导。

5. 精准设计量刑建议。一方面,利用"大数据技术",以"智慧公诉"为平台,对不同时期、不同地域等海量裁判信息进行智能处理。例如,作者根据所在公诉部门工作实践,依据对重刑案的案例整理,拟定了部分裁量标准。[①] 据此进行同案类推,从而发现证据材料和待证案件事实之间的关联、占比。据此,公诉人输入起诉书指控罪名及相应的犯罪事实、量刑情节,经过系统识别甄选量刑幅度、证据要求、赔偿数额等,自动生成量刑范围。另一方面,量刑数据平台并非以电脑代替公诉人作出量刑,而是以大数据技术为辅助,以更加公正、透明的方式推动公正和效率的双赢。公诉人仍需要全面考察犯罪的事实、性质、情节和对社会危害程度的基础上,综合给出量刑建议,不能简单加减。可由"两高"联合出台量刑指导意见,建立统一的量刑标准,从根源上解决量刑建议的准确性和有效性。

四、结语

虽然认罪协商是国际通行的一种刑事诉讼程序,但它绝非一种完美的制度,而是法律现实主义指引下的不得已选择,[②] 并具有其自身独特的价值。西方学者早就指出:"诉辩交易没有什么值得称赞的地方。然而尽管不值得炫耀,诉辩交易毕竟胜利了。它以非暴力的方式悄无声息地夺取了刑罚的领地,并征服了仍有抵触情绪的陪审团。"[③] 面对这样一个本身有诸多争议又容易被滥用的制度,我们在热情拥抱她的时候,更应保持清醒的头脑。特别是在重刑案中,公诉部门既要审慎待之,又要有效适用,以发挥审查起诉环节的调节作用,贯彻恢复性司法理念倡导的要旨,实现诉讼资源优化配置和案件质量提升的有机统一。

---

① 如拟制部分重刑案参考标准为:(1)极端仇视国家和社会,以不特定人为侵害对象的,从严;(2)事先精心预谋、策划犯罪的,从严;(3)具有惯犯、职业犯情节的,从严;(4)暴力犯罪受过刑事处罚、在缓刑、假释考验期内又犯罪的,从严;(5)前罪为暴力犯罪或被判处重刑的累犯等,从严;(6)群体性事件中组织、指挥、策划和直接实施杀人、伤害等暴力犯罪的,从严;(7)因恋爱、婚姻、家庭、邻里纠纷等民间矛盾激化引发的,酌情从宽;(8)被害人在起因上存在过错、基于义愤引发的,酌情从宽;(9)具有为摆脱家庭暴力等防卫因素的,酌情从宽;(10)犯罪嫌疑人案发后积极赔偿、真诚悔罪,取得被害人谅解的,酌情从宽;群体性事件中因被煽动、欺骗、裹胁而参加,情节较轻的,酌情从宽。

② 胡铭:《超越法律现实主义——转型中国刑事司法的程序逻辑》,法律出版社 2016 年版,第 1 页。

③ [美] 乔治·费希尔:《诉辩交易的胜利——美国诉辩交易史》,郭志媛译,中国政法大学出版社 2012 年版,第 6 页。

检察机关在认罪认罚从宽制度中的
职能再认识及其保障

——以域外经验和制度供给为视角

裴仕彬[*]

随着《刑法修正案（八）》和《刑法修正案（九）》的出台，我国刑事司法领域凸显出犯罪轻刑化倾向，有限的司法资源无法满足案件量的日益增长。[①] 认罪认罚从宽制度便是在综合我国现实司法需求和借鉴国外认罪协商有益经验的基础上而提出来的。

我国现有的法律设计了在审判阶段适用速裁程序、简易程序、普通程序等多层次"繁简分流"机制。检察环节作为刑事诉讼审前（诉前）程序的重要一环，相比于审判阶段的"案件分流"，审前的"起诉案件"和"不起诉案件"二元分流机制在优化司法资源配置和提高诉讼效率方面同样能起到积极作用。因此，检察机关在认罪认罚制度中的职能跟进和变革，对认罪认罚制度的创新发展具有非常重要的作用。

一、认罪协商制度中检察机关作用的域外经验

（一）英美法系

1. 美国。美国的辩诉交易制度是最为彻底的认罪协商制度。有学者通过考证研究认为，美国最早的辩诉交易可以追溯至 1804 年。[②] 美国早期的辩诉交易史就是美国地区检察官主动作为的历史。19 世纪的美国，工业突飞猛进，

---

* 广东省深圳市龙岗区人民检察院公诉部检察官。

① 2015 年全国法院刑事一审收案 109.9 万件，同比上升 7.5%；2016 年全国法院刑事一审收案 111.6 万件，同比上升 1.5%。参见 2016 年、2017 年最高人民法院工作报告。

② 参见王兆鹏：《美国刑事诉讼法》，北京大学出版社 2005 年版，第 536 页；参见［美］乔治·费希尔：《辩诉交易的胜利——美国辩诉交易史》，郭志媛译，中国政法大学出版社 2012 年版，第 4 页。

经济迅速发展，随之而来的产生了很多社会问题，犯罪活动快速增长便是其中之一。另外，当时的美国检察官很多是兼职的，除了处理公诉案件外，还代理民事案件。案件量的增长使得检察官面临极大的压力。"为了迅速、及时解决积案，一些城市的检察官开始采用与被告人协商和交易的方式结案……由于此种方式方便、快捷，能够有效地提高诉讼效率，节省诉讼资源，尽快扫清积案，因此在美国绝大部分州得到广泛采用。"① 如今，美国的刑事案件中有90%是通过有罪答辩进行结案的。

在美国，检察权尽管带有行政权的性质，但是检察官在辩诉交易中享有很大的自由裁量权，如，检察官可以直接决定对犯罪嫌疑人是否提起指控、对被告人提起几项指控、以何种罪名指控被告人，在与被告人做交易时可以用放弃指控、减少指控、改变指控罪名、降低刑罚指控的方式与被告人达成交易。一般来说，检察官是辩诉交易的启动者，尽管当今美国法官也可以与被告人达成辩诉交易，但受到很多限制，辩诉交易实际上是"检察官的权力"。② 在休斯敦，大约80%的刑事案件中，法官完全接受了量刑建议。③

2. 澳大利亚。根据澳大利亚《皇家检察官法》的规定，皇家检察官负责审查起诉和提起诉讼。在指控协商程序中，检察官可以使用改变罪名或者对被告人承诺以何种罪名指控被告人以换取被告人的认罪。在整个过程中，检察官都起着主导的作用，是否接受被告人的有罪答辩以及提起指控交易的决定权都在检察官手中。以至于澳大利亚高等法院也默认了这种法官和检察官在指控协商中的权力格局，"在指控协商过程中，法官在检察官接受有罪答辩的任何案件中，无论是指控协商还是其他方面的商讨中，都不发挥任何作用，只要有罪答辩是真实的"。④

（二）大陆法系

1. 法国。2004 年，法国立法创设了庭前认罪答辩程序，形成了具有法国特色的辩诉交易制度，该制度允许被告人在某些案件中可以认罪为前提和检察官进行量刑交易。根据 2004 年 3 月 9 日的法律规定，"对于最高监禁刑不超过5 年的轻罪，如果犯罪行为人承认犯罪，允许检察官向犯罪行为人提议执行一项或数项当处之主刑或附加刑"。⑤ 这是检察官在庭前认罪答辩程序中检察官

---

① 刘根菊：《确立中国式辩诉交易程序之我见》，载《政法论坛》2002 年第 6 期。
② 柯葛壮、杜民霞：《略论美国辩诉交易制度及检察官的作用》，载陈光中主编：《辩诉交易在中国》，中国检察出版社 2003 年版，第 100 页。
③ 祁建建：《美国辩诉交易研究》北京大学出版社 2007 年版，第 91 页。
④ 转引自张智辉主编：《辩诉交易制度比较研究》，中国方正出版社 2009 年版，第 159 页。
⑤ 何家弘主编：《检察制度比较研究》，中国检察出版社 2006 年版，第 146 页。

权力的来源。检察官在被告人接受认罪建议后，向轻罪法院院长提出认可的申请，如果法院予以认可，则裁定具有了法律效力和执行力。"即使被告人不同意适用庭前认罪程序，法院也会尊重检察官的程序要求。而且，检察官所提出的量刑建议并不需要征求被告人的意见，也无须经过事先的讨论。"① 法国的检察官成为庭前认罪答辩程序最大受益者，检察官在审前的权力得到极大扩张，日益成为案件分流的掌控者，还向准量刑官和准法官的角色转变，是刑事诉讼程序的核心。

2. 德国。"二战"后，德国经济快速发展，刑事实践也面临案件量的快速上升与司法资源相对缺乏的困境，检察官和法官也在寻求一种既节省司法资源又能打击犯罪的案件处理机制，刑事协商程序在此背景下得以形成。"据德国司法实务人士的估计，如今大约有超过 50% 的诉讼程序曾经适用过协商方式解决案件。"② 协商程序主要包括三类：一是检察官提出在正式起诉前的附条件中止案件程序。根据 1974 年修改的《德国刑事诉讼法典》第 153a 条规定，在轻罪案件中，检察官可以要求被告人履行一定义务后中止起诉。尽管根据法律规定中止起诉需要法官的同意，但是在"实践中法官基本都同意检察官的决定"。③ 二是起诉后庭审前的刑事命令程序。《德国刑事诉讼法典》第 407 条规定，检察官对于轻微刑事犯罪可以向法院提出书面申请，法官可以不经主审判程序而发布书面刑事命令对被告人进行处罚。法官一旦发布命令，就必须按照检察官申请书中所要求的处罚类型进行处罚，在实践中，法官除了极有必要转为主审判程序外，几乎所有情况都是根据请求直接发布刑事命令。三是在庭审准备阶段到主审判程序中的自白协商制度。被告人、检察官、法官都可以主动提出自白协商，主要还是发生在被告人和法官之间，法官可以许诺对被告人处以较轻刑罚或者驳回对被告人的部分指控，"在这种形式的协商中，检察官往往只是发挥有限的作用"。④

（三）结论

辩诉交易起源于美国，形成于 19 世纪下半叶，成熟于 20 世纪六七十年代。面对日益增长的轻微刑事案件量和日益捉襟见肘的司法资源配置困境下，世界范围内出现了一波研究和借鉴美国辩诉交易制度的热潮，除了上述澳、

---

① 陈超：《比较法视野下的意大利辩诉交易制度》，载《人民司法》2014 年第 19 期。

② ［德］许奈曼：《刑事诉讼的北美模式》，载《国家检察官学院学报》2008 年第 5 期。

③ 张进德：《德国的协商性司法——兼与美国辩诉交易的比较》，载《人民检察》2010 年第 17 期。

④ ［德］约阿希姆·赫尔曼：《协商性司法——德国刑事程序中的辩诉交易》，载《中国刑事法杂志》2004 年第 2 期。

法、德等两大法系国家吸收辩诉交易的有益经验从而形成符合自身刑事诉讼特点的认罪协商制度外，其他国家诸如英国、意大利、日本、俄罗斯等大多数国家都创设了相应的认罪协商（答辩）制度。通过考察辩诉交易早期史和各国认罪协商制度形成发展史可以得出结论：检察官在辩诉交易和认罪协商程序中起着日益重要的作用，检察官不仅主导协商程序，还主导被告人的定罪和刑罚。

二、现有制度对检察机关在认罪认罚制度中作用的设定

（一）现有的法律规定

从实体法来讲，刑法总则中有多个条款涉及"可以或者应当从轻、减轻或者免除刑罚"的规定，比如关于老年人犯罪、防卫过当、避险过当、犯罪预备、犯罪未遂、犯罪中止、从犯、胁从犯、教唆犯、自首、立功等的处罚规定均体现了"从宽"的精神。刑法分则中也有不少类似的条文，《刑法》第383条规定，"犯贪污罪，在提起公诉前如实供述自己罪行、真诚悔罪、积极退赃，避免、减少损害后果的发生，可以从轻、减轻或者免除处罚"。第390条规定了行贿罪的"从宽处理"的情形。检察机关在实施认罪认罚从宽制度过程中，可以借助上述条款，与犯罪嫌疑人、被告人进行量刑协商，以建议"从轻、减轻处罚或者免除处罚"作为许诺换取犯罪嫌疑人、被告人的自愿认罪，从量刑协商的角度赋予检察机关主导庭审前量刑协商的合法性依据。

从程序法角度看，体现检察机关对认罪的犯罪嫌疑人、被告人实行从宽的制度主要有不起诉权、变更强制措施权、庭审程序建议权。2014年6月27日，全国人大常委会作出决定，授权最高人民法院、最高人民检察院在北京、上海、深圳等18个城市开展刑事案件速裁程序试点工作。根据该决定，对于涉嫌危险驾驶、交通肇事等罪名，依法可能判处一年以下有期徒刑、拘役、管制的犯罪嫌疑人、被告人，如果自愿认罪，当事人对适用法律没有争议的，司法机关可以建议适用速裁程序，大大简化了诉讼过程，减少犯罪嫌疑人、被告人的诉累。《刑事诉讼法》第173条规定，对于犯罪情节轻微，依照刑法规定不需要判处刑罚或着免除刑罚的案件，人民检察院可以作出不起诉决定。显然，犯罪嫌疑人认罪可以纳入"犯罪情节轻微"解释范畴内。此外，刑事诉讼法的附条件不起诉制度、取保候审制度、简易程序制度以及当事人和解的公诉案件诉讼程序，均对嫌疑人在认罪的前提下作出了程序"从宽"的规定。

（二）宽严相济的刑事政策

党的十六届四中全会首次提出构建社会主义和谐社会的目标，在这一目标

的倡导下，我国提出了宽严相济的刑事司法政策。该政策的出台，无疑对我国的刑事司法产生了深远的影响，也是探索认罪认罚从宽制度的政策依据。宽严相济刑事政策要求在依法履行法律监督职能中实行区别对待，注重宽与严的有机统一，该严则严，该宽则宽，宽严互补，宽严有度，对严重犯罪依法从严打击，对轻微犯罪依法从宽处理，对严重犯罪中的从宽情节和轻微犯罪中的从重情节也要依法分别予以宽严体现，对犯罪的实体处理和适用程序都要体现宽严相济的精神。在司法实务中经常的表现就是检察官的量刑建议，比如很多起诉中记载"鉴于被告人认罪态度较好，建议法庭从轻处罚"，法官往往会采纳检察官的量刑建议。因此，检察机关对于犯罪嫌疑人认罪的案件，给予犯罪嫌疑人在实体上和程序上一定的轻缓处理，是符合这一刑事政策的要求。

（三）现有的实践经验

2016 年 11 月，最高人民检察院召开检察机关刑事案件认罪认罚从宽制度试点工作部署会。各试点地区检察院按照高检院的要求，制定实施方案，单独或者会同其他政法部门出台实施细则，对认罪认罚适用范围、程序选择、量刑协商等作了详细规定，积极探索认罪认罚程序。截至 2017 年 2 月，267 个试点基层院起诉认罪认罚案件共 13168 件 14583 人，人民法院采纳检察机关指控罪名和量刑建议的 12382 件，占 94.03%，[①] 认罪认罚从宽制度的核心价值得到逐步实现，为进一步完善认罪认罚制度提供了丰富的实践经验。

大连市中级人民法院、人民检察院联合制定《刑事案件认罪认罚从宽制度试点工作实施办法（试行）》，该办法通过"认罪""认罚"概念的界定来说明只有犯罪嫌疑人、被告人对检察机关指控、提出的量刑建议无异议才可适用认罪认罚程序。该办法第 19 条规定："适用认罪认罚从宽制度的案件，人民法院依法作出判决时，一般应当采纳指控的罪名和量刑建议。"检察机关的量刑建议具有"相对刚性"，不可随意否认，为检察机关参与认罪认罚协商提供了动力。第 24 条规定："被告人在审查起诉阶段否认犯罪事实，在人民法院送达起诉书副本时表示认罪认罚的，人民法院应当书面告知人民检察院，由人民检察院予以核实并决定是否启动认罪认罚从宽制度，并将核实情况于七日内书面告知人民法院。经人民检察院决定适用认罪认罚从宽制度的，人民检察院另行向人民法院移送相关证据材料。"检察机关在起诉后庭审前享有适用认罪认罚程序决定权。2017 年 2 月，北京市人民检察院会同北京市高级人民法院等单位出台《关于开展刑事案件认罪认罚从宽制度试点工作实施细则（试

---

① 参见《检察机关开展认罪认罚从宽制度试点工作情况》。

行）》，该细则规定了检察机关依法、审慎地开展逮捕必要性、羁押必要性、起诉必要性审查，对认罪认罚的嫌疑人、被告人采取变更羁押措施、不捕、不诉、提出轻缓量刑等"从宽"措施。2017 年 5 月，深圳市政法委牵头相关单位出台《刑事案件认罪认罚从宽制度试点工作实施办法（试行）》，该办法适度扩大了检察机关的裁量权，第一，明确了从宽处理的范围，根据办法第 1 条的规定，从宽处理包括因犯罪情节显著轻微，不认为是犯罪的，直接撤销案件，不起诉或者宣告无罪；犯罪情节轻微，不需要判处刑罚或者免除刑罚的，依法不起诉或宣告免予刑事处罚；同意人民检察院量刑建议，或者在审判阶段认罪认罚，签署具结书，可以免予刑事处罚、判处缓刑，或者依法从轻、减轻处罚。第二，办法第 15 条赋予检察院启动认罪认罚协商的权力，检察机关在认罪认罚程序中更具有灵活性。第三，精确性的量刑建议，根据办法第 25 条的规定，建议判处三年以下有期徒刑、拘役、管制的，可以提出确定的刑期；建议判处三年以上五年以下有期徒刑的，可以提出确定的刑期或者量刑幅度；建议适用财产刑的，一般应当提出确定的数额，该规定增强检察机关量刑建议的"刚性"。从上述试点地区实施经验来看，检察机关被赋予了非常重要的作用。

三、检察机关在认罪认罚制度中的职能再定位

检察机关在推进认罪认罚从宽制度过程中，需要立足于现行法律提供的制度供给，充分借鉴国外辩诉交易以及认罪协商的优点，重新梳理和定位检察机关在认罪认罚制度中的职能，对于完善该制度具有重要作用。

（一）认罪协商的主导者

检察机关作为认罪协商的主导者及启动者具有先天优势，法律赋予检察机关公诉职能，包括起诉和不起诉的权力。侦查机关的主要职能是收集与犯罪以及犯罪人有关的证据，为后续的诉讼进程提供足够的证据材料，从而使案件达到"事实清楚，证据确实充分"程度。法院作为审判机关，应该处于中立的立场，负责对检察机关提起公诉以及刑事自诉案件审查证据，从而形成内心确信的"法律事实"继而作出判决。因此，公安机关和法院只有在个别情况下才适合主导或者启动认罪协商程序。另外，法律规定的办案期限也给予检察机关充分的时间与犯罪嫌疑人、被告人进行协商。

在探索认罪认罚制度的初期，可以考虑认罪协商的适用案件范围与适用刑事案件速裁程序以及刑事和解程序的案件保持一致，对于基本犯罪事实清楚，基本证据确实充分的，检察机关与犯罪嫌疑人、被告人就适用程序、强制措施、量刑幅度以及涉案财物的处理等方面进行协商，从而达成认罪认罚协议。

　　根据全国人大常委会通过的《关于授权最高人民法院、最高人民检察院在部分地区开展刑事案件认罪认罚从宽制度试点工作的决定》以及"两高三部"联合出台的《关于在部分地区开展刑事案件认罪认罚从宽制度试点工作办法》的相关规定，对于重大立功或者涉及国家重大利益的，犯罪嫌疑人自愿认罪，高检院享有对公安部提请撤销案件的批准权，如果在审查起诉阶段，经高检院批准，检察院可以作出不起诉决定，也可以对涉嫌数罪中的一项或者多项提起公诉。该规定为检察机关进行指控协商提供了文本上的可能性。

　　（二）案件分流的过滤器

　　我国刑事诉讼法并没有专门规定认罪认罚案件适用的诉讼程序，涉及的认罪认罚程序主要有不起诉程序、速裁程序、简易程序和普通程序。认罪认罚从宽制度为构建刑事案件分流体系提供了契机，根据有关学者的研究，应以认罪认罚案件适用简化程序为起点，实现认罪认罚案件与不认罪认罚案件分流，从而优化配置司法资源。检察机关通过审查证据，已经基本了解案情，知悉犯罪嫌疑人、被告人的认罪认罚情况，对于符合《刑事诉讼法》第173条规定的案件不起诉，对于其他案件，提起公诉时可以建议适用速裁程序、简易程序或者普通程序。在司法实践中，法院一般不会主动要求适用简易程序和速裁程序，也不会擅自转为普通程序以延长审理期限。由此可见，检察机关在案件分流过程中起着非常积极的作用。

　　（三）量刑处罚的建议者

　　检察机关对于适用认罪认罚程序的案件，起诉到法院时有权向法院提出轻缓处理的量刑建议，对刑罚的种类和幅度予以确定，可以借鉴深圳的做法，对于可能判处三年以下有期徒刑、拘役、管制的，检察机关的量刑建议应当提出确定的刑期，对于可能判出三年以上有期徒刑的，检察机关可以提出相对确定的刑期，以显示适用认罪认罚程序的实际效果。对于检察机关的量刑建议，如果没有违反法律的规定以及公平的要求，法院应该予以采纳，法院如果不采纳量刑建议应该说明不采纳的理由。一方面，由于确定性的量刑预期可以促使犯罪嫌疑人、被告人理解其认罪认罚的法律后果；另一方面，法院采纳量刑建议有利于提高量刑建议的权威性，提高认罪认罚制度的社会公信力。

　　（四）认罪认罚程序的监督者

　　我国《宪法》第134条规定，人民检察院是宪法规定的我国法律监督体系中的法定机关。检察机关在认罪认罚程序中作为监督主体是宪法赋予的职责所在。在推行认罪认罚制度过程中，侦查机关可能为了追求犯罪嫌疑人的"认罪"而强迫其认罪，侦查机关也会出现怠于侦查的行为，对于犯罪嫌疑人罪轻、无罪的证据不予收集或者不积极收集，检察机关可以通过主动参与，事前监督等方式纠正侦查机关的侦查惰性和渎职行为。在审判阶段，对于法院决定适用认罪认罚程序的案件，也可能会出现违背被告人认罪自愿性以及量刑畸轻畸重等问题，检察机关可以通过检察建议、抗诉等手段进行法律监督。因此，检察机关从法律监督的角度出发，管控认罪认罚程序中的侦查机关、审判机关可能存在的法律风险，保障认罪认罚程序的公正性。

四、完善检察机关职能发挥的保障机制

（一）适当扩大检察机关的自由裁量权

不起诉率低的现状由来已久，检察机关在实践中采取变更强制措施往往慎之又慎。这不仅仅是立法上规定的局限性，还跟检察机关办案体制有关。在我国，检察官个人没有独立的不起诉权以及变更强制措施权，而要受到内部领导甚至是上级检察机关的制约。适当扩大检察机关的自由裁量权成为提高诉讼效率、优化资源配置的有效手段。因此，首先，适当扩大相对不起诉的适用范围，建议将相对不起诉的范围扩展到可能判处五年以下有期徒刑的大部分案件；其次，借鉴国外认罪协商制度，完善检察官自由裁量权的内容，不仅可以自行决定不起诉，还可自行决定与犯罪嫌疑人进行认罪认罚协商，自行决定变更强制措施以及向法院提出精确量刑建议的权力。

（二）推动量刑规范化

第一，关于量刑指导意见的制定主体，建议由独立于侦查机关、检察机关和审判机关的第三方机构进行制定，借鉴美国的量刑委员会制度，由量刑委员会起草量刑指导意见报全国人大审核批准后实施；第二，关于涵盖的罪名范围，针对现行量刑指导意见涉及罪名太少的问题，进一步将范围扩大至刑法所规定的所有罪名；第三，关于量刑指导意见的内容，应详细规定量刑政策、量刑基准、量刑幅度、认罪协商、适用原则、司法主体裁量权等内容；第四，为了适应司法实践的多样性和易变性，量刑委员会原则上每年要向全国人大提交量刑指导意见的修正案，以满足司法实践的需要。

（三）优化非监禁刑罚措施

对于一些轻微刑事犯罪，可以借鉴美国、德国等国的做法，创设一些非监禁刑罚措施，以激励犯罪嫌疑人、被告人认罪认罚。可以通过要求犯罪嫌疑人、被告人提供一定时间的社区服务或义工服务、向法律援助基金或者刑事被害人救助基金缴纳一定数额的金钱、吊销驾驶证、营业执照、发布禁止令或者支付一定数额的罚金来代替监禁刑。

（四）合理限制被告人的上诉权

如果适用认罪认罚程序的被告人享有无限制的上诉权，那就意味着被告人可以随意推翻自己签署的具结书，不仅浪费有限的司法资源，而且认罪认罚程序的有效性也将动摇，有损认罪认罚程序的权威。因此，可以借鉴我国台湾地区认罪协商判决的上诉制度，合理限制被告人的上诉权。按照认罪认罚程序作出的判决原则上不得上诉，但如果存在以下理由的可以提出上诉：第一，申请撤回协商合意；第二，被告人认罪认罚并非出于自愿；第三，协商合意明显不当或显失公平；第四，法院认定的事实与协商合意的事实不符；第五，法院没有按照量刑建议判决等情形。

少年司法语境下认罪认罚从宽制度研究

——以我国台湾地区认罪协商制度为镜鉴

裴章艺[*]

我国台湾地区对少年被告的处理程序并非如大陆刑事诉讼法增设专章予以规定，而是通过单独制定集实体法、程序法、组织法于一身的"少年事件处理法"，在其中规定少年法院之组织、少年保护事件、少年刑事案件及其处罚、审判等制度，[①] 给予少年"利益最大化"的保护。虽该法未规定认罪协商程序，[②] 但丝毫无损于对少年被告的特殊保护。而借鉴于辩诉交易制度的我国台国湾地区认罪协商程序历经艰难与妥协，于 2004 年在"刑事诉讼法"修改中得以确立。虽此后争议不断，如有学者言"是'契约取向'对'原则取向'刑事诉讼构造的本质性颠覆"，[③] 然其以法典化"立法"模式，随当下两大法系发展大流，先大陆一步，发展了十余年，在程序启动、适用范围、协商内容及效力、被告人权利保障等方面已渐近成熟。

随着理论研究的深入与试点范围的确定，[④] 同样借鉴自辩诉交易等制度合理元素的大陆认罪认罚从宽制度，提高诉讼效率、节约司法资源等功能日益凸显。那么大陆认罪认罚从宽制度是否适用于未成年被告人？未成年被告人因身心特点异于成年被告人，大陆现行刑法早有关涉其犯罪应当从轻或者减轻处罚

---

* 福建省漳州市人民检察院公诉处、未检处助理检察员。

① 焦阳、谷芳卿：《我国台湾地区〈少年事件处理法〉的特点及启示》，载《河南科技大学学报》（社会科学版）2013 年第 5 期。

② 我国台湾地区称之为"认罪协商程序"，大陆学者亦有称此者。本文在论述大陆时用最新提法"认罪认罚从宽制度"。

③ 林钰雄：《干预处分与刑事证据》，北京大学出版社 2010 年版，第 143～145 页。

④ 《全国人大常委会关于授权最高人民法院、最高人民检察院在部分地区开展刑事案件认罪认罚从宽制度试点工作的决定》，载《人民日报》2016 年 9 月 4 日。该决定确定了福建福州、厦门等 18 个试点单位。

及不予处罚情节,① 2012 年修改刑事诉讼法时专设未成年人刑事诉讼程序,特别是附条件不起诉制度对可能被判处一年有期徒刑以下刑罚的未成年人尤为从宽。② 然对未成年被告人能否在考量刑法从宽规定之际,又在其认罪认罚后进一步从宽? 有无评价过剩之嫌? 加之认罪认罚从宽制度属舶来品,实体法与程序法均未明确,对哪类案件可以适用、从宽幅度大小等问题,仅靠时下授权性立法,似乎有待时间检验。而我国台湾地区将认罪协商程序专编规定于其刑事诉讼法内,此种法典化"立法"模式对处于试点阶段的大陆未成年被告人适用认罪认罚从宽制度颇具借鉴意义。基于此,本文从我国台湾地区认罪协商程序的规定及镜鉴出发,论及大陆未成年被告人认罪认罚从宽制度之渊源及价值,剖析适用之困境,设计适用之进路,望能为其完善有所裨益。

一、考量:我国台湾地区认罪协商程序之规定及启示

(一) 我国台湾"刑事诉讼法"之规定③

2004 年修改后的我国台湾"刑事诉讼法"于第七编增加 10 个条文,对协商程序声请、撤销、不得协商之情形、协商内容、效力及救济等方面进行详细的规定。

1. 适用范围。我国台湾"刑事诉讼法"首先规定不能适用协商程序的情形:一是死刑、无期徒刑、最轻本刑三年以上有期徒刑之罪;二是高等法院管辖的第一审案件。其适用具体范围为三年以下,经检察官提起公诉或声请简易判决,在一审判决前或者简易判决前,检察官经征询被害人意见后,依被告或其代理人、辩护人请求,经法院同意,可就如下事项于审判外协商:一是对所犯罪行认罚;二是向被害人道歉;三是支付赔偿金;四是向公益团体等单位支付一定金额。其中对二、三项的协商应当征得被害人同意。

2. 撤销权。根据该法规定,法院在接受声请协商程序 10 日内,被告有随时撤销协商的合意。如果被告违反与检察官之间的协议内容时,检察官在前述

---

① 现行《刑法》第 17 条规定:"已满十六周岁的人犯罪,应当负刑事责任。已满十四周岁不满十六周岁的人,犯故意杀人、故意伤害致人重伤或者死亡、强奸、抢劫、贩卖毒品、放火、爆炸、投毒罪的,应当负刑事责任。已满十四周岁不满十八周岁的人犯罪,应当从轻或者减轻处罚。因不满十六周岁不予刑事处罚的,责令他的家长或者监护人加以管教;在必要的时候,也可以由政府收容教养。"

② 《刑事诉讼法》第 271 条规定:"对于未成年人涉嫌刑法分则第四章、第五章、第六章规定的犯罪,可能判处一年有期徒刑以下刑罚,符合起诉条件,但有悔罪表现的,人民检察院可以作出附条件不起诉的决定。人民检察院在作出附条件不起诉的决定以前,应当听取公安机关、被害人的意见。"

③ 参见我国台湾"刑事诉讼法"第 455 - 2 条至第 455 - 11 条规定。

时间内，也应撤销协商程序的申请。换言之，在法院受理后规定时间内，被告、检察官均对提交协商的申请有撤销权，这既保护了被告的权益，又保障了检察公信力与司法权威。

3. 协商内容。该法在条文中对双方协商内容予以如下禁止性规定：一是前述撤销合意或者撤回协商申请的；二是被告协商非自愿；三是协商明显不当或显失公平；四是不属于上述协商程序适用范围；五是法院认定的事实与协商合意的事实不符；六是被告有其他较重的罪；七是法院认为应当告知免予刑事处罚、起诉或者不受理的。对不得协商内容的详尽规定对认罪协商实践将有明显的指导意义。

4. 协商效力及权利救济。我国台湾"刑事诉讼法"规定，在认罪协商程序下，法院可以不经言词辩论，在协商合意范围内判决，且宣告缓刑、二年以下有期徒刑、拘役或罚金为限。同时规定，按照认罪协商程序所做判决不得上诉。但若协商程序违反上述禁止性规定内容一、二、四、六、七款规定的情形之一的，则可以上诉。对被告上诉权附条件的限制促进了该程序的可操作性。

（二）我国台湾认罪协商程序之启示

从本质上看，借鉴于美国辩诉交易制度的我国台湾协商程序，是为提高办案效率，整合司法资源以保障当事人主义式诉讼模式的改革。[①] 该程序自确立以来整体运作良好，科刑情况对于被告人有利，虽囿于多方因素而致其在我国台湾地区法院适用并不普遍，[②] 但其"立法"经验值得借鉴。

1. 法典化"立法"之肯定。我国台湾认罪协商程序虽几经波折，但最终在台湾"刑事诉讼法"中得以确立，被置于该法第七编简易程序之后，并以10个条文在具体程序中规范检察官、被告的协商行为，以及法院的审判。刑事程序"立法"的肯定与详尽，使得该程序在十余年的运行中发挥了应有的功效。

2. 少年司法制度之护航。受英美法系影响，我国台湾地区自1997年修订"少年事件处理法"后亦设立少年法院。其中大多数少年事件被少年法院认定为保护事件，按保护处分处理，仅少数事件被认定为少年刑事案件而移送检察官。对于被判处五年有期徒刑以下刑罚的少年被告，该法认为"以不起诉处分而受保护处分为适当者，得为不起诉处分"，即不起诉刑罚上限高于大陆的

---

① 胡铭：《台湾刑事协商程序的产生及其影响》，载《人民检察》2008年第5期。

② 王小光、李琴：《我国台湾地区认罪协商程序的引进和运作情况分析》，载《中国刑事法杂志》2013年第2期。

一年有期徒刑。① 仅就该法相关规定而言，即可窥见其对少年极尽保护符合第 1 条所言"为保障少年健全之自我成长"。② 该法对少年被告诸多特殊保护的规定为台湾"刑事诉讼法"未在协商程序中给予少年被告一席之地作了重要补充。

二、探究：未成年被告人适用认罪认罚从宽之渊源及价值

（一）认罪认罚从宽之渊源

虽辩诉交易制度存在较大争议，其至被有些学者赋予"灾难性"的修饰，③ 但大陆认罪认罚从宽制度仍借鉴自两大法系的辩诉交易制度，且是借鉴其中的合理元素而在本土司法实践中发展。

1. 域外之发展。美国 90% 以上刑事案件都通过辩诉交易方式解决。④ 肇始于美国的辩诉交易制度，正式确立于 1975 年修订的《联邦刑事诉讼规则》，本质是控辩双方通过互惠行为对实体、程序权利进行处分。英国在司法实践中也实行辩诉交易制度。加拿大也给予该制度策略性鼓励，如遵循控辩双方建议的判决促进辩诉交易的实践。⑤ 辩诉交易制度在受讼累等因素影响较深的英美法系国家中日益盛行。

从 20 世纪 70 年代开始，德国辩诉交易制度逐渐成熟，近一半诉讼程序适用辩诉交易，在重大经济刑事案件中甚至已达 90%。⑥ 法国大部分法院适用辩诉交易制度后诉讼效率显著提高。而意大利更在《刑事诉讼法典》中对辩诉交易程序的适用范围予以明确规定。⑦ 大陆法系其他国家也基于司法效率考

---

① 台湾"少年事件处理法"第 67 条："检察官依侦查之结果，对于少年犯最重本刑五年以下有期徒刑之罪，参酌'刑法'第五十七条有关规定，认以不起诉处分而受保护处分为适当者，得为不起诉处分，移送少年法院依少年保护事件审理；认应起诉者，应向少年法院提起公诉。依第六十八条规定由少年法院管辖之案件，应向少年法院起诉。"

② 台湾"少年事件处理法"第 74 条规定："法院审理第二十七条之少年刑事案件，对于少年犯最重本刑十年以下有期徒刑之罪，如显可悯恕，认为依'刑法'第五十九条规定减轻其刑仍嫌过重，且以受保护处分为适当者，得免除其刑，谕知第四十二条第一项第二款至第四款之保护处分，并得同时谕知同条第二项各款之处分。"

③ 江礼华、杨诚：《外国刑事诉讼制度探微》，法律出版社 2000 年版，第 255 页；孙长永：《珍视正当程序，拒绝辩诉交易》，载《政法论坛》2002 年第 6 期；孙开篇犀利表明：反对在中国刑事诉讼中引入辩诉交易制度。

④ 施鹏鹏：《法、意辩诉交易制度比较研究》，载《中国刑事法杂志》2007 年第 5 期，第 111 页。

⑤ 龙宗智、潘君贵：《我国实行辩诉交易的依据和限度》，载《四川大学学报（哲学社会科学版）》2003 年第 1 期。

⑥ 徐美君：《德国辩诉交易的实践与启示》，载《法学家》2009 年第 2 期。

⑦ 施鹏鹏：《法、意辩诉交易制度比较研究》，载《中国刑事法杂志》2007 年第 5 期。

量，不同程度地接受或适用上述制度。

2. 本土之演进。2002 年发生于黑龙江省的孟广虎故意伤害案已被视为大陆实行辩诉交易的第一案，就结果而言，无论是公诉人、辩护人，还是被害人、被告人，都满意。① 随后《关于适用普通程序审理被告人认罪案件若干意见（试行）》首提"认罪"，明确"人民法院对自愿认罪的被告人，酌情予以从轻处罚"。刑事诉讼法增设刑事和解诉讼程序，推动了该制度发展。2014 年全国人大常委会《关于授权最高人民法院、最高人民检察院在部分地区开展刑事案件速裁程序试点工作的决定》提出对部分案件进一步简化刑事诉讼法规定的相关诉讼程序 。2015 年在《刑事案件速裁程序试点工作座谈会纪要》中述及：刑事案件速裁程序改革试点，是完善刑事诉讼认罪认罚从宽制度的具体措施。② 2017 年更明确要借鉴辩诉交易合理元素以完善之。因而，认罪认罚从宽制度植根于本地司法改革沃土下正逐步完善中。

（二）认罪认罚从宽之价值

在"案多人少"之当下，尽管辩诉交易制度带来诸多质疑，但其在诉讼效率的提高、保障被告人的权益等方面都起到积极而重大的作用。

1. 提高诉讼效率。案件量激增是世界各法治国家的共同问题，司法机关在很多情况下不得不将效率作为优先考虑的价值。③ 2015 年、2016 年数据显示，未成年人犯罪案件逐年下降。④ 其中有国家加大对未成年人保护的功效，亦有检察机关落实附条件不起诉的推动。⑤ 但国家对未成年人特殊保护理念未变，对其适用认罪认罚从宽，既可缩短办案期限，又可节约庭审时间，从快从速处理未成年被告人案件，早日让其回归社会，意义重大。

2. 保障被告人权利。从非法证据排除设立初衷看，正因侦查机关在审讯过程中存在刑讯逼供、疲劳审讯等非法取证行为，导致证据的缺陷，更导致涉

---

① 张景义等：《聚焦国内"辩诉交易"第一案》，载 http：//www.chinacourt.org/article/detail/2002/08/id/9780.shtml，2017 年 8 月 11 日最后访问。

② 参见 2003 年 3 月 14 日最高人民法院、最高人民检察院、司法部颁布《关于适用普通程序审理"被告人认罪案件"的若干意见（试行）》第 9 条以及《刑事诉讼法》第 279 条关于和解协议的规定。另，2015 年 1 月 18 日最高人民法院、最高人民检察院、公安部、司法部召开刑事案件速裁程序试点工作座谈会，提出刑事案件速裁程序改革试点，是完善刑事诉讼中认罪认罚从宽制度的具体措施。

③ 冯喜恒：《刑事处罚令程序中的量刑协商》，载《浙江理工大学学报》（社会科学版）2016 年第 2 期。

④ 参见《2015 年全国法院审判执行情况》、《人民法院工作年度报告（2014）》，载 http：//www.court.gov.cn/fabu－xiangqing－13848.html，2017 年 8 月 11 日最后访问。

⑤ 张宇、杨淑红：《附条件不起诉适用情况、问题及对策》，载《山东警察学院学报》2015 年第 5 期。附条件不起诉的适用人数及范围的扩大，使得不少案件在审前已被过滤而未进入审判程序。

罪者在侦查阶段的权利未能得以保障，尤其是涉罪的未成年人，更容易因诱供等行为而引发不利诉讼后果。因而适用认罪认罚从宽制度，使未成年被告人自愿认罪认罚，并且有法律保障得以在审判阶段从宽的效果，这可以有效保障未成年被告人的合法权益。

3. 内蕴恢复性理念。恢复性司法主要适用于未成年人犯罪案件。认罪认罚从宽为恢复性司法运行提供了空间。以赔偿为重要手段恢复双方关系、修复社会性伤害，[①] 是化解社会矛盾的有效途径。认罪认罚从宽亦往往以涉罪未成年人积极赔偿被害人损失为重要考量因素。若涉罪未成年人认罪认罚并且修复社会关系，尽力挽回被害人损失，那么于其于被害人均有益，理应对其从宽处罚，也将减轻办案时源自于当事人信访等带来的压力。

4. 落实宽严相济政策。大陆司法领域自实施宽严相济的刑事政策以来，对有些犯罪该宽则宽、当严则严，在打击犯罪和保障人权方面发挥了重大作用。基于国家亲权理念，作为"大家长"的国家一直重视对其"子女"涉罪未成年人的保护，为了教育、挽救、感化这些涉世未深的迷途者，适用认罪认罚，并且当宽则宽，从快处理、从宽量刑，更能体现宽严相济刑事政策的本意。

三、剖析：未成年被告人适用认罪认罚从宽之困境

当下刑事立法与司法并未给予认罪认罚从宽制度充分关注。在实体法方面，尚未构建对认罪认罚从宽普遍认同的刑罚制度；在程序法方面，立法并未确立类案的程序处理机制。[②] 确实，立法之缺失引发了未成年被告人适用认罪认罚从宽制度的一系列实践窘境。

（一）适用范围狭窄

目前，对事实清楚，证据充分，被告人自愿认罪，当事人对适用法律没有争议的危险驾驶、交通肇事、盗窃、诈骗、抢夺、伤害、寻衅滋事等情节较轻，依法可能判处一年以下有期徒刑、拘役、管制的案件，或者依法单处罚金的案件可以适用速裁程序。[③] 但这些案件对处于 14 周岁至 16 周岁的未成年

---

① 刘东根：《恢复性司法及其借鉴意义》，载《环球法律评论》2006 年第 2 期。恢复性司法最主要特征在于恢复性，是一种通过恢复性程序实现恢复性后果的非正式犯罪处理方法。恢复性司法实践在世界各地逐渐流行，作为一种替代性犯罪处理方式，成为传统刑事司法的重要补充。

② 左卫民、吕国凡：《完善被告人认罪认罚从宽处理制度的若干思考》，载《理论视野》2015 年第 4 期。

③ 参见 2014 年 6 月 27 日通过的全国人民代表大会常务委员会《关于授权最高人民法院、最高人民检察院在部分地区开展刑事案件速裁程序试点工作的决定》。

人，皆无适用认罪认罚从宽的空间，若处于 16 周岁至 18 周岁之间，也因这些案件将在检察机关审查起诉阶段以附条件不起诉予以分流。故适用范围过窄，无法为未成年人涉嫌上述罪名以外的类似量刑的案件予以适用，无法凸显国家保护涉罪未成年人的力度。

（二）从宽标准不一

对认罪认罚的被告人，英国普遍认为应得到减刑 1/3 的奖励。意大利公诉人可要求适用相对于法定刑减轻至 1/2 的刑罚。在俄罗斯，判处的刑罚不得超过所实施犯罪法定最重刑种最高刑期或数额的 2/3。在法国，若判处监禁刑则刑期不得超过 1 年，也不得超过当处监禁刑刑期的 1/2。① 而德国最高可获得不超 1/3 的减刑幅度。海淀区法院则对被告人认罪适用速裁程序的案件从轻10%—30%。② 朝阳区检察院对同类犯罪行为正常量刑建议基础上减轻 10%—20% 的幅度向法院提出量刑建议。宜兴检察院则对首例适用案件提出减轻20% 的建议。③ 故各地对被告人认罪认罚从宽的标准未统一，更无须言对未成年被告人适用该制度所要从宽的幅度。

（三）协商内容不明

域外辩诉交易内容不仅包括降格指控，还包括撤销部分指控，即不限于量刑。④ 认罪认罚从宽制度的协商内容仅限于量刑协商。这不仅因辩诉交易制度在域外实行数十年来都在不断争议中前行，而且因对该制度仍处于探索阶段，还因民众质疑着司法公信力与公平正义能否得以实现等问题。而除了协商量刑，是否还包括认罪认罚后适用何种程序、能否对判决结果提出上诉等内容？因无法律规定，各地对协商内容并无一致意见。而涉罪未成年人因其身心发展、心智尚未成熟，若未能明晓协商内容，将可能导致对其不利的引导并得出对其不利的诉讼结果。

（四）协商效力待定

既是协商，就可能导致双方中的任一方因反悔而导致协商的后果不尽如人

---

① 冯喜恒：《刑事处罚令程序中的量刑协商》，载《浙江理工大学学报》（社会科学版）2016 年第 2 期。

② 最高人民法院刑一庭课题组：《关于刑事案件速裁程序试点若干问题的思考》，载《法律适用》2016 年第 4 期。海淀法院试点时从宽的幅度与 "两高两部" 座谈会纪要明确的 10%—30% 一致。

③ 薛应军：《激辩 "认罪协商" 机制》，载《民主与法制时报》2016 年 3 月 10 日第 5 版；金晶、史瑞：《宜兴认罪认罚从宽处理机制快办提效》，载《江苏法制报》2016 年 3 月 24 日。

④ 龙宗智、潘君贵：《我国实行辩诉交易的依据和限度》，载《四川大学学报》（哲学社会科学版）2003 年第 1 期。

意。涉罪未成年人与侦查人员、检察人员、审判人员签订的认罪认罚协议书，是否具有法律效力？目前尚未明确。如果轻刑案件中，侦查人员与涉罪者签订协议书，到检察阶段反悔了，或在审判阶段反悔了，那该协议是否要取消？而且涉罪未成年人认罪认罚后也得到法院从宽了，但受同监室室友或其他因素影响，在判决生效之前的 10 天内，其认为从宽幅度不理想，能否上诉？若提出上诉，原有协议内容是否无效？这些都亟须解决。

四、设计：未成年被告人适用认罪认罚从宽之进路

每一项法律制度的确立均需立法的支持。从我国台湾地区对认罪协商程序的法典化模式考量，大陆未成年被告人适用认罪认罚从宽同样依赖于顶层设计、制度构建与实践探索等方面的进一步完善。

（一）推进顶层立法

1. 实体法层面。因认罪认罚从宽制度与刑法对未成年人犯罪应当从轻或者减轻处罚的规定不矛盾，又不同于自首、坦白等制度，那么在立法条件成熟时，建议在修改刑法时确立认罪认罚从宽制度。可以在《刑法》第 67 条再增一款，具体内容为：犯罪嫌疑人对所犯罪行认罪认罚的，应当从轻处罚；因其认罪认罚，避免特别严重后果发生的，应当减轻处罚。在实体法上确立认罪认罚从宽制度，并且与自首和坦白规定的"可以"相比，认罪认罚应当体现从宽，即"应当"，进而给予犯罪嫌疑人、被告人希望，也为司法者对未成年被告人量刑时指明方向。

2. 程序法层面。因认罪认罚从宽制度异于当事人和解程序，速裁程序、简易程序又是认罪认罚从宽的具体措施，那么在刑事诉讼法中就应有一席之地。就程序法层面，关于辩诉交易制度，美国规定于《联邦刑事证据规则》，德国在《刑事诉讼法》修正案中体现，意大利则将之规定于《刑事诉讼法典》。[①] 我国台湾地区也将之规定于台湾"刑事诉讼法"中。故若立法条件成熟时，建议在修改刑事诉讼法时，可以新增关于认罪认罚从宽程序的规定。具体内容将在下文展开。

当然，在立法条件尚未具备之际，可由最高人民法院、最高人民检察院、公安部、司法部等单位先行出台相关意见，明确认罪认罚从宽制度适用范围、

---

① 施鹏鹏：《法、意辩诉交易制度比较研究》，载《中国刑事法杂志》2007 年第 5 期。徐美君：《德国辩诉交易的实践与启示》，载《法学家》2009 年第 2 期。德国《刑事诉讼法修正案》第 257b 条规定：（1）在适宜的案件中，法庭可以在审判中与诉讼参与人商议诉讼状态。（2）商议可以涉及对诉讼结果的暂时评论。

协商内容、效力等内容，指导司法实践，为立法提供可参考经验。

（二）明晰适用细则

从目前认罪认罚从宽制度适用效果而言，诉讼效率的提高与司法资源的节约最明显。而综合认罪认罚从宽内涵而言，其并非特别程序，而属于与简易程序等类似的制度。因而有必要综合当下的试点经验并吸收立法成果，在刑事诉讼法中新增"认罪认罚从宽程序"专节。

1. 扩大适用范围。"简易程序"属于刑事诉讼法第一审程序第三节，建议在其后设立第四节"认罪认罚从宽程序"。具体条文可借鉴简易程序体例，加之吸收《关于在部分地区开展刑事案件速裁程序试点工作的办法》等规定的经验，在该程序第 1 条规定，符合相关条件的案件，可以适用认罪认罚从宽程序，并在相关条件的规定中，应较之以往的案件范围宽。对有些轻刑案件能宽当宽，并且涵括认罪认罚后进入审判阶段的未成年人案件，从而扩大其适用范围，更好地做到案件繁简分流。当然，也需在第 2 条规定不能适用认罪认罚从宽程序的具体情形。

2. 统一从宽标准。为最大限度保护未成年被告人的权益，积极促进其改造与回归社会，认罪认罚的从宽较之具有自首、坦白等情节应更"宽"。建议在原有基础上规定从宽标准，[①] 对认罪认罚的未成年被告人在原有各项法定、酌定情节基础上，参考海淀法院的 10%—30% 标准，进一步从轻。由于从宽标准属于量刑程序，在以往立法例中并未体现具体量刑幅度，该从宽标准可在《关于常见犯罪的量刑指导意见》中予以增补。

3. 规范协商内容。虽试点建立法律援助值班律师制度帮助犯罪嫌疑人、被告人，[②] 但未成年被告人对法律的认知能力相对较低，亦多属于文盲、半文盲，对认罪协商的内容可能认识不足，因而为保护其权益，应当在"认罪认罚从宽程序"一节中，增加规定，对于协商的内容应有如诉讼权利义务告知书等形式的格式文书，在该格式文书中明确认罪认罚的各项权利和义务，包含认罪认罚后适用的诉讼程序、审理时限、从宽标准等事项。

4. 赋予协商效力。当未成年被告人知悉上述内容后，得到量刑的优惠或为其认罪认罚的最大动因。如果这种优惠处于飘忽不定的状态，将影响其认罪

---

① 参见最高人民法院《关于常见犯罪的量刑指导意见》："具有未成年人犯罪、犯罪预备、从犯等量刑情节的，先适用该量刑情节调节基准刑，在此基础上，再适用其他量刑情节；对于未成年人犯罪，已满 14 周岁不满 16 周岁的，减少基准刑的 30%～60%，已满 16 周岁不满 18 周岁的，减少基准刑的 10%～50%。"

② 参见最高人民法院、最高人民检察院、公安部、司法部《刑事案件速裁程序试点工作座谈会纪要》。

认罚。因而，应当在"认罪认罚从宽程序"一节中规定，认罪认罚协商的内容具有法律效力，除非违反法定事由，否则不得反悔。

此处涉及未成年被告人认罪认罚且被法院从宽判处后，其对判决结果是否可以上诉的问题。有的认为适用速裁程序认罪认罚从宽的案件应实行一审终审，有的认为应保留上诉权。虽试点数据显示，附带民事诉讼原告人上诉率为0，被告人上诉率为2.13%。① 但笔者仍认为，上诉权是被告人的法定权利，若以牺牲上诉权为代价而使其认罪认罚，在最大限度保障未成年被告人权益上难以自圆其说，因而其仍可对判决结果提出上诉。具体可参照台湾"刑事诉讼法"对此方面内容的规定。

（三）完善配套机制

1. 注重同等保护。当尊重与保障人权落实于刑事诉讼法中，对被告人的过分尊重与偏向，易引发社会及被害人不满。因而对被害人的保护，尤其是存在未成年被害人时，更应落实双向、同等保护的理念。恢复性司法以被告人与被害人关系得以恢复为目的，认罪认罚从宽制度在对被告人从宽的同时，应兼顾被害人的权益。故应在上述规定的"认罪认罚从宽程序"中增加条款，如在类案中，有被害人的案件，应听取被害人或其法定代理人的意见，被害人及其法定代理人对认罪认罚从宽判决结果有异议的，可提请同级检察院提出抗诉，或就附带民事部分提起上诉。

2. 防止司法腐败。"没有监督的权力必然导致腐败，这是一条铁律。"② 在辩诉交易中，一直引发争议的就是容易引发司法腐败。在目前司法领域提升司法公信力的建设中，更应加强认罪认罚从宽的程序监督，防止司法腐败。因而可以在"认罪认罚从宽程序"中规定，如果基层法院在适用程序中存在违反法律规定或者侵害被害人合法权益等情形时，上级法院有义务予以监督；检察机关应当对适用认罪认罚从宽程序进行法律监督。

五、余论

在目前是否降低刑事责任年龄以及对未成年人的司法保护是否过度的问题成为学界与舆论界热议焦点时，如对未成年人适用认罪认罚从宽制度，是否会过度纵容犯罪？由于时下大陆该制度主要适用于轻微刑事案件，有研究者提出

---

① 最高人民法院刑一庭课题组：《关于刑事案件速裁程序试点若干问题的思考》，载《法律适用》2016年第4期。

② 《习近平总书记系列重要讲话读本》，学习出版社、人民出版社2014年版，第86页。

"重大刑事案件也可以适用",① 甚至 "原则上适用于包括可能判处死刑在内的所有案件",② 以当今之情势将之扩大至重大刑事案件，是否具备充分条件？是否会激化社会矛盾？是否有违刑罚本意？是否能体现司法公正？笔者期冀并坚信上述问题能在试点过程中逐一得到回应与解决。

---

① 　陈国庆、罗曦：《重大刑事案件认罪协商制度探析》，载《刑事司法指南》2015 年第 2 集。

② 　陈光中、马康：《认罪认罚从宽制度若干重要问题探讨》，载《法学》2016 年第 8 期。

浅谈认罪认罚从宽制度中诉讼权益的保护

雷爱民　杜　珂[*]

目前正在我国部分地区开展的刑事案件认罪认罚从宽制度拟在完善我国的刑事诉讼程序，推动刑事诉讼程序制度的层次化改造，根据刑事被告人认罪与否、案件难易、刑罚轻重等情况，探索建立速裁程序、简易程序、普通程序有序衔接、繁简分流的多层次诉讼制度体系，有利于合理配置司法资源，提高司法办案的质量与效率；有利于减少对抗，及时修复社会关系。有学者认为，认罪认罚从宽制度与宽严相济刑事政策的法治路径、犯罪轻刑化与犯罪数量的增长、员额制改革的诉讼机制配套等时代背景紧密相关，并体现了公正基础上的效率观、承载现代司法宽容精神、探索形成非对抗的诉讼格局、实现司法资源的优化配置等价值取向。[①] 但在充分肯定这一制度积极意义的同时，我们不能忽视适用该制度时对诉讼权益的保护。

一、诉讼权益可能损害的成因分析

（一）从价值取向层面分析

尽管"公正为本、效率优先"是认罪认罚制度改革的核心价值取向，但该制度的设计初衷主要是为了提高诉讼效率。正如有的学者认为"审判程序的改革不能一味地去追求公正，公正也不是刑事审判的唯一价值目标。其实，能否对效率进行充分的关注以及能否在公正与效益之间保持适当平衡也是衡量程序公正的一项重要标准"。[②] 随着认罪认罚制度的完善，未来的刑事诉讼程序将区分为两大类型：一是被告人不认罪案件的诉讼程序；二是被告人认罪案件的诉讼程序。前者为对抗型刑事诉讼模式，适用以庭审实质化为基本要求的

---

* 雷爱民，湖北省荆门市人民检察院党组书记、检察长；杜珂，湖北省荆门市人民检察院刑事执行检察处处长。

① 参见陈卫东：《认罪认罚从宽制度研究》，载《中国法学》2016 年第 2 期。

② 陈卫东：《公正和效率——我国刑事审判程序改革的两个目标》，载《中国人民大学学报》2001 年第 5 期。

普通程序；后者为合作型刑事诉讼模式，根据案件具体情况分别适用速裁、简易、普通程序简化审理程序。[①] 该制度设立初衷，即是对被告人认罪认罚的案件，在实体上从宽，在程序上从简以提高诉讼效率。

但我们不得不注意到，认罪认罚所带来的程序简化，在一定程度上与实质真实原则之间存在着冲突。以量刑折扣激励被告人选择简易、速裁程序，在司法实践中可能会产生弊端。如在英美法系国家，"研究表明许多被告人并没有把判决结果的不同看作给作有罪答辩者减刑，而是看作强加给那些到法庭上去行使自己权利的人的一种惩罚。对于这些被告人，他们从结果中得到的不公正的感觉，只会导致很难感化和改过自新"。[②] 应该认识到，"刑事被告人有权要求对指控以法定方式审判，无论认为有罪证据多么有力。不能将刑事审判看作不受欢迎的负担，而是程序的合乎逻辑的正当结果。因此，惩罚坚持审判的被告人，或者以坚持审判就会有不利后果相威胁，只会损害制度的目标"。[③]

（二）从司法实践层面分析

以认罪为基础的程序设计会导致对口供的倚重，同时，审判程序简省使得被告人的部分诉讼权利得不到保障。一方面，认罪认罚从宽的程序设计是以犯罪嫌疑人、被告人自愿如实供述自己的犯罪，对于指控的犯罪事实没有异议为基础的，尽管强调了其自愿性、如实性的供述，但在司法实践中，将会产生以下倾向：从被告人角度来看，犯罪嫌疑人、被告人由于认罪认罚从宽制度含有激励机制的成分，可能会导致其为了追求从宽利益的最大化、或规避不认罪认罚的风险、或因对法律后果的认知错误而作不实供述。同时还会存在"顶包"或为逃避债务、威胁、现实生存境况等而作虚假自愿认罪的情况，有些本来不构成犯罪的被告人可能为了早日摆脱冗长的未决羁押，而不得不与检察机关签署认罪协议书，从而导致无罪被告人被作出有罪判决的情况发生。从司法机关角度来看，侦查机关存在着倚重口供的心理，会受"重口供轻其他证据"这一错误理念的影响，自觉或不自觉地降低证明标准，有时也会因为追求办案效率而降低案件证明标准，或采取违法办案的方式，导致诱供、威胁乃至刑讯逼供的发生，侵害犯罪嫌疑人的合法权益，甚至产生冤错案件；公诉机关会以追诉犯罪为价值预设，片面追求犯罪嫌疑人、被告人的供述，缺乏对犯罪嫌疑人、被告人合法权益的充分考量。在审查案件时，会轻视对无罪、罪轻的证据

---

① 朱孝清：《认罪认罚从宽制度的几个问题》，载《法治研究》2016 年第 5 期。

② ［英］麦高伟、杰弗里·威尔逊主编：《英国刑事司法程序》，姚永吉等译，法律出版社 2003 年版，第 336～337 页。

③ ［美］哈伯特·帕克：《刑事制裁的界限》，梁根林等译，法律出版社 2008 年版，第 221 页。

审查，致使案件带"病"进入审判程序。

另一方面，审判程序简省，被告人的诸多诉讼权利得不到保障。根据2016年11月16日最高人民法院、最高人民检察院、公安部、国家安全部、司法部颁布《关于在部分地区开展刑事案件认罪认罚从宽制度试点工作的办法》（以下简称《办法》）规定，基层法院管辖的认罪认罚从宽案件，对可能判处刑期三年以下的可以适用速裁程序，送达期限不受刑事诉讼法规定的限制，不进行法庭调查、法庭辩论、当庭宣判；对可能判处刑期三年以上的，可以依法适用简易程序。适用速裁程序和简易程序，与普通程序相比，减少了许多环节，在一定程度上可能影响对被告人诉讼权利的有效保障。《办法》在原试行的速裁程序的基础上取消了罪种和刑期的限制，原则上适用所有的犯罪案件，对被告人诉讼权利保障不足情况发生的概率有可能会更高。

二、诉讼权益保障的对策研究

认罪认罚从宽制度涉及犯罪嫌疑人、被告人和被害人诉讼权益的保障，笔者认为，可从以下几个方面加强诉讼权益的保障：

（一）明确适用范围

该制度的适用范围主要涉及是否适用于侦查阶段、是否适用重罪案件等两个方面的问题，下面分述之。

其一，该制度是否适用于侦查阶段，存在不同认识。一种观点认为，该制度只能适用于审查起诉阶段和审判阶段，不适用于侦查阶段。原因是："第一，认罪认罚的前提是事实清楚证据确实充分，侦查机关只有全面侦查取证，才能够达此目的，因此侦查阶段的主要任务是取证而不是认罪协商。第二，若许可侦查机关促成犯罪嫌疑人认罪协商，则可能导致侦查人员放弃法定查证职责，不去收集能够证明犯罪嫌疑人无罪的各种证据，过分依赖获取犯罪嫌疑人的口供定罪。第三，由于侦查机关公权力的天然优势、侦查活动的秘密性等，一旦侦查机关在办案过程中承担此项职能，可能会出于减轻办案压力或者其他目的，而采取威胁、利诱等方式迫使犯罪嫌疑人选择认罪认罚，进而成为造成冤假错案的诱因。"[1]另一种观点认为，该制度适用于侦查阶段，因为：第一，该制度是包含实体和程序一系列法律制度和诉讼程序的集合性法律制度；第二，作为该制度一项具体内容的我国现有的当事人和解公诉案件诉讼程序适用于侦查阶段；第三，该制度包含犯罪嫌疑人、被告人作出认罪认罚的表示以及

---

[1]　参见陈卫东：《认罪认罚从宽制度研究》，载《中国法学》2016年第2期。

办案机关基于这一表示依法所作出的从宽处理等两个方面。① 笔者认同后一种观点。除了上述理由外，另全国人大常委会《关于授权"两高"在部分地区开展刑事案件速裁程序试点工作的决定》（以下简称《决定》）规定："犯罪嫌疑人自愿如实供述涉嫌犯罪的事实，有重大立功或者案件涉及国家重大利益的，经公安部或者最高人民检察院批准，侦查机关可以撤销案件，人民检察院可以作出不起诉决定"。该规定表明该制度可以适用于侦查阶段。

其二，在《办法》出台之前我国刑事程序法上体现认罪认罚从宽精神的具体制度主要有公诉案件的和解程序、简易程序和速裁程序制度，而这些都主要适用于轻罪案件，重罪案件犯罪嫌疑人、被告人应当如何认罪认罚从宽缺乏程序制度。② 对于认罪认罚从宽制度是否适用重罪案件，存在不同的认识。第一种观点认为，该制度只能在现有简易程序适用的轻罪案件发挥作用；第二种观点认为，该制度适用于可能判处五年有期徒刑以下刑罚、拘役、管制或者单处罚金的案件；第三种观点认为，该制度不应有案件适用范围的限制，包括可能判处死刑在内的重罪都可以适用。笔者同意第三种观点。因为只有确保无论轻罪、重罪案件都有适用从宽制度的可能性，才能维护法律适用的公平性。重罪案件直接关系到被告人的生命权益和重大财产权益，认罪认罚的适用无论是对案件的正确处理还是对被告人自身关系重大，强调该制度适用案件范围的广泛性、普遍性，都有利无害。③

（二）坚持定罪证明标准

对认罪认罚从宽案件的证明标准是否可以降低，存在不同观点。

第一种观点认为，可以降低证明标准，只要达到排除合理怀疑即可，如果一概要求使用"犯罪事实清楚，证据确实充分"的证明标准，认罪认罚"协商"的空间不大，不利于诉讼效率的提高。第二种观点认为，全国人大常委会《决定》提出的证明标准是"事实清楚、证据充分"，而不是"证据确实、充分"；最高人民法院、最高人民检察院、公安部、司法部联合印发的《刑事案件速裁程序试点工作座谈会纪要（二）》（以下简称《纪要（二）》）指出："被告人自愿认罪，有关键证据证明被告人实施了指控的犯罪行为的，可以认定被告人有罪。"这说明速裁案件的证明标准已有所放低，因此认罪认罚案件

---

① 参见顾永忠：《关于"完善认罪认罚从宽制度"的几个理论问题》，载《当代法学》2016 年第 6 期。

② 参见顾永忠：《关于"完善认罪认罚从宽制度"的几个理论问题》，载《当代法学》2016 年第 6 期。

③ 参见陈卫东：《认罪认罚从宽制度研究》，载《中国法学》2016 年第 2 期。

中符合适用速裁程序条件的案件，其证明标准可按上述纪要的规定来掌握。第三种观点认为，不应对认罪认罚案件降低证明标准。笔者同意第三种观点，这是因为：（1）我国刑事诉讼坚持实质真实的原则，与英美法奉行形式真实原则不同，我国检察机关对证据不足、未达到排除合理怀疑的案件，不能通过说服被告人认罪的方式提出较为轻缓的量刑建议。根据我国刑事证据制度，只有被告人供述，没有其他证据的案件，不能对被告人定罪处罚；没有被告人供述，其他证据确实充分的案件，可以对被告人定罪处罚。对于尚未达到事实清楚、证据确实充分这一证明标准的案件，即使被告人作出了自愿认罪，公诉机关接受了认罪，审判机关也不能接受认罚协议。[①]（2）降低证明标准与现行刑事诉讼法的规定不符。刑事诉讼法规定的"案件事实清楚，证据确实充分"的证明标准应适用于所有刑事案件，认罪认罚案件作为刑事案件的一部分，自然应适用这一标准，不应把认罪认罚案件排除在外。《决定》和《纪要（二）》并未降低速裁案件的证明标准。虽然《决定》规定速裁案件的证明标准是"事实清楚，证据充分"，因为证据的"确实"与"充分"是相辅相成的，前者表示证据的质，后者表示证据的量，证明标准是质与量的有机统一。如果离开了质上的"确实"，量上的"充分"就可能不是真正的"充分"。因此，《决定》中的"证据充分"，是以"证据确实"为前提的，不能据此认为速裁案件的证据就不需要"确实"了，证明标准就降低了。同时《纪要（二）》的规定，则是为了释明速裁案件的证据在何种情况下就符合法律规定的"案件事实清楚，证据确实充分"的证明标准，从而认定被告人有罪。它是对法定证明标准在速裁案件中的释明，而不是对法定证明标准的降低。（3）降低证明标准危害甚大。对认罪认罚案件，如果擅自降低证明标准，就不仅构成违法，而且会为疑罪从有、疑罪从轻大开方便之门，"协商"就会越过底线，并由此产生破窗效应。[②]因此，实施认罪认罚从宽的前提必须是案件事实清楚、证据确实充分。不能仅仅根据犯罪嫌疑人、被告人认罪供述，仍要依法全面收集固定证据，严把事实证据关。侦查机关、检察机关仍应依法定程序全面收集能够证实犯罪嫌疑人有罪或者无罪、罪重或罪轻的各种证据，审判机关应全面审查证据。

（三）确保认罪认罚的自愿性

犯罪嫌疑人、被告人认罪认罚，应当出于自愿，不是在受到胁迫或欺诈等情形下发生的。现行法律制度中对犯罪嫌疑人、被告人认罪自愿性的程序保障

[①]　参见陈瑞华：《"认罪认罚从宽"改革的理论反思》，载《当代法学》2016 年第 4 期。

[②]　参见朱孝清：《认罪认罚从宽制度的几个问题》，载《法治研究》2016 年第 5 期。

不够充分。有论者主张当事人主义诉讼结构理论作为认罪认罚从宽制度的理论支撑，控辩平等为该制度提供了基本的前提，该制度是合作型司法在我国刑法司法中的重要体现。① 对于被告人而言，公正审判是一项诉讼权利而不是诉讼义务，被告人有权自愿放弃，选择采用简化的诉讼程序对其审判，并依法得到一定的从宽处理。为了确保被告人认罪认罚的自愿性，笔者认为应做到以下几个方面：

1. 完善权利告知程序。作为认罪认罚从宽制度实施的前提之一，犯罪嫌疑人、被告人自愿如实认罪认罚并接受该程序，必须是建立在犯罪嫌疑人、被告人明知、自愿和对承担量刑后果的心理认知基础上的。所以，完善权利告知程序，在各个环节需要保证被指控人对自己的权利有自主性的认知。各个诉讼环节应当针对本诉讼环节的特点设计有详细的告知清单，并按照规定程序向犯罪嫌疑人、被告人履行权利告知义务。使其明确应享有的诉讼权利，对适用的法律条款有正确的理解、对认罪认罚、选择审理程序所引起的法律后果有清醒的认知。

2. 保证犯罪嫌疑人、被告人的程序选择权。"无论是从保障被告人权利的角度，还是从与刑事司法内在的真实主义相协调的角度，被告人的程序处分权都必须正确而公正地行使。"② 为了确保被告人对诉讼程序的选择权，美国、日本、德国等国不仅赋予被告人初始的选择权，而且还确保其在诉讼过程中的重新选择权和简易程序的否决权。如美国，被告人即使与控方达成辩诉交易，放弃陪审团审判而选择认罪答辩程序，但在法官审查确认辩诉协议中被告人仍可以放弃已达成的认罪协议而选择陪审团审判。③ 我们应借鉴上述做法，在犯罪嫌疑人、被告人主动选择认罪认罚时，办案单位应当充分尊重和保障其程序选择权和反悔权。在诉讼过程中，犯罪嫌疑人、被告人有权主张撤回认罪认罚的供述，而且不能因为其撤回将其视为认罪态度不好而"罪加一等"。④ 即建立被告人反悔后的程序回转机制，即被告人推翻原来所做的有罪供述或者不同意简化审理，或者对检察机关的量刑建议提出异议，法院应当将案件转为普通程序审理。

3. 法院应审查被告人认罪认罚的自愿性。在庭前会议中加入自愿性认罪

---

① 参见陈明：《认罪认罚从宽制度的理论探究》，载《犯罪研究》2016 年第 4 期。

② ［日］田口守一：《刑事诉讼的目的》，张凌、于秀峰译，中国政法大学出版社 2011 年版，第 217 页。

③ 参见顾永忠：《关于"完善认罪认罚从宽制度"的几个理论问题》，载《当代法学》2016 年第 6 期。

④ 参见陈卫东：《认罪认罚从宽制度研究》，载《中国法学》2016 年第 2 期。

听证内容,《刑事诉讼法》第 182 条第 2 款规定:"在开庭以前,审判人员可以召集公诉人、当事人和辩护人、诉讼代理人,对回避、出庭证人名单、非法证据排除等与审判相关的问题,了解情况,听取意见。"笔者认为,为了保证被告人认罪认罚的自愿性和供述的真实性,应当增设被告人自愿性认罪听证程序这一内容,以更好地保护被告人的合法权益。法庭要重点加强对刑事被告人认罪的自愿合法性审查,着重审查被告人认罪的自愿性,当庭询问被告人以确认其认罪是出于自愿而非强迫、威胁或许诺(除了答辩协议中的许诺之外)的结果。① 另外,在强调"协商"过程中的平等自愿性的同时,值得注意的是,这个自愿"协商"不是无原则、无底线的,不能突破现有的法律规定,特别是不能对罪名和罪数进行讨价还价,即控辩双方不能就指控的罪名进行协调,更不能为了达成妥协而人为地将重罪改为轻罪,或者人为地减少指控罪名的数量。虽然《办法》第 13 条规定人民检察院可以对涉嫌数罪中的一项或多项提起公诉,但笔者认为应当是现行法律规定的几类不起诉的情形,而不是"协商"后随意减免的结果。同时,量刑建议的幅度一般不能低于法定最低刑,根据《办法》第 22 条,法庭判决确实需要在法定刑以下判处刑罚的,应层报最高人民法院核准。

(四) 充分发挥律师的权益保障作用

犯罪嫌疑人、被告人一般不具有法律知识和诉讼经验,在诉讼中与公诉机关在案件证据信息掌握程度上不对称,而实践中被告人,特别是基层法院审判的案件中 70%—80% 以上的被告人都是认罪的,没有律师为其辩护。② 由于犯罪嫌疑人、被告人的文化水平参差不齐、对法律的理解能力不足等限制,加之程序的简省,其部分诉讼权利的丧失,律师的参与尤为重要。不仅要保证律师在侦查、起诉、审判各环节的全程参与,更要切实地发挥律师对犯罪嫌疑人、被告人权益的保障作用。但在现实中,对于轻微刑事案件,不论是犯罪嫌疑人、被告人,还是律师,大都重视不足,犯罪嫌疑人、被告人因觉案情不重,或吝惜钱财,少有聘请律师的;或所聘律师也对案件缺乏足够的重视,影响了其诉讼权利的行使。

1. 优化现行的值班律师制度。《办法》规定了设置驻法院、驻看守所的法律援助值班律师制度,司法部《关于切实发挥职能作用做好刑事案件速裁程序试点相关工作的通知》对此予以了细化,但是,此项制度落到实处时却有

---

① 参见陈瑞华:《"认罪认罚从宽"改革的理论反思》,载《当代法学》2016 年第 4 期。
② 参见顾永忠、陈效:《中国刑法法律援助发展研究报告》(上),载《中国司法》2013 年第 1 期。

诸多问题。如服务内容有限，值班律师向当事人提供的法律帮助只是告知当事人的权利义务、法律程序，提供法律咨询、帮助准备法庭材料等，一般不会帮助当事人调查取证，不提供开庭服务。提供服务内容的简易性导致申请法律帮助比例偏低，值班律师由于不是被告人的代理律师，其责任感不足，援助质量不高，另外，援助规范也不明确等。对现行值班律师制度应予以进一步优化完善。

2. 建立强制辩护制度。强制辩护是对某些特殊的案件或者特殊的犯罪嫌疑人，在其有困难无法得到律师或其他人的法律帮助的时候，国家提供必要的法律帮助。强制辩护制度的确立是以犯罪嫌疑人的利益保障为出发点，以国家的强制力为后盾的一种国家救助的形式。建立强制辩护制度，不仅有助于维护被告人的利益，而且有助于实体正义的实现。在认罪认罚从宽案件中，犯罪嫌疑人、被告人一律要得到律师的帮助并提供辩护援助。对于没有获得律师辩护的被告人，法院无权适用速裁程序和简易程序，否则将构成程序违法。

3. 全面推行法律援助制度。法律援助制度是国家在司法制度运行的各个环节和各个层次上，对因经济困难及其他因素而难以通过通常意义上的法律手段保障自身基本社会权利的社会弱者，减免收费提供法律帮助的一项法律保障制度。法律援助制度也是国家法律救济的一种形式，其强调的是对经济困难的人或有正当理由确需帮助的人进行救助，有助于筑牢被告人权利保障堤坝。要保障所有被告人获得律师的帮助，对无力委托辩护人的被告人，一律指派法律援助律师进行辩护。

（五）建立从宽处理区别对待机制

认罪认罚案件的从宽处理体现在实体上的从宽和程序上的从简。

一方面，从程序来看，根据刑事案件的严重程度以及被追诉人人身危险性不同，采取严格程度不同的诉讼程序。一般情况下，被追诉者认罪认罚，在一定程度上表明其人身危险性降低，并且相应降低了案件的证明难度，控辩双方的对抗性也因此减轻，据此，可以考虑对其适用轻缓型诉讼措施和宽松型诉讼程序，而且诉讼措施的轻缓程度和诉讼程序的简化程度应当与案件的严重、复杂、疑难程度以及控辩双方的对抗性程度呈正比。[①] 但如该案情节严重、性质恶劣，尽管认罪认罚，亦应采取较为严格的诉讼程序。

另一方面，从实体来看，应依据认罪认罚的阶段、程度、态度、形式确定从宽的幅度。从阶段来看，不同阶段的认罪，反映人身危险性减少的程度及节

---

① 参见熊秋红：《认罪认罚从宽的理论审视与制度完善》，载《法学中国》微信公众号。

约司法资源的多寡也是有差别的。① 审判机关对被告人量刑时，认罪认罚越早量刑幅度越大，即审前认罪认罚从宽处理的幅度明显高于审判阶段认罪认罚的幅度。从认罪程度来看，应区别彻底与不彻底，在量刑从宽的幅度上有所区别。从态度来看，应区别主动认罪认罚与被动认罪认罚，对从宽的幅度进行区别。从形式来看，认罪认罚后积极退赃退赔，与被害人达成和解的从宽幅度应大于单纯的认罪认罚。② 另外，实体从宽的幅度应注意以下几个方面：一是必须坚持罪责刑相适应原则，审判机关所作出的刑罚轻重应与被追诉人所犯罪行和应当承担的刑事责任相适应。应当将从宽的幅度控制在合理的范围之内。从量刑理论和刑法基本理论来看，刑罚必须受到责任主义的约束，在量刑上差别对待的主要依据是犯罪人个人的有罪性和犯罪的严重性，过多地考虑认罪认罚在降低案件复杂程度和节约司法资源方面的价值，给予认罪认罚过大的量刑折扣刺激，将使裁判结果背离罪刑相适应的基本原则。简言之，政策性的考量不应逾越刑事法治的基本原则，进而动摇刑罚正当性的根基。③ 二是增加"应当从轻、减轻处罚"条款的具体适用情形，实现"应当型"从宽与"可以型"从宽的协调适用。有学者主张将犯罪嫌疑人、被告人认罪认罚从"可以型"从宽（即授权型）量刑情节提升为"应当型"从宽（即强制型）量刑情节，以增强法律规定的明确性和认罪认罚从宽的可预测性。④ 笔者认为不妥。被追诉者在认罪认罚的主动性、阶段性、充分性、稳定性等方面存在着差异，难以确立认罪认罚的统一标准，并给予明确的规范评价。鉴于"可以"相对"应当"具有更大的包容性，在目前认罪认罚从宽制度尚不完善、例外情形尚难明确列举的情况下，不宜轻率地将柔性的"可以"改为刚性的"应当"。⑤ 三是进一步明确从宽量刑指导原则，细化不同限度的具体标准和适用情形。如在最高人民法院《关于常见犯罪的量刑指导意见》规定的有关自首从宽处理条款基础上，需进一步明确减少基准刑 40% 以下、40% 以上等幅度的具体层级。⑥

（六）重视对受害人权益的保护

关于被害人是否应当作为认罪认罚制度参与主体存有争议。有学者主张

① 参见张阳：《论"认罪从宽"处罚幅度的理性设置》，载《公民与法》2009 年第 4 期。
② 参见汪海燕、付奇艺：《认罪认罚从宽制度的理论研究》，载《人民检察》2016 年第 15 期。
③ 参见熊秋红：《认罪认罚从宽的理论审视与制度完善》，载《法学中国》微信公众号。
④ 参见谭世贵：《实体法与程序法双重视角下的认罪认罚从宽制度研究》，载《法学杂志》2016 年第 8 期。
⑤ 参见熊秋红：《认罪认罚从宽的理论审视与制度完善》，载《法学中国》微信公众号。
⑥ 参见陈卫东：《认罪认罚从宽制度研究》，载《中国法学》2016 年第 2 期。

"在认罪协商时应当征得被害人的同意，其重要条件就是应当由被告人对被害人在精神、物质两个方面予以补偿，被害人同意并且愿意接受赔礼道歉和物质补偿。"[①] 另有学者认为，强调被告人对被害人予以恢复性补偿有其必要性，被害人作为刑事犯罪的受害主体，有必要参与到犯罪嫌疑人、被告人的追责程序中。但是，为确保认罪认罚制度适用的效率性，防止因被害人主观情感的变化而导致协商过程随意变更损害诉讼程序的确定性，被害人不宜作为参与主体而对案件协商过程产生实质影响。[②] 虽然《办法》第 7 条规定了"办理认罪认罚案件，应当听取被害人及其代理人意见，并将犯罪嫌疑人、被告人是否与被害人达成和解协议或者赔偿被害人损失，取得被害人谅解，作为量刑的重要考虑因素。"但是认罪认罚从宽制度并未将被害人作为程序运作主体予以规定。被害人在认罪认罚从宽程序缺乏适度的活动空间，可能会导致特定案件被害人的强烈反弹。因此，应考虑赋予被害人以一定的程序参与权，使其可以对程序运作和实体处罚结果享有一定的程序影响力。有学者主张应从法院尽量解决被害人民事赔偿、给予被害人当庭对量刑建议发表意见等方面保证被害人表达诉讼请求的机会。[③] 笔者认为，不论是前期刑事和解与赔偿，还是后期控辩双方的"协商"，都应当建立一定的程序和通道，让受害人适度地参与，并将被害人的受损利益获得弥补作为认定被告人认罚、积极退赃退赔的条件之一，且将被害人获得赔偿的程度与被告人可能获得的从宽幅度直接挂钩，调动被告人积极赔偿被害人的主动性。这既有利于对被害人权利的保护，也可以通过程序参与为被害人发泄情绪提供出口，认同协商及其后的判决结果，防止被害人因不满而缠诉、上访。当然，由于被害人的要求往往带有较强的个人情绪，其诉求往往不尽合理，所以司法机关应当加以引导，而不能被裹挟。

（七）完善监督制约机制

对于认罪认罚从宽案件会不会导致权钱交易、"花钱买刑"等司法腐败行为，社会有较多的担忧。为了杜绝滥用职权、徇私枉法现象，确保司法公正，还应当完善监督制约机制，加大监督力度。（1）公检法三机关要认真贯彻刑事诉讼法规定的分工负责、互相配合、互相制约的原则，确保认罪认罚案件的办案质量。（2）检察机关要加强侦查活动监督和刑事审判监督，通过检察监督维护司法公正。（3）要强化责任追究。对于法院、检察院、公安机关工作人员在办理认罪认罚案件中，有刑讯逼供、暴力取证或者权钱交易、放纵犯罪

① 陈国庆：《试论构建中国式的认罪协商制度》，载《环球法律评论》2006 年第 5 期。
② 参见陈卫东：《认罪认罚从宽制度研究》，载《中国法学》2016 年第 2 期。
③ 参见陈瑞华：《"认罪认罚从宽"改革的理论反思》，载《当代法学》2016 年第 4 期。

等滥用职权、徇私枉法的情形，应当依纪依法追究行政或刑事责任。对办案的侦查人员、检察官、法官，依法实行办案质量负责制和错案责任追究制度，强化责任追究，提升办案质量。

三、结语

认罪认罚从宽制度的适用既涉及刑事实体法、刑事程序法层面的修改完善，又涉及司法机制的建构、调整和发展，该制度无疑将会对我国整个刑事体系的发展产生不可估量的影响。[①] 这一制度的建立和完善，将对节约司法资源、提高诉讼效率有着重要意义，同时鉴于价值取向层面该制度的设计初衷主要是为了提高诉讼效率、司法实践层面以认罪为基础的程序设计可能会导致对口供的倚重以及审判程序简省可能会使被告人的部分诉讼权利得不到保障，因此对于犯罪嫌疑人、被告人以及被害人的诉讼权益保障应引起高度重视。

笔者建议，通过明确该制度可适用于侦查阶段以鼓励犯罪嫌疑人尽早认罪，可适用于重罪案件以体现该制度的公平性；坚持"犯罪事实清楚，证据确实充分"的证明标准，防止因降低证明标准出现冤假错案；通过完善权利告知程序、保证程序选择权、法院审查自愿性等确保认罪认罚的自愿性；通过优化现行的值班律师制度、建立强制辩护制度、全面推行法律援助制度等充分发挥律师的权益保障作用；强化庭审实质化；从实体和程序上，建立从宽处理区别对待机制；赋予被害人适度诉讼程序参与权；完善监督制约机制，强化监督，促进公正，以达到对诉讼权益的保护。

---

① 参见陈卫东：《认罪认罚从宽制度研究》，载《中国法学》2016 年第 2 期。

认罪认罚从宽制度法益保护的多元构建

余建平[*]

在许多司法文明的国家里，"迅速地审判一直被当作诉讼制度的理想"。[①]实体与程序、公正与效率、宽缓与严厉相互并重、兼顾、调和一直是完善刑事诉讼制度的普遍追求。我国试点认罪认罚从宽制度改革，其目的是试图从程序正义出发，去实现实体正义的法益保护。正如罗尔斯在《正义论》中所言："在对一种至少会使一部分人的权益受到有利或不利影响的活动或决定作出评判时，不能仅仅关注结果的正当性，更要看到这种结果的形成过程或结果据以形成的程序本身是否符合一些客观的正当性、合理性标准。"[②] 简言之，试点认罪认罚从宽制度改革，就是坚持从程序从简到实体从宽，追求程序正义保障性和实体正义目的性的有机统一，探索一条径由刑法、刑事诉讼法多元法益保护的复合路径。

一、我国认罪认罚从宽制度的历史演进

要梳理认罪认罚从宽制度的历史沿革，绕不开我国传统司法领域很长一段时间中的一句用语："坦白从宽、抗拒从严。"至少在中华人民共和国成立以后，我国司法机关审讯室、派出所、监狱、劳改农场等场所，这个标语比比皆是。我们试图找一下这个标语的法律渊源，很遗憾，竟然在正规法典中找不到任何出处和来源，充其量只能是具有政治色彩的刑事政策和约定俗成的惯常做法，不是法律规定或司法依据，不具备司法的正当性和合理性。不过，在正式文献记载中，1989 年 6 月 16 日，邓小平同志同几位中央负责同志谈话中提到，"当然还是要分别是非轻重，要以事实为根据，以法律为准绳，还是要讲坦白从宽，抗拒从严的政策"。[③]《刑法》第 67 条分别在第 1 款和第 3 款规定，

---

* 安徽省马鞍山市人民检察院研究室主任。

① ［日］谷口安平：《程序的正义与诉讼》，中国政法大学出版社 1996 年版。

② ［美］约翰·罗尔斯：《正义论》，何怀宏等译，中国社会科学出版社 1988 年版。

③ 参见《邓小平文选》第 3 卷《第三代领导集体的当务之急》。

具有自首情节或如实供述自己罪行的，可以从轻处罚，应该定义为"坦白从宽"刑事政策的规范化、具体化和法定化。当然"坦白"不等同于"自首"，认罪认罚也并非"坦白"，但"认罪认罚从宽"相对"坦白从宽"，虽不能等义替换，但从历史沿革来看，"坦白从宽"这一刑事政策对认罪认罚从宽制度试点发挥了重要影响。所以，中国社会科学院熊秋红认为："'认罪认罚'滥觞于'坦白从宽、抗拒从严'和'宽严相济'的刑事政策，是在新的历史条件下对其中宽缓一面的发展。"①

2003 年"被告人认罪案件"简化审理：2003 年 3 月，"两高"、司法部联合颁布了《关于适用普通程序审理"被告人认罪案件"的若干实施意见（试行）》和《关于适用简易程序审理公诉案件的若干意见》，规定对被告人认罪案件可以简化普通程序，对具体审理方式实行简化，即我国目前司法实践中的普通程序简化审，正式确立了我国被告人认罪的速裁模式。

2006 年轻微刑事案件快速处理：2006 年 12 月，最高检出台《关于依法快速办理轻微刑事案件的意见》，规定 4 类②轻微刑事案件在检察机关各个刑事诉讼环节快速办理。快速办理轻微刑事案件，简化了诉讼程序和工作流程，保障了犯罪嫌疑人、被告人的程序选择权，完善了速裁程序的证据制度，有利于处理好程序的刚性与柔性的关系，推进了轻微刑事案件刑罚轻缓化。③

2006 年刑事和解制度：2006 年 12 月，最高检在出台的《关于贯彻宽严相济刑事司法政策的若干意见》中第 12 条规定："对于轻微刑事案件中犯罪嫌疑人认罪悔过、赔礼道歉、积极赔偿损失并得到被害人谅解或者双方达成和解并切实履行，社会危害性不大的，可以依法不予逮捕或者不起诉。确需提起公诉的，可以依法向人民法院提出从宽处理的意见。"初步规定了刑事和解制度。2012 年 2 月，最高检制定下发《关于办理当事人达成和解的轻微刑事案件的若干意见》，明确规定了刑事和解的适用范围和条件、当事人和解的途径与检调对接等内容，对检察机关适用刑事和解明确了制度性规范。

2012 年刑事诉讼法修改增加刑事和解制度条款。第 277 条："犯罪嫌疑人、被告人真诚悔罪，通过向被害人赔偿损失、赔礼道歉等方式获得被害谅解，被害人自愿和解的，双方当事人可以和解。"第 279 条："对于达成和解协议的案件，公安机关可以向人民检察院提出从宽处理的建议。人民检察院可

---

① 刘卉：《刑法可将认罪认罚从宽作为一项原则》，载《检察日报》2017 年 1 月 17 日。

② （1）案情简单，事实清楚，证据确实、充分；（2）可能判处三年以下有期徒刑、拘役、管制或者单处罚金；（3）犯罪嫌疑人、被告人承认实施了被指控犯罪；（4）适用法律无争议。

③ 于同志：《轻微刑事案件快速办理的经验与启示》，载《人民法院报》2014 年 10 月 22 日。

以向人民法院提出从宽处罚的建议。"这一规定，成为试点认罪认罚从宽制度重要的法律依据之一。

2014 年在部分地区开展刑事案件速裁程序试点：2014 年 8 月，"两高"、公安部、司法部根据全国人大常委会授权，联合颁布了《关于在部分地区开展刑事案件速裁程序试点工作的办法》（以下简称《刑事案件案件速裁试点办法》），试点期为两年。对 11 类犯罪①情节较轻、依法可能判处一年以下有期徒刑、拘役、管制的案件，或者依法单处罚金的案件，且案件事实清楚、证据充分的，犯罪嫌疑人、被告人承认自己所犯罪行，对指控的犯罪事实没有异议，当事人对适用法律没有争议，犯罪嫌疑人、被告人同意人民检察院提出的量刑建议的，犯罪嫌疑人、被告人同意适用速裁程序的，可以适用速裁程序。

2016 年在部分地区开展刑事案件认罪认罚从宽制度试点：根据全国人大常委会的授权，2016 年 11 月，"两高"、公安部、国家安全部、司法部联合发布《关于在部分地区开展刑事案件认罪认罚从宽制度试点工作的办法》（以下简称《试点办法》）。该办法第 1 条就明确规定，犯罪嫌疑人、被告人自愿如实供述自己的罪行，对指挥的犯罪事实没有异议，同意量刑建议，签署具结书的，可以依法从宽处理。

综上所述，自"被告人认罪案件"实行简化审理后的十多年来，就刑事诉讼制度自身完善而言，无论是司法解释还是立法修改，一直是在沿着节约司法资源、提升诉讼效率、优化诉讼结构、保障当事人权利的路径作司法制度设计上的调整、妥协和平衡，主要呈现以下特点：

一是进一步简化诉讼程序。被告人认罪公诉案件简化审、轻微刑事案件快速办理、刑事案件速裁程序有的是直接适用简易程序，有的是简易程序或普通程序简化，省略了一般普通程序的部分诉讼环节。尤其是 2003 年实施的《关于适用普通程序审理"被告人认罪案件"的若干实施意见》，率先开启了普通程序简化审模式，为其后轻微刑事案件快速办理、刑事案件速裁程序试点、认罪认罚从宽制度试度创立了范例。

二是逐步取消案件范围。2012 年修改后的刑事诉讼法规定除了 4 种情形不适用简易程序，取消了适用简易程序的案件范围。2014 刑事案件速裁程序试点规定了 11 类犯罪情形的案件范围，而 2016 年《试点办法》中，除了 4 种情形不适用认罪认罚从宽制度外，并没有规定案件范围，没有对适用案件的罪名和可能判处的刑罚作出规定，原则上适用所有刑事案件。

---

① 即危险驾驶、交通肇事、盗窃、诈骗、抢夺、伤害、寻衅滋事、非法拘禁、毒品犯罪、行贿犯罪、在公共场所实施的扰乱公共秩序犯罪。

三是缩短办案期限。诉讼程序简化势必反映在办案期限上。从"两高"陆续出台的实施意见看，都对办案期限作出了实质性规定，最大限度地缩短办案周期。如，最高检关于轻微刑事案件快速处理意见中规定，对已被拘留的犯罪嫌疑人应当在 3 日内作出是否批逮的决定；未被拘留的，应当在 5 日内作出是否批捕决定。《刑事案件速裁试点办法》中规定："人民检察院一般应当在受理案件后八个工作日内作出是否提起公诉的决定。""人民法院适用速裁程序审理案件，一般应当在受理后七个工作日内审结。"《试点办法》对办案期限规定："对于适用速裁程序的案件，人民检察院一般应当在受理后十日内作出是否提起公诉的决定，对可能判处的有期徒刑超过一年的，可以延长至十五日。""对于适用速裁程序的案件，人民法院一般应当在十日内审结，对可能判处的有期徒刑超过一年的，可以延长至十五日。"

四是以悔罪认罪为前提条件。2003 年"两高"颁布的《关于适用普通程序审理"被告人认罪案件"的若干实施意见》中，第 1 条就规定："被告人对被指控的基本犯罪事实无异议，并自愿认罪的第一审公诉案件，一般适用本意见审理。"2006 年最高检在《关于依法快速办理轻微刑事案件的意见》第 3 条第 3 款规定："犯罪嫌疑人、被告人承认实施了被指控的犯罪。"刑事案件速裁试点办法第 1 条第 2 款规定："犯罪嫌疑人、被告人承认自己所犯罪行，对指控的犯罪事实没有异议的。"《试点办法》第 1 条就开宗明义："犯罪嫌疑人、被告人自愿如实供述自己的罪行，对指控的犯罪事实没有异议，同意量刑建议，签署具结书的，可以依法从宽处理。"由此可见，以上规定无论是简化审、刑事和解，还是轻微刑案速裁、认罪认罚从宽制度，都是把犯罪嫌疑人、被告人的认罪悔罪作为前提条件。

二、"认罪""认罚"与"从宽"的理解及法律适用

认罪认罚从宽制度的实现方式主要由两类主体参与构成，一是犯罪嫌疑人、被告人，二是司法机关，按照法定情形，还需要法律援助机构或律师参与。在这两类主体中，犯罪嫌疑人、被告人承担的义务是"认罪认罚"，司法机关履行的职责是"从宽"。认罪认罚从宽是复合主因条件下产生的单一性结果，即由"认罪""认罚"两个主因，产生"从宽"这一后果。由此得出，认罪认罚从宽是有且只有在"认罪认罚"基础上的"从宽"。

（一）关于"认罪"的理解

首先是对认罪之"罪"的理解。根据《试点办法》，"认罪"是指犯罪嫌疑人、被告人自愿如实供述自己的罪行，对指控的犯罪事实没有异议。如果将概念进一步周延，"认罪"其实应该定义为犯罪嫌疑人、被告人承认自己涉嫌

某一犯罪行为，而不是承认自己触犯某一罪名之"罪"，因为《刑事诉讼法》第12条明确规定："未经人民法院依法判决，对任何人都不得确定有罪。"所以，对"认罪"的理解，首先要弄清楚该"罪"仅仅只是犯罪嫌疑人、被告人是承认涉嫌犯罪行为，而非承认其构成某一实质之"罪"。其次，关于认罪"自愿"的理解。一般情况下，认罪有几种情况，一是真实的自愿，二是诱导的自愿，三是逼迫的自愿。"人都是趋利避害的经济人或曰理性自利的人；一个人在没有任何压力的时候，即便是真正的犯罪人，也不会自愿供述所犯罪行的，更何况没有实施犯罪行为者，就更不会自愿供述所谓的罪行了。"① 那么，随之而来的问题是，当司法机关一方面向犯罪嫌疑人、被告人告知其诉讼权利，另一方面积极宣传认罪认罚从宽制度相关刑事司法政策时，会不会涉嫌另一种可能存在的"坦白从宽是诱供，抗拒从严是逼供"呢？② 如果是这样，犯罪嫌疑人、被告人的供述并非是真正发自内心的客观性自愿，而是陷入无法自证清白的涉嫌诱供逼供的"浑水"和"旋涡"。最后，对认罪外延的理解。德国学者黑克曾以"概念核"和"概念晕"来区分法律概念，"概念核"是指其中不容置疑的确定内容，"概念晕"则是模糊的外延。③ 犯罪嫌疑人、被告人的认罪有完全的认罪和不完全的认罪之分，即便是出于其内心自发性自愿认罪，也分为自愿的完全认罪和自愿的不完全认罪。按照《试点办法》的定义，即分为完全的自愿如实供述和不完全的自愿如实供述，因为认罪的完全与否将直接影响对犯罪嫌疑人、被告人是否适用从宽的刑事政策。

（二）关于"认罚"的把握

"认罪"与"认罚"虽一字之差，但"认"的法意表达却大不一样。前者表示"承认""坦白"；后者则表示"同意""甘心接受"。"认罚"即是甘愿接受司法的处罚或处罚建议。根据《试点办法》，"认罚"是指犯罪嫌疑人、被告人同意量刑建议，签署具结书，即对检察机关建议判处的刑罚种类、幅度及刑罚执行方式没有异议。"认罚"直接体现了悔罪态度和悔罪表现，是适用认罪认罚从宽制度的前提条件④。笔者认为，认罪与认罚是犯罪嫌疑人、被告人是否适用"从宽"的两个必须同时具备的前置条件，二者缺一不可。在司法实践中，可能会出现这样几种情况：一是犯罪嫌疑人、被告人既认罪又认

---

① 王新环：《谨慎对待自愿的口供》，载《人民检察》2007年第3期。

② 陈杰人：《坦白从宽是诱供，抗拒从严是逼供》，载《时政评论》2003年12月11日。

③ 陈光中、马康：《认罪认罚从宽制度若干重要问题探讨》，载《法学》2016年第8期。

④ 最高人民检察院副检察长孙谦在2016年11月召开的"检察机关刑事案件认罪认罚从宽试点工作部署会议"上的讲话摘要。

罚；二是只认罪不认罚；三是不认罪只认罚；四是既不认罪又不认罚。针对第一种情形认罪又悔罪，且同意量刑建议，签署具结书的，可以适用从宽的刑事司法政策。后三种情形，均不符合认罪认罚构成要件，不能适用从宽刑事政策。在以往执行的刑事政策或适用的司法解释中，一般只关注或者强调犯罪嫌疑人、被告人的认罪态度或悔罪表现，没有关于认罚规定。如《关于适用普通程序审理"被告人认罪案件"的若干实施意见（试行）》中，只是把"被告人对被指控的基本犯罪事实无异议，并自愿认罪"作为普通程序简化审的前提条件；刑事诉讼法增加的刑事和解条款，也只规定"犯罪嫌疑人、被告人真诚悔罪，通过向被害人赔偿损失、赔礼道歉等方式获得被害谅解，被害人自愿和解的"作为刑事和解条件。根据《试点办法》的理解，"认罚"的内容应主要包括：（1）指控的罪名及法律适用条款；（2）具有从轻、减轻或者免除处罚等从宽处罚的建议；（3）认罪认罚后案件在诉讼过程中应当适用的简化或速裁程序。认罚的形式，应当是书面形式，犯罪嫌疑人、被告应当就认罪悔罪、量刑建议和愿意承担法律责任等内容签署具结书。

（三）关于"从宽"的判定

对刑事案件犯罪嫌疑人、被告人既认罪又认罚适用从宽的刑事司法政策，由哪个机关作出判定，应当明确具体适用或者有权判定"从宽"的司法主体。根据案件性质、不同诉讼环节及《试点办法》规定，主要有三类执行"从宽"决定权的主体：

1. 公安机关并检察机关。《试点办法》第9条规定，"犯罪嫌疑人自愿如实供述涉嫌犯罪的事实，有重大立功或者案件涉及国家重大利益，需要撤销案件的，公安机关应当层报公安部，由公安部提请最高人民检察院批准"。对犯罪嫌疑人撤销案件是从程序到实体从大限度地"从宽"，而作为这一"从宽"决定的司法主体实际上是两个，即公安机关和检察机关。公安机关在侦查活动中认定犯罪嫌疑人"有重大立功或者涉及国家重大利益"，认为需要撤销案件，并层报公安部，然后由最高人民检察院批准。由此可见，没有公安机关的认定与层报，就没有最高检的批准，对犯罪嫌疑人判定"从宽"的权力来源是公安机关和人民检察院。

2. 检察机关。根据《试点办法》第9条至第14条规定，检察机关是撤销案件、量刑建议、适用速裁程序、决定不起诉、涉案财物处置等适用从宽政策的司法主体。量刑建议虽然是检察机关对审判机关的一种量刑请求权，但《试点办法》第20条规定："对于认罪认罚案件，人民法院依法作出判决时，一般应当采纳人民检察院指控的罪名和量刑建议"，很显然除了例外情形，检察机关的量刑建议是适用"从宽"的重要主体。检察机关在审查起诉阶段，对于适用速裁程序案件，可以独立适用"从宽"政策，即缩短办案期限。对"犯罪嫌疑人自愿如实供述涉嫌犯罪的事实，有重大立功或者涉及国家重大利益，经最高人民检察院批准，人民检察院可以作出不起诉决定"，则既是程序更是实体上的"从宽"。

3. 审判机关。基于审判机关的审判职能以及应有的自由裁量权，被告人实体上的"从宽"是否落实最终要由人民法院依法判决或者裁定，也就是说审判机关是认罪认罚从宽制度的重要司法主体。根据《试点办法》规定，审判机关的实际适用"从宽"主要体现在：（1）选择适用审理程序。根据被告人认罪认罚的相关情形，选择是否适用速裁程序、简易程序或者普通程序。（2）压缩审理期限。如"适用速裁程序审理案件，人民法院一般应当在十日内审结；对可能判处的有期徒刑超过一年的，可以延长至十五日"，相比普通程序，审限大缩短。（3）径行"从宽"判决。人民法院根据被告人认罪认罚案件的事实和适用法律，一般采纳人民检察院量刑建议，作出从轻、减轻或者免除处罚的判决。

此外，人民法院、人民检察院、公安机关基于犯罪嫌疑人、被告人的认罪认罚，对其采取或变更为取保候审、监视居住的强制措施，也应当认为是程序上"从宽"主体。

三、认罪认罚从宽制度法益保护的多元构建

广义上的法益泛指一切受法律保护的利益，权利也包含于法益之内；而狭义的法益仅指权利之外而为法律所保护的利益，是一个与权利相对应的概念。简言之，法益就是"由法所保护的、客观上可能受到侵害或者威胁的人的生活利益。"[1] 正如德国刑事社会学派创始人李斯特指出："所有的法益无论是个人利益，或者共同社会的利益，都是生活利益。这些利益的存在不是法秩序的产物，而是社会生活本身。但是，法律的保护把生活利益上升为法益。"从这个观点来看，试行刑事案件认罪认罚从宽制度，既是对公安机关、检察机关、审判机关参与行使诉讼活动广泛意义上的法益保护，更是对犯罪嫌疑人、被告人、被害人的诉讼权利、人身权益实体意义的法益保障。

（一）推行繁简分流，减轻讼累，保障司法人员职业权益

当前，社会处于转型期，各类矛盾日益凸显，我国暴力犯罪等严重危害社会治安犯罪案件呈现下降趋势，但轻罪案件的数量不断增加，刑事犯罪总量始

---

① 张明楷：《法益初论》，中国政法大学出版社 2000 年版，第 167 页。

终处于高位。① 面对居高不下的案件总量与司法资源有限的矛盾，我国刑事诉讼效率不高、司法机关案多人少的问题日益突出，围绕刑事案件开展的一系列诉讼活动复杂、烦琐甚至旷日持久，耗费了司法机关大量资源，牵涉司法人员大量的时间和精力。有的基层院法官、检察官长时间超负荷工作，身心健康严重受损，生理压力和精神压力叠加，使得司法工作成为一个高风险职业。司法人员既要注重办案的法律效果，又要追求办案的政治效果和社会效果，还要对所办案件实行终身负责制。"我国80%的案件在基层"②，"我国判处三年以下有期徒刑的案件比例已达到80%以上"，③ 基层司法人员面对大量案件，不得不加班加点，埋首伏案，负重前行。这种超常规的办案模式和工作机制，一方面因办案效率低下影响司法公正，损害司法机关形象；另一方面因办案重压，严重侵害了司法人员自身的各项权益。由于利益具有客观性，所以，"法本身不能创造利益，但在具备一定客观条件下，法可以促进一定利益的形成和发展。也就是说，法不仅可以确认已有的利益，而且能够促进立法者自觉追求的利益的形成和发展"。④ 试点刑事案件认罪认罚从宽制度改革，从立法者角度，为司法人员的法益保护成为机制形成上的可能，使职业权益保障有了顶层制度的重新设计。其意义还在于，进一步扩大司法效率最大化，充分利用利用有限的司法资源，把司法人员从日益繁重的办案压力中解脱出来。

（二）慎用强制措施，适用速裁程序，保障犯罪嫌疑人、被告人获得快速审判的程序性法益

认罪认罚从宽制度，使犯罪嫌疑人、被告人获得程序性法益救济，主要体现在两个方面：一是对犯罪嫌疑人、被告人实行非羁押性强制措施；二是在审查起诉和审判环节适用速裁程序。《试点办法》第6条规定："人民法院、人民检察院、公安机关应当将犯罪嫌疑人、被告人认罪认罚作为其是否具有社会危害性的重要考虑因素，对于没有社会危险性的犯罪嫌疑人、被告人，应当采取取保候审、监视居住。"取保候审、监视居住都是非羁押性、非剥夺人身自由、适用门槛较低的强制性措施，相对于拘留、逮捕强制措施，更有利于对犯罪嫌疑人、被告人合法权益保护，采取非羁押性强制措施真正体现了程序从宽。正如最高检孙谦副检察长指出："逮捕存在的目的之一就是为了保障人权，然而却是以限制或者剥夺具体人的基本人权—人身自由为条件的。逮捕既

---

① 孙谦：《刑案认罪认罚从宽制度试点工作九大问题要注意》，载正义网，2017年2月8日。

② 孟建柱：《深化司法体制改革》，载《人民日报》2013年11月25日。

③ 孟建柱：《深化司法体制改革》，载《人民日报》2013年11月25日。

④ 孙国华主编：《法理学教程》，中国人民大学出版社1994年版，第89页。

可以成为保障绝大多数人安全、保障绝大多数人生存权、自由、财产所有权的手段，同时也可能成为侵犯人权的凶手。人权从原理上是排斥逮捕的，但它又从来没有离开过逮捕以及刑罚等暴力对自己的保护，一旦失去这些保护，人权很可能荡然无存。"① 《试点办法》第 12 条、第 16 条分别规定人民检察院、人民法院在办理犯罪嫌疑人、被告人认罪认罚案件适用速裁程序。速裁程序是对简易程序的再简化，在检察机关审查起诉、法院审判环节进一步缩短办案期限，不再进行法庭调查、法庭辩论，审理结果也应当当庭宣判。速裁程序的确立，使案件审理和裁决的时间大为压缩，使刑事案件被告人可以很快得到审判，做到量刑及时、判决从快，轻罪轻判，更好地体现刑罚均衡、宽严相济、罪刑相适应原则。此外，根据犯罪嫌疑人自愿如实供述涉嫌犯罪的事实，有重大立功或者案件涉及国家重大利益，经最高检批准，可以撤销案件或者不起诉，使犯罪嫌疑人获得程序与实体的双重法益。

（三）推行量刑建议，坚持依法从宽，保障犯罪嫌疑人、被告人获得从宽处理的实体性法益

试点认罪认罚从宽制度，就是要充分落实体现程序上从简和实体上从宽。如前所述，程序从简主要体现在办案程序简化、办案效率提高和优化诉讼结构上，但是作为犯罪嫌疑人、被告人真正关注的不是节约司法资源和提高办案效率，而关注对其实体处罚和量刑判决。在量刑上获得最大限度的从轻、减轻甚至免除处罚，才是迫使其自愿认罪认罚的强大动力。"对被追诉人而言，量刑减让才是认罪认罚的最大心理动因。"② 基于此，检察机关的量刑建议和审判机关终局裁判，成为被追诉人认罪认罚从宽的最大期待，当然也是对其法益的最大保护。早在 2005 年 7 月，最高检出台了《人民检察院量刑建议试点工作实施意见》，正式将量刑建议作为检察机关司法改革的重点课题。其后，"两高三部"共同颁布《关于规范量刑程序若干问题的意见（试行）》，从 2010 年 10 月 1 日起在全国范围内开展量刑建议的试行工作。可以说，推行量刑建议是量刑规范化改革的重要内容，是对辩诉交易制度的合理借鉴，能较好地引导侦查取证、防范滥捕、保障被告人的诉讼权利、制约法官量刑的自由裁量权，《试点办法》第 1 条规定，认罪认罚从宽的前提条件之一是同意量刑建议，检察机关在审查起诉过程中，应当告知犯罪嫌疑人享有的诉讼权利和认罪认罚可能导致的法律后果，并将对指控的罪名及适用的法律条款，从轻、减轻或者免

① 孙谦：《关于完善我国逮捕制度的几点思考》，载《中国法学》2004 年第 4 期。
② 喻丹、李清：《关于刑事案件认罪认罚从宽制度的几点思考》，载《人民法院报》2016 年 11 月 2 日。

除处罚等从宽处罚的建议、审查适用的程序记录在案。《试点办法》第20条规定，认罪认罚案件，人民法院依法作出判决时，一般应当采纳人民检察院指控的罪名和量刑建议。以上两条规定是刑事政策的立法化，实际上是采取"起诉便宜主义"，从制度层面充分保障了犯罪嫌疑人、被告人的实体性法益。

（四）坚持真实自愿，推行刑事和解，充分保障被害人的合法权益

《试点办法》第3条把"保障被害人合法权益"作为办理认罪认罚案件的一般原则。第7条规定，"办理认罪认罚案件，应当听取被害人及其代理人意见，并将犯罪嫌疑人、被告人是否与被害人达成和解协议或者赔偿被害人损失，取得被害人谅解，作为量刑的重要考虑因素"。刑事和解是受害人与加害人之间调停协商、修复矛盾、解决问题的重要手段。进行和解运作的基本路径是在犯罪发生后，经由司法机关或值班律师的帮助，促成被害人与加害人直接商谈，从而解决刑事纠纷。刑事和解有利于恢复被破坏的社会关系，弥补被害人所受到的损害，并使加害人改过自新、回归社会。刑事和解协议是被害人和加害人经过协商后所达成的就加害人犯罪行为给被害人带来损害进行赔偿的约定。其内容可以分为事实和赔偿两部分。事实部分可以记明犯罪的事实，加害人的认罪和悔罪的表现，被害人对加害人的宽恕和谅解等；赔偿部分可以包括认罪道歉、返还财产或原物、经济赔偿、为被害人提供某种形式的服务等。当然协议的内容不能违反法律规定及损害公共利益或他人合法利益。同时，《试点办法》第17条还将是否达成刑事和解协议作为适用速裁程序的要件之一，规定被告人与被害人或者其没有就附带民事赔偿等事项达成调解或者和解协议的，不得适用速裁程序审理，通过这一强制性规范，使被害人权益得到有效保护。

检察环节处理认罪认罚从宽制度之程序完善

薛正俭*

以"实现简案快审、繁案精审"为目的的认罪认罚从宽制度，契合当前我国刑事司法稳健运行的需要，能有效减轻普通审判程序的案件压力，在实现司法资源的优化配置方面具有重要作用。认罪认罚从宽制度作为政策的制度化、规范化，集中于被追诉人在自愿基础上的认罪、认罚，并选择特定程序处理案件，体现了实体上的从宽与程序上的从简，并且明显有别于英美法系国家的辩诉交易制度。[①] 认罪认罚从宽从程序法意义上看是一种法律行为，可引起某种特定刑事诉讼程序的发生、改变或终结。[②] 因此，现有认罪认罚从宽制度中的程序适用问题需要重视和完善。但实践中，简易程序、当事人和解程序、试点的刑事案件速裁程序均涉及认罪认罚从宽诉讼程序，特别是检察环节处理认罪认罚从宽制度之程序，都没有系统的程序设计，如何进一步完善，笔者在本文谈一些粗浅认识。

一、认罪认罚从宽制度的缺陷

从 2012 年《刑事诉讼法》对被告人认罪认罚简易程序程序设置方面看，还没有真正建立起认罪认罚从宽制度，从目前看，刑事司法中缺乏审查被告人认罪认罚与否的程序机制，即便被告人认罪认罚，仍有可能通过普通程序进行全面审理。这就影响检察机关节约诉讼成本，特别影响落实程序从简，实现案件繁简分流和庭审实质化的改革目标。

（一）现行认罪认罚从宽制度存在的程序缺陷

1. 认罪认罚程序被淡化。体现被告人认罪认罚自愿性原则的标准缺乏清

　＊　宁夏回族自治区人民检察院宣传处处长。

　①　陈卫东：《认罪认罚从宽制度研究》，载《中国法学》2016 年第 2 期。

　②　孙长永、曾军、师亮亮：《认罪案件办理机制研究》，载《西南政法大学学报》2012 年第 2 期。

晰明确的规定，导致一些被告人在认罪认罚后并不认可法院判决。

2. 法律赋予当事人程序选择权的规定不一。2012 年修订的《刑事诉讼法》规定，对于法律规定范围的公诉案件，犯罪嫌疑人、被告人真诚悔罪，通过向被害人赔偿损失、赔礼道歉等方式获得被害人谅解，被害人自愿和解的，双方当事人可以和解。据此，对于部分公诉案件，犯罪嫌疑人、被告人和被害人有权进行和解，即有权选择适用和解程序。但是，对于是否适用简易程序和速裁程序，当事人并无选择的权利。根据刑事诉讼法的规定，被告人对于适用简易程序，仅能作出有无异议的表示，而无主动要求适用的权利；被害人则连异议的权利都不享有。根据 2014 年 8 月 22 日最高人民法院、最高人民检察院、公安部、司法部联合发布的《关于在部分地区开展刑事案件速裁程序试点工作的办法》的规定，公安机关、人民检察院、人民法院适用速裁程序，需要得到犯罪嫌疑人、被告人的同意，除了仅在侦查终结阶段，辩护人认为案件符合速裁程序适用条件的，经犯罪嫌疑人同意，可以建议人民检察院按速裁案件办理外，犯罪嫌疑人、被告人无主动要求适用速裁程序的权利。

3. 在审前分流程序中，检察机关审查起诉环节发挥的起诉裁量权并不够。我国刑事诉讼法规定了在审查起诉阶段就可以实现程序分流。《刑事诉讼法》第 173 条第 2 款规定（包括未成年人刑事案件中引入了附条件不起诉制度），赋予了检察机关有限的起诉裁量权。然而，在落实审查起诉阶段程序分流中还存在问题，影响着程序分流效果的实际发挥。出于对滥用不起诉的警惕，检察机关对拟作不起诉决定的案件全部上报检察委员会讨论，且严格控制不起诉的数量或比例。对于承办案件的检察官而言，这影响了实际选择。

（二）认罪认罚从宽制度存在的制度缺陷

1. 缺乏完善的辩护制度保障。法庭的快速审理在某种程度上是以牺牲被告人的诉讼权利来换取的。因此，认罪认罚程序中必须提供被告人所需要专业律师法律援助的现实性和紧迫性。而现实是，一方面刑事案件中，自行辩护率大大高于律师辩护率；另一方面，制度间的协同不够，公益值班律师和量刑建议指南没有配套规定，难以落实认罪认罚从宽制度。

2. 缺乏犯罪嫌疑人、被告人认罪认罚从宽制度的程序分流机制。按照现行刑事诉讼法的规定，即使犯罪嫌疑人、被告人认罪认罚，但仍然要按照普通的程序进行侦查、审查起诉甚至审判，势必增加当事人的诉累，司法资源的浪费。

3. 启动认罪认罚从宽制度后，从侦查、公诉到审判的办案流程几乎没有缩减，影响了诉讼效率。从刑事速裁程序看，被告人自愿认罪的案件，在缩短法庭审理程序方面发挥了一定作用，但在侦查、公诉阶段作用并不明显。

4. 法律没有规定对犯罪嫌疑人、被告人选择或同意适用简易程序、速裁程序或和解程序而放弃其正当诉讼权利的行为给予应有的待遇或补偿，以致犯罪嫌疑人、被告人未能获得诸如案件快速处理的程序性利益。这将会影响其选择或同意适用简易程序、速裁程序或和解程序的积极性，进而降低这些程序的适用率。

5. 犯罪嫌疑人、被告人认罪率高，速裁程序、协商程序和简易程序的适用率低。目前以"认罪—量刑减让"为主要形式的激励机制存在两个问题：一是这种机制更多侧重鼓励认罪，对于被告人是否选择适用速裁程序、简易程序则考虑不足，形成了目前司法实践中高认罪率与低适用率并存的局面。二是对可能判处长期监禁刑的案件效果相对突出，但对大量可能判处短期监禁刑以下刑罚的案件，却很难产生激励效果。

二、构建必要的认罪认罚从宽制度适用程序

确立"认罪认罚从宽"的刑事政策，主要目的在于提高诉讼效率，降低诉讼成本，缓解"案多人少"的问题，实现司法资源的有效配置。认罪认罚从宽诉讼程序在实体上体现出从宽处理，而在程序方面较之普通程序也有所简单简略。[①] 认罪认罚从宽诉讼程序审查后的处理，主要是对普通程序进行简化处理和快速办理，体现程序层面的从宽处理。认罪认罚从宽制度在程序上主要包括启动程序、审查程序、协商程序、从宽处罚程序等环节。

（一）改革程序启动主体，赋予犯罪嫌疑人、被告人适用认罪认罚程序的选择权

我国现行刑事诉讼制度设计的犯罪嫌疑人、被告人认罪程序的启动，由法官决定，检察机关享有建议权，犯罪嫌疑人、被告人只能被动地对公诉机关的建议和审判机关的决定表示同意或者不同意。应当尊重被告人对自己诉讼权利的处分。程序的启动核心是认罪，而对于认罪的自愿和理智性，只有被告人自己最清楚。[②] 从程序意义上而言，赋予被告人启动认罪程序的权利，可以省略对被告人的反复讯问，有利于加速诉讼进程。2012 年修订的《刑事诉讼法》已经允许犯罪嫌疑人、被告人和被害人依法就法定范围的公诉案件进行协商并达成和解协议，即双方当事人已依法享有选择适用和解程序的权利。赋予罪嫌疑人、被告人的选择权，既是犯罪嫌疑人、被告人选择认罪认罚权利的自然延

---

① 李真：《认罪认罚从宽制度的基础理论》，载《人民检察》2016 年第 27 期。
② 王于田：《论我国普通程序简易审下的"量刑折扣"》，载《华中科技大学学报》（社会科学版）2003 年第 3 期。

伸，也是保障其程序主体地位的需要。因此，在速裁程序、简易程序或量刑协商程序的适用中，应当赋予犯罪嫌疑人、被告人适用认罪认罚程序选择权，以体现程序的正当性和统一性。在审查起诉阶段，如果犯罪嫌疑人提出认罪认罚从宽诉求，检察机关就应当负责对犯罪嫌疑人认罪的自愿性、真实性进行审查。如果犯罪嫌疑人没有提出，但检察官阅卷后认为可以适用该程序的，应当建议犯罪嫌疑人提出该诉求。

（二）完善认罪认罚从宽制度的审前程序分流工作

审前分流的主要目标是通过起诉与不起诉的案件分流控制进入审判程序的案件总量。以审判为中心的诉讼制度改革要求检察机关必须转换职能，即从案件的"通道"转变为调解案件流量的枢纽。① 因此，要发挥检察机关不起诉裁量权在案件分流中的积极价值，进一步扩大检察机关对于轻微刑事案件的起诉与不起诉的决定权。从世界范围来看，这一功能的发挥主要依赖审查起诉环节这个程序节点②。可见，在这一程序环节，无论是何种不起诉，其效果都是将不具有起诉价值的案件分离出审判程序，从而缓解审判阶段的案件压力。

（三）简化内部办案程序流程，促进检察机关以最快速度流转

有地方探索"刑拘直诉"制度，有效避免了诉讼拖延，缩短了未决羁押时间，避免了被告人的"交叉感染"和"罪刑倒挂"③，的确实现了诉讼程序的快速流转。不管是简易程序，还是刑事和解程序，都应当考虑减少行政审批和决策环节，减缩办案流程时间，提高诉讼效率。在侦查环节，采取刑事强制措施后，对于被告人自愿认罪的案件，直接交由检察机关根据指控的罪名，与被告人及其辩护人就量刑问题达成协议后提起公诉，法院迅速审理裁判。检察机关不再进行审查批捕和审查起诉程序，直接由侦查程序进入认罪协商程序、审理程序。同时，建立"认罪认罚从宽"类案的专人负责办理制度，由指定

---

① 吴宏耀：《论认罪认罚从宽制度》，载《人民检察》2017 年第 5 期。

② 在美、英、日等国，立法或判例均明确肯定检察机关享有相对广泛的起诉裁量权，即使行为构成犯罪且具备起诉条件，检察机关仍有权作出不起诉决定。行为人接受并履行了所附条件的，检察官将不再起诉。如果行为人拒绝了所附条件，或者表示接受所附条件但事后未能遵守所附条件的，检察官可以重新起诉。参见甄贞：《英国附条件警告制度及其借鉴意义》，载《法学家》2011 年第 4 期。

③ 参见顾顺生、刘法泽：《"刑拘直诉"方式不妥》，载《检察日报》2015 年 9 月 9 日第 3 版。"刑拘直诉"，公检法三机关实现了诉讼程序的快速流转，在刑事拘留的法定期限内，侦查机关直接将案件移送检察院审查起诉，检察院经快速审查后提起公诉，法院则作出迅速裁决，这使得侦查、审查起诉与审判的程序衔接变得更为流畅，无关紧要的诉讼审查变得极为简化。与此同时，在刑事拘留期限的限制下，公安、检察和法院内部的审批和决策环节势必大大简化，原则上都由一名办案人员作出独立决定，不再经历过去那种繁琐的案件审批和层层汇报机制，实现了三机关内部办案流程的清晰化。

检察官参与认罪协商和提起公诉，全权负责该类案件的办理，不再设置任何行政审批和行政决策环节。

（四）增设认罪认罚协商程序

在现实的案件压力下，协商程序已经成为世界范围内的实践。除英美率先践行的辩诉交易外，欧洲大陆随着犯罪率的高涨，也先后引入形式多样的协商性案件处理机制。① 我国台湾地区也实行刑事诉讼"协商程序"。②

我国目前对于犯罪嫌疑人、被告人认罪认罚的案件，除可以分别情况适用速裁程序、简易程序或和解程序外，还应当允许检察官和犯罪嫌疑人及其辩护律师就如何认罪认罚（即如何从宽）进行协商并达成协议。在审查起诉阶段，由检察机关对被告人就认罪认罚从宽制度予以提出，被告人表示同意认罪并出具结书，同意适用控辩协商程序的，就启动认罪认罚从宽制度。一般在被告人主动要求或是同意进行控辩协商后，检察机关向被告人开示案件相关证据并提出量刑建议，被告人选择接受或是不接受，选择接受该量刑的即适用认罪认罚从宽制度，不接受的根据具体情况适用普通程序或是简易程序，被告人无权再提不同量刑建议。这样由检察机关提出量刑建议，被告人仅有选择是否同意的权利，既保证了检察机关作为国家公诉机关的权威性，与我国职权主义诉讼模式相符，也保证了量刑的严肃性，防止被告人为追求更低的量刑而与司法机关纠缠不清。

协商程序一般包括三个程序环节：被告人认罪、检察机关提出量刑建议、法院审核确认。检察官在获取侦查机关移送的案卷材料后，通过审阅案卷对案件证据材料充分了解，通过讯问犯罪嫌疑人了解其认罪认罚的主观意向，并向其详细地解释认罪认罚从宽制度对其案件处理的法定影响。在此基础上，通过一系列协商过程，检察官依法与犯罪嫌疑人及其辩护人就特定认罪认罚事项达成协议。

---

① 欧洲大陆国家引入协商程序，必须绕过各种刚性的制度障碍（例如起诉法定原则），因而协商性司法形式有各种各样的"变形"。但20世纪末21世纪初，欧洲大陆主要国家均已确立协商性司法形式。

② 修订后的我国台湾地区"刑事诉讼法"增订第七编之一"协商程序"，第455条之2第1项规定，除所犯为死刑、无期徒刑、最轻本刑3年以上之罪或高等法院管辖第一审案件者外，案件经检察官提起公诉或声请简易判决处刑，于第一审言词辩论终结前或简易判决处刑前，检察官得于征询被害人之意见后，径行或依被告或其代理人、辩护人之请求，经法院同意，就下列事项于审判外进行协商，经当事人双方合意且被告认罪者，由检察官声请法院改依协商程序而为判决：一、被告愿受科刑之范围或愿意接受缓刑之宣告；二、被告向被害人道歉；三、被告支付相当数额之赔偿金；四、被告向公库或指定之公益团体、地方自治团体支付一定之金额。检察官就第二、第三款事项与被告协商，应得被害人之同意。

协商程序各环节应注意的问题。关于被告人认罪。协商程序启动的前提是"被告人承认自己所犯罪行，对指控的犯罪事实没有异议"。承认自己所犯罪行，必须是提供犯罪事实细节的"供述"，而不能是笼统的认罪。关于检察机关提出的量刑建议，一般对于可能判处 3 年有期徒刑以下刑罚的案件，被告人自愿认罪的，检察机关可以依据《关于常见犯罪的量刑指导意见》，与辩护方就相关事宜进行协商。关于量刑协商的事项主要包括：被告人可被判处的刑罚；《刑法》第 37 条和第 37 条之一规定的非刑罚处置措施和《刑法修正案（九）》增设的从业禁止措施；《刑法》第 36 条规定的由犯罪行为导致的经济损失的民事赔偿责任；特定的诉讼行为。经协商达成一致意见的，检察机关应当按照协商结果提起公诉，并附明确的量刑建议。

（五）扩大不起诉裁量权的范围

根据检察实践需要，可对犯罪情节较轻，犯罪嫌疑人真诚悔罪，对被害人合理赔偿，已取得被害人谅解的，且依法可能判处 1 年有期徒刑以下刑罚的案件，检察机关可以作出不起诉决定。这里有一个问题，检察机关能否对犯罪嫌疑人认罪认罚的案件作出不起诉决定这样的实体性处理吗？结合《刑事诉讼法》第 173 条等条款之规定，普通刑事案件中如果存在符合法定不起诉等适用条件的情形，检察机关可以依法对此类案件作出包括不起诉决定等方式在内的实体性处理。但是，"由于在适用认罪认罚从宽制度处理案件中有控辩协商协议等特定内容，则此类案件必须经由法院审查，如果被告人符合相应的法定条件，则法院可以对被告人作出缓刑或者免予刑事处罚的判决。"① 笔者同意该观点。

（六）在审查起诉阶段，为选择或同意适用认罪认罚程序的当事人提供法律援助

适用认罪认罚程序处理犯罪嫌疑人、被告人认罪认罚的案件，不仅涉及犯罪嫌疑人、被告人的实体权利，而且涉及其诉讼权利的正当行使。对犯罪嫌疑人的有效协助，作为一项基本的人权，几乎被所有国家的宪法和刑事诉讼法列为被告人的基本诉讼权利，也被明确载入《国际人权公约》。从司法实务来看，犯罪嫌疑人大多对自己的犯罪行为及后果缺乏法律上的理解，尤其是涉及是否自愿认罪，是否了解自己的犯罪行为的性质以及认罪的后果等复杂问题，如果能有律师从法律专业角度帮助被告人分析并指导其作出选择，将有利于保

---

① 陈卫东：《认罪认罚从宽制度研究》，载《中国法学》2016 年第 2 期。

障被告人的认罪的自愿性和明智性。① 因此，为有效贯彻尊重和保障人权的原则，切实保障犯罪嫌疑人、被告人认罪认罚的自愿性和真实性，保护其合法权益不受侵犯，我国应当建立强制辩护制度，赋予认罪认罚从宽制度的犯罪嫌疑人、被告人获得法律援助的权利，保障律师全程参与，实现有效辩护。在刑事被告认罪认罚程序中，辩护人的主要作用是保证认罪认罚程序的合法性和公正性。起诉阶段，检察人员必须向犯罪嫌疑人告知所有权利，包括有利于、不利于检察犯罪嫌疑人的信息和证据，整个认罪认罚从宽诉讼过程要有律师的全程参与。在保证犯罪嫌疑人确实充分掌握了相关信息的情况下，自愿、真实、真诚地作出自己的是否同意适用认罪认罚从宽诉讼的理性选择。

（七）特定情形下，应当允许检察机关撤回原来的从宽决定或者建议

出于对公权力机关决定权威性的考量，一般而言，法律不应当允许检察院对认罪认罚协议的撤回。但在特殊情形下，如检察院发现新证据、新事实足以改变案件实质结果时，如实际罪名与承认罪名不一致，或发现能证明被告人无罪、罪轻的证据，应当允许检察机关撤回承诺。但该撤回也需在法院确认之前作出，否则应当按照审判监督程序处理。

三、完善配套制度

（一）构建证据开示制度

证据开示制度从本质上来说，保证了犯罪嫌疑人的知情权，避免庭审中"证据突袭"，有利于犯罪嫌疑人在充分了解证据的基础上作出认罪及适用简易程序的明智选择。如果被告人对自己有罪无罪的证据一无所知，却要让他自愿认罪，岂不是带有浓厚的诱供和纠问色彩，因此证据展示是实现各诉讼参与主体信息对称的最好的办法。② 犯罪嫌疑人认罪认罚从宽制度应当是其在知悉控方证据的基础上作出的明智承认，故设立检察环节认罪认罚从宽制度处理程序，必须在犯罪嫌疑人书面确认犯罪事实前，由检察机关主持控辩双方就全案证据开示（包括对犯罪嫌疑人有利、不利、有罪、无罪的全部材料），确保检察环节犯罪嫌疑人认罪认罚的真实性、自愿性和明智性。

（二）完善量刑激励机制，构建由高到低的量刑减让规则

一方面，对选择适用速裁程序、协商程序和简易程序的被告人，就其程序选择本身提供一定的量刑优惠。例如，根据《关于常见犯罪的量刑指导意见》

---

① 周国均、李静然：《试析普通程序简化审及其完善》，载《法律适用》2004 年第 12 期。
② 左卫民等：《简易刑事程序研究》，法律出版社 2005 年版，第 292 页。

的规定，"如实供述自己罪行的，可以减少基准刑的 20% 以下"。被告人如果同时选择适用简易程序，可以考虑在此基础上再减少基准刑的 10% ；如果符合协商程序的适用条件并选择适用协商程序，可以考虑减少基准刑的 1/3；如果符合速裁程序的适用条件并选择适用速裁程序，原则上不判处有期徒刑实刑，且判处的刑罚不得超出当处刑罚的 2/3 等。另一方面，对在较早诉讼阶段坦白的犯罪嫌疑人，在程序上予以从宽处理。对于处刑较轻的轻微犯罪案件，不捕不诉等程序性处置往往可以发挥更大的激励功能。对于侦查讯问过程中犯罪嫌疑人坦白并选择适用协商程序、速裁程序的犯罪嫌疑人，应当以不捕为原则，优先选用取保候审等非羁押性强制措施。总之，应当考虑依据认罪时间段、主观恶性、节约司法资源程度设计出"逐级折扣"的量刑减让规则，鼓励犯嫌疑人及早认罪，节约司法资源。从自首、侦查阶段认罪、审查起诉阶段认罪、庭审理过程中认罪等，可以从减少应判刑期的 35% 、30% 、25% 左右逐渐递减。

（三）构建检察环节认罪认罚从宽制度公开听证制度

针对检察环节认罪认罚从宽制度，如果被告人提出的，建议采取公开审查听证。由代表委员、人民监督员、特约检察员等人员组成听证组对案件进行监督评议，侦查机关、犯罪嫌疑人（辩护律师）、被害人（诉讼代理人）三方共同参加听证，并充分发表意见。这不仅能充分保障犯罪嫌疑人的合法权益，而且增加了司法机关执法办案的透明度，同时外部监督的介入会促使司法机关严格执法，规范司法行为，从源头上遏制司法腐败。

认罪认罚从宽制度与辩诉交易制度比较研究

李 华[*]

一、问题的提出

中共十八届四中全会通过的《中共中央关于全面推进依法治国若干重大问题的决定》（以下简称《决定》）在"优化司法职权配置"这一部分提出了"完善刑事诉讼中认罪认罚从宽制度"。2016 年 9 月 3 日，第十二届全国人民代表大会常务委员会第二十二次会议通过《全国人民代表大会常务委员会关于授权最高人民法院、最高人民检察院在部分地区开展刑事案件认罪认罚从宽制度试点工作的决定》，授权在北京、天津、上海等 18 个城市开展相关试点工作。为确保刑事案件认罪认罚从宽制度试点工作依法有序开展，2016 年 11 月 16 日，最高人民法院、最高人民检察院、公安部、国家安全部、司法部印发《关于在部分地区开展刑事案件认罪认罚从宽制度试点工作的办法》（以下简称《办法》）。此消息一出，立刻引起了法学界和实务界的广泛关注，少数学者认为认罪认罚从宽制度的试点试行标志着被中国学术界讨论多年的"辩诉交易制度"的"星光"终于照进现实，"中国版辩诉交易"已经"在路上"；而部分学者认为认罪认罚从宽制度实质上区别于辩诉交易制度，我们推行的认罪认罚从宽制度与辩诉交易制度存在本质上的差别。鉴于此，本文拟根据认罪认罚从宽制度试点改革相关规定与辩诉交易制度的比较，明确认罪认罚从宽制度的内涵及其功能，对认罪认罚从宽制度与辩诉交易制度的关系予以回应。

二、认罪认罚从宽制度与辩诉交易制度的联系

近年来，为提高刑事诉讼的效率与效益，就辩诉交易制度及其在我国的可适用性问题，理论界和实务界展开了热烈的讨论，尤其是在我国提出完善刑事诉讼认罪认罚制度之后，关于认罪认罚从宽制度如何借鉴和吸收辩诉交易制度

* 湖北省人民检察院汉江分院法律政策研究室主任。

的相关研究也越来越多。当前开展认罪认罚从宽制度试点改革，是否意味着我国已经将辩诉交易制度引入？答案是否定的。认罪认罚从宽本质上不是"辩诉交易"，但不可否认的是认罪认罚从宽制度与辩诉交易制度两者之间存在很多相似之处，且我们在推行认罪认罚从宽制度中借鉴了辩诉交易制度中的某些合理因素。

（一）时代背景

认罪认罚从宽制度与辩诉交易制度都是在有限的司法资源难以解决司法纠纷的社会需求的大背景下产生的。近年来，我国刑事司法领域案多人少的矛盾日渐凸显，呈现出刑事犯罪案件数量不断争夺的趋势越发明显，轻微刑事案件呈现逐年上升的趋势，且占总体刑事案件数量的比重越来越大。2014 年，全国法院刑事一审收案 104 万件，比上年上升 7.09%，占刑事一审、二审、再审案件总数的 89.32%；审结 102.3 万件，上升 7.24%；判决生效被告人 118.5 万人，上升 2.24%。其中故意杀人、爆炸、绑架等暴力犯罪案件大幅下降，2014 年新收故意杀人罪案件 1.1 万件，比上年下降 7.6%；故意伤害罪案件 12.6 万件，下降 2.4%；强奸罪案件 2.3 万件，同比微升。绑架罪案件 1043 件，下降 12.9%；爆炸罪案件 160 件，下降 10.1%（12.2%）。而交通肇事等轻微刑事案件数量大幅上升，2014 年新收危险驾驶罪案件 11.1 万件，比上年上升 22.5%，交通肇事罪案件 8.3 万件，上升 3.4%。[①] 这主要是因为近年来国家的几项大的改革，比如《刑法修正案（八）》《刑法修正案（九）》的出台、劳动教养制度被废除等；员额制的改革，导致真正能办案的法官大幅度减少；从立案审查制到立案登记制改革，导致案件蜂拥而入；以审判为中心的诉讼制度改革，导致普通刑事案件的审判周期大幅度延长，大量案件被积压等等。正是在这一大背景下，国家推行认罪认罚从宽制度，依法适用速裁、简易程序并从轻处罚，实现案件的繁简分流，加速案件审理，提高司法效率。

产生于 19 世纪的美国辩诉交易制度的制度同样如此。当时正值资本主义经济蓬勃发展的时期，随着人口流动的增长，城市化的飞速发展，犯罪率也出现惊人的增长。20 世纪 60 年代美国出现了"犯罪浪潮"。当传统的犯罪不断增长的同时，吸食大麻和其他无被害人案件也在大幅度增长，刑事案件的负担通常从一个十年到下一个十年成倍增长，而司法资源的增长则颇为有限。在哥伦比亚地区，重罪案件审判时间平均由 1950 年的 1.9 天增加到 1965

---

① 参见《依法惩治刑事犯罪守护国家法治生态——2014 年全国法院审理刑事案件情况分析》，载 http://www.chinacourt.org/article/detail/2015/05/id/1612546.shtml。

年的 2.8 天。① 与此同时，对抗制诉讼与陪审团审判的高耗费、低效率使得法院没有能力使用正当程序审理每一起案件。托马斯·R. 戴伊和 L. 哈蒙·奇格勒在《美国民主的讽刺》一书中也提到："美国法院每年审理的案件多达 1000万以上，多数案件在州和地方法院审理，联邦法院审理的也约有 20 万件。虽然多数案件在开庭审理前就解决了，但每年仍有 2 万件案子要进行实际审判，即上诉到联邦法院的案子要有 2 万件。每年最高法院受理的案件不下 5000 件，而它实际能审理的不足 2000 件。"②

可以说，不管是在 19 世纪的美国还是在如今的中国，针对刑事案件的新变化，严格按照传统的审理程序和制度审判案件已经无法满足司法实践的需求，必须统筹调整或改变审查起诉程序和审判程序以适应刑事司法的新常态。

（二）价值取向

公正一直都是司法的最终追求，然而过度地追求公正可能耗费大量的司法资源导致诉讼效率下降，却并不能取得预期的公正效果。美国心理学家华生创立的行为主义理论认为，"人的行为表现为'频因律'和'近因律'，包括对某一刺激发生某一行为在时间上越接近，那么这一行为反应越容易固定下来，并在以后遇到相同的刺激时可能发生"。因此，判决越及时，惩戒效果越有力。迟到的正义也确实是另一种形式的非正义。这也是无论民事还是刑事案件都设置追溯时效的原因之一。③ 因此，公正并不是刑事审判的唯一目标，在保证公正的前提下，提高诉讼效率同样也应该作为刑事司法体系构建的价值追求。其实，"能否对效率进行充分的关注以及能否在公正与效益之间保持适当的平衡也是衡量程序公正的一项重要标准"。④ 当下，提高诉讼效率已经成为世界各国刑事司法领域的主流导向之一，而各国的主要做法便是通过创设一定的制度或简易程序，实现刑事案件的繁简分流，提高对轻微刑事案件的处理效率，缩减办案期限，将办案时间和精力集中在复杂、疑难、重大心事案件的处理上，实现司法资源的优化配置，解决案多人少的矛盾。

在《办法》第 16 条规定，对基层人民法院管辖的案件，刑事犯罪人认罪认罚的，可能判处三年有期徒刑以下刑罚的案件可以适用速裁程序；对可能适

---

① 张建伟：《辩诉交易的历史溯源及现实分析》，载《国家检察官学院学报》2008 年第 5 期。

② ［美］托马斯·R. 戴伊、L. 哈蒙·奇格勒：《美国民主的讽刺》，张绍伦等译，河北人民出版社 1997 年版，第 376 页。

③ 林辰：《认罪认罚从宽会导致正义"打折"吗？》，载 http://yuanchuang.caijing.com.cn/2016/1114/4198849.shtml。

④ 陈卫东：《公正与效率——我国刑事审判程序改革的两个目标》，载《中国人民大学学报》2001 年第 5 期。

用三年以上有期徒刑的可以使用建议程序。可以说，认罪认罚从宽制度通过统筹速裁程序、简易程序、普通程序的适用，实现案件的繁简分流，节省了案件耗费的司法资源。据了解，我国 2/3 比例的案件，当事人都是认罪的。而对于这种被告人认罪的案件，我国法院审理的程序太过复杂，如果适用认罪认罚从宽制度，案件办理效率将会大大提升。最高人民法院刑一庭庭长沈亮曾指出，我国连续三年全国刑事案件数量基本上都是 100 万件，涉案人数 100 多万人。其中，判处三年有期徒刑以下刑罚的轻微刑事案件每年占 80% 以上。"根据有关学者统计，我国真正到审判阶段仍然拒不认罪的被告人不超过 20%，佘祥林、赵作海等冤错案件基本都在这类案件中。如果对剩下 80% 的认罪认罚案件采用简化程序，法官便能够腾出更多时间和精力，全力审理另外 20% 不认罪的、重大、疑难、复杂案件，这样做既提高了办案效率，又维护了司法公正。"[1] 而辩诉交易中，只要被告人在传讯过程中承认所控罪行，法官便不再召集陪审团进行听证审理，而直接判处被告人相应的刑罚。这样可以促成大量刑事案件的快速解决，避免每一件指控都经过完整的司法审判，缓解司法资源的严重不足。据不完全统计，目前美国每年有超过 90% 的案件适用辩诉交易，这也从侧面反映了对司法效率的追求。

（三）制度设计

少数学者将认罪认罚从宽制度认定为"中国版辩诉交易制度"并非毫无根据，认罪认罚从宽制度与辩诉交易制度在制度设计上存在很多相似之处，事实上认罪认罚从宽制度制定过程确实参照了辩诉交易制度。这一点都得到了证实，在 2016 年年初召开的政法委工作会议上，中央政法委曾明确提出"要在借鉴辩诉交易等制度的合理元素基础上，抓紧研究提出完善认罪认罚从宽制度的试点方案"。周强在谈到《决定》的出台背景时表示："最高人民法院、最高人民检察院在总结刑事司法实践经验和刑事案件速裁程序试点经验的基础上，制定了《关于认罪认罚从宽制度改革试点方案》。"具体而言，两者的相似之处体现在以下几个方面：第一，被告人或犯罪嫌疑人必须认罪，这是使用认罪认罚制度和辩诉交易制度的必要前提，而且认罪必须是自愿的。第二，都存在双方的协商活动，检察官或控方在制度适用的时间节点都会与犯罪嫌疑人及其辩护人就特定的犯罪认定或量刑进行协商，达成一致后签订协议。第三，辩护律师的参与不可或缺，一方面辩护律师须向犯罪嫌疑人或被告人提供相关的法律咨询，向其解释、权衡利弊；另一方面辩护律师需要为犯罪嫌疑人最大

---

[1]　彭飞：《试水中国版"辩诉交易"》，载 http://finance.sina.com.cn/roll/2016 – 10 – 08/doc – ifxwrhpn9365369.shtml。

限度地争取利益。第四，以法院的最终认定为准，不管是认罪认罚从宽制度还是辩诉交易制度，都需要经过法官的最终审查，事实上法官作为司法审查裁判者在制度适用中都占据核心地位，法官可以依职权禁止适用认罪认罚从宽制度或辩诉交易制度，也可依职权审查相应主张的合法性并作出决定。

三、认罪认罚从宽制度与辩诉交易制度的区别

认罪认罚从宽制度是建立在控诉机关指控被追诉人有罪基础上的一种制度延伸，适用于任何案件类型、诉讼程序类型，是一个广泛的、集实体与程序于一体的综合性法律制度，而不能理解成一个单向、单一的法律制度，明显有别于域外辩诉交易制度。

（一）宏观定位不同

认罪认罚从宽制度是一项具有中国特色的司法制度，与辩诉交易制度在宏观定位上存在区别。一方面，认罪认罚从宽制度不仅追究提高司法效率，还体现了宽严相济的刑事政策，这是辩诉交易制度所不具备的。作为指导我国刑事司法实践的基础理念，宽严相济的刑事政策强调"根据犯罪的具体情况，试行区别对待，做到该宽则宽，当严则严，宽严相济，罚当其罪"，"要正确把握宽与严的关系，切实做到宽严相济"。① 认罪认罚从宽则制度不仅在程序上从简，在实体上也从宽，比如对认罪认罚的犯罪嫌疑人、被告人提出相对明确的从轻、减轻、免除处分等量刑建议，没有社会危害性的犯罪嫌疑人、被告人采取取保候审、监视居住，自愿如实供述涉嫌犯罪事实并有重大立功的可报公安部或高检院后撤销案件。这实质上是将宽严相济刑事政策具化为法律制度并贯彻适用，一改过去从重从严打击犯罪的传统诉讼观，充分体现了宽严相济刑事政策的核心价值。另一方面，认罪认罚制度是在刑事速裁程序基础上的进一步改革。2014 年 6 月 27 日，全国人大常委会作出《关于授权最高人民法院、最高人民检察院在部分地区开展刑事案件速裁程序试点工作的决定》，授权最高人民法院、最高人民检察院在我国 20 个地区开展刑事案件速裁程序试点工作。速裁程序试点是完善刑事诉讼中认罪认罚从宽制度的先行探索，两年的改革，为认罪认罚从宽制度的探索设立打下坚实基础。尤其是给辩护制度改革打了一针"强心剂"。以前，我国的刑事辩护制度发展不完备，只有 30% 左右的刑事案件有律师辩护，法律援助案件中只有可能被判处无期徒刑以上的刑事案件才会存在律师辩护，而基层法院除了未成年人、聋哑盲人，精神病患以外的

---

① 参见《最高人民法院关于贯彻宽严相济刑事政策的若干意见》，载 http://fxh.wuxi.gov.cn/doc/2014/08/18/558593.shtml。

被告人是没有机会获得法律援助律师的帮助的，在这样的背景下，刑事速裁程序突破了法律规定的限制，即所有适用此程序审理的案件的被告人都为其提供值班律师的帮助。这些成果的实践和探索都为认罪认罚从宽制度的建立创造了条件，在认罪处罚从宽制度中将刑事速裁程序中的所规定的 1 年刑期提高到 3 年以下有期徒刑的刑事案件。

（二）司法理念不同

我国刑事诉讼法坚持客观真实的证明标准，要求"事实清楚、证据确实充分"，认罪认罚从宽制度同样适用这一证明标准，也就说被告人或犯罪嫌疑人认罪认罚，对其定罪量刑的依据仍然要达到"事实清楚、证据确实充分"，这与辩诉交易制度存在本质的区别。辩诉交易以形式发现主义为基础，只要被告人认罪而且此一认罪是出于自愿，基于人的理性预设，就不必进行法庭调查直接进行量刑，也就是说最终的定罪量刑不完全依据客观事实，而是受当事人的意识表示的拘束，也就是完成依据控辩双方达成的"交易"而非法庭调查来认定犯罪，在这一过程中并没有适用正当程序中的"排除合理怀疑"的证明标准；如果被告人不认罪或保持沉默，则控方的指控必须达到说服陪审团"排除合理怀疑"的程度才能判决有罪。我国刑事司法活动中注重实质真实发现，将被告人自愿认罪与民事诉讼当事人的自认的效果截然分开，只有被告人认罪没有其他证据的，不能认定其有罪和判处刑罚。实质真实与形式真实的一个重大区别，是法院对于事实的认定是否受当事人的意思表示拘束的问题。法院对于事实的认定不受当事人意思表示的拘束，务期发现真正的真实，为实质真实发现主义。[①] 也就是说，及时被告人认罪认罚，检察机关仍然需要调查取证，法院仍然需要进行法庭调查，确认该供述的真实性，在"事实清楚、证据确实充分"的情况下定罪量刑。可以说，认罪认罚从宽制度只是将诉讼程序简化，并未降低证明标准，而辩诉交易制度将定罪量刑的标准大大降低。

（三）制度内涵不同

虽然认罪认罚从宽制度尚处于试点改革阶段，有待进一步的完善，但仅就目前试点改革情况以及我国的刑事诉讼制度，认罪认罚从宽制度与辩诉交易制度在制度建构上存在较大差别。第一，协商的内容上，认罪认罚从宽制度仅仅适用在量刑上，必须是被告人或犯罪嫌疑人对检察机关指控罪行和罪名完全认罪的情况下，在法定的量刑幅度内予以从宽；辩诉交易制度的适用范围非常广泛，包括罪名、罪数和量刑，可以将多个罪名减到只剩几个，也可以将罪名进

[①] 朱采真：《刑事诉讼法新论》，世界书局 1929 年版，第 39 页。

行改变，比如将"强奸罪"改为"性骚扰"，而且量刑幅度也可大幅减少，在美国有的州甚至连死刑都可以交易。第二，协商的基础或地位上，认罪认罚制度中的协商是建立在案件事实清楚证据确实充分的条件下进行，检察机关在协商中拥有绝对的话语权，被告人或犯罪嫌疑人不管是否认罪认罚都将被定罪量刑，在协商中与检察机关的地位不对等，被告人或犯罪嫌疑人在协商中职能选择认罪认罚或不认罪认罚，双方协商的余地并不大；而辩诉交易很多时候都是案件事实有争议或者证据有疑问的情形，控方在指控犯罪上作出让步，换取被告人的轻罪轻罚认可，这其中，控方并不具有绝对的优势，面临着犯罪嫌疑人或被告人最终被判无罪的风险，被告人或辩护人并不必然被被判有罪，因此在协商中双方的地位基本对等，辩诉交易实质上是控辩双方的一种博弈，在定罪量刑上的"讨价还价"。第三，对被害人意见的参考上，认罪认罚从宽制度要求听取被害人及其代理人意见，并将犯罪嫌疑人、被告人是否与被害人达成和解协议或者赔偿被害人损失，取得被害人谅解，作为量刑的重要考虑因素，并且就赔偿问题未达成调解或和解协议的不适用速裁程序，而被害人意见在整个诉辩交易中完全不作为参考。第四，法官审查内容上，辩诉交易中的法官不对案件进行实质性审判，仅在形式上审判双方协议的内容；而认罪认罚从宽制度中的法官不仅要审查被告人选择此种特殊程序并认罪的自愿性、协议内容是否符合实体法，案件是否符合使用条件，而且对案件进行实质性审判，报告案件事实清楚证据充分、属于可能判处三年以下有期徒刑的轻罪等。第五，制度支撑上，辩诉交易中，有发达的律师辩护制度能为被告人提供有效辩护，对抗制诉讼模式下实现双方平衡对抗，有审前程序的诉讼化构造及充分的司法权保障，有完善的证据展示制度让控辩双方掌握对方所获取的证据，能够预测自己胜诉的概率，掂量与对方谈判的筹码等；在认罪认罚从宽制度中，虽然我们正在积极构建以审判为中心的刑事诉讼审判格局，但是在律师抗辩、证据出示等方面都有待进一步提高。

四、结语

认罪认罚从宽制度具有特定的时代背景和价值取向，在制度构建方面吸收和借鉴了辩诉交易的经验和价值，但明显区别于辩诉交易制度，并非中国式"辩诉交易"。目前，考虑到我国现阶段案件质量普遍堪忧、刑事辩护率不足、被告人人权保障不利、程序公正观念尚未完全树立的情况下，我们要依托认罪认罚从宽制度的试点改革，积极探索实践，认真总结经验教训，对认罪认罚从宽制度从内涵的界定、制度的构建、适用的范围等方面进行明确和细化，推动宽严相济刑事政策具体化、制度化，在更高层次上实现公正与效率相统一。

认罪认罚从宽协议的法律构造

任　腾[*]

近年来，严重危害社会治安犯罪案件和暴力犯罪案件数量相对减少，轻微刑事案件的数量逐年递增，诸如危险驾驶、盗窃等刑事案件占据了刑事案件总额的大部分比例，就轻微刑事案件而言，绝大部分轻微刑事案件的犯罪嫌疑人、被告人均能够自愿认罪认罚，且犯罪事实基本清楚、证据能够充分把握，取证难度相对较低。然而，由于司法机关普遍存在案多人少的矛盾，办案压力如何缓解值得深思。在这种情况之下，立足于宽严相济的刑事政策，创新现有的司法程序，为引导犯罪嫌疑人、被告人积极认罪认罚从而争取获得宽大处理提供理论依据，对认罪认罚的犯罪嫌疑人及被告人适用与普通刑事司法程序相比更为简易快捷的方式不失为一项优选。认罪认罚从宽制度是建立在侦查机关、公诉机关指控犯罪嫌疑人、被告人有罪的基础上的制度延伸，适用于所有的案件性质及诉讼程序类型，广泛存在于刑事诉讼过程中。[①]

一、理论支撑：被告人认罪认罚从宽制度

（一）被告人认罪认罚从宽制度利大于弊

1. 有利于维护司法公正。"迟来的正义是非正义"，在当前司法机关案多人少的现实情况之下，案件质量及审理效率的保证成为难题，耗时较长的案件审理进程虽是当前司法活动的普遍问题，但因为每个案子的特殊性及针对性并不能为被告人、被害人所理解，甚至会给司法机关带来负面影响。被告人认罪认罚从宽制度所带来的司法效率的提升，在公平的基础之上能够很大程度顾及效率，可谓对司法公正的维护，对公信力的提升大有裨益。

2. 有利于保障被告人、被害人的权利。就被害人而言，被害人在遭受人身和财产损害后，其不仅希望尽快得到物质赔偿，更希望案件迅速审结平息，

----

* 江苏省徐州市经济技术开发区人民检察院刑事检察科干警。

① 陈卫东：《认罪认罚从宽制度研究》，载《中国法学》2016 年第 2 期。

恢复正常生活。就被告人而言，严厉的刑事追诉措施给被告人带来压力，羁押措施对被告人人身自由的剥夺，甚至随时可能出现的意外情况，均不利于对于被告人切身利益的保障。被告人认罪认罚从宽制度一方面可以促使案件的审理能够及时进行，激励被告人自愿认罪以争取较轻的刑事处罚；另一方面能够通过案件的迅速审理对被害人进行及时的赔偿，保障被告人、被害人的合法权利。

3. 有利于节约诉讼成本。诉讼程序耗时耗人耗力，如果每一个刑事案件都严格按照刑事诉讼法规定的流程进行处理，看似保障每一个个案的绝对公正，却因效率的缺失而使得整体的公正难以评判。我国刑事诉讼法中的简易程序、附条件不起诉程序及刑事和解制度即是提升司法效率、节约司法成本的良好范本。被告人认罪认罚从宽制度的适用，被告人自愿对其所犯罪行的交代，使得被告人与公诉机关在无争议的案件事实证据面前达成一致的定罪量刑意见，极大地节约了审判资源和司法成本，也有利于案件结果的准确与公正。然而，也有一些关于被告人认罪认罚制度可能带来弊端的焦虑，如刑罚蜕变为交易、失去了强制力、会导致量刑不均衡平等，甚至侵犯了法院的审判权利等不同声音。虽然被告人认罪认罚制度可能会存在上述问题，但每项法律制度都是在司法实践中不断发展的，被告人认罪认罚从宽制度也不例外，可以通过合理的制度设计及权利救济来完善之。

（二）量刑激励机制的促进

量刑激励机制，是以刑罚为最终目的，通过量刑规范与量刑标准的公开化，促使被告人认罪服法、接受教育和改造的制度措施。量刑激励机制的制度内容对被告人认罪认罚从宽制度起到推动及助力作用。

1. 被告人对量刑结果能够形成合理预期。量刑规范化改革明确了量刑的步骤和方法，其中，《最高人民法院关于常见犯罪的量刑指导意见》（以下简称《量刑指导意见》）规定了交通肇事罪等 15 种常见犯罪的量刑起点幅度，明确了自首、立功等 14 种常见量刑情节的调节幅度；各地高院《实施细则》细化了各罪确定基准刑的因素和相关因素增加刑罚量的幅度。上述规定均已上网公布，被告人可结合案件情况对可能判处的刑罚作出合理估算。同时，裁判文书上网公布后，被告人也可查询同一地区同一时期、案情相似的案件，对量刑结果形成合理预期。需要强调的是，被告人对量刑结果的合理预期，通常需要借助辩护律师的帮助。通过《量刑指导意见》的公开及法律文书的借鉴，被告人可以衡量自己所犯罪行及定罪量刑的关系，以便于作出有利于自己的判断。

2. 被告人认罪能够在量刑上获得优惠。在查阅《量刑指导意见》及公开判决书后，被告人能够对自己所犯罪行及量刑情况有大致的了解，此时法律通过在量刑上给予被告人优惠，以换取被告人认罪认罚。《刑法修正案（八）》将坦白作为法定量刑情节，对于犯罪嫌疑人如实供述自己罪行的，可以从轻处罚；因其如实供述自己罪行，避免特别严重后果发生的，可以减轻处罚。在此基础上，《量刑指导意见》规定："对于坦白情节，综合考虑如实供述罪行的阶段、程度、罪行轻重以及悔罪程度等情况，确定从宽的幅度：（1）如实供述自己罪行的，可以减少基准刑的20%以下；（2）如实供述司法机关尚未掌握的同种较重罪行的，可以减少基准刑的10%～30%；（3）因如实供述自己罪行，避免特别严重后果发生的，可以减少基准刑的30%～50%。"除坦白外，对于被告人当庭自愿认罪的，《量刑指导意见》规定："根据犯罪的性质、罪行的轻重、认罪程度以及悔罪表现等情况，可以减少基准刑的10%以下。依法认定自首、坦白的除外。"除在审前和当庭认罪外，被告人在案件提起公诉后开庭审判前认罪，例如在庭前会议中认罪的，基于前述规定的精神，也可从轻处罚。由此可见，被告人在诉讼程序中认罪，通过节约司法资源为自己换取相对较轻的处罚，获得在量刑上的优惠。

二、实施关键：认罪认罚从宽协议的具体适用

（一）认罪认罚从宽协议适用阶段及案件类型

1. 认罪认罚从宽协议适用于审查起诉阶段。在我国，刑事诉讼中的审前裁量制度主要包括附条件不起诉制度和附条件认罪制度。[①] 附条件不起诉制度已经在刑事诉讼法中得以实现，适用范围限制在未成年人犯、刑法分则第四至六章且可能判处一年有期徒刑以下刑罚的案件，此类案件因附条件不起诉制度的适用在一定程度上节约了司法资源。被告人附条件认罪制度，是指在特定案件中，司法机关允许被告人以承认所犯罪行来换取从宽处理的制度。[②] 在"牡丹江市孟广虎案"中，被告人孟广虎因主动认罪、积极赔偿并与公诉机关就指控事实、适用刑罚达成协议，获得了公诉机关从轻处罚并适用缓刑的量刑建议。与此相类似的是美国的辩诉交易制度，犯罪嫌疑人在进行有罪答辩后换取检察官较轻的指控、宽大的量刑承诺及放弃或终止其他指控的承诺等形式，在审查起诉阶段就可将原先需要在审判阶段进行的事实认定与量刑裁量问题基本

---

① 孔令勇：《论刑事诉讼中的认罪认罚从宽制度——一种针对内在逻辑与完善进路的探讨》，载《安徽大学学报》（哲学社会科学版）2016年第2期。

② 蒋慧岭：《宽严相济与被告人附条件认罪处罚制度改革》，载人民法院报网页版，http://rmfyb. chinacourt. org/paper/html/2010-02/10/content_4142. htm，2016年7月1日。

处理完毕。就本质而言，附条件不起诉制度与认罪认罚从宽制度都是刑事诉讼中合作性司法理念的产物，在犯罪嫌疑人认罪并放弃无罪辩护的前提之下，如果这种让步甚至对于权利的放弃无法得到对等的回报，合作性司法的要义就会被架空，司法的公信力也将荡然无存。在此种意义上，认罪认罚从宽制度适用于审前阶段具有立法与司法上的合理性。犯罪嫌疑人在审查起诉阶段主动认罪，与公诉机关达成协议，认同公诉机关起诉的罪名和量刑意见，公诉机关将其作为请求法院量刑轻缓的理由。需要厘清的是，应当禁止认罪认罚从宽协议在侦查阶段进行，原因在于侦查阶段是刑事案件的取证阶段，在证据尚未充分的情况下，允许认罪认罚从宽协议的存在会使得侦查机关在取证上态度消极懈怠，降低了侦查工作的积极性，甚至有可能造成滋生腐败、纵容犯罪的负面影响，因而，认罪认罚从宽协议的适用阶段应在审查起诉阶段较为适宜。

2. 认罪认罚从宽协议适用于认罪认罚案件。一般来说，刑事案件中的定罪与量刑是控辩双方争议的焦点。在普通刑事案件的审理过程中，控辩双方就定罪和量刑分别进行法庭辩论，能够使控辩双方能够充分发表围绕定罪量刑的意见，以保证司法的公正。但在司法实践中，大量案件的控辩双方对于定罪与量刑能够达成一致意见，双方并无争议，在这种情况下没有必要严格按照普通刑事案件的审理程序进行审理，可以进行程序简化。《关于适用普通程序审理"被告人认罪案件"的若干意见（试行）》，即是在被告人认罪的情况下，立足解决控辩双方的争议，简化审判程序的成功尝试。

以控辩双方对于定罪量刑问题能否达成一致为标准可将案件类型划分为三类：一是被告人对定罪有异议，即不认罪的案件，对于此种案件的审理应当严格按照普通程序的要求进行审理，没有认罪认罚从宽协议适用之余地；二是被告人对定罪无异议，对量刑有异议，即认罪不认罚的案件，此类案件可以对案件适用简易程序，简化诉讼活动，但也无认罪认罚从宽协议全面适用之余地；三是被告人对定罪及量刑均无异议，即认罪认罚的案件，此类案件因控辩双方对定罪量刑均能达成一致意见，可以通过认罪认罚从宽协议的订立将控辩双方协商一致的结果进行具体化、固定化，从而促进诉讼进程的简化。因此，认罪认罚从宽协议适用的案件类型应为被告人既认罪也认罚的刑事案件，能够最大程度优化审判程序。

（二）认罪认罚从宽协议的形式及内容

1. 认罪认罚从宽协议的形式。对移送至公诉机关审查起诉的刑事案件，公诉机关首先应在审查案卷材料的前提之下，形成初步的审理意见。与此同时，公诉机关应当对犯罪嫌疑人进行讯问，向其释明认罪认罚从宽协议的内容，包括适用程序的差异、适用认罪认罚从宽协议的法律后果等，在量刑规范化的背景下，就可能提出的量刑建议与犯罪嫌疑人进行初步协商。在初步协商的过程中，犯罪嫌疑人可以通过主动聘请辩护人或者申请法律援助来协助自己就量刑与公诉机关进行交涉。辩护人通过阅卷、会见犯罪嫌疑人，深入分析案件，与犯罪嫌疑人就认罪认罚的态度与意见进行沟通，制定协商方案，在征得犯罪嫌疑人同意的前提之下，可以代表犯罪嫌疑人出面与公诉机关进行协商，最终协商的结果还需要告知犯罪嫌疑人，得到犯罪嫌疑人的书面认可。

　　对于认罪认罚从宽协议的订立，公诉机关提出的量刑协商建议应立足罪刑法定原则与罪责刑相一致原则，遵守现行法律法规及量刑规范化的要求，对量刑建议进行公开，保障辩护人能够充分了解案件事实真相及阅卷的权利。辩护人应当保证被告人认罪认罚的自愿性及真实性，与公诉机关就量刑进行不断协商，最终与公诉机关就被告人的量刑达成一致意见，形成书面协议，由被告人、辩护人及公诉机关分别在书面协议中签章。另外，公诉机关在认罪认罚从宽协议的基础之上撰写认罪认罚从宽的建议，在案件移送起诉时一并移送。

　　2. 认罪认罚从宽协议的内容。关于认罪认罚从宽协议内容的范围，可以从域外法中吸取经验。美国辩诉交易谈判协商的内容包括两个方面：一是指控交易，二是量刑交易，而意大利在引入辩诉交易时则对此加以限制，即不允许罪名交易，而只允许量刑方面的交易，且只可以给予 1/3 的量刑折扣，英国同样对量刑折扣给予 1/4 至 1/3 的量刑折扣限制。在我国，认罪认罚从宽协议的内容首先应遵循两个禁止性要件，一是禁止对那些犯罪性质恶劣、情节严重的暴力性犯罪进行交易，对这类犯罪加以禁止是基于对该类犯罪严重的社会危害性、民众对交易的承受度而作出的；二是禁止对罪名进行交易，根据刑事诉讼法的规定，对被告人定罪量刑是法院的职权，作为公诉机关无权行使，否则会造成控审不分，程序失当，故对罪名的交易也应当加以禁止。英美法系的辩诉交易，其产生的法律文化基础是刑事与民事诉讼同质化及实用主义，而我国作为成文法国家，在传统的"执法必严，违法必究"司法理念影响下，刑事诉讼追求案件实质真实性。因此，我国不具备对罪名和罪数进行协商的司法理念，社会不具备接纳对罪名和罪数交易的法律文化。

　　关于量刑幅度，北京某基层检察院将"认罪协商"机制的量刑建议标准设定为：在同类犯罪行为正常量刑建议基础上以减轻 10%～20% 的幅度向法院提出量刑建议。① 类似这样的做法不失为一种正确的选择，对此笔者认为，关于认罪认罚从宽协议的内容，应只允许量刑上的协议，其他情形则一律禁止，至于减让的幅度应把握以下原则：既不能给以过大的量刑折扣而降低刑罚

---

　　① 薛应军：《激辩"认罪协商"机制》，载《民主与法制时报》2016 年 3 月 10 日。

的权威性，也不能给以量刑折扣过小，从而使该制度降低其使用效率，使制度虚置，为此在设置量刑的减让幅度时，既要保持该程序设置的严肃性，又要使该制度体现设置时的立法初衷，从而使该制度得以有效运用，所以笔者认为根据答辩时间、悔罪程度、犯罪性质等确定量刑减轻幅度，可以给予 10% ~ 20% 的量刑折扣，毕竟对域外制度在移植过程中的接受度是循序渐进的，不可操之过急。

三、实践难点：认罪认罚从宽协议之效力

（一）认罪认罚从宽协议的程序回转

1. 被告人有无反悔权。一般而言，达成认罪认罚从宽协议之后仍应允许被告人反悔。被告人同意订立认罪认罚从宽协议，意味着被告人放弃了一定的诉讼权利，在被告人认罪认罚时审理程序简化的情况下，有可能对被告人的合法权益造成侵害，故被告人对于在审查起诉阶段达成的认罪认罚从宽协议享有反悔权。反悔权的行使需要注意几点：一是反悔权行使的时间节点应当限定于一审判决作出之前，否则被告人反悔权的任意行使会侵犯司法权威、降低诉讼效率；二是反悔权行使的效果仅能使认罪认罚从宽协议归于无效，公诉机关不能因为被告人行使反悔权就对被告人冠以认罪态度不好，作为新证据在庭审中对被告人加以指控，从而使审判机关作为量刑情节加以判断；三是公诉机关及审判机关应当对行使反悔权的后果向被告人予以释明，包括放弃量刑优惠、会导致程序变更等，确保被告人能够知悉反悔权行使的法律后果以便于作出真实的选择。

2. 公诉机关可否予以撤回。认罪认罚从宽协议不是被告人一方作出的，而是由公诉机关与被告人协商达成的结果。在达成协商的过程中，公诉机关应对案件的事实证据及量刑有着充分的准备与把握，出于对于公权力权威及公信力的考量，公诉机关对于认罪认罚从宽协议不应予以撤回。但是，在刑事诉讼进程中，如公诉机关发现新事实、新证据，足以推翻原有的认罪认罚从宽协议，可能对案件的走向及定罪量刑产生实质性影响时，可以对原有的认罪认罚从宽协议进行撤回，以还原事实真相，保证案件公正审理。需要注意的是，公诉机关对认罪认罚从宽协议的撤回应当撰写书面意见并告知被告人。当然，同被告人行使反悔权的时间节点相同，公诉机关对于认罪认罚从宽协议的撤回也应在一审判决作出之前进行，否则可以通过审判监督程序进行。

（二）审判机关对协议效力的审查

1. 原则上应予采信。被告人在与公诉机关达成认罪认罚从宽协议后，公

诉机关将案件起诉至法院时会向法院出具量刑协商结果，有观点认为，认罪认罚从宽协议对审判机关不具有约束力，审判机关应对认罪认罚从宽协议作实质性的审查。笔者认为，原则上，审判机关对于认罪认罚从宽协议的效力应予确认。原因之一在于公诉机关先期已经对案件事实进行了全面细致的审查，认罪认罚从宽协议的作出基于审判机关所制定的量刑指导意见，对于量刑协商结果也应予以确认；原因之二在于若审判机关对于公诉机关提出的量刑协商结果不予确认，则被告人在认罪认罚的良好态度之下也无法得到量刑上的优惠，这与不认罪认罚的主观选择所带来的法律后果无法区分，是对宽严相济形势政策的不遵守，使被告人认罪认罚从宽制度失去应有的价值，节约司法成本、提高诉讼效率的目的也会落空。除此之外，审判机关提前介入控辩双方达成协议的过程，容易先入为主，影响公正审理。因此，对于被告人与公诉机关达成的认罪认罚从宽协议，审判机关应予确认。

2. 对协议的审查方向。审判机关对于认罪认罚从宽协议的效力采信必须建立协议真实有效的基础之上，重点是审查被告人订立认罪认罚从宽协议的主观认识，主要包括两个方面：一是审查被告人认罪认罚的自愿性，所谓认罪自愿性，被告人在主观上完全独立自主作出认可认罪认罚从宽协议并接受认罪认罚从宽的司法程序的选择。具体来说，在庭审中除了讯问被告人是否同意适用认罪认罚从宽诉讼程序，还应当审查被告人作出同意的过程是出于真实意思表示还是遭受威逼利诱或其他违法行为后被迫选择的结果，与审查非法证据排除相类似。二是被告人认罪认罚的明智性，具体来说，在庭审中除了应讯问被告人是否认可公诉机关对其指控的犯罪事实，是否知晓认罪认罚的法律后果等，还应当重点讯问被告人是否有辩护人参与了认罪认罚协议订立的过程，否则出于一般被告人对法律的理解程度，很难说被告人对于认罪认罚从宽制度的把握是否明智。

不同于民事诉讼中的合同为平等主体当事人所订立，被告人认罪认罚从宽协议的订立双方为代表国家行使权力的公诉机关及或将面对刑事处罚的被告人，在主体地位上存在差距，应在诉讼活动中谨慎考量，不得违背我国惩罚犯罪的基本刑事政策。被告人认罪认罚从宽制度在实体法及程序法中均有涉及，对我国刑事司法体系的完善发展影响深远，需要制度的配合与修改得以适用，需要在司法实践中不断健全及改进，以适应当前刑事司法活动的需要。

认罪认罚从宽制度的诉讼风险防范与疏解

——以保障认罪认罚自愿性为研究视角

张　垚*

认罪认罚从宽制度是当下司法改革的一项重要任务，旨在通过对现有的诉讼程序及刑事规定政策有机整合、创新，达到优化司法资源配置，深入落实宽严相济刑事政策，缓解司法资源有限性与日益增长的案件数量之间的紧张关系的多重改革目标。党的十八届四中全会《关于全面推进依法治国若干重大问题的决定》首次提出完善刑事诉讼中认罪认罚从宽制度，中央全面深化改革领导小组随即审议通过了《关于认罪认罚从宽制度改革试点方案》（以下简称《试点方案》）。随后，全国人民代表大会常务委员会正式授权最高人民法院、最高人民检察院在北京、天津、上海等 18 个城市开展刑事案件认罪认罚从宽制度试点工作。2016 年 11 月 11 日，最高人民法院、最高人民检察院、公安部、国家安全部、司法部联合印发了《关于推关于在部分地区开展刑事案件认罪认罚从宽制度试点工作的办法》（以下简称《试点办法》），标志着认罪认罚从宽制度已从顶层设计层面转为全面的试点实施阶段。

关于认罪认罚从宽制度，理论界虽无统一的定义，但却已凝聚了基本的共识，即在刑事诉讼中，犯罪嫌疑人、被告人承认国家追诉机关对其犯罪事实的指控，并愿意接受刑事处罚，从而获得可预见性的较轻惩罚的制度。该项制度程序的适用以被追诉人"认罪""认罚"为前提，并会带来"从宽"的法律效果，对被追诉人会产生既定的法律惩罚后果。所以，必须保证被追诉人在合法的前提下作出真实、有效的意思表示，并可获得具有预判性、合理的法律处理结果。本文将立足于认罪认罚从宽制度的特殊性，分析该制度下存在的潜在诉讼风险，探索以保障犯罪嫌疑人、被告人自愿性为核心的保障救济体系及具体实施路径，以期为认罪认罚从宽制度试点工作的顺利推进提供有益借鉴。

---

*　浙江省杭州市经济技术开发区人民检察院干部。

一、认罪认罚从宽制度与诉讼风险

认罪认罚从宽制度将原有的"自首""坦白"等刑法条款、刑事诉讼法所规定的"假释""缓刑""简易程序""酌定不起诉"以及全国人大常委会授权"两高"在部分地区开展的"刑事速裁程序"及相关的贯彻宽严相济刑事政策的制度进行了有机整合,侧重于从更高层次上优化司法资源配置,顺应司法规律,进而形成集实体与程序于一体的综合性法律制度体系。通过对"认罪""认罚"和"从宽"三方面对该制度进行解析,不难发现其中存在的诉讼风险主要源于犯罪嫌疑人、被告人的非自愿性。

（一）认罪认罚从宽制度的概念解析

对犯罪嫌疑人、刑事被告人自愿如实供述自己的罪行,对指控的犯罪事实没有异议,同意人民检察院量刑建议并签署具结书的案件,可以依法从宽处理。① 从官方的表述以及相关规定中可以看出,认罪认罚从宽制度应涵盖"认罪""认罚"和"从宽"三方面内容。

1. 认罪。"认罪"是在犯罪嫌疑人或被告人在带有鲜明事实指向、有充分证据支撑的情况下自愿作出的,而它决定着案件办理走向及影响所适用的程序安排。"认罪"主要体现为三个方面:如实供述自己的罪行、对指控的犯罪事实没有异议与自愿认罪。② 其中,应注意以下三个问题:

一是犯罪嫌疑人或被告人认罪的阶段。鼓励、引导犯罪嫌疑人、被告人自愿如实供述是设计该项制度的初衷之一,认罪的阶段越提前,内容越准确,就越有助于司法机关判断该案是否存在"自首""坦白"等情节,适用正确的强制措施,减轻办案机关案件压力,提高案件办理质效,该情节也从侧面反映犯罪嫌疑人、被告人的认罪态度、社会危害性等问题。所以,在办理阶段应充分注意犯罪嫌疑人、被告人认罪的阶段,注重固定相关证据材料,将其对案件办理的影响予以适当说明,为后续量刑工作做好准备。

二是认罪的真实性。在个案中,不排除有犯罪嫌疑人、被告人在面对"认罪"可获得从快、从宽处理的"诱惑"时,考虑到自身存有不利证据指向的现实处境或无法忍受羁押、等待审判的煎熬,进而权衡后作出有违事实真相的有罪供述,以博取"轻判"的处罚结果。于是,审查认罪是否基于真实的犯罪事实将成为今后司法机关工作的重心。

---

① 摘自第十二届全国人民代表大会常务委员会《关于授权最高人民法院、最高人民检察院在部分地区开展刑事案件认罪认罚从宽制度试点工作的决定》。

② 吴宏耀:《论认罪认罚从宽制度》,载《人民检察》2017 年第 5 期。

三是认罪完整性的评估。评估认罪完整性时，有三种情形值得讨论和研究。第一种是犯罪嫌疑人、被告人承认犯罪事实，但不认可追诉机关所认定的罪名。罪名的认定属于法律适用问题，考虑到当事人文化教育程度不高，无法理解较为复杂的刑法罪名，且其已承认所实施的犯罪行为，未影响案件的快速办理，故仍应适用认罪认罚从宽制度，可采用分项表述的方式制作具结书，并要求当事人在罪名一栏注明不认同的原因即可。第二种是对于枝节性犯罪情节提出异议的情况。倘若该情节对罪名及量刑幅度不产生实质性的影响，则也应视为自愿认罪。第三种是在具有多罪、多节犯罪事实的情况下，部分认罪的问题。既然有部分事实并未查清，则已无启动认罪认罚从宽制度程序的必要，应当本着查清所有指控的犯罪事实的目的，选择普通程序办理，但在庭审中可对事实清楚，且认罪的指控部分进行简化审理。

2. 认罚。"认罚"指的是犯罪嫌疑人、被告人接受司法机关提出的处罚方案。《试点办法》将其表述为"同意量刑建议"，并在第 11 条中规定量刑建议"一般应当包括主刑、附加刑，明确刑罚执行方式"，提出了相对确定的刑期幅度或确定刑期两种量刑方式。

这里的处罚，不应局限于刑事处罚，还应包括其他性质的处罚措施。[①] 出于两个原因，一方面，从立法及设置该制度的本意来看，有利于督促当事人履行义务、引导社会行为、化解社会问题及矛盾，确保办案法律效果和社会效果的统一。另一方面，认罪认罚从宽制度体现了现代契约精神，追诉机关与当事人就犯罪行为商讨弥补方案，并将其他性质的处罚措施体现在处罚方案中，具有合理性。

退赃、赔礼道歉等处罚措施延伸出被害人参与的相关问题。司法机关应给予被害人适当的诉讼参与空间，保证被害人的知情权、建议权等，在量刑时考虑当事人的赔偿、谅解等情节，对于未履行相关行为的，应在量刑建议中列明要求其履行的情况，充分贯彻恢复性司法理念。

3. 从宽。"从宽"就是在具备以上两要素的条件下，司法机关可以对犯罪嫌疑人、被告人依法从宽处理。这里的"从宽"，应从两个层面理解把握：一个是实体处理上的从宽，依据"自首""坦白"等条款及对案件人身危险性、社会危害性的考量，在法定幅度内予以从轻处理。另一个是程序适用上的从宽，包括强制措施的适用、羁押必要性审查的启动以及程序从快处理等内容。

"从宽"是促成犯罪嫌疑人、被告人认罪认罚的主要因素，所以必须具有

---

① 魏晓娜：《完善认罪认罚从宽制度：中国语境下的关键词展开》，载《法学研究》2016 年第 4 期。

可预见性、稳定性。犯罪嫌疑人、被告人可以通过检察官、法官以及律师的释法工作，依据明确的量刑处理标准，对自身行为有着稳定而又相对确切的预判。因而应从全国层面对量刑指导进一步细化，保证各地区同类案件的评判标准统一化。① 与此同时，为鼓励犯罪嫌疑人、被告人早日认罪，应引入程序激励机制，施行差别化处理，对于较早诉讼阶段坦白、自愿认罪的犯罪嫌疑人依法予以适当从宽、从快办理。

（二）诉讼风险的源起

从制度设计来看，认罪认罚从宽制度是涵盖实体与程序的综合性法律制度体系。正因如此，犯罪嫌疑人、被告人选择了认罪认罚不仅可得到"看得见"的实体从宽，而且还会伴随程序从简的"诉讼便利"。但从另一方面来看，犯罪嫌疑人、被告人一旦选择了认罪认罚，便意味着向司法机关作出了"妥协"，让予基本的辩护权，交出了无罪辩护的权利。在实践中，不排除有犯罪嫌疑人、被告人违背认罪的真实性的情况。此外，认罪认罚从宽制度易对部分侦查人员产生"误导"，巩固"口供至上"的侦查取向，进而不注重全案证据的收集，易导致证据收集呈现片面性、粗放性，更可能存在基于办案压力或其他目的，采用威胁、利诱等方式迫使其认罪认罚的情形。认罪认罚从宽制度往往伴随着案件办理速率的提升，后续的审查工作难免会出现疏漏，所以更为这种非法行为留出了存活的空间。② 由此看来，确保认罪认罚从宽制度持续推进，达到预期目标，就必须充分重视认罪认罚的自愿性的问题，积极探索保障路径，尽快建立健全保障机制。

二、犯罪嫌疑人、被告人的认罪认罚自愿性

犯罪嫌疑人、被告人的自愿性是认罪认罚从宽制度构建的核心与前提，③也是考量适用认罪认罚从宽制度合法性与否的主要标准。在认罪认罚从宽制度试点工作开展之际，为保证适用程序恰当，量刑准确、无误，降低犯罪嫌疑人、被告人认罪认罚后所带来的不利风险，有必要就犯罪嫌疑人、被告人认罪认罚的自愿性加以分析，为自愿性的保障机制构建提供基础性支持。

（一）自愿性的判定标准

结合刑事速裁程序试点工作经验，借鉴美国关于自白任意性的要求，自愿性集中体现在三个方面：一是准确认知认罪所产生的法律后果；二是基于控方

---

① 统一并非一致，考虑各地区经济发展水平等原因，判罚出现适当的差别也属统一的范畴。

② 陈卫东：《认罪认罚从宽制度研究》，载《中国法学》2016 年第 2 期。

③ 孔冠颖：《认罪认罚自愿性判断标准及其保障》，载《国家检察官学院学报》2017 年第 1 期。

现有的证据材料所作出的理性判断及选择；三是出于自由意志，无外在的强制因素的影响。① 由此可知，自愿性的判定应从明知、自愿两个层面加以判定。

1. 明知的判定标准。首先，犯罪嫌疑人、被告人对其所指控的犯罪行为性质的明知，即其通过自身判断或经检察官释法说理工作，能够自行对自身行为作出有罪的价值判断。鉴于法律的专业性与繁杂性，犯罪嫌疑人、被告人可能无法全面了解自身的犯罪构成要件，或出现"认同犯罪行为，不认罪名"的情况，因而不应将明知的范围扩大至法律适用问题，仅要求当事对自身所实施的犯罪行为的事实有明确认知即可。其次，犯罪嫌疑人、被告人对于犯罪后果的明知。犯罪后果既包括实体法的刑罚后果，也包括程序法的诉讼权利减让。在作出认罪认罚的选择之前，犯罪嫌疑人、被告人应当具有对其犯罪行为科以处罚的准确、具体的预判，也应知晓适用普通程序或简易程序及速裁程序的差别及部分程序中对自身诉讼权利限制性的要求。最后，犯罪嫌疑人、被告人对认罪认罚后从宽的处理结果的明知。"从宽"是促成犯罪嫌疑人、被告人认罪认罚的主要因素，所以"从宽"的处理结果必须具有可预见性，特别是在引入程序激励机制、实行差别化处理的情况下，对于较早诉讼阶段坦白、自愿认罪的犯罪嫌疑人依法予以适当从宽、从快办理。倘若，犯罪嫌疑人、被告人在案件侦查办理初期，对从宽处理的结果不甚了解，那么就有可能影响到其正确判断，极易出现因信息不充分而导致的隐形不公平司法对待的情况。因此，犯罪嫌疑人、被告人只有在全面了解上述内容的情况下，才可以在权衡利弊后，理智地作出判断和选择。

2. 自愿的判定标准。自愿反映在犯罪嫌疑人、被告人对指控犯罪的事实承认和叙述上，主要为被追诉人的供述。② 从犯罪嫌疑人、被告人的供述中可反映出犯罪人的主观悔过态度。判定犯罪嫌疑人、被告人是否自愿认罪认罚，也就转化为保证其供述的真实性、合法性的问题。据此，一方面，侦查机关以及追诉机关不得以非法方法逼迫被追诉人认罪。在认罪认罚诉讼过程中，被追诉人享有认罪与不认罪的自由，追诉机关不得以外在的强制力逼迫其在极不情愿的情况下作出妥协，接受所指控的犯罪事实及量刑建议。另一方面，侦查机关、追诉机关不得以夸大、虚构定罪量刑等诱骗方式，误导被追诉人作认罪供述。认罪认罚从宽制度是在全案证据确实、充分的前提下进行的，所有的定罪量刑依据均来源于证据，故而追诉机关以减少不利指控或大幅减免刑罚为条件

---

① 吴宏耀：《论认罪认罚从宽制度》，载《人民检察》2017 年第 5 期。
② 魏晓娜：《完善认罪认罚从宽制度：中国语境下的关键词展开》，载《法学研究》2016 年第 4 期。

诱惑、骗取被追诉人作有罪供述，不仅有违被追诉人自愿认罪的意思表示，更有损司法公信力。

（二）自愿性的保障工作重点与方向

基于上述分析，完善被追诉人知悉权、确保被追诉人不得自证其罪是保障犯罪嫌疑人、被告人自愿性工作重点。在构建认罪认罚自愿性保障体系过程中，形成多方参与、相互制约与促进的诉讼格局将成为今后努力的主要方向。

1. 完善被追诉人知悉权。首先，确保追诉机关的告知行为及时、有效，告知内容详尽、明确。在犯罪嫌疑人第一次接受讯问时，应当告知其概括性的认罪认罚从宽制度相关规定，即适用认罪认罚从宽程序的条件以及认罪认罚后所带来的效果。在审查起诉阶段，应当在第一次审查讯问时围绕其犯罪行为的认定及量刑等方面进行详尽告知。告知的内容应当包括实体与程序两个部分，并且需要引入释法说理环节，以加深被追诉人的理解；在审判阶段，法官应对告知行为进行审查。其次，确保全案证据可以充分展示。由于认罪认罚从宽制度将审查起诉环节设置为主要阶段按，且赋予了检察官准审判性质的司法决断权，故双方不能寄希望于在庭审阶段展示案件所有证据并进行详细质证，所以应将该项工作提前至审查起诉环节，强化被追诉人及其律师对处理结果的预判准确性。最后，注重律师对诉讼的促进作用。适用认罪认罚从宽程序无疑是检律双方共同努力的目标，特别是律师在量刑协商、证据调取以及对被追诉人释法说理方面均有着不可替代的作用。

2. 确保被追诉人不得自证其罪。《刑事诉讼法》第50条明确被告人享有不得被强迫自证其罪的权利。认罪认罚从宽制度虽建立在自愿认罪的基础之上，但其目的仍为鼓励被追诉人自愿认罪，与刑事诉讼中保障被追诉人的沉默权并不冲突。从被追诉人自愿性分析，保障被追诉人自愿认罪认罚，只要排除其他具有强制性的逼迫或是诱惑、骗取其认罪认罚的外在影响即可。作为检察机关、审判机关，则应充分履行职能，注重审查侦查机关在侦查阶段有无逼迫、骗取犯罪嫌疑人有罪供述，在程序告知等环节有无拖延、遗漏的情况。而律师则通过查阅证据材料、全程跟随，确保获取有罪供述的口供真实、适用程序合法，并参与认罪认罚的协商、具结过程，利用辩护权以及影响被追诉人的认罪认罚权来制衡侦查权、检察权，极大限度地确保审查起诉环节定罪量刑准确、适当。

三、认罪认罚自愿性保障路径的具体展开

认罪认罚自愿性保障的具体路径在于规范、制约司法机关，发挥其职能定位；充分重视律师作用，拓展其更大的诉讼空间；设置犯罪嫌疑人、被告人反

悔环节，赋予被追诉人认罪认罚撤回权。认罪认罚从宽程序的启动的基础是犯罪事实清楚，证据确实、充分，为避免侦查机关选择性取证、消极取证及非法方式强迫、诱骗犯罪嫌疑人认罪等情形，笔者认为不宜赋予侦查环节过多认罪认罚从宽程序的任务。虽然认罪认罚从宽制度涵盖侦查环节，但主要系由于强制措施适用及自首情节、认罪阶段认定等问题关乎侦查阶段。所以，侦查机关的工作与其他案件的侦查工作并无他异，主要起到合法而又全面地收集、巩固证据，第一次讯问时及时告知认罪认罚相关权利义务的作用。进而对该阶段不再赘述，主要从检察机关、审判机关及律师三大主要诉讼参与主体展开论述，并依据权利的救济性原理，尝试构造认罪认罚权的反悔机制。

（一）发挥检察职能双重作用

检察机关作为认罪认罚从宽程序的主要承担者和实施者，并同时履行公诉、法律监督两大职责，在保障犯罪嫌疑人、被告人认罪认罚自愿性方面，应当充分履责，重视审查全案证据，充分履行告知义务，做好认罪认罚从宽程序的检察监督工作。

1. 告知义务的及时性与充分性。为确保被追诉人具有充足的时间权衡，笔者建议在审查起诉阶段讯问一般应进行两次，首次主要告知其权利义务及适用认罪认罚程序的相关规定，并对案情予以核实，明确犯罪嫌疑人态度；第二次则系量刑协商、具结，对于在侦查阶段供述一贯、稳定，在征得犯罪嫌疑人同意的情况下，可仅进行一次讯问。在审查起诉阶段应当令犯罪嫌疑人明确以下内容：追诉机关具体指控及法定刑期；指控犯罪行为的事实情况；获得律师帮助的权利；认罪认罚后的实体及程序后果。告知文书中应当附有涉案罪名以及量刑相关条文，将专业的定罪量刑工作转化为可推导，具有具体预测性的法律结论。在笔录制作过程中，记载相关释法说理过程、是否聘用律师以及犯罪嫌疑人的接受程度，对于提起公诉的案件，相关的材料应当移送法院，作为审查评、判适用认罪认罚从宽程序的依据之一。

2. 发挥法律监督职能。在认罪认罚从宽制度中，法律监督具有管控法律风险、维护认罪认罚核心价值取向、顺应以审判为中心的改革趋势等重要意义。[①] 检察机关作为法定的监督主体居于监督主导地位。从诉讼阶段的功能角度分析，审查起诉阶段系认罪认罚从宽制度的滤过、分流环节，特别是检验、评价侦查行为合法、有效的主要阶段。为此，在确保被追诉人自愿地认罪认罚，检察机关的监督首先应坚持证据证明标准，发挥公诉引导侦查作用，从被

---

① 胡铭、张传玺：《认罪认罚从宽制度中的法律监督》，载《昆明理工大学学报》（社会科学版）2017 年第 2 期。

动调查、滞后监督转变为主动参与，事前监督，充分利用检察机关的调查取证权限，避免侦查机关产生侦查惰性而产生的"口供至上"侦查理念或贻误证据搜集、保存最佳时机的情况发生，并根据实际犯罪行为对现行所采取的强制措施予以审查。其次，要求侦查机关对讯问过程同步录音录像，在审查起诉阶段必须就侦查人员获取口供的合法性问题与犯罪嫌疑人进行核实，在接到犯罪嫌疑人或辩护人反映可能存在非法获取口供的行为时应当审查同步录音录像。再次，更加注重程序合法性、全面性，更为关注侦查机关是否在讯问的第一时间履行认罪认罚制度的告知义务，保障律师可以获得有效律师的帮助。最后，防止认罪认罚协商可能会导致的权钱交易等非法行为的发生，协商过程应由检察机关主导，重视被害方的有限参与，与律师协会建立固定的沟通渠道，如发现存在律师怠于履行、滥用权利、违法违纪等行为，则应将其建议律师协会将该名律师从认罪认罚律师库中剔除，由律师协会禁止其在一定期限内参与未成年人认罪认罚从宽程序相关的诉讼活动。

（二）构建审判机关审查机制

审判环节是认罪认罚从宽程序最终环节，但审判机关的功能设置不应局限于确认，而是充分发挥审查作用，力求建立契合认罪认罚从宽制度特性的审查机制，筑好保障自愿性最好一道司法防线。审判机关在审查过程中，应兼顾"公正与效率"这一基本立场，构建综合性多层次审查机制。[①]

1. 审查的重点与方向。法院受理检察院提起公诉并建议适用认罪认罚程序的案件后，首先，应将"被告人明知"作为审查自愿性的前提；其次，应以"犯罪事实及证据"作为审查"自愿性"的基础；最后，通过讯问被告人、综合全案证据材料、询问辩护人意见、审查量刑建议是否适当等工作，就"自愿性"的真实性、充分性作出准确判断，并在判决书中予以适当体现。

2. 多层次的审查体系。多层次的审查体系的构建，则考虑犯罪行为、案件类型及科处刑法的轻重程度等因素，体现司法效益均衡观，提升司法权力运行效率，对检察机关建议适用认罪认罚从宽程序的案件分三类予以区别化、层进式审查：一是对于可能判处管制或者单处罚金的案件，侧重于"明知性"审查，保证其明知诉讼权利和认罪认罚的法律后果即可；二是对于轻罪案件，即依法可能判处拘役及三年以下有期徒刑的案件，应采取直接询问和"无异议"检验相结合的方式，着重审查案件事实基础，法官应在公开场确认被告人是否真正理解其享有或放弃的诉讼权利、可能承受的法律后果；三是对于重

---

① 卢君、谭中平：《论审判环节被告人认罪认罚"自愿性"审查机制的构建》，载《法律适用》2017 年第 5 期。

罪案件，即可能判处三年以上有期徒刑或更重刑罚的案件，则需在上述基础之上，对于案件的定性、量刑进行审慎地评估与限定。在法庭上，法官应就案件的基本事实及认罪认罚情况予以必要询问，注重听取律师意见，特别是律师提出异议的情况下，在判决书中应对异议问题予以适当阐述。当然，所有类型的案件法官均应听取被告人对于认罪认罚的意见，庭审的权利告知、宣读起诉书、法庭调查、法庭辩论环节可根据各类特征予以适当简化，但均需保留最后陈述环节。

（三）促进律师有效参与

在认罪认罚从宽制度的推进过程中，犯罪嫌疑人、被告人拥有了实体性兼程序性的选择权，没有律师力量的介入，仅由检察官与其沟通、协商，难免会有不公之嫌。加之我国全民法治素养水平仍较低，大多数当事人均不具备专业的法律知识，倘若无律师进行辩护，很大程度上可理解为已经被剥夺了辩护的权利。赋予被追诉人更为有效的辩护保障与认罪认罚从宽制度的意义，在于敦促办案机关客观全面地收集证据，争取合法、合理、最优的处理结果。与此同时，律师的积极取证、对被追诉人释法说理等工作，实质上也推动了认罪认罚从宽程序的进行。

1. 强制辩护与法律帮助。强制辩护是指在刑事诉讼程序中，对于特定案件，国家有义务为被追诉者指定辩护人，如无辩护人参与，则诉讼活动将得到法律上的否定性评价的制度。[①] 现阶段，我国刑事诉讼领域仅包含自行辩护及在特定情况下的指定辩护。但目前，我国律师队伍人员仍不富足、法律水平参差不齐，短时间内很难保证每一位犯罪嫌疑人、被告人均有律师为其辩护，引入全面的强制辩护机制并不现实。

但其作为未来的刑事诉讼改革的必然发展趋势，可以通过渐进的方式深入推进：先建立起法律援助与值班律师制度，待律师资源条件具备后再推行强制辩护制度。值班律师一般具有队伍稳定性、工作固定高效性、诉讼程序知识专业性、援助服务性四大特征，其主要作用是为当事人释法、监督侦查活动、认罪认罚制度适用过程，不全程参与刑事诉讼活动，适用于轻微刑事案件及诉前阶段，从值班律师的作用来看，其身份类似于法律咨询者以及刑事程序的协助者；而援助律师制度则应用于需法律保护的特殊当事人主体类的案件，与以往的法律援助律师并无差异。在这里需要明确的是，值班律师并非作为具结环节的见证者角色，而是需要实际参与，切实发挥律师的作用。

---

① 吴羽：《论强制辩护——以我国台湾地区为中心及对大陆相关立法之借鉴》，载《西部法律评论》2011 年第 5 期。

2. 证据出示与量刑协商。在审查起诉，证据出示与控辩协商的形式可根据案件实际情况进行灵活操作：对于双方意见一致、证据确实、充分的案件，律师可在当场见证被追诉人签字具结时，与被追诉人一同在文书上签署同意的意见，或单独提交同意量刑的律师意见等方式表明其同意的态度；对于双方具有基本的共识，但意见具有枝节性差异的案件，如该差异对本案的定罪量刑无影响，则可按"双方意见一致"予以处理，律师只需写明自身意见即可；对于双方存在较大争议的案件，检察机关应当召开诉前会议，在该阶段进行有效的质证、意见发表，并将其记录。倘若在上述情况下，双方有新的证据提供，可在诉前会议中予以解决，倘若双方并无异议，则无必要单独召开，可直接在具结过程中予以认定，双方同意即可。上述律师的意见应在公诉机关的起诉书中予以体现。在此说明的是，为保障律师可充分有效参与，证据出示与量刑协商应在律师查阅案卷后进行。检察机关在接受案件后，认为有可能适用认罪认罚从宽程序的应当通知侦查阶段辩护律师或值班律师，通知其在一定期限内阅卷并会见犯罪嫌疑人。鉴于认罪认罚从宽制度的特性，可建设内部保密网络系统，实行监所网上阅卷，节省诉讼时间。

在出现未征询律师意见、律师未出席具结现场或征询意见在具结之后的情形，应当就不同情况作适当处理：第一种情形，定罪量刑适当准确，律师亦认可具结内容，则应在补充征询或交由律师确认后，继续适用认罪认罚从宽程序处理；第二种情形，定罪量刑适当准确，律师不认可具结内容，则应邀请律师在场的情况下重新签署具结书，并将该情况与律师意见一并提交法院；第三种情形，定罪量刑存在错误，检察机关发现定罪量刑存在错误，则应对案件进行重新审查，如仍符合认罪认罚从宽程序，则重新按照要求征求意见、签署具结书，如不符，则转为普通程序办理，但在此之前适用认罪认罚从宽程序的材料仍应提交法院，以避免误判所导致被追诉人的风险承受。

3. 误导性辩护的补救。律师在诉讼中可能会出现提供错误、带有误导性的法律意见，导致被告人遭受不利后果或权利减损的情况，包括致其拒绝或接受认罪认罚两种情形。对于第一种情形，虽然拒绝认罪认罚程序，但仍然会获得法院公正判决，所遭受的判罚仍在合理范围，且由于自愿性难易把握，亦无证据证实，故笔者不赞同可作为上诉的理由，当然被追诉人可向律师协会投诉，有律师协会对该名律师进行处理。当然，检察官在审查案件中发现因律师原因致使其拒绝认罪认罚的情况时，可向律师协会或援助中心申请更换律师，由该机构决定是否更换。对于第二种情形，则根据在案证据情况予以处理：对于仅量刑预估存在偏差的，则维持原判；律师忽视无罪证据、未履行相应告知义务的，则被追诉人可上诉申请撤销，法院可撤销原判、发挥重审。检察官有必要在提起公诉或决定不起诉前对律师是否全面履行告知义务进行审查、确认。

（四）被追诉人权利限制性救济

认罪认罚作为犯罪嫌疑人、被告人的一项自愿的可选择性权利，应当具有一定的救济属性。但是，认罪认罚签字具结的本身具有类似社会契约的性质，所以这种救济性权利并非绝对的自由，应当在行使条件上加以严格的限制。

1. 救济的方式与行使条件。被追诉人的救济方式主要为撤回权，即否认拒绝认罪认罚或程序的适用。由于认罪认罚的核心是自愿性，且也是程序启动的必要条件，只要达成的协议未生效，理论上均可撤回。也就是说，在提起公诉前犯罪嫌疑人可以随时撤回认罪认罚的决定，但应就缘由予以说明，以便检察机关可选择适当的诉讼程序或开展后续的证据补强工作。但在提起公诉后，撤回权的限制条件将更为严苛，只有存在"公正且合理"的理由情况下方可撤销。鉴于此，司法机关应当与监所建立通畅的联系机制，以便及时获取犯罪嫌疑人变更的意见，保障犯罪嫌疑人权益。

2. 撤回权的行使后果。撤回权行使后，必然会带来程序适用、实体量刑、证据排除三大后果。检察机关应根据犯罪嫌疑人认罪程度以及案情，选择适当的诉讼程序，并根据犯罪行为提出合理的量刑建议，审判机关应慎重考量对犯罪嫌疑人的供述，考虑全案犯罪情节与证据情况决定适用何种诉讼程序，依法予以判决。原则上，诉讼程序的选择以及量刑应当比认罪认罚从宽程序所适用的更为严苛。在犯罪嫌疑人的供述是否有必要排除的问题上，则应根据撤回的理由作区别化处理：对于否认被控犯罪相关事实证据的或存在刑讯逼供、诱供情形被查实的，应当排除；对于取证合法，犯罪嫌疑人亦认可的，仍然可以作为证据适用。

认罪认罚从宽制度试点背景下
起诉裁量制度的完善

张　丽　赵　赤[*]

一、规范梳理：我国检察机关起诉裁量权的表现形式

检察机关具有一定的起诉裁量权，是现代刑事诉讼制度的重要特征。一般而言，起诉裁量权既包括对是否起诉的裁量，也包括对起诉内容的裁量，如龙宗智教授指出，起诉裁量权是"检察官根据法律授权，就是否实施以及如何实施刑事追诉所行使的裁量处置权"。① 《布莱克法律词典》则将公共领域的自由裁量权分为法官的自由裁量权、行政自由裁量权和检察官的自由裁量权，其中检察官的自由裁量权是指检察官对刑事案件是否作出指控、辩诉交易、量刑建议等合理决定的自由选择权。②

从世界各国的立法和实践情况来看，检察机关起诉裁量权的表现形式丰富多样，主要包括不起诉、暂缓起诉、选择起诉、降格起诉等。③ 对于其中的第一项不起诉权，是各国检察机关普遍享有的权力，我国 1997 年《刑事诉讼法》也在废除免予起诉制度的基础上正式规定了不起诉制度，此后，2012 年《刑事诉讼法》在传统不起诉权的基础上又补充规定了检察机关的暂缓起诉权，即附条件不起诉制度，但是，对于选择起诉权和降格起诉权，我国刑事诉讼法中并未予以体现。2016 年 11 月，"两高三部"出台《关于在部分地区开展刑事案件认罪认罚从宽制度试点工作的办法》（以下简称"试点办法"）其

---

* 张丽，重庆市人民检察院公诉二处处长；赵赤，重庆市人民检察院公诉二处助理检察员。

① 龙宗智：《检察自由裁量权论纲》，载《人民检察》2005 年第 8 期。

② Bryan A. Garner, Black's Law Dictionary, seventh edition, West Group, 1999, 479.

③ 所谓选择起诉权，是指检察机关对有多名犯罪嫌疑人或有多笔犯罪事实的案件，在起诉时可以基于案件具体情况和公共政策、公共利益等方面的考虑，自行决定起诉哪些人的哪些罪行。降格起诉，是指检察机关根据法律规定和案件情况，对较重的犯罪以较轻的罪名进行起诉，这种制度主要存在于对犯罪进行了分级的英美法系国家，是辩诉交易制度的重要基础。参见王守安：《检察裁量制度理论与实践》，中国人民公安大学出版社 2011 年版，第 83～84 页。

中第13条第1款规定:"犯罪嫌疑人自愿如实供述涉嫌犯罪的事实,有重大立功或者案件涉及国家重大利益的,经最高人民检察院批准,人民检察院可以作出不起诉决定,也可以对涉嫌数罪中的一项或者多项提起公诉。"该规定首次以司法文件的形式明确了检察机关的"选择起诉权",并规定了基于公共利益的不起诉制度,体现出起诉裁量权的扩张趋势,其开创意义不言而喻。此外,《试点办法》也对认罪认罚案件中的量刑建议权予以了充分体现,规定人民法院对于检察机关的量刑建议"一般应当采纳"。[1] 综上,当前我国的起诉裁量制度主要包括以下方面:(1)酌定不起诉制度;(2)针对未成年人的暂缓起诉制度;(3)认罪认罚案件中的选择性起诉和特殊不起诉;(4)量刑建议。

二、价值契合:认罪认罚从宽与起诉裁量制度的内在统一

(一)追求诉讼经济

在制度初衷上,认罪认罚从宽与起诉裁量制度都蕴含对诉讼效率的追求,前者主要体现为以速裁程序、简易程序、普通程序分野为标志的"繁简分流",后者则集中体现为以不起诉为核心的"审前过滤"。在传统的起诉法定主义模式下,虽然可以排除司法过程中的人为因素、维护法律统一秩序以及防止公诉权的滥用,但也造成了司法资源浪费、诉讼效率低下、法院不堪重负的弊端。"遵循起诉便宜原则,检察官通过行使不起诉裁量权使案件以审判外方式解决,可以实现司法资源的优化配置,提高诉讼效率,也有利于犯罪行为人的改恶从善及社会回归。"[2] 从刑事司法实践来看,一方面,刑事案件受案数量从1986年的29.97万件增至2014年的104万件,[3]"案多人少"矛盾日益突出;另一方面随着"审判中心改革"的推进,庭审实质化所要求的"事实证据调查在法庭、定罪量刑辩论在法庭、裁判结果形成于法庭"进一步增加了司法负担。故为了化解上述"双重压力",亟须强化检察机关案件分流和过滤"中枢"地位,"让有限的司法资源用以办理重大、疑难、复杂的案件,达到'好钢用在刀刃上'的效果。"[4]

(二)实现个案正义

美国学者戴维斯指出:"'裁量'是对个别化正义不可或缺的工具,如果

---

① 根据《试点办法》,检察机关基于"控辩合意"提出的量刑建议往往具有较强的约束力,但是这种起诉裁量权的行使方式仍然只具有建议性质,与不起诉等方式的效果存在较大差别。

② 武晓慧:《论公诉裁量权的运行与程序性控制》,载《中国刑事法杂志》2016年第1期。

③ 中国法律年鉴编辑部编著:《中国法律年鉴》,中国法律年鉴出版社1987—2014年版。

④ 叶青:《认罪认罚从宽并非"诉辩交易"》,载《上海法治报》2016年9月9日。

缺少'裁量'的调和，规则本身则无法应对现代政府和现代正义的复杂问题。"[1] 在任何社会，立法资源总是有限的，"法定"之外的空白区域需要"裁量"作为补充，而为了使裁量活动迎合而不是背离正义价值，就需要在法律条文之外，用刑事公共政策、刑法基本原则等作为裁量的指引。在这一点上，认罪认罚从宽制度与起诉裁量制度具有类似性，如根据《试点办法》第4条，办理认罪认罚案件需要坚持罪责刑相适应原则、贯彻宽严相济刑事政策。[2] 在犯罪嫌疑人自愿认罪认罚的情况下，基于其人身危险性的变化以及恢复性措施的采取，从宽处罚变得必要且正当，此时，就需要通过检察机关正确行使起诉裁量权，将高度概括化的自首、坦白等法律规定量化落地，以实现刑罚的个别化和正当化，推动个案正义的实现。

（三）维护控辩平等

认罪认罚从宽制度"是一种体现控辩平等和契约精神的正义"。[3] 犯罪嫌疑人根据其自由意志与检察机关达成合意，再由法院根据具结书的内容依法从宽量刑，从而使控辩关系由单纯的对抗模式转换为包含协商与合作在内的新型互动关系，推动了控辩平等的实现。在此过程中，控方的自由裁量权和辩方的自由处分权形成了对立统一关系，从而如学者所言"检察官在追诉中的自由裁量权，为协商性司法提供了制度条件，而体现制度柔性的诉辩协商，正是一部分案件中检察官实现自由裁量权的具体途径"。[4] 由于融入了当事人主义的合理成分，改变了强职权的刑事诉讼模式，检察机关不再是僵硬的"追诉机器"，犯罪嫌疑人也不再是被动的"待宰羔羊"；而诉权理论的发展进一步为二者提供了共同的对话基础："公诉权作为一种国家诉权，是以公民诉权为基础的，并且有效地弥补了私诉权的有限性和权利保护之间的真空地带"，[5] 在刑事诉讼中，无论是公诉权还是公民诉权都应当具备诉权的可处分性，前者表现为起诉裁量制度的确立，后者则体现在认罪认罚从宽制度中。

---

① ［美］肯尼斯·卡尔普·戴维斯：《裁量正义》，毕洪海译，商务印书馆2009年版，第26页。

② 《试点办法》第4条规定："办理认罪认罚案件，应当坚持下列原则：贯彻宽严相济刑事政策，充分考虑犯罪的社会危害性和犯罪嫌疑人、被告人的人身危险性，结合认罪认罚的具体情况，确定是否从宽以及从宽幅度，做到该宽则宽，当严则严，宽严相济，确保办案法律效果和社会效果。坚持罪责刑相适应，根据犯罪的事实、性质、情节、后果，依照法律规定提出量刑建议，准确裁量刑罚，确保刑罚的轻重与犯罪分子所犯罪行和应当承担的刑事责任相适应。坚持证据裁判，依照法律规定收集、固定、审查和认定证据。"

③ 叶青、吴思远：《认罪认罚从宽制度的逻辑展开》，载《国家检察官学院学报》2017年第1期。

④ 龙宗智：《检察自由裁量权论纲》，载《人民检察》2005年第8期。

⑤ 刘根菊等：《刑事诉讼程序改革之多维视角》，中国人民公安大学出版社2006年版，第194页。

三、实践冲突：认罪认罚从宽视角下起诉裁量制度的反思

（一）审前过滤不足与效率价值的冲突

据学者统计，自 1997 年至 2012 年，起诉后被宣告无罪、免予刑事处罚以及判处缓刑、拘役、管制或者单处附加刑的人数占判决总人数的比例从 19.9%攀升至 44.65%；[①] 与此同时，我国刑事案件的不起诉率常年不到 3%，[②]相关数据折射出大量轻微刑事案件未在审前有效过滤的现实。诚然，严格控制不起诉有助于防范起诉裁量权的滥用，但是，部分"临界案件""两可案件"纷纷进入审判环节，无疑会造成司法成本增加，与刑事诉讼的效率价值背道而驰。

2012 年修改后的《刑事诉讼法》实施后，随着刑事和解以及未成年人特别程序的建立，起诉裁量权的空间得到扩展，不起诉率也上升到 5% 左右，但这一比例仍然无法适应以审判为中心诉讼制度改革的要求。从司法实践来看，影响检察官不起诉积极性的因素是多方面的，[③] 其中最为突出的是不起诉案件办理程序的复杂烦琐。根据现行诉讼法的规定，检察机关拟作出不起诉的案件，一律需交由检委会或者检察长决定，一些案件还规定有其他特别程序。在认罪认罚速裁程序建立以后，同样一起轻微案件，起诉与不起诉工作量上的差别愈发明显，如根据重庆等地方的实施细则，承办人对于适用速裁程序的轻微案件可不制作审查报告，开庭程序亦十分简化，但同一案件如果作不起诉处理，承办人往往需要制作翔实的审查报告以便于提交检察长或检委会决定，相比之下，起诉反而"事半功倍"。可以预见的是，在认罪认罚从宽背景下，不起诉的过滤功能将逐渐得以强化，而不尽便宜的办案模式和程序设置对于审前过滤职能的掣肘也会越发显见。

（二）裁量规则模糊与公正价值的冲突

"裁量"的存在是为了弥补"法定"的不足，但是这并不意味着裁量活动可以脱离一切标准或原则的束缚，成为不受规制的权力。为了防止自由裁量权成为"任意裁权"，就需要明确一定的规则，加强权力行使的制度指引。如联

---

① 武晓慧：《论公诉裁量权的运行与程序性控制》，载《中国刑事法杂志》2016 年第 1 期。

② 中国法律年鉴编辑部编著：《中国法律年鉴》，中国法律年鉴出版社 1987—2014 年版。

③ 概括起来，这些因素主要包括案效率的考量、公安机关的异议、当事人和社会公众的质疑以及内部考核指标的限制等，参见宋英辉：《酌定不起诉适用中面临的问题与对策——基于未成年人案件的实证研究》，载《现代法学》2007 年第 1 期；浙江省温州市人民检察院课题组：《宽严相济刑事政策视野中不起诉裁量权的行使》，载《法学杂志》2007 年第 5 期。

合国《关于检察官作用的准则》第 17 条规定："有些国家规定检察官拥有酌处职能，在这些国家中，法律或已公布的法规或条例应规定一些准则，增进在检控过程中作出裁决，包括起诉和不起诉的裁决的公正和连贯性。"从各国的司法实践来看，最重要的起诉裁量规则是公共利益衡量，如德国法律规定对于轻罪案件，如果不存在追究责任的公众利益的，检察院可以不予追究；英国检察官在审查起诉时，主要进行证据检验和公众利益检验，后者即要求检察官从公共利益考虑，决定刑事责任的追究问题。

在一定意义上，裁量规则的发达程度与裁量权的大小成正比，因为只有在检察官享有较为宽泛的起诉裁量权时，才越需要完善的裁量规则的指引。由于我国长期以来系通过严格设置"法定条件"来制约起诉裁量权，因此"裁量规则"便被有所忽视。根据《刑事诉讼法》第 173 条，酌定不起诉只需要考察"犯罪情节是否轻微""是否需要判处刑罚"两个条件，而实践中，受制于各种因素，检察官也不大可能自主地根据刑事政策、公共利益、地方治安形势等灵活把握裁量因素，更不可能对"情节轻微"进行能动性的解释和适用。在认罪认罚从宽制度确立以后，检察官行使起诉裁量权应当考虑的因素更加多元化，包括认罪认罚的时间节点、彻底程度以及认罪认罚对指控活动的影响等均需要纳入考量，而裁量准则模糊引发的弊端也越发凸显，例如检察人员基于快速达成"协商成果"的意愿，往往倾向于对于犯罪嫌疑人直接提出最大幅度的"量刑优惠"，至于认罪认罚对于起诉或不起诉决定的具体影响，则更是一个说不清、道不明的问题。

（三）裁量空间狭窄与平等价值的冲突

我国检察机关的起诉裁量空间过窄是不少学者和实务界人士的共识，其具体体现在以下方面：一是根据《刑事诉讼法》第 172 条的规定，满足"犯罪事实已经查清，证据确实、充分"条件的，检察机关就"应当"作出起诉决定，只有在"不需要判处刑罚或者免除刑罚"时，才有酌定不起诉的空间，这对轻刑案件（如短期自由刑、单处附加刑）的酌定不起诉构成了限制；二是暂缓起诉只限定于未成年人犯罪，且对罪名和刑期都有限制；三是选择起诉权不但尚无诉讼法的正式确认，《试点办法》所规定的条件也极为严格，必须符合特定情形且经过最高人民检察院批准方可适用；四是一些国家所确立的降格起诉权在我国亦严格禁止；五是在认罪认罚案件中，不起诉是否能够作为"从宽"方式之一有待确认，因为根据《试点办法》文本表述，认罪认罚案件中的"从宽"主要指量刑从宽，并未将酌定不起诉作为认罪认罚从宽的方式；六是检察机关只有量刑建议权而无实体处罚权，因此对于认罪认罚案件，控辩双方无法就"处罚"和"认罚"的内容进行有效协商，导致不起诉案件"无罚可认"的尴尬。

可以肯定的是，过于限缩的起诉裁量空间将不利于认罪认罚从宽制度的深度贯彻，因为在该类案件中，为了达成富有实效的"合意"，控辩双方都需要更为丰富的实体和程序处分权以作为协商的"对价"和"筹码"，尤其对于主动一方的检察机关而言更是如此。在刑事诉讼活动中，犯罪嫌疑人的关切往往是多元化的，除了刑罚的轻重，也包括刑罚的有无，甚至是事实、罪名、罪数的认定以及非刑罚制裁措施的采取等问题，因此如果检察机关的裁量空间过于狭窄，仅限于提出"从宽量刑建议"，[①] 就会造成检察机关能动性不足，不利于控辩双方平等有效的互动。

四、制度完善：以程序运行规则和实体裁量规则为中心

(一) 程序运行规则的完善

"程序的公正设置对案件的实体公正处断无疑具有最好的保障作用，但却无益于诉讼经济的选择。"[②] 优良的程序设计需要实现公正价值和效率价值的平衡，故笔者认为应适当调整对起诉裁量权一概加以严格程序控制的既有思维，推动认罪认罚案件不起诉办理模式的便宜化和多元化。

1. 完善不起诉裁量权清单，赋予检察官常见轻微案件的不起诉决定权。对于检察官享有不起诉决定权，理论和实务界都有一定的质疑，主要是担心不起诉权被滥用以及引发司法腐败等风险。但笔者认为，随着责任主体逐步由集体转向个人，检察官的权力配置和主体地位得到同步强化是司法责任制改革和诉讼制度改革的题中之义。考虑到司法改革和实践的具体情况，在现阶段可将检察官有权直接决定是否起诉的案件范围限定为犯罪嫌疑人认罪认罚的常见、轻微刑事案件。强调"常见"，主要考虑检察官对相关罪名应有比较丰富的裁量经验和相对统一的裁量标准，不至于产生大的偏差；强调"轻微"则是从犯罪数额等方面进行量化，以便于对检察官的起诉裁量权加以必要限制，确保不起诉决定的合理审慎。[③] 从司法实践来看，轻罪案件相对集中于盗窃、危险驾驶、轻伤害等几类，这为设置细化和量化的不起诉权力清单提供了现实可能性。

2. 建立不起诉案件内部分流机制，实现"轻案快办"和"特案特办"。

---

① 从本文第一部分的梳理来看，起诉裁量权包括不起诉、暂缓起诉等内容，但在《试点办法》中，只主要明确了检察机关对于认罪认罚案件提出从宽量刑建议的权力。

② 黄世斌、洪星：《宽严相济刑事政策下裁量不起诉制度的价值取向及其运行》，载《河北法学》2007 年第 11 期。

③ 如以盗窃为例，在入罪标准为 2000 元的情况下，可以规定盗窃 3000 元以下且认罪认罚的案件由检察官直接决定是否起诉，超过该数额的则仍需报批。

"单一的刑事特别程序不可能成为案件审理的唯一程序,定分止争的方式和程序也不可能同一化。"① 随着认罪认罚从宽制度的建立,起诉案件实现分流,速裁程序的广泛使用大幅提高了办案效率。笔者认为,不起诉案件中亦可借鉴这一模式,实现不起诉案件内部的繁简分流:一是建立速办机制,对于权力清单授权的案件,检察官可以不制作审查报告、不提交审批,直接决定对认罪认罚的犯罪嫌疑人作不起诉处理;二是普通程序,对于罪名、数额、情节等超出检察官不起诉决定权范围,又不属于特殊案件的,检察官应制作审查报告并报批,但可以适当简化审查报告和审批流程;三是特殊程序,在大多数案件简化办理的同时,对于少数特殊案件仍应坚持严格程序控制,目前我国主要对于职务犯罪案件设置有人民监督员监督、上级同步审查等机制,随着不起诉裁量范围的扩大,笔者认为对于以后的一些相对重罪案件、社会影响较大的案件等,可以建立量刑情节调查、人身危险性评估、不起诉听证等程序。

3. 适当放宽对选择起诉权的程序控制。《试点办法》对于选择起诉权首开先例,但条件限制过于严格,不但实体上要求"有重大立功或者案件涉及国家重大利益",而且程序上需要"经最高人民检察院批准"。笔者认为,在当前制度试点条件下,对选择起诉从严控制具有一定合理性,但随着实践的深入,可以逐步扩大选择起诉的范围,同时将程序控制放宽至上一级检察院或者省级检察院行使。

(二)实体裁量规则的完善

"司法裁量的依据是既定的价值标准,正确的裁量必须依据公平正义、效率、秩序等一定社会历史条件下法的价值取向来进行。"② 因此,完善起诉裁量权的实体规则,并非为是否起诉、如何起诉划定机械的标尺,而是明确必要的裁量原则和裁量因素,在保障起诉裁量自由的同时防止自由裁量权沦为"任意裁权"。

1. 引入公共利益衡量原则,增强起诉裁量的能动性。公益是检察机关产生和存在的正当性基础。③ 作为"国家和公共利益的代表",检察机关在行使起诉裁量权的问题上,必须从公共利益出发,在全面衡量公共利益的基础上作出恰当的决定。我国目前的起诉裁量主要考虑"犯罪情节是否严重"以及"是否需要判处刑罚",局限于"罪"与"罚"的范围之内,这并不符合起诉裁量活动的公益性本质和科学性要求。公共利益是包含多种要素的集合体,虽

---

① 陈超:《意大利刑事特别程序研究》,西南政法大学 2009 年博士学位论文。
② 贺恒扬、张飞:《论职务犯罪不起诉裁量权的控制》,载《人民检察》2007 年第 2 期。
③ 王新环:《公诉权原论》,中国人民公安大学出版社 2006 年出版,第 165 页。

然无法用清单详尽列举，但是从各国立法来看，对于一些比较明显和重要的公共利益因素是存在共识的。① 由于裁量主义主张刑罚的个别化、情理化，注重实施效果，立法应当明确和鼓励检察机关在起诉裁量过程中充分考虑公益原则的要求。如在酌定不起诉中，应增设基于公共利益衡量而不起诉的情形，鉴于我国司法传统一般将三年有期徒刑作为"轻罪"与"重罪"的划分界限，可规定"对于可能被判处三年以下有期徒刑、拘役、管制、单处罚金的，人民检察院认为不起诉更符合公共利益时，可以作不起诉处理"。除此之外，应立足于公益原则的要求，进一步完善选择性起诉制度，如检察机关在符合条件的情况下，可只针对重罪提起诉讼以节约司法资源，在证据薄弱的对合犯、共同犯罪中，可对认罪认罚的"次要"犯罪嫌疑人不起诉等。

2. 明确认罪认罚案件中的特殊裁量因素对起诉裁量的影响。裁量因素，即检察官行使自由裁量权所应当考虑的相关因素，包括案件本身的性质情节因素、被害人的因素、对社会影响的因素等。② 对于认罪认罚案件而言，起诉裁量因素更为复杂，不仅要在"认罪"之外考虑"认罚"因素对案件处理的影响，亦要考虑"从宽"的方式和幅度等问题。为充分落实刑法原则和刑事政策，增强起诉裁量权的正当性和准确性，应当明确以下因素：（1）认罪认罚的时间对从宽处理的影响，从侦查阶段到审查起诉阶段再到审判阶段，不同的诉讼环节，被告人认罪的诉讼价值是完全不一样的，越早认罪越能体现行为人的人身危险性小，也更有利于节约司法成本，在决定是否起诉以及提出量刑建议的时候从宽处理的幅度也应越大；（2）"认罪"的彻底程度对从宽处理的影响，自首、坦白制度中的"认罪"是以犯罪嫌疑人如实供述"主要犯罪事实"为标准，是一个"非此即彼"的判断，而认罪认罚从宽制度中的"认罪"可以有程度的差别，如实供述主要犯罪事实和如实供述所有犯罪事实，"从宽"评价应是不一样的；（3）"认罚"的具体内容对从宽处理的影响，"认罚"意味着犯罪嫌疑在如实供述的基础上还要有对自己行为的否定性评价，并实际承担一定义务，在起诉的案件中，认罚的内容以量刑建议为载体，是较为明确的，而对于拟作不起诉处理案件中的"认罚"，则存在内容不明确、执行不到位的问题，对此笔者认为可以引入非刑罚制裁措施作为不起诉案件中的认罚内容，由被不起诉人完成具结悔过、赔偿损失等行为后方可作不起诉处理。

---

① 这些因素主要包括：（1）犯罪的性质及其严重程度；（2）被告人的个人情况；（3）被害人的个人情况；（4）社会公众的法意识、法情感的容忍的程度，民众对案件的关注程度，起诉是否会造成不良的社会影响；（5）诉讼成本和实际效果等。参见王东：《论不起诉裁量中的公共利益原则》，载《广西政法管理干部学院学报》2008 年第 4 期。

② 龙宗智：《检察自由裁量权论纲》，载《人民检察》2005 年第 8 期。

认罪认罚从宽制度下被害人参与的实证考察

——以基层公诉实务为样本

苏素专　洪文海*

一、认罪认罚从宽制度下被害人参与的再审视

（一）被害人参与的立法梳理

1. 体现了被害人的诉讼地位

2012 年修改后的《刑事诉讼法》第 106 条规定，"刑事诉讼当事人"指的是"被害人、自诉人、犯罪嫌疑人、被告人、附带民事诉讼的原告人和被告人"。第 170 条对检察机关办理刑事案件作出听取被害人意见的规定，"人民检察院审查案件，应当讯问犯罪嫌疑人，听取辩护人、被害人及其诉讼代理人的意见，并记录在案。辩护人、被害人及其诉讼代理人提出书面意见的，应当附卷"。可见，刑事诉讼法明确规定了被害人在诉讼中的地位系"当事人"，在办理刑事案件时应听取被害人意见，但相对于犯罪嫌疑人享有的完备的诉讼权利义务，但对被害人是否参与、如何参与到刑事诉讼中却未做详细规定。

2. 量刑参与权

2010 年"两高三部"共同发布的《关于规范量刑程序若干问题的意见（试行）》第 4 条规定："在诉讼过程中，当事人和辩护人、诉讼代理人可以提出量刑意见，并说明理由。"第 14 条规定："量刑辩论活动按照以下顺序进行：（一）公诉人、自诉人及其诉讼代理人发表量刑建议或意见；（二）被害人（或者附带民事诉讼原告人）及其诉讼代理人发表量刑意见；（三）被告人及其辩护人进行答辩并发表量刑意见。"因此，作为诉讼当事人的被害人可以通过提出量刑意见的方式参与量刑程序，在参与量刑的过程中，被害人可以发表意见。

---

* 苏素专，福建省厦门市翔安区人民检察院公诉科科长；洪文海，福建省厦门市翔安区人民检察院检察员。

3. 参与刑事和解

《刑事诉讼法》第 278 条、第 279 条对刑事和解作出规定，新增的当事人和解的公诉案件诉讼程序中，被告人与被害人可就特定案件进行刑事和解，被害人具有完全的自主权，可通过成为刑事和解协议达成者的方式表达自己的量刑意愿，这也成为法院对被告人从宽处罚的参考。

4. 认罪认罚从宽制度中的规定

"两高三部"《关于在部分地区开展刑事案件认罪认罚从宽制度试点工作的办法》（以下简称《办法》）第 7 条规定，"办理认罪认罚案件，应当听取被害人及其代理人意见，并将犯罪嫌疑人、被告人是否与被害人达成和解协议或者赔偿被害人损失，取得被害人谅解，作为量刑的重要考虑因素"。《办法》规定中，要求犯罪嫌疑人签订具结书并附件；虽要求听取被害人意见，但却未对如何听取、听取材料是否附件作出详细规定，难以有效保障被害人的参与权。由此可见，在认罪认罚从宽制度中应充分保障被害人的参与权，尽量保障被害人合法权益。

综上，无论是从整个刑事诉讼的格局还是到历年实践探索而形成的相对独立的量刑程序、刑事和解程序以及当下的认罪认罚从宽制度都注意都被害人参与刑事诉讼提供"意见"的重要性，问题是如何参与有待明确细化和探索落实。

（二）被害人参与的价值考量

1999 年道格拉斯·埃文·比鲁夫提出了包含"被害人参与模式"的"刑事诉讼的三种模式"的观点，其正当性根基是为了防止被害人遭受两种损害，一种是初次的侵害，它来自犯罪本身；另一种是二次侵害，它来自政府的处理程序及这些程序中的政府行为者。[①] 学者陈瑞华认为诉讼参与性，是指那些权益可能受到裁判或者诉讼结局直接影响的主体，应当有充分的机会富有意义地参与刑事裁判的制作过程，并对裁判结果的形成发挥有效的影响和作用。[②] 被害人的利益并不能由代表国家指控犯罪的检察机关完全代表，被害人参与刑事诉讼自有其实体和程序上的双重价值，在认罪认罚从宽制度中更有突出对被害人的损害补充和赢得其充分谅解。被害人参与模式所强调的是保障被害人在刑事诉讼中的地位、尊严和权利，通过其对程序的参与来加强程序的正当性，使之成为有被害人参与的正当程序，达到被害人权利、犯罪嫌疑人与被告人权利

---

① 吴铮：《刑事诉讼的被害人参与模式：一种刑事诉讼理论的分析框架》，载《河南师范大学学报》（哲学社会科学版）2011 年第 2 期。

② 陈瑞华：《刑事审判原理论》，北京大学出版社 2003 年版，第 61 页。

和社会利益的平衡。

1. 有助于公平正义价值的实现

正义是法律追求的首要目标。正如美国学者贝勒斯所言："即使公正、尊严和参与等价值并未增进判决的准确性，法律程序也要维护这些价值。"① 被害人作用的发挥，有助于及时发现刑事诉讼中的职能部门为其职权便利等原因而滥用认罪认罚从宽，有助于及时提出诉求从而纠正可能因此而发生的放纵犯罪。② 司法公正一分为二，一个是诉讼过程的公正，即程序公正；另一个是裁判结果的公正，即实体公正。通过程序的公开和参与，带来程序上的正义，强化对人权的保障，实现程序的自身价值。保障被害人实现其享有的诉讼权利，应确保审前程序透明，庭审程序公开，确保被害人的知情权、参与权是程序公正的要求。实体公正则要求据以定罪量刑的犯罪事实清楚、证据客观确实充分，合理有效的执行生效裁判。认罪认罚从宽制度突出了犯罪嫌疑人、被告人的自主自愿性，并且让其获得一定程度的优惠，因此给人公正的天平更多地倾斜于被控诉方的感觉。为了弥补这种"失衡"，让被害人参与到认罪认罚制度中，通过其权利的充分行使，以赢得被害人更容易接受的案件处理结果。因此，笔者认为被害人有效的参与到认罪认罚从宽制度中是公平正义司法理念的内在要求。

2. 有利于修复被害人遭受的损害

被害人是刑事案件的直接受害者，案件的处理结果当然直接与其相关，这种情形下被害人不但急需得到经济补偿或赔偿，也希望对加害其的犯罪嫌疑人得到应有的惩罚。而让被害人参与到认罪认罚从宽制度中，使其接受案件的审查、审理结果，以此平衡各方利益，如此一来即便被害人没有获得应得的补偿，但他们也会因为参与了这个过程从而心理上更容易接受裁判结果。以刑事和解为例，当事人双方通过充分协商后达成协议，被害人谅解了犯罪嫌疑人，也获得了补偿，此种方式充分尊重双方意愿，也修复了被害人的，增加了被害人对处理结果的满意度，利于节约司法资源。

3. 有利于监督公诉机关积极、规范地行使控诉职能

犯罪行为不仅侵犯了国家管理秩序，也对被害人人身财产造成损害，公诉机关行使公诉职能代表国家追诉犯罪，这是刑事诉讼的本质属性。刑事案件被害人，在我国并未赋予其收集、指控犯罪的权力，一方面是因其指控犯罪能力

---

① 〔美〕迈克尔·D.贝勒斯：《法律的原则——一个规范的分析》，张文显等译，中国大百科全书出版社1996年版，第32页。

② 王敏远：《认罪认罚从宽制度疑难问题研究》，载《中国法学》2017年第1期。

较小，因此该项职能由国家代为履行，由国家代替其行使指控犯罪的职能显然更能保障其诉讼权益，而这部分职能即由检察机关行使。认罪认罚从宽制度在某种程度上主要以检察机关与被指控者双方之间的认罪和量刑协议为基础，这也使被害人在刑事追诉之中被边缘化的危险。让被害人广泛、深入地参与到认罪认罚从宽制度中，一方面被害人通过参与也可更好维护其合法权益；另一方面也在过程中监督检察机规范的行使指控犯罪的职能，更有利于实现被害人的诉求。

由此可见，强调认罪认罚从宽处理程序中的被害人参与，可能使在检察机关和被控告人之间的双方协议赢得多元力量的促动、理解和支持，使得加害人和受害人可能得到平等的关注，弥补在国家追诉之外被害人个人利益诉求的不足，有效保障被害人的权利，维护司法公正，促进司法公信力的提升。

二、认罪认罚从宽制度下被害人参与的现状考察——以基层检察院实践为样本

（一）认罪认罚从宽处罚制度的实践情况

从司法实践看，检察环节被害人参与刑事诉讼主要体现在：接受权利义务告知、提起附带民事诉讼、接受询问、参加刑事和解、反映意见和申请抗诉。

以笔者所在的基层检察院为例，2017 年上半年共适用认罪认罚从宽处理机制办理案件 140 件，占起诉案件的 50%，全部适用速裁程序起诉，涉及危害公共安全（危险驾驶、交通肇事）、侵犯财产（盗窃、诈骗、故意毁坏财物）、侵犯公民人身权利和民主权利（故意伤害、非法拘禁、重婚）、妨害社会管理秩序（贩卖毒品、开设赌场、容留他人吸毒、寻衅滋事、聚众扰乱社会秩序）三类犯罪共 13 个罪名，其中危险驾驶 63 件，占比 45%；交通肇事 7 件，占比 5%；盗窃 37 件，占比 26.43%；故意伤害 14 件，占比 10%；妨害社会管理秩序类案件共 11 件，占比 7.86%。其中：

1. 在全部 140 起案件中，66 件案件中有被害人遭受人身或财产损害，而其中有 23 件达成刑事和解，15 件犯罪嫌疑人在庭审前退还赃物或赔偿被害人经济损失，对此二类情形案件均全部适用速裁程序审理，占比 73%，可见提前让被害人参与到庭审前的诉讼活动，有助于扩大认罪认罚从宽制度的适用。

2. 在故意伤害案中，被害人虽认罪，但因未能与被害人达成调解协议而造成实践中未能对该部分案件适用认罪认罚从宽制度审理。笔者所在基层院上半年共审结故意伤害案件 47 件 63 人，其中 51 人认罪，但因未能达成和解仅有 14 人适用了认罪认罚从宽制度审理，占比仅为 22%。《办法》并未规定故意伤害案件达成和解才能适用认罪认罚从宽制度，而仅仅规定不能适用速裁程

序。可见，实践中是否达成和解协议对程序选择产生实质性影响，而侵财案件在适用认罪认罚从宽制度中大多不考虑刑事和解情况直接予以适用。

3. 听取被害人意见大多流于形式。《办法》虽规定办理认罪认罚从宽处理的案件中应当听取被害人意见，但并未规定要以证据形式附卷，这点区别于犯罪嫌疑人所签订的具结书。因此，实践中听取被害人意见大多未能充分告知其适用认罪认罚从宽处理的目的、意义及可能导致的法律后果。

由此可见，实践中被害人参与程度不同，案件性质、被害人个人情况、案件处理结果等因素与被害人参与刑事诉讼的程度有密切关系。人身受到侵害的故意伤害案件的被害人在检察环节参与刑事诉讼的人数最多；财产受到侵害的被害人在检察环节参与刑事诉讼的人数次之，其他受到侵害的被害人在检察环节参与刑事诉讼的次数微乎其微。

（二）认罪认罚从宽处罚制度实践中存在的问题

1. 是否赔偿被害人影响认罪认罚制度的适用

《办法》虽要求使用认罪认罚从宽制度审理案件时应当听取被害人意见，但是被害人是否同意适用并非是必备条件。认罪认罚从宽制度解决犯罪嫌疑人的刑事责任问题，着属于国家公权力范畴，不能受被害人主观意愿影响，但被害人有权获得民事赔偿或者补偿，此时涉及的民事责任问题。实践中，不乏故意伤害案的被害人漫天要价，而导致未能达成调解协议，另外，调解往往耗时较长，超出办案时限要求。值得注意的是，从笔者所在基层院看来，是否赔偿被害人损失、取得被害人谅解已对认罪认罚从宽制度产生非此即彼的影响，在未能达成和解的前提下即排除适用认罪认罚从宽制度的适用，这显然是有悖初衷。

2. 被害人的诉讼权利保障不够

一是知情权保障不够。认罪认罚从宽从制度设计上，从各个方面详尽规定了对犯罪嫌疑人的告知，意见的听取以及赋予其是否选择该项程序的选择权。相比于此，被害人的知情权显然弱化了许多。在办理刑事案件中，从受理的初期虽向被害人告知权利义务，但却未将适用认罪认罚从宽的用意、可能导致的法律后果等情况告知被害人知情权的存在是保障被害人诉讼参与权的要求，也是加强诉讼监督，防止司法腐败，提供透明度以及判决接受性的要求。[①] 没有充分保障被害方的量刑知情权，且对与被害方有关的量刑信息缺乏全面关注，

---

① 刘昂：《试论被害人知情权在我国刑事诉讼中的缺失与建构》，载《法学杂志》2007 年第 2 期。

从而限制了被害方充分参与量刑过程。① 因此，有必要在认罪认罚从宽制度的各个程序中保障被害人的知情权。

二是对被害人的表达意见权保障不够。《刑事诉讼法》第 170 条规定，在检察机关审查起诉阶段，检察机关应当听取被害人及其诉讼代理人的意见并记录在案，被害人及其诉讼代理人提出书面意见的，应当附卷。但是现有《办法》并未明确规定是否应当书面听取被害人意见，被害人将失去陈述意见的机会。另外，大部分被害人并未出席庭审阶段，只有提起附带民事诉讼的被害人方出庭参与庭审，在此种情形下相对于被告人有做最后陈述的权利，被害人则没有此项权利，显然导致当事人权益不平衡。实践中，首先被害人要求对犯罪嫌疑人变更强制措施、对财产进行扣押等侦查措施，但这方面没有程序可以保障；其次，被害人或者其诉讼代理人采用书面或口头陈述意见的，其陈述的内容、效力等也未受到重视。

3. 被害人参与在认罪认罚从宽制度程序设计上存在困难

认罪认罚从宽制度设计的初衷是在犯罪嫌疑人、被告人服法认罪的基础上，追求诉讼效率，节省司法资源，在这个过程中如果要求充分保障被害人知情权，势必增加更多的诉讼程序负担。但被害人作为刑事诉讼案件的当事人和认罪认罚从宽制度的主要利害关系人之一，其就有权参与其中。然而，实践中被害人的请求时常被其愤怒的情绪所裹挟，在诉讼程序选择、实体权利的处置上与公安、司法机关往往大相径庭。根据《办法》规定，被害人同意不是认罪认罚从宽制度适用的必备条件，但具体到刑事诉讼实践中，被害人所表达的惩罚式诉求在某种程度上经常导致认罪认罚从宽制度无法落实，程序无法简化。因此实践中存在这样的担忧，被害人的参与是否会阻滞诉讼过程，而违背了制度设计的初衷？又如何在保障被害人知情权的情况下，在程序设计上兼具公平与效率？

4. 被害人作用发挥的局限性

实践中，被害人作用主要体现在刑事和解、达成谅解协议，但对未达成和解的案件，被害人作用发挥较为局限，集中体现在量刑建议中体现不够。被害人所提量刑意见常常体现为：请求一审法院从轻处罚（此为双方达成和解的情形）或者请求一审法院从严惩处，通常不能就被告人所应判处的刑期提出具体的依法有据的量刑意见，这几乎成为了绝大多数被害人参与量刑程序，发

---

① 参见许福生：《犯罪被害人保护政策之回顾与展望》，载《月旦法学》2010 年第 3 期。

表量刑意见的共同现象。① 具体到实践中，被害人往往基于复仇心理或其他利益纠葛要求对被告人从严惩处。以笔者所办理的一起故意伤害案为例，被告人甲殴打被害人乙致其轻伤，被告人具有自首、赔偿部分损失等情节，与此同时被害人具有一定的过错，此时被害人乙狮子大开口仍继续提出过分赔偿要求，并要求法院判处被告人实刑。此时被害人乙所表达出来的量刑意见过重，但其声称"不判实刑就上访"，对此一审法院未予以采纳，但案结事不了，耗费了较多的司法资源。因此不难看出，被害人在案发后极为容易受个人情绪影响，其所提意见往往导致了诉讼的延缓。

三、完善被害人参与认罪认罚从宽处罚机制的建议

通过一种合理的权利保障、制度设计使得被害人能够在认罪认罚从宽处罚制度中表达合法、合理的诉求，是认罪认罚从宽处罚制度改革、发展的重大课题。适用认罪认罚从宽处理机制，因为程序从简、量刑从宽，被告人可以从该机制获益；但为有效维护被害人合法权益，理应让被害人更多参与到诉讼中。虽然存在价值冲突，但是具有必要性，"长久以来，中国传统社会对于社会关系的和谐的重视、对儒家伦理的遵循以及对个案正义的习以为常，使得刑事司法具有较为明显的实体主义精神，表现出集体主义、目的主义、功利主义、刑罚个别化、追求真相以及较多考虑情理等特点"。② 公安司法机关负有责任从程序和实体上保障被害人适度地、有效地参与到认罪认罚从宽制度中。笔者认为，在认罪认罚从宽制度中应当在兼顾公平和效率的基础上，构建被害人利益表达和保障机制。

（一）知情权的保障

被害人在刑事诉讼中被界定为当事人，那么其自然而然应当享有完整、全面的知情权，这是被害人有效参与的前提条件。因此在刑事诉讼的侦查阶段、审查起诉阶段、庭审阶段均应全面履行对被害人的告知义务，保障其对适用认罪认罚从宽制度的知情权。《办法》第7条规定应当听取被害人意见，但实践中如何才能有效听取被害人的意见、采取何种方式听取其意见显示出较大的随意性，另外检察机关听取意见时大部分情况下主要围绕案件事实进行，与程序选择适用及量刑有关的信息既未引起检察机关的足够重视，被害人也往往无从表达。因此，笔者建议应及时告知适用认罪认罚从宽制度情况及提出量刑建议

---

① 冯卫国、张向东：《被害人参与量刑程序：现状、困境与展望》，载《法律科学》（西北政法大学学报）2013年第4期。

② 朱勇：《中国传统刑事司法中的实体主义精神研究》，河北大学2008年博士学位论文。

情况，被害人享有提出量刑意见的权利，这点可以学习上海杨浦区人民检察院的做法。该院规定听取意见采用书面形式，并在提起公诉时移送区人民法院，所附文书格式体现告知被害人事项包括：犯罪嫌疑人涉嫌罪名、具有的量刑情节、检察机关所提量刑建议及建议适用的程序，并应听取被害人就被告人量刑所提出的口头或者书面意见，作为检察机关提出量刑建议的前提性步骤。如此一来，被害人的知情权得到保障，也能更有效参与到该项程序当中。

（二）求偿权的保障

公安司法机关在使犯罪嫌疑人、被告人在认罪认罚的同时，竭尽所能促使犯罪嫌疑人、被告人弥补给被害人造成的损失。犯罪嫌疑人、被告人认罪认罚的同事，又弥补了被害人损失，从中也反映出犯罪嫌疑人、被告人的人身危险性进一步降低，可以获得更为轻缓的刑罚。因此，在办理认罪认罚案件过程中，应建立被害人利益表达和协调机制，但同时要防止被被害人意志所裹挟，严防出现"漫天要价"的现象。在轻微刑事犯罪案件中，犯罪嫌疑人、被告人和被害人达成和解有助于推动认罪认罚从宽处理机制的运行，提高速裁程序的适用率从而提高诉讼效率、节约司法资源。因此，公安司法机关应尽量促成当事人双方达成和解，因刑事和解往往耗时，笔者认为对于客观上具备刑事和解条件的，可以酌情放宽办案期限。

刑事和解让被害人参与到刑事诉讼中，指被害人与犯罪嫌疑人、被告人达成调解协议，对犯罪嫌疑人、被告人表示谅解，请求司法机关对犯罪嫌疑人、被告人从轻处罚，其从宽在实体上体现为量刑的减少，在程序上体现为适用程序的从简。

《办法》第7条规定，"办理认罪认罚案件，应当听取被害人及其代理人意见，并将犯罪嫌疑人、被告人是否与被害人达成和解协议或者赔偿被害人损失，取得被害人谅解，作为量刑的重要考虑因素"。在实践中认罪认罚案件强调"以被告人为中心"的传统刑事诉讼理论更关注的是被犯罪嫌疑人、被告人的权利保障、意志自由和犯罪后态度，而一种以提升被害人在诉讼之中作用的被害人参与理论，则可能分别形成了依赖刑事制裁与刑罚的被害人权利的惩罚模式和强调犯罪预防和恢复性司法的被害人权利的非惩罚模式的不同方向的模式。① 因此在我国，刑事和解往往成为"从宽"的处理依据或者量刑情节而左右着认罪认罚程序。因此，被害人通过与被告方的沟通、交流，直至双方达

① ［加］肯特·罗奇：《刑事诉讼的四种模式》，郭志媛译，载［美］虞平、郭志媛编译：《争鸣与思辨：刑事诉讼模式经典论文选译》，北京大学出版社2013年版，第217～247页。下文的关于这两种模式的叙述主要参见该文。

成"和解协议"，法官则是通过庭审审查和确认了"调解协议"的真实性、合法性后，对被告人作出从宽处罚。

（三）量刑参与权的保障

指被害人在刑事案件中遭受损失后，不愿意谅解犯罪嫌疑人、被告人并请求对其从严惩处。例如被害人拒绝和解，放弃赔偿，并且主动向法官表达从重处罚被告人的意见。在被害人惩罚式诉求中，被害人的权利主张鼓励被害人既揭露对犯罪的不满，又表达对国家对待被害人的不满。[①] 这种被害人惩罚式诉求追究的是被害人的满意度和安全感，典型表现为刑法立法观的"积极主义、功能主义"[②] 转向，导致刑事诉讼中要求国家张扬作为弱势群体被害人（妇女、未成年人、精神病人等）权利的平等保护和惩罚诉求。值得注意的是，英美法系的辩诉交易因为"并未吸收被害人参与或者满足被害人的期望"[③]而值得怀疑。笔者认为，在当今的实践中要保障被害人可以参与认罪认罚从宽案件的审理程序中，让被害人在知悉检察机关量刑建议的情形下独立发表意见，并且允许其提出异议，使得庭审法官在充分各方意见的基础上作出公正、合理的裁判。

笔者认为，可以有效借鉴域外"被害人影响陈述"制度的借鉴。2004 年美国通过了《刑事案件被害人权利法案》，赋予被害人权利及其救济手段，而且为被害人提供获得法律服务的资金来源。美国各州和联邦均允许被害人提供"受害影响陈述"作为量刑证据被法庭采纳，部分州甚至允许被害人在庭审时提出具体的量刑要求和建议。被害人影响陈述有助于法庭查明犯罪行为的社会危害性，从而从中帮助法官准确裁量刑罚。因此，笔者建议在保障被害人有效参与量刑时，可以围绕以下三点：一是检察机关在提出量刑建议时需要充分考虑被害人影响陈述。应当保障被害人在认罪认罚从宽制度中发表意见的权利，被害人及其诉讼代理人提出书面意见的，应当附卷。审查过程中应当主动听取被害人及其诉讼代理人的意见，并记录在案。二是在检察机关所提量刑建议与被害人量刑意见不一致的情况下，应保障被害人参与庭审量刑程序的权利，由法庭在听取各方意见后进行裁决。三是关于被害人参与量刑程序的启动方式，被害人主动申请及法院依职权通知，依职权通知的，应尊重被害人的选择权，

---

① ［加］肯特·罗奇：《刑事诉讼的四种模式》，郭志媛译，载［美］虞平、郭志媛编译：《争鸣与思辨：刑事诉讼模式经典论文选译》，北京大学出版社 2013 年版，第 238 页。

② 魏晓娜：《完善认罪认罚从宽制度：中国语境下的关键词展开》，载《法学研究》2016 年第 4 期。

③ ［加］肯特·罗奇：《刑事诉讼的四种模式》，郭志媛译，载［美］虞平、郭志媛编译：《争鸣与思辨：刑事诉讼模式经典论文选译》，北京大学出版社 2013 年版，第 238 页。

被害人可选择放弃。

（四）建立救济机制

无救济则无权利，健全、完善的救济机制有利于保障被害人权利的实现。首先，应当给予被害人控告、申诉、复议的权利。其次，要明确对侵害被害人权益的程序性制裁措施。比如，被害人未被告知案件适用认罪认罚从宽制度可能导致的法律后果，或未听取其意见等重要的程序性文件导致侵犯被害人知情权、参与权的，应当建立程序性的制裁措施，对非法证据应当予以排除，对严重不公的裁判结果要赋予被害人提出申诉或终止诉讼的权利。最后，要探索建立法律援助机制，以充分保障被害人的权益。笔者认为，在此方面应当借鉴制定辩护、法律援助等机制。

总之，在我国的认罪认罚从宽处罚制度中作为被侵害对象的被害人，处于相对弱势的地位，特别是该制度中详尽规定了犯罪嫌疑人、被告人的权利保护而忽视了对被害人的权益保护。认罪认罚从宽处罚制度涉及到形式侦查、起诉、审判等过程，笔者认为不仅要从宏观方面平衡犯罪嫌疑人、被告人与被害人的权益保护，也要从微观可操作程序方面对被害人的权益进行全方面的保护。

认罪认罚从宽制度中的
律师参与现状审视与制度完善

刘　娥[*]

"两高三部"颁布的《认罪认罚从宽制度试点工作的办法》（以下简称《办法》）确立了值班律师制度，规定刑事案件犯罪嫌疑人（被告人）在认罪认罚从宽程序中均有当然获得律师帮助的权利，并且公安、检察院、法院必须主动保障他们获得法律帮助。《办法》中列举了法律帮助包括法律咨询、程序选择、申请变更强制措施等。相较 2014 年"两高三部"颁布的《关于在部分地区开展刑事案件速裁程序试点工作的办法》中的规定，这是有突破性意义的。由申请提供法律帮助变为了当然获得法律帮助。然而随着认罪认罚制度试点工作的开展，值班律师制度暴露出一些问题，引出一系列的争议。比如，值班律师在提供法律帮助时的身份是什么，是辩护人还是仅提供一定法律帮助的法律工作人员？值班律师可以参与到何种程度，是否可以会见、阅卷、提出意见？值班律师是否可以出庭？值班律师是实质参与还是仅起到在场见证的作用？值班律师是否可以参与到侦查、审查起诉、审判的各阶段？等等。这些争议只有通过深入的研究才能得出令人信服的回答。

一、律师参与的现状及问题

（一）试点地区值班律师参与现状掠影

长沙市是认罪认罚从宽制度试行的试点城市之一，笔者工作的宁乡县人民检察院已经开始试行该制度。初行阶段，宁乡县法律援助中心安排了一名固定的法律援助律师。当承办检察官认为案件可以适用认罪认罚从宽时，便会电话通知值班律师，在值班律师在场的情况下，讯问犯罪嫌疑人，若犯罪嫌疑人对涉嫌的犯罪行为以及认定的事实、证据均无异议，便征询犯罪嫌疑人是否自愿

---

* 湖南省长沙市宁乡县人民检察院干部。

认罪，是否需要得到值班律师的帮助，是否同意适用速裁程序或简易程序，并向其阐释认罪认罚从宽制度，当犯罪嫌疑人自愿认罪并同意适用速裁程序和简易程序时，承办检察官便提出具体量刑建议并征求犯罪嫌疑人、值班律师的意见，如果均无异议，便要求犯罪嫌疑人签署《认罪认罚具结书》，确认对犯罪事实、定性、量刑建议、适用程序均无异议。从以上流程操作来看，形式上听取了值班律师的意见，实质上则流于形式，值班律师仅起到了在场见证的作用。

目前，法学界的很多学者、司法工作人员都有对一些试点地区的值班律师参与情况进行调研。笔者以对福清市、海淀区的调研情况为例。中国政法大学博士生导师顾永忠通过调研观察到，福清市试行中的律师参与场景如下：承办检察官对符合刑事速裁程序的案件，电话通知值班律师尽快到检察院查阅案卷材料。值班律师当即前往检察院了解案情，并复制相关证据材料进行研究。值班律师第二天前往看守所会见案件犯罪嫌疑人，征询是否同意为其提供法律援助，并向其解释刑事速裁程序，告知可与检察官协商量刑建议等。之后，承办检察官在值班律师在场的情况下讯问犯罪嫌疑人，征询是否同意刑事速裁程序，提出具体的量刑建议并征询犯罪嫌疑人和律师的意见。此时值班律师提出检察官回避，其后律师与犯罪嫌疑人就是否接受量刑建议进行单独沟通。后控辩双方达成一致，检察官要求犯罪嫌疑人签署《适用速裁程序告知和征求意见书》。[①] 福清市的操作流程中，值班律师享有辩护人的地位，可以阅卷，单独会见，并可就量刑与检察官进行协商。

北京市海淀区人民法院刑事审判庭第一庭庭长游涛通过调研观察到，海淀区试行中的律师参与场景如下：对于符合速裁程序办理条件的案件，预审民警在讯问犯罪嫌疑人时发放《权利义务告知书》、《速裁程序确认书》及《法律帮助确认书》，告知相关诉讼权利、适用速裁程序的规定及申请法律帮助或援助的权利，征求犯罪嫌疑人是否同意适用速裁程序及是否需要法律帮助的意见。针对犯罪嫌疑人同意适用速裁程序且需要法律帮助或援助的案件，预审民警及时通知值班律师，律师在值班室与监区内犯罪嫌疑人视频会见。对于辩护律师到看守所与嫌疑人直接会见的，看守所提供绿色通道。检察院公诉部门收到速裁案件后立即提讯，告知犯罪嫌疑人诉讼权利、适用速裁程序的相关规定，确认犯罪嫌疑人是否接受过法律帮助，是否同意适用速裁程序。承办检察官在提讯过程中可以告知犯罪嫌疑人量刑建议，询问其是否同意量刑建议，并

---

① 顾永忠、肖沛权：《"完善认罪认罚从宽制度"的亲历观察与思考、建议》，载《法治研究》2017 年第 1 期。

记入《适用速裁程序讯问笔录》。之后公诉人电话询问律师是否同意量刑建议，进行量刑协商并制作量刑协商确认书。① 在海淀区试点中，值班律师参与到了侦查、审查起诉两个环节，并且可以会见犯罪嫌疑人、与承办检察官协商量刑建议等。

（二）存在的问题

1. 对值班律师的地位定位不明。《办法》规定，犯罪嫌疑人、被告人自愿认罪认罚的，没有辩护人的，人民法院、检察院、公安机关应当通知值班律师为其提供法律咨询、程序选择、申请变更强制措施等法律帮助。从以上内容中并不能得出值班律师就是辩护人的结论。因此通过对目前一些地区的试点情况来看，有的地区赋予值班律师辩护人的地位，可以会见、阅卷、提出意见等，而有的地区仅将值班律师当作提供一定法律帮助的工作人员，仅是辅助司法机关适用认罪认罚制度，听取意见流于形式。

2. 值班律师参与阶段不一。根据《办法》的规定，公安、检察、法院均有义务保障认罪认罚的犯罪嫌疑人、被告人获得法律帮助，这意味着值班律师可以参与到侦查、审查起诉、审判三环节。然而通过以上试点情况来看，各地区的做法不一。海淀区从侦查到审查起诉环节，均有值班律师的参与，值班律师在侦查阶段即可以会见犯罪嫌疑人。福清市、长沙市均是在审查起诉环节才有值班律师的参与。不过，以上试点地区的共同点均是审判环节没有值班律师的参与。是因为没有将值班律师定位为辩护人，导致值班律师无法参与审判，还是因为认罪认罚从宽制度的程序从简决定值班律师不必要参与审判？值得探讨。

3. 值班律师参与程度不同。由于对值班律师地位定位不明，试点地区值班律师在认罪认罚从宽程序中参与程度不同，发挥作用的空间也不同。有的地区，值班律师在会见和阅卷后，可以充分掌握案件事实和证据，从而可以在量刑建议方面更充分地与检察机关进行协商，为犯罪嫌疑人争取最大的利益。而有的地区，值班律师在没有阅卷和会见的情况下，即参与到讯问与量刑协商中，法律帮助作用甚微。

二、律师实质参与的必要性

在刑事诉讼法中，因被告人认罪认罚而带来程序简化，其正当性来源是被告人自愿放弃正式审判，它需要以犯罪嫌疑人（被告人）认罪认罚的自愿性、

---

① 游涛：《认罪认罚从宽制度中量刑规范化的全流程实现》，《法律适用》2016 年第 11 期。

真实性、明智性等作为支撑条件。① 我国诉讼制度将辩护权的诸多全能赋予辩护律师而非犯罪嫌疑人，如阅卷权、会见权和调查取证权，犯罪嫌疑人获取信息的能力受到诉讼制度的限制。相对检察机关具有的信息优势和专业优势，犯罪嫌疑人并不具有对等的抗衡能力。故为了保障犯罪嫌疑人对认罪认罚选择的理智性，必须有律师的实质参与，必须将值班律师定位为辩护人，才能实现认罪认罚从宽的程序正义和实体公正。

（一）程序正义的需要

正义不仅应得到实现，而且要以人们看得见的方式加以实现。这"看得见的正义"实质上就是法律程序的正义。基于法学和心理交叉的实证研究发现，程序正义影响到人们对司法的反应和态度，如果人们感到司法机关的运作程序符合程序正义的要求，他们便会更乐意接受该结果、遵从该结果。②

诉讼制度中的控辩式审判模式是程序正义的当然选择。在认罪认罚从宽制度中，如犯罪嫌疑人（被告人）同意认罪认罚，选择速裁程序或者简易程序，则意味着自己放弃了正式的审判，庭审将省略举证、质证、法庭辩论等程序。为了保障犯罪嫌疑人（被告人）选择的合理性，《办法》规定了值班律师提供法律帮助的制度。然而，现行的值班律师制度是否足以让人们能够感受到运作程序符合程序正义的要求？从试点情况来看，值班律师参与认罪认罚从宽的局限性，显然不足以实现程序正义。为了保障程序正义，必须要有律师的实质参与，让人们可以感受到犯罪嫌疑人（被告人）签署的认可包括量刑建议和程序选择的具结书是在平等条件下协商的结果，判决是基于控辩双方的对抗而产生的。

（二）实体正义的需要

实体正义是指在社会制度中，实现法律和制度自身的正义，表现为人们对事实平等和结果平等的一种追求。对于刑事诉讼中的案件当事人，实体公正则指裁决的公正。刑法中的罪刑法定原则、罪责刑相适应原则，刑事诉讼法中犯罪事实清楚、证据确实充分的有罪判决标准，都是为了保障实体公正。程序正义是为了更好地实现实体正义。

在认罪认罚从宽程序中，无论从获取信息还是专业判断，犯罪嫌疑人（被告人）并不具备与司法抗衡的能力。有关证据采信、事实认定、罪名确定以及量刑规范化的适用等关系犯罪嫌疑人（被告人）实体权利的问题，都是

① 熊秋红：《认罪认罚从宽的理论审视与制度完善》，载《法学》2016 年第 10 期。
② 苏新建：《程序正义对司法信任的影响——基于主观程序正义的实证研究》，载《环球法律评论》2014 年第 5 期。

非常专业的，如果犯罪嫌疑人（被告人）无法获得实质的法律帮助，很难保证认罪认罚的自愿性、真实性和明智性，也难保认罪认罚不出现冤假错案。因此，实体正义的实现决定在认罪认罚中必须要有律师的实质参与。

三、律师参与制度的完善

（一）保障值班律师充分行使辩护权

1. 将值班律师定位为辩护人。在刑事诉讼法上，参与到诉讼中的律师即为辩护人，除了辩护人这一身份，无其他身份。《办法》中规定由值班律师为认罪认罚的犯罪嫌疑人（被告人）提供法律帮助，法律帮助的内容包括了申请变更强制措施，该项内容正是刑事诉讼法赋予辩护人的权利之一。尽管《办法》使用的是"值班律师"这个概念，但对值班律师应作如下理解，值班律师只是介入案件的一种方式，"值班"的意思是随时等候办案机关通知而介入诉讼之中。一旦介入诉讼后，其法律地位或者诉讼地位就是"辩护人"，不可能有其他身份。① 所谓名不正则言不顺，如果不将值班律师确定为辩护人，则值班律师在刑事诉讼法上的地位无法明确，其在行使会见、阅卷、发表法律意见等辩护职权时均没有法律依据，看守所可以拒绝值班律师会见，法院可以拒绝值班律师出庭等。最终导致认罪认罚从宽制度中的犯罪嫌疑人（被告人）的权益不能得到很好的保障。

我国刑事诉讼法中，为了弥补未成年人、盲聋哑人、尚未完全丧失辩护或者控制自己行为能力的精神病人的能力缺陷，规定了强制法律援助制度，当他们没有委托辩护人时，必须为他们指定辩护人。笔者认为可借鉴以上做法，扩大刑事诉讼法的指定辩护的适用范围，将认罪认罚从宽程序中的犯罪嫌疑人（被告人）纳入可以获得法定辩护的主体范围。由此，值班律师作为辩护人参与诉讼的地位便有了法律依据。

2. 允许值班律师参与到诉讼各阶段。《办法》中规定侦查机关、人民检察院应当听取值班律师的意见，而没有规定人民法院应当听取值班律师的意见。因此导致很多人认为值班律师只能参与到侦查阶段、审查起诉阶段，而无法参与到审判阶段。这也是为什么试点中没有值班律师参与到审判阶段的原因。认罪认罚从宽制度是应司法实践的需要而产生的，主要为了解决基层繁重的办案压力，提高诉讼效率，所以很多人会当然地认为《办法》的规定有其合理性。然而笔者认为《办法》的规定有一个内在的矛盾。认罪认罚的犯罪嫌疑人

---

① 顾永忠、肖沛权：《"完善认罪认罚从宽制度"的亲历观察与思考、建议》，载《法治研究》2017 年第 1 期。

（被告人）有自行委托律师进行辩护的，在这种情形下，可以为了诉讼效率，而不让辩护人出庭辩护吗？显然不能，因为参与庭审是辩护人的法定辩护权。既然允许辩护人参与庭审，那么值班律师不能参与庭审的唯一理由只能是没有将值班律师的身份确定为辩护人。

应将值班律师的地位定位为辩护人的理由，笔者在上文已经阐述，这里不再赘述。笔者认为不能否定值班律师有参与庭审的必要。根据《办法》的规定，在法庭审理阶段，法院遇到被告人否认犯罪事实、违背意愿认罪认罚等情形时应当将速裁程序或简易程序转为普通程序。这说明，在审查起诉阶段认罪认罚的案件，在法庭审理时可能发生变化，而这时被告人需要有辩护人的帮助。我们不能认为值班律师不应当出庭或不必要出庭。但在具体操作中，可以尝试经被告人同意值班律师可以不出庭。

（二）突出值班律师在量刑协商中的地位和作用

在认罪认罚从宽程序中，当犯罪嫌疑人（被告人）已经认罪后，他们最关心的便是刑罚的结果了。要使得犯罪嫌疑人（被告人）认罚，最为关键的就是要实现量刑公开、公正。根据《办法》的规定，量刑协商是检察机关提出量刑建议的前提。量刑协商结果的公正性来源于量刑协商程序的公正性。认罪认罚从宽制度应重点关注犯罪嫌疑人对量刑协商程序及法律后果是否明知和自愿。为了实现量刑协商程序的公正性，必须保证量刑建议是犯罪嫌疑人、值班律师、检察机关三方协商的结果，而非由检察机关一方决定。

1. 明确值班律师参与量刑协商的职责。律师参与量刑协商的职责概而言之就是高度负责，审查把关。具体而言，应履行以下职责：在量刑协商之前，值班律师应通过阅卷、会见来认真审查案件事实、证据及定性。签订具结书之前，值班律师应向犯罪嫌疑人详细讲解起诉罪名，刑法和司法解释的相关规定，起诉罪名的法定最高和最低刑罚，量刑规范化的有关规定，速裁程序、简易程序与普通程序的区别，特别是认罪认罚从宽制度中增加的享有的权利以及将放弃的权利，并要确保犯罪嫌疑人对这些内容已经完全理解。同时确保犯罪嫌疑人对量刑协商的每一个条款内容和结果都明知，让犯罪嫌疑人明知如果同意认罚，则法院极有可能在量刑协商范围内作出判决。①

2. 制定更细化更具体的量刑参考意见。犯罪嫌疑人认罪认罚的目的是从宽，如何体现量刑建议是从宽后的结果，如何让犯罪嫌疑人（被告人）能够确实感受到因自己的认罪认罚而获得了从宽的处罚，这需要在现行量刑规范化

---

① 游涛：《认罪认罚从宽制度中量刑规范化的全流程实现》，载《法律适用》2016 年第 11 期。

的基础上增设从宽的幅度。《办法》规定对于认罪认罚的犯罪嫌疑人、被告人，可以依法从宽处理。而如何从宽、从宽的幅度多大没有具体的规定。因此，各试点地区应结合本地实际情况，制定更细化更具体的量刑参考意见。

适用认罪认罚从宽制度的案件绝大部分是轻微刑事案件，有人会担心在轻微刑事案件处理过程中设置强制法律援助辩护制度会降低诉讼效率，无法实现认罪认罚的初衷。笔者认为不能一味地为了效率，而忽视犯罪嫌疑人诉讼权利和实体权益的维护。且辩护律师实质参与到速裁程序（简易程序）并不会给诉讼效率带来很大的影响，因为办案机关仅需通知律师参与、听取律师意见，其他工作都是由律师本人完成。因此最关键的是要保障律师完成以上工作的效率，这在当地法律援助机构的配合和支持下是完全可以实现的。

检察机关侦查监督职能的
视角前移与角色强化
——论提前介入机制的功能作用和完善路径

刘顺龙　周硕鑫[*]

提前介入是检察机关在刑事案件提请批准逮捕或移送审查起诉前，提前参与、介入侦查活动，引导侦查行为依法、有效开展的工作举措。本文论述的提前介入专指检察机关在侦查监督环节对公安侦查活动的介入。提前介入机制在全国范围的推行始于21世纪初期，2000年9月，在全国检察机关第一次侦查监督工作会议上，最高人民检察院提出了"依法引导侦查取证"的工作思路。2002年5月的全国刑事检察工作会议提出了"坚持、巩固和完善'适时介入侦查、引导侦查取证、强化侦查监督'的工作机制"等四项改革措施。[①] 各地也积极部署落实，进行了许多有益探索，但总体上尚未完全形成体系化、规范化的运作模式。在当前司法改革步入深水区的背景下，提前介入机制的现实意义没有淡化，且在新形势下被赋予了更多的时代精神，在理论根基和制度内涵方面不断发展演进。提前介入机制充分契合了以审判为中心的诉讼制度改革的要求，能促进侦查监督职能的深度拓展和新型检警关系的再构，有力推动侦查监督法治化、现代化发展。近年来，检察机关及时、高效介入了"小悦悦被碾压"案、东莞运钞车案等媒体舆论高度聚焦的案件，在防止事态升级、化解社会矛盾方面效果显著。提前介入机制已不仅是引导侦查取证的同义词，需要对其进行进一步的理论思考和实践探索，寻求更行之有效的发展路径。

一、提前介入机制的内涵诠释

侦查监督工作包括审查逮捕、立案监督和侦查活动监督三项基本职责，三

---

　* 刘顺龙，广东省人民检察院侦查监督一处处长；周硕鑫，广东省人民检察院侦查监督一处干部。
　① 天津市北辰区人民检察院课题组：《检察机关"提前介入"问题研究》，载《河北法学》2009年第3期。

者联系紧密、相辅相成。传统办案模式下，公安机关将案件呈捕后，检察人员通过对侦查卷宗进行书面审来履行侦查监督的各项职能，这种常规模式显然无法满足精细化办案和强化监督主业的要求，因此，检察机关需要通过侦查监督职能的适度前移来充分释放工作潜能、提高办案质量。提前介入具有诉讼职能和监督职能的两方面功能属性，一方面，检察人员遵循刑事诉讼原则和理念，通过引导侦查取证使证据材料的实质内容和外在形式上都更符合批捕、起诉的标准和要求；另一方面，通过监督工作前置对证据形成过程的合法性、规范性进行同步制约；两者相辅相成、功能互补，保障侦查取证行为在实体和程序方面与司法流程精准对接。

检察机关介入侦查不会造成侦警双方权力行使的重叠，而是各司其职、优势互补。检警双方因为职责分工不同，并不苛求办案思维、方式的同质化，而是在恪守各自职责范围的前提下，检察人员对事实和证据轮廓进行初步了解，对案件定性等法律适用问题进行早期研判，通过介入侦查使证据的来源和形式符合司法程序的标准和要求，推动客观事实向法律事实的转化，同时导入法治思维和法治方式，通过合理的过程引导将司法理念融入侦查行为，纠正侦查人员的思维偏差和认识误区，淡化其浓厚的目的性、功利性色彩。公安机关也可通过专业化操作展示证据形成过程，从技术角度与检方共同探讨侦查取证意见的合理性、可行性，有利于双方消除隔阂、增进理解、相互借鉴。近年来，最高人民检察院着力推行的重大敏感案件快速反应机制与重大、疑难案件侦查机关听取检察机关意见和建议制度，都在一定程度上强化了检察权对于侦查活动的影响和作用。逮捕诉讼式审查机制作为侦查监督法治化、现代化发展的改革热点，其工作模式并不能完全展示在简短的逮捕公开审查过程中，而是需要检察人员通过前期介入，事先对案件性质、事实证据、社会危险性、办案风险等因素进行深入考虑。

检察官介入侦查在域外刑事司法中也被广泛采用，只是在影响程度和操作方式上存在差异。英美法系国家基本实行检警分立的模式，检察机关与警察机关职权相对分离，但检察官对侦查行为也能施加一定影响。美国的检察官能直接领导一些案件的侦查，特别是对于有组织犯罪、白领犯罪和贿赂犯罪案件。[①] 大陆法系的德国、日本的检察官都有权指挥警察进行侦查，德国的检察官在凶杀等重大案件发生后，可亲临犯罪现场直接指挥侦查。[②] 日本的检察官

---

① 何家弘主编：《中外司法体制研究》，中国检察出版社 2004 年版，第 110 页。

② 卞建林、刘玫主编：《外国刑事诉讼法》，中国政法大学出版社 2008 年版，第 200 页。

可以自行进行侦查，在自行侦查的场合认为必要时，可以指挥警察辅助其侦查。①

二、侦查监督环节提前介入的必要性分析

（一）彰显检察机关在捕前阶段的使命感和存在感

"互联网＋"时代背景下，各类信息经过微信、微博、网络社区等媒介能迅速传播扩散，一些刑事案件在案发初始即能通过爆炸式传播引发轰动效应，相关部门的反应速度、重视程度常成为社会舆论热议的焦点。虽然公安机关负责普通刑事案件的侦查，但检察机关对案件的最初处理形态也较受公众关注，直接影响到公众对司法效率和水平的认知和评价，尤其对于一些性质特殊、涉及面广的重大敏感案件，任何司法层面的瑕疵或不当都可能被无限放大，检察机关如不能及时妥善介入和处理，容易引发公众产生司法不作为的误解和对检察机关履职能力的质疑。侦查监督环节是司法权介入刑事案件的第一道关口，处于案件风险防控的前沿地带，处理得当则能合理指引诉讼走向，有效遏制诉讼风险。检察机关是社会治安综合治理的主要成员单位，是禁毒、反暴恐、打击电信诈骗等专项打击整治工的重要参与者，而上述专项工作常由侦查监督部门具体负责，这也促成侦查监督部门成为提前介入的适格主体。侦查监督部门派员提前介入刑事案件，能充分彰显检察职能和司法存在，打造能充分展现检察形象和执行力的窗口，防止因延迟处理导致舆论环境恶化，有效维护司法权威和司法公信力。

（二）推动侦查监督职能的合理定位和均衡发展

侦查监督工作具有鲜明的司法色彩和监督属性，审查逮捕、立案监督、侦查活动监督三项职责需要均衡发展、并行不悖，既依法履行批捕职能，严厉打击刑事犯罪，又需要深耕监督主业，切实保障人权。随着检察体制改革的深入推进，检察机关的侦查活动监督工作有望进一步拓展和深化，监督职能的主业地位更加凸显，侦查监督的着力点应适度前移，与侦查活动形成早期合力，推动检察机关强化诉前主导地位。在传统的审查逮捕模式下，检察人员基于公安机关移送的卷宗材料进行分析决策，由于侦查卷宗的材料和观点可能具有一定的选择性和导向性，仅靠书面审查容易错失遗漏一些重要信息和监督线索。提前介入能直接贯彻言词证据原则和司法亲历性要求，检察人员通过接触案件原始状态，穿透中间环节，直面原始证据，从而揭开案卷"面纱"，核实事实真

---

① 《日本刑事诉讼法》，宋英辉译，中国政法大学出版社 2000 年版，第 46 页。

相，确保审查逮捕的客观中立、精细规范，并能敏锐捕捉立案监督、侦查活动监督及"两法衔接"线索，推动侦查监督能力的全面提升。

（三）适应以审判为中心的诉讼制度改革

在以审判为中心诉讼制度的格局下，庭审在查明事实、认定证据、保护诉权等方面的实质作用得到强化，由于审判结果具有终局性和既定力，侦查、批捕、公诉等环节的诉讼质量都将受到庭审的终极评价，而且当前审判环节仍实行全案移送制度，案卷材料对法官的内心确信仍能产生较大影响。因此，审前阶段各环节应围绕审判环节严格把关、层层递进，推动诉讼程序向审判阶段平稳过渡。提前介入并非只有利于侦捕衔接，也能为公诉、审判阶段打下良好的证据基础，能防止侦查初期的证据缺陷或定性错误导致后期诉讼链坍塌的骨牌效应。由于检察人员更熟悉审判活动的证据条件和定罪标准、思维方式，能从司法视角出发，一方面通过对取证方向、重点和步骤等进行针对性的引导，确保呈捕证据的实质内容和形式要件能尽早适应审判要求，防止后续阶段过多出现退回补充侦查、撤回起诉等程序回流现象；另一方面可以对法律适用问题进行初步判断，直观考量社会危险性，促进案件的多渠道分流，使侦查行为更符合司法规律、接轨诉讼程序。

（四）检警联动机制的转型

批捕环节由于处于诉讼前期，也是检警双方沟通协调最频繁、密集的阶段。从资源优化配置角度出发，案发初期即集中精干力量妥善应对、开展矫正预防，执法成本要远低于事态严重后的补救性措施。由于审查逮捕的办案期限一般为7日，对于一些疑难、复杂案件，检察官如果在呈捕后才接触到案件，许多原本可以弥合的证据瑕疵和定性争议会由于时间紧迫而难以修复，导致在审查逮捕阶段作出不捕决定，而且可能需要开展书面纠正违法、非法证据排除等处理周期长、资源耗费量大的工作。公安机关需要把握案件侦破黄金时间，检察机关也不能完全采取附随、滞后于侦查机关的反应，一味沿袭等案上门的常规办案模式，必要时应当发挥司法能动性，第一时间提前介入。检察人员可以通过对办案程序的监督和引导，预先纠正不合理的侦查思路和方式，推动侦捕双方通过早期协商提前暴露分歧意见，逐步消除隔阂、形成共识，降低公安机关提请复议、复核的概率，使检方由单纯的被动受案、充分纠错向主动介入、有效制约转变。

三、提前介入机制的基本原则

(一) 依法介入原则

检察人员应在提前介入工作中遵循罪刑法定、人权保障、正当程序等刑事司法原则，以法治思维和法治方式处理问题，排除非法律因素的干扰，坚守法律底线，防止"道德绑架"和"舆论审判"的发生，以客观、理性的心态对待侦查结论和社会舆论，妥善处理好审查逮捕精细化要求与侦查初期证据收集有限性、侦查保密与司法公开、快速反应与精细审查之间的关系。应避免先入为主的有罪推定和事实预设，防止片面的追诉倾向，确保对侦辩双方信息获取的均衡性重视当事人诉讼权利的保障。对于已经介入的案件，在批捕阶段仍应基于在案证据进行实质审查，核实侦查建议的落实情况，不能简单照搬既有的观点和结论，避免思维定势和主观倾向，使前期介入与后期审查适度分离，防止将提前介入作为审查逮捕的前置与预演。

(二) 适度介入原则

提前介入并非普适性、常态化工作机制，应当实行有限、精准介入，在适用的范围和程度上有所限定，才符合诉讼效益和设计初衷。检察机关应注重介入的针对性、可行性，合理把握介入的度和量，侧重进行原则性、方向性、专项性指引，尽量不干涉具体的实施方式和细节，对专业性、隐蔽性较强的技术侦查措施一般无须派员介入，应与公安机关的内部监督把关形成合力，不能以介入侦查替代公安机关法制或预审部门的工作。应注重对侦查人员的思维、理念的引导，使其懂得运用审判思维考量追诉标准和证据能力，跳出思维定式和框架，更合理地确定侦查方案和路径。检察人员在介入工作中应定位于引导者、参与者，保持权力行使的谦抑性，不越俎代庖充当指挥者、裁定者，同时应受到侦查保密性原则和相关办案程序、工作纪律的约束，将介入侦查也作为学习体验侦查技能的过程。

(三) 监督与配合相统一原则

检察机关介入侦查不能脱离监督主业，应寓监督于配合中，既不能逾越权限，也要防止监督缺位，以监督制约带动优势互补。公安机关迫于限期破案、命案必破等压力容易对侦查行为的合法性、规范性放松要求，检察人员应及时察觉、纠正违法取证现象，杜绝刑讯逼供、暴力取证、超期羁押、滥用强制措施等严重违法行为发生，将现场勘查、讯问询问、人身搜查、查封扣押、文书制作、鉴定辨认、未成年人诉讼权利等方面的程序性、规范性问题作为监督重点，强调对犯罪年龄、主观故意、精神状况、前科、刑事和解等关键细节的核实，运用书面纠正违法、检察建议与口头纠正相结合的方式，使监督工作贯穿侦查活动的始终，由静态监督、事后监督向同步监督、全程监督转化，实现对冤假错案的源头防范。

四、完善提前介入机制的路径展望

（一）适用范围和组织形式的明确设定

在现行法律尚无细化规定的条件下，检警双方可以联签规范性文件就本区域案件提前介入的适用范围、启动方式、操作规程、文书形式等作出规定，使介入机制本身有章可循，实现规范化、"案件化"运作。由于审查逮捕的办案期限较短，每宗案件都指派检察人员介入侦查显然不具有可行性，可将适用范围限定在：（1）重大敏感案件；（2）疑难、复杂、新型案件；（3）事实证据、法律适用争议较大的案件；（4）公安机关要求介入的案件；（5）监督公安机关立案的案件；（6）其他应当介入的案件。在人员指派方面应尽量选取办案经验丰富、对侦查取证有一定了解的检察人员。应充分发挥办案组织的协同作战能力，检察官负责确定介入的实施方案和引导方向，检察辅助人员可分别负责查阅材料、参与取证，可根据证据种类的不同分别安排专人跟进。驻基层检察室、驻派出所检察室人员应发挥其在调查联络方面的优势，积极参与、协助本区域介入侦查工作的开展。

（二）介入形式的规范运行

在启动方式方面，检察机关可受公安机关邀请介入侦查，也可以主动要求介入，可以通过关注新闻舆论、接受来访来信、受理控申案件等方式寻求主动介入的线索。介入方式方面，检察机关可直接指派人员介入，也可以通过书面形式咨询建议、监督纠正。工作内容方面，检察人员可以结合实际选择参与某一项或多项侦查活动，也可以采取联席会议、座谈研讨的形式，或者两者兼而有之。在介入时机方面，检察机关征求公安机关意见后，可选择在发案、立案、刑拘等阶段适时介入案件；对于突发性、群体性事件，应简化外部沟通环节和内部决策程序，第一时间派员介入。

对于多层级、跨部门联合介入的开展，应充分发挥检察一体化优势，形成上下一体、部门协作、内外联动格局。层级关系方面，原则上采取同级介入，必要时可由上级和同级检察机关联合介入；对于涉及地域广、侦查分散的案件，为防止多头介入、步调不一，应由共同上级检察机关统一协调指导。检察机关侦监、公诉、控申、宣传等部门应协作联动，必要时侦监、公诉部门可以联合派员介入，助推捕诉衔接，凝聚工作合力。

（三）操作模式的合理构建

提前介入应进行实质化操作，不能沦为任务式"作秀"。应根据具体罪名采取不同操作方法，对于交通肇事、盗窃、抢劫等对现场取证依赖度较高的案件，检察人员应将现场勘查作为引导重点，尽早赶赴原始现场，确保及时提取碎片、痕迹或作案工具、赃物等物证，并要求及时开展调取监控录像、现场拍照、绘制现场图、测试酒精含量、查找目击证人等取证活动。对于侵财类犯罪，则应侧重于通过调取查阅账簿、银行流水、单据、合同等书证，厘清资金流向和事实脉络。为防范言词证据天然的主观性和不稳定性，检察人员可以旁听讯问、询问活动，推动同步录音录像的采用，防止侦查笔录的加工伪装；引导侦查人员注重物证、书证、视听资料、电子数据等证据的收集，强化客观证据在呈捕证据中的比重和地位，推动侦查模式从单纯的"由供到证"向"供证互动"，由"抓人定案"向"证据定案"转变，督促侦查人员收集无罪、罪轻证据，避免证据材料的选择性、目的性移送。

检察人员不能只着眼于证据收集的引导，也应对逮捕的刑罚条件和社会危险性条件有所考量，对罪与非罪、此罪与彼罪等法律适用问题作出初步判断，必要时应与公安机关法制部门共同研判，认为明显不构罪或达不到逮捕条件的应表明观点。对于群体性、涉众型案件，应细致甄别各个犯罪嫌疑人的主观恶性、犯罪动机、情节轻重及地位作用，将不明真相群众与少数首要分子区别对待，从证据安全和人身安全的角度审慎评估社会危险性，对依法、合理确定呈捕人员提出意见。

（四）办案风险的主动防控

提前介入虽然以案件处理为核心内容，但却是一项包含风险防控、舆情应对、宣传教育等内容的系统工程。介入侦查不能完全孤立运行、内部操作，应在严守侦查秘密的前提下保持适当的透明度和公开性，凸显案件办理的司法化、公开化，让公众感受到"看得见"的正义。由于提前介入的案件多为重大敏感案件，处理不当将演变为政治事件、社会问题，应深化风险防范意识，制定舆情风险预警和危机应急预案，科学判定风险等级，动态评估办案风险点和敏感点，密切关注舆论动向，遇到突发舆情及时上报、快速反应，最大限度避免涉检群体性上访事件的发生。

应摒弃鸵鸟心态，与新闻媒体、社会舆论形成良性互动，有效利用"两微一端"平台推送信息，适时会同相关部门联合发布新闻，通过澄清事实、释法说理妥善回应社会关切，纠正公众认识误区和思维偏差引导公众合理反映诉求、发表意见，营造理性、平和的舆论氛围。通过对个案的妥善办理和法律解读发挥其普法价值和宣传效应，传播司法正能量和好声音，实现法律效果与政治效果、社会效果的有机统一。

（五）信息平台的深度应用

传统办案模式下，刑事案件信息共享主要通过定期通报、沟通联络等方式实现，检察机关对呈捕前的案件动态无法实时掌握、完整获取。如果建立完全独立于公安机关办案系统的刑事案件信息共享平台，也难以保证录入信息的全面性、真实性。可以考虑将检察机关侦查活动监督平台与公安警务综合平台有限对接，将信息化监督模块嵌入侦查内部区域，同步获取刑事案件发案、立案、破案、刑事拘留、变更强制措施、"另案处理"等信息，使案件信息传输方式由报送备案转化为同步接收，及时捕捉适宜介入侦查的线索，研判最佳介入时机和方式，并能通过系统生成侦查取证意见或监督文书直接发送给公安机关，实现介入路径的信息化改造，助推智慧检务建设与侦查监督工作深度融合。

刑事拘留未报捕案件监督问题研究

孙谋静　王立新[*]

根据我国刑事诉讼法的规定，刑事拘留可以由侦查机关自行决定、自行执行，由于缺少相应的外部制约机制，使拘留这项限制人身自由的强制措施被排除在法律监督之外，造成检察机关无法监督。在司法实践中，检察机关对侦查机关侦查活动的监督主要体现在对侦查机关移送案审查批准逮捕的卷材料进行审查，这种书面审查方式其实是很难发现执法人员的违法行为，因为这些违法行为是绝不可能在案卷材料中得到反映的。对于公安机关采取刑事拘留措施后未提请批准逮捕的案件，检察监督的作用变得"流于形式"。因此，为防止司法权的滥用，应强化对刑拘后未报捕案件的监督，进行深入分析，试图找出这一问题可能发生的原因，研究制定出相应的对策，以保障司法的公正，从而维护犯罪嫌疑人的合法权益。

一、刑事拘留后未提请逮捕案件中存在的问题

（一）立案环节中存在的问题

未严格按照法定立案标准立案，不应当立案而立案以及应当立案却作出撤案决定，如对明知未满 16 周岁的犯罪嫌疑人仍进行立案并采取了刑事拘留措施。而应当立案却不立案的情况比较少，如对关于赌博案件的侦查中，有个别的侦查机关对参赌人员均做刑事立案侦查，但对开设赌场人员有时却很少进行立案侦查。无论是哪方面的问题，由于缺乏检察机关的有效监督，都容易导致权利的滥用，为滋生腐败创造空间。

（二）侦查环节中存在的问题

1. 刑事拘留的对象任意扩大，对不符合刑拘条件的而违法刑拘。一些侦查机关在实际中未严格遵循刑事拘留的法定条件，任意扩大刑拘的对象，对轻

* 孙谋静，辽宁省盘锦市双台子区人民检察院诉讼监督部门额检察官；王立新，辽宁省盘锦市双子台区人民检察院员额检察官。

微盗窃、轻微伤害等治安案件中的一般违法人员甚至在没有查清有犯罪事实的情况下，草率刑拘涉案人员。

2. 违法延长刑拘的期限。"公安机关对被拘留的人，认为需要逮捕的，应当在拘留后的三日以内，提请人民检察院审查批准。对于流窜作案、多次作案、结伙作案的重大嫌疑分子，提请审查批准的时间可以延长至三十日。"[①]但司法实践中，侦查机关在采取刑事拘留措施后，对不符合法定延长 30 日刑拘期限条件的案件，往往也适用 30 日的刑拘期限，延长刑事拘留时间存在较大的随意性和不规范性。甚至有时对一些不够刑事处罚条件的犯罪嫌疑人也适用这一刑罚，导致法律规定的形同虚设。如在一起寻衅滋事案中，犯罪嫌疑人只是一次对多人索要财物，却被以多次作案为由延长刑拘期限 30 日。还有在一起贷款诈骗案中，涉案的犯罪嫌疑人都为单独作案，但侦查机关却以结伙作案为由延长了刑拘期限。

3. 未进行有效查证，以保代侦，久侦不结。对于一些案情复杂、取证困难的案件，侦查机关往往由于侦查技术落后等原因，对刑拘后未报捕的犯罪嫌疑人变更取保候审强制措施后，本该进一步侦查取证，查明犯罪事实，却对案件不做任何处理，导致案件的久侦不结，而这类案件一般都是案情复杂的案件，是更需要侦查机关进行努力侦破的，无形中存在放纵犯罪的嫌疑。

4. 以拘代侦、以拘促赔。有的案件由于侦查技术手段落后，将立案条件等同于刑事拘留的条件，只要一立案就马上刑拘，然后再利用刑拘的时间进行侦查。同时，有的案件如交通肇事、轻伤害案件，往往都是以犯罪嫌疑人有无与被害人达成和解协议以及有无对被害人进行合理的赔偿来决定是否进行刑事拘留。

5. 应该提请逮捕而未提请的。有些案件因为侦查机关对逮捕条件的判断和认识存在一定的偏差，导致对证据的把握不够精准，从而使事实上已经具备进行逮捕三要件的案件，最后却以证据不足为由而不提请逮捕。

（三）案件处理环节中存在的问题

1. 不依法终结案件。根据公安部办理刑事案件程序的相关规定，对依法不应当追究刑事责任的案件应当予以撤销。但有的侦查机关在尚未撤案时即做出行政处罚的决定，使得侦查机关行使侦查权变得随意化，法律规定的司法程序得不到遵守，权力的行使缺乏监督，法律的权威性也就大打折扣了。

2. 应当追究刑事责任的却作撤案处理。有的犯罪嫌疑人已经符合犯罪的构成要件、依法应当追究其刑事责任却被侦查机关以"情节轻微不认为是犯

---

① 2012 年 3 月 14 日修正的《中华人民共和国刑事诉讼法》第 89 条之规定。

罪"为由转作行政拘留。这其中很可能存在由于检察机关在这一环节缺乏有效的监督，为徇私枉法提供了空间，导致犯罪嫌疑人逍遥法外，被害人的权益得不到维护。

3. 同案犯处理情况不同。司法实践中，存在很多同案不同处的情况，如一起三人合伙诈骗案中，只对其中一人按诈骗案进行立案，其余两人都作出了撤案处理。这种情况的存在是由于侦查机关在这一环节缺乏检察机关的有力监督造成的，由于监督手段的滞后性，导致徇私枉法情况的存在，权利被滥用的可能性很大。

4. 办案程序、侦查取证方面的有关问题。如办案程序不规范，许多案件的办理过程中存在不规范、不合法的地方，在法定期限届满后没有解除取保候审或监视居住措施的法律手续，也未通知犯罪嫌疑人，事实清楚的案件未及时移送审查起诉等。

二、刑事拘留后未提请逮捕案件存在问题的原因分析

笔者认为这类案件存在问题的原因主要有：

（一）侦查机关个别侦查人员业务素质不高，执法观念落后

由于不少侦查人员自身专业水平不高、法学知识欠缺，在办案时对刑法条文不甚理解，生搬硬套，在案件的定性方面不能准确把握罪与非罪、此罪与彼罪的区别，导致对案件的定性上存在纰漏，另外还因为"重打击轻保护""重实体轻程序""有罪推定"等观念还不同程度的存在，致使侦查人员往往把精力放在认定犯罪嫌疑人的行为是否构成犯罪上，重视犯罪证据收集上，忽略了办案程序，在执行程序时出现较大的随意性。

（二）侦查机关考评机制不尽合理

由于一些侦查机关考评指标设置上的不科学，在一定程度上影响了执法办案的质量。如侦查机关一般都把立案的数量作为考评办案质量的指标之一，导致侦查机关为了达到数字上的要求，为了达到立案考评要求，采取各种手段增加立案数量，如自行降低立案标准。完成立案指标后并不提请批准逮捕就自行撤案，导致侦查权被滥用，徇私枉法、违法腐败问题滋生。

（三）经费保障机制不健全

由于部分地区经济水平低，侦查机关缺乏有效的经费保障机制，造成侦查机关办案经费得不到保障。为了弥补这一情况，很多地方都制定了将收缴的罚没款按一定比例返给办案机关以弥补办案经费不足的政策，但这一政策在一定程度上容易诱发侦查机关受利益驱动去进行办案。因此，才导致实践中侦查

机关"以拘促赔""以保代侦"的现象屡有发生、屡禁不止。

（四）检察机关对侦查活动的监督缺乏实质性

尽管刑事诉讼法规定了检察机关对侦查机关的侦查活动是否合法有权进行监督，但由于法律规定的原则性，使得检察机关的监督职能缺乏具体的操作规程。同时，检察机关对侦查活动的监督主要是通过审查逮捕阶段，对侦查机关立案环节监督存在滞后性，以致无法同步获取侦查机关侦查活动的准确信息。因此，对侦查活动的监督因缺乏应有的力度、具体的手段而变得流于形式。

（五）检察机关监督手段的软弱性

司法实践中，检察机关对违法刑事拘留的监督主要有一下几种：发出纠正违法通知书、检察建议书及口头纠正，由于法律没有明确规定监督机关不纠正违法行为要承担何种法律责任，导致检察机关的纠正方式缺乏一定的法律强制性和执行力，也缺乏纪律处分权，公安机关可以对检察机关的监督置之不理，造成检察机关对刑事拘留的监督手段缺乏，严重缺乏刚性。

三、针对侦查机关刑事拘留后未提请逮捕问题的完善建议

（一）进一步提高侦查人员的业务水平

加强对侦查人员的社会主义法治理念教育、塑造侦查人员良好的职业操守和道德准则，更新执法理念，使依法、公正、文明办案成为侦查人员的自觉行动。进一步提高其法律职业素质和办案水平，采取岗位练兵、业务培训、理论研讨等多种形式，使侦查人员不断增强对法律规定的理解和把握，提高正确运用法律规定进行办案的实践能力。

（二）改善管理体制，保障依法办案

要逐步改变当前侦查机关的办案经费保障机制，实行"足额预算、全额保障"的办法，严格执行收支分离，彻底解决"收支挂钩"的问题，确保"收支两条线"落到实处，切断执法办案工作与经济利益之间的联系，减少诱发趋利办案的因素。同时，建立科学、合理的业务考评、考核机制，将表面上办案数量考评转变为针对办理案件质量的考核，只有客观、全面地评价执法办案，才能真正实现依法办案。

（三）严格落实责任追究制度

侦查机关刑事拘留后未提请逮捕的案件往往都存在着违法拘留等违反法律规定的行为，这就要求检察机关充分行使监督权，对滥用强制措施的办案人员追究相应的责任，同时向其相应的侦查机关发出检察建议，督促其追究相关违

法办案人员的责任，确保责任追究的落实。对办案人员违法行为可能构成犯罪的，检察机关应当立案侦查追究其刑事责任。

（四）增强侦查机关与检察机关的配合，使检察监督更加有效

侦查机关和检察机关应在如何加强刑事立案、刑事侦查等环节上加强合作，通过建立相关的制度体制，增强侦查机关和检察机关的执法合力，提升执法水平和办案能力，保障刑事诉讼法律法规、刑事诉讼相关政策的正确实施。笔者认为，可以通过以下几方面的措施来完善检察机关的监督职能：

一是建立信息通报制度。公安机关与检察机关应当建立《关于加强刑拘后未报捕监督管理的规定》，要求侦查机关每月向检察机关报送《刑事案件综合统计报表》《接受刑事案件登记表》等书面材料，拓宽检察机关的知情渠道，及时掌握侦查机关受案、立案、采取强制措施情况。对侦查机关的案件立案情况有一个动态的掌握，实现对侦查机关侦查活动的全面监督。

二是建立备案审查制度。在侦查机关立案、适用或变更、解除强制措施等关键环节上，要求侦查机关在作出决定后的3日内向同级检察机关侦查监督部门报送相关材料进行备案，检察机关对其进行书面登记、审查，如果发现其中存在问题要及时通知侦查机关，并在向其说明理由后要求其进行纠正，如果侦查机关认为检察机关要求进行纠正的理由不成立，可向上一级检察机关申请进行复议，如果上一级检察机关审查后认为纠正理由不成立的，应当通知下级检察机关取消纠正，如果其审查后认为纠正理由成立的，提请复议的侦查机关应当进行纠正，同时检察机关侦查监督部门与公诉部门、监所等部门之间及时互通信息，互相配合，对公安机关刑事拘留措施适用情况进行全方位监督。

三是建立撤案决定审查制度。对刑事拘留后未提请逮捕案件准备作撤案处理的，应当建立侦查机关提前向检察机关征询意见的制度。对于侦查机关自行作出撤案决定的案件，要求其向检察机关提供撤案决定书和相应材料，检察机关认为属于不应当撤案而撤案的，应当提出纠正违法意见，侦查机关应当纠正其撤案行为。

四是建立会商协调制度，检察院与公安机关每季度召开一次联席会议，通报并商讨本季度公安机关刑拘后未报捕案件基本情况。会议由检察院侦查监督部门和公安机关法制科轮流组织协调，会前由驻所检察室将看守所羁押的刑拘未报捕案件基本情况报送侦监科，并由侦监科对重点案件进行筛查。会议要求侦查人员、检察人员以及办案机关部门负责人参加，确保会议出实效、做决定，避免流于形式。针对会议中发现的问题，侦查监督部门根据不同情况发出《要求说明立案理由通知书》《检察建议》或《纠正违法通知书》等。

（五）加强检察机关内部各部门之间的协调配合，形成监督合力

通过融合资源，变单一监督为"一盘棋"监督，解决履行职责时各自为阵的现象，形成监督合力。建议侦监部门与公诉部门建立衔接机制，对公诉部门受理的案件进行登记查询，有利于促进其及时发现侦查机关久侦不结、不按时移送起诉等情况。同时还应建立与监所部门的衔接，对犯罪嫌疑人刑事拘留后的收押、释放情况进行及时掌握。只要各部门之间有效协调，通力配合，就能使侦查机关采取刑事拘留措施是否适当、刑事拘留后的释放是否合法、刑事拘留后应当提请逮捕而不提请等问题得到及时发现，防止刑事强制措施、延长刑拘期限的滥用等现象发生，确保司法的公平性、公正性、公开性，做到公正执法。

检察机关是法律监督机关，对侦查活动进行监督是法律赋予我们的职责，也是我们不可推卸的责任。强化刑事侦查活动监督，从而使侦查权得到合理的使用，保证每起刑事案件都能得到公平、公正的处理。

不立案举报线索审查诉讼监督价值探析

奚根宝*

不立案举报线索审查对于规范管理举报线索，促进侦查部门严格初查程序，具有重要的监督作用。在刑事诉讼程序第一道关口能有效防范有案不立，有案不查的现象发生。对于加强举报职能与侦查职能互相配合制约，推进职务犯罪查处，维护举报人合法权益，保护人民群众举报积极性，有着十分重要的意义。

一、不立案举报线索审查的困境分析

举报线索初查后不能够被立案，除了举报线索本身原因外，初查阶段的监督管理未能发挥应有的作用。

（一）对不立案举报线索审查的监督意识不强

新修订的《人民检察院举报工作规定》（以下简称《规定》）虽赋予了举报中心不立案举报线索审查的监督职能，但举报中心自身的监督意识尚不能跟上诉讼监督职能要求。少数检察干警对举报线索不立案监督的重要性认识不足，简单地将控告检察仅定位在维稳职能上。认为控告检察部门只是接待处置信访人员，不具备诉讼监督职责。对不立案举报线索审查的把关意识和站位不高，审查能力不强，认为审查只要完成基本流程就行，不应对原有侦查部门形成的结论作出实质性改变。总有一种潜在的认识，认为侦查部门的地位要高于控告检察部门，若推翻侦查部门的结论，心理上感觉过不了关。若对不立案举报线索审查监督的重要性不能有较高的认识，就不可能将不立案线索审查的监督职能真正发挥出来。

（二）检察机关内部监督职权不对称

不立案举报线索审查是依赖于检察机关的内部规定，通过立案权与审查权

---

* 江苏省无锡市人民检察院控申处员额检察官，江苏省检察专门人才，苏州大学检察发展中心兼职研究员。

分离的方式开展内部监督。内部自制的监督文书缺乏法律上刚性监督要件，对举报线索初查活动不能发挥有效的监督。控告检察部门自身存在任务分散，办案力量不集中等情况，很难配备不立案举报线索审查监督的专职人员。侦查部门往往又被称为"一把手部门"，在监督职能权力配置中，这种极不对称的由弱势部门监督强势部门的现象很难真正发挥出实质性的监督效果。在缺乏有效均衡牵制的情况下，侦查部门更愿意办理比较成熟、成案可能性高的线索，举报中心移送的线索往往采取后置处理，有的甚至直接将其搁置，从而造成举报中心移送的线索查不查、何时查、查到什么程度，都只能由侦查部门自行处置。①

（三）不立案审查监督缺乏必要的权威

监督缺乏权威就形同虚设。侦查部门对举报中心移送的举报线索缺乏初查的动力，怠于查办的行为倾向明显。不立案审查后，举报中心认为侦查部门对线索处理不当需要进行更改的，也不能像侦监、公诉部门那样可以直接移送侦查部门。要直接移送侦查部门向其提出监督意见目前还没有明确的法律支持，必须要通过检察长和检察委员会决定后方可实施。由于检察委员会召开时间的不确定性，从而导致监督常常比较滞后甚至仅停留于表象，无法及时体现出监督应有震慑效果。②这种监督必然会导致监督实效的弱化，无法体现出监督的权威性。不受监督的权力必然导致任性妄为，因对举报线索初查缺乏有效监督，造成举报线索初查随意性大，查处力度不够，以至于造成价值线索流失，必然导致举报线索查处的成案率不高。在不立案审查过程中，即便发现这一情况，因后续监督措施的疲软乏力，也无法采取有效制约措施。

（四）不立案线索审查监督职能法律定位不明晰

受侦查部门人员调整等因素影响，一个举报线索的初查人员有的可能换了几任，增加了对不立案整个初查案件的审查难度。《人民检察院刑事诉讼规则（试行）》（以下简称《规则》）规定经分管副检察长决定，可以调查，但对参加初查的人员，初查的整个情况，调查过的资料能否重新调查，没有更加明确具体的规定。实践中，不立案举报线索审查时，因要顾及侦查部门感受，调查往往得不到真正的落实。另外，受举报中心所在的控告检察部门人员力量等因素所限，举报中心很少有对举报线索初查过的情况再作调查的。实践中，不立案举报线索审查一般是采用书面审查，以审查报告方式结案。因无法掌握初查

---

① 郑高峰：《浅析举报线索不立案审查机制的完善》，载《当代学术论坛》2013 年第 6 期。

② 朱芃抒：《探析举报线索不立案审查机制的完善》，载《法制与社会》2015 年第 9 期。

完整的原始过程,对初查相关实质性材料也很难掌握,因此在挖掘举报线索新的价值线索上也是很难作为。不立案举报线索审查在目前检察机关诉讼监督的实践法律定位中,并没有上升到真正意义上的监督职能。

二、不立案举报线索审查的法律价值

为更好利用举报资源,避免举报线索陷于流失,应当强化对不立案举报线索审查的监督,明确其重要法律价值。

(一) 不立案举报线索审查的正当性

1. 明确不立案举报线索审查监督的法律定位

举报线索初查作为立案程序中的一个重要环节,是侦查部门查案工作的一个特定起始程序,与其他侦查权一样关系着国家的利益和公民的权利,理应纳入监督范围,不应享有监督的豁免权,而对初查举报线索进行监督的有效手段就是以不立案线索审查为主要内容的诉讼监督。不立案审查是法律赋予对初查举报线索工作的一项重要监督职能,与侦查监督、公诉的职能应当具有同等的法律地位。《规定》第 46 条规定,举报人不服侦查部门的不立案决定向人民检察院反映,经侦查部门初查后决定不予立案的、领导机关或者本院领导批示由举报中心审查的,有两种情形之一的,举报中心(控告检察部门)应当对不立案举报线索进行审查。据此,检察机关控告检察部门是有责任对侦查部门的初查结果进行审查,并提出处理意见。《规则》第 166 条规定,举报中心应当对作出不立案决定的举报线索进行审查,认为不立案决定错误的,应当提出意见报检察长决定。如果符合立案条件的,应当立案侦查。

2. 明确不立案举报线索审查与复议的区别

《规则》第 184 条规定,人民检察院决定不予立案的,如果是被害人控告的,应当制作不立案通知书,写明案由和案件来源、决定不立案的原因和法律依据,由侦查部门在 15 日以内送达控告人,同时告知本院控告检察部门。控告人如果不服,可以在收到不立案通知书后 10 日以内申请复议。对不立案的复议,由人民检察院控告检察部门受理。控告检察部门应当根据事实和法律进行审查,并可以要求控告人、申诉人提供有关材料,认为需要侦查部门说明不立案理由的,应当及时将案件移送侦查监督部门办理。《规定》第 49 条规定,审查期间,举报人对不立案决定不服申请复议的,控告检察部门应当受理,并根据事实和法律进行审查,可以要求举报人提供有关材料。由此可见,不立案举报线索的复议是由控告人或举报人提起,控告检察部门受理,复议需要侦查部门说明不立案理由的,是由侦查监督部门办理。不立案举报线索审查是不需要由被害人、控告人或举报人提起,对不立案决定的举报线索,检察机关控告检察部门应当进行审查。

3. 明确不立案举报线索审查与立案监督的区别

《规则》第 563 规定，人民检察院侦查监督部门或者公诉部门发现本院侦查部门对应当立案侦查的案件不报请立案侦查或者对不应当立案侦查的案件进行立案侦查的，应当建议侦查部门报请立案侦查或者撤销案件；建议不被采纳的，应当报请检察长决定。由此，立案监督工作是由侦监或公诉部门办理，应当向侦查部门直接建议立案或撤销案件，不被采纳的再报请检察长决定。不立案举报线索审查工作由举报中心或控告检察部门办理，审查认为不立案决定错误的，则不能直接建议立案，需要经检察长或检委会决定后，才能向侦查部门作出建议立案的决定。

（二）不立案举报线索审查的必要性

1. 不立案审查监督是提高检察机关公信力的需要

时任曹建明检察长指出，要牢固树立监督者更要主动接受监督的意识，要进一步强化内外部诉讼监督制约，保障检察权依法正确行使。检察公信力的提升就是要强化检察机关的诉讼监督制约。人民群众对检察机关侦查部门初查活动的监督权，主要通过群众复议、申诉，侦查监督部门启动审查程序来实现，但对大量举报线索，尤其是匿名线索的初查活动并没有形成有效的监督态势。对匿名线索的举报群众虽没有要求反馈结果，但并不代表这些初查活动就没有群众关注。相反，对于群众内心的关注，更应需要通过检察机关控告检察部门启动不立案线索审查机制，来代表群众实施跟踪监督。举报线索一经立案侦查，即进入诉讼程序，从审查批捕、审查起诉阶段的内部制约，到案件进入审判阶段后人民法院的外部监督，整个监督制约体系较为完善。但举报线索初查还是存有一定的盲区，初查后不予立案的举报线索无法纳入上述较完备的法律监督体系，处于监督的空白和盲区，加强不立案举报线索审查正是消除这个盲区的有效手段。[①] 只有将不立案举报线索纳入完备的监督审查范围，保证举报线索的价值得到很好发挥，才能真正有效提升检察机关的公信力。

2. 不立案线索审查监督是更好促进矛盾化解的需要

不立案举报线索审查是检察机关适应涉法涉诉信访工作机制改革要求，畅通信访举报渠道，强化内部监督制约，化解社会矛盾的重要举措。举报往往会因查处不及时、不充分而引发上访甚至矛盾，举报中心对群众答复效果的提升就显得十分重要。举报中心要将侦查部门的查处程序、实体情况解释清楚，就

---

① 杨璎、朱军华、梅健：《论职务犯罪不立案线索的复核复核机制——从检察机关的内部制约谈起》，载《上海检察调研》2007 年第 12 期。

需要对线索初查情况具体了解，而初查线索如果不彻底、不深入，答复举报人时容易趋于表面、被动应付，就会缺乏足够的内在说服力，甚至可能引发不服不立案决定的涉检信访。因此，进一步完善不立案举报线索审查机制，增强举报线索答复工作针对性，对预防和减少涉检信访矛盾十分必要。不立案举报线索审查可以有效地促进初查的规范性，更好地提高线索成案率，举报人对自己举报的问题得到有效的查处，自然也会满意。即使没有立案查处，也会因为通过侦查部门的初查，再经控告检察部门的不立案审查，表明检察机关对待举报人反映的问题高度重视，严格遵守法律程序，举报中心在答复群众举报所涉内容时就会更有信心和底气，释法说理的过程就会更有针对性。通过不立案举报线索审查，能更有效的从源头上减少涉检信访矛盾等的不稳定因素发生。

三、不立案举报线索审查机制路径探索

不立案举报线索审查是诉讼监督的重要组成部分，如何更好发挥不立案举报线索审查的监督职能，有许多值得借鉴的探索与思考。

（一）不立案线索审查权限应上提一级

《规定》第 47 条，审查不立案举报线索，原则上由同级人民检察院举报中心进行。同级人民检察院举报中心认为由上一级人民检察院举报中心审查更为适宜的，应当提请上一级人民检察院举报中心审查。上一级人民检察院举报中心认为有必要审查下级人民检察院侦查部门的不予立案举报线索的可以决定审查。实践中，即使认为由上一级人民检察院控告检察部门审查更为适宜的，也很少会自己提起，除非上一级人民检察院有要求。从笔者所在的检察机关来看，从未出现过不立案线索审查上提一级的情况。从监督主体的条件看，控告检察部门在业务部门的排序一般都是靠后，与侦查部门的强势地位相比监督的刚性不足。因此，对不立案举报线索审查的权限应由法律明确规定必须上提一级，不能由本级人民检察院审查。上级院应加强对下级院的指导，对下级院不立案举报线索审查的案件应直接上提一级由上级院自行审查，特殊情况可以上级院的名义采取交办、督办、异地办理等进行审查。只有这样才能真正发挥出不立案举报线索审查应有的监督制约功效。

（二）以公诉的视角进行不立案审查

不立案举报线索审查，既要站在侦查人员的角度思考问题，更要学会延伸拓展思路，站在即将可能成为被告人或辩护人的角度综合考量案情，预估被举报人可能提出的某些意见。这些意见往往就是不立案举报线索审查中能否精准把握案件性质的重点所在，也是同意与否不立案结论的关键。以笔者办理的毕

某某受贿举报线索案为例，移送初查后，初查结论报告认为，毕某甲通过其弟毕某乙所在牙科医院收受张某某给予的 50 万元设备款难以构成毕某甲受贿，理由是该牙科医院不是毕某乙个人所有，故该笔款项系张某某给予牙科医院而非毕某个人的，毕某甲的行为也就不构成受贿。通过不立案审查发现，该牙科医院虽不是毕某乙个人所有，但实际是由其一手创办，毕某乙也是最大的股东和实际经营管理者。这套医疗设备厂家开票给牙科医院入账后，医院会计并不知该笔款项已由张某某支付，毕某乙也未告知会计真实情况，而是让会计长期将该笔款项挂"应付账款"，由此可见，毕某乙始终没有放弃这 50 万元设备款的归属权，毕某甲通过特定关系人受贿犯罪不成立的理由自然也就很难站住脚。在不立案举报线索审查中，能站在起诉和辩护的不同专业视角，中立的通盘考量整个案情，查找两个方面的不同证据，对于客观准确地把握案件定性极为重要。

（三）以成案可能性为重点设置初步审查过滤程序

侦查部门不立案的决定绝大多数应当是正确的，有案不立、有案不查的情况毕竟还是少数。以笔者所在的检察机关为例，2014 年至 2016 年全市检察机关共进行不立案举报线索审查 46 件，维持不立案决定 43 件，要求说明理由 2 件，建议立案 1 件。控告检察部门如果要对所有不立案线索均进行全面审查，既耗费大量的时间，也浪费宝贵的司法资源，着实意义不大。以成案可能性和程序违法性审查作为不立案线索审查的前提，可设置一道初步审查的过滤网，将初审后不立案线索分成三类：一是终止审查类。对没有犯罪事实或没有明确犯罪嫌疑人的不立案举报线索，初查程序合法、事实清楚、理由正当，应制作不立案举报线索审查终结报告终止审查。二是建议移送类。初查后，发现有违纪违规行为，但构不成犯罪情况的不立案举报线索，可以移送被举报人主管单位的纪检监察部门处理。三是确定审查类。初查有犯罪事实没有认定或犯罪事实认定错误；侦查部门有违规违纪或违反法律程序等的不立案线索要进行重点审查，对这类情况应依法完整导入不立案举报线索的审查程序，并书面通知侦查部门。通过初步筛查确定重点，不仅能有效节约司法成本，更优化了不立案举报线索审查的质量，保证审查的监督质效。

（四）完善不立案线索审查的公开听证答复

《规则》第 178 条规定，对于实名举报，经初查决定不立案的，侦查部门应当制作不立案通知书，写明案由和案件来源、决定不立案的理由和法律依据，连同举报材料和调查材料，由举报中心答复举报人。必要时可以由举报中心与侦查部门共同答复。对举报人的答复如果处理不当，就可能引发涉检信访。举报人的答复工作可以采取听证、公开审查等方式进行息诉答复。对经不立案线索审查后同意不立案结论的，举报人、控告人仍然不服不立案决定的案件，举报中心可会同侦查部门进行公开听证答复，对举报人举报案件的案情以及线索处理、初查、审查等角度做好释法说理答复。公开听证答复方式，可邀请人大代表、政协委员、人民监督员、群众代表等相关人员参与组成公开答复团体。案件承办人集中对案件查办内容及结果向听证团体作详细解答，提高答复反馈满意度。不立案举报线索审查的公开听证答复有利于从维护司法公正的角度，协助做好举报人正确行使举报权的释法说理工作，也可以更好维护举报人的合法权益。

四、不立案举报线索审查方法

不立案举报线索审查的具体操作方法应着重把握以下几个方面：

（一）严格把握不立案线索审查标准

不立案举报线索审查的标准，就是检察机关立案或不立案的标准。只要不符合法律规定的立案条件，或者符合不立案条件的，不立案决定就是正确的；反之，则为错误。立案条件是决定立案的法定理由和根据。《刑事诉讼法》第110条规定，人民检察院认为有犯罪事实需要追究刑事责任的时候，应当立案；认为没有犯罪事实，或者犯罪事实显著轻微，不需要追究刑事责任的时候，不予立案。提请批准立案不仅要求有一定的证据证明犯罪事实存在，而且要求立案侦查后能够追究刑事责任。司法实践中，不要求一定要获取、掌握充分的证据，但必须要有证据证实有犯罪事实需要追究刑事责任，不能把立案的条件等同于侦查终结、审查逮捕或提起公诉的条件。《规则》第176条第2款对不立案的条件作了规定，具有下列情形之一的，提请批准不予立案：具有《刑事诉讼法》第15条规定情形之一的；认为没有犯罪事实的；事实或者证据不符合立案条件的。审查中如何把握这个标准，十分关键，既不失之过宽，也不能过于苛刻。立案与不立案关键就是要通过不立案审查获得的证据材料，依照法律规定，能否作出有犯罪事实需要追究刑事责任的客观判断为准。

（二）正确把握不立案线索审查具体步骤

不立案举报线索审查后有不立案结论正确予以结案；不立案结论错误要求立案；要求侦查部门说明不立案理由；退回侦查部门重新初查四种情形。审查需要着重做好四项工作：一是审阅卷宗。初查卷宗是侦查部门初查案件事实和证据的重要载体，应认真阅卷并制作详细阅卷笔录。对构成犯罪的言词证据、书面证据都要作阅卷笔录，对被举报人可能辩解的不构成犯罪的证据也要制作阅卷笔录。二是审查案件。从实体和程序加强对不立案举报线索的审查。实体上注意取证形式和证据来源是否规范有效；程序上审查初查方式、期限、收集证据的程序是否合法。在阅卷审查结束后，制作有事实和法律依据的不立案举报线索审查报告。三是调查了解。重点把握对认为确有调查必要的不立案举报线索进行调查，根据初查情况，可以找相关当事人做调查，以便准确了解案件事实。四是证据分析。举报中心对不立案举报线索审查的案件报告应进行证据分析，在一定范围内由承办人介绍案情和证据审查情况，研究分析后形成意见，分不同情况报领导审批结案并报备。

（三）强化不立案线索审查专业化建设

不立案举报线索审查的专业化要求很强。由具有丰富自侦办案经验的刑检人员来从事这项工作，能更加准确捕捉到举报人反映的线索症结、把握正确的侦查方向，以便及时向侦查部门反馈。[①]有的控告检察部门现有人员的检察经历和能力尚不能完全适应不立案审查工作的全面开展，强化不立案举报线索审查队伍专业化建设很有必要。可以在检察机关设置单独的不立案审查部门，也可以在检察机关控告检察部门内设置一名具有丰富侦查经验和法律功底深厚的检察官，作为不立案举报线索审查的专职审查员。对没有配备专职不立案线索审查员，可通过加大调整和培训力度进行选配，一方面建立不立案举报线索审查员的资格标准，将具有侦查经验、法律素养高的业务骨干充实到控告检察部门，配置有丰富自侦、批捕、公诉等业务经验的骨干人才从事专业的不立案审查工作。另一方面要立足现有人员力量，定期进行侦查工作和刑事检察业务培训和实践，提高不立案线索审查办案人员的专业化业务水平。

---

① 参见于韦华：《举报线索不立案审查程序设计初探》，载《法制博览》2014 年第 4 期。

我国延长侦查羁押期限制度的反思与调试

——以 T 市 2014 年至 2016 年延期羁押案件为研究样本

季文生　顾　明[*]

在被冠以"人权宪法"和"宪法测震仪"的刑事诉讼法中,[①] 刑事强制措施的规定处于举足轻重的地位，因为它直接关系到公民最基本的人身财产权利。逮捕作为最严厉的强制措施，一经逮捕即意味着犯罪嫌疑人将可能面临 7 个月或者更长时间的羁押,[②] 因此逮捕措施的适用历来受到最为严格的控制。公安机关对逮捕措施的适用有着天然的动力，而权力分离与制衡原理是现代诉讼制度的基石，故作为国家根本大法的宪法将逮捕的审批权交由检察机关行使。检察机关既通过批准逮捕来控制羁押的"入口"，又通过批准延期来控制羁押的"长短"，形成对人身强制措施的全方位监督制约。2012 年刑事诉讼法修改对逮捕条件进行了重大改造，在一定程度上降低了审前羁押率。[③] 但延长侦查羁押期限制度继续沿用，仅仅增设了与之相关的羁押必要性审查制度。涉及犯罪嫌疑人审前羁押时间长短的问题未受到应有的重视。本文以某直辖市 2014 年至 2016 年提请延押案件为宏观视角，以笔者办理过的 50 件具体案件为微观视角，从逮捕后的实际侦查期限、批准延期率、延期理由等方面进行研究，结合办案的直接体验，对司法实践中存在的问题进行归纳总结和分析探讨，以问题为导向提出应对解决之策。

---

  * 季文生，天津市人民检察院第一分院侦查监督处处长；顾明，天津市人民检察院第一分院侦查监督处干部。

  ① ［德］罗科信：《刑事诉讼法》（第 24 版），吴丽琪译，法律出版社 2003 年版，第 13 页。

  ② 侦查羁押期限可能因一些特殊情况超过 7 个月，"犯罪嫌疑人另有重要罪行的，侦查羁押期限自发现之日起重新计算"，"犯罪嫌疑人身份不明的，侦查羁押期限自查清之日起计算"，参见《刑事诉讼法》第 158 条。

  ③ 这些改造主要是重新规定了逮捕的三种类型：一般逮捕、径行逮捕、转捕，细化规定了社会危险性条件和必须讯问犯罪嫌疑人的三种情况，可以询问证人等诉讼参与人、听取律师意见，增强了审查逮捕程序的司法属性。

一、现状：逮捕后侦查羁押期限的实践考察

侦查羁押期限在我国刑事诉讼语境中是一个专有概念，是指犯罪嫌疑人被逮捕后处于羁押状态中，侦查机关为查明案件事实、收集犯罪证据所需要的期间。我国《刑事诉讼法》第154—157条用4个条文规定了延长侦查羁押期限制度。逮捕后侦查羁押期限一般为两个月，符合法律规定条件的案件经上级检察院或者省级检察院审批可以延长三次，第一次延期可以延长1个月、第二次延期可以延长2个月、第三次延期可以再次延长2个月。①

（一）逮捕案件的法定期限侦结率

由于提请延长侦查羁押期限的前提条件是已经被逮捕且未在捕后两个月内侦结的案件，因此从提请延期的人数与逮捕人数的对比，就可以得出侦查机关在捕后2个月、3个月和5个月的侦结率，进而可以得出侦查机关大致的侦查期限。②

表一　2014年至2016年T市逮捕案件的提请延期人数和侦结率　（单位：人）

	逮捕人数	提请一延	2个月内侦结率	提请二延	3个月内侦结率	提请三延	5个月内侦结率
2014年	8155	372	95.4%	181	2.2%	5	0.06%
2015年	8377	508	93.9%	306	3.7%	3	0.04%
2016年	7866	427	94.6%	255	3.2%	6	0.08%

从以上三年的数据可以看出，逮捕后两个月内侦结的案件占全部逮捕案件的93%以上，3个月内侦结的案件占比在2%—4%之间，5个月内侦结的案件较为罕见，几乎可以忽略不计。据此我们可以得出结论，在已被逮捕的犯罪嫌疑人中，超过93%的人在97天内被侦查终结移送起诉（拘留期限最长30天＋审查逮捕期限最长7天＋侦查羁押期限最长60天）③，未在捕后两个月内侦结的案件仅占4.6%—6.1%。由于检察机关对证据标准的掌握日趋严格，倒逼侦查机关在提请逮捕前必须全面细致收集证据，否则案件可能因证据不足不批

① 为表述方便，提请延长侦查羁押期限在本文简称"提请延期"，提请延长侦查羁押期限案件简称为"延期案件"，《刑事诉讼法》第154条、第156条、第157条的规定分别简称为"一延""二延""三延"。

② 这里可能会产生一些细小的误差，个别案件中犯罪嫌疑人在捕后2个月内可能因某些原因被取保候审，但这样的案件并不多见，因此并不妨碍本文的基本判断。

③ 以上是针对公安机关侦查的普通刑事案件而言，如果是检察机关侦查的职务犯罪案件，则期限为77天（拘留期限最长7天＋审查逮捕期限最长10天＋侦查羁押期限最长60天）。

准逮捕,这也是逮捕案件多数能在捕后2个月侦结的重要原因。逮捕后两个月是法定的侦查羁押期限,高达93%的法定期限侦结率说明捕后侦查工作是及时迅速的。

（二）对提请延长侦查羁押期案件的审查情况

表二　2014年至2016年T市提请延期案件的批准率　　　（单位：人）

	提请一延	批准延期	批准率	提请二延	批准延期	批准率	提请三延	批准延期	批准率
2014年	372	371	99%	181	181	100%	5	2	40%
2015年	508	505	99%	306	297	97%	3	2	66%
2016年	427	424	99%	255	255	100%	6	5	83%

表二可以看出,检察机关不批准延期的案件非常少,基本维持在个位数,特别是一延和二延的案件,最多的年份仅仅9人,最低的年份全部延期,批延率达到99%—100%。每年数百人的庞大提请延期案件,仅有几人未被延期,果真以上案件都符合法律规定的条件吗？更深次的原因在于检察机关对提请延押案件的把控是否严格。其一,检察机关对是否构成犯罪的把关极为严格,而延押案件均已被逮捕有犯罪事实的案件,故基本不会产生因为批准延期而承担案件无罪的后果,这是检察人员对延押案件重视不足的重要原因；其二,刑事诉讼法所规定的延期条件伸缩性大,如一延条件"案情复杂"、二延条件之一"涉及面广、取证困难",每个案件都或多或少有继续取证的工作,因此侦查机关总能找到延期的理由,检察机关也不好完全否定侦查机关的延期理由；其三,检察机关对侦查机关的"友情照顾"多于"严格监督",以公安机关为主的侦查单位案件繁多,同时侦查的若干案件存在轻重缓急,即使个别案件存在拖延侦查的情形,多数检察人员为维护与侦查人员的良好关系一般也会"视而不见"。以上就是目前延期羁押案件高批准率的内在原因。

（三）对侦查机关提请延期理由的重点检视

刑事诉讼法对一延、二延、三延的条件都有明确具体的规定,在司法实践中侦查机关如何掌握运用这些条件是值得研究的问题,笔者从办理过的案件中选取了50份样本进行微观分析。检察人员一般先审查侦查机关报请延期的理由,然后审查案件证据材料,来决定是否批准延期,可见侦查机关的延期理由具有重要的作用。

表三　50 个案件的常见延期理由与法律规定的对比

	法律条文	法律规定的延期条件	侦查机关的提请延期的常见理由
一延	154	案情复杂，期限届满不能侦查终结的案件	继续讯问嫌疑人；查询银行存款记录；证据收集工作量大；继续寻找相关证人；甄别核实矛盾证据；外地取证；犯罪动机不详，需要继续侦查
二延	156	交通十分不便的边远地区重点复杂案件；重大犯罪集团案件；流窜作案的重大复杂案件；涉及面广，取证困难的重大复杂案件	司法审计、鉴定；加大审讯力度；还有其他犯罪事实；赴外地取证；资金去向尚未查清；人数众多，部分嫌疑人外逃
三延	157	可能判处十年徒刑以上刑罚，二延期限届满仍未侦结的案件	关联案件的犯罪嫌疑人需要立案侦查；赴外地取证

延长侦查羁押期限，打个形象的比喻就是侦查机关向检察机关"要时间"，在控制犯罪嫌疑人人身自由的情况下继续取证。侦查机关提出的理由往往结合具体案情，说明还需要做哪些侦查工作，表现出丰富化和具体化的特征，通过对以上样本的分析归纳，以下几个问题值得关注：其一，以需要继续讯问、加大审讯力度、需要完善证据体系作为提请延期理由之一的情况较多，但这类理由并非刑事诉讼法明确规定的类型，而是法律理由的具体化。其二，对需要进行的工作进行了重点强调，但捕后 2 个月开展了何种工作往往避而不谈。即使案件存在延期的必要，但如果因为侦查人员自身的原因导致延误工作，检察机关也可视情况不予批准延期。其三，部分理由从一延一直延续至二延、三延，例如需要寻找某一证人，为何经过捕后 2 个月、3 个月一直找不到该证人的原因鲜有提及。尽管绝大部分案件因为案情复杂或者取证工作量大而需要延期，但仍有一些案件实为侦查人员未及时有效开展工作而拖延了时间。

二、反思：延长侦查羁押期限制度需要探讨的问题

延长侦查羁押期限制度，从刑事诉讼法的基本规定到最高人民检察院的配套细则，再到司法实践的运行机制，均存在一些问题。如前文所述，与审查逮捕制度相比，延长羁押期限制度因仅仅涉及的是"期限"这样细小的技术问题，长期未受到理论界和实务界的重视。该制度所蕴含的人权保障、程序公正等价值未被充分地理解和挖掘。

（一）立法探究：《刑事诉讼法》第 154 条的问题

根据《刑事诉讼法》第 154 条、第 156 条、第 157 条的规定，提请一延的

案件由上一级检察院批准，二延、三延的案件由省级检察院批准。依据这一规定省级侦查机关如某省公安厅、某省人民检察院侦查的案件，一延就要报最高人民检察院批准，而二延、三延由省级检察院批准或者决定。按照刑事诉讼法的逻辑，从一延到二延再到三延，它的延期条件和审批机关是不断趋于严格，某省公安厅、省人民检察院侦查的案件一延由最高人民检察院决定，二延、三延却回到省级检察院批准或者决定，显得本末倒置。况且到最高人民检察院审批，对路途较远的省份如海南、新疆等，需要承担较大的时间和人力成本。在司法实践中，为规避这种麻烦的审批程序，省级侦查机关往往利用自身拥有的指定管辖权，将案件指定给下级单位管辖，在报延时提请省级检察院审批，从而保证案件的延押审批权留在自己手中，避免时间上的耗费。可见《刑事诉讼法》第 154 条的规定不够严谨周密，理应对省级侦查机关侦查的案件作出例外规定。司法实践中由于省级侦查机关直接侦查的案件数量有限，这一问题尚未引起理论界的重视。

（二）运行烦琐：逐级层报审批耗费大量的时间成本

我国奉行批准逮捕与批准延期相分离的原则，一般由同级检察院批准逮捕，但由上级检察院或者省级检察院批准延期。在具体操作方面，《人民检察院刑事诉讼规则（试行）》（以下简称《诉讼规则》）第 279 条、最高人民检察院《人民检察院办理延长侦查羁押期限案件的规定》（以下简称《高检规定》）第 3 条作出规定，延长羁押期限的案件由同级检察院受理审查并提出意见，报有权决定的检察院审查，这就是延押案件的逐级层报制度。逐级层报制度的优势是多层级把关，多方参与案件的审查，有利于提高案件的质量，其劣势也是显而易见的那就是运行烦琐。《高检规定》要求侦查机关在侦查期限届满前 7 日提请延期，也就是说检察机关的审查期间一般也是 7 日。我国 80%以上的刑事案件由县级公安机关侦查，县级公安机关报请一延需要经过两级检察机关审查，报请二延、三延的案件需要经过三级检察机关审查，办案时间极其紧张。① 司法实践中，很多公安机关为避免案件期限紧张引起的麻烦，将报请延期的时间大大提前，有的案件在期限届满前半个月就着手报请延期。而事实上，层级审批过程中下级检察院的意见仅供上级检察院参考，并不能发挥实

① 试举一例：河北省丰南县公安局有一个提请二延的案件，首先要由丰南县检察院受理，丰南县检察院审查后报唐山市检察院受理，唐山市检察院审查后报河北省检察院审查，前后需要经过三个关口，而丰南县院、唐山市院、河北省院共同使用这 7 天的审查期限，这里还要扣除路途时间，留给省级检察院办案人的审查时间已是捉襟见肘，况且省级院还要考虑基层办案单位拿到批准延期的决定书去看守所向犯罪嫌疑人宣布结果也需要时间。

质作用。层级审批的弊端还在于，因为延期的决定权在上级检察院或者省级检察院，故不具有决定权的检察院对案件的审查更为形式化，有的办案人甚至连案卷也不会翻阅直接填写延期申请表报上级检察院。

（三）疑难问题：司法实践中的特殊情况有待回应

问题之一是并案处理的轻罪嫌疑人与重罪嫌疑人一并延期有失公允。司法实践中存在大量共同犯罪、关联犯罪，前者较为典型的是聚众斗殴案、集资诈骗案等，后者如受罪案与行贿案、故意杀人案与窝藏案等。出于便利于侦查的考虑，侦查机关通常会对并案处理的犯罪嫌疑人一并报请延期，而检察机关则一并批准延期。在很多共同犯罪的案件中，犯罪嫌疑人被逮捕的时间有先有后，但由于是共同犯罪，所以侦查机关也会在同日报请延期。一并延期的做法有失公允，有悖公平正义、罪刑均衡的刑法原则。[1] 尽管侦查羁押期限能够折抵刑期，但显然不能成为随意延期的理由。再者，正如有的学者指出："刑罚被先行羁押的时日折抵的比例越大，给改造罪犯留下的时间便越短，刑罚的改造功能也就越难充分发挥"。[2] 在办案中接触的犯罪嫌疑人，绝大多数人都对无休止的调查讯问产生厌烦情绪，无一例外地希望能够尽早结束侦查让其在监狱服刑。

问题之二是"可能判处十年有期徒刑以上刑罚"的理解偏差。上述统计数据表明提请三延的案件实属罕见，近三年最多的年份只有 6 人，原因在于三延要求的刑期条件较为苛刻，为可能判处十年有期徒刑以上的刑罚的案件。司法实践中会产生这样的偏差，侦查机关通常将"可能判处十年以上徒刑刑罚的犯罪嫌疑人"与"可能判处十年以上徒刑刑罚的案件"混为一谈，对于共同犯罪、关联犯罪而言部分犯罪嫌疑人的行为能够量刑至十年以上，但是个别犯罪嫌疑人如果存在从犯、自首、立功、未成年人等诸多法定从轻情节，其量刑未必会能到十年徒刑以上，但是侦查机关为便利处理案件，通常一并提请延期，检察机关也不好拆分审批，从而只好全部批准延期。此外，可能判处的刑期应理解为"宣告刑"而非"法定刑"，即并非只要行为所适用的量刑幅度包含十年以上徒刑就符合延期的条件，而是要综合评定全案的量刑情节。而且，检察机关对一些可能判不到十年以上徒刑的案件出于其他因素的考虑而批准延期。

---

① 试举一例：犯罪嫌疑人周某等 5 人被刘某纠集对被害人进行殴打，刘某持刀捅刺被害人致其死亡。而周某虽到现场但并未动手，仅仅站脚助威，依照现有证据虽构成聚众斗殴罪但犯罪情节较轻。鉴于本案涉及人员较多，取证量大，公安机关先后对上述 6 人报请一延、二延，犯罪情节较轻的周某与犯罪情节较重的刘某一并被批准延期。如果在其后诉讼过程中案件被退回补充侦查两次，那么周某的羁押期限可能超过其可能判处的刑期。

② 邱兴隆、许章润：《刑罚学》，中国政法大学出版社 1999 年版，第 127 页。

三、调试：我国侦查羁押制度存在问题的解决方案

我国延长侦查羁押期限制度是在"保证侦查时间"和"严格控制侦查期限"两个相互冲突的价值理念平衡的结果。现有侦查羁押期限制度是否需要进行大的变革？例如一延的条件"案情复杂"，基本每个案件都可以往这一条件上"靠拢"，该条件因缺乏刚性内容而显得形同虚设；再者，在延期的方式方面是否需要进一步细致拆分，例如二延是否先给1个月，视侦查工作的进展再给1个月。以上讨论均有一定的道理，但在笔者看来，实践数据是检验延长侦查羁押制度运行的基本依据，上文数据表明高达93%的逮捕案件均在捕后两个月内侦查终结，未在捕后两个月内侦结的案件仅占4.6%—6.1%，而两个月正是逮捕措施附随的法定侦查期间。这说明侦查工作目前来看是迅速及时的，实践中出现的个别问题与司法人员的思想观念、运行机制、操作规范密切相关。笔者认为目前侦查羁押制度无须大规模改造，实践中的具体问题需要我们进行局部调试。

（一）理念先行：严控期限与少捕慎捕同等重要

理念是行动的先导，司法理念对办案具有至关重要的作用。某种程度上，司法理念对案件的重要性超过了法律规定。在我们没有倡导"少捕慎捕""降低审前羁押率"时，逮捕率居高不下，"够罪即捕""先关起来再说"成为那个时代的司法特征，造成看守所人满为患、增加了社会对立情绪。近年来，"少捕慎捕""降低审前羁押率"等新的司法观念已经深入每一个办案人的内心，逮捕是保证诉讼的措施而非惩罚措施有了正确的定位，逮捕率逐年下降。刑事诉讼在实现公正等其他价值的前提下对时间耗费最小化的诉求，在各个国家和地区却是一致的。① 在当下，我们不仅要倡导"少捕慎捕"，还应当将"严控期限"放在同等重要的位置。

刑事诉讼法是程序法律，简单地说就是规定了侦查、起诉、审判、执行由谁来做、怎么做，并且在多长的期限内完成，离开期限的约束将使整个刑事诉讼法无所适从。认为期限问题仅仅是一个细小的技术性问题的观念是不符合现代法治精神的。刑事法律规定明确的期限和时效，是司法公正与效率的内在要求，在一定程度上也反映出刑法所蕴含的谦抑精神。刑法的谦抑精神不仅体现于刑事实体法领域，同样还应该反映在刑事程序法领域，只有这样，才能真正

---

① 李新、余响铃：《延长审查起诉期限问题研究》，载《中国刑事法杂志》2013年第10期。

实现惩罚犯罪又保障犯罪人权利的刑罚机能。[①] 缩短羁押期限也是法制宽容的体现,宽容作为一种能给人类带来更多仁爱、友谊和进步的精神,它理应成为个人生活哲学指导和社会制度必备的优秀品质。[②] 当然,笔者并非主张为严控期间对侦查机关过度苛刻,毕竟侦查是其后一系列诉讼行为的基础,鉴于取证的客观需要,合理地保障侦查期限完全必要。

(二) 制度调试:增加《刑事诉讼法》第154条的例外规定并建议取消逐级层报的规定

增加《刑事诉讼法》第154条的例外规定。前文论及,省级侦查机关到最高人民检察院报请一延显得本末倒置,极不协调。既然省级检察院可以批准、决定二延、三延,完全没有必要在一延时报请最高人民检察院。因此,对《刑事诉讼法》第154条可以作出如下规定:"案情复杂、期限届满不能侦查终结的案件,经过上一级人民检察院批准延长一个月。省级公安机关和省级检察院侦查的案件,报省级检察院批准或者决定。"这样的例外规定增强了严谨性,维护了刑事诉讼法的和谐统一,消解司法实践中通过指定管辖来规避最高人民检察院审批的做法。

取消延期羁押案件的逐级层报制度。党的十八届三中全会《中共中央关于全面深化改革若干重大问题的决定》提出:"让审理者裁判,让裁判者负责",这是构建司法责任的价值目标。况且本身耗费的时间成本也与追求公正和效率的诉讼价值不符。权衡利弊,笔者建议延长侦查羁押案件直接报送有决定权的检察机关审查决定,将达到更为理想的效果。节省了逐级报送所耗费的大量时间,大大提高了司法效率。给有决定权的检察机关更多的审查时间,能够更为全面细致地审查案件。上级检察院可以不受下级检察院意见的影响,做出更为客观的决定,符合司法责任制的精神。

(三) 问题回应:改变轻罪犯罪嫌疑人与重罪犯罪嫌疑人一并批准延期的做法

加大对可能判处刑期、是否有继续羁押必要的研判。根据共同犯罪、关联犯罪中不同犯罪嫌疑人的地位和作用,着重考察轻罪者有无自首、立功、犯罪未遂、中止、未成年人、如实供述犯罪事实等法定从轻情节或者其他酌定从轻情节,以及逮捕时所依据的社会危险性条件是否发生了变化,综合评定轻罪者是否延期。对分别审批所产生的诉讼风险也应充分评估,有无串供、逃匿、妨

[①]　金泽刚:《补诉·补判·补刑——从诉讼期限制度看刑事法的谦抑精神》,载《法学》2005年第7期。

[②]　夏锦文、徐英荣:《刑事羁押期限:立法的缺陷及其救济》,载《当代法学》2005年第1期。

害作证等诉讼风险。对可能判处的刑期较低、也无诉讼风险的犯罪嫌疑人依法不批延，建议侦查机关取保候审，等待同案重罪者期限届满后一并移送起诉，维护诉讼均衡。

严格解释"可能判处十年徒刑以上刑罚"的条件。纠正司法机关将刑事诉讼法规定的"重罪嫌疑人"理解为"重罪案件"，将"宣告刑"理解为"法定刑"的错误观念。强化对检察机关自己侦查案件的监督，一些有重大影响的窝案、串案，侦查机关往往借口等待其他重大案件的进展，对某些案情已经查清、证据已经收集完毕的个别案件报请延期，违反了法治精神。因此，对刑期条件的严格掌握有利于有效监督侦查，对检察机关"自己"的职务犯罪案件更是如此。

（四）强化监督：着重强化对侦查人员是否有效推进工作的监督和捕后羁押必要性的审查

严格审查捕后是否有效推进侦查进程。刑事诉讼法规定了逮捕后的侦查期限一般为两个月，已经考虑到为侦查工作留有必要的期限。很多案件由于拖延，导致应当在两个月期限内完成的工作不能及时完成，从而提请延期。《高检规定》第13条明确规定："侦查机关（部门）在犯罪嫌疑人逮捕后二个月以内未有效开展侦查工作或者侦查取证工作没有实质进展的，人民检察院可以作出不批准延长侦查羁押期限的决定。"因此，即使存在仍未完成的工作，如果原因是侦查人员的拖延，那么检察机关可以不批准延期，为司法实践中严格延押条件提供了规范依据。对侦查机关以同一理由报请一延并报请二延、三延的案件，要求其说明未能取证的具体原因并慎重作出延期决定。

全方面调查核实犯罪嫌疑人的羁押必要性。笔者建议，针对司法实践中该项工作弱化的现状，可以从以下几个方面进行调整：全面客观地听取侦查人员和犯罪嫌疑人及其近亲属、辩护人的意见。兼听则明，改变只重视侦查人员意见的弊病，要求侦查人员阐明继续羁押的理由的同时，附听取犯罪嫌疑人及其近亲属、辩护人意见的材料。检察机关应当完成羁押必要性的评估。评估必须建立在严格审查逮捕时的社会危险性条件和报延时有无变化的基础上，必要时对重大案件亲自讯问犯罪嫌疑人。特别是改变同级审查弱化的状况，尽可能做到"谁批准逮捕，谁负责审查延期羁押"，因为原负责批准逮捕的检察人员最了解案件的情况，其在认真审查后提出相关意见供有权决定的检察院参考。

四、结语：批准延长侦查羁押期限无异于批准逮捕

贝卡利亚在他的经典名著《犯罪与刑罚》中指出："惩罚犯罪的刑罚越是迅速和及时，就越是公正和有益。因为它减轻了捉摸不定给犯罪带来的无益而

残酷的折磨。"① 先哲的智慧启迪我们，迅速及时而不拖延的侦查期限正是程序正义的题中之义，也是未来延长侦查羁押期限制度走向的指导思想。有学者曾建议将逮捕与羁押分离，检察机关批准羁押的，应当签发羁押证并载明羁押期限。羁押期限即将届满，公安机关认为需要延长羁押期限的，应当提请检察机关决定延长羁押的，同样应当载明延长期限。② 笔者认为，目前我国延长羁押制度之所以存在批准率过高、羁押期限过长的问题，根源不在于制度设计而在于制度执行，检察机关对延期羁押的案件应加强重视。在现有强制措施体系未改造之前，应当对司法人员强化"逮捕的法定期限只有两个月"的意识。所以两个月期限届满侦查机关提请延期的，无异于重新提请检察机关再次审查逮捕，检察机关应当严格按照《刑事诉讼法》第79条的规定，重新考察犯罪嫌疑人是否符合逮捕的条件，改变目前审批延押案件走过场的做法。同时，严格规定审查延期羁押案件的责任，对于不符合逮捕条件的案件批准延期，应当承担错案的责任。基于此，可以解决检察机关"重视逮捕案件、轻视羁押案件"的问题。最后，强化对社会危险性条件的考察，如果没有妨害诉讼顺利进行的危险，可以在取保候审的措施下接受调查，无须一押到底。

---

① ［意］贝卡利亚：《论犯罪与刑罚》，黄风译，中国大百科全书出版社1993年版，第56页。
② 卞建林：《论我国审前羁押制度的完善》，载《法学家》2012年第3期。

检察机关提起民事公益诉讼的制度设计

许志鹏　陈惠滨*

2017 年 6 月 28 日，全国人大常委会作出《关于修改〈中华人民共和国民事诉讼法〉和〈中华人民共和国行政诉讼法〉的决定》，正式确立了检察机关提起民事公益诉讼的法律制度。但关于检察机关提起民事公益诉讼的具体制度设计，实践中仍众说纷纭，无法形成共识。因此，针对检察机关在民事公益诉讼实践中遇到的问题，对检察机关提起民事公益诉讼制度进行系统研究，并提出相关立法建议，仍十分必要。

一、民事公益诉讼中检察机关之身份定位问题

民事公益诉讼中检察机关以何身份提起诉讼，是近年来理论界争论的焦点。虽然最高人民检察院《检察机关提起公益诉讼试点方案》《人民检察院提起公益诉讼试点工作实施办法》和最高人民法院《人民法院审理人民检察院提起公益诉讼案件试点工作实施办法》已明确了检察机关提起民事公益诉讼的诉讼地位为公益诉讼人，但实践中依然存在不同认识，最高人民法院《人民法院审理人民检察院提起公益诉讼案件试点工作实施办法》规定："人民检察院提起民事公益诉讼的诉讼权利义务参照民事诉讼法关于原告诉讼权利义务的规定"。该规定似乎又有将检察机关视为"原告"之嫌。

笔者认为，关于民事公益诉讼中检察机关的身份定位，称谓虽然很重要，但称谓下的含义更为重要，内容大于形式。之所以将检察机关的身份定位为公益诉讼人，是由于在民事公益诉讼中检察机关有区别于原告及被告等其他当事人的独特属性，"公益诉讼人"的称谓更能突出这些属性。而若将检察机关定位为一般原告，则容易抹杀其独特属性。当然，将检察机关的身份定位为公益诉讼人，也不能否认检察机关事实上要承担原告的权利义务，尤其是义务更

---

* 许志鹏，福建省人民检察院公诉一处处长，中国检察学研究会基础理论专业委员会理事；陈惠滨，福建省人民检察院民事检察处助理检察员。

不能得以豁免，这样才不会对现有民事诉讼规则造成冲击。具体来说，这些独特属性主要体现在以下三个方面：

（一）检察机关提起民事公益诉讼是代表国家，依法履行国家赋予的检察权

《宪法》和《人民检察院组织法》明确规定，人民检察院是国家的法律监督机关。检察机关对环境污染、危害食品药品安全等侵害社会公共利益的行为提起民事公益诉讼，其并非出于自身的利益而提起，而是履行国家赋予的职能。进一步说，社会组织作为原告提起公益诉讼，其直接代表了社会公共利益，但检察机关提起民事公益诉讼，首先代表的是国家，依法履行国家赋予的检察权，代表国家对公共利益维护的缺失进行必要的干预，从而才代表公共利益，中间存在着递进关系。这也是检察机关提起民事公益诉讼时与作为一般原告的社会组织的区别所在。

（二）应当体现平级诉审的对等原则

根据《人民检察院组织法》的规定，我国检察机关分为四级，与法院互相对应，且各级人民检察院对同级人大会负责并报告工作，因此，我国检察机关实行的是与人民法院同级对应的模式。刑事案件中，检察机关提起的公诉案件只能由与审理法院级别相同的检察机关派员出庭支持公诉，不能由下级检察机关，也不能由上级检察机关出庭公诉。出于同级对应的原则，在民事公益诉讼案件中，也应当实行检察院与法院平级诉审的对等原则。而且，现有的《人民检察院民事诉讼监督规则（试行）》明确了检察机关在执行监督和审判程序监督中的同级监督原则，也只有平级诉审，才能发挥检察机关的监督作用。

"平级诉审"的对等原则，具体应当体现在：（1）应当由人民检察院向同级人民法院提起民事公益诉讼。按《最高人民法院〈关于适用民事诉讼法〉的解释》的规定，民事公益诉讼案件由中级人民法院管辖。相对应地，案件由地市一级检察院提起诉讼，而不能由基层检察院直接向中级法院提起民事公益诉讼。（2）案件进入二审程序后，上级法院决定开庭审理，其对应的同级检察院应当派员出席第二审法庭，而不能由提起民事公益诉讼案件的检察院出席第二审法庭。（3）检察院提起民事公益诉讼后，同级法院改变管辖的，包括指定下一级法院审理、移送其他人民法院审理、上一级法院提审等情况的，应当依法变更公益诉讼人为改变管辖后的法院对应的同级检察院，具体的诉讼衔接的程序可参照其他诉讼程序的做法，将案卷材料退回提起诉讼的检察机关，由改变管辖后的法院对应的同级检察院作为公益诉讼人重新起诉，或者由

改变管辖后的法院对应的同级检察院提出申请，法院裁定变更公益诉讼人。一言以蔽之，检察机关提起民事公益诉讼的案件，应当与人民法院审判管辖相适应。这也是检察机关作为公益诉讼人区别于社会组织、省消费者协会等公益诉讼原告的重要体现。

（三）监督起诉一体化

检察机关在享有民事公益诉讼的起诉权的同时，在审判程序、执行程序中也负有一定的监督职责，这包括对适用法律错误的生效裁判提请上一级检察院抗诉、对审判程序、执行程序中法院的违法行为提出检察建议。监督权与起诉权并存，是公益诉讼人区别于原告的重要特点。虽然检察机关在提起的民事公益诉讼中具有起诉者与监督者的双重身份，但这并不意味着这两个角色必然会发生冲突。监督本身不能替代审判权和执行权，提出监督的目的在于指出错误，而不是也无法直接纠正错误。如抗诉在于启动再审，而不是直接改变再审结果；执行监督检察建议是指出错误所在，并不必然被法院采纳。事实上，我国刑事诉讼中的检察机关，同样具备起诉者和监督者双重身份。只要在制度构建上对抗辩双方的诉权予以充分合理保障并坚持审判中立原则，监督权与起诉权的并存，不会改变民事诉讼的平等构造。笔者认为，有鉴于此，对监督权予以一定的限制，是有必要的，如对检察机关提起的民事公益诉讼生效裁判的监督，只能采取由上一级检察院抗诉的方式，不宜采取向同级法院发出再审检察建议的监督方式；对审判程序监督提出检察建议的，不宜现场提出，应在庭审后另行向法院提出。

以上三个独特属性，是检察机关之所以能作为公益诉讼人的“因”。关于目前在实践中出现的法院造成的诉讼程序障碍，如法院要求检察院提交法定代表人身份证明、组织机构代码证和授权委托书，法院开庭时给检察院送达传票而非派员出庭通知书，桌牌摆放为原告，检察机关变更诉讼请求时提交《变更诉讼请求决定书》而非申请书，判决书中称谓为“公益诉讼人”，笔者认为，这是检察机关作为公益诉讼人的外在形式，是“果”。对于“因”和“果”要做一定的区分，才能更好地理解公益诉讼人的内涵。此外，实践中还存在一些情形，既不属于公益诉讼人的“因”，也不是“果”，但也常常被认为是公益诉讼人的属性。如民事公益诉讼判决移送强制执行是否需要申请的问题，很多观点认为无须申请，应由法院直接进入强制执行程序，该情形常常被认为是检察机关公益诉讼人的属性。其实不然，该特点应是民事公益诉讼的普遍属性，不是检察机关特色带来的属性。又如对于不服一审未生效裁判检察机关适用抗诉还是上诉程序，检察机关认为应适用抗诉，该情形也常常被认为是检察机关公益诉讼人的属性。但根据《人民检察院组织法》第 17 条的规定，人民检察院对于同级人民法院第一审案件的判决和裁定，认为有错误时，应当按照上诉程序提出抗诉。该规定也明确了这里的"抗诉"的实质是上诉，区别于生效裁判的"抗诉"，笔者认为该"抗诉"情形不宜归纳为检察机关公益诉讼人的属性。再如判决主文表述为"驳回公益诉讼人的其他诉讼请求"，部分学者认为这与公益诉讼人的属性相悖，笔者认为，公益诉讼也是诉讼，而不是非诉程序，既然是诉，总存在诉讼请求无法得到支持的情况，"驳回公益诉讼人的其他诉讼请求"并不会与公益诉讼人的属性相悖，且若民事公益诉讼不能表述为驳回诉讼请求，在所有诉讼请求均无法支持时，又该如何表述，也是个无法解决的问题，该情形不宜归纳为检察机关公益诉讼人的属性。

二、检察机关提起民事公益诉讼的诉前程序问题

（一）诉前程序的内涵和属性

诉前程序，顾名思义，就是诉讼之前必须经过的前置程序。根据 2017 年 6 月 28 日全国人大常委会作出的《关于修改〈中华人民共和国民事诉讼法〉和〈中华人民共和国行政诉讼法〉的决定》，对破坏生态环境和资源保护、食品药品安全领域侵害众多消费者合法权益等损害社会公共利益的行为，在没有法律规定的机关和组织或者前款规定的机关和组织不提起诉讼的情况下，人民检察院可以向人民法院提起诉讼。《人民检察院提起公益诉讼试点工作实施办法》第 13 条①和第 40 条②做了更详尽的规定。结合以上内容来看，检察机关提起民事公益诉讼的诉前程序定义为：检察机关提起民事公益诉讼之前，必须向相关行政机关或社会组织发出检察建议，督促其履行监管职责或行使诉讼权利的法定程序。实践中，对于诉前程序具有怎样的法律效力，诉前程序检察建议的法律效果等问题，都有待进一步探索予以明确。

从目前的司法实践来看，诉前程序是检察机关维护公共利益的重要手段。检察机关发出诉前程序检察建议，其目的并不是事后的诉或不诉，而在于维护国家和社会公共利益。诉前程序作为民事公益诉讼的前置程序，要牢牢把握公

---

① 《人民检察院提起公益诉讼试点工作实施办法》第 13 条规定："人民检察院在提起民事公益诉讼之前，应当履行以下诉前程序：（一）依法督促法律规定的机关提起民事公益诉讼；（二）建议辖区内符合法律规定条件的有关组织提起民事公益诉讼。有关组织提出需要人民检察院支持起诉的，可以依照相关法律规定支持其提起民事公益诉讼。法律规定的机关和有关组织应当在收到督促起诉意见书或者检察建议书后一个月内依法办理，并将办理情况及时书面回复人民检察院。"

② 《人民检察院提起公益诉讼试点工作实施办法》第 40 条规定："在提起行政公益诉讼之前，人民检察院应当先行向相关行政机关提出检察建议，督促其纠正违法行为或者依法履行职责。行政机关应当在收到检察建议书后一个月内依法办理，并将办理情况及时书面回复人民检察院。"

益核心，对不具有公共性的利益发出的检察建议，则不符合诉前程序的实质性要件。诉前程序是检察机关解决公益受损问题的重要方式。2015 年 7 月至2016 年 6 月，开展公益诉讼的试点地区检察机关办理的 1047 件公益诉讼诉前程序案件中，行政机关采纳检察建议纠正违法或履行职责的有 814 件。① 实践中，大多数公益受损问题也是通过诉前检察建议纠正。同时，诉前程序是诉讼谦抑性的集中反映。公益诉讼是立法者针对公共利益救济不充分、不足够的情况而提供的辅助性、补充性的手段，其适用应当具有谦抑性。习近平总书记在审议检察机关提起公益诉讼试点方案时强调，要妥善用好诉讼这一监督方式，诉讼是最后手段，之前要充分发挥检察建议等手段的作用。通过诉前程序给行政权与检察权之间一个缓冲的空间，集中体现了公益诉讼的谦抑性。

（二）司法实践中诉前程序遇到的困难和问题

自 2015 年 7 月 1 日全国人大常委会授权检察机关开展公益诉讼试点工作以来，检察机关积极探索，稳妥推进，取得了显著成效。从公开数字来看，截至 2016 年 6 月，试点地区检察机关共在履行职责中发现公益诉讼案件线索1942 件②，办理诉前程序案件 1106 件。下文以最高人民检察院已公布的 11 起民事公益诉讼案件（截至 2016 年 8 月 25 日）③ 为例，分析民事公益诉讼中诉前程序存在的问题。

序号	起诉单位	采用形式	督促对象	案件结果
1	江苏省常州市检察院	辖区内无提起公益诉讼的其他适格主体的，没发检察建议	无	直接提起民事公益诉讼
2	江苏省徐州市检察院	督促起诉意见书	三家社会组织	复函称目前尚不具备开展公益诉讼的能力
3	广东省肇庆市检察院	辖区内无提起公益诉讼的其他适格主体的，没发检察建议	无	直接提起民事公益诉讼

---

① 《检察机关公益诉讼试点全面"破冰"13 个试点地区均提起公益诉讼》，载法制网，http：//www. legaldaily. com. cn/locality/content/2016 - 07/19/content_ 6726165. htm？node = 37232。

② 《检察机关公益诉讼试点全面"破冰"13 个试点地区均提起公益诉讼》，载法制网，http：//www. legaldaily. com. cn/locality/content/2016 - 07/19/content_ 6726165. htm？node = 37232。

③ 案例来源于最高人民检察院网上发布厅所公布案例，数据并未包括该期间检察机关提起的全部公益诉讼案件。

序号	起诉单位	采用形式	督促对象	案件结果
4	广东省广州市检察院	辖区内无提起公益诉讼的其他适格主体的，没发检察建议	无	直接提起民事公益诉讼
5	江苏省泰州市检察院	检察建议	江苏省环保联合会	回复不提起
6	云南省普洱市检察院	辖区内无提起公益诉讼的其他适格主体的，没发检察建议	无	直接提起民事公益诉讼
7	广东省汕头市检察院	辖区内无提起公益诉讼的其他适格主体的，没发检察建议	无	直接提起民事公益诉讼
8	江苏省盐城市检察院	辖区内无提起公益诉讼的其他适格主体的，没发检察建议	无	直接提起民事公益诉讼
9	湖北省检察院汉江分院	辖区内无提起公益诉讼的其他适格主体的，没发检察建议	无	直接提起民事公益诉讼
10	山东省临沂市检察院	辖区内无提起公益诉讼的其他适格主体的，没发检察建议	无	直接提起民事公益诉讼
11	福建省三明市检察院	检察建议	中华环保联合会	回复不提起

从检察机关提起民事公益诉讼的司法实践来看，民事公益诉讼中诉前程序存在一定的问题，具体如下：

1. 必要性不强，达不到节约诉讼资源的目的

检察机关将依法督促或者支持法律规定的机关或有关组织作为提起民事公益诉讼的前置程序，试点阶段的这种做法无可厚非，但如果从制度的合理性来看，诉前程序的必要性不强，达不到节约诉讼资源的目的。经过检察机关的督促或者支持，由法律规定的机关或有关组织作为原告提起民事公益诉讼。该情形下检察机关没做成原告而是支持社会组织做了原告，整体上诉讼并没有减少；同时，经过检察机关的督促，法律规定的有关组织仍不提起民事公益诉讼，最后还是由检察机关作为原告提起民事公益诉讼，这等于变相规定了检察机关在起诉主体中处于最后次序，同样没有达到诉前程序节约司法资源的目

的，反而增加适格主体之间相互推诿的成本。

2. 可行性不强，且与部分审判功能存在重叠

从各地的社会组织分布情况来看，存在不均衡的现象，社会组织多的地区难以完成诉前程序，社会组织少甚至没有的地区则无须完成诉前程序。社会组织多的地区，诉前程序难以穷尽全部的公益组织，难以履职到位。且《最高人民法院关于环境民事公益诉讼的司法解释》已经规定了人民法院在受理民事公益诉讼案件后有告知行政机关并向社会公告案件受理情况的义务，其他机关和社会组织有权申请参加诉讼。人民法院的公告和诉前程序的功能存在重叠，且理论上公告可视为穷尽社会组织，功能则更为完备。且在实践中，也出现了检察机关履行完诉前程序起诉后、社会组织又申请加入民事公益诉讼的案例。① 从这个意义上看，绝大多数的民事公益诉讼的诉前程序的设置，需要进一步斟酌其合理性。

3. 行政权介入和起诉权行使并不是非此即彼的关系

不能简单地将行政权和起诉权对立起来，行政权的介入和起诉权的行使并不是非此即彼的关系。在民事公益诉讼提之后，行政权也同样可以介入，实现"两条腿走路"。且如果行政权介入后纠纷顺利得到解决的话，检察机关或有关社会组织完全可以采取撤诉或变更诉讼请求的办法进行处理，这也符合我国的民事诉讼制度的规定。

（三）科学构建检察机关提起民事公益诉讼的诉前程序

1. 明确检察机关履行诉前程序的适用范围

笔者认为，民事公益诉讼的诉前程序应当以不履行诉前程序为原则，以履行诉前程序为例外。具体来说，特殊情况主要有：民事公益诉讼方面，《民事诉讼法》第 55 条第 1 款规定了法律规定的机关和有关组织有权提起诉讼，对法律规定的机关，如海洋环境保护法规定的海洋环境监督管理部门，检察机关应发出诉前程序检察建议；又如对社会组织之前已起诉过的民事公益诉讼案件，在原案基础上衍生出的关联公益诉讼，检察机关要对该类关联诉讼提起公益诉讼，应履行诉前程序；再如，对《消费者权益保障法》规定由省消费者协会提出的关于侵害众多消费者合法权益的案件，检察机关应先督促省消协提起诉讼，在其未提出诉讼时，再提起诉讼。但对于一般的民事公益诉讼案件，建议适当考虑可以由检察机关直接提起民事公益诉讼案件。

---

① 参见百度：《中国绿发会申请以原告身份参加盐城市人民检察院提起的环境公益诉讼》，载 http：//tieba.baidu.com/p/4705482101。

2. 确立诉前程序的法律效力

诉前程序在诉讼法上，应有具有特殊的法律地位和价值，在适用上应当具有法定性：一是法律规定必须经过诉前程序的，未依法履行诉前程序，检察机关不得提起公益诉讼；二是诉前程序的范围和履行方式、内容都具有法定性，不符合法律规定的范围和履行方式、内容不符合法律规定的，不发生诉前程序的效果；三是诉前程序的后果具有法定性，拒不采纳诉前程序检察建议的，检察机关有权提起公益诉讼，并将诉前程序作为认定未依法履职的证据，构成犯罪的，依法追究其刑事责任。

3. 完善诉前程序的内容和方式

科学设计诉前程序制度，要考虑到被诉对象的特点以及民事公益诉讼本身的制度特点和规律性，以和民事公益诉讼的具体规定相衔接，充分发挥好诉前程序的制度价值。一是要牢牢抓住公益核心。只有案件类型纳入公益诉讼范围的，该检察建议才属于诉前程序，否则只是一般的检察建议。二是履行诉前程序的方式应为检察建议，文书要指出被督促机关应当依法履行的法定职责、法律依据及违法行使职权或不作为等违法情形，重点体现诉前程序的法律后果。三是合理确立启动诉讼程序的判断标准，如果根据法律规定，行政机关确实已穷尽了自身可以履行的职责范围，则应视为履职，诉前程序完成。

三、检察机关提起民事公益诉讼的具体程序设计

（一）诉讼程序的立法模式

在立法模式的选择问题上，有以下三种模式：一是制定单行法；二是修改现行的民事诉讼法；三是由"两高"联合制定司法解释。第一种模式的优势，集中体现在使得公益诉讼能自成一体，能将民事公益诉讼和行政公益诉讼同时吸纳进来。但由于公益诉讼是依据诉讼目的而划分的诉讼种类，民事公益诉讼和行政公益诉讼都依附于传统诉讼，且民事诉讼与行政诉讼的理念、立法技术均难以融合，在实体法和程序法上没有独立的必要性和可行性，无法将公益诉讼从各自的诉讼法中抽离出来予以整合。第三种立法模式，按照立法机关设立司法解释的初衷来看，就是针对在审判、检察工作中遇到在具体应用法律、法令时不明确的问题所作的解释或解答，但由于该问题属于基本的诉讼制度问题，以司法解释的形式规定显得不够严肃，有越俎代庖之嫌。笔者倾向于采用第二种立法体例，即在现有法律框架内增加人民检察院提起民事公益诉讼的相关内容。

在遵循第二种立法模式的前提下，笔者建议，在民事诉讼法中采取增加"专编"规定民事公益诉讼制度的方式，作为第四编，设在第三编"执行程

序"之后，第五编"涉外民事诉讼程序的特别规定"（现在的第四编）之前。理由如下：

1. 设立专编能更好地契合当前《民事诉讼法》的体例。作为处理民事私权纠纷的程序，《民事诉讼法》现有条文均以私权保护为设计的基本模型。作为解决因公共利益所引起的纠纷的程序，公益诉讼程序都围绕公共利益的保护来进行构建，在程序构造与诉讼机理上有别于民事诉讼法其他条款。而如果将"公益诉讼"的条文分散化，逐条套入各编下面的章节之中，其结果必然会造成《民事诉讼法》体例的整体混乱。

2. 民事公益诉讼的内容庞杂，以专章的形式在结构上容易引起混乱，以专编进行规定，下面再设立数个章节，条理上更顺，技术上也较为可行。从《民事诉讼法》的现有体例出发，目前《民事诉讼法》分为四编，四编下分别设若干章。若将"公益诉讼"作为单独一"章"，无论是放入第一编"总则"，还是第二编"审判程序"、第三编"执行程序"，由于"公益诉讼"均涉及以上三块内容，均不太适宜。

3. 目前第四编"涉外民事诉讼程序的特别规定"采取了独立成编的体例，民事公益诉讼参考涉外民事诉讼程序单独成编的体例，有先例可循，且从内容的重要性来看，也与涉外民事诉讼制度的重要性能够对等。

（二）诉讼程序的立法原则

科学的设计有助于充分发挥制度的优越性，笔者认为，在对检察机关提起民事公益诉讼的起诉制度进行立法设计时，要秉承以下立法原则：

1. 融合原则

由于我国传统的民事诉讼制度作为理论研究和实务操作都有非常成熟的制度，各方面的规定已经十分完善。对检察机关提起民事公益诉讼的起诉制度进行立法设计，在突出保障检察机关公益诉讼人地位的前提下，最大限度寻求民事公益诉讼制度与传统的民事诉讼制度的融合，对已有的制度，能不动的尽量不动，能改动小的尽量从小的地方改动。如对已有的举证责任制度，没有改动的必要性和可行性，应尽量不予改动。构建检察机关提起民事公益诉讼制度，应从传统民事诉讼的制度框架出发，最大限度地促进二者的融合，以达到双赢的效果。

2. 平等原则

平等原则不管是在民法，还是在民事诉讼法中，都是最为核心的原则。民事公益诉讼中的检察机关，虽然兼具监督者的身份，但并不具有高于一般原告的诉讼特权。民事诉讼中当事人诉讼权利平等之基本原则，应当在公益诉讼中一以贯之。检察机关提起民事公益诉讼制度的平等原则，不仅体现在审判程序中与被告地位、诉讼权利的平等，还体现为在兼顾检察职能特点和运行规律的情况下保持检察机关和有关社会组织的平等。

3. 审判中立原则

由平等原则所决定，在民事公益诉讼中，检察机关作为公益诉讼人，与被告具有平等的诉讼权利与诉讼义务，具有平等的诉讼中的攻击和防御手段。在此类案件中法院更应注意审判的居中和公正，依法行使法官的释明权，保障和便利双方当事人平等地行使诉讼权利。同时在此类诉讼中应强化律师代理制度，以平衡当事人的诉讼能力。

（三）具体修法建议及说明

第四编　检察机关提起民事公益诉讼

第一章　一般原则

第二章　管辖

第三章　起诉

第四章　审判

第五章　执行

第一章　一般原则

第一条　人民检察院发现有本法第五十五条规定情形的，可以向同级人民法院提起诉讼。

［说明］该条款避免了直接对公共利益下定义的弊端，并确认了检察机关对民事公益诉讼的起诉资格，并确定同级起诉的原则。

第二条　人民法院、人民检察院进行民事公益诉讼，应当分工负责，互相配合，互相制约，以保证准确有效地执行法律。

［说明］规定检法两家在民事公益诉讼中的职能定位。

第二章　管　　辖

第三条　因本法第五十五条提起的民事公益诉讼，由侵权行为地、损害结果地或者被告住所地的人民法院管辖。

［说明］在立法将正式确定人民检察院提起民事公益诉讼制度的情况下，民事公益诉讼案件的管辖级别一律确定由市中级人民法院管辖，缺乏制度的必要性。理由：一是人民法院的审判权下移是发展趋势，基层法院在级别管辖问题上都能管辖标的额 3000 万元的案件；二是目前行政公益诉讼绝大多数也都放在基层法院审理，其案件的重要性和特殊性并不比民事公益诉讼案件小，甚至敏感性更强。将管辖级别下放到基层法院，也有利于民事公益诉讼制度的全

面开展。

第四条　上级人民检察院有权办理下级人民检察院管辖的民事公益诉讼案件；确有必要将本院管辖的民事公益诉讼案件交下级人民检察院办理的，应当报请其上级人民检察院批准。

下级人民检察院对它所管辖的民事公益诉讼案件，认为需要由上级人民检察院办理的，可以报请上级人民检察院办理。

第五条　原受理案件的人民法院在收到上级人民法院改变管辖决定书、同意移送决定书或者指定其他人民法院管辖决定书后，对人民检察院提起的民事公益诉讼案件，应当书面通知同级人民检察院，并将案卷材料退回，同时书面通知当事人；对法律规定的其他机关和有关社会组织提起的民事公益诉讼案件，应当将案卷材料移送被指定管辖的人民法院，并书面通知当事人。

[说明]　由于人民检察院提起民事公益诉讼的身份系公益诉讼人，而非普通原告，在具体的诉讼程序中应当体现检察一体化的原则，应当以上述二条来规定法院与检察院衔接程序的问题。

第三章　起　　诉

第六条　人民检察院在提起民事公益诉讼之前，可以督促或者建议本法第五十五条规定的其他机关和有关组织向人民法院提起诉讼。

[说明]　从必要性和可行性考虑，民事公益诉讼在正式立法时不应当再对人民检察院创设督促或者支持社会组织提起民事公益诉讼的强制性前置程序。人民检察院提起民事公益诉讼的诉讼请求，应当坚持公益与私益相区分的原则，避免将不属于社会公共利益的私益纳入民事公益诉讼的情形。

第七条　人民检察院提起民事公益诉讼，应当具有明确的被告、维护社会公共利益的具体诉讼请求、社会公共利益受到侵害的初步证据、属于民事诉讼的受理范围，并制作民事公益诉讼起诉书，向同级人民法院提起民事公益诉讼。

人民检察院提起民事公益诉讼的起诉书应当记明下列事项：

（一）公益诉讼人的名称；

（二）被告的姓名、性别、工作单位、住所等信息，法人或者其他组织的名称、住所等信息；

（三）诉讼请求和所根据的事实与理由；

（四）证据和证据来源，证人姓名和住所。

第八条　人民检察院以公益诉讼人身份提起民事公益诉讼，诉讼权利义务适用本编规定。本章没有规定的，参照本法和其他法律关于原告诉讼权利义务的规定。

第九条 人民检察院因履行公益诉讼人职责需要，有权向有关单位和个人收集、调取证据。有关单位和个人应当如实提供证据。

［说明］上述三条规定了人民检察院作为公益诉讼人在诉讼程序中的权利义务。

第四章 审 判

第十条 人民检察院或者有关社会组织提起的民事公益诉讼案件，在案件受理后，一审法庭辩论终结前，有关社会组织或者人民检察院就同一侵权行为提起民事公益诉讼的，人民法院应当合并审理。

人民法院受理人民检察院或者有关社会组织提起的民事公益诉讼案件后，一审法庭辩论终结前，同一侵权行为的受害人根据本法第一百一十九条规定提起诉讼，人民法院可以合并审理。

［说明］解决公益诉讼和公益诉讼相互之间、公益诉讼和私益诉讼之间的合并问题。

第十一条 人民检察院提起民事公益诉讼，应当以公益诉讼人身份派员出席法庭。人民法院应当通知人民检察院派员出席法庭。

［说明］人民检察院提起民事公益诉讼的公益诉讼人以及出席检察人员的身份问题。

第十二条 民事公益诉讼的调解、和解，不得违反社会公共利益。

审理过程中，人民检察院的诉讼请求得到全部实现的，可以决定撤回起诉。

［说明］该条限制了民事公益诉讼的起诉方在所提起的民事公益诉讼中的处分权，防止违反社会公共利益情形的发生。

第十三条 民事公益诉讼案件的裁判发生法律效力后，人民检察院或者有关社会组织就同一侵权行为另行提起民事公益诉讼的，人民法院裁定不予受理，法律另有规定的除外。

［说明］本条主要参照了最高人民法院《民诉法解释》第二百八十七条和第二百九十一条的规定，用来解决一事不再理的问题。

第十四条 对于人民法院作出的民事公益诉讼判决、裁定，在判决、裁定生效前，当事人依法提起上诉、人民检察院依法提起抗诉的，按照本法规定的第二审程序审理。上一级人民检察院认为抗诉不当，可以向同级人民法院撤回抗诉，并通知下级人民检察院。

第二审人民法院应当组成合议庭，公开开庭审理。同级人民检察院应当派员出席第二审法庭。

[说明] 对一审未生效的裁判，使用"抗诉"是为与人民检察院"公益诉讼人"的法律地位相呼应。在进行一审抗诉时，进行抗诉的也应当是原提起公益诉讼的人民检察院，而非上一级人民检察院。

第十五条　人民法院作出的民事公益诉讼判决、裁定、调解发生法律效力后，当事人依法申请再审或者人民检察院提出抗诉、再审检察建议的，按照本法规定的审判监督程序审理。

[说明] 该条解决的是实践中存在争议的公益诉讼人的起诉权和监督权并存的问题。按照现有《民事诉讼法》规定，人民检察院有权对生效裁判进行法律监督，如上一级人民检察院有权提出抗诉，同级人民检察院有权提出再审检察建议，对生效裁判进行监督。

第十六条　人民法院审理人民检察院提起的民事公益诉讼，免收诉讼费。

[说明] 人民法院审理人民检察院提起的民事公益诉讼，免收诉讼费，该做法在试点过程中得到了理论和实践的认可。

第五章　执　　行

第十七条　人民法院审理的民事公益诉讼案件的判决、裁定、调解发生法律效力后，需要采取强制执行措施的，人民法院应当在履行期限届满后七日内移送执行。

第十八条　人民法院判令民事公益诉讼被告承担的款项，在扣除相关诉讼费用后，剩余部分应当用于判决、裁定所指定的用途。人民检察院依法对款项使用进行监督。

[说明] 在公益诉讼案件判决、裁定发生法律效力后，执行机关既有执行权，也有执行义务，无需依人民检察院或者有关社会组织申请而进入执行阶段。执行所得的款项，除扣除起诉方已承担的鉴定费等诉讼费用外，应当专款专用，用于指定的公益用途。

检察机关提起公益诉讼制度之探究

——兼从借鉴我国台湾地区公益诉讼制度经验谈起

范艳利[*]

一、公益诉讼制度概况

（一）公益诉讼的起源及发展概述

公益诉讼制度源于罗马法，是相对于私益诉讼而言的，其本质是"原告代表社会集体利益而非个人利益起诉"。[①] 公益诉讼的提出，突破了传统诉讼法以"利害关系"为适格当事人的限定，体现了法律调整由个人本位向社会本位的过渡。[②] 公益诉讼制度虽然起源于古罗马，但真正迅速发展却是进入现代资本主义社会之后。公益诉讼发展至今，尽管在各国的表现形式不尽相同，但无论是英美法系国家还是大陆法系国家，对涉及公益诉讼的案件大都建立了相应的诉讼机制，并且受案范围不断得到拓宽，起诉主体也呈现出开放的态势。总的来说，英美法系国家在公益诉讼制度方面采取较为积极和主动的态度，并取得了一定的实际运行成效，这得益于英美法系国家的司法者一般基于实用主义的立场，重视法官的裁量和判断，并且在诉讼制度方面没有过多预设的理论框架的束缚，有利于解决纠纷。

（二）当代公益诉讼制度兴起的原因分析

公共利益应当由谁来保护？公益诉讼制度是适应现当代社会管理需要的一项重要的制度创新，有利于弥补国家行政管理的漏洞。任何一部法律的实施都需要有效的监督，就监督方式而言，有专门机关的监督和社会监督两种，而对于与社会成员的利益息息相关的法律实施，人人都有参与权的公益诉讼制度不

---

[*] 福建省厦门市集美区人民检察院干部。

[①] 周枏、胡文翰等：《罗马法》，群众出版社1983年版，第158页。

[②] 包万平、郝小娟：《环境公益诉讼问题浅析》，载《兰州大学学报》2005年第1期。

失为一种有效的监督方式。[①] 当代社会，在一些领域公益与私益的界限日益模糊，公益日渐与私益息息相关。那么我们应该设计怎样的制度来鼓励维护公共利益的行为呢？公益诉讼就是一种很好的选择。公益诉讼制度具有预防的功能，可以防患于未然，消灭处于萌芽状态的危害社会公共利益的行为。

（三）检察机关提起公益诉讼的合理性分析

当前，由检察机关提起公益诉讼符合我国社会发展的客观要求，具有内在的合理性与实践的可行性，体现为：

第一，依法治国环境下维护法治权威提出的新要求。当前依法治国的大环境为检察机关公益诉讼指明了方向。党的十八届四中全会通过的《决定》中明确提出"探索建立检察机关提起公益诉讼制度"，这是落实检察机关宪法地位的职能拓展，既为检察机关是否具有提起公益诉讼资格的争议画上了句号，也为检察机关今后在公益诉讼领域的努力指明了方向。[②] 在全面推进依法治国的新形势下，如何贯彻落实《决定》提出的新任务新要求，是检察机关当下亟须思考和解决的问题。

第二，新形势下群众对检察机关提出的新期待。近年来，随着体制改革的全面深入和经济社会的持续发展，涉及环境污染、国有资产流失、涉众型的消费者权益损害等案件屡屡发生，并且相当一部分侵害国家和社会公共利益的案件都在表面上采用了合法形式。如果按照传统诉讼理论，这种"公益"事件往往陷入无人起诉的困境。为更好地维护社会公众利益，对这种行为必须要有公权力的干预。检察机关作为国家法律监督机关，是国家和社会公共利益的代表，在公民维护公共利益力量不足、一些地方政府维护公共利益失职渎职的情况下，由检察机关从维护法律权威、维护国家法律统一正确实施的角度，积极主动行使法律监督权维护公共利益，是全面履行检察职能的必然要求。

第三，检察机关法律监督的实践经验提供的优势。检察机关作为宪法规定的国家法律监督机关，相对于公民、法人和其他组织，具有诸多优势。一是从履职条件来看，大陆地区检察机关的主要职能包含了刑事公诉、职务犯罪侦查及民事行政诉讼监督等职能，因而具备较完备的调查取证和提起诉讼的专业优势；二是从人员条件来看，检察人员具备扎实的法律基础和较高的学历层次，有丰富的法律监督实践经验；三是从手段优势上，按照现行法律规定，检察机关在审查案件时有调查核实权，能够查明损害公共利益的事实和证据，并实施

---

① 李春光：《公益诉讼制度之构建探析》，载《海南大学学报》（人文社会科学版）2006 年第 1 期。

② 郑红：《检察机关应当积极探索提起公益诉讼》，载《检察日报》2014 年 12 月 5 日。

有效监督。

2015 年 7 月，全国人大常委会授权最高人民检察院在北京等 13 个省区市开展公益诉讼试点。在两年试点期间，试点地区检察机关积极稳妥推进相关工作，取得显著成效，充分发挥检察机关法律监督职能作用，促进依法行政、严格执法，维护国家利益和社会公共利益，试点获得了社会各界的好评，显示了检察机关提起公益诉讼制度的可行性和优越性。①

二、近年来公益诉讼制度的实践探索

（一）检察机关提起公益诉讼的相关实践及成效

检察机关提起公益诉讼制度在大陆地区虽然起步较晚，但是司法实践领域对此制度的探索却已经有数十年的进程。特别是近几年来，大陆地区检察机关在代表公共利益提起公益诉讼方面进行了大量的创新与尝试。具体典型案例详见下列汇总图表。

序号	案名	原告	被告	诉讼请求	判决结果
1	1997 年方城国有资产流失案（全国首例）	河南省方城县检察院	方城县工商管理局和汤某	请求确认国有资产买卖合同无效	买卖合同无效
2	2003 年乐陵市环境公益诉讼案	山东省乐陵市检察院	金鑫化工厂	请求判令被告停止侵害、排除妨害、消除危险	自行拆除污染设施、停止侵害、消除妨碍、消除危险
3	2005 年广州石榴岗河违法排污引发的环境公益诉讼案（广东首例环境公益诉讼案）	广州市海珠区检察院	污染企业新中兴洗水厂负责人陈忠明	要求赔偿环境污染损失和费用	赔偿环境污染损失费用约11.7万元
4	2008 年江西仙女湖景区污染饮用水水源公益诉讼案	江西省新余市渝水区检察院	污染企业负责人李某、曾某	请求判令被告停止对饮用水水源地的排污、拆除养鹿厂、消除对市民健康的损害	支持原告的诉讼请求

① 评论员文章：《依法履职尽责　强化公益保护》，载《检察日报》2017 年 6 月 28 日。

续表

序号	案名	原告	被告	诉讼请求	判决结果
5	2011 年平湖市环境公益诉讼案	浙江省平湖市检察院	嘉兴市绿谊环保服务有限公司	请求判令被告赔偿直接经济损失 54.1 万元	支付因环境污染造成的直接经济损失 541373 元，诉讼费 4607 元
6	2015 年金沙县全国首例行政公益诉讼案	贵州省毕节市金沙县检察院	金沙县环保局	要求被告履行职责处罚当地一污染企业	以撤诉了结

党的十八届四中全会提出"建立检察机关提起公益诉讼制度"后，最高人民检察院开始在部分地区部署开展公益诉讼试点工作，2015 年 7 月 2 日，最高检发布《检察机关提起公益诉讼试点方案》（以下简称《试点方案》），检察机关提起公益诉讼开始步入制度化轨道。2015 年 12 月，山东省庆云县检察院提起首例行政公益诉讼案件，江苏省常州市检察院提起首例民事公益诉讼案件，检察机关提起公益诉讼试点从此破冰。[①]

截至 6 月底，各试点地区检察机关共在履行职责中发现公益案件线索11226 件，办理公益诉讼诉前程序案件 7903 件，向人民法院提起公益诉讼1150 件。

（二）他山之石：国外及我国台湾地区公益诉讼做法及经验启示

1. 国外公益诉讼发展情况。截至目前，世界上多数国家的法律都规定有检察机关提起或者参与民事、行政诉讼的条款。检察机关代表公益参与民事诉讼，最早是起源于法国。1806 年的《法国民事诉讼法典》最早规定了检察机关代表公共利益参与民事诉讼制度。《法国新民事诉讼法典》第 422 条规定："在法律有特别规定之情形下，检察院依职权主动进行诉讼。"德国是民事法律体系最完备的国家，其也效仿法国公益诉讼制度，赋予了检察机关提起公益诉讼的权力，德国现行《行政法院法》第 35 条规定，联邦最高检察官和地方检察官可以诉讼参加人的身份代表公共利益参与行政诉讼。《民事诉讼法》第637 条规定，国家财政部承担因检察机关败诉而产生的诉讼费用。对于制度运行德国有着更加具体的规定。美国的现代公益诉讼制度发展的比较完善，其推行的私人检察长制度是许多国家公益诉讼制度学习的模板。美国法典规定了检察官在涉及民事、经济等联邦利益时有权参加诉讼，其中包括检察机关依照反

---

① 徐盈雁：《检察机关提起公益诉讼试点一年间》，载《检察日报》2016 年 11 月 4 日。

垄断法《谢尔曼法》和《克莱顿法》可以提起反垄断公益诉讼。俄罗斯检察机关拥有的民事公诉权相当强大，提起、参与民事诉讼案件属于检察业务常态。俄罗斯联邦宪法明确规定，检察长以国家公诉人身份支持公诉，并对法院的民事、刑事判决、裁定和决定提出异议。

从国外的发展经验看，虽然各国检察机关因其在本国政治体制中的法律地位和职能属性不同，具体职权各有差异，但检察机关为维护国家和社会公共利益而提起诉讼，都是一种通行的做法。对于我国来说，国外关于公益诉讼制度的相关规定及成功经验值得借鉴，对其他国家和地区的公益诉讼制度应当进行全面而深入的研究，吸收他们先进之处为我所用，但绝不能盲目引进、照抄照搬。

2. 我国台湾地区行政公益诉讼的有益实践。台湾地区在 1998 年大修"行政诉讼法"，有两个条文涉及公益诉讼。"行政诉讼法"（根据 2014 年 6 月 18 日公布的版本）第 9 条："人民为维护公益，就无关自己权利及法律上利益之事项，对于行政机关之违法行为，得提起行政诉讼。但以法律有特别规定者为限。"第 35 条规定："以公益为目的之社团法人，于其章程所定目的范围内，由多数有共同利益之社员，就一定之法律关系，授予诉讼实施权者，得为公共利益提起诉讼。前项规定于以公益为目的之非法人之团体准用之。前两项诉讼实施权之授予，应以文书证之。"第一个依据台湾地区"行政诉讼法"第 9 条提起公益诉讼的案件是美丽湾案，该案是少有的原告获得胜诉的案件，在台湾地区影响较大，该案的审理和裁判明确了环保公益团体具有行政诉讼的原告资格。

台湾地区经验对大陆地区检察机关提出公益诉讼的启示主要有：（1）我国台湾地区的行政公益诉讼制度根据自身特质，有效吸收了美国、日本的立法例，创设了混合型公益诉讼模式，值得我们借鉴。（2）由于公益实在是一个很难界定的概念，而公益诉讼中最重要的问题就是原告资格问题，即当事人进入司法审查之门的问题。台湾地区"行政诉讼法"第 9 条除了明确规定人民为了"维护公益"外，还明示"就无关自己权利及法律上利益之事项"，从而杜绝了法院以及任何人否定当事人原告资格的可能性。这实在是一个非常值得借鉴的规定。[①]（3）提请行政机关履行职责的诉前程序。台湾地区相关法律大多规定，主管机关疏于执行时，当事人应当以书面告知主管机关，在主管机关于书面告知送达之日起 60 日内仍未依法执行时方得提起行政诉讼。这一提起

---

① 林莉红：《台湾地区行政公益诉讼的立法与实践——以"美丽湾案"为切入点》，载《武汉大学学报》（哲学社会科学版）2016 年第 2 期。

诉讼之前的过滤机制，一方面尊重行政机关行使职权，给予行政主体充分的自我纠错的机会；另一方面也使得进入诉讼的是少数真正具有法律争议的案件，从而发挥法院合法性审查的优势，避免司法资源和社会资源浪费。我国大陆地区在全国人大授权检察机关开展公益诉讼试点工作的决定中也是采用此做法，2017 年 6 月 27 日修订的《行政诉讼法》中第 25 条进一步明确设立了行政公益诉讼的诉前程序。

三、对公益诉讼制度的完善建议

法系不同、国情不同，我们应当如何构建有大陆地区特色的公益诉讼制度呢？2015 年，公益组织—生物多样性保护和绿色发展基金会起诉腾格里沙漠的排污企业，经过一审不受理、二审宁夏高院裁定维持不受理，最终最高法再审裁定才受理，该案折射出实践中公益诉讼的举步维艰。2017 年 7 月 1 日修订生效的《民事诉讼法》《行政诉讼法》虽然明确赋予了检察机关提起民事公益诉讼、行政公益诉讼的职责，但是公益诉讼之路仍然任重而道远。此时，迫切需要借鉴域外公益诉讼相关的实践经验及理论研究，结合大陆地区公益诉讼现状对检察机关提起公益诉讼的制度进行构建和完善。

（一）现有不足

1. 目前大陆地区关于检察机关提起公益诉讼的法律规定较为笼统，检察机关以何种方式介入公益诉讼，公益诉讼案件中的诉权、起诉方式、诉讼费用承担、诉讼程序、权利义务、证明责任分配等在法律上都尚未作出明确规定，公益诉讼面临诸多法律上的障碍。2017 年 6 月 27 日，经过两年试点后，检察机关提起公益诉讼被明确写入《民事诉讼法》《行政诉讼法》这两部法律中，尽管这标志着我国以立法形式正式确立了检察机关提起公益诉讼制度，但是现有的法律规定仍偏笼统和抽象，仍有诸多的问题有待于进一步解决，特别是需要在实践中逐步厘清。

2. 检察机关提起公益诉讼是项全新的检察业务，检察机关在诉讼中的职责、任务、定位、作用等目前无论是在理论还是在实践上都还有待进一步明确。在此情况下，开展公益诉讼主要有以下困难和问题：（1）具体操作上存在现实困难。民事公益诉讼方面，由于涉案的具体损害事实、损害结果、因果关系等都需要专业机构进行鉴定，不仅鉴定费用高、周期长，而且有些鉴定省内无法完成，不仅增加办案周期，也增加较高办案成本。行政公益诉讼方面，由于诉前程序的制度设计，被诉行政机关往往"闻风而动""突击执法"，抢在起诉前或庭审前纠正违法或者履行职责的情况，使检察机关的诉讼请求落空。（2）检察办案人员力量仍有不足。检察机关内部的民行部门本身案多人少的矛盾比较突出，面对公益诉讼这一新生事物，多数民行检察人员在办案思维、知识储备等方面还不能完全适应试点工作的新要求，线索发现能力、调查取证能力、庭审应对能力、文书制作能力等均有待进一步提高。

（二）完善建议

着眼于整个公益诉讼制度的发展，我们应当在法律体系中建立公益诉讼制度，而检察机关应当在业已实践并且已经上升为法律规范的公益诉讼制度中承担着重要使命。2017 年 6 月 27 日，十二届全国人大常委会第二十八次会议通过《关于修改〈民事诉讼法〉和〈行政诉讼法〉的决定》，检察机关提起公益诉讼被明确写入这两部法律中，这标志着我国公益诉讼制度又进入了新的发展时期，对于强化公益保护、促进依法行政具有重大意义，也对检察机关依法履职尽职提出了更高的要求。现结合试点期间的实践经验对检察机关提起公益诉讼制度提出如下完善建议。

1. 法律路径。检察机关提起公益诉讼制度实现的法律路径有三个层次要走：第一个层次是全国人大常委会授权路径，即在法律修改尚不到位的情况下采取司法领域"试验性立法"进行授权，就是由最高人民检察院提请试点，全国人大常委会审议决定。目前这个层次的法律路径已经结束。[①] 第二个层次是法律修改路径，在试点总结经验的基础上，在立法条件成熟时对两大诉讼法进行修订，明确检察机关提起民事、行政公益诉讼的主体地位、适用范围、诉讼程序等事项。[②] 这个层次的法律路径刚刚开始进行，下一步是对《人民检察院组织法》《检察官法》进行修订，相应增加检察机关提起公益诉讼的相关条款规定。考虑到公益诉讼工作仍处于探索实践发展期，而法律制定应当具有一定稳定性，对法律层次路径应当持慎重态度。第三个层次是制定司法解释路径。在实践经验的基础上，不断探索公益诉讼案件办理的新机制、新方法，依法加强公益保护，并通过与最高人民法院联合制定公益诉讼的相关司法解释，对检察机关办理公益诉讼案件的具体问题作出详细规定，确保国家利益和社会公共利益得到有效保护。

2. 角色定位。要准确把握检察机关在公益诉讼中的角色定位。在公益诉讼中，检察机关作为宪法规定的法律监督机关，同时还要作为诉讼参与人。由于公益诉讼是以维护公共利益为目的，因而从根本上讲，公益诉讼主体的角色与法律监督角色并不矛盾。由于法律监督贯穿于公益诉讼的立案、调查、起诉、审理、裁判、执行全过程，相应的程序设计既要遵循诉讼制度的一般要

---

① 田凯：《检察机关探索公益诉讼有三条法律路径》，载《检察日报》2015 年 6 月 15 日。
② 田凯：《检察机关探索公益诉讼有三条法律路径》，载《检察日报》2015 年 6 月 15 日。

求，也要符合检察职能的特点和规律。为避免特定情况下两个角色的冲突影响案件的公正判决，检察机关应当参照刑事公诉的制度设计，通过合理分工、规范操作来协调并全面完成两个角色的任务，实行诉讼职能与诉讼监督职能相分离，由不同的部门或检察官承担，避免角色定位交叉妨碍公益诉讼工作的开展。

3. 提起主体。在公益诉讼的提起主体方面区分民事、行政进行有针对性的操作性规定。（1）在民事公益诉讼中建立以检察机关为主导、社会民众和社会公益组织积极参与的多元化的民事公益诉讼模式。其主要原因在于民事公益诉讼的提起主体的发展趋势是多元化，但提起主体多元化容易引发滥诉。因此，必须建立符合现阶段国情的起诉模式。大陆地区地域广阔，人口众多，侵害公共利益案件会相对较多，检察机关力量有限，难以全面有效承担维护社会公益重任，需要广大人民群众和社会公益组织的合力参与。（2）由于检察机关代表公共利益提起行政公益诉讼契合了大陆地区特色检察制度的本质特征，因此，当前检察机关公益诉讼工作的侧重点应放在行政公益诉讼。而在行政公益诉讼中，检察机关作为唯一的适格主体，对其公益诉讼提起主体资格的确认和防止滥诉始终是制度设计的焦点，对此均应通过相对明确的指引予以规范，如明确限制检察机关在诉讼中的和解、调解及撤诉等行为。这是因为检察机关提起行政公益诉讼的目的是维护国家和社会公共利益，只有在有助于维护公共利益的情况下，才能与被告进行和解、调解及撤诉。

4. 明确诉前程序机制及履行的判断标准。检察机关提起公益诉讼制度毕竟不是利害关系人提起诉讼，对该制度作出特别的诉前程序规定是有必要的。在民事公益诉讼中，经过诉前程序，法律规定的机关和有关组织没有提起民事公益诉讼，或者没有适格主体提起诉讼，社会公益仍处于受侵害状态的，检察机关可以提起民事公益诉讼。如何实现对适格主体的排查是关键，而对适格主体的排查方式和渠道需要进一步在实践中探索好的方式、方法。而在行政公益诉讼中，诉前程序更为重要，如检察机关在执法办案中发现行政机关及其工作人员的违法行为损害国家和社会公共利益，应当书面督促或建议其正确行使职权、履行职责，采取补救措施、予以整改。只有行政机关未按照检察建议要求采取措施进行补救整改措施时，国家和社会公共利益仍处于受侵害状态的，检察机关才能提起行政公益诉讼。[①] 实践中对于行政机关诉前履职的判定尚无明确、统一标准，但是应当明确的是不能单纯看重行政机关对建议的书面及反馈，应当更加注重其切实的纠正行为及实际效果。

---

① 郑新俭：《检察机关提起公益诉讼的若干问题》，载《人民检察》2016 年第 20 期。

　　5. 引入监督。在公益诉讼试点期间，地方人民检察院拟决定向人民法院提起公益诉讼的，应当先行层报最高人民检察院审查批准。这一要求有利于实现检察机关在内部对公益诉讼案件质量和办案效果的监督，但随着公益诉讼工作的全面展开，应当进一步放宽条件，可以将审查批准权下放至省级人民检察院。同时应当注重外部监督的强化。为保证检察机关提起公益诉讼的权威性，检察机关在发挥自身法律监督职能对法院诉讼活动进行监督的同时，要树立"监督者更应接受监督"的办案理念，主动接受人大监督、人民监督员监督、媒体监督、社会公众监督等多种监督，提高办案透明度，及时发布案件信息，积极开展以案释法工作，从而进一步获得群众对检察机关开展公益诉讼的满意和支持。

行政公益诉讼语境中
不履行法定职责标准界定

洪领先　徐化成　秦　文[*]

2017 年 6 月 27 日，十二届全国人大常委会第二十八次会议作出决定，正式确立检察机关提起公益诉讼制度，明确规定对纳入行政公益诉讼受案范围的案件，经过诉前程序，行政机关不依法履行职责的，人民检察院依法向人民法院提起诉讼。上述关于不依法履行法定职责的规定，既源于两年公益诉讼试点期间检察机关全覆盖、多样化的实践探索，更是根源于"深入推进依法行政，加快建设法治政府"的内在要求。积极稳妥开展行政公益诉讼工作，准确界定不履行法定职责的标准，对于奠定行政公益诉讼制度的价值基础，建构行政公益诉讼制度的逻辑起点，协调衔接行政诉讼，显得尤为重要和迫切。

一、不履行法定职责的实践样本考察

（一）基本情况

2015 年 7 月 1 日，最高人民检察院确定在北京等 13 个试点省份开展公益诉讼试点工作。H 省系最高人民检察院确定的试点省份之一，截至 2016 年 12 月 31 日，H 省共提起行政公益诉讼案件 50 件。以行政机关类别划分，国土部门 20 件，林业部门 13 件，环保部门 5 件，水利部门 4 件，财政税务部门 5 件，城建部门 2 件，人防部门 1 件。以受案范围划分，国有土地使用权出让 6 件，国有资产保护 7 件，生态环境保护 15 件，生态资源保护 22 件。

（二）对不履行法定职责实践样本评价

一是法律、法规规定是法定职责适用法律的主要遵循，规章以下的规范性文件在法律适用中也时有援引。确立行政机关的法定职责既是办理行政公益诉

---

* 洪领先，湖北省随州市人民检察院党组书记、检察长；徐化成，湖北省随州市人民检察院检察官；秦文，湖北省随州市人民检察院检察官助理。

讼案件的前提，也是法律适用的基础。司法实践中已经形成既从法律、法律、规章中寻找明确依据，还无一例外收集地方政府制定发布的权力清单和涉及行政机关职权、机构设置的规范性文件等。二是对不依法履行职责判断包含履行职责中评估、诉前程序评价、起诉程序审查，呈现多层次审查、评价、判断的过程。其中履行职责中评估是案件线索的发现、评估、移送、备案过程，是基于法律规定的可行性评估；诉前程序的评价是基于调查和法律、法规、规范性文件的规定，对行政机关行政作为和不多为的初步评价；起诉程序审查是检察机关发出诉前检察建议后，督促行政机关履行职责落实情况的再次评价，实际上是"检察机关提起行政公益诉讼这种监督方式仍是将监督置于诉讼程序之中，通过司法审查实现对行政权的监督"。[1] 三是不履行法定职责包括违法行使职权、完全不履职、不完全履职三种形态基本形成共识，不完全履职系主要表现形式。最高人民检察院编发的《检察机关提起公益诉讼实践探索》认为，从违反法定职责的表现形式分析，行政违法行为可以分为作为和不作为的行政违法行为，不作为形式的违法又可细分为完全不履职、不完全履职，[2] 其与行政诉讼规定的不履行职责包括拒绝履行、拖延履行两种形式的内涵和外延不同，进一步丰富了不依法履行职责的内涵和表现形式。上述 50 件提起行政公益诉讼案件中，违法行使职权 3 件，完全不履职 14 件，不完全履职 33 件，不完全履职占绝大多数。四是行政机关不完全履行法定职责主要表现为有行政强制执行权的机关对行政决定怠于采取执行措施，[3] 没有行政强制权的行政机关怠于申请强制执行，[4] 或者仅部分履行，怠于履行强制措施，在限期治理、国有财产监管中法律法规对行政机关履行职责的程序措施不明而难以作出行政决定和采取相应执行措施等。[5] 五是在诉讼请求与判决结果方面，检察机关提出

---

[1]　李旻：《检察机关提起公益诉讼的理论基础——以检察权和行政权的关系为视角》，载《云南大学学报》（法学版）2015 年第 5 期。

[2]　最高人民检察院编：《检察机关提起公益诉讼实践探索》，中国检察出版社 2017 年版，第 114 页。

[3]　如松滋市水利局不依法履行职责案，松滋市水利局对于违法行为人逾期不拆除违建的建筑物，作出行政决定后，因其有行政强制执行权，但却未采取措施自行组织强行拆除，转而非申请法院强制执行。

[4]　如公安县环境保护局不依法履行法定职责案，公安县环境保护局仅对行政相对人处以罚款，在环保设施未经验收合格情况下，佳乐佳豆制品厂仍在连续生产且排放超标废水，公安县环保局没有报请公安县人民政府关停或依据《中华人民共和国水污染防治法》第 71 条规定依法处罚或申请人民法院强制执行等。

[5]　如崇阳县财政局不履行法定职责案。现行法律、法规明确财政局有追回被骗取的财政资金的义务，但并未明确追回被骗资金的方式和步骤，而是规定必须"追回"。因此，尽管财政局有履职的行为，发送《关于追缴水稻保险补贴资金的函》，与人保财险公司主要负责人多次面谈追缴事宜，已向县人民政府报送《关于追缴路口镇、白霓镇 2011 年至 2013 年水稻保险资金的请示》等，但因为没有追回该笔资金，仍是不完全履职。

的诉讼请求基本为二项，即请求法院确认行政行为违法与判令行政机关履行职责。提出撤销或者部分撤销违法行政行为，确认无效等诉讼请求极为少见。包括因判决前行政公益得到恢复而变更诉讼请求的，人民法院均支持了检察机关的诉讼请求。

（三）不履行法定职责认定存在的问题与困惑

一是行政程序缺失与漠视。主要表现为我国没有统一的行政程序法，行政机关的行政执法程序散见于浩于烟海的行政法律、法规之中，全面熟悉把握不同行业行政机关执法程序、执法手段和期限要求绝非易事。公益诉讼改革试点之初，曾出现因提起行政公益诉讼时间、条件、程序而产生阻却问题。在行政强制领域，有强制执行权的行政机关往往引用"法律法规规定既可以由行政机关依法强制执行，也可以申请人民法院强制执行，行政机关申请人民法院强制执行的，人民法院可以依法受理"的规定，怠于履行《行政强制法》规定的具有行政强制执行权的行政机关应当依法自行实施强制执行职责，造成司法实践的认识误区；而对行政机关强制措施方面，行政机关是否应当对行政相对人的人身、财产进行临时约束和处置，行政强制措施的种类是否适当、是否全面，缺乏分析和研究，司法实践中鲜有对强制措施合法性审查判断。二是政策与法律问题交织与混淆。现阶段，地方政府为了推进经济的发展，相继在土地政策方面出台了一系列优惠政策，如通过协议低价出让土地、签订协议减免、变相减免土地出让金，其中便涉及对政策文件的审查问题。基于行政公益诉讼检察机关"履行职责中发现"的限定条件，行政公益诉讼案件大多涉及行政责任与刑事责任的竞合问题，行政机关是否应当继续履行监管责任，行政机关往往已移送追究刑事责任为由，拒绝履行行政监管责任，而检察机关认为行政机关不履行监管职责也仅仅从行政责任与刑事责任不能产生代替关系分析入手，缺乏对法律法规的明确援引。三是对客观情形限制把握与重视不够。应当说，当前行政机关对检察机关的诉前建议高度重视，行政机关拒不纠正违法行为或者完全不履职情形仅在少数，行政机关大多有积极整改的良好意愿，但完全落实检察机关的诉前建议却存在诸多客观困难。对于涉及持续时间长、历史遗留问题、行政相对人较多、容易引起上访问题的案件，行政机关整改往往十分困难，需要得到地方党委政府的人力、财力、智力支持。① 而在责令改正、恢复植被、修复土壤、治理污染、国有财产保护领域，法律仅仅赋予行政机关

---

① 如随县水利局不依履行职责案，多年来随县封江口水库筑坝拦汉行为一直存在，在20世纪80年代政府甚至持鼓励支持态度，大部分水库居民以此为业，呈现历史与现实问题并存，政策界限与法律问题交织，利益驱动与不法行为混同状态。

的监管职责，却没有赋予相应的程序手段，限定期限要求达到预定的目标，也往往与客观实际不符。

二、不履行法定职责界定的理论基础

（一）奠定公益诉讼制度的价值基础

传统行政诉讼理论中，行政权一向被视为公共利益的代表，其基本任务就是保护公共利益，实现公共政策。[①] 与行政诉讼控权不同，行政公益诉讼是通过监督或者介入司法的方式督促行政机关依法行政，更加积极主动地履行对社会公共利益的保护职责。[②] 行政公益诉讼以法律制度的形式确立检察权直接监督行政权，与行政诉讼监督一起拓展和完善了行政检察工作的内涵和外延。反映出我国实行人民代表大会制度宪政体制下，行政权与司法权在保护国家和社会公共利益上，各自不同的权限划分和功能定位。据此，不履行法定职责是检察权监督行政权的实质要件和重要连接点。现阶段，充分关注人民群众反映强烈的行政执法过程中存在的越权执法、多头执法、权责脱节、利益驱动、选择性执法、行政不作为等违法行使职权、行政不作为问题，贯彻问题导向，强化类型化研究，明晰行政管理职责，强化对不履行法定职责的界定和法律适用，是实现检察权监督行政权，贯彻保护国家和社会公共利益的政策导向，实现行政公益诉讼目的的基础性工程。

（二）建构公益诉讼制度的逻辑起点

行政公益诉讼包含诉前程序和诉讼程序。作为形式要件的诉前程序标准为：人民检察院对纳入行政公益诉讼受案范围案件经审查认为行政机关违法行使职权或者不作为，致使国家利益或者社会公共利益受到侵害或者有重大侵害危险的，应当向行政机关提出检察建议，督促其依法履行职责。而作为实质要件的起诉标准为：有充分证据证明行政机关未依法履行职责，即违法行使职权或者不作为，有初步证据证明国家利益或者社会公共利益受到侵害的或者有重大侵害危险，行政机关在收到检察机关的检察建议后没有依法履行职责。观察诉前程序和诉讼程序，不难发现，对"不依法履行法定职责"的职责界定、证据收集、履职审查、履职评价贯穿于行政公益诉讼的全过程。不依法履行法定职责标准的界定构筑了行政公益诉讼制度的出发点和落脚点，决定了行政公益诉讼的实质内容、价值目标和理念基础，系建构行政公益诉讼的逻辑起点。

---

① 王明远：《论我国环境公益诉讼的发展方向：基于行政权与司法权关系理论的分析》，载《中国法学》2016 年第 1 期。

② 余敏、宋国强：《立足诉讼目的构建行政公益诉讼制度》，载《检察日报》2017 年 3 月 1 日。

围绕逻辑起点的展开，要以职责法定为基础，以履行职责证据收集为核心，往返对比评价不同诉讼环节履行职责的独特内涵，协调衔接诉前程序和诉讼程序，在此基础上，围绕诉讼要件、审理程序、判决方式和判决要件等方面设计出多样化的不依法履行法定职责的诉讼类型，充分发挥行政公益诉讼监督行政权的依法行使、保护国家和社会公共利益的制度功能。

（三）协调衔接行政诉讼的现实需要

两年试点期间，根据检察机关公益诉讼试点工作方案，程序判决引用的法律依据主要是行政诉讼法的相关规定。学界基于诉讼目的的不同，将基于保护原告的个人权利或者利益为目的行政诉讼称为主观诉讼，而将保护国家和社会公共利益、监督依法行政的目的提起的行政公益诉讼称为客观诉讼。尽管行政公益诉讼在诉权、诉讼构造、诉讼标的体现出自身的独特性，但仍然不能脱离行政权运行的基本原理。行政诉讼法修改后，行政公益诉讼程序构建仍然要以现行的行政诉讼法为基础予以完善，特别要围绕不依法履行职责所体现出的不同类型进行甄别、审查和提出诉讼请求。其一，基于我国尚无专门的行政程序法，梳理现行的法律、法规、规章及相关的规范性文件，明确行政机关履行职责的程序、手段和期限，进而通过程序正义的角度甄别行政机关是否依法履行职责具有重要意义。其二，对行政行为司法审查，仍然需要依赖行政法所确立的合法性、合理性等基本原则作为指导。其三，在提出具体诉讼请求上，要结合不履行法定职责的类型化标准类型，以行政行为的违法和无效所体现出的行政行为的法律效力为基础进而提出不同的诉讼请求。2014年行政诉讼法修改，确立了驳回诉讼请求、撤销判决、变更判决、履行判决、给付判决、确认违法判决、确认无效判决、行政协议的履行及补偿判决八种形式。其中履行职责判决针对的是行政机关拒绝履行和拖延履行两种情形，且履行职责仍有意义。从保护国家和社会公共利益、监督行政机关依法行政角度，行政公益诉讼履行判决无疑应当是主要的判决形式。要通过行政行为违法性的判断，或者说以确认行政行为合法性审查为基础对违法行使职权、完全不履职、不完全履职三种不依履行职责的标准界定，吸纳借鉴行政诉讼法确立的履行判决形式，反观试点期间生效判决确立的履行职责判决包含的违法行使职权类型的撤销加继续履行判决，不作为形式类型的确认违法加履行判决，以及宣示评价类型确认违法判决三种形式，对行政公益诉讼请求进行合理化改造，实现诉讼请求与判决的调适。

三、不履行法定职责的理解与完善

试点过程中，有司法实务者考察已生效的行政公益诉讼判决，对行政机关不履行法定职责总结出三条标准：看行政相对人违法行为是否停止，看行政机关是否穷尽法律手段，看行政机关拒绝履行法定职责是否有法定理由。[①] 上述标准无疑具有其合理性和现实性。当前，基于检察权在行政公益诉讼中的公益性、监督性、程序性、职责性定位，对不依法履行职责应坚持形式标准与实质标准统一。

（一）注重行政程序，秉承程序正义

对不依法履行法定职责的界定，必须充分关注行政行为的制作程序或者形成程序，以行政程序所应遵循的方式、步骤、顺序和期限等程序性要素要求，进而判断行政行为是否合法、违法或者无效。即检察机关发出诉前检察建议以后，行政机关是否按照法律、法规、规章以及相关规范性文件的规定，按照法定的程序、手段，在规定的期限内依法履职。法定程序、法定手段、规定期限构成审查行政行为合法、违法、无效的核心要素。正义不仅要实现，而且要以看得见的方式实现。法定程序要求行政机关实现实体合法，还必须遵守严格的程序，尊重相对人的程序权利。没有告知行政相对人的听证权利，即可能导致行政行为违反法定程序，依法应予撤销；而不告知行政相对人享有行政复议和提起行政诉讼的权利，也势必影响行政行为的效力。法定手段要求行政机关以法定的程序和方式实现行政管理的目的。行政机关作出的行政决定，必须采取积极有效的方式去达成。要充分研究行政机关对违法行为的处理流程，梳理行政机关作出行政决定的手段和步骤节点，特别突出包括行政强制措施和行政强制执行的实施情况，如行政机关是否依法作出查封、扣押冻结等强制措施；对于有强制执行权的行政机关是否行使法律赋予的强制执行权，没有强制执行权的行政机关是否在法定期限内申请人民法院强制执行；对于环境污染、破坏自然资源案件，行政机关作出的恢复原状、限期治理等行政决定的，行政机关是否实施了代履行、代为治理措施。行政效率原则是行政法的一项基本原则，行政机关应当积极履行法定职责，禁止不作为或不完全作为。遵守法定时限，禁止不合理延迟，是行政效率原则的集中体现。要尊重客观实际，结合法律法规规定，确定是否存在对积极履职的违反和背离。如对于行政机关已经依法启动行政处罚的立案、调查等程序，尚处于作出行政处罚的法定期限内，则应看其是否在法定期间内作出行政处罚决定，是否存在客观障碍，不能一概认定为未依法履行职责。

（二）遵循实体标准，强化公益保护

行政诉讼的目的是国家基于行政诉讼性质所确立的制度目标，它具有可预

---

① 冯庆俊：《如何认定行政机关不履行法定职责》，载《检察日报》2017 年 3 月 27 日。

期性、人为设计性等特点。① 行政诉讼目的决定了行政诉讼的基本构造，决定了行政诉讼的发展方向和诉讼请求的具体内容。《人民检察院提起公益诉讼试点工作实施办法》确定公益诉讼是"为了加强对国家和社会公共利益的保护，促进行政机关依法行政、严格执法"，根据修改后的行政诉讼法，行政公益诉讼制度的目的是保护国家和社会公共利益。那么，检察机关在提起诉讼和具体诉讼请求时，必须遵循实体标准，充分考虑维护公益的目的是否实现。虽然不能简单以被侵害的公益是否完全被恢复、行政相对人的违法行为是否已经停止等事实上的效果来判断行政机关是否构成拒不纠正违法行为和不履职，但被侵害的公益完全被恢复、行政相对人的违法行为已经停止却面临价值选择和诉讼判断问题。相较而言，因责令继续履行缺乏事实基础，缺乏诉讼目的，单纯对于行政行为的违法性判断，并不足以彰显行政公益诉讼的制度价值，相反却易形成与行政机关的紧张对立关系。但是被侵害的公益完全被恢复、行政相对人的违法行为已经停止如发生在提起诉讼后，检察机关是否撤回起诉或者撤回部分诉讼请求，严格讲应该是诉讼技术问题，提起确认违法之诉对于督促行政及时履职而不至于过分拖延具有宣示和警告意义。现阶段，司法实践中也出现了行政机关因担心败诉追究责任而动用国家的人力、物力、财力，将原本属于行政相对人的行政责任由行政机关进行履行的问题，如代为缴纳税费、代为恢复原状、代为进行治理。笔者以为，如果符合《行政强制法》规定的代为履行的条件、程序，行政机关可通过申请人民法院强制执行进行追偿；相反，如果不符合代为履行的条件程序，就会造成形式上一种公益被恢复，另一种公益即国有财产被破坏的情形，甚至涉嫌构成渎职犯罪。

（三）把握法律政策界限，严格法律适用

实现行政公益诉讼保护国家和社会公共利益的目的，准确适用法律，是落实好有权必有责、用权受监督、失职要问责、侵权要赔偿，把权力关进制度笼子的基本要求。一是强化对行政机关法定职责的理解。对不依法履行法定职责的界定，其实质是检察机关在行政公益诉讼案件办理过程中，按照法定程序具体运用法律、法规或者规章中的行政法规范审查行政行为的合法性活动。在行政管理领域，行政机关的职责既有分工也有交叉，法定职责来源既可能是本行政领域的法律、法规、规章和规范性文件，也可能是其他行政管理领域的法律

---

① 谭宗维：《行政诉讼目的新论——以行政诉讼结构转换为维度》，载《现代法学》2010 年第 4 期。

规范，甚至可能是行政管理需要和惯例。① 因而，在司法实践中，要以行政法律、法规、规章和规范性文件作为审查行政行为的基本遵循，以地方政府制定发布的权力清单和涉及行政机关职权、机构设置的规范性文件作为审查行政行为的重要补充，全方位、多角度厘清行政机关法定职责的内涵和外延；基于行政管理的复杂性和法律规定的不明确，在职权界限不明晰的情况下，要以行政管理的需要和公益保护的目的，准确把握行政机关的职责，防止行政机关推诿和扯皮；依照行政法律、法规、规章和规范性文件规定，实现全面履职目的，全面梳理行政机关怠于履行、履职不到位、对违法行为处理不力、行政强制不当等不依法履行法定职责的具体体现。二是把握政策与法律界限。在行政公益诉讼领域，党的政策和国家法律在落实依法治国要求上具有高度的统一性。一方面，将行政公益诉讼监督依法行政纳入法治轨道运行，全面加强国家政策原理、国家政策实施对公益保护说理，加强法律适用释法说理，保证政策实施与法律适用的融合，共同实现维护公益的目的；另一方面，对于行政机关基于发展经济、扩大就业、维护稳定考虑通过变通执行国家政策而实施的行政行为，加强对罚款易于执行而治理难于实施的过分偏好类型、违背国家法律政策而变通走样实施类型的行政行为审查判断，特别是对实施的依据即规范性文件适用的审查力度，防止政策与法律的违反和背离。

（四）尊重客观实际，强化沟通与协调

应当看到，经过行政公益诉讼改革试点期间的积极有益探索，检察机关行政公益诉讼得到了地方党委、政府和人大，以及行政机关的关心、支持与理解，获得了广泛的社会认同。随着行政诉讼法立法修改和检察机关行政公益诉讼工作的全面实施，经过诉前检察建议程序，行政机关拒不纠正行政违法，明确表示不进行整改；行政机关虽回复采纳检察建议并采取整改措施，但实际上行动迟缓、敷衍应付、没有作为，可能只是会少数个别情形。行政机关不依法履行法定职责主要集中在一些特殊情形，如对于恢复植被、修复土壤、治理污染等监管职责，行政机关主观上有整改意愿，但由于受季节气候条件、施工条件、工期等客观原因限制，行政机关无法在检察建议回复期内整改完毕的；在国有财产保护领域，法律赋予行政机关的监管职责，但却未赋予行政机关相应的监管手段；对于行政相对人的行为已经构成刑事犯罪，行政机关是否还应继续履行监管职责，是否违反一事不再罚原则存在分歧。鉴于行政权保护国家和社会公共利益的高效原理，提起行政公益诉讼是保护国家和社会公共利益的最

---

① 参见最高人民法院发布的十大行政不作为典型案例：钟华诉北京工商行政管理局通州分局行政不作为案。

后救济手段，检察关提起行政公益诉讼应当强化与行政机关的沟通协调，坚持谦抑审慎原则。对于行政机关在恢复植被、修复土壤、治理污染特殊监管职责，应充分考虑季节气候条件、施工条件、工期等客观原因限制，考虑行政相对人配合监管的意愿，合理确定监管职责履行期限，而不必受一个月期限的限制。要建立沟通协商机制，引导行政机关依照法定的程序和法定方式实现行政管理的目的，而不应过分依赖诉讼判决，等待判决确认行政机关去履行，形成紧张对立关系。加强行政责任与刑事责任竞争合的研究，充分考虑刑事责任和行政责任的法律效果，以保护公益为目的，依照法律、行政法规等规定确定的行政机关的监管责任，如查实行政机关还可以通过继续履行行政监管职责有效保护国家利益或者社会公共利益的，应当依法释明，对于行政机关以已经移送刑事处理而不愿意继续监管职责的，依法提起行政公益诉讼。

检察机关提起行政公益诉讼问题研究

朱新武　许瑞华[*]

2014 年 10 月，党的十八届四中全会《关于全面推进依法治国若干重大问题的决定》明确提出"探索建立检察机关提起公益诉讼制度"，为构建我国检察机关提起公益诉讼制度吹响了冲刺的号角。2015 年 7 月 1 日，十二届全国人大常委会第十五次会议作出《全国人民代表大会常务委员会关于授权最高人民检察院在部分地区开展公益诉讼试点工作的决定》，授权北京等 13 个省市检察机关开展为期二年的提起公益诉讼改革试点工作。截至目前，各试点省市检察机关成功办理了一批公益诉讼案件，其中不乏理论价值和实践价值都很高的行政公益诉讼案例，这些案例的办理为今后行政公益诉讼"入法"奠定了实践基础，对检察机关提起公益诉讼工作的全面开展具有指导性意义。

一、检察机关提起行政公益诉讼的产生和法律适用

（一）检察机关提起行政公益诉讼产生的司法背景

近年来，生态环境污染、国有资产流失、危害食品安全等侵害国家和社会公共利益的事件时有发生，其中包括有些行政机关违法行使职权或者不作为造成对国家和社会公共利益侵害的案件。由于"公益"是一种整体利益，与公民、法人和其他组织没有直接的利害关系，使得国家和社会公共利益受到损害时，存在民事公益诉讼主体模糊、行政公益诉讼主体缺位的问题，无法使国家和社会公益利益获得有效保护。① 随着我国经济的飞速发展、法治的实施和公民意识的不断增强，一些"正义之士"发现行政机关的违法行为或不作为侵害公共利益时不再是"事不关己，高高挂起"的态度，而是采取了诉讼的实际行动进行维权，如东南大学两名教师施建辉、顾大松先生诉南京市规划局

---

* 朱新武，安徽省淮南市人民检察院党组书记、检察长；许瑞华，安徽省淮南市人民检察院民事行政检察处、检察员。

① 《最高人民检察院关于检察机关提起公益诉讼制度的权威解读》，载新华网，2015 年 7 月 2 日。

案、律师金奎喜诉杭州市规划局案，这表明我国公民的维权意识得到极大的提高，同时一定程度上反映了我国法治的进步以及法治社会所起到的良好作用。① 但是，这些案例也反映了当前我国行政公益诉讼的困境。法律上空白导致行政行为侵害社会公益的可诉性问题受到质疑。由于行政公益诉讼制度的欠缺，导致在司法实践中提起行政公益诉讼的正当性，尤其是普通公民提起行政公益诉讼的正当性受到质疑，而法院为了避免社会矛盾的激化往往以被诉行政行为与起诉人无直接利害关系或对起诉人无实际影响为由，拒绝对公民提起的行政公益诉讼案件直接进行审理。再者，公民素质的良莠不齐导致行政公益诉讼在一定程度上的滥用。为加强对国家和社会公共利益的保护，强化对行政违法行为的监督，党的十八届四中全会决定明确要求"探索建立检察机关提起公益诉讼制度"。通过建立检察机关提起行政公益诉讼制度，充分发挥检察机关法律监督职能作用，促进依法行政、严格执法、维护宪法法律权威，维护社会公平正义，维护国家和社会公共利益。

（二）检察机关提起行政公益诉讼的制度优势

1. 检察机关提起公益诉讼是宪法定位，由检察机关提起行政公益诉讼不会缺位。我国法律虽然规定公民、法人和社会组织受到行政行为侵害时可依法提起行政诉讼，但目前对行政行为侵害社会公共利益方面的法律规定却是空白，单靠行政机关自上而下的自我监督很难对那些违法行为做到有效抑制和纠正。建立行政公益诉讼制度，将侵害社会公共利益的行政行为纳入司法审查范围，把公益化行政纠纷转化为法律问题，可以对行政机关合法行使权力起到警戒作用，提高其依法行政的自觉性。为了保护社会公共利益不受行政机关的侵害，必须首先确定提起行政公益诉讼的适格主体，根据我国宪法的规定，国家理应作为这一主体，但是国家仅仅是价值主体，而不能参与具体的诉讼②，政府本身作为行政机关，在侵害公共利益的案件中，很大部分是政府行政行为或与政府相关单位存在利益关系，政府如果参与行政公益诉讼，显然不尽合理，检察机关作为国家法律监督机关，相比于人大和法院，更具优势。任何机关和团体组织都有可能基于种种理由不提起公益诉讼，但检察机关作为法律监督机关，不能以任何理由拒绝提起公益诉讼，否则就是失职渎职，就要承担法律责任。因此，检察机关成为行政公益诉讼的最后堡垒，是提起行政公益诉讼的最后一道防线。

2. 检察机关提起行政公益诉讼可以有效防止诉权的滥用。检察机关作为

① 张先旺：《行政公益诉讼制度的构建》，载《商界论坛》2013年第9期。
② 马明华：《行政公益诉讼制度若干问题研究》，载《行政与法》2009年第8期。

国家法律监督机关，不牵涉地方和部门利益，适合代表国家提起诉讼，由检察机关提起行政公益诉讼是其法律职责，检察机关能够从大局出发，不带有任何私利或私人动机，审慎地行使公益诉权，避免影响到正常的行政秩序，由检察机关提起行政公益诉讼不会导致公益诉权的滥用。

3. 检察机关提起行政公益诉讼具有"人、财、权"三种优势。能够高效、准确地配合人民法院进行诉讼，可以大幅度降低司法成本。检察机关是司法机关，具有专门的人才和专业法律知识、诉讼技能，这保证了诉讼进程的准确性和高效性，在提起公益诉讼上更加能够有的放矢。此外，人民检察院作为国家机关在诉前程序中能更有效率地与相关行政主体进行沟通，这对维护公共利益有超出诉讼制度的深远意义。提起公益诉讼，不免产生各种费用，检察机关有国库支持，相较于一般的社会团体和组织具有"财政"优势。再者，检察机关拥有法定的调查权，有利于行政公益诉讼的调查取证和解决庭审举证困难等问题。

（三）试点阶段检察机关提起行政公益诉讼的法律适用

2014 年《行政诉讼法》进行修改，虽然法学理论界和实务界要求建立行政公益诉讼制度的呼声很强烈，但是立法者秉持着谨慎的态度仍然回避了对建立行政公益诉讼制度的"正面回应"。党的十八届四中全会通过的《中共中央关于全面推进依法治国若干问题的重大决定》明确要求"探索建立检察机关提起公益诉讼制度"，是检察机关提起公益诉讼的纲领性文件。2015 年 7 月 1 日，十二届全国人大常委会第十五次会议作出《关于授权最高人民检察院在部分地区开展公益诉讼试点工作的决定》（以下简称《授权决定》）。2015 年 7 月 2 日，最高人民检察院发布了《检察机关提起公益诉讼试点方案》（以下简称《试点方案》）。这两个文件的出台，确保了检察机关提起公益诉讼的试点改革工作于法有据。根据全国人大常委会授权决定要求，最高人民检察院在《检察机关提起公益诉讼试点方案》的基础上研究制定了《人民检察院提起公益诉讼试点工作实施办法》（以下简称《实施办法》）。《实施办法》包括四章58 条，《实施办法》以《试点方案》为基础，对《试点方案》中比较原则的规定，作了进一步的解释；对《试点方案》中没有规定而办案实践中需要予以规范的，作出具体规定。《实施办法》对检察机关提出公益诉讼的线索来源、线索移送、立案程序、调查核实、举证责任等内容作出了规定，对诉前程序等内容作了进一步强调，确保试点工作在法律框架和授权范围内开展。而后试点省份的省级院也纷纷就检察机关提起公益诉讼适用法律相关问题与省高级法院会签规范性文件①，为检察机关提起公益诉讼在法律适用方面遇到的具体问题提出解决方法。

二、检察机关提起行政公益诉讼实务操作经验总结

试点以来，各地检察机关成功办理了一批行政公益诉讼案件。笔者认为，检察机关提起行政公益诉讼，要在实务上注重以下几点：

（一）领导高度重视，为检察机关提起行政公益诉讼提供坚实的组织保障

公益诉讼试点工作是一项全新的检察业务，牵扯面广、办案难度大，且无先例可循。加之，有的行政机关对行政公益诉讼工作存在错误认识和抵触情绪，要顺利推进试点工作，离不开各级领导的重视与支持。

（二）严格履行行政公益诉讼诉前程序，规范检察建议制作、送达流程，通过把好程序关确保案件质量

《实施办法》要求，检察机关在提起行政公益诉讼之前，应当先行向相关行政机关提出检察建议，督促其纠正违法行为或者依法履行职责。在庭审过程中，检察机关还要对人民检察院履行诉前程序提出检察建议且行政机关拒不纠正违法行为或不履行法定职责的事实承担举证责任。如果检察机关履行行政公益诉讼诉前程序提出的检察建议缺乏针对性，没有针对相关行政机关在具体履职中存在的问题提出具体、可操作性强的建议，只是空洞地建议行政机关要整章建制、规范行政行为等，将会导致行政机关整改措施泛化，缺乏实质性整改内容和举措，也会对后续检察机关提起诉讼造成困难，甚至无法成案。因此，在行政公益诉讼诉前程序中，检察机关全面分析案件事实和法律问题，找准解决问题的切入点，增强诉前程序检察建议的可操作性和有效性，有利于行政机关充分采纳，也有利于检察机关在庭审中占据有利地位。

（三）加强沟通协调，为行政公益诉讼案件的办理创造良好的外部环境

当前，检察机关提起行政公益诉讼案件庭审程序不够明确，且大多案件涉及环境与发展等重大问题。要成功办理此类案件，必须更加注重加强外部沟通协调，减少阻力，达成共识，争取各方的理解和支持，为案件办理创造良好的

---

① 如，安徽省高级人民法院、安徽省人民检察院《关于办理人民检察院提起行政公益诉讼案件适用法律若干问题的会议纪要》；湖北省高级人民法院、湖北省人民检察院《关于检察机关提起公益诉讼管辖等问题的座谈会议纪要》；吉林省高级人民法院、吉林省人民检察院《关于规范公益诉讼活动的若干意见》。

氛围。一是检察机关要与法院充分沟通。行政公益诉讼的审理程序只有粗线条规定，为确保庭审活动焦点突出、节奏紧凑，体现公益诉讼人代表国家起诉的特性，必须加强和法院的沟通。二是检察机关与地方党委、政府充分沟通。行政公益诉讼案件，社会关注度高。要顺利办理该案，必须得到地方党委、政府的理解与支持。三是检察机关要与被诉行政机关充分沟通。由于认识问题，行政机关对检察机关提起公益诉讼存在较大抵触情绪，不配合检察机关的调查取证工作，会使案件办理陷入僵局。检察机关要加强和被诉行政机关负责人和上级主管单位的沟通和宣传，从情理上打消行政机关的顾虑，从法理上争取行政机关的理解与支持。

（四）强化工作措施，整合办案资源，推动行政公益诉讼工作顺利进行

行政公益诉讼涉及的范围广，面对的法律关系比较复杂，办案人员既要调查取证，又要提起诉讼，还要履行法律监督职责，对办案工作提出了更高要求。检察机关必须强化工作措施，整合办案资源，全力以赴做好案件办理的各项工作。

三、检察机关提起行政公益诉讼面临的难题

（一）检察机关提起行政公益诉讼案件较难成案

当前，检察机关提起行政公益诉讼案件较难成案，究其原因，一是由于《试点方案》要求检察机关提起行政公益诉讼案源线索应当来源于检察机关履行职责中发现的案件这一先决条件，制约了检察机关获取行政公益诉讼案件的案源渠道。二是《试点方案》要求检察机关应当先履行诉前程序，向行政机关提出检察建议督促行政机关依法履职，由于绝大多数行政机关慑于检察机关的权威性，对检察建议提出的建议会及时进行整改，这样就使大量案件被诉前程序消化掉，能够起诉到法院的公益诉讼案件就大大减少。随着行政机关对公益诉讼重要性的认识进一步加深，其对检察建议的纠正率必然进一步提高，这虽然加强了检察建议的实效性，但同时也使能够进入诉讼程序的案件线索进一步减少，甚至可能导致面临个别地区无案可办的境地。

（二）检察机关提起行政公益诉讼遇到的干扰阻力较大

《实施办法》规定检察机关提起行政公益诉讼的案件"以由违法行使职权或者不作为的行政机关所在地的基层人民检察院管辖为主"，即同级管辖为主原则。从目前绝大多数行政公益诉讼案件来看，被告多是基层的行政机关，由于行政机关上下级间的层级结构原因，上级机关出于维护自身形象的目的，都

会向同级党政机关或相对应的检察机关提出协调的请求。

(三) 基层民行检察队伍难以独立胜任公益诉讼取证和庭审工作

《实施办法》规定,检察机关提起行政公益诉讼的案件的办理,由民事行政检察部门办理。但是,目前基层民行检察部门原有的人员队伍不能完全适应公益诉讼办案的新要求。公益诉讼案件的办理,检察人员要集"取证+审查+起诉"工作于一身。长期以来,基层民行部门大多办理的是生效裁判监督案件,检察人员还没有完全转变坐堂办案的思维,在办理公益诉讼案件时,调查取证的针对性和策略性不足,对初步证据的内涵、证据形式和取证程序把握不准。庭审是检察机关提起公益诉讼案件的中心环节,很大程度上决定案件能否胜诉的关键。行政公益诉讼的被告是行政机关,对检察机关出庭人员的应变能力、法律功底、庭审场面控制等素质能力提出了很大的挑战,稍有不慎可能陷于被动局面。虽然近年来高检院多次强调民行检察工作的重要性,要求各地检察机关把民行检察队伍建设提上重要日程。但是,检察机关实践中长期存在的"重刑轻民"观念,加之公益诉讼是"吃力不讨好"思想的存在,各地检察机关民行检察队伍的建设出现失衡的局面。基层检察院的"精兵强将"大多配置在了公诉、反贪、侦监等部门,有的基层院民行部门没有"入额"检察官,有的基层院甚至还存在"一人科室"的情况。民行检察队伍的现状显然不能适应检察机关提起公益诉讼工作的全面开展。

(四) 检察机关提起行政公益诉讼办案难度大

《实施办法》规定,检察机关提起行政公益诉讼,要对其履行诉前程序提出检察建议且行政机关拒不纠正违法行为或者不履行法定职责的事实,以及其他需要检察机关承担举证责任的事项承担举证责任。调查收集相关证据成为检察机关提起行政公益诉讼案件办理中至关重要的一环。行政公益诉讼中,检察机关对证据的调查收集是个动态的过程。在诉前程序中,检察机关要根据公益诉讼的特点充分收集公益遭受损害的证据以及行政机关是否完全履职的证据。随着诉讼进程的推进,案件事实特别是行政机关是否履职到位的事实在不断发生变化,直接影响到检察机关的诉讼请求和裁判结果,检察机关还应根据需要不断补充完善相关证据。行政公益诉讼的被告是行政机关,对其而言,他们对自身的部门法律规定、程序等远较检察机关熟悉,检察机关在诉讼过程中处于信息和法律知识严重不对称的不利地位。再者,在环境类公益诉讼中,检察机关针对国家和社会公共利益遭受损害的举证可能会涉及最为复杂的一个专业技术问题,即需要通过鉴定、评估来确定损害结果,评估鉴定程序烦琐,耗时较长,成为检察机关提起环境公益诉讼的"掣肘"。

（五）检察机关提起行政公益诉讼案件判决后遭遇的"尴尬"

由于缺少法律的明定，检察机关作为"公益诉讼人"提起行政公益诉讼，在法院作出判决后面临了尴尬的境地：检察机关提起的行政公益诉讼，在法院判决发生法律效力后，如果行政机关或者第三人、案外人认为法院判决错误，能否申请对生效判决进行法律监督？如果可以，应当由什么部门对其进行监督？监督的方式又是什么？《实施办法》没有对上述问题作出规定，缺少对错误生效裁判的救济途径，会导致公众对司法公信力产生质疑。再者，检察机关提起的行政公益诉讼，在法院作出行政机关败诉的判决后，检察机关为了"公益"，是否应当确保判决的执行全部到位？检察机关是否可以依职权进行执行监督？检察机关应当采取何种措施确保法院的生效判决落到实处，最终不会成为"一纸空文"？

四、检察机关提起行政公益诉讼工作全面开展的几点建议

（一）完善立法，确立检察机关提起行政公益诉讼的合法性

在行政诉讼法以及涉及国家利益和社会公共利益的实体法中明确行政公益诉讼制度，确立检察机关提起行政公益诉讼的主体资格。行政诉讼法应将行政公益诉讼独立为一章，以体现行政公益诉讼与普通行政诉讼的区别，吸收借鉴《实施办法》中检察机关提起行政公益诉讼的案件来源、线索移送、立案程序、调查核实、举证责任等方面的相关规定，吸收借鉴各试点省份检法两院会签文件中关于公益诉讼证据收集出示、庭审程序等方面的相关规定，增加规定对生效判决的救济方式、途径以及检察机关有权对判决进行执行监督等内容。

（二）结合司法体制改革，建立符合行政公益诉讼特点的办案机制

1. 实现省级以下法院检察院人财物统一管理保障行政公益诉讼工作的顺利进行。按照司法体制改革的总体要求，各地要加快完成省以下法院、检察院人财物省统一管理的司法改革工作，为基层检察机关开展提起行政公益诉讼工作解决"后顾之忧"。

2. 形成符合公益诉讼特点的三级联动工作格局。由于公益诉讼案件的特殊性，办理公益诉讼案件应当建立"省院指导、市院指挥、基层院主办"的工作格局。省级院要充分发挥自身优势，加强与省高级法院、省环保、国土、林业等行政部门和有关公益组织的联系，沟通协调好公益诉讼案件的外部关系。加强执法信息分析和法律法规梳理，及时总结经验，通过行使检察机关提起公益诉讼案件的审批权加强案件办理的政策引导和总体统筹。市级院具体根

据案件线索摸排情况，发挥公益诉讼案件"前沿指挥部"的作用，直接对具体案件负责，按照办案一体化机制整合资源，拟定办案方针和策略，争取当地党政领导的支持。对基层院办理的重大疑难负责案件，必要时可以通过交办、提办、协办等方式加强领导和具体指导。基层院要强化办案的主体责任意识，发挥主动性和创造性，注重加强行政机关违法事实的调查和证据的收集，及时向上级院反映遇到的问题和困难，借助上级院的力量排除监督障碍。

3. 建立健全检察机关提起公益诉讼内部协作配合工作机制。公益诉讼不是靠民行部门"单打独斗"就能完成的工作，公益诉讼案件线索来源离不开公诉、侦监等部门的发现移送，对证据的调查收集固定，离不开自侦部门、技术部门的协助，庭审的应对离不开公诉部门的指导帮助。公益诉讼案件办理中，还会产生民事责任、刑事责任、行政责任的交叉问题。因此，检察机关要建立健全长效的公益诉讼内部协作机制，各内设机构之间要加强协调合作，整合检察资源，共同探索综合运用刑事附带民事诉讼、行政附带民事诉讼等多种手段，切实保护国家和社会公共利益。

4. 民行检察部门办理行政公益诉讼案件要建立"取证＋审查＋起诉"分工负责、互相制约的工作模式。行政公益诉讼案件并不等同于以往行政诉讼监督案件，其办理模式具有独特性、办案环节具有复杂性、办案职能具有关联性，如果按照以往诉讼监督案件的办理模式，由一个检察官独立办理，兼任"取证＋审查＋起诉"工作，显然难以负重。加之，如果"取证＋审查＋起诉"工作，由一个人从头到尾全部负责，难免会造成案件办理的偏颇。笔者认为，结合检察官办案责任制要求，民行检察部门办理公益诉讼案件，应当采取检察官办案组的形式。办案组中确定一名主任检察官，作为办案组负责人承担案件的组织、协调、指挥等工作。主任检察官可以根据案件需要，指定员额检察官、检察辅助人员分别承担调查取证、案件审查、出庭应诉工作。负责案件审查的员额检察官，提出案件的初步处理意见。在案件办理过程中遇到分歧，主任检察官负责召集组织集体讨论，参加讨论人员对案件事实、适用法律、处理建议等发表意见，主任检察官最终在职权范围内负责对办案事项作出处理决定或提出处理意见。

（三）加快基层检察机关公益诉讼队伍建设，建立行政公益诉讼人才库

检察机关提起行政公益诉讼，要求办案人员具有民行检察＋自侦思维＋公诉技巧，办案人员要具有民行检察业务的扎实功底，深谙行政检察业务特点和行政机关执法规律，对证据的调查核实，要具有自侦部门的办案思维。出庭诉讼还要具有出庭准备、庭审应变、证据出示、口头表达等各种能力。当前，试点阶段行政公益诉讼的成功办理，是各省三级院一体化办案的结果，基层检察

机关民行检察人员在办案思维、知识储备等方面远不能适应行政公益诉讼工作的新要求，线索发现能力、调查取证能力、庭审应对能力、文书制作能力均有待进一步提高。各地检察机关亟待培养一批行政公益诉讼办案骨干，建立行政公益诉讼人才库。

现状与理论：检察机关公益诉讼人
诉讼地位的完善

同振魁　党盟盟[*]

一、现状梳理——将检察机关定位为"一般原告"

（一）具体表现

笔者通过分析中国裁判文书网上检索的检察机关提起公益诉讼案件的法律文书，并结合在试点工作中的实践经验，发现在当前的公益诉讼案件具体实践中，由于相关认识的不统一以及操作规定的不明确，部分人民法院将检察机关在公益诉讼中的地位定位为"一般原告"，即仅按照现行诉讼法中关于原告的诉讼权利和义务的规定，确定检察机关的诉讼地位及诉讼权利和义务。具体表现为：

1. 要求检察机关出具组织机构代码证、法定代表人身份证明、授权委托书，并明确授权权限。在立案阶段要求提供组织机构代码证、法定代表人身份证明；在诉讼阶段，要求提供检察人员的授权委托书及权限；最后在裁判文书中载明前述信息。[①]

2. 在跨区划行政法院，不允许非同级同类检察机关进行法律监督。如笔者所在省的部分市试行行政案件跨区划集中管辖，交由铁路法院管辖，而铁路法院认为只有其同级的铁路检察机关有权对其进行法律监督，其他提起行政公益诉讼的检察机关因与其并非同一人大产生，不享有对其的法律监督权。

3. 分配不合理的举证责任。根据《人民检察院提起公益诉讼试点工作实施办法》（以下简称《检察院实施办法》）第17条、第44条的规定，检察机

---

* 同振魁，陕西省西安市人民检察院副检察长；党盟盟，陕西省西安市人民检察院民事行政检察处干部。

① 如吉林省抚松县人民法院（2017）吉 0621 行初 13 号行政判决书，云南省盈江县人民法院（2017）云 3123 行初 2 号行政判决书，载中国裁判文书网。

关在公益诉讼中的主要举证责任为被告的行为造成国家或者社会公共利益受到侵害，《人民法院审理人民检察院提起公益诉讼案件试点工作实施办法》（以下简称《法院实施办法》）第 2 条、第 12 条亦作出同样的规定。但在实践中，部分法院要求检察机关对于实际侵害国家和社会公共利益的侵害人，以及其他检察机关难以查实的有关被侵害对象较为精确的数据，造成检察机关实际替行政机关追查行政违法的事实。

4. 只能提出上诉，不能提出抗诉。即使《法院实施办法》第 10 条、第 19 条，《检察院实施办法》第 25 条、第 50 条，明确规定地方各级人民检察院认为同级人民法院未生效的第一审判决、裁定确有错误，应当向上一级人民法院提出抗诉。但实践中，一方面，在跨区划行政法院，由于与铁路法院非同一人大产生，而被法院认为无权行使法律监督权，因此不能提出抗诉；另一方面，即使非跨区划行政法院，由于将检察机关定位为"一般原告"，也只能提出上诉，不能提出抗诉。

5. 二审仍以原提起公益诉讼的检察机关为当事人。《检察院实施办法》第 26 条、第 27 条、第 51 条、第 52 条，均规定抗诉应当通过原审人民法院提出抗诉书，并且将抗诉书抄送上一级人民检察院。上级人民检察院认为抗诉不当的，可以向同级人民法院撤回抗诉，并且通知下级人民检察院。对人民检察院提出抗诉的二审案件或者人民法院决定开庭审理的上诉案件，同级人民检察院应当派员出席第二审法庭。但实践中，法院往往以"当事人恒定"原则为由，认为二审中的当事人仍为原提起公益诉讼的检察机关，原提起公益诉讼的检察机关的上级机关不能作为二审的当事人。如上级检察机关不能出席二审庭审，同样造成因原提起公益诉讼的检察机关与二审法院非同级，而不能行使法律监督权。

（二）原因分析

从实践中分析，除了因检察机关提起公益诉讼才刚刚经历了试点，操作层面的立法尚属空白，仍需更多的理论和实践准备才能推动立法的完善，对于检察机关在公益诉讼中诉讼地位的分歧认识，主要是与法院尚未形成共识。究其原因，主要在于：

1. 法律监督权的性质一直存在争议。对于宪法赋予的检察机关法律监督权，在理论界和实务界一直存在争议，质疑的声音主要是检察机关既作为"一方当事人"参与诉讼，又作为法律监督机关进行法律监督，双重身份存在冲突。因此，虽然刑事诉讼中检察机关作为公诉人和法律监督机关，在经历了争论后，经过实践而一直坚持，但民事、行政公益诉讼作为新生事物，必然又会经历争议、博弈的阶段。

2. 传统民事、行政诉讼中法律监督的被动导致部分法院对主动监督的不适应。在检察机关提起公益诉讼制度建立之前，检察机关对民事、行政诉讼的法律监督往往属于被动监督，即一般依当事人的申请或者反映才启动监督程序，这就导致部分法院长期以来已经适应了此种被动式的监督。而在检察机关提供公益诉讼中，检察机关作为诉讼当事人直接参与诉讼，将法律监督由被动申请型转变为主动参与型，这种转变自然会导致部分法院基于惯性而产生不适应。

3. 部分法院对检察机关过于强势可能置行政机关于尴尬地位的担忧。检察机关提起公益诉讼改变了传统行政诉讼中的"民告官"为"官告官"，改变了传统的原告处于诉讼弱势地位的局面。检察机关作为新型的原告，将长期以来已经形成的传统平衡关系打破后，在其本身具有一定的内在诉讼优势的前提下，如果再给予更多的外在强势表征，势必给行政机关更多的压力，置行政机关于较为尴尬的地位，部分法院担心又会造成新的不平衡局面。

（三）产生的问题

部分法院基于不适应、担忧等原因，将公益诉讼中检察机关的地位定位为"一般原告"，也有观点认为检察机关为何就不能当原告？实际上，回答这个问题的答案就是将检察机关定位为"一般原告"会产生哪些问题？

1. 检察机关提起公益诉讼的权力属性错位。如果将公益诉讼中检察机关定位为"一般原告"，就会导致对于检察机关提起公益诉讼的权力实质来源于诉讼法的规定，其属性为法定诉权。因为公益诉讼从提起的主体上，在现实条件下不仅仅是检察机关，公民和其他组织也可以提起。而实质上，立法选择检察机关作为提起公益诉讼的主体，正是因为其履行法律监督的职责，提起诉讼只是其履行法律监督职责的方式。因此，在公益诉讼中如果不体现出检察机关法律监督的职能和职权，就会造成对于提起公益诉讼的权力属性错误认识为简单的法定诉权。

2. 检察机关的法律监督权被弱化。《宪法》第134条规定："中华人民共和国人民检察院是国家的法律监督机关。"《民事诉讼法》第14条规定："人民检察院有权对民事诉讼实行法律监督。"《行政诉讼法》第11条规定："人民检察院有权对行政诉讼实行法律监督。"检察机关的法律监督权既是宪法规定的职权，也在诉讼法有明确的规定。如果将公益诉讼中的检察机关定位为"一般原告"，而不能随案法律监督、不能提出抗诉、不体现检察权一体化等，仅仅作为"一般原告"的检察机关将难以行使法律监督权，势必导致法律监督权的弱化。

3. 检察机关提起公益诉讼的激励降低。"法律监督作为监督的一种，其包含监督最一般的特征——监督者的地位应当高于被监督者。这是监督区别于制约的最本质特点。"① 因此，如果将负有法律监督职责的检察机关作为"一般原告"，降低了作为监督者的地位，势必影响监督的效果。同样，在实际监督效果难以保证的情况下，不仅会挫伤检察机关特别是检察干警的积极性，也无法形成正面、有效的激励。在激励不足的情况下，检察机关提起公益诉讼工作必会陷入"任务摊牌"的恶性循环，无法形成因有效激励而带来的自动自发的良性局面。

二、理论透析——检察机关提起公益诉讼的权力性质为法律监督权

（一）诉权理论下对检察机关提起公益诉讼权力性质的解释障碍

在诉讼法领域，诉权经过了 18、19 世纪历史法学派代表人物萨维尼的权利化改造后，诉权被作为一种私权利而存在。"19 世纪后半叶，受法治国家思想和康德的'公法'学说的影响，诉讼法理论逐步从实体法理论中独立出来"，② 诉权被认为是基于公法上的权利。"'二战'后，基于对战争中践踏人权暴行的反思，人权理论繁荣发展，推进了诉权的宪法化与国际化。人权诉权说认为，诉权既是纠纷当事人向法院请求裁判的权利，也是宪法所保障的公民基本权利之一"，③ 诉权被认为是基于人权而享有的权利。从诉权理论的发展过程看，无论诉权是来源于私法、公法还是人权，诉权均作为一项私权利而存在。

自古希腊以来，一直存在对公权力和私权利的二元划分，主要基于二者存在于不同的领域，公权力处于国家领域，而私权利处于市民社会领域。因此，两者的行使主体不同，权利的行使是一般主体，而权力主要是国家机关及其工作人员；处分方式不同，权利一般可以放弃和转让，而权力必须依法行使，不得放弃和转让；推定规则不同，权利的推定规则为"法无明文禁止及可为"，而权力只以明文规定为限，否则为越权；社会功能不同，权利一般体现私人利益，权力一般体现公共利益。

从上述对公、私权利的二元划分分析，在检察机关提起的公益诉讼中，行使提起诉讼权力的主体为作为国家法律监督机关的检察机关，其行使权力必须依照法律规定进行，且不得随意处分，体现的是公共利益，具有明显的公权力

---

① 蒋德海：《为什么法律监督要有更优越的地位?》，载《学习与探索》2009 年第 6 期。
② 吴英姿：《论诉权的人权属性——以历史演进为视角》，载《中国法学》2015 年第 6 期。
③ 江伟等：《民事诉权研究》，法律出版社 2002 年版，第 4～5 页。

性质，区别于诉权理论下享有提起诉讼权利的私权性质。因此，检察机关能够提起公益诉讼并非作为私权利诉权，亦非一种法律特别授予的诉权，而是典型的公权力的体现。

（二）基于法律监督权"一元论"的理论立场

《宪法》第 134 条规定："中华人民共和国人民检察院是国家的法律监督机关。"第 135 条规定："人民检察院依照法律规定独立行使检察权，不受行政机关、社会团体和个人的干涉。"从宪法规定来看，检察机关作为法律监督机关，行使检察权。从宪法虽在表述检察机关的性质和职权时，使用了不同的文字表述，随之产生检察权与法律监督权是否同一概念，两者的外延和内涵是否一致的争论。"对于我国检察权性质的认识，在学界历来有'一元论'和'多元论'两种不同观点的分歧。"①

1. "一元论"观点。"一元论"主张检察机关的各项权能都应当统一于法律监督或法律监督权。"坚持法律监督的'一元论'，就是主张在检察权的每一项具体的权能中都体现着法律监督的实质，每一项法定的检察权权能都是法律监督权的具体表现形式，因而检察权的全部权能在性质上都应当统一于法律监督权。换言之，建立在法律监督'一元论'基础上的检察权，其内涵与外延在逻辑上应与法律监督权完全一致，这是检察权与法律监督权作为同义概念的前提。"②

2. "多元论"观点。"多元论"观点认为检察权与法律监督权是两种并列的权力，法律监督权不能涵盖检察权。"一方面强调法律监督机关的多元化，把行政监督与法律监督混为一谈；另一方面主张检察权能的多元化，把检察权区分为监督职能、侦查职能、公诉职能以及参与民事诉讼和行政诉讼职能等，且认为对这种多元职能不可能作出一元概括。"③ 例如，"有学者认为，侦查、批准和决定逮捕以及公诉职能，属于检察机关自身的办案活动，不能理解为法律监督，因为只有监督别人的活动才能称为监督。"④

笔者同意"一元论"观点，无论是检察权整体，还是检察权中的各项职能，均能体现出其为了实现法律监督功能的本质。检察权的各项具体权能与法

---

① 王桂五：《中华人民共和国检察制度研究》，法律出版社 1991 年版，第 252 页。

② 石少侠：《我国检察机关的法律监督一元论——对检察权权能的法律监督权解析》，载《法制与社会发展》2006 年第 5 期。

③ 石少侠：《论我国检察权的性质——定位于法律监督权的检察权》，载《法制与社会发展》2005 年第 3 期。

④ 王松苗：《厉行法治：法律监督应如何定位——"依法治国与法律监督研讨会"综述》，载《人民检察》1998 年第 9 期。

律监督权之间是目的和手段的关系，法律监督权是目的，检察权的各项具体权能是手段。"法律监督实际上是一个功能性概念，它指的是检察机关通过法定职权的行使来发挥其对公安机关和人民法院的法律监督功能，而不是指这些法定的职权本身在属性上就是法律监督权。"① 不同的具体检察权权能其监督的对象不同，实质上都是在从事监督"别人"的活动，是以办案的方式实现监督的目的和功能。因此，在坚持"一元论"的法律监督权理论下，由于检察机关的各项权能都应当统一于法律监督权，检察机关提起公益诉讼的权力亦应统一于法律监督权，即检察机关提起公益诉讼的权力来源于法律监督权，其本质为履行法律监督职能。

（三）　检察机关提起公益诉讼制度设计及立法安排的目的解释

党的十八届四中全会通过的《关于全面推进依法治国若干重大问题的决定》提出："完善对涉及公民人身、财产权益的行政强制措施实行司法监督制度。检察机关在履行职责中发现行政机关违法行使职权或者不行使职权的行为，应该督促其纠正。探索建立检察机关提起公益诉讼制度。"习近平总书记在决定的说明中指出："由检察机关提起公益诉讼，有利于优化司法职权配置、完善行政诉讼制度，也有利于推进法治政府建设。"优化司法职权配置，实质为司法权对行政权的监督，即检察机关的法律监督权职权对行政权的监督。

2015 年 7 月 1 日，全国人民代表大会常务委员会《关于授权最高人民检察院在部分地区开展公益诉讼试点工作的决定》中指出："试点工作必须……充分发挥法律监督、司法审判职能作用，促进依法行政、严格执法，维护宪法法律权威，维护社会公平正义，维护国家利益和社会公共利益。"即立法机关授权检察机关开展公益诉讼试点亦基于检察机关的法律监督职责，要求检察机关充分发挥法律监督职责。

从上述制度设计及立法安排的目的分析，选择检察机关作为提起公益诉讼以保护国家和社会公共利益的主体，主要是基于检察机关享有法定的法律监督职责，也是发挥检察机关监督职能的重要方式。

三、制度完善——以履行法律监督职能定位检察机关的诉讼地位

检察机关提起公益诉讼的制度设计和立法安排系基于检察机关享有的法律监督权，而在坚持法律监督权"一元论"的理论框架下，检察机关提起公益

---

①　万毅：《法律监督的内涵》，载《人民检察》2008 年第 11 期。

诉讼的权力均应统一到法律监督权，而并非法定的诉权，因此不能按照享有诉权的"一般原告"地位来定位检察机关，应以履行法律监督职能定位检察机关的诉讼地位。如果检察机关仅为"一般原告"，则会造成检察机关难以履行法律监督职能，违背了让检察机关提起公益诉讼制度的设计初衷。

检察机关在民事、行政公益诉讼中的法律监督职能，既包括诉前提出检察建议的一般监督，也包括以诉讼方式的监督，两者均围绕保护国家和社会公共利益的目的。提起公益诉讼仅为监督的一种方式，整个诉讼实质为通过法院的司法裁判最终实现监督目的。

（一）加强沟通交流，形成对检察机关提起公益诉讼的性质为行使法律监督权的基本共识

当前，虽然最高人民检察院和最高人民法院制定的相关实施办法中，对检察机关在公益诉讼中的地位有了初步的部分共识，如最高人民法院认为检察机关可以提出抗诉，但实践中却仍有部分法院并未严格执行该规定，认为检察机关只能提出上诉，同时对于检察机关能否同时对法院审判活动进行监督，特别是跨区划行政法院的监督等，仍然未形成共识。需要在实践中，通过法检两院的不断协调沟通，最终达成检察机关系行使法律监督职责的共识。只有形成此种共识，才能一方面将相关规定落到实处，另一方面解决当前存在的争议。

（二）以行使法律监督权为基础完善具体细则

1. 明确检察机关无须提供组织机构代码证、法定代表人身份证明、授权委托书，并明确授权权限。同级检察机关与法院及其人员系同一人大产生，受同一人大监督，且在一个司法管辖区仅有一个检察机关和一个法院，与数量较多的行政机关相比，法、检两院相互之间不仅业务往来频繁，而且较为熟悉，要求提供有关组织机构及其法定代表人的相关证明实属无现实必要。出庭的检察人员均系依法任免的检察官，办理案件系法定的职责和职权，参加诉讼亦系履行职务行为，非偏离本职的受托行为，因此无须检察机关另行授权委托。

2. 授权提起公益诉讼的检察机关可在所提起的案件范围内对法院进行法律监督。在指定管辖、跨区划行政集中管辖的情况下，会出现起诉的检察机关并非与审理的法院系同一人大产生的情况，即无法实现同级监督。在保障法律监督权方便行使的原则下，应当授权提起诉讼的检察机关因起诉而在案件范围内享有监督权，避免一方面与受诉法院同级的检察机关另行监督带来的司法资源浪费；另一方面与受诉法院同级的检察机关无法全程监督造成的监督不到位。

3. 明确检察机关的举证责任适用诉讼法的规定。一种观点认为，检察机

关如果作为法律监督机关提起诉讼，应承担更大的举证责任；如果以"一般原告"身份提起诉讼，可按照诉讼法的规定确定举证责任，符合权利义务对等的原则。笔者认为，检察机关承担的举证责任和检察机关的诉讼地位系不同层面的问题，检察机关作为法律监督机关是宪法的定位，举证责任的承担方式及大小系诉讼法问题，不能对检察机关通过"加大责任"的方式换取"提高地位"。同时，正是在公益范围内，其他个人及组织的诉讼能力与行政机关不对等，才赋予检察机关提起公益诉讼的职责，实现与行政机关实力相当的平衡，如果又对检察机关加大"举证责任"或者按照"一般原告"，将会造成新的不平衡，违背了初衷。

4. 法院尽快出台公益诉讼文书样式，以文书统一相关认识。由最高人民法院出台公益诉讼文书样式，明确文书首部检察机关公益诉讼人身份信息的表述，不再表述法定代表人、委托代理人及代理权限，统一在案由由来部分表述为公益诉讼人某某检察机关指派检察人员某某某出庭。在文书尾部明确检察机关不服本判决，可在接到判决书之日起 15 日内通过本院提出抗诉，以落实最高人民法院实施办法中检察机关可提出抗诉的规定。

检察机关提起公益诉讼
前置程序的案件化构造

——前置程序制度价值和法律功能的发现与重塑

尚帅帅[*]

2015 年 7 月 1 日，全国人民代表大会常务委员会《关于授权最高人民检察院在部分地区开展公益诉讼试点工作的决定》（以下简称《决定》）要求，"提起公益诉讼前，人民检察院应当依法督促行政机关纠正违法行政行为、履行法定职责，或者督促、支持法律规定的机关和有关组织提起公益诉讼"。最高人民检察院发布的《检察机关提起公益诉讼改革试点方案》（以下简称《试点方案》）再次明确了前置程序的规定。

探索前置程序案件化，借鉴抗诉案件同级监督模式，将检察机关开展公益诉讼的前期工作，包括线索发现、督促适格主体起诉或者行政机关履职等，作为一个民行检察案件，由基层检察机关办理。在经过前置程序需要提起公益诉讼的，由基层检察机关提请上一级检察机关向同级人民法院提起诉讼。

根据最高人民检察院《关于深入开展公益诉讼试点工作有关问题的意见》，试点省份内非试点地区检察机关要积极发现公益诉讼案件线索，在充分调查核实的基础上提出诉前检察建议，对于国家利益和社会公共利益仍处于受侵害状态，符合提起公益诉讼条件的，报省级人民检察院批准后，采用省级人民检察院指定管辖的方式由试点地区人民检察院提起公益诉讼。这种非试点地区检察机关与试点地区检察机关合作办案的模式，前置程序案件与公益诉讼案件由不同检察机关办理，本质上就是将前置程序工作案件化的积极探索。

一、检察机关提起公益诉讼的职能定位

《决定》和《试点方案》关于检察机关提起公益诉讼的前置程序的规定，

---

* 上海市金山区人民检察院检察官。

其实也设定了检察机关在公益诉讼程序中的职能定位。

（一）检察机关提起公益诉讼的诉权顺位

依据现行法律规定，有权提起环境民事公益诉讼的主体包括环保行政机关和环保社会组织。那么，检察机关行使环境公益诉讼的起诉权就面临着与上述主体之间的诉权顺位问题。《试点方案》规定，检察机关在履行职责中发现污染环境等损害社会公共利益的行为，如果没有适格主体或者虽有适格主体但其不提起诉讼的情况下，检察机关可以向人民法院提起环境民事公益诉讼。亦即，如果检察机关要行使环境民事公益诉权，前提是没有适格主体或适格主体不起诉。在此情况下，检察机关就应担负起保护环境公共利益的重任，以"公益诉讼人"的身份直接提起诉讼。

（二）检察机关提起公益诉讼的诉权行使范围

检察机关提起环境公益诉讼的诉权范围也就是人民法院受理"公益诉讼人"起诉案件的受案范围。《试点方案》将检察机关提起环境公益诉讼的线索限定为在"履行职责中"发现的造成国家和社会公共利益受到侵害的违法行为，但《试点方案》对于检察机关提起环境公益诉讼的诉权范围只有概括性的表述，没有具体细化。"最高人民检察院印发实施的《关于深化检察改革的意见（2013—2017 年工作规划）》中将履行职责界定为检察机关在履行职务犯罪侦查、批准或者决定逮捕、审查起诉、控告检察、诉讼监督等职责。"① 这说明检察机关在履行职责过程中发现公益诉讼线索的范围应适当扩大。

（三）检察机关提起公益诉讼的程序限制

为实现检察机关提起环境公益诉讼的目标，《试点方案》特别设置了如下程序：第一，检察机关在提起民事公益诉讼之前，应当依法督促或者支持法律规定的机关或有关组织提起民事公益诉讼……经过诉前程序，法律规定的机关和有关组织没有提起民事公益诉讼，社会公共利益仍处于受侵害状态的，检察机关可以提起民事公益诉讼。第二，检察机关在履行职责中发现生态环境和资源保护等领域负有监督管理职责的行政机关违法行使职权或者不作为，造成国家和社会公共利益受到侵害，公民、法人和其他社会组织没有也无法提起诉讼的，可以向人民法院提起行政公益诉讼。

---

① 参见刘艺：《检察机关提起公益诉讼亟须厘清的几个问题》，载《学习时报》2015 年 8 月 27 日。

二、检察机关提起公益诉讼前置程序的内涵

民事公益诉讼案件的前置程序是指检察机关督促或支持辖区内法律规定的机关和有关组织起诉，一个月后，有关机关或组织没有起诉，或者没有适格主体提起诉讼，社会公共利益仍处于受侵害状态的，检察机关应当提起诉讼。

行政公益诉讼案件的前置程序是指检察机关以检察建议的形式督促违法履行职责或不履行法定职责的行政机关依法履职，一个月后，有关行政机关拒不纠正违法行为或不履行法定职责，国家和社会公共利益仍处于受侵害状态的，检察机关应当提起诉讼。

（一）前置程序的内在逻辑

1. 限制诉权

公益诉讼制度的创设固然可以鼓励公众通过诉讼保护环境，但也会为滥诉开启方便之门。鉴于公益诉讼的社会影响面较大，为了防止滥诉的发生，合理配置司法资源，就有必要设立一定的前置程序对原告的诉权加以限制。同时，前置程序的设置，为社会公共利益侵害人及有关行政机关一个缓冲期间，由侵害人自行停止侵害行为或者行政机关行使职权纠正违法行为。

2. 检察监督的谦抑性

根据宪法和相关法律法规的规定，行政权力具有双重属性，一方面，遵循职权法定原则，各行政机关应当在法定范围内开展行政执法，其他部门不得代替行使行政权力，出现滥用或超越职权、失职、缺位、错位等问题，应当接受法律监督；另一方面，行政执法具有广泛性、复杂性，行政执法权包括行政处罚、行政强制、行政裁决、行政确认、行政许可、行政奖励、行政补偿、行政征用、行政征购、行政征收等，[①] 涉及司法行政、民政、计生、资源环保、城乡建设、食品、药品、卫生、工商、质检、检疫、税务等方面，包罗万象、纷繁复杂，对行政权力行使的专业性和科学性要求较高，需要法律赋予行政机关相当的自主权和自由裁量权。检察机关应当尊重行政权的运作规律，把握监督权介入的时间和程度，不得干预行政权的正常运转，更不能代替行使行政权。前置程序的设定，其目的就是赋予行政机关自主解决问题的时间、权利。

3. 效率价值

提起行政公益诉讼，启动司法程序，一方面，检察机关、行政机关作为诉讼双方当事人需要花费时间、人力物力调取证据；另一方面，审判机关需要组

---

① 参见程慧：《行政责任机制再认识》，载《理论观察》2011 年第 4 期。

织人员力量审理案件，司法成本较高。公益诉讼前置程序设置在法院诉讼之前，通过检察机关介入督促行政机关依法纠正行政违法行为或者变行政不作为为行政依法作为，达到化解矛盾纠纷，维护合法公共利益和国家利益的目标，那么，这种前置程序极大地提高了检察监督工作效率，有利于社会矛盾的迅速化解。

（二）前置程序的功能

1. 程序功能

《试点方案》在前置程序上对环境行政公益诉讼与环境民事公益诉讼的设置是不同的，但从程序上而言，首先，检察机关提起环境公益诉讼，必须符合前置程序，这是对检察机关环境公益诉讼起诉权行使的强制性规定。其次，检察机关在符合《试点方案》规定的条件下对于是否提起环境公益诉讼享有自由裁量权。最后，检察机关未经过前置程序，人民法院可以不予受理。最高人民法院关于《人民法院审理人民检察院提起公益诉讼案件试点工作实施办法》第 2 条、第 13 条均规定，人民检察院提起公益诉讼应当提交履行诉前程序的证明材料。

2. 实体功能

在前置程序中，首先，检察机关要确认社会公益公立受损的事实。办理民事公益诉讼案件，围绕证明被告有违法行为、造成实际损害后果、行为与结果的因果关系来收集证据；办理行政公益诉讼案件，围绕证明行政相对人违法、行政机关不依法履行监督管理职责、国家和社会公共利益受侵害的情况来收集证据。其次，检察机关要评估检察建议落实情况，调查核实社会公共利益受损状态是否已经消除，确认提起公益诉讼的必要性。

三、前置程序案件化的可行性和必要性

探索前置程序案件化，推动督促起诉、督促履职检察监督制度化、程序化，是检察机关探索督促类监督职能的必然结果，也是丰富完善法律监督权的必然要求。

（一）诉前程序案件化的可行性

基层检察机关有办案力量、办案经验方面的优势，能够承担办理前置程序督促类案件的重任。同时，不存在法律、制度层面的障碍，将前置程序督促类监督案件化有现实可行性。

1. 检察机关办理了大量诉前程序案件，有助于提炼前置程序案件化的制度规范。

截至 2017 年 1 月底，各试点地区检察机关共在履行职责中发现公益案件线索 6207 件，办理公益诉讼诉前程序案件 4155 件，向人民法院提起公益诉讼 526 件。不难发现，检察机关大量的探索工作体现在线索发现和诉前程序两个环节，提供公益诉讼的案件占比 12.7%。大量的探索实践，为前置程序定位、操作流程规范提供了丰富的样本和素材。

2. 基层检察机关诉讼监督业务量下降，有充足的资源和人员承担前置程序办案任务。

诉讼监督实行同级监督原则，大量诉讼监督案件由分院、市院办理，各级检察机关诉讼监督业务量呈现倒三角结构。以上海检察系统为例，2016 年受理民事行政监督案件 1645 件，其中市院受理 52 件，占比 3.16%；分院受理 1399 件，占比 85.05%；基层院受理 194 件，占比 11.79%。某种程度上可以说，基层检察机关普遍面临案源少的瓶颈难题。但是换个角度，也说明基层检察机关管辖公益诉讼前置程序案件有坚强的组织和资源保障。

3. 检察机关督促起诉、督促履职等探索实践，为办理前置程序案件提供丰富的经验。

2003 年浙江省检察院率先在丽水地区开展督促起诉试点工作，并于 2004 年在全省正式推行，在防止国有资产流失方面进行了积极探索。[①] 此后，全国各地检察机关相继进行了督促起诉的实践，办理大量督促类监督案件，探索形成了一套工作机制和规范。比如 2014 年贵州省检察机关率先在全国开展了检察机关督促起诉专项行动，检察机关在土地、环保、人防工程、矿产资源开发等重点领域、重点行业办理督促起诉案件 3640 件，收回国有资金 137.5 亿元。[②] 又如上海浦东检察院与浦东法院签署关于办理督促起诉案件的工作协议，就开展督促起诉工作的相关诉讼规则等方面达成共识。

4. 基层检察机关管辖公益诉讼前置程序案件，没有法律层面的障碍。

最高人民法院关于《人民法院审理人民检察院提起公益诉讼案件试点工作实施办法》第 5 条和第 15 条分别规定了检察机关提起公益诉讼的管辖法院。人民检察院提起的第一审民事公益诉讼案件原则上由侵害行为发生地、损害结果地或者被告住所地的中级人民法院管辖，但法律、司法解释另有规定的除外；人民检察院提起的第一审行政公益诉讼案件原则上由最初作出行政行为的行政机关所在地基层人民法院管辖。经复议的案件，也可以由复议机关所在地

---

① 宋恺利：《督促起诉的实施情况及完善路径》，载《山西省政法管理干部学院学报》2012 年第 12 期。

② 王义杰、高鑫：《打造督促起诉工作的"贵州经验"》，载《检察日报》2015 年 3 月 12 日。

基层人民法院管辖。笔者认为，将前置程序案件化，作为一个独立民事行政监督案件，由基层检察机关管辖，经过履行监督职能认为社会公共利益仍然处于被损害状态的，可以提请上一级检察机关向同级人民法院提起公益诉讼，没有违反最高人民法院关于公益诉讼案件级别管辖的规定。

（二）前置程序案件化的必要性

1. 前置程序案件化，推动检察机关督促职能由办事向办案转变，彰显法律监督属性。

案件化本质上是程序化，设置严格的办案流程和权力规范，将前置程序工作转化为执法行为，强化程序效力，提高检察机关督促行为的权威性。另外，监督措施只有具备法定效力，才能保障监督效果的实现。现行法律法规对检察建议的效力规定较少，属于检察建议的短板。基层检察机关发出检察建议后，行政机关仍未依法完全履行相应职责，国家利益和社会公共利益仍处于受侵害状态的，检察机关就可以提请上一级检察机关提起公益诉讼。提起公益诉讼成为督促类检察建议效力的保障性手段。

2. 前置程序案件化，合理配置各级检察机关的职能，完善三级检察机关合作办案机制。

各级检察机关业务量严重失衡，建立分院、区院合作办案工作机制，完善民行检察三级院一体化工作模式迫在眉睫。民事行政裁判检察监督实行同级抗诉是民行检察系统比较成熟的合作办案模式。前置程序案件化，构建"基层检察机关督促＋提请上一级检察机关起诉"的案件审查模式，合理配置各级检察机关职责，是督促类检察监督业务，包括行政执法检察监督，理想的监督模式和办案机制。

3. 提炼和规范督促履职、支持起诉等检察监督工作，丰富民行法律监督的外延。

自 2003 年浙江省检察系统开始探索督促类检察监督业务至今，督促类检察监督业务成果显著，社会反响巨大。然而不可否认的是，法律性规范缺失、操作流程不明确、程序效力欠缺等原因，导致检察机关发出检察建议以后，没有独立的保障手段强制要求被督促单位实现检察监督效果。被督促单位基于利益考虑有可能拖延甚至拒绝起诉，只要其没有达到情节严重的程度，检察机关就无法追究其刑事责任。前置程序案件化，继而形成程序性、机制性规范，从法律层面确认检察机关督促监督职能、流程、效力，完善督促类民事行政检察制度。

4. 前置程序案件化，完善了行政检察方式，为行政执法检察监督提供了可行的路径选择。

随着修改后《行政诉讼法》的正式实施和党的十八届四中全会各项重大

部署的逐步落实，行政检察工作的内涵外延正在发生新的重要变化。在监督方式上，从过去法律规定的抗诉，发展为抗诉、督促起诉、检察建议、提起公益诉讼等多种方式①。按照党的十八届四中全会要求，立法还要逐步拓展至检察机关在履行职责中发现的行政机关违法行使职权或者不行使职权的行为。检察机关应当重视前置监督工作的重要性，将前置程序案件化，最大发挥前置程序的制度价值和法律功能，完善多元化的监督方式，推动行政检察工作创新发展。

四、检察机关提起公益诉讼前置程序的案件化构造

案件化构造，是从程序规范和实体内容两方面建立完整独立的前置程序案件审查模式。笔者认为，检察机关提请公益诉讼前置程序，或者说督促类检察监督案件程序具体如下图：

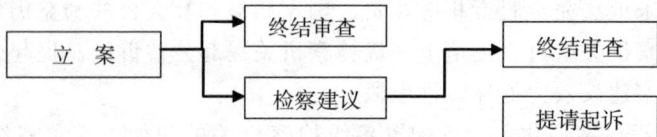

（一）管辖

诚然，最高人民法院关于《人民法院审理人民检察院提起公益诉讼案件试点工作实施办法》分别规定了检察机关提起公益诉讼的管辖法院：民事公益诉讼原则由中级人民法院管辖，行政公益诉讼案件原则由基层人民法院管辖。

笔者认为，由于环境行政公益诉讼是针对因行政机关的违法行为或不作为而对公众环境权益造成侵害或有侵害可能而进行的审查，涉及诸多较为复杂的因素，应规定由中级以上人民法院行使环境行政公益诉讼的管辖权，使其与环境民事公益诉讼的管辖相一致。②

与之相适应的是，应设定前置程序案件由基层检察机关管辖：民事公益诉讼前置程序案件原则上由侵害行为发生地、损害结果地或者被告住所地的中级人民法院管辖；行政公益诉讼前置程序案件原则上由最初作出行政行为的行政机关所在地基层人民法院管辖。

（二）立案

相较于民事行政诉讼检察监督案件"受理"的规定，最高人民检察院

---

① 毛斌：《论行政公益诉讼前置程序》，载《中国检察官》2016 年第 6 期。

② 郝海青：《环境公益诉讼中的前置程序研究》，载《中国海洋大学学报》2010 年第 2 期。

《人民检察院提起公益诉讼试点工作实施办法》将公益诉讼案件程序起点规定为"立案",体现了督促类检察监督的主动性,亦即依职权监督。因此基层检察机关办理前置程序案件,可以在履行职责中,也可以在受理控告申诉过程中。对于从新闻媒体、人民群众和有关单位反映等途径发现线索的,应转化为从履行控告申诉检察职责中发现。

检察机关对在履职过程中发现的线索进行审查,发现可能损害国家和社会公共利益的,7个工作日内报请检察长批准决定立案,并到案件管理部门登记,制作《立案决定书》。

（三）案件审查

检察机关运用调查核实权,固定案件事实和证据是前置程序案件审查的核心。办理民事公益诉讼前置程序案件,围绕证明被告有违法行为、造成实际损害后果、行为与结果的因果关系来收集证据。办理行政公益诉讼前置程序案件,围绕证明行政相对人违法、行政机关不依法履行监督管理职责、国家和社会公共利益受侵害的情况来收集证据。必要时,应咨询有关专业人员或行业协会,委托有资质的部门作出鉴定、评估或审计结论。检察机关的调查核实工作,由检察官决定,两名以上检察人员共同实施,至少有一名检察官参与。

检察机关在查证初步事实的基础上,应当组织涉案各方公开听证,广泛听取意见,旨在确保检察机关案件审查的合法公正。公开听证由检察官组织实施,涉案各方就检察机关认定事实和调取证据陈述意见,也可提供相应的证据材料。听证过程对社会公众开放,允许社会公众旁听,创造维护社会公共利益的法治氛围。

检察机关审查认为,不存在损害社会公共利益需要追究法律责任情形的、损害社会公共利益的情形已经消除且社会公共利益已经获得有效救济的等情形的,应当终结审查。

（四）提出检察建议

检察官就审查认定的事实、证据收集认定情况、审查处理意见（包括终结审查、提出检察建议）等内容形成处理意见,完成审查终结报告。审查终结报告应当全面、客观、公正地叙述案件事实,依据法律规定提出处理建议。

检察官应当将处理建议提交检察官联席会议集体讨论。参加集体讨论的检察官应当对案件事实、适用法律、处理建议等发表明确的意见并说明理由。集体讨论意见应当在全面、客观地归纳讨论意见的基础上形成。集体讨论形成的处理意见,由民事行政检察部门负责人提出审核意见后报检察长批准。检察长认为必要的,可以提请检察委员会讨论决定。

检察机关在办理行政公益诉讼前置程序案件中提出的督促类检察建议应当包括：行政机关违法行使职权或者不作为的事实、构成违法行使职权或者不作为的理由和法律依据和建议的内容，以及行政机关未在 1 个月内履职或未完全履职，检察机关将提请上一级检察机关提起行政公益诉讼的法律后果。检察机关在办理民事公益诉讼前置程序案件中提出的督促类检察建议应当包括：社会公共利益受损的事实、有关机关和组织享有诉权的法律依据以及上述主体一个月内未提起公益诉讼的法律后果。

行政督促类检察建议，应直接送达相应行政机关。民事督促类检察建议应当在全国范围的媒体上公告，督促适格主体提起诉讼，公告期为 30 日。

（五）提请起诉

行政督促类检察建议送达行政机关后，检察机关应当积极跟踪行政机关的整改情况。判断行政机关是否真正纠正违法行为，不仅要看行政机关的书面回复内容，更要看行政机关的整改行动和效果。只要行政机关仍未依法完全履行相应职责，国家利益和社会公共利益仍处于受侵害状态的，检察机关就应当提请上一级检察机关提起行政公益诉讼。相反，国家利益和社会公共利益受侵害状态已经消除的，应当终结审查。

民事督促类检察建议公告期满后，相关行政机关和组织没有提起公益诉讼或者国家利益和社会公共利益仍处于受侵害状态的，检察机关就应当提请上一级检察机关提起民事公益诉讼。相反，相关行政机关已经提起民事公益诉讼或者国家利益和社会公共利益受侵害状态已经消除的，应当终结审查。

基层检察机关经过检察长批准决定提请上一级检察机关提起公益诉讼的，应当制作《提请起诉报告书》，连同案件卷宗送达上一级检察机关。《提请起诉报告书》应当包括：检察建议的内容（上文论述，不再展开）、检察建议送达、被督促主体整改或者应对情况、国家利益和社会公共利益仍处于受侵害状态的事实和证据等。

（六）期限

人民检察院办理公益诉讼前置程序案件，应当自决定立案之日起 3 个月内作出终结审查或提出检察建议的决定；需要提请上一级检察机关提起公益诉讼的，应当自决定立案之日起 6 个月内办理作出决定。有特殊情况需要延长的，报经检察长批准。

第三专题

检察监督体系的制度保障

基层检察机关内设机构改革实证分析

苏晓龙*

内设机构改革是司法责任制改革的重要配套措施。2016 年 8 月，中央编办、高检院印发了《省以下人民检察院内设机构改革试点方案》（以下简称《试点方案》），对规范人民检察院内设机构设置、优化检察职能配置等提出了原则性意见。除了明确内设机构改革探索的重点在基层检察院外，该文件对机构改革的具体办法没有作出规定。从全国范围看，当前各地内设机构改革的模式五花八门，莫衷一是。随着改革的进一步推进，内设机构的设置必然要逐步趋于统一和规范。海南省作为司法体制改革第一批试点省份，推进基层检察院内设机构改革已经有两年多时间，并经历了三个不同的阶段，积累了一定的经验。以海南省基层检察院内设机构改革为样本展开分析，梳理在改革中遇到的各种困难和问题，可以为当前各地的内设机构改革提供一些参考和借鉴，也可以为未来检察机关全国统一的内设机构设置提供一些思路。

一、海南省基层检察院内设机构改革的总体情况和主要成效

（一）总体情况

海南省基层检察院内设机构改革经历了三个阶段，分别是 2015 年 1 月开始的五个基层检察院改革试点阶段、2015 年 5 月开始的全省基层检察院全面改革阶段以及 2016 年 12 月开始的全省基层检察院统一设置阶段。

1. 试点阶段。海南省检察院于 2015 年 1 月印发《海南省检察机关检察官办案责任制改革试点指导意见》（以下简称《指导意见》），开始在万宁市院、海口市秀英区院、三亚市城郊院、屯昌县院、白沙县院五个基层检察院进行试点。在试点中，探索实行"大部制"改革，将除派驻乡镇检察室以外的内设机构整合为"六局一部"，即反贪污贿赂局（将反贪、反渎、预防职能整合）、刑事检察局（将公诉、未检职能整合）、刑事监督局（将侦监、刑事申诉、监

---

* 海南省人民检察院法律政策研究室助理检察员，首批全国检察机关调研骨干人才。

所职能整合）、民事行政检察局（履行民事行政检察职能）、案件管理局（将案管、控告、法律政策研究、检察委员会办公室、司法警察职能整合）、检务管理局（将办公室、计财、新闻宣传、技术等职能整合）、政治监察部（将政工、纪检监察等职能整合）。在试点中，考虑到选取的五个试点院机构和人员情况各不相同，并且为了发挥基层检察院的探索精神，除了规定整合后内设机构总数不能超过 8 个外，具体名称和职能允许各院根据本院实际自行确定。并规定，业务部门配备一名负责人，协助分管副检察长负责本部门的行政管理。除职务犯罪侦查部门外，其他部门负责人不再履行案件审批职能。业务部门负责人原则上由检察官担任。经过整合，试点院的内设机构由原来的 14 个到 18 个，整合为 6 个到 7 个，内设机构数量减少一半以上。

在试点过程中，开始出现一些问题和矛盾。在外部关系上，机构整合后的上下级对口衔接出现问题。机构整合后各个试点院内设机构的名称和业务范围发生了较大变化，在上下级的沟通衔接上，比如上报材料、组织培训等存在衔接不上、沟通不畅的问题。在内部关系上，整合后机构的内部分工一开始不够明确，理解存在差异。实行大部制后，在部门内部究竟是按照原先的业务分工分开管理还是统筹分配工作任务存在争议。例如，将监所、刑申、民行和侦监业务整合后设立诉讼监督局或刑事监督局，新设的局要不要在内部实行跨业务的轮流办案？对此，各个试点院的做法不一。

2. 全面推行阶段。2015 年 5 月，海南省检察院印发《海南省检察机关主任检察官办案责任制改革试点实施意见》（以下简称《实施意见》），原则上将全省基层检察院的内设机构调整为"五局一部"，规定基层检察院一般将除派驻乡镇检察室以外的内设机构整合为：反贪污贿赂局（将反贪、反渎、预防、举报中心职能整合）、刑事检察局（将公诉、未检、侦监、刑事申诉、刑事执行检察职能整合）、民事行政检察局（履行民事行政检察职能）、案件管理局（将案管、控告、法律政策研究、检察委员会办公室、司法警察等职能整合）、检务管理局（将办公室、计财、新闻宣传、检察技术等职能整合）、政治监察部（将政工、监察等职能整合）。纪检机构按有关规定设置。各院整合后的内设机构数量和职能，可结合实际适当调整。这样既体现了原则性的要求，又兼顾了各院在办案数量、编制人数等方面存在的差异。原经编制部门批准设立的内设机构及领导职数予以保留。业务部门配备一名负责人，协助分管副检察长负责本部门的行政管理。业务部门负责人原则上由进入员额的检察官担任。除职务犯罪侦查部门外，其他部门负责人不再履行案件审批职能。

在改革过程中，全省 23 个基层检察院除了三沙群岛院外，其余 22 个基层检察院均按照以上《实施意见》要求，结合各自实际，进行了机构整合。除派驻乡镇检察室外，基本分为四类，分别是"五局一部""六局一部""四局一部"和"五局"。其中，屯昌县院、洋浦区院、龙华区院等 10 个院完全按照《实施意见》的"五局一部"进行了机构整合；文昌市院、五指山市院、昌江县院等 10 个院在"五局一部"的基础上设置了"诉讼监督局"，将侦查监督与公诉职能进行了分离，成为"六局一部"；三亚城郊院、万宁市院和保亭县院将侦查监督和公诉职能进行了分离，但名称上有的叫"公诉局"，有的叫"刑事检察二局"；儋州市院单独设置了"刑事执行检察局"，白沙县院设置了"综合管理局"，整合了检务管理局和政治检察部的职能，负责行政和后勤等综合工作。

在 2015 年 5 月全面启动改革后，2015 年年底，经调研，发现内设机构整合存在的问题主要有：一是基层检察院内设机构整合后，减少了一部分内设机构科长的职位，一些院大部制改革后内设机构负责人又由分管副检察长兼任，进一步减少了内设机构的岗位设置，一些干部工作积极性受到一定影响，部门负责人的应有作用也发挥不出来。二是少数进行整合的基层检察院，上级院在与其沟通工作时，往往难以找到相对应的部门，不利于指导工作的开展。2016年 1 月，海南省召开全省检察机关司法责任制改革推进会，会上对这两个问题专门提出了应对意见。一是要求条件允许的院，分管副检察长不再兼任业务部门负责人。二是对已经被整合的原内设机构，改由具体的负责人与上级院对口部门联系对接，并明确具体负责的联系人。经过进一步的改革和调整，各基层检察院分管副检察长基本不再兼任业务部门负责人，基层检察院对上衔接问题也基本得到解决。

3. 统一设置阶段。2016 年 8 月长春会议以后，结合海南省前期基层检察院"大部制"改革实际，海南省开始研究对全省基层检察院内设机构设置进行统一和规范。按照中央编办和高检院下发的《试点方案》，2016 年 12 月，海南省检察院印发《海南省基层人民检察院内设机构设置方案》（以下简称《设置方案》），基层检察院在原有机构整合的基础上，除派驻乡镇检察室以外，统一内设机构设置和名称为：反贪污贿赂局（反贪污贿赂、反渎职侵权、职务犯罪预防）、公诉局（公诉、未成年人刑事检察）、侦查监督局（侦查监督）、诉讼监督局（刑事执行、控告、举报中心、刑事申诉、民事行政）、检察业务管理局（案件管理、法律政策研究）、检察事务保障局（办公室、计划财务行政、新闻宣传、检察技术）、政治监察部（政工、监察、司法警察）。原内设机构负责人不再履行行政管理职责。人员编制 50 人以下的基层检察院，可将检察事务保障局和政治监察部合并设立综合管理局，统一负责综合行政、后勤管理等工作。同时根据工作实际，将公诉局和侦查监督局合并为刑事检察局。根据设置方案，各院纷纷调整统一了机构设置。由于本次统一设置是在原有"大部制"格局下的微调，所以各院推进的难度不大。截至 2017 年 2 月，全省范围基层院统一机构设置基本完成。

（二）主要成效

1. 业务工作扁平化管理初具规模。内设机构整合后，减少了管理的行政层级，有利于确保检力集中，将检察官全部投入办案一线，聚拢办案中坚力量。从统一设置前的情况看，改革前，海南省下辖有内设机构的 22 个基层检察院原有内设机构 324 个，其中 2 人以下的科室有 87 个，占内设机构总数的26.9%，机构职能碎片化、官多兵少等问题比较突出。全面推行改革后，全省基层检察院内设机构从平均 15 个减为 7 个至 8 个，减少了 46.6%。一批中层业务骨干回归一线办案，增强了一线办案力量。

2. 检力资源优化整合明显。机构整合实现了人力集约化利用调配，减少了科室之间、干警之间对待工作相互推诿、扯皮的现象。如整合反贪、反渎、预防职能，成立反贪污贿赂局，打破部门界限，整合资源，充分发挥侦防一体化优势，实行大预防工作模式，由大部制部门负责人统一调度安排，既分工又合作，人员调配更加灵活，有利于提高办大案要案的能力。综合类内设机构整合后，综合行政工作统筹部署，并形成有效的工作衔接，工作执行效率有效提高。如检务管理局将办公室、新闻宣传、计财、后勤保障等职能整合后，发布简报信息、技术设备日常维护管理等工作在部门内部流转处理，执行效率明显提高。

3. 大部制工作机制逐步形成。海南省内设机构整合打破了原有条线之分，通过轮流分案、成立新型办案组织、取消原科室内勤等，初步实现了大部制的初期"简单合并"到"深度整合"，整合效应初显。如有的院要求大部制负责人必须对部门内各项司法办案进行审核。诉讼监督局部门负责人必须对刑事执行、民事行政、控告申诉条线的司法办案进行审核。有的院要求检察官在完成相应条线主要职责的同时，要参与大部制部门内其他案件的办理。有的院内设机构整合后对内实行"三统一"，即部门统一管理、人员统一调配、工作统一安排。此外，机构整合后检察官、检察辅助人员在大部门中得到更多的岗位上的锻炼，一定程度上增强了检察官和检察辅助人员的综合能力，既均衡了办案任务，又锻炼了检察队伍。机构整合后，以"大部"为单位召开的检察官联席会议有更多的检察官参会，承办人能够在联席会议上听取更多的参考意见，有利于保障案件质量。

二、海南省基层检察院内设机构改革中遇到的问题和原因分析

从海南省基层检察院内设机构改革的情况看，不管是试点阶段的"六局一部"，全面推行阶段的"五局一部"，还是统一设置阶段的"六局一部"，都是围绕精简机关、充实一线的思路进行的，也在一定程度上解决了分工过细、职能交叉、人力分散的问题。在整合中，海南省检察院综合考虑职能相关性，精简和撤并了职能交叉重叠、业务相近的机构，最终的发展方向也是紧扣着"精简、统一、效能"的基本原则。然而，由于检察权的特殊性，在机构改革过程中的一些特殊现象和问题值得进一步研究和分析。特别是前期省检察院采取了灵活处理的方式，允许各个院根据自己的情况调整机构，对这些自行调整以及背后的动机展开分析，有助于我们进一步弄清内设机构改革的现状和所面临的真正问题。

（一）检力资源的平衡问题

进行内设机构整合，有一个基本的原则就是将业务相近的机构进行整合。如果单从这条主线来看的话，反贪、反渎和预防职能进行整合最具有说服力。但是如果进一步来看，公诉和侦监同样业务相近，是不是也要进行整合呢？这个问题海南省经过了由分到合，再由合到分的三个阶段，足以看出其中的犹豫和冲突。从全面推行阶段实施后的调研情况看，将刑事检察局涵盖公诉、未检、侦监、刑事申诉、刑事执行检察是符合业务相近机构整合的要求的，但这种整合将导致部门的体量太大。因为从人数上来讲，一个刑事检察局的人数往往接近全院人数的1/3甚至1/2。另外，作为独立的民事行政检察局，其人数通常只有2人。所以两边对比起来反差极大。这无疑会造成检力资源分配的不平衡。正是因为这样的原因，有的院在自行决定机构设置时，就将公诉和侦查监督业务进行了分离，还有的院将民事行政检察业务与其他业务进行了合并。尤其值得注意的是，司法责任制改革以后，基层院公诉和侦查监督业务压力加大，这种检力资源分配不平衡会给队伍管理造成进一步的困难。改革中，有的院侦监、公诉、未检办案组的检察官认为其办案组工作量大，人手不足，且办案风险大，其他办案组工作清闲。为平衡检力资源，五指山市院在改革过程中撤销了民事行政检察局，将侦监、刑事申诉、刑事执行、民事行政检察职能整合为"诉讼监督局"，刑事检察局只保留公诉、未检的职能。可见，内设机构整合不仅要考虑业务相近的问题，也必须考虑检力资源的平衡问题。再如，将公诉和侦查监督业务整合到一起后，由于只能由一名分管副检察长负责管理，往往会导致该名副检察长不堪重负。在调研过程中，多名分管副检察长都对此提出了意见。

（二）内设机构的相互监督问题

在对业务相近的机构进行整合的情况下，还将面临的问题是检察监督如何实现的问题，特别是有的业务整合后内部监督的确有所弱化。这突出体现在两个方面：首先，侦查监督和公诉合并后的内部监督如何实现？对于这一问题，理论上从来不乏争议。但客观上看，侦监职能侧重在诉讼监督，将侦监和公诉职能合并到一起后不能很好地体现其诉讼监督地位和职能，事实上弱化了诉讼监督作用。特别是在探索实行捕诉合一的检察院，客观上将导致逮捕阶段的错误在审查起诉阶段难以得到纠正。另一个比较突出的问题就是举报中心（控告）职能是放在整合后的反贪污贿赂局还是其他部门的问题。如果从工作便利的角度看，当然是由反贪污贿赂局实行"一条龙"式的管理，但如果从监督的角度看，则有必要深入考虑。如果职务犯罪案件从线索受理到侦查全部由一个部门掌握，有可能影响到必要的内部监督。另外，由于控告和举报往往连成一体，举报线索和涉法涉诉往往相互交织，整合后的反贪局往往会只要管理举报线索，但拒绝处理涉法涉诉，如此则各种推诿扯皮就在所难免了。特别是对基层院来说，控告、举报和申诉乃至国家赔偿事实上往往是交织在一起的，控告和举报业务的分离未必会达到提高监督效果的目的。可见，在内设机构整合的问题上，除了要考虑"合并同类项"外，还需要考虑必要的监督制约。

（三）民事行政检察业务的分立与合并问题

民事行政检察业务从长远看有着很好的发展前景，是检察监督体系不断完善发展的一个很重要的方向。如果单从业务相近的角度来看的话，其很难与其他部门进行整合。海南省在全面推行阶段规定原则上设立单独的民事行政检察局。根据统计，在全面推行阶段设立单独的民事行政检察局的有 14 个，占全部 22 个基层检察院的 63.64%（其中五指山市院先设后撤未计入）。经过施行一段时间以后的调研，这 14 个院中，有 4 个院（琼海市院、秀英区院、东方市院、屯昌县院）均提出设置民事行政检察局效果不好或与机构整合格局不相称。主要理由是，大多数基层检察院负责民行检察工作的人员仅有 2 人，单独设立民事行政检察局比较单薄，将其单独设立为一个局，机构设置布局略显失衡。在人员少、案源少的背景下，与其他整合后的大部不相称，而且单独设立的情况下司法办案和行政管理的作用不理想。出现这种状况，问题的根源还在于基层院民事行政检察业务的开展还很不充分。也就是说，在没有切实的业务需要，没有业务量支撑的情况下，最终会导致人员配置的偏少，从而导致独立设置机构必要性的降低。民事行政检察业务发展不平衡有两个极端的例子：一个是有个别基层院历史上就没有民事行政检察机构，这一块的业务基本没有开展；另一个是有少数几个院民事行政检察业务开展得有声有色，并形成了一些典型经验。当前，海南省基层院民事行政检察业务的发育还很不充分，在基层院人力资源本身偏紧的情况下，设立独立的机构有可能造成人力的浪费，特别是会导致前文所说的不同部门之间忙闲不均的问题。

（四）部分检察职能的归属问题

在整个改革当中，一些基本职能的归属没有争议。比如在反贪、反渎、预防职能进行整合的情况下，由于这些职能是关系密切的，甚至预防职能本身就是从原有职能中分离出来的，所以由一个部门统一指挥，能够起到更好的协同效果。同样，由于政治工作和监察工作具有相通性，将两项业务整合在一起，也没有大的争议。有的院在人员有限的情况下，甚至组建综合管理局，统一负责综合行政、后勤管理等工作，也达到了较好的效果。但对其他一些业务来说，如何整合则还是存在争议的，各院的观点和做法也不尽一致。如有的院认为，司法警察大队在实际工作中一般都是服务于反贪局办案，但是却和案件管理部门合并，协调不便，特别是办案安全问题被重点强调的情况下，由于法警大队合并在案件管理局，反贪案件在抓捕、看守等环节需要协调多个部门，导致执行效率较低。但是，就司法警察的职责来看，其职责范围并不限于协助反贪局办案，而是包括了其他多项职能，整合在反贪局后其他司法警察工作就难以承担。从海南省的实践看，前期改革中将其归入案件管理局的确会出现顾此失彼的问题。但从根本上说，不管机构如何整合，都需要不同部门的协调配合。

（五）部分检察职能的弱化问题

机构整合后，究竟是管理上的整合还是职能上的融合，一直存在争议。个别职能整合后，不能很好发挥原有职能的应有作用。在一些基层检察院，反渎、预防业务与反贪业务整合后，反渎和预防的业务不同程度地弱化了，出现了顾此失彼的情况；将法律政策研究室并入案件管理局后，案件管理局难以承担起法律政策研究职能，由于业务不熟悉，而且缺乏善于调查研究、撰写调研材料的人员，导致此项业务相对滞后。由于上级检察院的上述机构并没有整合，在报送案件或材料的过程中，上述职能弱化的情况很容易被发现。具有相似情况的还有刑事执行检察业务。可见，在进行大部制改革的情况下，一些检察职能的确会发生弱化的问题，在管理上必须要引起足够的重视。

（六）整合后的工作衔接问题

工作衔接问题是贯穿整个改革过程中的问题。客观上，上下级衔接还有一个需要不断磨合的过程。虽然前期改革中，通过设立负责人和联系人的方法，初步解决了业务对口的问题，但由于基层检察院与上级院对口部门的关系上存在"一对多"的问题，上下级的指挥和协调还是发生了很大变化。另外，前期改革中各市县院整合模式并不相同，相互之间也存在找对口部门难的问题，工作衔接也存在不便。经过统一设置的改革后，后一个问题将逐步得到解决。但总的来说，上下级的工作衔接是一个需要高度重视并研究解决的问题。

三、关于基层检察院内设机构改革的几点思考

（一）改革既是业务条线的整合，也是人员管理的整合

基层检察院内设机构改革的最终目的是提高司法效能而不是相反。除了进行业务条线的整合可以提高司法效能外，人员管理的整合也是十分重要的一个方面。职能相近的业务进行整合虽然可以提高效率，但也有可能有碍分工，并影响到内部监督以及专业化的发展方向。特别是在强弱合并的情况下，很有可能出现强者越强，弱者越弱的问题，从而影响到检察职能的整体发挥。因此，职能相近的业务进行整合也不是绝对的，必须要兼顾司法办案力量的适度均衡，必须充分考虑实际业务量和人力构成情况。例如，侦查监督和公诉是基层检察院的两大核心业务，虽然这两类业务职能相近，但考虑到人员管理的平衡，分开设置仍然有利于管理和监督。再如，虽然民事行政检察业务、刑事执行检察业务与其他所有业务都难以相容，但从人员管理上来说，由于其人员较少，业务量也较少，在基层院本身就人力资源紧张的情况下，完全可以并入其他业务机构，共同承担其他工作，从而提高人员的利用效率。在改革前普遍存在的"一人科""二人科"，除了会导致业务区分过细以外，另一个突出问题就是忙闲不均。而且由于长期从事单一的工作，其中的工作人员特别是年轻同志也得不到综合锻炼。

（二）内设机构改革可以不影响专业化建设

在推进内设机构改革的过程中，如果谈到机构整合，特别是"大部制"改革，就有一种观点是这种改革有可能损害检察队伍的专业化建设。在扁平化管理和专业化建设上，究竟是否存在矛盾？对于这一问题的理解，需要跳出内设机构改革的视角，放到整个司法责任制改革当中去。首先，从检察官办案责任制的角度看，改革就是要突出检察官的办案主体地位，突出办案组织的功能和作用，从这个角度看，原有内设机构的业务管理职能是在逐步淡化的，包括机构负责人在内都是要逐步退出案件审批层级的，所以不存在说没有原来的专门机构，就一定没有了专门的业务，两者是并不冲突的。例如，民事行政检察业务和控告申诉业务整合在一起后，并不意味着业务要融合变化，因为这是不

可能的。但是只要有专门的检察官、专门的检察人员来承担相应的工作，不会影响整个诉讼监督局的作用发挥。其次，业务分得再细，如果没有强有力的组织领导去推动，专业化建设不要说发展，就是开展起来都很难，分工过细反而有可能限制了检察人才的培养。以民事行政检察业务为例，如果坚持单独设立，由少数一两个人长期从事该项业务，其他检察人员很难介入进来，结果是该项业务难以有很大发展，其他人员也得不到锻炼，往往后继无人。事实上，在国家统一司法考试这个基础平台上，首先要有综合型人才，然后才是发展专业化人才。在基层院这个层次，专业的分工不应过细，而要重点培养一专多能的人才。最后，立足于以检察官为主体的办案组织设置，在专业化建设上完全可以以检察官作为区分不同专业的组织。例如，有的公诉业务中组建了快办小组，专门负责毒品、酒驾等特定类型犯罪案件，针对未成年刑事检察业务组建专门的未成年人刑事检察主任检察官，都足以应对专业分工的需要。因此，不管是扁平化还是专业化，只要抓住了检察官这个办案主体，对内设机构的设置就不必过分纠结。

（三）内设机构改革必须调整好各种利益关系

在认准改革方向的前提下，对内设机构改革所面临的利益问题要有充分的认识，并要积极争取利益、尽快协调平衡利益。首先，从总体上看，在基层检察院对内设机构进行整合，要以提升司法效能为目的，这是最大的利益，所有改革最终都要以此来衡量。其次，要看到检察官实行单独职务序列以后，检察官的职级晋升基本与机构及职数脱钩，内设机构的整合对这一部分人员不再产生大的影响，但检察辅助人员，特别是司法行政人员的职务晋升仍然与内设机构的设置存在直接关系，在这些人今后职业晋升通道受限的情况下，必须平衡好机构设置与职数的关系，应当争取这部分人的职数待遇，保证各类人员的切身利益。如果忽视这些人的利益，或者甚至是为了损害这些利益而整合机构，将严重挫伤改革中这些人员的工作积极性，也与改革的初衷相悖。中央规定内设机构改革中，原有编制、领导职数和待遇不核减的政策需要真正落到实处。再次，要看到在司法责任制改革的背景下，突出检察官办案主体地位的同时也就意味着上级对下级的领导方式应当发生改变。作为上级检察院检察官对下级检察院检察官仍要探索合适的领导方法，提高管理水平。要防止出现上级院认为基层院整合机构就是"断其手脚"的思想，遏制上下对应一般粗设置机构的内在冲动。最后，在对外关系上也要协调好与地方党委、政府及其他机构、组织的关系，尽快形成对接、协调的新机制，防止出现对内灵活、对外不灵的问题。

我国检察机关内设机构设置的原理与规律

常本勇　吕　昊*

检察机关内设机构的设置与改革应当依据科学的原理，遵循一定的规律，在实践中已成为我国检察工作与检察改革发展的一个瓶颈。然而，目前，关于检察机关内设机构设置与改革的研究，缺乏原理性与规律性层面的深入探讨，对相关机构设置与改革的实践也较少地进行原理性与规律性层面的评判。本文立足于探寻检察机关内设机构设置遵循的基本原理以及我国检察机关内设机构设置的历史演变所反映的基本规律，对我国检察机关内设机构设置与改革的现实作原理与规律层面的反思，在此基础上对我国检察机关内设机构的设置与改革提出意见和建议。

一、检察机关内设机构设置遵循的基本原理

（一）内设机构设置的管理学原理

内设机构设置实际上是组织组合工作的方式。根据管理学关于组织结构设计的一般原理，组织设置内设机构大致依据以下原则：一是依据所履行的职能来组合工作设置部门（职能部门化）；二是依据产品线来组合工作设置部门（产品部门化）；三是依据地区进行工作组合设置部门（地区部门化）。[①] 这三种组合工作的方式，在检察组织内设机构设置中均有体现。职能部门化是检察组织内设机构设置最为一般化的形态，如设置批捕部门、公诉部门、职务犯罪侦查部门、诉讼监督部门等，都是依据检察职能进行工作组合设置的部门。产品部门化如近年来设置的未成年人刑事犯罪检察部门、金融检察部门和知识产权检察部门，负责履行涉及特定类型刑事案件的所有刑事检察职能和预防犯罪检察职能。地区部门化是按管辖的特定地域划分部门，如派出的检察院和跨行

---

* 常本勇，湖北省襄阳市人民检察院党组书记、检察长；吕昊，湖北省襄阳市人民检察院法律政策研究室主任。

[①] ［美］斯蒂芬·P. 罗宾斯：《管理学》（第九版），孙键敏等译，中国人民大学出版社 2008 年版，第 257 页。

政区域的检察院，负责履行一定地域的所有或部分检察职能，只相当于派出其检察院的一个内设部门。上述这三种组合检察工作的方式，也是将事务性质相同检察官组合起来的三种基本途径。正如日本原检察总长伊藤荣树所说，检察机关内设部门的目的有两个："一是大体确定检察官相互之间的事务分工，根据业务分工以谋求提高工作效益，同时明确责任所在；二是对拥有多数检察官的官厅，可以大体上把分担事务性质相同的检察官集中在一起，便于上级进行适当的指挥监督。"①

（二）内设机构的合并与分设原理

组织的内设机构设置并不是越来越分化，也不是无规则地随意合并，其分设与合并均具有一定的边界。一般而言，内设机构的分设会带来组织成本的上升，也会带来工作专门化的收益；内设机构的合并会带来组织成本的下降，但工作的专门化也会受到影响。组织内设机构的合并与分设遵循一定的规则：（1）内设机构合并原理。内设机构合并应当基于正当理由；诸如：相近的职能整合能够规避职能交叉，职能整合后能够发挥"1＋1＞2"的职能效应；或者两个职能部门联系过于紧密，合并后组织成本比机构分设时更低并且不违背职能之间的制约或监督的需要；或者机构数量过多而与人员编制规模、业务工作量较少不相协调的等情形，都是导致内设机构合并的正当理由。（2）内设机构分设原理。内设机构分设亦应基于正当理由；诸如：有利于工作专业化的开展，强化某一项职能或工作时；或者通过剥离部分业务，另设机构承担，能够使组织运行整体的成本下降；或者内设机构所承担的任务数量、直接管理的人员数量超越了部门负责人的注意力跨度或管理跨度②；或者通过机构机构分设、职能分离，从而实现内部监督制约的等情形，都是导致内设机构分设的正当理由。

（三）"大部制"的动因原理

当前，检察机关还在进行整合内设机构的"大部制"改革，应当遵循

① ［日］伊藤荣树：《日本检察厅法逐条解释》，徐益初等译，中国检察出版社1990年版，第134页。

② 管理跨度（Span of Management），指管理人员有效地监督、管理其直接下属的人数是有限的，当超过这个限度时，管理效率会随之下降，因此主管人员要想有效率地领导下属，就必须增加管理层次，如此下去，形成了有层次的管理结构。该理论最早由格莱库纳斯通过数学工具证明而来，即一位管理者的控制跨度限制在3~7名下属。基于心理学中"注意力跨度"概念，人的头脑只能够同时处理数量有限的独立因素，大多数情况下，这个限制是6个因素或数字。注意力跨度在管理领域的相对概念即为"控制跨度"。格莱库纳斯通过证明得出结论：管理者的直接下属数量应该被限制为最多5人。参见百度百科，载 http：//baike.baidu.com/link? url＝3cqxCN5EVu6wlvO6p6T3wrSN2iQLzP_ tA1J1ndPokvdsNHAFadThZ－DbnhIWiVqoeHcORxVxyhFdrqAZLJ8Ah_ ，2016年7月14日。

"大部制"的动因原理。"大部制"的动因，是实施"大部制"内生动力。动因不存在，即无实行"大部制"必要。因此，必须探讨检察机关"大部制"的动因。而对检察机关"大部制"动因的考察，可以从考察公共行政领域的"大部制"入手。"大部制"是党的十七大对我国新时期加快行政管理体制改革作出的新部署，是指将职能相同或相近的部门整合、归并为一个较大的部门或者将相同相近的职能由一个部门管理为主，以减少机构重叠、职责交叉、多头管理，增强政府履行职能的能力。① "大部制"与"小部制"相对应。"大部制"的特征是"大职能、宽领域、少机构"，政府部门的管理范围广，职能综合性强，部门扯皮少。"小部制"的特征是"窄职能、多机构"，部门管辖范围小，机构数量大、专业分工细、职能交叉多。

公共管理领域"大部制"的动因在于：（1）实现决策权、执行权与监督权相分离。（2）整合政府机构职能，统一管理协调相关领域的事务，落实政府责任。（3）减少机构数量，克服部门本位主义，防止部门沟通壁垒，降低管理成本。（4）解决机构之间由于职能分工过细，导致职能交叉、重叠引发内部管理与对外职能履行问题，如对内责任不清，不能落实问责；对外政出多门，不利于集中统一管理。（5）对于中央、省、市一级的政府部门，实行"大部制"更加有利于加强宏观指导与调控，统筹力量，有效解决现实的社会问题。（6）对于基层政府实行"大部制"，有利于建设服务型政府，充分发挥社会管理与公共服务职能，为公众提供更好的公共服务。②

政府履行公共管理职能与检察机关履行检察职能存在较大差别，上述公共管理领域"大部制"的一些动因，可能并不会成为检察机关实行"大部制"的动因。二者具有共同层面的动因，比如：解决内设机构数量多和乱的问题，减少管理层级，实施"扁平化"管理，破除部门壁垒，降低管理成本和力量内耗，消除职能交叉，获得管理效能的提升，便于宏观统筹指导，等等。除此之外，检察机关还具有个性化的"大部制"动因，如：（1）分离与整合现有检察职能，使检察职能整体发挥效益更优并凸显中国特色；（2）通过减少机构从而减少行政管理人员，使更多的检察人员投入一线办案；（3）将需要协同推进的各项检察业务，整合在一个部门，更加便于实施"检察一体"；（4）通过职

---

① 沈荣华：《积极稳妥地探索实行职能有机统一的大部门体制》，载《光明日报》2008 年 2 月 28 日。

② 以上动因归纳于以下文献：沈荣华：《积极稳妥地探索实行职能有机统一的大部门体制》，载《光明日报》2008 年 2 月 28 日；汪玉凯：《冷静看待"大部制"改革》，载《理论视野》2008 年第 1 期；石亚军、施正文：《探索推进大部制改革的几点思考》，载《中国行政管理》2008 年第 2 期；杜冶洲：《大部制改革的理论基础、国际经验与推进策略》，载《现代管理科学》2009 年第 3 期。

能分离实现诉讼职能的内部制约以及内部监督的专门化。

（四）检察职能的分解与分离、合并与整合原理

检察机关内设机构是检察职能的分解和组织表现形式，[①] 是具体检察职能得以实现的组织载体。没有内设机构作为组织保障，相应的检察职能也难以运作起来。所以，检察职能是检察机关内设机构设置的标准。在我国，检察职能具有复合性。在宏观层面或宪法层面，检察职能就是法律监督职能；在微观运行层面，检察职能呈现多元性。这就涉及对检察职能的分解与分离、合并与整合。

1. 两个"区分"的划分方法

检察职能的分解与分离，是应加以"区分"的对检察职能在微观层面的划分方法。检察职能的分解，是检察工作专业化的结果，反映检察工作精细化分工。检察职能的分离，是在检察职能分解的基础上将职能运行主体及运行过程分离开来。检察工作专业化发展促进了检察职能的分解，但不一定会促进检察职能的分离。而实现职能分离运行，可能导致检察机关内设机构的分设。

检察职能的合并与整合，也是应加以"区分"的在检察职能分离现状基础上的对检察职能在微观层面的划分方法，是将两项以上的检察职能合并或整合由一个职能运行主体承担，其中，合并是"物理"层面，两项职能虽然放在一起，但"并列"运行，互不影响；整合是"化学"层面，两项职能放在一起，但"交织"运行，相互促进。

2. 上述两个"区分"的划分方法有助于说明与解释检察机关设置内设机构的实践活动

（1）对一些基本检察职能的分离是没有争议的。比如侦查监督、公诉、刑事执行、民事行政、控告申诉、案件管理等职能相互分离。这些职能能够毫无争议地发生分离，是由于相应权力属性存在根本性差异。而对一些基本检察职能进行进一步的职能分解没有争议，但存在两种情况：第一，对被分解的职能是否能够得到进一步分离存在争议。比如，在侦查监督职能内部存在立案监督、侦查活动监督、审查逮捕、对行政机关不移送涉嫌刑事犯罪案件的监督等职能分解，在公诉职能内部存在侦查监督、审判监督、审查起诉与出庭支持公诉、抗诉等职能分解，对上述职能作进一步的分解没有争议，但是否应将上述诉讼性质职能与监督性质职能作进一步的适当分离存在争议。反对分离的，认

---

① 徐鹤喃、张步洪：《检察机关内设机构设置的改革与立法完善》，载《西南政法大学学报》2007 年第 1 期。

为分离之后，容易发生职能交叉，难以厘清诉讼监督相互的职能界限①，也不利于诉讼监督有效运行。第二，对被分解的职能能够作进一步分离也没有争议，但是否分离存在不同的实践选择。比如：将职务犯罪侦查职能分离成反贪职能与反渎职能，将民事行政检察职能分离成民事检察职能与行政检察职能，将控告申诉检察职能分离成控告检察职能与申诉检察职能，但实践中，有的选择分离，有的仍然合并在一起。

（2）对检察职能分解存在争议的。这一情形较少发生。比如，对生效刑事裁判申诉案件的办理职能，有的选择在申诉检察职能中予以分解，有的选择在公诉检察职能中予以分解。

（3）考虑修改后刑事诉讼法新增检察职能，对基本检察职能进行重新整合形成新的基本职能。如，将审查逮捕职能、羁押必要性审查职能、对采取强制措施或查封、扣押、冻结措施存在违法的申诉控告进行受理和审查的职能，整合成为司法审查职能，认为这一职能是救济性法律监督，相对独立于侦查、公诉和诉讼监督职能，采取中立、客观的角色定位和更加诉讼化的工作方式。②

（4）对具有紧密联系的职能予以整合或合并，以减少办案资源投入，提高行使职权的便捷和效率。这些职能不仅合并在一起，也能够相互交织运行。存在两种情形：第一，具有共识的。这一整合能够同时发挥职能上、管理上和运行上的"1＋1＞2"的效应。第二，具有分歧的，如将审查逮捕、公诉职能整合或合并。持反对观点的认为公诉是对逮捕的制约，二者不能整合或合并。可见，对有碍于实现权力制衡的职能整合或合并，难以取得整合或合并的共识。

（5）对性质相同但不具有紧密联系的职能予以合并。这些职能虽然合并在一起，但仍然是分离运行。如将侦查监督、刑事审判监督、刑事执行监督职能整合成为刑事诉讼监督职能，但很难说履行这些性质相同的职能，在工作中会形成多少关联性。这种检察职能合并主要是基于提升管理效能，如减少管理层级、降低管理成本、共享办案资源、减少部门壁垒等原因。

综上而言，笔者提出的上述两个"区分"的划分方法，对于解释检察机关内设机构设置的实践活动，是具有一定说服力的。

---

① 因为是"适当"分离，哪些职能应当分离，哪些应予以保留，没有标准，也没有权威的说明，不好把握，必然发生职能交叉的现象。

② 汪建成、王一鸣：《检察职能与检察机关内设机构改革》，载《国家检察官学院学报》2015年第1期。

3. 运用两个"区分"的划分方法解释检察机关内设机构设置实践所体现的规则

第一，检察机关内设机构主要依据检察职能的分解与分离、合并与整合而设置。内设业务机构设置多样，都源于对检察职能的不同分解与分离、合并与整合。分离出新的检察职能就可能会设置新的内设机构。职能的变化也会带来机构的变化，对部分检察职能进行整合就会催生设置新的机构。在缺乏权威认识的前提下，对检察职能的分解与分离、合并与整合存在不同认识，就会催生内设机构整合改革的不同实践。

第二，检察职能的分解与分离规则。（1）检察职能发生分解，是检察工作专业化的发展趋势，反映检察工作分工的精细化。但检察职能的分解并不必然发生检察职能的分离。检察职能虽不分离，只要注重检察职能分解，仍然能够实现检察工作的专业化。检察职能分解之后，如能相对独立运行，并且获得的效能更高，就可以继而发生检察职能的分离。（2）检察职能基于各类检察权力属性的根本差异、权力制衡、人员编制规模、办案任务轻重等因素考量可以发生没有争议的分离。但如对因职能分离而造成职能不清或运行障碍的，就会发生具有争议的分离。加强内部监督制约是检察职能发生分离的一个重要原因。（3）对于分解之后的检察职能，如能够相对独立运行并且效能更高，就可以进一步推进职能分离，实现机构分设。相反，如果分解之后的检察职能不能够相对独立运行；或者虽然可以相对独立运行，但受制于人员编制规模较小或工作任务较少，相对独立运行会产生较大的成本，不能获得较高的分离运行效能，分设相应的机构就会产生较大争议。

第三，检察职能的整合与合并规则。（1）检察职能整合能够实现不同职能的"交织"运行，而检察职能合并仍然是不同职能的"并列"平行运行。两项以上的检察职能如能够相互"交织"运行，并且能够实现职能上"1+1>2"效应的，可以实行职能整合；如虽然不能相互"交织"运行，但如"并列"平行运行能够实现运行效能与管理效能提升的，就可以实行职能合并。（2）对于职能整合或合并有碍于权力制衡的，以及职能整合或合并难以实现职能效能、管理效能提升的，就是存在有争议的职能整合与合并的实践。

第四，职能、管理与运行等各种效能的提升是检察职能分解与分离、整合与合并的标准。如基于检察职能合并而设置新的机构，如将侦查监督、审判监督、刑事执行监督职能整合成为刑事诉讼监督职能而设置刑事诉讼监督部门，对其是否能够以及如何提升效能并不明确，实践中就会产生不同选择。

二、我国检察机关内设机构设置所反映的规律

我国检察机关的内设机构可以分为决策机构即检察长和检察委员会、业务机构即检察机关各内设业务部门、综合管理机构等三大类型。由于检察机关的决策机构基本没有发生变化，本部分着重对我国检察机关内设业务机构和综合管理机构设置的历史演变进行梳理，并在本文第一部分理论的指引下，试图总结发现我国检察机关内设机构设置与改革的若干规律。

（一）内设业务机构的历史演变

1949 年中华人民共和国成立，在中央人民政府之下设置最高人民检察署，设置三个业务处，分别是："一处"负责对政府机关、公务人员、全国国民执行法律法令进行检察，负责抗诉，刑事申诉工作；"二处"负责办理刑事案件之侦查、检举与公诉事项，监督监所改造事项；"三处"负责办理行政诉讼和民事案件。1954 年颁布的《人民检察院组织法》规定了 6 项检察权，各级检察机关内设业务机构由原来按照案件进行分工，改变成为按照各项法律监督职权进行分工，最高人民检察院共设置一般监督厅、侦查厅、侦查监督厅、审判监督厅、劳改监督厅五个业务机构。1962 年在历经第一次裁撤检察机关风波之后，最高人民检察院内分设三个业务厅，一厅负责审查批捕、审查起诉工作，二厅负责劳改、监所检察工作，三厅负责同严重违法乱纪作斗争工作。这一设置回归到 1949 年的机构设置模式，采用一、二、三厅的名称，但取消了民行检察厅的设置。1966 年以后，检察机关被砸烂，检察机关的内设机构也不复存在。1978 年检察机关恢复重建，1979 年修订的《人民检察院组织法》对内部机构的设置作了明确的规定，即最高人民检察院设刑事检察厅、法纪检察厅、监所检察厅、经济检察厅、信访厅，地方各级人民检察院和专门人民检察院可以设置相应的业务机构。1983 年修订的《人民检察院组织法》对检察机关内设机构的设置改变了原来的规定模式，只作了原则性规定，即"最高人民检察院根据需要，设立若干检察厅和其他业务机构。地方各级人民检察院可以分别设立相应的检察处、科和其他业务机构"。此后，检察机关机构设置的变化主要表现为局部的、个别部门的更改。1987 年，检察机关自侦案件的审查批捕、起诉工作从经济检察、法纪检察部门划归刑事检察部门，最高人民检察院将信访厅改为控告申诉检察厅，1988 年设置民事行政检察厅。1988 年深圳市检察院在全国设置第一家举报中心，此后举报中心在全国检察机关遍地开花，1990 年最高人民检察院将举报中心工作划归控告申诉检察厅。1996 年，伴随着刑事诉讼法的修改，最高人民检察院将刑事检察厅一分为二，分设审查批捕厅和审查起诉厅，同时，将经济检察部门更名为反贪污贿赂局。2000 年

至 2001 年最高人民检察院和地方人民检察院分别完成新一轮的机构改革,业务部门的名称进行了修改,主要变化是将审查批捕厅改为侦查监督厅,将审查起诉厅改为公诉厅,将法纪检察厅改为渎职侵权检察厅,将控告申诉检察厅拆分为控告检察厅和刑事申诉检察厅,增设了职务犯罪预防厅。此后,最高人民检察院一方面增设了一些内设业务机构。2007 年增设死刑复核检察工作办公室,2012 年更名为死刑复核检察厅;2011 年增设案件管理办公室;2015 年增设未成年人检察工作办公室。另一方面,整合了职务犯罪侦查内设机构。2014 年 10 月,中央批准最高人民检察院党组提出的改革方案,整合既有的反贪污贿赂总局、渎职侵权检察厅、职务犯罪预防厅,成立新的反贪总局,新的反贪总局全方位升级提格,局长由副部级检察委员会专职委员兼任,高于原来的局级配备。

省、市、县三级检察院设置与变革内设业务机构大体上与高检院相对应、相同步,并于近年来大刀阔斧地开展内设机构的整合改革,分别又具有各自的特点。(1)省级院主导的内设机构改革。湖北省检察院仍然采用"小部制",新设与分离了一些业务机构,如新设联络处和职务犯罪大要案侦查指挥中心,分立设置侦查监督处和批捕处、公诉处和刑事审判监督处。地市级院大致与省院内设机构相对应。基层院编制在 50 名以下的整合为批捕公诉部、职务犯罪侦查部、诉讼监督部、案件管理部、综合管理部五个大部;编制在 51 名至 99 名的整合为批捕部、公诉部、职务犯罪侦查部、刑事诉讼监督部、民事行政检察部、案件管理部、综合管理部七个大部;编制在 100 名以上的整合为批捕部、公诉部、贪污贿赂犯罪侦查部、渎职侵权犯罪侦查部、刑事诉讼监督部、民事行政检察部、案件管理部、人事管理部、综合管理部九个大部。2016 年 7 月,湖北省检察机关又对以上"五七九"部制大部改革作出了微调。① 与此不同,吉林省三级检察机关均采用"大部制"合并为职务犯罪检察部、刑事检察部、民事检察部、行政检察部、控告申诉和刑事执行检察部。(2)一些地方检察机关自行主导的内设机构改革。如江苏扬州市江都区检察院按照侦防一体化、诉讼监督一体化和检务保障一体化的工作思路,内设部门整合为职务犯罪侦防局、诉讼监督局、检务保障局。职务犯罪侦防局由反贪局、反渎局和预防局组成;诉讼监督局由侦监、公诉、民行、控申、监所五个部门整合而成;

---

① 大致是将"五部制"的批捕公诉部更名为刑事检察部,诉讼监督部更名为综合检察部;将"七部制""九部制"的批捕部、刑事诉讼监督部分别更名为侦查监督部、综合检察部。同时,将侦查监督职能、刑事审判监督职能和控告申诉检察职能调整为分别由侦查监督部、公诉部和综合检察部行使。

检务保障局由办公室、研究室和案管科整合而成。广东深圳福田区检察院设置职务犯罪侦查局、刑事犯罪检控局、诉讼监督局、犯罪预防和社会建设促进局"四个业务职能局"。重庆市渝北区检察院设置刑事检察局、诉讼监督局、职务犯罪侦查局、未成年人刑事检察局。北京西城区检察院将反贪局与反渎局合并，公诉一处、二处和金融犯罪检察处合并成立公诉处，控申处与检务接待中心合并成立控告申诉检察处，案件管理办公室与法律政策研究室合并成立检察业务管理办公室，其他内设机构保留。① 之所以有上述诸多不同的做法，源于在没有权威表述的前提下，各院对检察职能分离与整合存在不同认识。

（二）综合机构的历史演变

1949 年中华人民共和国检察机关初设之时，设置了办公厅、人事处和研究室三个综合机构，其中，研究室属于业务性综合机构。综合机构设置较为稳定，并未随业务机构那样进行较大变革，只是随着综合事务职能的丰富以及加强检察政治工作、党的纪律检查工作、党建工作、新闻宣传、计财装备等专项工作的实际需要，这些专项综合工作逐渐从办公厅中专门分离出来，人事处变更为政治部门，机关党委、纪检监察部门、新闻宣传、教育培训、计财装备等部门相继得以专门设置。省、地市级检察院在综合机构的设置上大致保持与高检院一致，但都以必要性为原则，有些综合机构上下级检察机关并未一一对应。基层院根据实际需要单设了部分综合机构，未设置专门综合机构的，相关工作由政治部门或者办公室承担。在近年开展的内设机构整合改革中，有的地方检察机关又将已分化出来单设的综合机构合并成为承担综合职能的大部门，如湖北省检察机关在各基层院设置司法行政事务管理局，总揽了原来几乎所有综合机构的职能。

（三）反映的基本规律

从上述演变历史，对检察机关内设机构设置所遵循的一些规律可以大致作以下梳理：

第一，检察机关内设机构主要依据检察职能的分离、合并与整合而设置。对检察职能分离、合并与整合的不同思路，影响到内设机构分设与合并。高检院内设业务机构的几经变化，都源于对检察职能的不同分离与整合，分离出新的检察职能就可能会设置新的内设机构，职能的变化也会带来机构的变化，对部分检察职能进行整合就会催生设置新的机构。在缺乏权威认识的前提下，对

---

① 检察机关内设机构改革是当前检察改革的重点、难点、敏感性问题，变化较快，以上改革措施只是各地方检察机关内设机构改革曾经的做法，并不代表各地检察机关当前仍然认同或者采用这一做法。

检察职能的分离、合并与整合存在不同认识，就会催生内设机构整合改革的不同实践。

第二，"大部制"既是检察机关内设机构的一种初始客观状态，也是检察机关内设机构重组与整合的过程。检察机关设置之初都是"大部制"，机构少，职能也相对单一。但内设机构随着职能的丰富与分化而增设，而内设机构重组改革又要回归到"大部制"状态。回归后的"大部制"，机构少，但职能丰富。

第三，新增职能不一定会增设机构。比如，新增受理举报职能，高检院并没有因此新增举报中心这一机构，而是将这一职能并入控告申诉检察部门。这表明设置新的机构要考虑成本，如由既有的机构可以行使新增的职能，就没有必要新设机构。此时，新增的职能可以看作对既有检察职能的新的分解，如上述受理举报职能可以看作对控告申诉检察职能的进一步分解。职能分解是检察工作专业化的结果，但并不意味要增设机构。

第四，机构分设可以实现职能分离，从而加强内部监督制约。刑事检察部门分设成批捕部门和公诉部门，就是为了实现公诉职能对逮捕职能的制约。同时，将经济检察部门和法纪检察部门对所办理经济、法纪案件的批捕、起诉职能划归批捕部门和公诉部门，体现了批捕、公诉职能对侦查职能的制约。

第五，对于分解之后的检察职能，如能够相对独立运行并且效能更高，就可以进一步推进职能分离，实现机构分设。比如，控告申诉检察职能可以分解成为控告职能和申诉职能，并且这两项职能能够相对独立运行。考虑到有的检察机关人员编制庞大以及这两项职能工作任务繁重，将这两项职能分离运行能够获得更高的效能，所以有的院将控告申诉检察机构分设。相反，如果分解之后的检察职能不能够相对独立运行；或者虽然可以相对独立运行，但受制于人员编制规模较小或工作任务较少，相对独立运行会产生较大的成本，不能获得较高的分离运行效能，分设相应的机构就会产生较大争议。

第六，基于职能整合而整合机构，具有较高的共识，实践中也采纳了一致的机构整合措施；而基于职能合并而整合机构，具有认识分歧，并且如何带来效能提升并不明确，因而实践采用不同的机构整合措施。如仅仅是基于检察职能合并而设置新的机构，比如，前述所提到的，将侦查监督、审判监督、刑事执行监督职能整合成为刑事诉讼监督职能而设置刑事诉讼监督部门，将侦监、公诉、民行、控申、监所五个部门整合成为诉讼监督局，虽然将多项业务置于一个部门统管之下但各项业务仍然分离运行，与整合之前相比较而言，履行各项职能如何带来效能提升并不十分明确，对此实践就产生不同选择。湖北省检察机关在2016年7月对基层院大部制改革作出的微调，也反映出其对检察职能的合并有了发展性的新认识。

第七，综合职能分解越来越细致，然而从高检院到基层院四级检察机关，越是具有综合指导职能、人员编制数量较多、相关事务较多的上级院，综合职能越容易发生分离，从而设置越多专门的综合机构；越是只具有执行职能、人员编制数量小较少、相关事务较少的下级院特别是基层院，综合职能不会发生分离，往往是一个综合机构承担多项综合职能。这一规律直接表现为上级院设置综合机构较多，但很多综合机构在基层院都不能找到相对应的专门机构。

三、对我国检察机关内设机构设置的现实评析

（一）现实问题及分析

检察机关内设机构设置存在诸多问题，诸如内设机构数量多、呈现"失控"和"失范"的态势，影响检察事业的顺利开展；[①] 内设机构设置行政化、不规范不统一、结构不合理、内设机构数量与人员编制不协调；[②] 内设机构的功能定位不清晰，内设机构担负了太多解决检察官职级待遇的负担，成为各项业务的决策部门，不同层级的检察机关的内设机构的职能没有很好的区分和体现；[③] 等等。除此之外，结合如火如荼开展的内设机构改革，笔者认为还存在以下更深层次的问题，并且有些是违背机构设置原理与规律的。

1. 对检察职能如何进行分解与分离、合并与整合，缺乏权威有说服力的分析与论证，影响到内设机构分设与合并的统一设置。

（1）对部分检察职能的分离存在认识分歧，没有区分检察职能的分解与分离。实践中，对于一些检察职能的分离没有分歧，对相关机构设置也无争议。比如，对案件办理与案件管理职能适当分离取得共识，这一点落实为各级检察机关都设置了专门的案件管理机构；控告职能与申诉职能发生分离，对人员编制较多、办案任务较重的院而言没有争议，于是就分别设置了控告检察部门与申诉检察部门。而对于一些检察职能的分离存在分歧，没有充分考虑职能分离的成本，也没有注重区分检察职能的分解与分离，从而导致发生机构设置上的混乱与争议。如对诉讼职能与诉讼监督职能，在职能分解上实际上是不存在认识分歧的，但对这两项职能是否应当得到进一步的适当分离存在着认识分

---

①　王建成、王一鸣：《检察职能与检察机关内设机构改革》，载《国家检察官学院学报》2015 年第 1 期。

②　孔璋、程相鹏：《检察机关内设机构设置改革问题研究》，载《西南政法大学学报》2014 年第 6 期。

③　徐鹤喃、张步洪：《检察机关内设机构设置的改革与立法完善》，载《西南政法大学学报》2007 年第 1 期。

歧，进而也就对诉讼监督机构是否单设产生分歧。然而，既有的实践能够表明，诉讼与诉讼监督两个机构分设后，保障诉讼监督职能运行顺畅的成本较高、难度较大，而当初分离两项职能的重要动机在于实现诉讼监督工作专门化与加强诉讼监督工作。实际上，只要存在诉讼监督职能与诉讼职能的分解，在没有实现职能分离的条件下一样也能实现诉讼监督工作的专业化与加强诉讼监督工作的目的。如果承认上述诉讼职能与诉讼监督职能分解与分离的区分意义，也许就不会产生是否单设诉讼监督机构的争议。

（2）对部分检察职能的合并与整合存在分歧，没有区分检察职能的合并与整合。对一些职能没有注重区分整合与合并，导致存在"一体两制"或"一体多制"问题。只是笼统地将两项（或两项以上）职能合在一起，同体但不并轨，职能仍然相对分离运行。比如说，整合各项诉讼监督职能成立了诉讼监督部，各项诉讼监督职能虽然同体，但没有有效地整合运行或合并运行。但对于诉讼监督的各项业务，实际上充满了"个性"，似乎难以实现职能整合运行，实际上只能发生职能的合并运行。如前所述，职能合并的正当性在于必须发生职能合并运行效能的提升与管理效能的提升。那么，如何实现诉讼监督职能合并运行之后合并运行效能与管理效能的提升，是选择这一整合方案必须解决的问题。但这一问题在实践中并没有得到关注与深入研究，导致有关内设机构整合实际上欠缺内生的动力。

2. 检察机关内设机构整合违背"大部制"动因的问题。"大部制"动因不存在则没有必要实行"大部制"整合。对"大部制"动因把握不准，"大部制"改革就不会是从"解决问题"入手，就不会延伸出内生改革动力，从而使得这种制度变迁仅仅停留在人员整合与部门合并的表面功夫之上。然而，从目前检察机关实行"大部制"改革实践看，似乎没有全面综合考量实行"大部制"的动因。

（1）将"扁平化"与"大部制"相等同。有观点认为，为实现"扁平化"管理，检察机关应采取"大部制"，取消原小部门负责人，从而减少管理层级。实际上，在原内设机构架构之下，只要取消内设机构负责人审批案件的职责，一样能够实现"扁平化"目标。相反，"大部制"确实在一定情形下起到了减少管理层级的效果，但并不必然导致"扁平化"，如果不注意控制管理层级就无法实现"扁平化"，甚至有时需要增设管理层级才能使"大部制"有效运转。但实践中，往往将"扁平化"与"大部制"相等同，在"大部制"中忽视设置必要的管理层级，或者，为了实现"扁平化"就必须推行"大部制"。

（2）虽然考量凸显检察职能的中国特色，但对检察职能整体发挥效益更优的考量不多。比如，在内设机构整合的实践中，往往将具有监督性质的职能整合在同一个机构，虽然体现了中国特色，但实际上各种监督性质的职能，难以整合在一起交织运行，实际上只实现了职能的合并运行。各项监督性质的职能在同一个机构内部只能实现并列运行。此时，机构整合与职能合并运行的必要性与合理性在于实现职能合并运行效能或者管理效能的提升。然而，如何实现职能合并运行效能或管理效能的提升，在实践中可能并没有得到过多的关注和考量。换言之，如果不能实现职能合并运行效能或管理效能的提升，这样的整合就缺乏动力和必要性。又如，整合了案件管理、控告申诉、检委会、警务保障等多项业务职能到一个部门，这些职能差别较大，显然不能整合运行而只能合并运行，但如果不能通过合并运行，实现合并运行效能和管理效能的提升，这样的整合就不会具有其必要性与合理性了。

（3）一些内设机构的整合与分设，恰恰违背了"大部制"整合的一些动因。"大部制"整合本身就是为了消除职能的重叠，解决对内责任不清，消除部门壁垒以及减少管理成本。但从诉讼监督部门与诉讼部门分设的实践看，恰恰容易造成职能重叠、部门壁垒和对内责任不清，也增加管理协调成本。

（4）对"大部制"更加有利于宏观指导与调控，便于统筹力量，有效解决问题的这一动因认识不到位。"小部制"确实有利于实现检察工作的专业化分工，有利于专门谋划与推进一项检察工作。但"大部制"在宏观统筹与谋划推进检察工作时也具有其优势。通过"大部制"将相关业务整合在一个大部门之内，更加便于将相关业务一同统筹谋划和推进，便于协调共同解决问题，较之"小部制"下单个业务"单兵突进"式的统筹谋划和推进更加具有效率。

3. 内设机构职能整合违背注意力跨度与管理跨度原理。内设机构整合的规模应当具有一个上线标准，不能超过管理者所能承受的管理跨度。然而，实践中，有的内设机构整合幅度可能过大，如整合原有办公室、研究室、纪检监察、干部人事、宣传等多个部门成为一个部门，整合控告申诉、案件管理、检委会、人民监督员、司法警察、检察技术等多个部门成为一个部门，这两个部门负责人都将面临管理幅度的大幅度扩张，对精细化管理造成一定难度，也因为超过注意力跨度或管理跨度，部门负责人开展有效管理就显得力不从心。实际上，"大部制"改革，开展内设机构整合，不能片面地追求"大部"的整齐划一，要充分考量上述的"大部制"动因，特别是要遵循注意力跨度与管理跨度的基本原理。如果要实现部门负责人的"扁平化"管理，就不能整合太多的事务到一个机构。如果确有必要整合多项事务到一个部门，超越了部门负责人实施直接管理的跨度，"大部"内部就要增设管理层级，才能有效实施管理。然而，实践却大大忽视了这一中间管理层级的设置。

4. 实行内设机构改革之后，基层检察机关的一些检察工作得到削弱。比如，立案监督和侦查监督工作，在整合之前一般由侦查监督部门的多名干警承担，而在整合之后归入刑事诉讼监督部门，往往只确定由一名检察干警承担。而综合部门整合以后，实践表明，各项综合事务都得到不同程度的削弱。其主要原因是，机构撤并对检察事务的具体运作产生了影响。实际上，对于基层检察机关而言，偏重于执行与操作具体事务，对于确定由专门人员负责执行与操作具体事务非常重要。然而，随着"大部制"的实行，部门壁垒虽然被打破，但也打破了"小部制"下"部门"对检察事务具体运作的制度保障。因为"部门"毕竟是实现检察事务具体化运作的组织保障。在新的对检察事务具体运作的相关制度保障建立之前，相关检察工作必然得到削弱。可见，实行"大部制"之后，如何在"大部"内部建立保障制度，确保由专门检察人员履行专项检察职能，负责执行与操作具体事务，是"大部制"改革必须面临的突出问题。

（二）意见和建议

1. 解决检察职能的划分问题，提供权威的、科学的划分方案，是解决检察机关内设机构设置问题的根本所在。曹建明检察长在第十四次全国检察长会议上首次提出了检察监督体系，包括刑事检察、职务犯罪侦查预防、民事检察、行政检察、控告申诉检察五项工作机制，这一提法似乎将检察职能在第一层次作出上述五个方面的划分。这一划分可能成为对主要检察业务职能划分的一个权威表述，对内设机构设置产生可能会有重大影响。

（1）划分检察职能应当区分检察职能的分解与分离、合并与整合。检察职能分解的意义在于保障实现检察工作专业化分工。检察职能分离、合并与整合的意义在于实现检察职能整体效能与检察管理整体效能的提升。区分这"两对"概念有利于说明、分析与解决前述关于检察职能划分的诸多疑难问题并有力指导机构改革实践。同时，划分检察职能应当遵循前述"大部制"及检察职能的分解与分离、合并与整合原理。检察职能发生分解但可以不发生分离，检察工作的专业化也可以通过检察职能分解实现，而不一定要通过检察职能的分离实现；检察职能可以至少基于各类检察权力属性的根本差异、权力制衡、人员编制规模、办案任务轻重等因素发生分离，但如果职能分离可能影响到职能有效运作的话，就必须慎重考虑职能分离。检察职能分离在司改检察官实行相对独立办案之后并不意味着一定要实现机构分设。

（2）以检察职能整体效能与检察管理效能的提升，作为是否进行检察职能分离、合并与整合的重要衡量标准。同时，要注重开展职能分离、合并与整合的效能测算。实践中，有一些检察职能分离、合并与整合，能够显著提升职能效能与管理效能，这是显而易见的；而有一些检察职能分离、合并与整合，对于提升职能效能与管理效能不太具有显而易见的说服力，就需要开展具体的职能分离、合并与整合的效能测算。这些测算基于不同的职能整合选择方案而存在。具体而言，对于各项诉讼监督职能的合并运行、批捕公诉职能的合并运行、民事行政检察监督的分离运行、控告申诉检察监督的分离运行、诉讼职能与诉讼监督职能整合运行与分离运行等，都需要测算各项职能合并运行或分离运行之后，职能效能提升和管理效能提升可能存在的增长点。这些增长点如果可以得到较好的控制并取得较好的效果，就可以选择相应的检察职能分离、合并与整合模式。人员编制配备与办案任务，对检察职能的分离与合并也具有影响，那么这个具有影响力的具体的数量标准在哪里也需要进行测算。总之，对于一些比较具有争议的检察职能的分离、合并与整合，不是基于某种信念或价值观而作出的选择，而是依据上述的效能测算而作出理性选择。

（3）对于检察职能整合运行应当大力推进，而对于检察职能合并运行应当予以慎重对待。因为，对检察职能整合运行之后的职能效能与管理效能的提升是显而易见的；而对检察职能合并运行之后，职能效能与管理效能如何提升，目前仍然是不清晰的，就难以产生职能合并运行的实践动力。除非是针对人员编制配备较少、办案任务较少的院，对检察职能合并运行提升职能运行效能与管理效能是显而易见的情形，可以大力推进职能合并运行。

2. 检察机关开展内设机构改革必须以检察机关内设机构设置的基本原理为指导，遵循我国检察机关内设机构设置的历史演变所反映的基本规律。并且要综合考量上述基本原理与基本规律，注重把握原理与规律的适用条件，不能片面地尊奉单一原理与规律，否则就会陷入"公说公有理，婆说婆有理"的境界。具体而言：第一，遵循检察职能分离的规律，控告职能与申诉职能可以发生分离，反贪职能与反渎职能可以发生分离，民事检察职能与行政检察职能可以发生分离。但同时应当考虑内设机构分设的边界原理，对于机构分设与人员编制规模、业务工作任务不相适应的，就不应当实行职能分离与机构分设。第二，遵循"大部制"整合以凸显中国特色检察制度的原理，将具有监督性质的职能合并在一起，成立一个专门的监督机构。同时，应当考虑检察职能的分解与分离、合并与整合原理。如果将监督性质的职能整合在一起，就必须综合考量实行整合、合并或分离后职能效能与管理效能的提升问题，分离后是否能够相对独立运行，整合、合并或分离前后的成本与收益比较等诸多因素。只有确实具备有关职能分离、合并与整合的充分理由，并且在实践中能够充分实现其分离、合并与整合之后整体效能的提升，才能实施有关职能的分离、合并与整合。第三，遵循整合推进各项检察业务的"大部制"原理，便于发挥

"检察一体"的整体效能。将诉讼监督业务与诉讼业务整合在一起，同时也可以考虑遵循内设机构分设的边界原理，将各项诉讼监督业务中一些需要对外调查的事务统一对外实行委托，如可以实现组织运行整体成本的下降，似乎也有必要设置专门的诉讼监督机构专门承担这一部分职责。第四，遵循"大部制"原理，为实现机构的整齐划一而将过多的事务整合在一个机构，同时必须遵循注意力跨度与管理跨度的基本原理，对于超越跨度的，注重为部门负责人增设管理层级。第五，遵循内设机构合并的边界原理，将工作联系紧密的批捕与公诉工作整合在一个机构，可以降低组织成本。但同时应当注意遵循职能分离制约的基本原理，同一个案件在批捕与公诉环节应由不同的检察官分别承办，才能实现同一部门内部批捕职能与公诉职能的分离与制约。

3. 注重岗位职责规范的科学设置，积极开展岗位目标管理。如前所述，"大部制"实行职能合并与整合以及内设机构整合之后，"大部"必然具有多项检察职能，并且存在各项职能之间的分解。然而，在"大部"之下，特别是针对基层检察机关，必须解决由专门人员履行专项职能，负责执行与操作具体事务的突出问题。对此，应当以职能分解为标准设置岗位并明确岗位职责，而不能"因人设岗"。对于检察人员较少的，或者发生职能整合运行的，可以实行"一人多岗"；对办案任务较重的，可以实行"一岗多人"。同时，积极开展岗位目标管理。上述措施有力解决了内设机构整合之后相关工作弱化的突出问题。

论基层检察机关办案组织的构建

——以广东省佛山市顺德区人民检察院为视角

徐 彪 李荣楠*

当前，随着我国刑事诉讼法的进一步修改与完善，司法制度的日趋成熟，以及新一轮检察改革的逐步推进，探索构建符合我国检察工作规律、具有司法属性、适应办案实践需要的基本办案组织，显得尤为迫切。检察机关办案组织作为检察权运行的最基本组织形式，是检察制度设计中最为基础和重要的问题，对于检察机关依法独立公正行使职权具有重要意义。2013 年，最高检制定下发了《检察官办案责任制改革试点方案》，明确提出"建立权责明确、协作紧密、制约有力、运行高效的办案组织模式"。作为全国 17 个检察官办案责任制改革试点之一，广东省佛山市顺德区人民检察院在推行检察官制度改革试点的同时，也推进了检察人员分类管理制度改革、检察机关内设机构改革等若干配套性制度改革，由此形成了一整套全新的检察工作机制。内设机构整合后的大部制格局，一定程度上减少了部门之间的掣肘，增强了扁平化管理，但是，在运行的过程中也出现了行政管理工作弱化、机构设置臃肿、管理幅度过大等一些不容忽视的问题。为进一步优化检察工作机制，2017 年 3 月广东省检察院下发《关于开展基层人民检察院内设机构改革试点工作的通知》，再次将顺德区检察院列为全省内设机构改革试点基层检察院之一。我们将以此为视角，考察检察官①办案组织在司法实践中的应然与实然问题，以期探索检察官办案组织的进一步构建。

---

* 徐彪，广东省佛山市顺德区人民检察院党组书记、检察长；李荣楠，广东省佛山市顺德区检察院案件管理科副科长，全国检察理论研究人才。

① 本文检察官如无特别注明，均指进入员额内的检察官。

一、建立检察官办案组织的必然性与可行性

（一）建立检察官办案组织的必然性

1. 建立检察官办案组织有利于检察职能的优化配置。当前，检察机关还面临着不少不适应形势发展要求的瓶颈问题，特别是在建立符合检察机关司法性质的办案组织体系和内设机构等方面还没有取得实质性的突破，检察权运行机制和检察办案模式仍然带有行政色彩，导致检察职能的发挥受到制约。在办案组织形式上，"三级审批"及"主诉检察官"制度差强人意，"审而不定、定而不审"的现象仍存在，违背了司法亲历性原则，影响了司法的公正与效率。若要优化配置检察机关的各项工作职能，就需要改革现有的办案组织形式，打破现有的部门设立框架，剥离行政权力对检察职能行使的干预，以保证检察机关职责权限划分明确，从而使案件办理做到规范化、科学化。

2. 建立检察官办案组织有利于司法公平公正得到实现。针对执法司法中存在的突出问题，习近平总书记曾一针见血地指出："这些年来，群众对司法不公的意见比较集中，司法公信力不足很大程度上与司法体制和工作机制不合理有关。"① 因此，要实现司法公正，就必须改革司法管理体制，建立健全以办案责任制为核心内容的司法权运行机制。通过大胆放权，让一线办案检察官"有职有权"，明确检察官的职责权限，并赋予检察官拥有对所办理案件相应的独立的决定权，做到"事事有人管、人人有专责"，解决"审者不定、定者不审"的问题，在强化职业保障的基础上，实现责、权、利相统一，以确保检察官依法独立公正行使检察权，最终健全权责明晰的司法权力运行机制，提高司法透明度和公信力。②

3. 建立检察官办案组织有利于破解办案压力大等检察机关发展的瓶颈问题。近年来，案件数量与办案人手之间的矛盾已经成为检察机关所面临的一个首要难题，这一问题在沿海经济发达地区表现得尤为明显，检察官加班、辞职、工作压力大等影响检察机关发展的瓶颈问题似乎已成为常态，而在一线办理案件的人员有限。与此相比，检察机关每年需要办理的案件数量却呈逐年上升趋势，如顺德区人民检察院 2013 年批捕各类刑事犯罪案件 3131 件 5137 人，2014 年批捕各类刑事犯罪案件 3768 件 5620 人，2015 年批捕各类刑事犯罪案件 3748 件 5717 人，2016 年批捕各类刑事犯罪案件 3039 件 4323 人，办案压力

---

① 参见《〈关于全面深化改革若干重大问题的决定〉的说明》。

② 中共中央在《关于全面深化改革若干重大问题的决定》中，明确提出要健全司法权力运行机制、完善办案责任制，让审理者裁判、由裁判者负责，规范和加强对司法活动的法律监督和社会监督。

持续增加。因此，推行检察机关办案组织改革，就是要改革现有层层审批的办案模式，在保证司法公平公正的基础上最大程度地简化办案流程，尽可能地发挥办案人员的主观能动性，提升案件办理效率，减轻检察机关工作人员的办案压力，从而破解检察机关发展的瓶颈问题。

（二）建立检察官办案组织的可行性

1. 司法体制改革为办案组织改革提供了政策支持。党的十七大提出了"深化司法体制改革，优化司法职权配置，规范司法行为，建设公正高效权威的社会主义司法制度"的要求，从而使司法体制改革成为我国法治化建设中的一个重要课题。其中，司法资源的优化配置更是构建公正、高效、权威的社会主义司法制度的关键一环。高检院党组高度重视，将改革工作作为重要的政治任务来抓。把检察改革工作摆上重要议事日程，并于 2013 年底在全国范围内推行检察官办案责任制，"探索建立有利于突出检察官执法办案主体地位，有利于依法独立行使职权的办案组织，形成以检察官为主体的岗位管理和执法管理形式"。① 党的第十八届四中全会审议通过的《中共中央关于全面推进依法治国若干重大问题的决定》，将落实检察官办案责任制作为我国检察机关办案组织改革的一项重要举措。与此同时，法学理论界也对完善检察办案组织进行了深入研究，由国家检察官学院和中国人民大学法学院共同主办的 2014 年第十届全国高级检察官论坛并将此作为会议主题。由此可见，新一轮的司法体制改革为检察机关办案组织改革带来了政策上的利好，各方面对于探索和完善检察办案组织的必要性和可行性已经形成广泛共识，更加完备的办案组织形式应当随公正、高效、独立的司法环境形成而逐步确立。

2. 检察人员素质的提升为办案组织改革提供了人员基础。探索检察办案组织，当前人们存在的一个主要顾虑是"检察人员素质不适应，增强独立，虚弱监督，案件质量会下降"②，诚然，这种顾虑有其现实依据，但是，近年来，我国的法学教育和检察实践取得了空前的发展，检察官的学习能力及实务能力都有了明显的提升，培养了一大批术有专攻、学有专长、具有丰富办案经验的检察专业人才，可以承担起检察官的职责。这一点，在大中城市和沿海发达地区表现得尤为明显。如佛山市顺德区检察院截至 2017 年 8 月，共有检察在编干警 175 名，98.3% 已取得大学本科学历，其中取得硕士以上学位的有 27 名，占总人数的 15.4%；而在业务部门的 153 名检察人员全部都是大学本科学历。可见，现阶段我国检察人员的素质已经有了明显提升，检察机关办案组织改革

---

① 最高人民检察院于 2013 年 7 月在全国大检察官研讨班上提出的要求。
② 龙宗智：《检察机关办案方式的适度司法化改革》，载《法学研究》2013 年 第 1 期。

已经具备人员条件。

3. 检察改革探索为办案组织改革提供了实践基础。检察办案组织的改革始于 2000 年试行的主诉（主办）检察官办案责任制。十几年来，主诉（主办）检察官办案责任制虽然取得了一定成效，但是，随着检察工作的发展，特别是修改后刑事诉讼法、民事诉讼法赋予检察机关更多的诉讼监督职能，检察机关承担的工作任务更加繁重，对办案质量效率和检察官素质的要求更高，其在发展中遇到了瓶颈式的制约因素。在此基础上，近年来一些地方检察机关注重顶层设计与基层探索相结合，陆续开展了检察官办案组织的试点，为全面推进办案组织积累了改革经验。如顺德区检察院以全国检察官办案责任制改革试点为契机，于 2013 年底将原有 14 个内设机构整合为"三局一办"，即公诉局、诉讼监督局、反贪污贿赂渎职侵权局、检察长办公室（下设五个科室），2017 年拟再次将内设机构整合为"一局六部三室"，即反贪污贿赂局、侦查监督部、公诉部、未成年人案件管理部、民事行政检察部、诉讼监督部、案件管理部、办公室、政治工作室、纪检监察室，并拟在业务部门设立 81 个检察官办案组，按照准事业部制模式运作，实行扁平化管理。

4. 域外经验做法为办案组织改革提供了参考借鉴。现代检察制度是人类法治文明的共同成果。因各国和地区法律传统的差异，各国检察制度各有差异，但均不否认检察办案的司法属性，[①] 并在办案组织等方面得以体现。无论是英美法系国家还是大陆法系国家，基本办案组织通常要求体现检察官的主体地位，有自己的办案小组，有权对具体案件的处理作出决定，以检察官为中心形成基本的办案组织。可见，检察办案组织改革的方向如何确定、模式如何选择，域外经验提供了参考借鉴。

二、基层检察官办案组织的具体构想——以佛山市顺德区检察院办案责任制改革为视角

佛山市顺德区检察院以办案责任制改革试点为契机，于 2014 年 1 月 17 日正式启动检察官办案责任制改革试点工作，此后又于 2017 年 3 月重新启动内设机构改革试点，认真贯彻上级检察机关的部署，以建立检察官办案责任制为核心，以合理划分检察官职责权限为重点，通过内设机构和工作机制改革，合并部门，突出检察官作用，建立不同业务专业的办案组织，并对办案组织的构建原则、办案组织模式、各办案组织及检察官的职权、监督制约等问题予以了

---

① 罗昌平、杨军伟：《检察机关基本办案组织构建——以检察官办案责任制为视角》，载《检察官办案责任制——第十届国家高级检察官论坛论文集》，中国检察出版社 2014 年版。

明确，构建形成了以检察官为主体的执法办案组织体系和办案模式。

（一）检察官办案组织的构建原则

做好检察官办案责任制改革试点工作的核心在于如何科学划分职责权限，顺德区检察院坚持按照高检院《检察官办案责任制改革试点方案》的总体要求，明确了构建检察官办案组的五点原则：

一是坚持合法性原则。《宪法》《刑事诉讼法》《检察官法》是构建检察官办案组的直接依据，法律中有明确规定的，要遵循具体规定，没有作出具体规定的，要遵循它们的基本精神，在构建检察官办案组时原则上不突破法律法规界限。

二是遵循司法规律。构建检察官办案组时，赋予检察官主体地位，体现司法化办案的亲历性、中立性、公开性、独立性等特征，确保检察官成为"履行主要办案职能、承担主要办案责任"的办案主体，进一步解决"办者无权""定者不办"和"办案责任虚置"等问题。

三是坚持检察一体化和检察官独立原则。检察权侧重司法属性，检察机关内部又实行一体化领导，在构建检察官办案组中既要体现检察一体的特征，又要彰显检察官的独立性。一方面，检察官享有独立性，才能在决定案件、事项方面按照自己的意志作出决定，而不是唯上司之命行使检察权，这可以确保检察权行使的绝对公正运行，同时确保检察官的职位行为直接产生确定效力；另一方面，要坚持检察一体化原则。由于目前法律未作修改，检察官的职权来源于检察长的授权，因此在构建检察官办案组中要坚持检察长的领导，不能对一体化体制形成冲突。

四是坚持大胆放权、科学授权原则。推行检察官办案责任制改革的核心是"放权"，"放权"才能凸显"责任"，因此要突破当前对检察官进行层层监督、不信任检察官的思想禁区，要充分信任检察官，要在法律法规的范围内尽可能地大胆"放权"，过分谨慎"放权"或"放权"过小都将达不到改革的预期效果。在大胆"放权"的基础上，还要采取科学的分门、分步的授权方式，要根据不同业务部门的工作属性，推行与之相适应的职权配置方式，实现差别授权。比如顺德区检察院拟将成立的诉讼监督部、公诉部、未成年人案件管理部已推行了十余年的主诉检察官办案责任制，已积累了一定的实践经验，刑侦工作对检察官的判断性和独立操作性要求比较强，故"放权"步子就相对更大一点；而在拟将成立的民事行政检察部、诉讼监督部，"放权"则基本在法律框架内进行，做到法律明确规定的严格按照法律规定，法律不作具体规定的则进行明晰细化。

五是坚持"放权"与"制权"相结合原则。在构建检察官办案组中，检察长将部分职权下放，由此带来"怎么制约这些下放职权，使其正常行使"等系列问题，如果解决不当，很有可能造成检察权行使混乱的局面，由此我们认为"放手不等于撒手""信任不能代替监督"，在通过"放权"赋予检察官更大权力的同时，还要加强对检察官用权的监督，真正落实有权必有责、用权要监督、失责应追责、违规受追究。

（二）检察官办案组织的基本构成

改革中，顺德区检察院根据工作性质、对象的不同而合理设置机构职能，优化工作流程，将原有 14 个内设机构整合为"三局一办"，即公诉局、诉讼监督局、反贪污贿赂渎职侵权局（已转隶）、检察长办公室（下设五个科室），2017 年拟再次将内设机构整合为"一局六部三室"，即反贪污贿赂局（已转隶）、侦查监督部、公诉部、未成年人案件管理部、民事行政检察部、诉讼监督部、案件管理部、办公室、政治工作室、纪检监察室，另有三个派出检察室，并对各类检察人员实施分类管理，将检察人员分为检察官、检察辅助人员和司法行政人员。该院在公诉局、诉讼监督局、反贪污贿赂渎职侵权局以及镇（街道）检察室推行检察官办案责任制，探索建立权责明确、协作紧密、制约有力、运行高效的办案组织。根据工作实际需要，该院共选任出 81 名检察官，并成立 81 个办案组，每个办案小组由一名检察官和若干名检察辅助人员组成。

（三）检察官的职权范围

根据上述原则，该院制定了《检察官办案责任制》文件，重点明确了检察官的权力清单，以重大事项和一般事项为划分标准，对不同业务岗位检察官及办案组的办案权限进行了科学划分。

一是拟对刑侦类检察官实行"充分放权"。该类职权司法属性强，要求亲历性及独立性，该院对该类检察官采用"充分放权"模式。该院拟将刑侦职权分为通用工作、审查逮捕工作、审查起诉工作三部分，共 76 项。其中，将审查逮捕工作、审查起诉工作中 40 项一般事项授权给检察官决定。对于一般案件的批准逮捕权，该院也实际授权给检察官决定，但同时为符合法律规定，又明确要求检察官必须向分管副检察长报阅签准；对重大、疑难、复杂案件的批准逮捕、不批准逮捕、不起诉等重大事项仍明确由检察长或者检委会决定。此外，该院结合检委会制度改革，将部分不起诉、纠正违法意见、发出检察建议等事项也授权给检察官决定。

二是拟对自侦类检察官实行"限制授权"。对该类检察官该院主要是授予其在非决策问题上一定的自主性。该类职权共有 69 项，其中 31 项由检察长授权给职务犯罪侦查预防检察官决定，比如组织、指挥开展初查、侦查具体工作、辨认等；检察长或者检委会决定的案件、事项为 38 项，如决定启动、延长、终结初查，决定对犯罪嫌疑人采取、变更、解除强制措施，决定立案或者不立案、移送审查起诉或不起诉、撤案等重要事项。

三是对监督与司法救济业务类检察官实行"部分授权"。对较轻的诉讼监督事项，在检察长授权范围内，由检察官决定；而相对重大的诉讼监督事项，则经组内讨论后，再报请检察长或检委会决定。该院将该类职责分为刑事立案监督工作、刑事侦查和审判监督工作、民事审判和行政诉讼监督工作、监管和刑罚执行监督工作、刑事申诉、国家赔偿及刑事被害人救助等工作，共有 113 项。其中，56 项一般诉讼监督事项的自主决定权授予检察官决定；检察长或者检委会决定的为 57 项，包括回避、发出要求说明不立案理由通知书或要求说明立案理由通知书等。在赋予检察官职权的同时，该院也加强检察长、检委会对执法办案活动的领导，检察长或检委会的指挥、决定和命令，检察官必须服从和执行，以确保检察工作的统一性和法律法规的统一正确实施。另外，对于各部门的行政事务管理权，该院拟将由各主管副检察长行使或部分授权给各部门负责人行使，检察官必须服从主管检察长或部门负责人的指令，同时检察官行使本组内部的日常管理职权。

（四）检察官的责任范围

有权必有责，该院对检察官与其他办案主体的责任范围进行了合理划分，包括以下两个方面：一是检察官与办案组内辅助人员的责任承担。该院检察官办案组采用"1＋N＋N"模式，组合若干名检察官和辅助人员。检察官具有指挥权、办案权和定案权，在自己的职权范围内，指派本组辅助人员执行有关决定和处理相关事项，并对此承担责任；辅助人员对指派事项的执行、处理情况负责。

二是检察官与检察长、检委会的责任承担。该院明确检察官提请检察长或检委会作出决定的事项，检察官对事实和证据负责，检察长或检委会对所作的决定负责，其中检察长或检委会改变或者部分改变检察官意见的，检察官对改变的部分不承担责任。但检察官未经检察长或检委会决定，擅自对重大事项作出决定的，由其对所作的决定负责，根据情节按照相关规定追究责任。同时，该院还拟定了检察长指令书面化及当检察长与检察官意见不一致时，检察长享有职务收取权和移转权来体现对检察官的尊重及达到实现检察一体化的目的。

（五）职权运行模式

考虑到检察权同时具有"司法属性"和"行政属性"，该院拟在不同属性下的检察官办案组实行不同的职权配置模式。

一是拟在侦查监督部、公诉部、未成年人案件管理部实行权力配置"个体化"。刑侦工作对检察官的判断性和独立操作性要求较强，该院最大限度地赋予检察官决定权，推行"谁办案、谁决定、谁负责"工作模式，使检察官成为独立承办案件的个体，检察官联席会议讨论的结果和意见，也仅供检察官判断时参考，而非必须按照该意见行事，从而最大限度地保障检察官的独立性，有利于检察官以其独有的亲历性及经验判断办理刑事案件。

二是拟在民事行政检察部、诉讼监督部、案件管理部实行权力配置"整体化"，由于法律监督具有权威性和严肃性，必须保持监督权力运用的整体性和规范性。为此，检察长或检委会保留"抗诉、提请抗诉、终结审查"等重大事项的决定权，检察官行使对一般违法行为的口头纠正等一般事项的决定权。

（六）配套制约机制

该院建立和完善了相应的配套机制来确保职权能得到合理、合法、高效行使，并受制约。

一是强化内外监督机制。该院坚持"以权力监督权力、以道德制约权力"和"以权利监督权力、以社会制约权力"① 相结合，构建形成了集立体监督、内心约束、问责惩戒"三位一体"的廉政建设机制。在外部评价机制的建立方面，该院积极向外拓展空间，巧借外力，建立刑事案件执法跟踪监督机制、案件质量跟踪监督机制、执法作风跟踪监督机制、综合跟踪监督机制等外部监督机制，通过完整的社会评价体系加强对检察权运行的监督。在内部监督机制的完善方面，该院通过监督个案重大情况变化和狠抓队伍纪律作风，创新形式，建立完善了案件变化情况廉政报告制度、检务督察机制、廉政防控教育对象分类机制、党风廉政季度座谈机制四项监督机制。为让党风廉政建设增强刚性、取得实效，该院还创新制定了《检察官职业伦理体系》和《违反检察官职业伦理行为惩戒制度》，初步构建形成了集立体监督、内心约束、问责惩戒"三位一体"的廉政建设机制。

二是强化履职保障机制。实行人员分类管理后，81 名进入员额内的检察官将走独立的晋升通道，行政职数尽量向非业务部门倾斜，从而增加其他层级检察人员的晋升机会，检察官队伍走上了专业化、职业化、可预期的成长和晋升通道。同时，该院将制定修改《关于进一步保障检察官依法独立行使检察

---

①　"以权力监督权力、以道德制约权力"就是在权力划分上检察官必须接受检察长的监督，并通过我院建立的检察官职业伦理体系不断强化检察官的内心约束；"以权利监督权力、以社会制约权力"就是检察官在行使权力时须接受社会各界的监督。

权的规定（试行）》，拟对检察官的任职、职权保障、履行职责享有的豁免权及情形不实信息澄清机制等作详细规定。

三是建立错案追究问责制度。为进一步加强该院执法规范化建设，加强内部监督，该院制定了《检察人员问责暂行规定（试行）》，对各类人员的问责情形、问责方式及加重、减轻或免予问责情形、问责机构、问责程序等作了详细规定，强化了检察人员的责任意识，有效提升检察机关工作效能。

三、检察官办案组织制度设计局限性评析

通过研究我们不难发现，检察官办案责任制与此前检察机关的其他办案组织形式相比有较大进步，如检察官真正掌握了部分案件的决定权，减少了中间的审批环节，检察官直接作出一系列决定后直接向检察长、检察委员会负责，初步实现了"扁平化"的办案组织形式。尽管如此，但在实行检察官办案责任制的过程中，仍不可避免地遇到或将会遇到系列问题，如检察官法律定位、权责利进一步科学分配等问题，我们必须要正视这些问题，从根本上避免重蹈"主诉制"的覆辙。

（一）检察官身份定位法律需明晰

主诉检察官制度之所以会失败，很重要的一个原因在于未能给予主诉检察官法定的身份地位，检察官办案责任制改革也面临同样的问题，目前检察官的等级也是一一与行政职级相对应，行政化管理模式难以去除，与检察官办案责任制改革的初衷则相悖。

（二）难以在全国各地大规模推广目前的制度设计模式

现阶段实行检察官办案责任制的检察院大都来自经济发展较好、人口密度较大的地区，且每个检察院都是结合当地的实际情况来设计检察官办案责任制的具体制度。随着改革的进一步推行，必然需要权衡考虑如何在人数较少的检察院落实制度设计的问题。

（三）制度设计缺乏相应的法律依据

目前，检察官办案责任制仅有 2013 年末最高人民检察院下发的《检察官办案责任制改革试点方案》作为政策上的支撑，尽管 2013 年底最高检确定的17 个试点检察院颁布了各自的试点方案，随后各个省也发布了相关方案，但规定各不相同。且在在检察官办案组组建之后，放什么权、怎样放权、怎样监督权力行使，则需要在立法过程中逐个考虑。

（四）"放权"不实，"制权"过细，有待加强权、责、利统一原则

检察办案责任制虽然从制度上凸显了检察官办案的独立地位，但在具体实

践过程中仍困境重重：有的地方"放权"力度不够，部门负责人仍掌握部分检察业务决定权；有些地方尽管"放权"力度较大，但主管副检察长"制权"过细，把自己回归到"部门负责人"的角色。因此，如果不权衡好权、责、利三者的关系，检察官办案责任制改革就极有可能走上主诉检察官制度的旧路。

四、推行基层检察机关办案组织的展望

检察官办案责任制度是检察改革的重要环节，检察官办案组是检察官办案责任制度推行的载体。在试点实践过程中，尽管各地对于检察官办案组与检察机关内部机构设置的关系、检察官及检察官办案组法律地位等问题均有不同方面的探索，并取得了一些宝贵经验，但也发现了不少理论与制度方面等问题。检察官办案组的构建需要广泛考虑其在全国检察机关推行的基础性条件和前提，因此，我们应当在下一步的实践探索工作中，应更多凝聚改革共识，并以问题为导向逐步解决检察官办案组推行过程中存在的系列问题，逐步建立集检察官办案责任制、任职管理制和案件管理制等为一体的办案组织体系。

一是加强司法改革、检察权运行等基础理论研究，对成熟的制度纳入立法。当前推行的改革是一种问题导向型改革，通过发现问题、分析原因、提出改进措施，采用这种路径推进改革，必须要有一整套包括司法价值目标、司法权力运行规律、司法管理机制等在内的系统理论的支撑，为检察官办案组的构建提供充分的理论指导，保证改革的正确方向和改革措施的合理性、可行性。最高检也应该在理论研究与实践探索的基础上，及时对检察官办案责任制改革试点的各项制度进行评估，尽快将成熟且有推广价值的试点的制度及其配套制度纳入立法，以在法律上明晰检察官的身份定位，进一步明晰办案组中各成员的职责与角色定位的工作关系，从而使检察官权力的行使"师出有名"。

二是简化内设机构，解决内设机构"存"与"废"的问题。检察机关内设机构的"存"与"废"问题也是理论界的热点问题。我们认为内设机构的整合应当符合司法规律及检察管理规律，并结合各级检察院的工作任务、人员现状等实际情况进行设置。对于基层检察院，主要是要解决机构林立、效率不高的问题，可以按照"横向大部制、纵向扁平化、突出检察官主体地位、优化检察职能配置"的思路，整合机构设置，建立以检察官为主体的办案模式和岗位管理体系。

三是设定检察指令权、移转权以及收取权，处理好检察一体化与检察独立的关系。在德国的司法实践中，在检察指令产生争议时，检察首长一般不会勉强下级检察官在违背其个人意愿的情况下履职。但《德国法院组织法》第145

条规定，检察首长有权监督和带领所辖检察官，拥有指令权、移转权以及收取权。[①] 我们应当借鉴德国的经验，依法设定检察长指令权、移转权以及收取权，当检察官与检察长、检察委员会对于指令产生争议时，按照检察一体原则，尽管检察官可能仍不同意检察长的指令意见，但必须遵守执行，以理顺检察一体化与检察独立的矛盾关系。

四是建立部门行政负责人，解决"检察"与"行政"问题。检察官办案责任制改革基本实现了执法办案工作去行政化的初衷，实现了办案管理的扁平化，在一定程度上提高了办案效率。但是，在执法办案工作去行政化的同时，也在某种程度上导致了行政事务管理去行政化的情况，大多数人也不如之前关心部门公共事务，参加会议及活动的积极性也不高，长此以往可能会影响集体凝聚力。为解决队伍管理强化问题，可由司法行政人员担任业务部门行政负责人，由其专门负责部门内日常行政事务，为部门内部检察业务服务，有助于平衡行政与司法间的权力配置。

---

① 移转权，即检察首长可将特定程序中的检察官换下，把特定检察权转由其他检察官履行的职权。收取权，是指检察首长换下原检察官，由自己来履行特定程序中的检察职权。张栋：《检察官制度改革应理顺"一体化"与"独立性"之关系》，载《法学》2014 年第 5 期。

论庭审实质化背景下的侦监职权配置改革

高维俭　王东海*

一、庭审实质化对侦查监督工作的影响

（一）现行"侦查中心主义"模式下的侦查监督工作

在"侦查中心主义"模式下，侦查阶段获取的证据成为认定被告人是否构成犯罪、对被告人处以何种刑罚以及刑罚轻重的关键，后续的起诉和审判只是对侦查成果的确认；而处于刑事诉讼重要环节之一的侦查监督履行的主要职能则是形式意义上的审查逮捕，基本上是为侦查工作合法的"拖延时间"，即所谓的"以捕代侦"。这不仅表现在理论界对该现象的批判，司法实践也难言不是如此，从侦查监督的前身"批捕科（处、厅）"一词的命名便可以形象地看出该部门的职能是批捕，而不是监督。尽管之后将批捕科（处、厅）改为了侦查监督科（处、厅），并明确了侦查监督部门的三项职责为审查逮捕、刑事立案监督和侦查活动监督，[1] 但是"重审查逮捕、轻两项监督"的理念和工作现状并没有得到实质性改变，将侦查监督工作概括为"一体两翼"可谓形象佐证。在此情形下，各个诉讼阶段或者说不同职能部门的工作对刑事诉讼的决定性作用从大到小依次为：侦查 > 侦查监督[2] > 公诉 > 庭审。在刑事诉讼这一流水线作业中，侦查监督只是一个形式化的流程，对侦查工作起到的更多的是"背书"的作用，难以对侦查工作形成有效的监督制约。

（二）庭审实质化对侦查监督工作的改革期待

在"庭审实质化"模式下，对被告人是否有罪、处以何种刑罚、刑罚轻

---

* 高维俭，西南政法大学法学院教授，博士生导师；王东海，重庆市江北区人民检察院人民监督办公室主任。

① 丁图：《高检批捕厅更名为侦查监督厅——全国检察机关第一次侦查监督工作会议在杭州召开》，载《检察风云》2000 年第 10 期。

② 当然，并不是每一起刑事案件都要经过侦查监督部门的审查，行文需要，文章中所讨论的案件范围均为经过侦查监督部门审查的案件。

重的认定与裁量均在法院的庭审过程中解决，法庭审判成为决定被告人命运的关键所在。侦查、侦查监督和起诉，都是为法庭审判做准备，都是为法庭审判服务。在此情形下，刑事诉讼中各个职能部门的工作对诉讼的决定性作用从大到小依次为：庭审 > 公诉 > 侦查监督 > 侦查。这就要求侦查监督部门从三个方面加强对侦查机关（部门）的监督制约：一是增强审查逮捕的客观性、中立性，加强对案件质量的把控，确保逮捕的案件严格达到"有证据证明有犯罪事实"的标准，即"犯罪事实要有，人头不能搞错"。加强对证据合法性、关联性和客观性的审查力度，特别是对证据收集合法性的审查，坚决排除非法证据，高标准、严要求地守住刑事案件的第一道关口，严防冤错案件发生。二是强化对侦查活动的合法性的监督，加强程序控制，注重程序合法和程序正当，使得侦查机关的侦查行为严格依法依规进行。将打击犯罪和保障人权并重，在法律规定的程序框架内行使职权，文明规范公正执法，不枉不纵、不偏不倚。三是加强刑事立案监督工作，防止应当立案而不立案、不应当立案而立案情况的发生，使得有罪的人受到法律追究、无罪的人受到法律的保护，实现"法网恢恢疏而不漏"的效果；同时加强对行政执法机关的监督力度，确保行政执法和刑事司法工作有效衔接，杜绝有案不移、有案难移、以罚代刑现象的发生。

二、现有侦查监督职权配置的运行难题

（一）审查逮捕职权存在的问题

1. 审查逮捕功能异化

审查逮捕作为刑事诉讼强制措施中最为严厉的一种，直接关系到犯罪嫌疑人的宪法性权利——人身自由，其在本质上归属于强制措施，而强制措施最重要的功能便是保障诉讼程序的顺利进行，其定位是诉讼程序保障性功能。然而，从审查逮捕工作的实际效果来看，逮捕的价值产生了偏离，其功能已经异化。实践中，逮捕的功能已经有了从保障性转化为惩罚性的倾向，很多情况下侦查机关（部门）对犯罪嫌疑人提请逮捕的主要目的并不是防止犯罪嫌疑人脱逃或实施新的犯罪，而是作为惩罚性、压迫性的侦查手段来使用，即通过将犯罪嫌疑人关押进看守所，对其人身自由的限制而导致犯罪嫌疑人产生精神和肉体上痛苦和折磨，从而使其供述自己的罪行。正如有的学者所言，"当前的审查逮捕制度（逮捕权）处于一种前所未有的'合法性'危机之中"。[①] 同时，某些媒体、网络对一些刑事案件断章取义、曲解误导，为数不少的社会公

---

① 郭松：《中国刑事诉讼运行机制研究（四）——审查逮捕制度实证研究》，法律出版社 2011 年版，第 4~5 页。

众简单认为不批准逮捕就是"打击不力""包庇犯罪"，将逮捕类同于惩罚、将逮捕等同于定罪，把审查逮捕工作特别是是否批准逮捕犯罪嫌疑人推向风口浪尖，用非理性的舆论绑架逮捕。

2. 逮捕率居高不下

审查逮捕的批捕率是评价侦查监督部门工作的重要依据，也是衡量轻刑化刑事政策执行效果的一项重要指标。2012 年修订的刑事诉讼法对我国逮捕措施的适用条件进行了修订，明确了具有社会危险性逮捕的五种具体情形、径行逮捕的条件和违规转捕的情形。继而，《人民检察院刑事诉讼规则（试行）》对五种社会危险性进行了进一步的明确。但是从 2013 年刑事诉讼法实施以来至 2016 年我国审查批捕的数据来看，逮捕率高这一备受诟病的司法顽疾并未得到有效改善（如下图一、图二所示）①，在此需要说明的是，因最高人民检察院 2017 年工作报告没有 2016 年的无社会危险性不捕的数据，因此，对 2016 年的逮捕率无法计算；但是，自 2013 年 1 月至 2016 年 9 月，全国的逮捕率为 79.86%②。

单位（人）

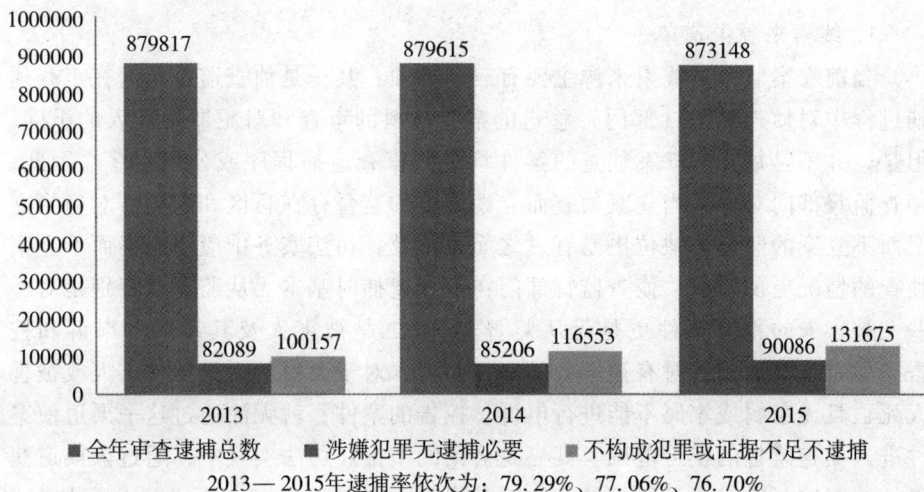

图一　全国范围内近三年审查逮捕工作情况

---

① 图一数据来源于最高人民检察院 2013—2015 年工作报告；图二数据来源于 C 市侦监处年度工作情况。

② 曹建明：《最高人民检察院关于加强侦查监督、维护司法公正情况的报告（摘要）》，载《检察日报》2016 年 11 月 7 日。

单位（人）

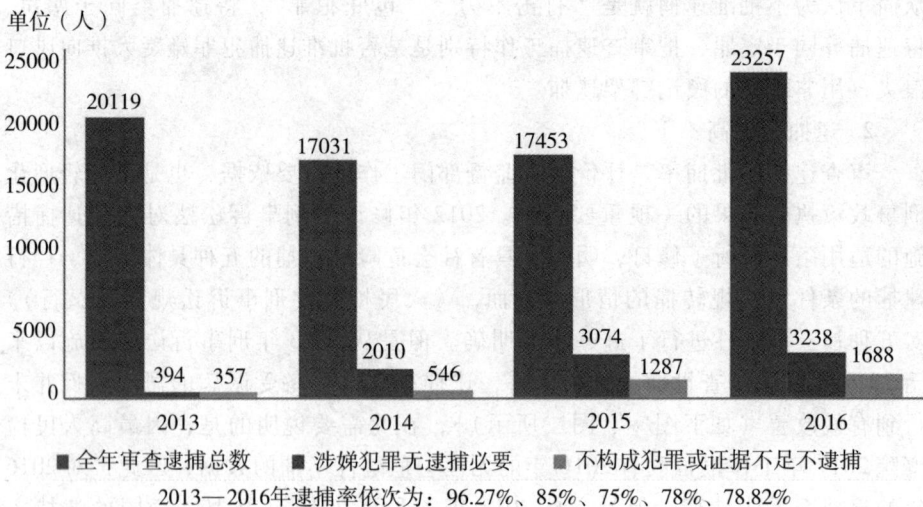

2013—2016年逮捕率依次为：96.27%、85%、75%、78%、78.82%

图二　C市近四年审查逮捕工作情况

（二）立案监督职权存在的问题①

1. 线索来源渠道单一

当前立案监督的线索来源主要有三个方面：其一是侦查监督部门在审查逮捕过程中对侦查机关（部门）移送的案卷材料的审查和对犯罪嫌疑人的讯问。但是，并不是每一起立案侦查的案件均进入审查逮捕程序或公诉程序。因此，侦查监督部门对不应当立案侦查而立案侦查的监督存在盲区和漏洞。对应当立案而不立案的监督的缺位更是有过之而无不及，司法实务中应当立案而不立案侦查的情况更加隐蔽，侦查监督部门在审查逮捕时基本无从监督，特别是对一些无被害人的犯罪案件更是无从监督。② 其二是被害人及其亲属的申诉和控告。但是该渠道是针对有被害人的案件而言，对于大量的无具体被害人或被害人死亡且无家属或家属不能进行申诉、控告的案件，就无法通过这一渠道使案件进入侦查监督的视野范围。其三是公民的举报。司法实践中，通过该渠道获得的立案监督线索更是凤毛麟角。究其原因：一是民众"事不关己高高挂起""多一事不如少一事"、害怕被打击报复的心态；二是民众的法治意识普遍较为淡薄；三是为数不少的民众不知道检察机关对侦查部门的立案享有监督职

_____

① C市的立案监督和侦查活动监督相关数据如图三所示。

② 如安徽亳州市公安局巡警（特警）支队队长白玉玲，办理的赌博、卖淫、打假等案件卷宗6000多件，涉及近万人，但无一件转为刑事案件，涉案人员家属只要送钱，涉案人员就会被释放。鲍小东：《贪淫特警队长的"权色"江湖》，载《新闻天地》2009年第9期。

能。从 C 市近 4 年的侦查监督工作情况来看，立案监督的主要渠道是案中发现，能够占到立案监督案件总量的 60% 之多；而通过申诉控告和公民举报获取案件线索的总和不足 40%。可以说，司法实践中，侦查监督部门进行立案监督的渠道是相当狭窄的，其触角难以触及案件信息的源头。

2. 权力行使缺乏强制力

一方面，《刑事诉讼法》第 111 条对检察机关立案监督权的行使作出了规定，即对于侦查机关应当立案侦查而不立案侦查的，人民检察院应当要求说明不立案的理由，不立案理由不成立的，应当通知公安机关立案。但"公安机关接到通知后应当立案"的规定对于被监督者而言形同虚设，没有任何拘束力。[①] 法律条文的规定只是让侦查机关做其应该做的事，而对其之前权力行使的怠慢或者过度并未任何惩戒性手段，因此在司法实务中侦查机关对于侦查监督部门的立案通知书或者撤销案件通知书，存在不理睬、不重视、不落实或者立而不侦、侦而不结等情况。另一方面，刑事诉讼法对不应当立案而立案的情况如何监督及其法律责任没有明确规定。虽然《人民检察院刑事诉讼规则（试行）》第 555~560 条对不应当立案而立案的监督进行了一定程度的规制，但是仅仅依靠说明立案理由、纠正违法通知书、报上级检察机关协调同级公安机关处理这些措施，不足以对公安机关形成有效的制约。对此，有学者进行实证研究后指出，侦查监督部门的立案监督虽有作用但较为有限，[②] 存在效力不足的问题。[③]

3. 两法衔接机制不畅

"两法衔接"机制即指行政执法与刑事司法之间的衔接机制。其建立的目的之一在于对行政执法机关移送犯罪线索情况的监督，防止以罚代刑、有案不移、有案难移等问题的出现。尽管中央高度重视两法衔接工作，[④] 但是其在实践运行中存在诸多困难。其一，有关"两法衔接"的规定主要是以国务院的行政法规、部门规章和相关部委的联合发文，且多以"意见"形式下发，位阶不高，强制力不够，而相关的立法却处于缺位的状态。有些规定可操作性不强，缺乏强制性和约束力，实践中难以贯彻执行，不移送、不接收案件的责任追究难以落实。其二，相关平台运行不畅。虽然全国多数检察机关与行政执法

---

① 巩富文：《中国侦查监督制度研究》，法律出版社 2015 年版，第 87 页。
② 左卫民、赵开年：《侦查监督制度的考察与反思——一种基于实证的研究》，载《现代法学》2006 年第 6 期。
③ 刘计划：《侦查监督制度的中国模式及其改革》，载《中国法学》2014 年第 1 期。
④ 《决定》第三章明确指出，深化行政执法体制改革，健全行政执法和刑事司法衔接机制。

机关的"两法衔接"信息共享平台已建成,[①] 但在实践运行中存在诸多干扰因素。主观上,部分行政执法机关基于部门利益考虑存在抵触情绪,存在不愿录入、选择性录入的现象,甚至是故意"屏蔽"有价值信息。客观上,平台之间没有实现真正意义上的互联互通,信息的录入获取基本靠手工二次录入。这一方面增加了行政执法机关的工作量,另一方面无法与已有信息系统实现对接,且在发现监督线索等方面的效果还不明显。其三,监督强制性不足。虽然相关文件明确了检察机关对两法衔接工作负有监督职责,但缺少具体监督权限、对应的惩戒措施等规定,无法形成有效的监督。

(三) 侦查活动监督职权存在的问题

1. 现代化信息网络手段缺乏,侦查活动监督滞后且存在盲区

正如立案监督线索来源一样,检察机关对侦查活动的监督主要是依靠审查逮捕工作中对案件的审查和对犯罪嫌疑人讯问等传统手段。由于侦查活动针对的对象是犯罪嫌疑行为,其具有很大的隐蔽性,所以仅仅依靠检察机关自行知悉侦查活动的实施和进程,会导致监督的片面性和滞后性。虽然 2012 年修订的刑事诉讼法将律师辩护介入的时间提前到了侦查阶段,在一定程度上扩大了检察机关对侦查活动监督的信息来源,但是从司法实践情况来看,侦查阶段有辩护律师介入的数量少、比率低,"目前审查逮捕阶段听取辩护律师意见的比率只有 1.2%"。[②] 可见,这些用于发现线索的措施相对于侦查活动的多样性和隐蔽性而言无疑是杯水车薪,作为监督者的检察机关与被监督的对象侦查机关(部门)之间信息严重不对称,这导致检察机关对侦查活动的具体操作和进程几乎一无所知,监督更是无从下手。等到审查逮捕时通过审查案卷和讯问犯罪嫌疑人才能对案件的侦查活动进行一定的了解,此时侦查活动监督已经严重滞后,监督的效果也相应大打折扣。迟来的正义非正义,刑事诉讼与民事诉讼不同,侦查活动违法对公平正义的损害,事后的补救措施是无法圆满的。

特别需要指出的是,侦监部门对侦查机关未报请逮捕案件所采取的强制措施的监督存在盲区,难以进行有效监督。刑事诉讼的强制措施包括拘传、拘留、取保候审、监视居住、逮捕等,但是侦查监督部门对强制措施的监督主要来源于对提请逮捕案件的审查,甚至可以说是在审查逮捕的前提下对其他强制措施的监督。例如,拘留的决定和延长时间均是由侦查机关(部门)自我授权、自我审查的,即学界一直批判的"既当运动员,又当裁判员",而检察机

---

① 截至 2013 年,全国已有 20 个省份建立了信息共享平台。张建升等:《打造信息共享平台 深化"两法衔接"机制建设》,载《人民检察》2013 年第 19 期。

② 元明:《侦查监督工作法治化现代化必然性探讨》,载《人民检察》2015 年第 20 期。

关对刑事拘留的监督往往只是停留在对其延长期限理由的审查上，而且是通过审查逮捕进行的。这一方面使得未提请逮捕的案件不能及时进入监督的视野；另一方面发现违法延长后"木已成舟"，无法纠正，起不到实质的监督作用。对于侦查机关（部门）诸如指定居所监视居住、搜查、扣押、技术侦查等措施没有交由侦查监督部门备案审查或批准决定，"使得实践中公安机关侦查权力的行使愈趋恣意化"，①而恣意化的直接结果便是"造成侦查权被滥用并侵犯公民权利的现象较为普遍"。②

2. 调查核实手段不足，强制性和权威性缺乏

针对获取到的侦查活动违法的信息和材料，检察机关必须经过严密详细的调查核实后才能对侦查活动进行监督与制裁。虽然《人民检察院刑事诉讼规则（试行）》中对侦查监督部门调查核实的手段方式进行了规定，2013 年高检院侦查监督厅也下发了《关于侦查监督部门调查核实侦查违法行为的意见（试行）》，规定检察机关可以采用多种方式调查核实涉嫌侦查违法行为，但实践中，调查权的运行面临以下困难：一是侦查监督部门的调查核实权与职务犯罪侦查权的结合不够紧密，检察机关的内部合力不强，不足以对侦查机关形成外部压力。二是调查核实主体多为基层办案单位，层级不高，没有发挥检察一体的优势，难以有效应对外部阻力。三是公安机关和检察机关自侦部门的内部缺乏相应的制约机制，导致调查核实的刚性不足。实务操作中，侦查监督部门对侦查活动违法的调查核实手段通常是通过询问案件承办人或者要求其说明理由这两种方式进行的，调查的方法和手段不足，且缺乏效率。同时，作为检察机关行使侦查监督职权的侦查监督部门并不享有初查的权力，使得侦监部门对侦查活动调查核实的强制性和权威性缺乏，实践中存在相关单位和人员不配合、消极应付、置之不理等问题。

3. 侦查活动违法制裁性措施不足，监督执行上缺乏强制力

侦查活动监督的落实与执行需要制裁性措施予以保障，否则对侦查机关无法形成约束，侦查活动监督的目的难以实现。当前我国对侦查活动违法的制裁措施存在较为严重的缺陷，主要表现为：一是制裁范围过于狭窄，《人民检察院刑事诉讼规则（试行）》第 565 条列举了 19 种侦查活动违法行为，其中多数属于程序性违法。对于所列举的违法侦查的行为，除了口头或者书面纠正违法之外，仅能通过非法证据排除的方式对违法取证的行为进行制裁，但对违反回避、告知、录音录像等规定的违法行为无具体的制裁措施。二是制裁方式过

---

① 周长军：《语境与困境：侦查程序完善的未竟课题》，载《政法论坛》2012 年第 5 期。

② 刘方：《论检察机关机关的侦查监督职能及其完善》，载《法学评论》2006 年第 6 期。

于单一，法律和相关的司法解释只确立了排除非法证据这种单一的程序性制裁方式，然而这种单一的制裁方式远远不足以应对侦查阶段存在的各种不同程度的程序性违法行为。三是保证制裁的相关制度缺位，程序性制裁要切实运作并达到效果，必须有一系列相关的制度作保证，如制裁启动权、裁判程序、举证责任以及证明标准等均需作出规定。正是由于存在上述不足，侦查机关对于侦查监督部门的纠正违法通知书，存在不予理睬、消极对待、屡纠屡犯，甚至公然对抗的情况，侦查活动监督的执行缺乏强制力。①

单位（件）

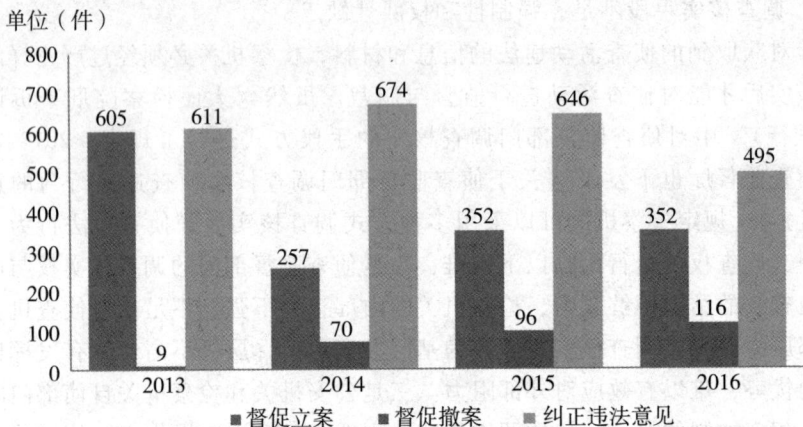

图三　C市近三年立案监督与侦查活动监督数据

三、庭审实质化背景下侦查监督职权配置的系统重构

（一）审查逮捕职权的重构

1. 明确审查逮捕的功能地位，回归本位

逮捕作为刑事诉讼强制措施的一种，其功能是为了保障刑事诉讼的顺利进行，而非压迫性的侦查手段，也不是具有制裁性的惩罚措施，更不是定罪的预演。实践中将逮捕作为惩治、侦查犯罪的一种压迫手段，实质上是对逮捕功能定位的异化。根据法院定罪原则，未经人民法院依法判决对任何人都不得确定有罪，侦查监督部门的审查逮捕发生在侦查阶段，尚未进入审判程序，将逮捕作为对犯罪嫌疑人的惩罚或压迫性侦查的手段，于法无据，这既有害于犯罪嫌

---

① 从图3可以看出，2013—2016年纠正违法数据波动不大。调研中发现，违法扣押、讯问不合法等违法行为屡纠屡犯的现象较为严重。对于侦查活动监督缺乏强制力的问题，有学者也通过实证研究证实了该现象较为严重，参见：左卫民、赵开年：《侦查监督制度的考察与反思——一种基于实证的研究》，载《现代法学》2006年第6期；刘计划：《侦查监督制度的中国模式及其改革》，载《中国法学》2014年第1期。

疑人权益的合理保障，又有损于法治国的建设。同样，根据无罪推定原则，在侦查阶段就以逮捕措施对犯罪嫌疑人进行惩治，其后果必然会导致检察机关在审查逮捕时的着眼点为被追诉人是否有罪，而不是犯罪嫌疑人是否有现实的社会危险性或者有无其他妨碍诉讼活动顺利进行的行为。① 因此，明确审查批捕的诉讼程序保障性功能定位，有利于尊重和保障犯罪嫌疑人的人权，也有利于公平正义的法治理念在侦查阶段得到有效贯彻。

2. 严格证据标准和适用条件，提高质量

严格按照逮捕的事实证据条件、刑罚条件和社会危险性条件适用逮捕强制措施，提高逮捕案件质量和逮捕强制措施适用的质量。在提高逮捕案件质量方面，应适应以审判中心的要求，严格审查证据的客观性、关联性和合法性，将证据真实性与来源合法性并重，确立以客观性证据为核心、从客观性证据到主观性证据、从外围证据到犯罪嫌疑人供述辩解的递进式判断和对证据进行横向、纵向对比的交互式检验的证据审查模式，② 坚决排除非法证据；采取以犯罪构成要件为指导、注重案件核心事实及其实质、由客观到主观的方法和思维，③ 科学、全面、准确地认定案件事实。通过证据审查和事实认定，杜绝"带病批捕"，把好防范冤假错案的第一关。

（二）立案及侦查活动监督职权的重构

1. 扩大知情权。监督的前提是知情。没有知情的权力和渠道，监督就无从谈起。在立案监督和侦查活动监督方面，应进一步完善落实提前介入引导侦查制度，避免事后监督、被动监督的弊端，弥补事前监督和全程动态监督的空白，把侦查的全过程纳入监督的视野；④ 在不断强化通过审查案件和讯问犯罪嫌疑人获取线索的同时，要加大对检察机关法律监督职能的宣传，提高公民的法律意识，扩大监督线索的来源渠道；探索建立重大、疑难案件侦查机关听取检察机关意见建议制度，⑤ 使检察机关对重大、疑难案件信息能够充分及时地了解和掌握；充分利用现代化信息网络技术，建设公检刑事案件信息共享平台，实现检察机关对刑事案件立案、强制性侦查措施等重要关键信息的同步掌握，利用互联网和大数据切实解决知情难的问题；推动侦查活动监督平台的应用，实现监督的信息化、集约化，用大数据提高监督能力和效率。

① 汪海燕：《检察机关审查逮捕权异化与消解》，载《政法论坛》2014 年第 6 期。
② 张恺、王东海：《刑事证据审查的递进式判断与交互式检验》，载《中国检察官》2015 年第 15 期。
③ 张明楷：《案件事实的认定方法》，载《法学杂志》2006 年第 2 期。
④ 于昆、任文松：《检察引导侦查机制的反思与重构》，载《河南社会科学》2014 年第 11 期。
⑤ 孙谦：《努力提高侦查监督的法治化现代化水平》，载《检察日报》2015 年 6 月 15 日。

这里需要特别强调的是要强化对逮捕之外强制措施的监督，不留死角。审查逮捕工作在侦查监督部门中的重要地位，使得侦监部门对逮捕措施的监督较为重视，相比之下对其他强制措施的监督就略显忽视。究其原因：一是侦查机关对逮捕之外的强制措施享有自主决定权，检察机关对此无决定权；二是检察机关对强制措施的知情信息来源渠道单一，导致无法监督或监督滞后。作为国家法律监督机构，其对侦查机关的监督是全面监督而不是部分监督，检察监督不应留有死角。但是，规定检察机关对逮捕之外的其他强制措施的审批制度的做法也值得商榷。作为拓宽监督渠道的方法，可以借鉴法国的拘留通知制度①，规定侦查机关（部门）对强制措施的实施有通知检察机关侦监部门的义务。如此，侦监部门便可及时了解到强制措施的实施与执行情况，有利于监督工作的展开。当然，也可以运用信息网络建立强制措施实行工作平台，令侦查机关对强制措施的实施和执行情况于平台上及时公布，从而使检察机关能够对强制措施的决定和执行情况进行动态实时的监督。总之，针对司法实践中出现的监督盲区，必须采取相应的措施"将侦查活动中所要采取的强制性措施均纳入检察机关侦查监督的视野"。② 同时，应加大法治化的宣传教育力度，不断强化民众的法治意识、权利保障意识，将监督的来源渠道置于人民群众的汪洋大海之中，将"主动监督"和"被动监督"进行高效融合，形成合力。

在"两法衔接"方面，以立法强制力打破部门保护壁垒，实现平台系统与各行政执法机关数据库的互联互通，推动两法衔接工作信息共享平台实现常态化、制度化运行，加强平台管理维护和功能优化升级，大力推动平台发挥效用。同时，应强化案卷查阅、现场走访等传统的方法和手段。将现代手段和传统手段并用，发挥各自的长处，切实解决有案难移、有案不移、以罚代刑的问题。

2. 强化调查权。针对立案监督与侦查活动监督线索来源的调查分析与核实，书面审查侦查机关（部门）或者行政执法机关提供的证据材料这一传统手段既缺乏效率又难以全面覆盖。因此，为了确保两项监督制度并不是流于形式的在侦、检机关之间"传传文件，交流下心得体会"，赋予检察机关具有权威性的调查权就显得十分必要。③ 对此，可以考虑赋予侦查监督部门类似于检察机关自侦部门初查权的权力，使侦监部门的违法行为调查权与自侦部门侦查

<hr>

① 《法国刑事诉讼法典》第 63 条规定，司法警察在拘留一开始就应通知检察官，拘留超出 24 小时需报检察官批准，检察官认为必要时还可以随时视察拘留所。

② 韩成军：《侦查监督权配置的现状与改革构想》，载《法学评论》2011 年第 4 期。

③ 卞建林、文晓平：《建言献策：刑事诉讼法再修改》，中国人民公安大学出版社 2011 年版，第 709 页。

权紧密结合起来，形成具有一定强制力和威慑力的合力，丰富调查的方式和手段，强化调查的强制性和权威性，有效推动落实违法侦查的调查取证工作。必要时，对违法取证调查可以提请上一级检察机关，由上级检察机关实施并督促其同级公安机关予以配合。

对于"两法衔接"问题的调查，除了赋予侦查监督部门上述职权以调查一般的行政执法外，更应关注重大责任事故中侦监部门参与事故调查的问题。在重大安全责任事故发生后，调查组在有检察机关职务犯罪侦查部门参与的同时，也应当有侦监部门参与，以此增强事故调查中司法调查的独立性，使得侦查监督部门能够同步监督相关行政执法机关及时移交案件，并督促指导公安机关及时固定收集相关证据。[①]

3. 完善处置权。刑事诉讼法对检察机关的立案监督和侦查活动监督进行了规定，但是仅有对权力的规定并不意味着权力能够真正实现，权力的执行和落实还需要相关的配套制度予以机制性的保障。综观检察机关的两项监督工作，只有在发现侦查人员的违法行为严重到可能达到犯罪的程度时，才可以通过追究刑事责任的方式予以制裁，从而实现侦查监督的权威性和强制性。但是针对一般违法行为，检察机关却无具有强制力的处置权。实践中，侦查机关（部门）对于《纠正违法通知书》往往是纠而不改、屡纠屡犯，甚至是置之不理、公然对抗；对于《立案通知书》也不乏不予理睬、立而不侦、侦而不结等情况的出现。因此，针对实践中的反复出错、屡纠不改，特别是对侦查监督部门依法提出的合理意见置之不理、公然对抗的情况，应当建立相应的制裁制度，赋予检察机关对侦查违法人员进行党纪政纪处分的建议权等实质性的制裁权，并与相关部门协调，争取支持，强化其效力，确保监督意见得到落实。特别是对于违法扣押、违法延长羁押期限、讯问人数或主体不合法、提取扣押程序不合法等程序违法的问题，应出台相关司法解释完善程序规则，对程序性违法的行为作"技术性违法""一般性违法""违宪性错误"的区分，建立诉讼无效制度，赋予检察机关"程序性制裁决定权"，[②] 强化对程序违法的制裁。

对于"两法衔接"中出现的行政执法人员有案不移、以罚代刑的情况，情节较轻尚不构成犯罪的，应建立检察机关与纪检监察机关之间的合作机制。如，需要追究相关人员党纪政纪责任的，将可以证明违纪违法事实的材料移送纪检监察机关处理；纪检监察机关在处理完毕后，应当将处理结果书面告知检察机关。对于涉嫌犯罪的，依法追究刑事责任。由此，形成对行政执法人员党

---

① 王东海：《侦监部门介入生产安全事故调查的制度构建》，载《中国检察官》2015 年第 2 期。
② 张平、张明友：《侦查监督权能配置之完善》，载《国家检察官学院学报》2008 年第 5 期。

纪政纪处分建议权和刑事处罚权相衔接的制约模式，完善对行政执法人员违法行为的处置权。

4. 新增评价权。以侦查监督白皮书、侦查监督年度报告的形式对侦查机关（部门）、侦查人员的工作进行评价，并协调对侦查人员具有管理考核权的单位部门对侦查监督部门的评价予以支持。在侦查人员和行政执法机关负有"两法衔接"工作责任人员的评先评优、职务晋升、工资待遇提升等方面，增加侦查监督部门对侦查人员和"两法衔接"工作人员的考评机制，建立健全相应评价制度，使相关人员的切身利益与侦查监督部门对其工作态度、工作能力、工作质量的评价直接相关联。增强评价的实践运用和效力等级，强化侦查监督的权威性。特别是针对"两法衔接"的问题，国家层面应推动将两法衔接工作纳入社会治安综合治理体系当中，将其开展落实情况作为对行政执法机关的重要考核指标来抓，并在考核中增加检察机关侦监部门对行政执法机关的"两法衔接"工作执行落实情况的评价的权重系数，强化监督效力。

需要说明的是，在侦查监督的三项职能中，审查逮捕职权的重构主要是理念的扭转和考核的科学化，与立法关联性不大。而对于立案和侦查活动监督职权的重构，上述四项措施只是权宜之计，对其进行根本性的变革，则需要在刑事诉讼立法层面上吸收上述方法措施进行系统的规制。可以考虑在刑事诉讼法中设置专章系统性的规定侦查监督部门对立案和侦查活动的监督职权，赋予侦监部门监督、调查、处置三项职责，丰富调查核实的方法手段，比如在现有手段的基础上增加查询、冻结、调取、查封、扣押、搜查、勘验检查、鉴定等相关措施和手段；健全完善处置惩戒措施，赋予侦监部门对纠而不改、屡纠屡犯，特别是对监督纠正置之不理甚至公然对抗的侦查人员实质性的惩戒权，而不是采用目前难以触及其实质性利益的《纠正违法通知书》等手段予以"不痛不痒"的惩戒。

侦查监督职权的合理配置是法治化、现代化的必然要求，也是现代法治国家制约侦查权这一公权力的理性选择。目前，我国侦查监督职权配置总体上较为科学，但是实践运行中遭遇了审查逮捕权异化、两项监督知情不足、纠正乏力、权威不济等一系列问题。解决这些问题，需要在思考引发问题的原因的基础上，以法治化、现代化为引领，恪守客观中立，强化审查逮捕的中立性和司法属性，增强两项监督职权的刚性，进一步优化侦查监督职权的配置。为检察机关依法履行法律监督职权创造条件，使侦查权在法律的框架内、在有效的监督下行使，切实尊重和保障人权，让人民群众在侦查机关（部门）规范执法、严格执法中感受到更有保障、更为有序的公平正义。

司法责任制改革下检察机关
内外组织体系完善研究

张福坤 [*]

完善司法责任制在司法改革中居于基础性地位，为了抓住司法体制改革的这个"牛鼻子"，充分落实检察司法责任制改革，2015 年 9 月，最高人民检察院出台了《关于完善人民检察院司法责任制的若干意见》，指明了检察机关司法体制改革的方向和原则，提供了检察权运行机制的公正高效范式。其中，影响检察机关之最深远者之一，乃检察机关司法责任制改革之检察格局丕变，定于 2017 年在全国范围试行变革检察整体格局。本文中，笔者将交代检察机关司法体制改革之基本出发点，作为整体检讨检察格局丕变问题之论据。首先，笔者拟先追本溯源，简短回顾检察格局丕变之来龙去脉，厘清检察改革下的格局丕变的现实局面，以寻找检察格局丕变的问题所在。随后，笔者拟将叙明检察格局的路径反思，分别就本原功能与我国选择之错位及现实困境等层面加以分析，期能实现检察格局丕变的制度改良，对未来的检察改革有所助益。

一、博弈视角下检察格局丕变

众所周知，检察体制改革的设计框架，将与检察人员分类管理、检察官员额制以及检察官职业保障等改革措施并行不悖。毋庸置疑，此等举措必然牵出检察格局之变革。值得注意的是，新旧检察格局更迭背后所折射出的法律传统博弈亟须引起重视。事实上，两种法律传统博弈在司法实践中的例证俯拾皆是，无论是"疑罪从无"规则的变相运行抑或是"案卷笔录中心主义"的盛行皆能证实此现象之存在，[①] 如此种种，不一而足。改革顶层设计者奉行"拿来主义"原则，顺势传播和移植国外制度，与奠基于本土的刑事司法政策和程序规则激烈碰撞，这些根深蒂固的本土刑事司法政策和程序规则在司法实践

---

* 重庆市永川区人民检察院法律政策研究室主任，首批全国检察调研骨干人才。

① 陈瑞华：《刑事诉讼的中国模式》，法律出版社 2010 年版，第 317 页。

中因可操作性和实用性强大行其道，对检察机关办案活动具有举足轻重的指导意义，此所谓法律传统之博弈所关注的问题。

（一）日趋逼近的检察改革

现有的司法体制改革，乃始于党的十六大"推进司法体制改革"之先声，至党的十七大"深化司法体制改革"之部署，再至党的十八届三中、四中全会"改革司法体制和运行机制"之宏伟蓝图，司法体制改革渐次以"看得见""感受得到"的形式呈现出来。诞生于《中共中央关于全面推进依法治国若干重大问题的决定》（以下简称《决定》）之"推进以审判为中心的诉讼制度改革"，最高人民检察院《关于深化检察改革的意见（2013—2017 年工作规划）》中也注明"检察机关要适应以审判为中心的诉讼制度改革"，在这个意义上不妨承认，检察体制改革与"以审判为中心的诉讼制度改革"相生相随。故此，新一轮的检察体制改革对内围绕检察权运行机制和检察权优化配置，对外适应以审判为中心的诉讼改革，建立与检察职权运行规律相适应的检察官办案责任制，完成新旧格局变化下检察工作的有序衔接和平稳转换。[①] 那么，几经探讨的检察体制改革所牵涉的格局之变势必诱发囊括检察系统内外两个场域的变化。具体来说，不仅仅是指同一检察机关内部机构和上下级检察机关之间的运行，还包括检察机关在侦查、起诉、审判、刑罚执行等诉讼构造中的地位和作用。[②] 因此，检察格局丕变的探讨，不妨先从检察体制改革之目的起步。

事实上，检察体制改革之肇因始于检察权性质。检察权性质这一问题在不同司法制度下有不同的理解。众所周知，在英美国家，检察权属于行政权。究其原因在于：一是属于单纯的刑事起诉机构，负责对犯罪案件提起公诉、支持公诉及监督裁判执行的职能发挥；二是其在法庭上负有控诉职责的活动方式；三是其属于行政分支有机组成部分的隶属关系。综合上述三点可知，检察官之职责在于代表国家刑事行政追诉权，具有行政权属性。[③] 与之不同的是，大陆法系国家的检察机构不单单行使带有行政权色彩的刑事追诉权，还具有一定的司法机构性质，具有双重属性。德国、法国法系检察官设置之职责既在于刑事被告之追诉，也在于法律之守护人，包括被告免予法官之擅断及警察之恣意，发现实体真实、维护司法公正之使命。[④] 我国检察权在目前的体制下，被界定

[①] 郑赫南：《准确把握司法责任制改革目标原则，着力构建公正高效检察权运行机制》，载《检察日报》2015 年 10 月 16 日。

[②] 向泽选：《检察权运行机制与检察权配置》，载《政法论坛》2012 年第 11 期。

[③] 陈瑞华：《问题与主义之间——刑事诉讼基本问题研究》（第二版），中国人民大学出版社 2008 年版，第 28 页。

[④] 林钰雄：《检察官论》，法律出版社 2008 年版，第 9 页。

为"法律监督机关和司法机关"双机关特性，我国宪法中也明确将检察权和审判权并列同属司法权。虽然我国检察机关的法律监督权力受到学者、专家的"口诛笔伐"，并提倡将之予以弱化甚至搁置，但在司法实践中受到了实务工作者的青睐，法律监督工作机制顺畅运行。

令人遗憾的是，我们仍面临的一些问题。具体来说，首先，以检察机关内部办案组织的三级审批办案制为例，即便试行了多年的主诉检察官负责制也并未能改变行政权干预司法权的局面；其次，检察机关的财政权、人事权受制于地方政府机关，对地方的行政干预无法完全做到视而不见；最后，由地方政法委统一领导下的"公检法司"四机关，在强调"侦查、起诉、审判"一体化的司法实践中，检察机关受到侦查机关的掣肘，即使强调检察引导侦查对改变当下的检警关系局面也无济于事，与之相反，囿于考核体系的制约，公安机关不得不通过一定干预施压检察机关配合公安机关的专项执法活动，至此，检察机关的司法独立权支离破碎所剩无几。故此，以升级版检察官办案责任制为代表的检察体制改革，强调"谁决定谁负责，谁办案谁负责"的目的在于使检察官责权相应，强调将人财物权收归省级检察机关旨在脱离地方行政的桎梏，强调完善履职保护，为了提高检察官办案积极性，强调建立检察官业绩评价机制和惩戒委员会机制以监督检察官滥权和恣意行为，这一系列的检察改革带来了检察格局内外相应的变革。

（二）博弈视角下检察内外格局之变的选择

"春江水暖鸭先知"，面临即将到来的新一轮改革，基层检察机关作为检察体制改革的"试水兵"，需做好内设机构改革和外部组织变化的双重应对，实现既要去行政化，又要强化对司法案件管理的既定目标。值得注意的是，在检察体制改革的各种制度和举措方面，因新旧办案组织方式和管理权限变化带来的"格局之变"给予了高度重视，即检察内外格局的革新。

事实上，所谓检察格局之变分为两方面：一曰内设机构格局之变。此举被管理学上称为将"金字塔"式的组织形式变为"扁平化"组织形成的过程，既减少了指令权的层级，又能实现掌控司法案件的"双赢"。二曰外部组织形式之变。其一，不言而喻，将人财物权统归省级检察机关的举措，不单单在于减少地方干预，也是为了将检察机关的司法独立权得以彻底落实，实现中国特色的检察机关独立，而并非检察官独立；其二，检察机关外部组织之变，也不仅仅体现在检察系统外部组织的变革，还有以检察权配置为中心的诉讼格局之变。那么，这内外组织机构两者之间勾连的各种制度环节，特别是程序要件还有待进一步完备。

1. 检察内设机构的现行状况

当下的基层检察机关内设机构即使经过主诉、主办检察官的试行改革，仍因循守旧按照固有的检察格局行使检察权，有政治处、办公室、研究室、侦监科、公诉科、民行科、控申科、法警队、未检科、刑事执行监督科、案管中心以及派驻基层检察室，[①]科室数量多达 17 个，这些繁多复杂的科室却仅是检察机关职能的体现而已，部分科室是"一人科""二人科"，呈现内设机构空心化、办案职能碎片化的现象，[②]其在实践中具体运作格局如图一所示。

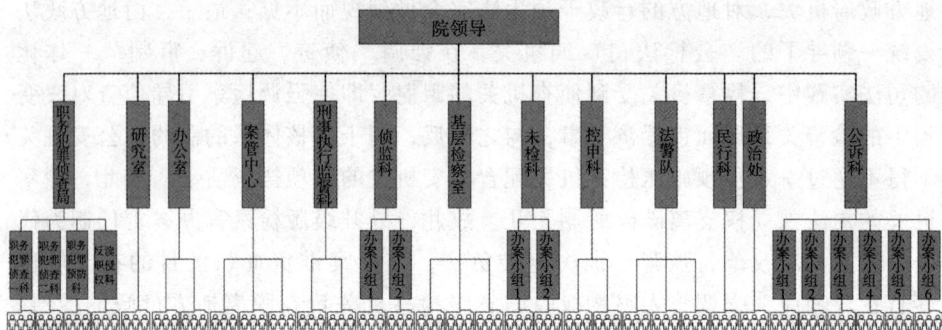

图一　基层检察院内设机构格局

以 C 市某基层院为例，除了基本的科室设置外，主要业务科室除了设置科室负责人外，还下设了专业化的办案小组。其中，公诉科设 3 名科级负责人，每名负责人都是主诉检察官，由 6 名主诉检察官分别领导 6 个办案小组，每组 2~3 名成员有主诉检察官与承办人组成，共 14 人；侦监科设 2 名科室负责人，组成 2 个主办检察官办案小组，共 7 人；未检科同样设 2 名科室负责人，实行捕诉监防一体化办案体系，组成 2 个主诉、主办检察官办案小组，共 5 人。需要指出的是，虽然该基层院探索实行专业化的办案小组，但并未改变三级审批的办案模式，即在公诉、未检、侦监科室中，将起诉权限下放给了主诉检察官，但办理的不起诉案件除了有承办人意见外，还需主诉检察官、科室负责人以及分管副检察长审批，在主诉检察官不是科室负责人的情形下，还增加了一层审批手续；在试行主办检察官的过程中，案件限制更为严格，不批准

---

① 司人事的政治处、司财物的办公室、司调研的研究室、握批捕权的侦监科、负审查起诉权的公诉科、主民事行政双监督的民行科、能控告申诉接待的控申科、有司法警察身份的法警队、办未成年人刑事案件的未检科、办刑事执行监督案件的刑事执行监督科、动态管理案件质量的案管中心以及与延伸检察权触角的派驻基层检察室。

② 孙雪丽、王伟：《深化检察改革视角下检察权运行机制的规范与完善》，载《犯罪研究》2014年第 4 期。

逮捕案件和部分批准逮捕的案件仍实行主诉检察官、分管副检察长的三级审批机制，更遑论案件特殊性的职务犯罪侦查案件严格的行政审批和掌控手续了；此外，在案件数量较少的控申科、民行科、刑事执行监督科以及身份尴尬的案件管理中心、法律政策研究室办案责任制尚未实施。故此，为了改变上述与检察体制改革无益的不利局面，基层检察机关整合内设机构实有必要。

2. 检察外部组织的无奈选择

众所周知，2015 年 11 月 5 日，中央政法委通过了《关于省以下地方法院检察院政法专项编制统一管理的试点意见》，其中提到，检察体制改革后，省以下地方检察院机构编制实行以省级机构编制部门管理为主、省级检察院协同管理的体制。这也就意味着，检察机关原有的不规则"直角"格局（如图二）发生变化，变为不等边的"倒三角形"格局（如图三），长边为省级行政机关、短边为省级检察机关，箭头指示方向与辖制方向相同。不言而喻，基层检察机关的行政辖属单位精简，当然，这并未改变检察机关的上下垂直领导关系，致使之成为了省级机构编制部门和省级检察院共同管辖的司法机构。在这个意义上不妨承认，辖属机构的精简带来的检察系统上下格局的变化一定程度上是迫于减少地方因素对司法案件的影响和干预的无奈选择。但毕竟最终行使司法权和办案权限在于人，也即是检察官办案小组，问题的关键，在于更加系统地规范检察官办案小组行为，方为上策。就此变化而言，经济欠发达的偏远区县院明显利大于弊，对于经济较为发达的区县院来说是否利于弊有待进一步考量，但可以肯定的是，即使实现同属管辖，考虑到经济水平和消费能力的差别，不同区县院也会有一定的差别。

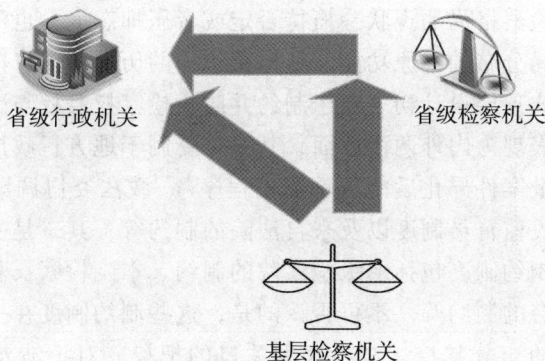

图二　改革前格局

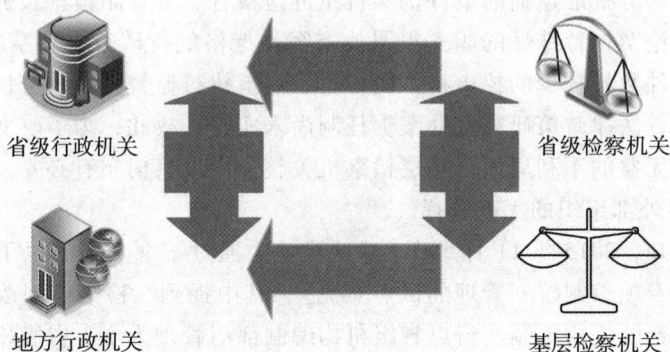

图三　改革后格局

二、检察格局丕变的反思与厘清

任何事物都可以在不同层面一分为二，有利有弊，检察格局分布也不例外。检察机关内设机构的格局设置有或因诉讼流程或因法律监督或因诉讼职能的背景需要，外部组织形式也基于一定的权力制约考虑，因此，这些格局分布既带来了检察权机制的部分有效运行，也造成了诸如行政化色彩严重、检察权不独立的流弊，在这个意义上，追根溯源去梳理检察格局设置的本原功能，找出内外格局变革的原因，实现新检察格局视野下的功能目标，是言之有理、持之有据的。

（一）检察格局的本原功能与错位

在这里，需要强调一点，即我们应该用辩证的观点去看待检察格局的现状和革新，不能对检察格局的现状一概持否定或者压抑态度，也不能不站在发展角度探寻检察格局分布的本原功能。从检察机构的历史沿革可以发现，内设机构和外部组织形式顶层设计初衷在于制约并防止检察权滥权与恣意。我国对检察权的制约制度表现为内外两个方面，其一是受制于地方行政形成的外部制约制度包括党委审批案件异化后的请示汇报程序①、政法委协调案件制度、人大个案监督制度人民监督员制度以及来自法院的制约等；其二是受制于内设机构设计形成的内部制约制度包括上级检察院的制约、本院检察长和部门负责人的制约、本院检委会的制约等。不可否认的是，这些制约制度在一定程度上实现了对案件承办人的充分掌控、对不起诉关口的把控、对不涉及重大政治、经济、社会影响及疑难案件的普通案件的监控，一定时期内发挥了积极作用。

---

① 主要表现在职务犯罪侦查案件中，坚持党内请示制度。参见《最高人民检察院关于检察机关反贪污贿赂工作若干问题的决定》，载《最高人民检察院公报》2000年第1期。

令人遗憾的是，这些具有非规范化、单向性、行政性、地方性、社会性因素为主的制约制度在外部制约上表现为非日常性监督，以行政化的审查方式干预检察案件的办理，这股干预检察权正当行使的制约力量"绑架"了检察权，其结果是案件承办人在办理案件时不得不考虑政治效果、社会效果和法律效果的统一。故此，我国的检察权日常性制约多依赖以"自我约束"为特点的内部制约模式。① 以检察长、科室负责人、承办人共同审批案件的三级审批机制以及得以成功转嫁责任的检委会运行机制，使内部监督制约机制异化为行政化的干预权，整个检察机构的检察权监督制约制度逐渐失去题中应有之义，动力不足。

（二）检察机关内部机构设置路径的偏差

现代检察机关内设机构随着国家社会经济政策几经更迭，内设机构名称更换频繁，例如 2016 年最高人民检察院"监所科"重新更名为"刑事执行监督科"；机构数量多少未定，例如某基层院增设派驻基层检察后，科室数量平增 4 个；机构行政级别不尽相同，如某直辖市下属的基层院公诉科、未检科等均是副处级科室，该院的控申科、民行科、刑事执行监督科均是正科级科室，相差一级；机构办案模式各有千秋，如某基层院的未检科、侦监科、公诉科探索试行专业化的办案小组模式，而控申科、民行科、刑事执行监督科等科室仍然是科室负责人负责制的办案模式。另外，据图一就可以看出，基层检察院数目众多的科室划分标准并不明确，有的按照法律监督职能权限划分，如刑事执行监督科、侦查监督科；有的按照诉讼流程划分，如侦监科、公诉科、控申科；各科室业务范围不一样，人员数目不均衡，公诉科号称检察机关的"利剑"，人员多业务广，研究室、监察室号称"小科室"，人员精业务尖，平行科室之间差距较大；科室业务多有交叉，有的科室定位尚未明确，如派驻基层检察室的职能定位尚未充分发挥，与多个科室业务都有交叉，刑事执行监督科的职能范围与侦查监督科的审查范围重复交叉，案件管理中心对案件的动态管理与干警业绩挂钩，其职责范围与政治处、纪检监察室的职能范围交叉重复。此外，长期以来，由于检察机关内设机构奉行带有行政化色彩的"科室"划分模式，督促检察干警在关注提升自我价值和实现职业目标方面，转换成为科室负责人，而不是带有职业荣誉感的高级检察官，职级的提高与工资待遇挂钩，检察干警的职业信仰缺失。客观上，也形成了从事办案的检察干警多为年轻、资历较浅、经验不足的年轻人的现状，办理刑事案件需要由经验性的判断和法律性

---

① 谢小剑：《公诉权制约机制研究》，四川大学 2007 年博士学位论文。

判断相结合，而优秀的办案干警被提拔为骨干或中层干部后，面临着从事行政岗位或者辞职当律师的选择，从事一线办案的经验丰富的人员较少，故此，内设机构格细而多带来的先天行政彩色亟须检察体制改革予以破除。

正是基于检察机关职能体系不同的考虑，检察机关通过内设机构设置来惩治贪污腐败犯罪，履行审查起诉、未成年人案件办理等一般职能，通过民事行政监督、刑事执行监督、侦查监督实现法律监督职能，从图一可以直观地看出，检察机关内设机构的设置呈"金字塔"设置，至此形成完整的法律监督体系和刑事检察体系。尽管如此，不得不指出，由于行政管理模式和"官本位"的影响，虽然"承办干警——部门负责人——检察长"的三级审批制办案方式，正逐渐被"或案件承办干警——主诉检察官——部门负责人——检察长的"新审批办案方式所替代，其实质上将案件办理分为承办、行政审核和决定的三个阶段，属于上命下从、上下一体的组织原则，检察长的行政指令权具有最终的刚性效力，有职务移转和职务承担权。① 在上述背景下，检察机关的内设机构设计程序失灵，在司法实践中所设定的有关检察机关保障检察业务专案专人办理的设计受到了架空，逐渐由目前呈内部三级审批所替代，致使检察权独立性地位丧失，试行的主诉、主办检察官一定程度上又增加了新的行政审批层级，"办案不定案，定案不办案"的现象时有发生，检察意见沦为"集体讨论"和"民主集中制"的粗疏产品。其结果是，因检察职能专业化划分的内设机构规制目标并未实现，还往往出现"非专业性"的意见主导案件的办理结果。

（三）检察机关外部组织形式的失当

从图二可以看到基层检察机关外部组织配合方面，受到了地方行政机关和上级检察机关的双重领导，检察机关"生于司法，却无往不在行政之中"凸显出来。② 所谓行政化是指用行政化的管理手段加以管理，具有行政色彩。检察机关人财物权受制于地方行政机关，"下好全区一盘棋""为全区经济发展保驾护航"这样带有行政色彩的口号在基层检察机关日常办案中随处可见，为保证地方社会秩序，检察机关行使审查起诉权时要做上诉上访风险分析，关注案件的社会效果和政治效果；为了维护地方稳定，检察机关行使控告申诉职能时，需及时与地方政府沟通，协调做好维稳工作。除了以上种种外，地方政府官员插手、干预检察案件时，基层检察院检察官的初选数量、任命方式、任

---

① 万毅：《论检察权的定位——兼论我国检察机构改革》，载《南京师范大学学报》（社会科学版）2004 年第 1 期。

② 龙宗智：《检察机关办案方式的适度司法化改革》，载《法学研究》2013 年第 1 期。

命期限、职务升迁以及检察机关的资源供给均受制于地方行政机关，检察机关拒绝干预的愿望始终无法企及。

三、实现检察格局丕变目标的制度改良

（一）检察格局本原功能的回归

检察内设机构和外部组织形式的目的在于健全内外监督机制，促使检察权运行机制独立、高效、公正运转。但无论是内设机构的监督制约还是人民监督员、人大代表个案监督以及行政机构的监督都未发挥应有的功效，反而助长了司法行政化现象的滋生。故而，面临检察体制改革中时，我们十分有必要转变监督观念和监督方式，力求从机制上保障检察官独立行使职权，在内部机构设置上采取"井字式"网状结构，横向实行大部制下设办案小组的形式，纵向实行扁平化管理模式；外部组织形式上，在坚持检察机关上下一体原则的基础上，确立省级检察机关的统领地位，从自上而下推行检务公开制度、保障律师正当行使职权以及受理案件当事人合理诉求，加强监督制约机制，以实现检察格局本院功能的回归。

此外，如图四所示，正如日本田口守一教授所描述"公诉程序是侦查和审判的联结点，可以说公诉的状态决定了整个刑事司法的状态"，检察机关在刑事诉讼流程中，处于中间衔接位置。需要澄清的是，以审判为中心的诉讼制度改革，是指确认指控犯罪事实是否发生、被告人应否承担刑事责任应当由法官通过审判进行，可以看出，以审判为中心更多的是一种司法理念，强调"如何最大限度提高庭审质量"，事实上，就是在强调审判的重要性、决定性和终局性。"推进以审判为中心的诉讼制度改革"关键问题并不是削弱检察机关的法律监督权、批准逮捕权、审查起诉权和执行监督权等职权配置，推动形成以法院为中心的刑事诉讼格局，形成侦查、起诉围绕审判中心运转的诉讼运行和推进方式，将以审判为中心等同于以法院为中心，而是在以审判为中心的诉讼改革氛围里合理利用法律监督权和检察权限，引导侦查机关以确保在看守所对犯罪嫌疑人适用拘留逮捕强制措施；监督侦查机关以保证讯问必须在看守所进行；在证据审查方面，引导侦查机关改变固有的"口供为本"转向"物证优先"和"实物证据优先"；在严格取证规则方面，检察机关应坚持适用非法证据排除规则，对有刑讯逼供的证据坚决予以排除，以增加侦查机关非法取证的原动力；尤其是可以尝试探索拓展公诉权范围，在试行检察机关公益诉讼的基础上，探索增设民行案件的公诉权，这些才更值得检察机关反思和重视。

| 重大案件检察机关引导侦查 | ⇒ | 公安机关侦查终结移送审查起诉 | ⇒ | 检察机关移送审查起诉 | ⇒ | 法庭审判程序 |

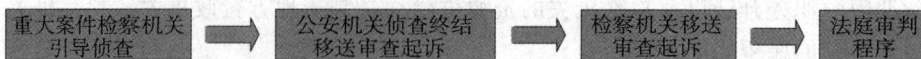

图四　检察机关在刑事诉讼程序中的地位

（二）检察机关内设机构的平权设置

科学设置整合基层检察机关内设机构除了坚持职权法定、符合立法目的外，还应符合检察规律和检察权运行规则，将案件管理职能与案件监督职能、案件办理职能与案件管理职能、司法行政事业实务权与检察权三大方面的权限适当分离，在设置"井字式"网格状内设机构时，横向实行大部制，纵向实行扁平化管理。具体而言，是指在检察改革启动之时，检察机关依据职能设置和检察权运行机制重新整合数目繁多的内设机构资源，优化检察权配置。这也就是意味着，为了形成统一的检察机构分类，增强工作效率，以检察官办案责任制为基础，在原有科室设置的基础上不断削减科室数目，确立可在全国范围内推行已优化的精简检察机构秩序。在此语境下，可将内设机构分为三大部，一曰检察业务部门，二曰检察综合业务部门，三曰检察综合部门，形成大部门内设"小血管"即检察官办案小组，内设机构划分三组的大格局是检察改革的应有内容，避免造成"制度之中有制度、规则之中另有规则"之势，影响改革的进程与效果。

"小血管"设计原理，乃将检察业务部门下设职能不同的办案小组，剥离科室管理，称为公诉办案一组或批捕办案一组，大部制的称谓为虚职，不必另行配备负责人员，在办案小组内部配备检察官、检察助理人员及书记员，公诉、批捕业务可以采用独任制和协同办案之相结合的方式，一般情形下，完全实现扁平化管理结构，由检察官和检察长或检察委员会直接对接。必要情形下，在所需的公诉办案小组上设主任检察官，由主任检察官协调所需办案小组之间的办案进度和办案方式，该主任检察官为临时的，当该必要情形的存在理由消失时，随即解散该办案大组。此外，在坚持检察业务工作一体化、专业化原则基础上，在横向上各办案小组的办案权限在本院内部以法定方式固定下来，将权力清单、责任主体、责任体系、职权范围、运行机制等内容固化，在纵向上，加强上下级办案小组的联动，按照办案领域实现专业化办案，并配置相应的资源。

当下的检察体制改革，除了将检察官的职权配置与检察长、检察委员会之间的权力清单厘清，明确检察长、检察委员会对重大案件、重大事项的职务移转、职务收取和领导指挥权。就内部监督而言，在检察综合业务部门设置中，考虑案件管理部门和检委会专职委员等人员共同成立案件质量及规范化管理小组，确定科学合理的考核标准后，根据案件质量评查结果建立检察官、检察助理人员以及书记员的个人绩效档案，开展常态化案件管理和监督，关注案件质量、案件效率、案件规范化等方面，将绩效考核机制与各类人员职级晋升、工资待遇挂钩。

（三）检察机关外部组织形式的微型调整

去行政化是指淡化行业的行政色彩，尽可能突破行政的束缚，突出行业的主导地位。检察机关防止外部压力主要是排除外部机构的指令，即检察机关具有独立性，需要检察组织的独立性来实现。检察组织的独立性就是使检察机关的组织机构、人员构成（包括检察官的任命）等方面独立。[①] 这也就意味着，检察机关在检察系统一体的前提下，从资源保障、身份保障和资质保障应独立于地方行政机关，独立行使检察权，这一原则在 1990 年就被第八届联合国大会上通过的《关于检察官作用的准则》中有关检察官组织独立措施予以确认。其中，资源保障即是保证供给人力、物力、财力的来源独立，如图三所示，这与当下的检察机关体制改革所预期的目标不谋而合，其结果是将基层检察机关的人力、物力、财力收归省级行政机关，由省级检察院协同管理，基层检察机关在资源配置中独立于地方行政机关，才有独立自主地行使职权办理案件。另外，身份保障。既包括检察人员的任命方式和任命期限独立，也包括检察人员的工资待遇和人才交流、流动机制的独立，即建立检察机关上下级之间良性循环的人才流动和岗位流动机制，尤其是建立检察官遴选制度，建立检察官遴选的常态机制，可以探索下级检察院优秀的检察官充实到上级检察机关中，下级优秀的检察助理人员流动至上级检察机关，上级检察机关优秀的检察助理人员在下级检察机关任命检察官挂职锻炼。

当然，值得注意的是，就检察官办案责任制职权范围增加而言，伴随而生的是办案责任制的终身追究机制和职务保障机制。在上述检察体制改革的背景下，建议将责任制追究权限上提，由省级检察机关建立责任追究委员会，除了从理论上梳理司法责任追究的实现方式、范围和法定化外，还应明确区分司法责任的范围、种类和免责事由、司法责任的追究程序、承担主体和承担形式等问题 [②]。检察官的职务保障机制除了包括工资待遇与职级晋升外，建议由省级检察机关与省级行政机关牵头成立检察官履职保护组织，以保障检察官及其家属因履职带来的潜在风险，同时与检察官的追究机制协调开展职务保障，建立检察官非因法定事由及法定原因外，不得罢免、调离或降级现有的检察职位。

---

① 　万毅：《论检察权的定位——兼论我国检察机构改革》，载《南京师范大学学报》（社会科学版）2004 年第 1 期。

② 　《第五届检察基础理论论坛——结合实践深化司法责任制理论研究》，载《检察日报》2015 年 9 月 21 日。

完善检察办案组织体系的思考

王玄玮[*]

在检察机关当前司法责任制改革进程中，检察办案组织建设是一个薄弱环节。究竟检察办案组织形式有哪些？如何才能构建科学合理的办案组织体系？这些问题值得认真研究和探讨。

一、检察办案组织的历史回顾

（一）"三级审批制"下的办案组织

我国宪法规定，人民检察院依照法律规定独立行使检察权。长期以来，我国检察机关都是作为一个整体在依法行使职权办理案件。从人民检察院组织法到三大诉讼法，各种法律都将办案权授予检察院而不是检察官。与这种授权体制相适应，我国检察机关长期实行"三级审批"的办案模式。1980年，最高人民检察院在《人民检察院刑事检察工作试行细则》中作出规定：各级人民检察院办理批捕、起诉案件，应当实行"专人审查，集体讨论，检察长决定"的制度。1997年最高人民检察院发布的《人民检察院刑事诉讼规则》，正式以司法解释的形式将"三级审批制"明确为"检察人员承办，办案部门负责人审核，检察长或检察委员会审批决定"。此后《人民检察院刑事诉讼规则》经过几次修订，"三级审批"的办案体制都没有发生变动。这种办案模式下的检察办案组织既不是案件承办人，也不是处、科等内设机构，其实质是检察机关集体办案。"三级审批制"下，检察机关对外以"人民检察院"的名义开展司法办案活动；在内部，法律将一切办案事项的决定权均授予检察长行使，案件承办人的职责只是提出案件处理的建议，而后需层层报批，最后经检察长或检察委员会作出决定，由检察机关集体承担办案责任。从长期实践来看，这种办案模式的优点是能够较好地体现检察一体，保证法律的统一适用；能够较好地集中集体智慧，强化对检察办案工作的领导和监督，防止检察权的滥用等。但

---

 * 云南省人民检察院民事检察处副处长，全国检察业务专家。

是，也存在审批层级过多、办案效率低、行政色彩浓厚、不符合司法亲历性规律等弊端。特别是由于没有明确的办案组织，案件承办人员"隐藏"乃至"淹没"在检察权运行体制中，各层级执法权限不明、责任不清，司法过错责任难以严格落实，也难以适应检察官队伍专业化、职业化建设的发展方向。从20世纪90年代开始，检察机关开始对传统办案模式进行反思，探索检察权运行机制改革。

（二）主诉检察官办案责任制下的办案组织

1995年，我国公布了第一部检察官法。这部法律第2条规定："检察官是依法行使国家检察权的检察人员。"由此，检察官的司法办案主体地位在法理上开始初步呈现。90年代中期，河南、上海等地检察机关开始探索打破原来以行政审批为特点的办案模式，试行主诉检察官办案责任制。1996年修订的刑事诉讼法引入对抗制审判模式，对公诉人的业务能力提出了更高的要求，这项改革的意义凸显。为了建立责任明确、高效廉洁、符合诉讼规律的办案责任制，最高人民检察院决定从2000年1月起，在全国各级检察机关审查起诉部门全面推行主诉检察官办案责任制改革。最高人民检察院的工作方案规定：主诉检察官由各级人民检察院按照程序选任产生，其在检察长的领导下，独立承办案件，负责处理相关事项。由主诉检察官决定的案件或者诉讼中的事项，主诉检察官对案件事实、证据的认定和所作的决定负责；对于法律明确规定应当由检察长、检察委员会行使的职权，以及检察长、检察委员会认为应由其行使的职权，主诉检察官应当提出意见，报请检察长决定。① 从这项改革时起，检察人员中的精英分子开始相对独立地从事司法办案。虽然《工作方案》规定各级人民检察院应当根据受理案件数和人员结构合理确定主诉检察官的岗位数，在此基础上为主诉检察官配备助手和书记员，但助手只是接受主诉检察官的指派具体处理办案过程中的有关事项，起到辅助办案作用，承担办案责任的是主诉检察官。因此，主诉检察官办案责任制下的检察办案组织，就是主诉检察官。换言之，主诉检察官开始以个体身份体现司法办案主体地位。

主诉检察官办案责任制改革初期，在提高办案效率、提升队伍素质方面取得了一定成效。在审查起诉部门推行后，最高人民检察院还在民事行政检察部门、职务犯罪侦查部门推行过主诉（主办）检察官办案责任制。但此后由于配套措施不完善、保障不到位等原因，这项改革基本停滞了，多数地方的主诉（主办）检察官办案责任制名存实亡，办案方式又恢复到"三级审批"模式。

① 《关于在审查起诉部门全面推行主诉检察官办案责任制的工作方案》，2000年1月10日最高人民检察院第九届检察委员会第52次会议通过。

但尽管如此，主诉检察官办案责任制改革还是在探索检察权扁平化运行、完善检察办案组织方面提供了有益经验，为后来的司法责任制改革奠定了实践基础。

（三）司法责任制下的办案组织

2013 年 11 月，《中共中央关于全面深化改革若干重大问题的决定》提出了一系列司法体制改革措施，明确了"健全司法权力运行机制"的改革任务。为了落实党的十八届三中全会的部署，最高人民检察院 2013 年 12 月 26 日印发《检察官办案责任制改革试点方案》，决定在 7 个省的 17 个检察院开展主任检察官办案责任制试点。试点期间，大多数试点单位从现有检察官中选任三分之一左右人员担任主任检察官，组建基本办案组织。主任检察官主导执法办案活动，以其亲历性的具体执法活动和相对独立的裁断性权力办理案件，承担执法主体责任。基本办案组织其他成员协助主任检察官执法办案，接受主任检察官的领导和指派，处理具体事项。①

2014 年上半年，中央政法委开始部署"完善司法责任制、完善司法人员分类管理制度、健全司法人员职业保障制度、推动省以下地方法院检察院人财物统一管理"四项司法体制改革试点。试点中的一项重要内容就是推行检察官员额制，要求将员额内的检察官减少到中央政法专项编制的 39% 以内。实行检察官员额制后，员额内的检察官已经相对精英化了，改革目标和内容与主任检察官办案责任制改革的做法高度契合。因而最高人民检察院决定，将两项改革整合为一项，统一为司法责任制改革。2015 年 8 月 18 日，《关于完善人民检察院司法责任制的若干意见》（以下简称《若干意见》）经中央全面深化改革领导小组审议通过。一个检察机关自身关于完善检察权运行机制的改革性文件经中央有关领导机构审议通过，这在检察机关历史上还是第一次。《若干意见》明确规定："根据履行职能需要、案件类型及复杂难易程度，实行独任检察官或检察官办案组的办案组织形式。"据此，检察机关的两种基本办案组织形式得到了明确：一种是独任检察官，另一种是检察官办案组。对于这两种办案组织的构成，《若干意见》规定：独任检察官承办案件，配备必要的检察辅助人员；检察官办案组由两名以上检察官组成，办案组负责人为主任检察官，也配备必要的检察辅助人员。检察官办案组可以相对固定设置，也可以根据司法办案需要临时组成。在检察权运行机制上，《若干意见》延续了此前两次改革突出检察官办案主体地位和检察权运行扁平化的方向，规定独任检察

① 徐盈雁、许一航：《依法赋予主任检察官执法办案相应决定权：高检院在全国 7 个省份 17 个检察院试点检察官办案责任制》，载《检察日报》2013 年 12 月 27 日。

官、主任检察官对检察长（分管副检察长）负责，在职权范围内对办案事项作出决定。至于检察官的职权范围，《若干意见》要求各省级检察院结合本地实际制定并公布检察官权力清单，"可以将检察长的部分职权委托检察官行使"。此后，各省级检察院先后制定了本地检察官权力清单。截至 2016 年 12 月，全国 31 个省、自治区、直辖市以及新疆生产建设兵团检察机关都完成了检察官权力清单的制定并报最高人民检察院备案。

回顾检察办案组织发展历史可以看出，长期以来检察机关偏重"案件承办人"的概念，实行"三级审批制"集体办案，基本办案组织不够清晰，办案组织形式不够健全。[①] 经过多年探索，检察机关科层制的办案组织体系逐渐弱化，检察官相对独立的办案主体地位逐渐显现。司法责任制改革以来，特别是《若干意见》颁布后，检察机关两种基本办案组织形式第一次得到了明确，为今后落实检察官办案权力、健全司法责任体系奠定了基础。

二、检察办案组织的范围分析

独任检察官和检察官办案组这两种检察办案组织形式得到明确，与过去相比无疑是明显的进步。然而，只有这两种办案组织形式是不全面的，不能够客观反映检察机关各种司法办案工作机制和责任形态。

（一）检察办案组织的确定标准

检察办案组织是检察权运行机制发挥作用的基本载体。检察办案组织通过组织成员履行职责，行使国家法律赋予人民检察院的各种职权，完成对检察机关受理的各类案件的办理并依法对案件作出处理决定，最终产出"结案"这一特定产品。在检察办案组织的确定标准方面，一种观点比较有代表性："根据现行检察权运行机制，案件办理包括承办、建议、审核、决定等环节，其中，承办和决定是最为重要的两个环节，缺少一个都不能产出案件"，因此，"办案组织应当是案件承办权与决定权的统一"。[②] 如果以当前检察机关司法改革认可的独任检察官和检察官办案组这两种检察办案组织形式来衡量，这一观点是完全成立的。按照这样的确定标准，检察机关的办案组织形式就只有独任检察官和检察官办案组这两种，没有其他形式的办案组织。但如果把视野扩大到包括人民法院在内的整个司法责任制改革，这个观点有两点似可斟酌：第一，"承办"是不是确定办案组织的必要因素？人民法院的审判委员会并不直接承办案件，但审判委员会是公认的审判组织。这种"公认"不仅体现在审

---

① 王玄玮：《检察机关司法责任制之规范分析》，载《国家检察官学院学报》2017 年第 1 期。

② 郑青：《我国检察机关办案组织研究与重构》，载《人民检察》2015 年第 10 期。

判委员会在《人民法院组织法》中有相关规定，检察委员会也在《人民检察院组织法》中有相关规定，还体现在法学界和司法实务界对审判委员会作为审判组织的普遍认可。那么，审判委员会何以成为办案组织？看来"承办"并非必备要素。第二，案件办理除包括承办、建议、审核、决定四个环节外，是否还包括第五个环节——责任？过去"三级审批制"办案模式下，由于集体办案导致司法责任归属不明、责任追究难以落实，有"承办"、有"决定"但无"责任"，这正是传统检察权运行机制的一大弊端。在当前司法责任制改革背景下，原来缺失的"责任"环节应当纳入检察权运行机制，成为确定办案组织的关键要素之一。

基于以上认识，笔者认为在案件办理承办、建议、审核、决定、责任等环节中，最为重要的是"决定"和"责任"，这两者是确定检察办案组织的关键要素。在检察权运行机制中，只要是有权限对案件作出处理决定并承担相应司法责任的组织形式，都是检察办案组织。换言之，检察办案组织是案件决定权与司法责任的统一体。按照这个标准，除了独任检察官和检察官办案组外，还应当确认检察长、检察委员会这两种办案组织形式。

（二）检察长属于检察办案组织

按照现行法律规定，检察机关的办案决定权统一归属于检察长。无论在传统办案体制还是司法责任制下，检察长都是要办案的，这毋庸置疑。在传统办案体制下，检察长之所以不是独立的办案组织，是因为检察长虽然有权定案，但并不独立担责，办理案件的司法责任归属基于"三级审批"式的集体办案和集体担责而模糊甚至消散，检察长处理案件没有成为"决定"和"责任"的统一体。在司法责任制改革背景下，检察长履行与办案相关的职能包括三种形式：第一，履行办案管理与监督职能。如对检察官进行授权（委托），指定或更换重大案件承办人，决定检察官的回避，决定将案件提请检察委员会讨论，等等。这种形式的履职不是直接办案，不发生司法责任问题。第二，作为员额内检察官直接承办案件。《若干意见》规定，检察长（分管副检察长）参加检察官办案组或独任承办案件的，可以在职权范围内对办案事项作出决定，并就办案事项决定承担完全责任。这种形式的履职是直接办案，但是办案组织和责任形式是独任检察官或检察官办案组，与其他员额内检察官办案没有本质区别。第三，作为检察长进行办案并承担司法责任。《若干意见》规定，检察长（分管副检察长）有权对独任检察官、检察官办案组承办的案件进行审核，如果不同意检察官处理意见，检察长（分管副检察长）可以要求检察官复核或提请检察委员会讨论决定，也可以直接作出决定。检察官根据检察长（副检察长）的要求进行复核并改变原处理意见的，由检察长（副检察长）与检察官共同承担责任。检察长（副检察长）改变检察官决定的，对改变部分承担责任。另外，还规定检察官执行检察长（分管副检察长）决定时，认为决定错误的，可以提出异议；检察长（分管副检察长）不改变该决定，或要求立即执行的，检察官应当执行，执行的后果由检察长（分管副检察长）负责，检察官不承担司法责任。在检察长改变检察官处理意见的情形下，检察长不但对相关案件作出处理决定，相关决定按要求必须全程留痕，而且还直接承担相应司法责任，是"决定"和"责任"的统一体；这已经不是在单纯履行监督管理职责，而是实实在在地在办案。但这种情形下的办案与前一种情形不同，检察长办理的不是按照"直接办案规定"亲自承办的案件，而是已经交由其他检察官承办的案件；不是作为独任检察官或主任检察官在办理案件，而是作为检察长在办理案件。显然，只有独任检察官和检察官办案组这两种办案组织形式，解释不了此种情况下检察机关司法办案的工作机制和责任形式问题，必须要明确检察长这种单独的办案组织形式。《人民检察院组织法》规定，检察长统一领导人民检察院的工作。明确检察长的办案组织形式，是检察长领导制和"检察一体"组织原则在司法责任制上的具体体现，是符合检察工作规律的一种认识。

那么，"检察长"是不是一种"组织"呢？当然是的。从岗位的角度讲，检察长指检察机关的主要负责人；从机构的角度讲，检察长就是按照法律规定在人民检察院设置的一个组织，这与国家主席是宪法在国家层面设置的一个机构是同样的道理。独任检察官作为个体性组织可以成为检察办案组织，检察长当然也能够成为检察办案组织。

（三）检察委员会属于检察办案组织

检察委员会是检察机关的业务决策机构，发挥着对检察业务的宏观指导、重大决策和内部监督三大功能。与人民法院的审判委员会一样，检察委员会同样要履行讨论决定特定案件的职责。根据《若干意见》，检察委员会主要负责讨论决定三类案件：本院办理的重大、疑难、复杂案件；涉及国家安全、外交、社会稳定的案件；下一级人民检察院提请复议的案件。对于检察委员会的司法责任，《若干意见》规定：属于检察委员会决定的事项，检察官对事实和证据负责，检察委员会对决定事项负责。检察官向检察委员会汇报案件时，故意隐瞒、歪曲事实，遗漏重要事实、证据或情节，导致检察委员会作出错误决定的，由检察官承担责任；检察委员会委员根据错误决定形成的具体原因和主观过错情况承担部分责任或不承担责任。显然，检察委员会在讨论决定案件时，也是"决定"和"责任"的统一体。因此，检察委员会也应当属于检察办案组织。尽管《若干意见》在"健全司法办案组织"部分没有将检察委员会列入，但是最高人民检察院相关领导在对《若干意见》作说明时明确提出："检察委员会作为检察机关业务工作的最高决策机构，也是最高的检察办案组织……"① 笔者赞同这一认识。

（四）哪些不是检察办案组织

检察办案组织是有权对案件作出处理决定并承担相应司法责任的组织形式，是检察机关行使办案权的主体。在检察机关内部，一些内设组织虽然不同程度地参与检察权运行机制，但并不具备检察办案组织的"决定"和"责任"两大要素。

1. 检察机关内设机构。检察机关的内设机构不承办案件，无权对案件作出处理决定，当然也不是司法责任的承担主体，故不属于检察办案组织。从性质上讲，内设机构属于业务管理组织。在司法责任制改革背景下，内设机构负责人不再行使案件审核权，其履行的"组织研究涉及本部门业务的法律政策问题、组织对下级人民检察院相关业务部门办案工作的指导、召集检察官联席会议、负责本部门司法行政管理工作"等职责，都属于管理类职责。②

2. 检察官联席会议。根据《若干意见》，检察官联席会议的任务是"对重大、疑难、复杂案件进行讨论，为承办案件的检察官或检察官办案组提供参考意见"，性质属于决策辅助机构。检察官联席会议虽然研究讨论案件，但不能对案件作出处理决定，讨论的意见仅供检察官参考，是否采纳完全由检察官自行决定，因而也不是司法责任的承担主体，显然也不是检察办案组织。

3. 检察官助理。检察官助理是辅助检察官司法办案的检察辅助人员，其无权以自己的名义独立承办案件，但参与承办案件。在检察权运行机制中，检察官助理负有一定司法责任。按照《若干意见》规定，检察辅助人员参与司法办案工作的，根据职权和分工承担相应的责任。但检察官助理在案件办理过程中没有任何实质性处理决定权，只是办案的人，不是定案的人，因而不属于检察办案组织。

简言之，在当前司法责任制改革背景下，检察机关有权对案件作出处理决定并承担相应司法责任的组织形式有四种：独任检察官；检察官办案组；检察长；检察委员会。任何一个进入检察办案程序的司法案件，其"出口"必然是上述四种情形其中之一，这就是当前检察权运行机制的实际状况。因此，上述四种组织形式，就是检察机关当前实际发挥作用的四种办案组织。

---

① 张德利：《关于〈关于完善人民检察院司法责任制的若干意见〉的说明》，载《人民检察院司法责任制学习资料》，中国检察出版社 2015 年版。

② 参见《关于完善人民检察院司法责任制的若干意见》第 19 条。

三、构建科学的检察办案组织体系

上文分析的是我国检察机关当前办案组织的实然状态，不是应然状态。要构建科学的、符合司法规律和检察工作规律的检察办案组织体系，笔者认为还需要从以下几方面进行改革和完善。

（一）检察官办案组不宜继续作为检察办案组织

按照《若干意见》的规定，检察官办案组由两名以上检察官组成，其中一名检察官作为主任检察官，担任办案组负责人。在这种办案组织形式下，检察权运行方式是由主任检察官对检察长（分管副检察长）负责并在职权范围内对办案事项作出决定。对于主任检察官的职权，《若干意见》进一步明确，除履行作为员额内检察官的职责外，主任检察官负责办案组承办案件的组织、指挥、协调以及对办案组成员的管理工作，在职权范围内对办案事项作出处理决定或提出处理意见。一句话，主任检察官是行使职权并承担责任的人。这就带来两个问题：第一，检察官办案组里其他检察官如何体现办案主体地位？作为进入员额内的检察官，应该有职有权，能够在授权范围内独立地对负责的案件作出处理决定。但在检察官办案组，其他检察官无权对案件作出任何处理决定，变相沦为主任检察官的辅助人员；其他检察官在处理相关办案事务时，均须报告主任检察官决定，实际上形成新的办案审批。不但不能减少办案层级，反而增加了办案层级。这样的制度设计，与突出检察官办案主体地位、实行检察权扁平化运行的改革目标是不吻合的。第二，检察官办案组里其他检察官如何落实司法责任？虽然《若干意见》有规定：检察官办案组承办的案件，由其负责人和其他检察官共同承担责任；办案组负责人对职权范围内决定的事项承担责任，其他检察官对自己的行为承担责任。但实际上在这种模式下，主任检察官和其他检察官的司法责任不明晰，容易发生争议。比如，主任检察官作出扣押决定，其他检察官执行了扣押行为，后来发现属于违法扣押，这时其他检察官的司法责任是"共同承担责任"，还是"对自己的行为承担责任"，抑或是不承担责任（由主任检察官对职权范围内决定的事项承担责任）？难以厘清。归根结底，上述问题都是由于检察官办案组的运行模式不完全符合"决定"和"责任"相统一的原则所造成的。因此笔者建议，应当逐步取消检察官办案组这种办案组织形式。

那么，取消检察官办案组是否可行？从《若干意见》的制度安排来看，检察官办案组主要是为办理职务犯罪侦查业务而设计的。确实，自侦案件基本上是"集团作战"，难以适用独任检察官的办案组织形式，目前保留检察官办案组有一定必要。随着国家监察体制改革的推进，检察机关职务犯罪侦查预防职能将转隶监察委员会，届时检察官办案组就失去了适用的"土壤"，具备取消的条件。职务犯罪侦查职能转隶后，如果偶尔出现机动侦查或者补充侦查的情况，可以用独任检察官的组织形式予以解决。至于诉讼法关于讯问、取证等侦查活动需要两人以上共同进行的要求，独任检察官携其辅助人员履职即可。

（二）独任检察官应当成为检察机关基本办案组织形式

检察机关业务门类较多，工作内容也比较复杂。按《若干意见》目前的制度设计，审查逮捕、审查起诉案件一般由独任检察官承办，重大、疑难、复杂案件也可以由检察官办案组承办；职务犯罪侦查案件一般由检察官办案组承办，简单案件也可以由独任检察官承办；诉讼监督等其他法律监督案件，可以由独任检察官承办，也可以由检察官办案组承办。不过总体上讲，除了自侦业务以外，其他业务工作中的绝大部分其实都可以由独任检察官完成。随着国家监察体制改革的推进，检察官办案组可能逐步退出检察办案组织形式。在剩下的三种办案组织形式中，以检察长、检察委员会的组织形式办理的案件范围十分有限。虽然各个业务条线中都会有重大、疑难、复杂案件，未来检察权运行机制仍然离不开检察长、检察委员会这两种办案组织形式，但随着司法责任制改革的推进，独任检察官的适用范围将越来越宽。原因在于：一方面，检察机关的院领导和部门负责人直接办理案件将越来越成为常态，不少重大、疑难、复杂案件能够通过检察长（副检察长）和部门负责人以独任检察官的办案组织形式予以办理。另一方面，各地纷纷出台并落实检察官权力清单。在改革初期，对检察官的授权心态相对会比较谨慎。但随着各项配套制度的建立健全以及检察官素质的进一步提高，相信各地权力清单对检察官的赋权幅度将越来越大，独任检察官的作用空间会与日俱增。

考察域外检察制度经验，其实大多数国家的检察办案组织形式都体现为检察官个人。如日本，检察官被称为"独任制机关"。[1] 在法国，"代理检察官是最基础的办案组织，承担主要的司法工作"；"代理检察官在一切授权之外，以他自身地位有权作出在检察院职权范围内的决定"。[2] 在我国台湾地区，"检察官的基本办案组织，在于单一检察官的'独立官署制'，大部分的案件均由一位检察官单独承担，个别运作，虽应受主任检察官及检察长的监督，惟主任检察官、检察长相当信任并尊重检察官对事实的认定及法律见解，给检察官很

---

① ［日］法务省刑事局：《日本检察讲义》，杨磊等译，中国检察出版社1990年版，第18页。
② 刘林呐：《法国检察制度研究》，中国检察出版社2015年版，第185～186页。

大独立办案空间"。[1] 在已很有特色的独立检察官制度的美国，即便是对包括总统在内的政府高官进行调查，一般也只是任命一位"独立检察官"（Independent Counsel）而已。[2] 检察业务工作不采用合议制，这是检察机关与人民法院在工作机制上的重大区别，也是世界各国检察制度的共同规律。可以预见，今后独任检察官将成为我国检察机关的基本办案组织形式。

（三）检察委员会作为检察办案组织应当明确司法责任承担标准

检察委员会作为办案组织，也是"决定"和"责任"的统一体。问题在于，检察委员会是一个由若干名检察委员会委员构成的集体，其司法责任如何落实？《若干意见》只是规定，属于检察委员会决定的事项，检察官对事实和证据负责，检察委员会对决定事项负责。但究竟如何负责，《若干意见》只列举了一种情形，就是"检察官向检察委员会汇报案件时，故意隐瞒、歪曲事实，遗漏重要事实、证据或情节，导致检察委员会作出错误决定的，由检察官承担责任；检察委员会委员根据错误决定形成的具体原因和主观过错情况承担部分责任或不承担责任"。这对于明晰检察委员会的司法责任承担标准是远远不够的。查找《人民检察院检察委员会组织条例》《人民检察院检察委员会议事和工作规则》等工作规范，都没有对检察委员会的司法责任问题作出规定。

总结检察委员会实际运作情况，参考人民法院审判委员会司法责任承担标准，笔者认为应当从以下几方面进一步明确检察委员会司法责任承担标准：

第一，检察委员会讨论案件时，检察官对事实和证据负责，检察委员会委员对其本人发表的意见及最终表决负责。这是一条基本原则，在现有的"检察委员会对决定事项负责"规定基础上更进一步，将司法责任明确到检察委员会委员个人，为司法责任的落实和追究奠定基础。

第二，案件经检察委员会讨论的，构成司法责任追究情形时，根据检察委员会委员发表意见时是否故意违反法律法规或存在重大过失的情况，合理确定委员责任。检察委员会改变检察官正确意见的，由持多数意见的委员共同承担责任，检察官不承担责任。检察委员会维持检察官明显错误的意见造成错案的，由检察官和持多数意见的委员共同承担责任。

第三，检察委员会讨论案件违法民主集中制原则，导致检察委员会决定错误的，主持人应当承担主要责任。我国《人民检察院组织法》第 3 条规定，

---

① 施庆堂、林丽莹：《台湾地区的主任检察官制度》，载《国家检察官学院学报》2014 年第 6 期。

② 王玄玮：《美国独立检察官制度之镜鉴》，载《人民检察》2011 年第 13 期。

检察委员会实行民主集中制，在检察长的主持下，讨论决定重大案件和其他重大问题。在一般情况下，检察委员会按照民主集中制进行表决，这时主持人没有特别的司法责任，与其他委员一样对自己发表的意见及表决负责即可。至于《人民检察院检察委员会组织条例》规定的特殊情况——检察长在讨论重大案件时不同意多数检察委员会委员意见的，可以报请上一级人民检察院决定——发生时，可以适用《若干意见》第41条明确司法责任，即上级人民检察院不采纳或改变下级人民检察院正确意见的，应当由上级人民检察院有关人员承担相应的责任；下级人民检察院有关人员故意隐瞒、歪曲事实，遗漏重要事实、证据或情节，导致上级人民检察院作出错误命令、决定的，由下级人民检察院有关人员承担责任；上级人民检察院有关人员有过错的，应当承担相应的责任。

以上三方面内容，加之《若干意见》目前规定的内容，就构成了比较完整的检察委员会司法责任承担标准。只有进行这样的重构，才能够完善检察办案组织体系，更好地实现检察机关司法责任制改革关于"谁办案、谁负责，谁决定、谁负责"的改革目标。

四、"两院"办案组织体系之比较

办案组织是司法责任制的一个关键环节，也是研究整个司法制度的一个切入点。检察办案组织体系的构建，必须符合司法规律和检察工作规律，能够合理解释检察权运行机制的全部内容，能够科学界定各种办案形式的权力归属和责任承担。人民法院办案组织体系亦然。

总结前文分析，《若干意见》列举的检察办案组织只有独任检察官、检察官办案组两种，而实际运行的检察办案组织一共包括独任检察官、检察官办案组、检察长、检察委员会四种。其中，检察官办案组这种办案组织形式与司法责任制改革的目标和要求有一定差距，虽然目前使用这种办案组织形式有一定合理性，但随着职务犯罪侦查职能剥离检察机关，这种办案组织形式不宜继续保留。今后，理想的检察办案组织体系应当只有独任检察官、检察长、检察委员会三种形式。它们与人民法院办案组织体系的联系与区别如下表所示：

类别	审判组织	检察办案组织	权力运行要素	职权范围	反映何种司法规律	司法责任承担形式
一般办案组织	独任法官	独任检察官	承办；决定；责任	在授权范围内独立办案	共同体现法官、检察官办案主体地位	独任法官、独任检察官自行承担
一般办案组织	合议庭	检察长	承办；决定；责任	办理相对重大案件	体现各自权力运行特殊性（法院：合议制；检察院：检察长负责制）	法院：合议庭成员共同承担；检察院：要求复核的案件由检察长与检察官共同承担，改变意见的案件由检察长对改变部分承担责任
特殊办案组织	审判委员会	检察委员会	决定；责任	只办理特定案件（主要包括涉及国家安全、外交、社会稳定的案件；重大、疑难、复杂案件；等等）	共同体现民主集中制，都是具有中国特色的司法业务决策机构	委员对其本人发表的意见及最终表决负责；一般情况下由持多数意见的委员共同承担；违反民主集中制的由主持人承担主要责任

　　人民法院的一般办案组织是独任法官、合议庭，人民检察院的一般办案组织是独任检察官、检察长。之所以界定它们为"一般办案组织"，原因在于它们是法院、检察院常规的办案方式，绝大多数司法案件经由它们处理完毕，司法实践中能够进入审判委员会、检察委员会讨论决定的案件只是极少数。一般办案组织在司法权力运行机制中同时具备承办、决定、责任三个要素。对于独任法官、独任检察官、合议庭来说，三个要素俱备无须多言，而检察长办案的三个要素特别是"承办"要素需要稍加说明。表面上看，检察长似乎未直接承办案件，但基于"检察一体"的组织原则和工作机制，检察长理论上有权承办检察机关受理的任何案件。在审核独任检察官所办理案件的过程中，当检察长不同意检察官的处理意见时，他有三种处理方式：一是要求检察官复核；二是提请检察委员会讨论决定；三是直接作出决定（改变检察官的处理意见）。第一种方式处理时，不改变检察办案组织，仍然是独任检察官承办案件；第二种方式处理时，办案组织变更为检察委员会，决策方式变更为民主集中制多数决；第三种方式处理时，检察长实际上行使了"职务收取权"，由于不同意检察官的处理意见，检察长将授予检察官办理该案的权力收回，对案件

直接作出适当的处理决定，以这种方式亲自承办该案并直接承担司法责任。这种办案模式既不同于传统办案体制下检察长审批案件，又不同于司法责任制改革下检察长作为独任检察官承办案件，因而是单独的一种办案组织形式。至于审判委员会、检察委员会则是法院、检察院的特殊办案组织，特殊性体现在职权范围、决策机制和司法责任承担方式。由于审判委员会、检察委员会是集体办案模式，不能亲自"承办"案件，故只具有"决定"和"责任"两个要素，但正是这两个必备要素使得它们成为一个办案组织。

在"两院"的办案组织体系中，审判组织体系存续历史长，运行方式稳定，相对比较成熟，而检察办案组织体系建设则"在路上"，需要进一步构建和完善。随着司法责任制改革的深入推进，检察机关的司法属性将继续凸显，检察官的办案主体地位将更加突出，这些都会有利于检察办案组织体系的科学构建。

司法责任制改革背景下
基层检察院业务部门的整合

肖巍鹏[*]

检察机关业务部门不仅是检察职能实现的功能单元，也是检察机关强化内部监督与案件管理的基础，其组织模式对检察机关履行职能和外树形象都至关重要。当前，司法责任制改革正深入推进，旨在去除司法权运行过程中的行政化和地方化倾向，实现办案者对案件质量终身负责制，而现行检察机关业务部门的设置带有浓厚的行政化色彩，不符合检察工作客观规律，必然难以适应本轮司改的目标和要求，这在集中了全国约80％以上检察业务、约80％以上检察人员的基层检察院表现得尤为突出。因此，对基层检察院业务部门进行整合，优化其资源配置，是顺应司法责任制改革和实现检察创新发展不可回避的现实问题。

一、司法责任制改革对基层检察院业务部门设置的形塑

毋庸讳言，受行政管理模式和"官本位"意识的影响，基层检察院业务部门的设置普遍存在着过多过细、职能交叉、效率低下等弊病。显然，这些弊病并非一朝一夕而成，乃是多年累积所致。需要指出的是，在本轮司改之前，尽管这些弊病早已显现，但实务界仍缺乏改革的动力。[①] 然而，本轮的司法责任制改革为检察机关内设机构改革提供了不同的基础和路径，[②] 使基层检察院业务部门的整合既具有必要也成为可能。

* 江西省新余市人民检察院研究室主任，全国检察机关调研骨干人才。

① 例如，从1996年开始，高检院多次出台了有关地方各级人民检察院机构改革的规范性文件，要求地、县两级检察院的内设机构应本着精简、统一、效能的原则，根据当地经济发展水平、案件受理数量等情况科学合理设置，可是基层检察院的内设机构设置仍然呈现出越来越多、比较混乱等特点。

② 夏阳、高斌：《司法责任制视野下检察机关内设机构"大部制"改革思考》，载《人民检察》2015年第20期。

（一）由权力行使主体转变为检察官集合体：司法责任制改革对基层检察院业务部门整合提出必然要求

检察机关业务部门设置的目的应当是促进检察权规范有效运行。然而多年来，在思想认识上一直认为检察机关业务部门是检察权力分解的承担者，这就在无形中强化了检察机关业务部门作为权力行使者的角色。正因为如此，检察机关业务部门采取的是行政科层结构，实行行政管理模式，致使检察官的相对独立性不足，集中表现在案件的审批环节上普遍实行"三级审批制"，即检察官办理的案件需要经业务部门负责人审核后，报分管副检察长审批，从而出现"审而不定、定而不审"以及"办案的不负责任，负责的不办案"等怪象。而破解这一怪象，就需要从优化检察权内部配置入手，改革检察权运行机体。

当前正在进行的司法责任制改革，强调实行法官、检察官办案组织扁平化，以突出法官、检察官在司法办案中的主体地位，并要求内设机构退出案件决策流程。为落实这一要求，高检院于2015年9月28日发布的《关于完善人民检察院司法责任制的若干意见》，在规定业务部门负责人的职责时，没有授予业务部门负责人案件审批权；2017年3月28日，高检院印发《关于完善检察官权力清单的指导意见》，再次明确规定"基层人民检察院业务部门负责人的审核权原则上应当严格限制并逐步取消"，同时强调即便业务部门负责人审核案件，也"不得直接改变检察官意见或要求检察官改变意见"。这就意味着基层检察院业务部门将退出检察权运行机制，不再是检察权运行主体。因此，在司法责任改革的大背景下，检察权运行主体将从过去的业务部门逐步转变为检察官，基层检察院的业务部门不再是业务决策的实体，仅是从事相同业务的检察官的聚合体。

由于基层检察院业务部门由权力行使主体转变为检察官集合体，致使其存在的价值大打折扣。例如，某些地方检察院在组建检察办案组织时，突破传统思维模式，推出以检察官个人命名的检察官办公室，以打造专业化、职业化、精英化的办案团队。[①]

（二）从行政职级体现者回归到检察职能实现者：司法责任制改革使基层检察院业务部门整合成为现实可行

长期以来，由于我国对检察官的管理没有按照检察官的类别和等级进行，使得检察官的职级晋升和普通公务员一样，只能走行政职级这一路径，而有机构才有职数，有职数才能解决职级待遇。

---

① 林中明：《上海：4个以个人命名的检察官办公室揭牌》，载《检察日报》2017年3月30日。

正是检察机关内设机构的设置"还承担着解决人事编制、增加干部职数、提高干警待遇的'重要使命'",[①] 致使本应为实现检察职能而设置的业务部门,也相应地承担起解决检察人员行政职级待遇的功能,这就促使大多数基层检察院在业务部门设置上采取的是"宁多勿少"态度。因此,要实现整合业务部门这一改革目标,就必须让行政级别与检察官职级待遇脱钩,使检察官的职级待遇与是否担任部门负责人无关,唯如此方可成功。

当前正在进行的司法责任制改革任务之一,就是要对检察官实行单独序列管理,畅通其职级晋升通道,让检察官不再去挤行政职级的独木桥。这意味着行政级别将不再是评判检察官事业是否成功的唯一标准,业务部门也将从体现行政职级回归到检察职责实现这一功能上。因此,本轮司法责任制改革使基层检察院业务部门整合具有可能性。

二、基层检察院业务部门整合需要考虑的相关因素

目前,随着司法责任制改革的推进,一些改革试点单位对基层检察院业务部门整合进行了探索,出现了多种模式,且各具特色。对于基层检察院业务部门如何整合这一问题,高检院除了强调内设机构改革的重点在基层检察院,以及在《检察官办案责任制改革试点实施工作指导意见》中提出"按照突出业务部门,精简综合部门的原则,各院内设机构整合为6至8个部门,机构名称统称为部"的原则性意见[②]之外,再无更具体的规定。这说明,对于基层检察院业务部门如何整合,各级、各地检察机关之间没有形成共识,究其原因在于对基层检察院业务部门设置的原理、方法、标准等没有完全认识清楚。一般来说,一个组织内设机构的设置与其目标任务、运行成本及规模大小等因素密不可分,检察机关也不例外。因此,在司法责任制改革背景下,科学合理地整合基层检察院业务部门就需要对检察职能、运行成本、规模大小等因素加以考虑。

(一) 检察职能因素

对一个机构而言,所谓职能是指该机构所承担的职权、作用。检察职能就是指检察机关作为国家法律监督机关所具有的作用和功能。而检察机关要履行

---

① 汪建成、王一鸣:《检察职能与检察机关内设机构改革》,载《国家检察官学院学报》2015 年第 1 期。

② 张和林、严然:《检察机关内设机构的科学设置研究》,载中国检察学研究会检察基础理论专业委员会:《新一轮检察改革与检察制度的发展完善——第四届中国检察基础论坛论文集》,中国检察出版社 2015 年版,第 388~401 页。

这一职能，"只有通过一定的机构设置，落实为具体职能部门的职责，才能保证其得到忠实履行"。① 因此，检察机关业务部门设置的首要考虑因素，就是确保检察职能得到全面履行，使法律赋予检察机关的各项职权都有相应的机构（或人员）来承担，做到"事事有人做"；同时尽量让各机构（或人员）之间的职能划分不重叠、不交叉，以避免互相推诿的情况出现，做到"人人有事做"。

然而，要保证检察职能通过业务部门的设置而得到全面履行，其前提就是要对检察职能进行科学分类。目前，我国基层检察院业务部门之所以会出现设置不规范的情况，从表面来看，是缺乏科学统一的设置标准，但从根源来看，是对检察职能缺乏科学合理的认识或分类。例如，有的将审查逮捕与公诉合并，而有的则分立，这就直接反映了对审查逮捕和审查起诉这两项职能是否具有同类性的认识差异。

至于如何对检察职能进行科学分类，笔者认为检察机关当前履行的职能可以分为：诉讼职能、监督职能、提出法律意见职能。其中，诉讼职能主要体现为检察机关依法履行对刑事犯罪的逮捕权、公诉权，监督职能主要体现为检察机关依法履行对刑事诉讼、民事诉讼、行政诉讼、行政执法的监督权，提出法律意见职能主要体现为检察机关依法履行司法解释权、立法建议权和法律文件提请审查权。

（二）运行成本因素

效率是一个组织能否生存的根基，一个没有效率的组织是没有生命力的组织。对于检察机关来说，效率是有效履行检察职能的基本要求。因此，检察机关业务部门的设置"既要考虑满足实现法律监督职能的需要，也要考虑如何降低运行成本"。②

一个组织的运行成本包括显性成本和隐性成本两部分，其中显性成本主要是指管理人员工资、管理经费等可计算的成本，而隐性成本主要是指组织内部的信息沟通、协调等难以计算的成本。组织行为学从提高组织运行效率出发，认为内设机构应当合理设置，既不能过多，也不能过少。过多则显性成本与隐性成本同时增加，过少虽显性成本减少但隐性成本巨大。

当前，基层检察院业务部门设置数量明显过多，从运行成本因素分析，应当进行适当整合，以符合效率原则。而决定哪些部门应当合并的标准就是，当

① 邓思清：《检察权内部配置与检察机关内设机构改革》，载《国家检察官学院学报》2013年第2期。
② 田鹤城、梁晓淮：《检察机关内设机构的组织成本分析》，载《人民检察》2013年第18期。

某一部门的产出与投入比值（该部门所承办的案件数量除以该部门人员数量）严重低于类似职能部门时，则该部门就不应当单独设置。以此标准整合，可以避免各业务部门之间忙闲不均的情况发生，毕竟忙闲不均表象的背后是人力资源的浪费。

（三）规模大小因素

对于一个组织而言，其规模的大小是指该组织所拥有人员数量或业务量的多少。组织社会学理论表明，组织规模直接影响着组织的结构，组织结构与规模大小存在着对等的匹配关系：规模越大，其组织结构越复杂，内部管理的幅度越宽、深度越深；规模小的组织，管理层次和管理幅度都较少，结构较为简单。正因为如此，为追求管理效率最大化，一个组织在对内部结构进行设计时，就必须考虑组织规模因素，使其内部结构与规模大小相匹配，既不能"大马拉小车"，也不能"小马拉大车"。

显然，这一组织社会学理论对基层检察院同样适用。因此，基层检察院在设置业务部门时，应当根据自身的业务量和人员编制情况来进行。然而，在实际操作中，由于通过检察业务量来衡量基层检察院的规模大小，很难形成一个可量化的精确标准，而人员编制数量却能为评价基层检察院的规模大小提供一个简单的测量标准，基层检察院就可以据此来合理设置业务部门。

具体而言，基层检察院业务部门的设置可以依以下情形而为：一是对于人员编制数量不多的基层检察院（如 30 人左右），鉴于其员额内检察官的名额较少，可以考虑不设置业务部门，而是通过组建检察官办案组的形式来履行检察职能；二是对于人员编制数量中等的基层检察院（如 50～60 人），根据相关司法责任制改革文件的要求，可以设置数量不多的业务部门，如 4～6 个；三是对于人员编制数量较大的基层检察院（如 80～100 人），可以相应增加业务部门数量。

三、基层检察院业务部门整合的具体构想

正如上文所言，我国基层检察院业务部门的设置存在诸多弊病，亟待重置以适应司法责任改革的需要，为此，笔者根据基层检察院业务部门设置应当对检察职能、运行成本、规模大小等因素加以考虑这一观点，并结合目前国家监察体制改革这一情况，以 50～60 人规模的基层检察院为例，就除职务犯罪侦防部门之外的其他业务部门的整合，提出以下构想。

（一）关于捕诉业务部门的整合

关于审查逮捕、审查起诉部门如何整合，实践中一些基层检察院作了有益

探索：有的将审查逮捕、审查起诉部门整合为一个部门；有的探索成立诉讼监督部门，将立案监督、侦查监督、审判监督等职能从审查逮捕、审查起诉部门剥离，划归该诉讼监督部门履行。这就引出两个问题需要在理论上予以回答：一是"捕诉合一"是否合适；二是监督职能从捕诉职能中分离是否合适。

1. "捕诉合一"抑或"捕诉分离"。对于审查逮捕部门与审查起诉部门整合为一个部门是否合适这一问题，学界存在着肯定与否定两种截然不同的观点。其中，肯定说赞同将审查逮捕部门与审查起诉部门整合为一个部门，即"捕诉合一"，其理由为：第一，"捕诉分离"模式的内部监督制约作用有限；① 第二，审查逮捕和审查起诉在职能上相互依赖，起诉是批捕的必然延伸，二者具有不可分割的紧密联系；② 第三，推行"捕诉合一"，可以节省司法资源，加快办案速度。③ 而否定说则认为"捕诉合一"不符合现代诉讼规律和权力监督制约原则，进而主张审查逮捕部门与审查起诉部门应分设，即"捕诉分离"。④

对于"捕诉合一"抑或"捕诉分离"这一问题，笔者赞同肯定说。众所周知，以前我国一直采取"捕诉合一"工作模式，只是在1999年为回应"谁来监督监督者"的质疑，才将当时的刑事检察部门分设为批捕、公诉两个部门，然而随着形势的发展，当下基层检察院案多人少的矛盾十分突出，这就自然而然地要以效率为导向，改"捕诉分离"为"捕诉合一"，以适应现实需要。

2. 诉讼职能与诉讼监督职能合一抑或分离。对于监督职能从捕诉职能中分离是否合适这一问题，学界也存在着肯定说与否定说。其中，肯定说主张两项职能分离，主要理由为：第一，审查逮捕、刑事公诉职权与侦查监督、审判监督等诉讼监督职权是性质不同的检察职权，将不同特征的职权硬拼在一起，存在难以调和的逻辑矛盾；⑤ 第二，公诉职能与诉讼监督职能在检察机关内部由同一内设机构行使，要求检察官同时担负公诉和监督的职责，会导致检察官诉讼角色的混淆，使其在心理上陷入矛盾境地，妨碍诉讼行为的正常进行。⑥

① 张和林、严然：《检察机关内设机构改革若干问题探究》，载《人民检察》2014年第6期。
② 何江波、付文亮：《基层检察机关内设机构研究》，载《中国刑事法杂志》2011年第12期。
③ 曹琼、邓萍：《检察内设机构的科学设置研究》，载《法制与经济》2015年第1期。
④ 汪建成、王一鸣：《检察职能与检察机关内设机构改革》，载《国家检察官学院学报》2015年第1期。
⑤ 向泽选：《检察职权的内部配置与检察机关内设机构改革》，载《河南社会科学》2011年第3期。
⑥ 汪建成、王一鸣：《检察职能与检察机关内设机构改革》，载《国家检察官学院学报》2015年第1期。

而否定说认为立案监督、侦查监督、审判监督等职能不能从审查逮捕、审查起诉部门剥离，主要理由为：第一，诉讼职能与诉讼监督职能分离后，诉讼职能部门主动发现监督线索的动力就会不足；① 第二，对于监督线索，原案件承办人熟悉案情，便于监督，如若让不熟悉案情的部门去监督，势必会影响工作效率，不符合效能原则。②

对于诉讼职能与诉讼监督职能合一抑或分离这一问题，笔者赞同否定说。因为立案监督、侦查监督和审判监督等职能只有依附于诉讼职能才有履行的基础，"就如同树的枝叶与树干关系一样"，③ 所以，诉讼职能与诉讼监督职能应当合并在一个部门行使。

（二）关于刑罚执行、控告申诉、民事行政等诉讼监督业务部门的整合

目前，除了前述的侦查监督、公诉部门承担立案监督、侦查监督、审判监督职能外，监所、控申、民行三部门也分别承担着不同的诉讼监督职能。这三个部门的业务工作既有共性的一面，也存在着差异的一面。其共性在于：一是办案人员不是诉讼参与者，监督立场具有客观性；二是监督线索来源主要依靠当事人申诉；三是监督效果仅是纠错程序启动与否，而案件最终结果仍由被监督机关确认或裁判。其差异则主要表现为三部门承担的诉讼职能在种类上的不同，监所、控申部门承担的是刑事诉讼监督职能，而民行部门承担的是民事、行政诉讼监督职能。正因三部门的工作既有共性也有差异，致使对于三部门如何整合在实践中存在着两种做法：一是将三部门合并为一个部门，名称为诉讼监督部；二是将监所、控申门合并为一个部门，名称为刑事执行与控告申诉检察部，民行部门仍单设。显然，第一种做法考虑更多的是三部门监督职能的共性一面，而第二种做法的依据是三部门工作的差异性。

对此，笔者认为，鉴于基层检察院编制规模有限，而且监所、控申、民行三部门的业务量也较少，因此可以考虑将这三部门合并为一个部门，以集中办案力量，降低运行成本。

（三）关于综合业务部门的整合

目前，基层检察院的综合业务部门主要有案件管理部门与法律政策研究室。对于综合业务部门如何整合，主要观点是将二者合并成一个内设机构，其

---

① 张和林、严然：《检察机关内设机构改革若干问题探究》，载《人民检察》2014 年第 6 期。

② 鲍明叶：《基层检察机关内设机构的科学设置——以某省 C 市基层检察机关为研究对象》，载中国检察学研究会检察基础理论专业委员会编：《新一轮检察改革与检察制度的发展完善——第四届中国检察基础论坛论文集》，中国检察出版社 2015 年版，第 415～423 页。

③ 周道航：《检察机关内设机构改革的思考》，载《中国检察官》2017 年第 7 期。

理由为：第一，基层检察院调研任务不多，其法律政策研究室没有单独设立的必要；第二，从广义上讲，案件管理业务也可以包含对检察办案工作适用法律政策情况进行调查研究的内容。①

对此，笔者也认为二部门应当合并，理由为：首先，从职能因素来说，案件管理部门与法律政策研究室都是定位为综合性业务部门，这就决定了二者完全可以合并一起；其次，由于基层检察院法律政策研究室工作人员的调研能力普遍不强，再加上基层检察院业务工作中碰到的疑难复杂问题相对较少，致使基层检察院法律政策研究室缺乏单独设置的必要性。

（四）关于派出检察室的整合

前些年，在社会管理创新的大背景下，基层检察院以"促使检力下沉，延伸法律触角"为指引，创设了大量派出检察室，行使的大多是受理群众举报和控告申诉等职能。从实际运行情况来看，目前派出检察室普遍存在着设置混乱、实际效果不佳等问题。例如，笔者所在地的某一基层检察院在 2010 年设置了 3 个派驻乡镇检察室，而这 3 个检察室数年来仅查办了一起村干部的职务犯罪案件，没有发现和提供过一件诉讼监督或行政执法监督的线索。对于这些派出检察室如何整合的问题，实践中各地检察机关的做法不一，有的依然保留，有的予以撤销。

对此，笔者认为，派出检察室是否撤销，关键要根据其运行成本来决定，当其业务量与配置人员的比值与全院的比值相当时，则可以保留设置，否则就应当撤销。

---

① 孔璋、程相鹏：《检察机关内设机构设置改革问题研究》，载《西南政法大学学报》2014 年第 6 期。

基层检察机关内设机构大部制改革研究

杨卫国[*]

对于检察机关内设机构设置如何与检察职能相匹配这样一个历久弥新的话题，理论界和司法实务界一直在不懈思索。党的十八大报告明确提出"稳步推进大部门制改革"的思路目标。就检察机关而言，"大部制"改革即优化检察职权配置。随着司法责任制改革的深入推进，检察机关内设机构办案审查职能将被弱化，但内设机构仍是检察权运行的专业平台和进行行政管理、业务监督的管理单元，检察职能的实现，需要通过检察机关内设机构来体现和承载。[①] 当前，全国部分基层检察机关对内设机构大部制改革已进行了一些探索，但也暴露出了内设机构设置标准不一、功能定位模糊、效果评估错位等问题。以检察机关内设机构设置的实质为切入点，通过历史考证，寻找基层检察机关内设机构设置深层次的理论依据和可供借鉴的参考样本，具有极大的现实意义。

一、检察机关内设机构的实质

（一）检察职能的分解形态

检察机关内设机构，是检察机关的内部职能分解的形态和组织表现形式。[②] 对于检察权的运行而言，内设机构提供一种工作机制上的影响和保障。我国的检察职能是一项以法律监督权为本质属性的集合性权能。多元化检察职能的运行与实现需要依赖内设机构这一载体来完成。具体而言，我国检察职能是由侦查、公诉、诉讼监督、检察管理等职能构成，且根据诉讼规律和权能属性，这些权能之间需要相互制约。这种制约主要体现在内设机构所负载的检察权合理地合并和分离。如实践中，曾经将刑事检察部门拆分为批捕部门和公诉

---

* 江西省赣州市人民检察院研究室检察员。

① 敬大力：《检察机关内设机构改革应遵循的几个原则》，载《检察工作实践与理论指导》2016年第5期。

② 徐鹤喃、张步洪：《检察机关内设机构改革的理论前提》，载《检察日报》2006年12月25日。

部门。又如德国、俄罗斯等国外检察机关内设业务机构主要以职权分解为划分标准，也表明了内设机构体现并受检察职能分解决定的规律。

（二）办案单元基本支撑

当前在推进司法责任制改革过程中，其中一项重要内容就是建立健全办案组织，形成检察机关内部的基本办案单元，但这并不意味着原先检察机关内部没有办案单元。实际上原先的办案单元就是以各内设业务机构为基础，由机构负责人在其中抽调人力组成专门的办案组织。比如，在办理重大公诉案件时，其办案单元组成结构一般为"部门负责人或副职＋若干办案人员"。当然，这种办案单元并不是一种常态，而且这种办案单元的司法属性不够明显，其权限范围也较小。但不可否认的是，原先无论设置何种类型的办案组织，均要在相关人员所属的机构内部，按照机构负责人的指示调配组建。可以说，内设业务机构是组建办案单元的基础保障。

（三）人力管理与绩效考核评估需要

各项检察业务虽然分工不同，但总目标应当是一致的，这是基于适应检察机关上下领导关系以及检察权运作一体化的需要。而要实现总的目标就必须将其层层分解，转化为各级检察机关的层级目标，各级检察机关内设机构的分类目标以及全体检察人员的单项目标及岗位目标。如果没有内设业务机构这一中间层级，直接让领导层评估所有检察人员的业绩，在当前各项检察业务指标考核日趋细化繁杂的情况下，不仅无法保证全体检察人员单项目标之间形成类别清晰、结构完整的目标体系，甚至还会造成工作分配、业绩评估的混乱。因此，针对特定类别的业务，以内设业务机构为单位对所属人员进行岗位考核，是目前所有内设业务机构具备的功能之一。

二、当前检察机关内设机构设置实践与思路

近年来，在高检院的统一部署和推动下，全国部分基层检察院以实现"扁平化"管理和专业化的思路，探索内设机构大部制改革，积累了不少可借鉴的经验，同时也显现出了一些不可回避的问题。

（一）国内检察机关内设机构改革列举

早在 2009 年，湖北省检察院统一部署，在宜昌、黄石等地的 13 个规模较小的基层院试点推进内设机构整合。尤其是党的十八届四中全会以来，高检院在全国分批推开司法体制改革试点工作。从各地基层检察院内设机构改革试点情况看，各地做法不尽相同，不仅在不同省份范围内基层检察院内设计机构设置数量、名称各不相同，而且在同一个省份、同一个地市范围内，基层检察院

内设机构改革模式多大相径庭。如下表所示：

全国部分试点改革检察院内设机构大部制改革情况

序号	试点单位		大部制机构设置	备注
1	上海市	闵行区院	反贪污贿赂局 刑事检察部 诉讼监督部 案件管理部 检务保障部 政治部	一局五部
2	重庆市	渝北区院	职务犯罪侦查局 刑事检察局 诉讼监督局 未成年人刑事检察局 政治部 检察事务部 检察长办公室 监察室	四局两部两室
3	重庆市	渝中区院	刑事检察局 职务犯罪侦查局 诉讼监督局 政治部 事务部 检察长办公室	三局两部一办
4	广东省	佛山顺德区院	公诉局 诉讼监督局 反贪污贿赂渎职侵权局 检察长办公室	三局一办
5		深圳福田区院	公诉部 职务犯罪侦查部 诉讼监督部 业务保障部 政治部 综合管理部	六部制

续表

序号	试点单位	大部制机构设置	备注
6	东湖开发区院 武汉经开区院 西湖区院 汉南区院	批捕公诉部 职务犯罪侦查部 诉讼监督部 案件管理部 综合保障部	五部制 （50人以下小院）
7	湖北省　黄石市院	案件监督部 职务犯罪侦查部 批捕公诉部 诉讼监督部 综合管理部	五部制
8	阳新县院	批捕部 公诉部 贪污贿赂犯罪侦查部 渎职侵权犯罪侦查部 刑事诉讼监督部 民事和行政诉讼监督部 案件管理部 人事管理部 综合管理部	九部制
9	四川省　成都龙泉驿区院	职务犯罪侦查部 刑事检察部 诉讼监督部 检察事务部 综合保障部 政治部 监察室 两个派驻检察室	六部三室

续表

序号	试点单位	大部制机构设置	备注
10	江苏省	南京玄武区院 泰州姜堰区院 南通如皋市院	反贪污贿赂局 刑事检察部 诉讼监督部 控告申诉部 检察业务管理部 政治部 检务保障部 纪检组（监察室）
11	吉林省	长春市院	职务犯罪检察部 刑事检察部 民事检察部 控告申诉和刑事执行检察部 行政检察部 政治部 检务管理部 检务保障部 监察部 机关党委
12	辽宁省	大连市院	刑事检察部 反贪污贿赂渎职侵权部 民事行政控告检察部 检察业务管理部 政治部 检务保障部
13	海南省		刑事检察局 反贪污贿赂局 民事行政检察局 案件管理局 检务管理局 政治监察部 派驻检察室

备注栏：
- 序号10：100 人以上检察院为"5 + 3"模式；较小院为"4 + 3"模式（无控告申诉部）
- 序号11：九部一委（基层院将民事检察部和行政检察部合二为一）
- 序号12：六部制
- 序号13：五局一部一室

序号	试点单位	大部制机构设置	备注
14	内蒙古自治区 包头青山区院	法律监督检察部 职务犯罪检察部 检务监督管理部 检察行政综合部 纪检监察室	四部一室 （其中法律监督检察部包括侦监、公诉、民行；职务犯罪检察部包括反贪、反渎、预防；检务监督管理部包括业务监督管理、检务督察、司法警察；检察行政综合部包括政工党务、行政事务、后勤管理）
15	敖汉旗院	侦监公诉未检部 反贪反渎预防部 控申民行刑执部 案管政研部 安全技术信管部 政工党务监察部 政务事务保障部	七部制 （整合公诉科、侦监科、未检科，设立侦监公诉未检部；整合反贪、反渎、预防，设立反贪反渎预防部；整合控申科、民行科、刑事执行检察局，设立控申民行刑执部；整合案管室、研究室、检委办，设立案管政研部；整合法警队、技术科、信管办，设立安全技术信管部；整合政工科、党总支、纪检监察室，设立政工党务监察部；整合办公室、机关事务服务中心，设立政务事务保障部）
16	安徽省 芜湖三山区院	批捕公诉部 诉讼监督部 职务犯罪侦查部 案件管理部 行政事务服务管理部 综合管理部	"4+2"模式 （批捕公诉部包括侦查、公诉；诉讼监督部包括侦监公诉监督职能、民行；职务犯罪侦查部包括反贪、反渎、预防；案件管理部包括控申、人监办、法警；综合管理部包括办公室、政治处、纪检监察室）

续表

序号	试点单位	大部制机构设置	备注
17	甘肃省 甘南州院	刑事检察部 职务犯罪侦防局 诉讼监督部 民事行政检察部 检察业务管理部	一局四部制 （刑事检察部包括公诉、侦监、未检；职务犯罪侦防局包括反贪、反渎、预防、法警；诉讼监督部包括刑事执行检察局、控申；检察业务管理部包括研究室、案管、检委办）
18		九江市院	反贪污贿赂局 刑事检察部 控告申诉和刑事执行检察部 民事行政检察部 检务管理部 政治部 检务保障部 监察部 机关党委、驻九江经济技术开发区检察室（保留）	一局七部一委一室 （反贪污贿赂局整合原反贪、反渎、预防；刑事检察部整合原侦监、公诉；控告申诉和刑事执行监察部整合原控申、监所；民事行政检察部履行原有职责；检务管理部整合原案管、研究室；检务保障部整合原办公室、技术、法警；政治部、监察室履行原有职能）
19	江西省	九江庐山区院	反贪污贿赂局 刑事检察部 诉讼监督部 检务管理部 政治部 检务保障部 （业务部门不设二级机构，成立相应的办案组；综合部门设立相应的二级机构）	一局五部制 （反贪污贿赂局整合原反贪、反渎、预防；刑事检察部整合原侦监、公诉；诉讼监督部整合原控申、监所、民行；检务管理部整合原案管、研究室；检务保障部整合原办公室、技术、法警；政治部履行原有职能）
20		九江彭泽县院	反贪污贿赂局 刑事检察部 诉讼监督部 政治部 检务保障部 （业务部门不设二级机构，成立相应的办案组；综合部门设立相应的二级机构）	一局四部制 （反贪污贿赂局整合原反贪、反渎、预防；刑事检察部负责公诉、侦监、案管、研究室、生态检察、未检和检委会工作；诉讼监督部整合原控申、监所、民行；检务保障部整合原办公室、技术、法警；政治部履行原有职能）

序号	试点单位	大部制机构设置	备注
21	上饶市院	反贪污贿赂局 刑事检察部 刑事执行检察部 民事行政检察部 控告申诉检察部 检务管理部 政治部 检务保障部 监察室 机关党委	一局七部一室一委 （反贪污贿赂局整合原反贪、反渎、预防；刑事检察部整合原侦监、公诉；刑事执行检察部、民事行政检察部、控告申诉检察部分别履行原监所、民行、控申职能；检务管理部整合原案管、研究室；检务保障部整合原办公室、技术、法警；政治部、监察室、机关党委履行原有职能）
22	江西省 上饶信州区院	反贪污贿赂局 刑事检察部 诉讼监督部 检务管理部 政治部 检务保障部 监察部	一局六部制 （反贪污贿赂局整合原反贪、反渎、预防；刑事检察部整合原侦监、公诉；诉讼监督部整合原民行、监所、控申；检务管理部整合原案管、研究室；检务保障部整合原办公室、技术科、法警大队；政治部负责政工、党建、工会、妇联等工作；监察部履行原有职能）
23	上饶横峰县院	反贪污贿赂局 刑事检察部 诉讼监督部 检务管理部 政治部 检务保障部 监察室	一局五部一室 （反贪污贿赂局负责职务犯罪侦查与预防工作；刑事检察部负责公诉、侦监、生态检察工作；诉讼监督部负责原监所、民行、控申工作；检务管理部负责研究室、检委会、案管工作；政治部履行原有职能；检务保障部负责原办公室、技术、法警、后勤保障等保障性工作）

不可否认，全国部分地区基层检察院内设机构改革为全国范围推开该项工作提供了有益的借鉴。就横向而言，通过对内设机构进行"大部制"整合，

大幅压减了内设部门数量，有效避免了部门间职能交叉，优化整合了检察职能和有限办案资源。就纵向而言，在对机构进行整合的同时，通过压缩中间管理层级和环节，实行"扁平化"管理，淡化了科层制、行政化的色彩，强化了检察官办案主体地位。① 但因处于试点探索阶段，诸如内设机构数量设置不一、机构名称不一、内设机构职能划分存有差异等问题亟待解决。

（二）实践中扁平化与专业化思路的运用

1. 扁平化管理与内设机构改革的适配性

作为管理学领域的"扁平化管理"理论，系 20 世纪 60 年代由美国麻省理工大学教授杰伊·佛瑞斯特在《企业的新设计》中初步提出。具体而言，"扁平化管理"是指打破部门界限，减少某组织的决策层和操作层的中间管理层级、分解权力、目标及任务，强化分权式的责权对等管理，从而提升效率、降低成本的一种管理方式②。扁平化管理模式是对传统科层制的继承和发展，通过精简层级，能更好地实现组织既定目标。

随着本轮司法体制改革，"扁平化"管理理论被引入了检察机关内设机构改革，并以此作为实现内设机构改革的目标追求。就检察机关内部现有行政化的"三级审批"模式来看，"扁平化管理"有助于突出检察官办案的主体地位，符合"谁办案谁负责，谁决定谁负责"的司法责任制要求；就我国检察权职能配置来看，其是兼具司法属性和行政属性的复合性权力。对于司法属性较强的公诉权、批捕权等职权而言，司法属性更加强调司法亲历性，即承独任检察官或检察官办案组与检察长之间审批层级越少越有利于体现检察官办案的司法属性。因此，以"扁平化"管理思路，推进基层检察机关内设机构改革具有适当的土壤。

2. 专业化思路与内设机构改革的契合性

随着社会化分工的细化和深入，各领域职业分工趋向精细化、专业化，作为检察工作也不例外。近年来，全国各地检察机关中经济、金融、知产、生态等各种专业化的检察内设机构纷至沓来，专业化已经成为检察工作发展的基本方向，并使检察工作正在从过去流程化的工作模式向领域性的工作模式转变。这种专业化思路与本轮检察机关内设机构改革，其实质是对检察职权的进一步优化和整合，目的也是更加凸显内设机构承担的各项检察职权的专业化分工。从未来发展上看，专业化应该成为检察职能切分的维度，所有的部门都应按照

---

① 张瑞华：《大部制视域下我国基层人民检察院内设机构改革研究》，内蒙古大学 2016 年硕士学位论文。

② 先庭宏、赵均：《浅析组织扁平化》，载《商情》2013 年第 24 期。

专业化分工标准设立，所有的内设机构都是专业化的机构。因此，专业化就是检察内在的分工模式。

（三）内设机构改革所反映出的问题

在肯定全国部分基层检察机关内设机构改革试点取得成效的同时，所引发的新情况、新问题也不容回避，主要表现在以下几个方面。

1. 内设机构设置缺乏规范性。检察机关内设机构改革试点过程中缺乏规范性，具体表现为机构职能不一、标准各异、数量参差不齐、称谓繁杂多样。一是内设机构职能不一。就目前部分基层院内设机构设置而言，有的将民行检察部门与控告申诉部门合并，忽视不同职权属性；有的将研究室、检察委员会办公室并入办公室，混淆业务职能和综合职能；有的院将技术部门作为保障机构与办公室合署办公，有的将技术部门划归案件管理部门；有的将法警部门作为办案辅助机构合并到案管部门，有的则将法警工作交由综合部门管理等。二是内设机构设置标准不一致。基层院内设机构设置偏离按职能划设的标准，并逐渐呈现出多元化特征。有的按照检察职能批捕部门与公诉部门分开设置，有的按照诉讼环节将批捕部门和公诉部门合并设置刑事检察部门，有的则将以检察职权和以诉讼环节为划分标准相结合，不同部门适用不同划分标准。三是内设机构数量设置不一。尽管高检院对检察机关内设机构设置数量有指导意见①，但没有得到各试点基层检察院的执行。如湖北的"五部制"、吉林的"九部一委制"、青海的"六部制"和"四部制"。即便同属某一地区的基层检察院，内设机构数量也不尽相同。四是机构称谓繁多不一。有的按检察权能具体属性命名，有的按权力行使的具体方式命名，有的按权力作用对象来命名。如承担审查起诉的部门，有的称为起诉部，有的称为公诉部；承担审查、决定逮捕的部门，有的称为批捕部，有的称为侦查监督部。

2. 内设机构功能定位模糊。原先检察机关内设机构之间相比，其特点在于具有不用职能属性，这不仅是区分内设业务机构和其他内设机构的关键，也是区别各内设业务机构的关键。在司法责任制和"大部制"改革背景下，基层检察机关内设机构到底应当承担什么样的角色，这一问题在理论界和司法实务界各有不同看法。但普遍认为本轮检察机关内设机构大部制改革后，内设业务机构的功能应当弱化，更多承担行政管理职能，换言之，强化作为办案组织主体的检察官的独立地位，也就意味着弱化内设机构的业务职能，减少部门负

---

① 2014年3月，最高检下发的《检察官办案责任制改革试点实施工作指导意见》，原则上要求首批17家试点单位将内设机构整合为6~8个部门；2016年8月，中央编办和最高检联合下发《省以下人民检察院内设机构改革试点方案》，原则上要求省以下试点检察院内设机构不超过8个。

责人对案件的管理审批权力。但如此以来，若各内设业务机构仅负责行政管理或一些简单的司法实务，如召集检察官联席会议、负责组织培训学习等，则各内设业务机构本身的职能属性难以体现。这种情况下，内设机构本身根据检察职权划分的特点将被弱化，而行政管理则出现趋同趋势，即不同内设机构行使相同的行政管理权。倘若如此，检察机关内部仅设一两个机构统一行使行政管理职权岂不是更有利于节约资源，提高效率。然而，从这些理论争议不难看出，基层检察机关内设机构大部制改革需要对内设机构功能进行一个清晰的重新定位。

3. 内设机构调整效果评估错位。在全国部分检察官办案责任制试点地区，大都对内设机构大部制改革和组建办案组织的成效给予了高度肯定和评价，认为推行机构整合实现了对有限人力资源的有效整合和调配，内设机构特别是业务部门的力量得到进一步增强，促进了办公办案效率提高。同时，检察官办案责任制改变了过去"承办人——负责人——分管检察长"的三级行政审批模式，提高了诉讼效率，也节约了司法资源。然而，效率提高的主要原因究竟是机构调整还是对办案组织适用扁平化管理模式？目前各地在推进内设机构整合时，一大特点就是机构虽然调整，但是分工依旧存在。对内设机构的整合，可以释放出以部门办案力量，一定程度上缓解"案多人少"的矛盾，但主要的还是对办案组织的扁平化管理，减少了案件的审判决定层级审查案件的人和环节，办案花费的时间自然也就减少了。

4. 内设机构仅停留在"物理整合"层面。本轮检察机关内设机构大部制改革旨在优化司法职权配置，实现扁平化管理。但就全国部分基层检察院的普遍做法而言，因担心影响干警的职级待遇、工作积极性，存在不愿意整合机构，或者虽然按照新要求采取整合动作，但仅在内部减少内设机构数量，暂时并未对原有机构进行撤销，也未对整合后部门职能进行重新定位，而是大多停留在内设机构名称的变动、部分人员的调整上，实用主义倾向明显，可谓只达到了内设机构大部制改革的"物理整合"层面。如，基层检察院原来的"科""处"，在大部制整合后均被冠以"部"的称谓。又如，基层检察院原来的副检察长改任机构整合后的"部长"，原内设机构的科长、处长改任"副部长"，原有行政职务级别均保持不变。出现上述问题，究其原因在于当前在相关配套制度尚未跟进的前提下，内设机构设置仍被视为解决人事编制、增加干部职数、提高干警待遇的"重要角色"，内设机构进行实质性大部制改革难以深入推进。

三、检察机关内设机构的演变及规律

回顾检察机关内设机构改革的轨迹，无论是名称更改还是机构分立，与较为稳定的检察职权相比则稍显繁复。① 不过，无论是复杂还是多变，检察机关内设机构的增撤与检察机关的根本性质、司法地位、基本职能、管理观念以及政治环境有很大关系，有时是多种因素在共同起作用②。综观多年来检察机关内设机构的历史变迁，本身也反映了检察权的配置及其嬗变的路径。

（一）历史演变及机构变迁

1. 中华人民共和国成立初期（1949—1977年）。中华人民共和国成立初期，由于一段时期内人们对检察机关地位和检察工作重要性缺乏充分认识，检察机关内设机构的发展也受当时政治和社会环境的影响而缺乏延续性和规律性。1949年《中央人民政府最高人民检察署试行组织条例》和1951年《中央人民政府最高人民检察署暂行组织条例》均对最高人民检察署的机构设置问题作出规定，据此设置了办公厅、人事处、研究室以及第一处（一般监督）、第二处（刑事检察）、第三处（民事行政检察）。1954年《人民检察院组织法》颁布后，参照苏联检察机关内设机构模式，各级检察机关的内设机构由原来的按照案件进行分工，改变为按照各项法律监督职权进行分工，内设业务机构名称全部带有"监督"二字，突出了"监督"色彩。③ 1957年"反右"斗争开始，检察机关经历了取消与保留之争。1962年，高检院党组扩大会议决定恢复各级人民检察院组织。1966年"文化大革命"开始，人民检察制度中断，检察机构的设置也不复存在。

2. 转型调整期（1978—1999年）。1978年人民检察院恢复重建以来，检察机关内部机构设置，特别是业务机构和综合机构的设置，一直处于不稳定状态。1979年修订的《人民检察院组织法》规定，地方各级人民检察院和专门人民检察院可以设置相应的业务机构。随着政治经济形势和检察实践发展，1983年修订的《人民检察院组织法》对检察机关内部机构设置只作了原则性规定，即"地方各级人民检察院可以分别设立相应的检察处、科和其他业务机构"。这一规定赋予了各级检察机关内设机构设置权，机构设置更灵活，名

---

① 王胜华、李姝蓉：《检察机关内设机构改革模式分析》，载《湖北警官学院学报》2014年第6期。

② 朱孝清、张智辉：《检察学》，中国检察出版社2010年版，第279页。

③ 《检察机关内设机构的风雨变迁对高检院24个职能部门历史沿革的初步梳理》，载中国检察网，www.21Gwy.com。

称也不再具体规定，但也导致了后来各级检察机关内设机构设置不稳定、不规范和不统一。① 之后，内设机构设置的变化表现为局部的、个别部门的更改。如 1987 年高检院信访厅改为控告申诉检察厅，1988 年设立民事行政检察厅。1996 年，随着刑事诉讼法修改，检察机关内设机构中，将刑事检察部门拆分为审查批捕和审查起诉部门，将经济检察部门高配统一更名为反贪污贿赂局。

3. 集中改革期（2000—2003 年）。这一时期，由于中央的推动，拉开了检察机关内设机构集中改革的序幕。2000 年中央办公厅发布了《最高人民法院、最高人民检察院机关内设机构改革意见》的通知，高检院设置 18 个内设机构，参照高检院设置省级检察院内设机构大致维持在 15 个。2001 年中央批准了《地方各级人民检察院机构改革意见》，2002 年地市级和县、区级检察院集中开始了内设机构改革。其中市级检察院设 8 个至 11 个内设机构，根据工作需要可增加或减少 1 个至 2 个；县、区检察院设 6 个至 8 个内设机构，根据工作需要可增加或减少 1 个到 3 个。② 该论机构改革中，部分内设机构名称再次进行了修改。如审查批捕部门更名为侦查监督部门，起诉部门更名为公诉部门，2000 年又增设职务犯罪预防部门。

4. 平稳发展期（2004—2012 年）。经历了前一轮内设机构改革后，检察机关内设机构设置基本稳定，并在更加科学设置内设机构方面进行了尝试。2009 年，高检院发布了《2009—2012 年基层人民检察院建设规划》，提出基层检察院应以科学发展观的要求改革内设机构。2011 年 7 月，第十三次全国检察工作会议再次强调了关于科学改革内设机构的问题。之后，部分检察院开始尝试对原有内设机构进行拆分和合并，有的还设立了新的机构。如，2009 年，湖北省检察院在宜昌、黄石等地的 13 个规模较小的基层院试点推进内设机构，福建省检察机关根据工作需要，设立生态检察部门，全国部分检察机关增设未成年人检察部门等。

5. 重大变革期（2013 年至今）。党的十八大报告明确提出"稳步推进大部门制改革"的思路目标，尤其是党的十八届三中全会提出新一轮司法体制改革要求后，检察机关新一轮内设机构改革被提升日程。2013 年以来，高检院统一部署，分批在全国部分检察机关开展了司法责任制改革试点工作，随着大部制改革的推进，检察机关内设机构改革已进入重大变革期。

---

① 张翠松：《检察机关内设机构变迁的实践阐释》，载《石家庄学院学报》2012 年第 2 期。
② 汪建成、王一鸣：《检察职能与检察机关内设机构改革》，载《国家检察官学院学报》2015 年第 1 期。

（二）历史趋势及发展特点

1. 检察工作专业化引发业务细分。从检察机关内设机构变迁的轨迹可以看出，随着内设机构数量的不断增多，检察职能的专业化分工也越来越细化。中华人民共和国成立初期，最高人民检察署设置第一处、第二处、第三处3个业务处室的分工总体上是按照案件类型，比较粗放。① 其中第二处承担了刑事案件的侦查、批捕、起诉以及监管场所改造等；到了1955年，机构设置更加细化，高检院第二处的职能被细化独立，将侦查职能独立出来，成立了侦查厅，同时将审查批捕、审查起诉以及监所、劳改监督职能也分开，分属于侦查监督厅、审判监督厅、监所劳改监督厅行使；1988年，检察机关的法律监督触角向民行领域延伸，民事行政检察厅随之诞生；1988年3月，根据信访工作需要，全国检察机关举报中心相继成立；随着社会形势对维稳工作的强化和反腐工作的加强，高检院控告检察厅和刑事申诉厅单独设立，职务犯罪预防职能从职务犯罪侦查中独立出来。这些机构的设立反映了检察机关职能分工的不断细化。

2. 检察职能多元化带来机构扩展。透过检察机关内设机构的历史演变轨迹，不难发现内设机构的不断扩展增加，其实质是检察职能多元化发展的结果。从1988年民事行政检察部门的恢复、全国检察机关举报中心的设立、检察技术部门的诞生，到1990年全国各地纪检监察机构的成立；从1982年经济检察部门与法纪检察部门一分为二，到2000年职务犯罪预防部门剥离自侦机构单独设立；从近年来全国各地检察机关未成年人刑事检察部门的出现，到部分地区生态检察部门的设立等，无不深深地镌刻着检察职能多元化发展的烙印。以高检院内设机构为例，从中华人民共和国成立初期的"一厅三处"到目前18个内设机构，最直接地说明了检察职能分解和扩展的结果。

（三）当前检察改革的政策导向

1. 中央层面政策导向。当前，以完善司法责任制为主要内容的检察改革，是一项由中央层面推进的司法体制重大改革，必须坚持顶层设计，稳步推进。2014年3月，高检院在确定首批检察改革试点单位的同时，下发了《检察官办案责任制改革试点实施工作指导意见》，原则上要求首批17家试点单位将内设机构整合为6~8个部门。之后，高检院在总结两年多改革试点单位的探索和实践经验后，在2016年8月与中央编办联合下发《省以下人民检察院内设机构改革试点方案》，原则上要求省以下试点检察院内设机构不超过8个。

---

① 张翠松：《检察机关内设机构变迁的实践阐释》，载《石家庄学院学报》2012年第2期。

上述两个文件，可以说为全国检察机关内设机构改革提供了指导性的参考依据。

2. 地方层面政策导向。全国各试点改革地区检察机关在遵循高检院指导内设机构改革指导意见的同时，省级检察院大都根据本地情况，制定了相应的规范化文件。如贵州省检察院，制定了《省以下人民检察院内设机构改革指导意见》，明确市（州）检察院业务机构设置须精简综合设置，不超过 8 个，综合类管理机构不超过 4 个；基层检察院业务机构设置一般控制在 5 个以内，对侦查监督、刑事执行检察、未成年人检察、生态环境保护检察等任务重、办理案件多、单位编制数较大的基层检察院，工作确有必要的，可多设置 1 个至 2 个内设机构，综合类管理机构按不超过 3 个设置。又如湖南省检察院，制定了《湖南省检察机关司法体制改革试点工作实施方案》，要求根据工作需要，对内设机构进行优化整合，对于内设机构数量、名称、职能设置均进行了统一规范。

四、检察机关内设机构设置的思路与探索

（一）基本原则

1. 适当分离原则。检察权作为复合性权力，既有司法属性，又有行政属性，还有监督属性，不同属性的权力运行规律有所不同。将不同属性的权能混同在一起，由一个部门行使，不利于不同属性检察职权的充分行使，也不符合司法职权优化配置的要求。[①] 因此，基层检察机关内设机构改革，应坚持"三个适当分离"原则。一是坚持诉讼职能与监督职能适当分离。按照原有模式，诉讼职能与监督职能由同一内设机构行使时，往往出现一弱一强、一主一副的局面，且这种通过接触审查批捕、审查起诉，本身就是一种被动监督，作为法律监督机关的监督主业没有被充分发挥，毕竟审查批捕和审查起诉工作中开展监督的案件来源仅仅是侦查机关办理所有案件的冰山一角。因此，从聚焦主业、强化监督的角度，有必要通过内设机构分设，使检察监督成为专职而不是兼职，成为主业而不是副业，使诉讼职能和监督职能都得到加强。二是坚持案件办理职能与案件管理职能适当分离。办案是指检察机关依法定职权和程序对案件进行处理的活动，包括职务犯罪侦查，审查批捕，审查起诉，对侦查、审判活动进行监督等，体现的是检察职权的司法属性。案件管理主要是指检察机关依照法律规定，并遵循检察工作规律，对办案工作进行专业、统一、归口管理，加强流程监督和过程控制，旨在服务和规范办案工作，更多体现的是检察

---

① 敬大力：《检察机关内设机构改革应遵循的几个原则》，载《检察工作实践与理论指导》2016 年第 5 期。

职权的行政管理属性。案件办理与案件管理职能适当分离，更有利于规范和加强对办案工作的内部监督制约，更好地实现诉讼公正和效率。三是坚持司法行政事务管理权与检察权适当分离。司法行政事务管理权与检察权在性质、内容、运行机制等方面差异明显，应将两权分离运行。对于基层检察机关而言，适宜采取内部分离模式，即在业务部门设置专门负责该部门司法行政事务的职位，指定司法行政人员或检察辅助人员担任，可以保证检察官专注于办案。

2. 职能专业化原则。随着犯罪形态的多样化、智能化以及犯罪手段的网络化、专业化，对检察职能的发挥提出了新的挑战和要求，以及面对检察监督职能长期薄弱难有突破的困局，加强能力建设、提升专业素养，转变执法办案模式，培养专业化办案力量势在必行。这一要求，映射到基层检察机关内设机构改革中，就是以本轮司法改革为契机，在坚持顶层设计的同时，以检察职能专业化为目标，结合地域特色、办案特点，设立专门机构，实现细化职能分工、优化机构设置、强化队伍专业水平。如针对涉及生态环境犯罪和未成年人犯罪较多的基层检察院，内设机构改革中可考虑适当设立专门的生态检察和未成年人检察部门。

3. 精简规范效能原则。根据"大部制"改革要求和扁平化管理需要，基层检察机关内设机构设置，总体要坚持只减不增、规范效能的原则。在横向上适当整合同质化的内设机构，达到横向整合；在纵向上取消不必要的审批层级设置，达到纵向扁平，充实司法办案一线力量，切实提高司法效率。就具体操作层面而言，首先，应整合同质化内设机构。其次，取消不必要的审批层级设置，即取消原有内设机构的二级部门，将办案力量向一线倾斜。再次，合并业务职能交叉的综合业务部门。如案件管理、研究室、检委办等具有业务职能重叠的部门适当合并，以整合司法资源，提高工作效能。最后，精简综合部门。严格控制承担司法行政事务的综合部门和人员数量。

4. 原则性与灵活性相结合原则。本轮检察机关内设机构改革，旨在优化司法资源配置。基层检察院内设机构整合要防止过度整合和整合不到位两种倾向。因此，实践中应坚持原则性和灵活性相结合。原则性，即要坚持顶层设计对内设机构整合的要求，根据有利于履行检察职能的考量，设置内设机构的数量、称谓、职能定位。灵活性，即在内设机构设置上还应考虑各地经济社会发展水平、人口状况、人员编制规模、办案总量等多种因素，避免"一刀切"式的机构整合模式。尤其是人员编制较少、办案规模较小的院以及特殊案件发案较多的院，应注意不要过于强调机构设置方面"上下一一对应"。

（二）具体构想

从目前我国基层检察院的实际情况看，不同地区经济社会发展差异较大，且各基层检察院的人员编制数、案件受理量和办理情况不尽相同。因此，基层检察院内设机构改革应根据人员编制数、案件受理量等情况因地制宜，下面设置三种模式以资参考和借鉴。

1. 一般模式（七部制）

对于人员编制在 50 ~ 100 人的"中型"基层检察院，内设机构应严格按照"大部制"改革的要求，以检察职能未划分标准，撤并职能相近或交叉业务部门、适度合并综合性业务部门、精简司法行政综合部门，以达到司法职权优化配置的目的。具体可采取"七部制"，即职务犯罪侦防部、刑事检察部、民事行政检察部、刑事诉讼监督部、检察业务管理部、检察事务保障部、政治部七个部门。内设机构负责人可由副检察长等院领导兼任，以此使副检察长等院领导下沉到办案一线，充分发挥其带头办案的表率作用。该模式适用于大多数基层检察院。

（1）职务犯罪侦防部。根据"侦防一体化"和保持查办职务犯罪统一性要求，整合原属反贪部门、反渎部门和预防职务犯罪的权能，设立职务犯罪侦防部。反贪部门和反渎部门虽然查处的职务犯罪类型各不相同，但就本质而言均属职务犯罪的范畴，具有一定的共性特征，且当前贪贿犯罪与渎职犯罪互相交织，且趋势日益明显。加之，全国大部分基层检察院反渎部门力量配备不足，"两人"科室比较常见。合并统一行使侦查权，不仅在办案力量上可以实现集中调配，而且可以实现情报线索共享、侦查资源共有，有助于形成"大侦查"格局。同时，立足职务犯罪侦查工作，有针对性地开展预防工作，能最大限度地避免办案与预防"两张皮"的脱节问题，使职务犯罪的打击与预防合力作用得到充分发挥。

（2）刑事检察部。根据"诉讼职能与诉讼监督职能适当分离"的要求，整合原属侦查监督和公诉部门承担的诉讼性质的权能，设立刑事检察部。具体负责公安机关和本院自侦部门办理案件的审查批捕、审查起诉工作。对于将侦查监督和公诉部门合并，有观点认为，不利于部门间的权力制约和监督。事实上，这一问题在实行司法责任制后完全可以得到化解。本轮司法责任制要求"谁办案谁负责，谁决定谁负责"，且会"终身"追责。因此，在检察官自身面临巨大的办案风险和压力下，即便是同一个案件的批捕和起诉，由同一个内设部门的同一个检察官或不同检察官行使，也很难会出现"冒天下之大不韪"办冤假错案的情形，当然为某种利益故意办冤假错案的除外。至于批捕和起诉职能之间的监督制约，完全可以在刑事检察部内设立不同办案组，分别行使批捕、起诉职权来制衡。况且，内部职权的监督制约，还有专门的检察业务管理部门行使。

（3）民事行政检察部。根据加强民事行政检察工作和开展公益诉讼的需要，原民事行政检察部门保持不变，单独设立民事行政检察部。民事行政检察工作从职权属性上看，应划归诉讼监督部门，但是回顾民事行政检察近30年的历程，始终没走出监督乏力的困局。当前，随着社会经济生活日益复杂化，民事领域纠纷随之增多，公民维权意识逐步增强，民事申诉案件不断增多。同时，伴随"依法治国"战略的实施和"法治政府"建设推进，"民告官"的行政诉讼案件日益多发，行政检察监督责无旁贷。基于以上现实情况，民事行政检察部门具有单独设立的必要性。

（4）刑事诉讼监督部。根据聚焦法律监督主责主业需要和合并职能相近部门的要求，整合原属监所检察部门以及侦查监督、公诉部门属于诉讼监督职权设立刑事诉讼监督部。具体负责对本辖区看守所、监狱的刑罚执行和监管活动实行监督，刑事立案、侦查监督以及审判活动监督。诉讼监督作为检察机关主责主业之一，以往与诉讼职能一并形式，从行使方式上看是一种"被动监督"，从形式效果来看往往被视为诉讼职能的"副业"，与办理批捕、起诉案件相比成效不明显。因此，整合成立刑事诉讼监督部，既有利于强化基层检察院诉讼监督权能的针对性和实效性，也有利于整合优化检察资源，平衡检察人员的工作量。

（5）检察业务管理部。根据"案件办理与案件管理适当分离"的要求，整合原案件管理、法律政策研究、检委会办公室、控告申诉检察部门，设立检察业务管理部。具体负责对本院办理的案件实行统一受理、流程监控、质量评查、统计分析，对办案期限、程序及质量进行管理、监督和预警；立足服务办案工作，开展法律政策研究；收集研究典型疑难案例，为领导决策和检察委员会提供服务；受理公民的控告、申诉。上述整合部门在基层检察院中，除控告申诉检察部门外，普遍都存在"一人科室"，或无编制无人员，或挂靠其他科室的情况。就这类内设部门性质而言，系综合性业务部门，职能上具有同质性，合并有利于人员的整合调配和业务管理职权的统一行使。

（6）检察事务保障部。根据优化和精简司法行政事务服务保障部门的要求，整合原属办公室、计划财务、检察技术、法警部门，设立检察事务保障部。使其成为保障检察业务工作、为司法办案统一提供各类服务的综合性机构。具体负责处理本院日常政务，协调本院重要工作部署、起草文件、处理检察信息宣传，档案管理及机要保密工作；本院计划财务装备工作；本院与信息技术建设、维护和适用有关的工作；提押和看管犯罪嫌疑人、执行传唤、参与搜查、执行拘留、应对信访接待突发事件等。

（7）政治部。根据检察队伍精细化管理和开展纪检监察工作的需要，整合原属政工和纪检监察部门，设立政治部。负责本院党务工作和队伍建设工作，做好机构、人事、编制、工资、任免、培训、考核，调配；本院工会、团委、妇联、计生、精神文明建设等工作；党风党纪教育和廉政建设，查处检察人员违纪案件，对检容风纪开展日常性督察。

2. 简化模式（五部制）

对于人员编制在 30～50 人的"小型"基层检察院，内设机构应在一般模式七部制的基础上，进行简化采取"五部制"（如表所示），以避免人员调配过于分散。此类基层检察院，除院领导为，人员有限，内设机构设置的普通模式难以适应其工作开展。因此，有必要在七部制的基础上进行再整合。具体而言，在普通模式机构设置的基础上，将民事行政检察部和刑事诉讼监督部再整合，设立诉讼监督部，即将原属民事行政部门、监所检察部门以及侦查监督、公诉部门属于诉讼监督职权整合为一个部门。负责对本辖区看守所、监狱的刑罚执行和监管活动实行监督，刑事立案、侦查监督以及审判活动监督，对法院的民事、行政诉讼案件通过再审检察建议或提请抗诉等手段开展监督。同时，在普通模式机构设置的基础上，将检察事务保障部和政治部再整合，统一设立检察事务保障部，即将原属办公室、政治部、计划财务、检察技术、法警部门整合为一个部门。具体负责处理本院日常政务，协调本院重要工作部署、起草文件、处理检察信息宣传，档案管理及机要保密工作；本院党务工作和队伍建设工作，做好机构、人事、编制、工资、任免、培训、考核，调配；本院工会、团委、妇联、计生、精神文明建设等工作。

3. 特殊模式（突出专业化分工）

这里所称的特殊模式，主要是针对人员编制数在 20 人以下的"微型"和 100 人以上的"大型"基层检察院而言。人员过少与过多都有其特殊性，对于前两种模式都无法适应工作需要的，则应在突出专业化分工的基础上采用其他模式。

（1）对于"微型"基层检察院而言，可以考虑不设置内设机构，而采取检察员办案负责制的扁平化管理模式。该类基层检察院，在取消内设机构建制的情况下，领导层只设检察长、副检察长和最低人数标准的检委会。实行检察长——检察员——检察辅助人员办案模式。根据主要检察职能将检察员和和检察辅助人员分为侦查、刑事检察和诉讼监督三个办案组，在检察长的授权下开展相应工作。具体而言，整合原属反贪、反渎、职务犯罪预防部门成立职务犯罪侦防组，整合原刑事案件的审查批捕、起诉部门成立刑事检察组，整合原民事行政检察、监所检察和控告申诉等职能部门成立诉讼监督组。除此之外，设置一定数量的综合管理人员，负责行政事务工作。如江西赣州经济开发区检察院，全院 20 人，除院领导外，入额检察官仅 4 名，检察辅助人员 6 名，司法行政人员 6 名。若采取"大部制"模式，人员过于分散，给工作开展带来不便。

（2）对于"大型"基层检察院而言，由于地方经济特别发达、辖区人口众多、办案规模较大，检察人员编制超过 100 人，可以在一般模式设定的"七部制"基础上，再次进行专业化分工，设置特殊的专业内设机构或办案组进行分类办案，以提高检察工作效能。如北上广等一线发达城市的基层检察院。所谓分类办案，就是按照案件类型不同进行分类，有相对固定的专业化办案组或承办人负责某类型案件的办理。如在刑事检察部，可以根据侵犯人身权、民主权型犯罪、知识产权犯罪、经济犯罪、新型互联网犯罪等不同类型，设置不同办案组，提升专业化办案能力。同时，对于一些具备条件的基层检察院，可以根据本地域办案特点或某些特殊工作需要，在内设机构普通模式基础上，增设特别特设机构。如北京市朝阳区、西城区检察院，根据金融类犯罪和未成年人犯罪高发的特点，设置了金融检察部和未成年人案件检察部。当然，这种突破普通模式的内设机构设置模式，也不应扩大化，搞"遍地开花"，应根据工作实际情况严格控制。

上海检察官权力清单制度实施及其完善[*]

王光贤[**]

检察官权力清单是指检察机关以目录清单形式，在内部不同层级办案主体之间划分配置办案职权，以明确检察长、检委会、检察官等各类办案主体的职权界限，突出检察官办案主体地位，落实司法责任制的一种检察权内部配置和运行模式。它是明确检察人员职责权限、做实检察官权力、合理配置办案组织办案权限的一种制度设计，以实现"健全司法办案组织，科学界定办案权限，完善司法责任体系"的目标。制定和落实检察官权力清单是检察机关推进司法责任制改革的重要举措，是明确检察官职权并确定司法责任的基础和根据。2015 年 12 月上海市人民检察院印发《上海检察机关落实司法责任制工作细则（试行）》（以下简称《上海细则》），并以附件形式发布《上海检察机关业务部门权力清单（2015 年版）》（以下简称《权力清单》）。本文对 2016 年 1 月至 6 月上海各级院制定和实施检察官权力清单的情况开展调研，在总结全市实践经验的基础上，对检察官权力清单制度实施中的理论和实践问题提出完善建议，以期为进一步深化司法责任制改革提供参考。

一、上海实施检察官权力清单制度的主要做法

上海市人民检察院印发实施《上海细则》以来，全市各分院、基层院认真落实《上海细则》及《权力清单》要求，积极探索制定和实施本单位检察官权力清单。截至 2016 年 6 月，全市共有 17 家单位（2 家分院、15 家区院）根据市院《上海细则》及《权力清单》规定，结合自身办案实际，细化制定了本单位的检察官权力清单，占全市各级院的 85%。另有 2 家单位直接执行市院《权力清单》的相关规定，未再专门制定本单位的检察官权力清单。据

　　* 本文系上海市检察机关 2016 年重点研究课题《司法责任制背景下检察官权力清单的调查与思考》的主要成果，课题负责人：王光贤，课题成员：项谷（系全国检察业务专家）、张菁（系全国检察理论研究人才）、姜伟。
　　** 上海市人民检察院副检察长。

此，上海各级检察院落实检察官权力清单制度的比例达到100%。

（一）科学配置各级办案主体权力

各级院在制定本单位检察官权力清单过程中，对办案主体的权力配置严格依据刑事诉讼法、检察院组织法的规定，并且与市院《上海细则》规定相适应。同时，办案权力的配置适应本级院、本地区执法办案工作的现实情况。一是将检察官作为办案权力的主要承担者。按照"刑事检察权充分放权，职务犯罪侦查权限制放权，诉讼监督检察权部分授权"原则，明确检察长的审批权、审核权和检察官独立行使职权的范围和运行办法，突出检察官执法办案的主体地位。在办案组承办案件时，主任检察官既要负责组织、指挥和协调工作，也要在对众多涉案人员和案件事实分工的基础上亲自承担部分审查工作，建立权责明晰的办案机制。二是办案权力和办案任务配置相协调。对检察官权力的配置考虑检察官办案任务实际，使检察官对日常办案活动有充分决定权。如有的区院授权独任检察官承办简单的自侦案件，而分院承担的重大职务犯罪案件中检察官办案权力受到限制，日常办案活动主要由检察官办案组承担，主要办案权力集中于检察长。三是权力清单实现决定、监督和管理的统一。各单位在制定检察官权力清单时不只是分配办案事项决定权，而是兼顾办案决定权、监督权和管理权，将检察长、部门负责人、主任检察官的案件审核权作为办案活动中加强内部监督制约、保障案件质量的一道把关程序，纳入检察官权力清单的总体结构中。

（二）合理确定权力配置标准

在各单位的检察官权力清单中，"重大疑难复杂案件"标准是界定检察官与检察长、检委会办案权限的常见标准，重大疑难案件的决定权由检察长行使，其他案件则可以授权检察官行使决定权。"重大疑难复杂案件"标准比较抽象，各单位在实践中探索可确定、可量化的标准。一是综合考虑犯罪数额、案由、涉案人员情况、涉外因素、社会影响等多种因素。如有的单位优先采用案件类型标准，危害国家安全案件、有重大影响的涉外犯罪案件、社会关注度高的敏感案件、团伙犯罪、涉众型犯罪、领导干部要案，由检察官办案组办理；以刑期标准作为一般标准，对可能判处死刑的案件是否决定提起公诉由检察长、检委会保留；以意见分歧作为补充，与公安机关、审判机关有意见分歧的不批准逮捕案件、不起诉、变更起诉罪名影响量刑的案件，与下级检察机关有意见分歧的撤回下级院抗诉、变更刑罚种类或改变刑罚执行方式的上诉案件，检察官与主任检察官、检察长有意见分歧的案件等均要由检察长或检委会决定。二是将办案权力的性质作为标准。根据办案权力的不同性质配置给不同的办案主体。如有的单位将办案权力划分为实体性权力和程序性权力、终结性权力和过程性权力，其中不对当事人实体权利义务产生影响的程序性权力，不会发生终结检察环节办案程序效力的权力均可以由检察官行使。三是将案件决策风险等级作为标准。如有的单位采取对案件进行风险等级评估，根据风险等级决定办案权力的归属，制定了《刑事案件风险评估控制办法》，根据案件风险评估等级确定不同的办案主体。风险分为4个等级：2级风险以下案件，检察官可自行决定，不需要向上请示；达到3级的，需由主任检察官决定。只有案情风险达到4级，方由检察长决定。

（三）完善检察官办案权力运行机制

部门负责人是内设机构负责人，不属于办案组织的组成单元，部门负责人的审核权具有行政化色彩，审核权过多不利于检察官相对独立行使办案权力，也不利于办案权力运行机制的扁平化。各单位均以岗位说明书、权力清单等形式，严格限制部门负责人的审核权，淡化检察官办案活动中的行政色彩，实现办案决策程序扁平化。一是将部门负责人案件审批权赋予检察官、主任检察官行使。部门负责人对案件只有审核职责而无决定权。二是部门负责人要承担作为检察官、主任检察官的办案职责。部门负责人作为检察官同样直接承办案件，或者在办案组中承担主任检察官办案职责。三是将部分检察长的职权下放给部门负责人。有的单位将原来由检察长决定的重要程序事项，如变更管辖、二次退回补充侦查、延期审理等，交由部门负责人审核，以提高办案效率。除此之外，部门负责人负责本部门的日常行政管理事务及组织检察官联席会议等。

二、上海实施检察官权力清单制度的主要成效

（一）进一步扩大检察官的办案权力

从清单形式看，大多数单位（包括市院的《权力清单》）采取正面清单形式，即分别规定检察长（或检委会）、检察官的权力；少部分单位采取负面清单形式，只规定检察长和检委会的办案职权。从权力类型看，市院《权力清单》除规定检察官对办案事项的决定权外，还规定了检察官决定（行使）但同时须提请检察长（副检察长）审核的职权。从检察官权力的权重看，市院《权力清单》中必须由检察长或检委会行使的权力由原来的50余项减到约17项，比改革前下降了约70%。其他各单位权力清单中，检察官权力都得到较大幅度地扩大，平均达到60%以上，检察长或检委会的办案权力相应缩小。调研情况表明，全市各级院均能按照权力清单的规定落实检察官对办案事项的

决定权，以及检察长对案件的审核权。2016 年 1 月至 6 月全市检察机关共受理逮捕案件 11863 件，其中检察官办理审查逮捕案件 9517 件，占总数 80.2%；全市检察机关同期共审结公诉案件 14505 件，其中由检察官提起公诉的有 13587 件，占总数 93.7%。可见，检察官对一般刑事案件的批准逮捕权、提起公诉权得到了全面落实。

（二）进一步突出检察官办案主体地位

检察官权力清单的实施使原来处在"承办人"地位的检察官走到执法办案决策的"前台"，办案主体地位在制度规范、司法实践和内心观念中都得到进一步突出。一是责任意识增强。检察官普遍感受到自己既是办案主体，又是责任主体。严把案件事实关、程序关、证据关和法律适用关，确保办案质量，使自己办理的案件成为经得起历史检验的铁案。二是担当意识增强。检察官认真履行职责，成为办案的主力军。特别是在承担重大案件办理职责的分院，检察官勇于担当、敢于负责。2016 年上半年，某分院侦监、公诉、二审三个部门检察官直接决定案件数量分别占到总数的 76%、60% 和 44%，同期"三级审批"的案件数量大幅减少。三是检察官独立办案能力增强。由于权力清单对检察官明确授权，检察官改变了以往对业务部门负责人与检察长的依赖性，遇到疑难复杂案件不再是简单地"上交问题"，而是能主动听取当事人意见，积极与相关部门沟通，协商研究，切实增强了协调处理案、事的综合能力。在办案执法过程中，更多地会从法律、社会效果统筹考虑，耐心地强化对当事人的释法说理，避免涉检信访事件发生。

（三）进一步凸显检察官办案的司法属性和司法质效

检察官权力清单的制定和实施，科学界定了各办案主体的职责权限，进一步凸显检察权的司法属性。一是淡化办案行政化色彩。推行检察官办案责任制以后，全市各级院基本形成"检察官——检察长（副检察长）、检委会"的"扁平化"办案模式，改变了以往"三级层报审批"的办案模式。通过明确检察官权力清单，依法赋予检察官办案决定权，减少了审批环节，凸显了司法属性。二是增强办案亲历性。办案的主要环节均由作出决定的检察官亲自参与，检察官直接审查案件证据材料，直接面对当事人，"审者不定、定者不审"问题不复存在。三是体现独立判断性。检察官对授权范围内的案件，认真审查，独立判断，并作出处理决定。主任检察官、部门负责人审核中有不同意见的，不能直接改变检察官的决定，只能作为检察官决策的参考。四是增强检察办案的质效。检察官权力清单的实施以合理放权于检察官为目标，同时也简化部门案件审批程序，减少案件审批流转时间，最大限度挖掘检察官队伍的办案潜力，提升办案效率，确保办案质量。

三、完善检察官权力清单制度的对策建议

检察官权力清单的实施是检察权运行机制的一次深刻变革，牵一发而动全身，对检察工作机制有全方位的影响。上海市检察机关在推行检察官权力清单制度过程中同时也遇到了权力清单制定主体和发布形式不够统一、办案权力性质和授权标准不够明确、案件承办确定机制和统一业务应用系统不够科学等一些带有一定普遍性的困难和问题。为此，我们提出以下对策建议，以进一步完善检察官权力清单制度，落实司法责任制改革的各项要求。

（一）检察官权力清单制定问题的界定

检察官权力清单在进一步完善过程中，首先要界定有关制定主体、基本形式和效力的基本问题。

1. 统一检察官权力清单的制定主体

一是由省级院统一制定检察办案职权配置的指导性意见。各地检察机关案件特征、数量差异很大。办案职权配置应当符合各地检察机关的办案特点，如案件数量多的检察院对普通检察官的授权也要相应增加，而在数量相对较少的检察院，检察长可以直接决定的案件也可以增加。省级院统一制定检察官的办案职权清单不可能兼容各基层院的具体情况，而制定指导性意见则比较容易，而且有更广泛的适用性。二是省级检察院各业务条线制定具体权力清单。由于检察机关各业务条线办案活动差异较大，各业务条线对检察官办案职权配置有不同的需求。如同样的决定不起诉的权力，公诉部门一般都要由检察长或检委会决定，而未检部门的不起诉可以由检察官决定（检察长审核）。因此，省级院各业务部门组织制定本业务条线三级院检察官的具体权力清单能够更加贴近办案实际情况。三是省级以下各级院要参加业务条线制定清单工作并及时反馈清单实施情况。省级以下的分州市院和区县院要及时向省级院反馈权力清单在实施中遇到的具体问题，结合本单位办案实际需要提出调整完善意见。省级院汇总意见后可采用类似"办案职权年度版本"，每年度作统一更新或调整，随着司法责任制改革不断深入，及时总结办案职权配置后的运行情况，调整与改革任务、要求和形势不相适应的配置，以不断巩固和完善改革成果。

2. 统一检察官权力清单的授权形式

负面清单的管理模式一般适用于宽松的管理环境，能够给予管理对象更多的行动空间和灵活性。而正面清单的优势在于授权界限清楚，管理对象的行为更加便于受到监督。根据正面清单和负面清单的不同特点，可以根据改革探索的情况采取不同的形式。在改革探索初期，对检察官的授权以正面清单形式为

主，同时对未尽事宜通过都兜底条款予以解决。也可以正面清单为主，负面清单为辅的综合清单形式，对于检察官应当相对独立决定的事项以正面清单予以明确，防止检察官推诿，将决定事项推给检察长、检委会决定，用负面清单形式尽可能多授权给检察官。随着改革深入，可以逐步采取负面清单形式，规定除检察长、检委会行使的职权外，其余职权均可授权检察官行使并承担相应责任。既确保最大限度放权检察官，也可以避免含糊不清、责任不明的情况。

3. 统一检察官权力清单的发布效力

检察官权力清单是检察机关内部规范办案权力配置、运行的重要规范性文件。根据我国检察院组织法，检察长统一领导检察工作，检委会在检察长主持下讨论决定重大案件和其他重大问题。同时，检察官权力清单不仅约束检察官，还约束检察长、检委会的案件决定权，因而由检委会审议通过检察官权力清单是理所当然的。"让人民群众在每一件案件中感受公平正义"，不仅要让人民群众了解案件的处理流程，还要了解案件处理决定权的配置情况。只有人民群众了解案件决定权的归属，才能信赖办案责任的认定和归属。基于检务公开的要求和保障诉讼参与人合法权益的考虑，检察官权力清单应当公开并具有对外效力，使检察官、检察长、检委会行使职权在人民群众的监督之下。但是，目前检察官权力清单制度还远未成熟，一些重要的办案权力配置还处在不确定、不一致的状态，因而现阶段检察官权力清单的效力仅在检察机关内部约束各级办案主体，而不具有对外效力。

（二）检察官权力清单具体内容的完善

完善检察官办案权力清单的核心是进一步做实检察官办案权力，更加深入了解检察官的办案权力"是什么"的问题，准确区别"职权"和"职责"、"司法办案"活动和"非司法办案"活动，辩证看待"放权""行权"和"监督"三者的关系，让检察官在办案活动中成为"形神兼备"的办案主体。

1. 明确检察官办案权力的性质

权力清单的主要作用在于明确检察机关内部检察官、检察长、检委会之间在司法办案中的职责权限，特别是在三者间划分办案决定权，为司法责任的划分和承担奠定基础。具体而言：一是不宜涉及非司法办案业务。非司法办案业务虽然也是检察官要承担的职务活动，但是不涉及司法责任的划分，检察官权力清单涉及这些业务就超出了司法办案责任制改革的基本范畴。对业务指导、业务管理、队伍建设等其他内容可以另行规定。二是不宜涉及司法办案中的具体职责。制定检察官权力清单首要要明确办案事项决定权，以及决定权行使的方法、措施和手段。办案活动中讯问犯罪嫌疑人、询问证人、调查核实证据、制作法律文书等具体办案方式、办案职责，严格来说属于检察官办案的职责义务，而不是可以裁量决定的事项。① 检察官权力清单规定过多具体职责会导致对检察官表面上"授权"实际上是"定责"，"授权"项目多而实际决定事项少，表面上有权而实际上无权。对于检察官的办案职责可以制定检察人员岗位职责说明书的方式另行明确规定。三是全面认识司法办案活动中的相关权力。检察官的办案权力不能只作狭义理解，即直接对案件作程序或实体上的决定。完整意义上的办案权力应当包含决定权、监督管理权和决策咨询权三类。检察长、部门负责人对检察官承办案件的审核权，案件管理部门检察官对案件质量的事后评查等，虽然不直接对案件处理发生程序或实体效力，却是对检察官决定权的监督制约，也应当归属于司法办案活动。如检察委员会讨论的案件，承办检察官对案件事实和证据承担责任，检委会办事机构的检察官向检委会决策提供法律适用的咨询意见，也应当承担相应的办案责任。因而决策咨询权作为一种办案权力，可以明确授予检委会办事机构的检察官承担。

2. 明确检察官权力的授予标准

从上海和全国其他省市检察机关实施检察官权力清单的实际情况看，我们认为实践中有两项对检察官授权原则采用较多，即重大疑难复杂案件标准和办案权力属性标准。重大疑难复杂案件的决定权由检察长或检委会行使，其他案件则可以授权检察官行使决定权。

应当对重大疑难复杂案件设置具体、相对确定的标准。具体而言：一是以案件类型作为优先标准。对暴力恐怖等危害国家安全犯罪案件、有重大影响的涉外犯罪案件、社会关注度高的敏感案件、黑社会性质组织、团伙犯罪案件、电信网络诈骗、非法集资等涉众型犯罪案件、领导干部要案，由检察官办案组办理。二是以刑罚轻重作为一般标准。以公诉案件为例，在地级市院、直辖市分院层面，独任检察官对可能判处有期徒刑的案件有权决定提起公诉，检察官办案组的主任检察官对可能判处无期徒刑的案件有权决定提起公诉，而对可能判处死刑案件决定是否提起公诉的权力仍属于检察长、检委会。在基层院层面，独任检察官有权决定对可能判处十年以下有期徒刑的案件提起公诉，主任检察官有权决定对可能判处十年以上有期徒刑的案件提起公诉。三是以各方意见分歧作为补充标准。在案件审查处理过程中，公检法机关对案件定性处理发生重大认识分歧的案件，尤其是对于一些社会影响重大、敏感的案件，还有涉及上下级检察机关"一体化"原则的书面请示案件、抗诉与法律监督案件，需要办案机关加强协调沟通，单靠检察官个体力量难以胜任。如司法实践中上

① 项谷、张菁：《检察官办案责任制改革实践的理性认识——以上海市检察改革为视角》，载《上海政法学院学报》2016 年第 2 期。

述案件常见于这些类型：（1）与公安机关有重大分歧的不批准逮捕、不起诉、变更起诉罪名影响量刑幅度的；（2）撤回下级院抗诉、变更刑罚种类或改变刑罚执行方式的上诉案件提出改判或发回重审的；（3）承办检察官与主任检察官、检察长意见有重大分歧的；（4）按审判监督程序提出抗诉的案件等。

根据办案权力的不同性质配置给不同的办案主体。如有的地方检察机关将办案权力划分为实体性权力和程序性权力、终结性权力和过程性权力，其中不对当事人实体权利义务产生影响的程序性权力，不会发生终结检察环节办案程序效力的权力均可以由检察官行使。我们认为，对非终局性、程序性办案职权的配置不可一概而论，应该兼顾办案职权的实体和程序效力、检察机关整体的办案效率。对指挥办案、监督管理办案等重要的程序性办案职权不能授权检察官行使。为达到兼顾实体、程序和效率的办案效果，有些程序性办案职权如决定追捕犯罪嫌疑人及报请核准追诉案件的、决定移送犯罪线索的、不批准延长侦查羁押期限、建议侦查机关释放、变更强制措施、纠正侦查机关改变强制措施不当的，不适宜授权检察官行使，可以由分管副检察长、检察长决定，其中有些事项也可以向检察长报备审核。

3. 明确检察长与检委会办案权力的边界

检察长的办案权力可以综合考虑检察官队伍的状况、案件数量等因素，在确保案件质量的前提下，将《高检院意见》中规定由检察长或检委会决定的事项授权检察官决定。一是根据决定事项的性质确定是否授权。对于可以启动诉讼纠错程序、对公民权利有直接影响的重大监督事项决定权，如提出抗诉和再审检察建议，仍应由检察长或检委会决定。根据《上海细则》和《权力清单》规定，以检察院名义提出纠正违法意见、检察建议、终结审查、不支持监督申请或提出（提请）抗诉的职权，属于检察官决定（行使），但需提请检察长（副检察长）审核。根据《上海细则》规定，凡是提交检察长审核、审批的事项，均要由主任检察官、部门负责人审核后报检察长。二是根据办案权限和监督制约需要确定不同法律文书签发主体。检察长（副检察长）或检委会决定的案件，法律文书由检察长审核签发，以体现司法责任归属；检察长（副检察长）直接办理的案件，法律文书也由其签发，以体现司法办案的亲历性；检察长授权主任检察官、独任检察官决定的案件，法律文书授权业务部门负责人审核签发，以加强司法办案的监督制约；省级院可以根据本地办案的实际需要、检察官素质等情形，将检察官决定事项范围内的法律文书签发权委托检察官行使。三是区分检察长和检察委员会的决定权限。区分两者的理由在于：检委会应当发挥对检察长决定案件的监督制约作用。从检察院组织法的基本框架看，检察长统一领导检察院的工作，检委会讨论决定重大案件和重大事项，两者之间存在一定程度上的监督制约关系。在司法责任制改革背景下，检察长要作为案件的直接承办人行使检察官权力清单中规定的普通独任检察官、主任检察官的办案权力。这种情况下会有检察长办案权力谁来监督的问题。如果对检察长和检委会的决定权限再不加区分，就不能充分全面发挥检察委员会对重大案件和其他重大问题的决策、指导和监督功能，体现检察机关决策程序的正式和权威。有的办案决定事项经过了下级检察院检委会的审议决定，因而不同意下级检察院检委会的决定也要由上级院检委会审议决定为宜。还有的案件，如抗诉案件，根据人民法院审判委员会的议事规则必须要提交审判委员会讨论，检察机关为了体现抗诉意见的正式和权威，也有必要经检委会讨论决定。

《高检院意见》第 11 条规定，检委会讨论决定案件主要是本院办理的重大、疑难、复杂案件；涉及国家安全、外交、社会稳定的案件；下一级人民检察院提请复议的案件。据此，我们认为下列类型案件，不论是普通检察官承办，还是检察长直接承办，都应由检委会讨论决定：（1）抗诉案件，包括拟按照第二审程序提出抗诉、撤回抗诉的刑事案件、拟按照审判监督程序提请抗诉、提出抗诉的案件。虽然《人民检察院刑事诉讼规则（试行）》第 585 条将一般抗诉案件的决定权赋予检察长，但是一分院《司法办案部门权力清单》将所有抗诉案件基本都纳入检委会讨论决定，体现了对抗诉意见的重视。如对第二审程序抗诉案件，支持区院抗诉的，由检察长决定；撤回区院抗诉的，由检委会决定；按照审判监督程序抗诉案件，不论是直接提出还是提请市院抗诉，均必须经过检委会决定；本院提起公诉案件需要提出抗诉的，必须经过检委会决定。（2）终局性并对当事人实体权益有重大影响的决定，主要是拟作不起诉决定的案件。不起诉决定对当事人的权益有重大影响，是刑事诉讼程序的终局性决定，是对公安机关起诉意见的变更，有可能导致公安机关的申请复议复核，因而不起诉决定应有相当高的正式性和权威性。在基层院权力清单中一般均由检察长决定不起诉。但是，分院管辖案件一般可能判处无期徒刑以上刑罚，对其中的犯罪嫌疑人作不起诉处理，适用法律和政策的准确性、均衡性要求较高，也要加强对检察官行使权力的监督力度。一分院对不起诉案件，不论绝对、相对、存疑哪种形式，均纳入检委会决定范围。（3）本院办理的涉及国家安全、外交、社会稳定的案件。（4）下一级人民检察院提请复议的案件。

（三）检察官权力清单配套机制的协调

在检察官权力清单的配套机制中，办案组织是检察官行使办案权力的主体基础，案件审核是对案件质量把关的重要方式，统一应用业务系统是检察官行使办案权力的技术支撑，只有三项机制有机协调配合，才能让检察官权力清单运行有序。

1. 规范检察官的职责和地位

一是入额检察官具有担任独任检察官的资格。对检察官实行员额制管理是检察人员分类管理改革的关键部分。2015 年本市检察机关严格准入条件、严格遴选程序，经过市级法官、检察官遴选委员会的挑选，将一批业务素质高、办案经验丰富、职业品行评价高的检察人员纳入员额管理成为入额检察官，具有独立办案能力和足够的办案经验是成为入额检察官的基本条件。可以说员额制检察官＝检察办案精英。[①] 在法律上入额检察官本身也具有检察员、助理检察员的职务。如果入额检察官还要经过本单位的"任命程序"才能成为独立办理案件的独任检察官，则是对遴选程序公信力的伤害。入额检察官当然具备担任独任检察官的资格和能力，无须再经过其他的任命。独任检察官是检察官办案的一种基本组织形式，主任检察官之所以要经过任命，因其是作为检察官办案组负责人，有承担相应责任的需要。独任检察官这一组织形式应根据案件情况加以适用，不需要任命程序。

二是合理确定检察官与检察官助理之间的职责关系。检察官是依法行使国家检察权的检察人员，检察官助理是在检察官的指导下协助检察官行使检察权的检察人员。[②] 从加强检察队伍培养的角度出发，检察官助理是检察官的预备队，是重要的办案后备力量，除完成必要的办案辅助工作之外，也应当承担较为重要的办案职责。《德国法院组织法》第 142 条也规定，检察官助理可以承担地区检察官的职责或者在具体个案中在检察官的监督下履行检察官的职责。为了尽快提升检察官助理的办案能力，适应入额后的办案需要，可以将办案权力适度下放至特定的检察官助理。建议经检察长授权，对具有助理检察员法律职务的检察官助理授权行使入额检察官的大部分司法办案职权。在区院层面，经检察长授权，具有助理检察员以上法律职称的检察官助理可以行使首次讯问及履行简易程序案件的出庭职责。在分院层面，经检察长授权，检察官助理可以在普通案件中行使检察官的办案权力，但是检察官助理的决定应当经过主任检察官的审核，而且主任检察官可以改变检察官助理的决定。这一举措可以发挥助理检察员队伍办案效能，锻炼培养检察官助理，凸显检察官助理在办案组织中的地位和作用，保证检察工作平稳推进。

[①]　张梁：《司法改革背景下检察官司法责任制的构建》，载《上海政法学院学报》2016 年第 5 期。

[②]　尹伊君等：《检察机关办案组织内部职权配置研究》，载《人民检察》2016 年第 5 期。

三是明确主任检察官与业务部门负责人职责地位的区别。可适当减少刑检部门负责人的审核职责。刑检部门负责人对本部门独任检察官和主任检察官承办案件全面进行审核，容易造成审核重叠，不利于其作为主任检察官集中精力办理重大案件和承担部门内司法行政管理职责。对于不同层级检察院而言，业务部门负责人审核职责也应当有所区别：基层院侦监、公诉业务部门负责人对检察官承办一般案件的审核职责可以完全取消，分院侦监、公诉业务部门负责人对检察官承办案件的审核职责可以有限保留；省级院侦监、公诉业务部门负责人对检察官承办的某类或特定案件的审核职责可以有针对性地保留。

2. 完善案件承办确定机制

检察官权力清单中规定的检察官权力从"纸面"上落实到实际的办案活动中需要有案件承办确定机制的介入。实践表明，如果忽视案件承办确定机制的必要性和独立性，办案组织就不会有相对独立的地位，办案组织与内设机构也不能真正区别开。

一是全面认识案件承办确定机制的意义。案件承办确定机制不能简单与案管部门的分案"等而视之"。案件承办确定机制是《高检院意见》中规定的检察机关对自身执法办案活动进行监督管理的重要环节，也是检察长实现对检察活动统一领导的重要手段，对检察官相对独立依法履行办案职权有紧密关联。入额检察官通过案件承办确定机制获得独任检察官的法律地位，检察官办案组及其主任检察官也是通过该程序才具有相应的办案权限。案件承办人的确定在本质上属于检察长指挥检察工作的权力之一，案件管理部门的分案只是案件承办确定机制的执行环节而已。完整意义上的案件承办确定机制除了分案外，还包括独任检察官、检察官办案组的设置和构成、承办权的移转、变更、检察长对承办权的收取等内容。因而各单位应当由检察长或检委会正式发布专门的案件承办确定办法，根据该办法确定为案件承办人的检察官或者检察官办案组，即有权行使检察官权力清单上的相应办案权力，非经正式变更程序不得收回检察官的承办权。

二是规范案件承办人的设置。确定案件承办人包括两项前提条件：具体案件和明确的承办人。因此，设置完整、人员明确的办案组织是案件承办确定机制运行的基础条件。各单位在制定本单位案件承办确定办法的同时，要明确本单位基本办案组织的构成，即每个办案业务部门由哪些独任检察官和检察官办案组构成，有哪些专业化办案组，如金融、知识产权、职务犯罪案件办案组等，办案组中的主任检察官、其他普通检察官和检察辅助人员。为了保证检察官、检察辅助人员业务能力的均衡发展，还要确定一定时间后检察官、检察辅助人员在各个办案组之间的任职轮换，以及作为办案组内检察官和担任独任检察官的任职轮换。

三是案件承办确定的原则。《高检院意见》将"随机分案为主、指定分案为辅"作为案件承办确定的原则。由电脑软件系统随机分案机制可以避免人工分案导致案件分配不平衡，也可以防止人工分案影响案件处理结果。但是，电脑软件随机分配也存在许多不足，如电脑无法识别案件的工作量、无法识别案件性质落实专业化办案，因而不能将所有案件都交由电脑软件随机分配。《高检院意见》同时也规定，重大、疑难、复杂案件可以由检察长指定承办人。以随机分案为主首先不能取消专业化办案模式，各单位本身设置有专业化办案组织的，应当优先将特定类型案件分配给专业化办案组或者具有专长的独任检察官，而对于数量大、相似性高、工作量相对均等的普通刑事案件，如盗窃、抢劫、交通肇事、毒品、故意伤害等案件，则可以采取随机分案的方法。

3. 修改完善统一业务应用系统

统一业务应用系统是落实司法责任制的技术保障。建议上海市院调研汇总全市检察机关落实司法责任制改革后，在运用统一业务应用系统时遇到的新情况、新问题，适时向高检院建议调整统一业务应用系统的运行架构和权力设置，改变原有的"三级审批制"职权运行模式，明确区分审批和审核权限，实现办案决策运行的扁平化，让统一业务应用系统与检察官权力清单相兼容。

一是将检察官作为办案流程的核心。现行统一业务应用系统的基本运行框架是"层层审批"，要与检察官办案责任制相适应，就要以检察官为办案程序的核心。将检察官直接决定案件的处理结果作为网上办案的一般程序，而业务部门负责人的"审批"变为"审核"，不能直接改变或者否定检察官的决定，而是只能提出不同意见。

二是区别对程序性事项和实体性决定的审核。对办案中的程序性事项和实体性决定的审核应当有所不同，并且在业务应用系统中有所反映。对外法律文书、涉案款物的处理在法律上应当经过检察长的审核才能对外作出，但是对这些程序性事项的审核不同于对案件实质问题处理决定的审核，如对不批准逮捕、不起诉等决定的审核。一般仅作形式审查即可达到防止检察官滥用权力的效果，不必对案件事实和证据材料进行实质审查，因而在业务应用系统中可以设置特殊的程序性审核权限，加快相关办案活动的节奏，避免由于大量程序性问题集中到检察长审核环节，由于等待审核造成案件"积压"。

三是保留适应灵活性。统一业务应用系统的使用是为了保证案件质量的标准化和统一化，在此前提下，在办案流程控制上可以为各地检察机关保留一定的灵活空间。各地检察机关案件数量、案件类型差异很大，检察官权力的配置要随着案件的具体情况而有所不同，统一业务应用系统应当正视并回应各地检察机关的灵活需求，在内部决定、审核和管理流程上允许各地根据实际情况有所调整，将一些决定权限下放或者调整审核主体层级。

检察官权力清单中检察建议权配置研究

——基于 26 份权力清单文件的分析

李 敏 陈 皓*

检察建议书是检察机关行使检察监督权的一个重要途径。近年来，各地相继制定检察官权力清单，其中对检察建议权也多有涉及。通过对比各地清单可以发现，各地在检察建议权的授权层级、权力分解和适用范围等方面多有不同。本文选取最高检《关于完善检察官权力清单的指导意见》以及 25 个省级院制定的权力清单①文本进行分析，以此探寻检察建议权在权力清单中的合理配置路径。限于篇幅，一些省市权力清单中区分了省级院、市院（分院）和基层院的权力清单，本文均选取基层院权力清单进行文本分析。

一、权力清单中检察建议权配置现状

（一）检察官权力清单的实践探索

2014 年检察官员额制改革开始试点，改变了传统的行政化的检察权运行

* 李敏，上海市奉贤区人民检察院副检察长；陈皓，上海市奉贤区人民检察院检察官助理。

① 本文研究分析的省级院制定的检察官权力清单有：（1）上海市各级人民检察院检察官权力清单（2017 版）；（2）江苏省人民检察院关于进一步确认省辖市院及基层院检察官职权的试行意见；（3）安徽省检察机关办案职权清单；（4）福建省检察机关检察官办案权力清单；（5）山东省人民检察院关于检察官办案职权的指导意见（试行）；（6）湖北省基层检察院司法办案权限划分的规定（试行）；（7）广东省检察机关检察官职权划分暂行规定（试行）；（8）广西三级检察机关司法办案权力清单；（9）重庆市检察机关检察官办案权力清单；（10）贵州省人民检察院关于完善县（市、区、特区）级检察院司法责任制明确检察官权限的暂行规定；（11）云南省检察机关检察官权力清单（试行）；（12）宁夏检察机关检察官权力清单（试行）；（13）河北省检察机关司法办案权力清单（试行）；（14）内蒙古检察机关检察官权力清单（试行）；（15）吉林省检察机关司法办案责权清单；（16）浙江省司法体制改革试点检察院检察官职权配置暂行规定；（17）海南省检察机关检察官权限指引；（18）四川省检察机关检察官权力清单（试行）；（19）陕西省检察机关检察官职权清单指导意见；（20）天津市检察机关检察官办案权力清单（试行）；（21）辽宁省检察机关检察人员职权划分指导意见（试行）；（22）黑龙江省检察机关完善司法责任制实施意见（试行）；（23）甘肃省基层检察院检察官授权范围的规定（试行）；（24）青海省基层人民检察院主要业务条线检察官权力清单；（25）兵团检察机关检察官权力清单（试行）。为节约篇幅，本文中均使用某地清单的简称替代，例如《江苏省人民检察院关于进一步确认省辖市院及基层院检察官职权的试行意见》简称江苏清单。

模式，向"谁办案、谁负责"的新模式转变。传统模式备受诟病的一个方面就是检察官权责不统一，因此改革必须明确检察官的权力，才能明确检察官的责任，以确立检察官的办案主体地位，减少审批流程，提高办案效率，改进案件质量。为了明确检察官的权力，检察官权力清单应运而生。

最高人民检察院制定了《关于完善检察官权力清单的指导意见》，但并未就权力清单具体内容作出硬性规定。现权力清单的制定主体主要是省、自治区、直辖市一级的人民检察院，由于各地制作权力清单的思路不同，以及各地机构设置、工作流程方面的差异，目前尚未形成统一的权力清单制定标准。各地清单中对于检委会、检察长、副检察长以及检察官的授权差异较大，一些地方的权力清单对于内部不同业务条线的权力授权也有很大差异。这种现象说明目前检察官权力清单这项工作还处于探索阶段，还有较大的进步空间。

（二）检察建议权是检察权的一部分

早在20世纪50年代，检察机关行使"一般监督权"时，检察建议书就是实现一般监督的手段之一。但是随着检察机关"一般监督权"的失去，检察建议也暂时退出历史舞台。改革开放后，随着检察机关工作职能的恢复，检察建议已经成为检察机关监督权的重要载体。有学者指出，检察建议权是检察权的结构性权力之一，这是由我国社会主义法律本质、执法方针和检察机关法律监督宪法地位决定的。[①] 检察建议一方面是严肃的检察监督载体，有检察权作为保障；另一方面又是非强制性的建议，需要被监督单位接受建议，不能够强制执行。检察机关通过检察建议这种"柔性监督"方式，实现监督既不失位，又不越界，在履行宪法赋予检察机关的监督职责的同时，不干预被监督单位正常运行。与检察机关行使的公诉权、侦查监督权等权力相比，检察建议的法律依据并不明确。尽管宪法中明确规定检察机关是国家的法律监督机关，但相关理论争议一直未能停歇。目前对于检察建议最具体、最直接的规定是最高人民检察院制定的《人民检察院检察建议工作规定（试行）》。

（三）检察建议权在权力清单中的配置情况

检察建议权是检察权一个重要的组成部分，那么这个权力在检察机关中由谁来行使，如何行使，就需要权力清单进行配置。由于法律对于检察建议的规定比较原则，可以供参考的法律依据不多，各地权力清单中对于检察建议权的配置区别较大。这种区别本身没有对错之分，只是源自对检察监督和检察建议

[①] 林明枢：《从权力结构要素看检察机关法律监督权的配置》，载《国家检察官学院学报》2006年第1期。

权的理解差异。通过对收集到的 26 份权力清单进行分析，我们发现权力清单主要在检察建议权的决定主体、权力分解和适用范围这三个方面作了规定。

1. 权力清单中检察建议权的决定主体

检察官权力清单要解决"谁办案谁负责"的问题，制发检察建议书，也需要明确权力和责任的主体。有的地方授权较为谨慎，只有检委会能够决定；有的地方放权较为彻底，检察官就可以决定。

（1）检察长或检委会决定。最高检《关于完善检察官权力清单的指导意见》规定，诉讼监督案件中以人民检察院名义提出检察建议的，决定权由检察长（副检察长）或检察委员会行使。上海的公诉部门权力清单中，"决定以本院名义制发检察建议书（包括再审检察建议）、纠正违法通知书以及同类问题监督意见"是检察长（副检察长）或检察委员会决定的职权。

（2）检委会决定。一些权力清单中单独设置了检委会的权力。四川"民事行政检察权力清单"中规定，检委会决定："同级法院审理和执行中存在违法行为，决定发出检察建议书或纠正违法通知书"，"对民事行政申请监督案件作提出再审检察建议决定"。

（3）检察长（副检察长）决定。一些权力清单中，检察长和副检察长被设定为一个授权层级。例如上海反贪部门检察官权力清单规定，"审核批复初查终结报告、立案请示、侦查终结报告等案件请示报告和侦查计划、检察建议等；签署对外制发的法律文书"是检察长（副检察长）决定的职权。

（4）分管副检察长决定。一些权力清单中单独设定了副检察长的权限。例如宁夏清单第 20 条规定，发出书面纠正违法通知书或者检察建议，由检察官提出意见，由分管副检察长审批决定。

（5）检察官决定。一些权力清单将检察建议权放权至检察官。例如四川清单规定，检察官决定"发出检察建议纠正行政违法行为或督促企事业单位履行职责"。

2. 权力清单中检察建议权的权力分解

（1）提出制发检察建议意见、立项权。一些权力清单将检察建议的提出、立项单独授权。如江苏清单中职务犯罪预防业务类检察官职权：检察建议的立项"可以授权检察官行使"；决定发出预防检察建议"由检察长（副检察长）或检委会行使"。一些权力清单中虽未明确提出立项权，但从文本分析实质上是检察官提出制发检察建议的意见，再由检察长或检委会作出决定。例如福建清单中未成年人检察权力清单："对履行职务过程中发现有关部门违法行使职权或不行使职权的行为，侵犯未成年人合法权益或造成未成年人保护与犯罪预防方面存在隐患的，提出纠正意见或检察建议"由检察官（主任检察官）提出意见,报检察长审批决定。此处"提出意见"实质是对检察建议的立项,至于是否发出检察建议的决定权由检察长审批。综上,尽管各地描述用语有差异,但是多地权力清单的文本都明确了一种区别于检察建议决定权的先行权力,即拟制、提议或者立项检察建议的权力。

(2)纠正状况跟踪权。检察建议发出后,被监督单位是否采纳了检察建议,需要进一步跟踪调查,一些权力清单中将跟踪监督的权力单独列示。云南清单规定经检察长授权,由主任检察官或独任检察官决定并负责处理:"对于严重违法情况,拟制纠正违法通知书、检察建议上报检察长审批,跟踪监督纠正情况。"江苏清单中民事行政检察业务类检察官职权:由检察长(副检察长)或者检委会行使"对抗诉、检察建议案件跟进监督"。

(3)异议审查和撤回撤销权。被监督单位对检察建议提出异议的,检察机关有必要进行审查,并给予适当的答复。一些权力清单中考虑到了异议审查权。宁夏清单第四章"诉讼监督"第一节"立案监督和侦查活动监督"中规定,检察长委托,由独任(主任)检察官决定:"审查被监督单位对检察院的纠正意见、检察建议等提出的异议。"云南清单公诉业务条线规定:经检察长授权,由主任检察官或独任检察官决定并负责处理"对被监督单位对检察院的检察建议等提出的异议进行审查并提出处理意见"。经过异议审查,如果发现制发的检察建议存在不妥当之处,或者因为法律更改等外部环境变化,原来制发的检察建议需要撤回、撤销的,也需要对此权力进行配置,一些权力清单也考虑到了这个问题。上海清单中刑事执行检察部门清单规定,主任检察官或独任检察官决定(行使)的职权"撤销、撤回不当的口头纠正违法意见和刑事执行检察建议书"。

3. 权力清单中检察建议权的适用范围

(1)不做专门划分。一些权力清单中对检察建议权的适用范围不加限定。例如广东清单第二条明确规定检察长统一行使检察建议职权。

(2)依影响力划分。一些权力清单中将检察建议权授权给检察官行使,但"重大分歧"等特殊情况更大的检察建议决定权除外。例如浙江侦查监督工作清单中经检察长授权,由检察官决定:"提出检察建议、纠正违法意见(重大的检察建议、纠正违法意见除外)。"陕西"刑事执行检察业务检察官职权清单"规定,"对发现的刑事执行中的一般违法行为提出口头纠正意见或提出检察建议"经检察长授权,由检察官决定并负责处理;"发出可能产生重大影响或者与被监管单位有重大分歧的检察建议书"由检察官提出意见,报检察长决定。

(3)依被监督单位划分。一些权力清单中以被监督单位性质划分检察建议权限，例如河北"民事行政检察权力清单"规定，"对行政机关违法行使职权或者不行使职权的行为提出检察建议"由检察长（副检察长）决定；"对民事执行活动向同级人民法院提出检察建议"由检委会决定。

（4）依检察建议内容划分。一些权力清单中根据检察建议所提出的问题内容分别配置权力。例如安徽清单中民事行政检察业务规定，"拟提出再审检察建议和对民事行政执行活动中的违法情形提出检察建议的案件"由检察委员会审议决定；"对民事、行政审判活动中的违法情形提出检察建议"经检察长授权由分管副检察长决定或批准。

二、权力清单中检察建议权配置存在的问题

（一）检察建议决定权的授权层级问题

一些权力清单存在不同层级重复授权。例如山东清单第 11 条规定，检察官应当报请检察长决定或者由检察长直接决定"以人民检察院名义向相关单位提出书面纠正违法意见、检察建议"。第 12 条规定检察官应当报请检察长或者由检察长直接决定提交检察委员会审议："对人民法院已经生效的民事、行政判决、裁定、调解书提出再审检察建议，对民事行政执行活动提出检察建议。"第 30 条规定"开展预防检察建议工作"根据检察长授权，由检察官决定。从文本上看"以人民检察院名义向相关单位提出检察建议"，应当已经包含"对民事行政执行活动提出检察建议"，也包含开展预防检察建议工作。又如广西清单职务犯罪预防业务中规定，检察长职责"审批检察建议"；检察官职责"对职务犯罪发案单位和易发多发行业、领域的相关主管部门提出预防检察建议"，从文本上看，检察长和检察官都有检察建议权，存在重复授权的部分。

一些省份的检察官权力清单中检察建议权权力配置有遗漏，仅在部分条线权力清单中配置了检察建议权，例如安徽清单中仅在"民事行政检察业务""控告申诉检察业务"条线配置了检察建议的权限，而"侦查监督业务""公诉业务"和"刑事执行检察业务"等其他条线没有明文规定检察建议的权力配置。

（二）检察建议权的权力分解问题

不同业务条线检察建议权分解不统一，一些权力清单仅就部分业务条线的检察建议权进行了分解规定，其余条线则没有涉及。例如广东清单第十四条规定，"综合指导预防岗"检察官依照法律规定和检察长委托行使以下职权：制作检察建议书，督促检察建议落实。该条文明确了检察官"督促检察建议落

实"的权力，然而该条文仅针对"综合指导预防岗"检察官，其余业务条线固然也需要"督促检察建议落实"，但是权力清单中并未规定。

部分检察建议权分解规定不符合检察权运行规律，例如青海清单"刑事审判监督工作"中，对刑事审判活动中的违法行为提出书检察建议，由检察长或者检察委员会研究决定；对被监督单位对检察院的纠正意见、检察建议等提出的异议进行审查并提出处理意见，可以由主任检察官或独任检察官决定并负责处理。显然让级别较低的检察官去对由检察长或者检察委员会研究决定的检察建议进行异议审查，检察官会有较多的顾虑，也会影响审查结果的公信力。

（三）检察建议权的适用范围问题

一些权力清单文本中对检察建议适用范围表述模糊，如要具体适用权力清单还需要进一步解释。例如福建刑事执行检察权力清单规定："对于严重违法情况，提出处理意见，拟制纠正违法通知书、检察建议"由检察官（主任检察官）决定并组织实施；"对刑事执行检察活动中发现的其他违法违规情形，批准向相关单位制发纠正违法通知书、检察建议书"由检察官（主任检察官）提出意见，报检察长审批决定。仅从权力清单的文本分析，无法区分哪些检察建议是检察官决定的，哪些是需要检察长审批决定的。

一些权力清单中检察建议的范围区分过于细致，如江苏清单中，刑事执行检察业务类检察官职权"基层院可以授予检察官行使的职权"规定的 11 个条文中有 9 条重复提及检察建议，分别针对刑事执行检察业务中可能发现的不同问题设定权力清单，略显重复。

三、完善检察官权力清单中检察建议权配置构想

（一）立项和拟制

各个业务部门的检察官都有可能在案件中发现开展检察建议工作的线索，可以是单独案件中发现的个别问题，也可以是一类案件中发现的普遍问题。一些地区检察机关设置专门的诉讼监督部门，检察建议线索可以归口到诉讼监督部门，采用案件化的流程办理；在没有独立的诉讼监督部门的地方，也应当及时对检察建议线索立项登记，避免监督线索流失。

在检察建议立项阶段，要注意哪些监督情形适用检察建议，哪些不得适用检察建议，要明确检察建议的适用范围。根据《人民检察院检察建议工作规定（试行）》，可以提出检察建议的范围是：预防违法犯罪等方面管理不完善、制度不健全、不落实，存在犯罪隐患的；行业主管部门或者主管机关需要加强

或改进本行业或者部门的管理监督工作的；民间纠纷问题突出，矛盾可能激化导致恶性案件或者群体性事件，需要加强调解疏导工作的；在办理案件过程中发现应对有关人员或行为予以表彰或者给予处分、行政处罚的；人民法院、公安机关、刑罚执行机关和劳动教养机关在执法过程中存在苗头性、倾向性的不规范问题，需要改进的；其他需要提出检察建议的。对于应当采用口头建议纠正、制发纠正违法通知书通知书或者直接抗诉等其他监督手段的监督线索，不宜作为检察建议线索立项。检察建议的范围应当是检察监督范围的一个子集，对于检察监督范围外的问题，检察建议也不应当涉及。检察建议是柔性监督，被监督单位收到检察建议书后，有可能并不采纳检察机关的建议。因此，对于明确违反法律法规的问题，不存在磋商解决的余地，检察机关应当采用刚性监督，不宜使用检察建议作为监督手段。

立项后，检察官应当充分收集制发检察建议所需的资料，查明需要引用的法律法规依据，对被监督单位是否适格，引用的监督依据是否有效，检察建议的文书措辞是否妥当以及建议内容是否具有可操作性等问题进行论证。由于检察建议本身不具有强制力，被监督单位能否采纳检察建议，很大程度依赖于检察建议的"正确性"。检察建议需要释法说理、以理服人，必须让被监督单位"心服口服""自觉自愿"的接受检察机关的监督意见。因此检察建议书从发现线索到决定制发应经过充分的调查和论证。设立专门诉讼监督部门的地方，检察建议调查取证工作应当由诉讼监督部门承担；在没有专门诉讼监督部门的地方，可由发现线索的检察官进一步进行调查，因为发现线索的检察官本身对案件较为熟悉，掌握资料也较为全面，监督工作可以和案件办理同步进行。经过充分调查后，由检察官向检察建议决定主体提出制发检察建议的意见。各地权力清单中规定检察建议提出制发检察建议意见、立项或拟稿等权力的，授权是较为一致的，普遍授权给检察官行使，这样的设置是合理的，可以在全国范围推广。

（二）决定制发

在检察建议决定制发的环节，决定主体应当对前一阶段收集的相关资料的真实性和合法性进行充分的审查。同时，检察建议的决定主体需要对被监督单位是否适格，引用的监督依据是否有效，检察建议的文书措辞是否妥当以及建议内容是否具有可操作性等问题做全面的审查。决定制发检察建议后，需要将相关资料存档备查。对于尚未达到制发标准的，应当要求相关部门补充资料或者自行进一步调查，收集相关资料后再做决定。其中一些不具备制发检察建议可能性的，则应当及时停止相关调查。各地权力清单中对于检察建议的决定主体的规定有较大差异，从维护我国法制统一和维护检察机关形象的角度，此种差异应当通过顶层设计解决。

（三）追踪监督

检察建议制发后，为了取得预期的成效，必须对被监督单位是否采纳检察建议进行后续跟踪。被监督单位积极履行检察建议，取得相应成效的，整个检察建议监督程序才算完结。检察机关可以主动帮助被监督单位建章立制，也可以针对被建议单位的实际需要，采取开展法制讲座、警示宣传教育，巩固建议成果，建立长效机制。被监督单位不采纳的，首先应采用沟通磋商的方式，了解被监督单位的真实想法和实际困难。对于无正当理由不接受、采纳检察建议的，应及时采取其他相对严厉的法律监督方式，可视具体情况向其主管部门提出党纪政纪处分意见。① 各地权力清单中对于检察建议的跟踪监督主体的规定有较大差异，为提高工作效率，对检察建议的追踪监督可以由前一阶段立项和提出制发检察建议意见的检察官的负责，对于设置有专门诉讼监督部门的检察机关，也可以归口诉讼监督部门统一进行后续追踪监督。

（四）异议审查

被监督单位或者其他第三方对检察建议提出异议的，检察机关应当审查核实，如有必要还需要撤销或者撤回检察建议。审查的主体应当与前阶段检察建议立项和决定的主体相区别，否则将会影响异议审查的公信力。如果决定制发主体是检察官，则由检察长进行异议审查是较为合适的；如果决定制发主体是检察长，则由检委会进行异议审查是较为合适的；如果决定制发主体是检委会，则由上级检察机关进行异议审查是较为合适的。检察建议的异议审查应当允许被监督单位充分行使申辩的权力，充分体现程序公正，同时也应当慎重作出撤销或者撤回检察建议的决定，维护检察监督的权威性。

---

① 王斌：《检察建议研究》，载《中国刑事法杂志》2009 年第 11 期。

基层公诉员额检察官权力清单配置刍论

黄　胜　赖冬水*

随着最高人民检察院（以下简称"最高检"）员额检察官遴选的完成，标志着检察机关司法改革的难题——员额检察官制度已经攻克。如何突出员额检察官独立办案主体地位，将"谁办案谁负责"的办案责任落到实处，是巩固员额制检察官改革成果的难点所在，其重心在于科学确定地方各级检察院的检察官、检察长、检察委员会的权限范围，建立健全科学合理、具体明细的权力清单制度，确保检察权运行过程中各职能主体之间的权力和责任边界清晰。虽然最高检发布了《关于完善检察官权力清单的指导意见》及对其的理解与适用，厘清了检察官权力清单制定中的普遍问题，作出了相应的指导，但严格意义上说仍然属于"放权式"改革，不少地方检察院的公诉员额检察官（以下简称"公诉检察官"）没有享有完全的定案权，导致承担大多数办案任务的基层院公诉检察官还在一定程度上存在行政化色彩的阻碍。

一、检察权力清单的缘起及现状

（一）检察权力清单的缘起、发展

权力清单并非检察专用术语，其来源于中纪委、中组部于 2009 年在成都武侯区开展的"县委权力公开透明运行"试点中武侯区政府首次晒出的权力清单①，后来权力清单与简政放权、还权于民的行政改革探索一起风靡神州大地。本轮司法改革的主要目的是落实"谁办案谁负责"的司法责任制，第一批试点检察院在探索实践中，借鉴行政改革中的"权力清单制度"，按业务类别为员额检察官打造权力清单，有力地推动了司改进程，取得了良好的效果。后续参与试点改革的检察院也相继推出了权力清单，权力清单成了司法改革各

---

　　* 黄胜，江西省赣州市南康区人民检察院党组成员、检察委员会委员、研究室主任，全国检察理论研究人才，首批全国检察机关调研骨干人才；赖冬水，江西省赣州市南康区人民检察院公诉科副科长，首批全省检察机关调研骨干人才。
　　① 董成惠：《"权力清单"的正本清源》，载《北方法学》2017 年第 2 期。

项制度中的重要制度。为巩固改革成果，明确检察人员职责权限，完善司法责任制，最高检于 2015 年 9 月 28 日公布的《关于完善人民检察院司法责任制的若干意见》（以下简称《若干意见》）21 条[①]，明确要求试点地区的省级院制定本辖区各级检察官的权力清单。此后，各地贯彻落实若干意见的要求，制定本辖区内检察官权力清单。截至 2016 年 12 月，32 个省级检察院[②]都制定了辖区内三级检察院检察官权力清单，并报最高检备案。权力清单是权力的载体，是检察权规范运行必须解决的前提性问题，也是用以明确检察官职权，确定司法责任的基础和根据，什么样的权力清单决定了检察改革的成败，因此，最高检高度重视权力清单的设置，于 2017 年 3 月 28 日印发了《关于完善检察官权力清单的指导意见》（以下简称《指导意见》），并在 4 月 10 日至 11 日海口市召开的全国检察机关司法责任制改革推进会上专门就完善检察官权力清单进行了研讨，对指导意见进行解读，在《检察日报》专门刊发了对指导意见的理解和适用文章，有效地厘清了权力清单制定中的问题，为科学合理设置权力清单指明了方向。

（二）基层公诉检察官权力清单存在的问题

虽然各省级院均出台了符合本省省情的三级检察院公诉业务检察官的权力清单，但是由于对权力清单本质的理解不同，存在着"放权怕滥用""放权不敢用"等顾虑，导致权力清单的设置并没有完全遵循和体现公诉检察业务的规律与特点，依然在某种程度上存在着一些行政化色彩。综观 32 个省级院制定的公诉检察官的权力清单，不难发现存在以下问题。

1. 对权力清单的本质认识差异，导致检察官的办案职责与办案权力相混淆。检察权力清单是指检察机关以目录清单的形式，通过对检察长、检委会、检察官等不同层级办案主体之间办案职权的重新划分配置，来明确各类办案主体的职权界限，突出检察官办案主体地位。[③] 尽管大家形成了检察权力清单是检察机关内部根据司法规律与检察工作特点对检察官职权的重新划分配置的共识，但片面地认为，检察官的办案权力来源于检察长，检察官权力清单的效果就是转移、分配、委托检察长的办案权力。[④] 因此，权力清单设置还是秉承"放权"思维，虽然按照"刑事检察权充分放权"的原则来明确检察长的审批

---

① 《若干意见》第 21 条，"省级人民检察院结合本地实际，根据检察业务类别、办案组织形式，制定辖区内各级人民检察院检察官权力清单"。

② 32 个省级检察院指的是除台港澳外的 22 个省、5 个自治区、4 个直辖市及兵团检察院。

③ 项谷：《在清单化管理的基础上明晰检察官办案权》，载《人民检察》2017 年第 12 期。

④ 王光贤：《以清单化管理为基础 做实检察官办案权力》，载《第十八届全国检察理论研究年会论文集》，第 262 页。

权、审核权和检察官独立行使职权的范围和运行方法，突出检察官执法办案的主体地位，但还是存在放权怕滥用的顾虑，导致有的地方检察官仅有办案审查权而无办案决定权。此外，设置权限没有分清办案职责与办案权力的差异，把讯问犯罪嫌疑人、询问关键证人、询问被害人、收集、调取、审核证据等属于办案职责的事项作为职权授予，致使检察官虽然获得几十项职权，但实际上检察官的办案决定权不多。

2. 权力清单形式不一，负面清单与正面清单并存。检察权力清单的形式关系到检察官拥有的定案权的范围和程度，关系到检察官办案主体地位是否得到彰显。正面清单采取逐项权能——列举的明确授权形式，有利于从事公诉办案业务的检察官、检察长清晰了解自己的权力，清楚自己的办案责任，行使好自己的办案权限，承担相应的办案责任。负面清单仅规定检察长、检委会的权力，未明确规定检察官可行使除检察长、检委会行使的权力之外的一切办案权力，看似避免了遗漏，但在规定检察长、检委会的权力时往往会有一条"法律规定的其他应当由检察长、检委会行使的权力"的兜底条款，实践中检察长、检委会有时会进行扩张性解释，要求检察官将定案权上移，或者缺乏担当的检察官会以此来请求检察长对相关案件予以审批，将定案权上交，避免承担办案责任。虽然正面清单与负面清单可以并存，但现有的司法环境还是以正面清单更适合。

3. 重大疑难复杂案件的界定不清，导致检察官的权限边界不确定。32 个省级院的权力清单都规定，检察官具有一般案件的决定权，重大疑难复杂案件的决定权由检察长或者检委会决定，但何为"重大、疑难、复杂"案件，仅有 8 个省级院[①]作出了相应规定，除北京、海南外，其他 6 个省级院都有兜底性条款"其他重大疑难复杂案件"的表述。重大疑难复杂案件标准是界定检察官与检察长、检委会办案权限的常见标准，设置太宽容易造成领导插手办案、检察官畏难不做决定的弊端，设置太严容易导致检察官陷入困境，因此，如何设置重大疑难复杂案件的标准不仅关系到办案责任制的正确实施，也跟检察官的素质密切相关。

4. 三级院检察官的权力清单配置模式多样，一体化设置与分级设置并存。省级院是三级检察院权力清单设置的主体，除了 12 个省级院[②]按照三级院的

---

①　8 个对重大疑难复杂案件作出规定的省级院是北京、甘肃、贵州、海南、湖南、湖北、天津、西藏，除北京、海南对全省的公诉业务中的重大疑难复杂案件进行了概括性的规定外，其余 6 个省级院都明确了基层公诉业务重大疑难复杂案件的标准。

②　12 个省级院分别为广西、贵州、黑龙江、湖南、湖北、江苏、辽宁、内蒙古、上海、青海、甘肃、天津。

业务性质进行了一一规定外，其余院都是将三级院的公诉业务权限杂糅在一起。根据各级院公诉业务的不同特点、权限来设置检察官的权限，基层检察官能够明晰自己的权限，有的放矢；而一体化的权限设置可能会导致权限不清或者权力滥用，因此分级设置才是最佳方法。

5. 文书审核权的普遍存在，导致行政化痼疾难以摒弃。由于若干意见规定，以检察院名义制发的法律文书的签发权为检察长（含副检察长，下同），检察长根据自己的职权作出决定前可要求业务部门负责人提出审核意见，导致检察官承办的案件在作出决定时要经过部门负责人的核阅[①]和副检察长、检察长的审核决定，三级审批制不过是换了另一个"马甲"。本来基层院办理的公诉案件大部分是一般刑事案件，可由检察官自己作出决定，重大疑难复杂案件必经检察长批准或者检委会的决定，已经对检察官的定案权进行了制约，可以防范司法办案风险。在检察官决定的案件中增加部门负责人的核阅程序，看似对案件办理进行实时监督，实际上还是行政化办案的思维，不仅无益于检察官的成长，也有碍司法办案责任制的真正落实。

二、公诉员额检察官权力清单设置应遵循的原则

由于检察权兼具司法权和行政权的双重属性，其运行受到检察独立和检察一体原则的制约，因此办案组织中的独任检察官并不能完全享有案件的最终决定权，需要受到检察长的监督制约。实践中，由于片面强调检察权的一体化原则，人为地将办案权与定案权相分离，形成了"承办人办案、领导定案"的行政化办案模式，使检察官独立行使检察权的主体地位难以凸显。[②] 权力清单设置应当遵循权责相统一原则，彰显检察官的独立主体地位，符合司法规律，才能根据公诉业务的规律、特点妥善分配检察权力，使检察长负责制与检察官独任制有机地融合在一起，做到"主体清晰、权责明确、办案有力、追责有据"，真正实现司法责任制，守护公平正义。具体而言，公诉员额检察官权力清单的设置应当遵循以下原则：

---

① 陈子燕：《核阅制度及其实践理性》，载海南省人民检察院内网，2017 年 3 月 24 日。该文认为核阅制度是在实施司法责任制的过程中，在检察官自行决定的案件，由核阅人对具有重要影响的文书，从实体和程序方面进行审查的内部监督机制，有利于保证案件质量、规范司法行为、提高办案效率。

② 万毅：《检察改革"三忌"》，载《检察智库成果》（第 1 辑），中国检察出版社 2017 年版，第 100～113 页。

（一）权责相统一原则

检察官权力清单本质上是一种新的办案权力运行模式①，因此权力清单的设置必须摆脱旧的思维定式，检察官的办案决定权来自检察长的授权，但更多的是来自法律的直接赋予。

1. 检察官是行使法定检察职权的合法主体。由于立法上明确规定检察机关采取检察长负责制②，理论界和实务界一直认为：只有检察长才是完整独立的权力主体，享有完整的检察权，其他检察官包括主诉（办）检察官、主任检察官都不是独立的办案主体，只是检察长特别授权才使检察官能够成为相对独立的办案主体、享有一定范围内的办案决定权，因此检察改革一直被称为"放权式改革"③。实际上，检察首长（含检察长、副检察长、检察委员会委员）和普通检察官的权力均来源于《检察官法》第2条④的规定，都有权行使《检察官法》第6条授予的监督、公诉、侦查等检察职权。只不过是检察首长不仅要履行检察官的职责，还需要对整个检察机关的工作进行统一领导，因此检察首长比普通的检察官多了指挥权、监督权和职务收回权、移转权等内部指令权，但这并不能否认检察官的定案权源于法律的直接赋予，也无法否认每个检察官都是行使检察权的合法主体。

2. 立法技术上将检察权的被授权主体表述为"人民检察院"而非"检察官"，并没有否定检察官行使检察权的主体资格。虽然有人根据《人民检察院组织法》第12条、第13条等规定得出"人民检察院才是检察权的主体，检察官个人并无行使检察权的主体资格"的论断，但这并不是否认了检察官的主体资格。因为我国注重在权力行使上强调民主集中制，在立法上强调集体的职权，而非个人的权力，因此立法习惯的表述需要结合具体的事实来加以分析，而不能望文生义。加之刑事诉讼法中对人民法院和法官的职权规定，也大多数是规定人民法院的权限而不是法官的权限，如果照此推论，那么法官独立行使审判权就会无法可依。此外，检察权只能由人行使，从一定意义上说对检察院整体授权就是对检察官授权。

3. 摆脱检察权过度行政化的关键在于还权于检察官，确立其"全权"检

---

① 王光贤：《以清单化管理为基础 做实检察官办案权力》，《第十八届全国检察理论研究年会论文集》，第263页。

② 《人民检察院组织法》第2条："各级人民检察院设检察长一名，副检察长和检察员若干。检察长统一领导检察院的工作。"

③ 彭波：《司法改革，更加强调主体责任》，载《人民日报》2014年7月23日。

④ 该条规定："检察官是依法行使国家检察权的检察人员，包括最高人民检察院、地方各级人民检察院和军事检察院等专门人民检察院的检察长、副检察长、检察委员会委员、检察员和助理检察员。"

察官的地位。检察官的权力来自法律直接赋予与检察长的授权，检察官应当是同时享有办案权和定案权的"全权"检察官。如果人为地将办案权和定案权相分离，将检察官的定案权全部以检察长授权的方式赋予检察官，无疑将无法彻底摆脱行政化办案体制的旧路，更不符合检察官独任制要求办案检察官能够独立自主地行使检察权的内涵。

4. 检察长行使内部指令权是履行监督管理职责，而不是否决承办检察官的权力。由于检察权的运行同时奉行检察一体化原则和检察独立原则，因此独立办案的检察官也应当接受检察首长的指挥、监督。承办检察官遇到难以处理的案件时，不仅可以寻求检察官联席会议的帮助，还可以请示检察长决策；检察长一旦发出书面指令，承办检察官应当服从，但对违法指令、错误指令有权提出异议或者拒绝执行。如果检察长坚持违法指令或者错误指令，承办检察官有权申请变更承办人，由检察长行使职务收取权或职务移转权，改由自己办理或者交由其他检察官办理。检察官还有权就违法或错误指令一事向上一级检察机关领导人反映，以使违法或者错误指令得到纠正。[①]

（二）体现司法亲历性原则

司法亲历性，是指司法人员应当亲身经历案件审理的全过程，直接接触和审查各种证据，特别是直接听取诉讼双方的主张、理由、依据和质辩，直接听取其他诉讼参与人的言词陈述，并对案件作出裁判。[②] 无论是在大陆法系还是普通法系，检察官已经成为拥有广泛裁量权的准法官的角色。[③] 中国的检察官自诞生之日起就具有司法属性，行使最具有司法属性的公诉权的公诉检察官天然就是司法人员。建立以审判为中心的刑事诉讼制度和落实司法责任制，均要求公诉检察官必须亲力亲为的核实案件事实与证据，不能将直接听取诉讼双方的主张、理由、依据和质辩、核实关键证人的陈述、出席法庭等检察官必须履行的客观义务委任于他人，因此在设置权力清单时，必须将证据审核、事实认定有关的职权充分还给检察官，检察长不得加以阻挠。此外，公诉检察官将重大疑难复杂案件提交检委会讨论时，检察官必须将详尽的审查报告提前三天交给委员核查，对关键证据、视频资料应当当场播放；委员在会议讨论时应当对有疑问的事实向检察官发问，以增强亲历性，使决策建立在深入全面地掌握事

---

① 朱孝清：《检察官相对独立论》，载《检察智库成果》（第 1 辑），中国检察出版社 2017 年版，第 143～144 页。

② 朱孝清：《与司法亲历性有关的两个问题》，载《人民检察》2015 年第 19 期。

③ 托马斯·维根特：《换了名字的法官：比较视野下的检察官角色》，杨先德译，《跨国视野下的检察官》，法律出版社 2016 年版，第 363 页。

实、证据和各方情况的基础之上；但检委会不得就案件事实进行决策，只能对案件的法律适用等进行决策。

（三）突出检察官的独立主体地位原则

虽然法学界主流观点认为，"人民检察院依照法律规定独立行使检察权"中的"独立"指的是检察院的整体独立，而不是检察官独立，[①] 但检察官是检察职能的直接承担者，我们在实践检察一体化时，存在过于强调检察机关的整体独立，忽视了检察官的个体独立和上下级之间的良性互动，导致检察机关内部关系异化的现象发生，个体检察官丧失主观能动性，下级检察官过分依赖上级检察官；上级检察官打着检察一体化的幌子，不当地干涉下级检察官办案，使得人情案、关系案、金钱案时有发生，严重损害了检察机关的良好形象。公诉权归根结底是一种判断权，需要亲历性和独立性。因此，设置公诉权力清单时，必须明确检察官的独立地位，才能实现检察官办案的权责统一，进而有效追责；才能实现检察官的精英化，使检察官真正成为"法律的守护人"与"国家法意志的代表人"。

三、基层公诉检察官权力清单设置应当明确的三个问题

设置基层公诉检察官的权力清单应当按照"谁办案谁负责、谁决定谁负责"的要求，坚持遵循司法规律和符合检察工作特点相结合，坚持突出检察官主体地位与保证检察长对司法办案工作的领导相统一，立足基层公诉部门检察官年轻化、案多人少的实情，科学界定公诉检察官的办案权限。

（一）坚持检察一体化与检察官相对独立相统一

公诉检察官是通过遴选出来的熟悉公诉业务的检察官，毫无疑问具有独立办案的资格，应当享有独立办案的权力。由于检察权是一个复合的国家权力，它兼具诉讼性、行政性和监督性的权属特征，公诉权也不像审判权那样属于纯粹的司法权而是法律监督权，不仅限于对刑事案件提起公诉，还包括对侦查活动和审判活动监督等多项权能，必然受到检察一体化原则的制约。检察一体化原则确立了检察长对检察机关工作的统一领导权（即检察长负责制），为防止办案检察官错误行使检察权，检察长具有指挥监督权、事务调取权和转移权等内部指令权，但检察长的内部指令权应当符合法令、采取书面形式等要求，限制了检察长不正当地行使指令权来干预检察官独立办案，此外，内部人员插手

[①]　朱孝清：《检察官相对独立论》，载《检察智库成果》（第 1 辑），中国检察出版社 2017 年版，第 31 页。

干预司法办案制度的落实，也对检察长就个案进行干涉、指导形成了制约，因此，检察官的独立是受有关指令约束的相对独立。

（二）分清主次，公诉检察官配置的权力应当更具决定性

由于法律和相关司法文件明确规定除由检察长和检委会行使的权力不能由检察官行使外，其他并无限制，因此检察官的权力边界应该是以检察长和检察委员会保留的权力为边界。设置公诉检察官权力清单时，应当把握以下几点：

1. 区分职责和权力，配置给检察官的办案权力不应当包括办案职责或其他非司法办案权力。职责是指从事某项工作时必须要做的事情；而刑事诉讼法上的权力是指法律所赋予主体的一种创设法律关系的能力或资格。[①] 办理公诉案件，讯问犯罪嫌疑人，听取受害方的意见，核实案件证据，证据不足时进行补充侦查等事项，都是检察官在办案过程中应当履行的工作职责，不属于办案权力，不应当列在权力清单中。有学者认为，我国检察机关实际行使的公诉权包括起诉权、不起诉权、出庭支持公诉的权力、公诉变更权、量刑建议权、抗诉权六个方面的内容。[②] 此外，随着认罪认罚从宽制度的推行，公诉权也应当包括辩诉交易权。上诉七项权能应当在公诉权力清单中一一体现。有学者认为，地方各级一般检察官均享有提请权、具体办案权、其他职权三方面的办案职权[③]，但这些职权中，诸如重大事项报告权、请求提供帮助权、错误指令申诉抗辩权、职务收取和移转请求权等其他职权，都是派生性的事务性权力，不属于司法办案权，不需要在权力清单中进行规定列举。

2. 除法律明文规定由检察长、检委会行使的权力外，均应当由检察官行使。虽然"法无明文禁止即可行"主要适用于民事法律关系，但是为了发挥检察官的主观能动性，应当将法律明文规定的公诉权中除了"不起诉决定权、抗诉决定权、强制措施变更权"等权力外，均应当由检察官行使。公诉检察官应当具有以下事项的决定权：（1）改变管辖；（2）对一般案件提起公诉；（3）追诉漏犯、漏罪；（4）是否提起附带民事诉；（5）明确的量刑建议；（6）口头纠正违法。

---

① 万毅：《刑事诉讼法上的"权力"概念：反思与重构——以分析实证法学为中心》，载《政法论坛》2016年第5期。

② 韩成军：《中国检察权配置问题研究》，中国检察出版社2012年版，第82~85页。周长军认为，公诉权由提起公诉权、不起诉权、支持公诉权、公诉变更权、上诉权（抗诉权或提请再审权）五项权能构成，参见周长军：《公诉权的概念新释与权能分析》，载《烟台大学学报》（哲学社会科学版）2016年第11期。

③ 程世国：《地方各级检察官权力清单研究》，载《第十八届全国检察理论研究年会优秀论文集》，第275页。

3. 充分发挥检察官的自由裁量权，对检察官的办案监督应该以事后监督为主。公诉权的行使好坏跟检察官的亲历性的多少成正相关关系，因此，上级检察官应当对充分履行公诉职责的检察官作出一般案件的办案意见进行充分的尊重，在没有相关事实证据可以推翻检察官的论断的情况下，一般均应支持检察官的决定。但是检察官办理案件时，在侦查机关所认定的事实、适用法律的基础上，作出减少认定犯罪事实、减少认定罪名、重罪改为轻罪、增加认定从轻、减轻情节等可能减轻被告人刑事责任和刑罚认定的，常常不会受到来自被告人、辩护人和审判人员的强有力的制约，往往会引发司法腐败，所以，上级检察官必须对相关案件强化事中监控及事后监督。

（三）明确重大疑难复杂案件的标准

一岗双责和业务考评的双重压力使基层院的院领导会对重大疑难复杂案件进行扩张解释，不仅使领导通过案件讨论机制实现对公诉权隐蔽化控权，更使缺乏担当的检察官为规避风险，主动将承办案件提请讨论以逃避办案责任。[①]因此，如何科学地设定重大疑难复杂案件的标准，成为检察官能否独立办理公诉案件的关键所在。重大疑难复杂案件的标准可按照"案件类型为基础、刑期标准为核心、风险等级、意见分歧为补充，不设兜底条款"的原则来确定，因此，基层检察院的重大疑难复杂案件应当包括：（1）危害国家安全、严重危害公共安全、黑社会性质组织、恐怖活动和邪教组织犯罪案件；（2）可能判处十年以上有期徒刑以上刑罚的故意杀人、故意伤害致人死亡或者重伤、强奸、抢劫、绑架、贩卖毒品、放火、爆炸、投放危险物质和有组织的暴力性犯罪案件；（3）职务犯罪案件；（4）新类型疑难犯罪案件；（5）涉及人大代表、政协委员、县处级以上干部、司法工作人员的犯罪案件；（6）对罪与非罪、此罪与彼罪等法律适用问题和办案程序、司法政策等存在较大分歧、争议的案件；（7）因涉案当事人身份特殊、涉及民族宗教等敏感因素可能或者引发重大舆情的案件；（8）可能或引发严重群体性事件、极端事件的案件和可能或者引发上访的涉众型犯罪案件；（9）上级院交办、督办的案件。

此外，部门负责人和分管副检察长往往经验比较丰富，因此可以直接指定部门负责人或者分管副检察长承办重大疑难复杂案件。

---

① 杨圣坤：《公诉权内部控制方式的改革难题和破解路径》，载《宁夏大学学报》（人文社会科学版）2015 年第 2 期。

司法责任制视野下检察机关
案件质量评查及其运行机制之探究

刘元见　黄德辉[*]

当前，司法责任制改革正处于全面推开的重要时刻，权责匹配是其核心内容，对司法主体的检察官实行案件责任终身制和责任倒查机制，既符合司法规律的内在要求，也是根治检察权运行中权责不明问题的治本之方。而办案质量评价结果在很大程度上是检察官在司法过程中是否需要责任追究的主要依据。案件质量也是衡量检察办案工作好坏的硬指标，抓好案件质量是检察机关维护执法公信力、促进公正廉洁执法、规范执法行为的根本要求，是体现司法公正的有效途径。[①] 在当前的检察实践中，各地的案件质量评查存在诸多问题，要推进案件质量评查活动良性运作，其运行机制亟待调整、修正、革新。

一、案件质量评查运行机制概述

案件质量评查运行机制主要包括评查的案件种类和范围、评查机构和人员组成、评查的标准、评查工作原则以及评查的流程等几个方面。在案件管理部门成立前后，案件质量评查运行模式各有不同：

（一）传统模式

在传统司法实践中，具有实质意义的案件质量考核评查形式主要有两类：一是靠办案人员自我约束以及部门负责人、分管领导的审查监督来维系各办案部门的案件质量，重点疑难案件交由本院检察委员会审核把关，案后小范围的研讨总结某类案件的过错得失；二是每年上级对口业务部门组织的定期或不定期业务检查，以及上级检察院对下级检察院绩效工作的考核验收，其评查的方式仍是各自对口业务条线的上下级评审督查，或者同级检察院之间的交叉

＊ 刘元见，广西壮族自治区人民检察院案件监督管理处助理检察员；黄德辉，广西壮族自治区人民检察院案件监督处助理检察员。
① 农兴山：《浅论检察机关案件质量评查工作机制的构建》，载《中国检察官》2014 年第 3 期。

评查。

（二）现行模式

修订后的《人民检察院刑事诉讼规则》以及《最高人民检察院案件管理暂行办法》规定，人民检察院案件管理部门对检察机关办理的案件实行统一受理、流程监控、案后评查、统计分析、信息查询、综合考评等，对办案期限、办案程序、办案质量等进行管理、监督、预警。案件管理也称为司法流程管理，这一概念起源于西方国家，是 20 世纪 70 年代西方国家为了应对司法堵塞和拖延的状况而推行的一种司法改革措施，其理论基础是"接近正义"理念，目标是以程序公正保障案件的实体公正。① 我国检察机关案件管理部门的设立便以此为基础，是检察机关强化内部监督、促进办案质量提升的具象举措。随着各地案件管理部门陆续成立，开始履行其案件质量监督、考评及反馈上报工作的职能，逐步形成了全新的由案件管理部门主导的评查模式。

对于案管部门如何开展质量评查，如何确定评查主体等，目前仍存在着争议，各地现行的做法各有不同。以笔者所在的 A 市基层检察院为例，大多采用这样的一种模式：由案管部门统一协调组织，统计整理出被评查的如每年的不捕、撤案、不诉等重点案件或者类型案件，先由各自部门开展自查，然后再临时从各业务部门抽调人员，组成考评工作小组，负责案件质量的考评，撰写评查结论，最后由案管部门归纳总结出整体评查报告。另一种模式：案件管理部门既是案件质量评查的组织者，也是考评的主体，实现办理和评查相分离，评查人员即案件管理部门人员，不参与日常办案，这种运行模式只是个别检察院的尝试性做法，并非主流。

二、案件质量评查运行机制之问题

（一）传统模式存在的问题

1. 办案主体和监督主体混同影响监督约束作用的有效发挥。传统评查模式中的办案人员往往也是评查人员，各地普遍的做法是从各个业务部门当中抽调业务骨干对本业务条线（涵盖上下两级院对口部门）的案件质量开展评查，这些人员往往参与了被评查案件的审批甚至本身就是直接责任人，既是实施者也是监督者，评查案件难以避免先入为主的观念，不能发现或者不愿发现案件当中存在的质量问题，这样的监督评查效果显然达不到监督纠错的目的。

---

① 李自民、刘路阳：《浅谈检察机关案件管理制度的完善》，载《河南社会科学》2014 年第 7 期。

2. 评查标准缺乏科学性、合理性、统一性。各地、上下级检察院以及各业务条线之间的案件质量考评标准不统一，可操作性差。比如，侦查部门往往以是否批捕、是否起诉来评判案件质量的好坏，侦监部门则通过是否提起公诉来判断案件质量，公诉部门以法院是否作出有罪判决作为衡量案件质量的标准，① 这样一来可能会出现两个业务部门之间的考评要求不一致甚至是矛盾的情况，也容易造成各个检察环节相互推诿的局面。

3. 评查机制缺乏横向性、持续性、长效性。传统司法实践中，各地普遍没有设立独立的案件评查常设机构。由于受绩效压力影响，案件质量评查工作基本上是上级院对下级院所办案件进行评查，本院内部的评查较少，更多的是各业务条线的上下级考评，缺乏各条线之间横向考核。在单一的条线考评模式下，长期从事某项业务的思维惯性容易导致难以自行发现案件中的程序性错误甚至是实体性错误。另外，案件质量考评通常自我启动评查程序为主，考评的时间不固定，有些地方或者某些业务条线全年都没有组织过案件评查活动，使案件质量评查工作如同虚设，前后连续性难以得到保障。

4. 评查信息化、精准度和效率性不足。在最高人民检察院发布全国检察机关统一业务应用系统之前，各地开发使用的软件不一致，有些地方统计数据、业务指标值仍是通过人力来收集整理，以致评查过程准确度不够，信息收集及时性有所欠缺，由此所得出的结论和反馈的信息不够全面、不够准确、不够系统。

5. 评查结果利用度和转化度不高。案件质量评查最终的落脚点是通过奖励先进、鞭策后进，从而促进规范执法，提高办案质量，实现检察业务工作的科学发展。在传统模式下，评查的结果仅作为业务条线绩效考核的凭据之一，主要体现的是对办案部门的评价。事后的分析、总结和指导不够，对办案人员的激励效果不明显，评查结果没有转化为提升案件质量的依据。另外，案件质量评查与奖惩机制的衔接不够完善，案件质量评查结果也没有作为对办案单位、部门或者人员奖励的重要依据。

（二）现行模式存在的问题

比较现行两种运行模式，笔者认为第一种模式仍没有摆脱评查主体和办案主体混同的格局，评查小组人员的临时性也必然导致评查工作的稳定性不强、深入程度不够，评查活动难免有走过场和敷衍之嫌，难免制约案件质量评查工作健康发展，也不符合当前检察改革对司法公正、强化内部监督的整体要求。

① 黄建荣、顾青：《案件质量管理体系的运作模式及架构设计》，载《检察机关案件管理工作理论与实务》，法律出版社 2013 年版，第 378 页。

相较而言，笔者更为认同第二种模式，虽然并非当前主流，但其仍具有以下一些优势：案件管理部门作为案件质量评查的常设机构，能够保证工作的常态化、制度化，履行评查职责不受其他干扰，只对检察长和检察委员会负责，评查结果更具中立性。另外，由案件管理部门统一组织办案质量评查，一方面能够统一评查标准，保持评查小组人员的稳定性；另一方面还能够充分利用依职责掌握的检察业务信息资源，增加案件质量评查活动的针对性和有效性。

作为一种全新案件质量评查模式，当前的运行机制仍不成熟完善，部分指导理念还需要经过时间检验方知优劣，其中的理论基础还需进一步夯实，部分运作手段需要推倒重来，才能符合检察改革不断深化的要求。在对运行机制进行改革调整开始讨论之前，必须先要对存在的问题有更深入的认识和研究，以下就是对第二种模式推进工作中遇到的困难和制约检察工作科学发展的因素进行讨论。

1. 案管部门缺编少人需要调整。由于这种评查模式要对每个案件进行程序性问题汇总分析，也要对案件实体性问题进行研判评定，单单是依赖信息化软件的统计分析功能是不够的，往往还要用评查人员来进行人工分析评查，而在办案力量薄弱的基层院是做不到这一点的。① 以笔者所在基层院举例，案管部门人员编制仅为两人，日常案件受理、流转、流程监控、接待辩护人、诉讼代理人、业务统计信息管理以及其他综合行政事务已基本占去了案管人员所有的工作精力，加上有的并非检察业务出身，履行案管部门案件质量评查职责有点勉为其难。

2. 案件质量评查标准需要重新划定。就目前的情况来看，与办案质量有效衔接的评查标准还没有统一，最高人民检察院《人民检察院案件质量评查工作规定》尚在征求意见当中。况且，以案件难易程度为例，其区分仅是一个相对的标准，而非恒定标准，尤其是刑事案件，个案情况异常复杂多样，如何从实体上对案件的质量进行评价是案件质量管理机构必将面临的重要问题。

3. 监督滞后性需要革新机制来解决。案件质量评查一般采取以年度或是季度为单位对已办结的案件进行综合考评，而这种考核和评估侧重于事后的评价，对出现的问题为惩罚性的，管理措施相对滞后，预防功能更是微乎其微。作为质量管理机构，如果对于案件的质量不能够及时进行监控和纠正，而仅是一种事后的评价抑或奖惩的依据，以评查促进办案规范、提升案件质量的效果将大打折扣。

---

① 马艳春：《案件质量管理模式的现状分析及发展完善》，载《检察机关案件管理工作理论与实务》，法律出版社 2013 年版，第 392 页。

4. 办案部门和干警的抵触情绪需要考虑。作为在执法办案第一线的传统业务部门，很多办案人员思想上存有本岗位业务的上位感，感觉其他部门的人员没有自己懂行。新评查模式下，案管部门一旦承接案件质量评查任务，总会迎来水平不够、没有资格、无法胜任的质疑声音。而且，作为一个全新的综合性业务部门，很大部分基层检察院的案管部门被定位为综合性大于业务性的所谓"综合业务部门"，人员多以服务全院来考虑配置，缺乏业务骨干，更会遭到外行评查内行的质疑。

5. 重程序轻实体的评查理念需要摈弃。当前的实践中，案件质量评查更多的侧重于程序评查，对实体的评查较少，指导效果不够明显，这是一直以来不管是传统模式还是现行模式都存在的问题。在办案人员的传统观念中，评查活动如果触及更多的实体问题，会被认为是对办案人员执法水平的质疑和对案件办理的不当干扰。评查活动为了照顾办案人员的情绪，往往多以程序为评查主要对象，对实体的评查浅尝辄止。

三、案件质量评查运行机制之改革

随着社会思想观念转变，公众对法律监督工作的要求不断发生变化。最高人民检察院《关于进一步深化检察改革的三年实施意见》对检察改革提出总体思路，从提高检察机关法律监督能力、适应构建社会主义和谐社会的实际需要出发，积极稳妥地推进检察体制创新和工作机制创新，要重点解决当前制约检察工作发展的体制性、机制性问题，努力做到检察体制更加合理，检察工作机制更加完善。[①] 作为检察工作机制重要的组成部分，案件质量评查运行机制势必顺应改革脉络调整革新，改革方向主要从其体现的价值对司法公正、权利制约等司法需求是否起到积极作用来权衡，框架可以在现有运行模式下进行取舍选优，对起积极作用的做法和理念予以保留并逐步完善，对制约检察工作发展的予以舍弃。在实行司法责任制的背景下，现行的第二种模式在强化检察机关内部监督，有效提高办案质量，提升司法公正社会认同度方面体现的更明显，虽然存在不少的问题，但仍可以作为案件质量评查运行机制改革创新的重点方向，以此为架构逐步成型、成熟。

（一）树立评查权威

案管部门要真正履行案件质量评查职责，还应具备相应的职能权威性。权威树立不起来，"管理、监督"就无从实现，更谈不上其他业务部门的配合支

---

① 何雄伟、张毅:《检察改革与案件科学管理》，载《人民检察》2012 年第 17 期。

持，监督促使案件质量提升也就成为一句空话。① 而在现实情况下，案管部门作为新兴部门，其工作权威没有经过足够的时间沉淀，监督、管理职能机制还有待进一步完善，目前还无法与反贪、公诉等老牌业务部门相提并论。因此，要切实扭转改变现状，可以按照以下设想来逐步建立案管履职权威。

首先，明文规定案管部门的案件质量考评工作仅向检察长和检委会报告，其他部门不得参与、干预其中的监督、管理事务。只有这样案管部门案件质量评查机构的地位才能凸显出来，才能保证案件评查的效果。另外，各级院领导还需引导检察干警改变传统观念，纠正其不愿接受监督的思想，真正树立案管部门作为案件质量评查常设机构的权威，为案件评查工作的开展创造良好的氛围环境。

其次，需要进一步配强案管部门人员，提升监督能力。切实提高案管部门选人用人标准，把业务精通、责任心强、坚持原则的同志充实到案管部门中。业务精通是重中之重，需要评查人员具备的业务素能不仅包括自侦、公诉、侦监、控申、民行等业务知识，也包括对信息化技能和文字理论功底。一般认为，具有在公诉工作的经历，具有检察官资格的人员是第一选择，因为公诉办案核定证据的标准在各检察业务当中是最严格的，有公诉工作经验的检察人员评查案件质量的能力相对更高，语言组织能力和文字表达能力更强。

最后，还需要加大现有案管人员业务的培训力度，提高监督水平。在当前的司法实践中，检察机关特别是基层检察院人少案多的情况比较普遍，配强案管人员仍显得比较困难。在这种情况下，更需要现有案管部门人员提升业务素质和评查技能。在培训内容的选择上，应该突出两个方面：一是邀请业务专家对案管人员进行检察业务流程、标准、环节等方面内容的培训讲授，使案管人员对检察业务有更深的认识了解，平时案管人员也需要通过书籍或者多向本院业务部门骨干学习，增强审查案件质量的能力；二是要突出对检察业务应用系统软件的培训，通过信息化手段办理案件已经成为必然趋势，各个诉讼环节均在软件系统中流转，各种法律文书、工作文书均附在系统信息当中，这就相应地要求案管人员具备信息化应用能力，要善于利用软件系统中反映的办案细节找出案件当中存在的程序瑕疵或者实体质量问题。因此在开展案管人员培训时，也要注重计算机系统应用技能的培训。

（二）重构运作机制

1. 划定案件质量评查标准。在司法责任制层面，如果不以一定案件质量

---

① 陈胜才、刘昕、张衍路：《试析案管部门的中心任务》，载《人民检察》2012 年第 12 期。

认定标准来确定是否需要对检察官进行追究，检察官司法责任制的构建将形同虚设。在以往的司法实践中，因案件质量标准的认定过于原则、简单、模糊，致使检察官责任追究难以落到实处。这就更加体现了统一案件质量标准认定的迫切性和必要性。评查标准必须合理、科学、准确，具有可操作性和针对性。由某个部门某个人来拟定都过于片面，因而应由案管部门会同各业务部门或者联系上级院业务精英，共同开展调研并制定程序和实体两方面的详细评查标准。程序标准方面，重点是各个诉讼阶段的办案期限是否符合规定、告知等应当履行的法律义务是否履行、法律文书是否齐备、文书格式是否符合标准。实体标准方面，包括刑事案件的立案标准是否符合刑法规定；民事行政抗诉案件的立案标准是否属于判决和裁定已经发生法律效力且确有错误的情形；审查逮捕阶段的标准主要是作出批准逮捕决定的依据是否有证据，案由定性是否符合犯罪事实，有无逮捕必要性，作出不批准逮捕决定的法律依据是否合理等；审查起诉阶段的标准包括基本犯罪事实、情节是否清楚，定案证据是否确实、充分，定性和罪名是否准确等。

2. 明确案件质量评查方式。可采取重点评查、随机评查、专项评查、个案评查的方式进行。重点评查是对一些重点类型的案件所进行的评查。对属于下列范围的重点案件，应当逐案评查：批准或者决定逮捕后，决定撤销案件、不起诉或者法院判决无罪的；提起公诉后又撤回起诉或者法院判决无罪的；检察委员会或者检察长决定作为重点案件应当逐案评查的其他案件。随机评查是对除重点评查以外的案件，按照一定比例随机抽选相应数量案件所进行的评查。对下级人民检察院或者本院各办案部门办结的案件，上级人民检察院或者本院可以采取随机评查的方式进行评查。有条件的地方，可以对办结的全部案件进行评查。随机评查案件的抽选范围，每年度应当覆盖到主要类型案件以及每名办案人员，兼顾评查案件的全面性和代表性。专项评查是对特定范围、特定类型的案件所进行的专门评查。各级人民检察院可以根据一段时期内司法办案情况或者专项司法活动等，开展专项评查。个案评查是对特定的个案所进行的评查。对于反映下级人民检察院或者本院有关办案部门办案质量问题，且不宜纳入复议、复核、刑事申诉复查等法定救济程序的案件，可以根据检察长的批准，由相关部门进行个案评查。

3. 设定案件质量评查节点。案件质量评查的具体步骤：（1）明确评查的案件范围。视两种情况划分，对于事中监管的，应当将本院所有受理的案件纳入个案考评范围，通过出入口管理及流程监管等手段同步跟踪审查办案质量；对于案后评查的，主要是开展专项评查活动，应将判无罪、不起诉、不批捕、撤回起诉、撤案、复议复核改变原决定等重点案件纳入专项评查范围。（2）设置评查的方式。先由案件承办人对纳入评查范围的案件进行自查，填写自评表，再由评查人员评查，期间评查人员可以听取案件承办人对于办理时的情况汇报。评查人员通过阅卷的方式，对案卷进行评查，撰写评查报告详细阐述评查的过程，以及实体审查存在的问题、程序审查存在的问题，卷宗内的法律文书是否规范等，就案件质量作出最终结论。（3）将案件质量评查结果做等级划分。根据奖励先进、激励后进的原则，将案件质量评查结果分为优秀、一般、不合格和错误案件四个等级，为奖惩制度落实提供依据。对于评定的标准还需要案管部门牵头，各业务部门与评查人员一起共同商讨确定。

案件质量评查的遵循原则：坚持实体与程序并重的原则。事中监管的个案评查，由于并没有作出最终的实体性决定，应以监督审查程序是否合法、法律文书是否规范为主；案后评查工作则应实体与程序并重。案件的实体质量对案件的总体质量起着决定性作用，而程序质量又是实体质量的重要保证，两者缺一不可。① 因此作为最终的整体质量评价，案后评查须实体与程序共同考评。

案件质量评查的常规手段：是指实现案件质量评查工作信息化的方式方法。一般应通过全国检察机关统一业务应用系统开展评查工作，实现办案流程网上管理、网上监督、网上预警，充分发挥系统内业务信息及时、准确、全面的优势，深度挖掘系统内共享的信息资源，从数据库中提取隐含的、潜在有用的案件质量管理信息，及时发现案件质量存在的苗头性、倾向性、深层次问题，积极提出加强和改进工作的对策建议。

（三）健全配套制度

1. 制定工作联系制度。必须建立一套有效的内部联系制度，案管部门一旦在案中监管或是案后评查中发现问题，通过内部联系制度，及时将问题反馈到业务部门，让业务部门能及时了解并补正，不至于影响后续诉讼程序的进行。

2. 制定科学合理的通报制度。案管部门作为常设案件质量评查机构，每季度或每半年对案件质量开展评查，对评查的案件数量、存在问题的案件、存在问题的种类、原因及承办人等进行及时通报。此类通报可以是多种形式的，例如内网公布、会议通报等。除此之外，对于评查活动中的重大事项、评查出的优秀案件、优秀法律文书也要进行通报。

3. 制定监督、预警、整改工作办法。设定预警标准，对于达到预警标准的案件，案管部门应及时发出预警，并重点关注不批捕、不起诉、无罪判决、

---

① 夏登俊：《案件质量考评机制的现状与完善建议》，载《人民检察》2013 年第 7 期。

撤诉、撤案等案件动态发展情况，监督各办案部门的整改情况，及时接受反馈。办案部门整改措施落实不到位，经书面纠正仍不落实的，由案管部门直接向检察长汇报，并跟踪后续处理。

4. 制定总结分析制度。要使总结分析常态化、制度化，案管部门要针对评查工作中发现的问题定期开展总结分析，提出解决方法，对发现的典型错误和主要问题，要找准倾向和苗头，形成分析和建议均具备的案件质量专题调研报告，汇总交由检察委员会讨论后予以公布。

5. 制定奖惩制度。建立办案奖惩制度，提高办案人员的积极性。通过奖惩，树立办案人员责任意识，促进廉洁办案，提升办案人员的执法规范意识。①

（四）革新结果运用

案件评查的最终目的在于提高检察机关整体的办案质量。因此，评查结果运用，务必要切合提高办案质量和效率来进行。以往案件质量评查结果普遍仅用于个案的纠错，案件质量评查的作用远没有发挥。要改变评查结果运用方向应当从下面几个方面充分考虑：

1. 用于解决问题、纠正错误、整改完善。评查中发现的问题和错误，评查报告当中可以提出意见和建议。对于由于工作失误导致的，要及时进行处理；对于存在一般错误的，要反馈办案部门敦促其整改纠正；对于十分严重的错误，由评查机构报检察长决定。评查人员提出意见、建议的方式可以是口头也可以是书面形式。

2. 用于为领导提供决策作参考依据。案件质量评查结果作为执法办案运行情况分析的重要材料，对检察工作部署具有重要的参考价值。通过研究问题发生的原因、发展的规律，为下一步工作部署提供参照。比如侦查不及时导致直接证据灭失，只能以间接证据定罪的交通肇事案件，不乏因检法两家意见不一致导致撤回起诉的例子，影响了办案质量和社会效果。对此，评查部门可以提出建议，让公诉部门提前介入引导侦查，防止证据灭失，也可以为领导具体部署刑检部门办案中慎重采信不稳定的单证决策提供参考，从而能避免今后的办案工作陷入同样的困局。

3. 用于促进办案人员提高执法办案水平。一方面，将评查结果纳入执法档案，能促使办案人员加强业务学习，提高办案能力。另一方面，把评查结果作为评价办案人员工作实绩，进行奖励、晋升的依据之一，调动办案人员的积极性，自觉提高办案质量和办案效率。最后评查结果以档案形式永久保

---

① 莫孙华、周恺：《完善案件质量评查机制初探》，载《人民检察》2012 年第 20 期。

存，还可以使评查活动务实避虚，不走过场，不流于形式，切实发挥其实质作用。

总之，案件质量评查工作是一项长期、系统的工程，规范化、专业化还需进一步探索和完善，运行机制还有很大改进空间，制度建设还面临很大困难，评查的原则、内容、标准和方法都需要通过提出、否定、再提出、再否定的不断循环实践来完善。只有坚持实践才能检验并探索出一条符合科学发展规律，与司法改革、检察改革同步，促进案件质量评查工作健康、可持续性发展的道路。

司法体制改革背景下
刑事赔偿监督规范化发展之探讨

袁国明　邱　楠　张　涛*

我国于 1994 年制定颁布了《国家赔偿法》,其中刑事赔偿对尊重保障人权、促进司法机关及其工作人员依法行使职权发挥了重要作用。当前我国刑事赔偿工作已经取得很大成绩,但司法实践中确认难、申诉难、立案难、审理难、执行难现象较为突出,主要原因是对刑事赔偿工作缺少切实有效的监督制约机制。对此,理应加强对刑事赔偿监督之研究,以充分实现当事人的刑事赔偿请求与《国家赔偿法》的立法价值。

刑事赔偿监督是指专门法律监督机关,在我国即检察机关对刑事赔偿义务机关或刑事赔偿最终决定机关的活动或决定是否合法进行的法律监督。① 检察机关对刑事赔偿的法律监督具有一定特殊性,这种特殊性主要是由于刑事赔偿程序的性质不同于一般诉讼程序而产生的。在当下司法体制改革背景下,检察机关对刑事赔偿监督具有较强的价值意义,通过分析刑事赔偿监督的运行现状发现其存在一些现实困境,应当以规范化为着眼探讨刑事赔偿监督之重构进路。

一、价值展现:司法改革背景下刑事赔偿监督之价值意义

(一)刑事赔偿法律监督之价值

确立刑事赔偿法律制度,是完善社会主义法治的必然要求,有助于防止司法权滥用,实现人权保障目标,推进司法体制改革进程。在新时代背景下,为了发展完善刑事赔偿制度,应当建立刑事赔偿的监督机制,及时纠正违法行为,有效推进司法公正。具体而言,对刑事赔偿实行法律监督具有较强的

---

* 袁国明,江苏省南通市通州区人民检察院副检察长;邱楠,江苏省南通市通州区人民检察院研究室主任;张涛,江苏省南通市通州区人民检察院研究室助理检察员。

① 金波主编:《法律监督的理论与实务》,中国检察出版社 2005 年版,第 192 页。

价值：

1. 有助于保障当事人合法权益

实践中，我国行使相关职权的刑事赔偿义务机关对刑事赔偿工作不够重视。赔偿义务机关往往消极对待刑事赔偿工作，存在不依法赔偿、拖延赔偿等情况。对此，仅仅依靠不具有独立性的法院下设机构即赔偿委员会，无法保障当事人合法权益。对刑事赔偿实行法律监督，通过引入外部监督制约机制来督促赔偿义务机关及时履行义务，能够有效保障刑事赔偿活动的公正及时性，保障当事人权益，避免其受到二次伤害。

2. 有助于维护司法公平正义

一方面，刑事赔偿工作是社会解压器与司法行为控制阀，对司法活动具有重要指导意义。正确的刑事赔偿能够推动司法机关依法行使职权，错误的刑事赔偿则会给司法机关带来严重的负面影响。因而，对于错误的赔偿决定必须依法启动法律监督程序予以纠正，以此推进司法机关公正司法、规范司法。

另一方面，尽管刑事赔偿不实行诉讼模式，但是赔偿委员会设置于法院之内，由行使司法权的审判人员组成，其作出的赔偿行为显然属于司法行为。因而，对法院赔偿委员会的赔偿工作实行监督，有利于督促法院依法公正行使审判权，全面维护司法公平公正。

3. 有助于推动法治社会与和谐社会建设

其一，在社会主义法治建设进程中，冤假错案等法律问题难以避免，事后补救至关重要。刑事赔偿如果无法落实，抚慰功能就会落空，损害当事人的合法权益，也严重危及国家机关的威信力。[①] 通过刑事赔偿的法律监督，可以畅通赔偿渠道，伸张人民群众冤屈，从而推进社会主义法治建设，实现立法、司法、守法、监督的有机统一。

其二，实践中因刑事赔偿问题解决不力导致信访问题、引发社会动乱的现象屡见不鲜，严重影响政府形象和社会稳定，究其原因主要是对刑事赔偿的监督缺位。因而，构建刑事赔偿法律监督机制，有助于妥善处理社会矛盾冲突，消除社会不和谐因素，推动法治社会与和谐社会建设。

（二）检察机关对刑事赔偿监督之意义

在司法体制改革背景下，检察机关对刑事赔偿进行法律监督，具有其他监督机关无可比拟的优越性，也符合刑事赔偿监督发展的国际趋势。检察机关对刑事赔偿监督的意义，集中体现在其优越性质上：

---

① 郑赫南：《刑事赔偿决不打白条》，载《检察日报》2016年11月6日。

1. 有利于协调权力之间关系

国家赔偿费用由国家财政支付，财政部门对国家赔偿适度监督确有必要，但财政部门属于行政机关，不宜对司法机关的刑事赔偿决定直接提出异议，更不能以赔偿决定违法为由拒付赔偿金，否则会损害行政权与司法权之间关系，妨碍司法公正独立。为了保障赔偿决定有效执行，正确处理行政权与司法权之间关系，化解权力之间矛盾冲突，赋予专门法律监督机关即检察机关对于刑事赔偿的监督权是必要可行的，也具有较强的制度优越性。

2. 有利于保障赔偿决定执行

如何保证赔偿义务机关履行生效的赔偿决定，关系到申请人最终能否获得赔偿。根据现行国家赔偿法的相关规定，刑事赔偿制度中不能适用强制执行，因为刑事赔偿不是通过诉讼程序进行的，而是赔偿义务机关自己确认、自己执行。① 如此模式的直接后果就是赔偿决定往往无法得到实际执行，沦为一纸空文。此种情况下，检察机关对刑事赔偿决定执行情况进行法律监督，无疑会成为解决长期困扰刑事赔偿执行难问题的有效进路之一。

3. 有利于保证立法司法统一

其一，检察机关对刑事赔偿进行法律监督最为直接有效。检察机关是我国宪法明文规定的法律监督机关，且通过司法实践中对刑事、民事、行政诉讼的法律监督活动，积累了丰富的工作经验，探讨出行之有效的多种监督方式，得到社会广泛认可。因而，由检察机关对刑事赔偿进行法律监督更利于工作开展，也无须另设监督机关，能够保证立法司法体制稳定，也符合制度经济原则。

其二，检察机关对刑事赔偿决定实行法律监督与相关法律法规规定并不矛盾。修改后的《国家赔偿法》第 30 条第 3 款明确规定人民检察院对人民法院赔偿委员会所作出的决定，有权提出意见，人民法院应当重新审查。② 2010 年11 月最高人民检察院发布的《人民检察院国家赔偿工作规定》第五章"赔偿监督"，原则性规定了人民检察院对刑事赔偿决定进行法律监督的关键内容。③以上法律法规表明，检察机关对刑事赔偿的法律监督并非无法可依。检察机关尽管是赔偿义务机关之一，却不妨碍其对刑事赔偿实行法律监督，这是其公正

① 马怀德主编：《国家赔偿问题研究》，法律出版社 2006 年版，第 235 页。

② 修改后《国家赔偿法》第 30 条第 3 款规定："最高人民检察院对各级人民法院赔偿委员会作出的决定，上级人民检察院对下级人民法院赔偿委员会作出的决定，发现违反本法规定的，应当向同级人民法院赔偿委员会提出意见，同级人民法院赔偿委员会应当在两个月内重新审查并依法作出决定。"

③ 参见《人民检察院国家赔偿工作规定》第 29 条至第 38 条。

规范司法与维护立法司法统一的必然要求。

二、困境剖析：司法改革背景下刑事赔偿监督之现状困境

在司法体制改革背景下，在认识到刑事赔偿监督的价值意义的同时，应当认真检视刑事赔偿监督的运行现状，仔细剖析刑事赔偿监督的现实困境。

（一）刑事赔偿监督之现状

1. 刑事赔偿监督之范围

国家赔偿法对国家承担刑事赔偿责任的范围进行了明确列举，刑事赔偿监督应当贯穿于赔偿程序始终，因而刑事赔偿监督范围和刑事赔偿范围具有一致性。根据修改后《国家赔偿法》第 17 条、第 18 条的规定，刑事赔偿分为侵犯人身权的赔偿、侵犯财产权的赔偿，那么检察机关对刑事赔偿进行法律监督的范围，应当是包含上述两种刑事赔偿的各种情形。此外需注意：其一，由于各地对存疑案件是否适用刑事赔偿存在争议、做法各异，因而在承认对存疑案件适用刑事赔偿的地区，检察机关要注意对此类情形进行监督；其二，修改后《国家赔偿法》第 35 条增加了精神损害赔偿的条款，① 因而检察机关应当加强基于精神损害的刑事赔偿监督工作力度。

2. 刑事赔偿监督之内容

其一，检察机关可以对赔偿义务机关和赔偿委员会处理刑事赔偿案件的程序与结果依法实施监督。由于国家赔偿法采取实体法与程序法合一的立法体例，因而刑事赔偿监督必然是实体与程序两方面的双重监督，是广义的监督。如此，可以保证当事人在请求刑事赔偿时能够得到受理机关的公正对待，享有充分的程序保障，得到公正的处理结果。

其二，检察机关可以通过对刑事赔偿案件的监督实现对诉讼活动的有效监督。刑事赔偿案件涉及事实问题认定，涉及与此相关的刑事诉讼合法性的判断，检察机关对刑事赔偿案件的监督是其对刑事诉讼活动监督的关键组成部分。诉讼活动是否合法是启动刑事赔偿程序的关键因素，检察机关对刑事赔偿进行监督也会涉及对刑事诉讼活动合法性的评价，进而间接对刑事诉讼活动进行监督。

3. 刑事赔偿监督之方式

根据现有相关立法，人民检察院在实施法律监督过程中采取的监督方式一

---

① 修改后《国家赔偿法》第 35 条规定："有本法第三条或者第十七条规定情形之一，致人精神损害的，应当在侵权行为影响的范围内，为受害人消除影响，恢复名誉，赔礼道歉；造成严重后果的，应当支付相应的精神损害抚慰金。"

般包括教育督促、检察建议、纠正违法、查处职务犯罪、提起抗诉。① 然而，当前作为《国家赔偿法》第 30 条仅笼统规定了"提出意见"的检察监督方式；《人民检察院国家赔偿工作规定》也仅规定了"提出审查意见"的检察监督方式。上述监督方式除了抗诉以外，都可以适用于检察机关对刑事赔偿的监督。

一是教育督促。通过检察机关的教育督促工作，有助于形成司法机关工作人员的自律机制与公民的控告检举机制。其一，教育司法工作人员依法履行法定职责，其二，教育公民依法维护自身合法权益。通过教育督促工作，对刑事赔偿工作起到较好监督作用，但存在监督方式过于原则的不足。

二是检察建议。其一，对国家工作人员轻微的不依法履行职责行为，向其单位提出要求改正的建议；其二，发现国家工作人员的行为违纪违法的，分别向纪检监察部门和人大提出党纪处分和予以罢免的建议；其三，对国家机关工作制度中存在的可能诱发职务犯罪的风险，提出完善制度与规范运行的建议。该种监督方式比较容易接受，但往往无法引起重视。

三是纠正违法。运用纠正违法通知书的形式，纠正被监督机关的严重违法行为，这是检察机关法律监督的重要方式。在刑事赔偿监督领域，检察机关应针对赔偿义务机关和决定机关的严重违法行为发出纠正违法通知书，以纠正违法行为。这种监督方式使用范围较广，但往往缺乏操作性和执行力。

（二）刑事赔偿监督之困境

1. 立法不完善导致法律依据缺失与专门机构缺位

其一，检察机关缺乏对刑事赔偿进行法律监督的具体明确依据。一是从法律规定来看，我国宪法、三大诉讼法、国家赔偿法或未规定检察机关对刑事赔偿进行法律监督的条款，也未提及有关机关和人员如何接受检察监督和不接受检察监督的法律责任；或仅规定了检察监督的原则性、宣示性条款，实际操作内容不多。刑事赔偿的立法领域不仅缺乏明确检察机关监督地位的规定，也缺乏可操作性的具体实施细则。二是从司法解释来看，由检察机关单独或者会同人民法院颁布了一些直接或者间接规定刑事赔偿监督的司法解释。其中，最高人民检察院颁布了一些司法解释，通过上下级层级监督等方式探索刑事赔偿监督，如 2000 年《最高人民检察院刑事赔偿规定》、2005 年《关于人民检察院办理刑事赔偿确认案件拟作不予确认决定报上一级人民检察院批准的规定》、2010 年《人民检察院国家赔偿工作规定》等；最高人民法院、最高人民检察

---

① 金波主编：《法律监督的理论与实务》，中国检察出版社 2005 年版，第 32 页。

院联合颁布的有 1997 年《关于办理人民法院、人民检察院共同赔偿案件若干问题的解释》、2000 年《关于适用〈关于办理人民法院、人民检察院共同赔偿案件若干问题的解释〉有关问题的答复》等，最高人民法院颁布的有《最高人民法院赔偿委员会关于法律监督机关的复查意见可视为确认的批复》等。上述司法解释的颁布，反映出司法实践中对刑事赔偿监督相关法律规定的迫切需求，也表明了检、法两家对于刑事赔偿监督存在不同认识，亟须加以统一和明确。

其二，检察机关专门从事赔偿监督的机构缺位。从目前的检察机关刑事诉讼监督现状看，立案、侦查、审判、执行监督具有专门机构负责，但对于刑事赔偿监督却缺乏一个独立机构统一履行监督职责。对此，2010 年《人民检察院国家赔偿工作规定》设立了国家赔偿工作办公室统一负责检察机关的国家赔偿包括刑事赔偿监督工作。然而，第一，实践中检察机关国家赔偿工作办公室与控告申诉检察部门、举报中心实际上是一个机构三块牌子，难以做到彼此独立工作，权责很难区分清楚。第二，由于控申部门编制有限，事多人少矛盾突出，一般将控告申诉工作作为主业，往往相对忽略刑事赔偿工作。第三，当前检察机关国家赔偿工作办公室既办理刑事赔偿工作，又承担对刑事赔偿的监督工作，如此做法显然不够合法规范，也有违公平正义原则。

2. 人民检察院作为赔偿义务机关时的监督存在问题

现代检察官制度是基于对法官和警察行为的监督制约要求而产生的，承担着防范法官恣意与警察滥权的功能，但同时又面临自身如何对抗不信任的问题。[①] 因而，检察机关作为赔偿义务机关时由谁监督、如何监督，即"谁来监督监督者"，就成为一个关键问题，应当引起充分重视。实践中，检察机关进行刑事赔偿的出现频率不高，但检察人员对刑事赔偿存在抵触心理，刑事赔偿工作不够规范乃至违纪违法的情况不同程度存在，因而对此加以监督是权力制约与规范司法的必然要求。从现有司法解释来看，此种情况下的刑事赔偿监督权由上级检察机关行使，[②] 但是同一检察系统内的监督机制是否具有公平公正性，实际上存在较大疑问。

3. 赔偿决定执行与追偿问题的检察监督相对缺位

其一，赔偿决定执行监督缺位。修改后的《国家赔偿法》第 29 条明确规

① 郭立新：《检察权的监督制约机制》，载《检察日报》2004 年 2 月 28 日。
② 参见《人民检察院国家赔偿工作规定》第 5 条、第 21 条。

定赔偿委员会作出的赔偿决定必须执行,[①] 但并未规定法院作出赔偿决定具有强制执行效力。如此, 直接导致赔偿义务机关故意长期拖延赔付赔偿金或者拒不赔付赔偿金的现象, 严重损害了当事人合法权益, 影响了国家赔偿制度的公正性、权威性与公信力。于是, 在此情况下引入检察机关对刑事赔偿的法律监督就具有较强必要性。然而, 相关立法与司法解释并未明确规定检察机关对刑事赔偿决定执行情况的监督, 以及监督的方式、程序、途径等重要内容, 形成较大缺憾。

其二, 追偿问题监督缺失。修改后的《国家赔偿法》第 31 条规定赔偿义务机关赔偿损失后, 应当向有具有特定情形之一的工作人员追偿部分或者全部赔偿费用。[②] 由此可见, 第一, 检察机关有必要对刑事赔偿决定执行后的追偿情况进行有效监督; 第二, 由于上述情况可能构成犯罪, 因此按照刑诉法关于案件管辖的规定, 也应该由检察机关处理。[③] 然而, 与赔偿决定执行的监督类似, 相关立法与司法解释也并未明确对追偿问题的具体监督措施与有效监督途径, 亟待明确与完善。

三、重构进路: 刑事赔偿监督之规范化路径

对刑事赔偿程序进行监督, 既涉及刑事诉讼程序又涉及国家赔偿程序, 因而完善刑事赔偿制度, 也要从刑事诉讼和国家赔偿两个方面同时入手, 以制度化为基础, 以规范化为着眼, 探讨刑事赔偿监督之重构进路。具体而言, 首要的是明确改革的正确方向。由人民检察院对刑事赔偿案件进行法律监督, 对于检察机关作为赔偿义务机关的案件则由人民监督员等进行监督, 这是一种比较现实的选择, 改革成本较小, 各方容易接受。具体而言, 本文以刑事赔偿监督之规范化为切入, 从宏观与微观两个层面, 提出如下制度完善重构进路:

(一) 宏观层面的规范化重构进路

1. 修改相关立法, 完善有关制度

(1) 增强对检察机关刑事赔偿监督的立法确认

当前刑事诉讼法、国家赔偿法等相关立法都缺少对检察机关刑事赔偿监督

---

① 修改后的《国家赔偿法》第 29 条第 3 款规定:"赔偿委员会作出的赔偿决定, 是发生法律效力的决定, 必须执行。"

② 修改后的《国家赔偿法》第 31 条规定:"赔偿义务机关赔偿后, 应当向有下列情形之一的工作人员追偿部分或者全部赔偿费用:(一) 有本法第十七条第四项、第五项规定情形的;(二) 在处理案件中有贪污受贿, 徇私舞弊, 枉法裁判行为的。对有前款规定情形的责任人员, 有关机关应当依法给予处分;构成犯罪的, 应当依法追究刑事责任。"

③ 高家伟:《国家赔偿学》, 工商出版社 2000 年版, 第 364 页。

的明确规定，存在空白之处。因而，在国家赔偿法再修改时，应当明确人民检察院的法律监督地位。建议借鉴国外相关立法，对于刑事赔偿监督的事前监督、事中监督、事后监督、赔偿费用、法律责任等重要方面和关键环节加以明确规定：

其一，当事人对人民法院赔偿委员会赔偿决定不服的，可以在 10 日内向上级人民法院赔偿委员会申诉复议，或者向上级人民检察院申诉。其二，人民法院赔偿委员会作出赔偿决定前，应当听取同级人民检察院刑事赔偿监督部门的意见。其三，上级人民检察院对下级人民法院赔偿委员会作出的赔偿决定书面提出确有错误的事实和理由，同级人民法院赔偿委员会应当重新审理或指令下级人民法院赔偿委员会重新审理。其四，对于人民检察院书面提出的重新审查意见在法定时间内不予答复或者审结的，或者应赔偿不予赔偿、拖延赔偿等，视情况追究相关人员的责任。

（2）细化刑事赔偿的相关立法规定

总体而言，当今世界各国国家赔偿法普遍规定的比较原则，未能把所有关键性的赔偿问题涵盖在内，我国也不例外。因而，对《刑事诉讼法》与《人民检察院刑事诉讼规则（试行）》加以修改，对于弥补和细化国家赔偿法之不足起到较强补充作用。刑事诉讼法的相关规定是判断司法侵权的法律依据，也是国家赔偿法的重要渊源，在刑事诉讼法再修改时明确检察机关对刑事赔偿的监督地位是很有必要的。此外，《人民检察院刑事诉讼规则（试行）》作为检察机关办理刑事案件的具体工作细则，其中有刑事诉讼进行法律监督的专门规定。因此，应当在《人民检察院刑事诉讼规则（试行）》的法律监督部分增加有关刑事诉讼监督的规定，将具体的监督方式、监督途径、监督内容、法律责任等规定其中，以此作为检察机关对刑事诉讼进行法律监督的具体法定依据。

2. 完善检察机关刑事赔偿监督的方式途径

现有的检察机关对刑事赔偿监督的方式单一、手段乏力，无法保障监督效果。实践中，检察监督的手段也显得软弱无力，当有机关拒不接受检察机关的意见时，法律上没有进一步的解决手段，严重影响了法律监督的效力，如对检察建议书不答复、不理会的情况屡见不鲜，使法律监督形同虚设。[①] 因而，建议从以下方面入手，拓宽检察机关刑事赔偿监督的方式路径：

其一，参照现行刑事诉讼法中关于检察机关对于公安机关应不立案时的监督方式，加以明确规定。赔偿请求人向检察机关反映赔偿义务机关不依法受理或者不

---

① 张智辉、谢鹏程主编：《中国检察》（第三卷），中国检察出版社 2003 年版，第 607 页。

依法确认的，检察机关经过审查程序后，有权要求赔偿义务机关说明情况，并根据规定责令其依法处理，或者要求其上级机关重新审查并作出确认决定。

其二，赔偿委员会办理刑事赔偿案件，应当听取同级人民检察院的意见。人民法院赔偿委员会作出赔偿决定，应当将赔偿决定书送达赔偿请求人、赔偿义务机关和同级人民检察院。赔偿请求人、赔偿义务机关和同级人民检察院对赔偿决定有异议的，可以在一定期限内申请上一级人民法院赔偿委员会复议，重新作出赔偿决定。

其三，财政部门在受理经费核拨申请或者执行赔偿决定时，认为赔偿义务机关超出法定范围和标准赔偿的，应当在一定期限内移送检察机关审查。如果检察机关认为确系超出法律规定范围和标准赔偿的，应当在一定期限内要求同级人民法院赔偿委员会作出决定。超出上述规定期限的，赔偿请求人、财政部门或者下级检察机关认为赔偿决定错误的，上级检察机关审查后认为确有错误的，应当要求同级人民法院赔偿委员会审查并作出赔偿决定。赔偿义务机关或者赔偿经费管理部门拖延执行或者拒不执行的，检察机关有权要求其说明情况，对于理由不成立的，应当督促其及时执行。①

其四，对于自侦案件，在检察机关介入案件实质侦查阶段时，向犯罪嫌疑人告知其可以享有审查国家赔偿权利的法定情形和相应程序。对于公安机关侦查的案件，可以利用检察机关刑事执行检察部门驻所检察的便利，对羁押在看守所内的犯罪嫌疑人、被告人告知可以申请国家赔偿权利及相应程序，并尽力为其提供法律帮助。

3. 转变司法观念并树立刑事赔偿监督的正确认识

（1）树立打击犯罪与保障人权并重的司法理念

长期以来，我国在刑事司法价值的追求较为片面，强调打击犯罪与维护社会秩序，忽视保护公民合法权益。在现代法治社会背景下，应当对原来的价值追求进行调整，既要充分发挥打击犯罪职能，又要切实保护公民合法权益，打击法治与保障人权不可偏废。刑事诉讼承担着打击犯罪与保障人权的双重任务，不能以牺牲人权为代价追求打击犯罪的功效。②

（2）将刑事赔偿与错案以及业绩考核等适度分离

实践中刑事赔偿运行不畅的一个关键原因就是把刑事赔偿和错案加以混同，认为刑事赔偿就意味着办案错误并要进行错案责任追究，从而挫伤办案人员的积极性。而且当前名义上是国家赔偿，实际上是单位赔偿的现状下，单位

---

① 刘志远：《刑事赔偿不该成为法律监督死角》，载《检察日报》2006 年 5 月 15 日。
② 张兆松：《存疑案件赔偿问题之我见》，载《人民检察》2001 年第 3 期。

要同时承担经济责任与否定性的评价责任。实践中，由于上述原因导致一些司法机关不敢赔、不愿赔、拖延赔的现象突出。对于当事人合法的刑事赔偿申请，司法机关不能生硬打压，应当因势利导，对于合法合理的申请及时予以赔偿，对于不合法的申请也要耐心说明理由，避免激化矛盾，从而实现社会安定、和谐司法。

（3）协调处理好公检法三机关之间关系

刑事赔偿监督是一个得罪人的工作，检察机关要以"强化法律监督，维护公平正义"的监督理念为指引，大力开展刑事赔偿监督工作，要树立敢于监督、善于监督其他司法机关及其工作人员的作风，要加强与公安机关、人民法院的沟通配合，共同做好国家赔偿工作。检察机关在认真履行法律监督职责的同时，与人民法院、公安机关加强沟通联系也有助于刑事赔偿工作的顺利开展。对此，建议通过建立业务协作制度、联席会议制度等加强沟通协调，尽量减少分歧、达成共识，预防和减少刑事赔偿问题的产生。

（二）微观层面的规范化重构进路

1. 完善检察机关对刑事赔偿程序的监督

（1）完善对赔偿义务机关先行处理程序的监督

根据国家赔偿法相关规定，赔偿请求权人在最终解决刑事赔偿争议时，应经赔偿义务机关先行处理。人民检察院应当在先行处理程序中加强监督，具体应当强调从两方面入手：其一，应当监督赔偿请求人向赔偿义务机关提出要求赔偿的权利能否得到赔偿义务机关的重视与支持。受害人提出的刑事赔偿要求具有很强的迫切性与合理性，一旦赔偿义务机关不予确认违法情形、全部或者部分拒绝接受申请请求，检察机关就应当监督赔偿义务机关依法受理，协助、支持请求权人向赔偿义务机关主张此种权利。其二，应当监督赔偿义务机关的处理决定，以保证问题得以公正解决，从而防止刑事赔偿争议的继续进行。现行国家赔偿法并未规定赔偿义务机关处理争议的方式，司法实践中一般采用协议或裁决方式。要注意到如果协议不成，赔偿义务机关可以径行裁决，如此赔偿义务机关作为争议一方的当事人来负责解决争议，显然有违公正原则，如果裁决有失公正，则检察机关可以对此裁决依法干预。

（2）完善对复议程序的监督

在刑事赔偿复议程序中，检察机关应当充分发挥监督作用。具体而言，检察机关在复议程序中，应当着重监督复议申请的受理情况，包括请求权人是否在法定期间提出复议申请、复议机关对于符合条件的复议申请是否依法受理、复议机关进行复议的情况，如复议机关是否听取了请求权人的意见、评议过程是否合法、是否在法定期间作出复议决定等关键环节的监督，以保证复议机关依法作出正确的复议决定。

（3）完善对刑事赔偿决定执行程序的监督

依照现行相关立法，人民法院对于刑事赔偿决定没有强制执行的权力，当事人也不得请求对赔偿决定强制执行。针对此种情况，人民检察院针对刑事赔偿决定的执行程序进行监督就显得至关重要，也有助于保证赔偿决定的内容得到实质性、充分性的实现。此外，刑事赔偿决定生效后，也有可能发生错误的情况，当事人如果对此存有异议，可以向人民检察院进行申诉，人民检察院也应当建议人民法院对赔偿决定进行复查后重新作出决定，以保证决定执行的正确性。

2. 加强刑事赔偿监督办案力量，并完善对人民法院赔偿委员会的监督

（1）完善加强检察机关内部的刑事监督办案力量

法律监督能否充分发挥其应有的功能和效用，关键是看有无一支高素质的法律监督队伍。应当针对刑事赔偿监督的特点，从控申部门和刑事赔偿办公室抽调一批具有高度责任感和法治意识、具有过硬业务素质和刑事赔偿工作经验的检察官，专门从事对刑事赔偿的监督。同时在人民检察院内部建立由 3～7 名检察员组成的赔偿委员会，专门负责实施刑事赔偿监督工作。此外，建议在检察机关内部逐级逐步把行使赔偿监督职权的部门与受理审查刑事赔偿申请的部门相互分离、各司其职，分别指派专人行使各自职权，通过建立两个部门之间互相配合、互相制约的层级体系，从而确保司法公平公正。

（2）完善加强对人民法院赔偿委员会的监督

为保证人民法院赔偿委员会客观公正审理刑事赔偿案件，应当明确由检察机关对法院审理刑事赔偿案件实行法律监督，检察机关发现赔偿决定确有错误，或者赔偿请求权人认为法院赔偿决定确有错误，可以向作出赔偿决定的上级法院提出再审请求，上级法院应当受理并依法作出再审决定，再审决定是发生法律效力的赔偿决定，必须严格执行。①

一方面，法院改变检察机关赔偿决定时，检察机关应当参加法院举行的听证会。听证会可以参照审判监督程序进行，检察机关应当派员以国家赔偿义务机关和法律监督者的双重身份出席听证会，出现在听证会的"听证席"位置，享有对赔偿请求人的询问权与对主要证据的质证权。检察人员对于法庭质证、认证时遗漏的赔偿（或不赔偿）理由是否成立的主要证据，有权提请审判长质证、认证；对于法庭组成不合法定要求及其他违法现象，可以在庭审后提出检察建议，切实履行法律监督权。

---

①　向泽选：《法律监督原理》，群众出版社 2006 年版，第 240 页。

另一方面，检察机关作为赔偿义务机关时，对于人民法院赔偿委员会作出的已经发生法律效力的赔偿决定，发现确有错误情形的，有权提请法院赔偿委员会重新作出赔偿决定。根据《国家赔偿法》总则规定，保障公民法人和其他组织依法享有取得国家赔偿的权利与促进国家机关依法行使职权，是该法的重要立法目的。因而，理应增设对确有错误的赔偿决定重新审理的程序。赔偿义务机关和赔偿请求人对于刑事赔偿决定不服或者有异议的，都可以申请赔偿委员会再审并作出决定。

3. 完善人民检察院作为赔偿义务机关时的监督

我国检察机关具有法律监督职责，客观上对中立义务的要求更为严格。为彰显检察机关办理涉及自身刑事赔偿案件的客观性、公正性，检察机关应当缩短刑事赔偿的时限，提高刑事赔偿的效率，可以采取将业务部门与刑事赔偿工作部门、侵权确认与刑事赔偿的审查叠加的方式，简化办案环节，谋求当事人最大利益。此外，应当加强合力，对检察机关作为刑事赔偿义务机关时的决定行为进行监督。

（1）构建客观公正的内部监督机制

必须明确以"客观公正"为职业要求的检察机关在长期承担法律监督职责过程中，形成了以检察委员会制度、检察长审批制度、自上而下层级监督、错案追究制度为核心的内部监督机制，应该能够胜任对刑事赔偿活动的监督工作。此外，应当从根本上确立检察官客观公正义务，关键是"诚信、真实、中立、全面"义务，为了发现真实情况，检察官不应只站在当事人的立场，而应当在客观的立场上进行相关活动。[1]

（2）发挥人民监督员对刑事赔偿的监督作用

从司法实践看，检察机关一贯重视强化对自身司法办案活动的监督，以切实提升司法公信力。2015年3月，最高人民检察院、司法部《深化人民监督员改革方案》规定在自侦案件中，人民监督员有权对"应当给予刑事赔偿而不依法予以赔偿的"情形予以监督，由此启动人民监督员程序。对此，应当对人民监督员对刑事赔偿的监督程序予以细化，明确具体操作程序。此外，检察机关应当建立对人民监督员的定期通报与联合检查制度，便于人民监督员及时掌握职务犯罪查处情况；还应加大对人民监督员制度的宣传力度，向社会公开人民监督员联系方式，从而扩大监督的知情渠道。同时，对于人民监督员提出异议的检察机关刑事赔偿，应当及时启动由上级人民检察院复核的程序等。

---

① 曾献文：《确立"中国式"检察官客观义务》，载《检察日报》2007年7月19日。

（3）完善刑事赔偿确认程序

检察机关作为赔偿义务机关时，刑事赔偿监督的重点和难点集中体现在违法行为的确认程序上。为了有效化解赔偿难问题以及保障公民依法获得国家赔偿权利，最高人民检察院于 2005 年 11 月 9 日颁布了《关于人民检察院办理刑事赔偿确认案件拟作不予确认决定报上一级人民检察院批准的决定》，其中的关键条文赋予了当事人对于人民检察院不予确认刑事赔偿发表意见的权利、上级人民检察院对于不予确认案件复查的权力、责令下级人民检察院受理或者及时作出刑事赔偿决定的权力，并规定由检察长或者检察委员会享有最终决定权，在一定程度上加强了刑事赔偿监督的力度。但是应当注意到，《关于人民检察院办理刑事赔偿确认案件拟作不予确认决定报上一级人民检察院批准的决定》只是工作规定性质的文件，效力不高、条文不多且较为笼统。对此，建议把检察机关刑事赔偿确认程序的条文，正式纳入《人民检察院刑事诉讼规则（试行）》之中，同时明确与细化相关规定与条款，以此提升刑事赔偿的地位，并增强对刑事赔偿进行监督的力度。

司法责任制背景下检察官内部监督模式研究

王永强　　项宗友[*]

随着司法责任制改革、检察人员分类管理等相关改革的整体推进，如何科学理解和推进司法责任制及其组织形式，以及如何划分检委会、检察长、（主任）检察官等办案权限成为当前改革的重要环节。中央确定的司法体制改革试点在检察官急剧"扩权"下，是否会导致检察官滥用职权或者严重的司法腐败？这种担心并不是杞人忧天。近几年冤假错案频频曝光、检察人员违法违纪现象见诸报端，使对检察官内部监督显得迫切而必要。所谓内部监督，是内部监督制约制度作为一种内部权力运作机制，体现的就是在检察机关内部，不同主体按照法律职责对主任检察官的履职行为进行监督或制衡，及时发现问题或错误并加以纠正，从而保证检察机关整体上对外依法公正行使检察权。①

一、必要性证成：检察官内部监督的三个逻辑前提

司法责任制是指基于司法的属性而产生的一种责任体系，不仅包括法官的责担当与责任追究，还包括法官享有充分独立的司法裁判权。② 当前检察机关推进的司法责任制改革，以健全"构建公正高效的检察权运行机制和公平合理的司法责任认定、追究机制，做到谁办案谁负责、谁决定谁负责"为目标，在员额制的基础上，以减弱检察机关的行政属性，从根本上解决"谁监督监督者"的问题。从改革之前检察官作为行政属性过强、与公务员无异的"检察干警"，逐渐向"谁办案谁负责"的司法人员。在司法责任制方兴未艾之时，讨论检察官监督的问题似乎"不合时宜"，容易陷入"放权一句话，监督一本书"的质疑之中。确实，在我国司法权力架构中，检察官相对独立在宪

---

* 王永强，四川省成都市人民检察院法律政策研究室主任，全国检察业务专家；项宗友，四川省成都市人民检察院法律政策研究室员额检察官。

① 转引自郑谐、杨圣坤：《主任检察官内部监督制约制度的体系化建构》，载《江南社会学院学报》2015 年第 3 期。

② 金泽刚：《司法改革背景下的司法责任制》，载《东方法学》2015 年第 6 期。

法甚至刑事法律语境中并没有空间，只能依附于检察院的独立而局部、有限制地存在。因此，对检察官的内部监督的第一个逻辑的前提是：检察官获得足够多的检察权下的具体权限，且这种放权是一种相对独立的司法权，即检察官拥有自己可以完全做主的决定权。若检察官没有获得实质上的决定权，此问题就少了论证的前提条件。第二个逻辑的前提是：当前的检察官或者拟任检察官，是否已经具备当代法治国家检察官所应具备的素质。最后要检视的是，人们是否已经可以宽容到接受检察官放权带来的潜在风险，如冤假错案的发生甚至可能的司法腐败。以下从三个方面进行分析：

（一）改革后检察官得以行使的职权显著增多

笔者总结了已经出台检察官权力清单省份数据（见表一）。从表一中可以看出，各地在法律框架内，采用直接授权或者负面清单管理模式，充分合理下方司法办案权限，弱化对具体案件审核权，突出（主任）检察官的执法办案主体地位。当前检察官办案责任制体现出两个趋势：一是检察官的职权得到空前丰富，大部分省份检察官获得授权超过总数的50%。二是部分地方已在试点将检察长行使的职权下放给检察官，如重庆市、山东省将一般案件的决定逮捕权、起诉权交由检察官行使。应该说，从三级审批制下的事无巨细的审批制度（统一应用软件中，换押文书甚至都需要分管副检察长审批），检察官独立行使的职权确实前所未有。

成都市人民检察院作为主任检察官责任制改革试点单位，经过多年的司法实践，已经形成了较为成熟的检察官行权模式。2015年，成都市院作为四川省的三个试点地区之一，经省检察院统一，在《四川省检察机关检察官权力清单（试行）》基础上，对检察官予以更大的放权范围。相较于试点省份的权力清单，成都市院确定的300项检察权限中，授予检察官自行决定的权限达214项，授权比例达72%左右。最明显的区别是，成都市检察院权力清单大幅减少了检察长（副检察长）审批层级。与之相对应的是，检察官权限增多，尤其是最终决定权数量的增加，在检委会讨论的案件数量中得到较为充分的体现。2014年推行员额检察官改革以后，检察官行使起诉权的案件大幅提升，检委会讨论案件数量则逐年减少，2013年召开检委会27次，讨论各类议案296件；2014年召开检委会26次，讨论各类议案184件；2015年召开检委会23次，讨论案件62件；2016年召开检委会20次，讨论案件45件。

表一　试点省份《检察官权力清单》汇总①

试点省份	权力清单检察职权	授予检察官行使的职权	比例
重庆市	304	205	70%
深圳市	706	392	55%
湖北省	266	114	42%
四川省	299	143	63%
山东省	196	111	56.6%
广东省	339	210	62%

（二）检察官的相对独立人格尚未形成

德国 19 世纪有句名言，"检察官应担当法律守护人之光荣使命，追诉犯法者，保护受压迫者，并援助一切受国家照料之人民。检察官作为法律的守护人，负有彻头彻尾实现法律要求的职责"。② 检察官办案责任制度的核心在于确立检察官的独立司法人格。此处的"检察官"是指实际承办案件的检察官，不包括享有法定案件审批权的非办案检察官。"独立司法人格"的标准也十分明确，一是从外部来看，承办检察官应被赋予可以独立发表意见并能对自己承办的案件作出最终决定的权力，其行政领导不再有审核、批示案件的权力，无权僭越承办检察官之位，具有类似德国检察官"在从开始侦查的最初阶段到执行刑罚的最后阶段的主导地位"。③ 二是就检察官自身而言，其应具有法律人的独立精神、高超的专业水平和较高的道德水准，④ 在职业素养上应与对法官的要求相当。

在大陆法系国家，检察官的选任都有近乎严苛的标准。如在德国，要获得检察官任命，"一个德国求职者一般要经过十年以上的时间，期间必须通过两次国家考试关和一次考核评估关"。⑤ 报考者在通过突出法律理论基础的口试和笔试后，要经过两年以上的"职业预备期"，才能参加第二次侧重实务案件处理的国家考试，通过第二次考试才能成为检察官候补人资格，如此又经过三

---

① 以上数据来自最高人民检察院网站。数据统计中，四川、重庆数据出自文件起草说明，其余数据为笔者依照各省文件统计。

② 高一飞：《检察改革中要注意处理好的几个问题探索》，载《探索》2005 年第 3 期。

③ 谢鹏程：《论检察官独立与检察一体》，载《法学杂志》2003 年第 3 期。

④ 王娜、周杨：《论检察官的独立性》，载《福建警察学院学报》2014 年第 6 期。

⑤ 卢乐云：《德国检察官为何受宠备至——德国检察官选任与考核机制见闻》，载《人民检察》2011 年第 1 期。

年实习，经过考核合格，最终才能被任命为检察官。

在司法责任制改革以前，我国检察官是"生于司法，却无往不在行政之中"①，在此意义上，检察长负责制名副其实，检察官负责制只是徒有其名。这一轮员额检察官遴选，从全国遴选方式来看，总体是采取考试加考核的方式进行。不能回避的一个事实是，与德国等国家检察官选拔方式相比，本轮遴选无论在报名条件、考试设置和考试轮次上都存在巨大的差距，在此种选拔模式下，遴选出的检察官是否都能胜任司法责任制的要求，尚待实践的检验。从各地情况来看，没有司法实践经验但考试能力较强的人有机会在遴选时成为检察官，甚至有的地方将之前的部门负责人直接转为检察官，"老人靠经验，新人靠学历"的情况还不同程度存在，检察官素质参差不齐也是扩权后带来的不稳定因素。

（三）冤假错案仍是检察机关不能承受之重

当前，防止冤假错案是检察机关的重要任务。曹建明同志在工作报告中也多次强调"坚守防止冤假错案底线""把严防冤假错案作为必须坚守的底线"，现在试点的检察官责任制改革，仍处在摸索前行阶段，就有的责任不清的审批程序上未完全改变，检察官负责制方案也未完全成熟，尽管改革难免出现这样那样的问题，但唯有冤假错案是改革不能承受的代价，因为每个案件都考验检察机关司法公信力。

最高人民检察院原副检察长朱孝清对冤假错案产生的根本原因、深层次原因和直接原因进行了分析，尖锐地指出，"有一些检察机关和办案人员明知案件不符合批捕、起诉、抗诉条件，但为了应对舆论压力和当事人诉求，为了转移矛盾，竟放弃职守，予以批捕、起诉、抗诉，而让下一环节或程序去把关"。②按照司法责任制改革的设计路径，从各省的权力清单来看，除法律规定有检察长和检委会决定的事务以外，检察权运行中的决定集中在员额内检察官手中，有学者指出，"对于最容易滥权的渎职、侵权犯罪案件，检察机关却垄断了立案、侦查、起诉的权力，在这些权力中，检察机关处于一种'支配性地位'"。③

二、检察官内部监督的基本原则

美国学者弗兰茨·纽曼指出，"哪里有不受限制的自由裁量权，哪里便无

① 龙宗智：《检察机关办案方式的适度司法化改革》，载《法学研究》2013年第1期。
② 朱孝清：《冤假错案的原因和对策》，载《中国刑事法杂志》2014年第2期。
③ 谢小剑：《公诉权制约制度研究》，法律出版社2009年版，第40页。

法律制度可言”。[1] 检察机关司法责任制改革的目标是对检察官赋予更多的自由裁量权，但自由裁量权的扩大必然带来检察权滥用的可能，对检察官进行限制的必要性在所难免，但应该注意的是，对检察官的内部监督不能变成内部行政管控，走回层层审批、“不看病的医生开药方”[2] 的怪圈。笔者认为，对检察的监督应遵循以下原则：

（一）有限原则

检察官的内部监督首先应遵循有限原则。有限原则有时也表述为谦抑原则或者检察监督节制原则，[3] 是指在对检察官进行内部监督中必须保持必要的克制和容忍，不到非不得已不得提起监督程序。从监督目的上来看，是为了要保障检察官的全面、正当履行职责，而非主动干扰、削弱检察权的运行。就监督者而言，其作为监督的外部参与者，不能对被监督的检察官取而代之，“应防止将检察权内部监督演变为干扰检察权独立行使的行政手段”，要有限地、可控地实行对检察官的内部监督。

具体而言，检察业务部门负责人不参加案件的实体性审查，不得干预、擅自改变承办案件检察官作出的决定，仅能通过分案、组织召开检察官联席会议、检察官主动汇报等形式，对科室（处室）案件质量进行把关，并仅能在检察官案件受到质疑时，得以检阅检察官案件，并可以根据检察官司法过程中出现的过错，进行劝勉谈话；就检察长而言，其可以改变检察官作出的决定，但应对变更后的决定承担自己的责任。

（二）明确原则

明确原则本是刑法罪刑法定原则的实质侧面，主要是指立法者应当明确规定刑法法规，使普通公民对法律有充分的认识，并能使司法官员充分理解，以防止适用法律的任意性。本文借用明确原则是为了说明，对检察官履职行为的监督，不能演变成监督者的个人意思表达，更不能以监督为名行插手案件之实，在对检察官进行监督时，监督的发起程序、监督理由和处理方式，都应有明确的授权和规定。尤其是上级（包括检察长和部门负责人）下达指令时，应完全依具体法律或者权力清单类文件的明文规定，以书面形式或者通过统一应用软件来行使，做到“检察长（分管副检察长）和业务部门负责人对办案

① 左卫民、周长军：《刑事诉讼的理念》，法律出版社 1999 年版，第 1 页。

② 龙宗智：《检察机关办案方式的适度司法化改革》，载《法学研究》2013 年第 1 期。

③ 有关检察监督谦抑原则和节制原则的论述，可参见郑谐、杨圣坤：《主任检察官内部监督的体系化兼建构》，载《江南社会学院学报》2015 年第 1 期；蒋伟：《民事执行检察监督节制节制主义——兼论与民事执行救济体系之协调》，载《甘肃政法学院学报》2016 年第 1 期。

工作审核、审批，应当在统一业务应用系统上进行"①，避免口头随意指挥，且在上级指令明显不当时检察官有权依法拒绝执行。

有人提出了明确原则的几个方面：（1）为统一法律确有必要时；（2）有材料足以证实主办检察官履职违背法律法规或显失公平时；（3）主办检察官有回避情形拒不回避时；（4）由于案件疑难复杂或涉及特别领域的知识，认为由其他具备专长的检察官处理更为合适时。②

（三）程序原则

检察官监督应当遵循程序原则，是监督程序本身实现程序正义的价值预期。对检察官的监督在发动主体上可分为两种：一种是针对所有检察官的常规性、规律性检查、考核等，另一种是针对特定检察官特定案件处理进行的临时性监督。对后一种监督方式，应当严格遵循程序原则。

一方面，监督程序的启动应当说明理由。如组织检察业务专家对检察官承办案件决定进行合法性论证，必然要说明启动该程序的理由，可以是基于当事人的合理申诉，也可以是基于法院的判决，不说明理由而主动提起监督程序，容易挫伤办案检察官的积极性，更易演变成变相插手案件的行为。另一方面，要保障办案检察官参与监督程序。检察官作为监督程序的当事人，应当被允许参与到监督程序之中，应允许检察官说明理由，在对检察官进行惩戒时，应充分保障检察官的申诉权利。

三、多管齐下：检察官办案责任制的再完善

美国的开国先贤麦迪逊在《联邦党人文集》里所言："如果人都是天使，就不需要任何政府；如果天使统治人，就不需要对政府有外来的或内在的控制。"③ 即使具有再完美的人性和操守，也难以保证获得放权后的检察官不滥权，但对滥权的担忧不应成为当前积极推进的司法责任制的障碍，相反，要坚持放权，并通过制度设计达到放权而不失控的目的。

（一）充分利用部门之间的制约作用

案件管理工作是强化检察工作内部制约监督，促进检察工作一体化、提高

---

① 最高人民检察院《关于完善人民检察院司法责任制的若干意见》。

② 沈威、郑昱：《冲突与平衡：基层侦监检察官办案责任制之重构》，载《主任检察官办案责任制——第十届国家高级检察官论坛论文集》。

③ 转引自沈威、郑昱：《冲突与平衡：基层侦监检察官办案责任制之重构》，载《主任检察官办案责任制——第十届国家高级检察官论坛论文集》。

案件办理效率的有效途径。① 目前全国检察机关已经全面建成统一的案件信息公开和管理系统，案件管理部门作为检察机关的核心"港口"，在对检察官案件办理监督中发挥重要作用。首先，依托统一应用软件，案件管理部门可以对所受理的所有案件的办理流程都已具备即时、全程启动的预警监督功能，对案件的中间办理出现违规情况，及时进行口头督促与书面纠正。其次，案管部门对所有案件均可进行网上同步审查，对在流程监控中发现违反法律规定或执法办案规范的办案活动，可区分情节严重性及时予以处理，必要时可将情况通报本单位纪检监察部门处理。

（二）强化终局性文书的说理监督

检察系统法律文书公开平台已经建立，对人民法院所作判决裁定已生效的刑事案件起诉书、抗诉书、不起诉决定书、刑事申诉复查决定书等法律文书，及时在网上公开。对公开文书的说理监督，应着重关注检察机关作出的具有终局性的决定，如不立案、不批捕、不起诉、不抗诉、不赔偿、撤案等程序的说理部分，尽管这类决定通常由检察长最终决定，但考虑到检察长要负有较多的行政管理职责，难以做到亲力亲为，对很多案件的决定有时是程序上的认可，缺乏刑事司法需要的亲历性，因此对文书说理部分的监督最终表现为对检察官办案程序合法性的监督。笔者认为，对文书的说理监督应从以下两个方面进行：

第一，在形式上，对于检察官作出的具有终局性的决定，均应要求进行充分说理。理由在于，在扁平化管理中，检察官对此类案件的处理有更大的决定权，而在此类案件中，是权力寻租的高危环节，应当在此类文书进行详细的论证和说理。当然，鉴于检察官办案权力的相对独立性，因此，对法律文书的说理部分，宜进行形式审查，无法也无须进行实质性审查。

第二，在程序上，通过定期组织的案件质量评查，能有效监督检察官案件办理的质量。以成都市人民检察院开展的案件质量监督为例，全市每季度开展案件质量评查，建立案件质量评查人才库，在全市 20 个基层院充分吸收检察业务专家、优秀业务骨干等人员，加强评查人才的储备、培训、使用和管理，按照《案件质量评查办法》，2015 年将不起诉等案件列为必查案件，通过在全市遴选业务专家对案件评查，出具分析报告。②

---

① 范思力：《案件管理信息化建设研究》，载《人民检察》2012 年第 6 期。
② 成都市检察院案件评查的重点是：（1）起诉后法院判决无罪的案件；（2）决定不起诉的案件；（3）批准或决定逮捕后侦查机关或部门撤诉、撤案的案件；（4）检察机关向法院撤回起诉的案件；（5）决定刑事赔偿的案件；（6）公安机关对不批准逮捕案件要求复议、复核的案件；（7）投诉本院有关业务部门办案质量的案件。

（三） 强化办案组织的内部监督作用

在现行试点条件下，按照检察权的架构模式，在一般案件中，如无须提交检察委员讨论或检察长决定的案件，各检察业务部门负责人无法参与具体案件的实体审核、决定，只有通过业务部门内部的设置来合理约束检察官的过限行为。一是部门负责人的把关。业务部门负责人通过案件分配、组织召开检察官联席会议、听取案件汇报、按程序调阅查卷宗等方式对案件程序和质量进行把关；也可按照部门检察官的过错程度和具体情节予以训诫谈话、警告、通报批评等，甚至通过检察长或检察委员会提请检察官惩戒委员进行惩处。二是检察官联席会议的建议权。检察官联席会议是检察官的咨询机构，由于现行扁平化管理模式的需要，检察官联席会议的意见对案件处理不具有强制性。在检察官提交案件，部门负责人决定由联席会议讨论后，通常出现两种情况：一是检察官联席会议倾向性意见与承办检察官意见一致，最后处理结果也一致；二是检察官联席会议与承办检察官的处理意见出现重大分歧，最后处理结果也不一致。在对检察官进行考核时，要重点对第二类案件进行监督，笔者建议，可以由案管部门牵头，由部门负责人会同检察业务专家对该类案件进行评查，评查结果作为承办人员办案记录以及晋升、考核的重要依据。

（四） 充分发挥惩戒委员会作用

目前，各省相继出台了《检察官惩戒委员会工作条例》，为检察官的惩戒提供了规范性依据。应该说，检察官惩戒制度是办案责任制改革的重要配套制度，是悬在所有检察官头顶的一柄利剑，警示检察官忠实履职。当前，各试点省份检察官办案权限明晰、责任划分明确，若不能严格追究责任，则这些顶层设计均会失去意义。笔者以为，提高检察官惩戒工作的公信力，可以从以下方面着手：一是增强惩戒的公开性。建立全国或省级的检察官惩戒网络平台，统一受理当事人、律师或其他公民、组织的投诉举报，开放投诉举报事项进展的查阅权限，并对最后的处理结果进行公告。对现有的惩戒程序进行诉讼化改造，将审判中的质证和听证程序引入惩戒程序中，加强惩戒程序的对抗性，允许投诉举报人和被举报的法官、检察官都有充分陈述和表达自己观点的机会。二是保证惩戒的专业性。检察活动是一项专业性极强的活动，检察官的惩戒也应当在注重责任维度的同时，加强对检察官正常履职行为的职业保障，不能将对法律的不同认识等符合司法运行规律的行为一并纳入检察官惩戒的对象范围，以惩戒的名义破坏检察官的独立性。①

四、结语

在司法责任制改革推进如火如荼之际，讨论对检察官的内部监督，不是让检察官"带着镣铐跳舞"，而是基于对权力扩张后可能带来的权力寻租的天然担忧，在信赖检察官职业道德与法律良知信仰的基础上，依靠良好的制约制度保障，在坚持给予检察官放权的同时，将当前框架性监督制约制度具体化，我们推进检察官办案责任制改革不走偏、不走样，是当前司法责任制改革的应有之义。

---

① 王栋：《检察官办案责任制改革的三个核心命题：主体、放权与监督》，载《中山大学法律评论》2015 年第 1 期。

司法责任制背景下
检察引导侦查机制的构建

陆 军[*]

司法责任制是深化司法体制改革的核心，是建立权责统一、权责明晰、权力制约的司法权力运行机制的关键。在当前以审判为中心的诉讼制度改革及以司法责任制为核心的司法体制改革的双重背景下，检察引导侦查机制如何破解传统流线型侦捕诉关系中存在的"侦诉关系错位，监督滞后乏力，权责关系断裂"等问题，如何应对庭审实质化要求，在提升办案质量、增强司法公信力的轨道上进行重构和优化，需要在理论上继续研究、实践中不断探索。

一、司法责任制改革对检察引导侦查机制的影响

检察引导侦查，是指在现行法律框架下，检察机关通过适时介入，参与指导侦查机关重大案件的侦查活动并进行法律监督，使侦查、批捕、起诉等工作相互协调的一种工作机制。① 虽然缺少明确的法律依据，理论中存在一定争议，但该机制并没有违反刑事诉讼法"分工负责、互相配合、互相制约"的原则，在不超越现行法律规定的前提下，兼具明显的法理价值和现实价值，是目前检警关系框架下，一种相对合理、现实可行的做法，在司法实践中承载着积极功能。

司法责任制，是指司法人员对执法办案独立行使职权和独立承担责任。根据由最高人民检察院制定并经中央全面深化改革领导小组审议通过的《关于完善人民检察院司法责任制的若干意见》（以下简称《意见》）中的规定，实行司法责任制后，将在诸多方面影响现行的检察引导侦查机制。

1. 《意见》强调，健全管理与监督机制，司法办案工作应当在统一业务应用系统上运行，实行办案信息网上录入、办案流程网上管理、办案活动网上

---

* 安徽省人民检察院公诉二处检察员。

① 何勤华、张进德：《中国检察制度三十年》，载《国家检察官学院学报》2008 年第 4 期。

监督。

影响：引导侦查工作是否应该纳入统一业务应用系统？如何纳入？是否应该集中管理，统一流转？如何全程留痕，及时监督？

2.《意见》规定，建立随机分案为主，指定分案为辅的案件承办确定机制。

影响：引导侦查工作如果纳入案件管理系统，如何确定案件承办人？是随机分案，还是指定专人负责？是否需要考虑承办人的工作经历、业务专长等因素？

3.《意见》明确，实行检察人员分类管理，落实检察官员额制，实行独任检察官和检察官办案组两种办案组织形式，科学界定内部司法办案权限。

影响：谁负责具体引导工作？检察官助理是否有权引导？如是检察官办案组承办，组内出现分歧如何解决？引导意见是否必须以书面形式出具，是否必须经过领导审批？

4.《意见》要求，推行检察官办案责任制，明晰各类检察人员的职责权限，完善司法责任认定、追究机制，做到谁办案谁负责，谁决定谁负责。

影响：引导侦查工作在检察人员权力清单上如何体现？引导意见如出现差错，如何进行责任认定和追究？是否应该及如何纳入绩效考核体系？

5. 根据司法体制改革精神及中编办、高检院的相关规定，对编制较少的基层检察院进行内设机构改革，设立刑事检察部承担侦查监督和公诉职责。

影响：机构内部如何协调？批捕、起诉不同阶段的引导如何衔接？如何避免重复引导？出现冲突如何处理？在不同阶段是否可以由同一人员承担？

二、司法责任制背景下检察引导侦查机制的正当性分析

司法责任制背景下，在削弱行政审批放权检察官、从现有办案模式过渡到员额制检察官独立负责的过程中，引导侦查机制不应削弱或虚无，而应坚持并完善，通过优化和转型以提升办案质效，应对庭审实质化的要求。

（一）理论探源

1. 具有必要性。我国法律虽然赋予检察机关法律监督权，但对如何监督缺乏具体规定，导致检察机关对侦查活动的监督难以操作。[①] 司法实践中检察机关的侦查监督职能存在着监督范围小、方式被动滞后、缺乏刚性法律保障、效能低下等弊端。对具有封闭特性的侦查活动进行监督，如果检察机关不享有

---

① 狄小华：《建立以审判为中心的"多导"检警关系》，载《人民检察》2017 年第 9 期。

参与侦查或特殊的侦查信息获取权，那么只能进行极其有限的事后监督。当前检警关系调整的关键是加强对刑事侦查活动的检察调控和监督。① 因此，适当强化检察机关对侦查活动的法律控制，坚持和完善检察引导侦查机制，符合当前司法体制改革方向，具有明显且积极的现实意义：适应了注重证据质量、强调检察机关举证责任的庭审实质化改革的要求；改变检察机关长期被动无力的侦查监督局面，尽可能解决检警之间配合与制约关系带来的诸多问题，不仅强化了二者之间的配合，而且也强调了检察机关的监督职能；增强了侦查机关的证据意识，提高了证据收集质量，保证侦查与起诉的有效衔接，加强侦诉合力。

2. 具有合理性。在我国刑事诉讼格局中，检察机关提起公诉所依据的证据材料主要由侦查机关收集。从专业分工、经验积累、技术装备等角度看，侦查人员在办案技能方面具有优势，而检察人员在法律适用方面具有优势。通过检察引导侦查，可使侦诉在分工基础上形成优势互补的理想关系。检察引导侦查的合理性在于：用起诉标准对侦查活动提供工作规范和发展方向，保证检察机关顺利起诉，指控和打击犯罪；② 可以实现侦查机关优秀侦查能力和检察机关良好法律素质的结合，提高侦查、起诉质量，避免和减少在审判中的被动和退败；可以使诉讼进程更加快速高效，避免因案件反复退补退查而浪费司法资源和拖延时日，造成潜在的司法不公；便于检察机关了解侦查机关的活动，及时纠正侦查活动中的违法行为，变被动监督为主动监督、事后监督为同步监督，有利于监督权落实到位。检察引导侦查机制正是从提高诉讼效率和加强法律监督两个方面，实现了检察机关打击犯罪和保障人权的双重职能，具有合理性和生命力。

3. 具有正当性。司法规律首要的是以公正为灵魂，虽然检察引导侦查机制在理论上存有争议，但从其实践价值和当事人乃至全社会追求实质正义的角度看，具有在诉讼过程中的正当性。要实现法的价值，司法也需具有一定的能动性，实践中要克服就案办案、机械司法的弊端，侦查机关要运用自身司法智慧的能动性，检察机关也需要发挥熟悉审判规则、适应庭审实质化要求的优势，从庭审证明的需要，从应对法庭问询和律师质疑的角度，以客观公正的视角，有针对性地、能动地引导侦查，适应社会发展的要求和人民群众的期待，实现法律、政治、社会三个效果的有机统一。③

---

①　龙宗智：《评"检警一体化"——兼论我国的检警关系》，载《法学研究》2002 年第 2 期。

②　苏丹萍：《对检察机关引导侦查取证定位的思考》，载《法制与经济》2009 年第 7 期。

③　孙光骏、罗永鑫：《以审判为中心诉讼制度改革下的检察工作》，载《检察工作实践与理论研究》2016 年第 3 期。

4. 具有可行性。经过长期的司法实践和教育培训，检察干警素质明显提高，一支政治强、业务精、作风硬的检察队伍已颇具规模，一批理论功底扎实、实践经验丰富的业务能手已经成长起来，完全有能力、有资格行使好侦查引导权。专业化、精英化的司法责任制改革与引导侦查工作在程序上可以紧密衔接，相辅相成。检察技术装备、后勤保障等方面均能够适应现代化办案工作的要求。因此，对于引导侦查工作，检察机关完全可以胜任。

（二）实践探索

我国刑事诉讼法和相关司法解释中有部分条款涉及检察机关参与侦查的内容，为建立检察引导侦查机制提供了一定的法律依据。① 近年来，检察机关对检察引导侦查机制的建立、运行一直在积极探索。2000 年 9 月，全国检察机关第一次侦查监督工作会议将"加强配合、强化监督、引导侦查"作为侦查监督工作改革的总方向。2002 年 5 月，最高人民检察院在全国刑事工作会议上提出了"适时介入侦查、引导侦查取证、强化侦查监督"的工作机制。这些是我国检察引导侦查的最初尝试。随着依法治国的全面推进和司法体制改革的不断深化，十八届四中全会通过的《中共中央关于全面推进依法治国若干重大问题的决定》中明确提出"推进以审判为中心的诉讼制度改革，确保侦查、审查起诉的案件事实证据经得起法律的检验"，"完善对限制人身自由司法措施和侦查手段的司法监督，加强对刑讯逼供和非法取证的源头预防"，"完善检察机关行使监督权的法律制度"，这些规定为加强检察机关的侦查监督职能，探索和建立检察引导侦查机制提供了政策层面的重要依据。曹建明检察长在 2015 年 6 月的全国检察机关第五次公诉工作会议上提出要构建新型诉侦关系，加大介入侦查、引导取证工作力度。最高人民检察院于 2016 年 9 月发布的《"十三五"时期检察工作发展规划纲要》中明确规定，要完善检察机关介入侦查、引导取证机制。

司法实践中，检察引导侦查机制一直存在并承载着积极功能，许多地区都开展了相应的改革探索并积累了一定的成功经验。2014 年 12 月，安徽省人民检察院、安徽省公安厅联合制定了《关于提前介入重大刑事案件侦查活动的工作规定》。2015 年 8 月，最高人民检察院出台了《人民检察院侦查监督、公诉部门介入职务犯罪案件侦查工作的规定》。2015 年 10 月，江苏省人民检察院、江苏省公安厅联合发布了《重大疑难案件公安机关听取检察机关意见的

---

① 《刑事诉讼法》第 85 条规定，公安机关要求逮捕犯罪嫌疑人的时候，检察院在必要时可以派人参加公安机关对于重大案件的讨论。《人民检察院刑事诉讼规则（试行）》第 567 条规定，人民检察院根据需要可以派员参加公安机关对于重大案件的讨论和其他侦查活动。

实施办法》，截至 2016 年 6 月，江苏省检察机关侦查监督部门共提前介入公安机关办理的重大疑难案件 1347 件，公安机关听取检察机关意见案件 1178 件。①2016 年 11 月，曹建明检察长在第十二届全国人大常委会第二十四次会议上所做的《关于加强侦查监督、维护司法公正情况的报告》中提到"北京、湖北、贵州等地针对命案等重大案件建立检察机关介入侦查、引导取证制度"。江苏省南京市检察机关自 2015 年实施相应制度以来，全市检察机关无责任性错捕漏捕案件、无捕后撤案、无罪、绝对不诉案件，审查逮捕案件维持在逮捕率80% 以上、审前羁押率在 45% 、捕后轻刑率低于 2% 。② 安徽省安庆市迎江区检察院自 2015 年实施相应制度至 2016 年底，案件的平均审查起诉时间缩短至26 个工作日，平均办案效率同比提速 78% ，有罪判决率达 100% 。③ 这些有益探索为完善检察引导侦查机制奠定了坚实的实践基础。

三、司法责任制背景下检察引导侦查机制的具体构建

（一）总体原则

1. 依法规范。这是检察引导侦查的前提，能保证引导工作的合法性。在引导侦查中既要做到各司其职、互相配合，又要避免随机性和随意性。现行的检察引导侦查机制缺乏统一、明确的规定，司法责任制背景下，必须运用法治思维和法治方式，进行转型优化：进行程序化规范，制定明确规定并遵守正当程序，形式上要书面化、规范化，引导意见应以书面、公开的形式传达至侦查机关及承办人员，并作为检察官处理有关事项的依据，全程留痕；进行标准化规范，标准化是法治的必然要求，要适应以审判为中心的诉讼制度改革，必须加强检察引导侦查的标准化建设；进行体系化规范，检察引导侦查的系列规定应当系统全面、上下联动、整体配套，使各种引导方式内在协调，稳妥运行。

2. 强化监督。这是检察引导侦查的主要目的，无论采取何种引导方式，立足点都应放在监督上。监督职能与控诉职能是有机地融为一体的，④ 检察机关的性质和地位决定了其引导侦查，是运用检察职能对侦查活动是否合法进行及时有效的监督。检察官不仅具有审查侦查机关收集的证据的职责，也具有规

① 李楠楠、张雨：《江苏，率先在省级层面建立重大疑难案件公安机关听取检察机关意见工作机制》，载 http://legal.people.com.cn/n1/2016/0810/c42510-28626862.html，最后访问日期：2017 年 7 月 26 日。

② 席晨、曹蓓蓓：《建构保障制度运行的三个机制》，载《人民检察》2017 年第 9 期。

③ 参见安徽省安庆市迎江区人民检察院"构建新型诉侦关系"品牌创建申报材料。

④ 石少侠：《检察权要论》，中国检察出版社 2006 年版，第 195 页。

范、指导侦查活动，防止警察滥用侦查权力的职能。① 引导侦查是互相配合，但不能演化为联合办案。

3. 适时适度。这是检察引导侦查的关键，不必对所有案件都进行引导，不必对案件的全部侦查过程都进行引导，在具体引导过程中也不能主导侦查，不能借引导侦查之名行干扰或妨碍侦查之实。要做到分工负责，各司其职，引导不领导，引导不主导，引导不越位。引导侦查机制本身具有功能上的从属性，在强化引导内容权威性、突出引导结果刚性的同时，也需注意防止侵犯和限制侦查权力。

（二）具体架构

1. 引导侦查的主体。引导侦查工作应由检察机关统筹安排，具体在侦监、公诉部门对口开展。按照案件的重大疑难程度、侦查过程所处的阶段，具体确定由检察机关哪一部门参与。一般而言，捕前阶段应当由侦监部门参与，捕后阶段应当由公诉部门参与。如果案件重大疑难程度特别突出，应该从侦监、公诉部门抽调人员共同参与。② 为与员额制改革相衔接，引导侦查工作必须由具备成熟司法能力的员额检察官承担。为与新的办案组织形式相对应，除宏观性政策层面的指导外，对具体个案的引导侦查，应根据案件的具体情况确定是由独任检察官或检察官办案组承办：对批捕、起诉类案件，除特别重大敏感的，一般由独任检察官承办；自侦类案件的侦查工作，敏感性强，承担引导任务的应以检察官办案组为主，由主任检察官负责。

2. 引导侦查案件的范围和职责。无需对所有案件都进行引导侦查，可将需要引导侦查的案件界定在证据存疑或定性有争议的重大疑难复杂案件，新类型案件，可能影响社会稳定、引起网络媒体炒作和社会舆论高度关注的重大敏感案件等范围内。根据司法责任制的要求，为体现亲历性、判断性等司法规律，应设定科学合理的权力清单，明确承担引导任务的检察官的职责权限，注入更多亲历因素，如必须亲自阅卷，参加勘验、检查、侦查实验等侦查活动。

3. 引导侦查的主要方式。（1）宏观性引导：主要是针对社会发展新形势和犯罪活动新趋势，提出一定时期内办案的重点；对案件侦查过程中的普遍性问题、有关法律适用的一般性问题、类案办理中的常见性问题，主动提出引导意见；可以季度、半年或一年为限定期提出，也可以视情况随机提出。（2）具体案件的侦查引导：系应侦查机关的要求，根据案情需要，针对具体案件侦查中的疑难、复杂问题，介入引导侦查，属于被动性引导。（3）特定

① 姜伟：《论公诉的程序意义》，载《人民检察》2002 年第 2 期。
② 赵立勋：《重大疑难案件听取意见建议制度设计》，载《人民检察》2017 年第 9 期。

案件的主动介入和跟踪引导：对社会影响重大的疑难复杂敏感案件，检察机关要主动介入、全程跟踪引导。鉴于此类案件更需要侦诉合力，才能保证案件办理的高质量，对于此类案件应当建立必须介入引导侦查机制。①

4. 引导侦查的程序。对于宏观性引导和特定案件的引导，可以由检察机关直接启动，主动实施，针对某些问题提出意见和建议，侦查机关应当积极配合。特别是对于检察机关提出的纠正非法取证的意见，侦查机关应当及时进行审查并书面向检察机关反馈处理结果，如确属非法证据，应予排除，不得作为起诉意见的依据。对于涉及具体案件的，如果侦查机关认为独立侦查有一定难度需要检察机关介入引导，可以向检察机关提出请求，检察机关可以派员介入，参与案件讨论，就证据收集范围、程序规范、法律适用等问题提出建议。

5. 引导侦查的内容。侦查机关长期处于侦查一线，在确定侦查方向、策略、手段等方面有丰富经验和独特优势，通常情况下有关侦查技能方面的内容无须检察机关进行引导。对于侦查取证的程序规范、提起公诉的法律要件等内容，侦查机关在侦查过程中往往不够重视。因此，检察引导侦查的内容应当侧重于法律和程序问题，如参与重大问题的讨论，建议变更强制措施，针对证据收集、固定、保存的程序性规定以及符合起诉条件的证据要求等内容向侦查机关提出意见和建议。②

（三）机制保障

1. 完善配套机制。应建立案件信息交流机制，侦查机关应将相关案件的立案、侦查等情况，及时向检察机关通报或报送备案材料，以便于适时介入，及时引导。对介入引导侦查案件的后续处理，特别是检察机关建议补充侦查或排除非法证据的案件，侦查机关应及时将相关情况反馈给检察机关，以便于检察机关监督审查。应建立侦查人员听庭观摩制度，规定对于疑难复杂、存有争议的案件，侦查人员必须旁听、观摩法庭庭审，通过旁听举证质证、法庭辩论过程，使侦查人员了解法庭对证据的严格要求，引导侦查机关从庭审的需要去合法、规范的收集证据，以便于改进工作。

2. 加大制约力度。要确保引导侦查机制的顺利实施和引导意见的有效落实，最终必须依靠检察机关对侦查人员的消极、违法侦查行为拥有约束力来保障。如果侦查人员拒不听从引导意见，消极侦查或违法取证，而检察机关对此却无制约措施时，此机制必然难以实施。因此，必须赋予检察机关对拒不听从引导意见，导致案件不能及时侦破、不能顺利起诉、不能有效判决的侦查人员

---

① 狄小华：《建立以审判为中心的"多导"检警关系》，载《人民检察》2017 年第 9 期。

② 王贞会：《重大疑难案件检察引导侦查制度探讨》，载《人民检察》2017 年第 9 期。

启动惩戒程序和决定如何惩戒有一定的发言权。

3. 强化责任追究。司法责任制改革后，检察官成为相对独立、有职有权的办案主体，自然也成为担责的主体。《意见》规定，司法责任分为故意违反法律法规责任、重大过失责任、监督管理责任三种责任性质。故意和重大过失责任从主观方面来规定，监督管理责任从主体角度来规定，和前两者是交叉关系，而不是并列关系。① 检察引导侦查系基于监督功能，发挥引导侦查功能的范畴，其责任应认定为监督管理责任，且只应限于故意和重大过失责任。

4. 纳入绩效考核。根据权责统一原则，引导侦查工作作为司法办案任务的一种体现，应纳入绩效考核体系，作为考评和奖惩的重要依据：将引导侦查工作正式录入统一业务应用系统，进行网上管理及监督，办结后进行质量评查，全程留痕；将引导侦查工作纳入检察官权力清单，计入办案数量和办案质效，并作为考核指标；对于在引导侦查工作中成绩显著、对案件侦查工作贡献突出的检察官，应该在评优、晋级等方面有所体现。

---

① 朱孝清：《试论"监督管理责任"》，载《人民检察》2016年第12~13期合刊。

司法责任制下加强对检察权
监督制约的路径选择

张翠玲　刘　拥*

权力必须受到监督制约，是法治的要义，也是推进依法治国的要求。党的十八大把反对腐败、建设廉洁政治放到一个更加重要的位置，党的十八届六中全会审议通过了《关于新形势下党内政治生活的若干准则》和《中国共产党党内监督条例》就新形势下加强党的建设作出了新的重大部署，强调要"加强对权力运行的制约和监督"，对党内监督的一系列重要问题作了明确规定，为新形势下强化党内监督提供了根本遵循。检察机关要牢固树立政治意识、大局意识、核心意识、看齐意识，坚定不移维护党中央权威和党中央集中统一领导，坚决把党中央全面从严治党各项部署要求落实到检察工作中去，营造检察机关风清气正的政治生态。其中一项重要的任务就是要进一步加强对检察权运行的监督制约，预防和减少司法腐败。公正是司法永恒的价值追求和与生俱来的内在品格，新的形势和任务对检察工作提出了更高的标准、更严的要求，检察机关的任务更加繁重，责任更加重大，要求更加严格，因此，必须统一思想，不断强化检察权运行监督制约，将检察权关进制度的笼子里，切实提高司法办案水平和办案质量。

在当前深入推进司法体制改革的新形势下，强化检察权运行监督制约要与推进司法体制改革有机结合。完善司法责任制改革是中央司法体制改革中的重要内容和关键环节，要求突出员额制检察官在办案中的主体地位，制定检察官权力清单，实行谁办案谁负责、谁决定谁负责，同时加强了对检察官的监督制约，实现权责统一。为建立健全符合司法规律的检察权力运行机制，完善人民检察院司法责任制，最高人民检察院下发了《关于完善人民检察院司法责任制的若干意见》，在健全司法办案组织及运行机制、界定检察人员职责权限的

---

* 张翠玲，湖南省人民检察院法律政策研究室检察官助理；刘拥，湖南省人民检察院法律政策研究室副主任，全国检察理论研究人才。

基础上，明确了检察官司法责任的范围、类型、认定和追究程序等主要问题。因此，强化检察权运行监督制约，就要认真贯彻落实党中央全面从严治党的要求，在完善人民检察院司法责任制的背景下，在健全司法办案组织，科学界定内部司法办案权限，完善司法办案责任体系，构建公正高效的检察权运行机制和公平合理的司法责任认定、追究机制的基础上，构建内外高度融合的制度逻辑体系。

目前，监督制约检察权的现行制度主要包括外部监督制约体系和内部监督制约体系，前者主要包括人民代表大会及其常务委员会的监督，人民监督员的监督，人民法院、公安机关对检察权运行的制约，律师、诉讼参与人对检察权运行的监督制约，人民群众对检察权运行的监督。此外，人民政协的民主监督、党的纪律检查委员会的监督，以及新闻媒体的舆论监督，也是检察权的外部监督制约体系的重要组成部分。后者主要包括上级检察院对下级检察院的领导和纵向监督制约，本级检察长、检察委员会的监督制约，检察机关内部纪检监察部门对检察权运行的纪律监督，检察机关内部案件管理部门的监督制约。此外，检察机关内部各业务部门在职能分工基础上对各诉讼环节的横向监督制约，也是检察权内部监督制约体系的重要方面。根据党的十八届六中全会精神和司法责任制改革的推进，本文着重从纪检监察部门的纪律监督、检务公开和严格司法责任等几个方面展开论述。

一、完善检察机关内部纪检监察部门的纪律监督

《中国共产党党内监督条例》明确规定，党委（党组）在党内监督中负主体责任，党的各级纪律检查委员会是党内监督的专责机关，履行监督执纪问责职责。因此，检察机关要切实落实"两个责任"，通过加强党内监督，强化对检察权的监督制约。《关于完善人民检察院司法责任制的若干意见》强调进一步完善内部制约机制，加强纪检监察机构的监督。要加强纪检监察机构的监督，需要完善检察机关内部纪检监察监督的体制机制。党的十八届三中全会通过的《中共中央关于全面深化改革若干重大问题的决定》提出，全面落实中央纪委向中央一级党和国家机关派驻纪检机构，实行统一名称、统一管理。派驻机构对派出机关负责，履行监督职责。2014年1月，《第十八届中央纪律检查委员会第三次全体会议工作报告》提出，改革和完善纪检监察派驻机构。全面落实中央纪委向中央一级党和国家机关派驻纪检机构，实行统一名称、统一管理。制定加强派驻机构建设的指导性意见，明确派驻机构的职责任务、机构设置、人员配备和工作保障。派出机关要加强管理，完善考核、激励和责任追究机制。派驻机构要对派出机关负责，全面履行监督职责，加强对驻在部门

领导班子及其成员的监督，纪检组长在党组中不分管其他业务工作。驻在部门要自觉接受监督，支持派驻机构工作，提供各项保障，工作经费在驻在部门预算中单列。积极探索加强不同层级派驻机构建设的有效途径。2015 年 1 月，《第十八届中央纪律检查委员会第五次全体会议工作报告》提出，充分发挥"派"的权威和"驻"的优势。认真贯彻加强中央纪委派驻机构建设的意见，新设 8 家中央纪委派驻机构，完成对保留的 44 家派驻机构的改革和调整。坚持统筹兼顾、循序渐进、内涵发展，实现对中央一级党和国家机关的全面派驻，使党内监督不留死角、没有空白。要转变方式方法，探索归口派驻，纪检组吃一家饭，管若干家的事。理顺派驻机构与派出机关、驻在部门、派出纪工委的关系。健全派驻机构负责人与驻在部门领导班子成员廉政谈话、约谈、问责制度，对党风廉政建设问题该发现没有发现就是失职，发现问题匿情不报、不处理就是渎职。省区市要加强派驻机构建设，逐步实现全面派驻。2014 年 12 月，中央制定出台《关于加强中央纪委派驻机构建设的意见》，为派驻全覆盖确定了时间表和路线图。2015 年 1 月，经中央审批同意，中央纪委在中央办公厅、中央组织部、中央宣传部、中央统战部、全国人大机关、国务院办公厅、全国政协机关等对党和国家政治生活有重要影响的中央和国家机关新设 7 家派驻机构，其中 5 家实行综合派驻，为实现派驻全覆盖创新了方法、探索了路径。2015 年底，经党中央同意，中共中央办公厅印发了《关于全面落实中央纪委向中央一级党和国家机关派驻纪检机构的方案》的通知。中央决定，中央纪委共设置 47 家派驻机构，其中，综合派驻 27 家、单独派驻 20 家，实现对 139 家中央一级党和国家机关派驻纪检机构全覆盖，并对领导体制、职能调整、主要职责、机构设置等作出了明确规定。2016 年 1 月，《第十八届中央纪律检查委员会第六次全体会议工作报告》要求巩固改革成果，强化派驻监督，抓紧完成中央纪委派驻全覆盖后续工作，真正把"派"的权威和"驻"的优势发挥出来。

加强纪委派驻检察机关纪检机构建设，纪检部门实行派驻制，有利于强化纪检部门的独立性和权威性，也有利于更加集中精力抓好检察机关党风廉政建设和自身反腐败工作，有利于在以下三个方面充分发挥派驻体制的优势。

第一，充分发挥垂直管理优势。检察机关纪检机构由当地纪委派出，驻在同级检察机关，成为履行党的纪律检查职能的常设机构，改变过去的双重领导体制，即由当地纪委和驻在检察机关双重领导，改为当地纪委与派驻机构形成垂直领导的关系。这对于解决传统体制下纪委对同级检察机关及其成员的监督不利的问题有积极意义。

第二，充分发挥独立执纪优势。派驻纪检机构协助驻在检察机关领导班子抓好党风廉政建设和自身反腐败工作,履行对驻在检察机关领导班子及其成员监督检查的职责,体现了派驻机构履行监督职能的独立执纪优势。一是聚焦对驻在检察机关的监督。派驻机构要正确认识自己的定位,其与驻在检察机关之间的关系应是监督与被监督的关系。这就要求派驻机构不断探索创新工作机制和工作方式,充分发挥监督职能作用,促进驻在检察机关党风廉政建设和自身反腐败工作健康发展。二是专注纪律检查工作。派驻机构不再协助驻在检察机关党组分管一些业务工作,不参与驻在检察机关的业务分工,而是集中精力抓好驻在检察机关党风廉政建设和自身反腐败工作。

第三,充分发挥监督效能优势。派驻机构对驻在检察机关的监督包括组织监督和成员监督。组织监督就是派驻机构对驻在检察机关贯彻执行党的路线方针政策,遵守国家法律、法规和党纪的情况进行监督。成员监督就是对驻在检察机关领导班子及其成员的监督,检查驻在检察机关领导班子及其成员遵守法律、法规和党纪,贯彻执行民主集中制,贯彻落实党风廉政建设责任制和廉政勤政等情况。对于发现的问题,派驻机构向纪委报告,使工作衔接更加顺畅,监督效能更加突出。

检察机关加强纪检派驻机构建设,是检察机关党风廉政建设的制度和机制建设,对于检察机关内部监督制约机制,会带来新的调整和变化,其建设和完善将大幅提升检察机关党风廉政建设和自身反腐败的效能。当前派驻检察机关的纪检机构的后勤保障仍由驻在检察机关负责,派驻机构干部享受驻在检察机关同职级干部待遇,工资外津(补)贴以及生活福利等事宜由驻在检察机关负责,由此导致派驻干部与驻在检察机关的关系过于密切,其利益与驻在检察机关紧密相关,真到需要监督的时候反而身在其中,碍于情面,影响体制上的独立性,不能充分发挥派驻体制的优势。为此,建议将派驻机构干部、业务、后勤保障全部纳入统一管理,纪委负责派驻机构和人员后勤保障事宜,派驻机构干部的工资关系、党(团)组织关系、群团关系、工资外津(补)贴以及生活福利、住房、医疗、退休等事宜,全部由纪委负责,使派驻机构干部与驻在检察机关彻底脱钩,增强纪委派驻检察机关纪检机构的垂直管理优势和独立执纪优势,充分发挥纪检监察监督机制效能。

二、认真执行和积极完善检务公开制度

《中共中央关于全面推进依法治国若干重大问题的决定》从全面推进依法治国的高度,强调保障人民群众参与司法,构建开放、动态、透明、便民的阳光司法机制,推进检务公开。《中国共产党党内监督条例》规定,要坚持党内监督和人民群众监督相结合。《关于新形势下党内政治生活的若干准则》明确

指出："实行权力清单制度，公开权力运行过程和结果，健全不当用权问责机制，把权力关进制度笼子，让权力在阳光下运行。"《关于完善人民检察院司法责任制的若干意见》强调："构建开放动态透明便民的阳光司法机制。建立健全案件程序性信息查询平台、重要案件信息发布平台、法律文书公开平台、辩护与代理预约平台，推进新媒体公开平台建设。"因此，检察机关接受人民群众的监督，就要求作为防止检察权被滥用的有效举措和检察权接受监督制约的制度保障的检务公开，需要在新的形势下全面推进和深化，进一步提高检察工作透明度，方便人民群众参与和监督检察工作，确保检察权在阳光下运行。

（一）强化检务公开意识

有的检察机关和检察干警对检务公开的思想认识还存在偏差，认为检务公开的实施会干扰检察工作的正常开展，束缚检察人员的手脚，特别是向当事人公开了程序，告知了权利义务，教会了犯罪嫌疑人、被告人反侦查的方法，导致当事人"挑刺儿"的机会增加，助长他们的对抗心理，造成办案难度的加大，降低检察机关的威慑力。也有的认为检务公开后检察工作没有秘密可言，一旦家丑外扬，对检察权威会造成很大影响，有损检察机关整体形象，挫伤检察人员的工作积极性。还有的业务部门的干警认为实行检务公开仅仅是反腐倡廉、加强党风廉政建设、加强宣传的一项措施，是检察机关纪检、监察、宣传部门的事，不是自己的本职工作，检务公开挤占了用于检察业务的时间和精力，对检务公开抱应付、敷衍的态度，存在"说时重要、忙时不要"的思想。

检察权来自人民，应当自觉接受人民的监督，才能保证检察权为人民所用，防止检察权的滥用。人民群众要有效监督检察权的使用，就必须使检察权的运行公开透明，运用情况让人民群众知晓。"检务公开这一制度的设立，就是要把检察机关使用权力的过程、结果等公之于众，让检察权置于人民的监督之下，确保检察权的人民属性。"[①] 我们要从全面推进依法治国，保证公正司法、提高司法公信力，保障人民群众参与司法的高度，充分认识检务公开的重要意义。要充分认识到，除了作为防止检察权被滥用的有效举措和检察权接受监督制约的制度保障外，检务公开还是社会主义民主政治建设的必然要求，检察权依法独立公正行使的重要保证，尊重和满足人民群众司法需求、落实权利保障的有效途径，推进国家治理体系和治理能力现代化的客观需要，提升检察机关执法公信力的必由之路，遏制司法腐败、提升检察队伍整体素质的有力武器。从而不断强化检务公开意识，在检察工作中自觉履行检务公开职责。

---

① 天津市津南区人民检察院课题组：《完善检务公开机制研究》，载《黑龙江省政法管理干部学院学报》2015年第2期。

（二）履行检务公开职责

作为检察权接受监督制约的制度保障，依法履行检务公开职责，是落实接受监督制约理念的重要举措。党的决议、司法解释和一系列规范性文件明确规定了检务公开的原则和制度，检察机关和检察人员要严格依照相关规定贯彻落实，严格按照规定的内容、范围、方式、程序推进检务公开。要认真落实检务公开的工作要求，强化组织领导，强化协作配合，强化监督指导，强化责任落实，注重规范创新，防止变通、规避、应付、敷衍和随意性。要增强检务公开的自觉性和主动性，将检务公开转化为行使检察权和从事检察工作中的自觉行动，转化为推进检察工作科学发展的强大动力，确保检察权接受监督制约达到预期的制度效果。

（三）完善检务公开机制

在履行检务公开职责的过程中，我们要结合工作实际，既坚持规范统一，又注重探索创新，积极回应和满足人民群众对检察工作的新要求、新期待。

1. 树立云理念，整合符合大数据时代要求的检务公开体系

云概念是基于"云计算"技术，实现各种终端设备之间的互联互通。用户享受的所有资源、所有应用程序全部由一个存储和运算能力超强的云端后台来提供。其基本原理是通过使计算分布在大量的分布式计算机上，而非本地计算机或远程服务器中，企业数据中心的运行将更与互联网相似。这使企业能够将资源切换到需要的应用上，根据需求访问计算机和存储系统。[①] 基于云概念的基本原理树立云理念，就是把分散的个体力量联合起来，有效整合后再满足每一个成员的使用需求，对信息的处理往往是分布式处理、并行式处理和网格式处理同步推进，从而实现对事件的快速反应。[②] 在大数据时代，运用云理念整合检务公开体系，主要包括以下方面：

一是整合检务公开的职能。将案件信息公开，案件信息查询，检务公开场所，行贿犯罪档案查询，人大代表、政协委员、特约检察员、人民监督员、专家咨询委员和其他社会公众的联络、检察新闻宣传、新闻发言人等工作职能有机整合，形成职能完善、内容全面的大检务公开格局。

二是整合检务公开机构。将分散在检察机关不同部门的检务公开工作有机整合，形成合力，完善专门的检务公开工作机构的职能，形成专门机构管理、组织、策划、协调、督促督察，其他机构协助配合的工作机制。

---

① 《云概念编辑词条》，载 http：//baike. haosou. com/doc/6417569 - 6631241. html，访问日期：2015 年 10 月 7 日。

② 周绪平、王飞扬：《深化检务公开当有"云"理念》，载《检察日报》2015 年 1 月 2 日。

三是整合检务公开平台。在建立统一的人民检察院案件信息公开系统的基础上，检察门户网站，案件信息公开系统，案件信息查询系统，检务公开场所，检察微博、微信、微视、新闻客户端、手机短信彩信、APP 手机应用软件，行贿犯罪档案查询，12309 举报电话等检务公开平台有机整合，使传统媒体与新媒体取长补短、优势互补，整合形成上下一体、纵横互联、网格式的统一互联互动平台体系。

2. 完善检务公开救济制度

"无救济即无权利"，没有救济的权利不是真正的权利。英国著名法学家戴雪说过："对权利的保护和救济，比宣示人的权利更为重要和实在。只有具备有效的救济方法，法律下的权利才能受到尊重，名义上的权利才能转化为实在权利。"① 要使权利从法律规定的应然权利变为现实中能够享有的实实在在的权利，就需要对权利进行救济。在检务公开过程中，知情权和参与权是检务公开对象的基本权利，要使检务公开对象能够实际行使这些权利，就应当建立和完善权利救济制度，使群众能够在检察机关侵犯或阻碍其权利行使时有救济渠道，从而保障权利的享有和行使。1999 年 1 月 4 日，《人民检察院"检务公开"具体实施办法》规定了没有履行告知义务的救济途径和责任追究，对于检察人员没有履行告知义务的，当事人可以向同级人民检察院检察长或者上级人民检察院投诉，检察长或上级人民检察院应当责令有关部门或者人员予以纠正。2015 年 2 月 28 日，《最高人民检察院关于全面推进检务公开工作的意见》提出建立健全检务公开救济机制，规定人民群众、当事人或者其他符合条件的案件信息查询人认为检察机关应公开而不公开，或不应公开而公开有关检务信息的，可提出申请或复议，检察机关控申部门统一受理后，根据职责分工及时转交相关责任部门调查、处理和答复。这些规定比较原则，需要进一步完善并增强可操作性。

根据《最高人民检察院关于全面推进检务公开工作的意见》规定，检务公开救济机制分为两种情况，即检察机关应公开而不公开，或不应公开而公开有关检务信息的救济机制。

（1）检察机关应公开而不公开有关检务信息的救济

这种情况表现为两个方面：一方面是对诉讼权利侵犯的救济；另一方面是对非诉讼权利侵犯的救济。诉讼权利是诉讼参与人享有的一种诉讼利益，是程序正义的要求；非诉讼权利是社会公众对国家和社会事务享有的一种知情权和参与权，是人民主权和民主政治的要求。权利本质和属性的不同，对权利的救

---

① 李龙著：《西方法学经典命题》，江西人民出版社 2006 年版，第 174 页。

济方式就不同。

　　诉讼权利的救济主要依据诉讼法进行救济，在诉讼中这种权利主要体现为检察机关的告知义务。对这种诉讼权利的救济，可以使诉讼参与人的诉讼利益得到正当法律程序的保障，同时对检察权的行使形成威慑，使其停止侵犯诉讼参与人的诉讼权利。在我国刑事诉讼法和相关司法解释中，只简单规定了检察机关应该告知的情形，并没有具体规定对诉讼参与人知情权侵害的救济方式。在这方面国外的相关规定可以为我们提供参考和借鉴，如根据美国"米兰达规则"的要求，侦查机关在侦查过程中应当明确告知犯罪嫌疑人拥有沉默权和申请律师帮助的权利，如果没有履行此项告知义务，侦查机关收集的证据应当予以排除；根据《法国刑事诉讼法》的规定，如果负有告知义务的机关没有履行告知义务而侵犯了犯罪嫌疑人的知情权，所进行的诉讼行为无效。[①] 根据《德国刑事诉讼法》的规定，违背告知规则所获得的证词将成立"证据使用禁止"，即所获得的证词不具有证据能力。[②] 我国《刑事诉讼法》第 54 条规定，采用刑讯逼供等非法方法收集的犯罪嫌疑人、被告人供述和采用暴力、威胁等非法方法收集的证人证言、被害人陈述，应当予以排除。《人民检察院刑事诉讼规则（试行）》第 65 条规定，对采用刑讯逼供等非法方法收集的犯罪嫌疑人供述和采用暴力、威胁等非法方法收集的证人证言、被害人陈述，应当依法排除，不得作为报请逮捕、批准或者决定逮捕、移送审查起诉以及提起公诉的依据。这些规定对未履行告知义务的检察机关收集的证据并不能适用。借鉴和参考国外的规定，完善法律规定，可以针对未履行告知义务的检察机关规定应当承担一定的程序性责任，建立符合我国实际的程序性制裁方式，而这种程序性的制裁后果就包括非法证据排除和诉讼行为无效制度。[③] 根据违反告知义务侵犯权利的重要性和造成后果的不同，设立不同的救济方式，对于检察机关违反告知义务侵犯诉讼参与人重要权利和造成严重后果的，其获得的证据应当依法排除；对于违反告知义务侵犯诉讼参与人非重要权利或造成后果不严重的，应当予以补救，立即告知。

　　非诉讼权利的救济主要是保障社会公众对国家和社会事务享有的知情权和参与权，社会公众并不参与诉讼程序，对这种权利的救济不需要使用程序性制

---

　　① 高一飞、张绍松：《检务公开的救济：依据、主体与方式》，载《西部法学评论》2014 年第 5 期。

　　② 刘梅湘：《刑事诉讼中的告知规则研究》，载《广西民族学院学报》（哲学社会科学版）2006 年第 1 期。

　　③ 高一飞、张绍松：《检务公开的救济：依据、主体与方式》，载《西部法学评论》2014 年第 5 期。

裁方式，而需要制定另外的救济程序，建议设立复议和复核制度，检务公开对象申请检察机关公开信息而检察机关不公开的，有权向该检察机关提出复议，收到复议申请的检察机关应当在一定的期限内进行审查并将复议结果告知申请人；检务公开对象不服该检察机关复议决定的，有权向上一级检察机关申请复核，上一级检察机关应当在一定期限内进行审查并作出责令公开或维持不公开决定等处理决定；检务公开对象不服检察机关复核决定的，可以向人大或人大常委会控告、举报。

（2）检察机关不应公开而公开有关检务信息的救济

在这种情况下，检务公开对象可以向公开信息的检察机关反映或向其上级检察机关进行举报，该检察机关或其上级检察机关应当在一定期限内调查处理并予以答复。检务公开对象不服的，可以向人大或人大常委会控告、举报。当检察机关公开相关信息侵害具体人的商业秘密、个人隐私等权利时，由于检察机关不是行政机关，检务公开的行为既不是行政行为，也不是民事行为，当事人不能通过民事诉讼或行政诉讼进行救济，但可向检察机关要求赔偿，可考虑扩大国家赔偿的范围，通过国家赔偿的方式予以救济。

3. 完善检务公开追责机制

1999年1月4日《人民检察院"检务公开"具体实施办法》规定，对于检察人员严重违反规定、不履行告知义务而影响当事人诉讼权利行使的，任何单位或者个人均可以向检察机关纪检、监察部门控告或者举报，纪检、监察部门应当认真查处，依法追究有关人员的违法、违纪责任。2006年6月26日《关于进一步深化人民检察院"检务公开"的意见》规定建立责任追究制度，对于检察人员严重违反"检务公开"规定，不履行告知义务而影响诉讼参与人行使权利的，应当予以追究；情节严重的，要按照《检察人员纪律处分条例（试行）》严肃处理。由于《检察人员纪律处分条例（试行）》对违反检务公开规定的情形并未作出规定，建议根据条例，在相关检务公开的规定中细化违反检务公开规定的具体行为、责任承担方式以及追责程序，促进检务公开制度的顺利实施。

三、严格司法责任认定和追究

《关于完善人民检察院司法责任制的若干意见》指出："完善人民检察院司法责任制的目标是：健全司法办案组织，科学界定内部司法办案权限，完善司法办案责任体系，构建公正高效的检察权运行机制和公平合理的司法责任认定、追究机制，做到谁办案谁负责，谁决定谁负责。"可见，完善检察机关司法责任制，就是要按照"谁办案谁负责，谁决定谁负责"的要求，通过明确检察人员职责权限和完善检察权运行机制，使检察官既成为司法办案的主体，也成为司法责任的主体。特别是通过完善司法责任制，建立公平合理的司法责任认定、追究机制，使检察人员对其履行检察职责的行为承担司法责任，在职责范围内对办案质量终身负责，并通过严格司法责任认定和追究，有利于将司法责任落到实处，增强检察人员司法办案的责任心，监督检察人员依法公正履行职责，促进提高司法办案的质量和效率，努力让人民群众在每一个司法案件中感受到公平正义。

（一）明确承担司法责任的情形

根据《关于完善人民检察院司法责任制的若干意见》的规定，对检察人员司法责任的界定不限于错案责任，而是包括检察人员在司法办案活动中故意违反法律法规的责任、重大过失造成严重后果的责任和监督管理责任。故意违反法律法规的责任实际上是一种行为责任，只要检察人员在司法办案中故意实施了有关行为或不作为，就应该承担相应的司法责任。对此，《意见》规定了十一种情形：（1）包庇、放纵被举报人、犯罪嫌疑人、被告人，或使无罪的人受到刑事追究的；（2）毁灭、伪造、变造或隐匿证据的；（3）刑讯逼供、暴力取证或以其他非法方法获取证据的；（4）违反规定剥夺、限制当事人、证人人身自由的；（5）违反规定限制诉讼参与人行使诉讼权利，造成严重后果或恶劣影响的；（6）超越刑事案件管辖范围初查、立案的；（7）非法搜查或损毁当事人财物的；（8）违法违规查封、扣押、冻结、保管、处理涉案财物的；（9）对已经决定给予刑事赔偿的案件拒不赔偿或拖延赔偿的；（10）违法违规使用武器、警械的；（11）其他违反诉讼程序或司法办案规定，造成严重后果或恶劣影响的。

对于重大过失的责任，根据《关于完善人民检察院司法责任制的若干意见》的规定，不仅要求主观上存在重大过失，客观上有怠于履行或不正确履行职责的行为，还要具有因重大过失而产生的严重后果，包括造成错案、遗漏重要犯罪嫌疑人或重大罪行等，对此，《意见》规定了八种情形：（1）认定事实、适用法律出现重大错误，或案件被错误处理的；（2）遗漏重要犯罪嫌疑人或重大罪行的；（3）错误羁押或超期羁押犯罪嫌疑人、被告人的；（4）涉案人员自杀、自伤、行凶的；（5）犯罪嫌疑人、被告人串供、毁证、逃跑的；（6）举报控告材料或其他案件材料、扣押财物遗失、严重损毁的；（7）举报控告材料内容或其他案件秘密泄露的；（8）其他严重后果或恶劣影响的。

监督管理责任则是指负有监督管理职责的检察人员因故意或重大过失怠于行使或不当行使监督管理权，导致司法办案工作出现严重错误的，应当承担的相应司法责任。

对司法责任的认定，要坚持主观过错与客观行为相一致的原则，检察人员不存在主观过错的，应当豁免其司法责任。对此，《关于完善人民检察院司法责任制的若干意见》明确规定，司法办案工作中虽有错案发生，但检察人员履行职责中尽到必要注意义务，没有故意或重大过失的，不承担司法责任。检察人员在事实认定、证据采信、法律适用、办案程序、文书制作以及司法作风等方面不符合法律和有关规定，但不影响案件结论的正确性和效力的，属司法瑕疵，依照相关纪律规定处理。

（二）完善司法责任认定和追究程序

很多国家和地区设立相对独立的司法官惩戒机构参与对检察官的惩戒，基本分为两种模式：一种设立类似委员会的合议制机构，如根据法国《司法官组织法》的规定，司法部部长或上诉法院检察长收到针对某检察官的违纪行为举报，应通知驻最高法院检察院总检察长，总检察长将以最高司法官委员会"检察官事务会议"主席的身份受理举报，并可通过司法部部长，委托司法部的调查总局对举报的真实性进行调查。总检察长还有权指定一名委员会成员以报告人的身份进行补充调查。当调查结束或不需要调查之时，被指控的检察官将被传唤至最高司法官委员会接受讯问。委员会经审议后，作出制裁决定，并说明理由。该决定须送交司法部部长审阅，决定将以行政命令的形式通知被指控检察官。[1] 日本法务省设检察官资格审查会，由从国会议员、法官、律师及日本学士院会员以及其他有学识经验者中选任的 11 名委员组成，可以依法采取罢免检察官的处分。[2] 另一种是设立职务法庭，按照程序进行审理，如在德国，检察官轻微的不正当行为由检察长通过警告或训诫方式予以惩戒，对于重大的不正当行为，由司法部启动职务法庭的正式纪律惩戒程序。德国在州设立职务法庭，由一名庭长和其他成员组成，其他成员中常任成员和非常任成员人数各占一半，所有成员都必须是获得终身任命的法官。[3] 在我国台湾地区，对于检察官的惩戒事项送"法务部"的检察官人事审议委员会审议，决议后报请"法务部"部长核定，并送公务员惩戒委员会审议。对于检察官的弹劾案和惩戒案，由"司法院"公务员惩戒委员会负责审理，公务员惩戒委员会应采法院体制，惩戒案件的审议，应本着正当法律程序的原则，对交付惩戒的人予以充分的程序保障。[4]

----

① 金邦贵：《法国司法制度》，法律出版社 2008 年版，第 327 页。
② 何家弘：《检察制度比较研究》，中国检察出版社 2008 年版，第 292 页。
③ 魏武：《法德检察制度》，中国检察出版社 2008 年版，第 273 页。
④ 万毅：《台湾地区检察制度》，中国检察出版社 2011 年版，第 10 页。

参考和借鉴域外国家和我国台湾地区的司法官惩戒制度，需要成立一个相对独立于检察机关的惩戒机构。根据各地司法体制改革试点方案，成立省级检察官惩戒委员会，对检察官违反司法纪律和职业伦理的行为提出惩戒意见，交纪检监察部门或者组织人事部门处理。笔者认为，通过成立检察官惩戒委员会，明确地位和期限，完善运行机制，可以有效增强对检察官惩戒的公开透明度，防止人情干扰、照顾关系等问题，惩戒委员会作为独立于检察机关的机构，可以更加中立、客观地对检察人员是否应当承担司法责任作出判断。对此，《关于完善人民检察院司法责任制的若干意见》作了具体规定。

一是启动问责程序。对检察人员承办的案件发生被告人被宣告无罪，国家承担赔偿责任，确认发生冤假错案，犯罪嫌疑人、被告人逃跑或死亡、伤残等情形的，应当启动问责程序，核查是否存在应予追究司法责任的情形。

二是受理和调查。人民检察院纪检监察机构受理对检察人员在司法办案工作中违纪违法行为和司法过错行为的检举控告，根据检举控告启动问责程序，并进行调查核实。

三是移送和审议。为了保障客观公正地认定检察人员的司法责任，由检察官惩戒委员会对检察官是否应当承担司法责任进行审议。人民检察院纪检监察机构经调查后认为应当追究检察官故意违反法律法规责任或重大过失责任的，应当报请检察长决定后，移送省、自治区、直辖市检察官惩戒委员会审议。人民检察院纪检监察机构应当及时向检察官惩戒委员会通报当事检察官的故意违反法律法规或重大过失事实及拟处理建议、依据，并就其故意违反法律法规或重大过失承担举证责任。当事检察官有权进行陈述、辩解、申请复议。检察官惩戒委员会根据查明的事实和法律规定作出无责、免责或给予惩戒处分的建议。

四是作出处理决定。对经调查属实应当承担司法责任的人员，根据《检察官法》《检察人员纪律处分条例（试行）》《检察人员执法过错责任追究条例》等有关规定，分别按照下列程序作出相应处理：（1）应当给予停职、延期晋升、调离司法办案工作岗位以及免职、责令辞职、辞退等处理的，由组织人事部门按照干部管理权限和程序办理；（2）应当给予纪律处分的，由人民检察院纪检监察机构依照有关规定和程序办理；（3）涉嫌犯罪的，由人民检察院纪检监察机构将犯罪线索移送司法机关处理。

四、完善员额检察官退出机制

检察人员分类改革后，要加强对员额制检察官的管理和监督，建立和完善以履职情况、办案数量、办案质效、司法技能、外部评价等为主要内容的检察官业绩评价体系，评价结果作为检察官任职和晋职晋级的重要依据。对能力素质、廉政作风等不适应岗位要求的检察官实行退出机制，不能独立办案或办案数量和质量达不到要求的检察官，要退出员额，促进员额内检察官履职尽责，推动形成"能者上、不胜任者下"的良性机制，促使检察官既要提高办案质量，又能敢于拍板，独立决策。为此，要建立和完善以下制度和工作机制。

一是设置检察官办案量化标准。根据员额检察官所在单位层级、所在单位案件数量以及不同业务部门职能和本地检察工作实际，根据不同业务部门及职能特点设置不同的员额检察官办案量化标准和工作效果指标。

二是构建检察官办案动态评查机制。成立由检察机关领导、相关部门负责人参加的案件质量评查工作领导小组，对员额检察官司法办案进行全程监控，对员额检察官办结的案件进行动态评查，发现问题并督促整改。案件质量评查的内容包括事实认定、证据采信、法律适用、办案程序、统一业务应用系统使用、风险评估、文书制作和使用、涉案财物处理、办案效果等方面。案件质量评查的方式包括自我评查、逐案评查、专项评查、个案评查等。案件质量评查工作领导小组区分不同评查结果，提出相应处理意见：（1）对一般性问题，提出改进意见，送交相关业务部门整改；（2）对存在严重质量问题的，向相关业务部门通报并向检察长报告；（3）属于司法过错责任追究情形的，移送省检察官惩戒工作办公室依照相关程序处理；（4）对于涉嫌违纪违法办案，可能需要追究相应责任的，移送纪检监察部门处理。

三是建立员额检察官司法档案。对员额检察官的政治素质、办案业绩、职业操守、廉洁自律等情况进行全面记载，作为对员额检察官考核的基础依据。

四是完善考核评价机制。员额检察官考核以司法办案为重点，同时对研修成果、职业操守及承担工作总体情况进行全面评价，考核结果作为员额检察官提拔使用、等级晋升、绩效考核奖金分配、是否退出员额等事项的重要依据。考核内容包括办案工作评价和综合业务工作评价，办案工作评价主要考查员额检察官办案数量、办案质量、办案效果等；综合业务工作评价主要考查员额检察官的研修成果、职业操守及承担工作总量等。

五是完善奖惩机制。通过完善考核评价机制，充分发挥考核评价的奖优罚劣作用，建立与员额检察官办案数量、质效直接挂钩的绩效考核奖金分配办法。员额检察官根据考核评价的不同等次，享受相应奖金和其他福利待遇。员额检察官考核被确定为不称职的，停发年度绩效奖金；因违法违纪受到党纪、政纪处分的，在政纪处分期间及党纪处分影响期内，停发绩效考核奖金，已发放的，如数追回。员额检察官具有不能独立办案、无正当理由不能完成最低办案量、考核评价不称职等不适合司法办案岗位情形的，以及有违法违纪情形的，依照相关程序退出员额。

海峡两岸比较视野下
检察官绩效考核制度研究

林延丰　沈　威[*]

在司法改革逐渐步入深水区的新形势下，如何对检察官办案进行有效评价这一论题一再被提出来讨论。有人认为，办案考评已经成为检察首长控制检察官的工具，对检察官的相对独立有相当大的伤害；也有人认为，检察官的工作种类、性质各异，以办案统计的平均值作为考评依据，完全忽略个案之间的差异，对检察官办案会造成不当的误导。因此，科学合理的检察官考核制度不仅是落实检察改革的有力保障，也是制约检察官正确谨慎履职的重要途径。笔者试以基层院案件质量考评为样本，同时比较台湾地区检察官考评制度，对司法改革背景下的检察官办案考核制度提出粗浅建议。

一、检察官考核制度的现状与问题分析

（一）检察官考核制度的实施现状

自检察机关恢复重建以来，对检察人员实行的是类同公务行政机关的管理模式，管理手段也普遍体现出公共行政化的特点，如在录用上，检察机关需经过公务员考试招录新人；在晋升上，在法律职级的同时并行套用行政级别；在惩戒上，也有类似行政处分的警告、记过等种类。因此，制定于 1995 年的《检察官法》以及与之相配套的《检察官考核暂行规定》也同样带有行政考评色彩。随着司法改革的不断推进，检务督察、案件督察以及案件评查等评价机制的逐步完善，特别是高检院于 2014 年制定了《关于进一步改进检察业务考评工作的意见》，检察官办案考核形成了多部门、多指标、细量化的新格局。

（二）现行检察官考核制度存在的问题

1. 考核部门多头，标准不一，导致检察官办案无所适从。究其原因，主

---

* 林延丰，福建省莆田市城厢区人民检察院业务管理部主任；沈威，福建省莆田市城厢区人民检察院副检察长，首批全国检察理论调研骨干，福建省检察业务专家。

要在于检察官办案考核评价体系没有高阶位的文本规定，从而导致各级部门与检察机关各行其是。检察官在办案过程中需要面对名目繁多的案件评查、检务督察、案件督察，由于考评价值取向不同，导致考评标准不一。且各类考评规则均呈现范围广、内容多、标准细等趋势，如单就《检察机关案件质量评查标准》而言，其标准就有 200 多项。检察官在办案过程中对各类条目难以熟记，对考评规则认识混乱，导致考核无法发挥引导检察官形成规范化办案模式的作用。

2. 考核指标设定不科学，产生对检察业务的异化现象。现行考评规则多倾向于将考评指标量化，以"数"和"率"为主评价办案工作。该种考核模式在一定程度上反映了检察官工作量的多少、效率的高低，却不能客观说明办案质量的好坏，也不能真实反映办案人员的能力水平。如办理未检案件的功夫在于案外帮教，重点在于感化、教育、挽救涉罪的未成年人，期间花费的时间、精力与成效均无法体现在具体的量化数字上。"一刀切"的考核模式在注重功利化成效的同时，往往容易产生对检察业务指导作用的异化。

3. 考核评价体系封闭，可能危及检察官相对独立原则。从检察官考核的程序上看，一般是在系统内部进行，考核主体对于考核过程无须公开，只需将结果告知考核对象，考评对象即使有异议也无从申诉。检察官办案优劣的评价权力均系于行政化的单位领导身上，强化了上下级之间的等级服从，导致检察官可能为追求评优晋职而丧失办案的相对独立性。

4. 考核结果运用不理想，奖优惩劣的激励效应甚微。高检院《检察官暂行规定》将考核结果分为优秀、称职、不称职；《案件质量评查标准》以扣分制实行等级评定，将考核结果分为优秀、良好、合格、不合格四个等级。这两份规定，对于考核结果的划分过于简单、笼统，且考核结果事实上并未与具体奖金、薪资、晋升等相挂钩。如果检察官长期工作付出与评价结果不对称，势必导致检察官对于考核结果难以认同。

二、我国台湾地区检察官考核制度评介[①]

我国台湾地区检察官制度与大陆地区同源而分流，都经历从行政化到专业化的发展历程，因其更为强调权力的分工与制衡，故在考察其制度的合理性并总结其制度运行的不足两方面，均有可资借鉴之处。

---

① 本章节内容如无特别注明，所援引的法律及规定均指我国台湾地区的法律或规定。

（一）我国台湾地区检察官考核制度概况

1. "法官法"颁布前的检察官考核制度

我国台湾地区在"法官法"施行之前，检察官的考核依照公务人员考绩法及其实施细则、各机关办理公务人员考绩作业要点等相关规定办理。具体分为平时考核与年终考绩，其中年终考绩按照综合工作（占考绩总分50%）、操行（占考绩总分20%）、学识（占考绩总分15%）、才能（占考绩总分15%）四项予以评分，以100分为满分，分甲（80分以上）、乙（70分以上不满80分）、丙（60分以上不满70分）、丁（不满60分）四等。① 考绩相关事项由主管人员就考绩项目评定成绩，送考绩委员会初核，由机关长官复核，最后由铨叙机关核定。考绩结果的运用有四方面功能：一是决定能否获得考绩奖金；二是决定能否晋升工资；三是决定是否遭免职；四是影响职务晋升。

2. "法官法"颁布之后的检察官考核制度

2011年7月6日"法官法"颁布实施之后，法官与检察官不再适用公务员考绩法所定的考核制度，而是适用职务评定与全面评核的新制度。② "法官法"第73条规定："检察官职务评定项目包括学识能力、品德操守、敬业精神及裁判品质；其评定及救济程式等有关事项之办法，由司法院定之。"其后，"法务部"于2012年7月分别制定颁布了"检察官职务评定办法"和"检察官全面评核实施办法"，成为评价检察官办案的主要依据。此外，"法务部"于2014年6月修订了"高等法院以下各级法院及其分院检察署与台湾高等法院检察署智慧财产分署检察官办案质量考评实施要点"，成为考核检察官办案质量的直接依据。

（二）我国台湾地区检察官考核制度的特点

1. 检察官地位超然化。"法官法"第71条规定："法官不列官等、职等。"意味着随着法官法的颁布，取消了法官、检察官原来比照一般公务员考绩的行政职等制，无论哪一级检察署的检察官，均无职级高低之分，只以工作年限、工作考绩区分收入差异，彰显检察官超然于公务员的独立地位，也减少了检察官为了升迁而逢迎上级的科层制弊端。

2. 考绩结果简单化。与公务员考绩结果分为甲、乙、丙、丁四等不同的是，检察官职务评定结果只有良好和未达良好两种，且该两种结果只与工资晋级、奖金给予相挂钩，并不发生其他效果，具体情况详见表一。

---

① "公务人员考绩法"第6条、"考绩法施行细则"第3条。

② 我国台湾地区没有单独制定检察官法，检察官的相关规定均由法官法涵盖，除有特别说明外，检察官准用法官的相关规定。

表一 我国台湾地区检察官办案考核评定结果

序号	职务评定结果	工资晋级	奖金给予
1	年终评定良好	晋1级	给予1个月俸给总额的奖金；已达最高俸级者，给予2个月俸给总额的奖金。12月2日以后退休或死亡，导致当年度职务评定应予晋级部分无法于次年1月1日执行的，给予2个月俸给总额的奖金；符合4所列晋二级的，给予3个月俸给总额的奖金。
2	另予评定良好①	不晋级	给予半个月俸给总额的奖金
3	未达良好	不晋级	不给予奖金
4	连续四年评定良好	晋2级	依1给予奖金

3. 考评方式多样化。与原来的公务员考绩相比，"法官法"对检察官的考评增加了全面评核的内容。"法官法"第89条第1款规定："司法院应每三年至少完成一次检察官的全面考核，其结果不予公开，评核结果作为检察官职务评定的参考。"全面评核的项目对于检察官而言，具体包括四项内容：开庭及执行职务态度、办案绩效、文书质量与品德操守。其重大意义在于通过全面评价，可能产生个案评鉴，实为一种负面考核，因为其功能在于淘汰与惩戒。与考绩互补的是，评鉴并不具备俸给调整的功能。

（三）我国台湾地区检察官考核制度之有益借鉴

1. 精确的量化指标，使检察官考核具有可操作性。作为检察官办案质量量化考核的依据，"法务部"于2014年修订的"检察官办案质量考评实施要点"的量化程度令人叹为观止。其将考评项目具体分为：结案件数、结案速度、办案维持率、实行公诉四项，并制定了具体的成绩计算方法，同时又根据检察官具体职务的不同，以所办案件类别的不同将成绩配之以百分比。另外，还以附件形式详列两张表格，列举各级检察署检察官每月办案最低数目，按照案件种类制作结案折计标准，使检察官办案考评具有极强的操作性。

2. 完善的救济配套措施，使制度设计具有完整性。所谓"无救济"，即"无权利"，当前大陆地区办案考核评价制度遭受诟病的原因之一就是单向线性的封闭考评机制。而台湾地区检察官考核制度完善的配套措施体现在以下几个方面：首先，检察官资格终身制是制度保障。"法官法"规定，"非经法定

---

① 另予评定适用于同一年度连续任职不满一年而已达六个月者。

事由不得停止职务、不得转任法官、检察官以外职务、不得调动"。检察官职务评定结果只与工资晋级、奖金给予相挂钩,并不发生其他效果。其次,设定征询意见事项是程序保障。"检察官职务评定办法"不仅赋予受评人投票权,而且规定职务评定审议会初评议案有疑义时,可通知受评人到会备询,听取受评人意见和解释,使收评人参与到考评过程中来,而不是一味被动接受考评结果。最后,规定异议救济途径是措施保障。"检察官职务评定办法"规定,评定结果应书面通知受评人,并应附记不服处分者提起救济之方法、期间及受理机关。"受评人于收到职务评定结果通知后,如有不服,得依公务人员保障法提起救济;如有显然错误,或有发生新事实、发生新证据等行政程序再开事由,得准用行政程序法相关规定办理。"明确规定通过异议程序加以救济,避免错误的考评结果产生绝对性影响。

3. 考核主体的多样性,使考评制度具有公正性。与一般公务员考绩相区别的是,检察官办案考评并不仅限于机关首长的评价。以检察官全面评核为例,其实施评核的机关和人员除了受评人所在检察署的检察长及直属长官、主任检察官外,还包括该检察署对应设置的法院以及所在辖区的律师公会。① 评核机关应当将全面评核意见调查表分送各评核人员填写后整理成统计表层报法务部,作为检察官职务评定的参考。如果说考绩主体仍以司法人员为主的话,在更为严厉的检察官评鉴制度上,更是大幅度地引入司法系统外的评鉴人员,以检察官评鉴委员会为例,由检察官 3 人、法官 1 人、律师 3 人,学者及社会公正人士 4 人组成,② 司法系统外人员比例已近三分之二。如此改革有三方面的效应:一是刑事诉讼多方参与人对检察官办案有直接亲历的感受,引入他们对检察官办案开展评价,可以使考核体系更具针对性与全面性;二是外部人员的引进使评价考核机制更具外部监督色彩,得以避免遭受专断、官官相护而无法发挥评价功能的批评;三是从社会效果来看,外部评价机制可以使检察官对自己的办案言行更为谨慎,更有利于检察机关权威的树立。

4. 办案指标考绩与检察官评鉴制度相结合,使考评结果运用具有权威性。如前所述,简单化的考绩结果运用显然是与检察官不列官等、职等的独立性改革制度相对应,但结果的简单化并不等于对检察官的监督有所放松。从办案指标考绩的项目看,内容繁多,如办案成绩就包括结案件数、结案速度、办案维持率与实行公诉四个项目,成绩计算更是相当复杂,③ 其优点在于各项指标均

---

① "检察官全面评核实施办法"第 6 条。

② "法官法"第 89 条第 3 款。

③ "检察官办案质量考评实施要点"第 7 条。

为客观存在并可反复经受检视，不受评价主体主观上的左右，但其弊端也同样明显，即各个案件之间差异甚大，单纯的数据指标未必能够反映案件质量。因此，作为办案指标考绩的补充，台湾地区设置了全面考核制度，并以极具特色的检察官个案评鉴制度来对检察官办案可能存在的负面情况进行约束。其互补作用体现在以下三个方面：一是对办案指标所无法涉及的个案办理情况进行全面检查；二是引入评鉴委员会对办案指标所无法反映的办案态度、检察官行为是否符合伦理规范进行主观评价；三是引入外部评价机制对办案指标所无法体现的办案效果进行倒逼检视。

（四）我国台湾地区检察官考核制度之困境启示①

台湾地区自"法官法"颁布以来在检察官考核评价方面去行政化以确保检察官独立地位等方面颇有成效，但在旧问题未彻底清理的同时也出现新的问题。大陆地区至今仍在为摆脱行政科层制考评而努力，台湾地区所面临的实务困境也是大陆地区不得不面对或者说在司法改革后仍需面对的，因此将其中的主要部分进行梳理分析实有必要。

1. 考核方式仍未完善，容易流于形式审查，无法及时淘汰不适任的检察官。改革后的检察官考核机制虽然通过书面审查可以评价检察官的专业能力、工作表现及履职作为是否符合法律规定，但就其个人品德、敬业精神、交友状态等仍难以及时察觉，且同僚之间往往顾忌私人情谊，不愿检举。所以，发生惩戒事件后，其平时考核年终考评均为良好的情形甚为常见。从年终评定职务的结果看，2013 年共有 1322 名检察官参与职务评定，其中评定良好的有 1297人，比率为 98.11%（2012 年为 98.53%），其余为未达良好者，而这部分人大多属于停止办案人员而非表现不良者。② 可见，考核结果无法明显体现检察官的差异性，难以作为淘汰依据。

2. 全面评价制度仍有短板，评鉴过于泛滥，无法有效达到考核目的。自2012 年 1 月 6 日"法官法"及"检察官评鉴制度"实施以来，至 2015 年 7月，依"法务部"官方网站检察官评鉴专区检察官评鉴委员会决议书统计，共完成评鉴结果 36 件，其中 8 件有评鉴事由，建议予以惩戒，其余 28 件无评鉴事由，其中请求不成立 15 件、请求不成立但交付行政监督作适当处分的 2件，不交付评鉴 11 件。从这 28 件的申请主体上看，"法务部"及所属检察机

---

① 本部分内容参考台湾新北地检署白忠志主任检察官在 2015 年两岸检察实务研讨会上发言的论文《检察官人事制度之变革》，诚意致谢。

② 台湾"考试院" 2014 年 7 月 24 日第 11 届第 24 次会议记录，载 http：//www. exam. gov. tw/cp. aspxItem = 20645&ctNode = 411&mp = 1. 最后访问日期：2015 年 7 月 10 日。

关共提起 5 件，均有评鉴事由；台北律师公会提起 2 件，均无评鉴事由，请求不成立；财团法人民间司法改革基金会提起 32 件（其中与"法务部"重复 3 件），有评鉴事由 4 件，无评鉴事由而请求不成立 12 件，交付行政监督 2 件，不交付评鉴 11 件。由此可见，由检察机关内部调查后申请评鉴的效果最好，由民间团体申请评鉴的，除少数成立外，其余不仅部分不符合申请评鉴要见，而且有部分捏造申请评鉴事由，经调查后与事实不符，显然系受理当事人申请后即来函照转，没有过滤机制而有被滥用之嫌。同时，就是由检察官内部申请的评鉴，也都是有当事人申诉或媒体揭露出来的事件，可见平时考核仍有不足，无法察觉检察官之不当履职，在淘汰功能上仍有改进空间。

三、关于完善检察官考核制度的若干思考

（一）制度本源：检察官考核制度的比例原则与监控边界

在研究如何构建并完善检察官办案考评制度之前，首先要问的是：检察官该不该考评？《宪法》第 131 条确立了人民检察院独立行使检察权的原则。对检察官的考评，特别是外部考评制度是否会对检察权独立原则造成某种程度的侵害？司法独立是现代国家普遍尊崇的原则，而从大多数国家对法官与检察官有某种形式的绩效考核的现状来看，似乎可以从实然层面得出结论：二者不是绝对不相容，而只是界限的问题。在长期的司法实践中，对检察官施行行政监督是可以从这个规定推导出来的宪法要求，而绩效考核制度又可以说是行政监督的一种重要方式。因此，台湾地区"法官法"的立法基点也正在于此，其在第 1 条即开宗明义地指出："为维护法官依法独立审判，保障法官之身份，并建立法官评鉴机制，以确保人民接受公正审判之权利，特制定本法。"因此，厘清考评制度的监督边界对于考评内容的设计具有先导意义。

检察官办案的绩效考核，依其方法、目的可有多种选择，有的对检察权独立行使完全不发生影响或影响较小，有的则非常可能影响检察权的行使；有的在配套制度的设计上已有充分考量，考核并无真正必要。具体而言，可以粗略地区分以下几种情况：一是结果取向的考核相对于内容取向的考核，对检察权独立行使的侵害要小。单纯过程的考核，包括办案的态度、技巧、能力等考核，侵害程度又更小一些。二是考核结果的运用，如果用于司法决策参考，如员额增补、法律修改等，则对检察权的独立行使完全没有影响；但若用作特别奖励的依据，如加发奖金，则不能说没有影响；若还用于检察官遴选、职务升迁等，则影响更深。三是考核主体，是一人独任还是多人合议，内部考评还是外部兼容，尚难一概而论，要视其利害关系以及救济制度而定，下文将进行具体的探讨。

（二）制度评价：检察官考核制度主体的多样化选择与公正性

需要考量的第二个问题是：由谁来组织或负责考核才具有中立性与公正性？在司法体制科层化，司法行政权强大的大陆法系国家，考核多半是由机关首长负起主要责任。首长考核最受质疑的，就是关乎晋级升迁的重大权力操之于首长，使其与检察官的关系更难与一般行政机关的长官部属关系区分，独立办案就很容易受到影响。因此奥地利的法官考核就交由人事委员会合议行使。但一人考核的优点也非常明显，除了行政成本更低以外，这个首长因为不具有竞争者的身份，比起"同僚评价"更具公正性，这或许是德国至今仍然坚持首长考核制度的原因。无论是首长独任考核，还是人事审议委员会的合议考核，都还是内部考核，难免具有本位主义的局限性。因此，美国的法院管理引入了服务业上的外部评价理念，从 20 世纪 70 年代开始，不仅在考核标准上纳入"消费者"的观点，如礼民、便民、亲和、信赖等标准，而且在考核主体上不以法院内部为限，所依据的资料也不限于法院的统计、裁判文书。内、外部相结合的考核方式具有互补效用，但相应的，行政成本也会跟着大幅度增加。

综合几种考核主体与方式的利弊权衡，笔者建议分两个层次实施检察官考核：一是对一般检察官的考核仍由检察首长负责，以发挥垂直考核的优点；二是对检察首长的考核，则由检察官代表、法官代表、学者以及社会人士组成的委员会进行合议考核。如此一来可以实现两方面的效能：一是合理分配考核的司法行政成本，对数量众多的检察官考核以首长独任制可有效节约成本，提高考评效率；二是对检察首长进行个人和整体的合议制考核，一方面可以多方位客观评价检察长工作，另一方面也可督促检察首长谨慎公平地行使对检察官个体的考评权，以有限的行政资源做到全面考核，把平均主义的弊端降到最低，真正发挥考核的效益。

（三）制度执行：考核指标设置的类型化与科学性

需要考量的第三个问题是：什么样的制度设计才能真正发挥考核的效用，且在成本上具有可行性？笔者试区分量和质两个部分展开讨论。

1. 量的考核。就检察官工作内容而言，所谓"量"是指一定时间的产量，如每月的结案案件数或结案的速度、每案花费的天数等。产量和速度的统计，不仅对司法行政者来说是决策上必要的参考资料，也是表现检察官勤惰、能力的重要指标。甚至从当事人角度来看，拖延造成的费用和精神的损失，何尝不是公平的减损。因此，这方面的考评，可以说是各国司法行政的一项基础、常态性工作。但是，以产量和速度作为司法决策或预算编制的参考资料是一回事，若同时用来作为检察官办案考核的指标，就不能不注意以下事项：除了案件间的差异性必须尽可能反映外，也要避免造成草率结案追求业绩的后遗症。因此，一般来说，此项考核只适宜在与平均值有明显差距时，作为负面判断的依据，而不能作为正面优劣的考评依据。正面考核只有加入办案品质的评价，才能做到公允且不至于误导。

2. 质的考核。所谓质的考核，是指程序和实体的公平，包括事实认定与法律适用的正确性。相对量而言，质的考评在技术上要困难许多：该用什么标准？什么方式来认定公平的程度？法院判决有罪的比例，或当事人不上诉的比例，经过若干修正，都还是比较容易操作的方式。其优点是可以量化而比较出高低，但有罪判决是否表示公诉人在认定事实和适用法律上比较正确？不上诉是否表示程序合理、论证周延而让当事人比较信服？这种纯结果取向且以单一比例简单的量化方式来替代个案考核，仍难免受到过于粗糙的质疑，且容易因为引导作用太大出现扭曲的逢迎现象。因此需要配合其他的判断标准，尤其是内容、过程取向的考核。以德国萨克森州的法官考核办法为例，就把考核项目分为9项：专业知识、理解能力、口语表达能力、文字表达能力、处理能力、接人待物态度、沟通技巧、贯彻能力和敬业程度。奥地利的法官职务法也有非常类似的规定，通常由考核者以阅卷、法庭现场观察以及平日印象等方式对法官履职进行分别评定再加总而得出最后考核成绩。

司法责任制背景下
检察官业绩评价体系的构建

余响铃[*]

检察机关是国家的法律监督机关，履行审查批捕、公诉、侦查犯罪、刑事执行监督、控告申诉等各项职能，是平安中国、法治中国建设的重要力量。检察官是检察机关开展各项检察业务工作和履行各项职能的主体和中坚力量，建立对检察官科学合理的业绩评价体系，不仅能够充分调动检察官工作的积极性，提高检察官工作效率，促进各项检察工作顺利开展。在司法责任改革背景下，既是检察官任职能力、晋职晋级、绩效工资等的重要依据，又是激励导向检察工作、发掘培养检察人才，保证检察事业平稳发展的重要制度。

一、检察官业绩评价体系构建的重要意义

检察官业绩评价体系既独立又相互关联，能较完整表达评价要求，是由一定的考核指标组成的评价体系。完整有效地实施考核指标的要求，有利于客观评价被考核人员的工作状况，反映业绩目标的完成情况、工作态度、能力等级等，直接与工作人员晋职晋升、绩效工资等密切相关。司法责任制背景下，检察官业绩评价体系以考核入额检察官为主，和改革前既考核检察官又考核书记员、行政人员不同，改革后建立的业绩评价体系，其考核对象相对单一、工作属性高度一致、工作技能要求均衡，不仅本身是检察工作的重要内容，也是激励引导检察工作顺利开展、培养和发现检察人才的重要制度，更是检察官晋职晋级的重要依据。

（一）业绩评价是检察工作的重要内容

根据现代管理理念，业绩评价的首要目的是对管理过程的一种控制，其核心管理目标是通过了解和检验现职工作人员以及组织的绩效，并通过结果反馈

* 广东省人民检察院公诉一处助理检察员、主任科员。

实现人员绩效的提升和组织管理的改善，提高整体工作质量和工作效率，对组织成员而言，通过公平合理的业绩评价，得到组织的认可，可以满足自我价值和成就感。

一直以来，检察机关高度重视业绩评价，业绩评价工作也是各级检察机关工作的重要内容。最高人民检察院于 1995 年 8 月通过的《检察官考核暂行规定》和 2001 年修订的《中华人民共和国检察官法》对检察官的考核内容作出了规定，2002 年 3 月 1 日最高人民检察院颁布的《人民检察院基层建设纲要》明确指出："以考核干警的能力，绩效为核心，探索建立能级管理机制。在明确内设机构和工作岗位职责的基础上，分类分级明确工作目标，以动态考核为主、定性与定量相结合，实行全员能力和绩效考核，奖优罚劣。"最高人民检察院还制定了《检察官考评委员会章程（试行）》，对检察官考评的机构和程序作了一些具体的规定。① 对检察人员业绩评价作出了一系列探索。

在这一轮司法改革中，2015 年 9 月 25 日，最高人民检察院印发了《关于完善人民检察院司法责任制的若干意见》（以下简称《若干意见》），提出要建立以履职情况、办案数量、办案质效、司法技能、外部评价等为主要内容的检察官业绩评价体系，评价结果作为检察官任职和晋职晋级的重要依据。② 可见，业绩评价工作不仅是检察工作的重要内容，也是保障检察事业平稳发展的重要制度。

（二）检察官业绩评价体系激励导向检察工作顺利开展

从管理学的角度而言，组织制定宏观的履职业绩目标，个人履职紧紧围绕组织的业绩目标进行设计和实施，将整体目标层层分解后落实到职位和个人，理论上只要每一个人都完成了业绩目标，组织的业绩目标也就实现了。如果业绩评价制度设计科学，实施到位，将有利于促进部门、全院完成各项目标任务，如果业绩评价制度设计不科学，实施不到位，将不利于各部门完成目标任务，影响各项工作顺利开展。目前，各级人民检察院普遍面临异常繁重、日益增长的工作压力，在检察官人数不可能大幅度增加的情况下，靠正确运用考核评价机制，充分发掘内部潜力，不断提高检察官业务素养，才能更好地为转型期的改革、发展、稳定大局提供有力的司法保障和法律服务。

在检察工作中，构建一整套以切实、有效、可行的履职、评价、激励为一

---

① 转引自刘妍、潘丽：《关于如何完善检察人员绩效考核管理机制的探讨》，载《中国刑事法杂志》2011 年第 12 期。

② 最高人民检察院：《关于完善人民检察院司法责任制的若干意见》，载《检察日报》2015 年 9 月 29 日。

体的业绩评价机制，通过一定的指标体系和科学的评价方法，对检察院及检察官完成既定工作目标进行的全方位的科学评判，不仅可以成为对检察工作进行督导、检测、评价与激励的重要手段，也是引导检察院及检察官前行的"风向标"与"指南针"，是检察院各项工作全面发展的重要保障。

（三）业绩评价体系是培养和发掘检察人才的重要制度

党的十八大提出，要加快人才发展体制机制改革和政策创新，形成激发人才创造活力、具有国际竞争力的人才制度优势，开创人人皆可成才、人人尽展其才的生动局面。更加重视拓宽人才评价发现的途径，研究建立各类人才能力素质标准体系，通过业绩和贡献评价人才，依靠实践和群众发现人才。[①] 检察职业是受到法律严格规范的法律职业，检察人员所从事的工作必然要体现检察工作的职业特点和检察权的司法属性。业绩评价体系作为一种业绩和贡献的评价模式，是立足于检察工作实践，业绩评价的目的在于评价检察人员的办案成果和工作业绩，实际上，检察人员在努力达到组织制定的工作目标的过程中，本身就是培养提升自己能力的过程，往往达到能力要求的，一般都是合格的，如果能够超额完成目标，往往都是优秀的。因而，业绩评价体系既是培养检察人才的制度，也是发掘检察人才的制度。

（四）检察官业绩评价体系是检察官晋职晋级、绩效工资等的重要依据

十八届四中全会通过的《中共中央关于全面深化改革若干重大问题的决定》，对深化司法体制改革作出明确部署，提出要建立符合职业特点的司法人员管理制度，健全法官、检察官、人民警察职业保障制度。当前，关于检察官职业保障的制度，主要体现在《检察官法》，比如，1995 年颁布的《检察官法》第 39 条规定："检察官的工资制度和工资标准，根据检察工作特点，由国家规定"；第 40 条规定："检察官实行定期增资制度，经考核确定为优秀、称职的，可以按照规定晋升工资；有特殊贡献的，可以按照规定提前晋升工资"；第 41 条规定："检察官享受国家规定的检察津贴、地区津贴、其他津贴以及保险和福利待遇。"关于检察官薪酬的内容虽然比较原则和笼统，但是框架和脉络比较清晰，目前仍然是检察官获取薪酬的法律依据和保障。司法责任制改革后，检察官的等级晋升将主要依靠工作业绩，工作业绩决定了检察官等级晋升的速度，同时，与工作业绩挂钩的是绩效工资，因而业绩评价体系直接决定了检察官的切身利益。

---

① 赵乐际：《为全面建成小康社会提供有力人才支撑》，载《学习时报》2013 年 1 月 28 日。

二、当前检察官业绩评价体系存在的问题

(一) 考核内容行政化

国家实行统一的公务员招录考试，检察官与普通公务员的招录、管理、考核、培训、任免上，几乎没有差别性，实行同一套管理体系，在检察院内部，检察官与书记员、司法行政人员甚至机关中具有编制的后勤勤杂人员一样，在考核上也几乎没有差别，这种依托行政管理体系而接承下来的管理体系行政化色彩浓厚，不符合司法规律。考核评价体系是以行政考核模式为范本，难以体现检察官的专业性特点，也不利于准确甄别表现优秀的和表现一般的检察官，不利于检察官法治思维的培养和深化。在考核内容上，通常采用行政人员的德、能、勤、绩、廉五项内容，或者是采用《检察官考评暂行规定》中规定的检察工作实绩、思想品德、检察业务水平、法学理论水平、工作态度和工作作风六个方面。但是这些考核内容都较为简单笼统，政治色彩浓厚，不考虑对象的多样性、特殊性、缺乏可操作性的考评指标体系，实践中考核结果难以真实反映检察人员的工作实绩。① 考核内容的行政化，加之考核主观性强，由此产生的考核结果的公信力就大大降低。

(二) 考核等次简单化

在考核等次上，往往是"优秀、合格、不及格"或者"好、较好、一般、较差"，这种考核等次的设置，对"较好"的比例有限制，比如总数的15%、20%等，但是对于"较差"的比例，则没有限定，可有可无，导致在实践中，如果没有发生违法违纪行为，通常不会给被考核人"不及格""较差"，达不到一种业绩的倒逼效果。"优秀"或者"较好"的比例设置虽有一定限制，但是领导往往从均衡的角度出发，努力让每个人都保持工作的积极性，尽量让每个人都有机会成为考核优秀者，于是优秀的等次不是"论功行赏"，而是演变成一种"轮流坐庄"的模式，平均三五年，都可以轮到。实际上，这种状况下的考核，就沦为了一种形式，停留于表面。对于考核结果用来干什么，对管理和解决工作中存在的问题产生哪些导向作用，很多单位并不明确，最后，往往成为部门评价先进、发奖金等的工具，对于引导工作、培养人才、提升工作水平等，没有发挥更好的指引作用。

(三) 考核工作形式化

考核工作事关每个检察官切身利益，是检验一个检察官能否胜任工作的最

---

① 刘妍、潘丽：《关于如何完善检察人员绩效考核管理机制的探讨》，载《中国刑事法杂志》2011年第12期。

重要评价方式。然而，实践中，考核工作还只是年底总结评价工作的一项例行公事，考核引导、激励检察工作的力度和效果还不够，发现和培养检察人才的指向性和引导性还不强，这本质上源于，对于考核结果的应用处于一个"兜底"层面，只要没有"不合格""较差"等次，对于检察官晋升、工资、评优评先等都没有任何负面作用，而一般情况下，"不合格""较差"的人几乎没有，于是这项工作就成了大多数人可以通过的"过场"，久而久之，就形式化了。

（四）考核效果纸面化

虽然高检院制定的《检察官考评委员会章程（试行）》，对检察官考评的机构和程序作了一些具体规定，但从全国检察机关的执行情况看，绝大部分检察院都没有设立专门、长期、固定的检察官考评机构，也没有相对固定的考评程序，只是为了考评的临时需要，设立检察官考评领导小组，临时的组织，缺乏过程的管控和数据的有效掌握，无法从定性定量上对检察官的工作业绩进行全面科学的评价。而且根据绩效管理理论，只有将绩效评价的结果与人们所获得的回报挂钩，才能真正使绩效管理发挥应有的作用。[1] 当前，检察官的考核还没有与工资待遇、选拔调配、奖励惩罚、教育培训、等级晋升等结合起来，与检察官的自身利益没有形成紧密的联系，考核制度也没有规定如何解决考核中反映出来的问题，致使难以对检察官产生激励和促进作用，考核评价工作难免流于纸面化。

三、国外检察官考核评价制度

（一）英国检察官业绩考评制度

英国法律要求所有的检察官都必须是法律工作者，必须具有律师资格。而英国法律对律师资格的取得规定了严格的条件，成为律师的程序是：首先，大学本科毕业后必须到律师学院学习两年；其次，通过律师资格考试并取得律师资格；最后，取得律师资格后须实习一年，才能独立接案。因此，英国检察官独立办案的能力强，素质普遍较高，英国检察机关考核按照对公务员的考核标准来进行，绩效考核的内容主要包括观察和分析问题的能力、沟通和交流的能力、宏观决策能力、人际关系处理能力、领导管理能力、组织协调能力、高效率工作能力、计划与执行能力、全局意识等多个方面。绩效考核的结果分为三

---

① 孙柏英、祁光华：《公共部门人力资源开发与管理》，中国人民大学出版社2004年版，第164页。

个到七个不同的等级、职务晋升与加薪与考核结果直接挂钩。①

(二) 德国检察官考核考评制度

德国是实行立法、行政和司法三权分立的国家,检察机关隶属司法部,德国检察官的身份为国家公务员。德国对于检察官的遴选极其严格,要成为合格的检察官,必须通过两次国家考试,最终录取率仅在 5% 左右。德国对检察官的考评遵循公开、客观的原则,并具有权威性和决定性。德国检察机关除了对检察官进行每四年一次的定期考核外,还包括对检察官的实习考核、空缺职位临时考核、更换岗位的中期考核在内的多种考核方式。德国检察机关绩效考核涉及的指标分为三个大类 15 个项目,第一类是专业成绩,分为工作成绩和工作方式两个大类,内容包括:被考核对象履行职务的工作业绩、工作责任心和团队精神等;第二类是个人素质,包括身体素质、职业素质等;第三类是综合能力,主要包括决策能力、组织计划能力、专业运用能力、社会处置能力、领导能力、口头表达和文字写作能力等。主考领导根据被考核人的各项得分,完成对其工作能力的总体评估材料。德国对检察官的业绩考评体系,充分体现了以人为本、能力优先的特征,并且业绩考评结果与检察官工资和工作晋升密切挂钩,对业绩优秀的检察官进行绩效奖励,对业绩一般或者较差的检察官给予教育训诫、调动岗位,甚至是进行免职处理。②

(三) 美国检察官考核考评制度

美国联邦检察系统由联邦司法部中具有检察职能的部门和联邦地区检察官办事处组成,职能主要包括调查、起诉违反联邦法律的行为,并在联邦作为当事人的民事案件中代表联邦政府参与诉讼,美国检察机关考评采用与公务员类似的方式。③ 美国对检察官的考核包括平时的日常考核和每年的年度考核,年度考核内容包括工作质量、工作数量和工作适应力,主要对工作完成情况,潜在能力、具体工作职责、完成的工作结果进行评价,对工作内容和效率进行数量和质量分析。考核结果分为优异、满意、不满意等不同等级,与奖金、荣誉、表彰、休假等奖励内容挂钩,但并不直接与晋升挂钩。④

---

① 姜海如:《中外公务员制度比较》,商务印书馆 2003 年版;曹志:《各国工职人员考核奖惩制度》,中国劳动出版社 1990 年版。

② 严忠华、吴华蓉:《试论检察机关绩效考评制度的完善——以德国检察官绩效考评制度为鉴》,载《法制与社会》2010 年第 15 期。

③ 吴国庆、袁东:《美国公务员的工作考评》,载《中国行政管理》2003 年第 3 期。

④ 转引自王欣、黄永茂:《国外检察官考核考评制度之比较及启示》,载《江苏大学学报》(社会科学版) 2013 年第 2 期。

（四）日本检察官考核考评制度

日本检察制度受大陆法系国家的影响较深，明治维新以后，日本参照法国的检察制度，在各级审判厅配置检察官，后又参照德国的检察制度，在各级法院附设检事局，实行"审检合置"制度。但在"二战"后，日本检察机关从法院体系中完全独立出来，检察官不再是司法官，而是属于国家公务员系列，是国家的行政官吏。但是检察官与一般的行政官吏仍有所区别，是具有法官特征和职能的特殊类型的公务员。[①] 日本设立专门的检察官合格审查会，每三年就对检察官是否合格进行审查。在具体考评细则上，参照对公务员的考评制度实行。日本对检察官的考核内容包括工作成绩、工作能力、性格和工作适应性。考核结果分为 A、B、C、D、E 五个等级。A 级为工作成绩卓越，一般不超过 10%；B 级为工作成绩优秀，一般不超过 30%；C 级为工作成绩良好；D 级为工作成绩较差；E 级为工作成绩低劣。被评为 A 级可以越级提工资；被评为 BCD 三个等级可以提薪；E 级不能提薪，甚至还要受处分，考核结果要存入档案，并以此作为职务晋升和人员奖惩的重要依据。[②]

从上述四个域外国家的检察官业绩评价的制度可以看出，在检察官履职业绩评价制度上，普遍具有以下几个特征：

第一，几乎都按照公务员的考核标准进行。虽然各个国家的历史因素、检察模式等不同，但是在考核上，大多借鉴并统一于各自国家的公务员考核考评制度，公务员考核制度是基础，司法属性为特点。虽然检察官是司法官，和行政人员有区别，但是检察官是公职人员，面对的是服务不特定的纳税人，因而立足于公务员的基本要求进行考核是科学客观的，但是不能混同于普通公务员。

第二，考核对象以检察官为主。上述四国对于检察官的选拔有着严格的程序，条件极其苛刻，因而能够成为检察官的，都是经过精挑细选的，具有卓越的司法技能和履职能力，在制定考核指标时，能够统一标准、确定要求。但是我国的检察官业绩考核受行政思维影响，一套考核体系不仅要考核检察官，也要考核书记员、行政人员，指标体系专业特征不明显。

第三，既重视对检察官业务能力、履职素养、职业操守的考核，也注重对检察官综合能力、潜力毅力、敬业精神等的考核，考核内容覆盖面广、重点突出。对于检察官业务方面的考核，主要是现阶段履职能力，而对于检察官的决策、组织、社会处置、领导等能力，则是对一个检察官潜力的预判，除此之

① 王杰：《日本检察官遴选制度考察》，载《法制与社会》2009 年第 15 期。
② 张剑虹：《中日检察官制度比较》，载《法学杂志》2002 年第 6 期。

外，还有身体素质、敬业精神等，虽然这种内容都可以统归到我们考核的"德、能、勤、绩、廉"之中，但是"德、能、勤、绩、廉"这几个指标显得过于简单，而且内容不够明细，指引性不强。

第四，注重过程的管控。这四个国家的业绩评价体系，体现过程管控的思维非常明显，比如英国的日常考评和年终考评相结合，德国的定期考核、临时考核和中期考核相结合，其目的都在于通过持续、不间断的考核，发现检察工作中存在的问题，及时提出改进措施。这也是符合现代绩效管理观点的，认为考核考评是一种过程控制，通过考核，发现检察机关各业务部门和工作人员存在的问题，进而设计改进方案，促使绩效水平提高。

第五，能够与各种直接利益挂钩。考核对于检察官的职务晋升、人员奖惩、工作评定等切身利益都密切相关，不仅直接影响了加薪与不加薪、加薪多少、荣誉与表彰、休假等，还直接影响到晋升的速度、退休金数额等，可以说考核达到了"牵一发而动全身"的效果，考核结果的运用，对于强化检察官责任意识，调动检察官工作的积极性、进而提升检察工作整体水平非常有推动作用。

四、中国检察官业绩评价体系的内容

关于业绩评价体系，最重要的就是建立考评的内容，确定能够体现中国检察官价值期望的指标参数，确保中国检察官的业绩发展方向符合司法责任制的要求，达到法治中国建设的人才需求，并且能够传承接续人才。建立中国检察官业绩评价体系的主要内容，要在客观评价并有序传接现阶段公务员考评体系的基础上，严格按照最高人民检察院印发的《若干意见》的要求，以履职情况、办案数量、办案质效、司法技能、外部评价等为主要内容，以这些主要内容的评价结果作为检察官任职和晋职晋级的重要依据，并适度借鉴国外的有益经验。

（一）履职情况

《若干意见》对于业绩评价体系的内容，首要条目就是履职情况，"履职情况"从字面意义上看，可以理解为一个综合概况用语。换言之，是集合了办案数量、办案质效、司法技能、外部评价等综合考评而成的一个总体评价。然而根据《若干意见》的条文规定，可以看出，"履职情况"是并列于办案数量、办案质量、司法技能、外部评价的一个条目。准确理解"履职情况"的含义，并在考核指标中，和其他条目进行合理区分，是十分必要的。

第一，检察官"履职情况"的首要考核目标就是检察官的政德。当前，公务员的考核首要讲究的是"德"。党的十八大提出，在选人用上要坚持"德才兼备、以德为先"。这体现的就是政德的重要性，政德即从政之德或为"官"之道。检察官是公务员，国家对公务员的政德要求是检察官作为一名公务员的基本遵循，检察官的政德是检察官作为一名公务员在行使司法权力、履行工作职责中所体现出的政治思想、道德品质等的总和。其静态载体在于检察官所在具体岗位所赋予的工作职责，动态表现形式是检察官所展现出来具体的工作行为。其本质在于是否贯彻落实全心全意为人民服务的宗旨意识，是否按照习近平总书记提出的"让人民群众在每一个司法案件中感受到公平正义"的要求要开展工作。因而检察官"履职情况"的首要考核目标就是检察官的政德，是检察官运用司法权力从事司法工作所表现出来的政治思想和道德品质。

第二，检察官"履职情况"的另外一个考核目标就是检察官的私德。当前大多数检察官都具有党员的身份，党员是公民中的先进分子，是有共产主义觉悟的先锋战士。邓小平同志很早就指出，共产党员，第一，他是普通人；第二，他是普通人中的先进分子。党员是普通大众中的一员，但不能把自己等同于普通群众。对党员的要求，理应更加严格。《中共中央关于全面推进依法治国若干重大问题的决定》明确指出："党规党纪严于国家法律，党的各级组织和广大党员干部不仅要模范遵守国家法律，而且要按照党规党纪以更高标准严格要求自己。"这不仅对党组织和党员，还对公权力机关和公职人员提出了严于国法的要求。著名法学家富勒说："如果说愿望的道德是以人类所能达致的最高境界作为出发点的话，那么义务的道德则是从最低出发。"可以说，党的要求体现了"愿望道德"，是社会高标准的道德，而国家法律则体现了"义务的道德"，是社会最低限度的道德。对于党员和公职人员的要求在方方面面都应该更严格，不仅要求检察官政德要好，私德也一定要好，实际上对党员的高要求是体现在多方面的，比如《中国共产党纪律处分条例》专门对严重违反社会主义道德的行为进行了相应规范，与此同时，国家法律对一些纯道德行为并不规范。《关于领导干部报告个人事项的规定》对领导干部报告个人事项进行了规定，但国家法律对普通公民个人事项的报告义务并不作要求。对于领导干部子女经商等问题，也都有比一般公民更严格的要求。所以"履职情况"还得考察检察官的"私德"，是否严格遵守"检察官八小时之外的规定"，是否践行社会主义核心价值观等。

（二）办案质效

中共中央办公厅、国务院办公厅印发的《保护司法人员依法履行法定职责规定》，其中第4条明确规定，法官检察官依法履行法定职责受法律保护，非因法定事由、非经法定程序、不得将法官、检察官调离、免职、辞退或者作出降级、撤职等处分。① 其中第 6 条规定，经考核确定为不称职的，可以将检察官免职。第 7 条规定，在年度考核中，连续两年被确定为不称职的，可以将检察官辞退。② 可见业绩考核的结果是检察官可否辞退的一个法定理由。根据《若干意见》的规定，检察人员应当对其履行检察职责的行为承担司法责任，在职责范围内对办案质量终身负责，司法责任分为三种：故意违反法律法规责任、重大过失责任和监督管理责任。检察官承担司法责任的情形和种类，实际上直接关系到考核的情况。

其中故意违反法律法规责任，包括：（1）包庇、放纵被举报人、犯罪嫌疑人、被告人，或使无罪的人受到刑事追究的；（2）刑讯逼供、暴力取证或者以其他非法方法获取证据的；（3）违反规定剥夺、限制当事人、证人人身自由的；（4）违反规定限制诉讼参与人行使诉讼权利，造成严重后果或恶劣影响的；（5）超越刑事案件管辖范围初查、立案的；（6）非法搜查或者损毁当事人财物的；（7）违法违规查封、扣押、冻结、保管、处理涉案财物的；（8）对已经决定给予刑事赔偿的案件拒不赔偿或者拖延赔偿的；（9）违法违规使用武器、警械的；（10）其他违反诉讼程序或司法办案规定的，造成严重后果或者恶劣影响的。③ 从上述条文可知，故意违反法律法规责任，不仅是检察官在办案中存在主观上的故意，而且要造成实际的危害后果，这是严重危害办案质量的行为，属于“因违纪违法犯罪不能继续任职的”的情况。④ 可以将检察官进行免职，检察官一旦发生这种情况，根本不存在参加年度考核的可能，实行一票否决制，还应当移送纪检监察、渎职等部门处理。

重大过失责任的情形，主要表现为检察官在司法办案中有重大过失，怠于履行或不正确履行职责，造成下列后果之一的，应当承担法律责任：（1）认定事实、适用法律错误，或案件被错误处理的；（2）遗漏重要犯罪嫌疑人或者重大罪行的；（3）错误羁押或者超期羁押犯罪嫌疑人、被告人的；（4）涉案人员自杀、自伤、行凶的；（5）犯罪嫌疑人、被告人串供、毁证、逃跑的；（6）举报控告材料或者其他案件材料、扣押财物遗失、损毁的；（7）举报控告材料内容或者其他案件秘密泄露的；（8）其他严重后果或恶劣影响的。由上述条文可以看出，重大过失责任和故意违反法律法规责任的首要区别在于主观态度上，前者主观上是故意，后者主观上则是放任和过失，后者造成的损害

① 中共中央办公厅、国务院办公厅：《保护司法人员依法履行法定职责规定》，2016 年 7 月 28 日。

② 中共中央办公厅、国务院办公厅：《保护司法人员依法履行法定职责规定》，2016 年 7 月 28 日。

③ 最高人民检察院：《关于完善人民检察院司法责任制的若干意见》，载《检察日报》2015 年 9 月 29 日。

④ 中共中央办公厅、国务院办公厅：《保护司法人员依法履行法定职责规定》，2016 年 7 月 28 日。

后果相比前者也要轻一些，这种损害是可以容忍但是绝不能纵容的行为，造成重大过失责任的，必须承担一定的司法责任，这种责任的承担方式和故意违反法律法规责任不同，重大过失责任应当轻一些，笔者认为，对于这种情形，可以结合《保护司法人员依法履行法定职责规定》第7条的规定，在年度考核中，连续两年确定为不称职的。① 对于这种情形，可以作为年度考核中的一种不称职的情形，如果连续两年发生类似情形，是可以将检察官辞退的。

负有监督管理职责的检察人员因故意或者重大过失怠于行使或不当行使监督管理权，导致司法办案工作出现严重错误的，应当承担相应的司法责任。② 这种情形主要发生在联合办案组之中，要准确区别好监督管理人员和承办人之间的司法责任情形，笔者认为，监督管理人员因故意或者重大过失怠于行使或不当行使监督管理权，导致司法办案工作出现严重错误的司法责任情形应当轻于故意违反违规办案和重大过去办案，这是谁办案谁负责的司法责任制精神决定。

除此之外，还规定了事实认定瑕疵：包括（1）认定事实或情节有遗漏、表述不准确，不影响定罪量刑或全案处理的；（2）证据采信瑕疵。证据的收集、调取、保存、移送、使用等程序不符合法律和有关规定的，但依法可以补正或作出合理解释，并且不属于依法应当排除的非法证据的；（3）法律适用瑕疵。引用法律条文不准确、不完整、不规范，但不影响定罪量刑的；（4）法律程序瑕疵。受理、办理、告知、听取意见、送达等程序不符合法律和有关规定的；（5）法律文书瑕疵。法律文书的名称、类型、文号、格式、文字、数字、语法、符号等存在不规范、遗漏、错误等情形，或存在未依照法律规定签名、盖章、摁手印、注明时间等情形；（6）司法作风瑕疵。检察人员在司法办案工作中有态度不文明、作风拖沓、语言不当等不规范行为的（7）其他司法瑕疵，对于这种司法瑕疵情形，属于有违司法质量的行为，但是不属于司法责任，为了进一步提升工作质量，让人民群众在每一个司法案件中感受到公平正义，可以对此采取适当方式，将司法瑕疵纳入考核之中，确实严格管理检察官，防止蝼蚁之穴溃千里之堤的情形出现。

（三）办案数量

一个检察官一个考核年度内，应当办理多少案件，现行的有关司法改革文件没有明确的规定，但是入额的检察官必须办理一定数量的案件，这是一条底

---

① 中共中央办公厅、国务院办公厅：《保护司法人员依法履行法定职责规定》，2016年7月28日。

② 最高人民检察院：《关于完善人民检察院司法责任制的若干意见》，载《检察日报》2015年9月29日。

线。实行检察人员分类管理，落实检察官员额制，检察官必须在司法一线办案，并对办案质量终身负责。担任院领导职务的检察官办案要达到一定的数量。业务部门负责人须由检察官担任。① 同时，办案数量指标也是检察官业绩考评的一个重要方面，司法不仅要公正，还要兼顾效率，没有效率的公正是不可持续性的，保证每个检察官都办理一定数量的案件，则有利于保证及时有效完成有关案件的办理，在检察系统内，从全国而言，中西部和东部沿海等地域的办案压力不一样，从一个省而言，比如广东省内，珠三角地区和粤东西北地区的检察官面临的办案压力也不一样，在一个检察院内部，公诉、侦查监督的案件大多能够逐个统计，但是控告、申诉、案件管理、刑事执行检察等部门的案件则不容易以数据论，同时，公诉、侦查监督的案件可以均衡到每一个承办人名下，但是自侦部门的案件，则不容易均衡到每一个人名下，因为自侦案件的办理，大多要靠集团作战，特别需要发挥检察一体的优势。担任院领导职务的检察官和担任部门负责人、部分协助负责人的工作内容不一样，因而也应均衡办案数量的考核。

笔者认为，一个合格的检察官每年办案数量一般应当达到所在部门当年办案的平均数。检察官一个办案年度内的办案数量达不到平均数的，在办案数量考核上，应当从分值上予以减少。但是在实践中，平均数的统计，一般是一个考核年度内的年底才能统计，由于案件调配的客观因素，不可能每个人都刚好达到平均数，一定会存在一定的差异，所以在实践中，可以设置达到平均数的80%、90%等作为合格的标准，这样更有利于实践。当然有些特殊情况也得充分考虑：（1）经组织选派承担重大、疑难、复杂案件等而影响到办案数量的；（2）因组织安排，离开原办案岗位较长时间的；（3）因患有重大疾病等需要进行医疗、调理的，经组织批准休假较长时间的；（4）其他特殊原因，导致要离开原工作岗位较长时间且经组织批准的。

除此之外，对于担任检察长、副检察长、检察委员会专职委员、部门负责人、部门协助负责人的，如何科学确定办案数量？笔者认为，检察长办理案件主要是起引领作用，在现阶段，要积极推进检察长亲自办案，但是数额上，应当以实际切实可行的数量为准，保证每年亲自办理；副检察长由于可能同时协管多个部门，则可以选择其中一个部门的案件进行办理，达到一定的数量即可；兼任检委会专职委员的检察官，业务工作相对纯粹，在办案数量上应当比副检察长多一些。对于部分负责人，除了办案之外，还可能兼任部门的党支部

---

① 最高人民检察院：《关于完善人民检察院司法责任制的若干意见》，载《检察日报》2015 年 9 月 29 日。

书记，负责一个部门的综合事务管理，在办案数量上可以比较普通检察官有所减少。这是现阶段中国检察系统现阶段的工作特征决定的，作出案件数量上的部分调整，其实是为了更好地落实办案责任制。

（四）司法技能

技能一般是掌握并熟练运用技术的能力，司法技能实际上就是掌握并熟练运用法律知识、法律经验、法律技巧的能力。如何评价一个检察官的司法技能水平，采取哪些标准，怎么纳入业绩考核、如何达到一个客观有效、人人认可的标准，既是一个理论问题，又是一个实践问题。

当前，在全国检察系统内，反映司法技能的形式，包括业务竞赛、专门人才评比、业务立功等。如各业务条线都举行了相应的业务竞赛，包括全国、全省、全市范围内的"公诉业务标兵""民行业务标兵""侦查监督业务标兵"竞赛等，这些竞赛的权威性强、业内认可度高，竞赛内容全面，在一定程度上，业务竞赛的名次，充分反映了业务技能的高低。除此之外，各级检察院都会组织一定的人才评选计划，比如"全国检察业务专家""全国检察理论专家"等，在省一级，也会评比"全省检察业务专家""全省检察理论专家"等。或者指定各业务条线的专门人才计划。对于在大要案办理、重大专项行动过程中，表现优秀的，通常会给予立功受奖，虽然立功受奖的考量出发点不仅包括业务考量，也包括政治考量、思想品德考量等，但是总体上还是体现了业务技能。对司法技能进行考评，可以结合业务竞赛、专家评审、立功受奖等，制定一定的分次等级，这不仅能够对检察官进行考评，还能够引领人才的走向。

除上述宏观层面的司法技能反映形式外，司法技能的体现在表现在个业务条线的具体工作中。比如，公诉工作中，除了依法指控犯罪、进行诉讼监督之外，在工作中，追诉漏罪漏犯，移送线索情况、发出检察建议、纠正违法数，综合办案开展法治宣传教育的情况，都是司法技能的表现，在侦查监督工作中，比如追捕数、提前介入数、监督立案数、监督撤案数等，都属于司法技能的综合表现，在业绩考核中，都应当以一定的形式，纳入业绩考核评价，并激发检察官工作的积极性和主动性，防止检察官在司法办案中，只做表面功夫的情形出现。

（五）理论水平

调查研究是马克思主义认识论的基本观点，是我们党的优良作风和传统，是一项基本的工作方法，毛泽东同志指出："没有调查就没有发言权""谁不调查研究，就剥夺谁的发言权。"检察调研是提高检察工作水平、实现科学决策的基本方法，体现一个干部总结实践经验、探索工作规律的水平。在一部分检察官的思想中，觉得调研是务虚，不是业务工作，跟业务工作无关，实际上，国外很多著名的法官、检察官不仅是法律事务方面的专家，也是理论专家，是引领法治理论者，如果不调研，就难以及时掌握信息、发现情况，及时解决问题，很难提高统揽全局、驾驭局势的能力，尤其是上级检察机关，在自身办案的同时，还承担了对下级指导的功能，如果不及时对工作中的情况进行总结分析，则很难提升对下级院指导的力度和水平，更不利于检察权的统一行使。

在业绩考核中，理论水平的体现，应当不仅仅是撰写调研文章的能力，还体现为获评各类典型案例，撰写业务分析报告，获取理论课题，参与立法与司法解释建议，制定规范性文件等。这些都是检察理论水平的体现，都需要理论结合实践，在实践的基础上，都需要归纳分析、总结提炼。在业绩考核中，应当分门别类，围绕不同的类别，设定不同的加分分值，发挥考核的引领作用，提升检察官的理论调研能力。

因为是针对检察官的业绩考核，对于检察官理论水平的展现，应当以撰写业务类文章为基准，如果不是撰写业务类文章，则无法体现业务属性，也不利于引导检察理论的发展。在制定考核方案时，还应当综合考虑业务文章的呈现形式，比如，对于获取检察理论研究课题的，应当结合国家级、省级、市级等不同层次，制定不同的分值，对于发表文章的层次，现阶段，期刊的权威层级是比较明晰的，"三大核心""二十一种权威期刊""国家中心核心期刊"等，属于不同的层次，在纳入业绩评价时，享受的分值应当不同。

实际上，最难考核的是撰写业务分析报告，参与立法与司法解释建议，制定规范性文件等。由于这类理论成果的载体和呈现形式和研究课题不一样，如何确定分值等次，如何把好重要性，当前没有一个权威的判断标准，实践中，很多出自基层的一线调研报告，论述充分、建议合理，具有很强的针对性和操作性，而有些层次高的即便是规范性文件，可能对实践的指导反而不强。因而可以考核吸收第三方进行评估，成立独立于检察官的兼职的第三方理论评估小组，由专家教授、律师、人大代表组成，对有关的理论成果进行评价，获取一定的考核加分值。

（六）外部评价

检察官代表国家行使法律监督权，关系到社会公平与正义的维护和实现，是与人民群众利益最密切的公职人员。虽然检察官的业绩考评总体上而言是检察系统内部管理和监督的一项重要制度，通过业绩考核了解检察官及所在检察院贯彻部署国家政策、促进社会公平正义等情况，但也不能"闭门搞考核"。

借助外部力量，全方位地评价检察官，可以避免自己监督自己、自己考评自己的弊端，能够强化外部监督，提升业绩评价的客观性。

当前，体现外部评价的方式主要有两种：一种是系统外、体制内评价，主要是各级党委、政府等部门给予的评价，如各级党委和政府授予的"五一劳动奖章""劳动模范""先进工作者""三八红旗手"等。这种评价权威性强，群众认可度高，大多是组织经过认真筛选、严格把关确定的，实行司法责任制后，对于各级党和政府给予的各种荣誉等，应当纳入检察官的业绩考评，实际上，这是对检察官政治素养、职业操守、业务能力的一种综合体现，也是最重要的一种肯定。另一种则来自人民群众，在司法办案中，人民群众对于检察官的工作，会自发给予一定的评价，比如赠送锦旗、撰写感谢信等，对于人民群众的呼声，在检察官的业绩考评中，应当给予重视，纳入考核内容，提升对外部信息的收纳度。同时，对于反映检察官在司法办案中，存在不良作风、行为的评价，也应当通过有关渠道及时收纳，通过认真的调查核实，及时给予回应，切实有损检察官职业操守的，应当在考核中予以负面评价。可以适当纳入人大代表、政协委员、律师、法学教授等，作为检察官业绩的兼职外部监督员，提升外部评价的权威性。

五、结语

检察官业绩评价制度的构建是司法责任制改革的重要一环，是相关配套制度中关注度最高、实践性最强、综合性最难的一个制度，检察官业绩评价制度也是加强检察官管理、规范检察官业务考核、落实司法责任制最为重要的制度，要制定好这个制度，涉及方方面面的大量工作，可谓整个配套制度中最为困难和棘手的，即便制定了有关制度，也需要在执行中设定科学有效的程序、实行专人负责，加强配套制度建设，及时进行修改完善，方可逐步实现检察官业绩考核的标准化、规范化、实效化。

论司法责任制改革背景下
检察官绩效评价体系的构建

天津市人民检察院第二分院课题组[*]

2017 年全国检察机关检察官员额制改革已经全面实施。未来，员额检察官是检察机关的中坚力量，检察机关去行政化以后，检察官个体能否正确履职，检察官责任能否落实，关系着检察权能否正确高效运行和司法公正的实现。为落实检察官司法责任制的要求，突出检察官执法办案的主体地位，亟须建立和完善检察官业绩评价机制等一系列的检察官管理与监督机制，以确保检察官正确行使检察权。当前，对检察官的绩效考评依然沿用公务员考评的模式，不适合检察职业特点和规律，不适应司法责任制改革的要求，亟待改进和完善。因此，建立科学合理、行之有效的检察官绩效评价体系是检察机关面临的重大课题。下面，笔者根据绩效管理理论，结合检察工作实际，分析阐述构建检察官绩效评价体系的相关问题，提出构建设想，以期对检察实践提供参考。

一、检察官绩效评价概述

（一）检察官绩效评价的概念

绩效评价，通常情况，也被称为绩效考评、绩效考核或业绩考评，是指评价主体按照本单位的工作目标，利用客观、科学、合理的绩效评价方法，对评价客体进行评价，包括在工作过程和工作结果中体现出的工作质量、经济效益、工作数量、职业素养、社会效益等。绩效评价的结果有利于提高企业和员工的工作效率，并可作为员工评奖评优和职位晋升的依据。根据绩效评价理论，绩效评价是评价主体对评价对象基于行为、基于能力和基于结果的综合

* 课题组组长：韩鲁红，天津市人民检察院第二分院副检察长。课题组成员：安英辉，天津市人民检察院监所检察处处长；祁云顺，天津市人民检院第二分院监所检察处副处长；张开浩，天津市人民检察院第二分院监所检察处助理检察员。

评价。

检察官绩效评价，也可称为检察官绩效考评（核）、业绩（量化）考核等，虽然称谓不同，但是性质和内容基本相同。根据上述绩效评价理论，可以归纳出检察官绩效评价概念的内涵。即检察机关依照一定的考评规则、考评程序和考评标准，采用科学合理的绩效评价方法，对检察官在检察工作中体现的态度、行为、效率、效果等多项内容进行以事实为依据的考察认定，并作出相应评价的过程。

（二）检察官绩效评价的功能作用

对检察官绩效评价，其显著作用和功能表现为以下几点：

1. 控制监督作用。对检察官的绩效评价使其置身于检察机关内部监督中，包括下级的监督、上级的监督和同级的监督。

2. 价值导向功能。绩效评价能引导某一群体趋向既定目标，从而该群体成员的行为与组织发展趋于一致，实现组织对成员有效的管理、控制和协调。对检察官绩效评价与检察机关整体利益紧密相连，无论个人还是业务部门，都期望获得较好的评价结果。为达到此目的，检察官对绩效评价体系进行深入研究，对评价标准、评价内容进行系统学习，提高自身素质和水平。

3. 双向激励作用。通过对检察官进行绩效评价，可以对工作行为和工作业绩的好坏进行优劣比较，作出客观的判断。通过正向激励，可以对检察官的积极行为产生强化作用，能使其积极进取，取得更优秀的业绩；通过负向激励，能使检察官产生一定压力和约束力，促使其更加尽职尽责的开展各项工作。

4. 管理开发功能。通过绩效评价结果，评价者既可以了解被评价者的业绩水平，又能够获得对被评价者的潜能的认识，在制定评价标准时可以将激发检察官潜能的因素考虑进去，通过评价促使其绩效水平的提升。对于被评价者来说，通过绩效评价能够使他们更为清晰地认识到自身的缺点和不足，从而可以改进缺点，继续发扬和保持优点，其整体素质可以得到不断提高。因而，对检察官绩效评价能有效加强对检察机关的管理，实现其管理开发功能。

二、当前检察官绩效评价机制现状分析

（一）检察官绩效评价机制建设之回顾

1. 司法改革前检察官绩效评价机制状况

在中国对检察官的评价最初是沿用行政人员的评价方式，在考评内容上《检察官考评暂行规定》虽然确立了检察工作实绩、思想品德、检察业务水

平、法学理论水平、工作态度和工作作风六个方面，但这六个方面不够详细和具体，也缺乏可操作的考评指标体系，与考评行政人员的德、能、勤、绩、廉五项内容相比没有实质性的差别，实践中多数还是按照五项内容来考核的。在考评对象上，对检察官与非检察官多数情况下也是采用同样的考评内容与方法，没有明确将检察官与非检察官分开考评，有的只是将单位领导、部门领导与一般工作人员分开考评，具有明显的等级性。

2. 司法责任制改革后检察官绩效评价机制建设现状

2015 年根据中央的部署，检察机关深入推进司法责任制改革，在上海、吉林等地进行司法责任制改革试点，2016 年全国检察机关全面施行。2015 年9 月 25 日最高人民检察院制定下发《关于完善人民检察院司法责任制的若干意见》（以下简称《若干意见》），推行检察官办案责任制。实行检察人员分类管理，落实检察官员额制。检察官对办案质量终身负责。《若干意见》明确规定建立以履职情况、办案数量、办案质效、司法技能、外部评价等为主要内容的检察官业绩评价体系。评价结果作为检察官任职和晋职晋级的重要依据。上述规定明确规定司法责任改革以后，对检察机关工作人员实行分类管理，对检察官、检察辅助人员、司法行政人员实行不同的分类管理和评价方法。明确建立检察官评价内容及价值定位。之后，各试点地区及实施改革后地区陆续根据当地实际，根据中央和高检院的要求，在检察官绩效评价方面探索建立相关制度，制定了一些规范性的文件。下面总结几个地区检察官绩效评价（考评）体系的建设情况：

（1）上海市检察机关

上海市检察机关是全国第一批司法改革试点院之一。也是较早建立检察官业绩评价体系的地区。2015 年 3 月，上海市院制定下发《关于检察官业务考核的规定》，各基层院根据市院的规定，结合本院的实际情况制定了实施细则，以上海市徐汇区检察院为例，该院制定了《入额检察官业务考核方案》对市院的规定作了进一步的细化。上海市院规定对检察官考核的主要内容是办案数量、办案质量、办案效果、职业操守、研修成果等。考核工作由各院检察官遴选（惩戒）工作室负责。上海检察机关根据各业务部门的特点不同，制定了岗位说明书，明确业务岗位职责、标准，规定了不同的考核内容，并细化的评价标准，以加、减分的方法评价业绩的好坏和能力的高低。上海检察机关规定检察官考核等次分为优秀、称职、基本称职、不称职。业务考核作为检察官考核的主要依据。

（2）吉林省检察机关

吉林省检察机关也是第一批司法改革试点地区。2016 年 6 月，吉林省检察机关制定印发《吉林省检察机关检察官司法档案建设管理办法》，统一建立检察官司法档案信息管理平台，将检察官业绩考评内容作为司法档案管理的重要内容，实现网上实时动态管理。主要考察检察官办案业绩、办案责任和职业操守。检察官办案业绩情况由全国检察机关统一业务应用软件系统自动生成与检察官自评自报相结合的方法形成。检察官自评自报内容采取个人填写和承诺，所在部门审核的方法形成。司法档案能够实现记载查询、分析评估和管理辅助的功能。

（3）天津市检察机关

2017年4月25日，天津市检察院制定印发了《天津市检察机关绩效考核工作指导意见（试行）》《天津市检察机关绩效考核奖金分配指导意见（试行）》《全市检察机关确定检察官序列等级的实施意见》和《天津市检察官单独职务序列按期晋升指导办法（试行）》四个有关检察官绩效考核管理的规范性文件。明确规定了对检察官、检察辅助人员和司法行政人员的考核内容、考核方式、考核程序及考核结果的运用。对检察官考核主要包括综合素质、司法能力、职业操守、调研能力、外部评价和日常工作任务完成情况量化评价等。以两个配套文件确定的检察官绩效考核结果作为检察官晋升等和绩效奖金分配的重要依据。

（二）当前检察官绩效评价机制现存在的问题

经过对当前检察机关绩效考核工作的研究分析，对检察官进行绩效评价主要存在以下几个方面的问题，制约绩效评价的效果和作用。

1. 绩效评价沿用公务员评价模式，行政色彩浓厚

检察机关对检察官的绩效评价一直沿用国家机关对公务员的评价模式，考评内容主要是"德、能、勤、绩、廉"，考评方式一般是年终填写考核登记表，由部门领导和主管领导审核签字确定。考评的分为"优秀、称职、基本称职、不称职"四层。优秀比例按部门人数给予相应百分比指标。在实际考评中，一般很少出现不称职的情况，评优经常出现"轮流坐庄"等现象。这种沿用多年考核公务员模式，完全是行政化的考核方式，没能真正体现出检察职业特点，不能充分发挥对检察官个体的激励作用。司法责任制改革后，上海等地对考评内容和方式进行了改革，但还未完全脱离行政化模式的桎梏。

2. 业务考评指标设计缺乏科学合理，不具可操作性

（1）绩效评价指标划分不够细致。多数检察机关对工作人员的考评都借鉴了对公务员的行政性考评，从德、能、勤、绩、廉五个方面进行绩效评价。而对于这五方面内容规定过于笼统，不够全面，没有将考核指标作进一步细分，不能真实反映出检察机关的工作性质和特征。

（2）绩效评价指标差异性不强。在目前检察机关绩效评价实践中，各业务部门由于工作内容、特点和性质有所区别，因而相应的绩效评价指标体现了一定程度的差异。但是，在对检察机关工作人员，绩效评价的内容、标准基本按照统一的要求设定，绩效评价指标基本相同，难以体现出检察官与行政干部之间、中层干部和一般干部之间、不同岗位检察官之间以及检察官与检察辅助人员之间在工作表现、工作业绩、工作能力和水平上的区别，因而其考核结果也难以做到客观、公正和准确。

（3）绩效评价指标缺乏内在逻辑的一致性。评价指标在部门内部和部门之间矛盾突出，给检察机关各项业务的顺利开展和科学的绩效评价带来较为严重的负面影响。如，在办理案件过程中，一方面，要求不能出现错案；另一方面，在考评指标设定时，又严格设定了不捕率、不诉率，导致为了不突破考评中上限规定，而背离公平、正义的司法价值追求。

3. 绩效考评主体不规范，缺乏权威性

虽然《检察官法》和最高人民检察院在其制定的《检察官考评委员会章程（试行)》中，对绩效评价主体作了一些具体规定，但是实践中，考评主体的不固定和不规范严重影响并制约其对检察机关部门和人员工作情况的掌握程度，进而难以作出科学合理、客观真实的评价结论，导致评价权威的不足。

4. 绩效评价结果实际运用差，绩效评价流于形式

目前，对检察官绩效评价的方法，客观手段主要是通过办案数量、立功受奖等体现工作实绩，主观手段是民意测评、访谈、自我评价等，缺乏量化指标，而这种评价所获得的结果与检察官所期待的政治经济利益并无紧密联系，致使检察官对绩效考评结果大多持"不求有功，但求无过"的漠视心理。客观上，在评定等次、晋升职务、职级上也未完全依照业绩考评结果，使绩效评价结果流于形式。

5. 绩效评价内部操作运行，缺乏公开公正性

当前，对检察官的绩效考评绝大部分是由内部人来考评，由于彼此之间存在的各种利益关系，考评结果不一定完全准确。检察官考评的诸项指标中，有的宜由"内部人"考评，有的宜由外部考评，有的还要由专业人士考评，不论什么情况，一律由本单位"群众"和"领导"考评，显然不够科学。

6. 绩效评价偏重执法办案结果，对执法过程控制不足

当前，我国检察机关绩效评价一般以年终考评为主，平时考评流于形式。考评主要考评办案数量、办案质量和办案效果等执法办案结果的考核，而对执法办案过程是否严格遵守程序和办案规定关注不足，对执法办案过程控制显得相对薄弱，不能及时发现工作中存在的问题，并提出改进的方案。这使得绩效

评价的功利色彩较浓，限制和制约了绩效评价作用的发挥。

三、建立检察官绩效评价体系的重要意义

（一）建立检察官绩效评价体系是推进社会公平正义的现实需要

司法公正是社会公平正义的最后一道防线。十八届四中全会指出："公正是法治的生命线，司法公正对社会公正具有重要引领作用，司法不公对社会公正具有致命的破坏作用。"习近平总书记强调"要努力让人民群众在每一个司法案件中感受到公平正义"。"法律只有实现，才能起到建立和维护社会秩序、促进社会公正和发展的作用。"[①] 检察官作为履行检察职能的执行主体和检察权能作用发挥的重要载体，在现有司法体制框架下，承载着维护法律的统一正确实施，维护社会公平正义，促进社会发展的重大历史使命。检察官执法理念、执法能力、执法水平、执法动机、执法行为、执法质量和执法效果，直接影响和制约着检察机关法律监督目标的实现与否，也直接影响和制约着法律关于"公平、秩序、正义"的核心价值追求能否转化为现实，并为人们敬仰和信服。为此，建立符合中国检察工作规律的绩效评价体系，对检察官实行科学有效的管理，规范其职务行为，提升工作的质量、效率、效果，具有十分重要的现实意义，同时也是摆在全国检察机关和检察人员面前一项重要和紧迫的任务。

（二）建立检察官绩效评价体系是落实检察官司法责任制的需要

司法责任制要求"让审理者裁判，由裁判者负责"。在检察机关办案责任制体现为"谁办案，谁负责；谁决定，谁负责"。《若干意见》规定，"建立以履职情况、办案数量、办案质量、司法技能、外部评价等为主要内容的检察官业绩评价体系。评价结果作为检察官任职和晋职晋级的重要依据"。对检察官错案或过错的追究只是落实司法责任制的一个方面，是对检察官执法过错的负面评价，以此警示本人和他人，起到亡羊补牢的作用。而落实检察官司法责任更主要是通过科学合理的绩效评价制度，发挥绩效评价机制正面引导、过程控制、双向激励等作用，促使检察官个体根据绩效评价体系指引和管理，不断提升个人的职业素养和能力水平，在执法办案的每一个环节都认真遵守规定、尽职履责，保证司法责任落实到每一名检察官，落实到检察官执法办案的每一个案件和每一个环节。

---

① 张文显：《法理学》，高等教育出版社、北京大学出版社 1999 年版，第 266 页。

（三）建立检察官绩效评价体系是实现检察机关科学管理的必然要求

从管理学的角度来讲，合理的目标、专业的评估、正确的奖惩是所有科学管理模式中最基本的三大要素。在检察机关内部，检察官占据着主体并发挥着核心作用，为此也成为检察机关管理的重点。根据《检察官法》第22条规定，将专业化的绩效考核机制确立为检察官等级评定、进行选拔使用、奖惩任免等制度的重要基础和前提，因为没有完善的绩效评价体系，就不可能真正了解和掌握检察官的"德才表现、业务素质和水平、工作实绩"。由此可见，各种针对检察官的管理活动只能围绕绩效评价结果来开展，这也是检察机关实行科学有效管理的必然要求。

（四）建立检察官绩效评价体系是提升检察官素质和能力的必要手段

十八届四中全会提出，全面依法治国，必须大力提高法治工作队伍思想政治素质、业务工作能力、职业道德水准，着力建设一支忠于党、忠于国家、忠于人民、忠于法律的社会主义法治工作队伍。推进法治专门队伍正规化、专业化、职业化是提升检察官队伍能力、素质的必由之路。检察官职业化就是检察官在行使国家检察权、履行法律监督职责过程中，将其所特有的检察职业意识、职业技能、职业道德和职业地位具体化、专门化的实践过程。[1] 检察官的职业化，要求必须建立一整套严密的科学绩效评价体系，通过评估，对检察官的法律专业知识、法律监督能力、司法实践经验、职业道德操守、工作业绩以及职务行为产生的效果等进行全面的衡量和评判，以此来促使检察官不断提升自己的学识修养、理论水平、业务能力，培育检察官"以理性思维和独特的推理去实现法律的定性"以及"以及维护社会正义和自由、维护法律权威为价值追求的职业意识"。[2]

四、建立检察官绩效评价体系的具体构想

建立检察官绩效评价体系是一个系统工程，包括评价主体、评价内容、评价方式、评价结果运用等一系列配套工程。在司法责任制改革的大背景下，每一个环节的设计都要与检察官办案责任制相适应，紧紧围绕促进检察官依法独立公正行使检察权这个核心目标来进行具体的构建。

（一）建立规范权威的检察官绩效评价主体

考核评价主体设定是否合理，对于制度的权威性、执行力度、落实程度、

---

① 贾志鸿等：《检察院检察权检察官研究》，中国检察出版社2009年版，第228页。
② 郭立新：《检察官的职业特点》，载《检察日报》2004年3月2日。

执行公正性和效率等都有重要影响。从世界范围看，许多国家的检察官考核都由专门机构或组织来承担。我国检察官法中早有建立检察官考评委员会制度的规定。但是实践中，大多数检察院并未落实上述规定。司法改革之后，各地关于检察官绩效考评主体规定不尽一致，如天津市检察机关规定成立绩效管理考核委员会负责检察官的绩效考核，而上海市检察机关规定各级院成立检察官遴选（惩戒）工作办公室，负责检察官的管理和业务考核。笔者认为，检察官绩效考评主体应当与检察官遴选（惩戒）机构分离，二者虽有关联，但是职责还不尽相同，考评主体只负责绩效考评，检察官遴选（惩戒）机构根据考评主体提供的检察官绩效评价结果进行选任或奖惩。为保证绩效考评的权威性应当成立专门的检察官绩效考评委员会，并下设日常的办公机构。

专门的检察官绩效考评委员会组成成员必须多元化，具体可以吸收本单位政工、纪检察监察、案件管理部门人员和资深检察官代表及社会有关人员组成，保证考核结果的专业性、公开性。确定社会有关人员时，可以结合考核目的、内容和不同岗位职责情况、设置不同部门、不同类型的组成人员。如对侦查监督、公诉岗位的检察官的考核评价可吸纳公安机关侦查人员、法院审判人员、律师等参与，以加强考核评价的外部监督。在职责设定上，考评委员会负责汇总日常考核材料、对考核指标执行情况开展阶段性检查、分析考核中出现问题的原因并找到解决对策、对检察官年度考核结果进行对比分析、确定考核等级、约谈被考核检察官等。专业化的设置，既能够最大限度地保证评价的客观准确，增强检察官对考核评价结果的认同感，也可以作为预测检察官未来工作发展潜能的重要依据，有利于实现考核反馈和科学管理的目的。

（二）设置科学合理的检察官绩效评价指标

笔者认为，关于检察官绩效考评的内容与指标应当由统一规范，遵循以下原则：

1. 遵循绩效考核评价理论

前文提到绩效评价理论中，对某一行业职员评价从基于能力、基于行为和基于结果三个方面考核评价才能全面客观，不失偏颇。所以，对于检察官绩效评价应该包括素质（能力）、履职行为和履职效果的评价。根据高检院及各地实践总结，对检察官考核内容和指标细化成如表格内容：

关于检察官绩效评价内容与指标

序号	评价内容	评价指标
1	素质能力	（1）政治思想和政治理论水平； （2）遵守检察职业道德情况； （3）遵守法律和纪律情况； （4）法学理论水平（包括调研能力）； （5）检察业务能力； （6）工作态度。
2	履职行为	（1）遵守诉讼法和业务规范情况； （2）履行法定职责情况； （3）完成上级或领导部署任务情况； （4）与他人交往合作情况。
3	履职效果	（1）完成执法办案任务情况（办案数量）； （2）执法办案准确率； （3）社会满意度； （4）执法办案挽回经济损失情况； （5）执法办案舆论效果情况； （6）执法办案上级单位评价情况。

就考核内容来说，业务实际固然重要，但"许多工作不仅体现在具体结果上，还包括具体行为性质和过程性指标"。[1] 从现代绩效管理制度发展趋势看，人们逐渐认识到，行为的有效性往往比结果的实现更为重要，只有行为规范、合法、有效，才能实现预期的实绩上的结果。所以，我们应当积极借鉴摒弃单纯以办案结果、工作实绩为考核内容的考核评价体系，逐步建立业务实绩与司法行为并重的考核评价体系。

2. 符合检察职业规律和特点

首先，设定指标要聚焦法律监督主责主业。检察机关是法律监督机关，我国监察制度改革以后，检察机关的主要业务就是法律监督。检察机关在对检察官绩效考核中要把法律监督效果作为重要考量指标，如公诉的追诉、抗诉、侦查监督的追捕、其他业务部门的检察建议或纠正违法等作为重要考评内容，以此引导检察官关注检察监督主责主业。实践中，还要纠正重监督数量，轻监督质量的偏差。加强对检察监督案件质量评查，加大对监督案例效果好的加分比重。其次，结合检察不同业务部门制定不同的业务评价指标。不同业务部门检察官的关于政治素养、法律理论水平、基本业务能力等共性指标是相同的，但是检察机关侦查监督、公诉、职务犯罪侦查、刑事执行检察、控告申诉、民事

---

[1]　张志刚：《公共管理学》，大连理工大学出版社 2008 年版，第 357 页。

行政检察等部门的业务各有各的性质和特点，应该根据各检察业务不同内容和特点，制定不同的业务评价指标。最后，制定业务评价指标，还应当根据检察官权力清单落实检察官执法办案责任。根据司法责任改革要求，检察机关制定的检察官办案权力清单，检察官、主任检察官、部门负责人、分管副检察长和检察长的权力和责任是不同的，所以在制定业务考核评价指标时不能一概而论，要根据不同类型、不同层次检察机关的办案权限和责任范围来制定考核指示指标，使考核更具有针对性，并将办案责任按照权力清单落实到每个人。

3. 合理设计考核指标和标准

检察工作是职业性、专业性很强的行业，对检察官的考核内容要体现出这些特点。要以加强法律监督职能为核心，根据各级检察机关职权和各地实际，科学设置好各级检察机关所属检察的职权配置和工作形式。要对每一个工作岗位进行分析，在这个基础之上编制一套全面详尽、严谨细致、规范有序的岗位职责说明书，让全体检察官知道自己应该做些什么、如何去做、做到什么程度。严格按照岗位职责说明书规定的岗位职责要求，研究确定并细化考核评价指标和具体的标准。考核标准力求规范且量化，便于操作。对于难以定量考核的项目，采取定性分析比较，强化考核指标的可比度，最大限度地减少主观随意性。制定考核指标及标准时，还应考虑检察官个体与部门（单位）考核各项指标内在逻辑的协调性，如侦查监督部门的不捕率、公诉部门的不起诉率等，都是对检察官正确行使决定权的极大限制，为了保证批捕或公诉正确率（或为减少无罪率），可能会增加一定的不捕率或不诉率，是符合实际情况的。

（三）规定严谨细致的检察官绩效评价程序和方式

实体的公正，还需要程序的公正来保证。制定科学合理的检察官绩效评价指标后，还需要依照严谨规范的考评程序操作运转才能保证考评的客观公正。按照检察机关内外部之分，可以分为检察官绩效内部评价程序和外部评价程序两类。

1. 检察官绩效内部考核评价程序

检察官绩效评价程序是指由检察官所在机关及其领导负责实施的绩效评价程序。检察官绩效考核评价分为平时考核和年度考核。

（1）检察官绩效平时考核程序

检察官绩效平时考核程序主要包括：检察官个人工作业绩记实、相关部门评价、领导评鉴和结果备案四个步骤。个人业绩记实一般以月为单位进行填写并向上呈报，每个季度进行工作小结。案件管理部门对检察官个人办案数量和质量，政工部门、监察部门对检察官的政治表现、工作表现、遵守职业纪律情况提出评价意见，部门负责人和主管院领导根据检察官个人工作业绩及相关部门意见给出评鉴意见。形成的材料报检察官考评委员会备案，为年度考核打基础。所有的考核工作可以借鉴吉林省检察机关做法在网上建立检察官执法业绩档案、网上实时操作，及时留痕。笔者认为，实践中，我们应当纠正重年终轻平时考核的偏差，加强检察官绩效的平时考核，有利于检察官及时发现自身存在的问题，改进工作，提升能力。

（2）检察官绩效年度考核程序

检察官绩效年度考核程序主要包括个人年终总结、民主测评、主管领导评鉴、公示、确定等次及结果反馈救济程序。检察官个人年终总结，应当改变只填一张年度考核登记表的随意做法，年度总结检察官应当写年度工作总结报告，并附有相关业绩的实证材料，在单位内部网上公示。民主测评时，打破单位每人均等权重的固有定式，因为与检察官经常共事同志对其表现更加了解，应当将与检察官在同一部门的同事、部门负责人和主管领导评价意见的权重系数。主管领导在年度考核中所拥有的只是考核等次的"建议权"而非"决定权"，最终考核等次在公示后由本院的考评委员会作出。在考核程序中，为保护检察官本人的权益，应当设置考核结果向检察官本人反馈，听取意见程序，检察官本人对于考核结果有异议可以向本院考评委员会或上一级检察机关的考评委员会申诉。

2. 检察官绩效外部考核评价程序

检察机关内部监督容易受到感情、利益等因素的影响，有时会使检察官绩效考评结果的失真。为了提高绩效考评的公信力，可以引入外部评价机制，吸纳社会有关人员参与到检察官绩效考评过程中来。如对侦查监督岗位、公诉岗位检察官的考核评价可以吸纳公安机关侦查人员、法院审判人员、律师等参与，对刑事执行检察可以邀请监狱、看守所等刑事执行机关人员参与，以加强考核评价工作的外部监督。另外，根据实际需要，比如对派驻社区检察室岗位工作的考评中，有关群众满意度的测评，可以通过在群众中发放问卷、网上测评等方式，来评价检察官在一定时期一定范围的群众满意度。

（四）制定客观公正的检察官绩效评价结果运用规则

绩效管理理论认为，只有将绩效评价结果与人们所获得的回报挂钩，才能真正使绩效管理发挥应有的作用。[①] 为此，世界各国的检察官考核评价制度普遍将考核结果作为职务晋升、人员奖惩的重要依据。在我国，检察官考核结果

---

① 孙柏瑛、祁光华：《公共部门人力资源开发与管理》，中国人民大学出版社 2004 年版，第 164 页。

一定程度上也是岗位调整、评先评优等的参考依据，但在重视程度、具体执行上与其他国家相比还存在一定差距。当前，检察官员额制、办案责任制逐步实施，检察官考核结果的合理、准确运用尤显重要。为此，我国应当积极借鉴国外一些检察机关做法，构建完善有利于实现绩效考核目的的运用机制。

在构建考核评价结果运用规则上，应当重点考虑以下几个方面：一是将考核评价结果作为晋升检察官等级、评先评优或者退出员额、降低检察官等级的主要参考依据，充分体现"能者上、庸者下"的绩效考评目的。二是将考评结果作为提拔检察长（副检察长）等检察机关领导职务的参考依据，最大限度调动检察官的职业效能。三是将考核评价结果作为开展培训学习、岗位调整和交流的主要依据。四是将考核评价结果作为发现问题、制定改进方案、作出决策的主要依据。五是将考评结果作为调整检察官薪酬待遇的主要参考依据。在国外，考核结果往往都与检察个人的薪酬严格挂钩。在我国，司法体制改革后，检察官实行与公务员不同的薪酬制度，这一薪酬制度应当与检察官考核评价结果、与奖优伐劣挂钩，这样更有利于调动检察官的工作积极性。

司法责任制背景下的检察官
业绩评价体系研究

郎永生　来　涛　张永银[*]

检察官业绩评价体系对提升检察官执法办案能力，促进检察权公正高效运行具有重要意义。目前我国检察官的绩效考评作为公务员考核制度中的一个重要分支，以自我考核、同一标准考核、围绕政治表现和工作态度考核为主要特色，已不能适应检察机关发展的需要。^① 在司法责任制背景下，这一问题更为突出。因而，建立起一套科学、合理、完善的检察官业绩评价体系，已成为推动司法改革持续深入的一项迫切任务。目前在全国检察机关内部推行的各业务条线的绩效考核，实际是以检察院整体为主体的检察业务考核，这种检察绩效考核一般由上一级院制定考核细则，下一级院依据细则开展工作，很多基层院还会对细则再进行分解落实到科室、干警，考核的成绩往往直接关系到检察长、部门负责人甚至是办案检察官的政治前途。这种带有行政化色彩的考核形式与检察官个体司法责任之间矛盾尖锐，也与司法工作以"人"为对象工作的工作性质相去甚远，难以突出体现检察工作的司法专业化、司法职业化的属性。与此同时办案检察官的工作业绩依附于整个检察业务条线的绩效考核结果，办案检察官个体的业绩难以具体量化和评价，其办案中的违纪甚至违法行为有时是因完成考核而为，个体的司法责任有时却难厘定清晰。随着"检察人员分类管理、检察官办案责任制"改革的不断深入，亟须构建起制度完善、标准统一，并能突出体现检察官主体地位及正向激励作用的检察官业绩评价体系与司法责任承担机制。

一、目前检察管理体制下检察官业绩评价的现状分析

现行的检察业务考评针对的是检察机关整体而并未对检察官个人的履职作

──────────

* 郎永生，甘肃省张掖市人民检察院副检察长；来涛，甘肃省临泽县人民检察院党组书记、检察长；张永银，甘肃省临泽县人民检察院检委会专职委员。

① 孔鹏、李益明：《专业化检察官绩效考评体系之构建》，载《菏泽学院学报》2013 年第 4 期。

出直接评价，因此目前对检察官个人的业绩评价大多数都是沿用政府公务员年度考核的德、能、勤、绩、廉五项指标。这种广泛适用于机关事业单位公务人员的指标考核其本身是全面和科学的，但相对于现在推行的检察官办案责任制改革下的检察业绩评价来讲，五项指标缺乏区分度，无法体现被考评检察官的主体地位及其职责的多样性和差异性，在业绩评价过程中检察权被视为一般行政权，其作为司法权的相对独立性及检察官的职业性要求被忽略，考评内容的模糊不确定性和指标的非量化性常使评价的主观随意性不可避免。

（一）业绩评价的机制单一化与行政化

检察权的内容具有多样性，涵盖侦查监督、公诉、未成年人检察、民行检察等主业务，行使侦查权、公诉权、侦查监督权的检察官在工作程序与目标、工作内容与方法等方面都有很大不同，侦查权与公诉权、侦查监督权在权能属性上也存在差异，一个与行政权具很大共性、一个本质即为司法权，检察权的不同属性使检察机关现有的职能兼具行政职能与司法职能，因此把不同性质、行使不同职权的检察官进行统一管理和单一化业绩评价不太科学。检察机关内部管理的行政化模式，使得对检察官的业绩评价无法凸显检察机关的司法属性，业绩评价的行政化致使检察官作为检察机关应有的主体作用和地位无法体现，检察官的实际地位在很多情况下可能还不及政工等综合部门人员，检察官对业绩评价认同感的降低，很难使这种检察官的业绩评价机制发挥其应有的作用，从而导致检察官工作能动性、主动性不高，由此带来的负面影响不可低估。

（二）业绩评价的过程形式化

在现行的检察管理体制下，不加区分地对所有检察人员个体进行"大锅饭式"的业绩考评，形式过程远大于其实质意义，目前对检察官的业绩评价的惯用做法是依循政府公务员的方式，每年年终集中一两天时间，按照"领导与群众，平时与年度相结合"的原则，对检察官全年的工作表现情况进行自评和单位、部门领导审核评价确定等级，评价过程中检察官往往被主观印象计分，民主测评时投票情况极少公开，话语权在部门及单位领导一方，优秀指标的分配或是单位领导确定或是部门内人员轮流优秀。这种提前预设职称的评价方法与检察官办案的质量优劣、水平高低均无直接关联，使"干与不干一个样、干好干坏一个样、能干不如会干、干得好不如人缘好"成为潜在心理预期，严重挫伤检察官的办案主动性与积极性，从而导致评价的过程形式化与评价结果的"失真"，普通检察官既不能有针对性地依据考评结果发现其工作需改进的方向和目标，也无法通过对其工作能力与业绩的规范考评获取正规上升渠道的空间。

（三）业绩评价的结果非正向激励性

业绩评价过程的形式化直接结果就是评价的最终激励与素能提升的目的"流产"。"只有将绩效评价的结果与人们所获得的回报挂钩，才能真正使绩效管理发挥应有的作用。"① 然而在现行的检察业务考评的对象是由检察官个体组成的检察机关或各业务部门而非检察官个体的业绩评价机制下，"很少把考评结果定位在激发检察官的潜能、检察官成就感和个人利益的满足上，功利主义倾向在检察官绩效考评体系的目标选择中体现得淋漓尽致"。② 当前检察业务考评内容主要是对检察业务办理综合结果数据的收集和统计，对检察官法律能力、职业道德、业务沟通能力以及自我完善和提升能力等检察业务综合素质和能力的考评还呈空白状。③ 检察官的工资待遇按行政级别确定，是不是检察官是几级检察官至少目前对其工资待遇没有任何实质影响，这也是目前为数众多的检察官对评价结果漠不关心的重要原因。同时除了评价结果不能为被评价者带来直接的政治经济利益外，还有就是评价程序中没被评价者的参与，由于其对评价内容不知情不仅使其消极被动，而且易对评价结果产生质疑。由于业绩评价结果"被平均化"或被异化为个别人员的评先评优、提职晋升的手段，使业绩评价结果得不到有效地利用和转化，其应有的约束、鞭策、激励、引导作用难以发挥。

二、当前检察官业绩评价体系的不足

（一）与行政考评混同

在目前的行政管理体制下，检察官作为司法人员，同时具有公务员身份，在业绩评价的目标、程序、方法上，很大程度套用了政府公务员的考评体系。具体操作上，采取平时考核和年度考核相结合的方式，测评指标分别为德、能、勤、绩、廉，在量化计分时每项指标各占 20% 。这种完全照搬公务员测评的业绩评价体系，完全忽视了检察官的职业特点和检察工作规律，并且与《检察官法》规定的"重点考察检察工作实绩"原则相悖。

（二）评价对象不明确

目前，检察系统的业绩评价主要有两种方式：一种是针对检察官个体的业

---

① 孙柏瑛、祁光华：《公共部门人力资源开发与管理》，中国人民大学出版社 2011 年版。
② 董志永：《检察官绩效考评问题研究》，载《吉林大学》2010 年第 16 期。
③ 么宁：《检察业务考评机制研究》，载《西南政法大学》2011 年第 9 期。

绩评价，以行政考评方式进行，对检察人员身份不作区分，造成评价指标和评价结果的模糊笼统。另一种是来自上级检察机关的业绩考核。每年年初，上级检察机关分条块制定本业务部门的业绩考核标准，在具体的考核办法中设计工作指标，加减分项。这一方式并不是针对检察官个体的评价，起到的督促激励效力十分有限。

（三）评价主体不规范

检察官业绩评价体系的主体应该是检察官考评委员会。事实上，在绝大多数检察院的人事结构中，并不存在检察官考评委员会这一组织。在业务条块考核中，考评主体则转化为对应的上级机关业务部门，不同业务部门各有一套评价数据和指标。评价主体缺位、人员构成模糊，造成标准无法统一，对检察官个人的业绩评价也就失去了公正和可信性。

（四）评价体系不完整

无论是参照公务员测评的行政化评价方式，还是上级检察机关制定的业务条块考核方式，都不是针对检察官个体的业绩评价体系，对检察官的业务素能、履职情况、外部评价等方面没有全面系统的评价指标，欠缺规范性、时效性和可操作性，检察官业绩评价工作大都流于形式，不能真正体现检察官个体的工作实绩，无法起到评价、督促、激励的作用。

（五）评价结果不科学

由于检察官业绩评价体系的不完善，评价方式方法背离检察官工作的司法属性，导致评价结果不能真正体现检察官的工作实绩和水平差异，优秀等次常常变成部门内部的"轮流坐庄"。在业务条块考核中，某些基层检察院为了在考核中取得靠前的名次或者档次，片面追求数据，甚至不惜注水，弄虚作假，业绩评价结果失去可信性。

三、司法责任制对检察官业绩评价体系提出的新要求

新一轮检察官责任制改革，在同步推进检察人员分类管理、落实检察官员额制基础上，根据履行职能需要、案件类型及复杂难易程度，实行独任检察官或检察官办案组的办案组织形式，实际上为检察机关探索建立以职位为核心的管理模式，建立和完善主任检察官及其辅助人员分类管理制度，最终形成"以检察官为主体、以办案为核心"的司法化机制体系，提供了难得的历史机遇。因此，在司法责任制背景下，建立完善科学的检察官业绩评价体系，面临更多要求，包括要与检察官权力清单相匹配，突出检察官主体地位，体现司法责任认定和追究原则，发挥队伍管理和监督作用等。

（一）与检察官权力清单相结合

司法责任制要求健全司法办案组织，科学界定检察人员司法办案权限。办案组织形式的变化，为检察官重新划分了职责分工。以往检察员、助理检察员都可以担任独立办案人，司法责任制改革后，检察长、检察官、主任检察官、业务部门负责人、检察辅助人员在办案组织中担任不同角色，每一个岗位都具有更加明晰的职责划分和检察权力清单。

（二）突出检察官主体地位

司法责任制的总目标是"谁办案谁负责，谁决定谁负责"。以往，检察官办案采取的是案件承办人、科长、检察长三级审批的模式，对检察业绩的考核是以部门成绩为对象。司法责任制改革后，案件承办检察官直接对案件负责，更加注重检察官个体作用。

（三）体现司法责任认定和追究原则

司法责任制的核心价值是"负责"。司法责任制背景下，案件质量评查机制必不可少，通过常规抽查、重点评查、专项评查等方式，对办案质量进行专业评价，评价结果应当在一定范围内公开，并在检察官业绩评价结果中，占有一定权重。

（四）发挥检察管理和监督作用

检察官业绩评价体系是检察队伍管理的重要组成制度。检察官业绩评价体系规定的各项指标，必然具有明确的激励、规范效能，是检察官的行为指引和工作核心。检察官业绩评价体系的建立，使检察官在努力达成目标的过程中，能做好自身监督制约，确保严格、公正、文明、廉洁执法。

四、检察官业绩评价体系框架构建

司法责任制本质为一种司法惩戒制度，违反其规定将承担法律上的不利后果，即意味着一旦法官、检察官违纪违法踏入司法责任的"雷区"，就要受到惩罚或制裁，从当前一些法学家所主张的功利主义角度出发，作为司法权行使个体的法官、检察官在司法活动过程中自然会追求自身利益最大化，去依法履职、公正行权而不触碰责任底线，从而使其办案能力、职业素养甚至人品道德不招致来自司法机关及社会的否定评价。司法责任制是司法公正的重要保障，在进行制度构建时要以司法独立为前提，更应遵循司法规律与中国司法实际，在司法独立和司法责任之间寻求适当的平衡。[①] 当下检察业务考评只对单位与业务部门不对个人的模式与我国检察官缺乏独立决策权力的现状相对应，由于检察官不能独立对案件作出决定，自然也不能将履职的后果及责任只加诸其身。任何司法行为都是人的司法，没有司法人员独立思考判断作出结论的过程也就无所谓"集体智慧""单位责任"。欠缺将刑事考核评价结果合理运用于对办案检察官个人考评制度化设计的现状已经对检察业务的质效以及检察官的工作态度产生了不利影响。良好的职业愿景和有针对性的职业规划是每个行业从业人员工作的原动力，检察官也不例外。[②] 在以检察人员分类管理、检察官办案终身责任制为主要内容的新一轮检察改革中，司法责任制是现行检察改革体制下构建客观、科学的检察官业绩评价体系的基础。

（一）检察官业绩评价要以遵循检察权运行规律为前提，以促进检察业务发展为核心

检察官业绩评价其实质是对检察权的运行状态的评价，检察官依照法律负有发现客观真实和监督公正适用法律的义务。[③] 因此，该体系的构建和完善必须要遵循刑事诉讼的基本原则及检察权运行和发展的规律。着眼于促进检察官能依法独立公正行使检察权展开，从评价对象、主体、内容及指标设定、结果运用等方面进行构建，协调和处理好检察工作一体化与检察机关依法独立行使检察权的关系、检察机关独立行使检察权与检察官独立行使检察职权的关系、检察官独立行使职权与遵守客观义务的关系，随着中央深化司法体制改革的深入推进及检察官单独职务序列的确立，真正建立起一个既能促进检察官依法公正履职，又能与检察官办案责任制相适应；既能体现检察官履职、评价、保障三位一体运行状态，又能突出检察官办案主体地位的检察官业绩评价体系，使其成为推动检察业务工作的"助力器"，并以此促进中国特色检察制度的不断完善。

（二）检察官业绩评价要坚持程序法定原则，强化体系的顶层设计并自上而下推行

对检察官个人业绩进行评价是中央深入推进检察官员额制、办责任制等检察体制改革的必然要求。检察官业绩评价体系涉及全体检察官选拔、任用、晋级、晋职等切身利益，其制定程序应当充分争求检察官的意见，在民主基础上集中决策，坚持统一性、权威性、规范性与可救济性的原则，通过《检察官

---

①　陈光中、王迎龙：《司法责任制若干问题之探讨》，载《中国政法大学学报》2016 年第 2 期。

②　么宁：《检察业务考评机制研究》，载《西南政法大学》2011 年第 9 期。

③　英辉主编：《刑事诉讼原理》，法律出版社 2007 年版，第 39 页。

法》的修改或其他合法化形式，细化和完善检察官业绩评价的实施程序与评价结果的协调救济机制，这样才能确保该评价体系在实践中能够有效执行，同时也能在更大程度上促进检察官提高自身素养和职业化水平。

在具体评价主体选择上建议将省级或市级的检察官遴选/惩戒委员会的职能细化，并设立办事机构作为检察官业绩评价的常设主体。遴选/惩戒委员会在人员组成上既有检察系统内部的领导和业务专家，又有系统外部的法学专家、学者和律师代表，不仅体现了检察权的一体化，还在人员结构上实现了多元化、专业化，在政策制定与沿续、评价标准设定与修改、数据采集与分析等方面都能充分体现统一性和权威性，不仅有利于对检察官工作业绩的公平、公正、客观评价，也有利于委员会能及时掌握客观、准确、翔实的检察官个体的工作业绩与瑕疵，并将评价结果作为检察官的遴选与任用、晋级与晋职、奖励与惩戒的一手数据，使评价结果的运用既符合法定程序的设置要求，又不会超出评价程序范围加以使用而导致评价结果被虚置和无用化。同时既有的检察业务管理模式不会被打破，不会导致上级检察机关对下级机关整体履职情况、办理个案质量情况等检察业务评估的缺失。通过厘清检察机关现行的业务考评、案件质量评查、执法过错责任追究等各个不同规范体系的关系，使检察官业绩评价体系与原有业务管理模式并行不悖并能有效衔接。

（三）检察官业绩评价要体现共性与个性结合、定性与定量相融合的原则

检察官业绩评价体系是检察体制改革的一个"子系统"，它无疑也是以检察体制改革为重要组成部分的司法体制改革的一项重要内容。在开展业绩评价中，必须充分认识检察官群体构成的特殊性以及不同部门、岗位之间的差异性，不论是在评价指标的设定上，还是在评价程序与结果的定性分析上，要坚持一致性与差异性、共性与个性相结合，在统一部分标准和程序以体现评价的公正性和客观性的同时，还应当根据不同部门、岗位的特点，确立不同的评价标准，以追求评价的针对性和准确性，确保结果的科学性。

检察官业绩评价究竟应以量化为主还是以定性为主一直以来都存有争议。基于目前检察官专业化程度及检察业务管理机制的实际情况，着重以检察官履职情况作为评价对象设置具体指标，包括：办案数量与效率、办案遵守法定程序、办案质量、职业素养等方面，在检察官的业绩评价体系建构上坚持定量与定性相融合的方式不失为一种较为现实的路径选择。

检察官业绩考评体系的科学构建与完善必然要触动现行的检察业务考评体制，甚至这种触动是革新性的而不只是考核细则、考核指标的修修补补，这也是中央深化司法体制改革、深化检察体制改革的必然要求。检察业务考评机制

虽属检察机关的内部制度建设，但其作用却外化于刑事司法实践，一旦触碰改革的敏感神经则牵一发而动全身。绩效考评本是管理学的研究范畴，其被用于政府公务人员管理不过百余年，于司法领域则时间更短，现行检察业务考评机制尚在探索，实践中仍未构建起全国统一科学的考评制度体系与网络。检察官业绩评价体系的构建离不开现行的检察业务考评机制研究，其是一个系统庞大的工程，既需检视过去 60 余年的中国检察业务工作发展情况、检察制度建设的历史，也需要借鉴域外成功的经验，绝非一朝一夕就能建成的。检察官业绩评价体系未来架构既需要依靠检察体制改革进行顶层设计并自上而下地作出调整，也需从检察体制内部组织关系、办案模式与司法责任制等方面进行深化、完善，最终建立起与中央司法体制改革进程相呼应、符合司法规律与检察权运行规律，并与检察工作自身的发展程度相协调的制度体系。

五、构建检察官业绩评价体系途径探析

当前检察改革的核心问题是让办案检察官在授权范围内能够独立行使个案决定权，明确办案检察官的权力和责任，对所办案件终身负责，并为其决定承担法律责任。作为检察体制改革"子系统"的检察官业绩评价体系，无疑也是中央深化司法体制改革的一项重要内容。构建检察官业绩评价体系，要从主要内容、评价程序、结果运用等方面进行规范。

（一）检察官业绩评价体系的基本内容

1. 检察官履职情况。对检察官履职情况的评价，是一个综合性指标，以定性分析为测评手段。检察官是依法行使国家检察权的检察人员，在评价指标的具体设计上，应主要考虑检察官是否严格遵守和履行《检察官法》规定的职责、义务、权利条款，以及《意见》提出的职责权限。

2. 办案数量。办案数量是目前上级检察机关对下级检察机关进行考核的主要手段，也是最能凸显检察工作实绩的量化指标。司法责任制背景下，检察官个体作用更加明显，对办案数量的评价应落实到检察官个人，而不是整个部门。

3. 办案质效。办案质效应通过完善的案件评查机制进行测量，得出权数后计入检察官业绩评价体系。检察官业绩评价体系不是一个独立的系统，案件管理机制、案件评查机制、错案追究机制等都是检察官业绩评价体系的重要补充。

4. 司法技能。2016 年 4 月，最高人民检察院发布了《检察机关岗位素能基本标准（试行）》，从通用素养和通用能力两部分，对检察官的岗位素能进行了全面系统的规定。检察官业绩评价体系中的司法技能指标，可通过岗位素

能评判取得。

5. 外部评价。社会公众对检察官的评价，直接关系到检察公信力的建设，进而对司法改革、法治社会进程产生影响。检察机关可通过人大代表、政协委员、群众代表、服务对象等了解检察官的外部评价，测量数据和信息可通过信访、约谈、走访当事人等方式采集。

（二）确保评价程序科学、正当、规范

1. 上述五项指标体系在不同岗位指标权重应有所不同，在应用于不同岗位的检察官时，所占权重应根据岗位职责相应调整。如评价主任检察官的业绩，在办案数量和办案质效上要有所侧重，而评价助理检察官时，因其职责所限，不能独立承办案件或只能承办少量简易案件，如仍以办案数量作为最大权重，则有失公平。

2. 规范业绩评价委员会管理。建立人员相对稳定的检察官业绩评价委员会，严格履行评价程序，减少业绩评价中的行政化色彩，凸显检察官办案主体地位和专业化能力。

3. 做好配套机制完善。检察官业绩评价体系不是孤立的存在，需要案件集中管理机制、案件质量评查制度、执法过错责任追究机制等制度的补充和配合。要进一步强化统一业务管理系统的地位和作用，同时，提供人事制度保障及经费物质保障也是不可或缺的内容。

（三）合理有效运用评价结果

检察官业绩评价应有完善的结果反馈和使用机制：

1. 通过科学合理完成的检察官业绩评价结果，应成为检察官晋职晋级评优的首要依据。

2. 科学、正当、规范的检察官业绩评价结果，应成为表彰、惩戒检察官的参考依据。

3. 在检察官业绩评价中，应加强双向沟通，进一步完善检察官业绩评价反馈机制，使检察官根据业绩评价结果及时明确自身履职中存在的长处和不足，改进和制定今后工作的目标、方向和措施。

司法大数据背景下案件管理模型初探

罗堂庆[*]

从互联网技术和数据科学的角度审视，司法大数据背后潜藏着检察机关各项工作的发展规律。而案件管理部门在数据信息采集和处理方面具有得天独厚的先天优势。如何利用好这一资源条件，构建以司法大数据为基础的"智慧案管"模式，成为案件管理工作转型升级的重点课题。

一、司法大数据与案件管理

（一）基本概念及特征

1. 司法大数据。这是一个全新的概念，目前并没有形成权威性定义。笔者认为，可以从三个方面解析：一是"数据"。根据百度百科，数据是对客观事件进行记录并可以鉴别的符号或这些符号的组合。它既可以是连续的值，比如声音、图像，也可以是离散的，如符号、文字。二是"大"。通常是指面积、体积、容量、数量、强度、力量超过一般或超过所比较的对象，与"小"相对。但在司法大数据语境下，"大"并不只是一个形容词，它既可指"数据的体量特别大、数据的类别特别大"，又可指"数据的巨大、繁杂，通过常规的软件工作已无法对数据进行合理时间内的获取、管理、处理"。三是"司法"。又称法的适用，通常是指国家司法机关[①]及其司法人员依照法定职权和法定程序，具体运用法律处理案件的专门活动。综上可知，司法大数据，"属于行业大数据系统的范畴"[②]，是指检察机关及其检察人员依照法定职权和法定程序，在具体运用法律处理案件的专门活动中所产生的数据集合，以及对这些数据进行采集、存储、清洗、挖掘、展示等数据处理过程的集合，包括案件

---

* 湖北省咸宁市人民检察院党组书记、检察长，全国检察理论研究人才。
① 本语境中的国家司法机关专指检察机关。
② 潘祖全、李文军：《构建检察机关司法办案大数据概要》，载上海市人民检察院内网。

数据和管理数据两大类。司法大数据除了业界公认的大数据"4V"① 特点外，还具有明显的司法依附性，其产生于司法办案活动，同时，通过对数据背后潜藏规律的挖掘展示，又服务于司法办案活动。

2. 案件管理。依据《最高人民检察院案件管理暂行办法》第 3 条规定之精神，案件管理，是指对人民检察院办理的案件实行统一受理、流程监控、质量管理、统计分析、综合业务考评等管理活动的总称。案件管理通常具备三个基本特点：一是工作方式的数据性。其以司法办案数据为基础，用数据反映情况和问题，运用数字语言（包括统计图和统计表）描述检察业务现状、特点及规律，从而提出针对性对策建议。二是工作职能的实用性。通过对案件的集中管理，建立并运行集统一受案、全程管理、动态监督、案后评查、综合考评于一体的管理机制，全面发挥管理、监督、服务、参谋职能作用，具有广泛的实用性。三是工作要求的时效性。由于案件管理的数据分析对象大多是一定时期的案件数据或指标，这些数据信息反映的问题通常具有很强的时效性，如果不及时转化，其实践价值将随着时间的推移而降低。

（二）司法大数据背景下案件管理之价值

司法大数据的本质，是基于对海量案件数据和管理数据多样化的分析方法，使原本难以量化的诸多领域可被量化，进而寻找出有价值的信息或规律。在司法大数据的背景下，案件管理应契合数据思维，通过对大数据独特应用方式的灵活运用，实现价值最大化，推动检察工作创新发展。

1. 智能辅助司法办案。长期以来，案多人少、同案不同办、证据标准不一等突出问题成为制约司法办案的瓶颈问题。在传统习惯思维和工作模式的影响下，办案人员大量时间耗费在重复性的事务工作中，难以集中精力投入专业化审查判案。随着司法大数据出现，案件智能检索、类案推送、辅助定罪量刑等系列大数据应用逐步纳入规划并投入使用，为案件管理在破解难题方面提供了新方法新途径。

2. 精细管理检察业务。司法大数据提出之前，案件管理工作呈现粗放式运行，各业务条线案件信息难以形成有效关联，数据生产者与数据应用者脱节，导致庞大的司法数据处于"休眠"状态。司法大数据背景下，案件管理成为推动检察工作从粗放运行到精细管理的重要手段。它既可以通过对相关业务数据的分析，实现案件智能分流、办案全过程合规性自动评查，也可以通过

---

① 4V，即 Volume（规模性），数据量极大并仍在持续增大；Velocity（高速性），所需的处理速度快，实效性要求高；Variety（多样性），数据类型繁多，包括结构化数据、半结构化数据甚至是非结构化数据；Value（价值性），价值密度低，但商业价值高。

对海量案件数据进行挖掘、关联、分析，形成标准化的办案指南或规范，实现管理工作的规范化、标准化。

3. 科学评查办案绩效。推行司法责任制后，如何构建一个科学合理、简便易行的绩效考核办法，成为落实办案责任的重要内容。司法大数据背景下，案件管理可以案件质量评查为抓手，围绕案件数量、质量、效率、效果、安全、风险评估、司法作风、司法技能、职业操守等指标，科学设定绩效考核量化规则并嵌入统一业务应用系统，通过自动抓取检察官办案情况，为每位检察官生成专属司法档案和综合考核结果。这种评查模式的建立，既可以引导办案理念的转变，也为各级检察院实施检察官晋职（级）、奖惩等工作提供了重要参考依据。

4. 准确服务领导决策。司法大数据的核心是分析预测。案件管理基于对司法大数据的生成、存储、管理，可以通过扩充数据维度、加强分析深度、注重数据关联、引入变量分析等方式，实现对司法大数据的整理和提炼，并从看似无关的海量数据中寻找有价值的信息，促使案件管理信息应用实现由统计汇总为主向以分析研判为主的积极转变，为领导科学决策提供准确依据。

二、司法大数据背景下案件管理模型的构建现状

自 2011 年 10 月最高人民检察院成立案件管理办公室以来，案件管理机制改革在四级检察机关迅速推进，成为加强司法规范化建设、提高检察监督能力的重要举措。其间，各地检察机关顺应大数据的时代潮流，在案件管理等工作方面进行了多样化的探索与尝试，为司法大数据背景下的案件管理模式构建提供了丰富的实践参考。笔者拟对当前较为成熟的五种模式进行简单梳理。

（一）湖北模式：案管助手

湖北省检察院依托统一业务应用系统，自主研发了"案管助手"应用软件，并在全省检察机关案件管理部门推广使用。该软件功能定位侧重于服务案件管理，提升管理效率，包括"分析小助手""案管报表""案管传达""案管消息""案管知识库""通讯录""常用软件""系统配置"八大模块。其中，"分析小助手"下设"统一业务助手""电子卷宗分析助手""案件查询、信息公开助手""数据校验分析助手""流程监控""检察官办案统计"六个小板块，可实现对统一业务系统各项数据的汇总、分析和比对，实时反应各地电子卷宗制作情况、各类案件信息查询和公开情况，对主要业务数据进行校验分析、反向查找未通过的案件列表和案件详情、自动生成验证报告，对个案实行流程监控并生成监控工作日志，对入额检察官办案情况进行快速统计汇总等功能。"案管报表"下设"电子卷宗报表"和"案件信息公开"两个小板块，

可实现常用统计报表的快速生成、数据导入导出。"案管消息"类似一个内部通讯工具,可通过软件与指定人员实现消息互动。"案管传达"侧重信息呈报、指令传达功能。"案管知识库"则汇总了相关法律法规、高检院相关规定和统一业务系统使用指引电子手册等内容,形成专业知识汇编。"系统配置"可对本组织机构内人员和单位权限进行设置调整。"通讯录"和"常用软件"的功能定位较为传统。

（二）江苏模式：案管机器人

"案管机器人"的功能定位侧重于智能辅助司法办案,目前已在江苏全省检察机关上线运行。主要涉及"办案智能辅助""全程合力监督""深化检务公开"和"完善绩效考核"四个模块,涵盖侦监、公诉、执检、案管等业务部门案件办理、对外监督和内部管理等事务。① 在"办案智能辅助"模块,可根据系统制定的程序、证据、事实规则进行全面阅卷并自动梳理查找案件疑点和重点问题,在检察官的操作下自动生成法律文书,协助检察官审查判断、提出量刑建议等。在"全程合力监督"模块,可根据预先设定自动发出流程监控提醒、评查案件质量,并通过与公安、法院、司法行政机关的执法、裁判、刑罚执行数据库实行联通,实现刚性监督。在"深化检务公开"模块,系统会提醒检察官通过短信、微信的发送,告知诉讼当事人诉讼程序进展、行使诉讼权利,也可以自动抓取诉讼当事人在门户网站集群或手机终端的申诉申请,提醒检察官及时公开法律文书,发送案件程序信息,实现主动公开、阳光检务。在"完善绩效考核"模块,系统能自动抓取检察官办案情况,并以办案数量、办案质量、办案效率、办案效果四个指标为主要内容生成司法档案。同时系统也会根据相关部门平时录入的司法作风、司法技能、职业操守、其他履职指标情况,为每位检察官自动生成综合考核结果。

（三）贵州模式：大数据应用中心

2016 年 9 月,贵州检察大数据应用中心建成投入使用。该中心包含三个应用系统:一是大数据司法办案辅助系统。该系统目标定位是实现司法办案智能化。它以案件证据表单审查、案件审查、出庭支持三大模块为依托,运用人工智能和大数据技术,通过案件信息智能采集,"要素与证据"的智能关联,绘制"犯罪构成统一标准"图谱,建立各罪名案件数学模型。② 二是案件智能研判系统。该系统功能定位是为个案、类案研判提供精准数据分析。三是大数

---

① 姚雪青、江苏:《利用智能辅助办案"案管机器人"身手不凡》,载《人民日报》2017 年 8 月 16 日。

② 郑赫南、史兆琨:《检察机关大数据建设应用典型案例》,载正义网,2017 年 6 月 13 日。

据分析服务系统。该系统的功能定位是为科学管理决策提供"智库意见",主要从办案强度、质量、效率、效果、规范五个维度形成参考,系统数据涵盖10余个业务条线。

（四）北京模式：检立方 C-139

2014年,北京市检察院在全国检察机关统一业务应用系统的基础上,对办案数据进行整合、挖掘和利用,建立了"检立方 C-139"大数据辅助决策平台。该平台的的核心理念为"一核、三轴、四维、多面"的大数据立方体。"一核"是指以检察数据为核心,"三轴"是指以规范、监督、公开为三条主轴,"四维"是指绩效、案件、时间、人员四个维度,"多面"包括统计分析、预警研判、管理支撑等多项基本功能,形成检察业务的多维度管理体系。[1] 该平台的功能定位注重对检察业务的精细管理,主要包括案件文书智能检索、案件数据质量检查、办案智能辅助、检察管理监督等功能模块。目前,"检立方"已经采集案件信息70余万件,业务数据1.2亿项,整合了四大资源数据库和160个系统功能,形成庞大的数据资源池。

（五）浙江模式：浙检云图

"浙检云图"是浙江省检察院与阿里巴巴合作建设的浙江检务云项目建设的四大平台[2]之一。该平台的功能定位侧重于精准服务领导决策。其分总屏和分屏两部分,总屏展示6大业务条线共27个核心指标项;各业务分屏展示未检指标、侦监指标各19项,执检指标、公诉指标各22项,控申指标14项等。该平台既可以将分析后的数据以动态、直观的多维报表、图形形式展现,为领导决策提供数据依据,也可以实现数据分析结果的随需查询、随需分析、随需展现和随需发布,特别是对服务非公经济等重点领域案件信息,通过业务全貌、重点评查、辅助决策和智能预判等可视化功能,提升数据价值和决策分析水平。

通过对以上五种模式的简单认识,可以发现几点规律：

一是案件管理模型构建体现了"需求主导、开放共享"的思想理念。五种模式的相继构建,是在司法大数据背景下,深入挖掘检察机关案件管理需求的产物。各种模式虽然侧重点不同,但均注重各类检察数据资源之间的开放共享,实现数据的有效流动。有的地方积极探索建立政法系统数据共享交换体系

---

[1]　郑赫南、史兆琨：《检察机关大数据建设应用典型案例》,载正义网,2017年6月13日。

[2]　四大平台,指"浙检云图""浙检云视""浙检云政""浙检云侦"四个平台。2016年3月,浙江省检察机关与阿里云签署围绕浙江检务云计算平台建设和数据上云、应用上云加强合作,依托电子检务工程,同步建设"浙检云图""浙检云视""浙检云政""浙检云侦"平台。

和面向社会的对外开放机制，在追求数据的联动、无穷组合和创新过程中趟出了新路，体现了"需求主导、开放共享"的总体思路。

二是案件管理模型的构建均以统一业务应用系统为基础。各地在构建案件管理模型的实践中，充分发挥了检察机关统一业务应用系统优势，体现了案件管理的数据性特征。四级检察机关在统一业务应用系统中实现了信息数据填录的统一标准、统一维度，在统一系统中已经沉淀了大量的案件数据。在司法大数据背景下，案件管理各种模型的构建，能够基于统一系统中更为统一、更为标准、更为庞大的数据而变得更加方便、易行。

三是模型构建的功能定位没有脱离案件管理的价值属性。五种模型的功能定位各有侧重，但均围绕着司法大数据背景下案件管理的四大价值属性而展开设计和运行。建成一个集智能辅助司法办案、精细管理检察业务、科学考评办案绩效、准确服务领导决策等价值属性于一体的案件管理模型是未来发展趋势。

三、司法大数据背景下案件管理模型的应然模式设想

2017 年 5 月 12 日，最高检印发了《检察大数据行动指南（2017—2020年)》（以下简称《行动指南》），通过了"一中心、四体系"① 的建设方案，提出了"需求主导、技术牵引、创新协调、开放共享、安全可靠"的总体思路，为今后一段时期内检察机关信息化建设指明了方向。在司法大数据背景下，案件管理模型构建应积极对接《行动指南》建设要求，围绕案件管理的价值属性和职责使命，构建一个全覆盖、全流程、全留痕、数字化、规范化、智能化的"智慧案管"全模型。

（一）业务管理模块

业务管理模块，可按管理要素②或管理流程分设板块，是"智慧案管"模型中相对核心的功能设置，属于数据生产的重要环节。由于管理要素的建模思路与其他模块之间存有交叉，笔者倾向于以管理流程分段建模。即分为"受案管理""轮案管理""办案管理""结案管理"四大板块。"受案管理"可从"内""外"两个维度考量。内部主要针对下级检察机关报送案件和内设业务

---

① 一中心、四体系：即国家检察大数据中心、检察大数据标准体系、检察大数据应用体系、检察大数据管理体系、检察大数据支撑体系。

② 从管理学的角度而言，管理要素一般包括人、财、物、信息和时空等。

机构移送案件①，外部主要是面向公安、法院等部门移送案件。内外两个维度的建模均应强调受案信息的全面性、准确性、规范性和统一性。"轮案管理"本质上是基于一定的分案规则对案件进行适当分流。目前，对在统一业务系统中实行的"随机分案为主"的轮案机制基本形成共识。在司法大数据背景下的轮案管理应以案件智能分流为目标，通过大数据对案件难易程度、办案个体工作量、办案人员水平能力、办案人员是否在位等信息的测算，实现案件与人员的最佳匹配。"办案管理"应侧重对办案过程的管理，包括但不限于案件流程监控、涉案财物监管、法律文书制发监管等环节，通过设定不同的监管指标，实现对办案全过程合规性的自动评查。"结案管理"应突出结案指标的科学设置、结案信息的适度公开、结案报表的分类汇总、结案规律的按需提炼四个要素，倒逼各项数据指标的完善，实现业务管理的全留痕和精细化。

（二）辅助办案模块

辅助办案模块，类似"数字检察辅助人员"，是未来主流发展趋势，其功能定位在于优化案件办理流程，辅助司法办案，提高司法准确度和效率，是案件管理服务职能的最佳体现。综合各地实践探索和工作所需，笔者认为该模块应囊括两个方面内容：一是辅助审查；二是辅助决策。辅助审查，是将传统办案方式中重复性、机械性的工作通过技术手段转化为数据模型，并嵌入办案系统中供检察人员使用。如，法律文书自动生存和智能分析、批捕公诉证据指引分析、数字化出庭、监督结果智能纠错提醒、法律条文自动检索等功能应用，不断凸显司法大数据在办案指引、提示、检验、把关、监督上的作用。辅助决策，强调的是对个案依法、公正处理所作出的一种数据参考，而非替代检察人员的独立判断。常见的是审查起诉业务中的应用，比如，为协助检察官审查判断、应对辩护，根据案件情况、量刑指导意见等，提供精准的类案推送和量刑建议。也可通过整合"信、访、网、电"等渠道接访数据，辅助生成涉法涉诉信访案件应对策略，或是通过建立数学分析模型，实行刑罚变更执行监督和羁押必要性审查自动评估等。这种人脑与电脑的有机结合，带来的不仅仅是工作方式和效率的变化，也帮助检察办案从传统习惯思维向现代信息思维与现代智能辅助的转变。

（三）绩效评查模块

绩效评查模块的构建，应该围绕评查对象来设计。笔者认为，可分"案"

---

①　由于统一业务系统对检察业务门类没有实现全覆盖，导致个别检察业务只能通过本条线指定系统流转。随着统一业务系统的不断完善，后期应实现对检察业务门类的全覆盖，但在过渡期，可通过对内设机构预留受案端口的形式，将受案信息全面纳入案件管理范畴。

和"人"两个方面考虑。"案"的绩效评查，是使用相对成熟的模块建设，但要注重突出"个案"与"类案"两个维度。在"个案"维度，侧重于案后评查，主要是对办案期限、办案程序、办案质量、办案安全等进行监督、评查，从而规范执法行为，提高个案质效。在"类案"维度，可以对某一类案件从时间、地域、偏离度、证据标准把握等不同维度展开综合分析，不断拓展案件流程监控与质量评查的适用范围。"人"的绩效评查，是顺应司法体制改革要求，深化司法责任制的应有之义。该模块构建的初衷是发挥司法大数据在各类检察人员绩效考评中重要作用，将传统相对主观、片面、机械的考评手段通过数据建模嵌入案管平台，实现对各类检察人员实时、动态、客观、智能、全面、准确地考评。"人"的绩效评查，可以按照人员类别不同，分为检察人员、检察辅助人员、司法行政人员三个维度，也可以依据履职指标不同，分为司法业绩、司法作风、司法技能、职业操守等多个维度。不同维度的基础都是基于司法大数据所提供的权威数据支撑和信息化的技术支持。通过对不同变量的调设，该模块可自动抓取所需数据，并生成所需报告，实现数据与考评之间的真正关联。

（四）决策支持模块

决策支持模块不同于辅助办案模块中的个案"辅助决策"，其侧重于对司法大数据的按需整合挖掘和多维度比对分析，并对一段时期某类案件或业务呈现的特点趋势进行归纳预测，从而指导宏观决策。该模块构建应突出参考指标选择上的自由性和归纳预测结果的可读性。前者可赋予决策支持模块更强大的生命力，防止因搜索条件的限制而让模块陷入弃用的境地。后者则保证了决策参考意见的分析水平，避免不必要的二次解读甚至误读而使结果失去参考价值。同时，该模块还应注重与上述各模块之间、各业务条线之间、跨区域检察机关之间、政法系统之间的对接，不断强化模块的搜索功能，为全方位、多角度获取数据、深入分析提供基础支撑。

案件管理是检察机关的一项新兴"事业"。在司法大数据的时代背景下，案件管理面临难得的发展机遇。只有倚重信息化技术，加强与司法大数据的无缝对接，案件管理才能完成顺应潮流的模式转型，实现集约、高效、精细化的发展。

"大数据"条件下检察轮案机制之重构

刘国媛　闻　洲*

检察办案的轮案机制作为司法责任制改革的基础内容之一，被赋予预防"关系案、人情案"的制度功能。该机制依托全国检察机关统一业务应用系统（以下简称统一系统）在检察办案实践中得到了有效实施，实现了改革的预期效果。但作为一项具有很强实践性的工作机制，如何在保证司法公正前提下，运用信息技术实现科学分案，是当前亟须研究的课题。本文将在实践分析的基础上，探讨将数据分析引入统一系统案件分配管理模块，以重构案件分配标准及分配模式。

一、检察办案案件分配模式之流变

检察机关依托统一系统进行案件分配前后历经了指定分案、自动轮案以及自动轮案和指定分案相结合三种模式。

（一）指定分案模式

指定分案是在统一系统上线初期采用的一种分案模式。严格来讲，指定分案模式实质上只不过是将原来的人工分案转移到统一系统上进行，起到了分案过程系统自动留痕的作用。其分案标准并没有本质改变。其基本流程是：案件管理部门在受理案件后，通过统一系统将案件分配给相关业务部门，业务部门负责人再根据系统设置的权限对案件进行二次分配，最终确定具体承办人。该模式的优点在于，部门负责人对本部门干警的业务能力、办案专长、现时工作状态、整体工作量等情况有较为全面的了解，可以根据所受理案件的犯罪类型、涉案人数、案情复杂程度等情况进行综合考量，有助于实现"人—案"匹配，工作量均衡。但该模式也存在显而易见的不足：一是分案权集中于部门负责人，在制度层面为权力寻租留下了可能的空间；二是对"人 - 案"匹配

---

* 刘国媛，湖北省武汉市人民检察院法律政策研究室主任，全国检察理论研究人才，全省检察业务专家；闻洲，湖北省武汉市洪山区人民检察院公诉部干警。

度的高度要求，部门负责人基于对案件质量与效率的理性需求，容易形成能者多劳，专者更专，但办案能力相对较弱者则欠缺办理重大疑难复杂案件的学习锻炼机会的不利状况，无助于办案人员整体水平的提升以及工作量的平衡；三是部门负责人作为部门行政业务主管，除日常管理工作外，本身还要承担一定数量案件的办理任务，对于案件量比较大的部门，则很难对案件进行综合审查、考量并在此基础上进行分案，分案的科学性则会打折扣；四是一个案件要经过两次分配后才能确定最终承办人，是对办案期限的消耗，影响诉讼效率。

（二）自动轮案模式

自动轮案模式，是指案件管理部门受理案件后通过统一系统选择自动分案，系统则按照预设的分案规则自动将案件直接分配到相关业务部门的具体承办人名下。该模式在一定程度上克服了指定分案模式中重复劳动、效率不高的弊端，同时还可以避免分案权集中于部门负责人可能造成的权力寻租问题。然而，自动轮案模式也产生了新的问题：一是系统设定的轮案系数较为单一，即系统只是依据预先设定的参与轮案的检察官是否参与本轮轮案以及本轮轮到案件的概率进行自动分案，这一轮案系数仅考虑了案件在数量上的相对平衡，但是忽视了不同案件难度系数的平衡，不利于工作量的均衡；二是办案检察官较少的业务部门，在规则既定的情况下，其周期性规律很容易被人掌握，案管部门工作人员则可以通过调换案件受理时录入系统的顺序人为地将某一案件"自动轮案"给特定的承办人，这实际上也会形成新的权力寻租空间；三是对于那些因特定原因而重新立案并以新案移送的案件则不一定会自动轮到原办案人承办，而有可能自动轮给其他承办人办理，这不仅降低诉讼效率，同时，也使统一系统内留存大量相互矛盾的信息；四是无法根据检察官的个人情况进行有针对性的分案，无助于专业人才的培养和团队的打造，有悖于当下扁平化管理和专业化建设的改革思路。

（三）自动轮案与指定分案相结合模式

自动轮案与指定轮案相结合模式，是指在案件通过管理部门在系统上自动完成分案后，业务部门负责人可以根据实际情况对部分案件进行再分配。该模式是前面两种分案模式的结合，如果说指定分案模式倾向于检察官间工作量的公平，自动轮案模式则倾向于公正与效率，那么这种分案模式则试图兼顾公平、公正与效率。正是基于该模式的相对兼顾多重价值功能，最高人民检察院《关于完善人民检察院司法责任制的若干意见》第 26 条规定："建立随机分案为主指定分案为辅的案件承办确定机制，重大疑难复杂案件，可以由检察长指定检察官办案组或独任检察官承办。"该规定实际上就是对自动轮案与指定分案相结合模式的确认。尽管该模式理论上可以避免前两种模式的弊端，但在实践操作中，前面两种模式存在的问题同样可能在该模式中产生，因为其轮案的基本规则与标准并没有本质的改变或者完善，仅仅是技术层面的物理整合，同时还带来一些新的问题：一方面，已经经过统一系统自动轮案的情况下，如果再人为指定分案，降低分案效率，占用办案期限；另一方面，这种中途变更承办人的模式，还可能在业务部门与案管部门之间产生权限范围上的冲突与矛盾。

二、现行分案机制中系统性标准之问题分析

前面分析的三种分案模式均依托统一系统进行，纯粹从分案技术层面分析并无大的问题，也不是什么复杂的技术，关键在于如何在统一系统的分案模块中预设科学的分案标准。对此，首先要清楚当前统一系统的分案标准主要存在哪些问题，从我们的实践调查来看，主要存在两个方面的缺陷。

首先，从案件方面分析，统一系统欠缺案件难度系数标准。目前，统一系统在设置分案标准时，仅考虑检察官在数量上的均衡，将具体案件与列入轮案的检察官之间进行简单的概率化对应，没有设置体现案件难易程度的系数标准，系统无法自动识别案件难度，因此，也就无法做到兼顾案件数量与工作量的基础上进行自动轮案。比如，一件普通的盗抢案件卷宗一般有两册，而一件非法吸收公众存款案件的卷宗往往高达几十册甚至上百册，其工作量自然无法相提并论；即使是卷宗册数相同但案由不同的案件，因所需举证证明的犯罪构成要件不同，附卷证据的审查难度也会有很大差异；即便是相同案由相同卷宗册数的案件也会因移送管辖等情况导致检察官在工作量上大相径庭。在现行统一系统分案模块中，所有案件均不分难易、不分工作量地被计算为一件。

其次，从办案人方面分析，欠缺检察官办案能力系数标准。尽管员额制要求入额检察官精英化、专业化，但这并不能消除检察官之间术业有专攻、能力有高低的现实差异的存在。有的检察官整体办案水平较高，有的精通专项案件的办理，还有的检察官既要办案还要兼顾行政管理或者事务性工作。根据司法责任制改革的要求，办案组织在组建时，由于人员的不足，也存在较大的水平差异，有的独任检察官可以配置一名检察官助理和一名书记员，有的只能配置一名检察官助理或者一名书记员，甚至有的只能配置一名聘用制司法辅助人员。不同搭配的办案组织，其办案水平和效率自然会产生差距。那么，在统一系统中根据办案组织的专业差异、办案能力高低，同时兼顾队伍办案专业水平、办案能力的培养设置科学合理分案标准尤为重要。

总而言之，分案机制的功能，就是如何将案件公平合理地分配给具体承办案件的检察官，案件与承办案件的检察官之间的匹配是分案的关键，同时，依托统一系统这一信息技术平台实现智能化分案，避免人为分案中可能产生的权力寻租问题，以保证司法公正。因此，针对以上自动分案中存在的缺陷，我们需要解决的就是在统一系统的分案管理模块中预设科学的分案标准，而分案标准要充分考虑案件的难易程度、办案工作量，以及承办案件检察官个人的能力、专长、特定时间内的工作状况等，以实现"人-案"匹配，兼顾检察官之间工作量的均衡以及检察官办案水平、专业能力的提升等需要。

三、信息化分案标准体系之完善建议

基于案件的标准、办案人的标准以及作为分案基础的信息整合，笔者对于分案标准体系的构建主要有以下思考。

（一）分案标准体系构建之基本思路

将"大数据"思维全方位全过程贯穿于分案标准体系的构建之中是我们的基本遵循。首先，收集整理统一系统中储存的过往案件的数据信息[1]，并对其进行提炼梳理；其次，依据提炼整理后的"大数据"形成普适性案件难度、工作量的预测数据（评估依据），并根据个案的最新的数据依托统一系统进行自动完善；最后，依据"大数据"的引导自动实现"人-案"的匹配完成自动轮案选择。在技术层面可以通过在统一系统内新加入一个统计分析模块实现案件数据在受理、分配、办理、反馈全过程自动化处理分析，以实现如下预期效果。

第一，构建以定量分析为主、定性分析为辅的案件难度判定模式。改变现有统一系统随机分案模式无法对案件的难易程度进行有效区分的问题。以数值方法来区分不同案件之间的难易程度，直观呈现待分配案件的预期工作量。

第二，构建能呈现检察官办案能力、专业水平等综合因素的自动化评估模式。在手动分案时期，由部门负责人根据案情完成案件的分配，其实质也是对检察官当下办案能力进行了模糊评估。而作为实现"大数据"分案模式的副产品，通过对检察官个人情况及过往办案情况的动态数据分析，实现检察官办

---

① 检察机关统一业务系统自上线以来已经运行了近四年，作为全国检察系统的通用办案软件，该系统内业已存储了四级检察机关以往所办理案件的大量信息。近年来，最高检相关部门又多次组织对统一业务系统进行升级，要求各级院业务部门对案件数据进行大规模的补录与完善，已经具备了对案件基本情况开展统计学分析（大数据分析）的基础。

案能力评估的自动化与数值化。并且为单位和检察官个人掌握其自身水平的变化提供依据。

第三，构建数据动态适时更新体系，保证评价结果的准确性。对案件而言，系统录入的每一个新案件均会对该类罪名的案件的评价指标产生影响，最大限度还原该类罪名的真实难易程度。对承办检察官而言，每办理完一个新案件，系统也会将其自动添加到检察官的办案能力指标内，确保能够准确描述检察官的真实办案能力。

第四，构建以数据为依据的评判体系，保证"人－案"的匹配。通过对统一系统内的案件信息和参与轮案的检察官的个人信息进行数据分析，并依据分析结果完成"人－案"匹配的案件分配，有效避免人工分案和现有简单随机轮案机制个案分配时标准不统一的缺陷。同时设定该算法在分案时进行分案结果评估，在分案的同时实现了公平性检验，不再需要人进行分案监督工作，减少案管部门工作量，提高分案效率。

第五，在合理分配案件的同时实现办案专业人才的培养。由统一系统对其存储的检察官个人信息自动调配不同难度、不同类型的案件给相对应的检察官，比如新入额的检察官，系统自动调配难度较低的案件，让其由易到难熟悉不同犯罪类型案件的办理；对有一定经验的检察官，则调配给其超过其能力评估值所匹配的案件难度的案件，让其有机会通过办理复杂案件提高个人能力；对经验丰富的检察官，则通过集中分配复杂疑难案件进一步提升个人能力。

（二）分案标准体系构建之实操过程

从实践操作层面，分案标准体系的构建需要经历四个阶段：

第一阶段，确定案件基础难度系数体系。首先，通过对过往采集的案件信息进行统计学分析，获取所需评价信息的极值、期望值、方差与标准差，并根据该项数据极值上下限作为范围，根据期望值设定该数据的基本难度系数，根据方差与标准差实现对新进个案难度数值的最终匹配。其次，根据各项数据在决定某类案件总体难度中所起到重要程度的不同，利用回归分析模型确定个数据在案件整体难度中所占的权重。最后，将此类案件的各项数据的难度系数进行加权加成计算出该类案件的平均难度系数，同时统计出该类案件中目前所出现的最高与最低难度值。

第二阶段，个案难度系数的赋值与整体难度系数的修正。对于新受理的案件，除根据各项具体数据计算出该个案的难度系数外。还应用新录入的数据及时更新该类案件信息的数据库做到对指标数值及时、动态的调整保证其能够时刻模拟该类案件当前的最新情况。

第三阶段，检察官能力体系的构建。与上述案件难度体系相似，检察官能力体系基于员额制检察官个人基本情况，入额前所办理案件的基本情况，员额制后办案组的组成情况对检察官的基本能力进行数值化处理，并根据入额后所承办案件的情况进行动态调整，对未来可以承办案件的难度作出的综合判断。

第四阶段，"人－案"的合理对应。在完成上述体系的构建之后，根据特定的匹配规则将案件分配给最为适宜的检察官办理。最终实现，各检察官在特定年度内总工作量相等前提下，个案平均难度相近的目标。

（三）分案标准体系构建之基本要素

分案标准体系构建的核心在于标准本身应该包含的因素，包括案件和承办案件检察官两方面的基本信息。

1. 案件难易程度评价指标

（1）犯罪类型。涉案罪名是影响案件复杂程度最直接、最重要的指标。同样是受理一件案件，自侦案件的难度普遍会高于普通刑事案件。在普通刑事案件里，根据经验法则，常见刑事案件如盗窃、故意伤害、危险驾驶等的办理难度相对低于其他普通刑事案件。因此，在给犯罪类型这一评价指标赋予较高权重的同时，对各罪名之间也要根据平均难度情况具体合理计算难度值。

（2）卷宗册数。在犯罪类型确定的前提下，卷宗的册数决定了特定案件的具体难度以及承办检察官的预期工作量。同样是盗窃案，一件只有两册卷宗的盗窃案和一件有四册到五册卷宗的盗窃案的复杂程度显然是不一样的。这会体现在被害人数量、犯罪金额、犯罪事实的笔数等，无疑，这些都将提高案件的总体难度，增加检察官的工作量。但与犯罪类型决定案件的"质"不同，卷宗册数仍然决定了办案的"量"，因此其在对案件难度的影响权重应较犯罪类型低。

（3）每卷平均页数。针对部分案件存在卷宗册数少但页数较多的情况，在进行案件难易程度评价时可以用每卷平均页数对卷宗册数的修正作用。相对而言，更厚的卷宗往往在一定程度上体现了更大的工作量。除文书卷外，计算受理案件的其他各卷页数的算数平均值，并且与之前全部同类型的案件的每卷平均页数进行比较，计算出差额百分比的绝对值并在卷宗册数的难度值上进行加成修正。

（4）涉案人数。共同犯罪案件，除了会直接增加上述卷宗册数与每卷平均页数外。更重要的是，共犯关系的证实，各犯罪嫌疑人在共同犯罪中的地位和作用，证据的相互印证等问题会比单个自然人犯罪要麻烦得多，设定本指标是为了反映出这一较为隐性的问题。按照不同的犯罪类型根据共犯人数的增加，按不同的比例提高案件的难度值，增加的比例随着共犯人数的增加而降低，而不能简单的按人数等比增加。

（5）移送管辖。对于犯罪地不在本辖区需要移送管辖的案件，可以由案件管理部门根据起诉意见书直接作出判断。因移送管辖案件在工作量上会大大降低，可在按照上述几点计算出难度值后按照一定比例进行核减。

（6）庭审程序。该指标反映了检察官在参与庭审时所需完成的工作量。根据刑事诉讼法的规定检察官参与普通程序需要制作三纲一书，不仅需要在事前做好准备工作，庭审过程中更需要根据具体情况作出判断和反映，对公诉人的要求较高，相比而言，简易程序和速裁程序的工作量就要小得多。当案件进行到诉讼程序的时候，根据出庭程序的不同，对案件的难度系数需适时调整。而本指标不再作为分案指标，而作为绩效指标存在。

2. 检察官承办案件的综合能力指标

承办人指标是指统一系统通过分析承办人的个人情况和其之前在系统上的办案痕迹对承办人办案能力作出的综合判断。

（1）学历与年龄。法学基本能力的差异将很大程度体现在办案上，而较高学历者大多数情况下具备着更高的法律素养，因此学历在一定程度上体现承办检察官的办案能力，当然，这只是一个一般化评判指标。但法律工作同时又是一项经验性的工种，年龄的增长会伴随着阅历的增加对案件处理能力有很大的帮助，但年龄过大则会受体力下降的影响降低办案能力。

（2）工龄与特定业务工作年限。工龄的长短反映参加检察工作的时间，而特定业务部门的业务工作年限也会体现出具体检察官个体对某项业务的熟悉程度与经验积累，是最直接体现检察官预期办案能力的指标。

（3）本业务领域获奖情况。包括全国、省、市三级的十佳公诉人，全国、省级业务专家等。获得这些荣誉本身就是对检察官个人业务能力的一种肯定，也是检察官个人业务能力的直接体现。

（4）办案总数与上一年度办案数。办案总数反映检察官过往办案经验的总体情况，办案经验越丰富其办案能力一般越强。上一年度办案数则体现了近期检察官的办案情况，说明目前检察官对承办案件的熟练程度，越熟练的办案效率越高。

（5）特定罪名办案数。反映了检察官某一特定犯罪类型案件办案经验的具体情况。特定罪名办案数越多一般能反映检察官办理该类型案件的经验越足、能力越强。当再次受理同类型的案件时会比其他检察官有更好的效率和准确率。也符合现阶段最高检对检察官队伍专业化分类的要求。

（6）辅助人员能力情况。无论是独任检察官还是检察官办案组，其作为一个办案组织，配备的办案辅助人员（包括检察官助理、书记员、聘用制司法辅助人员）的能力与素质对于检察官综合办案能力与效力也有着重要影响，必须纳入检察官办案能力的评判指标之中。

（7）问题案件率。将日常案件评查、案件质量检查等发现的办案过程中存在的质量问题信息录入统一系统，作为检察官办案能力的评判指标之一，包括办案实体、程序、期办案期限等问题。按照年度进行统计，问题案件率与检察官的办案能力呈反比，当问题案件率超过一定比例，就停止对该检察官进行分案并考虑启动员额退出机制。

（四）分案流程及匹配规则

在实践中，案件分配遵循以下步骤：

1. 案件管理部门在受理案件时，按照统一系统填录规则对案件基本信息进行填录，系统根据填录情况抓取案件分配相关数据后根据预先设定算法自动计算出该案件难度值。

2. 根据业务部门在岗检察官的能力值情况，自动筛选排除掉能力值未达到承办该难度值案件所需的最低能力值的检察官。

3. 系统自动检索满足第二步条件的检察官特定期限内案件办理情况，如已达到案件办理预期数量或者超过当前各承办检察官平均办案数量的一定比例则对该检察官停止分案。

4. 检验剩下的检察官中是否有办理该犯罪类型案件的专家，如有则直接匹配给该类检察官，如没有则按照现行自动轮案规则进行分配。

5. 案件办结后，结合案数据同时更新案件指标体系和承办人指标体系这两个数据库，作为后续案件分配的依据。

系统分案匹配规则：

1. 案件难度与承办人能力相适应。系统根据自动计算出的案件难易程度得分和承办人办案能力得分进行匹配，对于办案能力得分低于某一特定分值的承办人不予分配难易程度得分高于某一特定值的案件，实现难度和能力上的匹配。

2. 案件数量与案件质量的综合匹配。预先设定各承办人之间本年度承办案件预期总得分的比例，由系统自动平衡分案，实现工作量的平衡。

3. 星级承办人规则。如果某一承办人在近期办理了超过部门一定比例的某一特定罪名案件则会被自动标记为星级承办人，系统将会自动规避近期再次将此类案件分配给该承办人，直到该承办人的办案比下降到正常值为止。承办人成为星级承办人后也可根据自己的业务专长申请继续分配该类案件。

4. 强制性分案规则。保证每名承办人特别是年轻检察官每年均有机会承办难度较高的案件以锻炼提升自己的办案能力。每年强制分配给承办人案件难度值高于其所应匹配的案件难度值不超过30%的案件至少一件。

5. 重大疑难案件申请奖励。承办人可预先申请下一件受理的重大疑难案件，对于申请的承办人，在案件难易度得分的基础上给予20%的奖励分。申请必须先于案件受理一日以上，对于受案时没有申请的案件，按照正常案件分配规则进行分配。

论公诉办案机制中
"大数据"模式的引入与构建

赵玉梅[*]

大数据是"互联网＋"时代信息高速发展的产物。当下，大数据、云计算等新兴科技在改变人们生活格局的同时，也给检察机关审查起诉工作带来了重大变革。大数据技术不仅能够提高公诉办案质量和效率，更为新时期的检察工作提供了很好的技术支撑。

一、大数据技术对现行公诉办案机制的影响

麦肯锡全球研究所给大数据的定义是"一种规模大到在收集、管理、分析、存储等方面大大超过传统数据软件范围的数据集"。[①] 近年来，大数据以其数据模型、数据分析结果、海量数据库等广泛应用于检察工作之中。大数据技术的出现改变了传统公诉办案机制，给检察工作带来了巨大变革。

（一）打破信息地域间的壁垒，促进信息交互化

传统公诉办案模式下，司法人员往往习惯重视办理的个案，忽视整体性思维。而检察机关目前的统一业务应用系统更加倾向于数据的单向录入，而对于数据之间的相互交流、提取等方面的利用率不足。这样的办案模式很容易形成信息分散、信息孤岛等误区。对于公诉办案而言，目前全国各地检察机关公诉部门的办案仍然是"各自为政"状态，缺乏一个及时有效的、与诉讼相关的互动平台。公诉工作的核心是对事实认定、定罪量刑的准确把握，只有将视野定位于整体性的司法信息大数据之中，对数据之间的关联性加以研究，才能推动个案的科学办理。大数据、云计算等新一代互联网产物的出现，目的是要打破目前地域间公诉部门的信息壁垒，促进信息的交互化共享。比如在审查起诉

---

* 辽宁省阜新市人民检察院干部。

① 孙勤红、沈风仙：《大数据时代的数据挖掘和技术应用》，载《电子技术与软件工程》2016 年第 6 期。

过程中，通过大数据信息对某一具体范围内的不起诉案件进行分析，能够提取以往不起诉案件的主要原因如法律适用问题、证据合法性问题等关键信息，以此对今后办理案件形成指引，避免今后基于同样的问题造成案件无法起诉的情况。[①]

（二）简化办案工作量，提高办案效率，合理配置司法资源

传统的公诉办案模式是以承办人的人力劳动为基础。从阅卷、证据摘录到制作审查报告等流程，都是建立在承办人的人工劳力之上。近年我们虽然通过OCR技术完成了纸质文档电子化的问题，但在具体应该用中，仍然存在着诸多不足。一是办案人员习惯于传统的办案方式，缺少利用科技提升办案效率的主观意识。二是目前的OCR技术虽然完成了由纸质文档向电子文档的转化，但在具体使用过程中，如何提炼证据要点、如何具体为定性量刑思维提供辅助等问题仍未解决。大数据技术的出现大大减少了传统公诉办案模式的既定工作量，特别是对于"案多人少"的地区而言，使司法人员从一些重复性、机械性的工作中解放出来，提高了办案效率，推动了司法资源的合理配置。

（三）充分利用数值标准化体系，打造"智慧公诉"

公诉办案的逻辑和经验规则体系日臻完善，特别是证据审查方法论，经过数十年公诉人的深入实践积累，工作方法、经验等已经成为公诉人指导实践的"利剑"。但办案人的逻辑和经验规则大多都来自自身的办案实践，只能通过口口相传、耳濡目染等方式交流和传播，由于个人办案经历不同、对法律适用的理解不同、地区差异等因素，往往存在多样化、地区化等特点，难以实现公诉办案方法论系统的有效整合。随着近几年数据化证据标准、检察机关云计算技术、"向数据要检力"等科技强检技术的兴起，公诉工作与现代技术相结合成为大势所趋。大数据技术的引入，立足于全面的基础数据，以数据激发产能，促进公诉机关快速、精准地在海量数据中采集、处理、应用有价值的数据，对审查起诉的各个环节进行量化规范，打造数值化标准体系。

二、公诉办案机制中"大数据"功能定位的理性把握

大数据所包含的海量数据信息给检察公诉工作带来巨大的价值，也存在自身研究方法的局限性。大数据不能取代各种非量化的人文社会研究，且所传递数据信息的可靠性与分析能力完全依赖于数据样本的质量。因此，传统公诉机

[①] 朱青雲：《论审查起诉运作变革——以互联网、大数据技术发展应用为视角》，载《贵州市委党校学报》2016年第5期。

制在引入大数据技术时，要理性对待其功能地位，尊重司法规律，坚持有所创新而不落窠臼。

（一）大数据分析结论不可取代人文定性研究

不管是传统公诉模式还是大数据下的公诉办案模式，其核心都是人，而不是数据。我们倡导利用大数据打造"智慧公诉"，其目的是要借用人工智能，更是要激发人的主观能动性。毕竟，大数据只是工具，目的是在定量分析的基础上，节省一些重复劳动。但这里面存在以下问题：对于定性问题，不可盲目依赖大数据。比如扒窃 1 元是否构成盗窃既遂、到加油站加油后开车逃跑（加霸王油）的行为是构成盗窃还是抢夺罪、盗窃罪是否以"明知"为要件等，这些常见罪名的罪与非罪问题即使在法学理论中都存在争议。对于此类案件的定性问题应当在对个案证据审查的基础上进行分析论证，而不是仅仅靠大数据所能解决的。司法不是机械的三阶层论、四要件理论的判断，而是在证据分析的基础上，加之对生活的感悟和法律的理解，作出符合法治精神的判断。

（二）大数据分析结论能否作为刑事诉讼证据使用仍需论证

不可否认，大数据分析技术确实为公诉办案中证据的审查、收集以及对定罪量刑的把握提供了新的思路。通过海量的数据支撑，挖掘出有价值的信息，进而提炼出证据之间的相关性，这是公诉办案过程中依托大数据所形成的显著优势。但目前来讲，由于大数据分析仍然只是一种以数据相关性为主的结构化数据集合，对定量分析的准确性要求较低，因而不宜将其直接作为刑事诉讼证据使用。在大数据如何进入证据领域问题上，笔者建议结合英美法系的证据相关性理论评价大数据的在事实认定中的作用更为合适，将其作为基于全量数据分析基础上的"特殊经验"，通过这种"数据经验"能够填补人类对海量信息的认知范围。[①]

（三）大数据研究要以科学、合理的数据样本为逻辑起点

大数据是以海量数据信息为基础，信息样本的质量决定了分析结论的科学性、可靠性。公诉人在引入大数据模式辅助办案时，要适度考虑分析结果的可采信度，这就至少涉及以下两方面问题：一是数据信息样本的范围。大数据研究的前提是"可见"，即所有数据都是能够被采集到的案件信息。但现实中毕竟存在很多犯罪黑数，即一些犯罪行为虽然已经发生，却因各种原因没有被计

---

① 周蔚：《大数据在事实认定中作用机制分析》，载《中国政法大学学报》2015 年第 6 期。

算在犯罪统计之中。① 这些涉嫌不同罪名的犯罪黑数不可能成为大数据的样本。二是信息的失真与异化。受年底考核指标等因素的影响，一些地区办案部门为追求"数目字管理"，往往出现数据失真、扭曲、异化等现象。根据这种失真的数据得出的分析性结论，很容易对公诉办案产生误导。

三、大数据技术下的公诉权运行的路径选择

（一）利用大数据重新合理配置司法资源

目前，检察机关的案件的分配、办理、流转均在统一业务应用系统内部进行。但如前所述，目前的系统仅限于单向录入，数据缺乏交互性。引入大数据技术之后，将在探索打造检察云等数据中心平台的基础上，实现信息间的互动交流，重新合理配置司法资源。这包括两个方面：

第一，不同地域间信息资源的合理配置。省级、市级检察机关积极探索打造检察大数据互动平台，解决现在不同地区检察机关间信息闭塞、信息缺乏横向交流、只能从下往上单向流动等问题。上级检察机关在收集到优秀办案文书、值得推广的办案模式后，也可以上传到互动平台中，供下级院检索、参照。通过这种双向交流，打破不同区域间信息孤岛的壁垒，完成信息资源的合理流动与配置。近年来，北京市人民检察院依托统一业务应用系统，对历年来的办案数据进行了整合、提取和利用，打造了"检立方"大数据平台。该平台涵盖了 60 万件案件信息、1.1 亿业务数据，通过整合分析 756 件指标和几千名涉案人员信息，形成全方面、全覆盖的数据资源库，大大提高了执法办案的决策水平和效率②，便是利用大数据优化资源配置的有益尝试。

第二，本院司法资源的合理配置。司法改革大背景下，如何解决"案多人少"的问题是我们不得不面对的严峻课题。从目前的改革措施来看，检察机关推行检察官办案组等办案方式改革，目的是要解决司法资源的合理配置问题，使三类检察人员按照职能合理分工。大数据技术的引用能够辅助合理评估案件的难易程度，并根据工作量进行繁简分流。另外，大数据技术还可以对检察官、检察辅助人员的业务量进行合理测算，评估每个司法人员的办案质量，以便对司法办案人员进行最优配置，这在司法改革趋势中的作用显得越发明显。

---

① 叶良芳：《从宽松到严厉：中国知识产权刑事执法之检视》，载《学习与探索》2014 年第 8 期。

② 崔景文：《大数据时代检查工作理念及办案方式的调适》，载《中国检察官》2016 年第 5 期。

（二）大数据优化公诉定性思维模式

如前所述，大数据是建立在量化分析的基础上，不可取代人文定性研究，但其定量分析的在公诉定性思维模式的优化与转变中仍有所作为。大数据基于对非结构化数据的实时分析，对数据之间的关联性作出量化预测、评价，并通过同案推送、数据相关性分析等途径，进入定性思维领域，为人文定性提出有价值的参考性分析结论。

1. 途径一：定性指引与同案推送

引入大数据辅助系统后，检察机关在审查起诉过程中，在公诉人将本案的相关证据材料、侦查机关移送案由、主要犯罪事实等内容输入大数据辅助办案模拟系统后，系统会通过对以往案件数据的定性分析，自动识别并提示此类案件的常见处理方式，还会自动推送与本案类似的其他案例，为公诉人形成办案指引。

例如，对于利用微信红包赌博犯罪行为的定性问题。2015 年 11 月 30 日，上海徐汇区法院就全国首例"微信红包赌博案"进行宣判，认为四位被告人通过微信群内发放红包方式进行赌博的行为已构成开设赌场罪。至今，实践中亦存在大量类似的案件被认定为赌博罪，各地裁判标准不一。在大数据技术下，我们已对此类案件进行类案分析。比如通过无讼案例网查询，可以检索到 134 条利用微信红包赌博案件的记录，在定性上，主要存在开设赌场罪与赌博罪两种意见分歧。归纳起来，无非是游戏发起者、参与者罪与非罪以及涉嫌罪名问题。具体来说，从审判年份来看，从 2015 年才开始产生此类案例，其中 2015 年全国范围内仅有 8 件类案，2016 年猛增至 104 件（参见表一）。

表一　2015—2017 年"微信红包赌博案"法院判决情况①

判决罪名 裁判年份	开设赌场罪	赌博罪	总计
2015 年	6 件	2 件	8 件
2016 年	85 件	22 件	107 件
2017 年	22 件	4 件	28 件
总计	107 件	28 件	134 件

从判决地区来看，河北、山东、辽宁等省份均出现过类似案例，其中浙江、广东两省分别为 45 件、43 件，占此类案件全国总数的 65.6%。在这些类

---

①　数据来源于无讼案例网，载 http://www.itslaw.com/bj，2017 年 4 月 21 日访问。

案中，被认定为开设赌场的案件多表现为行为人对微信红包赌博群这一虚拟赌博场所进行严格控制，通过建立微信群、制定游戏规则，设立成员准入和退出条件等方式，维持微信红包群这一虚拟赌场的稳定性。而检索到被判处赌博罪的案件则集中在仅仅受到邀约而加入微信群、实行赌博且达到定罪标准的行为。通过这种同案推送的方式，不但可以使公诉人及时了解所办案件类型的裁判趋势，而且能够拓宽办案思维，有助于案件定性的准确性。

2. 途径二：大数据影响因果关系的认定

不管是在三阶层还是四要件犯罪构成体系，都要对犯罪嫌疑人行为与损害结果之间的因果关系进行认定。行为与结果之间是否具有因果关系，是判断案件事实是否符合犯罪构成要件的一个重要问题。因果关系是一种引起与被引起的关系，这种关系本身是客观的，只能依据事物之间的客观联系进行判断。然而，按照传统办案思维模式，对于因果关系的认定往往会先入为主地加入办案人员的主观设想，这就很容易渗透进人的主观意识。认定犯罪是从客观到主观的判断过程，刑法的逻辑以及实践中对案件的监督也要求我们必须坚持"从客观到主观"的因果关系分析。而大数据对与因果关系的支撑是基于数据之间的相关性判断体现出来，即向办案人揭示 A 事实与 B 事实之间存在相关性，并对两者之间的相关趋势作出量化分析评价，以此来评价两者之间的因果关系。大数据的这种相关性思维的客观效果，有助于减少公诉人主观因素在传统因果关系思维模式中的渗透[1]，对于保障公诉部门办案的客观性有非常深刻的启迪作用。

（三）大数据量刑辅助系统的应用

量刑规范化改革是法治进步的客观需要，也是刑事司法的一个公认的难题。近年来，国内外对量刑规范化纷纷进行了不同程度的探索。但不可否认，利用互联网 IT 技术建立和完善量刑辅助系统已成为大势所趋。域外经验中，早期德国的 JURIS 资料库、美国的数值化量刑模式、澳大利亚的量刑资讯研究系统均为我国大数据辅助量刑的发展提供了方向。综观这些量刑资讯系统，在承载着司法人员办案经验和智慧的同时，也同时提供着三层资讯：第一层资讯是海量的裁判文书和法律规定；第二层是个案摘要、辩论焦点、量刑原则等个案量刑因子；第三层是及时更新的量刑统计数据。[2]

自 2005 年以来，我国已经开始进行利用大数据规范量刑的相关探索。

---

① 吴继伟：《善待大数据促进检察业务管理科学化》，载《法学研究》2014 年第 33 期。

② 罗灿、刘平：《大数据时代下构建量刑资讯系统的若干设想》，载《人民法院报》2014 年 8 月 15 日第 5 版。

2011 年，福建省漳州市检察机关研发了"量刑建议管理系统"软件，公诉人导入个案的相关案件事实、量刑要素、证据情况等关键词后，系统自动生成对犯罪嫌疑人的量刑建议。这一系统软件甚至可以当庭出示，大大缩短了庭审时间，且量刑结果被法院采纳的概率达到 95% 以上。近期，北大法宝以"为检察官量刑建议提供便捷辅助"为核心诉求，研制开发了"人民检察院规范化量刑辅助系统"，旨在通过选取与业务节点相关的法律法规、司法解释、法学资料作为量刑参考，为公诉人办案提供智能、动态的数据支持。

由此可见，大数据量刑辅助系统的建立已成为大势所趋。目前来说，我国正在探索或已经研发的检察机关量刑辅助模型的基本模式大致为：首先要把案件信息结构化，包括对选取案件的犯罪构成、案件情节等条件，以及法律文书的断句、抽取等，然后再对抽取的信息构建数据模型，进行数据化处理。量刑辅助系统便会根据法律规定及程序计算出量刑结果，生成量刑建议依据和量刑报表。以代替考试罪为例，代替考试罪是《刑法修正案（九）》的新设罪名。公诉人将此类案件的证据材料、涉嫌罪名等内容输入后，系统可以自动识别出法院对此类案件的判决结果，为公诉人提供量刑预测和指引。例如在无讼案例网上我们可以检索到，自 2015 年至今，全国共有 86 例代替考试案，在北京、河北、辽宁、江苏等 9 个省份已出现类似判例。其中北京有 29 例，数量最多。量刑方面，83 例并处或单处罚金，29 例拘役，22 例缓刑，1 例判处有期徒刑。检察机关办案人员由此就可以通过对同类案件判决的分析来把握定罪与量刑。

目前我国司法大数据系统的海量数据来源主要包括最高人民法院、最高人民检察院内网及其相关的裁判文书公开网、诉讼服务网、司法案例网等子网站以及其他数据来源。随着最司法机关案件信息公开、法律文书公开等工作的推进，量刑辅助系统所需要的数据来源相对来说较为可靠、稳定。未来大数据辅助量刑系统的发展方向应当是如何深化数据检索以及量刑综合分析功能。届时，公诉人对有无凶器、作案手法、主观恶性的量刑因素进行分类提炼、录入量刑辅助系统后，系统不仅会快速搜索出已判的类似案例，而且会对案例的平均刑度、量刑轻重等进行细致分析，甚至会逐渐建立各个罪名的数据库并及时更新，使量刑走向数据化、规范化。

（四）大数据下出庭一体化平台的应用

长期以来，公诉人出庭模式一直以"宣读式"模式为主，举证、质证抽象化、不充分等弊端也逐渐暴露出来。近年来，在重大、疑难案件出庭时，公诉人开始尝试用 PPT 等多媒体方式示证。这种方式比较直观、清晰，使人对案件的证据情况一目了然，弥补了"宣读式"出庭模式示证抽象化的问题，但在开庭前的准备工作量极大，且不利于庭审过程中的应变。

　　大数据技术的出现，将改变传统出庭模式的诸多弊端。目前我国某些试点地区已经研发了出庭一体化平台，该平台与检察机关的统一业务应用系统无缝衔接。公诉人在法庭中利用该平台可以将统一业务应用系统中所制作的法律文书、主要证据等情况进行全方面清晰展示。出庭一体化平台的优点比较明显：一是能够构建客观清晰的证据脉络，公诉人可以针对指控的犯罪事实在平台中展示完整的证据体系，而不限于公诉人"念"出来的部分。二是有利于公诉人在庭审中有针对性地精准指控犯罪。比如在故意杀人案件中，针对辩护人提出的主观上无杀人故意的辩护意见，公诉人可以通过该平台及时展示被害人的伤情照片，直接从打击部位、打击力度等方面予以反驳，彰显了示证过程的公开透明。

　　公诉工作虽然历经数十载，积累了丰富的逻辑规则与方法论，但仍不可避免受制于工作量巨大、信息壁垒等瓶颈的制约。作为一种跨地域、跨学科的研究方法，大数据技术具有广阔的发展前景，给检察机关公诉部门的传统办案模式带来了巨大变革。我国司法大数据战略还处于初级阶段，试点地区在辅助量刑、开庭等领域的探索为公诉机制的现代化建设提供了宝贵的先行经验。伴随着信息技术的高速发展，未来大数据技术必将给公诉办案思维带来更多实质性突破。

大数据思维与"两法衔接"
信息平台的应用和完善

罗永鑫　胡婷婷[*]

一、大数据的定义与特征

麦肯锡全球研究所给出的大数据的定义是：一种规模大到在获取、存储、管理、分析方面大大超出了传统数据库软件工具能力范围的数据集合，具有海量的数据规模、快速的数据流转、多样的数据类型和价值密度低四大特征。[①]这其中就提到了大数据的四大特征，通常用 4 个 V（即 Volume、Variety、Velocity、Value）来表示。

数据量大（Volume）是指大数据的体量一般要达到 PB 级（千万亿字节）。数据种类多（Variety）是指大数据可以表现为数字、文本、视频、音频、图片等多种形式，既包括结构化数据（数字、符号等），也包括非结构化数据（文本、音视频等）和半结构化数据。数据流转高速（Velocity）是指大数据要求实时分析，对于数据的时效性要求比较高。如果数据收集或是分析的黄金时间错过了，可能这些数据就没有意义了。数据价值密度低（Value）是大数据最重要的特性。数据本身是没有价值的，独立的数据也不会有多大的价值，但是把大量数据聚集在一起进行分析挖掘，就可能提炼出新的价值信息。[②]

二、大数据对检察机关"两法衔接"工作方式的影响

（一）大数据对思维的变革

大数据开启了一次重大的时代转型，正在变革着我们生活的方方面面，从

　＊ 罗永鑫，武汉市人民检察院侦查监督部负责人，全国检察机关调研骨干人才，湖北省检察业务专家；胡婷婷，武汉市人民检察院侦查监督部检察官助理。

　① 孙勤红、沈凤仙：《大数据时代的数据挖掘和应用》，载《电子技术与软件工程》2016第 6 期。

　② 张晓：《大数据在检察工作中的运用及风险防范》，载《知识产权保护研究》2017 年第 1 期。

商业科技到医疗、政府、教育、经济、人文以及社会的其他各个领域。但是最深刻的变革是对我们思维的变革，它变革着我们理解与解决问题的方式。传统的理解与解决问题的前提是我们对事物因果关系的分析，而大数据思维要求我们对海量数据进行科学分析，进而得到我们想要的结果。

（二）大数据思维与"两法衔接"工作方式的转变

"两法衔接"是指行政执法与刑事司法衔接，是检察机关、监察机关、公安机关、政府主管部门和有关行政执法机关探索实行的旨在防止以罚代刑、有罪不究、渎职违纪等社会管理问题而形成行政执法与刑事司法合力的工作机制。自 2001 年 4 月，国务院制定关于《整顿和规范市场经济秩序的决定》，第一次提出"两法衔接"机制的概念以来，在十多年的发展过程中，检察机关"两法衔接"工作也逐步受到大数据思维的影响，工作理念发生了重大转变。

以武汉市"两法衔接"工作发展为例，武汉市"两法衔接"工作起步于 2004 年，先后经历了起步、规范完善、快速发展、信息化建设四个阶段。前三个阶段采用借鉴推广、走访办案、建章立制等传统方法推进工作发展，历经十年，尽管取得了一定成效，但发展遭遇瓶颈，执法信息交流不畅，检察机关的监督主要依靠走访调研、个案调查等方式，无法实现及时监督和有效监督。随着计算机及其网络技术的高速发展，检察机关开始思索运用现代信息技术解决监督渠道不畅、监督效率不高等监督难题，在这种背景和需求下，"两法衔接"信息共享平台孕育而生。2013 年年底，湖北省人民检察院自行研究开发"两法衔接"信息共享平台，武汉市检察机关积极对接省院平台，全面升级改造硬件与软件设施，达到信息平台的省、市、区三级互通。短短两年的时间，武汉市两法衔接信息平台就接入行政机关 277 家，其中市级 40 家，县（区）级 237 家，全市行政机关共录入两法衔接信息平台行政处罚案件 22763 件，行政执法机关移送犯罪案件 542 件，发现监督案件线索并办理监督案件数大幅增长，实现了网上案件移送、网上案件办理、执法动态交流、案件流转跟踪和办案程序监控等六大功能。通过两法衔接信息平台，各行政执法单位办案效率及执法透明度有了显著的提高，行政执法与刑事司法的合力明显增强，"两法衔接"工作取得了质的飞跃，运用现代信息技术提升"两法衔接"工作效果明显。

三、大数据思维对完善"两法衔接"工作的思考

大数据是当今计算机及其网络技术发展的主要趋势之一，大数据思维是信息化时代解决问题的新思维方式之一，检察机关"两法衔接"工作是对各行

政单位行政处罚案件是否涉嫌犯罪并移送司法机关的监督，涉及的行政案件范围大、数量多，迫切需要运用大数据思维进一步健全和完善两法衔接工作机制，真正形成执法与司法合力，实现行政处罚与刑事处罚的无缝对接。

（一）全体数据的挑战与思考

随着计算机及其网络技术的高速发展，数据处理变得更加容易、更加快速，人们能够在瞬间处理成千上万的数据。这种技术上的发展使我们可以告别过去的小数据时代随机采样式获取信息的方法，开始利用所有的数据，而不仅仅依靠一小部分数据进行分析。数据量大是大数据的第一特征，大数据的体量一般要求达到 PB 级（千万亿字节）。以目前检察工作中最经常用到的全国统一业务应用系统来分析，高检院的数据体量能够达到 PB 级，但是单以一个省份的数据体量来算可能还难以达到 PB 级。湖北省建成不满三年的"两法衔接"信息共享平台的数据量更是难以达到 PB 级的要求，而数据的全面采集是运用大数据加强"两法衔接"工作的前提性和基础性工作。

根据《武汉市"两法衔接"信息共享平台应用管理实施细则》（以下简称《实施细则》）的规定，行政执法机关录入案件包括其按普通程序处理的全部行政处罚案件以及达到刑事追诉标准、可能涉嫌犯罪案件。全体性数据要求行政执法单位应当将所有行政处罚案件及时、规范、无遗漏地录入信息平台。目前，武汉市已有 277 家行政执法机关纳入武汉市"两法衔接"信息共享平台，但是在实践中，行政执法机关信息录入存在诸多障碍。一是录入数据量与实际的行政处罚案件有较大差距。一些行政执法机关选择性录入案件并且录入量较少，有些行政执法机关一年办理行政处罚案件达千余件，但仅将极少数涉嫌犯罪的案件录入到信息平台，录入率低。二是录入不及时。根据《实施细则》的规定，各联网单位应当在对案件作出处罚决定后 7 日内录入数据。但在实践中，行政机关主动录入案件存在严重的滞后性，往往是经过检察机关督促后，部分行政执法机关才会大批量录入一批案件，难以满足大数据及时性的要求。三是录入不规范。录入不规范主要表现在部分行政执法机关上传的案件信息不完整，没有附有相关决定文书等。出现上述这些问题，主要原因在于数据录入量大，工作繁重，特别是在一些行政处罚案件基数大的单位，这些问题表现尤为突出。

为了实现"两法衔接"信息的全面采集，对数据进行有效对接和导入是十分必要的。例如，有的行政执法机关所办理的行政处罚案件，均已按各自上级机关的要求录入其内部数据系统软件。这些行政处罚案件再录入"两法衔接"信息共享平台，需要行政机关工作人员手工逐一录入，不仅工作量大而且信息还可能存在遗漏或者错误。如果能够将该单位内部系统数据经过过滤整合后直接导入"两法衔接"信息共享平台中，则会大大减少行政执法机关的重复劳动。为此，需要从技术上解决数据兼容性问题，即能将来自前端的多个数据导入"两法衔接"信息共享平台中。大数据系统不应当是一个封闭的系统，而应当是一个实时开放的系统。要实现在海量数据中科学分析，就必须保证数据来源的通畅及时。如果我们能够通过技术手段实现行政机关内部办案系统、政府对外执法监督平台等平台数据与"两法衔接"信息平台的无缝对接，"两法衔接"信息共享平台就可以自动从前端数据库中获取所需的案件信息，避免不必要的重复录入，从而也能保证信息录入的全面性、及时性与规范性。当"两法衔接"信息共享平台实现了与前端数据的连接后，其数据的体量将大大增加，也为我们进行大数据分析提供有力支持。

（二）混杂数据的挑战与思考

对"小数据"而言，最基本、最重要的要求就是减少错误，保证质量。因为收集的信息量比较少，所以我们必须确保记录下来的数据尽量精确。但对于大数据而言，数据的种类多是其特点之一，数据可以表现为数字、文本、视频、音频、图片等多种形式，既包括结构化数据（数字、符号等），也包括非结构化数据（文本、音视频等）和半结构化数据。如果用大数据思维去思考如何完善"两法衔接"信息共享平台，就要求检察机关在完善"两法衔接"信息共享平台时，在录入数据与筛选分析数据时要接受并鼓励数据的多样性。而目前武汉市"两法衔接"信息共享平台上的数据种类过于单一，主要包括各行政执法单位上传的行政处罚案件的基本案情摘要及行政处罚决定书，缺乏相关证据材料的上传，而证据材料中的视频、音频、各种现场与物证的图片、询问笔录、鉴定意见等，对于判断行政处罚案件是否涉嫌刑事犯罪以及在此基础上进行大数据分析都是非常有意义的。因此，需要不断地完善行政执法机关上传案件的相关信息种类，使之不仅仅局限于数字与文本。可以预见的是，在多样性数据的背景下，如果全市两级行政执法机关录入各类执法信息，这些纷繁的数据必将为"两法衔接"案件分析审查提供依据。

（三）相关关系分析的挑战与思考

在小数据世界中，相关关系也是有用的，但在大数据的背景下，相关关系将大放异彩。当我们通过大数据分析出相关性，就能获得我们想知道的答案。相关关系的核心是量化两个数据值之间的数理关系。相关关系强是指当一个数据值增加时，另一个数据值很有可能也会随之增加。相反，相关关系弱就意味着当一个数据值增加时，另一个数据值几乎不会发生变化。通过应用相关关系，我们可以比以前更容易、更快捷、更清楚地分析事物。①

审查、及时发现可能涉及刑事犯罪的行政处罚案件，是检察机关运用"两法衔接"信息共享平台监督行政机关移送案件的核心工作所在。面对数量庞大的行政处罚案件，如果仅靠检察官向一个一个行政单位调取案卷材料，不仅人员不足，而且效率低下，实际操作起来也不可能。然而，运用大数据思维，重点关注行政处罚案件中涉嫌犯罪案件的相关性，找出关联物，就可以大大提高工作效率。

1. 数额查询。在我国刑法中，犯罪金额对某些罪名的定罪量刑有决定性影响。在大数据分析中输入相关罪名及数额下限，就能很快锁定重点审查对象。例如，审查工商部门办理的生产、销售伪劣产品行政处罚行为，如果销售金额达到 5 万元以上，就涉嫌构成生产、销售伪劣产品罪。在审查这类行政处罚案件时，利用数额进行涉嫌犯罪案件线索筛查，就较容易锁定可能涉嫌犯罪的监督线索。

2. 刑事犯罪预警。当某一行政处罚案件涉案金额达到或接近刑事立案标准 80% 时，系统会自动预警，提醒审核人员予以高度重视。这在实践中为检察官审查"两法衔接"平台案件、筛查监督线索提供便利。例如，2017 年 2 月，武汉市检察院在审查信息平台案件时，发现系统对某行政单位的一起涉税案件进行涉案金额预警，这引起检察官高度关注。检察官于是采取网上审查与网下调查相结合的方式，走访该行政机关查阅全案案卷，了解案件情况，最终确定该案达到刑事立案标准，建议行政机关移送该案，公安机关后对该案立案侦查。

3. 关联性分析。利用大数据进行关联分析，这是大数据分析最具特色的地方。这种关联分析不仅仅是我们常常可以预见到的涉案标的额，还可能出现我们很难想象的一些相关性，包括某一地名，某一人名，某一化学元素甚至某一特定时间。例如，针对非法采矿，法律规定二年内曾因非法采矿受过两次以上行政处罚，又实施非法采矿行为的即构成犯罪。如果行为人分别在不同行政区域内受过行政处罚又到另一个行政区域实施非法采矿行为，对于实施行政处罚的行政机关而言，也许并不知晓行为人已受过两次行政处罚又进行非法采矿，那么行为人的行为就可能逃脱刑罚处罚。但是在"两法衔接"信息平台上，利用大数据的查询功能，可以将该行为人在全市范围内所从事的全部违法行为进行整体分析，从而使犯罪得到及时惩处。

---

① 参见 [英] 维克托·迈尔－舍恩伯格、肯尼思·库克耶：《大数据时代》，盛杨燕、周涛译，浙江人民出版社 2016 年版，第 71 页。

4. 行业性违法犯罪分析。通过运用"两法衔接"信息平台的大数据分析功能，可以实现对某一行业的关联分析，从而不断拓展检察机关监督渠道，取得监督实效。例如，在开展"破坏环境资源犯罪专项立案监督活动"和"危害食品药品安全犯罪专项立案监督活动"中，通过对市区两级食药品执法监督单位和环境资源保护执法单位所办理的行政处罚案件与移送涉嫌犯罪案件的汇总分析，可以全面了解全市该领域违法犯罪与行政执法的情况，为检察机关确定监督重点区域、重点行业、重点对象、重点时段提供预判。2017 年年初，武汉市检察院检察官在审查"两法衔接"信息共享平台时，通过对环保、林业、国土、农业、水务等负有环境资源监管职责的行政执法机关所办理的行政处罚案件进行汇总分析后，发现全市范围内小型电镀厂排放废水废料行为突出，仅半年，全市环保部门处罚该类案件十余起，于是针对这一现象开展重点监督，进行走访排查。全市三个区院分别成功监督立案 3 起电镀厂违规排放废水废料环境污染案件。

目前，湖北省检察机关开发的"两法衔接"信息共享平台已初具了涉嫌犯罪案件线索筛查、降格处理案件线索筛查、大数据分析、统计分析等功能。武汉市检察机关也在不断尝试利用"两法衔接"信息共享平台的数据分析功能协助司法办案。但是，从目前"两法衔接"信息共享平台的应用实践来看，大数据分析功能运用尚不够充分，信息平台技术支持还有待进一步优化与开发，操作人员数据分析意识与能力有待进一步提高。我们相信，随着运用大数据思维深入人心、检察人员运用计算机及网络技术能力的提升，不断完善的"两法衔接"信息共享平台一定会助力检察机关的法律监督工作向纵深发展！